MÜLLER-WENNER / SCHORN

Schwerbehindertenrecht

SGB IX Teil 2

Besondere Regelungen zur Teilhabe
schwerbehinderter Menschen
(Schwerbehindertenrecht)

Kommentar

von

DOROTHEE MÜLLER-WENNER
Rechtsanwältin und Gewerkschaftssekretärin, Dortmund

und

ULRICH SCHORN
Richter am Sozialgericht Dortmund
als weiterer aufsichtführender Richter

Verlag C. H. Beck München 2003

Verlag C. H. Beck im Internet:
beck.de

ISBN 3 406 49517 6

© 2003 Verlag C. H. Beck oHG
Wilhelmstraße 9, 80801 München
Druck: Druckhaus Thomas Müntzer Bad Langensalza
Satz: Fotosatz Otto Gutfreund GmbH
Marburger Straße 11, 64289 Darmstadt

Gedruckt auf säurefreiem, alterungsbeständigem Papier
(hergestellt aus chlorfrei gebleichtem Zellstoff)

Vorwort

Mit Wirkung vom 1. 7. 2001 ist das bisherige Schwerbehindertengesetz (SchwbG) entsprechend dem Ziel einer Zusammenfassung und Weiterentwicklung des Rechts zur Eingliederung behinderter Menschen als Teil 2 in das Sozialgesetzbuch – Rehabilitation und Teilhabe behinderter Menschen – (SGB IX) eingeordnet worden. Die besonderen Regelungen zur Teilhabe schwerbehinderter Menschen gelten einer Zielgruppe von ca. 6,6 Mio Menschen mit einem Grad der Behinderung von wenigstens 50 (etwa 8 % der Wohnbevölkerung der Bundesrepublik Deutschland). Etwas mehr als 1 Mio. schwerbehinderte Menschen stehen im Arbeitsleben.

Teil 2 des SGB IX entspricht im Wesentlichen dem SchwbG in der Fassung des Gesetzes zur Bekämpfung der Arbeitslosigkeit Schwerbehinderter vom 29. 9. 2000, so dass die vorliegende Kommentierung einen Schwerpunkt auf die mit diesem Gesetz eingeführten Regelungen setzt. Der Gesetzgeber hat im Jahre 2000 das Verhältnis von Beschäftigungspflichtquote und Ausgleichsabgabe neu bestimmt, die Rechte der schwerbehinderten Menschen im Betrieb gestärkt und einen Rechtsanspruch auf Teilzeitbeschäftigung eingeführt. Die betriebliche Prävention ist ausgebaut, die Förderung schwerbehinderter Frauen vorgeschrieben worden. Zusätzliche innovative Instrumente – Integrationsvereinbarungen, Integrationsfachdienste, Integrationsprojekte, Arbeitsassistenz – tragen nunmehr zur Teilhabe schwerbehinderter Menschen am Arbeitsleben bei. Sie sollen in geeigneten Fällen auch den bisher wenig praktizierten Übergang von Beschäftigten in Werkstätten für behinderte Menschen (WfB) auf den allgemeinen Arbeitsmarkt fördern.

Das SGB IX beinhaltet in Teil 2 als Neuregelung ein Benachteiligungsverbot schwerbehinderter Menschen im Arbeitsverhältnis mit der Sanktion einer Entschädigungspflicht. Im Übrigen sind mit der Einordnung des Schwerbehindertenrechts in das SGB IX unter anderem eine Vereinfachung des Anzeigeverfahrens der Arbeitgeber, eine Erweiterung der Aufgaben der Schwerbehindertenvertretung und eine Klarstellung der Beauftragung von Integrationsfachdiensten auch durch Integrationsämter (bisher: Hauptfürsorgestellen) und Rehabilitationsträger vorgenommen worden.

Die besonderen Regelungen zur Teilhabe schwerbehinderter Menschen in Teil 2 des SGB IX ergänzen die allgemeinen Vorschriften für behinderte Menschen in Teil 1 des Gesetzes. Inhaltliche Bezüge der beiden Teile des SGB IX etwa bei der Feststellung einer Behinderung und

Vorwort

des Grades der Behinderung durch das Versorgungsamt, im Werkstättenrecht oder bei dem Verhältnis von Rehabilitationsleistungen zu Leistungen der begleitenden Hilfe im Arbeitsleben werden in die Erläuterung des Schwerbehindertenrechts einbezogen.

Der vorliegende Kommentar ergänzt das im Mai 2002 erschienene Werk von Prof. Dr. Peter Mrozynski, SGB IX Teil 1, Regelungen für behinderte und von Behinderung bedrohte Menschen. Wir wollen diese Kommentierung mit praxisnahen, gleichwohl diskussionsfreudigen Erläuterungen des Schwerbehindertenrechts vervollständigen.

Entsprechend unserer beruflichen Schwerpunkte als Arbeitsrechtsanwältin und Gewerkschaftssekretärin bzw. Richter in der Sozialgerichtsbarkeit haben wir die Bearbeitung soweit möglich anhand des arbeits- oder sozialrechtlichen Charakters der Vorschriften aufgeteilt. Die Kommentierung trägt den Stand 1. 1. 2003 und ist erfolgt durch:

Müller-Wenner: §§ 71–100, 122–125, 127–131, 155 -160
Schorn: §§ 68 –70, 101–121, 126, 132–154

Dortmund, im Januar 2003

Dorothee Müller-Wenner
Ulrich Schorn

Inhaltsverzeichnis

Sozialgesetzbuch (SGB)
Neuntes Buch (IX). Rehabilitation und
Teilhabe behinderter Menschen
Teil 2
Besondere Regelungen zur Teilhabe
schwerbehinderter Menschen
(Schwerbehindertenrecht)

Kapitel 1. Geschützter Personenkreis

Kapitel 2. Beschäftigungspflicht der Arbeitgeber

Kapitel 3. Sonstige Pflichten der Arbeitgeber;
Rechte der schwerbehinderten Menschen

Inhaltsverzeichnis

Inhaltsverzeichnis

Kapitel 8. Beendigung der Anwendung der besonderen Regelungen zur Teilhabe schwerbehinderter und gleichgestellter behinderter Menschen

Kapitel 9. Widerspruchsverfahren

Kapitel 10. Sonstige Vorschriften

Kapitel 11. Integrationsprojekte

Kapitel 12. Werkstätten für behinderte Menschen

Inhaltsverzeichnis

Abkürzungsverzeichnis

Verzeichnis der Abkürzungen und der abgekürzt zitierten Literatur

a.A.	anderer Ansicht
a.a.O.	am angegebenen Ort
ABM	Arbeitsbeschaffungsmaßnahme
Abs.	Absatz
AEG	Allgemeines Eisenbahngesetz
AG	Aktiengesellschaft
AiB	Arbeitsrecht im Betrieb (Zeitschrift)
ANBA	Amtliche Nachrichten der Bundesanstalt für Arbeit
Anhaltspunkte 1996	Anhaltspunkte für die ärztliche Begutachtung im sozialen Entschädigungsrecht und nach dem Schwerbehindertengesetz, Ausgabe 1996
Anm.	Anmerkung
AO	Abgabenordnung
APS	Ascheid/Preis/Schmidt, Großkommentar zum Kündigungsrecht
ArbG	Arbeitsgericht
ArbGG	Arbeitsgerichtsgesetz
AP	Arbeitsrechtliche Praxis (Entscheidungssammlung)
Art.	Artikel
ASiG	Gesetz über Betriebsärzte, Sicherheitsingenieure und andere Fachärzte für Arbeitssicherheit
AuA	Arbeit und Arbeitsrecht (Zeitschrift)
AuR	Arbeit und Recht (Zeitschrift)
AZG	Arbeitszeitgesetz
BA	Bundesanstalt für Arbeit
BAG	Bundesarbeitsgericht
BAG UB	Bundesarbeitsgemeinschaft für Unterstützte Beschäftigung
BAG WfB	Bundesarbeitsgemeinschaft der Werkstätten für behinderte Menschen
BAGE	Entscheidungen des Bundesarbeitsgerichts (Amtliche Sammlung)
BAnz.	Bundesanzeiger
BArBl	Bundesarbeitsblatt (Zeitschrift)

XI

Abkürzungsverzeichnis

Abkürzungsverzeichnis

XIII

Abkürzungsverzeichnis

Abkürzungsverzeichnis

Abkürzungsverzeichnis

Literaturverzeichnis

Adlhoch, Die Förderung von Integrationsunternehmen im Sinne der §§ 53 a ff. SchwbG, in: br 2001, 8

Adlhoch, Neue Rechte für Schwerbehinderte im Arbeitsleben, in: br 2000, 201

Baur, Die Werkstatt für Behinderte im Spannungsfeld von Förderung und Arbeitsleistung, in: ZFSH/SGB 1999, 262

Annuß, Grundfragen der Entschädigung bei unzulässiger Geschlechtsdiskriminierung, in: NZA 1999, 738

Ascheid/Preis/Schmidt (Hg.), Großkommentar zum Kündigungsrecht, 2000; zit: APS-Bearbeiter

Bader, Das Kündigungsschutzgesetz in neuer (alter) Fassung, in: NZA 1999, 64

Beaucamp, Verfassungsrechtlicher Behindertenschutz in Europa, in: ZFSH/SGB 2002, 201

Becker / Etzel / Bader / Fischermeier / Friedrich / Lipke / Pfeiffer / Rost/Spilger/Vogt/Weigand/Wolff, Gemeinschaftskommentar zum Kündigungsschutzgesetz und zu sonstigen kündigungsschutzrechtlichen Vorschriften, 6. Auflage 2002; zit: KR-Bearbeiter

Beckschulze, Die Durchsetzbarkeit des Teilzeitanspruchs in der betrieblichen Praxis, in: DB 2000, 2598

Behrend, Ehrenamtliche Richter in der Sozialgerichtsbarkeit, in: Lieber/Sens (Hg.), Ehrenamtliche Richter – Demokratie oder Dekoration am Richtertisch ?, 1999, S. 150

Behrend, Gleichstellung mit Schwerbehinderten, in: AiB 1992, 310

Beule/Dobbe/Gerstner/Hildenbrand, Qualitätsmanagement in der psychosozialen Betreuung nach dem Schwerbehindertengesetz, in: br 2000, 93

Bieback, Leistungsabbau und Strukturwandel im Sozialrecht, in: KJ 1984, 257

Bihr/Fuchs/Krauskopf/Lewering, SGB IX, Rehabilitation und Teilhabe behinderter Menschen, Kommentar, 1. Lieferung Mai 2002

Braasch, Das nochmals reformierte Schwerbehindertenrecht, in: br 2001, 177

Brand, Reformstau im Feststellungsverfahren nach dem Schwerbehindertengesetz, in: br 1999, 77

Brand, Vorschlag einer Konzeption psychosozialer Betreuung von Menschen mit Behinderung im Berufs- und Erwerbsleben, in: br 1998, 34

Literaturverzeichnis

Braun, Schwerbehindertengesetz – Die zentralen Neuregelungen, in: MDR 2001, 63

Bundesarbeitsgemeinschaft der überörtlichen Träger der Sozialhilfe, Vorläufige Werkstattempfehlungen – WE/BAGüS –, Stand: 26.11.2001

Bundesarbeitsgemeinschaft Unterstützte Beschäftigung (BAG UB), Stellungnahme zur Situation der Integrationsfachdienste, Februar 2002

Bundesministerium für Arbeit und Sozialordnung (Hg.), Anhaltspunkte für die ärztliche Gutachtertätigkeit im sozialen Entschädigungsrecht und nach dem Schwerbehindertengesetz, 1996

Cramer, Gesetz zur Bekämpfung der Arbeitslosigkeit Schwerbehinderter, in: DB 2000, 2217

Cramer, Schwerbehindertengesetz, Kommentar, 5. Aufl. 1998

Dau/Düwell/Haines (Hg.), Rehabilitation und Teilhabe behinderter Menschen, Lehr- und Praxiskommentar, 1. Aufl. 2002 (zit.: Bearbeiter, LPK-SGB IX)

Däubler/Kittner/Klebe (Hg.), Kommentar zum BetrVG, 7. Auflage 2000; zit: DKK-Bearbeiter

Deutscher Verein, Vorläufige Auslegungshinweise des Deutschen Vereins zur Anwendung von Vorschriften des SGB IX in der Sozial- und Jugendhilfe, in: NDV 2002, 114

Dörner, Schwerbehindertengesetz, Kommentar, Stand: Mai 2001

Düwell, Mehr Rechte für Schwerbehinderte und ihre Vertretungen durch das SchwbBAG, in: BB 2000, 2570

Düwell, Neu geregelt: Die Stellung der Schwerbehinderten im Arbeitsrecht, in: BB 2001, 1527

Düwell, Mehr Zuständigkeiten für die Arbeitsgerichtsbarkeit, in: NZA 1991, 929

Ebsen, Schwerbehindertenrecht, in: von Maydell/Ruland (Hg.), Sozialrechtshandbuch, 2. Aufl. 1996 (zit.: Ebsen in: SRH)

Ehrenheim, Wege der Bundesländer zur Beschäftigungsförderung und Integration von Behinderten in Deutschland, in: br 2000, 89

Ernst, Integrationsfachdienste für besonders betroffene Schwerbehinderte – eine Zwischenbilanz aus Sicht der Hauptfürsorgestellen, in: br 1998, 155

Ernst, Zur Institutionalisierung und Finanzierung vom Integrationsfachdiensten – Rechtslage seit dem 1. 10. 2000, in: br 2001, 66

Ernst/Adlhoch/Seel, Sozialgesetzbuch IX – Rehabilitation und Teilhabe behinderter Menschen –, Kommentar, 1. Lieferung April 2002 (zit.: Bearbeiter in: Ernst/Adlhoch/Seel, SGB IX)

Feldes, Bekämpfung der Arbeitslosigkeit Schwerbehinderter, in: br 2000, 187

Feldes, Neues Behindertenrecht und der Wandel betrieblicher Intergrationsarbeit, in: br 2002, 128

Literaturverzeichnis

Feldes/Kamm/Peiseler/von Seggern/Unterhinninghofen/Westermann/Witt, Schwerbehindertenrecht, Basiskommentar zum SGB IX, 7. Aufl. 2002

Finke, Leistungsverbesserungen für Besucher von Werkstätten für behinderte Menschen durch das SGB IX, in: br 2002, 5

Fitting/Kaiser/Heither/Engels, Kommentar zum BetrVG, 21. Auflage 2002; zit: FKHE

Förster, Die Notwendigkeit einer Novellierung des Schwerbehindertengesetzes, in: br 1998, 1

Frehe, Zielvereinbarungen als neues Instrument zur Gleichstellung und Integration, in: BArbBl 6/2002, 12

Frenski, Außerordentliche Kündigung von Schwerbehinderten, in: BB 2001, 570

Fuchs, SGB IX, Reform von historischer Bedeutung, in: SozSich 2001, 150

Gaa-Unterpaul, Die Nachteilsausgleiche nach dem SGB IX unter Berücksichtigung der jüngeren Rechtsprechung des BSG, in: NZS 2002, 406

Gagel (Hg.), SGB III, Arbeitsförderung, Kommentar, Stand: Oktober 2002

Gagel, Rehabilitation im Betrieb unter Berücksichtigung des neuen SGB IX – ihre Bedeutung und das Verhältnis von Arbeitgebern und Sozialleistungsträgern, in: NZA 2001, 988

Gemeinschaftskommentar zum Arbeitsförderungsrecht, GK-SGB III, Stand: Juni 2002

Göbel, Eingliederung, Die Förderungsmöglichkeiten der Arbeitsämter, in: Der Arbeitgeber 2000, Heft 10, 17

Goedelt, Die Festsetzung der MdE/des GdB nach dem SchwbG, in: ZfS 1994, 97

Grobys/Bram, Die prozessuale Durchsetzung des Teilzeitanspruchs, in: NZA 2001, 1175

Gröninger/Thomas, Schwerbehindertengesetz, Kommentar, Stand: März 2001

Großmann/Schimanski/Dopatka/Spiolek/Steinbrück, Gemeinschaftskommentar zum Schwerbehindertengesetz, 2. Aufl. 2000 (zit.: GK-SchwbG-Bearbeiter)

Großmann, Geltendmachung und Nachweis der Schwerbehinderteneigenschaft bei Kündigungen, in: NZA 1992, 241

Großmann, Schwerbehinderte im Konflikt zwischen Statusrecht und Offenbarungspflicht, in: NZA 1989, 702

Haack, Gleichstellung behinderter Menschen als Aufgabe der ganzen Gesellschaft, in: BArbBl 6/2002, 5

Hansen, Die Änderungen im Schwerbehindertenrecht durch das SGB IX, in: NZA 2001, 985

Hanau, Offene Fragen zum Teilzeitgesetz, in: NZA 2001, 1168

Literaturverzeichnis

Hauck/Noftz, Sozialgesetzbuch – SGB IX, Kommentar, Grundwerk 2001 (zit.: Bearbeiter in: Hauck/Noftz, SGB IX)

Hennig (Hg.), SGB III, Sozialgesetzbuch Drittes Buch – Arbeitsförderung –, Kommentar mit Nebenrecht, Stand: Mai 2002

Hery, Zum Reformstau im Feststellungsverfahren, in: br 1999, 140

Heuser, Die Wahl der Schwerbehindertenvertretung, in: br 1990, 25

Hickl, Arbeitsverhältnisse mit Auslandsberührung, in: NZA 1987, Beil. 1, S. 10

Hönsch, Die Neuregelungen des Internationalen Privatrechts aus arbeitsrechtlicher Sicht, in: NZA 1988, 113

Jacobs, Das arbeitnehmerähnliche Rechtsverhältnis in § 54 b SchwbG, in: ZFSH/SGB 1998, 203

Jürgens, Die verfassungsrechtliche Stellung Behinderter nach der Änderung des Grundgesetzes, in: ZFSH/SGB 1995, 353

Jürgens, Grundrecht für Behinderte, in: NVwZ 1995, 452

Kaiser, Rechtsprobleme im Rahmen des Kündigungsschutzes für Schwerbehinderte, in: br 1998, 3

Kasseler Kommentar Sozialversicherungsrecht, Stand: Dezember 2002 (zit.: KassKomm-Bearbeiter)

Kittner/Däubler/Zwanziger, Kündigungsschutzrecht, Kommentar für die Praxis, 5. Auflage 2001; zit: KDZ-Bearbeiter

Kittner, Leichter kündigen als änderungskündigen?, in: NZA 1997, 968

Körner, Der Dialog des EuGH mit den deutschen Arbeitsgerichten, in: NZA 2001, 1046

Kohte, Anm. zu BSG, Urteil vom 2. 3. 2000, in: AuR 2001, 349, 351

Köpke, Erfreuliche erste Bilanz der Job-Kampagne für Behinderte, in: SozSich 2001, 382

Kossens/Maaß, Das Gesetz zur Bekämpfung der Arbeitslosigkeit Schwerbehinderter, in: NZA 2000, 1025

Kossens/von der Heide/Maaß, Praxiskommentar zum Behindertenrecht (SGB IX), 1. Aufl. 2002

Kraus, Der Vierte Bericht der Bundesregierung über die Lage der Behinderten und die Entwicklung der Rehabilitation; Positionen – Erhebungen – Konzepte, in: br 1998, 117

Kraus, Erster Armuts- und Reichtumsbericht der Bundesregierung – politische Initiativen, empirische Grundlagen, in: br 2002, 9

Kraus, Reform des Behindertenrechts – Diskussionsbeiträge im Deutschen Bundestag, in: br 2001, 1

Kuhlmann, Auswirkungen der Altersteilzeit auf das Schwerbehindertenrecht, in: br 2002, 1

Lachwitz, Die Rechtsstellung behinderter Menschen in der Werkstatt für behinderte Menschen, in: RsDE Nr. 1, 1988, 33

Lackner/Kühl, Strafgesetzbauch mit Erläuterungen, 23. Auflage 1999

Langer, Anspruch auf Wiedereinstellung?, in: NZA 1991, Beil. 3, S. 23

Literaturverzeichnis

Leinemann (Hg.), Kasseler Handbuch zum Arbeitsrecht, Bd. 1, 2. Aufl. 2000 (zit.: Kasseler Handbuch Arbeitsrecht/Bearbeiter)

Lindemann, Neue Regelungen zur Teilzeitarbeit, in: BB 2001, 146

Lindemann/Simon, Die neue Elternzeit, in: NJW 2001, 258

Löschau/Marschner, Das neue Rehabilitations- und Schwerbehindertenrecht, Praxishandbuch zum SGB IX, 2001

Marquardt, Wege in die Arbeit – Der Integrationsfachdienst Hamburg, in: Rehabilitation 2001, 138

Marschner, Gesetzliche Neuregelungen zur Rechtsstellung von schwerbehinderten Arbeitnehmern, in: ZTR 2000, 545

Mascher, Tiefgreifender Wandel, in: BArbBl. 11/2001, 5

Matzeder, Begleitende Hilfe für schwerbehinderte Menschen als Managementaufgabe, in: br 2002, 40

Matzeder, Integrationsfachdienste – Eine Chance für moderne Konzepte zur verbesserten beruflichen Eingliederung Schwerbehinderter, in: br 1998, 29

Matzeder, Überlegungen zu einer Strategie der beruflichen Eingliederung Schwerbehinderter (Eingliederungsmangement), in: br 2000, 33

Moritz, Die rechtliche Integration behinderter Menschen nach SGB IX, BGG und Antidiskriminierungsgesetz, in: ZFSH/SGB 2002, 204

Mrozynski, Rehabilitationsleistungen – Integrierte Versorgung im gegliederten System, in: SGb 2001, 277

Mrozynski, SGB I, Kommentar, 2. Aufl. 1995

Mrozynski, SGB IX Teil 1, Regelungen für behinderte und von Behinderung bedrohte Menschen, Kommentar, 1. Aufl. 2002

Neumann/Pahlen, Sozialgesetzbuch IX, (Neuauflage konnte nur zum Teil berücksichtigt werden), Kommentar, 10. Aufl. 2002

Niesel (Hg.), SGB III, Sozialgesetzbuch, Arbeitsförderung, Kommentar, 2. Aufl. 2002

Offczors, Stillstand und Konzeptionslosigkeit im Schwerbehindertenrecht?, in: SGb 1991, 6

Otten, Die Bestimmung der Arbeitszeit im Bereich der Heimarbeit, in: NZA 1987, 478

Pahlen, Die Frage nach der Schwerbehinderteneigenschaft vor der Einstellung und Art. 3 Abs. 3 Satz 2 GG, in: RdA 2001, 143

Paland/Spereiter, Der nächste Schritt – das Gleichstellungsgesetz, in: BArbBl 11/2001, 38

Palandt/Bearbeiter, Bürgerliches Gesetzbuch, Kommentar, 61. Auflage 2002

Preis, Die Verantwortung des Arbeitgebers und der Vorrang betrieblicher Maßnahmen vor Entlassungen (§ 2 I Nr.2 SGB III), in: NZA 1998, 449

Preis Gotthardt, Das Teilzeit- und Befristungsgesetz, in: DB 2001, 145

Pünnel, Der behinderte Beschäftigte in der Werkstatt für Behinderte,

Literaturverzeichnis

in: Däubler/Bobke/Kehrmann (Hg.), Arbeit und Recht, Festschrift für Albert Gnade, 1992, S. 323

Pünnel, Der Beschäftigte in der Werkstatt für Behinderte, in: AuR 1996, 483 = RdLH 1997, 30

Quambusch, Das Recht der geistig Behinderten, 4. Aufl. 2001

Quambusch, Die beschützten Werkstätten, Zur Dominanz der Bequemlichkeit in einem Rehabilitationsmonopol, in: ZFSH/SGB 2001, 515

Raddatz, Umweltbezogene Krankheiten – Begutachtung nach dem Schwerbehindertenrecht (SGB IX), in: MedSach 2001, 230

Rademacker, Renten wegen verminderter Erwerbsfähigkeit, in: SozSich 2001, 74

Rademacker, Zur Einbeziehung der Sozialhilfe in ein Rehabilitationsgesetzbuch (SGB IX), in: RsDE Nr. 19, 1992, 1

Reichenbach, § 2 Abs. 1 SGB IX – Ein Beitrag zur Umsetzung des Diskriminierungsverbots aus Art. 3 Abs. 3 S. 2 GG ?, in: SGb 2002, 485

Richardi/Wlotzke (Hg.), Münchener Handbuch zum Arbeitsrecht, Bd. 2, 2. Aufl. 2000 (zit.: MünchArbR/Bearbeiter)

Ritz, Hauptfürsorgestellen – Partner der Betriebe bei der Beschäftigung Schwerbehinderter, in: br 2001, 71

Ritz, Maßnahmen zum Übergang von der Werkstatt ins Erwerbsleben, in: br 2001, 197

Rolfs, Arbeitsrechtliche Aspekte des neuen Arbeitsförderungsrechts, in: NZA 1998, 17

Rösner, „Anhaltspunkte 1996", in: Versorgungsverwaltung 1997, 4

Rühle, Kündigung der Werkstattverhältnisse von Schwerbehinderten, in: DB 2001, 1364

Schaub, Arbeitsrechtshandbuch, 9. Auflage 2000

Schell/Cleavenger, Verbesserungen für Behindertenwerkstätten, in: BArBl 11/2001, 22

Scherer, Verträge mit Praktikanten, in: NZA 1986, 280

Schiefer, Schulung und Weiterbildung im Arbeits- und Dienstverhältnis, in: NZA 1993, 822

Schimanski, Prävention bei Gefährdung eines Arbeitsplatzes- § 84 SGB IX, in: br 2002, 121

Schimanski, Das Rest- und Übergangsmandat der Schwerbehindertenvertretung, in: br 1999, 129

Schmidt, Zur Gleichstellung mit schwerbehinderten Menschen, in: br 2002, 141

Schneider, Arbeitsentgelt und Berufsschutz freigestellter Betriebsratsmitglieder, in: NZA 1984, 21

Schneider, Persönliche Assistenz am Arbeitsplatz für Schwerbehinderte, in: SuP 2000, 389

Schneider/Adlhoch, Arbeitsassistenz für Schwerbehinderte – Fachliche und juristische Aspekte –, in: br 2001, 51

Literaturverzeichnis

Schorn, Der Gerichtsbescheid im sozialgerichtlichen Verfahren, in: ZfS 1996, 298

Schorn, Der Grad der Behinderung im SGB IX, in: SozSich 2002, 127

Schröder, Arbeitsgerichtliche Fragen des Werkstattverhältnisses, in: AuR 2001, 172

Schürmann, Anm. zu LSG NRW, Urteil vom 2. 9. 1993, in: SGb 1994, 239, 240

Seel, Überblick über die SchwbG-Novellierung durch das Gesetz zur Bekämpfung der Arbeitslosigkeit Schwerbehinderter, in: br 2001, 37

Seel, Integrationsvereinbarungen- Ein neues Instrument zur Planung und Steuerung der beruflichen Integration von Menschen mit Behinderungen, in: br 2001, 61

Seidel, Begleitende Hilfen für behinderte Menschen nach dem SGB IX, in: SuP 2002, 243

Seidel, Begleitende Hilfen im Arbeitsleben nach dem SGB IX, in: SuP 2001, 577

Seidel, Grundsätze der begleitenden Hilfe im Arbeitsleben nach dem SGB IX, in: br 2002, 34

Seidel, Hilfen zur wirtschaftlichen Selbstständigkeit nach § 21 SchwbAV, in: SuP 2001, 377

Seidel, Schwerbehinderte haben Anspruch auf Integrationsmaßnahmen, in: SuP 2002, 31

Seidel, Sicherung von Arbeitsverhältnissen bei körperbehinderten Menschen durch die Arbeit der Ingenieur-Fachdienste der Integrationsämter, in: br 2002, 50

Sieg, Wahl der Schwerbehindertenvertretung, in: NZA 2002, 1064

Sozialverband VdK, Stellungnahme des VdK zum Gesetzentwurf eines SGB IX, in: SuP 2001, 169

Springer, Umfassender Schutz aller Behinderten über Art. 3 Abs. 3 Satz 2, in: br 1998, 92

Stähler, Rechte behinderter Menschen – Änderungen und Neuregelungen durch das Behindertengleichstellungsgesetz, in: NZA 2002, 777

Steck, Entwurf eines Gesetzes zur Gleichstellung behinderter Menschen – Behindertengleichstellungsgesetz (BGG), in: SF 2002, 23

Stork, Anmerkungen zur Novellierung des Schwerbehindertengesetzes, in: br 2001, 40

Straßfeld, Anhaltspunkte aus richterlicher Sicht, in: Versorgungsverwaltung 2001, 36

Straßfeld, Kriterien für die Bildung des Gesamt-GdB, in: Versorgungsverwaltung 2001, 60

Stürmer, Bewerbung und Schwangerschaft, in: NZA 2001, 526

Literaturverzeichnis

Thiel, Werkstätten-Mitwirkungsverordnung für Werkstätten für behinderte Menschen, in: ZMV 2001, 219

Thüsing, Handlungsbedarf im Diskriminierungsrecht, in: NZA 2001, 1061

Udsching, SGB XI, Soziale Pflegeversicherung, 2. Aufl. 2000

Ullrich, Doppelte Benachteiligung von Frauen überwinden, in: BArbBl 11/2001, 16

Ullrich/Spereiter, Gleichstellungsgesetz, Überblick über die gesetzlichen Regelungen, in: BArbBl 6/2002, 7

Ustarbowski, Die Bildung des Gesamt-GdB nach dem SchwbG, in: SGb 1991, 15

Vömmel, Das SGB IX – Reformansätze, Neuerungen, erste Umsetzungen, in: Rehabilitation 2002, 274

von Seggern, Gesetz zur Bekämpfung der Arbeitslosigkeit Schwerbehinderter, in: AiB 2000, 717

von Roetteken, Anforderungen des Gemeinschaftsrechts an Gesetzgebung und Rechtsprechung, in: NZA 2001, 414

von Wulffen (Hg.), SGB X, Kommentar, 4. Auf. 2001

Wahler/Mauch, Überlegungen zur Reorganisation von Informations- und Beratungsprozessen im Rahmen der beruflichen Eingliederung von Menschen mit Behinderung, in: br 2000, 38

Wahrendorf, Zur Anhörung bei der Kündigung eines Schwerbehinderten, in: BB 1986, 523

Wank, Teilzeitarbeit in Deutschland aus arbeitsrechtlicher Sicht, in: EuroAS 2001, 186

Welti, Das neue SGB IX – Recht der Rehabilitation und Teilhabe behinderter Menschen, in: NJW 2001, 2210

Welti, Das SGB IX in der Entwicklung des Sozialrechts, in: Rehabilitation 2002, 268

Welti, Probleme der Rehabilitation im SGB IX – Erste Erfahrungen, in: SuP 2002, 509

Wendeling-Schröder, Der Wert des entgangenen Arbeitsplatzes, in: DB 1999, 1012

Wendt, Anmerkung zu BAG, Urteil vom 03.03.1999, Az.: 5 AZR 162/98, in: AuR 1999, 360

Wendt, Die Sozialhilferechtsreform 1996 und ihre Auswirkungen auf die Werkstätten für Behinderte, in: RsDE Nr. 36, 1997, 43

Wendt, Neustrukturierung des Sonderarbeitsmarkts für Menschen mit Behinderung durch die Reform des Reha-Rechts – Folgen für die Werkstatt für Behinderte, in: Rehabilitation 2001, 92

Wendt, Von der Werkstatt für Behinderte auf den allgemeinen Arbeitsmarkt: Gesetzliche Verankerung von Fachdiensten für die berufliche Integration im SGB IX und SchwbBAG, in: NDV 2000, 105

Wendt, Vorläufige Werkstattempfehlungen der Bundesarbeitsgemeinschaft der überörtlichen Träger der Sozialhilfe, in: RdLH 2002, 24

Literaturverzeichnis

Wenner, Änderungen im Sozialgerichtsgesetz zum 1.1.2002, in: SozSich 2001, 422

Wenner/Terdenge/Martin, Grundzüge der Sozialgerichtsbarkeit, 2. Aufl. 1999

Weyand/Schubert, Das neue Schwerbehindertenrecht, 2. Aufl. 2002

Wilhelm, Die Zusammenhänge zwischen Sonderkündigungsschutz und dem Kündigungsschutzgesetz, in: NZA 1988, Beil. 3, S. 18

Wolber, Wegeunfälle von behinderten Menschen in anerkannten Werkstätten, in: SozVers 2001, 294

Wuttke, Neues Schwerbehindertenrecht, Quotensenkung und praktische Hilfen, in: Der Arbeitgeber 2000, Heft 10, 14

Zwanziger, Die Neuregelung des Verbots der Geschlechterdiskriminierung im Arbeitsrecht, in: DB 1998, 1330

Hinweis

Der vollständige Wortlaut auch des Teil 1 des **SGB IX**, der Schwerbehindertenausweisverordnung (**SchwbAwV**), der Schwerbehinderten-Ausgleichsabgabeverordnung (**SchwbAV**), der Wahlordnung Schwerbehindertenvertretungen (**SchwVWO**), der Werkstättenverordnung (**WVO**) sowie der Werkstätten-Mitwirkungsverordnung (**WMVO**) ist als Beck-Text im dtv „SGB IX Rehabilitation und Teilhabe behinderter Menschen" (Band 5755) erschienen.

SGB IX

Teil 2. Besondere Regelungen zur Teilhabe schwerbehinderter Menschen (Schwerbehindertenrecht)

Teil 2 des Sozialgesetzbuchs – Rehabilitation und Teilhabe 1
behinderter Menschen vom 19. 6. 2001 (BGBl. I S. 1046, SGB IX)
ordnet in vierzehn Kapiteln das bisherige Schwerbehindertengesetz
(SchwbG) mit Wirkung zum 1. 7. 2001 in das Sozialgesetzbuch ein und
enthält Vorschriften für schwerbehinderte und diesen gleichgestellte
behinderte Menschen.

Kapitel 1. Geschützter Personenkreis

Kap. 1 „Geschützter Personenkreis" enthält die grundlegenden Regelungen über den Geltungsbereich sowie die Feststellung von Behinderung oder Schwerbehinderung und des Verfahrens über die Gleichstellung behinderter mit schwerbehinderten Menschen.

Geltungsbereich

68 (1) Die Regelungen dieses Teils gelten für schwerbehinderte und diesen gleichgestellte behinderte Menschen.

(2) [1]Die Gleichstellung behinderter Menschen mit schwerbehinderten Menschen (§ 2 Abs. 3) erfolgt auf Grund einer Feststellung nach § 69 auf Antrag des behinderten Menschen durch das Arbeitsamt. [2]Die Gleichstellung wird mit dem Tag des Eingangs des Antrags wirksam. [3]Sie kann befristet werden.

(3) Auf gleichgestellte behinderte Menschen werden die besonderen Regelungen für schwerbehinderte Menschen mit Ausnahme des § 125 und des Kapitels 13 angewendet.

Übersicht

I. Schwerbehindertenrecht

1   § 68 Abs. 1 stellt klar, dass die besonderen Regelungen für schwerbehinderte und diesen gleichgestellte behinderte Menschen die allgemeinen Regelungen für behinderte Menschen des Teils 1 des SGB IX
ergänzen. Die Bezeichnung „schwerbehinderte Menschen" gilt auch,
soweit diese Personen in Teil 1 angesprochen sind.

2   Entsprechend dem Ziel einer **Zusammenfassung und Weiterentwicklung des Rechts zur Eingliederung behinderter Menschen
durch das SGB IX** ist das SchwbG mit Wirkung vom 1. 7. 2001 als Teil
2 in das SGB IX eingeordnet worden (Darstellung der Vorgeschichte:
Kraus br 2001, 1; Überblicksaufsätze zum SGB IX unter Berücksichtigung des Schwerbehindertenrechts: *Düwell* BB 2001, 1527; *Welti* NJW
2001, 2210; *Braasch* br 2001, 177; *Hansen* NZA 2001, 985). Die Regelungen entsprechen im Wesentlichen dem bisherigen SchwbG in der Fassung des Gesetzes zur Bekämpfung der Arbeitslosigkeit Schwerbehinderter vom 29. 9. 2000 (BGBl. I. S. 1394). Sie enthalten jedoch neben
sprachlichen Anpassungen auch einige **Neuregelungen**, von denen
insbesondere das Verbot der Benachteiligung schwerbehinderter Menschen im Arbeits- oder sonstigen Beschäftigungsverhältnis sowie die
Entschädigungspflicht bei Verstoß gegen dieses Verbot hervorzuheben
ist (§ 81 Abs. 2 SGB IX). Im Übrigen werden bei der Einordnung des
Schwerbehindertenrechts in das SGB IX unter anderem eine Vereinfachung des Anzeigeverfahrens der Arbeitgeber (§ 80 SGB IX), eine
Erweiterung der Aufgaben der Schwerbehindertenvertretung (§ 84
SGB IX) und eine Klarstellung der Beauftragung der Integrationsfachdienste auch durch Integrationsämter (bisher: Hauptfürsorgestellen)
und Rehabilitationsträger (§§ 109, 111 SGB IX) vorgesehen.

3   Menschen, die körperlich, geistig oder seelisch behindert sind oder denen eine solche Behinderung droht, haben nach **§ 10 SGB I** unabhängig
von der Ursache der Behinderung zur Förderung ihrer Selbstbestimmung und gleichberechtigten Teilhabe ein **Recht auf Hilfe**, die erforderlich ist, um u. a. ihnen einen ihren Neigungen und Fähigkeiten entsprechenden Platz im Arbeitsleben zu sichern, ihre Entwicklung zu
fördern und ihre Teilhabe am Leben in der Gesellschaft und eine möglichst selbstständige und selbstbestimmte Lebensführung zu ermöglichen oder zu erleichtern sowie Benachteiligungen auf Grund der Behinderung entgegenzuwirken. Diese **sozialen Rechte** (§ 2 Abs. 1 SGB I)
werden durch das Schwerbehindertenrecht des SGB IX konkretisiert.
Bei der Gesetzesauslegung und bei der Ausübung von Ermessen durch
die Verwaltung sind soziale Rechte zu beachten; dabei ist sicherzustellen,
dass sie möglichst weitgehend verwirklicht werden (§ 2 Abs. 2 SGB I).

4   Das in die jeweiligen Leistungsgesetze integrierte **Behindertenrecht** und entsprechend ausdifferenzierte Zuständigkeiten der Sozial-

leistungsträger (vgl. § 6 SGB IX) führen dazu, dass behinderte Menschen Anträge auf Sozialleistungen (§ 16 SGB I) bei Sozialämtern, Renten-, Kranken-, Pflege- und Unfallversicherungsträgern verfolgen müssen, während die Feststellung der Behinderung und des GdB bei Versorgungsämtern zu beantragen ist und Hilfen im Arbeitsleben u. a. von Integrationsämtern bereitgestellt werden. Der Gesetzgeber des SGB IX beklagt zwar die Zersplitterung der einschlägigen Rechtsvorschriften und der Zuständigkeiten bei den einzelnen beteiligten Trägern und Stellen, die eine Tendenz zu isolierter Betrachtung von Teilproblemen und Teillösungen fördere, während für behinderte oder von Behinderung bedrohte Menschen die Leistungen und sonstigen Hilfen zur Eingliederung vor allem in ihrem Zusammenwirken von Bedeutung seien (BT-Drucks. 14/5074, S. 93). Abgesehen von einer verbesserten **Koordination der Rehabilitationsleistungen** (vgl. §§ 10 f. SGB IX) und einer effektiveren **Kooperation der Leistungsträger** (z. B. Zuständigkeitsklärung, § 14 SGB IX und gemeinsame örtliche Servicestellen, § 22 SGB IX; Dazu: *Vömel* Rehabilitation 2002, 274 ff.; *Welti* SuP 2002, 509, 514 ff.) bleibt es jedoch auch mit dem SGB IX bei der **Zersplitterung des deutschen Behindertenrechts und der zuständigen Leistungsträger.** Sie erklärt sich aus dem historisch gewachsenen gegliederten System des Sozialrechts. Es lässt sich in den drei Kategorien „Soziale Vorsorge/Sozialversicherung", „soziale Entschädigung" und „soziale Hilfe und Förderung" beschreiben. Da die Behinderung als umfassende Beeinträchtigung auch ein Angewiesensein auf entsprechend umfassende Rehabilitationsleistungen zur Folge hat, wirken sich die Nachteile des gegliederten Systems bei der Eingliederung behinderter Menschen besonders aus (*Mrozynski,* SGB I, § 10 RdNr. 2; *Ders* SGb 2001, 277). So bleiben behinderte Menschen oftmals unkoordinierter medizinischer Sachverhaltsermittlung der Versorgungsämter und der Sozialleistungsträger ausgesetzt, der sie sich im Hinblick auf ihre Mitwirkungspflichten nach den §§ 62 ff. SGB I nur im Ausnahmefall (vgl. § 65 SGB I) entziehen können.

Aus **rechtssystematischer Sicht** lässt sich das Schwerbehinderten- 5 recht in seinen Kernbereichen gegenüber dem umfassenderen und auf die einzelnen Sozialleistungsbereiche zersplitterten Rehabilitationsrecht funktionell und instrumentell abgrenzen. Medizinische, berufsfördernde und ergänzende Maßnahmen und Leistungen zur Rehabilitation (§ 29 Abs. 1 Nr. 1–4 SGB I, § 5 SGB IX) werden im Wesentlichen von Krankenkassen, Rentenversicherungs- und Unfallversicherungsträgern, Arbeits- und Versorgungsämtern erbracht. Das Schwerbehindertenrecht stellt darüber hinaus auf den besonderen Schutz behinderter Menschen ab, deren gesundheitliche Probleme und daraus entstehenden Schwierigkeiten bei der Teilhabe am Leben in der Gesellschaft besonders „schwer"wiegend sind. Für den Personenkreis der schwerbehinderten Menschen werden besondere Leistungen und sonstige Hilfen zur Teilhabe am Leben in der Gesellschaft, insbesondere am Arbeitsleben, bereitgestellt (§ 29 Abs. 1 Nr. 5 SGB I).

6   Die **Instrumente des Schwerbehindertenrechts** dienen überwiegend der Integration in Arbeit und Beruf und sind damit auf einen Teilbereich der Rehabilitation bezogen. Mit der Beschäftigungspflicht (§§ 71 SGB IX ff.), der Ausgleichsabgabe (§ 77 SGB IX), dem besonderen Kündigungsschutz (§§ 85 ff. SGB IX), der Schwerbehindertenvertretung (§§ 93 ff. SGB IX), der begleitenden Hilfe im Arbeitsleben der Integrationsämter (§ 102 SGB IX), der Betreuung schwerbehinderter Menschen durch Integrationsfachdienste und Integrationsprojekte (§§ 109 ff., §§ 132 ff. SGB IX) sowie der Förderung von Werkstätten für behinderte Menschen (§§ 136 ff. SGB IX) hat das Schwerbehindertenrecht Instrumente herausgebildet, die über Sozialleistungen zur Beseitigung oder Kompensation von Funktionsbeeinträchtigungen, dem klassischen Instrumentarium der Rehabilitation, hinausgehen.

7   **Charakteristisch für das Schwerbehindertenrecht** ist damit die Kombination von arbeitsmarktpolitischen Lenkungsinstrumenten, arbeitsrechtlichen Schutz- und Mitbestimmungsregelungen und Sozialleistungsrecht zugunsten der klar abgegrenzten und durch Verwaltungsakte statusmäßig anerkannten Gruppe der schwerbehinderten und der gleichgestellten behinderten Menschen (*Ebsen* in: SRH, C. 26 RdNr. 3 f.).

II. Verfassungsrecht

8   Mit der Formulierung „Niemand darf wegen seiner Behinderung benachteiligt werden" in **Art. 3 Abs. 3 Satz 2 GG** spiegelt sich seit 1994 die besondere Situation behinderter Menschen im Grundrechtskatalog wieder. Die Vorschrift bezweckt die Stärkung der Stellung behinderter Menschen in Recht und Gesellschaft. Sie enthält ein Gleichheitsrecht zugunsten behinderter Menschen sowie einen Auftrag an den Staat, auf die gleichberechtigte Teilhabe behinderter Menschen hinzuwirken (BT-Drucks. 12/8165, S. 29; Zum Schutzbereich des Grundrechts: *Springer* br 1998, 92; *Jürgens* ZFSH/SGB 1995, 353; *Ders.* NVwZ 1995, 452; Zum verfassungsrechtlichen Behindertenschutz in Europa: *Beaucamp* ZFSH/SGB 2002, 201). Die Aufnahme des **speziellen Diskriminierungsverbotes** in die Verfassung ist Ausdruck eines gewandelten Rollenverständnisses behinderter Menschen in der Gesellschaft. Behinderte Menschen, die früher überwiegend Objekte staatlicher Fürsorge waren, beanspruchen heute die gleichberechtigte Teilhabe am gesellschaftlichen Leben und das Recht auf Selbstbestimmung und Selbstvertretung (s.a. interfraktionelle Entschließung des Deutschen Bundestages vom 19. 5. 2000, BT-Drucks. 14/2913). Angesichts weiterbestehender rechtlicher und tatsächlicher Benachteiligun-

gen bei der Teilnahme am gesellschaftlichen Leben erscheinen einfachgesetzliche Konkretisierungen als geboten. Dementsprechend ist am 1. 5. 2002 zur Umsetzung des Benachteiligungsverbotes des Art. 3 Abs. 3 Satz 2 GG das **Gesetz zur Gleichstellung behinderter Menschen** vom 27. 4. 2002 (BGG) in Kraft getreten, das Benachteiligungen im öffentlichen Raum insbesondere durch den Abbau von Barrieren beseitigen soll (BGBl. I S. 1467; BT-Drucks. 14/7420; *Steck* SF 2002, 23; *Paland/Spereiter* BArBl 11/2001, 38; *Haack* BArbBl 6/2002, 5; *Ullrich/ Spereiter* BArBl 6/2002, 7; *Frehe* BArBl 6/2002, 12; *Moritz* ZFSH/SGB 2002, 204, 211 ff.; *Stähler* NZA 2002, 777). Darüber hinaus hat das Bundesjustizministerium Eckpunkte eines zivilrechtlichen **Antidiskriminierungsgesetzes** vorgelegt (RDdL 2001, 148), die jedoch in der 14. Wahlperiode nicht weiterverfolgt worden sind.

Der Schwerbehindertenstatus gehört zum grundrechtlich geschütz- **9** ten Bereich der **Persönlichkeitsrechte (Art. 1 Abs. 1, Art. 2 Abs. 1 GG)**. So kann allein der behinderte Mensch über einen Feststellungsantrag nach § 69 SGB IX verfügen. Es ist ihm freigestellt, von einer Behinderungsfeststellung und dem Schwerbehindertenausweis Gebrauch zu machen und einzelne Behinderungen von der Feststellung auszunehmen. Umgekehrt kann nicht etwa der Arbeitgeber ein Verfahren mit dem Ziel, die Feststellung der Schwerbehinderteneigenschaft seines Arbeitnehmers zu beseitigen, betreiben. Allgemein muss er die Belastung des Arbeitsverhältnisses durch die tatsächliche Schwerbehinderteneigenschaft, die das **Sozialstaatsgebot (Art. 20 Abs. 1 GG, Art. 28 Abs. 1 Satz 1 GG)** erfüllt, als verfassungsmäßig gerechtfertigt hinnehmen (BSG SozR 3870 § 3 Nr. 23).

Das **Grundrecht auf freie Wahl von Beruf, Arbeitsplatz und** **10** **Ausbildungsstätte (Art. 12 Abs. 1 Satz 1 GG)** hat für behinderte Menschen besondere Bedeutung. Nur bei entsprechenden Zugangsmöglichkeiten lässt sich ihre Integration in den Arbeitsmarkt verwirklichen. Bereits im sog. Apothekenurteil vom 11. 6. 1958 weist das BVerfG darauf hin, dass Art. 12 Abs. 1 GG die Freiheit des Bürgers in einem für die moderne arbeitsteilige Gesellschaft besonders wichtigen Bereich schütze. Es gewährleiste dem Einzelnen das Recht, jede Tätigkeit, für die er sich geeignet glaube, als „Beruf" zu ergreifen, d. h. zur Grundlage seiner Lebensführung zu machen. Die Freiheit der Berufswahl dürfe nur eingeschränkt werden, soweit der Schutz besonders wichtiger („überragender") Gemeinschaftsgüter es zwingend erfordere (BVerfGE 7, 377, 397, 405). Im Mitbestimmungsurteil vom 1. 3. 1979 knüpft das BVerfG (BVerfGE 50, 290, 362) hieran an: Der Beruf werde in seiner Beziehung zur Persönlichkeit des Menschen im Ganzen verstanden, die sich erst darin voll ausforme und vollende, dass der Einzelne sich einer Tätigkeit widme, die für ihn Lebensaufgabe und Lebensgrundlage sei und durch die er zugleich seinen Beitrag zur gesellschaftlichen Gesamtleistung erbringe. Das Grundrecht gewinne so

Bedeutung für alle sozialen Schichten. Die Arbeit als „Beruf" habe
für alle gleichen Wert und gleiche Würde.

11   Das Schwerbehindertenrecht dient der Einbeziehung behinderter
Menschen in die allgemeine soziale Umgebung einschließlich des Er-
werbslebens und damit auch der **Verwirklichung des Grundrechts**
aus Art. 12 Abs. 1 GG. Unverzichtbare Voraussetzung für die Einlösung
des Grundanspruchs auf Selbstbestimmung und gleichberechtigte ge-
sellschaftliche Teilhabe sind adäquate Erwerbsarbeitsmöglichkeiten für
alle behinderten Menschen. Sie ermöglichen behinderten Menschen
die Chance, über Arbeitsleistung ein mehr an Selbstbestimmung und
Eigenständigkeit, sozialer Kompetenz und Lebensqualität zu erreichen. Einzelregelungen des 2. Teils des SGB IX wie z. B. Vorschriften
über die Erlangung und Erhaltung eines geeigneten Arbeitsplatzes
(§§ 81 ff. SGB IX) stellen Ausprägungen des Grundrechts der Berufs-
freiheit dar. Sie müssen im Interesse einer möglichst weitgehenden
Verwirklichung der Grundrechte extensiv ausgelegt werden (GK-
SchwbG-*Großmann*, Einl. RdNr. 17).

III. Überstaatliches Recht

12   Die Generalversammlung der **Vereinten Nationen** hat am
20. 12. 1993 die **Resolution 48/96** betreffend der Rahmenbedingungen für die Herstellung der Chancengleichheit für Behinderte beschlossen. Obwohl die Rahmenbestimmungen nicht obligatorisch
sind, können sie Völkergewohnheitsrecht werden, wenn sie von zahlreichen Staaten in der Absicht angewandt werden, eine Regel des Völ-
kerrechts einzuhalten. Sie implizieren die politische Verpflichtung der
Staaten, Maßnahmen zur Herstellung der Chancengleichheit behinderter Menschen zu ergreifen. Es werden darin Grundsätze zu Verantwortlichkeit, zu speziellen Maßnahmen und zur Zusammenarbeit festgehalten. Die Staaten sollen demnach die Eingliederung Behinderter
in den allgemeinen Arbeitsmarkt aktiv unterstützen. Für Behinderte,
die auf dem allgemeinen Arbeitsmarkt nicht untergebracht werden
können, sollen kleine Einheiten von geschützten oder unterstützten
Arbeitsplätzen eine Alternative darstellen. Die Qualität solcher Programme müsse danach beurteilt werden, inwieweit sie wirkungsvoll
und ausreichend seien, um Behinderten Chancen auf eine Beschäftigung auf dem Arbeitsmarkt zu eröffnen (Resolution 48/96, Anlage II
Bestimmung 7).

13   Die Bundesrepublik Deutschland hat als Mitgliedsstaat der **Internationalen Arbeitsorganisation (ILO)** das **Übereinkommen Nr.
159** vom 20. 6. 1983 über die berufliche Rehabilitation und die Beschäftigung der Behinderten ratifiziert (Zustimmungsgesetz vom 9. 1. 1989,
BGBl. II S. 2). Das Übereinkommen verpflichtet die Mitgliedsstaaten,

für alle Gruppen von Behinderten Beschäftigungsmöglichkeiten auf dem allgemeinen Arbeitsmarkt zu fördern.

Schließlich enthält die **Europäische Sozialcharta (ESC)** Aussagen 14 zur Chancengleichheit Behinderter im Arbeitsleben. Als völkerrechtlicher Vertrag ist diese Konvention im Jahre 1961 von der Bundesrepublik Deutschland und den anderen Mitgliedsstaaten des Europarates unterzeichnet und auf Grund des Zustimmungsgesetzes vom 19. 9. 1964 (BGBl. II S. 1261) in wesentlichen Teilen Bundesrecht geworden. Demnach hat jeder Behinderte das Recht auf berufliche Ausbildung sowie auf berufliche und soziale Eingliederung oder Wiedereingliederung ohne Rücksicht auf Ursprung und Art der Behinderung (Teil I Nr. 15). Um dieses Recht zu gewährleisten, haben sich die Vertragsstaaten zu näher bestimmten Maßnahmen u. a. der Bereitstellung von Ausbildungsmöglichkeiten und der Förderung der Arbeitsvermittlung verpflichtet (Teil II Art. 15; Dazu GK-SchwbG-*Großmann,* § 14 RdNr. 43).

Die Sozialvorschriften des **Vertrages zur Gründung der Europä-** 15 **ischen Gemeinschaft** enthalten zwar in Art. 136 ff. Aussagen zur Verbesserung und Angleichung der Lebens- und Arbeitsbedingungen. Verbindliche Maßnahmen zur Integration behinderter Menschen beinhaltet der Vertrag jedoch nicht. Als Ergebnis der Regierungskonferenz von Amsterdam im Juni 1997 ist in Art. 13 EG-Vertrag eine **Antidiskriminierungsklausel** folgenden Inhalts aufgenommen worden: „Unbeschadet der sonstigen Bestimmungen dieses Vertrages kann der Rat im Rahmen der durch den Vertrag auf die Gemeinschaft übertragenen Zuständigkeiten auf Vorschlag der Kommission und nach Anhörung des europäischen Parlaments einstimmig geeignete Vorkehrungen treffen, um Diskriminierungen aus Gründen des Geschlechts, der Rasse, der ethnischen Herkunft, der Religion oder der Weltanschauung, einer Behinderung, des Alters und der sexuellen Ausrichtung zu bekämpfen." Die erstmalige Berücksichtigung der Interessen von behinderten Menschen im EG-Vertrag kann zwar als sozialpolitischer Fortschritt angesehen werden. Die Neuregelung richtet sich jedoch lediglich an Organe der Europäischen Union, ohne den EU-Bürgern konkrete Rechtsbehelfe gegen Diskriminierungen zu bieten. Mit der **Richtlinie 2000/78/EG des Rates vom 27. 11. 2000** („Richtlinien zur Festlegung eines allgemeinen Rahmens für die Verwirklichung der Gleichbehandlung in Beschäftigung und Beruf"), die u. a. behinderte Menschen vor Diskriminierungen in Arbeit und Beruf schützen soll, wurde von der Ermächtigung des Art. 13 EG-Vertrag Gebrauch gemacht. Neben einer Definition der mittelbaren und unmittelbaren Diskriminierung fordert die Richtlinie angemessene Vorkehrungen, um den Gleichbehandlungsgrundsatz auch für behinderte Menschen zu gewährleisten. Arbeitgeber müssen demnach die geeigneten und im konkreten Fall erforderlichen Maßnahmen ergreifen,

um behinderten Menschen den Zugang zu Beschäftigung und zur
Ausübung eines Berufs, zum beruflichen Aufstieg und zur Teilnahme
an Aus- und Weiterbildungsmaßnahmen zu ermöglichen, soweit diese
Maßnahmen die Arbeitgeber nicht unverhältnismäßig belasten.

IV. Geschichtliche Entwicklung

16   Der gesetzliche Schutz von schwerbehinderten Menschen unabhängig von der Behinderungsursache wurde in der Bundesrepublik
Deutschland erst im Jahre 1974 verwirklicht. Bis dahin wurden vor
allem für **Kriegsbeschädigte und Arbeitsunfallopfer** Bemühungen
zur Integration in das Arbeitsleben unternommen. So können als
eigentlicher Beginn des Sonderrechts der beruflichen Eingliederung
behinderter Menschen die Verordnung über die Beschäftigung
Schwerbeschädigter vom 9. 1. 1919 (RGBl. S. 28, 132) und die Verordnung über die soziale Kriegsbeschädigten- und Kriegshinterbliebenenfürsorge vom 8. 2. 1919 (RGBl. S. 187) gelten. Hierin wurde Arbeitgebern für Kriegsbeschädigte und Arbeitsunfallverletzte mit einer
Minderung der Erwerbsfähigkeit um wenigstens 50 v.H. eine Einstel-
lungspflicht auferlegt (zunächst im Rahmen einer Quote von 1 %,
dann 2 % der vorhandenen Arbeitsplätze). Das **Schwerbeschädigtengesetz vom 6. 4. 1920** (RGBl. I S. 458) i.d.F. des Gesetzes vom
12. 1. 1923 (RGBl. I S. 57) erweiterte das Instrumentarium u. a. um die
Bildung von Schwerbeschädigtenvertretungen und das Erfordernis
der Hauptfürsorgestellenzustimmung bei Kündigungen.

17   Während des 3. Reiches von 1933 bis 1945 war die Anwendung des
Schwerbeschädigtengesetzes der nationalsozialistischen Ideologie
vom Unwert behinderter Menschen unterworfen. Nach dem 2. Welt-
krieg entstand zunächst durch landesrechtliche Vorschriften zur Eingliederung der Kriegsopfer eine erhebliche Rechtszersplitterung. Mit
dem **Gesetz über die Beschäftigung Schwerbeschädigter vom
16. 6. 1953** (BGBl. I S. 389) knüpfte die Bundesrepublik Deutschland
an die Vorkriegsrechtslage an. Der bereits 1953 diskutierte Vorschlag,
den geschützten Personenkreis auf alle Schwerbehinderten auszudeh-
nen, wurde nicht aufgegriffen. In der Regierungsbegründung zum
Gesetzentwurf befürchtete man eine Benachteiligung der Kriegs- und
Arbeitsunfallopfer sowie eine „unerträgliche" Belastung der Wirtschaft. Das Gesetz müsse in Anerkennung der Tatsache, dass die
Schwerbeschädigten das gesundheitliche Opfer „für das ganze Volk"
erbracht hätten, diesen Personenkreis bei der Eingliederung in das
Arbeitsleben bevorzugen (zitiert nach *Cramer*, SchwbG, Einl. S. 5 f.).
Erstmals eingeführt wurden durch das Schwerbeschädigtengesetz von
1953 eine Ausgleichsabgabe und ein bezahlter Zusatzurlaub von sechs
Arbeitstagen im Jahr.

Weil in der Folgezeit nur ca. die Hälfte der Pflichtplätze mit Schwer- **18** beschädigten besetzt werden konnte, wurde die Bundesregierung im Rahmen der **Gesetzesnovellierung vom 14.8.1961** (BGBl. I S. 1233) ermächtigt, die Pflichtquote zur Beschäftigung von Schwerbeschädigten von 8 % auf 4 % der Arbeitsplätze abzusenken. Eine Erweiterung des anspruchsberechtigten Personenkreises im Sinne einer Abkehr von der Privilegierung bestimmter Behinderungsursachen war wiederum nicht mehrheitsfähig.

Eine wesentliche Neuerung, die sich schon in der Gesetzesbezeich- **19** nung ausdrückte, verwirklichte die erste sozialdemokratisch geführte Bundesregierung mit dem **Gesetz zur Sicherung der Eingliederung Schwerbehinderter in Arbeit, Beruf und Gesellschaft (Schwerbehindertengesetz) vom 29.4.1974** (BGBl. I S. 1006). In der Überwindung der kausalen Ausrichtung des Schwerbeschädigtengesetzes, d. h. der Abhängigkeit der Hilfen von einer bestimmten privilegierten Ursache der Behinderung, lag die besondere sozialpolitische Bedeutung des Gesetzes. Leitgedanke war die Hinwendung zur **Finalität**, also zu der Auffassung, dass allein die Tatsache der Behinderung und ihr Ausmaß Voraussetzungen für die Hilfen des Gesetzes sein dürfen. Darüber hinaus wurde das System der Beschäftigungspflicht der Arbeitgeber und der Ausgleichsabgabe neu geordnet. Weitere Neuregelungen waren u. a. die Vereinfachung des Verwaltungsverfahrens, die Erweiterung der Fürsorge- und Förderungspflicht der Arbeitgeber gegenüber schwerbehinderten Beschäftigten, die Verstärkung des besonderen Kündigungsschutzes sowie die Einbeziehung der Werkstätten für Behinderte (zu weiteren Einzelheiten: *Cramer*, SchwbG, Einl. S. 10 ff.). Diverse Gesetzesänderungen seit 1974, u. a. die Einfügung eines neuen Abschnitts über die unentgeltliche Beförderung Schwerbehinderter im öffentlichen Personenverkehr, erforderten die Neubekanntmachung des SchwbG vom 8.10.1979 (BGBl. I S. 1650).

Mit dem **Ersten Gesetz zur Änderung des Schwerbehinderten-** **20** **gesetzes vom 26.8.1986** (BGBl. I S. 1421) wurden Regelungen, die von der konservativen Bundesregierung als beschäftigungs- oder ausbildungshemmend beurteilt wurden, abgebaut. Hierzu zählen das Einsetzen des besonderen Kündigungsschutzes erst nach sechs Beschäftigungsmonaten, die Kürzung der Schonfrist bei Verringerung des GdB auf weniger als 50, die Nichtberücksichtigung der Ausbildungsplätze bei der Berechnung der Beschäftigungsquote und die Verkürzung des Zusatzurlaubs. Der Begriff „Minderung der Erwerbsfähigkeit" (MdE) wurde durch „Grad der Behinderung" (GdB) ersetzt, was das Schwerbehindertenrecht auch begrifflich besser vom sozialen Entschädigungs- und Unfallversicherungsrecht abhebt. Die verstärkte Förderung der Einstellung Schwerbehinderter sollte u. a. durch eine Erhöhung der Ausgleichsabgabe und zusätzliche finanzielle Anreize für Arbeitgeber erreicht werden.

21   Mit dem **Einigungsvertrag vom 31. 8. 1990** (BGBl. II S. 889) erfolgte in der alten Bundesrepublik eine weitere Erhöhung der Ausgleichsabgabe von 150,- DM auf 200,- DM monatlich pro nichtbesetz-
tem Pflichtplatz. Für das Beitrittsgebiet wurde die Abgabe von 250,-
DM auf 200,- DM abgesenkt (Einzelheiten unter Berücksichtigung der
Rechtsentwicklung in der DDR bei *Cramer,* SchwbG, Einf. S. 30 ff.
und GK-SchwbG-*Poppe-Bahr,* 1. Aufl. 1992, Einl. RdNr. 75 ff.).

22   Das **Gesetz zur Reform des Sozialhilferechts vom 23. 7. 1996**
(BGBl. I S. 1088) enthielt wesentliche Neuregelungen für Beschäftigte
in **Werkstätten für Behinderte**: Sie haben nunmehr einen Rechtsanspruch auf Eingliederungshilfe in einer WfB und stehen in einem
arbeitnehmerähnlichen Rechtsverhältnis. Weitere Neuregelungen betrafen die Förderung der Auftragsbeschaffung in WfB (Gesetzesbegründung: BT-Drucks. 13/2440, 13/2764, 13/3904; s.a. Vierter Bericht der Bundesregierung über die Lage der Behinderten und die Entwicklung der Rehabilitation vom 18. 12. 1997, BT-Drucks. 13/9514,
S. 77 ff.; *Wendt* RsDE 1996, 43). Die Regelungen befinden sich nunmehr in Kapitel 12 des SGB IX (§§ 136 ff.).

23   Mit dem im Wesentlichen zum 1. 10. 2000 in Kraft getretenen **Gesetz
zur Bekämpfung der Arbeitslosigkeit Schwerbehinderter vom
29. 9. 2000** (BGBl. I S. 1394) strebte die 1998 gebildete Rot-Grüne Re-
gierungskoalition die Verbesserung der Chancengleichheit schwerbehinderter Menschen im Arbeits- und Berufsleben bei schnellstmög-
lichem Abbau der Arbeitslosigkeit an. Zielgröße war eine dauerhafte
Eingliederung von etwa 50 000 arbeitslosen Schwerbehinderten in den
ersten Arbeitsmarkt innerhalb von 2–3 Jahren (BT-Drucks. 14/3372,
S. 15; BT-Drucks. 14/5990, S. 178 f.; Überblicksaufsätze: *Cramer* DB
2000, 2217; *Kossens/Maaß* NZA 2000, 1025; *Düwell* BB 2000, 2570;
v. Seggern AiB 2000, 717; *Marschner* ZTR 2000, 545; *Adlhoch* br 2000,
201; *Feldes* br 2000, 187; *Braun* MDR 2001, 63; *Seel* br 2001, 37; *Stork* br
2001, 40; *Wuttke* Der Arbeitgeber 2000, Heft 10, 14; Zur Umsetzung der
Kampagne „50 000 Jobs für Schwerbehinderte“: *Köpke* SozSich 2001,
382; s.a. Antwort der Bundesregierung vom 5. 3. 2002 auf eine Kleine
Anfrage der PDS-Fraktion zu den Wirkungen des Gesetzes zur Bekämpfung der Arbeitslosigkeit Schwerbehinderter, BT-Drucks. 14/8441).
Ausgangspunkt war die deutlich erhöhte **spezifische Arbeitslosenquote** schwerbehinderter Menschen, die 1998 bei 18 % gegenüber einer
allgemeinen Arbeitslosenquote von 11,1 % lag. Außerdem war eine Stag-
nation der Vermittlung schwerbehinderter Arbeitsloser in den ersten Arbeitsmarkt zu verzeichnen. Von 188 645 beschäftigungspflichtigen Arbeitgebern kamen nur 23 400 ihrer Beschäftigungspflicht nach. Rund
72 500 beschäftigungspflichtige Arbeitgeber beschäftigten pflichtwid-
rig keinen einzigen schwerbehinderten Menschen. Im Ergebnis lag die
tatsächliche Beschäftigungsquote nach einem langjährigen Prozess
stetiger Abnahme 1999 nur noch bei 3,3 % bei den privaten Arbeitgebern

(1991: 4,0 %) und 5,2 % bei den öffentlichen Arbeitgebern (BT-Drucks. 14/7943, S. 4, 7; s.a. Erster Armuts- und Reichtumsbericht der Bundesregierung vom 8. 5. 2001, BT-Drucks. 14/5990, S. 131 f.; Zur Entwicklung: Vierter Bericht der Bundesregierung über die Lage der Behinderten und die Entwicklung der Rehabilitation vom 18. 12. 1997, BT-Drucks. 13/9514, S. 68 ff.; Dazu *Kraus* br 1998, 117).

Bei der Neuregelung des Jahres 2000 handelte es sich um ein Artikel- **24** gesetz, mit dem das SchwbG (Art.1), das SGB III (Art. 2), die Wahlordnung zum SchwbG (Art. 3), die Werkstättenverordnung (Art. 4), die Ausgleichsabgabe-Verordnung (Art. 5) und die Eingliederungszuschussverordnung (Art. 6) geändert wurden. Die bis zum 31. 12. 2002 befristete und hinsichtlich der Umwandlung in Dauerrecht an die Zielerreichung bei der Schaffung von ca. 50 000 zusätzlichen Arbeitsplätzen geknüpfte **Senkung der Beschäftigungspflichtquote** von 6 v.H. auf 5 v.H. sollte nach der Gesetzesbegründung ein Signal an die Arbeitgeber setzen, sich der Integration von Schwerbehinderten stärker anzunehmen. Diese nicht unmittelbar einleuchtende Logik wurde flankiert durch eine Staffelung der Höhe der **Ausgleichsabgabe** in Abhängigkeit von dem Grad der Erfüllung der Beschäftigungsquote. Die Rechte der Schwerbehinderten (u. a. auf einen behinderungsgerechten und qualifikationsentsprechenden Arbeitsplatz) und die Beteiligungsrechte der Schwerbehindertenvertretungen wurden gestärkt. Schwerbehinderte erhielten einen Anspruch auf Teilzeitarbeit, wenn die kürzere Arbeitszeit wegen Art oder Schwere der Behinderung notwendig ist. Die betriebliche Prävention wurde ausgebaut, die Förderung schwerbehinderter Frauen vorgeschrieben. Zusätzliche **innovative Instrumente** – Integrationsvereinbarungen, Integrationsfachdienste, Integrationsprojekte – und der verstärkte Einsatz der Mittel der Ausgleichsabgabe sollen nunmehr zur Integration Schwerbehinderter in den allgemeinen Arbeitsmarkt beitragen.

V. Reichweite des Schwerbehindertenrechts

Die in Deutschland lebenden behinderten Menschen bilden keine **25** in sich geschlossene Gruppe. Zu ihnen gehören
- 865 293 in Betrieben und Dienststellen **beschäftigte** schwerbehinderte Menschen (Stand: Oktober 1998),
- 192 470 **arbeitslose** schwerbehinderte Menschen (davon 158 627 im Bundesgebiet West und 33 843 im Bundesgebiet Ost (Stand: 31. 12. 1998),
- 181 027 in **Werkstätten für behinderte Menschen** geförderte oder beschäftigte behinderte Menschen (Stand: 1998),
- etwa 5,38 Mio. **nicht im Arbeitsleben** stehende schwerbehinderte Menschen (Stand: Oktober 1998).

Im **Jahr 2000** standen 1 019 446 schwerbehinderte und ihnen gleichgestellte behinderte Menschen im **Arbeitsleben**, davon waren 719 709
bei beschäftigungspflichtigen Arbeitgebern und 123 000 bei nichtbe-
schäftigungspflichtigen Arbeitgebern tätig. **Arbeitslos** waren 176737
schwerbehinderte und gleichgestellte behinderte Menschen (BT-
Drucks. 14/8441, S. 8).

26   Insgesamt lebten am 31. 12. 1999 in der Bundesrepublik Deutschland
etwa 6,6 Mio. schwerbehinderte Menschen, das waren etwas über **8 %
der Wohnbevölkerung**. Dazu kam eine statistisch nicht erfasste Zahl
behinderter Menschen, bei denen ein Grad der Behinderung von
weniger als 50 festgestellt wurde. Schwerbehinderte Frauen im erwerbsfähigen Alter waren hinsichtlich ihres Anteils an der Bevölkerung
unterrepräsentiert. Dieser Umstand wird darauf zurückgeführt, dass
Frauen trotz Vorliegens einer Behinderung oder einer subjektiv emp-
fundenen Beeinträchtigung z.T. auf die amtliche Feststellung verzichten (Erster Armuts- und Reichtumsbericht der Bundesregierung vom
8. 5. 2001, BT-Drucks. 14/5990, S. 130, 145; Dazu: *Kraus* br 2002, 9).

27   Von insgesamt 6 633 466 im Dezember 1999 schwerbehinderten
Menschen beruhte die schwerste Behinderung bei
– 4,5 % auf einer angeborenen Behinderung
– 1,2 % auf einem Arbeitsunfall oder einer Berufskrankheit
– 0,6 % auf einem Verkehrsunfall
– 0,1 % auf einem häuslichen Unfall
– 0,4 % auf einem sonstigen oder nicht näher bezeichneten Unfall
– 2,5 % auf einer anerkannten Kriegs-, Wehrdienst- oder Zivildienst-
  beschädigung
– **86,2 % auf allgemeiner Krankheit** (einschließlich Impfschaden)
– 4,4 % auf sonstigen, mehreren oder nicht genügend bezeichneten
  Ursachen.

Die weit überwiegende Zahl der schwerbehinderten Menschen war
60 Jahre und älter (4 328 475). Unter 18 Jahre waren 163 545 schwerbehinderte Menschen, im erwerbsfähigen Alter von 18 bis unter 60 Jahren waren 2 141 446. Die Aufschlüsselung nach der **Art der Behinderung** ergab bei den erwachsenen Schwerbehinderten deutliche
Schwerpunkte bei dem Verlust oder der Funktionseinschränkung von
Gliedmaßen, Wirbelsäule, Rumpf oder Brustkorb und der Beeinträchtigung der Funktion innerer Organe (BT-Drucks. 14/5990, S. 415 f.).

VI. Gleichstellung

28   Im Gegensatz zu schwerbehinderten Menschen mit einem GdB
von mindestens 50 (§ 2 Abs. 2 SGB IX), die kraft Gesetzes den Schutzregelungen des Schwerbehindertenrechts unterliegen, gelangen behinderte Menschen mit einem GdB von weniger als 50, mindestens aber

30 nur durch ihre **formelle Gleichstellung** mit schwerbehinderten Menschen in den Anwendungsbereich des Teils 2 des SGB IX.

Die **Absätze 2 und 3 des § 68 SGB IX** übernehmen inhaltsgleich 29 Verfahrensregelungen zur Gleichstellung behinderter Menschen mit schwerbehinderten Menschen aus den bisherigen § 2 Abs. 1 und Abs. 2 SchwbG.

Nach **§ 68 Abs. 2 Satz 1 SGB IX** erfolgt die Gleichstellung behin- 30 derter Menschen mit schwerbehinderten Menschen auf Grund einer Feststellung nach § 69 SGB IX auf Antrag des behinderten Menschen durch das Arbeitsamt. Die Regelung nimmt Bezug auf die **materiellen Gleichstellungsvoraussetzungen in § 2 Abs. 3 SGB IX**. Danach sollen behinderte Menschen mit einem GdB von weniger als 50, aber wenigstens 30, bei denen die übrigen Voraussetzungen des § 2 Abs. 2 SGB IX vorliegen, schwerbehinderten Menschen gleichgestellt werden, wenn sie infolge ihrer Behinderung ohne die Gleichstellung einen **geeigneten Arbeitsplatz** im Sinne des § 73 SGB IX nicht erlangen oder nicht behalten können (vgl. zu den Tatbestandsmerkmalen der Gefahr des Arbeitsplatzverlustes bzw. der Nichterlangung eines geeigneten Arbeitsplatzes und der erforderlichen Kausalität zwischen der Art und Schwere der Behinderung und der Einschränkung in der Konkurrenzfähigkeit auf dem Arbeitsmarkt und/oder am Arbeitsplatz: *Mrozynski*, SGB IX Teil 1, § 2 RdNr. 54 ff.). Die Gleichstellung dient damit sowohl der **Beschaffung** als auch der **Sicherung** eines behinderungsgerechten Arbeitsplatzes. § 68 Abs. 2 Satz 1 SGB IX begründet über die materiellen Gleichstellungsvoraussetzungen des § 2 Abs. 3 SGB IX hinaus ein **Antragserfordernis** und die **Zuständigkeit der Arbeitsverwaltung** (s.a. § 104 Abs. 1 Nr. 5 SGB IX).

Das **Verwaltungsverfahren** des Arbeitsamtes zur Gleichstellung 31 eines behinderten Menschen beginnt mit der Antragsstellung (§ 18 Satz 2 Nr. 1 SGB X) und endet mit der Erteilung des Gleichstellungsbescheides oder des mit einer Begründung und einer Rechtsbehelfsbelehrung zu versehenden Ablehnungsbescheides (§§ 31, 35, 36 SGB X). Das Verwaltungsverfahren soll innerhalb von sechs Monaten abgeschlossen sein. Anderenfalls hat der Antragsteller nach § 88 SGG die Möglichkeit, bei dem Sozialgericht **Untätigkeitsklage** zu erheben.

Antragsberechtigt ist allein der behinderte Mensch. Damit ist es 32 ausgeschlossen, dass das Arbeitsamt von Amts wegen die Gleichstellung betreibt oder der Arbeitgeber, das Integrationsamt oder ein Rehabilitationsträger als Antragsteller auftreten. Auch die Schwerbehindertenvertretung sowie der Betriebs- bzw. Personalrat sind nicht antragsberechtigt. Der behinderte Mensch kann sich gemäß § 13 SGB X im Antragsverfahren durch **Bevollmächtigte**, insbesondere durch Rechtsanwälte, Gewerkschaftssekretäre und Mitarbeiter von Sozialverbänden, aber z. B. auch durch die betriebliche Vertrauensperson der schwerbehinderten Menschen vertreten lassen. Liegt die erforderliche schriftliche Vollmacht vor, ist der Bevollmächtigte zu allen Verfahrenshandlungen ermächtigt. Das Arbeitsamt muss sich während des Verwaltungsverfahrens an ihn wenden und kann ihm den abschließenden Bescheid bekanntgeben (§ 13 Abs. 3 SGB X, § 37 Abs. 1 Satz 2 SGB X).

33   Der Verfahrensmangel eines fehlenden Gleichstellungsantrages des behinderten Menschen kann bis zur letzten Tatsacheninstanz eines sozialgerichtlichen Verfahrens durch eine **nachträgliche Antragstellung** behoben werden (§ 41 Abs. 1 Nr. 1, Abs. 2 SGB X). Die Antragstellung ist dem behinderten Menschen freigestellt. Trotz mit der Gleichstellung für den Arbeitgeber verbundener Vorteile in Bezug auf seine Beschäftigungspflicht besteht weder eine sozialrechtliche noch eine arbeitsvertragliche (Neben-)**Pflicht zur Antragstellung** bei Vorliegen eines GdB von 30 oder 40 (s.a. GK-SchwbG-*Schimanski*, § 2 RdNr. 66; *Masuch* in: Hauck/Noftz, SGB IX, § 68 RdNr. 10).

34   Im Rahmen ihrer **Beratungs- und Auskunftspflichten** (§§ 14 f. SGB I) haben Rehabilitationsträger (§ 6 SGB IX) und ihre gemeinsamen örtlichen Servicestellen (§ 22 SGB IX) behinderte Menschen, die auf Grund ihrer Behinderung einen geeigneten Arbeitsplatz nicht erlangen oder nicht behalten können, auf die Möglichkeit einer Gleichstellung durch das Arbeitsamt hinzuweisen. Dies gilt auch für das Arbeitsamt selbst, wenn Vermittlungsversuche für einen behinderten Menschen sich als wenig aussichtsreich darstellen. Nach der Rechtsprechung des BSG sind Sozialleistungsträger gehalten auf **klar zu Tage tretende Gestaltungsmöglichkeiten** von sich aus hinzuweisen, die sich offensichtlich als zweckmäßig aufdrängen und die von jedem Betroffenen mutmaßlich genutzt werden (BSG SozR 3 – 1200 § 14 Nr. 6). Das Unterlassen eines Hinweises auf die Gleichstellungsmöglichkeit kann eine Amtspflichtverletzung mit der Folge eines verschuldensabhängigen Schadensersatzanspruchs darstellen (*Neumann/Pahlen,* SGB IX, § 68 RdNr. 12 GK-SchwbG-*Schimanski*, § 2 RdNr. 72). Verschuldensunabhängig ist der **sozialrechtliche Herstellungsanspruch**, der bei Beratungs- und Auskunftsmängeln greift und mit dem eine Gleichstellung bei verspäteter Antragsstellung nachgeholt werden kann (*Masuch* in: Hauck/Noftz, SGB IX, § 68 RdNr. 12; Allg. zum Herstellungsanspruch: BSG SozR 3 – 1200 § 13 Nr. 1; BSG SozR 3 – 1200 § 14 Nr. 6).

35   Der **Zeitpunkt der Antragstellung** sollte davon abhängen, inwieweit der behinderte Arbeitnehmer auf Grund **gesundheitlicher Einschränkungen** den Anforderungen am Arbeitsplatz nicht mehr gewachsen ist. Behinderungsbedingte **Schwierigkeiten am Arbeitsplatz** und längere **krankheitsbedingte Fehlzeiten** lassen wegen der damit verbundenen **Kündigungsgefahr** einen Gleichstellungsantrag als sinnvoll erscheinen, um in den Anwendungsbereich des Sonderkündigungsschutzes für schwerbehinderte Menschen nach den §§ 85 ff.

SGB IX zu gelangen. Dies gilt insbesondere dann, wenn darüber hinaus betriebsbedingte Kündigungsgründe (z. B. Arbeitsplatzgefährdung wegen schlechter wirtschaftlicher Situation) im Raum stehen. **Konkurrierende Ursachen** wie Produktionsänderungen, Teilstillegungen, Betriebseinstellungen sowie Schwankungen in der Konjunktur oder der Arbeitsmarktlage hindern die Gleichstellung dann nicht, wenn die Behinderung im Sinne der sozialrechtlichen Ursachenlehre von der **rechtlich wesentlichen Bedingung** für die Arbeitsplatzgefährdung im Verhältnis zu den Mitursachen zumindest gleichrangig ist (*Kohte* AuR 2001, 351, 352). Mit dem Gleichstellungsantrag kann auch das Ziel verfolgt werden, als Inhaber eines nicht behinderungsgerecht ausgestatteten Arbeitsplatzes gegenüber dem Arbeitgeber einen Rechtsanspruch auf eine **behinderungsgerechte Beschäftigung** (z. B. Ausstattung des Arbeitsplatzes mit den erforderlichen technischen Arbeitshilfen, § 81 Abs. 4 Satz 1 Nr. 5 SGB IX) zu erlangen. Das Tatbestandsmerkmal des geeigneten Arbeitsplatzes ist insoweit als Zielvorgabe zu verstehen (vgl. SG Dortmund, Urteil vom 6. 10. 1989, Az.: S 33 Ar 152/87; *Behrend* AiB 1992, 310, 312). Ein geeigneter behinderungsgerechter Arbeitsplatz kann nicht nur durch Entlassung, sondern auch durch **Umsetzung**, Einführung von **Schichtarbeit, längeren Arbeitszeiten** oder nicht behinderungsgerechter **technischer Ausstattung** verloren gehen. Daher kommt unter diesen Aspekten die Gleichstellung bei an sich ungefährdetem Bestand des Arbeitsverhältnisses in Betracht (Kasseler Handbuch Arbeitsrecht/*Thiele*, 3.1 RdNr. 43).

Das **Arbeitsverhältnis** des behinderten Menschen wird durch die **36** mit der Gleichstellung verbundenen Konsequenzen (u. a. Anrechenbarkeit auf die Beschäftigungsquote nach § 71 SGB IX, besonderer Kündigungsschutz der §§ 85 ff. SGB IX) beeinflusst. Hiermit wird begründet, dass der **Arbeitgeber** gemäß § 12 Abs. 2 Satz 2 SGB X am Verwaltungsverfahren zur Gleichstellung zwingend zu beteiligen sei. Demnach hätte der Arbeitgeber auch ein Widerspruchs- und Klagerecht (BVerwGE 42, 189, 193). Im Klageverfahren wäre der Arbeitgeber durch das Sozialgericht notwendig beizuladen (§ 75 Abs. 2 SGG). Gegen die zwingende Beteiligung des Arbeitgebers an Verwaltungs-, Widerspruchs- und Klageverfahren ist einzuwenden, dass eine vergleichbare Betroffenheit des Arbeitgebers auch im Statusfeststellungsverfahren des Versorgungsamtes nach § 69 SGB IX gegeben seien kann, ohne dass der Arbeitgeber ein Beteiligungs- und Anfechtungsrecht hat (BSGE 60, 284 = BSG SozR 3870 § 3 Nr. 23). Die Beteiligung des Arbeitgebers am Gleichstellungsverfahren läuft dem Schutzzweck der Gleichstellung zuwider und ist ein möglicher Grund für die geringe Inanspruchnahme dieses Instrumentes. So betrug der Anteil der Gleichgestellten an den schwerbehinderten Beschäftigten im Jahre 1990 nur 3,6 % (*Behrend* AiB 1992, 310, 313). In der sozialgerichtlichen

Rechtsprechung wird aus diesen Gründen zunehmend vertreten, dass
der Arbeitgeber des behinderten Menschen **kein Widerspruchsrecht**
im Gleichstellungsverfahren besitze und seine Klage gegen eine er-
folgte Gleichstellung wegen fehlender Klagebefugnis unzulässig sei
(LSG Rheinland-Pfalz, Urteil vom 19. 9. 2000, Breithaupt 2001, 155 =
br 2001, 29; LSG Sachsen, Urteil vom 27. 9. 1995, Az.: L 3 Al 136/94;
A. A. LSG NRW, Urteil vom 20. 6. 2000, Az.: L 12 AL 50/00 und LSG
Baden-Württemberg, Urteil vom 25. 1. 2000, Az.: L 13 AL 2994/98, E-
LSG AL – 202; A. A. auch GK-SchwbG-*Schimanski,* § 2 RdNr. 84 und
Dau, LPK-SGB IX, § 68 RdNr. 7, 12 f. sowie *Groß* in: Ernst/Adlhoch/
Seel, SGB IX, § 68 RdNr. 15).

37   Das **BSG** hat sich mit Urteil vom 19. 12. 2001 dieser Auffassung unter
dem Gesichtspunkt des **Schutzzwecks der Gleichstellung** ange-
schlossen (BSG SozR 3 – 3870 § 2 Nr. 2). Der Arbeitgeber könne die
Entscheidung des Arbeitsamtes, die seinen Arbeitnehmer einem
Schwerbehinderten gleichstelle, nicht anfechten. Die Gleichstellungen
regelnde Norm sei nicht dazu bestimmt, zumindest auch den Indivi-
dualinteressen der Arbeitgeber zu dienen. Bei den sich für die Arbeitgeber ergebenden Konsequenzen handele es sich vielmehr um Reflex-
wirkungen, die nach Sinn und Zweck der Norm keiner Anfechtung
durch Arbeitgeber unterlägen. Der Gleichstellungsvorschrift lägen ar-
beitsmarkt- und sozialpolitische Gesichtspunkte zum Schutz Minder-
behinderter zu Grunde. Erwerbsgeminderte Personen mit einem GdB
von 30 oder 40 sollten in den Schutz des Schwerbehindertenrechts einbezogen werden, wenn sie sich ohne dessen Hilfe nicht auf dem Arbeitsmarkt behaupten könnten.

38   Wird der Arbeitgeber des behinderten Menschen wie hier vertreten
im Verwaltungsverfahren nicht i.S. des § 12 Abs. 2 SGB X hinzugezogen und im Klageverfahren nicht notwendig beigeladen, ist er im
§ 24 Abs. 1 SGB X vor Erlaß des Gleichstellungsbescheides **anzuhören** (s.a. Kasseler Handbuch Arbeitsrecht/*Thiele,* 3.1 RdNr. 51; *Dörner,*
SchwbG, § 2 RdNr. 27; *Cramer,* SchwbG, § 2 RdNr. 15). Der Arbeitgeber erhält damit hinreichende Gelegenheit, vor Erlass des Gleichstellungsbescheides zu den für die Entscheidung maßgeblichen Tatsachen,
insbesondere der Arbeitsplatzgefährdung, Stellung zu nehmen. Hierdurch wird der Arbeitgeber nicht Beteiligter des Verwaltungsverfahrens (§ 12 Abs. 3 SGB X). Die in § 121 Abs. 2 SGB IX vorgeschriebene
Anhörung des Arbeitgebers im Widerspruchsverfahren betrifft Gleich-
stellungsentscheidungen nicht, weil der Anwendungsbereich dieser
Regelung auf Widerspruchsverfahren nach Teil 2 Kapitel 4 des SGB IX
(Kündigungsschutz) beschränkt ist.

39   **Örtlich und sachlich zuständig** ist das Arbeitsamt, in dessen Bezirk der behinderte Mensch seinen Wohnsitz oder gewöhnlichen Aufenthalt hat. Die Begriffe Wohnsitz und gewöhnlicher Aufenthalt werden in § 30 Abs. 3 SGB I definiert. Gleichstellungsanträge, die bei einer

unzuständigen Behörde wie z. B. dem Versorgungsamt, dem Integrationsamt oder einem Rehabilitationsträger gestellt werden, sind unverzüglich an das zuständige Arbeitsamt weiterzuleiten. Der Antrag gilt zu dem Zeitpunkt als gestellt, in dem er bei der unzuständigen Behörde eingegangen ist (§ 16 Abs. 2 SGB I).

Der Gleichstellungsantrag ist **formlos** zu stellen (§ 9 SGB X). Er **40** kann schriftlich oder mündlich zur Niederschrift des Arbeitsamtes rechtswirksam gestellt werden. Das Arbeitsamt hat mit entsprechenden Hinweisen darauf hinzuwirken, dass unvollständige Angaben des behinderten Menschen ergänzt werden (§ 16 Abs. 3 SGB I).

Im Rahmen seiner **Amtsermittlungspflicht** (§ 20 SGB X) prüft **41** das Arbeitsamt, ob das **Versorgungsamt** (§ 69 Abs. 1 Satz 1 SGB IX) mit Bescheid einen **GdB von 30 oder 40** festgestellt hat, ob der behinderte Mensch seinen Wohnsitz, gewöhnlichen Aufenthalt oder seine Beschäftigung auf einem Arbeitsplatz im Sinne des § 73 SGB IX rechtmäßig im Geltungsbereich des Gesetzes hat und ob infolge der Behinderung ohne die Gleichstellung ein **geeigneter Arbeitsplatz** nicht erlangt oder nicht behalten werden kann (§ 2 Abs. 3 SGB IX). Die Feststellung eines GdB von 30 oder 40 durch die Versorgungsverwaltung ist für die Arbeitsverwaltung verbindlich. Dabei erstreckt sich die **Tatbestandswirkung** des Feststellungsbescheides des Versorgungsamtes allein auf die Höhe des GdB, nicht aber auf die Feststellung über das „Vorliegen einer Behinderung". Zwar kann das Arbeitsamt ohne die Entscheidung der Versorgungsverwaltung über einen GdB von mindestens 30 einen behinderten Menschen nicht gleichstellen, mag auch eine Behinderung geringeren Grades seinen Arbeitsplatz offensichtlich und schwerwiegend gefährden. Ist aber ein GdB von wenigstens 30 festgestellt, so wird das Arbeitsamt sämtliche im Zeitpunkt seiner Entscheidung beim Antragsteller vorliegenden gesundheitlichen Leiden mit den daraus im Arbeitsleben folgenden Einschränkungen zu berücksichtigen haben, auch wenn sie im Feststellungsbescheid der Versorgungsverwaltung nicht aufgeführt sind. Allein dies entspricht dem finalen Charakter des Schwerbehindertenrechts (BSGE 82, 176 = SozR 3 – 3870 § 4 Nr. 24; A.A. *Cramer*, SchwbG, § 2 RdNr. 8).

Das Arbeitsamt hat im Rahmen seiner Amtsermittlungspflicht nach **42** § 20 SGB X alle für den Einzelfall bedeutsamen, auch die für den behinderten Menschen günstigen Umstände zu berücksichtigen. Daraus folgt, dass die Behörde seine Entscheidung nicht nur auf eine Stellungnahme des Arbeitgebers stützen darf, sondern im Einvernehmen mit dem Antragsteller auch den **Betriebs- oder Personalrat** und die **Schwerbehindertenvertretung** (vgl. § 95 Abs. 1 Satz 3 SGB IX) hören muss (*Feldes u. a.*, Schwerbehindertenrecht, § 68 SGB IX RdNr. 3; *Schmidt* br 2002, 141, 143).

Kann der behinderte Mensch dem Arbeitsamt noch keinen Feststel- **43** lungsbescheid des Versorgungsamtes (oder eine diesbezügliche gerichtliche Entscheidung bzw. eine Entscheidung gem. § 69 Abs. 2 SGB IX) vorlegen, hat das Arbeitsamt ihn gemäß § 16 Abs. 3 SGB I zur unverzüglichen Stellung eines Feststellungsantrages beim Versorgungsamt aufzufordern. Das Arbeitsamt hat das Verwaltungsverfahren dann bis zur Vorlage des Feststellungsbescheides des Versorgungsamtes auszusetzen (GK-SchwbG-*Schimanski*, § 2 RdNr. 76). Anträge auf Feststellung eines GdB bei dem Versorgungsamt können von einer Kündigungsabsicht des Arbeitgebers überholt werden. In diesen Fällen erscheint ein **vorsorglicher Gleichstellungsantrag** bei dem Arbeitsamt während des Feststellungsverfahrens für den Fall, dass die Schwerbehinderteneigenschaft nicht durchsetzbar ist, als geboten.

44   Der **Feststellungsbescheid des Versorgungsamtes** muss im Zeitpunkt der Gleichstellung nicht bestandskräftig sein (*Neumann/Pahlen*, SGB IX, § 68 RdNr. 10; *Cramer*, SchwbG, § 2 RdNr. 8). Ungeachtet eines anhängigen Widerspruchsverfahrens bei der Versorgungsverwaltung oder eines nachfolgenden sozialgerichtlichen Rechtsstreits um die Höhe des GdB ist die Feststellung eines GdB von 30 oder 40 gemäß § 39 Abs. 1 SGB X bereits mit der Bekanntgabe des Bescheides rechtswirksam. Der Feststellungsbescheid des Versorgungsamtes bleibt wirksam, solange er nicht zurückgenommen, widerrufen oder anderweitig aufgehoben worden ist (§ 39 Abs. 2 SGB X).

45   Bei Vorliegen der Tatbestandsvoraussetzungen des § 2 Abs. 3 SGB IX hat der behinderte Mensch im Regelfall einen **Rechtsanspruch** auf Erteilung eines Gleichstellungsbescheides. Trotz der Formulierung „sollen gleichgestellt werden" in § 2 Abs. 3 SGB IX beschränkt sich die Prüfungskompetenz des Arbeitsamtes auf die tatbestandlichen Anspruchsvoraussetzungen. Es handelt sich um keine Ermessensentscheidung (missverständlich insoweit *Cramer*, SchwbG, § 2 RdNr. 9), bei der etwa Interessen des Arbeitgebers oder arbeitsmarktpolitische Erwägungen Berücksichtigung finden könnten, sondern um eine gebundene Entscheidung. Die „Soll"-Vorschrift gibt dem Arbeitsamt nur dann die Möglichkeit zu einer anderen Entscheidung als der Gleichstellung, wenn außergewöhnliche, atypische Umstände in der Person des behinderten Menschen vorliegen, etwa wenn er bereits eine Altersrente bezieht (vgl. BSGE 86, 10, 16 = SozR 3 –3870 § 2 Nr. 1) Es besteht eine **vollständige gerichtliche Überprüfbarkeit** der Arbeitsamtsentscheidung. Insofern kann der Auffassung von GK-SchwbG-*Schimanski*, § 2 RdNr. 82 nicht gefolgt werden, wonach der Arbeitsverwaltung ein Beurteilungsspielraum eingeräumt werden müsse. Liegen die tatbestandlichen Gleichstellungsvoraussetzungen vor, besteht regelmäßig eine Pflicht des Arbeitsamtes, die Gleichstellung auszusprechen (*Dörner*, SchwbG, § 2 RdNr. 23; *Neumann/Pahlen*, SGB IX, § 68 RdNr. 7; *Feldes u. a.*, Schwerbehindertenrecht, § 68 SGB IX RdNr. 4).

46   Nach **§ 68 Abs. 2 Satz 2 SGB IX** wird die Gleichstellung mit dem Tag des Eingangs des Antrags **wirksam**. Zweck dieser Regelung ist,

bei Gleichstellungen den in den §§ 85 ff. SGB IX angeordneten besonderen Kündigungsschutz auf die zwischen Antragstellung und Entscheidung über die Gleichstellung ausgesprochenen Kündigungen zu
erstrecken (BT-Drucks. 10/3138, S. 16 zu § 2 SchwbG). Von daher hindert ein nach Antragstellung eingetretener Abbau des betroffenen Arbeitsplatzes eine Gleichstellung nicht. **Maßgeblicher Zeitpunkt für
das Vorliegen der Gleichstellungsvoraussetzungen** bleibt in erster
Linie der Zeitpunkt der Antragstellung (BSGE 86, 10 = BSG SozR 3 –
3870 § 2 Nr. 1).

Mit dem konstitutiven Gleichstellungsbescheid des Arbeitsamtes **47**
tritt eine **Rückwirkung der Gleichstellung** auf den Zeitpunkt der
Antragstellung ein. Dies kann zu folgender Konstellation führen: Der
noch am Tage des Erhalts einer Kündigung des Arbeitsverhältnisses
(per Fax/Nachtbriefkasten) gestellte Gleichstellungsantrag bewirkt,
dass bei nachträglicher Gleichstellung des behinderten Arbeitnehmers
die Kündigung wegen fehlender vorheriger Zustimmung des Integrationsamtes (§ 85 SGB IX) unwirksam gewesen ist. Wird die Versagung
der Gleichstellung mit Widerspruch und Klage bei dem Sozialgericht
angefochten, bleibt die Wirksamkeit der Kündigung des Arbeitsverhältnisses über einen längeren Zeitraum in der Schwebe. Bis zum
rechtskräftigen Abschluss eines Klageverfahrens um die Gleichstellung
bleibt offen, ob der behinderte Mensch rückwirkend ab Antragstellung in den Genuss auch der übrigen Rechte von schwerbehinderten
Menschen kommt.

Der gekündigte Arbeitnehmer muss den Arbeitgeber auf die bean- **48**
tragte oder festgestellte Gleichstellung hinweisen, wenn er sich auf
die **Unwirksamkeit der Kündigung** wegen fehlender Zustimmung des Integrationsamtes berufen will. Hinsichtlich des **Fragerechts des Arbeitgebers** nach der Gleichstellung und der **Offenbarungspflicht des Gleichgestellten** gilt im Übrigen dasselbe wie
für schwerbehinderte Menschen. So ist die Frage des Arbeitgebers
nach der Schwerbehinderten- bzw. Gleichgestellteneigenschaft eines
Stellenbewerbers nach der Rechtsprechung des BAG auch dann zulässig, wenn die zugrundeliegende Behinderung tätigkeitsneutral ist.
Die unrichtige Beantwortung derartiger Fragen kann demnach die
Anfechtung des Arbeitsvertrages wegen arglistiger Täuschung nach
§ 123 BGB rechtfertigen (BAG, Urteil vom 5. 10. 1995, NZA 1996,
371).

Die Gleichstellung kann nach **§ 68 Abs. 2 Satz 3 SGB IX befristet** **49**
werden. Eine solche zeitliche Begrenzung der Gleichstellung kommt
nur im Ausnahmefall in Betracht, denn der Zweck der Gleichstellung
liegt in einer dauerhaften Verbesserung der Konkurrenzfähigkeit des
behinderten Menschen im Arbeitsverhältnis und/oder auf dem allgemeinen Arbeitsmarkt. Eine Befristung kommt in Betracht, wenn die
Feststellung des GdB von 30 oder 40 noch nicht bestandskräftig ge-

worden ist. Die befristete Gleichstellung verliert ihre Wirksamkeit
automatisch durch Zeitablauf, ohne dass es einer entsprechenden Feststellung durch Bescheid bedürfte (§ 39 Abs. 2 SGB X). Befristet Gleichgestellte sollten bei fortbestehender Schutzbedürftigkeit rechtzeitig
vor Ablauf der Befristung eine erneute Gleichstellung beantragen.

50   Gleichgestellte behinderte Menschen haben zwar nicht den **rechtlichen Status** von Schwerbehinderten (BT-Drucks. 7/1515, S. 4; *Cramer*,
SchwbG, § 2 RdNr. 23; A.A. *Neumann/Pahlen*, SGB IX, § 68 RdNr. 22).
Auf sie sind jedoch nach § 68 Abs. 3 SGB IX die besonderen Regelungen für schwerbehinderte Menschen des 2. Teils des SGB IX mit Ausnahme des § 125 SGB IX (Zusatzurlaub) und des Kapitels 13 (Unentgeltliche Beförderung im öffentlichen Personenverkehr) anzuwenden.
Damit unterliegen Gleichgestellte uneingeschränkt den Regelungen
zur Beschäftigungspflicht der Arbeitgeber, zu Arbeitgeberpflichten
bei der Besetzung von Arbeitsplätzen, zur Förderung geeigneter
Beschäftigung und zur behinderungsgerechten Ausstattung von Arbeitsplätzen sowie den Vorschriften zum besonderen Kündigungsschutz und zur betrieblichen Interessenvertretung schwerbehinderter
Menschen. Die Gleichstellung wirkt sich jedoch nicht auf sozialrechtliche Regelungen außerhalb des Schwerbehindertenrechts aus, die eine
Schwerbehinderung im Sinne des § 2 Abs. 2 SGB IX für weitergehende Leistungsansprüche (z. D. Altersrente, § 37 SGB VI) oder
Berechtigungen (z. B. freiwillige Krankenversicherung, § 9 Abs. 1 Nr. 4
SGB V) voraussetzen. Bestimmungen in **Tarifverträgen** und **Betriebsvereinbarungen,** die das Schwerbehindertenrecht konkretisie-
ren, gelten auch zugunsten von Gleichgestellten, soweit dort nicht ausdrücklich etwas anderes vereinbart worden ist (*Dörner*, SchwbG, § 2
RdNr. 34; Kasseler Handbuch Arbeitsrecht/*Thiele*, 3.1 RdNr. 46;
Löschau/Marschner, SGB XI, RdNr. 385).

51   Der **Widerruf der Gleichstellung** ist nach § 47 Abs. 1 Nr. 1 SGB
X i.V.m. § 116 Abs. 2 SGB IX zulässig, wenn die tatbestandlichen Voraussetzungen der Gleichstellung nach § 2 Abs. 3 SGB IX i.V.m. § 68
Abs. 2 SGB IX weggefallen sind, wobei eine dreimonatige **Schonfrist**
gilt (vgl. § 116 RdNr. 12 ff.).

Feststellung der Behinderung, Ausweise

69 (1) ¹**Auf Antrag des behinderten Menschen stellen die für die
Durchführung des Bundesversorgungsgesetzes zuständigen
Behörden das Vorliegen einer Behinderung und den Grad der Behinde-
rung fest. ²Das Gesetz über das Verwaltungsverfahren der Kriegsopfer-
versorgung ist entsprechend anzuwenden, soweit nicht das Zehnte Buch
Anwendung findet. ³Die Auswirkungen auf die Teilhabe am Leben in der
Gesellschaft werden als Grad der Behinderung nach Zehnergraden ab-**

gestuft festgestellt. [4]Die im Rahmen des § 30 Abs. 1 des Bundesversorgungsgesetzes festgelegten Maßstäbe gelten entsprechend. [5]Eine Feststellung ist nur zu treffen, wenn ein Grad der Behinderung von wenigstens 20 vorliegt.

(2) [1]Eine Feststellung nach Absatz 1 ist nicht zu treffen, wenn eine Feststellung über das Vorliegen einer Behinderung und den Grad einer auf ihr beruhenden Erwerbsminderung schon in einem Rentenbescheid, einer entsprechenden Verwaltungs- oder Gerichtsentscheidung oder einer vorläufigen Bescheinigung der für diese Entscheidungen zuständigen Dienststellen getroffen worden ist, es sei denn, dass der behinderte Mensch ein Interesse an anderweitiger Feststellung nach Absatz 1 glaubhaft macht. [2]Eine Feststellung nach Satz 1 gilt zugleich als Feststellung des Grades der Behinderung.

(3) [1]Liegen mehrere Beeinträchtigungen der Teilhabe am Leben in der Gesellschaft vor, so wird der Grad der Behinderung nach den Auswirkungen der Beeinträchtigungen in ihrer Gesamtheit unter Berücksichtigung ihrer wechselseitigen Beziehungen festgestellt. [2]Für diese Entscheidung gilt Absatz 1, es sei denn, dass in einer Entscheidung nach Absatz 2 eine Gesamtbeurteilung bereits getroffen worden ist.

(4) Sind neben dem Vorliegen der Behinderung weitere gesundheitliche Merkmale Voraussetzung für die Inanspruchnahme von Nachteilsausgleichen, so treffen die für die Durchführung des Bundesversorgungsgesetzes zuständigen Behörden die erforderlichen Feststellungen im Verfahren nach Absatz 1.

(5) [1]Auf Antrag des behinderten Menschen stellen die für die Durchführung des Bundesversorgungsgesetzes zuständigen Behörden auf Grund einer Feststellung der Behinderung einen Ausweis über die Eigenschaft als schwerbehinderter Mensch, den Grad der Behinderung sowie im Falle des Absatzes 4 über weitere gesundheitliche Merkmale aus. [2]Der Ausweis dient dem Nachweis für die Inanspruchnahme von Leistungen und sonstigen Hilfen, die schwerbehinderten Menschen nach Teil 2 oder nach anderen Vorschriften zustehen. [3]Die Gültigkeitsdauer des Ausweises wird befristet. [4]Er wird eingezogen, sobald der gesetzliche Schutz schwerbehinderter Menschen erloschen ist. [5]Der Ausweis wird berichtigt, sobald eine Neufeststellung unanfechtbar geworden ist.

Übersicht

I. Allgemeines, Regelungsinhalt der Vorschrift

1   Die Vorschrift basiert auf den **bisherigen § 3 Abs. 1 Satz 3,
Abs. 2 – 3 und § 4 SchwbG**. Die Regelung des bisherigen § 4 Abs. 6
SchwbG über den **Rechtsweg** zu den Gerichten der Sozialgerichtsbarkeit für Streitigkeiten bei der Feststellung von Behinderungen und
ihren Grad sowie weitere gesundheitliche Merkmale und die Ausstellung, Berichtigung und Einziehung von Ausweisen befindet sich seit
dem 1. 7. 2001 inhaltsgleich in § 51 Abs. 1 Nr. 7 SGG. Die **Verordnungsermächtigung** des § 4 Abs. 5 Satz 5 SchwbG ist nunmehr in
§ 70 SGB IX enthalten. Der **Begriff „Funktionsbeeinträchtigungen"** in § 3 SchwbG und § 4 Abs. 3 SchwbG ist ersetzt worden durch
„Auswirkungen auf die Teilhabe bzw. Beeinträchtigungen der Teilhabe am Leben in der Gesellschaft" (§ 69 Abs. 1 Satz 3, Abs. 3 Satz 1
SGB IX).

2   **§ 69 SGB IX** ist im Zusammenhang mit **§ 2 Abs. 1 und Abs. 2
SGB IX** zu lesen. Demnach sind Menschen **behindert**, wenn ihre
körperliche Funktion, geistige Fähigkeit oder seelische Gesundheit mit
hoher Wahrscheinlichkeit länger als sechs Monate von dem für das
Lebensalter typischen Zustand abweichen und daher ihre Teilhabe am
Leben in der Gesellschaft beeinträchtigt ist (§ 2 Abs. 1 Satz 1 SGB IX).
Sie sind von Behinderung bedroht, wenn die Beeinträchtigung zu er-
warten ist (§ 2 Abs. 1 Satz 2 SGB IX).

3   Die **Legaldefinition der Schwerbehinderung** findet sich in § 2
Abs. 2 SGB IX: Menschen sind im Sinne des Teils 2 des SGB IX
schwerbehindert, wenn bei ihnen ein Grad der Behinderung von
wenigstens 50 vorliegt und sie ihren Wohnsitz, ihren gewöhnlichen
Aufenthalt (§ 30 Abs. 3 SGB I) oder ihre Beschäftigung auf einem
Arbeitsplatz im Sinne des § 73 SGB IX rechtmäßig im Geltungsbereich
des Sozialgesetzbuchs haben (Dazu *Mrozynski*, SGB IX Teil 1, § 2
RdNr. 45 ff.; Zum **Inlandsbezug** des Schwerbehindertenrechts: LSG
Rheinland-Pfalz, Urteil vom 22. 6. 2001, br 2002, 24).

4   Der Regelungsgehalt des § 69 SGB IX erstreckt sich auf das **Verfahren zur Feststellung** einer Behinderung, des GdB und weiterer gesundheitlicher Merkmale zur Inanspruchnahme von Nachteilsausgleichen (Abs. 1–2, 4), auf Kriterien zur Bildung des **Gesamt-GdB**
(Abs. 3) und auf den **Schwerbehindertenausweis** (Abs. 5).

Der Gesetzgeber hat in **§ 159 Abs. 3 SGB IX** eine **Bestandsschutz–** 5 **regelung** getroffen. Eine auf Grund des SchwbG erfolgte bindende Feststellung über das Vorliegen einer Behinderung, eines GdB und das Vorliegen weiterer gesundheitlicher Merkmale gilt demnach als Feststellung nach dem SGB IX. Mit dem Inkrafttreten des SGB IX zum 1. 7. 2001 ist somit keine nach § 48 SGB X zur Aufhebung eines Feststellungsbescheides berechtigende Änderung in den rechtlichen Verhältnissen eingetreten. Das Schwerbehindertenrecht wird nach **Wegfall der tatbestandlichen Voraussetzungen** der Schwerbehinderteneigenschaft in § 2 Abs. 2 SGB IX nicht mehr angewendet. Beruht der **Verlust der Schwerbehinderteneigenschaft** auf einer Verringerung des GdB auf weniger als 50, gilt eine **dreimonatige Schonfrist** (§ 116 Abs. 1 SGB IX; vgl. Komm. zu § 116).

Die Versorgungsämter stellen schwerbehinderten Menschen auf 6 Antrag einen befristeten Ausweis über die Eigenschaft als Schwerbehinderter, den GdB sowie über weitere gesundheitliche Merkmale aus, die Voraussetzung für die Inanspruchnahme von Nachteilsausgleichen sind. Die Gestaltung der **Schwerbehindertenausweise** richtet sich nach der auf Grund des § 70 SGB IX erlassenen **Schwerbehindertenausweisverordnung** i.d.F. der Bekanntmachung vom 25. 7. 1991 (BGBl. I S. 1739), zuletzt geändert durch Art. 56 des SGB IX vom 19. 6. 2001 (BGBl. I S. 1046; Abgedruckt als Anhang 2). Der Ausweis dient dem Nachweis für die Inanspruchnahme von Rechten und Nachteilsausgleichen, die schwerbehinderten Menschen nach Teil 2 des SGB IX und nach anderen Vorschriften zustehen.

Zu den **Rechten schwerbehinderter Menschen** zählen neben der 7 Anwendbarkeit von Schutzregelungen für die Beschäftigung auf dem allgemeinen Arbeitsmarkt u. a. die Freistellung von Mehrarbeit (§ 124 SGB IX), der Zusatzurlaub (§ 125 SGB IX), Vergünstigungen im Einkommenssteuerrecht (z. B. Behindertenpauschbeträge, § 33b EStG), die Berechtigung zur freiwilligen Versicherung in einer Gesetzlichen Krankenkasse (§ 9 Abs. 1 Nr. 4 SGB V), die Familienversicherung ohne Altersgrenze nach Maßgabe des § 10 Abs. 2 Nr. 4 SGB V, die Pflichtversicherung in der Gesetzlichen Kranken- und Rentenversicherung für behinderte Menschen in WfB (§ 5 Abs. 1 Nr. 7 SGB V, § 1 Satz 1 Nr. 2 SGB VI), der Anspruch auf einen Mehrbedarfszuschlag zum Sozialhilferegelsatz (§ 23 Abs. 1 BSHG), der Anspruch auf Altersrente für schwerbehinderte Menschen (§ 37 SGB VI), die vorgezogene Pensionierung Beamter (§ 42 Abs. 4 Nr. 1 BBG), die Unterrichtsstundenreduzierung bei Lehrern, tarifvertragliche Vergünstigungen, die Befreiung von der Wehrpflicht (§ 11 Wehrpflichtgesetz), Freibeträge beim Wohngeld oder Ermäßigungen bei Fahrpreisen, Kurtaxen, dem Besuch von öffentlichen Sporteinrichtungen, kulturellen Einrichtungen und Veranstaltungen.

Darüber hinaus kommen bei Vorliegen weiterer gesundheitlicher 8 Merkmale u. a. **Nachteilsausgleiche** für Gehbehinderte (**Merkzei-**

chen „**G**", „**aG**"), von öffentlichen Veranstaltungen ausgeschlossene
behinderte Menschen (**Merkzeichen „RF"**), behinderte Menschen
mit der Notwendigkeit ständiger Begleitung (**Merkzeichen „B"**)
und hilflose behinderte Menschen (**Merkzeichen „H"**) in Betracht
(vgl. **Übersicht RdNr. 81**). Diese Nachteilsausgleiche sind nach **§ 126
Abs. 1 SGB IX** so zu gestalten, dass sie unabhängig von der Ursache
der Behinderung der Art oder Schwere der Behinderung Rechnung
tragen.

II. Feststellungsverfahren (Abs. 1 Satz 1–2)

9   Die Feststellung über das Vorliegen einer Behinderung (Legaldefinition der Behinderung in § 2 Abs. 1 SGB IX) und den GdB erfolgt nur
auf **Antrag des behinderten Menschen**. Schutz und Hilfe des
Schwerbehindertenrechts werden nicht von Amts wegen gewährt.
Dritte haben kein Antragsrecht, weder der **Arbeitgeber** noch ein Rehabilitationsträger oder eine Personal- bzw. Schwerbehindertenvertretung (zur Vertretung durch Bevollmächtigte vgl. § 68 RdNr. 32). Der
Schwerbehindertenstatus gehört zum grundrechtlich geschützten Bereich der Persönlichkeitsrechte (Art. 1 Abs. 1 GG, Art. 2 Abs. 1 GG),
weshalb der behinderte Mensch frei über die Antragstellung verfügen
kann. Der Arbeitgeber hat unter Umständen ein berechtigtes Interesse
an der Feststellung der Schwerbehinderteneigenschaft seines Mitarbeiters, um seiner gesetzlichen Beschäftigungspflicht nach den §§ 71 ff.
SGB IX gerecht zu werden. Gleichwohl kann der Arbeitgeber die Antragstellung nicht erzwingen (*Dörner*, SchwbG, § 4 RdNr. 5, 7). Der
behinderte Mensch kann ein gewichtigeres Interesse daran haben, dass
seine Behinderung Dritten nicht bekannt wird. Er kann seinen Antrag
auch auf die Feststellung bestimmter Behinderungen beschränken und
z. B. eine seelische Erkrankung ausnehmen. Diese Behinderung bleibt
dann bei der Festsetzung des GdB außer Betracht (BSGE 60, 11 = BSG
SozR 3870 § 3 Nr. 21).

10   Steht der behinderte Mensch unter **Betreuung,** stellt der gerichtlich
bestellte Betreuer den Feststellungsantrag. **Jugendliche** können bereits ab Vollendung des 15. Lebensjahres den Antrag selbstständig stellen, soweit die gesetzlichen Vertreter deren Handlungsfähigkeit nicht
gegenüber der Behörde eingeschränkt haben (§ 36 SGB I).

11   Der Feststellungsantrag ist bei der für das Feststellungsverfahren **zuständigen Behörde**, dem Versorgungsamt zu stellen. **Versorgungsämter und Landesversorgungsämter** sind die für die Durchführung des BVG zuständigen Behörden i.S. des § 69 Abs. 1 Satz 1 SGB IX.
Nach dem Gesetz über die Errichtung der Verwaltungsbehörden in der
Kriegsopferversorgung i.d.F. des 2. Zuständigkeitslockerungsgesetzes
vom 3. 5. 2000 (BGBl. I. S. 632) muss die Versorgungsverwaltung von

den Bundesländern nicht mehr in Gestalt von besonderen Verwaltungsbehörden errichtet werden. So ist in **Nordrhein-Westfalen** das Landesversorgungsamt mit Wirkung zum 1.1. 2000 in die Abteilung 10 − Soziales und Arbeit, Landesversorgungsamt − der Bezirksregierung Münster integriert worden (dazu BSGE 88, 153 = SozR 3 − 3100 § 5 Nr. 9; BSG, Urteil vom 27. 2. 2002, Az.: B 9 SB 6/01 R).

Die Versorgungsverwaltung hat hinsichtlich der Feststellung einer **12** Behinderung, des GdB und weiterer gesundheitlicher Merkmale als Voraussetzung für die Inanspruchnahme von Nachteilsausgleichen ein **Entscheidungsmonopol**, soweit keine vorrangigen Feststellungen gemäß § 69 Abs. 2 SGB IX vorliegen. Die Konzentration des Feststellungsverfahrens bei den Versorgungsämtern dient der Vereinfachung und Vereinheitlichung des Verfahrens und der Übersichtlichkeit der Nachweise (BT-Drucks. 7/4960, S. 6; BVerwGE 72, 8). Eine Ausnahme gilt nach **§ 107 Abs. 1 SGB IX** lediglich für die Verlängerung der Ausweise nach § 69 Abs. 5 SGB IX, für die eine Feststellung nach § 69 Abs. 1 SGB IX nicht zu treffen ist. Die Ausweisverlängerung kann die Landesregierung oder eine von ihr bestimmte Stelle demnach auf andere Behörden übertragen.

Feststellungen der Versorgungsämter nach § 69 Abs. 1 und Abs. 4 **13** SGB IX haben **Tatbestandswirkung** für andere Sozialleistungsträger. So ist die Anerkennung der Schwerbehinderteneigenschaft z. B. für den Rentenversicherungsträger bei der Prüfung des Anspruchs auf **Altersrente** für schwerbehinderte Menschen (§ 37 SGB VI) verbindlich, wobei eine rückwirkende Feststellung auf den Zeitpunkt des Rentenbeginns genügt (KassKomm-*Niesel,* § 37 SGB VI RdNr. 5). Für **Finanzämter** sind Feststellungsbescheide der Versorgungsverwaltung bei der Berücksichtigung von Freibeträgen verbindlich (BSGE 52, 168, 174; BFHE 154, 542; BVerwGE 90, 65). Die Feststellung der Schwerbehinderung durch das Versorgungsamt hat im Rahmen der Versicherungsberechtigung nach § 9 Abs.1 Nr. 4 SGB V Tatbestandswirkung für Gesetzliche Krankenkassen. Die **freiwillige Krankenversicherung** beginnt bereits mit dem Beitritt, auch wenn die Schwerbehinderung erst später, aber rückwirkend auf den Zeitpunkt des Beitritts festgestellt wird (KassKomm-*Peters,* § 9 SGB V RdNr. 29).

Der **Status des Schwerbehinderten** und die Berechtigung zur In- **14** anspruchnahme von Nachteilsausgleichen **beginnen** grundsätzlich mit dem Vorliegen der gesetzlichen Voraussetzungen. Dem entspricht es, dass in § 6 Abs. 1 Satz 1 SchwbAwV als Beginn der Gültigkeit des Schwerbehindertenausweises i.d.R. nicht der Tag der versorgungsamtlichen Feststellung oder der Zeitpunkt der Aushändigung des Ausweises, sondern der **Tag des Antragseingangs auf die Feststellungen nach § 69 Abs.1 und 4 SGB IX** einzutragen ist, es sei denn, die jeweiligen Voraussetzungen seien zu einem späteren Zeitpunkt eingetreten.

Nach § 6 Abs. 1 Satz 2 SchwbAwV kann auf Antrag unter bestimmten Voraussetzungen sogar ein früherer Zeitpunkt als der der Antragstellung eingetragen werden. Der Gesetzgeber hat somit für den Regelfall eine **Rückwirkung der Statusfeststellungen** des Versorgungsamtes und eine **rückwirkende Geltung des Schwerbehindertenausweises** vorgesehen (vgl. BSGE 89, 79 = BSG SozR 3 – 3870 § 59 Nr. 1 m. w. Nw.).

15   **Örtlich** zuständig ist das Versorgungsamt, in dessen Bezirk der Antragsteller zum Zeitpunkt der Antragstellung seinen Wohnsitz oder gewöhnlichen Aufenthalt hat (§ 3 Abs. 1 VfG-KOV, § 30 Abs. 3 SGB I).

16   Der Feststellungsantrag sollte zweckmäßigerweise bei dem zuständigen Versorgungsamt gestellt werden. Alle **anderen Leistungsträger**, Integrationsämter, Stadtverwaltungen und amtliche Vertretungen der Bundesrepublik Deutschland im Ausland haben jedoch die Anträge ebenfalls entgegenzunehmen (§ 16 Abs. 1 SGB I). Diese Behörden leiten den Antrag unverzüglich an das zuständige Versorgungsamt weiter, wobei der Antrag als zu dem Zeitpunkt gestellt gilt, in dem er bei der unzuständigen Behörde eingegangen ist (§ 16 Abs. 2 SGB I).

17   Rehabilitationsträger (§ 6 SGB IX) und deren gemeinsame Servicestellen (§ 22 SGB IX) haben im Rahmen ihrer **Beratungs- und Auskunftspflichten** (§§ 14 f. SGB I) auf die Möglichkeit der Feststellungen nach § 69 Abs. 1 SGB IX durch das Versorgungsamt hinzuweisen. Dies gilt insbesondere dann, wenn sich dem Träger von Rehabilitationsleistungen auf Grund der ihm bekannten Behinderungen aufdrängen muss, dass bei dem Rehabilitanten ein feststellbarer GdB von wenigstens 20 vorliegt. Durch die Zusammenfassung des Rehabilitationsrechts mit dem Schwerbehindertenrecht in einem Gesetzbuch mit dem Anspruch einer ganzheitlichen Betrachtung des behinderungsbedingten Hilfebedarfs (vgl. z. B. § 11 SGB IX) und einer einheitlichen Definition der Behinderung in § 2 Abs. 1 SGB IX haben sich die diesbezüglichen Hinweispflichten verstärkt (Zum sozialrechtlichen Herstellungsanspruch bei Beratungspflichtverletzungen: § 68 RdNr. 34).

18   Die Regelung in § 69 Abs. 1 Satz 2 SGB IX, wonach das **VfG-KOV** in der Fassung der Bekanntmachung vom 6. 5. 1976 (BGBl. I S. 1169), zuletzt geändert durch Art. 49 SGB IX vom 19. 6. 2001 (BGBl. I. S. 1046), entsprechend anzuwenden ist, soweit nicht das SGB X Anwendung findet, suggeriert, dass das Feststellungsverfahren in erster Linie durch das VfG-KOV bestimmt wird. Im Feststellungsverfahren nach § 69 SGB IX sind indessen nur noch einzelne Regelungen des VfG-KOV von Bedeutung. Dies betrifft neben der örtlichen Zuständigkeit der Versorgungsämter nach § 3 Abs. 1 Vorgaben zur Sachverhaltsaufklärung in § 12 Abs. 2 und § 31 Abs. 2 (BT-Drucks. 14/5531, S. 10).

19   Das **Verwaltungsverfahren** (Begriff: § 8 SGB X) zur Feststellung einer Behinderung, eines GdB und weiterer gesundheitlicher Merk-

male **beginnt** mit der Antragstellung (§ 18 SGB X) und **endet** mit dem Erlass eines Bescheides, mit dem entweder die beantragten Feststellungen getroffen oder diese abgelehnt werden. Es handelt sich um einen begründungsbedürftigen **Verwaltungsakt (§ 31 SGB X)**. Die Begründung muss die wesentlichen entscheidungserheblichen tatsächlichen und rechtlichen Gesichtspunkte beinhalten (§ 35 Abs. 1 SGB X). Wird der Feststellungsantrag ganz oder teilweise abgelehnt, ist eine Belehrung über das Widerspruchsrecht des behinderten Menschen erforderlich (§ 36 SGB X). Fehlt die **Rechtsbehelfsbelehrung** oder ist sie unzutreffend, gilt statt der Monatsfrist zur Einlegung des Widerspruchs (§ 84 SGG) die Jahresfrist des § 66 Abs. 2 SGG.

Das Feststellungsverfahren soll innerhalb von sechs Monaten durch   20
Bescheid abgeschlossen sein. Ist diese **Bescheidungsfrist** abgelaufen und hat das Versorgungsamt keine zureichenden Gründe für die Verzögerung (Notwendigkeit weiterer medizinischer Sachverhaltsaufklärung), kann der Antragsteller **Untätigkeitsklage** bei dem Sozialgericht erheben (§ 88 SGG). Bei der Entscheidung über die außergerichtlichen Kosten (insbesondere Anwaltskosten, § 193 SGG) dieses Klageverfahrens berücksichtigt das Sozialgericht, ob der behinderte Mensch mit einem baldigen Abschluss des Feststellungsverfahrens rechnen konnte. Von daher empfiehlt es sich, vor Erhebung einer Untätigkeitsklage dem Versorgungsamt verbunden mit einer Sachstandsanfrage eine Frist zur Bescheiderteilung zu setzen.

Nach Antragseingang hat das Versorgungsamt zu prüfen, ob der be-   21
hinderte Mensch klare und sachdienliche Anträge gestellt und vollständige Angaben gemacht hat. Ggfs. fordert die Behörde entsprechende Angaben nach (**§ 16 Abs. 3 SGB I**). So hat sich aus dem Antrag eindeutig zu ergeben, welche Behinderungen und welche gesundheitlichen Merkmale zum Gegenstand des Verwaltungsverfahrens gemacht werden sollen.

Das Versorgungsamt ermittelt den Sachverhalt **von Amts wegen**   22
(**§ 20 SGB X**). Die Behörde bestimmt Art und Umfang der Ermittlungen; an das Vorbringen und an die Beweisanträge des Antragstellers ist sie nicht gebunden. Gleichwohl hat sie alle für den Einzelfall bedeutsamen, auch für den Antragsteller günstigen Umstände zu berücksichtigen (§ 20 Abs. 2 SGB X). Der behinderte Mensch soll bei der Sachverhaltsermittlung mitwirken (§ 21 Abs. 2 SGB X). So sollte er bereits seinem Feststellungsantrag eine vollständige Auflistung seiner behandelnden Ärzte/Psychotherapeuten und der Krankenhaus- und Kuraufenthalte beifügen. Die Behandler sind schriftlich von Ihrer Schweigepflicht zu entbinden, damit das Versorgungsamt gemäß § 21 Abs. 1 SGB X **Befundberichte und Entlassungsberichte** beiziehen und sich auf die Auskunftspflicht der Ärzte nach § 100 SGB X berufen kann. Verweigert ein behandelnder Arzt den Befundbericht, kann das Versorgungsamt das Sozialgericht um seine Vernehmung ersuchen

(§ 22 SGB X). Befundberichte werden in entsprechender Anwendung des ZuSEG entschädigt (§ 21 Abs. 3 Satz 4 SGB X).

23   Hält das Versorgungsamt eine ärztliche **Untersuchung** des Antragstellers für erforderlich, ist der Antragsteller in den Grenzen des § 65 Abs. 2 SGB I verpflichtet, sich der Untersuchung zu unterziehen (§ 62 SGB I). Zur Vermeidung von mehrfachen Untersuchungen sollte der Antragsteller angeben, ob er in der letzten Zeit für einen Sozialleistungsträger oder in einem Sozialgerichtsverfahren begutachtet worden ist. Derartige medizinische Unterlagen hat das Versorgungsamt beizuziehen und zu verwerten (§ 96 SGB X).

24   Mit dem **Tode des Berechtigten** endet sein Status als Schwerbehinderter und erlischt der Anspruch auf Feststellung einer Behinderung und des GdB entsprechend dem auch der Sonderrechtsnachfolge (§§ 56 f. SGB I) zugrundeliegenden Grundsatz der Unvererblichkeit höchstpersönlicher Rechte (BSG SozR 3870 § 4 Nr. 4). Ein anhängiges Verwaltungs-, Widerspruchs- oder Klageverfahren über die höchstpersönliche Schwerbehinderteneigenschaft oder die gesundheitlichen Voraussetzungen von Nachteilsausgleichen nach § 69 Abs. 4 SGB IX findet mit dem Tode des Antragstellers seine Erledigung.

III. Grad der Behinderung, Abs. 1 Satz 3–5

25   Die **Auswirkungen der Behinderung auf die Teilhabe am Leben in der Gesellschaft** werden als GdB nach Zehnergraden abgestuft festgestellt (§ 69 Abs. 1 Satz 3 SGB IX). Diese Regelung löst § 3 Abs. 2 SchwbG ab, wonach die Auswirkung der Funktionsbeeinträchtigung als GdB festzustellen war. Sie knüpft an die **Legaldefinition der Behinderung in § 2 Abs. 1 SGB IX** an. Demnach sind Menschen behindert, wenn ihre körperliche Funktion, geistige Fähigkeit oder seelische Gesundheit mit hoher Wahrscheinlichkeit länger als sechs Monate von dem für das Lebensalter typischen Zustand abweichen und daher ihre Teilhabe am Leben in der Gesellschaft beeinträchtigt ist. Eine entsprechende Behinderungsdefinition enthält **§ 3 BGG**. Da das Bundesverfassungsgericht die Reichweite des Benachteiligungsverbots behinderter Menschen in **Art. 3 Abs. 3 Satz 2 GG** unter Heranziehung des schwerbehindertenrechtlichen Behinderungsbegriffs bestimmt (BVerfGE 96, 288, 301), dürfte die Neuformulierung in § 69 Abs. 1 Satz 3 SGB IX i.V.m. § 2 Abs. 1 SGB IX auch für die Weiterentwicklung des verfassungsrechtlichen Behinderungsbegriffs Bedeutung erlangen.

26   Der Gesetzgeber hat in § 2 Abs. 1 SGB IX die im Rahmen der **Weltgesundheitsorganisation (WHO)** stattfindende Diskussion um eine Weiterentwicklung der Internationalen Klassifikation (ICIDH-1) zur „Internationalen Klassifikation der Funktionsfähigkeit und Behinde-

rung" mit der Trias „impairment, activity, participation" (ICIDH-2) aufgegriffen. Diese Klassifikation rückt nicht mehr die Orientierung an wirklichen oder vermeintlichen Defiziten, sondern das Ziel der gleichberechtigten Teilhabe an den verschiedenen Lebensbereichen (**Partizipation**) in den Vordergrund (BT-Drucks. 14/5074, S. 98, Zu § 2; BT-Drucks. 14/7420, S. 24 zu § 3 BGG; *Haines*, LPK-SGB IX, § 2 RdNr. 10, 16; *Stähler* NZA 2002, 777). Behinderung ist demnach als soziale Folge medizinisch fassbarer Normabweichungen zu verstehen, wobei die Partizipation (Teilhabe) in verschiedenen Lebensbereichen im Mittelpunkt steht. Die Neudefinition betont den sozialen Aspekt einer Behinderung, wonach gesundheitsbedingte Besonderheiten eines Menschen sich erst in ihrem Zusammentreffen mit (ungünstigen) Umweltfaktoren behindernd auswirken. Der Behinderungsbegriff des § 2 Abs. 1 SGB IX erfasst damit eine **soziale Situation** auf Grund individueller und gesellschaftlicher Faktoren (*Welti* NJW 2001, 2210, 2211; *Ders.* Rehabilitation 2002, 268, 271; *Ders.* SuP 2002, 509, 510; *Schäfer* in: Kossens/von der Heide/Maaß, Praxiskommentar zum Behindertenrecht, SGB IX, § 2 RdNr. 5). Gleichwohl ist nicht zu verkennen, dass auch der neue Behinderungsbegriff noch in einem medizinisch-somatischen Begriffsverständnis verhaftet ist (Dazu näher *Mrozynski, SGB IX Teil 1*, § 2 RdNr. 3 ff.). Konsequent im Sinne der angestrebten Orientierung an gesellschaftlichen und sozialen Bedingungen des Lebens behinderter Menschen wäre es, als Behinderung jede Verhaltensweise, Maßnahme oder Struktur anzusehen, die Menschen auf Grund nicht nur vorübergehender körperlicher, geistiger oder seelischer Beeinträchtigungen Lebens-, Entfaltungs- und Teilhabemöglichkeiten nimmt, beschränkt oder erschwert (Zu diesem Definitionsvorschlag: BT-Drucks. 14/8382).

Bereits die Gesetz gewordene Behinderungsdefinition schränkt die **27** Bedeutung der in § 69 Abs. 1 Satz 4 SGB IX enthaltenen Bezugnahme auf die in **§ 30 Abs. 1 BVG** festgelegten Maßstäbe ein (bisher: § 3 Abs. 3 SchwbG). Nach § 30 Abs. 1 BVG ist die Minderung der Erwerbsfähigkeit nach der körperlichen und geistigen **Beeinträchtigung im allgemeinen Erwerbsleben** zu beurteilen. Für die Beurteilung ist demnach maßgebend, um wieviel die Befähigung zur üblichen, auf Erwerb gerichteten Arbeit und deren Ausnutzung im wirtschaftlichen Leben beeinträchtigt sind (§ 30 Abs. 1 Satz 1–2 BVG). Darüber hinaus waren bereits nach dem SchwbG **Verrichtungen des täglichen Lebens** zu berücksichtigen, wie sich schon aus der Gesetzesüberschrift „Gesetz zur Sicherung der Eingliederung Schwerbehinderter in Arbeit, Beruf und Gesellschaft" ergab. Soweit das BSG (BSGE 48, 84 = SozR 3870 § 3 Nr. 4) im Jahre 1979 zu § 3 SchwbG feststellt, das Gesetz beziehe sich in erster Linie auf das Erwerbsleben und damit auf die „Einordnung" in die Gesellschaft, dürfte dies jedenfalls dem Teilhabebegriff des SGB IX nicht mehr entsprechen. Gleichwohl erkennt das

BSG in der genannten Entscheidung an, dass die Bezugnahme auf
§ 30 Abs. 1 BVG die Rücksichtnahme auf Verrichtungen des täglichen
Lebens nicht ausschließe. Angesichts des Umstandes, dass Kinder und
Rentner nicht von der Feststellung des GdB und der Schwerbehinderteneigenschaft sowie den damit verbundenen nichterwerbsbezogenen
Vergünstigungen ausgeschlossen sind, wäre es auch widersinnig, **Beeinträchtigungen im sozialen Zusammenleben** unberücksichtigt
zu lassen.

28   Wie nunmehr mit dem in § 69 Abs. 1 Satz 3 SGB IX übernommenen
      Maßstab der Teilhabe am gesellschaftlichen Leben bekräftigt wird,
      ist eine Beurteilung des GdB allein nach dem **Verlust beruflicher
      Funktionsfähigkeit** unzureichend (so bereits zu § 3 SchwbG: GK-
      SchwbG-*Schimanski*, § 3 RdNr. 68; *Cramer*, SchwbG, § 3 RdNr. 5; A.A.
      Masuch in: Hauck/Noftz, SGB IX, § 69 RdNr. 24 und undifferenziert
      Groß in: Ernst/Adlhoch/Seel, SGB IX § 69 RdNr. 15: „Durchschnitts-
      sätze des Grades der Behinderung im allgemeinen Erwerbsleben"). Der
      in seiner Zielsetzung weitergehende Ansatz des SGB IX zur Förderung
      von **Selbstbestimmung und gleichberechtigter Teilhabe am
      Leben in der Gesellschaft** bezieht ausdrücklich alle Lebensbereiche
      behinderter Menschen wie Mobilität, Kommunikation, Bildung, Er-
      werbsleben, Selbstversorgung und familiäre Situation ein und verlangt
      darüber hinaus, den besonderen Bedürfnissen behinderter Frauen und
      Kinder Rechnung zu tragen (vgl. § 1 SGB IX; BT-Drucks. 14/5074,
      S. 98; *Ullrich* BArbBl 11/2001, 16; *Welti* SuP 2002, 509, 510; s.a. §§ 1 f.
      BGG). Die Anordnung einer entsprechenden Geltung des erwerbs-
      bezogenen versorgungsrechtlichen Maßstabes in § 30 Abs. 1 BVG be-
      schreibt damit nur noch einen **Teilaspekt** des umfassenderen Teilhabe-
      begriffs.

29   Auf Grund der gesetzlichen Neudefinition der Behinderung erfolgt
      nunmehr die Feststellung der Behinderung und die Bemessung des
      Ausmaßes der Behinderung als GdB nicht mehr anhand der Aus-
      wirkungen von regelwidrigen Funktionseinschränkungen i.S. des § 3
      Abs. 1 SchwbG („Defizitmodell"), sondern anhand einer Beschreibung
      der **negativen Wechselwirkung** zwischen dem gesundheitlichen und
      dem funktionalen Zustand einer Person (bezogen auf gesundheitliche
      Beeinträchtigungen und Aktivitäten aller Art) und seiner sozialen
      Umgebung (Bihr/Fuchs/Krauskopf/Lewering *Fuchs/Lewering*, SGB
      IX, § 2 RdNr. 3: negative Wechselwirkung zwischen einer Person mit
      einem Gesundheitsproblem und den Kontextfaktoren auf ihre Funkti-
      onsfähigkeit). So kann die Teilhabe behinderter Menschen in verschie-
      denen Lebensbereichen durch Umweltfaktoren wie Einstellungen,
      Werte und Überzeugungen in der Gesellschaft, das Rechtssystem, Ver-
      fahrensweisen und Standards, sowie die Ausgestaltung der sozialen
      Sicherungssysteme, des Bildungswesens und der Infrastruktur beein-
      trächtigt oder unterstützt werden. Damit geraten bei der GdB-Bildung

die **gesellschaftlichen Rahmenbedingungen** für eine selbstbestimmte und gleichberechtigte Teilhabe behinderter Menschen in den Blick. Verbessern sich die für behinderte Menschen maßgeblichen Umweltfaktoren entsprechend den **Gesetzeszielen von SGB IX und BGG** durch Erfolge bei der Beseitigung von Benachteiligungen, der Gewährleistung der gleichberechtigten Teilhabe am Leben in der Gesellschaft und einer selbstbestimmten Lebensführung, kann sich dies im Einzelfall auf die Höhe des GdB auswirken. Die Neudefinition der Behinderung gibt somit auch in der Praxis Anlass, sich zu vergegenwärtigen, dass der GdB nicht eine Maßeinheit für regelwidrige Gesundheitszustände, sondern den Versuch einer Bewertung behinderungsbedingter Beeinträchtigungen in allen Lebensbereichen des Betroffenen darstellt. Das **BSG** hat bislang nur knapp festgestellt, das SGB IX beinhalte jedenfalls **keine grundsätzliche Abkehr von der bisherigen Feststellungspraxis** (BSG, Urteil vom 7. 11. 2001, Az.: B 9 SB 1/01 R; BSG, Urteil vom 27. 2. 2002, Az.: B 9 SB 6/01 R). Nicht überzeugend ist nach dem Vorstehenden die Begründung des Revisionsgerichts, § 69 SGB IX übernehme inhaltsgleich die Vorgängerregelung des SchwbG. Auch die Hinweise auf das Fortbestehen vorrangiger Feststellungen in Rentenbescheiden (§ 69 Abs. 2 SGB IX) und die bislang fehlende Anpassung der Anhaltspunkte 1996 an das SGB IX erscheinen nicht als geeignet, Auswirkungen des **teilhabeorientierten neuen Behinderungsbegriffs** auf die GdB-Feststellung auszuschließen. Versäumt die Exekutive (hier das BMA) die Anpassung von untergesetzlichen Regelungen an verändertes Gesetzesrecht, lässt sich hieraus schwerlich ableiten, dass inhaltlich mit der gesetzlichen Neuregelung keine Änderungen eingetreten seien. So lässt es das BSG in den genannten Entscheidungen auch letztlich **offen**, ob und ggfs. in welchen Fällen das neue Recht bei der Feststellung des GdB zu **anderen Ergebnissen** führen kann als nach dem bisher geltenden SchwbG.

In die GdB-Bildung kann nach § 2 Abs. 1 SGB IX i.V.m. § 69 Abs. 1 **30** SGB IX nur der für das **Lebensalter untypische Zustand**, d. h. der Verlust oder die Beeinträchtigung von normalerweise vorhandenen körperlichen Funktionen, geistigen Fähigkeiten oder seelischer Gesundheit einfließen. Ein **Ausschluss altersbedingter Behinderungen** ist praktisch kaum handhabbar. Genaugenommen wären in jedem Einzelfall Abweichungen gegenüber dem für das Lebensalter typischen Zustand herauszuarbeiten. Die altersbedingte allgemeine Verminderung der körperlichen Leistungsfähigkeit, der Leistungsbreite des Herzens und der Lungen, eine leichte Verminderung der Beweglichkeit der Gliedmaßen und der Wirbelsäule, das altersentsprechende Nachlassen des Gedächtnisses, der geistigen Beweglichkeit und der seelischen Belastbarkeit sowie altersspezifische Einschränkungen der Sinnesorgane sollten jedenfalls in die GdB-Bildung nicht einfließen

(*Cramer*, SchwbG, § 3 RdNr. 8). Demgegenüber werden Gesundheitsstörungen, die nicht regelmäßig und nicht nur in höherem Alter auftreten, nicht als Alterserscheinungen angesehen und zwar auch dann
nicht, wenn sie erstmalig in höherem Alter auftreten. Hierzu gehören
Geschwülste, arteriosklerotisch bedingte Organerkrankungen und
stärkere Bewegungseinschränkungen durch Arthrosen, die nicht als
spezifische Alterserscheinungen angesehen werden und deshalb bei der
GdB-Bildung zu berücksichtigen sind. Die Regelung des § 2 Abs. 1
SGB IX i.V.m. § 69 Abs. 1 SGB IX macht deutlich, dass im Schwerbehindertenrecht grundsätzlich kein Anspruch auf Bevorzugung in der
Weise eingeräumt wird, dass Nachteile auszugleichen wären, die nicht
mit der Behinderung zusammenhängen, sondern auch den vergleichbaren Nichtbehinderten treffen (BSG SozR 3 – 3870 § 4 Nr. 18 in dem
Fall eines behinderten Kleinkindes).

31   Die **Dauer der Beeinträchtigung** muss mit hoher Wahrscheinlichkeit länger als sechs Monate sein, um in den GdB einzufließen
(§ 2 Abs. 1 SGB IX i.V.m. § 69 Abs. 1 SGB IX). Außerdem kommt
eine GdB-Feststellung nur in Betracht, wenn der **Schwellenwert**
eines GdB von wenigstens 20 erreicht wird (**§ 69 Abs. 1 Satz 3
SGB IX).**

32   Die Stufung der GdB-Werte in **Zehnergraden** ist nicht unum-
stritten. So betreibt eine nicht geringe Anzahl von behinderten Menschen in kurzen Abständen Feststellungsverfahren zwecks Erhöhung
des GdB, ohne dass z. B. bei Rentnern der Sinn einer GdB-Erhöhung
von 80 auf 90 erkennbar wäre. Das LSG Baden-Württemberg geht so
weit, einem Bezieher von Erwerbsunfähigkeitsrente das Rechtsschutzbedürfnis für eine Klage auf Erhöhung des GdB von 80 auf 90
abzusprechen (LSG Baden-Württemberg, Beschluss vom 5. 7. 1999,
E-LSG SB-023). Auch sagt der GdB nichts über die Fähigkeiten des
behinderten Menschen am Arbeitsplatz aus, kann aber von Arbeitgebern im Sinne einer konkreten prozentualen Erwerbsminderung
verstanden werden und sich damit im Einzelfall **beschäftigungs-
hemmend** auswirken. Von daher wird diskutiert, ob die Feststellung
eines **GdB von 30** wegen der Gleichstellungsmöglichkeit und eines
GdB von 50 für die Schwerbehinderteneigenschaft ausreichend wäre.
Nachteilsausgleiche, die derzeit eine nach Zehnergraden differenzierte
GdB-Feststellung zu Grunde legen, müssten entsprechend angepasst
werden (*Brand* br 1999, 77, 80; *Förster* br 1998, 1; A.A. *Hery* br 1999, 140).
Eine derartige Anpassung der Nachteilsausgleiche dürfte für behinderte Menschen mit einem **Abbau von Rechtspositionen** verbunden
sein. So wäre die Staffelung der Pauschbeträge für behinderte Menschen nach dem jeweiligen GdB (§ 33 b Abs. 3 EStG), mit der unmittelbar aus der Behinderung erwachsenen außergewöhnlichen Belastungen Rechnung getragen werden soll, in dieser Form nicht mehr
darstellbar.

Behinderungen werden nur insoweit festgestellt, als sie sich **auf** 33
den GdB auswirken. Damit scheiden Beeinträchtigungen aus, für die
der Mindest-GdB-Wert von 10 nicht erreicht wird. Abgesehen von der
ggfs. noch möglichen Feststellung weiterer gesundheitlicher Merkmale für die Inanspruchnahme von Nachteilsausgleichen (§ 69 Abs. 4
SGB IX) besteht mit dem Erreichen des Gesamt-GdB von 100 kein
Feststellungsinteresse an der Berücksichtigung verschlimmerter und
zusätzlicher Beeinträchtigungen mehr (BSG SozR 3870 § 4 Nr. 1).

In den **Bescheiden der Versorgungsverwaltung** werden die Be- 34
hinderungen häufig als **medizinische Diagnosen** aufgelistet und
begründungslos mit einem GdB-Wert versehen. Auch Widerspruchsbescheide der Versorgungsverwaltung enthalten allgemein gehaltene
Textbausteine ohne nennenswerte individuelle Ausführungen zu den
jeweiligen Auswirkungen der Gesundheitsstörungen auf die Teilhabe
in der Gesellschaft und ihrer Übertragung in einem GdB-Wert. Dies
entspricht nicht den gesetzlichen Vorgaben in § 69 Abs. 1 Satz 3 SGB
IX und ist im Hinblick auf den Begründungszwang aus § 35 Abs. 1
SGB X, § 85 Abs. 3 SGG – mit der durch § 41 Abs. 1 Nr. 2, Abs. 2 SGB
X, § 42 Satz 1 SGB X begrenzten Folge – als verfahrensfehlerhaft anzusehen.

Die Versorgungsämter verzichten häufig auf eine **persönliche Be-** 35
gutachtung der Antragsteller. Die Feststellungen erfolgen dann auf
Grund einer versorgungsärztlichen Auswertung von z.T. spärlichen
Befundberichten der behandelnden Ärzte und beigezogenen Ent-
lassungsberichten. So rügte der Bundesrechnungshof anlässlich einer
in mehreren Bundesländern durchgeführten Überprüfung, dass in
einer Reihe von Fällen unzutreffende Feststellungen erfolgten, weil
gutachtliche Beurteilungen von z.T. nicht ausreichend geschulten
Außengutachtern oder anhand unzureichender Befundberichte vorgenommen worden waren (Antwort der Bundesregierung vom
24. 10. 1995 auf eine Kleine Anfrage, BT-Drucks. 13/2735, S. 2; s.a. BT-
Drucks. 13/3167, S. 23).

Zudem besteht derzeit eine Grundtendenz des **Abbaus der versor-** 36
gungsärztlichen Dienste aus Kostengründen. In Nordrhein-Westfalen, Sachsen-Anhalt und Hessen sehen Planungen vor, Begutachtungen nach dem Schwerbehindertenrecht zu **kommunalisieren** oder zu
privatisieren. In Nordrhein-Westfalen wurde sogar die Abschaffung
des versorgungsärztlichen Dienstes auf Grund einer Initiative des Lan-
desrechnungshofes diskutiert, in anderen Ländern sollen anlässlich
neuerer Prüfungen der Rechnungshöfe Begutachtungen verstärkt auf
Außengutachter verlagert werden, um ärztliches Personal bei den
Versorgungsämtern einzusparen. Auf die Qualität der Begutachtung
und damit die Qualität der verwaltungsseitigen Feststellungen wird
dabei ebenso wenig Rücksicht genommen wie auf die Belange der behinderten Menschen. So wendet die **Sektion „Versorgungsmedi-**

zin" des Ärztlichen Sachverständigenbeirats beim BMA in ihrer
Tagung vom 7./8. 11. 2001 ein, dass eine Verlagerung der versorgungsärztlichen Aufgaben auf die Kommunen oder auf Private aus Kostengründen die Kosten in anderen Bereichen auf Grund **zunehmender
Fehlbeurteilungen** um ein Vielfaches erhöhe. Bei dem Vorhaben einer
Kommunalisierung werde in den Ländern übersehen, dass die Durchführung des damaligen Schwerbeschädigtengesetzes bis zum Jahre 1974
bereits den Kommunen übertragen gewesen sei. Wegen der **Unein-
heitlichkeit** der Begutachtung (trotz bereits damals vorhandener
„Anhaltspunkte") und der auf dieser beruhenden Entscheidungen sei
den Kommunen die Durchführung dieses Gesetzes entzogen und den
Versorgungsverwaltungen übertragen worden. An dieser Situation
habe sich bis heute nichts geändert, so dass die Kommunalisierung
einen Rückfall in alte Fehler bedeute. Die Sektion „Versorgungsmedizin" konstatiert einen Abbau der versorgungsärztlichen Dienste, einen
zunehmenden Verlust von Fachärzten und einen in dieser Situation
eingeführten Pensenschlüssel sowie Beschränkungen bei der Aufklärung des medizinischen Sachverhalts. Dies führe zwangsläufig zu einer
nachlassenden Qualität der Begutachtungen. Damit lasse auch die
Qualität der Verwaltungsentscheidungen nach, zumal bei den Verwaltungen in Folge personellen Abbaus zunehmend Kompetenz verloren
gehe (Niederschrift der Tagung der Sektion „Versorgungsmedizin" des
Ärztlichen Sachverständigenbeirats beim BMA vom 7./8. 11. 2001,
S. 10 ff.).

37   Die oftmals unzureichende Sachverhaltsaufklärung der Versorgungsverwaltung genügt den Anforderungen des **Untersuchungs-
grundsatzes (§ 20 SGB X)** nicht. Verbunden mit knappen und wenig
individuellen Bescheidbegründungen führt dies zu einer **geringen
Akzeptanz** der versorgungsamtlichen Entscheidungen mit der Folge
eines hohen Anteils an Widersprüchen und Klagen. Soweit auch im
Widerspruchsverfahren keine Qualitätsverbesserung eintritt, wird
dieser Verfahrensabschnitt seiner Filterfunktion zur Begrenzung von
Klageverfahren durch eine effektive Selbstkontrolle der Verwaltung
nicht gerecht. Vielfach erleben behinderte Menschen erst im Sozialgerichtsverfahren, dass sie persönlich angehört und begutachtet werden.
Diese Verwaltungspraxis dürfte mitursächlich sein für eine erhebliche
Belastung der Sozialgerichtsbarkeit mit Streitigkeiten über Statusfeststellungen nach § 69 SGB IX. So betrafen am 31. 12. 2001 22,64 %
der bei den Sozialgerichten des Landes Nordrhein-Westfalen anhängigen Streitverfahren diesen Bereich.

38   Das **BSG** stellt sich auf die dargestellte Verwaltungspraxis insoweit
ein, als es der Übernahme einer **medizinischen Diagnose** in den Be-
scheidtext **keinen Entscheidungs- oder Regelungscharakter** im
Sinne des § 31 Satz 1 SGB X zukommen lässt, sie aber als eine zur Ent-
scheidungsbegründung geeignete Tatsache akzeptiert (BSG SozR

3870 § 4 Nr. 3; BSG SozR 3 – 3870 § 3 Nr. 7). Gleichwohl greift das Revisionsgericht die **Behinderungsbezeichnung** „Taubheit und hochgradige Schwerhörigkeit" mit der Begründung an, hiermit werde nur ein Gebrechen beschrieben. Die Taubheit sei aber nicht die einzige der feststellbaren Funktionsbeeinträchtigungen, die auf diesem regelwidrigen körperlichen Zustand beruhten. Als Behinderung i.S. des Gesetzes seien **sämtliche Auswirkungen** dieser Funktionsbeeinträchtigungen festzustellen; diese gingen weit darüber hinaus. Das Kommunikationsdefizit mit der Folge von erschwertem und verzögertem Kenntniserwerb, einer lebenslang verlangsamten Weiterentwicklung und bleibender Fremdheit in der Gesellschaft der Hörenden stelle die eigentliche Behinderung dar (BSG SozR 3 – 3870 § 4 Nr. 6).

In einer neueren Entscheidung führt das BSG aus, die Versorgungs- 39
verwaltung habe im **Verfügungssatz** des Bescheides nur das Vorliegen einer (unbenannten) Behinderung und den GdB festzustellen. Die **isolierte Feststellung von Gesundheitsstörungen bzw. Funktionsbeeinträchtigungen** als (weitere) Behinderungen sei unzulässig. Der GdB-Bildung zugrundeliegende Gesundheitsstörungen, daraus folgende Funktionsbeeinträchtigungen und deren Auswirkungen seien in der Begründung des Verwaltungsaktes anzugeben. Erst wenn die Verwaltung dem im Schwerbehindertenrecht verstärkten und im Gesetz besonders hervorgehobenen Begründungszwang genüge, indem sie darstelle, welche regelwidrigen körperlichen, geistigen oder seelische Zustände mit welchen Funktionsstörungen nach dem Ergebnis ihrer Ermittlungen bei dem Behinderten vorlägen, werde der Verwaltungsakt hinlänglich bestimmt, für den Empfänger verständlich und für Gerichte nachprüfbar (BSGE 82, 176 = SozR 3 – 3870 § 4 Nr. 24).

Der GdB als Ausmaß der Behinderung wird in der Praxis unter Her- 40
anziehung der vom Bundesministerium für Arbeit und Sozialordnung (BMA) herausgegebenen **Anhaltspunkte für die ärztliche Gutachtertätigkeit im sozialen Entschädigungsrecht und nach dem SchwbG** (Anhaltspunkte 1996) festgelegt. Dabei handelt es sich um einen für ärztliche Sachverständige wie Rechtsanwender unentbehrlichen Leitfaden, der allgemeine Grundsätze zur Durchführung von Begutachtungen, Grundbegriffe des einschlägigen Rechts, eine GdB/ MdE-Tabelle für eine Vielzahl von Behinderungen sowie Vorgaben zu Kausalitätsbeurteilungen bei einzelnen Krankheitszuständen zum Inhalt hat.

Beispiele für GdB-Sätze der Anhaltspunkte 1996: 41
– Wirbelsäulenschäden mit schweren funktionellen Auswirkungen in einem Wirbelsäulenabschnitt, GdB 30 (S. 140),
– Diabetes mellitus, durch Diät und alleinige Insulinbehandlung schwer einstellbar, GdB 50 (S. 119),
– Herzkrankheiten mit Leistungsbeeinträchtigung bei mittelschwerer Belastung, GdB 20–40 (S. 87),

- Ohrgeräusche (Tinnitus) mit wesentlicher Einschränkung der Erlebnis- und Gestaltungsfähigkeit (z. B. ausgeprägte depressive Störungen), GdB 30–40 (S. 74),
- Autistische Syndrome im Kindesalter, GdB 50–100 (S. 59),
- HIV-Infektion mit klinischer Symptomatik, GdB nach Stärke der Leistungsbeeinträchtigung 30–100 (S. 128).

42   Die **Anhaltspunkte** werden durch das BMA unter Beteiligung seines Ärztlichen Sachverständigenbeirates nach Anhörung der für die Durchführung der Kriegsopferversorgung und des Schwerbehindertenrechts zuständigen obersten Landesbehörden, der großen Kriegsopfer- und Behindertenverbände und der Bundeswehr sowie nach Auswertung der Ergebnisse von fachbezogenen ärztlichen Arbeitsgruppen erstellt. In die Anhaltspunkte werden nur solche Formulierungen übernommen, die von allen Sachverständigen akzeptiert werden. Damit soll gewährleistet werden, dass die Begutachtungsrichtlinien die **herrschende medizinisch-wissenschaftliche Lehrmeinung** wiedergeben (*Rösner* Versorgungsverwaltung 1997, 4 f.).

43   Problematisch ist, inwieweit die Anhaltspunkte 1996 rechtlich verbindliche Vorgaben für die GdB-Bildung machen können. Über eine **demokratische Legitimation** verfügt das Regelwerk nicht, zumal sich auch im SGB IX keine Ermächtigungsgrundlage findet. Einer Bindungswirkung der Anhaltspunkte stehen der verfassungsrechtliche und der sozialrechtliche **Vorbehalt des Gesetzes** (§ 31 SGB I) entgegen. Das **Verfahren** zur Schaffung der Anhaltspunkte ist **für Außenstehende wenig transparent**: Materialien über die Grundlagen von Neubewertungen sind nicht frei zugänglich (*Straßfeld* Versorgungsverwaltung 2001, 36, 38), was die Überprüfbarkeit z. B. hinsichtlich der Auseinandersetzung mit Mindermeinungen in der Sozialmedizin erschwert. So versendet die Bezirksregierung Münster, Abteilung Soziales und Arbeit, Landesversorgungsamt Niederschriften über die Tagungen der **Sektion „Versorgungsmedizin"** des Ärztlichen Sachverständigenbeirats beim BMA in Absprache mit dem Ministerium für Arbeit und Soziales, Qualifikation und Technologie des Landes Nordrhein-Westfalen an die nachgeordneten Versorgungsämter nur für den **internen Dienstgebrauch** mit dem ausdrücklichen Hinweis, dass diese Protokolle nicht an Sozialrichter, Außengutachter und andere Dritte weitergeleitet werden dürfen. Lediglich die für begutachtungsrelevant befundenen Aussagen der Niederschriften sollen neuerdings vom BMA in eigener Zuständigkeit im Internet veröffentlicht werden (Niederschrift über die Tagung der Sektion „Versorgungsmedizin" des Ärztlichen Sachverständigenbeirats beim BMA vom 7./ 8. 11. 2001, S. 10).

44   Es drängt sich auch die Frage auf, welche Konsequenzen für die Verbindlichkeit der Anhaltspunkte die Möglichkeit hat, dass an ihrer Erstellung und Änderung beteiligte **Versorgungsärzte** Weiterentwick-

lungen im Wege stehen können. Zudem wurden die Anhaltspunkte für Zwecke des sozialen Entschädigungsrechts entwickelt. Trotz fortlaufender Überarbeitung erscheint es als zweifelhaft, ob sie den **Erfordernissen der GdB-Bildung** anhand einer konkreten Beschreibung behinderungsbedingter Beeinträchtigungen der Teilhabe am gesellschaftlichen Leben noch hinreichend Rechnung tragen (Vgl. *Brand* br 1999, 77, 78 f.; GK-SchwbG-*Schimanski,* § 3 RdNr. 86 ff.). Die alte Begutachtungspraxis im Sinne einer **„Knochentaxe"** ist jedenfalls mit dem **neuen Behinderungsbegriff des SGB IX** (vgl. RdNr. 25 ff.) nur schwer vereinbar. Eine Anpassung der Anhaltspunkte 1996 an den komplexeren Behinderungsbegriff des SGB IX erscheint als unabdingbar (s.a. *Welti* Rehabilitation 2002, 268, 271; *Ders.* SuP 2002, 509, 511).

Das **BSG** erkennt an, dass die Anhaltspunkte weder auf dem Gesetz **45** noch auf einer Verordnung oder auch nur auf Verwaltungsvorschriften beruhten, so dass sie keinerlei Normqualität hätten. Dennoch seien sie als **antizipierte Sachverständigengutachten** anzusehen, die in der Praxis wie Richtlinien für die ärztliche Gutachtertätigkeit wirkten, deshalb normähnliche Auswirkungen hätten und im Interesse einer gleichmäßigen Rechtsanwendung wie **untergesetzliche Normen** von den Gerichten anzuwenden seien. Daraus folge, dass die Anhaltspunkte einer eingeschränkten gerichtlichen Kontrolle unterlägen und nicht durch Einzelfallgutachten hinsichtlich ihrer generellen Richtigkeit widerlegt werden könnten. Die **Rechtskontrolle** beschränke sich auf die Vereinbarkeit der Anhaltspunkte mit höherrangigem Recht und Fragen der Gleichbehandlung (BSG SozR 3 – 3870 § 4 Nr. 19; Zuvor bereits BSG SozR 3 – 3870 § 4 Nr. 1, 6, 10; BSG SozR 3 – 3870 § 3 Nr. 5).

Das **BVerfG** hat mit Beschluss vom 6. 3. 1995 (SozR 3 – 3870 § 3 **46** Nr. 6 = NJW 1995, 3049) **diese Rechtsprechung des BSG vorläufig akzeptiert**: Das Schwerbehindertenrecht enthalte selbst keine Kriterien, wie die einzelnen Behinderungen zu bewerten seien. Ein absoluter, sich gleichsam aus der Natur der Sache ergebender Maßstab für eine derartige Taxierung und damit ein Maßstab für die richterliche Kontrolle existiere nicht. In dieser Situation sei es den Gerichten nicht verwehrt, zur Konkretisierung der gesetzlichen Regelung eigene Beurteilungskriterien zu entwickeln oder auf Erfahrungswerte der Versorgungsverwaltung und den Stand der medizinischen Wissenschaft zurückzugreifen. Dabei könnten sich die Gerichte auch an den Anhaltspunkten des BMA orientieren, zumal sich diese nach den langjährigen Erfahrungen des BSG als ein einleuchtendes und abgewogenes, in sich **geschlossenes Beurteilungsgefüge zum GdB** darstellten. Zwar entbehre dieses Beurteilungsgefüge einer **demokratischen Legitimation** insoweit, als es weder für die Anhaltspunkte noch für die Organisation, das Verfahren und die Zusammensetzung des zuständi-

gen Expertengremiums eine Rechtsgrundlage i. S. eines materiellen
Gesetzes gebe. Hierauf habe das BSG unter Hinweis auf das Rechts-
staatsprinzip mehrfach hingewiesen und den **Erlass einer Ermächtigungsgrundlage angemahnt**, ohne dass der Gesetzgeber dieser berechtigten Forderung bislang nachgekommen sei. Die Anhaltspunkte
könnten somit nicht bereits auf Grund ihres Zustandekommens,
mithin ihrer demokratischen Legitimation, Geltung beanspruchen.
Ihre Beachtlichkeit im konkreten Verwaltungs- und Gerichtsverfahren
als antizipierte Sachverständigengutachten ergebe sich aber daraus, dass
eine dem allgemeinen Gleichheitssatz entsprechende Rechtsanwendung innerhalb des § 3 SchwbG (jetzt: § 69 Abs. 1 Satz 3, Abs. 3 SGB
IX) nur dann gewährleistet sei, wenn bei der Beurteilung der verschiedenen Behinderungen gleiche Maßstäbe zur Geltung kämen. **Bis zur
Schaffung der erforderlichen Rechtsgrundlage** sei ein Eingreifen
des BVerfG noch nicht angezeigt, solange sich das BSG nicht strikt an
die Anhaltspunkte gebunden sehe, und es sie einer **richterlichen
Kontrolle** unterziehe, wenn dies im Hinblick auf Art. 3 Abs. 1 GG einerseits und das Normprogramm des SchwbG andererseits erforderlich
sei. Das BSG prüfe dabei unter anderem zu Recht, ob die Anhaltspunkte dem Gesetz widersprächen, ob sie dem gegenwärtigen Kenntnisstand der sozialmedizinischen Wissenschaft entsprächen und ob ein
Sonderfall vorliege, der auf Grund der individuellen Verhältnisse einer
gesonderten Beurteilung bedürfe.

47   Damit ist es trotz der Formulierung des BSG, die Anhaltspunkte
könnten nicht durch Einzelfallgutachten in ihrer generellen Richtigkeit widerlegt werden (BSG SozR 3 – 3780 § 4 Nr. 19), **Aufgabe der
Sozialgerichte**, bei begründeten Zweifeln an den Festlegungen der
Anhaltspunkte diese inhaltlich zu überprüfen (S. a. BSG SozR 3 – 3870
§ 3 Nr. 8 = Breithaupt 1999, 220: Es sei stets zu prüfen, ob die Anhaltspunkte gesetzeskonform seien, dem Stand der medizinischen Wissenschaft entsprächen und Einzelfallbesonderheiten eine abweichende Beurteilung erforderten). Insofern sind und bleiben die „Anhaltspunkte
1996" nur Anhaltspunkte **ohne Bindungswirkung für den Einzelfall** (s. a. *Goedelt* ZfS 1994, 97, 102; GK-SchwbG-*Schimanski,* § 3
RdNr. 88; *Feldes u. a.*, Schwerbehindertenrecht, § 2 SGB IX RdNr. 4).

48   Unverständlich ist, warum der **Gesetzgeber des SGB IX** im Hinblick auf die große praktische **Bedeutung** der Anhaltspunkte im Feststellungsverfahren nach § 69 SGB IX und im Zusammenhang mit der
Neufassung des Behinderungsbegriffs (vgl. RdNr. 25 ff.) nicht
endlich dem mehrfach obergerichtlich beanstandeten Legitimationsdefizit der Anhaltspunkte z. B. durch Schaffung einer Ermächtigungsgrundlage zum Erlass einer Rechtsverordnung entgegengewirkt hat.
Das **SGB V** liefert Beispiele für die gesetzliche Delegation von Befug-
nissen zum Erlass (weitgehend) rechtsverbindlicher Richtlinien auf in
ihrer Zusammensetzung und Verfahrensweise vorbestimmte Exper-

tengremien wie den Bundesausschuss der Ärzte und Krankenkassen (§§ 91f. SGB V). Die **Richtlinien der Spitzenverbände der Pflegekassen** zur Begutachtung von Pflegebedürftigkeit finden ihre Rechtsgrundlage in § 17 und § 53 a SGB XI, wobei bestimmte sachkundige Institutionen an der Ausgestaltung zu beteiligen sind und ein Genehmigungsvorbehalt für das BMG vorgesehen ist. Trotz der gesetzlichen Verankerung bleiben diese Begutachtungs-Richtlinien **Verwaltungsbinnenrecht** und werden von den Sozialgerichten inhaltlich überprüft (Udsching, SGB XI, § 17 RdNr. 4 ff.; KassKomm-Gürtner, § 17 SGB XI RdNr. 3, jeweils m.w.Nw.). Das für die Pflegeversicherung zuständige BMG hat durch die Verordnungsermächtigung in § 16 SGB XI darüber hinaus die Möglichkeit, in Form einer Rechtsverordnung u. a. Vorschriften zur näheren Abgrenzung der in § 14 SGB XI enthaltenen Merkmale der Pflegebedürftigkeit und der Pflegestufen nach § 15 SGB XI zu erlassen. Angesichts dieser **sozialrechtlichen Regelungsmodelle** und der eingeschränkten Rechtsverbindlichkeit von Verwaltungsrichtlinien ist es nachvollziehbar, wenn in der Literatur das Fortbestehen der Rechtsverbindlichkeit der Anhaltspunkte 1996 mit der **Verabschiedung als Rechtsverordnung** in nächster Zeit verknüpft wird (*Dörner,* SchwbG, § 4 RdNr. 41). Es erscheint nicht mehr als überzeugend, Änderungen der GdB-Tabellenwerte der Anhaltspunkte als Setzungen kraft Willensentscheidung des BMA zu qualifizieren, die auf ihre Richtigkeit nicht kontrollierbar seien (So aber *Dau,* LPK-SGB IX, § 69 RdNr. 17).

Angesichts der erheblichen verfassungsrechtlichen Bedenken und **49** der Neufassung des Behinderungsbegriffs mit dem SGB IX ist derzeit offen, wie lange die **Rechtsprechung** noch die **vorläufige Beachtlichkeit** und die damit verbundene normähnliche Verbindlichkeit der Anhaltspunkte akzeptiert (s.a. *Straßfeld* Versorgungsverwaltung 2001, 36, 39). Das LSG NRW hält daran fest, dass der Umstand des Fehlens einer normativen Grundlage für die Anhaltspunkte die richterliche Kontrolldichte nicht erhöhe (LSG NRW, Urteil vom 27. 11. 2001, Az.: L 6 SB 51/01; LSG NRW, Urteil vom 6. 6. 2002, Az.: L 7 SB 193/00 und Urteil vom 8. 8. 2002, Az.: L 7 SB 70/02 unter Anführung des pragmatischen Arguments, dass kein anderes in sich geschlossenes Beurteilungsgefüge existiere). Demgegenüber vertritt das **SG Düsseldorf** u. a. in einer Entscheidung vom 13. 2. 2002 die Auffassung, dass die Anwendung der Anhaltspunkte 1996 nicht mehr als verfassungsgemäß angesehen werden könne (Az.: S 31 SB 282/01, SGb 2002, 333 – nur Leitsätze -, Volltext: www.anhaltspunkte.de; Aufgehoben und zurückverwiesen durch LSG NRW, Urteil vom 12. 6. 2002, Az.: L 7 SB 39/02; s.a. SG Düsseldorf, Urteil vom 11. 7. 2002, Az.: S 36 SB 132/01). Das SG Düsseldorf zieht die von unabhängigen Sachverständigen im Internet veröffentlichte „Behindertentabelle" (www.behindertentabelle.de) vor, was jedoch im Hinblick auf das für die Anhaltspunkte 1996 zu Recht beanstandete Legitimationsdefizit nicht überzeugend ist (Dazu *Schorn* SozSich 2002, 127, 131 f.). Der **BFH** verneint ohne nähere Begründung eine Bindungswirkung der Anhaltspunkte 1996 (BFH, Urteil vom 16. 4. 2002, Az.: VIII R 62/99, br 2002, 157, 159 f.).

50   Die Anhaltspunkte beinhalten jedenfalls keinen **numerus clausus** der berücksichtigungsfähigen Gesundheitsstörungen. Bei nicht aufgeführten Gesundheitsstörungen ist der GdB in **Analogie zu vergleichbaren Gesundheitsstörungen** zu beurteilen (Nr. 26.1 Ziffer 2 Anhaltspunkte 1996). So können bei einem Fibromyalgiesyndrom wie auch bei anderen Krankheitsbildern (z. B. chronisches Müdigkeitssyndrom, Multiple Chemical Sensivity – MCS –), denen kein oder kein primär organischer Befund zu Grunde liegt, die in Nr. 26.3, S. 60 der Anhaltspunkte 1996 unter „Neurosen, Persönlichkeitsstörungen" genannten psychovegetativen oder psychischen Störungen mit Einschränkungen der Erlebnis- und Gestaltungsfähigkeit und eventuellen sozialen Anpassungsstörungen als Vergleichsmaßstab zur GdB-Bildung herangezogen werden (BSG, Urteil vom 27. 2. 2002, Az.: B 9 SB 6/01 R; zur Bewertung **umweltbezogener Krankheiten** s.a. *Raddatz* MedSach 2001, 230).

IV. Vorrangige Feststellungen (Abs. 2)

51   Das Versorgungsamt trifft **keine eigenständige Feststellung zum GdB,** wenn eine Feststellung über das Vorliegen einer Behinderung und den Grad einer auf ihr beruhenden Erwerbsminderung schon in einem Rentenbescheid, einer entsprechenden Verwaltungs- oder Gerichtsentscheidung oder einer vorläufigen Bescheinigung der für diese Entscheidungen zuständigen Dienststellen getroffen worden ist, es sei denn, dass der behinderte Mensch ein Interesse an anderweitiger Feststellung nach Abs. 1 glaubhaft macht (§ 69 Abs. 2 Satz 1 SGB IX). Dies betrifft behinderte Menschen, die von einer Minderung der Erwerbsfähigkeit abhängige Sozialleistungen u. a. bei Berufsgenossenschaften (Verletztenrente bei Gesundheitsschäden auf Grund von **Arbeitsunfällen oder Berufskrankheiten,** § 56 SGB VII) und Versorgungsämtern (Grundrente bei Leistungsfällen der **sozialen Entschädigung,** § 5 SGB I, § 31 BVG) beantragt haben. Dabei ist zu berücksichtigen, dass diese Leistungsträger keine Behinderungen und keinen GdB feststellen, sondern lediglich prüfen, ob Gesundheitsstörungen auf bestimmte Ursachen zurückzuführen sind mit der Folge, dass wegen dieser Gesundheitsstörungen Heilbehandlungsansprüche und ab einer bestimmten MdE Rentenansprüche ausgelöst werden. Gegenüber diesem vom Kausalitätsprinzip bestimmten Prüfungsmaßstab hat das GdB-Feststellungsverfahren einen umfassenderen, auf Einbeziehung aller gesundheitlichen Beeinträchtigungen des behinderten

Menschen unabhängig von der Ursache (Finalität) abzielenden Auftrag. Häufig werden deshalb ergänzende versorgungsamtliche Feststellungen zu weiteren Beeinträchtigungen der Teilhabe am gesellschaftlichen Leben und diesbezüglichen Einzel-GdB-Werten sowie die Bildung eines Gesamt-GdB nach § 69 Abs. 3 SGB IX erforderlich sein.

Zweck der **Bindungswirkung** vorrangiger MdE-Feststellungen   52
ist die Erleichterung des Verwaltungsverfahrens und die Vermeidung divergierender Entscheidungen. Nicht zu berücksichtigen sind Entscheidungen der Rentenversicherungsträger und der Pflegekassen, weil Renten wegen Erwerbsminderung und Leistungen der Pflegeversicherung keine Feststellungen zur MdE erfordern. Die Annahme einer Erwerbsminderung i.S. des § 43 SGB VI erlaubt keine Rückschlüsse auf den GdB (vgl. *Cramer,* SchwbG, § 4 RdNr. 11; GK-SchwbG-*Schimanski,* § 4 RdNr. 57; A.A. *Neumann/Pahlen,* SGB IX, § 69 RdNr. 27). Ob ein behinderter Mensch einen GdB von 50 aufweist und damit schwerbehindert ist, steht mit der Frage, ob bei ihm nach § 44 Abs. 2 SGB VI in der bis zum 31. 12. 2000 geltenden Fassung Erwerbsunfähigkeit oder nach § 43 Abs. 2 SGB VI in der seit dem 1. 1. 2001 geltenden Fassung **volle Erwerbsminderung** vorliegt, in keinerlei Wechselwirkung, weil die jeweiligen gesetzlichen Voraussetzungen unterschiedlich sind. Für die rentenversicherungsrechtlichen Tatbestände sind nach bestimmten Maßgaben auch konkrete Erwerbsmöglichkeiten des Versicherten von Bedeutung. Es bleibt daher bei dem die Erwerbsunfähigkeit bzw. Erwerbsminderung betreffenden Verwaltungs- und Gerichtsverfahren offen, welchen GdB im Sinne des SGB IX ein erwerbsunfähiger bzw. voll erwerbsgeminderter behinderter Mensch aufweist (BSG, Beschluss vom 8. 8. 2001, Az.: B 9 SB 5/01 B).

Ein **Interesse an eigenständiger GdB-Bildung** besteht insbeson-   53
dere bei einer Verschiedenartigkeit der Bewertungsmaßstäbe, z. B. dann, wenn die in der Unfallversicherung gängigen MdE-Sätze niedriger sind als die zu erwartenden GdB-Werte nach § 69 Abs. 1 Satz 3 SGB IX.

Die Entscheidung darüber, ob ein schon festgestellter MdE-Satz un-   54
geprüft in den Schwerbehindertenausweis (§ 69 Abs. 5 SGB IX) übernommen wird, ergeht durch **Verwaltungsakt des Versorgungsamtes.** An den als GdB übernommenen MdE-Satz ist das Versorgungsamt auch im Feststellungsverfahren über einen Nachteilsausgleich (§ 69 Abs. 4 SGB IX), der von einem bestimmten GdB abhängt (z. B. Merkzeichen „RF") gebunden. Ein nur **berufsbedingter Anteil** wie das besondere berufliche Betroffensein nach § 30 Abs. 2 BVG oder § 56 Abs. 2 Satz 3 SGB VII darf nicht ausgesondert werden (BSG SozR 3 – 3870 § 4 Nr. 4).

V. Bildung des Gesamt-GdB (Abs. 3)

55   Liegen mehrere Beeinträchtigungen der Teilhabe am Leben in der Gesellschaft vor, so wird der GdB nach den Auswirkungen der Beeinträchtigungen in ihrer Gesamtheit unter Berücksichtigung ihrer wechselseitigen Beziehungen festgestellt (§ 69 Abs. 3 Satz 1 SGB IX). Die Bildung des Gesamt-GdB obliegt der **Versorgungsverwaltung im Feststellungsverfahren** nach § 69 Abs. 1 SGB IX, soweit eine Gesamtbeurteilung aller bei dem behinderten Menschen vorhandenen Beeinträchtigungen nicht bereits Gegenstand einer vorrangigen Entscheidung nach § 69 Abs. 2 SGB IX gewesen ist (vgl. § 69 Abs. 3 Satz 2 SGB IX).

56   Bei der Bildung des Gesamt-GdB ist zu beachten, dass die **Auswirkungen von einzelnen Beeinträchtigungen** der Teilhabe am Leben in der Gesellschaft einander **verstärken**, sich **überschneiden**, aber auch gänzlich **voneinander unabhängig** sein können (BSG SozR 3 – 3870 § 4 Nr. 19 m.w.Nw.). Diese Vorgaben sind im Rahmen rationaler Rechtsanwendung schwer umsetzbar. Es gelingt auch erfahrenen medizinischen Sachverständigen kaum, im Einzelfall zu begründen, ob und wenn ja welche wechselseitigen Beziehungen z.B. zwischen den Auswirkungen eines Herzleidens, eines Wirbelsäulenschadens, einer Persönlichkeitsstörung und einer Schwerhörigkeit bestehen.

57   So wird in der GdB-Bildung oftmals ein **„Prozentzahlenspiel"** gesehen, dessen Resultat mit einem hohen Grad an Beliebigkeit behaftet sei (*Offczors* SGb 1991, 6, 9; *Goedelt* ZfS 1994, 97,98). Soweit man sich in der Vergangenheit mit mathematischen Bewertungsmaßstäben (z.B. Additions- und Substraktionsformeln) beholfen hat, ist dem das BSG frühzeitig entgegengetreten (BSG SozR 3870 § 3 Nr. 4). Auch eine schematische Betrachtungsweise, wonach Beeinträchtigungen mit einem Einzel-GdB von 10 – 20 in jedem Fall unberücksichtigt bleiben, ignoriert das Gebot der funktionalen Beurteilung der Behinderungsauswirkungen (GK-SchwbG-*Schimanski*, § 4 RdNr. 75; *Schürmann* SGb 1994, 240, 241; SG Frankfurt/M., Breithaupt 1990, 322, 325 ff.).

58   Eine gewisse Nachvollziehbarkeit bietet die von den Anhaltspunkten 1996 vorgegebene **Prüfungsfolge** (dazu *Straßfeld* Versorgungsverwaltung 2001, 60): Demnach vollzieht sich die Gesamt-GdB-Bildung in mehreren Schritten:

– Feststellung der Abweichungen von körperlichen Funktionen, geistigen Fähigkeiten und seelischer Gesundheit von dem für das Lebensalter typischen Zustand und der daraus folgenden Teilhabebeeinträchtigungen,

– Zuordnung der Beeinträchtigungen zu den in Nr. 18 Ziffer 4 der Anhaltspunkte 1996 aufgeführten 14 Funktionssysteme sowie zusammenfassende Bewertung der Funktionssysteme (z. B. Gehirn einschließlich Psyche, Herz-Kreislauf, Verdauung, Geschlechtsapparat) mit einem Einzel-GdB gemäß § 69 Abs. 1 Satz 3 SGB IX. Es kommt hierbei die Auswirkungen der Gesundheitsstörungen in verschiedenen Lebensbereichen, nicht auf die ärztlichen Fachgebietsgrenzen an (BSG SozR 3 – 3870 § 4 Nr. 9).

– Bildung des Gesamt-GdB unter Zugrundelegung der Einzel-GdB für die Funktionssysteme.

Üblicherweise werden bei der für die Gesamt-GdB-Bildung erfor- **59** derlichen **Gesamtschau** vier Konstellationen unterschieden (Anhaltspunkte 1996, Nr. 19 Ziffer 3; *Straßfeld* Versorgungsverwaltung 2001, 60, 61 ff.; *Goedelt* ZfS 1994,97, 103; *Ustarbowski* SGb 1991, 15 ff.; GK-SchwbG-*Schimanski*, § 4 RdNr. 87 ff.):

– **Mehrere Behinderungen gehen ineinander auf:** Der GdB wird durch die weitere Behinderung nicht erhöht. **Beispiel:** Peronäuslähmung und Versteifung des Fußgelenkes an demselben Bein GdB jeweils 30, zusammen 30).

– **Die Auswirkungen von Behinderungen überschneiden sich:** Die Auswirkungen von Beeinträchtigungen überschneiden sich, wenn sie teilweise ineinander aufgehen, sich neutralisieren, sich kompensieren und den gleichen Bereich im Ablauf des täglichen Lebens betreffen. Hier ist der Gesamt-GdB höher als der höchste Einzel-GdB, aber niedriger als die Summe der Einzelwerte einzuschätzen. **Beispiel:** Herzschaden der Stufe III (GdB: 80) und Hüftgelenksversteifung in günstiger Stellung (GdB 30). Da die Bewegungseinschränkung schon durch die schwere Herzerkrankung vorgegeben ist, erscheint es gerechtfertigt, den GdB mit 90 zu bewerten.

– **Die Auswirkungen mehrerer Behinderungen verstärken sich:** Eine ungünstige Beeinflussung der Beeinträchtigungen im Sinne einer Verstärkung liegt vor, wenn eine Beeinträchtigung, die mit einem größeren GdB-Wert bewertet ist, sich wegen der Auswirkungen einer zweiten Beeinträchtigung in ihrem Ausmaß gravierender darstellt als ohne sie. Hier kann der Gesamt-GdB mindestens aus einer „Addition" der Einzelwerte bis zur Höchstgrenze 100 gebildet werden. **Beispiele:** Einseitiger Augenverlust (GdB 30), doppelseitiger Augenverlust (GdB 100); Sehbehinderung beidseits (GdB 50), Schwerhörigkeit bds. (GdB 30), Gesamt-GdB 80; Einschränkung der Lungenfunktion bei Überblähung (GdB 30), globale Herzminderleistung (GdB 30), Gesamt-GdB 60.

– **Die Behinderungen stehen ohne Beziehung zueinander.** Das Nebeneinander von mehreren Beeinträchtigungen verschiedener Funktionssysteme bedeutet, dass mehr als ein Bereich im Ablauf des täglichen Lebens funktionell betroffen ist, so dass in der Regel jede hinzukommende Beeinträchtigung den Gesamtzustand verschlechtert. Daher ist zumeist der höchste Einzel-GdB bei dieser Fallgruppe angemessen zu erhöhen. **Beispiel:** Sehbehinderung (GdB 30), Teilverlust des Magens mit guter Funktion (GdB 20), Harninkontinenz (GdB 20), degenerative Veränderungen der Wirbelsäule mit Nervenwurzelreizerscheinungen (GdB 20). Hier macht die Bildung des Gesamt-GdB besondere Probleme. Eine Addition der Einzel-GdB wäre im Hinblick auf die weniger schwerwiegenden Einzelbehinderungen nicht gerechtfertigt. Der Schwerbehindertenstatus mit einem GdB von 50 könnte jedoch erreicht werden.

60   Nach den Vorgaben der Anhaltspunkte 1996 hängt die Berücksichtigung von Einzel-GdB bei der Gesamt-GdB-Bildung neben den wechselseitigen Beziehungen auch von der **Höhe des Einzel-GdB** ab. **Einzel-GdB-Werte von 10**, die für leichte Beeinträchtigungen vergeben werden, sind nach Nr. 19 Ziffer 4 der Anhaltspunkte 1996 in der Regel nicht geeignet, eine Zunahme des Ausmaßes der Gesamtbeeinträchtigung zu begründen. Dies soll auch dann gelten, wenn mehrere derartige leichte Gesundheitsstörungen nebeneinander bestehen. Dieses **relative Erhöhungsverbot** der Anhaltspunkte gilt ausnahmslos, wenn die leichten Beeinträchtigungen verschiedene Lebensbereiche betreffen. Eine Erhöhung des Gesamt-GdB wegen eines zusätzlichen Einzel-GdB von 10 und damit ein Ausnahmefall i. S. der Anhaltspunkte kommt in Betracht, wenn sich eine Beeinträchtigung auf eine andere besonders nachteilig auswirkt (BSG SozR 3 – 3870 § 4 Nr. 28; *Dau,* LPK-SGB IX, § 69 RdNr. 21).

61   Bei Beeinträchtigungen mit **GdB-Werten von 20** ist es nach Nr. 19 Ziffer 4 der Anhaltspunkte 1996 vielfach nicht gerechtfertigt, auf eine wesentliche Zunahme des Ausmaßes der Behinderung zu schließen. Für die Beachtlichkeit von Einzel-GdB mit 20 ist ebenfalls danach zu differenzieren, inwieweit wechselseitige Beziehungen zwischen den einzelnen Behinderungen bestehen. Eine Behinderung mit einem GdB-Wert von 20 ist bei der Gesamt-GdB-Bildung zu berücksichtigen, wenn sie sich auf eine andere Behinderung besonders nachhaltig, also **verstärkend auswirkt**. Beeinträchtigungen, deren Auswirkungen sich ganz oder zum größten Teil mit denen von anderen Beeinträchtigungen überschneiden, bleiben demgegenüber unberücksichtigt. Sind die Auswirkungen der Beeinträchtigungen mit Einzel-GdB von 20 von denen anderer Beeinträchtigungen **unabhängig**, führt auch dies zu einer Vergrößerung des Gesamtbehinderungszustandes und ist somit bei der Gesamt-GdB-Bildung angemessen zu berücksichtigen (LSG Berlin, Urteil vom 25. 5. 1993, Az.: L 13 Vs 61/91; *Feldes u. a.,* Schwerbehindertenrecht, § 69 SGB IX RdNr. 16). Dies hat nicht zur Folge, dass der höchste Einzel-GdB stets um 10 erhöht wird. Entscheidend ist vielmehr die **Zusammenschau** der Beeinträchtigungen im Einzelfall. Beeinträchtigungen, die den GdB von 20 nur knapp erreichen, also zum unteren Wert von 10 hin tendieren ("**schwache**

20"), sollen nicht zu einer Vergrößerung des Gesamtbehinderungszustandes führen können (LSG NRW, Urteil vom 13. 2. 2001, Az.: L 6 SB 130/98; *Straßfeld*Versorgungsverwaltung 2001, 60, 62 m.w.Nw.). In der Regel wird diese Überlegung jedoch nicht weiterhelfen, weil eine derartige Unterteilung der Zehnergrade weder gesetzlich vorgesehen noch mit der nötigen Genauigkeit festzustellen ist. Es besteht auch die Gefahr, auf diesem Wege einem Schematismus zu verfallen, der gerade vermieden werden soll.

Beeinträchtigungen mit Einzel-GdB-Werten von 30, 20, 20 und **62** mehreren 10er-Graden können in einer einzelfallbezogenen Bewertung der Gesamtbeeinträchtigung einen Gesamt-GdB von 50 und damit die Schwerbehinderteneigenschaft rechtfertigen. Hierbei ist die in **Nr. 19 Ziffer 2 der Anhaltspunkte 1996** vorgesehene **Kontrollüberlegung** anzustellen, ob die Gesamtauswirkung der verschiedenen Beeinträchtigungen so erheblich ist wie etwa beim Verlust einer Hand oder eines Beines im Unterschenkel, bei einer vollständigen Versteifung großer Abschnitte der Wirbelsäule, bei Herz-Kreislaufschäden oder Einschränkungen der Lungenfunktion mit nachgewiesener Leistungsbeeinträchtigung bereits bei leichter Belastung oder bei Hirnschäden mit mittelschwerer Leistungsbeeinträchtigung. Damit ist es letztlich entscheidend, ob der Zustand des Betroffenen mit dem **Bild eines schwerbehinderten Menschen** zu vergleichen ist, für den die Anhaltspunkte exemplarisch einen GdB von 50 vorsehen (LSG NRW, Urteil vom 25. 2. 1998, Az.: L 10 Vs 107/97).

Wenig überzeugend sind in diesem Zusammenhang **Leerformeln,** **63** mit denen behauptet wird, die festgestellten Behinderungen hätten in ihrer Schwere und in ihren negativen Auswirkungen auf die Teilhabe am Leben in der Gesellschaft nicht die Bedeutung, die für eine **Schwerbehinderteneigenschaft** erforderlich sei. Hinsichtlich der Aussagekraft von Analogien zu anderen Behinderungen ist überhaupt Zurückhaltung geboten, da es oftmals an der Vergleichbarkeit fehlt (GK-SchwbG-*Schimanski*, § 4 RdNr. 97 f.). Ein Vergleich wird auch dadurch erschwert, dass die Anhaltspunkte zwar GdB-Werte für einzelne Funktionsstörungen oder kombinierte Störungen in bestimmten Funktionssystemen enthalten, nicht aber für kombinierte Störungen in mehreren Funktionssystemen. So ist im Fall der **Multimorbidität,** d. h. der vielfältigen Beeinträchtigungen von mehreren Funktionssystemen fraglich, ob ein geeigneter Vergleichsmaßstab gefunden werden kann (*Straßfeld*Versorgungsverwaltung 2001, 60, 63).

Die Bildung des Gesamt-GdB als Ausfüllung eines **Rechtsbegriffs 64** bedarf einer verwaltungsbehördlichen bzw. richterlichen **Willensentscheidung** (BSG SozR 3 – 3870 § 3 Nr. 5), die in der Regel nur auf der Grundlage einer ärztlichen Beurteilung der Gesundheits- und Funktionsstörungen und deren Auswirkungen auf die Teilhabe am Leben in der Gesellschaft erfolgen kann. Dies gilt insbesondere, wenn ein be-

hinderter Mensch von mehreren niedergelassenen Ärzten, Psychotherapeuten und/oder Krankenhäusern behandelt wird und die beizuzie-
henden Befund- und Behandlungsunterlagen nicht aufeinander bezogen sind. Deshalb sind in der Regel die Beurteilungsgrundlagen durch
Anhörung geeigneter **medizinischer Sachverständiger** zu ermitteln (LSG NRW, Urteil vom 25. 2. 1998, L 10 Vs 107/97). Versuche in der
Sozialgerichtsbarkeit, aus Kostengründen die Sachverhaltsaufklärung im Schwerbehindertenrecht regelmäßig auf die Einholung von
Befundberichten und Stellungnahmen der behandelnden Ärzte zu
beschränken, sind als Verstoß gegen die **Untersuchungsmaxime des
§ 103 SGG** abzulehnen. Ein derartiges Vorgehen scheidet gerade dann
aus, wenn bereits die Versorgungsverwaltung im Verwaltungs- und
Widerspruchsverfahren auf eine persönliche Begutachtung verzichtet
hat (vgl. RdNr. 35 ff.; Zur Gefahr einer „Überbeschleunigung" sozial-
gerichtlicher Verfahren: *Wenner* SozSich 2001, 422, 425).

65   Die Hinzuziehung **medizinischer Sachverständiger** darf nicht
zur Folge haben, dass diese im Ergebnis über die Höhe des GdB entscheiden und den Versorgungsämtern und Sozialgerichten lediglich
eine Plausibilitätskontrolle verbleibt. Die Schätzung des GdB durch
den Sachverständigen ist ein **Entscheidungsvorschlag**, die Festsetzung des GdB durch die Verwaltung bzw. das SG bleibt ein Akt der Ge-
samtbewertung. So haben im Sozialgerichtsprozess zunächst die Beteiligten und nachfolgend die Richter Beweisergebnisse im Hinblick auf
die Überzeugungskraft der ärztlichen Argumentation, auf ihre Vereinbarkeit mit den Anhaltspunkten 1996, auf das Vorliegen zur Abweichung von den Anhaltspunkten berechtigender Ausnahmefälle und
neuer sozialmedizinischer Erkenntnisse, und nicht zuletzt auf die Verwirklichung der Integrationsziele des Sozialgesetzbuchs (§ 2 Abs. 2
SGB I, § 10 SGB I, § 1 SGB IX) hin zu überprüfen (vgl. LSG Bremen,
Urteil vom 6. 1. 1994, E-LSG Vb-005).

VI. Durchbrechung der Bestandskraft von Feststellungs-
bescheiden (§§ 45, 48 SGB X)

66   Liegt bereits ein in der Sache bindender (§ 77 SGG) Feststellungsbescheid nach § 69 Abs. 1 SGB IX vor, greift bei Anträgen des behinderten Menschen auf Feststellung weiterer Behinderungen und eines
höheren GdB bzw. bei versorgungsamtlicher Nachprüfung von Amts
wegen der **Prüfungsmaßstab des § 48 Abs. 1 Satz 1 SGB X.** Demnach ist ein Verwaltungsakt mit Wirkung für die Zukunft aufzuheben,
soweit in den tatsächlichen oder rechtlichen Verhältnissen, die bei Erlass des Verwaltungsaktes mit Dauerwirkung vorgelegen haben, eine
wesentliche Änderung eingetreten ist. Eine Neufeststellung von
Behinderung und GdB kommt in Betracht, soweit sich die gesundheit-

lichen Verhältnisse und die daraus resultierenden Beeinträchtigungen in der Teilhabe am Leben in der Gesellschaft nach der letzten Feststellung wesentlich geändert, d. h. verbessert oder verschlimmert haben. Dies setzt voraus, dass der veränderte Behinderungszustand länger als sechs Monate vorliegt oder voraussichtlich anhalten wird und die Änderung des GdB wenigstens 10 beträgt.

Herabsetzungsbescheide greifen in Rechte des behinderten Men- 67 schen ein und erfordern deshalb eine vorherige **Anhörung** des Betroffenen nach § 24 Abs. 1 SGB X. Die **Folgen einer unterlassenen oder unzureichenden Anhörung** sind in § 41 Abs. 1 Nr. 3, Abs. 2–3 SGB X, § 42 Satz 2 SGB X geregelt. Ein Anhörungsmangel kann durch die Übersendung der im Verwaltungsverfahren beigezogenen ärztlichen Berichte im Widerspruchsverfahren geheilt werden (LSG NRW, Urteil vom 25. 1. 2001, Az.: L 7 SB 47/99). Die Anhörung dient sowohl der Wahrung der Rechte des Betroffenen, insbesondere seines Anspruchs auf rechtliches Gehör, als auch der Vermeidung von Fehlern der Verwaltung bei der Sachverhaltsermittlung. Dem Betroffenen ist Gelegenheit zu geben, sich zu den **für die Entscheidung erheblichen Tatsachen** zu äußern. Neben dem beabsichtigten Verfügungssatz (Herabsetzung des GdB) muss die **Anhörungsmitteilung** des Versorgungsamtes die Entscheidungsgrundlage, z. B. den maßgeblichen Befundbericht unter Benennung des Arztes und das Ergebnis der versorgungsärztliche Stellungnahme, enthalten. Auf Grund einer derartigen Mitteilung wird der Betroffene in die Lage versetzt zu entscheiden, ob er sogleich dazu Stellung nehmen will, inwieweit sich sein Gesundheitszustand gegenüber den Verhältnissen bei Erlass des Ausgangsbescheides tatsächlich gebessert hat, oder ob er zunächst den Befundbericht und die versorgungsärztliche Stellungnahme anfordern soll, um dann – ggfs. mit Hilfe eines Arztes – sachgerechte Einwendungen zu erheben. Nicht verpflichtet ist die Versorgungsverwaltung, im Rahmen der Anhörung von vornherein sämtliche beigezogenen Befundberichte zu übersenden. Widerspricht der behinderte Mensch jedoch der behördlichen Einschätzung und begehrt er zur weiteren Information **Einsicht in beigezogene ärztliche Unterlagen**, so sind ihm diese zu übersenden. Auf das Akteneinsichtsrecht (§ 25 SGB X) kann der behinderte Mensch in diesem Zusammenhang nicht verwiesen werden (BSG SozR 3 – 1300 § 24 Nr. 15). Das Versorgungsamt hat dem behinderten Menschen eine angemessene **Äußerungsfrist von wenigstens zwei Wochen** zu setzen. Etwaige Einwände des behinderten Menschen sollen noch vor Bescheiderlass geprüft werden. Hält die Behörde die Argumente des Angehörten nicht für stichhaltig, hat sie dies in der Begründung des Herabsetzungsbescheides darzulegen.

Ein Herabsetzungsbescheid ist rechtmäßig, wenn zum **Zeitpunkt** 68 **seines Erlasses** der Ausgangsbescheid durch Änderung der Verhältnisse rechtswidrig geworden ist. Da der Herabsetzungsbescheid nicht auf Dauer wirkt, ist er ohne Rücksicht auf spätere Änderungen des Ausmaßes der Behinderung zu überprüfen. Sie sind im Rahmen der zu erhebenden **Anfechtungsklage** (§ 54 Abs. 1 SGG) unbeachtlich. Spätere Verschlechterungen können jedoch im Wege der Klageänderung (§ 99 SGG, Übergang zur Verpflichtungsklage) auch ohne erneute Verwaltungsentscheidung in den Rechtsstreit eingeführt werden (BSG SozR 3 – 3870 § 4 Nr. 13).

69   Nach der Behandlung von Krankheiten, die zu Rezidiven neigen (z. B. bösartige Geschwulstkrankheiten, Alkohol- und Drogenabhängigkeit) besteht die Notwendigkeit des Abwartens der sog. **Heilungsbewährung**. Während dieser Zeit wird ungeachtet der tatsächlichen Beeinträchtigungen ein hoher GdB-Wert angesetzt (Anhaltspunkte 1996, Nr. 18 Ziffer 7, S. 32). Der Ablauf der Heilungsbewährung stellt nach bisheriger Rechtsprechung eine wesentliche tatsächliche Änderung i.S. des § 48 Abs. 1 Satz 1 SGB X dar, die eine Herabsetzung des GdB rechtfertigt (BSG SozR 3870 § 4 Nr. 3). Da die Heilungsbewährung lediglich auf entsprechenden Festlegungen der **Anhaltspunkte 1996** beruht, wird die Aufhebung von Feststellungsbescheiden wegen Ablaufs der Heilungsbewährung mit dem Argument des Fehlens einer wirksamen Rechtsgrundlage angegriffen (SG Düsseldorf, Urteil vom 13. 2. 2002, Az.: S 31 SB 282/01, SGb 2002, 333; Vgl. dazu RdNr. 40 ff.).

70   **Änderungen der Anhaltspunkte** für die ärztliche Gutachtertätigkeit wirken wegen wegen der rechtsnormähnlichen Qualität der Anhaltspunkte nach Auffassung des BSG wie Änderungen der rechtlichen Verhältnisse i.S. des § 48 Abs. 1 Satz 1 SGB X (BSG SozR 3 – 3870 § 3 Nr. 5; *Dau*, LPK-SGB IX, § 69 RdNr. 17; A.A. *Feldes u.a.*, Schwerbehindertenrecht, § 2 SGB IX RdNr. 5). Die Änderungen treten demnach zu dem vom BMA als Herausgeber der Anhaltspunkte bestimmten **Zeitpunkt** in Kraft. So rechtfertigte der Wegfall der einjährigen Heilungsbewährung nach Herzinfarkten in den Anhaltspunkten 1996 für das BSG die GdB-Herabsetzung (BSG SozR 3 – 1300 § 48 Nr. 60). Beruhte bereits der Ausgangsbescheid erkennbar auf einem **fehlerhaften Maßstab der Anhaltspunkte**, so soll statt der materiellen Rechtslage zum Zeitpunkt seines Erlasses dieser fehlerhafte Maßstab der Anhaltspunkte die Verhältnisse i.S. des § 48 SGB X bestimmen. Ändern sich die nach dem fehlerhaften Maßstab als maßgeblich angesehenen Verhältnisse wesentlich (z. B. durch Ablauf der Heilungsbewährung), so sei der GdB entsprechend herabzusetzen (BSG SozR 3 – 3870 § 4 Nr. 21; BSG, Urteil vom 12. 2. 1997, Az.: 9 RVs 12/95). An dieser Rechtsprechung des BSG ist problematisch, dass sie zwar unter Hinweis auf die Entscheidung des BVerfG vom 6. 3. 1995 (SozR 3 – 3870 § 3 Nr. 6, vgl. RdNr. 46) die rechtliche Unverbindlichkeit der Anhaltspunkte benennt, soweit diese nicht dem Stand der sozialmedizinischen Wissenschaft entsprechen. Damit wären auf fehlerhafte Vorgaben der Anhaltspunkte gestützte Verwaltungsentscheidungen aber richtigerweise als **von Anfang an rechtswidrig** anzusehen und könnten auch bei späterer Korrektur der Anhaltspunkte nur unter den strengeren Voraussetzungen des **§ 45 SGB X** zurückgenommen werden. Folgerichtig geht das **LSG Thüringen** mit Urteil vom 7. 3. 2002 (Az.: L 5 SB 768/ 00) in einem Heilungsbewährungsfall davon aus, dass die Anhaltspunkte nur insoweit als Maßstab von Verwaltungsentscheidungen anerkannt werden könnten, als sie dem medizinischen Kenntnisstand entsprächen. Liege aber ein Fall der anfänglichen Rechtswidrigkeit vor, könne nicht bezogen auf die fehlerhaft angenommene Tatsache eine wesentliche Änderung i.S. des § 48 SGB X eintreten.

Von den Fällen des Aufhebungs- und Neufeststellungsbescheides **71** wegen wesentlicher Änderung der Verhältnisse nach § 48 SGB X strikt zu unterscheiden sind Konstellationen, in denen die Behinderungen und der GdB auf Grund einer **Fehlbeurteilung von Anfang an unzutreffend** festgestellt worden sind. Hier kann die Versorgungsverwaltung nur unter den **strengeren Voraussetzungen des § 45 SGB X** (u. a. Vertrauensschutzprüfung, Zweijahresfrist ab Bekanntgabe des Ausgangsbescheides; Ermessensentscheidung) den rechtswidrigen begünstigenden Feststellungsbescheid zurücknehmen und eine GdB-Herabsetzung verfügen.

Beispiel zu § 45 SGB X (nach BSG SozR 3 – 1300 § 48 Nr. 25): **72** Dem Kläger wurde wegen erheblicher Bewegungseinschränkungen, die auf eine Bechterewsche Krankheit zurückgeführt wurden, ein GdB von 50 und damit die Schwerbehinderteneigenschaft zuerkannt. Etwa 2 Jahre später wurde festgestellt, dass der Kläger nicht an dieser Krankheit, sondern an Verschleißerscheinungen leidet und der GdB nur 30 beträgt. Der Kläger wandte sich gegen die entsprechende Herabsetzung des GdB mit der Begründung, der GdB habe schon bei der Zuerkennung der Schwerbehinderteneigenschaft nur 30 betragen, sein Vertrauen in die unrichtige Festsetzung sei aber zu schützen, weil die Zweijahresfrist des § 45 Abs. 3 Satz 1 SGB X abgelaufen sei.

Ist die für begünstigende Verwaltungsakte mit Dauerwirkung und da- **73** mit auch für GdB-Feststellungen geltende **Zweijahresfrist** des § 45 Abs. 3 Satz 1 SGB X abgelaufen, kommt eine Rücknahme der rechtswidrigen GdB-Feststellung bis zum Ablauf von 10 Jahren nach Bekanntgabe des Ausgangsbescheides in Fällen des **Verschuldens des behinderten Menschen** gem. § 45 Abs. 3 Satz 3 i.V.m. § 45 Abs. 2 Satz 3 Nr. 2 oder 3 SGB X in Betracht. Dies betrifft z. B. den Fall, dass der behinderte Mensch die Rechtswidrigkeit der Feststellung kannte oder infolge **grober Fahrlässigkeit** nicht kannte. Ist die Rechtswidrigkeit des GdB anhand der Behinderungsfeststellung im Ausgangsbescheid (hier: „chronisch-toxische Schädigung" bei einer im Zeitpunkt der Bescheiderteilung trockenen Alkolikerin) aus Laiensicht nicht unmittelbar erkennbar, liegt keine grobe Fahrlässigkeit i.S. des § 45 Abs. 2 Satz 3 Nr. 3 SGB X vor (SG Dortmund, Urteil vom 28. 11. 2001, Az.: S 20 SB 127/01).

74   Rücknahmen rechtswidriger Feststellungsbescheide der Versorgungsverwaltung setzen eine **Ermessensentscheidung** voraus (§ 45 Abs. 1 SGB X: „darf"). Der Herabsetzungsbescheid muss dementsprechend Gesichtspunkte erkennen lassen, von denen das Versorgungsamt bei der Ausübung seines Ermessens ausgegangen ist (§ 35 Abs. 1 Satz 3 SGB X). Die **Umdeutung** einer fälschlicherweise auf § 48 SGB X gestützten Herabsetzung des GdB (behauptete nachträgliche wesentliche Änderung des Gesundheitszustandes liegt nicht vor) in eine solche nach § 45 SGB X kommt wegen des Fehlens einer entsprechenden behördlichen Ermessensentscheidung nicht in Betracht (§ 43 Abs. 3 SGB X).

75   Ein Neufeststellungsbescheid, mit dem unter Einbeziehung eines früher rechtswidrig festgestellten GdB ein zu hoher neuer GdB festgestellt wird, kann nur dann ohne Rücksicht auf den rechtswidrigen Ausgangsbescheid zurückgenommen werden, wenn die Voraussetzungen des § 45 SGB X auch hinsichtlich des Ausgangsbescheides noch vorliegen. Ist die nach § 48 Abs. 3 SGB X mögliche **Abschmelzung des rechtswidrigen Ausgangsbescheides** anlässlich einer Änderung der Verhältnisse zugunsten des Betroffenen versäumt worden, kann eine spätere Änderung der Verhältnisse nur dann zur Festsetzung eines geringeren als des ursprünglich festgesetzten unrichtigen GdB führen, wenn diese Änderung auch die durch den Ausgangsbescheid geregelten Verhältnisse betrifft (BSGE 87, 126 = SozR 3 – 1300 § 45 Nr. 43). Demgegenüber ist ein Bescheid, mit dem eine fehlerhafte Feststellung nach § 48 SGB X den geänderten Verhältnissen angepasst wird, bevor dessen Fehlerhaftigkeit festgestellt wurde (**„konstitutive Fehlerwiederholung"**), durch das BSG als rechtmäßig angesehen worden (BSGE 79, 92 = SozR 3 – 1300 § 45 Nr. 30).

76   Die Sonderregelungen des **§ 44 Abs. 1 und Abs. 4 SGB X,** die zur Rücknahme rechtswidriger belastender Verwaltungsakte auch für die Vergangenheit verpflichten, beschränken sich auf Verwaltungsakte, die über die Gewährung von Sozialleistungen entscheiden. Die Feststellungen nach § 69 SGB IX sind auch in Verbindung mit der Rücknahme eines rechtswidrigen Bescheides zugunsten des Betroffenen grundsätzlich nur für die Zukunft zu treffen; die Rückwirkung liegt im Ermessen der Versorgungsverwaltung (BSG SozR 3 – 1300 § 44 Nr. 3). Damit sind auf die Zeit vor der Antragstellung **rückwirkende GdB-Erhöhungen**, z. B. für die nachträgliche Erlangung einer Einkommenssteuervergünstigung, in der Regel ausgeschlossen.

VII. Gesundheitliche Merkmale (Abs. 4)

77   Die Versorgungsämter prüfen nach § 69 Abs. 4 SGB IX (bisher: § 4 Abs. 4 SchwbG), ob bei dem behinderten Menschen diejenigen gesundheitlichen Merkmale vorliegen, die Voraussetzung für die Inanspruchnahme von Nachteilsausgleichen sind (Überblicksaufsatz: *Gaa-Unterpaul* NZS 2002, 406). Die ausschließliche **Zuständigkeit der Versorgungsverwaltung** ist auch dann gegeben, wenn die gesundheitlichen Merkmale auf Rechtsgrundlagen beruhen, die nicht Teil des Sozialgesetzbuchs sind (BSG SozR 3870 § 3 Nr. 13, 14).

Die Zuerkennung gesundheitlicher Merkmale setzt die Feststellung **78** von Behinderungen im Verfahren nach § 69 Abs. 1 SGB IX voraus, auf denen sie basieren. Dies macht die Verweisung in Abs. 4 auf Abs. 1 deutlich (BSG SozR 3870 § 4 Nr. 1). Die Entscheidung ergeht auch hinsichtlich der gesundheitlichen Merkmale durch **Verwaltungsakt** (§ 31 SGB X), dem ein entsprechendes Verwaltungsverfahren vorausgeht. Von daher erscheint es als zweifelhaft, ob Sozialgerichte gesundheitliche Merkmale für die Inanspruchnahme von Nachteilsausgleichen in ein **Streitverfahren über die Höhe des GdB einbeziehen** dürfen, ohne dass eine entsprechende Verwaltungsentscheidung und ein Widerspruchsbescheid vorliegen. Immerhin ist die Durchführung des Widerspruchsverfahrens nach § 78 SGG **Prozessvoraussetzung**, was einen Verzicht aus pragmatischen Gründen ausschließen dürfte. Das BSG ist jedoch der Auffassung, ein an sich notwendiges eigenständiges, mit einem Bescheid endendes Verwaltungs- und Widerspruchsverfahren könne im Verlauf eines sozialgerichtlichen Verfahrens entbehrlich werden, wenn von der Verwaltungsentscheidung nichts anderes zu erwarten sei, als eine Bestätigung des prozessualen Vorbringens, und die Versorgungsverwaltung durch **rügelose Einlassung** zu den klägerischen Anträgen auf ihren Vorrang zur Gesetzesausführung verzichte (BSG SozR 3 – 3870 § 4 Nr. 13; BSG, Urteil vom 27. 8. 1998, B 9 SB 13/97 R, Versorgungsverwaltung 1999, 47).

Die Feststellungen nach § 69 Abs. 4 SGB IX setzen ebenso wie die **79** nach § 69 Abs. 1 SGB IX einen **Antrag** des behinderten Menschen voraus, auch wenn das Antragserfordernis in Abs. 4 nicht wiederholt wird. Dies trägt dem **höchstpersönlichen Charakter** der Feststellung gesundheitlicher Merkmale Rechnung. Während der Verwaltungsverfahrens bleibt die Dispositionsbefugnis des behinderten Menschen, das Feststellungsbegehren auf bestimmte Merkmale zu beschränken, erhalten (BSG SozR 3870 § 4 Nr. 4). Von daher kann die Versorgungsverwaltung nicht von sich aus gesundheitliche Merkmale feststellen (A. A. *Masuch* in: Hauck/Noftz, SGB IX, § 69 RdNr. 34), sondern ist gem. § 14 SGB I, § 16 Abs. 3 SGB I gehalten, den behinderten Menschen im Rahmen von Feststellungsverfahren nach § 69 Abs. 1 SGB IX auf naheliegende Antragsmöglichkeiten für die Feststellung gesundheitlicher Merkmale hinzuweisen.

Die Definition des **Nachteilsausgleichs** findet sich in § 126 Abs. 1 **80** SGB IX. Demnach sind die Vorschriften über Hilfen für behinderte Menschen zum Ausgleich behinderungsbedingter Nachteile (Nachteilsausgleich) so zu gestalten, dass sie unabhängig von der Ursache der

Behinderung der Art oder Schwere der Behinderung Rechnung tragen.

81 **Katalog der feststellbaren gesundheitliche Merkmale:**
- Äußerlich erkennbare, dauernde **Einbuße der körperlichen Beweglichkeit**, § 33b Abs. 2 Nr. 2b EStG (vgl. RdNr. 82)
- Erhebliche Beeinträchtigung der Bewegungsfähigkeit im Straßenverkehr **(Merkzeichen „G")**, § 146 Abs. 1 SGB IX (vgl. Komm. zu § 146)
- Notwendigkeit ständiger Begleitung bei der Benutzung von öffentlichen Verkehrsmitteln **(Merkzeichen „B")**, § 146 Abs. 2 SGB IX (Vgl. Komm. zu § 146)
- Außergewöhnliche Gehbehinderung **(Merkzeichen „aG")**, § 6 Abs. 1 Nr. 14 StVG (vgl. RdNr. 83 ff.)
- Hilflosigkeit **(Merkzeichen „H")**, § 33b Abs. 3 Satz 3, Abs. 6 EStG (vgl. RdNr. 91 ff.)
- Gehörlosigkeit **(Merkzeichen „Gl")**, § 145 Abs. 1 Satz 1 SGB IX (vgl. Komm. zu § 145)
- Ausschluss von öffentlichen Veranstaltungen **(Merkzeichen „RF")**, landesrechtliche Verordnungen über die Befreiung von der Rundfunkgebührenpflicht (vgl. RdNr. 98 ff.)
- Blindheit **(Merkzeichen „Bl")**, § 76 Abs. 2a Nr. 3 BSHG (vgl. RdNr. 106)
- Tariflich festgelegte gesundheitliche Voraussetzungen für die Benutzung der 1. Wagenklasse im Bahnverkehr **(Merkzeichen „1. Kl.")**, vgl. RdNr. 108).

82 Die äußerlich erkennbare, dauernde **Einbuße der körperlichen Beweglichkeit** (§ 33b Abs. 2 Nr. 2b EStG) wird bei behinderten Menschen mit einem GdB von 30 oder 40 festgestellt. Die Feststellung dieses gesundheitlichen Merkmals erlaubt dem behinderten Menschen, ansonsten schwerbehinderten Menschen vorbehaltene einkommensteuerrechtliche Pauschbeträge nach § 33b Abs. 3 EStG in Anspruch zu nehmen.

83 Nach § 6 Abs. 1 Nr. 14 StVG können schwerbehinderten Menschen mit **außergewöhnlicher Gehbehinderung (Merkzeichen „aG",** § 3 Abs. 1 Nr. 1 SchwbAwV) Parkerleichterungen gewährt werden. Schwerbehinderte Menschen mit dem Merkzeichen „aG" werden von der KfZ-Steuer befreit (§ 3a Abs. 1 KraftStG).

84 Eine Beschreibung des **anspruchsberechtigten Personenkreises** enthält die Allgemeine Verwaltungsvorschrift zu § 46 StVO: Demnach sind als Schwerbehinderte mit außergewöhnlicher Gehbehinderung solche Personen anzusehen, die sich wegen der Schwere ihres Leidens dauernd nur mit fremder Hilfe oder nur mit großer Anstrengung außerhalb ihres Kraftfahrzeuges bewegen können. Hierzu zählen Querschnittsgelähmte, Doppeloberschenkelamputierte, Doppelunterschenkelamputierte, Hüftexartikulierte und einseitig Oberschenkel-

amputierte, die dauernd außerstande sind, ein Kunstbein zu tragen, oder nur eine Beckenkorbprothese tragen können oder zugleich unterschenkel- oder armamputiert sind sowie andere Schwerbehinderte, die nach versorgungsärztlicher Feststellung, auch auf Grund von Erkrankungen, dem vorstehend angeführten Personenkreis gleichzustellen sind.

Das **BSG** legt an die **Gleichstellung** mit dem in der Verwaltungs- **85** vorschrift zu § 46 StVO genannten Personenkreis einen **strengen Maßstab** an. So sollen weder Orientierungsstörungen (BSG SozR 3870 § 3 Nr. 18; s.a. LSG NRW, Urteil vom 19. 6. 2001, Az.: L 6 SB 32/ 01) noch zeitweise Anfälle (BSG Urteil vom 29. 1. 1992, br 1992, 91) den Anspruch auf das Merkzeichen „aG" begründen können. Diejenigen schwerbehinderten Menschen, die in der Aufzählung der Verwaltungsvorschrift nicht ausdrücklich enthalten seien, würden gleichgestellt, wenn ihre Gehfähigkeit in ungewöhnlich hohem Maße eingeschränkt sei und sie sich nur unter ebenso großen Anstrengungen wie die Vergleichsgruppe oder nur noch mit fremder Hilfe fortbewegen könnten (BSG, Urteil vom 27. 2. 2002, Az.: B 9 SB 9/01 R; BSG SozR 3870 § 3 Nr. 11; BSG SozR 3 – 3870 § 4 Nr. 11, 22). Eine zumutbare **Wegstrecke** von 200 bis 300 m wird vielfach als über der Strecke angesehen, die außergewöhnlich Gehbehinderte üblicherweise zurücklegen können. Der Gewährung des Merkzeichens „aG" steht jedenfalls die Möglichkeit einer Fußwegstrecke von bis zu 100 m nicht entgegen (Thüringer LSG, Urteil vom 14. 3. 2001, Az.: L 5 SB 672/00, www.anhaltspunkte.de). Für eine **Grenzziehung bei der Wegefähigkeit von 100 m** spricht, dass Sonderparkplätze in der Nähe von Behörden und Kliniken und die Parksonderrechte vor Wohnungen und Arbeitsstätten denjenigen schwerbehinderten Menschen vorbehalten werden sollen, denen nur noch Wegstrecken zumutbar sind, die von diesen Sonderparkplätzen aus üblicherweise bis zum Erreichen des Eingangs der Gebäude zurückzulegen sind. Diese Wegstrecken über Straßen und Gehwege in die Eingangsbereiche der genannten Gebäude liegen regelmäßig unter 100 m (LSG Baden-Württemberg, Urteil vom 15. 3. 2001, Az.: L 11 SB 4527/00; **Eine 100m-Grenze befürwortend:** LSG für das Saarland, Urteil vom 6. 2. 2001, Az.: L 5 b SB 67/99 im Anschluss an entsprechende Entscheidungen des LSG Mainz vom 19. 3. 1991, Az.: L 4 Vs 78/ 90, vom 30. 11. 1994, Az.: L 4 Vs 39/93 und vom 14. 8. 1997, Az.: L 4 Vs 131/96; SG Dortmund, Urteil vom 29. 8. 2002, Az.: S 7 SB 198/01).

Die Gleichstellung mit den kraft der Allgemeinen Verwaltungsvor- **86** schrift zu § 46 StVG außergewöhnlich Gehbehinderten setzt demgegenüber nach Auffassung des **LSG NRW** voraus, dass ein Leidenszustand vorliegt, der den behinderten Menschen bei der Fortbewegung **faktisch an den Rollstuhl bindet** bzw. der zur Fortbewegung die Benutzung eines Rollstuhls zumindest als dringend geboten erscheinen lässt (LSG NRW, Urteil vom 14. 3. 2001, L 10 SB 86/00, SGb

2001, 626). Dies schränkt den begünstigten Personenkreis zu stark in Richtung einer **Gehunfähigkeit** ein, zumal behinderte Menschen der Vergleichsgruppe oftmals durch die Versorgung mit Hilfsmitteln eine gewisse Mobilität erlangen. Die Auswirkungen der Gehstörungen müssen jedoch bezogen auf die Fortbewegung funktional denen des Personenkreises der Vergleichsgruppe entsprechen.

87   Das BSG wendet sich gegen eine **erweiternde Auslegung** nach dem Zweck des Schwerbehindertenrechts. Mit der Ausweitung des Personenkreises steige nicht nur die Anzahl der Benutzer von Behindertenparkplätzen, dem an sich mit einer Vermehrung entsprechender Parkplätze begegnet werden könne. Mit jeder **Vermehrung der Parkflächen** werde dem gesamten Personenkreis eine durchschnittlich längere Wegstrecke zugemutet, weil ortsnaher Parkraum nicht beliebig geschaffen werden könne. Bei einer an sich vielleicht wünschenswerten Ausweitung des begünstigten Personenkreises sei zu bedenken, dass dadurch der in erster Linie zu begünstigende Personenkreis wieder benachteiligt werde (BSG SozR 3870 § 3 Nr. 28).

88   Als **Erkrankungen der inneren Organe**, die eine Gleichstellung rechtfertigen können, sind z. B. Herzschäden mit schweren Dekompensationserscheinungen oder Ruheinsuffizienz sowie Krankheiten der Atmungsorgane mit Einschränkungen der Lungenfunktion schweren Grades anzusehen (Anhaltspunkte 1996, Nr. 31 Ziffer 4, S. 168). Die Zuerkennung des Merkzeichens „aG" im Wege der Gleichstellung kommt auch bei einer außergewöhnlichen Gehbehinderung infolge einer schweren rheumatischen Arthritis (SG Dortmund, Urteil vom 28. 11. 2001, Az.: S 20 (3) SB 290/00) oder einer Multiple-Sklerose-Erkrankung (SG Stade, Urteil vom 1. 2. 2002, Az.: S 2 SB 3/01) in Betracht. Führt das ungünstige Zusammenwirken einer psychomotorischen Retardierung mit einer beinbetonten Spastik dazu, dass der behinderte Mensch im innerstädtischen Fußgängerverkehr wegen der Selbstgefährdung und einer Gefährdung anderer von einer Begleitperson allein nicht mehr geführt werden kann, kommt ebenfalls die Gleichstellung mit dem in der Allgemeinen Verwaltungsvorschrift zu § 46 StVG genannten Personenkreis in Betracht (Hessisches LSG, Urteil vom 24. 2. 2000, E-LSG SB-024). Eine mit Muskellähmungen, Muskelschwäche und Schmerzen verbundene Dermatomyositis kann auf der Grundlage einer Gesamtbeurteilung des Krankheitsbildes und dessen Auswirkungen durch einen **medizinischen Sachverständigen** die Gleichstellung mit den in der Verwaltungsvorschrift genannten Leidenszuständen rechtfertigen (BSG, Beschluss vom 15. 8. 2000, Az.: B 9 SB 33/00 B).

89   Die gesundheitlichen Voraussetzungen des Merkzeichens „aG" können als erfüllt angesehen werden, wenn das Gehvermögen des behinderten Menschen zwar funktionell noch den in der Verwaltungsvorschrift zu § 46 StVO aufgestellten Vergleichsmaßstab übertrifft, der Betroffene den Einsatz dieses Gehvermögens aber wegen akuter Ver-

schlimmerungsgefahr auch im häuslichen Bereich so weit wie irgend möglich einschränken muss, so dass er zur Vermeidung überflüssiger Gehstrecken in der Regel einen Rollstuhl benutzen sollte (BSG SozR 3 – 3870 § 4 Nr. 23). Das BSG begründet die Berücksichtigung der **Verschlimmerungsgefahr bei progredienten Leiden** (hier: Hüftgelenksluxation) damit, dass auch das Schwerbehindertenrecht Rehabilitationsziele verfolge. Deshalb sei es unrichtig, bei der Beurteilung von Behinderungen und insbesondere der Voraussetzungen für Nachteilsausgleiche prognostische medizinische Gesichtspunkte stets außer Acht zu lassen. Der Gesetzeszweck der Bereitstellung von Hilfen bei der Integration in ein normales Leben und des Ausgleichs behinderungsbedingter Defizite lege es nahe, einen Nachteilsausgleich ausnahmsweise schon dann zuzuerkennen, wenn der auszugleichende Nachteil bereits unmittelbar drohe und sein Eintritt nur durch ein entsprechendes Verhalten des Schwerbehinderten zeitlich hinausgezögert werden könne. Der Schwerbehinderte habe deshalb bereits dann Anspruch auf das Merkzeichen „aG", wenn die dadurch gebotenen Erleichterungen im Straßenverkehr (z. B. zusätzliche Parkmöglichkeiten, Ausnahmen von Halteverboten) **prophylaktisch** ins Gewicht fielen (s.a. Hessisches LSG, Urteil vom 15. 3. 2001, Az.: L 4 SB 580/99).

Die **Straßenverkehrsbehörden** können unabhängig von der Fest- **90** stellung der gesundheitlichen Voraussetzungen des Merkzeichens „aG" durch die Versorgungsverwaltung **in Einzelfällen** im Rahmen ihres Ermessens **Parkerleichterungen** gem. § 46 Abs. 1 Nr. 11 StVO gewähren. Dies gilt insbesondere für Gehbehinderte mit dem Merkzeichen „G", sofern die Voraussetzungen für die Zuerkennung des Merkzeichens „aG" **nur knapp verfehlt** wurden (GdB mindestens 70, max. Aktionsradius ca. 100 m), Morbus-Crohn-Kranke und Colitis-Ulkerosa-Kranke mit einem diesbezüglichen GdB von mindestens 60 sowie Stomaträger mit doppeltem Stoma und einem hierfür anerkannten GdB von mindestens 70 (vgl. z. B. Erlass des Ministeriums für Wirtschaft und Mittelstand, Energie und Verkehr des Landes Nordrhein-Westfalen vom 4. 9. 2001, Az.: VI B 3 – 78 – 12/6). Amtshilfeersuchen der Straßenverkehrsbehörden an die Versorgungsämter zu den gesundheitlichen Voraussetzungen der Ausnahmeregelung sollen zügig nach Aktenlage erledigt werden (vgl. z. B. Erlass des Ministeriums für Arbeit und Soziales, Qualifikation und Technologie des Landes Nordrhein-Westfalen vom 14. 9. 2001, Az.: 3.2 – 4427).

Hilflosigkeit (Merkzeichen „H", § 3 Abs. 1 Nr. 2 SchbAwV) im **91** Sinne des § 33b Abs. 6 EStG ist für die Inanspruchnahme des Pflegepauschbetrages, des erhöhten Pauschbetrages nach § 33b Abs. 3 Satz 3 EStG, der Kraftfahrzeugsteuerfreiung (§ 3a Abs. 1 KraftStG) und der Befreiung von der Eigenbeteiligung nach § 145 Abs. 1 Satz 5 Nr. 1 SGB IX (Unentgeltliche Beförderung im öffentlichen Personenverkehr) von Bedeutung.

92   **Hilflos** ist nach § 33 b Abs. 6 Satz 2 EStG eine Person, wenn sie für eine Reihe von häufig und regelmäßig wiederkehrenden Verrichtungen zur Sicherung ihrer persönlichen Existenz im Ablauf eines jeden Tages fremder Hilfe dauernd bedarf. Diese Voraussetzungen sind auch erfüllt, wenn die Hilfe in Form einer Überwachung oder einer Anleitung zu den in Satz 2 genannten Verrichtungen erforderlich ist oder wenn die Hilfe zwar nicht dauernd geleistet werden muss, jedoch eine ständige Bereitschaft zur Hilfeleistung erforderlich ist (§ 33 b Abs. 6 Satz 3 EStG). Eine wortgleiche Legaldefinition der Hilflosigkeit findet sich in § 35 Abs. 1 Satz 2-3 BVG als Tatbestandsmerkmal für den Anspruch auf Pflegezulage im sozialen Entschädigungsrecht. Trotz der unterschiedlichen Zwecke der steuerrechtlichen und der versorgungsrechtlichen Vorschriften legt ihre wörtliche Angleichung eine einheitliche Auslegung nahe (BSGE 67, 204 = SozR 3 – 3870 § 4 Nr. 1; LSG Schleswig-Holstein, Urteil vom 28. 6. 2001, Az.: L 2 V 16/00).

93   Häufige und regelmäßig wiederkehrende **Verrichtungen zur Sicherung der persönlichen Existenz** sind insbesondere An- und Auskleiden, Nahrungsaufnahme, Körperpflege, Verrichten der Notdurft. Die im grundpflegerischen Bereich erforderlichen Hilfestellungen ermöglichen die Zuerkennung des Merkzeichens „H". Außerdem sind notwendige körperliche Bewegung, geistige Anregung und Möglichkeiten zur Kommunikation (dazu: BSG SozR 3 – 3870 § 4 Nr. 6) zu berücksichtigen. Hilflosigkeit liegt auch vor, wenn ein **seelisch oder geistig behinderter Mensch** zwar bei zahlreichen Verrichtungen des täglichen Lebens keiner Handreichungen bedarf, er diese Verrichtungen aber infolge einer Antriebsschwäche ohne ständige Überwachung nicht vornimmt (BSG SozR 3 – 3870 § 4 Nr. 12; Anhaltspunkte 1996, Nr. 21 Ziffer 3, S. 37). **Gehörlos** geborene oder vor Spracherwerb ertaubte Personen können hilflos i.S. des § 33 b EStG sein, obwohl sie nur bei einer Verrichtung des täglichen Lebens, der ständig erforderlichen Kommunikation, fremder Hilfe bedürfen (BSG SozR 3 – 3870 § 4 Nr. 15).

94   Ungeachtet dessen muss der **Umfang der notwendigen Hilfe** erheblich sein. Dies ist nur dann der Fall, wenn die Hilfe dauernd für zahlreiche häufig und regelmäßig wiederkehrende Verrichtungen benötigt wird. Einzelne Verrichtungen, selbst wenn sie lebensnotwendig sind und im täglichen Ablauf wiederholt vorgenommen werden, genügen nicht (z. B. Hilfe beim Anziehen einzelner Bekleidungsstücke, notwendige Begleitung bei Reisen und Spaziergängen, Hilfe im Straßenverkehr, einfache Wund- oder Heilbehandlung, Hilfe bei Heimdialyse ohne Notwendigkeit weiterer Hilfeleistung). Ein Hilfebedarf von täglich einer Stunde wird in der Rechtsprechung als zu gering angesehen (BSGE 67, 204 = SozR 3 – 3870 § 4 Nr. 1; BSG SozR 3 – 3870 § 4 Nr. 12; LSG Schleswig-Holstein, Urteil vom 26. 2. 2001, Az.: L 2 SB 36/99: 1 Stunde 25 Minuten reicht nicht), wobei das BSG inzwischen von einer **zeitlichen Mindestgrenze von einer Stunde** spricht (BSG, Urteil vom 2. 7. 1997, Az.: 9 RVs 9/96). In der Entscheidung vom 10. 12. 2002 (Az.: B 9 V 3/01 R, Presse-Mitteilung des BSG Nr. 58/02) führt das BSG aus, ein zeitlicher Aufwand für existenzsichernde Hilfeleistungen von unter einer Stunde am Tag reiche nicht aus für die Bejahung von Hilflosigkeit, während dies bei einem Zeitaufwand ab zwei Stunden der Fall sei. Liege der erforderliche Betreuungsaufwand zwischen einer und zwei Stunden, so sei Hilflosigkeit dann anzunehmen, wenn der wirtschaftliche Wert der erforderlichen Pflege (wegen der Zahl der Verrichtungen bzw. ungünstiger zeitlicher Verteilung der Hilfeleistungen) besonders hoch sei.

95 Verrichtungen, die mit der Pflege nicht unmittelbar zusammenhängen, z. B. im **hauswirtschaftlichen Bereich** (Instandhaltung und Reinigung der Wohnung, Einkäufe, Nahrungszubereitung, Spülen, Wäschewaschen), müssen bei der Beurteilung des Hilfebedarfs anders als in der Pflegeversicherung (§ 14 Abs. 4 Nr. 4, § 15 Abs. 1 SGB XI) außer Betracht bleiben (BSG, Urteil vom 2. 7. 1997, Az.: 9 RVs 9/96, Versorgungsverwaltung 1997, 94; Zu § 35 Abs. 1 Satz 2 BVG: BSG, Urteil vom 10. 9. 1997, Az.: 9 RV 8/96 und BSG SozR 3 – 3100 § 35 Nr. 6; Anhaltspunkte 1996, Nr. 21 Ziffer 4, S. 37). So sind von der Hilfe bei der reinen Nahrungsaufnahme (Essen und Trinken) die nicht berücksichtigungsfähige Nahrungszubereitung und das Einkaufen der Lebensmittel abzugrenzen (LSG NRW, Urteil vom 27. 11. 2001, Az.: L 6 SB 51/01 NW).

96 Bei **behinderten Kindern und Jugendlichen** kann die Hilflosigkeit nicht nur in Defiziten bei einzelnen Verrichtungen, sondern auch in einer **erschwerten Anleitung** zur Kompensation von Defiziten, zusätzlichen Lernschwierigkeiten und in einem besonderen Erklärungsbedarf zum Ausdruck kommen. Dabei ist nur der Teil der Hilfsbedürftigkeit zu berücksichtigen, der wegen der Behinderung den Umfang der Hilfsbedürftigkeit eines gesunden gleichaltrigen Kindes überschreitet (BSGE 80, 97 = SozR 3 – 3870 § 4 Nr. 18; LSG NRW, Urteil vom 25. 1. 2001, Az.: L 7 SB 47/99). Bereits im ersten Lebensjahr können infolge der Behinderung Hilfeleistungen in einem solchen Umfang erforderlich sein, dass dadurch die Voraussetzungen für die Annahme der Hilflosigkeit erfüllt sind (z. B. bei blinden Kindern, hirngeschädigten Kindern mit einem GdB von 100; Vgl. Anhaltspunkte 1996, Nr. 22, S. 38 ff.). Die Voraussetzungen für die Annahme von Hilflosigkeit können nicht nur infolge einer Besserung der Gesundheitsstörungen, sondern auch dadurch entfallen, dass der Behinderte infolge des Reifungsprozesses ausreichend gelernt hat – etwa nach Abschluss der Pubertät –, wegen der Behinderung erforderliche Maßnahmen, die vorher von Hilfspersonen geleistet oder überwacht werden mussten, selbstständig und eigenverantwortlich durchzuführen. In diesen Fällen wird das Versorgungsamt in Anwendung des § 48 SGB X eine wesentliche **Änderung der Verhältnisse** feststellen und den Ausgangsbescheid

hinsichtlich des Vorliegens der gesundheitlichen Voraussetzungen des
Merkzeichens „H" aufheben (vgl. dazu RdNr. 66 ff.). Die förmliche Be-
scheidaufhebung erübrigt sich, soweit sich der mit einer wirksamen
Befristung versehene Feststellungsbescheid durch Zeitablauf erledigt
(§ 32 Abs. 2 Nr. 1, Abs. 3 SGB X, § 39 Abs. 2 SGB X)

97   Der **Begriff der Hilflosigkeit** ist von dem der **Pflegebedürftigkeit** nach § 14 SGB XI und § 68 BSHG abzugrenzen. So ist der Sozialhilfeträger an die Feststellung der gesundheitlichen Voraussetzungen
des Merkzeichens „H" durch das Versorgungsamt bei der Prüfung der
Voraussetzungen von Hilfe zur Pflege nach § 68 BSHG nicht gebunden (BVerwGE 80, 54). Genauso begründet die Hilflosigkeit i.S. des
§ 33b EStG nicht regelhaft Pflegebedürftigkeit i.S. des § 14 SGB XI
wie umgekehrt aus der Feststellung einer Pflegebedürftigkeit insbesondere nach der Pflegestufe I (erheblich Pflegebedürftige, § 15 Abs. 1
Satz 1 Nr. 1, Abs. 3 Nr. 1 SGB XI) nicht zwangsläufig auf das Vorliegen
einer Hilflosigkeit geschlossen werden kann. Dies ergibt sich bereits
daraus, dass auf die Grundpflege bei der Pflegestufe I nur ein Zeitanteil
von mehr als 45 Minuten entfallen muss. Unterschiedliche Maßstäbe
ergeben sich durch die Berücksichtigung der hauswirtschaftlichen Versorgung in der Pflegeversicherung (§ 14 Abs. 4 Nr. 4 SGB XI). Lediglich bei der Gewährung von Pflegeleistungen nach Pflegestufe III
(Schwerstpflegebedürftigkeit, § 15 Abs. 1 Satz 1 Nr. 3, Abs. 3 Nr. 3 SGB
XI) mit einem Grundpflegeanteil von mindestens 4 Stunden kann
ohne weitere Überprüfung vom Vorligen der gesundheitlichen Voraussetzungen des Merkzeichens „H" ausgegangen werden (*Cramer,*
SchwbG, § 3 SchbAwV RdNr. 4). Gleichwohl erscheint die Unsicherheit, ob und wenn ja wie die Hilflosigkeit in das Raster der **Pflegestufen** des § 15 SGB XI einzuordnen ist, als ebenso unbefriedigend wie
die unscharfen tatbestandlichen Voraussetzungen des Merkzeichens
„H". Hier wäre eine Anpassung des steuerrechtlichen Nachteilsausgleichs für behinderte Menschen an die Systematik des SGB XI wün-
schenswert. Neben einer Vereinheitlichung der Begrifflichkeiten wäre
es denkbar, eine **Tatbestandswirkung der Einstufung in Pflegestufe II** (Schwerpflegebedürftige, § 15 Abs. 1 Satz 1 Nr. 2, Abs. 3 Nr. 2
SGB XI) für die Feststellung der gesundheitlichen Voraussetzungen des
Merkzeichens „H" vorzusehen. Der Zeitaufwand für die Grundpflege
(ohne hauswirtschaftliche Versorgung) beträgt in der Pflegestufe II
mindestens zwei Stunden, weshalb dieser Maßstab unter Berücksichtigung der vom BSG genannten Mindestzeitgrenze von einer Stunde
für den Hilfebedarf nach § 33b EStG als geeignet erscheint.

98   Der **Ausschluss von öffentlichen Veranstaltungen (Merkzeichen
„RF", § 3 Abs. 1 Nr. 5 SchwbAwV)** als Voraussetzung der Befreiung
schwerbehinderter Menschen von der Rundfunkgebührenpflicht ist inhaltlich übereinstimmend in Verordnungen der Bundesländer geregelt.
Als Anspruchsberechtigte i.S. des § 3 Abs. 1 Nr. 5 SchwbAwV werden in

den Verordnungen (z. B. § 1 Abs. 1 der Nordrhein-Westfälischen Verordnung über die Befreiung von der Rundfunkgebührenpflicht vom 30. 11. 1993, GVBl. NW S. 970) u. a. genannt:

- Blinde oder nicht nur vorübergehend wesentlich Sehbehinderte mit einem GdB von 60 allein wegen der Sehbehinderung,
- Hörgeschädigte, die gehörlos sind oder denen eine ausreichende Verständigung über das Gehör auch mit Hörhilfen nicht möglich ist,
- Behinderte mit einem GdB von wenigstens 80, die wegen ihres Leidens an öffentlichen Veranstaltungen ständig nicht teilnehmen können.

Das **Merkzeichen „RF"** dient dem Ausgleich für die Unfähigkeit **99** des behinderten Menschen, an öffentlichen Veranstaltungen teilzunehmen. Es soll die Teilnahme am öffentlichen Leben und kulturellen Geschehen ermöglichen und behinderungsbedingte Störungen in Bezug auf die Teilnahme am öffentlichen Gemeinschaftsleben durch **erleichterten Zugang zu Rundfunk- und Fernsehsendungen** ausgleichen.

Nach der Rechtsprechung des **BSG** muss der behinderte Mensch **100** wegen seiner Leiden **„allgemein" und „umfassend" von öffentlichen Veranstaltungen ausgeschlossen** sein. Es genügt demnach nicht, dass sich die Teilnahme an einzelnen, nur gelegentlich stattfindenden Veranstaltungen, etwa Massenveranstaltungen verbietet (BSG SozR 3870 § 3 Nr. 25). Wer an öffentlichen Veranstaltungen zwar noch körperlich teilnehmen kann, infolge einer Beeinträchtigung seiner geistigen Aufnahmefähigkeit solchen Veranstaltungen aber nicht bis zum Ende folgen kann, soll ebenfalls keinen Anspruch auf Befreiung von der Rundfunkgebührenpflicht haben (BSG SozR 3 – 3870 § 4 Nr. 2).

Im Fall eines behinderten Menschen, der wegen seiner **Verhaltens-** **101** **auffälligkeiten** – ständige Zuckungen und zu Zwangsweinen neigende Affektlabilität – öffentliche Veranstaltungen meidet, hat das **BSG** (SozR 3 – 3870 § 48 Nr. 2) folgende Ausführungen gemacht: „… Dabei hat das LSG die bisherige Rechtsprechung zutreffend dahin verstanden, dass hier eine enge Auslegung geboten ist, die praktisch einer **Bindung an das Haus** gleichsteht … Um die Lage von Menschen mit Behinderungen zu erleichtern, müssen Nichtbehinderte ihre Wahrnehmung korrigieren. Weitestmögliche Einbeziehung in unser Leben sind wir Menschen mit allen Arten von Behinderungen und ihren Familien schuldig. Im Sinne der Zielsetzung des SchwbG ist eine **Ausgrenzung** der Behinderten nur in äußersten Randsituationen erlaubt. Entgegen der Auffassung der Revision gebietet daher die Menschenwürde nicht die Zuerkennung des Merkzeichens „RF" mit der Begründung, dass Behinderte **für die Öffentlichkeit nicht tragbar** und daher abzusondern seien, sondern die Förderung aktiver Teilnahme des Behinderten am gesellschaftlichen Leben. Der Zweck des Nachteilsausgleichs „RF" wird in sein Gegenteil verkehrt, wenn er schon zuerkannt wird, um besonderen Empfindlichkeiten der Öffentlichkeit Rechnung zu tragen.

Der Öffentlichkeit würde dann die Ausgrenzung der Behinderten erlaubt. Wann und in welchem Umfang Entstellung und Geruchsbelästi-
gung, unwillkürliche Bewegungen wie bei Spastikern und ähnliches
den Behinderten vom Besuch öffentlicher Veranstaltungen ausschließen, wird unter Beachtung der genannten Grundsätze im Wesentlichen
tatrichterlicher Würdigung vorbehalten bleiben."

102   Das BSG geht bei seiner **engen Auslegung** der Voraussetzungen
des Nachteilsausgleichs „RF" so weit, einem erwachsenen Behinderten, der an Harninkontinenz leidet, den Besuch öffentlicher Veranstaltungen in Windelhosen und nach entsprechender Steuerung der Flüs-
sigkeitsaufnahme als zumutbare Gestaltung seiner Lebensverhältnisse
anzusinnen (BSG SozR 3 – 3870 § 4 Nr. 17; s.a. LSG NRW, Urteil vom
22. 5. 2001, Az.: L 6 SB 192/00). Eine derartige **Überspitzung der
restriktiven Anspruchsprüfung** (*Dörner*, SchwbG, § 4 RdNr. 74:
engherzige Voraussetzungen) lässt sich vermeiden, indem eine angemessene Berücksichtigung der **Zumutbarkeit** des Besuchs öffentlicher Veranstaltungen für den behinderten Menschen erfolgt. Dieser
Aspekt findet sich auch in den Anhaltspunkten 1996, Nr. 33, S. 171 wieder. So können beengte Sitzgelegenheiten und Enge infolge größeren
Publikumsandrangs für behinderte Menschen mit schweren Bewe-
gungsstörungen und mit der Notwendigkeit des häufigen Haltungs-
wechsels die Teilnahme an öffentlichen Veranstaltungen als unzumutbar erscheinen lassen (SG Dortmund, Urteil vom 15. 11. 2001, Az.: S 7
SB 330/00). **Seelische Behinderungen** können die gesundheitlichen
Voraussetzungen des Merkzeichens „RF" erfüllen. Dies gilt für den
Fall, dass behinderungsbedingt massive soziale Anpassungsstörungen
vorliegen, Menschen gemieden werden und der Betroffene sich sozial
zurückzieht, ohne dass er in der Lage wäre, sein Verhalten zu überwinden. Die **Aufzählung der Anhaltspunkte 1996**, Nr. 33 Ziffer 2 c,
S. 170 f. steht dem nicht entgegen, zumal sie mit der Formulierung
„hierzu gehören" nicht abschließend ist (BSG SozR 3 – 3870 § 4 Nr. 26;
LSG Niedersachsen, Urteil vom 12. 1. 2001, Az.: L 9 SB 139/00).

103   Nicht sachgerecht ist es, das **persönliche Erscheinen** des behinderten
Menschen zum sozialgerichtlichen **Erörterungs- oder Verhand-
lungstermin** anzuordnen (§ 111 SGG), und dem Kläger sein unter
Androhung von Ordnungsmitteln bewirktes Erscheinen als anspruchs-
hindernd vorzuhalten. Hier sollte der behinderte Prozessbeteiligte vorsorglich unter Vorlage eines ärztlichen Attestes die Aufhebung der Anordnung des persönlichen Erscheinens zum Gerichtstermin beantragen.

104   Gesetzliche Vertreter **behinderter Kinder** können für ihr Kind die
Feststellung der gesundheitlichen Voraussetzungen des Merkzeichens
„RF" beantragen. Das Versorgungsamt hat die gesundheitliche Konsti-
tution des behinderten Kindes mit der eines altersentsprechenden nicht
behinderten Kindes zu vergleichen. Da altersentsprechende „Nachteile" grundsätzlich nicht behinderungsbedingt sind, ergibt sich bis zur

Vollendung des zweiten Lebensjahres wegen der – auch bei gesunden Kleinkindern üblichen - Nichtteilnahme an öffentlichen Veranstaltungen kein auszugleichender „Nachteil". Bis zu dieser **Altersgrenze** kommt die Zuerkennung des Merkzeichens „RF" nicht in Betracht (BSGE 80, 97 = SozR 3 – 3870 § 4 Nr. 18).

Das BSG ist der Auffassung, dass ein durch Gebührenbefreiung **aus-** **105** **zugleichender Mehraufwand behinderter Rundfunk- und Fernsehteilnehmer** nicht mehr vorliege, weil die deutsche Bevölkerung unabhängig von Behinderungen nahezu vollständig Rundfunk höre und fernsehe. Die Gebührenbefreiung für behinderte Menschen stelle deshalb einen Verstoß gegen den gebührenrechtlichen Grundsatz der verhältnismäßigen Gleichbehandlung aller Nutzer dar. Die daraus folgende Konsequenz könne nur der Verordnungsgeber ziehen, weil Versorgungsverwaltung und Sozialgerichte über ein gesundheitliches Merkmal des Befreiungstatbestandes, nicht aber über die — möglicherweise **gegen höherrangiges Recht verstoßende** – Befreiung von der Rundfunkgebührenpflicht zu entscheiden hätten (BSG SozR 3 – 3870 § 4 Nr. 26). Das BSG legt hier mit an sich erfreulicher Offenheit sein Vorverständnis von einem seines Erachtens überflüssigen Nachteilsausgleich dar. Zur Absicherung seiner restriktiven Auslegung taugt dieser Gesichtspunkt jedoch nicht, da es Gerichten nicht ansteht, vom Gesetz- bzw. Verordnungsgeber geschaffene Regelungen durch restriktive Auslegung leerlaufen zu lassen.

Die gesundheitlichen Voraussetzungen des **Merkzeichens „Bl"** **106** (§ 3 Abs. 1 Nr. 3 SchwbAwV) liegen vor, wenn der schwerbehinderte Mensch **blind** im Sinne des § 76 Abs. 2a Nr. 3 BSHG oder entsprechender Vorschriften ist. Damit werden behinderte Menschen als blind angesehen, denen das **Augenlicht vollständig fehlt** sowie solche mit einer **erheblich beeinträchtigten Sehschärfe.** Letztere werden berücksichtigt, wenn ihre Sehschärfe auf dem besseren Auge nicht mehr als 1/50 beträgt oder wenn dem Schweregrad dieser Sehschärfe gleichzuachtende, nicht nur vorübergehende Störungen des Sehvermögens vorliegen. Eine der Herabsetzung der Sehschärfe auf 1/50 oder weniger gleichzusetzende Sehbehinderung liegt nach den Richtlinien der Deutschen Ophthalmologischen Gesellschaft u. a. bei bestimmten Fallgruppen der Einengung des Gesichtsfeldes vor (Anhaltspunkte 1996, Nr. 23, S. 44 f.).

Das **Merkzeichen „Bl"** ist für die unentgeltliche Beförderung im **107** öffentlichen Personenverkehr (§ 145 Abs. 1 Satz 5 Nr. 1 SGB IX), die Befreiung von der Kraftfahrzeugsteuer (§ 3 a Abs. 1 KraftStG) und sonstige steuerliche Vergünstigungen von Bedeutung.

Das **Merkzeichen „1.Kl."** (§ 3 Abs. 1 Nr. 6 SchwbAwV) wird zuer- **108** kannt, wenn der schwerbehinderte Mensch die im Verkehr mit Eisenbahnen tariflich festgelegten gesundheitlichen Voraussetzungen für die Benutzung der 1. Wagenklasse mit Fahrausweis der 2. Wagenklasse erfüllt. Die Deutsche Bahn AG gewährt bestimmten Gruppen von schwerbehinderten Menschen, nämlich Kriegsbeschädigten und NS-Verfolgten mit einer MdE um mindestens 70 v.H., in ihren Tarifen das Recht, bei Eisenbahnfahrten mit Fahrausweis der 2. Klasse die 1. Klasse zu benutzen, wenn ihr körperlicher Zustand bei Reisen ständig die Unterbringung in der 1. Wagenklasse erfordert. Bei schwerkriegsbeschädigten Empfängern der drei höchsten Pflegezulagestufen sowie bei Kriegsblinden, kriegsbeschädigten Ohnhändern und Querschnittgelähmten wird das Vorliegen der Voraussetzungen unterstellt (Anhaltspunkte 1996, Nr. 34, S. 171). In den Genuss des Merkzeichens „1. Kl." sollen insbesondere Schwerbeschädigte kommen, denen auf Grund ihrer Behinderungen ein größerer Sitzabstand Zugreisen erleichtert (BSGE 56, 238). Die Ausgestaltung dieses Nachteilsausgleichs passt systematisch nicht in das final ausgerichtete Schwerbehindertenrecht, sondern ist ein **Relikt der kausalen Ausrichtung** dieses Rechtsbereichs mit der Beschränkung auf bestimmte privilegierte Behinderungsursachen bis zum Jahre 1974 (Vgl. § 68 RdNr. 16 ff.). § 3 Abs. 1 Nr. 6 SchwbAwV widerspricht dem **Differenzierungsverbot** nach der Behinderungsursache in § 126 Abs. 1 SGB IX (vgl. § 126 RdNr. 6).

VIII. Schwerbehindertenausweis (Abs. 5)

109   Nach § 69 Abs. 5 Satz 1 SGB IX stellen die **Versorgungsämter** als für die Durchführung des BVG zuständige Behörden den Ausweis über die Eigenschaft als schwerbehinderter Mensch, den GdB sowie ggfs. über weitere gesundheitliche Merkmale gem. Abs. 4 aus. Für **Rechtsstreitigkeiten** um die Ausstellung, Verlängerung, Berichtigung und Einziehung des Schwerbehindertenausweises sind die Gerichte der Sozialgerichtsbarkeit zuständig (§ 51 Abs. 1 Nr. 7 SGG).

110   Voraussetzung der Ausweiserteilung ist zunächst ein - nicht notwendig bestandskräftiger - **Feststellungsbescheid** des Versorgungsamtes nach § 69 Abs. 1 und 4 SGB IX, mit dem ein GdB von wenigstens 50 (Schwerbehinderung, § 2 Abs. 2 SGB IX) und ggfs. weitere gesundheitliche Merkmale für die Inanspruchnahme von Nachteilsausgleichen festgestellt worden sind. Wie auch der Feststellungsbescheid selbst bedarf die Ausgabe des Schwerbehindertenausweises zur Wahrung der Dispositionsbefugnis des behinderten Menschen seines **Antrages**. Beide Anträge werden auf den Vordrucken der Versorgungsverwaltung zweckmäßigerweise gemeinsam gestellt.

111   Der Feststellungsbescheid enthält Angaben zu **Art und Ausmaß der Behinderungen**, die ihn als wenig geeignet erscheinen lassen, gegenüber Arbeitgebern, Behörden oder privaten Einrichtungen den Nachweis der Schwerbehinderteneigenschaft zu erbringen. Gleichwohl ist es dem behinderten Menschen nicht verwehrt, den Feststel-

lungsbescheid im Rechtsverkehr als Nachweis der Schwerbehinderung vorzulegen. Abgesehen von der besseren Handlichkeit des Ausweises hat dieser den Vorteil, sich auf die Angabe der **Schwerbehinderteneigenschaft, des GdB und der Merkzeichen** zu beschränken.

Der Ausweis dient dem Nachweis für die Inanspruchnahme von   **112** Leistungen und sonstigen Hilfen, die schwerbehinderten Menschen nach Teil 2 des SGB IX oder nach anderen Vorschriften zustehen (§ 69 Abs. 5 Satz 2 SGB IX). Es handelt sich um eine **öffentliche Urkunde mit behördlicher Erklärung** im Sinne des § 417 ZPO, die den vollen Beweis ihres Inhalts begründet (BSG SozR 3870 § 3 Nr. 21). Der Schwerbehindertenausweis beweist, dass das Versorgungsamt die im Ausweis gekennzeichneten Entscheidungen über die Schwerbehinderung, den GdB und etwaige weitere gesundheitliche Merkmale getroffen hat. Diese Feststellungen des Ausweises des Versorgungsamtes sind gegenüber jedermann verbindlich. Erst hierdurch gewinnt der Ausweis die ihm vom Gesetz zugewiesene Funktion, gegenüber jedermann die ausgewiesenen Merkmale als Voraussetzung für die Inanspruchnahme von Rechten und Vergünstigungen nachzuweisen. So haben auch die Rundfunkanstalten die versorgungsamtliche Feststellung der gesundheitlichen Voraussetzungen für das Merkzeichen „RF" ungeprüft zu akzeptieren (BVerwGE 66, 315, 320).

Im **Kündigungsschutzprozess** führt der Arbeitnehmer den Nach-   **113** weis seiner Schwerbehinderteneigenschaft durch Vorlage des Ausweises, der auch für das Arbeitsgericht bindend ist. Dem Arbeitgeber ist der Gegenbeweis verwehrt (*Masuch* in: Hauck/Noftz, SGB IX, § 69 RdNr. 38; GK-SchwbG-*Schimanski*, § 69 RdNr. 148). Bei rechtzeitiger Antragstellung führt eine zum Zeitpunkt der Kündigung tatsächlich vorliegende, aber erst nach der Kündigung festgestellte Schwerbehinderung während des Arbeitsgerichtsprozesses zur Unwirksamkeit der Kündigung wegen fehlender Zustimmung des Integrationsamtes (§ 85 SGB IX; Vgl. GK-SchwbG-*Steinbrück*, § 15 RdNr. 54 ff. m.w.Nw.). Der von dem behinderten Menschen unverzüglich vorzulegende Schwerbehindertenausweis enthält als Beginn der Gültigkeit den Tag des Antrages auf Feststellung nach § 69 Abs. 1 und Abs. 4 (§ 6 Abs. 1 Satz 1 Nr. 1 SchwbAwV). Damit kann der Betroffene den **Nachweis** seiner ab diesem Zeitpunkt vorliegenden Schwerbehinderung mit dem Ausweis **nachträglich** erbringen. Auch das **Beitrittsrecht schwerbehinderter Menschen zur freiwilligen Krankenversicherung** (§ 9 Abs. 1 Nr. 4 SGB V) entsteht erst im Zeitpunkt des Nachweises der versorgungsamtlichen Feststellung, nicht des tatsächlichen Vorliegens der Schwerbehinderung (vgl. BSGE 48, 167; KassKomm-*Peters*, § 9 SGB V RdNr. 29). Dies verdeutlicht, dass die Ausstellung des Ausweises entsprechend dem Zweck des Nachweises der Schwerbehinderung lediglich **deklaratorische Wirkung** hat und nicht konstitutiver Natur ist.

114　　In den Fällen des § 69 Abs. 2 SGB IX (**vorrangige MdE-Feststellungen** anderer Sozialleistungsträger) dokumentiert der Schwerbehindertenausweis als Beginn der Gültigkeit den Tag des Antrages auf Ausstellung des Ausweises. Ist auf Antrag des schwerbehinderten Menschen nach Glaubhaftmachung eines besonderen Interesses festgestellt worden, dass die Schwerbehinderung, ein anderer GdB oder ein oder mehrere gesundheitliche Merkmale bereits zu einem früheren Zeitpunkt vorgelegen haben, ist zusätzlich das Datum einzutragen, von dem ab die jeweiligen Voraussetzungen mit dem Ausweis nachgewiesen werden können (§ 6 Abs. 1 Satz 1 Nr. 2, Satz 2 SchwbAwV).

115　　Kommt es während der Gütigkeitsdauer des Ausweises zu **einer wesentlichen Änderung der Verhältnisse** (§ 48 SGB X), ist die betroffene Eintragung auf Grund einer entsprechenden Neufeststellung (vgl. dazu RdNr. 66 ff.) zu berichtigen und zusätzlich das Datum einzutragen, von dem ab die jeweiligen Voraussetzungen mit dem Ausweis nachgewiesen werden können. Liegt die Schwerbehinderung nicht mehr vor, ist der **Ausweis einzuziehen** (§ 6 Abs. 1 Satz 3 SchwbAwV). Beruht der Wegfall der Voraussetzungen einer Schwerbehinderung nach § 2 Abs. 2 SGB IX auf einer Verringerung des GdB auf weniger als 50, endet der Schwerbehindertenschutz nach § 116 Abs. 1 SGB IX erst am Ende des dritten Kalendermonats nach Eintritt der **Unanfechtbarkeit** der die Verringerung feststellenden Bescheides. Daraus folgt, dass dem schwerbehinderten Menschen während eines Widerspruchsverfahrens und eines Klageverfahrens um die Herabsetzung des GdB im Sinne **einer aufschiebenden Wirkung** der Rechtsbehelfe der Ausweis in seiner bisherigen Form zu belassen und bei Fristablauf auch zu verlängern ist (GK-SchwbG-*Schimanski*, § 4 RdNr. 154; s.a. Komm. zu § 116).

116　　Die **Gültigkeitsdauer des Ausweises** ist in der Regel für die Dauer von **längstens 5 Jahren** vom Monat der Ausstellung an zu befristen. Soweit eine wesentliche Änderung der Verhältnisse nicht zu erwarten und gewährleistet ist, dass das örtliche Versorgungsamt regelmäßig über die persönlichen Verhältnisse des Ausweisinhabers unterrichtet ist, kann die Gültigkeitsdauer des Ausweises auf längstens 15 Jahre befristet werden (§ 69 Abs. 5 Satz 3 SGB IX i.V.m. § 6 Abs. 2 SchwbAwV). Für schwerbehinderte **Kinder und Jugendliche** sowie **nichtdeutsche Schwerbehinderte** mit befristeten Aufenthaltsgenehmigungen, Aufenthaltsgestattungen oder Arbeitserlaubnissen gelten abweichende Befristungsvorgaben (§ 6 Abs. 3 – 5 SchwbAwV). Die Gültigkeitsdauer des Ausweises kann auf Antrag höchstens zweimal verlängert werden (§ 6 Abs. 6 SchwbAwV).

IX. Rechtsbehelfe

Gegen Feststellungsbescheide der Versorgungsverwaltung nach **117**
§ 69 Abs. 1 und Abs. 4 SGB IX kann der behinderte Mensch, soweit seinem Antrag ganz oder teilweise nicht entsprochen worden ist, **Widerspruch** einlegen. Das **Widerspruchsverfahren** richtet sich nach den
Regelungen des § 62 SGB X i.V. mit den §§ 78 ff. SGG. Ergänzend sind
die Vorschriften des SGB X zum Verwaltungsverfahren, z. B. hinsichtlich der Vertretung durch Bevollmächtigte (§ 13 SGB X) oder des
Amtsermittlungsgrundsatzes (§ 20 SGB X) heranzuziehen.

Der Widerspruch ist **binnen eines Monats** (bei fehlender oder un- **118**
zutreffender Rechtsbehelfsbelehrung binnen eines Jahres, § 36 SGB X,
§ 84 Abs. 2 Satz 3 SGG i.V.m. § 66 Abs. 2 SGG), nachdem der Bescheid
dem Beschwerten bekannt gegeben worden ist, **schriftlich (auch per
Fax) oder zur Niederschrift bei dem Versorgungsamt** einzureichen (§ 84 Abs. 1 Satz 1 SGG). Der Bescheid, der durch die Post im In-
land übermittelt wird, gilt nach § 37 Abs. 2 SGB X mit dem **dritten
Tag nach der Aufgabe zur Post** als bekannt gegeben, außer wenn er
nicht oder zu einem späteren Zeitpunkt zugegangen ist; im Zweifel hat
das Versorgungsamt den Zugang des Bescheides und den Zeitpunkt des
Zugangs nachzuweisen. Die Widerspruchsfrist gilt auch dann als gewahrt, wenn die Widerspruchsschrift bei einer **anderen inländischen
Behörde**, z. B. einer Stadtverwaltung oder einem Integrationsamt, bei
einem Rehabilitationsträger oder bei einer deutschen Konsularbehörde
eingegangen ist. Diese Behörden haben die Widerspruchsschrift unverzüglich an das zuständige Versorgungsamt weiterzuleiten (§ 84 Abs. 2
SGG). Versäumt der behinderte Mensch ohne Verschulden die Widerspruchsfrist, gewährt ihm das Versorgungsamt auf Antrag **Wiedereinsetzung in den vorigen Stand** (§ 84 Abs. 2 Satz 3 SGG i.V.m. § 67
SGG).

Das Widerspruchsschreiben bedarf **keiner besonderen Form**. Der **119**
Rechtsbehelf muss nicht als Widerspruch bezeichnet sein. Es genügt,
wenn zum Ausdruck kommt, dass der behinderte Mensch sich mit den
Feststellungen des Versorgungsamtes über das Vorliegen einer Behinderung, der Höhe des GdB und beantragter gesundheitlicher Merkmale nicht einverstanden erklärt und eine verwaltungsseitige Überprüfung wünscht. Eine Widerspruchsbegründung ist nicht zwingend
vorgeschrieben, aber gleichwohl zweckmäßig. Nur durch eine möglichst konkrete **Widerspruchsbegründung** ist die Versorgungsverwaltung zu bewegen, in eine inhaltliche Überprüfung der angefochtenen Entscheidung z. B. durch Beiziehung weitere ärztlicher Berichte
oder Veranlassung einer persönlichen Begutachtung einzutreten. Es
empfiehlt sich, eine detaillierte Schilderung der jeweiligen behinderungsbedingten Beeinträchtigungen in der Teilhabe am gesellschaft-

lichen Leben vorzulegen. So ist eine über den GdB-Sätzen der Anhaltspunkte 1996 liegende Bewertung berechtigt, wenn seelische Begleiterscheinungen erheblich über die dem Ausmaß der organischen Veränderungen entsprechenden üblichen seelischen Begleiterscheinungen hinausgehen. Ähnliches gilt für die Berücksichtigung von Schmerzen (Anhaltspunkte 1996, Nr. 18 Ziffer 8 f., S. 32 f.).

120 Wird dem Widerspruch nicht abgeholfen, erlässt nach § 85 Abs. 2 Nr. 1 SGG den **Widerspruchsbescheid** die nächsthöhere Behörde, das **Landesversorgungsamt** bzw. in Nordrhein-Westfalen seit dem 1. 1. 2000 die Abteilung 10 - Soziales und Arbeit, Landesversorgungsamt - der **Bezirksregierung Münster** (Dazu: BSGE 88, 153 = SozR 3 − 3100 § 5 Nr. 9 und BSG, Urteil vom 27. 2. 2002, Az.: B 9 SB 6/01 R). Der Widerspruchsbescheid ist schriftlich zu erlassen, zu begründen und den Beteiligten bekannt zu geben. Nimmt die Widerspruchsbehörde eine **Zustellung** vor, gelten die §§ 2 bis 15 VwZG. Der Widerspruchsbescheid muss eine Belehrung über die Zulässigkeit der Klage, die einzuhaltende Frist und den Sitz des zuständigen Gerichts enthalten (§ 85 Abs. 3 SGG). Ist ein Bevollmächtigter bestellt, muss sich die Widerspruchsbehörde an ihn wenden (§ 13 Abs. 3 Satz 1 SGB X, § 65 Abs. 1 SGB X i.V.m. § 8 Abs. 1 Satz 2 VwZG). Die **Bekanntgabe** des Widerspruchsbescheides an den Bevollmächtigten steht nach § 37 Abs. 1 Satz 2 SGB X im **Ermessen** der Behörde (von Wulffen/*Engelmann*, SGB X, § 37 RdNr. 10). Zwar sieht das SGG in § 85 Abs. 3 seit dem 1. 7. 2002 keine zwingende förmliche Zustellung des Widerspruchsbescheides mehr vor. Bei der nunmehr möglichen Bekanntgabe des Widerspruchsbescheides durch einfache Postversendung tritt eine **Ermessensreduzierung** auf null dahingehend ein, dass der **Widerspruchsbescheid dem Bevollmächtigten bekannt zu geben ist.** Maßgeblich hierfür sind die Bedeutung des Vorverfahrensabschlusses als Prozessvoraussetzung (§ 78 Abs. 1 Satz 1 SGG) und die Ermöglichung einer sicheren Klagefristkontrolle durch den Bevollmächtigten. Es ist kein Gesichtspunkt erkennbar, der abweichend von der allgemeinen Regel des § 13 Abs. 3 Satz 1 SGB X eine Bekanntgabe des Widerspruchsbescheides am Bevollmächtigten des behinderten Menschen vorbei rechtfertigen könnte. Von daher sollte der Widerspruchsbescheid zumindest auch an den Bevollmächtigten bekannt gegeben werden müssen, wobei der Tag der ersten Bekanntgabe für den Lauf der Klagefrist maßgeblich ist (vgl. KassKomm-*Krasney*, § 37 SGB X RdNr. 5).

121 Die Durchführung des Widerspruchsverfahrens ist **Prozessvoraussetzung** für eine gerichtliche Überprüfung der Verwaltungsentscheidung (§ 78 Abs. 1 Satz 1 SGG). Daneben dient es einer **effektiven Selbstkontrolle** der Versorgungsverwaltung und soll einen **Filter** zur Vermeidung überflüssiger Klageverfahren darstellen. Diesen Aufgaben werden die Widerspruchsverfahren der Versorgungsverwaltung wegen einer zu schematischen Sachbearbeitung oftmals nicht gerecht (dazu RdNr. 34 ff.). **Widerspruchsverfahren** sollen innerhalb von **drei Monaten abgeschlossen** werden. Geschieht dies nicht, ohne dass hierfür ein zureichender Grund insbesondere in Gestalt weiterer medizinischer Sachverhaltsaufklärung vorliegt, kann der behinderte Mensch bei dem Sozialgericht **Untätigkeitsklage** erheben (§ 88 Abs. 2 SGG). Entscheidet die Behörde nicht innerhalb der Frist des § 88 Abs. 2 SGG über den Widerspruch, so hat sie die **Kosten einer Untätigkeitsklage** auch dann zu tragen, wenn die verspätete Bescheidung auf ihrer Arbeitsüberlastung bzw. Personalmangel und damit auf einem der Verwaltung zuzurechnenden **Organisationsdefizit** beruht (SG Dortmund, Beschluss vom 14. 9. 2000, Breithaupt 2000, 1077).

Das Widerspruchsverfahren ist ebenso wie das vorhergehende Verwaltungsverfahren für den behinderten Menschen **kostenfrei** (§ 64 Abs. 1 SGB X). Soweit der Widerspruch erfolgreich ist, hat das Versorgungsamt demjenigen, der Widerspruch erhoben hat, die zur zweckentsprechenden Rechtsverfolgung oder Rechtsverteidigung notwendigen **Aufwendungen** zu erstatten. Dies gilt auch, wenn der Widerspruch nur deshalb keinen Erfolg hat, weil ein Verfahrensfehler (z. B. fehlende oder unzureichende Anhörung gem. § 24 SGB X und Bescheidbegründung gem. § 35 SGB X) wirksam geheilt und deshalb nach § 41 SGB X unbeachtlich ist (§ 63 Abs. 1 SGB X). Erstattungsfähig sind u. a. Kosten für beigebrachte ärztliche Atteste, Kopier-, Porto- und Dolmetscherkosten. Die Gebühren- und Auslagen eines **Rechtsanwaltes** oder eines sonstigen Bevollmächtigten sind im Widerspruchsverfahren erstattungsfähig, wenn die Zuziehung eines Bevollmächtigten notwendig war (§ 63 Abs. 2 SGB X). Die Hinzuziehung eines Bevollmächtigten für das Widerspruchsverfahren ist im Schwerbehindertenrecht als **notwendig** anzusehen, weil der behinderte Mensch nur in Ausnahmefällen in der Lage seien wird, seine Rechte gegenüber der Versorgungsverwaltung ausreichend zu wahren (Kass-Komm-*Krasney,* § 63 SGB X RdNr. 17 m.w.Nw.). Wegen der immanenten Interessenkollision kann für eine engere Auslegung der Notwendigkeit nicht auf die Beratungspflicht der Behörde (§ 14 SGB I) abgestellt werden. Ziel der Kostenregelung ist es vielmehr, die am Gerechtigkeitsdenken orientierte Chancengleichheit in der Verwirklichung des Rechtsschutzes auch für behinderte Menschen herzustellen (vgl. von Wulffen/*Roos,* SGB X, § 63 RdNr. 26 m.w.Nw.).

Ist der Widerspruch des behinderten Menschen ganz oder teilweise zurückgewiesen worden, kann **binnen eines Monats** nach Bekanntgabe des Widerspruchsbescheides **Klage** erhoben werden (§ 87 SGG). Die **Gerichte der Sozialgerichtsbarkeit** sind nach § 51 Abs. 1 Nr. 7 SGG (bisher: § 4 Abs. 6 SchwbG) **sachlich zuständig** für öffentlich-rechtliche Streitigkeiten bei der Feststellung von Behinderungen und ihrem Grad sowie weiterer gesundheitlicher Merkmale, ferner der

122

123

Ausstellung, Verlängerung, Berichtigung und Entziehung von Ausweisen nach § 69 SGB IX. Eine **Zersplitterung des Rechtsschutzes** im Schwerbehindertenrecht bewirkt die Zuständigkeit der **Verwaltungsgerichtsbarkeit** für Klagen gegen Entscheidungen des Integrationsamtes im Rahmen des besonderen Kündigungsschutzes (§ 88 SGB IX). Erhebt der schwerbehinderte Arbeitnehmer gegen die Zustimmung des Integrationsamtes zur Kündigung nach erfolglosem Widerspruchsverfahren Anfechtungsklage beim Verwaltungsgericht, behält die angefochtene Zustimmungsentscheidung auch wegen aufschiebender Wirkung der Klage ihre „entsperrende" Wirkung. In diesem Fall wird der gekündigte Schwerbehinderte parallel Kündigungsschutzklage beim **Arbeitsgericht** erheben, um sich die Geltendmachung der Sozialwidrigkeit der Kündigung i.S. des § 1 KSchG zu erhalten. Ist schließlich noch der Schwerbehindertenstatus (§ 2 Abs. 2 SGB IX) oder die Gleichstellung (§ 2 Abs. 3 SGB IX, § 68 Abs. 2–3 SGB IX) im Streit, kann zudem das Sozialgericht mittelbar mit dem Kündigungsstreit befasst werden. Dieser wenig praktikablen Mehrgleisigkeit des Rechtsschutzes wird von den Gerichten mit Verfahrenaussetzungen wegen Vorgreiflichkeit (§ 94 VwGO, § 148 ZPO, § 114 Abs. 2 SGG) begegnet, was die Erledigung der Rechtsstreite erheblich verzögern kann. Es wäre deshalb sinnvoll, rechtspolitisch eine **Konzentration** der öffentlich-rechtlichen Streitverfahren gegen das Integrationsamt und das Versorgungsamt **in der Sozialgerichtsbarkeit** anzustreben (vgl. Komm. zu § 118; s.a. GK-SchwbG-*Dopatka*, § 4 RdNr. 178).

124　　**Örtlich zuständig** ist das Sozialgericht, in dessen Bezirk der behinderte Mensch zur Zeit der Klageerhebung seinen Sitz oder Wohnsitz oder in Ermangelung dessen seinen Aufenthaltsort hat; steht er in einem Beschäftigungsverhältnis, so kann er auch vor dem für den Beschäftigungsort zuständigen Sozialgericht klagen (§ 57 Abs. 1 SGG).

125　　Die Klage ist bei dem zuständigen Sozialgericht **schriftlich** (auch per Fax, in naher Zukunft wohl zusätzlich per E-Mail, vgl. § 108 a SGG) oder **zur Niederschrift** des Urkundsbeamten der Geschäftsstelle zu erheben. Ersatzweise wird die Klagefrist bei rechtzeitigem Eingang der Klageschrift bei einer anderen inländischen Behörde oder bei einem Versicherungsträger oder bei einer deutschen Konsularbehörde gewahrt (§§ 90 f. SGG).

126　　Die **Klageschrift** soll die Beteiligten und den Streitgegenstand bezeichnen und einen bestimmten Antrag enthalten. Sie soll den angefochtenen Widerspruchsbescheid bezeichnen und die zur Begründung dienenden Tatsachen und Beweismittel angeben. Dies gilt vor allem für behandelnde Ärzte und Psychotherapeuten mit ladungsfähiger Anschrift, konkrete Angaben zu Kur- und Krankenhausaufenthalten sowie Begutachtungen in anderen Verfahren z. B. um die Gewährung von Rente wegen Erwerbsminderung oder von Unfallrente. Schließlich soll die Klageschrift von dem Kläger oder einer zu seiner Vertretung befugten Person mit Orts- und Tagesangabe unterschrieben sein. Alle diese Angaben sind nicht zwingend Voraussetzung für eine wirksame Klageerhebung („soll"). Der Kammervorsitzende des Sozialgerichts ist nach § 106 Abs. 1 SGG im Rahmen seiner **Aufklärungspflicht** gehalten darauf hinzuwirken, dass Formfehler beseitigt, unklare Anträge erläutert, sachdienliche Anträge gestellt, ungenügende Angaben tatsächlicher Art ergänzt sowie alle für die Feststellung und Beurteilung des Sachverhalts wesentlichen Erklärungen abgegeben werden.

Gleichwohl ermöglichen frühzeitige und umfassende Angaben des 127 behinderten Menschen zu seinen behinderungsbedingten Beeinträchtigungen einschließlich der Entbindung der behandelnden Ärzte und Psychotherapeuten von der Schweigepflicht den zügigen Eintritt des Gerichts in die **von Amts wegen vorzunehmende Sachverhaltsermittlung** (§ 103 SGG, § 106 Abs. 2–3 i.V.m. § 118 SGG). Das Sozialgericht zieht die Verwaltungsakte des Versorgungsamtes bei, um die Qualität der Sachverhaltsermittlung im Verwaltungs- und Widerspruchsverfahren zu prüfen und anschließend zu entscheiden, ob ergänzende ärztliche Unterlagen beizuziehen und eine persönliche Begutachtung zu veranlassen ist.

Der behinderte Mensch kann im Sozialgerichtsverfahren die Einho- 128 lung eines **Gutachtens von einem Arzt seines Vertrauens** gegen Zahlung eines Kostenvorschusses beantragen (§ 109 SGG). Die Begutachtungskosten werden nachträglich nur dann auf die Landeskasse übernommen, wenn das auf Antrag des behinderten Menschen eingeholte Sachverständigengutachten zur objektiven Aufklärung des streitigen Sachverhalts und damit zu der für die Rechtsfindung erforderlichen richterlichen Meinungsbildung maßgeblich beigetragen hat. Wegen dieses **Kostentragungsrisikos** sollte von dem Antragsrecht nach § 109 SGG nur zurückhaltend Gebrauch gemacht werden. Zunächst gilt es, das Sozialgericht von der Notwendigkeit (weiterer) medizinischer Sachverhaltsaufklärung **von Amts wegen** zu überzeugen, wobei durchaus konkrete Vorschläge hinsichtlich des ärztlichen Fachgebiets und der Person eines Sachverständigen gemacht werden können. Die für behinderte Menschen in allen Instanzen der Sozialgerichtsbarkeit fortbestehende **Gerichtskostenfreiheit** (§ 183 SGG, dazu *Wenner* SozSich 2001, 422, 426) lässt es bei einer Erfolglosigkeit derartiger Beweisanträge z.T. als sinnvoller erscheinen, mit der Berufung gegen ein klageabweisendes Urteil der ersten Instanz die Verletzung der Untersuchungsmaxime des § 103 SGG zu rügen und eine kostenfreie Beweisaufnahme nach § 106 SGG durch das Landessozialgericht zu verlangen. Der behinderte Mensch sollte es jedenfalls vermeiden, mit einem Antrag nach § 109 SGG seinen **behandelnden (Haus-) Arzt** als Sachverständigen zu benennen. Diesem könnte die nötige Distanz zu seinem Patienten, vor allem aber die Erfahrung mit sozialmedizinischen Begutachtungen unter Einbeziehung der Anhaltspunkte 1996 fehlen. Fachanwälte für Sozialrecht sowie Prozessvertreter des gewerkschaftlichen und sozialverbandlichen Rechtsschutzes (§ 73 Abs. 6 Satz 3 SGG) kennen zumeist geeignete Sachverständige. Darüber hinaus ermöglichen die Sozialgerichte die Nutzung ihrer **Sachverständigenverzeichnisse**. Die Sozialgerichtsbarkeit NRW bietet über ihre Internetdarstellung (www.lsg.nrw.de) den Zugriff auf ein umfassendes Sachverständigenverzeichnis.

129   Das Sozialgerichtsverfahren endet durch **Anerkenntnis** der Versorgungsverwaltung (§ 101 Abs. 2 SGG), **Vergleich** (§ 101 Abs. 1 SGG), **Klagerücknahme** (§ 102 SGG), **Gerichtsbescheid** des Kammervorsitzenden (§ 105 SGG) oder **Urteil** der Kammer (§ 125 SGG). Wird der Rechtsstreit im vorbereitenden Verfahren nicht ohne gerichtliche Entscheidung oder durch Gerichtsbescheid erledigt, lädt der Kammervorsitzende zur **mündlichen Verhandlung** der innerhalb des Sozialgerichts zuständigen **Fachkammer** für soziales Entschädigungsrecht und Schwerbehindertenrecht (§ 10 Abs. 1 SGG). Die Kammer ist besetzt mit dem Berufsrichter und zwei **ehrenamtlichen Richtern** aus dem Kreis der mit dem sozialen Entschädigungsrecht oder dem Recht der Teilhabe behinderter Menschen vertrauten Personen und dem Kreis der Versorgungsberechtigten, der behinderten Menschen und der Versicherten. Es handelt sich im Wesentlichen um ehrenamtliche Richter, die auf Vorschlag der Landesversorgungsämter, der Kriegsopfer- und Behindertenverbände und der Gewerkschaften berufen werden (§ 12 Abs. 4 SGG, § 14 Abs. 3 SGG). Die ehrenamtlichen Richter haben in der mündlichen Verhandlung die gleichen Rechte wie der Berufsrichter (§ 19 Abs. 1 SGG) und können diesen in der erstinstanzlichen Urteilsberatung sogar überstimmen.

130   Im Hinblick auf die Vorzüge und den verfahrensrechtlichen Vorrang (§ 124 Abs. 1 SGG) einer persönlichen Anhörung des behinderten Menschen in einer **mündlichen Verhandlung unter Beteiligung ehrenamtlicher Richter** ist die Entscheidung des Kammervorsitzenden nach Aktenlage im Wege des **Gerichtsbescheides** (§ 105 SGG) in Streitverfahren zu Statusfeststellungen nach § 69 SGB IX im Regelfall sachwidrig (s. a. *Wenner/Terdenge/Martin*, Grundzüge der Sozialgerichtsbarkeit, S. 25 RdNr. 12; *Behrend*, Ehrenamtliche Richter in der Sozialgerichtsbarkeit, in: Lieber/Sens (Hg.), Ehrenamtliche Richter – Demokratie oder Dekoration am Richtertisch?, S. 150, 161 f.). Im Rechtsstreit um die Höhe des GdB und/oder die gesundheitlichen Voraussetzungen für die Inanspruchnahme von Nachteilsausgleichen liegen zumeist die tatbestandlichen Voraussetzungen des § 105 Abs. 1 Satz 1 SGG nicht vor. Danach kann der Berufsrichter ohne mündliche Verhandlung durch Gerichtsbescheid entscheiden, wenn die Sache keine besonderen Schwierigkeiten tatsächlicher oder rechtlicher Art aufweist und der Sachverhalt geklärt ist. Ob der Sachverhalt geklärt ist, steht vielfach erst nach persönlicher Anhörung des behinderten Menschen in der mündlichen Verhandlung fest. Hat eine medizinische Sachverhaltsaufklärung durch Beiziehung medizinischer Befund- und Behandlungsberichte und/oder schriftlicher Sachverständigengutachten stattgefunden, ist diese im Rahmen der Beweiswürdigung unter Beteiligung ehrenamtlicher Richter auszuwerten und eine komplexe Entscheidung zur Bildung des GdB zu treffen. In diesen Fällen kann nicht davon ausgegangen werden, dass ein geringer Schwierigkeitsgrad der Streitsache i.S. des § 105 Abs. 1 Satz 1 SGG vorliegt (Vgl. *Schorn* ZfS 1996, 298, 299).

Gegen Urteile und Gerichtsbescheide der Sozialgerichte ist in Streit-   **131** verfahren nach § 69 SGB IX uneingeschränkt die **Berufung an das Landessozialgericht** zulässig (§ 143 SGG, § 105 Abs. 2 Satz 1 SGG). Die Berufungseinschränkungen des § 144 Abs.1 SGG betreffen diese Streitverfahren nicht. Es gelten wiederum eine Monatsfrist zur schriftlichen Berufungseinlegung und geringe Anforderungen an Form und Inhalt der Berufungsschrift (§ 151 SGG). Es besteht kein Anwaltszwang in der zweiten sozialgerichtlichen Instanz. Das Landessozialgericht prüft den Streitfall im gleichen Umfang wie das Sozialgericht. Es hat auch neu vorgebrachte Tatsachen und Beweismittel zu berücksichtigen (§ 157 SGG). So ist es durchaus üblich, in der zweiten Tatsacheninstanz von Amts wegen noch schriftliche Sachverständigengutachten zum Vorliegen von Behinderungen, der Höhe des GdB und zu gesundheitlichen Merkmalen für die Inanspruchnahme von Nachteilsausgleichen einzuholen.

Die **Revision an das Bundessozialgericht** in Kassel bedarf der   **132** Zulassung durch das Landessozialgericht oder auf eine Nichtzulassungsbeschwerde der Zulassung durch das BSG. Zulassungsgründe sind die grundsätzliche Bedeutung der Rechtssache, die Abweichung von obergerichtlicher Rechtsprechung und das Vorliegen eines Verfahrensmangels, auf dem die angefochtene Entscheidung beruhen kann (§§ 160 f. SGG). Es besteht ein Zwang zur Prozessvertretung durch Rechtsanwälte oder den gewerkschaftlichen und sozialverbandlichen Rechtsschutz (§ 166 SGG). Das BSG ist an die tatsächlichen Feststellungen in der Berufungsinstanz gebunden und prüft nur noch die Verletzung von Bundesrecht (§§ 162 f. SGG). Zuständig für Revisionen im Schwerbehindertenrecht ist der 9. Senat des BSG. Informationen über anhängige Revisionen und aktuelle Entscheidungen bietet die Internetdarstellung des BSG **(www.bundessozialgericht.de).**

Verordnungsermächtigung

70 Die Bundesregierung wird ermächtigt, durch Rechtsverordnung mit Zustimmung des Bundesrates nähere Vorschriften über die Gestaltung der Ausweise, ihre Gültigkeit und das Verwaltungsverfahren zu erlassen.

1   Die Verordnungsermächtigung der Bundesregierung beruht auf den Vorgaben des Art. 80 GG. Sie war bisher in § 4 Abs. 5 Satz 5 SchwbG enthalten. Die hierzu erlassene **SchwbAwV** in der Fassung der Bekanntmachung vom 25. 7. 1991 (BGBl. I S. 1739) ist durch Art. 56 des SGB IX vom 19. 6. 2001 (BGBl. I S. 1046) geändert worden. Es handelt sich überwiegend um redaktionelle Anpassungen im Zusammenhang mit der Eingliederung des SchwbG in Teil 2 des SGB IX. Gleichzeitig sind sprachliche Anpassungen vorgenommen worden, um der sprachlichen Gleichstellung von Männern und Frauen Rechnung zu tragen.

2   Die Ermächtigung des § 70 SGB IX zum Erlass der SchwbAwV wird ergänzt durch die Verordnungsermächtigung des **§ 154 Abs. 1 SGB IX**. Demnach enthält die SchwbAwV auch nähere Vorschriften über die Gestaltung der Wertmarken, ihrer Verbindung mit dem Ausweis und Vermerke über ihre Gültigkeitsdauer.

3   Neu eingefügt worden ist die Regelung des § 3 Abs. 1 Nr. 4 SchbAwV. Danach ist im Schwerbehindertenausweis das **Merkzeichen „Gl"** einzutragen, wenn der schwerbehinderte Mensch **gehörlos** im Sinne des § 145 SGB IX ist (vgl. § 145 RdNr. 17 ff.).

Kapitel 2. Beschäftigungspflicht der Arbeitgeber

Pflicht der Arbeitgeber zur Beschäftigung schwerbehinderter Menschen

71 (1) [1]Private und öffentliche Arbeitgeber (Arbeitgeber) mit mindestens 20 Arbeitsplätzen im Sinne des § 73 haben auf wenigstens 5 Prozent der Arbeitsplätze schwerbehinderte Menschen zu beschäftigen. [2]Dabei sind schwerbehinderte Frauen besonders zu berücksichtigen.

(2) [1]Die Pflichtquote nach Absatz 1 Satz 1 beträgt vom 1. Januar 2003 an 6 Prozent, wenn die Zahl der arbeitslosen schwerbehinderten Menschen im Monat Oktober 2002 nicht um mindestens 25 Prozent geringer ist als die Zahl der arbeitslosen schwerbehinderten Menschen im Monat Oktober 1999. [2]In die Zahl der im Oktober 2002 arbeitslosen schwerbehinderten Menschen ist die Zahl der schwerbehinderten Menschen einzubeziehen, um die die im Monat Oktober 2002 in Arbeitsbeschaffungsmaßnahmen nach den §§ 260 bis 271 des Dritten Buches und in Strukturanpassungsmaßnahmen nach den §§ 272 bis 279 des Dritten Buches beschäftigten schwerbehinderten Menschen die Zahl der im Oktober 1999 in solchen Maßnahmen beschäftigten schwerbehinderten Menschen übersteigt. [3]Das Bundesministerium für Arbeit und Sozialordnung gibt die Veränderungsrate nach Satz 1 und die vom 1. Januar 2003 an geltende Pflichtquote im Bundesanzeiger bekannt.

(3) Als öffentliche Arbeitgeber im Sinne des Teils 2 gelten

1. jede oberste Bundesbehörde mit ihren nachgeordneten Dienststellen, das Bundespräsidialamt, die Verwaltungen des Deutschen Bundestages und Bundesrates, das Bundesverfassungsgericht, die obersten Gerichtshöfe des Bundes, der Bundesgerichtshof jedoch zusammengefasst mit dem Generalbundesanwalt, sowie das Bundeseisenbahnvermögen,

2. jede oberste Landesbehörde und die Staats- und Präsidialkanzleien mit ihren nachgeordneten Dienststellen, die Verwaltungen der Landtage, die Rechnungshöfe (Rechnungskammern), die Organe der Verfassungsgerichtsbarkeit der Länder und jede sonstige Landesbehörde, zusammengefasst jedoch diejenigen Behörden, die eine gemeinsame Personalverwaltung haben,

3. jede sonstige Gebietskörperschaft und jeder Verband von Gebietskörperschaften,

4. jede sonstige Körperschaft, Anstalt oder Stiftung des öffentlichen Rechts.

Übersicht

I. Allgemeines

1   Die Regelung übernimmt die Vorschrift des § 5 SchwbG 1986 in der Fassung des Gesetzes zur Bekämpfung der Arbeitslosigkeit Schwerbehinderter (SchwbBAG) vom 29. September 2000. Lediglich die Ermächtigungsnorm des § 5 Abs. 2, auf deren Grundlage eine Rechtsverordnung zur Änderung des Pflichtsatzes erlassen werden kann, ist in eine eigene Norm (§ 79 Ziff. 1) übertragen worden.

2   Trotz der seit 1974 unverändert bestehenden Verpflichtung der Arbeitgeber, auf 6 % ihrer Arbeitsplätze Schwerbehinderte zu beschäftigen und trotz der zweimaligen Erhöhung der Ausgleichsabgabe 1986 und 1990 ist die **Arbeitslosigkeit** schwerbehinderter Menschen **ständig gewachsen** und die Beschäftigungsquote gesunken. So ist die Erfüllungsquote bei der Beschäftigungspflicht von 5,9 % im Jahre 1982 auf 3,8 % im Jahre 1998 zurückgegangen (*Braun* in MDR 2001, 63 f.; *Marschner* in ZTR 2000, 545; *Mascher* in Bundesarbeitsblatt 2001, 5,7; *Kraus* in br 2001, 1,4).

Die Zahl der nicht besetzten Pflichtplätze stieg im selben Zeitraum von 236 518 auf rd. 526 000; die Zahl der arbeitslosen Schwerbehinderten von 93 809 (1981) auf 188 449 (Begründung der Fraktionen von SPD und Bündnis 90/Die Grünen zum Entwurf des Gesetzes zur Bekämpfung der Arbeitslosigkeit Schwerbehinderter, BT-Drucks. 14/3372 S. 15). Aus diesem Grund sah sich der Gesetzgeber veranlasst, das System der Beschäftigungspflicht und die damit verbundene Ausgleichsabgabe zu modifizieren.

3   Hinsichtlich der **Beschäftigungspflichtquote** sind zugunsten der Arbeitgeber Erleichterungen in § 71 enthalten. Die **Mindestzahl von Arbeitsplätzen**, ab der Arbeitgeber verpflichtet sind, einen bestimmten Anteil von Schwerbehinderten zu beschäftigen ist von bisher 16 auf 20 erhöht worden. Außerdem haben sie nicht mehr 6 % sondern nur noch 5 % ihrer Arbeitsplätze mit Schwerbehinderten zu besetzen.

Diese Erleichterung beruhte zum einen auf einer Veränderung der tatsächlichen Verhältnisse, nämlich darauf, dass die insgesamt verfügbaren Arbeitsplätze und die Zahl der schwerbehinderten Menschen, die auf einen Arbeitsplatz angewiesen sind, sich verändert haben; zum anderen aber auf der Erwartung, dass alle beschäftigungspflichtigen Arbeitgeber und nicht nur ein kleiner Teil von ihnen auch ihrer Beschäftigungspflicht nachkommen. Dieser Erwartung ist von Gesetzgeber dadurch Nachdruck verliehen worden, dass die Beschäftigungspflichtquote sich automatisch wieder auf 6 % erhöht, sollte das mit der Senkung verfolgte Ziel, etwa 50 000 arbeitslose Schwerbehinderte bis Ende des Jahres 2002 möglichst dauerhaft auf den allgemeinen Arbeitsmarkt einzugliedern, nicht erreicht werden.

II. Allgemeiner Arbeitgeberbegriff

Arbeitgeber, die über eine bestimmte Mindestzahl von Arbeitsplät- **4** zen verfügen, sind verpflichtet, einen bestimmten Anteil von Schwerbehinderten zu beschäftigen. Diese Pflicht gilt für öffentliche wie private Arbeitgeber.

Der Arbeitgeberbegriff im Sinne des § 71 kann nicht nur im arbeits- **5** rechtlichen Sinne so verstanden werden, dass Arbeitgeber jeder ist, der mindestens einen Arbeitnehmer beschäftigt (*Schaub*, Arbeitsrechtshandbuch, § 17 RdNr. 1; GK-SchwbG-*Großmann*, § 5 RdNr. 50). Damit wären öffentlich-rechtliche Dienstverhältnisse von Beamten und Richtern nicht einbezogen. **Arbeitgeber** im Sinne des § 71 ist daher jeder, der Personen in einem **privatrechtlichen Arbeitsverhältnis** oder in einem **öffentlich-rechtlichen Dienstverhältnis** auf Arbeitsplätzen gemäß § 73 Abs. 1 beschäftigt (*Großmann* a.a.O. RdNr. 52; *Cramer*, SchwbG, § 5 RdNr. 2).

Damit gilt auch **räumlich** die Beschäftigungspflicht auf den Arbeit- **6** geber und nicht auf den einzelnen Betrieb bezogen. Die Gesamtheit aller Betriebe bzw. Dienststellen wird zur Erfüllung der Pflichtquote herangezogen. Hierbei werden einerseits auch Betriebe erfasst, die selbst nicht über 20 Arbeitsplätze verfügen. Andererseits kann die Pflichtquote auch dadurch erfüllt werden, dass in einem Betrieb die Beschäftigungspflicht übererfüllt wird, während sie in einem anderen Betrieb nicht erreicht wird (sog. **Zusammenrechnungsprinzip**: BSG Beschl. v. 19. 1. 99 SozR 3 – 3870 § 13 Nr. 3; BVerwG 6. 7. 89 br 1990,18; *Düwell*, LPK – SGB IX, § 71 RdNr. 3; *Schneider* in Hauck/ Noftz, SGB IX, K § 71 RdNr. 5).

III. Privater Arbeitgeber

7 Arbeitgeber in der Privatwirtschaft ist regelmäßig derjenige, mit dem der Arbeitnehmer den Arbeitsvertrag geschlossen hat, dem er die Arbeitsleistung schuldet und der das Arbeitsentgelt zu leisten hat (GK-SchwbG-*Großmann*, a.a.O. RdNr. 51; *Düwell* in LPK-SGB IX § 71 RdNr. 4). Hierbei kann es sich um natürliche Personen, um Personengesellschaften des bürgerlichen Rechts, um juristische Personen des Handelsrechts sowie Stiftungen des privaten Rechts handeln.

IV. Beschäftigungspflicht (Abs. 1)

8 Die **Mindestzahl von Arbeitsplätzen** (zum Begriff, siehe Kommentierung zu § 73) ist von 16 auf 20 erhöht worden. Gemäß § 74 zählen Ausbildungsplätze generell nicht mehr mit (hierzu im Einzelnen, siehe Kommentierung zu § 74).

9 Bei der Berechnung der Mindestzahl und der Zahl der Arbeitsplätze, auf denen Schwerbehinderte zu beschäftigen sind, sind sich ergebende Bruchteile von 0,50 und mehr aufzurunden. Dies gilt nicht bei Arbeitgebern mit einer jahresdurchschnittlichen Größenordnung von bis zu 59 Arbeitsplätzen (§ 74 Abs. 2).

10 Ist die Mindestzahl erreicht, ist der Arbeitgeber verpflichtet, einen Anteil von 5 % schwerbehinderter Menschen zu beschäftigen. Diese **Beschäftigungspflichtquote** gibt den prozentualen Anteil der zu beschäftigenden Arbeitnehmer im Verhältnis zu allen Arbeitnehmern bei einem Arbeitgeber an. Das BVerfG hat grundsätzlich entschieden, dass die Pflichtplatzquote mit dem GG vereinbar und sich im Gestaltungsermessen des Gesetzgebers bewegt (BVerfG U. v. 26. 5. 81 BVerfGE 57, 139).

11 Erfüllt werden kann die Pflichtquote nur mit der Beschäftigung schwerbehinderter Menschen im Sinne des § 2 Abs. 2 und 3. Erfasst sind Schwerbehinderte mit einem Grad der Behinderung von mindestens 50 % und die ihnen gleichgestellten behinderten Menschen. Obwohl die Schwerbehinderteneigenschaft nicht von der behördlichen Anerkennung abhängig ist, treten die rechtlichen Wirkungen nicht ohne weiteres ein; die Rechte aus dem Schwerbehindertenrecht werden nicht von Amts wegen gewährt, sie müssen in Anspruch genommen werden. Auch im Interesse der Rechtsklarheit können daher zur Erfüllung der Beschäftigungspflicht nur Arbeitnehmer herangezogen werden, deren Schwerbehinderteneigenschaft oder Gleichstellung in einem **förmlichen Verfahren festgestellt** worden ist (BVerwG U. v. 21. 10. 87 NZA 1988, 431; *Schneider* in Hauck/Noftz, SGB IX, K § 71 RdNr. 6 und 7; *Dörner*, SchwbG, § 5 RdNr. 32; a.A. GK-SchwbG-*Großmann*, § 5

RdNr. 29). Davon ist allerdings eine Ausnahme zu machen, wenn die Schwerbehinderung offenkundig ist (*Cramer*, SchwbG, § 9 RdNr. 2). Unerheblich ist, wann die Schwerbehinderteneigenschaft festge- **12** stellt worden ist. Die Schwerbehinderung ist auch zu berücksichtigen, wenn diese erst im Laufe der Beschäftigung begründet wird. Sie muss nicht etwa bereits zum Zeitpunkt der Einstellung vorgelegen haben.

Erfüllt wird die Pflichtquote durch die Beschäftigung schwerbehin- **13** derter Menschen. Beschäftigt werden Schwerbehinderte, wenn mit ihnen ein Arbeitsverhältnis durch Abschluss eines entsprechenden Arbeitsvertrages oder ein öffentlich-rechtliches Dienstverhältnis begründet und unterhalten wird (GK-SchwbG-*Großmann*, § 5 RdNr. 15; *Schneider* in Hauck/Noftz, SGB IX, K § 71 RdNr. 18). Nicht erforderlich ist auch die **tatsächliche Beschäftigung**, wie sich bereits aus der Vorschrift des § 73 Abs. 2 Ziff. 7 ergibt, nach der auch durch ein ruhendes Beschäftigungsverhältnis die Pflichtquote erfüllt werden kann (*Schneider* a.a.O. RdNr. 10; *Cramer*, SchwbG, a.a.O. RdNr. 18). Aus der Beschäftigungspflicht lässt sich auch kein individueller Anspruch auf Einstellung ableiten, da die Beschäftigungspflicht ausschließlich eine **öffentlich-rechtliche Pflicht** gegenüber dem Staat und nicht dem einzelnen Schwerbehinderten gegenüber darstellt (*Cramer*, SchwbG, a.a.O.; *Schneider* a.a.O. RdNr. 9; *Neumann/Pahlen*, SGB IX, § 71 RdNr. 3). Dies ergibt sich im Übrigen auch aus § 81 Abs. 2 Ziff. 2, wonach sogar im Falle eines Verstoßes gegen das Benachteiligungsverbotes kein Anspruch auf Einstellung sondern nur auf eine finanzielle Entschädigung besteht.

Wie der Arbeitgeber seine Beschäftigungspflicht erfüllt, ist ihm **14** grundsätzlich freigestellt. Er kann auswählen, welche Arbeitsplätze er mit Schwerbehinderten besetzt. Der Gesetzgeber erwartet jedoch, dass er möglichst **auf allen Qualifikationsstufen** Schwerbehinderte einsetzt (*Cramer*, SchwbG, a.a.O. RdNr. 20; *Schneider* a.a.O.RdNr. 11; Begründung der Bundesregierung zum Gesetzentwurf zur Weiterentwicklung des Schwerbeschädigtenrechts, BT-Drucks. 7/656 S. 25, 26). Außerdem kommt es auch nicht darauf an, ob der Arbeitgeber in der Lage ist, in seinen Betrieben Schwerbehinderte zu beschäftigen. Der Gesetzgeber hält ihn vielmehr für verpflichtet, seinen Betrieb durch geeignete Maßnahmen so umzugestalten, dass zumindest die vorgeschriebene Zahl schwerbehinderter Menschen eine behinderungsgerechte Beschäftigung finden (§ 81 Abs. 3).

In § 71 Abs. 1 S. 2 sollen bei der Erfüllung der Beschäftigungspflicht **15** besonders **schwerbehinderte Frauen** berücksichtigt werden. Damit soll der Tatsache Rechnung getragen werden, dass behinderte Frauen es doppelt schwer haben, als Frauen und schwerbehinderte Menschen Arbeitgeber von ihrer Leistungsfähigkeit zu überzeugen (*Ullrich* in Bundesarbeitsblatt 2001, 16). Sie haben besonders mit Vorurteilen hinsichtlich ihres Leistungsvermögens zu kämpfen, und sind, wenn sie Kinder haben, häufig auf die begrenzten Beschäftigungsmöglichkeiten in Wohnortnähe und auf Teilzeitarbeitsplätzen angewiesen. Ihre Vermittlung macht daher besondere Schwierigkeiten und erfordert besondere Anstrengungen (Entwurf der Fraktionen der SPD und Bündnis 90/Die Grünen eines Gesetzes zur Bekämpfung der Arbeitslosigkeit Schwerbehinderter v. 16. 5. 2000, Drucks. 14/3372 S. 15, 17). So waren nach dem Mikrozensus des Statistischen Bundesamtes von 1995 nur 13,3 % der schwerbehinderten Frauen gegenüber 19,7 % der schwerbehinderten Männer erwerbstätig (*Ullrich* a.a.O.). Da die gesetzliche Regelung jedoch weder eine bestimmte verpflichtende Quote für die Beschäftigung von Frauen festlegt, noch Instrumente zur Durchsetzung enthält, ist die Regelung nur als ein wenig erfolgversprechender Appell an den Arbeitgeber anzusehen. Dennoch soll die Zahl der arbeitslosen schwerbehinderten Frauen um 9,41 % zurückgegangen sein (Antwort der Bundesregierung vom 5. 3. 2002 auf eine Kleine Anfrage der PDS-Fraktion zu den Wirkungen des Gesetzes zur Bekämpfung der Arbeitslosigkeit Schwerbehinderter, BT-Drucks. 14/8441 S. 12), so dass zu hoffen ist, dass die an der Förderung der Teilhabe am Arbeitsleben Beteiligten, die Verpflichtung, einen angemessenen Anteil ihrer Stellen mit Frauen zu besetzen, nicht nur als unverbindliche Aufforderung ansehen.

16   Der Gesetzgeber beabsichtigt insgesamt mit einer **Neugestaltung des Systems** von Beschäftigungspflicht und Ausgleichsabgabe die Akzeptanz dieser Instrumente bei Arbeitgebern zu verbessern (BT-Drucks. 14/8441 S. 4). Dazu gehört als ein Element auch die Senkung der Pflichtquote von 6 % auf 5 %. Er setzt damit zum einen auf die freiwillige Integrationsbereitschaft der Arbeitgeber; zum anderen ist die Reduzierung der Quote jedoch mit einer konkreten **gesetzlichen Zielvorgabe** in Abs. 2, S. 1 verbunden, bei deren Verfehlung die Quote wieder steigt. Mit einer Deckung des Beschäftigungsbedarfs von Schwerbehinderten hat die Senkung der Pflichtquote nichts zu tun, da bis zum Jahr 1998 die Arbeitslosigkeit schwerbehinderter Menschen auf einen überdurchschnittlich hohen Stand angewachsen war. So hatte die Zahl der beschäftigten Schwerbehinderten von 1982 bis 1998 um 22,3 % abgenommen; 526 000 Pflichtplätze waren nicht besetzt (Entwurf der Fraktionen der SPD und Bündnis 90/Die Grünen eines Gesetzes zur Bekämpfung der Arbeitslosigkeit Schwerbehinderter v. 16. 5. 2000, Drucks. 14/3372 S. 15).

V. Änderung der Quote (Abs. 2)

17   Der Gesetzgeber hat die Arbeitgeber beim Wort genommen und vertraut ihrer signalisierten Bereitschaft, ihrer Verantwortung gegenüber schwerbehinderten Menschen besser als bisher gerecht zu werden. Er hat die Senkung der Pflichtquote jedoch davon abhängig gemacht, dass das

gesetzgeberische Ziel einer höheren Zahl von Beschäftigung von arbeitslosen Schwerbehinderten auch erreicht wird. Die Absenkung gilt daher zunächst nur bis zum 31. 12. 02 und ist an eine konkrete Bedingung geknüpft. Nur, wenn bis zum Oktober 02 die Zahl der arbeitslosen Schwerbehinderten im Vergleich zum Monat Oktober 1999 um 25 % sinkt, was einer **zusätzlichen Beschäftigung von ca. 50 000 arbeitslosen schwerbehinderten Menschen** entspricht, bleibt die 5 % Pflichtquote erhalten. Kritisch wird dazu allerdings zu Recht angemerkt, dass das Gesetz lediglich auf die Reduzierung der Arbeitslosigkeit schwerbehinderter Menschen um 25 % abstellt, was nicht gleichbedeutend mit einer Vermittlung von nachweislich 50 000 Schwerbehinderten zusätzlich in den ersten Arbeitsmarkt auf Arbeitsplätzen entspricht, die bisher nicht mit schwerbehinderten Menschen besetzt worden sind oder für diese geschaffen wurden (Kleine Anfrage der PDS-Fraktion zu den Wirkungen des Gesetzes zur Bekämpfung der Arbeitslosigkeit Schwerbehinderter, BT-Drucks. 14/8441, S. 1). Nicht einbezogen werden in die Berechnung nach Abs. 2 S. 2 Schwerbehinderte, die in Arbeitsbeschaffungsmaßnahmen (§§ 260 ff. SGB III) oder in Strukturanpassungsmaßnahmen (§§ 272 ff. SGB III) vermittelt werden konnten.

Bei Nichterfüllung der gesetzlichen Vorgabe erhöht sich die Quote **18** ab dem 1. 1. 03 wieder auf 6 %. Im Bundesministerium für Arbeit erfolgt insoweit eine Bekanntmachung im Bundesanzeiger. Durch diese Aussicht auf eine mögliche **Wiederanhebung der Quote** sollen die Arbeitgeber motiviert werden, ihrer Beschäftigungspflicht mehr als bisher nachzukommen. In ihrer Antwort vom 5. 3. 2002 auf die Kleine Anfrage der PDS-Fraktion (BT-Drucks. 14/8441) gibt die Bundesregierung an, dass bis November 01 die Zahl der arbeitslosen schwerbehinderten Menschen um 27 216, was fast 60 % der Zielvorgabe entspricht, gesenkt werden konnte. Gegenüber Ende Januar 01 ist die Arbeitslosigkeit schwerbehinderter Menschen binnen Jahresfrist um 7,6 % zurückgegangen (BT-Drucks. 14/18441 S. 3 u.19).

VI. Öffentliche Arbeitgeber

Abs. 3 beschreibt in vier Nummern den Kreis derjenigen Behörden **19** und Körperschaften abschließend, die im Sinne des 2. Teils des Gesetzes als öffentliche Arbeitgeber gelten. Für die Anwendung der Vorschrift sind bestimmte staatsorganisatorische Grundlagen unerlässlich. Bund, Länder und Gemeinden bzw. Gemeindeverbände sind in der Sprache des Organisationsrechts **Gebietskörperschaften**. Diese Gebietskörperschaften haben Behörden als verselbstständigte Verwaltungseinheiten, sind aber grundsätzlich selbst Dienstherr der bei allen Behörden beschäftigten Beamten und Richtern und teilweise auch Arbeitgeber der Angestellten und Arbeiter.

20   Dem SGB IX liegt auf dieser Grundlage ein spezifischer Begriff des öffentlichen Arbeitgebers zu Grunde, der weder mit dem des Dienstherrn im beamtenrechtlichen Sinne noch mit dem des Arbeitgebers im arbeitsrechtlichen Sinne notwendig übereinstimmt. Der Sinn dieser Verwendung eines **eigenständigen Arbeitgeberbegriffs** liegt darin, die Beschäftigungspflicht sachgerecht auf einzelne Verwaltungseinheiten beziehen zu können und zu verhindern, dass die großen Gebietskörperschaften ihre Beschäftigungspflicht gegenüber schwerbehinderten Menschen nur in einzelnen Bereichen (z.B. Innere Verwaltung) erfüllen, andere Bereiche (z.B. Schule und Kultur) dagegen vernachlässigen. Auf der anderen Seite kann nicht an den Behördenbegriff der Verwaltungsverfahrensgesetze (VwVfG und SGB X) angeknüpft werden. Danach ist Behörde jede Stelle, die Aufgaben der öffentlichen Verwaltung wahrnimmt (§ 1 Abs. 2 SGB X). In diesem Verständnis ist die einzelne Schule gegebenenfalls Behörde im rechtlichen Sinne, obwohl sie nicht Arbeitgeber oder Dienstherr der dort tätigen Lehrkräfte ist und dort auch keinerlei Personalbewirtschaftung stattfindet. Mit der Ausrichtung auf die Gebietskörperschaften und deren Behörden ist der Begriff der „Arbeitgeber" rechtsformgebunden.

21   **Privatrechtlich organisierte Rechtspersonen** wie Aktiengesellschaften, Gesellschaften mit beschränkter Haftung und Vereine rechnen nicht zu den öffentlichen Arbeitgebern, auch wenn sie von solchen Betrieben und/oder finanziert werden. Das führt zu wenig sachgerechten Ergebnissen. Betreibt eine Stadt ihre Musikschule als städtisches Amt oder als Eigenbetrieb, ist sie Arbeitgeber der dort beschäftigten Personen und diese rechnen bei der Erfüllung der Pflichtquote mit. Wird die Musikschule dagegen von einem Verein getragen, der vollständig von städtischen Zuschüssen abhängig ist, ist die Musikschule nicht mehr der Stadt als Arbeitgeberin im Sinne des Abs. 3 zuzurechnen. Für Einrichtungen der Energieversorgung und des Verkehrs gilt dasselbe. Entscheidend für die Zuordnung zum Arbeitgeberbegriff im Sinne des Abs. 3 ist allein die **öffentlich-rechtliche Organisation** und nicht der Umstand, ob die Institution **öffentliche Aufgaben** wahrnimmt oder nicht. Diese historisch überkommene Anknüpfung an die Organisationsform an Stelle der wahrgenommenen Aufgaben bedarf dringend der Korrektur, weil alle Gebietskörperschaften immer mehr dazu übergehen, genuin öffentliche Aufgaben in Privatrechtsform ausführen zu lassen. Damit fallen die Institutionen, die diese Aufgaben erfüllen, (auch) aus dem Kreis der öffentlichen Arbeitgeber.

22   **1. Bund**. Nr. 1 bezieht sich auf den Bund. Die Vorschrift muss von hinten gelesen werden. Die Wendung „oberste Bundesbehörde mit ihren nachgeordneten Dienststellen" ist als Auffangregelung zu verstehen, wenn die anschließende Aufzählung einzelner „Arbeitgeber" nicht eingreift (vgl. *Schneider* in Hauck/Noftz, SGB IX, K § 71,

RdNr. 13). Eigenständige Arbeitgeber sind danach zunächst das Bundespräsidialamt, die Verwaltungen von Bundestag und Bundesrat (nicht: die Verfassungsorgane Bundestag und Bundesrat), das Bundesverfassungsgericht, die obersten Gerichtshöfe des Bundes (Bundesgerichtshof, Bundesarbeitsgericht, Bundesfinanzhof, Bundessozialgericht, Bundesverwaltungsgericht) und das Bundeseisenbahnvermögen. Nicht erfasst ist „die" Bundesregierung.

Im Bereich der Verwaltung wird jede oberste Bundesbehörde einschließlich ihrer nachgeordneten Dienststellen als eigenständiger Arbeitgeber behandelt. **Oberste Bundesbehörden** in diesem Verständnis sind das Bundeskanzleramt, die Bundesministerien und der Bundesrechnungshof. Alle Behörden des Bundes sind einer dieser obersten Bundesbehörden „nachgeordnet". Das lässt sich am einfachsten daraus ersehen, in welchem Einzelplan des Bundeshaushaltes die Ausgaben für die einzelnen Behörden veranschlagt werden, denn die Einzelpläne des Haushalts entsprechen im Wesentlichen den obersten Bundesbehörden. So sind z.B. das Bundesversicherungsamt, die Ausführungsbehörde für die Unfallversicherung und die Bundesanstalt für Arbeitsschutz und Unfallverhütung nachgeordnete Behörden aus dem Geschäftsbereich des Bundesministeriums für Arbeit und Sozialordnung (BMA). Bundesarbeitsgericht und Bundessozialgericht rechnen zwar auch zum Geschäftsbereich des BMA, sind aber selbst oberste Gerichtshöfe des Bundes und keine nachgeordneten Behörden. Ihre Arbeitgebereigenschaft ergibt sich indessen aus Nr. 1 ausdrücklich.

2. Länder. Die Bestimmung der öffentlichen Arbeitgeber in den 23 Ländern (Nr. 2) erfolgt ähnlich wie beim Bund in Orientierung an den obersten Landesbehörden. Das sind die Staatskanzleien, die Landesministerien, die Landesverfassungsgerichte und die Landesrechnungshöfe. Alle anderen Landesbehörden sind „nachgeordnete Dienststellen" einer dieser obersten Landesbehörden, auch die Gerichte aller Gerichtszweige.

3. Gemeinden und Kreise. Auf der Ebene der Gemeinden und 24 Gemeindeverbände (Nr. 3) verlässt das Gesetz die Orientierung an der Behördenorganisation. Im kommunalen Bereich ist die **jeweilige Gebietskörperschaft** (Stadt, Gemeinde, Kreis, Zweckverband) selbst Arbeitgeber; auf die Zuordnung zu einzelnen Behörden kommt es nicht an. Das beruht darauf, dass im kommunalen Bereich keine „obersten" Behörden mit nachgeordneten Dienststellen existieren.

4. Sonstige juristische Personen des öffentlichen Rechts. Alle 25 Körperschaften, Anstalten und Stiftungen des öffentlichen Rechts (Nr. 4) sind öffentliche Arbeitgeber. Darunter fallen auf Bundesebene die großen **Sozialversicherungsträger**: Bundesversicherungsanstalt für Angestellte, Bundesknappschaft, Bundesanstalt für Arbeit sowie die bundesweiten Ersatzkassen. Auf Länderebene sind die Landesversicherungsanstalten, die Krankenkassen sowie die **Hochschulen** und die öffentlich-rechtlich verfassten **Rundfunkanstalten** von Bedeutung. Die als Körperschaften des öffentlichen Rechts auf der Grundlage des Art. 137 Abs. 5 der Weimarer Reichsverfassung in Verbindung mit Art. 140 Grundgesetz als Körperschaften des öffentlichen Rechts verfassten **Kirchen** fallen nicht unter diese Vorschrift und sind deshalb keine öffentlichen Arbeitgeber. Trotz ihres historisch überkommenen Körperschaftsstatus sind die Kirchen nicht in die staatliche Organisation integriert und unterliegen deshalb auch keiner Staatsaufsicht.

Beschäftigung besonderer Gruppen schwerbehinderter Menschen

72 (1) Im Rahmen der Erfüllung der Beschäftigungspflicht sind in angemessenem Umfang zu beschäftigen

1. schwerbehinderte Menschen, die nach Art oder Schwere ihrer Behinderung im Arbeitsleben besonders betroffen sind, insbesondere solche,

a) die zur Ausübung der Beschäftigung wegen ihrer Behinderung nicht nur vorübergehend einer besonderen Hilfskraft bedürfen oder

b) deren Beschäftigung infolge ihrer Behinderung nicht nur vorübergehend mit außergewöhnlichen Aufwendungen für den Arbeitgeber verbunden ist oder

c) die infolge ihrer Behinderung nicht nur vorübergehend offensichtlich nur eine wesentlich verminderte Arbeitsleistung erbringen können oder

d) bei denen ein Grad der Behinderung von wenigstens 50 allein infolge geistiger oder seelischer Behinderung oder eines Anfallsleidens vorliegt oder

e) die wegen Art oder Schwere der Behinderung keine abgeschlossene Berufsbildung im Sinne des Berufsbildungsgesetzes haben,

2. schwerbehinderte Menschen, die das 50. Lebensjahr vollendet haben.

(2) Arbeitgeber mit Stellen zur beruflichen Bildung, insbesondere für Auszubildende, haben im Rahmen der Erfüllung der Beschäftigungspflicht einen angemessenen Anteil dieser Stellen mit schwerbehinderten Menschen zu besetzen.

I. Allgemeines

1   Die Vorschrift überträgt inhaltsgleich die Regelung des § 6 SchwbG. Durch sie sollen Schwerbehinderte, deren Eingliederung in das Arbeitsleben aufgrund der Art oder Schwere ihrer Behinderung beson-

ders schwierig ist, in spezifischer Weise gefördert werden. Der **Anreiz zur Beschäftigung** dieser Personengruppe soll nicht durch Sanktionen, sondern durch die Möglichkeit der Mehrfachanrechnung geschaffen werden.

II. Einzelne Problemgruppen

Das Gesetz führt die Gruppen, die zum Kreis der wegen ihrer Behin-   2
derung besonders schwer ins Arbeitsleben zu integrierenden Personen gehören, **enumerativ** auf, wobei durch den Begriff: „insbesondere" in Abs. 1 Ziff. 1 klargestellt wird, dass es sich nicht um eine abschließende Aufzählung handelt. Praktisch ist der Kreis allerdings auf den im Gesetz benannten Personenkreis beschränkt. Den vom Gesetzgeber gebildeten Gruppen ist gemeinsam, dass bei ihnen über die Behinderung hinausgehende Umstände vorliegen, die zu **besonderen Leistungseinschränkungen** im Arbeitsleben mit der Folge führen, dass diese Schwerbehinderte besondere Schwierigkeiten haben, einen Arbeitsplatz zu finden. In den Fällen der **Buchstaben a)–c)** wird jeweils vorausgesetzt, dass die erschwerende Behinderung nicht nur vorübergehend vorliegt. Hiervon ist auszugehen bei einer **Dauer von mehr als 6 Monaten**. Dies ergibt sich aus der Verwendung desselben Begriffes in § 2 Abs. 1, wonach für das Bestehen einer Behinderung bereits auf diese Zeitdauer abgestellt wird (*Neumann/Pahlen*, SGB IX, § 72 RdNr. 3; *Cramer*, SchwbG, § 6 RdNr. 5, *Schneider* in Hauck/Noftz, SGB IX, K § 72 RdNr. 4).

Außerdem setzt die Vorschrift in den Buchstaben a)–c) und e) jeweils   3
voraus, dass Ursache für die besonderen beruflichen Nachteile auf dem allgemeinen Arbeitsmarkt gerade die Behinderung ist. In Buchstabe d) wird dies beim Vorliegen des GdB von 50 allein für die dort genannten Behinderungen unterstellt.

Zu den in der Vorschrift aufgeführten Schwerbehindertengruppen gehören folgende:

Gemäß Ziff. 1 a) Schwerbehinderte, die für ihre Beschäftigung eine   4
besondere Hilfskraft benötigen. Dies sind etwa Blinde, die eine Vorlesekraft und Gehörlose, die einen Gebärdendolmetscher benötigen (*Neumann/Pahlen*, SGB IX, § 72 RdNr. 4; *Cramer*, SchwbG, § 6 RdNr. 5; GK-SchwbG-*Großmann*, § 6 RdNr. 62).

Gemäß Ziff. 1 b) Schwerbehinderte, deren Beschäftigung nur bei   5
außergewöhnlichen Aufwendungen möglich ist. Hierbei kann es sich um die besondere technische Ausstattung eines Arbeitsplatzes oder von Betriebsräumen handeln (z.B. Schreibgeräte für Blinde, Spezialtoiletten für Teilgelähmte oder Darmerkrankte, Transportfahrzeuge für Arbeitswege, oder kostspielige Apparaturen wie spezielle Greifarme u.a.). Es können auch außergewöhnliche organisatorische Änderungen

im Arbeitsablauf sein (GK-SchwbG-*Großmann*, § 6 RdNr. 67–69). Abzugrenzen sind diese Arbeitshilfen und Ausstattungen von Arbeitsplatz und Arbeitsräumen von denen, zu deren Einrichtung der Arbeitgeber gemäß § 81 Abs. 4 Ziff. 4 und 5 verpflichtet ist, weil sie nicht unzumutbar und gerade nicht mit unverhältnismäßigen Aufwendungen verbunden sind.

6   Gemäß Ziff. 1 c) Schwerbehinderte, die nur eine **wesentlich verminderte Arbeitsleistung** erbringen. Eine solche wird regelmäßig dann angenommen, wenn die Arbeitsleistung um ca. 30 % von der normalen Arbeitsleistung einer vergleichbaren Arbeitskraft abweicht, und zwar aus Gründen, die im Zusammenhang mit der Behinderung stehen (GK-SchwbG-*Großmann*, § 6 RdNr. 70f.; *Cramer,* SchwbG, § 6 RdNr. 5; *Schneider* in Hauck/Noftz, SGB IX, K § 72 RdNr. 4).

7   Gemäß Ziff. 1 d) Schwerbehinderte, bei denen allein aufgrund einer **geistig-seelischen Behinderung** oder eines **Anfallsleidens** ein GdB von 50 besteht. Deren besondere Betroffenheit beruht darauf, dass sie erfahrungsgemäß besonders schwer auf dem allgemeinen Arbeitsmarkt vermittelt werden können. Die Zugehörigkeit eines Behinderten zu dieser Gruppe Schwerbehinderter ist leicht durch Einsichtnahme in den Anerkennungsbescheid gemäß § 69 festzustellen, ohne dass der Gesetzgeber das Vorliegen eines solchen Bescheides als Voraussetzung für die Zugehörigkeit zu dieser Gruppe wertet (Bericht des Ausschusses für Arbeit und Sozialordnung zu dem von der Fraktion der SPD eingebrachten Entwurf eines Gesetzes zur Weiterentwicklung des SchwbG, BT-Drucks. 10/5701 S. 9). Der Schwerbehinderte ist auch nicht zur **Offenbarung** der Art seiner Behinderungen gegenüber dem Arbeitgeber verpflichtet. Sie sind daher nicht zu berücksichtigen, es sei denn, der Schwerbehinderte selbst macht seine besondere Betroffenheit geltend, indem er den Einsatz an gefährlichen Maschinen ablehnt oder etwa Leistungen gemäß §§ 102, 104 verlangt (GK-SchwbG-*Großmann*, § 6 RdNr. 76; VG Karlsruhe U. v. 27. 8. 91, br 1992, 114).

8   Gemäß Ziff. 1 e) Schwerbehinderte, die keine abgeschlossene Berufsausbildung haben, wobei die wesentliche Ursache hierfür in der Art oder Schwere ihrer Behinderung liegen muss. Diese Personengruppe ist besonders betroffen, da gerade die **fehlende Berufsausbildung** ein wesentlicher Faktor für Arbeitslosigkeit ist.

9   In Ziff. 2 werden Schwerbehinderte, die das **50. Lebensjahr** vollendet haben, in den Personenkreis, dessen Beschäftigung besonders gefördert werden soll, einbezogen. Die Herabsetzung vom 55. Lebensjahr auf das 50. Lebensjahr, die mit der Änderung des SchwbG 1986 erfolgte, beruht auf der Erfahrung, dass die Vermittlungschancen von (schwerbehinderten) Arbeitnehmern auf dem allgemeinen Arbeitsmarkt mit zunehmendem Alter immer weiter sinken (Gesetzentwurf der Bundesregierung zur Änderung des SchwbG vom 3. 4. 1985, BT Drucks. 10/3138 S. 18).

III. Umfang der Beschäftigungspflicht (Abs. 1)

Die Vorschrift bestimmt, dass der Arbeitgeber im Rahmen seiner Be- **10**
schäftigungspflicht gemäß § 71 die in Abs. 1 beschriebenen besonders
betroffenen Schwerbehinderten in **angemessenem Umfang** beschäftigen muss. Bei der Feststellung dessen, was angemessen ist, wird zum
einen auf den Anteil beruflich besonders schwer betroffener Schwerbehinderter an der Zahl schwerbehinderter Menschen insgesamt auf
dem Arbeitsmarkt abgestellt. Ob auch auf die **betrieblichen Verhältnisse** beim jeweiligen Arbeitgeber abgestellt werden soll, ist umstritten
(dafür: *Neumann/Pahlen*, SGB IX, § 72 RdNr. 11; *Cramer,* SchwbG, § 6
RdNr. 7; *Schneider* in Hauck/Noftz, SGB IX, K § 72 RdNr. 6, dagegen: GK-SchwbG-*Großmann*, § 6 RdNr. 39). Angesichts der bestehenden Fördermöglichkeiten und finanziellen Unterstützungsleistungen
(§§ 102 und 104) und des Umstands, dass nur beschäftigungspflichtige
Betriebe, also keine Kleinbetriebe, die besondere Beschäftigungspflicht
des § 72 zu erfüllen haben, ist es gerechtfertigt, die Verpflichtung zur Beschäftigung besonders betroffener Schwerbehinderter ohne Prüfung
der jeweiligen betrieblichen Verhältnisse zu bejahen. Außerdem hat der
Gesetzgeber die Verpflichtung weder mit einer festen Quote ausgestattet, noch ist ein Verstoß mit einer Ausgleichsabgabe oder einer Sanktion,
also einer Ordnungswidrigkeit, verbunden. Der Gesetzgeber setzt hinsichtlich der Beschäftigung der beschriebenen Problemgruppen im Wesentlichen auf den Anreiz der in § 76 enthaltenen Möglichkeit der
Mehrfachanrechnung auf einen Pflichtarbeitsplatz. Da insofern die Beschäftigungsverpflichtung des Arbeitgebers ohnehin „weich" ausgestaltet ist, muss der „Appellcharakter" der Verpflichtung nicht durch die Berücksichtigung der betrieblichen Verhältnisse zusätzlich aufgeweicht
werden. Der Streit wird im Übrigen wegen der fehlenden Quote und
der fehlenden Sanktion praktisch keine Auswirkungen haben.

Rechtliche Auseinandersetzungen über die Erfüllung der Beschäfti- **11**
gungspflicht gemäß § 72 wird es deshalb auch nicht geben; die Frage,
inwieweit ein Arbeitgeber Schwerbehinderte aus den in Abs. 1 und
Abs. 2 beschriebenen Problemgruppen beschäftigt, wird erst im Rahmen der Anrechnung gemäß § 76 bedeutsam oder im Rahmen von finanziellen Unterstützungsleistungen gemäß § 102 Abs. 3, Ziff. 2 b,
über die jeweils das Arbeitsamt zu entscheiden hat.

IV. Beschäftigungspflicht bei Ausbildungsstellen (Abs. 2)

Abs. 2 der Vorschrift enthält eine besondere Verpflichtung der Ar- **12**
beitgeber zur Besetzung von Stellen zur Berufsausbildung, beruflichen Fortbildung und Umschulung mit Schwerbehinderten. Auch

diese Verpflichtung beruht auf der Erfahrung, dass im Wettbewerb
um Ausbildungsplätze und innerbetriebliche Fortbildung Schwerbehinderte besonders benachteiligt sind. Deshalb sollen Arbeitgeber, die
überhaupt über Ausbildungsstellen verfügen oder innerbetrieblich
fortbilden oder umschulen, einen **angemessenen Anteil** Schwerbehinderter berücksichtigen. Da durch die Verpflichtung eine Eingliederung in die innerbetriebliche Ausbildung erreicht werden soll, sind
nicht Ausbildungsplätze in außerbetrieblichen besonderen Einrichtungen für Schwerbehinderte erfasst (Gesetzentwurf der Bundesregierung zur Änderung des SchwbG vom 3. 4. 1985, BT Drucks. 10/3138
S. 18; *Cramer*, SchwbG, § 6 RdNr. 9; *Schneider* in Hauck/Noftz, SGB
IX, K § 72 RdNr. 5). Die Besetzung von Ausbildungsstellen mit
Schwerbehinderten wird jedoch weniger durch die Verpflichtung in
Abs. 2 als vor allem durch die Möglichkeit der Mehrfachanrechnung
in § 76 Abs. 2 S. 1 bei gleichzeitiger Nichtanrechnung bei der Begrün-
dung und dem Umfang der Beschäftigungspflicht gemäß § 74 Abs. 1
S. 1 gefördert.

Begriff des Arbeitsplatzes

73 (1) Arbeitsplätze im Sinne des Teils 2 sind alle Stellen, auf denen
Arbeitnehmer und Arbeitnehmerinnen, Beamte und Beamtin-
nen, Richter und Richterinnen sowie Auszubildende und andere zu ihrer
beruflichen Bildung Eingestellte beschäftigt werden.

(2) Als Arbeitsplätze gelten nicht die Stellen, auf denen beschäftigt
werden

1. behinderte Menschen, die an Leistungen zur Teilhabe am Arbeitsleben nach § 33 Abs. 3 Nr. 3 in Betrieben oder Dienststellen teilnehmen,

2. Personen, deren Beschäftigung nicht in erster Linie ihrem Erwerb
dient, sondern vorwiegend durch Beweggründe karitativer oder reli-
giöser Art bestimmt ist, und Geistliche öffentlich-rechtlicher Religionsgemeinschaften,

3. Personen, deren Beschäftigung nicht in erster Linie ihrem Erwerb
dient und die vorwiegend zu ihrer Heilung, Wiedereingewöhnung
oder Erziehung erfolgt,

4. Personen, die an Arbeitsbeschaffungsmaßnahmen und Strukturanpassungsmaßnahmen nach dem Dritten Buch teilnehmen,

5. Personen, die nach ständiger Übung in ihre Stellen gewählt
werden,

6. Personen, die nach § 19 des Bundessozialhilfegesetzes in Arbeitsverhältnissen beschäftigt werden,

7. Personen, deren Arbeits-, Dienst- oder sonstiges Beschäftigungsverhältnis wegen Wehr- oder Zivildienst, Elternzeit, unbezahltem Urlaub oder wegen Bezuges einer Rente auf Zeit ruht, solange für sie eine Vertretung eingestellt ist.

(3) Als Arbeitsplätze gelten ferner nicht Stellen, die nach der Natur der Arbeit oder nach den zwischen den Parteien getroffenen Vereinbarungen nur auf die Dauer von höchstens acht Wochen besetzt sind, sowie Stellen, auf denen Beschäftigte weniger als 18 Stunden wöchentlich beschäftigt werden.

I. Allgemeines

Die in Abs. 1 enthaltene Definition des Arbeitsplatzes hat vor allem **1** für die Beschäftigungspflicht und die Erfüllung der Pflichtquote gemäß § 71 Bedeutung. Nach Abs. 2 und Abs. 3 gelten bestimmte Stellen nicht als Arbeitsplätze mit der Folge, dass sie für die Begründung der Beschäftigungspflicht und für die Anzahl der Pflichtarbeitsplätze nicht gezählt werden. Darüber hinaus gilt die Definition auch für den gesamten Teil II des SGB IX, so etwa für die Prüfpflicht des § 81 Abs. 1 und für die behindertengerechte Gestaltung und Ausstattung von Arbeitsplätzen in § 81 Abs. 4 Ziff. 4 und 5.

Die Vorschrift entspricht im Wesentlichen § 7 SchwbG. Neben **2** sprachlichen Veränderungen zugunsten der Gleichberechtigung von Mann und Frau in Abs. 1 und der Elternzeit in Abs. 2 Ziff. 7 ist klargestellt, dass Stellen, auf denen schwerbehinderte Menschen an innerbetrieblichen Maßnahmen der beruflichen Anpassung und Weiterbildung teilnehmen sowie ruhende Arbeitsverhältnisse weder bei der Mindestanzahl von Arbeitsplätzen noch bei der Zahl der Pflichtarbeitsplätze gerechnet werden. In Abs. 3 sind Personen, die einen Rechtsanspruch auf Einstellung haben, wie etwa Referendare nicht mehr enthalten. Sie werden nun von der Vorschrift des § 74 Abs. 1 S. 2 erfasst. Dies wird damit begründet, dass auch diese Personengruppe Leistungen der begleitenden Hilfe im Arbeitsleben nach den §§ 102 ff. erhalten sollen (Begründung zum Gesetzentwurf der SPD und Bündnis 90/ Die Grünen BT-Drucks. 14/5074 S. 112).

II. Arbeitsplatz

Nach der gesetzlichen Definition sind Arbeitsplätze alle Stellen, auf **3** denen Arbeitnehmer und Arbeitnehmerinnen, Beamte, Richter und Auszubildende sowie andere zu ihrer beruflichen Bildung Eingestellte beschäftigt werden. Die Definition ist **maßgeblich für alle Vor-**

schriften des Teils 2 des Gesetzes. Die Begriffsbestimmung entspricht der im Arbeitsrecht üblichen. Es ist darunter die Gesamtheit des
dem Arbeitnehmer im Betrieb zugewiesenen Tätigkeitsbereichs mit
allen sich daraus ergebenden Rechten und Pflichten zu verstehen
(BVerwG U. v. 21. 10. 1987 NZA 1988,431; OVG Thüringen U. v. 6. 7.
95 – 2 KO 11/94; OVG für das Land Brandenburg U. v. 27. 5. 98 – 4 A
133/97). Insoweit ist der Arbeitsplatz weder im räumlich-gegenständ-
lichen Sinne noch im funktionalen Sinne als Inhalt dessen, was von
einem Beschäftigten verlangt wird, angesprochen (BSG U. v. 6. 5. 94
SozR 3 – 3870 § 13 Nr.2; *Schneider* in Hauck/Noftz, SGB IX, K § 73
RdNr. 4). Entscheidend ist, ob der Arbeitsplatz von einer Person besetzt ist, die sich in einem **persönlichen Abhängigkeitsverhältnis**
befindet (BVerwG U. v. 16. 12. 59 BVerwGE 10, 70; OVG Lüneburg U.
v. 22. 2. 1989, NZA 89, 722, 723). Ist dies der Fall, wird das **einzelne
Beschäftigungsverhältnis** als Arbeitsplatz gezählt. Die Zahl der
Arbeitsplätze ist damit identisch mit der **im jeweiligen Monat**
bestehenden Beschäftigungsverhältnisse (BSG U. v. 6. 5. 94 a.a.O.). In
diesem rechnerischen Verständnis dient der Begriff des Arbeitsplatzes
vor allem als Grundlage zur Berechnung des Umfangs der Beschäftigungspflicht und der Erfüllung der Beschäftigungsquote im Rahmen
des § 71.

4   Grundsätzlich zählen hierbei alle Arbeitsplätze, auf denen Arbeitnehmer und Arbeitnehmerinnen beschäftigt werden. Gleichgültig ist,
ob der Arbeitsplatz mit einer **Teilzeit- oder Vollzeitkraft** besetzt
wird. Als Rechengröße zur Berechnung des Umfangs der Beschäftigungspflicht wird nach Köpfen gezählt (*Cramer*, SchwbG, § 7 RdNr. 4;
Neumann/Pahlen, SGB IX, § 73 RdNr. 10, 14).

5   Da der Arbeitsplatzbegriff nicht im funktionalen Sinne definiert
ist, ist gleichfalls unerheblich, ob der Arbeitnehmer vorübergehend
tatsächlich nicht beschäftigt wird. Deshalb sind vom Arbeitsplatzbegriff auch solche Stellen erfasst, die mit Beschäftigten besetzt sind,
die in **Kurzarbeit**, auch in „Kurzarbeit Null", stehen (OVG für das
Land Brandenburg v. 27. 5. 97 - 4 A 133/97). Lediglich für den Ausnahmefall des Bezugs von Kurzarbeitergeld auf der Grundlage des
inzwischen aufgehobenen **§ 63 Abs. 5 AFG–DDR**, der der damaligen
spezifischen Situation der DDR Rechnung tragen sollte, hat die Verwaltungsgerichtsbarkeit Ausnahmen zugelassen. Auf das herkömm-
liche Kurzarbeitergeld ist diese Rechtsprechung auch nach Auffassung
der Rechtsprechung der Verwaltungsgerichtsbarkeit nicht übertragbar
(OVG Thüringen U. v. 6. 7. 95 – 2 KO 11/94; OVG für das Land Brandenburg v. 27. 5. 97 a.a.O.; so auch *Dörner*, SchwbG, § 7 RdNr. 36;
Düwell, LPK-SGB IX § 73 RdNr. 4).

6   Es ist auch nicht erforderlich, dass es sich um ein dauerhaftes Arbeitsverhältnis handelt; **befristete Arbeitsverhältnisse** sind in gleicher
Weise zu berücksichtigen. **Leiharbeitnehmer** werden grundsätzlich

dem Verleiherbetrieb zugerechnet, da Vertragsarbeitgeber der Verleiher ist. Würde der Arbeitsplatz des Leiharbeitnehmers nicht beim Verleiherbetrieb angerechnet, obwohl dort die Entscheidung der Einstellung getroffen wird, würde für diesen jeder Anreiz fehlen, einen schwerbehinderten Arbeitnehmer zu beschäftigen (BVerwG U. v. 13.12.2001 NZA 2002, 385). Umstritten ist, ob bei einem längeren Einsatz, der teilweise bei 8 Wochen angenommen wird (so GK-SchwbG-*Großmann*, § 7 RdNr. 55), teilweise erst bei über 12 Monaten (*Neumann/Pahlen*, SGB IX, § 73 RdNr. 23) der Arbeitsplatz des Leiharbeitnehmers auch im Entleiherbetrieb als Arbeitsplatz gerechnet werden soll. Nach anderer Ansicht soll der Arbeitsplatz eines Leiharbeitnehmers erst dem Entleiherbetrieb zugerechnet werden, wenn gemäß § 9 Ziff. 1 AÜG die Verleiherlaubnis fehlt und daher gemäß § 10 Abs. 1 AÜG ein Arbeitsverhältnis fingiert wird (so *Düwell*, LPK-SGB IX § 73 RdNr. 9). Dieser Auffassung ist nicht zu folgen. Der Aufspaltung der Arbeitgeberfunktionen zwischen dem Verleiher als dem Vertragsarbeitgeber und dem Entleiher als faktischem Arbeitgeber wird nur Rechnung getragen durch die Anrechnung des Arbeitsplatzes sowohl beim Entleiher wie auch beim Verleiher (GK-SchwbG-*Großmann*, § 7 RdNr. 55; ausdrücklich offengelassen: BVerwG U. v. 13.12.01 a.a.O.). Wenn der Entleiher den Leiharbeitnehmer in seinem Betrieb nicht nur kurzfristig einsetzt und nach seinen Weisungen beschäftigt, und er gemäß § 11 Abs. 6 AÜG auch bei der Einhaltung der öffentlich-rechtlichen Arbeitsschutzvorschriften in die Pflicht genommen wird, ist es auch sachlich gerechtfertigt, diesen Arbeitsplatz zur Begründung der Beschäftigungspflicht mit zu zählen. Nur dadurch wird auch gewährleistet, dass Arbeitgeber sich nicht durch wiederholten und verstärkten Einsatz von Leiharbeitnehmern ihrer Beschäftigungspflicht entziehen. Da nach dem neuen Betriebsverfassungsgesetz gemäß § 7 BetrVG für die Frage der Wahlberechtigung auf einen Einsatzzeitraum von 3 Monaten abgestellt wird, erscheint es gerechtfertigt auch für die Frage der Berücksichtigung des Arbeitsplatzes im Rahmen der Beschäftigungspflicht die gleiche Zeitspanne zugrunde zu legen.

Heimarbeitnehmer werden nicht erfasst, da sie wirtschaftlich, aber 7 nicht persönlich abhängig sind (LSG Berlin U. v. 26.4.96 E-LSG Ar-114; *Schneider* in Hauck/Noftz, SGB IX, K § 73 RdNr. 4; *Düwell*, LPK-SGB IX § 73 RdNr. 8; *Neumann/Pahlen*, SGB IX, § 73 RdNr. 7). § 127 enthält insoweit eine abschließende Regelung (siehe Erläuterungen dort).

Vorstandsmitglieder juristischer Personen oder Gesellschafter 8 von Personengesellschaften sowie mitarbeitende Familienangehörige sind keine Arbeitnehmer im Sinne dieser Vorschrift, so dass deren Beschäftigung auch nicht als Arbeitsplatz zählt. Insoweit gilt nichts anderes als in § 5 Abs. 2 BetrVG in der Fassung vom 25.9.01 (*Neumann/Pahlen*, SGB IX, § 73 RdNr. 46–48; *Schneider* in Hauck/Noftz, SGB IX, K § 73 RdNr. 4).

9   Die Beschäftigung eines **leitenden Angestellten** wird dagegen berücksichtigt, da die Erwägungen, die für die Sonderbehandlung leitender Angestellter im Betriebsverfassungsrecht gelten (§ 5 Abs. 3 BetrVG), im Schwerbehindertenrecht keine Bedeutung haben (*Cramer*, SchwbG, § 7 RdNr. 6; *Düwell*, LPK-SGB IX, § 73 RdNr. 10).

10   Bestimmte öffentlich-rechtliche Dienstverhältnisse werden als Arbeitsplatz gemäß Abs. 1 erfasst, so die von **Beamten und Richtern**, gleich, ob sie auf Lebenszeit, Zeit, Probe oder Widerruf eingestellt sind. Ausgeschlossen sind allerdings Ehrenbeamte wie etwa die Bürgermeister einer kleinen Gemeinde oder ehrenamtliche Richter.

   Soldaten werden nicht erfasst, ebenfalls nicht **Minister** (*Cramer*, SchwbG, § 7 RdNr. 8; *Neumann/Pahlen*, SGB IX, § 73 RdNr. 28).

11   Auch Stellen, auf denen **Auszubildende** oder andere zu ihrer **beruflichen Bildung** Eingestellte beschäftigt werden, sind Arbeitsplätze im Sinne des Abs. 1. Wer Auszubildender oder zur beruflichen Bildung Eingestellter ist, richtet sich nach § 1 BBiG. Unter Berufsbildung fallen demnach die Berufsausbildung, die berufliche Fortbildung (§ 46 BBiG) sowie die berufliche Umschulung (§ 47 BBiG). Auch **Volontäre** gehören dazu, da auch sie gemäß § 19 BBiG zum Erwerb von Kenntnissen und Erfahrungen und damit zu ihrer beruflichen Bildung eingestellt werden (GK-SchwbG Großmann § 7 RdNr. 92; *Neumann/Pahlen*, SGB IX, § 73 RdNr. 44; *Düwell*, LPK-SGB IX § 73 RdNr. 11). Die Erläuterungen zum Anzeigenvordruck der Bundesanstalt für Arbeit (siehe unter www.arbeitsamt.de) rechnen Volontärsstellen dagegen nicht.

   Ausbildungsstellen sind auch solche, auf denen ein **Beamter auf Widerruf** im Vorbereitungsdienst beschäftigt wird (BSG 29. 7. 93 11 RAr 41/92).

12   Nicht zu den Ausbildungsstellen zählen in der Regel **Praktikantenstellen**. Praktikanten üben bestimmte Tätigkeiten in einem Betrieb aus, weil dies für ihre Gesamtausbildung erforderlich ist. In diesem Fall ist die Tätigkeit Bestandteil des Studiums oder einer Fortbildung. Praktikanten sind dann nicht zur beruflichen Bildung eingestellt (LSG Bayern 29. 10. 98 L 9 AL 167/96; *Düwell*, LPK-SGB IX § 73 RdNr. 11; a.A. *Neumann/Pahlen*, SBG IX, § 73 RdNr. 44). Das Praktikantenverhältnis kann aber auch als Ausbildungsverhältnis gemäß § 19 BBiG ausgestaltet sein (BAG U. v. 19. 6. 74 AP Nr.3 zu § 3 BAT mit Anm. *Weber*; *Scherer* in NZA 1986, 281). In diesem Fall zählt die Praktikantenstelle auch als Ausbildungsplatz (GK-SchwbG-Großmann § 7 RdNr. 91).

13   Eine Sonderregelungen für die Berücksichtigung von Ausbildungsplätzen beim Umfang der Beschäftigungspflicht und bei der Anrechnung auf die Zahl der Pflichtarbeitsplätze finden sich in den §§ 74 und 76 (siehe Kommentierung dort).

III. Die Nichtanrechnung von Arbeitsplätzen

Abs. 2 und 3 enthalten Sonderregelungen, welche Stellen nicht als **14** Arbeitsplätze anerkannt werden. Sie werden damit im Grundsatz weder bei der Begründung der Beschäftigungspflicht gemäß § 73 Abs. 1 noch bei der Anrechnung auf die Zahl der Pflichtarbeitsplätze berücksichtigt. Diese Stellen sind teilweise schon im arbeitsrechtlichen Sinne keine Arbeitsplätze, weil **keine Arbeitsverhältnisse** begründet worden sind; zum Teil sollen sie Arbeitgeber nicht mit Beschäftigungspflichten belasten, um deren Bereitschaft zur Einstellung zu fördern. Im Einzelnen handelt es sich um folgende Gruppen:

In Ziff. 1 wird Bezug genommen auf die Regelung in § 33 Abs. 3 **15** Ziff. 3. **Berufliche Rehabilitationsstellen**, die innerhalb des Betriebes bestehen, werden nicht berücksichtigt. Dadurch sollen Arbeitgeber motiviert werden, solche Stellen, die der beruflichen Anpassung (siehe dazu im Einzelnen: Mrozynski SGB IX Teil1 § 33 RdNr. 35 und 42) dienen, zu schaffen (Gesetzentwurf der Bundesregierung zur Änderung des SchwbG vom 3. 4. 1985, BT Drucks. 10/3138 S. 30). Dieser Zweck wird dadurch erreicht, dass diese Stellen nicht als Arbeitsplätze gelten, die den Umfang der Beschäftigungspflicht gemäß § 71 Abs. 1 bestimmen (zur Anrechnung: siehe Kommentierung unter § 75).

Die Regelung in Ziff. 2 entspricht der in § 5 Abs. 2 Ziff 3 BetrVG. **16** Ausgenommen ist in beiden Fällen der Personenkreis, dessen Arbeit in erster Linie aus **religiösen oder karitativen Motiven** erfolgt. Die Tätigkeit dieser Personen erfolgt regelmäßig nicht im Rahmen eines Arbeitsverhältnisses. Zu dieser Fallgruppe gehört etwa die Beschäftigung von Angehörigen einer Ordensgemeinschaft oder Entwicklungshelfern (*Neumann/Pahlen*, SGB IX, § 73 RdNr. 51;*Cramer*, SchwbG, § 7 RdNr. 14). Rote-Kreuz-Schwestern sind nach der Rechtsprechung des BAG ebenfalls keine Arbeitnehmer sondern nur arbeitnehmerähnliche Personen (BAG Beschl. v. 6. 7. 1995 NZA 1996, 33). Für alle übrigen Krankenschwestern gilt dies allerdings nicht (Fitting-Kaiser § 5 BetrVG RdNr. 108). Ausdrücklich ausgenommen sind **Geistliche** öffentlicherrechtlicher Religionsgemeinschaften, ohne dass es auf die Art ihres Beschäftigungsverhältnisses ankommt (*Neumann/Pahlen*, a.a.O.)

In Ziff. 3 sind Personen ausgenommen, die ihre Arbeitsleistungen **17** vorwiegend zu ihrer **Heilung, Wiedereingewöhnung oder Erziehung** erbringen. Auch diese Regelung entspricht im Wesentlichen der des § 5 Abs. 2 Ziff. 4 BetrVG. Zu dieser Personengruppe zählen etwa Geisteskranke, Nichtsesshafte, Alkoholiker oder Rauschgiftsüchtige, soweit sie in Anstalten oder aus arbeitstherapeutischen Gründen beschäftigt werden, und Strafgefangene, die im Rahmen öffentlichrechtlicher Zwangsverhältnisse Arbeiten leisten (*Neumann/Pahlen*, SGB IX, § 73 RdNr. 52; FKHE, BetrVG, § 5 RdNr. 110).

18 Ausgenommen sind gemäß Ziff. 4 Teilnehmer an Maßnahmen zur **Arbeitsbeschaffung** (§§ 260 ff. SGB III) und zur **Strukturanpassung** (§§ 272 ff. SGB III). Es handelt sich hierbei um Arbeitsverhältnisse; es gelten für sie daher die Vorschriften des Arbeitsrechts (FKHE, BetrVG, § 5 BetrVG RdNr. 37 f.;*Neumann/Pahlen*, SGB IX, § 73 RdNr. 54). Sie sind lediglich bei der Begründung der Beschäftigungspflicht im Rahmen des § 71 Abs. 1 nicht zu berücksichtigen (*Schneider* in Hauck/Noftz, SGB IX, K § 73 RdNr. 6; *Neumann/Pahlen*, a.a.O.).

19 Nicht berücksichtigt gemäß Ziff. 5 werden Personen, die **in ihre Stellen gewählt** werden. Dies hat seinen Grund darin, dass im Falle einer Wahl der Arbeitgeber nicht über die Besetzung der Stelle entscheidet (*Cramer*, SchwbG, § 7 RdNr. 16; GK-SchwbG-*Großmann*, § 7 RdNr. 138). Hierzu gehören Wahlbeamte in den Kommunen und Richter der obersten Bundesgerichte und des Bundesverfassungsgerichts und Richter, die nach den entsprechenden Landesgesetzen gewählt werden (z.B. Richter der Verfassungsgerichte der Länder). Es gehören hierzu auch Personen, die aufgrund Satzung oder tatsächlicher Übung in Vereinen, Verbänden oder politischen Parteien in ihre Funktionen gewählt werden, vorausgesetzt, sie sind ansonsten Arbeitnehmer und fallen unter den Arbeitsplatzbegriff des Abs. 1. So sind die Stellen von Vorstandsmitgliedern bereits keine Arbeitsplätze im Sinne des Abs. 1. Es kommt deshalb nicht erst die Ausnahme des Wahlamtes nach Abs. 2 Ziff. 5 zur Anwendung.

Auf **Betriebsrats- und Personalratsmitglieder** ist die Vorschrift nicht anzuwenden, da sie im Rahmen ihres weiterhin bestehenden Arbeits- bzw. Dienstverhältnisses in diese Funktionen gewählt werden und lediglich von ihren Arbeitspflichten im Falle der Freistellung befreit werden. Ihr weiterhin bestehendes Arbeitsverhältnis zählt deshalb als Arbeitsplatz gemäß Abs. 1. Ihr Amt dagegen stellt im Sinne des Abs. 1 gar keine Stelle dar, auf der sie beschäftigt werden (*Cramer*, SchwbG, § 7 RdNr. 16; GK-SchwbG-*Großmann*, § 7 RdNr. 139; *Schneider* in Hauck/Noftz, SGB IX, K § 73 RdNr. 7; a.A. *Neumann/ Pahlen*, SGB IX, § 73 RdNr. 55).

20 Gemäß Abs. 2 Ziff. 6 sind Personen, die gemäß **§ 19 BSHG** Arbeitsverhältnisse begründet haben, ausgenommen. Gemäß § 19 Abs. 2 kann dem Sozialhilfesuchenden Gelegenheit zu gemeinnütziger und zusätzlicher Arbeit geschaffen werden und ihm für diese Tätigkeit entweder Hilfe zum Lebensunterhalt zuzüglich einer angemessenen Entschädigung für Mehraufwendungen oder das übliche Arbeitsentgelt gewährt werden. Dies entscheidet der Sozialhilfeträger nach pflichtgemäßem Ermessen. Nur dann, wenn das übliche Arbeitsentgelt gezahlt wird, handelt es sich um ein Arbeitsverhältnis (BAG U. v. 4. 2. 1993 AP Nr. 2 zu § 21 SchwbG 1986). Diese Arbeitsverhältnisse gemäß § 19 Abs. 2 Hs. 1 1. Alternative BSHG sind in Ziff. 6 ausdrücklich ausgenommen. Deshalb ist die Entscheidung des BAG vom 4. 2. 1993 a.a.O. nunmehr überholt. Beschäftigungen im Sinne des § 19 Abs. 2 Hs. 1 2. Alternative BSHG erfolgen, da sie bereits keine Arbeitsverhältnisse darstellen, nicht auf Arbeitsplätzen im Sinne des § 73 Abs. 1. Die Sonderregelung in Ziff. 6 hat ihren Grund darin, dass die Bereitschaft der Arbeitgeber gefördert werden soll, Arbeitsverhältnisse mit Sozialhilfesuchenden zu begründen.

Gemäß Ziff. 7 sollen **ruhende Arbeits-, Dienst- oder sonstige** 21 **Beschäftigungsverhältnisse** nicht als Arbeitsplätze angerechnet werden. Insofern hat der Gesetzgeber den Streit (*Neumann/Pahlen*, SchwbG, § 7 RdNr. 16; *Cramer*, SchwbG, § 7 RdNr. 4 und GK-SchwbG-*Großmann*, § 7 RdNr. 159), inwieweit bei der Beschäftigung eines Vertreters während des Ruhens eines Arbeitsverhältnisses – etwa während der Elternzeit – beide Beschäftigungen als Arbeitsplätze zählen, geklärt, und sich gegen die Doppelzählung und die Anrechnung des ruhenden Beschäftigungsverhältnisses entschieden. Für die Elternzeit ergibt sich dies auch aus § 21 Abs. 7 BErzGG. Obwohl in Ziff. 7 die ruhenden Arbeitsverhältnisse, für die die Nichtanrechnung gilt, enumerativ aufgezählt sind, ist eine entsprechende Anwendung auch für den Geltungsbereich des durch das Job-Aqktiv-Gesetzes geänderten § 231 SGB III sachgerecht. Es handelt sich hierbei um den Fall, dass für einen sich in Weiterbildung befindlichen Arbeitnehmer befristet ein bisher arbeitsloser Arbeitnehmer eingestellt wird. In **§ 231 Abs. 2 SGB III** ist auch hier wie in § 21 Abs. 7 BErzGG klargestellt, dass für die Anwendung von arbeits- oder arbeitsschutzrechtlichen Gesetzen, bei denen es auf die Anzahl der Mitarbeiter ankommt, die zur Vertretung eingestellten Mitarbeiter nicht gezählt werden. Auch hier ist daher eine Doppelzählung auszuschließen, in dem das aufgrund der Weiterbildung ruhende Arbeitsverhältnis in entsprechender Anwendung der Ziff. 7 nicht angerechnet wird. Eine analoge Anwendung kommt allerdings nicht für Arbeitnehmer in Betracht, die **Altersteilzeit** ausüben und sich nach dem Blockmodell in der Freistellungsphase befinden. Hier ist deshalb eine Anrechnung gerechtfertigt, weil auch der Arbeitsplatz des Arbeitnehmers, der das Teilzeitmodell gewählt hat, berücksichtigt wird. Beide Altersteilzeitformen sollten in der Regel nicht unterschiedlich behandelt werden (Kuhlmann in br 2002, 1, 3, zu Ausnahmen siehe RdNr. 22).

Gemäß Abs. 3 sind schließlich sog. **kurzfristige Beschäftigungen** 22 ausgenommen, die ihrer Eigenart nach oder entsprechend den getroffenen Vereinbarungen von vorneherein nur zeitlich begrenzt, nämlich höchstens im Umfang von 8 Wochen, ausgeübt werden sollen. Die Regelung entspricht § 8 Abs. 1 Ziff. 2 SGB IV. Typischerweise handelt es sich hierbei um Saisonbeschäftigungen. Ein befristetes Probearbeitsverhältnis ist nicht darunter zu rechnen, da die Befristung nur vorgeschaltet ist und die Parteien beabsichtigen, ein auf Dauer angelegtes Arbeitsverhältnis einzugehen (so auch *Neumann/Pahlen*, SGB IX, § 73 RdNr. 57; a.A. *Cramer*, SchwbG, § 7 RdNr. 18). Ebenfalls ausgenommen sind Beschäftigungen, die wöchentlich weniger als 18 Stunden ausgeübt werden. Darunter fallen typischerweise **Geringfügig Beschäftigte** gemäß § 8 Abs. 1 Ziff. 1 SGB IV (regelmäßige Stundenzahl pro Woche unterhalb von 15 Stunden), wobei die Einhaltung der Verdienstgrenze von 325 Euro bei der Anrechnung unerheblich ist. Es wird allein auf die wöchentliche Stundenzahl abgestellt. Dies gilt auch für Arbeitsplätze von Arbeitnehmern in **Altersteilzeit**, soweit die Reduzierung der Arbeitszeit zu einer Beschäftigung von weniger als 18 Std. wöchentlich führt (Kuhlmann in br 2002, 1 f.). Bei den kurzfristigen wie geringfügigen Beschäftigungen handelt es sich im Übrigen um vollwertige Arbeitsverhältnisse; sie werden lediglich bei der Zahl der Arbeitsplätze und bei der Erfüllung der Pflichtquote nicht berücksichtigt (kritisch dazu: *Düwell*, LPK–SGB IX § 73 RdNr. 12).

Berechnung der Mindestzahl von Arbeitsplätzen und der Pflichtarbeitsplatzzahl

74 (1) [1]Bei der Berechnung der Mindestzahl von Arbeitsplätzen und der Zahl der Arbeitsplätze, auf denen schwerbehinderte Menschen zu beschäftigen sind (§ 71), zählen Stellen, auf denen Auszubildende beschäftigt werden, nicht mit. [2]Das Gleiche gilt für Stellen, auf denen Rechts- oder Studienreferendare und -referendarinnen beschäftigt werden, die einen Rechtsanspruch auf Einstellung haben.

(2) Bei der Berechnung sich ergebende Bruchteile von 0,5 und mehr sind aufzurunden, bei Arbeitgebern mit jahresdurchschnittlich bis zu 59 Arbeitsplätzen abzurunden.

I. Allgemeines

1   Die Vorschrift regelt zum einen, dass Ausbildungsplätze und Stellen für Studien- und Rechtsreferendare bei der Berechnung der Mindestzahl und der Pflichtarbeitsplatzzahl nicht angerechnet werden, zum anderen enthält sie eine Rundungsvorschrift.

II. Nichtanrechnung von Ausbildungsplätzen und Referendarstellen

2   Durch entsprechende Änderungen des Schwerbehindertengesetzes ist die zeitweise Nichtzählung von Ausbildungsplätzen mehrmals befristet worden, zuletzt bis zum 31. 12. 00. Die Befristung ist mit dem am 1. 10. 2000 in Kraft getretenen Gesetz zur Bekämpfung der Arbeitslosigkeit Schwerbehinderter (SchwBAG) v. 29. 9. 2000 (BGBl. I S. 1349 ff.) endgültig aufgehoben worden. Die Nichtzählung von Aus-

bildungsplätzen soll der Schaffung von Ausbildungsplätzen dienen. Arbeitgeber sollen nicht abgehalten werden, Ausbildungsplätze einzurichten, weil sie dadurch gemäß § 71 Abs. 1 beschäftigungspflichtig werden oder eine höhere Pflichtquote erreichen. Dem Gesetzgeber ist die **Förderung von Jugendlichen im Ausbildungsbereich** so wichtig, dass er von der Arbeitgeberseite benannte Ausbildungshemmnisse beseitigen will unter Inkaufnahme, dass sich die Beschäftigungspflicht Schwerbehinderter dadurch verringert (Gesetzentwurf der Bundesregierung zur Änderung des SchwbG vom 3. 4. 1985, BT Drucks. 10/3138 S. 15; Entwurf eines Gesetzes zur Bekämpfung der Arbeitslosigkeit Schwerbehinderter der Fraktionen der SPD und Bündnis 90/Die Grünen vom 16. 5. 2000, BT-Drucks. 14/3372 S. 17).

Auszubildende sind nur die in § 3 BBiG zur **Berufsausbildung**, 3 nicht auch die zur beruflichen Fortbildung oder Umschulung Eingestellten (*Neumann/Pahlen*, SGB IX, § 74 RdNr. 9; *Schneider* in Hauck/Noftz, SGB IX, K § 74 RdNr. 3).

Stellen, die von Auszubildenden besetzt werden, zählen nicht bei 4 der **Mindestzahl** von 20 Arbeitsplätzen im Sinne des § 71; sie werden auch für den **Umfang der Beschäftigungspflicht** nicht mitgerechnet, erhöhen also nicht die Pflichtquote. Wohl aber handelt es sich um **Arbeitsplätze** mit der Folge, dass alle Vorschriften, die für auf Arbeitsplätzen beschäftigte schwerbehinderte Menschen gelten, auch auf Auszubildende Anwendung finden. Vor allem wird deren Beschäftigung bei der Erfüllung der Pflichtzahl angerechnet.

Gleiches gilt auch für die Einstellung von **Rechts- und Studien-** 5 **referendaren**. Auch ihre Einstellung wirkt sich nicht auf die Begründung und den Umfang der Beschäftigungspflicht aus. Bisher galten ihre Stellen nicht als Arbeitsplätze gemäß § 7 Abs. 3 SchwbG a.F.. Der Gesetzgeber hat sie in die Regelung des § 74 aufgenommen, um klarzustellen, dass für sie ansonsten die Vorschriften für "auf Arbeitsplätzen beschäftigte schwerbehinderte Menschen" gelten, und ihnen etwa auch auf der Grundlage des § 102 Abs. 2 begleitende Hilfe im Arbeitsleben zu gewähren ist (Begründung zum Gesetzentwurf der Fraktionen von SPD und Bündnis 90/Die Grünen BT-Drucks. 14/5074 S. 112).

III. Rundungsvorschrift

Der letzte Satz der bisherigen Regelung ist in einen eigenständigen 6 Absatz aufgenommen worden, um klarzustellen, dass sich die Rundungsvorschrift auf die Berechnung der Pflichtquote allgemein bezieht (BT-Drucks. 14/5074 S. 112).

Bei der Berechnung der Pflichtarbeitsplatzzahl können sich Bruch- 7 teile ergeben, wenn die Zahl der gemäß den §§ 73 und 74 anzurechnenden Arbeitsplätze mit der Pflichtquote von 5 % multipliziert wird. Da die Beschäftigungspflicht nicht anteilig mit Stundenquoten erfüllt werden kann, ist die Zahl der Pflichtarbeitsplätze entsprechend auf- oder abzurunden. Ab einem Bruchteil von 0,5 ist abzurunden. Privilegiert werden, wie auch bei der Festsetzung der Ausgleichsabgabe in § 77 Abs. 2, Arbeitgeber mit einer jahresdurchschnittlichen Arbeitsplatzzahl von nicht mehr als 59. Hier wird bei der Entstehung von Bruchteilen immer abgerundet.

Anrechnung Beschäftigter auf die Zahl der Pflichtarbeitsplätze für schwerbehinderte Menschen

75 (1) Ein schwerbehinderter Mensch, der auf einem Arbeitsplatz im Sinne des § 73 Abs. 1 oder Abs. 2 Nr. 1, 4 oder 6 beschäftigt wird, wird auf einen Pflichtarbeitsplatz für schwerbehinderte Menschen angerechnet.

(2) [1]Ein schwerbehinderter Mensch, der in Teilzeitbeschäftigung kürzer als betriebsüblich, aber nicht weniger als 18 Stunden wöchentlich beschäftigt wird, wird auf einen Pflichtarbeitsplatz für schwerbehinderte Menschen angerechnet. [2]Wird ein schwerbehinderter Mensch weniger als 18 Stunden wöchentlich beschäftigt, lässt das Arbeitsamt die Anrechnung auf einen dieser Pflichtarbeitsplätze zu, wenn die Teilzeitbeschäftigung wegen Art oder Schwere der Behinderung notwendig ist.

(3) Ein schwerbehinderter Arbeitgeber wird auf einen Pflichtarbeitsplatz für schwerbehinderte Menschen angerechnet.

(4) Der Inhaber eines Bergmannsversorgungsscheins wird, auch wenn er kein schwerbehinderter oder gleichgestellter behinderter Mensch im Sinne des § 2 Abs. 2 oder 3 ist, auf einen Pflichtarbeitsplatz angerechnet.

I. Allgemeines

1   Die Vorschrift regelt, mit welchen Beschäftigten der Arbeitgeber seine Beschäftigungspflicht gemäß § 71 Abs. 1 erfüllt. Die Regelung entspricht inhaltlich der bisherigen Regelung in § 9 SchwbG.

2   Nach Abs. 1 wird ein Schwerbehinderter auf einen Pflichtplatz angerechnet, wenn er auf einem Arbeitsplatz im Sinne des § 73 Abs. 1 beschäftigt wird. Das gleiche gilt auch für Arbeitsplätze im Sinne des § 73 Abs. 2 Ziff. 1, 4 oder 6. Die weiteren Absätze 2–4 regeln die Anrechnung eines teilzeitbeschäftigten schwerbehinderten Menschen, eines schwerbehinderten Arbeitgebers und eines Inhabers eines Bergmannsversorgungsscheins.

II. Anrechnung schwerbehinderter Arbeitnehmer

Abs. 1 enthält den Grundsatz, dass Stellen, die gemäß § 73 Abs. 1 als **3** Arbeitsplätze bei der Begründung und dem Umfang der Beschäftigungspflicht berücksichtigt werden, auch bei der Erfüllung der Beschäftigungspflicht angerechnet werden. Für die Anrechenbarkeit wird an den Begriff des Arbeitsplatzes in § 73 Abs. 1 angeknüpft. Für die Auslegung des Begriffs „Arbeitsplatz" kommt es darauf an, ob die betreffende Stelle von einem Arbeitnehmer eingenommen wird. Arbeitnehmer ist eine Person, die sich zu Arbeitsleistungen im Dienste eines anderen so verpflichtet hat, dass sie dadurch zu diesem in ein persönliches Abhängigkeitsverhältnis tritt (BVerwG U. v. 16. 12. 59 BVerwGE 10, 70; OVG Lüneburg NZA 1989, 722). Durch den Wortlaut der Regelung und die Verweisung auf § 73 Abs. 1 ist klargestellt, dass auch **Auszubildende** auf Arbeitsplätzen beschäftigt werden und daher auf Pflichtarbeitsplätze angerechnet werden (siehe § 73 RdNr. 11). Sie zählen lediglich bei der Berechnung der Mindestzahl von Arbeitsplätzen und der Zahl der Pflichtarbeitsplätze im Sinne des § 74 ausdrücklich nicht mit. Die bisher bestehende Befristung dieser Regelung ist aufgehoben worden.

1. Förmliche Anerkennung. Voraussetzung für die Anrechnung **4** ist, dass der Arbeitgeber den Arbeitsplatz mit einem schwerbehinderten Menschen oder einem ihm gleichgestellten behinderten Menschen besetzt. Umstritten ist, ob es für die Frage der Anrechenbarkeit auf den Zeitpunkt ankommt, zu dem die **Schwerbehinderteneigenschaft** förmlich festgestellt wird. Dies ist zu bejahen. Der schwerbehinderte Mensch entscheidet selbst darüber, ob er sich unter den Schutz der besonderen Regelungen für Schwerbehinderte stellen will und sich auf die besonderen Rechte, die Schwerbehinderte genießen, berufen will. Zwar ist die Schwerbehinderteneigenschaft als solche nicht von einer Anerkennung durch die hierfür zuständigen Behörden abhängig, dennoch treten die rechtlichen Wirkungen der Schwerbehinderteneigenschaft nicht ohne Weiteres sondern nur bei entsprechender Inanspruchnahme durch einen schwerbehinderten Menschen ein. Entsprechend setzen auch die besonderen Verpflichtungen und Belastungen des Arbeitgebers erst aufgrund der **förmlichen Entscheidung** über die Schwerbehinderteneigenschaft oder die Gleichstellung ein. Es erscheint deshalb gerechtfertigt, dass der Arbeitgeber auch nur solche Arbeitnehmer anrechnen kann, deren Schwerbehinderteneigenschaft aufgrund eines förmlichen Feststellungsverfahrens durch das Versorgungsamt festgestellt ist oder die vom Arbeitsamt einem Schwerbehinderten gleichgestellt worden sind (so BVerwG NZA 1988, 431; *Schneider* in Hauck/Noftz, SGB IX, K § 75 RdNr. 6; *Düwell*, LPK-SGB IX § 75 RdNr. 8; *Dörner*, SchwbG, § 9 RdNr. 4; a.A. *Cramer*, SchwbG, § 9 RdNr. 2 und GK-SchwbG-*Großmann*, § 5 RdNr. 29).

5   Schwerbehinderte Arbeitnehmer, die das **65. Lebensjahr** erreicht
haben und darüber hinaus weiter beschäftigt werden, werden ebenfalls. auf einen Pflichtarbeitsplatz angerechnet (*Schneider* K § 75
RdNr. 3; *Neumann/Pahlen*, SGB IX, § 75 RdNr. 5).

6   **2. Arbeitsplätze gemäß Abs. 2 Ziff. 1, 4 u. 6.** Bezogen auf die Erfüllung der Beschäftigungspflicht werden auch Stellen, die gemäß § 73
Abs. 2 keine Arbeitsplätze darstellen, berücksichtigt. Es handelt sich
hierbei um die in § 73 Abs. 2 Ziff. 1, 4 und 6 bezeichneten Arbeitsverhältnisse. Diese Beschäftigungsverhältnisse werden dadurch besonders privilegiert, dass sie bei der Begründung der Beschäftigungspflicht nicht
mitzählen, mit ihnen jedoch gleichwohl die Beschäftigungsquote erfüllt
werden kann. Damit sollen diese Arbeitsverhältnisse zum einen generell
gefördert werden, zum anderen ein besonderer Anreiz geschaffen werden, auf diesen Stellen schwerbehinderte Menschen einzusetzen.

7   Zu diesen Arbeitsverhältnissen gehört gemäß § 73 Abs. 2 Ziff. 1 die
Beschäftigung schwerbehinderter Menschen zur **Rehabilitation** in
Betrieben oder Dienststellen gemäß § 33 Abs. 3. Nach der zu § 9 SchwbG
ergangenen Rechtsprechung erfolgt eine Anrechnung nur bei Schwerbehinderten, die an einer innerbetrieblichen Maßnahme teilnehmen und
in einer unternehmensinternen Werkstatt beschäftigt werden. Unternehmen, die sich die Betreuung von Behinderten zur Aufgabe gemacht haben, können die in ihren Werkstätten beschäftigten Behinderten nicht
auf die Pflichtzahl anrechnen (BSG U. v. 26. 3. 92 NZA 1993,335 = SozR
3-3870 § 9 Ziff. 1). Die Bezugnahme von § 9 Abs. 1 S. 2 SchwbG auf § 7
Abs. 2 Nr.1 SchwbG (Jetzt: § 75 auf § 73 Abs. 2 Ziff. 1) sollte eine weitere
Förderung der innerbetrieblichen Rehabilitation bewirken. Das Gesetz
dient dem Zweck der Eingliederung derer in den allgemeinen Arbeitsmarkt, die noch in der Lage sind, ein Mindestmaß wirtschaftlich verwertbarer Arbeitsleistung zu erbringen,. Bei der Beschäftigung von Behinderten in den **Werkstätten für Behinderte** handelt es sich aber um einen
Sonderarbeitsmarkt, auf den die Regelungen über die Beschäftigungspflicht und die Ausgleichsabgabe keine Anwendung finden (BSG U. v.
26. 3. 92 NZA 1993,335; a. A. *Neumann/Pahlen*, SchwbG, § 9 RdNr. 4;
GK-SchwbG-*Großmann*, § 9 RdNr. 27). In Kenntnis dieser Rechtsprechung des BSG hat der Gesetzgeber an der bisherigen Regelung und am
Erfordernis der innerbetrieblichen Maßnahme festgehalten. Es ist daher
davon auszugehen, dass der Gesetzgeber der Rechtsprechung folgt und in
Unternehmen, deren Hauptaufgabe in der Beschäftigung von Schwerbehinderten besteht, diese Schwerbehinderten nicht angerechnet werden
können, wohl aber das dort zur Betreuung der schwerbehinderten Menschen eingesetzte Personal (*Schneider* in Hauck/Noftz, SGB IX, K § 75
RdNr. 5, *Neumann/Pahlen*, SGB IX, § 75 RdNr. 3).

8   Dazu gehören weiterhin Arbeitsverhältnisse schwerbehinderter
Menschen und ihnen gleichgestellter behinderter Menschen im Rahmen von **Arbeitsbeschaffungs- und Strukturanpassungsmaß-**

nahmen gemäß § 73 Abs. 2 Ziff. 4 und Arbeitsverhältnisse nach § 19 BSHG gemäß § 73 Abs. 2 Ziff. 6 (siehe Kommentierung dort).

3. Teilzeitbeschäftigung. In Abs. 2, S. 1 wird grundsätzlich klar-   9
gestellt, dass es für die Anrechenbarkeit nicht auf den Umfang der Arbeitsleistung ankommt. Auch die Beschäftigung eines teilzeitbeschäftigten schwerbehinderte Menschen wird auf einen vollen Pflichtarbeitsplatz angerechnet. Insofern korrespondiert die Vorschrift mit § 73 Abs. 3, wonach Stellen mit einer wöchentlichen Arbeitszeit von mindestens 18 Stunden als Arbeitsplätze gelten.

Nach der Begriffsdefinition der Teilzeitarbeit in § 2 TzBfG ist ein   10
Arbeitnehmer teilzeitbeschäftigt, dessen regelmäßige Wochenarbeitszeit kürzer als die eines vergleichbaren vollzeitbeschäftigten Arbeitnehmers ist. Da grundsätzlich Arbeitnehmer eines Betriebes verglichen werden (§ 2 Abs. 1 S. 3 TzBfG), bleibt die Anrechenbarkeit auch bei betriebsweit eingeführter Kurzarbeit bestehen, da davon alle Arbeitnehmer des Betriebes betroffen sind (*Schneider* in Hauck/Noftz, SGB IX, K § 75 RdNr. 6; *Neumann/Pahlen*, SGB IX, § 75 RdNr. 12). Auch bei Arbeitsplatzteilung gemäß § 13 TzBfG werden die jeweiligen Teilzeitstellen sowohl bei der Begründung der Beschäftigungspflicht berücksichtigt wie auch jeweils auf einen Pflichtarbeitsplatz angerechnet (*Neumann/Pahlen*, a.a.O. RdNr. 7).

Wie auch schon in § 73 Abs. 3 sind **kurzfristige Beschäftigungen**   11
und Beschäftigungen mit einer wöchentlichen **Stundenzahl von unter 18 Stunden** grundsätzlich ausgenommen. Sie werden nicht auf einen Pflichtarbeitsplatz angerechnet. Abs. 2 S. 2 sieht jedoch bei einer Teilzeitbeschäftigung von unter 18 Stunden eine Ausnahme vor, wenn die Reduzierung der Arbeitszeit wegen Art oder Schwere der Behinderung erforderlich ist. Die Vorschrift korrespondiert insoweit mit § 81 Abs. 5, wonach Schwerbehinderte eine Teilzeitbeschäftigung aufgrund Art oder Schwere ihrer Behinderung beanspruchen können. Hat demnach der Arbeitgeber gemäß § 81 Abs. 5 eine Beschäftigung unterhalb von 18 Stunden vereinbart, ist diese auch auf einen Pflichtarbeitsplatz anzurechnen. Unabhängig von § 81 Abs. 5 gilt die Anrechenbarkeit auch in allen anderen Fällen, in denen dem schwerbehinderten Arbeitnehmer wegen seiner Behinderung nur eine Tätigkeit mit einer Arbeitszeit von weniger als 18 Stunden pro Woche möglich ist und er vom Arbeitgeber deshalb mit dieser Stundenzahl eingestellt worden ist.

Zuständig für die Entscheidung über die Anrechnung ist das für   12
den Betrieb zuständige **Arbeitsamt**, das von sich aus, allerdings auch auf entsprechenden formlosen Antrag des Arbeitgebers, des schwerbehinderten Menschen oder auch des Integrationsamtes tätig wird. Wenn die Voraussetzungen für eine Anrechnung gegeben sind, hat das Arbeitsamt durch Verwaltungsakt eine entsprechende Entscheidung zu treffen. Es besteht kein Ermessensspielraum (*Cramer*, SchwbG, § 9 RdNr. 6).

III. Anrechnung schwerbehinderter Arbeitgeber

13   Auch ein schwerbehinderter Arbeitgeber wird auf einen Pflichtarbeitsplatz angerechnet. Diese Anrechnung ist systemwidrig und dient nicht dem Schutzzweck des Gesetzes, der darin besteht, die Chancen schwerbehinderter Menschen im Erwerbsleben durch Schaffung von Arbeitsplätzen für diese zu fördern (*Schneider* in Hauck/Noftz, SGB IX, K § 75 RdNr. 7; *Cramer*, SchwbG, § 9 RdNr. 8). Die Anrechnung auch des Arbeitgeber auf Pflichtplätze ist vielmehr von wirtschaftspolitischen Überlegungen beeinflusst. Kleinen und mittleren Betriebe soll die Eingliederung von Schwerbehinderten erleichtert werden. Aufgrund dessen ist die Anrechnungsmöglichkeit in Abs. 3 eng auszulegen. Es ist deshalb auch nur gerechtfertigt, schwerbehinderte Arbeitgeber anzurechnen, die auch gleichzeitig **natürliche Personen** (Einzelunternehmer) sind (BVerwG U. v. 24. 2. 94 br 1994,164; BVerwG U. v. 25. 7. 97 NZA 1997, 1166; BSG U. v. 30. 9. 92 SozR 3 – 3870 § 9 RdNr. 2). Die Vorschrift gilt nicht für Organe juristischer Personen oder gesetzliche Vertreter von Personengesellschaften (BSG U. v. 30. 9. 92 a.a.O.; § 9 RdNr. 2; BVerwG U. v. 25. 7. 97 a.a.O.; VGH Kassel U. v. 19. 9. 96 NZA 1997, 659; OVG Lüneburg U. v. 22. 2. 89 NZA 1989, 722). Allerdings ist bei schwerbehinderten **Geschäftsführern** zu überprüfen, ob sie in einem Arbeitsverhältnis stehen und daher auf einem Arbeitsplatz im Sinne des § 73 Abs. 1 beschäftigt werden und damit gemäß § 75 Abs. 1 auf einen Pflichtarbeitsplatz angerechnet werden. Dies kann jedoch nur bei einen Fremdgeschäftsführer oder einem Geschäftsführer mit Gesellschafterstellung bei nur geringer Beteiligung und ohne maßgeblichen Einfluss auf die Gesellschaft in Betracht kommen (BVerwG U. v. 25. 7. 97 NZA 1997,1166; BSG U. v. 30. 9. 92 SozR 3 – 3870 § 9 RdNr. 2; VGH Kassel U. v. 19. 9. 96 NZA 1997, 659).

IV. Anrechnung von Inhabern von Bergmannsversorgungsscheinen

14   Eine erweiterte Anrechnung sieht Abs. 4 für Inhaber eines Bergmannsversorgungsscheins (BVS) vor, auch wenn sie nicht schwerbehindert oder gleichgestellt sind. Der Bergmannsversorgungsschein wird nach entsprechenden landesrechtlichen Vorschriften in den Ländern Nordrhein/Westfalen, Niedersachsen und dem Saarland erteilt (Überblick bei *Schaub*, Arbeitsrechtshandbuch, § 180 RdNr. 2–5). Voraussetzung für die Anrechnung ist, dass eine entsprechende wirksame Entscheidung über die Erteilung des Bergmannsversorgungsscheins durch die bei den Arbeitsministerien angesiedelten Zentralstellen für den BVS vorliegt.

Mehrfachanrechnung

76 (1) [1]Das Arbeitsamt kann die Anrechnung eines schwerbehinderten Menschen, besonders eines schwerbehinderten Menschen im Sinne des § 72 Abs. 1 auf mehr als einen Pflichtarbeitsplatz, höchstens drei Pflichtarbeitsplätze für schwerbehinderte Menschen zulassen, wenn dessen Teilhabe am Arbeitsleben auf besondere Schwierigkeiten stößt. [2]Satz 1 gilt auch für teilzeitbeschäftigte schwerbehinderte Menschen im Sinne des § 75 Abs. 2.

(2) [1]Ein schwerbehinderter Mensch, der beruflich ausgebildet wird, wird auf zwei Pflichtarbeitsplätze für schwerbehinderte Menschen angerechnet. [2]Das Arbeitsamt kann die Anrechnung auf drei Pflichtarbeitsplätze für schwerbehinderte Menschen zulassen, wenn die Vermittlung in eine berufliche Ausbildungsstelle wegen Art oder Schwere der Behinderung auf besondere Schwierigkeiten stößt.

(3) Bescheide über die Anrechnung eines schwerbehinderten Menschen auf mehr als drei Pflichtarbeitsplätze für schwerbehinderte Menschen, die vor dem 1. August 1986 erlassen worden sind, gelten fort.

I. Allgemeines

Die Vorschrift sieht in Abweichung des in § 75 Abs. 1 enthaltenen   **1** Grundsatzes, dass ein schwerbehinderter Mensch auf einen Pflichtarbeitsplatz angerechnet wird, eine Mehrfachanrechnung vor. Darüber entscheidet im Einzelfall das Arbeitsamt. Eine Doppelanrechnung kraft Gesetzes ist in Absatz 2 für die Ausbildung von Schwerbehinderten enthalten. Begrenzt ist die Mehrfachanrechnung auf 3 Pflichtarbeitsplätze. Die Regelung übernimmt inhaltsgleich den bisherigen § 10 SchwbG.

II. Mehrfachanrechnung von schwerbehinderten Beschäftigten

Die Regelung in Abs. 1 korrespondiert mit der Vorschrift des § 72.   **2** Vor allem die in § 72 Abs. 1 genannten Gruppen von Schwerbehinderten, die bei der Eingliederung in den Arbeitsmarkt besondere Schwierigkeiten haben, können auf einen Pflichtarbeitsplatz mehrfach angerechnet werden. Durch die Verwendung des Begriffes: „besonders" in Abs. 1, S. 1 stellt der Gesetzgeber andererseits klar, dass nicht nur für diese **Problemgruppen des § 72** sondern auch für alle anderen Schwerbehinderten eine Mehrfachanrechnung in Betracht kommt.

Dies gilt nicht nur für Schwerbehinderte sondern grundsätzlich auch für die ihnen gleichgestellten behinderten Menschen (*Cramer*, SchwbG, § 10 RdNr. 2; GK-SchwbG-*Großmann*, § 10 RdNr. 17; *Schneider* in Hauck/ Noftz, SGB IX, K § 76 RdNr. 3; *Düwell*, LPK-SGB IX § 76 RdNr. 3).

3   Voraussetzung ist auch hier, dass die Schwerbehinderteneigenschaft gemäß § 69 Abs. 1 bzw. die Gleichstellung gemäß § 68 Abs. 2 förmlich – ggfl. auch rückwirkend – festgestellt ist.

4   Eine Mehrfachanrechnung ist außerdem stets nur möglich, wenn die Beschäftigung überhaupt nach § 75 anrechnungsfähig ist (GK-SchwbG-*Großmann*, § 10 RdNr. 15). Voraussetzung ist, dass die Eingliederung in den Arbeitsprozess auf **besondere Schwierigkeiten** stößt, wobei sich dies nicht nur auf die Einstellung, sondern auch auf den Erhalt eines Arbeitsplatzes beziehen kann (*Neumann/Pahlen*, SGB IX, § 76 RdNr. 7; *Cramer*, SchwbG, § 10 RdNr. 4; GK-SchwbG-*Großmann*, § 10 RdNr. 26; *Schneider* in Hauck/Noftz, SGB IX, K § 76 RdNr. 4). Das Vorliegen „besonderer Schwierigkeiten" bei der Teilhabe am Arbeitsleben muss nicht im Zusammenhang mit der Behinderung stehen. Es können auch andere Umstände sein, die jeweils im Einzelfall zu prüfen sind, so etwa das fortgeschrittene Alter, bereits länger bestehende Arbeitslosigkeit, Vorstrafen, Minderleistung, die nicht mit der Behinderung im Zusammenhang steht, fehlende Qualifikation, besondere Verhältnisse am jeweiligen Arbeitsplatz oder auf dem allgemeinen Arbeitsmarkt für einen bestimmten Beruf (*Cramer*, SchwbG, § 10 RdNr. 4; *Neumann/Pahlen*, SGB IX, § 76 RdNr. 5; *Schneider* in Hauck/Noftz, SGB IX, K § 76 RdNr. 4). In der Regel wird die Mehrfachanrechnung bei den in § 72 Abs. 1 genannten Schwerbehindertengruppen in Betracht kommen wegen der für sie aufzuwendenden außergewöhnlichen technischen Aufwendungen oder der Einstellung einer Hilfskraft oder der wesentlich verminderten Arbeitsleistung, die bei einer Verringerung von 30 % angenommen wird (*Cramer*, SchwbG, § 10 RdNr. 8; *Neumann/Pahlen*, a.a.O. RdNr. 8), (siehe Erläuterungen zu § 72).

5   Die Mehrfachanrechnung ist auch bei **teilzeitbeschäftigten Schwerbehinderten** möglich (Abs. 1 S. 2). Voraussetzung ist allerdings, dass sie gemäß § 75 Abs. 2 grundsätzlich angerechnet werden können. Für Schwerbehinderte, die weniger als 18 Stunden in der Woche arbeiten, muss für die Möglichkeit der Mehrfachanrechnung also eine Zulassungsentscheidung des Arbeitsamtes vorliegen (*Schneider* in Hauck/ Noftz, SGB IX, K § 76 RdNr. 4; *Cramer*, SchwbG, § 10 RdNr. 5).

III. Zulassung der Mehrfachanrechnung

6   Die Entscheidung des Arbeitsamtes wird in der Regel nach einem entsprechenden **Antrag des Arbeitgebers oder des Schwerbehinderten**, der an keine bestimmte Form gebunden ist, getroffen. Das

Arbeitsamt muss ein entsprechendes Verfahren auch **von Amts wegen**
einleiten, wenn der Behörde ein Sachverhalt bekannt wird, der für die
Prüfung einer Mehrfachanrechnung Anlass gibt. Dies wird in der Re-
gel durch entsprechende Anregungen des Integrationsamtes, der
Schwerbehindertenvertretung oder des Betriebsrates/Personalrates der
Fall sein.

Die Entscheidung ist nach **pflichtgemäßem Ermessen** zu treffen   7
(„kann ... zulassen"). Das Vorliegen „besonderer Schwierigkeiten"
stellt einen unbestimmten Rechtsbegriff dar, der gerichtlich überprüfbar ist; im Ermessen des Arbeitsamtes steht die anschließend zu zie-
hende Schlussfolgerung, ob das Gewicht und die Bedeutung der Einzelumstände die doppelte Anrechnung oder sogar eine noch darüber
hinausgehende Anrechnung zulässt (GK-SchwbG-*Großmann*, § 10
RdNr. 43; *Neumann/Pahlen*, SGB IX, § 76 RdNr. 6). Die Mehrfachanrechnung kann ausnahmsweise auch **befristet** werden, soweit
Anhaltspunkte dafür vorliegen, dass die Voraussetzungen nur zeitlich
begrenzt vorliegen etwa, wenn eine wesentliche Verbesserung des
Gesundheitszustandes zu erwarten ist (GK-SchwbG-*Großmann*, § 10
RdNr. 46; *Cramer*, SchwbG, § 10 RdNr. 10).

Umstritten ist, ob die **Anrechnungsentscheidung zurückwirkt**   8
oder als gestaltender Verwaltungsakt erst mit dem Tag der Entscheidung Wirkungen entfaltet (so etwa *Neumann/Pahlen*, SGB IX, § 76
RdNr. 6; VG Arnsberg U. v. 6. 12. 89 br 1991, 21). Dies hat vor allem Bedeutung für die Erhebung der Ausgleichsabgabe. Da insoweit die vorliegenden Daten zum Zeitpunkt der Erstellung der Anzeige am 31. 3.
eines jeden Kalenderjahres maßgeblich sind, können die bis zu diesem
Zeitpunkt ergangenen Entscheidungen über die Mehrfachanrechnung
berücksichtigt werden (SG Gotha U. v. 23. 7. 97 – S–9/Ar–23/96, Besprechung von *Hohn* in AuA 1998, 183; *Schneider* in Hauck/Noftz, SGB
IX, K § 76 RdNr. 5).

Örtlich zuständig für die Entscheidung ist das Arbeitsamt der je-   9
weiligen Betriebsstätte bzw. der Beschäftigungsdienststelle, bei einem
arbeitlosen Schwerbehinderten das Arbeitsamt an dessen Wohnsitz
(GK-SchwbG-*Großmann*, § 10 RdNr. 39). Die Entscheidung ist ein
Verwaltungsakt, der durch Widerspruch und Klage sowohl vom Arbeitgeber als auch vom schwerbehinderten Arbeitnehmer beim zuständigen Sozialgericht angegriffen werden kann (*Düwell*, LPK-SGB
IX § 76 RdNr. 5; *Dörner*, SchwbG, § 10 RdNr. 13; GK-SchwbG-*Großmann*, § 10 RdNr. 59).

IV. Doppelanrechnung bei der betrieblichen Ausbildung (Abs. 2)

10   Gemäß Abs. 2 werden Schwerbehinderte und ihnen Gleichgestellte, die zur Berufsausbildung beschäftigt werden, kraft Gesetzes doppelt angerechnet. Das Arbeitsamt hat kein Ermessen, die Doppelanrechnung ist zwingend. Dadurch soll im Wettbewerb um Ausbildungsstellen zwischen Behinderten und Nichtbehinderten in den Betrieben die Chancen von schwerbehinderten Menschen auf eine Ausbildungsstelle verbessert werden (*Cramer,* SchwbG, § 10 RdNr. 13; GK-SchwbG-*Großmann,* § 10 RdNr. 50). Da die Regelung mit § 72 Abs. 2 korrespondiert, sind – wie in § 72 Abs. 2 – die **berufliche Ausbildung in § 3 BBiG und die berufliche Fortbildung und Umschulung** gemeint, allerdings nicht die Ausbildung in besonderen Einrichtungen. Die Mehrfachanrechnung bezieht sich auf alle betrieblichen Ausbildungs- und Fortbildungsstellen und nicht nur auf Berufsausbildungsverhältnisse gemäß § 3 BBiG. Hier erscheint eine einheitliche Betrachtungsweise zur Regelung des § 75 Abs. 1 i.V. mit § 73 Abs. 1 gerechtfertigt, die ebenfalls eine Anrechnung aller betrieblichen Ausbildungsstellen, auch die zur Fortbildung und Umschulung vorsieht. Dafür spricht auch der unterschiedliche Gesetzeswortlaut in § 74 Abs. 1 („zur Ausbildung beschäftigt") im Gegensatz zu § 76 Abs. 2 („beruflich ausgebildet") (*Neumann/Pahlen,* SGB IX, § 76 RdNr. 11; *Cramer,* SchwbG, § 10 RdNr. 9; a.A. GK-SchwbG-*Großmann,* § 10 RdNr. 52; *Schneider* in Hauck/Noftz, SGB IX, K § 76 RdNr. 6).

11   Neben der regelmäßigen Doppelanrechnung von Ausbildungsstellen ist darüber hinaus ausnahmsweise eine **weitere Anrechnung** möglich. Diese ist allerdings davon abhängig, dass bei der Vermittlung in eine Ausbildungsstelle besondere Schwierigkeiten bestehen, die anders als in Abs. 1 im Zusammenhang mit der Behinderung stehen müssen. Andere Umstände, die ihren Grund nicht in der Behinderung haben, können hier nicht zu einer Dreifachanrechnung führen. Darüber hat das Arbeitsamt nach Abs. 1 eine Entscheidung nach pflichtgemäßem Ermessen zu treffen.

V. Weitergeltung früherer Bescheide

12   Abs. 3 dient dem Vertrauensschutz. Bis 31. 7. 1986 war auch eine mehr als dreifache Anrechnung zulässig. Diese Bescheide sollen bestandskräftig bleiben und nicht gemäß § 48 SGB X wegen einer wesentlichen Änderung der rechtlichen Verhältnisse aufgehoben werden können.

Ausgleichsabgabe

77 (1) [1]Solange Arbeitgeber die vorgeschriebene Zahl schwerbehinderter Menschen nicht beschäftigen, entrichten sie für jeden unbesetzten Pflichtarbeitsplatz für schwerbehinderte Menschen monatlich eine Ausgleichsabgabe. [2]Die Zahlung der Ausgleichsabgabe hebt die Pflicht zur Beschäftigung schwerbehinderter Menschen nicht auf. [3]Die Ausgleichsabgabe wird auf der Grundlage einer jahresdurchschnittlichen Beschäftigungsquote ermittelt, indem aus den monatlichen Beschäftigungsdaten der Mittelwert der Beschäftigungsquote eines Kalenderjahres gebildet wird.

(2) [1]Die Ausgleichsabgabe beträgt je Monat und unbesetzten Pflichtarbeitsplatz

1. 200 Deutsche Mark bei einer jahresdurchschnittlichen Beschäftigungsquote von 3 Prozent bis weniger als dem geltenden Pflichtsatz,

2. 350 Deutsche Mark bei einer jahresdurchschnittlichen Beschäftigungsquote von 2 Prozent bis weniger als 3 Prozent,

3. 500 Deutsche Mark bei einer jahresdurchschnittlichen Beschäftigungsquote von weniger als 2 Prozent.

[2]Abweichend von Satz 1 beträgt die Ausgleichsabgabe je Monat und unbesetzten Pflichtarbeitsplatz für schwerbehinderte Menschen

1. für Arbeitgeber mit jahresdurchschnittlich bis zu 39 zu berücksichtigenden Arbeitsplätzen bei einer jahresdurchschnittlichen Beschäftigung von weniger als einem schwerbehinderten Menschen 200 Deutsche Mark und

2. für Arbeitgeber mit jahresdurchschnittlich bis zu 59 zu berücksichtigenden Arbeitsplätzen bei einer jahresdurchschnittlichen Beschäftigung von weniger als zwei schwerbehinderten Menschen 200 Deutsche Mark und bei einer jahresdurchschnittlichen Beschäftigung von weniger als einem schwerbehinderten Menschen 350 Deutsche Mark.

(3) [1]Die Ausgleichsabgabe erhöht sich entsprechend der Veränderung der Bezugsgröße nach § 18 Abs. 1 des Vierten Buches. [2]Sie erhöht sich zum 1. Januar eines Kalenderjahres, wenn sich die Bezugsgröße seit der letzten Neubestimmung um wenigstens 10 Prozent erhöht hat. [3]Die Erhöhung der Ausgleichsabgabe erfolgt, indem der Faktor für die Veränderung der Bezugsgröße mit dem jeweiligen Betrag der Ausgleichsabgabe vervielfältigt wird. [4]Die sich ergebenden Beträge sind auf den nächsten durch fünf teilbaren Betrag abzurunden. [5]Das Bundesministerium für Arbeit und Sozialordnung gibt den Erhöhungsbetrag und die sich nach Satz 3 ergebenden Beträge der Ausgleichsabgabe im Bundesanzeiger bekannt.

(4) [1]Die Ausgleichsabgabe zahlt der Arbeitgeber jährlich zugleich mit der Erstattung der Anzeige nach § 80 Abs. 2 an das für seinen Sitz zuständige Integrationsamt. [2]Ist ein Arbeitgeber mehr als drei Monate im Rückstand, erlässt das Integrationsamt einen Feststellungsbescheid über die rückständigen Beträge und zieht diese ein. [3]Für rückständige Beträge der Ausgleichsabgabe erhebt das Integrationsamt nach dem 31. März Säumniszuschläge nach Maßgabe des § 24 Abs. 1 des Vierten Buches; für ihre Verwendung gilt Absatz 5 entsprechend. [4]Das Integrationsamt kann in begründeten Ausnahmefällen von der Erhebung von Säumniszuschlägen absehen. [5]Widerspruch und Anfechtungsklage gegen den Feststellungsbescheid haben keine aufschiebende Wirkung. [6]Gegenüber privaten Arbeitgebern wird die Zwangsvollstreckung nach den Vorschriften über das Verwaltungszwangsverfahren durchgeführt. [7]Bei öffentlichen Arbeitgebern wendet sich das Integrationsamt an die Aufsichtsbehörde, gegen deren Entscheidung es die Entscheidung der obersten Bundes- oder Landesbehörde anrufen kann. [8]Die Ausgleichsabgabe wird nach Ablauf des Kalenderjahres, das auf den Eingang der Anzeige beim Arbeitsamt folgt, weder nachgefordert noch erstattet.

(5) [1]Die Ausgleichsabgabe darf nur für besondere Leistungen zur Förderung der Teilhabe schwerbehinderter Menschen am Arbeitsleben einschließlich begleitender Hilfe im Arbeitsleben (§ 102 Abs. 1 Nr. 3) verwendet werden, soweit Mittel für denselben Zweck nicht von anderer Seite zu leisten sind oder geleistet werden. [2]Aus dem Aufkommen an Ausgleichsabgabe dürfen persönliche und sächliche Kosten der Verwaltung und Kosten des Verfahrens nicht bestritten werden. [3]Das Integrationsamt gibt dem Beratenden Ausschuss für behinderte Menschen bei dem Integrationsamt (§ 103) auf dessen Verlangen eine Übersicht über die Verwendung der Ausgleichsabgabe.

(6) [1]Die Integrationsämter leiten 45 Prozent des Aufkommens an Ausgleichsabgabe an den Ausgleichsfonds (§ 78) weiter. [2]Zwischen den Integrationsämtern wird ein Ausgleich herbeigeführt. [3]Der auf das einzelne Integrationsamt entfallende Anteil am Aufkommen an Ausgleichsabgabe bemisst sich nach dem Mittelwert aus dem Verhältnis der Wohnbevölkerung im Zuständigkeitsbereich des Integrationsamtes zur Wohnbevölkerung im Geltungsbereich dieses Gesetzbuches und dem Verhältnis der Zahl der im Zuständigkeitsbereich des Integrationsamtes in den Betrieben und Dienststellen beschäftigungspflichtiger Arbeitgeber auf Arbeitsplätzen im Sinne des § 73 beschäftigten und der bei den Arbeitsämtern arbeitslos gemeldeten schwerbehinderten und diesen gleichgestellten behinderten Menschen zur entsprechenden Zahl der schwerbehinderten und diesen gleichge-

stellten behinderten Menschen im Geltungsbereich dieses Gesetzbuchs.

(7) ¹Die bei den Integrationsämtern verbleibenden Mittel der Ausgleichsabgabe werden von diesen gesondert verwaltet. ²Die Rech-
nungslegung und die formelle Einrichtung der Rechnungen und Belege regeln sich nach den Bestimmungen, die für diese Stellen allgemein maßgebend sind.

(8) Für die Verpflichtung zur Entrichtung einer Ausgleichsabgabe
(Absatz 1) gelten hinsichtlich der in § 71 Abs. 3 Nr. 1 genannten Stellen der Bund und hinsichtlich der in § 71 Abs. 3 Nr. 2 genannten Stellen das Land als ein Arbeitgeber.

Übersicht

I. Allgemeines

Arbeitgeber, die die vorgeschriebene Zahl von schwerbehinderten **1**
Menschen nicht beschäftigen, haben gemäß Abs. 1 für jeden unbesetzten Pflichtarbeitsplatz eine Ausgleichsabgabe zu zahlen. Damit ist
allerdings nicht ein „Freikauf" von der Beschäftigungspflicht verbunden. Die **nichtsteuerliche Sonderabgabe** (*so* BVerfG 26. 5. 81 – 1 BVL
56/78 NJW 1981, 2107) erfüllt vielmehr einen doppelten Zweck: sie erfolgt aus Gründen des Ausgleichs **(Ausgleichsfunktion)** und zu dem
Zweck, zur Erfüllung der Beschäftigungspflicht anzuhalten **(Antriebsfunktion)**.

Die Zahlung von Ausgleichsabgaben sah bereits das Schwerbeschä- **2**
digtengesetz von 1953 für private Arbeitgeber vor. Das SchwbG 1974
hat die Zahlungspflicht auf öffentliche Arbeitgeber ausgedehnt.

Während nach der Regelung in § 11 SchwbG 1986 ein einheitlicher **3**
Betrag von zuletzt 200 DM im Monat zu zahlen war, ist die Höhe der
Ausgleichsabgabe seit dem am 1. 10. 2000 in Kraft getretenen Gesetzes
zur Bekämpfung der Arbeitslosigkeit Schwerbehinderter (SchwBAG)

vom 29. 9. 2000 (BGBl. I S. 1349 ff.) nach dem Grad der Nichterfüllung der Beschäftigungspflicht **gestaffelt**. Sie ist davon abhängig, in welchem Maß der Arbeitgeber die Beschäftigungsquote bei einer jahresdurchschnittlichen Betrachtungsweise pro Monat nicht erfüllt hat. Sie bewegt sich zwischen 200 DM und 500 DM pro Monat und unbesetztem Pflichtarbeitsplatz.

4   Die Änderung hat seinen Grund darin, dass die Ausgestaltung der Ausgleichsabgabe in ihrer bisherigen Form ihrer Antriebsfunktion nicht genügend gerecht wurde, da sie nicht das Bemühen des Arbeitgebers honorierte, der Beschäftigungspflicht zumindest teilweise nachzukommen (Entwurf der Fraktionen der SPD und Bündnis 90/ Die Grünen eines Gesetzes zur Bekämpfung der Arbeitslosigkeit Schwerbehinderter vom 16. 5. 2000, BT-Drucks. 14/3372 S. 15). Die Arbeitgeber, die ihre Beschäftigungspflicht gröblich missachten, werden daher jetzt stärker zur Kasse gebeten.

II. Abgabepflicht

5   Abgabepflichtig sind die Arbeitgeber, die ihrer Beschäftigungspflicht gemäß § 71 Abs. 1 nicht nachkommen (Zum Begriff: Arbeitgeber wie auch zu den Voraussetzungen der Beschäftigungspflicht kann auf die Kommentierung zu § 71 verwiesen werden).

6   In Abs. 1 S. 2 wird klargestellt, dass die Beschäftigungspflicht nicht mit der Zahlung der Ausgleichsabgabe aufgehoben wird. Sie besteht vielmehr neben der Entrichtung der Abgabe fort. Dies ergibt sich auch daraus, dass die Nichterfüllung der Beschäftigungspflicht eine Ordnungswidrigkeit gemäß § 156 Abs. 1 Nr.1 darstellt. Ausgleichsabgabe und eine Geldbuße können daher nebeneinander zu zahlen sein.

III. Höhe der Ausgleichsabgabe

7   Die Höhe der Abgabe hängt nach der Neuregelung in Abs. 1 und Abs. 2 davon ab, in welchem Umfang der Arbeitgeber die Beschäftigungsquote erfüllt hat. Außerdem wird sie auf der Basis einer **jahresdurchschnittlichen Berechnung** ermittelt. Dadurch kann der Arbeitgeber die Nichterfüllung der Beschäftigungspflicht in bestimmten Monaten durch eine „Übererfüllung" in anderen Monaten im Kalenderjahr ausgleichen. Die Berechnung erfolgt auf der Grundlage der dem Arbeitsamt vom Arbeitgeber mitgeteilten monatlichen Beschäftigungsdaten unter Verwendung des dafür vorgesehenen Vordrucks (§ 80 Abs. 6). Auf der Basis dieser Beschäftigungsdaten ist der Durchschnittswert im Kalenderjahr zu ermitteln.

Für die Ermittlung ist zunächst die **Gesamtzahl der Arbeits-** 8
plätze des Arbeitgebers in allen Betrieben bzw. Dienststellen im
Bundesgebiet zu ermitteln und festzustellen, **welche Pflichtplätze**
sich daraus ergeben und **wie viele Pflichtplätze** davon **besetzt** sind
(*Cramer,* SchwbG, § 11 RdNr. 7; *Neumann/Pahlen,* SGB IX, § 77 RdNr.
11–13). Die Einzelheiten ergeben sich aus den §§ 71, 73–76. Für die Besetzung reicht es aus, dass ein schwerbehinderter Mensch oder eine
sonst anrechenbare Person wenigstens **einen Tag des Monats** auf
einem Arbeitsplatz im Sinne des § 73 oder einer Stelle im Sinne des
§ 73 Abs. 2, Ziff. 1, 4, 6 i.V. mit § 75 Abs. 1 oder § 73 Abs. 3 2. Alt. i.V.
mit § 75 Abs. 2 beschäftigt war (BSG U. v. 6. 5. 94 SozR 3 – 3870 § 13
RdNr. 2).

Ausnahmen bestehen dann, wenn die Beschäftigung nach den zwi- 9
schen Arbeitnehmer und Arbeitgeber getroffenen Vereinbarungen nur
als **kurzfristige** von einer Dauer von höchstens 8 Wochen beabsichtigt
ist (§ 73 Abs. 3 1. Alt.). Ausnahmsweise wird das einzelne Beschäftigungsverhältnis im jeweiligen Monat ebenfalls nicht gezählt, wenn es
sich um ein sog. **Ersatzarbeitsverhältnis** handelt. Davon spricht man,
wenn allein für einen ausscheidenden schwerbehinderten Arbeitnehmer ein anderer schwerbehinderte Arbeitnehmer eingestellt wird. In
diesen Fällen gelten beide Arbeitsverhältnisse nur als ein Arbeitsverhältnis. Für die Tatsache, dass es sich um keinen bloßen Ersatz gehandelt hat, trägt der Arbeitgeber die objektive Beweislast (BSG U. v.
6. 5. 94 SozR 3 – 3870 § 13 RdNr. 2).

Es kommt nicht darauf an, ob den Arbeitgeber ein **Verschulden** 10
an der Nichterfüllung der Beschäftigungspflicht trifft. Die Ausgleichsabgabe wird unabhängig davon erhoben, weshalb der Arbeitgeber ihr nicht nachkommt. Es ist auch unbeachtlich, ob das Arbeitsamt einem Arbeitgeber überhaupt geeignete Schwerbehinderte nachweisen kann (*Cramer,* SchwbG, § 11 RdNr. 6; *Schneider* in Hauck/
Noftz, SGB IX, K § 77 RdNr. 5). Dies ergibt sich aus der Ausgleichsfunktion der Abgabe.

Die Ausgleichsabgabe staffelt sich je nach dem Grad der Erfüllung 11
der Beschäftigungspflicht.

Arbeitgeber mit einer Beschäftigungsquote von 3 % bis unterhalb
des geltenden Pflichtsatzes müssen auch künftig nur eine Ausgleichsabgabe von 200 DM (ab 1. 1. 02: 105 Euro) pro Monat und unbesetztem
Pflichtplatz bezahlen.

Für Arbeitgeber mit einer Beschäftigungsquote von unter 3 % wird
die Ausgleichsabgabe spürbar erhöht. Bei einer Quote schwerbehinderter Arbeitnehmer zwischen 2 % und unter 3 % beträgt sie 350 DM
(ab 1. 1. 02: 180 Euro) und bei einer Erfüllungsquote von unter 2 % 500
DM (ab 1. 1. 02: 260 Euro).

12   **Beispiel** für die Berechnung einer Ausgleichsabgabe

Monat	Arbeitsplätze und Stellen nach § 73 Abs. 1-3 SGB IX				Pflichtarbeitsplätze -Soll-	Besetzte Pflichtarbeitsplätze -Ist-	Unbesetzte Pflichtarbeitsplätze
	Insgesamt	darunter Stellen von Auszubildenden (§ 74 Abs. 1, S. 1 SGB IX)	darunter Stellen von Rechts- und Studienreferendaren (§ 74 Abs. 1, S. 2 SGB IX)	Gesamtzahl in Spalte 1 abzüglich Spalten 2 und 3			
Januar	127	3	16	108	5	1	4
Februar	121	3	17	101	5	1	4
Marz	122	3	18	101	5	1	4
April	130	3	20	107	5	1	4
Mai	132	3	21	108	5	1	4
Juni	136	3	23	110	6	1	5
Juli	138	3	24	111	6	1	5
August	140	3	24	113	6	1	5
September	125	3	24	98	5	1	4
Oktober	128	3	23	102	5	1	4
November	125	3	23	99	5	1	4
Dezember	125	3	24	98	5	1	4
				Jahressumme: 1256		Summe: 12	Summe: 51

Errechnung der jahresdurchschnittlichen Arbeitszahl: Jahressumme (1256) : Monate (12) = 104,67

Errechnung der tatsächlichen Beschäftigungsquote: Summe der besetzten Pflichtplätze (12) : Jahressumme (1256) x 100 = 1,00 (also 1 %)

Daraus ergibt sich ein monatlich zu zahlender Betrag von 260 EUR. Da 51 Pflichtplätze unbesetzt sind, ist eine Ausgleichsabgabe von 13 260 EUR zu zahlen.

IV. Kleinere Betriebe

Ausnahmeregelungen bestehen für Arbeitgeber mit einer kleineren **13** oder mittleren Größe. Die Größe bestimmt sich nach der Zahl der für die Berechnung der Pflichtquote maßgeblichen Arbeitsplätze. Arbeitgeber mit einer jahresdurchschnittlichen bis zu 39 zu berücksichtigenden Arbeitsplätzen haben aufgrund der Abrundungsvorschrift des § 74 Abs. 2 nur einen schwerbehinderten Menschen zu beschäftigen (39 × 5 % = 1,95). Erfüllen sie diese Verpflichtung nicht, müssen sie nur eine Ausgleichsabgabe von 200 DM = 105 Euro pro Monat zahlen.

Arbeitgeber, bei denen zwischen 40 und 59 Arbeitsplätze zu berück- **14** sichtigen sind, haben wiederum aufgrund der Abrundungsvorschrift des § 74 Abs. 2 (59 x 5 % = 2,95) zwei schwerbehinderte Menschen zu beschäftigen. Kommen sie dieser Verpflichtung teilweise nach, beschäftigen also einen schwerbehinderten Menschen, beträgt die Ausgleichsabgabe ebenfalls nur 200 DM = 105 Euro; missachten sie ihre Beschäftigungspflicht ganz und beschäftigen keinen Schwerbehinderten, müssen sie pro Monat und unbesetztem Pflichtplatz 350 DM = 180 Euro bezahlen.

V. Übersicht

Die Staffelung je Pflichtplatz und Monat gestaltet sich in der Über- **15** sicht wie folgt:

	Erfüllung der Pflichtquote			
Anzahl der Arbeitnehmer	5 % und mehr	3 % bis unter 5 %	2 % bis unter 3 %	0 bis unter 2 %
Unter 20	0	0	0	0
bis 39	0	105 EUR	105 EUR	105 EUR
bis 59	0	105 EUR	105 EUR	180 EUR
über 59	0	105 EUR	180 EUR	260 EUR

VI. Dynamisierung

Gemäß Abs. 3 wird die Höhe der Ausgleichsabgabe außerdem dyna- **16** misiert. Die Frage der automatischen Dynamisierung ist auch in früheren Gesetzgebungsverfahren immer wieder diskutiert worden (*Cramer*, SchwbG, § 11 RdNr. 12). Der Gesetzgeber hat sich nunmehr dafür entschieden. Die Erhöhung der Ausgleichsabgabe orientiert sich an der Entwicklung der **Bezugsgröße für die Sozialversicherung** gemäß § 18 Abs. 1 SGB IV, wobei im Interesse der Verwaltungsvereinfachung nicht jede Änderung der Bezugsgröße sondern nur eine solche von mehr als 10 % zu einer *ebensolchen* Steigerung der Ausgleichsabgabe ab 1. 1. des Folgejahres führen soll. Veränderungen der Beträge der Ausgleichsabgabe werden im Bundesanzeiger bekannt gemacht (Abs. 3 S. 5).

VII. Aufträge an anerkannte Werkstätten für Behinderte

17   § 140 enthält eine besondere Anrechnungsregelung (siehe Kommentierung dort). Danach hat der Arbeitgeber die Möglichkeit, durch Aufträge an anerkannte Werkstätten für behinderte Menschen 50 % des auf die Arbeitsleistung entfallenden Rechnungsbetrages auf die Ausgleichsabgabe anzurechnen. Der Arbeitgeber kann damit seine Zahlungspflicht mindern; gleichzeitig wird dadurch die Auftragssituation der Werkstatt verbessert und damit die Beschäftigung schwerbehinderter Menschen gefördert.

VIII. Zahlungsmodalitäten, Fälligkeit und Säumnis

18   Die Verpflichtung des Arbeitgebers auf Zahlung der Ausgleichsabgabe ist öffentlich-rechtlicher Natur. Sie entsteht nicht erst auf der Grundlage eines Verwaltungsaktes sondern kraft Gesetzes. Der Arbeitgeber ist also **ohne besondere Zahlungsaufforderung** einmal im Jahr, spätestens am 31. März **(Fälligkeitszeitpunkt)** verpflichtet, die Ausgleichsabgabe für das vergangene Kalenderjahr abzuführen. Die Zahlung ist gekoppelt an die Erfüllung der Anzeigepflicht an das zuständige Arbeitsamt gemäß § 80 Abs. 2, die ebenfalls spätestens bis zum 31. März zu erfolgen hat. Das zuständige Integrationsamt erhält eine Durchschrift der Anzeige vom Arbeitsamt. Dadurch ist es in der Lage die Angaben des Arbeitgebers über die zu zahlende Ausgleichsabgabe auf ihre Richtigkeit hin zu überprüfen und zu überwachen, ob die Zahlungspflicht rechtzeitig erfüllt wird.

19   Befindet sich der Arbeitgeber mit der Zahlung der Ausgleichsabgabe mehr als 3 Monate im Rückstand, ergeht ein Feststellungsbescheid gemäß Abs. 4 S. 2, in dem das Integrationsamt die rückständigen Beiträge einzieht und **Säumniszuschläge** erhebt. Ab 1. Juli ist das Integrationsamt also verpflichtet, die Ausgleichsabgabe selbst festzusetzen. Ein Feststellungsbescheid ergeht auch dann, wenn der Arbeitgeber die Abgabe unrichtig berechnet hat (*Neumann/Pahlen*, SGB IX, § 77 RdNr. 13). Erstattung und Nachforderung sind gemäß § 77 Abs. 4 S. 8 allerdings

nach Ablauf des Kalenderjahres, das sich an das Jahr anschließt, in dem die Anzeige erfolgt ist, ausgeschlossen.

Der Feststellungsbescheid über die Zahlung der Ausgleichsabgabe **20** ist ein Verwaltungsakt, der mit einer Rechtsmittelbelehrung zu versehen ist. Für die Entgegennahme der Anzeige des Arbeitgebers über die notwendigen Daten zur Berechnung der Zahl der Pflichtplätze sowie über deren Besetzung ist gemäß § 80 Abs. 2 das Arbeitsamt zuständig. Ist das Arbeitsamt nach einer entsprechenden Prüfung in tatsächlicher und rechtlicher Hinsicht der Auffassung, dass die angezeigten Daten nicht richtig oder nicht vollständig sind, erlässt es einen entsprechenden **Feststellungsbescheid gemäß § 80 Abs. 3** (siehe Kommentierung auch dort). Es stellt sich die Frage, ob das Integrationsamt beim Erlass seines Bescheides über die rückständigen Beträge der Ausgleichsabgabe und ihre Einziehung gemäß § 77 Abs. 4 S. 2 an den vom Arbeitsamt unbeanstandet gebliebenen Inhalt der Anzeige des Arbeitgebers und – bei Erlass eines Bescheides durch das Arbeitsamt – an dessen Feststellungen hinsichtlich etwa der Zahl der Pflichtarbeitsplätze gebunden ist. Nach der Rechtsprechung des BSG besteht eine solche **Bindung** nicht, dem Feststellungsbescheid des Arbeitsamtes kommt danach nur die Bedeutung einer öffentlichen Urkunde im Sinne des § 418 ZPO zu (BSG U. v. 6. 5. 94 SozR 3 – 7830 § 13 Nr. 2; U. v. 20. 1. 2000 SozR 3 – 3870 § 13 Nr. 4; so auch *Neumann/Pahlen*, SGB IX, § 77 RdNr. 14). Für eine rechtliche Bindung hat sich dagegen das OVG NRW in seiner Entscheidung vom 12. 12. 01 (AZ: 12 A 4737/01) ausgesprochen (so auch *Cramer,* SchwbG, in § 13 RdNr. 16; *Düwell*, LPK-SGB IX, § 77 RdNr. 9; *Schneider* in Hauck/Noftz, SGB IX, K § 77 RdNr. 10). Dieser Auffassung ist zu folgen. In § 80 Abs. 3 kommt die Wertung des Gesetzgebers zum Ausdruck, dass das Arbeitsamt die Daten des Arbeitgebers überprüft, die für die Zahl der Pflichtplätze und deren Besetzung maßgeblich sind. Zwar könnte auch das Integrationsamt incidenter bei der Festsetzung der Ausgleichsabgabe diese Daten überprüfen. Dies erscheint jedoch nicht sinnvoll und birgt die Gefahr divergierender Entscheidungen zweier Behörden über dieselbe Frage. Dies könnte auch für die betroffenen Arbeitgeber zu unzumutbaren Ergebnissen zu führen. Für eine **Bindungswirkung** des Integrationsamtes an die Feststellungen des Arbeitsamtes spricht auch, dass der Gesetzgeber in § 80 Abs. 3 klargestellt hat, dass das Arbeitsamt nicht nur in tatsächlicher sondern nunmehr auch in rechtlicher Hinsicht die Angaben des Arbeitgebers in seiner Anzeige überprüft. Damit ist zum einen die hierzu ergangene Rechtsprechung des 7. Senats des BSG, die nur eine Prüfkompetenz in tatsächlicher Hinsicht vorsah, obsolet geworden (BSG U. v. 20. 1. 2000 SozR 3 – 3870 § 13 Nr. 4; für eine weiterreichende Prüfkompetenz der 11. Senat: BSG U. v. 26. 3. 92 und 30. 9. 92 SozR 3 – 3870 § 9 Nr. 1 und 2). Zum anderen spricht die vom Gesetzgeber neu eingeführte **umfassende Prüfungskompetenz des Arbeitsamtes** dafür, dass der Gesetzgeber im

Hinblick auf die zur Berechnung der Zahl der Pflichtarbeitsplätze notwendigen Daten dieser Behörde ein **Entscheidungsmonopol** zubilligen wollte. Zwar hat die gesetzliche Neuregelung nichts an der unterschiedlichen Zuständigkeit für die Überprüfung und Bewertung der Angaben in der Anzeige einerseits und für die Zahlung der Ausgleichsabgabe andererseits geändert; zumindest aber wollte der Gesetzgeber mit der (erweiterten) Prüfungskompetenz des Arbeitsamtes in § 80 Abs. 3 eine **klare Aufgabenverteilung** zwischen beiden Ämtern bewirken. Die Bewertung, ob ein Arbeitsplatz vorliegt, soll dabei der sachnäheren und fachlich kompetenteren Behörde zugewiesen werden (dazu im Einzelnen mit näherer Begründung OVG NRW a.a.O.). Diese Auffassung hilft es auch zu verhindern, dass es – wie im Fall des OVG NRW – zu Unklarheiten im Gerichtsverfahren bezüglich der **Vorgreiflichkeit von Entscheidungen** kommt, die zu Rechtsunsicherheit und **erheblichen zeitlichen Verzögerungen** führt. (So war im Fall des OVG NRW über die Höhe einer zu zahlenden Ausgleichsabgabe aus den Jahren 92 und 93 auch im Jahr 01 inhaltlich noch nicht entschieden, weil sowohl das sozialgerichtliche wie das verwaltungsgerichtliche Verfahren zum Ruhen gebracht bzw. ausgesetzt worden waren.)

21   Nach der hier vertretenen Auffassung trifft das Arbeitsamt über die Zahl der Pflichtplätze bindende Feststellungen auch mit Wirkung für das Integrationsamt. Damit ist auch **vorgreiflich** im Klageverfahren vor den Sozialgerichten über die Wirksamkeit der Feststellungsbescheide des Arbeitsamtes zu entscheiden. Das Integrationsamt, das gemäß Abs. 4 S. 2 über rückständige Ausgleichsbeträge einen Bescheid erlässt, legt demnach entweder den Dateninhalt der unbeanstandet gebliebenen Anzeige des Arbeitgebers oder die Feststellungen des Arbeitsamtes seinem Bescheid nach § 80 Abs. 3 zugrunde.

22   Auch wenn der Arbeitgeber die Anzeige ganz unterlässt, erfolgt im Ausnahmefall ein Feststellungsbescheid des Arbeitsamtes auf der Grundlage einer **Schätzung** (*Cramer*, SchwbG, § 13 RdNr. 16). Die Ausgleichsabgabe wird dann ebenfalls fällig (*Schneider* in Hauck/Noftz, SGB IX, K § 77 RdNr. 9).

23   Neben der Festsetzung und Erhebung der Ausgleichsabgabe sieht Abs. 4 S. 3 außerdem einen **Säumniszuschlag** von 1 % des rückständigen auf 50 Euro (seit 1. 1. 02, früher 100 DM) nach unten abgerundeten Betrages gemäß § 24 SGB IV für jeden Monat der Säumnis nach Fälligkeit, also nach dem 31. 3. eines jeden Jahres vor.

24   Eine Neuregelung enthält Abs. 4 S. 4. Danach kann das Integrationsamt in begründeten Ausnahmefällen von der Erhebung von **Säumniszuschlägen absehen**. Diese Regelung geht auf einen Vorschlag des Bundesrates zurück. Sie soll dem Integrationsamt ermöglichen, die Umstände des Einzelfalles zu berücksichtigen (Stellungnahme des Bundesrates zum Gesetzentwurf der Regierungsfraktion, BT-Drucks. 14/5531 S. 10).

Der Festsetzungsbescheid ist Vollstreckungstitel. Das **Verwaltungs-** 25
vollstreckungsverfahren richtet sich gemäß § 66 Abs. 3 SGB X bei
privaten Arbeitgebern nach den jeweiligen landesrechtlichen Vorschriften (*Neumann/Pahlen*, SGB IX, § 77 RdNr. 23; *Cramer*, SchwbG,
§ 11 RdNr. 11; *Schneider* in Hauck/Noftz, SGB IX, K § 77 RdNr. 11).
Nach diesen Vorschriften richtet sich auch die Möglichkeit der Stun-
dung oder Niederschlagung. Eine Herabsetzung oder ein Erlass sind
im Gesetz nicht vorgesehen (*Cramer*, SchwbG, § 11 RdNr. 9; *Schneider*
in Hauck/Noftz, SGB IX, K § 77 RdNr. 11). Bei **Insolvenz** des Arbeitgebers stellt die Ausgleichsabgabe keine bevorrechtigte Forderung dar,
da sie nicht der Finanzierung des Staates dient, sondern Antriebs- und
Ausgleichfunktion hat (BVerwG U. v. 11. 7. 90 BVerwGE 85,248ff.). Gegenüber öffentlichen Arbeitgebern gilt hinsichtlich der Vollstreckung
die Sonderregelung des Abs. 4 S. 7, wonach die Zahlung der Ausgleichsabgabe nur im Wege der Aufsicht durchgesetzt werden kann.

Die **Verjährungsfrist** für die Festsetzung der Ausgleichsabgabe be- 26
trägt nach h.M. vier Jahre (OVG Lüneburg NZA 1989, 722, das die
§§ 197 BGB, 25,27 SGB IV, 169 AO analog anwendet; OVG Münster
U. v. 3. 4. 86 DB 1987, 392, das nur die Verjährungsregelungen des BGB
anwenden will). Da in sozialrechtlichen Vorschriften (§§ 45 SGB I, 25,
27 SGB IV, 113 SGB X) und auch im Abgabenrecht (§ 169 AO) durch-
weg eine Verjährungsfrist von 4 Jahren besteht, ist beim Fehlen einer
besonderen Regelung im Bereich des SGB IX auch für die besondere
Art der Abgabe in § 77 von einer Verjährungsfrist von 4 Jahren auszugehen. Da die bürgerlich-rechtlichen Verjährungsvorschriften geändert sind, käme man bei deren Anwendung zur Annahme einer Verjährungsfrist von drei Jahren (§§ 195, 197). Dies wäre jedoch für den
sozialrechtlichen Bereich systemwidrig.

IX. Rechtsmittel

Da die Festsetzung der Ausgleichsabgabe durch das Integrationsamt 27
einen Verwaltungsakt darstellt, ist dagegen **Widerspruch** und gegen
den Widerspruchsbescheid **Klage** beim Verwaltungsgericht möglich.
Gemäß Abs. 4 S. 5 haben beide Rechtsmittel keine aufschiebende Wirkung. Dadurch soll vermieden werden, dass als Folge der Einlegung
von Rechtsmitteln die Zahlung der Ausgleichsabgabe über einen längeren Zeitraum ihre Ausgleichs- und Antriebsfunktion nicht erfüllen
kann (*Cramer*, SchwbG, § 11 RdNr. 18). Auf einen entsprechenden Antrag hin kann das Gericht unter den Voraussetzungen des § 80 Abs. 5
VwGO die aufschiebende Wirkung anordnen.

Da das Integrationsamt an den Inhalt des Feststellungsbescheides 28
des Arbeitsamtes (§ 80 Abs. 3) gebunden ist (siehe RdNr. 20) wird für
den Fall, dass gegen den Bescheid des Arbeitsamtes noch ein Wider-

spruchs- bzw. Klageverfahren anhängig ist, das verwaltungsgerichtliche Verfahren gegen den Bescheid des Integrationsamtes wegen **Vorgreiflichkeit** bis zur Entscheidung im sozialgerichtlichen Verfahren
ausgesetzt (OVG NRW, Beschluss v. 12. 12. 01; *Cramer*, SchwbG, § 11
RdNr. 18; *Neumann/Pahlen*, SGB IX, § 77 RdNr. 27).

X. Zweckbindung der Ausgleichsabgabe

29   Die Verwendung der Mittel der Ausgleichsabgabe unterliegt einer
klaren gesetzlichen Zweckbindung. Sie dürfen nach Abs. 5 nur für die
berufliche Eingliederung schwerbehinderter Menschen auf dem allgemeinen Arbeitsmarkt verwendet werden. Verwaltungs- und Verfahrenskosten dürfen aus ihr gemäß Abs. 5 S. 2 ausdrücklich nicht bestritten werden.

30   Gemäß Abs. 7 S. 1 müssen die Mittel aus der Ausgleichsabgabe von
den Integrationsämtern deshalb auch gesondert verwaltet werden. Dadurch soll sichergestellt werden, dass die Mittel auch nur für den in
Abs. 5 beschriebenen Zweck verwendet werden.

31   Es gilt außerdem das **Subsidiaritätsprinzip**. Mittel aus der Ausgleichsabgabe sollen nur gewährt werden, wenn sie für denselben
Zweck nicht von anderer Seite (z.B. von Rehabilitationsträgern) zu
leisten sind.

32   Das Ausgleichsabgabeaufkommen im Jahr 2001 betrug 137 756 183
DM (siehe Antwort der Bundesregierung vom 5. 3. 2002 auf eine
Kleine Anfrage der PDS-Fraktion zu den Wirkungen des Gesetzes zur
Bekämpfung der Arbeitslosigkeit Schwerbehinderter, BT-Drucks. 14/
8441 S. 16).

XI. Verteilung der Mittel der Ausgleichsabgabe

33   Eine Neuverteilung der Mittel der Ausgleichsabgabe zwischen Bund
und Ländern hat durch die Einführung des SGB IX nicht stattgefunden. Gemäß Abs. 6 bleibt es nach wie vor dabei, dass die Länder, also
die Integrationsämter, 55 % und der Bund, also der Ausgleichsfonds
(§ 78), 45 % der Mittel erhalten.

Begründet wird die beibehaltene **Finanzausstattung des Ausgleichsfonds** damit, dass diese zur Bekämpfung der Arbeitslosigkeit
schwerbehinderter Menschen sowie für die neuen Instrumente zur Förderung der Beschäftigung Schwerbehinderter erforderlich sei, also
etwa für den flächendeckenden Auf- und Ausbau von Integrationsfachdiensten, für Integrationsprojekte und für den eventuellen zusätzlichen
Bedarf an weiteren Plätzen vor allem in Werkstätten für Behinderte.
Erst frühestens Ende des Jahres 2002 könnten die finanziellen Auswir-

kungen der Neuordnung der Ausgleichsabgabe sowie die Arbeitsmarktsituation abgeschätzt werden. Insoweit greift die Überprüfungsregelung des § 160 (Begründung zum Gesetzentwurf der Fraktionen von SPD und Bündnis 90/Die Grünen BT-Drucks. 14/5074 S. 115).

55 % der Einnahmen aus der Ausgleichsabgabe verbleiben bei den **34** **Integrationsämtern.** Zwischen diesen muss gemäß Abs. 6 S. 2 und 3 ein **Finanzausgleich** stattfinden. Dies hat seinen Grund darin, dass der abgabepflichtige Arbeitgeber die Ausgleichsabgabe an das für seinen Wohn- oder Unternehmenssitz zuständige Integrationsamt zahlen muss, obwohl er möglicherweise seiner Beschäftigungspflicht in einem Betrieb nicht nachkommt, für die ein anderes Integrationsamt zuständig ist. Der Finanzausgleich soll daher sicherstellen, dass die Integrationsämter für die von ihnen zu betreuenden Schwerbehinderten annähernd gleiche finanzielle Mittel zur Verfügung haben (Gesetzentwurf der Bundesregierung zur Weiterentwicklung des Schwerbeschädigtenrechts vom 10. 5. 1973, BT-Drucks. 7/656 S. 28). Für die Durchführung des Finanzausgleichs gilt seit 1. 7. 1986 ein sog. **Mischschlüssel.** Dieser war im Gesetzgebungsverfahren streitig; der Gesetzgeber hat an ihm jedoch festgehalten (Gesetzentwurf der Bundesregierung zur Änderung des SchwbG vom 3. 4. 1985, BT Drucks. 10/3138 S S. 31 und 38 sowie Bericht des Ausschusses für Arbeit und Sozialordnung zum Gesetzentwurf der Bundesregierung BT-Drucks. 10/5701 S. 11).

Für die Verteilung kommt es auf das arithmetische Mittel zwischen **35** Wohnbevölkerung und Schwerbehinderten an. Zunächst wird das Verhältnis von Wohnbevölkerung im Zuständigkeitsbereich des einzelnen Integrationsamtes zur Wohnbevölkerung aller Integrationsämter ermittelt. Dann wird die Zahl der beschäftigten oder arbeitslos gemeldeten Schwerbehinderten des zuständigen Integrationsamtes ins Verhältnis zur Zahl aller beschäftigten oder arbeitslos gemeldeten Schwerbehinderten sämtlicher Integrationsämtern gesetzt. Dabei zählen gleichgestellte behinderte Menschen wie Schwerbehinderte. Schwerbehinderte Arbeitnehmer, die bei einem nicht beschäftigungspflichtigen Arbeitgeber im Sinne des § 71 beschäftigt werden, rechnen nicht mit. Ein Ausgleich hat dann zwischen den Integrationsämtern mit einer im Verhältnis zur Wohnbevölkerung besonders hohen Anzahl von schwerbehinderten Menschen und Gleichgestellten und solchen mit einer unterdurchschnittlichen Anzahl zu erfolgen.

Ausgleichsfonds

78 ¹Zur besonderen Förderung der Einstellung und Beschäftigung schwerbehinderter Menschen auf Arbeitsplätzen und zur Förderung von Einrichtungen und Maßnahmen, die den Interessen mehrerer Länder auf dem Gebiet der Förderung der Teilhabe schwerbehinderter Menschen am Arbeitsleben dienen, ist beim Bundesministerium für Arbeit und Sozialordnung als zweckgebundene Vermögensmasse ein Ausgleichsfonds für überregionale Vorhaben zur Teilhabe schwerbehinderter Menschen am Arbeitsleben gebildet. ²Das Bundesministerium für Arbeit und Sozialordnung verwaltet den Ausgleichsfonds.

I. Allgemeines

1 Die Vorschrift übernimmt im Wesentlichen die Regelung des § 12 Abs. 1 SchwbG. Erstmals sah das Schwerbeschädigtengesetz von 1953 die Bildung eines Ausgleichfonds vor, der vom Bundesausschuss der Kriegsbeschädigten- und Kriegshinterbliebenenfürsorge verwaltet wurde. Mit der Ausdehnung des Schwerbeschädigtenrechts auf alle Behinderte wechselte mit dem SchwbG 1974 auch die Verwaltung des Ausgleichsfonds in die Zuständigkeit des Bundesministeriums für Arbeit und Sozialordnung.

Einzelheiten der Verwendung und Verwaltung der Mittel sind in den §§ 35 ff. der **Schwerbehinderten-Ausgleichsabgabevordnung** (SchwBAV) geregelt (abgedruckt im Anhang 3).

2 Im Jahr 2000 sind **Leistungen des Ausgleichsfonds** in Höhe von insgesamt 617,53 Mio. DM gewährt worden (Antwort der Bundesregierung vom 5. 3. 2002 auf eine Kleine Anfrage der PDS-Fraktion zu den Wirkungen des Gesetzes zur Bekämpfung der Arbeitslosigkeit Schwerbehinderter, BT-Drucks. 14/8441 S. 18).

II. Verwendung der Mittel des Ausgleichfonds

3 45 % der Mittel der Ausgleichsabgabe erhält der Ausgleichsfonds. Die Mittel sind **zweckgebunden** für die besondere Förderung der Einstellung und Beschäftigung schwerbehinderter Menschen im Arbeitsleben zu verwenden. In Abgrenzung zu den Mitteln aus der Ausgleichsabgabe, die den Integrationsämtern der Länder zur Verfügung stehen, ist der Ausgleichsfond für **überregionale Vorhaben** zur Teilhabe schwerbehinderter Menschen am Arbeitsleben zuständig (§ 35 SchwBAV). Dazu gehören Zuwendungen an die **Bundesanstalt für Arbeit** z.B. für die Förderung besonders betroffener schwerbehinderter Menschen nach den §§ 222 a und 235 SGB III, für die Durchfüh-

rung befristeter überregionaler Arbeitsmarktprogramme zum Abbau
der Arbeitslosigkeit schwerbehinderter Menschen und zum Aufbau
und zur Förderung von Integrationsfachdiensten (§ 41 Abs. 1
SchwBAV). An die Bundesanstalt für Arbeit sind Mittel aus dem Ausgleichsfond im Jahr 2001 in Höhe von 350 Mio. DM zur Verfügung gestellt worden; für das Jahr 2002 beläuft sich der Betrag auf 180 Mio.
EUR. Zum Aufbau und zur Förderung der Integrationsfachdienste
stehen der Bundesanstalt für das Jahr 2001 rd. 88 Mio. DM zur Verfügung, für das Jahr 2002 51 Mio. EUR (Antwort der Bundesregierung
vom 5. 3. 2002 auf eine kleine Anfrage der PDS-Fraktion zu den Wirkungen des Gesetzes zur Bekämpfung der Arbeitslosigkeit Schwerbehinderter, BT-Drucks. 14/8441 S. 4 und 24). Weiterhin fallen darunter
Zuwendungen an förderungsfähige Einrichtungen (§ 30 SchwBAV)
wie z.B. Werkstätten für behinderte Menschen, soweit sie den **Interessen mehrerer Länder** dienen (§ 41 Abs. 2 Ziff. 1 SchwBAV), oder an
überregionale Modellvorhaben zur Förderung schwerbehinderter
Menschen im Arbeitsleben (§ 41 Abs. 2 Ziff. 2 SchwBAV). Weiterhin
sind Mittel für die Entwicklung technischer Arbeitsmittel aus dem
Ausgleichsfond vorgesehen (§ 41 Abs. 2 Ziff. 3 SchwBAV).

III. Verwaltung der Mittel

Gemäß § 78 S. 1 wird der Ausgleichsfond beim **Bundesministe-** 4
rium für Arbeit und Sozialordnung gebildet und dort auch gemäß
§ 78 S. 2 verwaltet. Einzelheiten der Verwaltung sind in den §§ 35 ff.
der SchwBAV geregelt. Gemäß § 35 SchwBAV ist der Ausgleichsfond
ein **nicht rechtsfähiges Sondervermögen** des Bundes mit eigener
Wirtschafts- und Rechnungsführung. Gemäß § 37 SchwBAV gelten
die Bestimmungen der Bundeshaushaltsordnung. Für die zu erwartenden Einnahmen und voraussichtlichen Ausgaben wird gemäß §§ 38,
39 SchwBAV für jedes Kalenderjahr ein Wirtschaftsplan durch das Bundesministerium für Arbeit und Sozialordnung unter Beteiligung des
Bundesministeriums der Finanzen und des Beirates (§ 64 SGB IX)
festgestellt. Werden Leistungen aus dem Ausgleichsfond beantragt,
richtet sich das **Vergabeverfahren** nach den §§ 42 ff. SchwBAV. Das
Bundesministerium für Arbeit und Sozialordnung entscheidet über
die Anträge aufgrund der Vorschläge des Beirates durch schriftlichen
Bescheid (§ 44 SchwBAV).

Verordnungsermächtigungen

79 Die Bundesregierung wird ermächtigt, durch Rechtsverordnung mit Zustimmung des Bundesrates

1. die Pflichtquote nach § 71 Abs. 1 nach dem jeweiligen Bedarf an Arbeitsplätzen für schwerbehinderte Menschen zu ändern, jedoch auf höchstens 10 Prozent zu erhöhen oder bis auf 4 Prozent herabzusetzen; dabei kann die Pflichtquote für öffentliche Arbeitgeber höher festgesetzt werden als für private Arbeitgeber,

2. nähere Vorschriften über die Verwendung der Ausgleichsabgabe nach § 77 Abs. 5 und die Gestaltung des Ausgleichsfonds nach § 78, die Verwendung der Mittel durch ihn für die Förderung der Teilhabe schwerbehinderter Menschen am Arbeitsleben und das Vergabe- und Verwaltungsverfahren des Ausgleichsfonds zu erlassen,

3. in der Rechtsverordnung nach Nummer 2

a) den Anteil des an den Ausgleichsfonds weiterzuleitenden Aufkommens an Ausgleichsabgabe entsprechend den erforderlichen Aufwendungen zur Erfüllung der Aufgaben des Ausgleichfonds und der Integrationsämter abweichend von § 77 Abs. 6 Satz 1,

b) den Ausgleich zwischen den Integrationsämtern auf Vorschlag der Länder oder einer Mehrheit der Länder abweichend von § 77 Abs. 6 Satz 3 sowie

c) die Zuständigkeit für die Förderung von Einrichtungen nach § 30 der Schwerbehinderten-Ausgleichsabgabeverordnung abweichend von § 41 Abs. 2 Nr. 1 dieser Verordnung und von Integrationsbetrieben und -abteilungen abweichend von § 41 Abs. 1 Nr. 3 dieser Verordnung zu regeln,

4. die Ausgleichsabgabe bei Arbeitgebern, die über weniger als 30 Arbeitsplätze verfügen, für einen bestimmten Zeitraum allgemein oder für einzelne Landesarbeitsamtsbezirke herabzusetzen oder zu erlassen, wenn die Zahl der unbesetzten Pflichtarbeitsplätze für schwerbehinderte Menschen die Zahl der zu beschäftigenden schwerbehinderten Menschen so erheblich übersteigt, dass die Pflichtarbeitsplätze für schwerbehinderte Menschen dieser Arbeitgeber nicht in Anspruch genommen zu werden brauchen.

I. Allgemeines

1   In der Vorschrift werden eine Reihe von Verordnungsermächtigungen zur Beschäftigungspflicht des Arbeitgebers und zur Ausgleichsabgabe zusammengefasst, die bislang in unterschiedlichen Normen des SchwbG enthalten waren. Die bisherigen Ermächtigungen in § 5

Abs. 2, § 11 Abs. 3 und 6 und § 12 Abs. 2 SchwbG werden inhaltsgleich in die Regelungen der Ziff. 1, 2 und 4 übernommen.

II. Einzelne Verordnungsermächtigungen

Ziff. 1 entspricht der Regelung des § 5 Abs. 2 SchwbG. Sie enthält **2** die Ermächtigung zur **Änderung der Pflichtquote** (§ 71 Abs. 1), wenn sich eine Diskrepanz zwischen Angebot und Nachfrage an Pflichtarbeitsplätzen feststellen lässt (*Neumann/Pahlen*, SGB IX, § 79 RdNr. 6; *Schneider* in Hauck/Noftz, SGB IX, K § 79 RdNr. 3). Gesetzlich festgelegt ist auch die maximale (10 %) und die minimale (4 %) Höhe der Pflichtquote sowie die Möglichkeit, eine höhere Quote für öffentliche Arbeitgeber vorzusehen.

Ziff. 2 fasst die Verordnungsermächtigungen, die in § 11 Abs. 3 S. 3 **3** und § 12 Abs. 2 SchwbG enthalten waren, zusammen. Die darin enthaltene Ermächtigung bildet die Grundlage für den Erlass der **Schwerbehinderten-Ausgleichsabgabeverordnung**, die Regelungen über die Verwendung der Mittel der Ausgleichsabgabe, die Gestaltung des Ausgleichsfonds sowie das Vergabe- und Verwaltungsverfahren des Ausgleichsfonds enthält (siehe auch Erläuterungen zu § 78).

Die Schwerbehinderten-Ausgleichsabgabeverordnung (SchwBAV) **4** vom 28. 3. 1988, die noch auf der Grundlage der Ermächtigung des alten SchwbG ergangen ist, gilt weiter. Gemäß Art. 64 des Gesetzes vom 19. 6. 2001 (BGBl. I S. 1046) kann sie auch durch Rechtsverordnung weiter verändert werden.

Ziff. 3 enthält eine bislang im SchwbG nicht vorhandene Verord- **5** nungsermächtigung. Danach wird die Bundesregierung ermächtigt, in der SchwBAV einen **anderen Prozentsatz für die Aufteilung der Ausgleichsabgabe** zwischen Bund (Ausgleichsfond) und Ländern (Integrationsämtern) festzusetzen, wenn dies für die Aufgabenerfüllung des Ausgleichsfonds und der Integrationsämter erforderlich ist (Ziff. 3 a). Außerdem ermächtigt die Regelung, abweichend von § 77 Abs. 6 S. 3 einen **anderen Verteilerschlüssel** festzulegen, wenn dies die Länder oder eine Mehrheit der Länder vorschlagen.

Die gesetzliche Regelung trägt damit dem Umstand Rechnung, dass **6** bereits in früheren **Gesetzgebungsverfahren** (vgl. Gesetzentwurf der Bundesregierung zur Weiterentwicklung des Schwerbeschädigtenrechts vom 10. 5. 1973, BT-Drucks. 7/656 S. 28; dazu Stellungnahme des Bundesrates BT-Drucks. 7/656 S. 43 und Gegenäußerung der Bundesregierung, BT-Drucks. 7/656 S. 50) wie auch im Gesetzgebungsverfahren des SGB IX die Verteilung der Ausgleichsabgabe umstritten war (vgl. Stellungnahme des Bundesrates zum Entwurf eines Gesetzes der Bundesregierung zur Bekämpfung der Arbeitslosigkeit Schwerbehinderter v. 16. 5. 2000, BT-Drucks. 14/3645 S. 6) und der Bundesrat eine Erhöhung der Mittel für die Integrationsämter der Länder verlangte. Um daher auf einen erhöhten Bedarf der Länder oder des Bundes flexibel reagieren zu können, sieht Ziff. 3 vor, dass die Bundesregierung mit Zustimmung des Bundesrates eine andere Mittelverteilung beschließen kann.

7   Ziff. 3 c sieht außerdem die Möglichkeit einer anderen Zuständigkeitsverteilung für die Förderung von Einrichtungen gemäß § 30 SchwBAV und von Integrationsbetrieben und -abteilungen gemäß § 41 Abs. 1 Ziff. 3 SchwBAV vor, durch die ebenfalls eine veränderte Mittelverteilung zwischen Bund und Ländern erforderlich werden kann (Begründung zum Gesetzentwurf der Fraktionen von SPD und Bündnis 90/Die Grünen, BT-Drucks. 14/5074 S. 112).

8   Ziff. 4 entspricht der Regelung des § 11 Abs. 6 SchwbG. Sie enthält die Ermächtigung, durch Verordnung Arbeitgebern, die über weniger als 30 Arbeitsplätze verfügen, die **Ausgleichsabgabe zeitlich begrenzt zu erlassen** oder zu reduzieren. Voraussetzung ist, dass die offenen Stellen für schwerbehinderte Menschen im Bezirk eines Landesarbeitsamtes die Zahl der arbeitsuchenden Schwerbehinderten übersteigt. Angesichts der seit Jahren andauernden hohen Zahl arbeitsloser Schwerbehinderter ist die in Ziff. 4 geschaffene Möglichkeit rein theoretisch.

Kapitel 3. Sonstige Pflichten der Arbeitgeber; Rechte der schwerbehinderten Menschen

Zusammenwirken der Arbeitgeber mit der Bundesanstalt für Arbeit und den Integrationsämtern

80 (1) Die Arbeitgeber haben, gesondert für jeden Betrieb und jede Dienststelle, ein Verzeichnis der bei ihnen beschäftigten schwerbehinderten, ihnen gleichgestellten behinderten Menschen und sonstigen anrechnungsfähigen Personen laufend zu führen und dieses den Vertretern oder Vertreterinnen des Arbeitsamtes und des Integrationsamtes, die für den Sitz des Betriebes oder der Dienststelle zuständig sind, auf Verlangen vorzulegen.

(2) ¹Die Arbeitgeber haben dem für ihren Sitz zuständigen Arbeitsamt einmal jährlich bis spätestens zum 31. März für das vorangegangene Kalenderjahr, aufgegliedert nach Monaten, die Daten anzuzeigen, die zur Berechnung des Umfangs der Beschäftigungspflicht, zur Überwachung ihrer Erfüllung und der Ausgleichsabgabe notwendig sind. ²Der Anzeige sind das nach Absatz 1 geführte Verzeichnis sowie eine Kopie der Anzeige und des Verzeichnisses zur Weiterleitung an das für ihren Sitz zuständige Integrationsamt beizufügen. ³Dem Betriebs-, Personal-, Richter-, Staatsanwalts- und Präsidialrat, der Schwerbehindertenvertretung und dem Beauftragten des Arbeitgebers ist je eine Kopie der Anzeige und des Verzeichnisses zu übermitteln.

(3) Zeigt ein Arbeitgeber die Daten bis zum 30. Juni nicht, nicht richtig oder nicht vollständig an, erlässt das Arbeitsamt nach Prüfung in tatsächlicher sowie in rechtlicher Hinsicht einen Feststellungsbescheid über die zur Berechnung der Zahl der Pflichtarbeitsplätze für schwerbehinderte Menschen und der besetzten Arbeitsplätze notwendigen Daten.

(4) Die Arbeitgeber, die Arbeitsplätze für schwerbehinderte Menschen nicht zur Verfügung zu stellen haben, haben die Anzeige nur nach Aufforderung durch die Bundesanstalt für Arbeit im Rahmen einer repräsentativen Teilerhebung zu erstatten, die mit dem Ziel der Erfassung der in Absatz 1 genannten Personengruppen, aufgegliedert nach Landesarbeitsamtsbezirken, alle fünf Jahre durchgeführt wird.

(5) Die Arbeitgeber haben der Bundesanstalt für Arbeit und dem Integrationsamt auf Verlangen die Auskünfte zu erteilen, die zur Durchführung der besonderen Regelungen zur Teilhabe schwerbehin-

derter und ihnen gleichgestellter behinderter Menschen am Arbeitsleben notwendig sind.

(6) [1]Für das Verzeichnis und die Anzeige des Arbeitgebers sind die
mit der Arbeitsgemeinschaft, in der sich die Integrationsämter zusammengeschlossen haben, abgestimmten Vordrucke der Bundesanstalt
für Arbeit zu verwenden. [2]Die Bundesanstalt für Arbeit soll zur Durchführung des Anzeigeverfahrens in Abstimmung mit der Arbeitsgemeinschaft ein elektronisches Übermittlungsverfahren zulassen.

(7) Die Arbeitgeber haben den Beauftragten der Bundesanstalt
für Arbeit und des Integrationsamtes auf Verlangen Einblick in ihren
Betrieb oder ihre Dienststelle zu geben, soweit es im Interesse der
schwerbehinderten Menschen erforderlich ist und Betriebs- oder
Dienstgeheimnisse nicht gefährdet werden.

(8) Die Arbeitgeber haben die Vertrauenspersonen der schwerbehinderten Menschen (§ 94 Abs. 1 Satz 1 bis 3 und § 97 Abs. 1 bis 5)
unverzüglich nach der Wahl und ihren Beauftragten für die Angelegenheiten der schwerbehinderten Menschen (§ 98 Satz 1) unverzüglich nach der Bestellung dem für den Sitz des Betriebes oder der
Dienststelle zuständigen Arbeitsamt und dem Integrationsamt zu benennen.

(9) Die Bundesanstalt für Arbeit erstellt und veröffentlicht alljähr-
lich eine Übersicht über die Beschäftigungsquote schwerbehinderter
Menschen bei den einzelnen öffentlichen Arbeitgebern.

I. Allgemeines

1   Die Vorschrift regelt die wesentlichen Pflichten der Arbeitgeber gegenüber den Stellen, die mit der Förderung und Integration Schwerbehinderter besonders befasst sind, wie die Arbeitsämter und die Integrationsämter. Diese Pflichten stehen vor allem im Zusammenhang mit
der Beschäftigungspflicht der Arbeitgeber. Sie treffen private wie
öffentliche Arbeitgeber und umfassen im Wesentlichen Dokumentati-
ons-Anzeige- und Auskunftsverpflichtungen.

2   § 80 entspricht inhaltlich im Wesentlichen § 13 SchwbG 1986. Durch
die Neufassung in Abs. 2 soll nach der Gesetzesbegründung das Anzei-
geverfahren vereinfacht werden (Begründung zum Gesetzentwurf der
Fraktionen von SPD und Bündnis 90/Die Grünen, BT-Drucks. 14/
5074 S. 113). Welche Vereinfachung konkret bewirkt worden sein soll,
ist allerdings weder dem Gesetzestext noch der Begründung zu entnehmen.
     § 80 Abs. 3 enthält eine Klarstellung hinsichtlich der Prüfungskom-
petenz des Arbeitsamtes. Danach werden die vom Arbeitgeber für die
Zahl und die Besetzung der Pflichtarbeitsplätze anzugebenden Daten

vom Arbeitsamt in tatsächlicher und rechtlicher Hinsicht überprüft (siehe dazu auch RdNr. 16f.).

II. Pflicht zur Führung eines Verzeichnisses (Abs. 1)

Jeder Arbeitgeber (zum Begriff siehe Erläuterungen zu § 71) hat **3** unabhängig davon, ob er beschäftigungspflichtig ist oder nicht, ein **Verzeichnis für jeden seiner Betriebe oder Dienststellen** zu führen. Der Betriebsbegriff entspricht dem des Betriebsverfassungsgesetzes und dem des Personalvertretungsgesetzes gemäß § 87 Abs. 1 S. 2 (siehe Erläuterungen dort). Beschäftigt ein Arbeitgeber etwa im Haushalt einen Arbeitnehmer, ohne einen Betrieb zu führen, besteht die Verpflichtung nicht (*Neumann/Pahlen*, SGB IX, § 80 RdNr. 3). In das Verzeichnis sind alle in dem jeweiligen Betrieb oder der jeweiligen Dienststelle beschäftigten schwerbehinderten Menschen, ihnen gleichgestellten behinderten Menschen sowie alle sonstigen anrechenbaren Personen wie etwa die Inhaber von Bergmannsversorgungsscheinen aufzunehmen (§ 75 Abs. 4). Über diese Arbeitnehmer müssen deren persönliche Daten wie Name, Geburtsdatum, Geschlecht, Staatsangehörigkeit, Beschäftigungszeitraum, ausgeübte Tätigkeit, Grad der Behinderung, Ausstellungsdatum und Laufdauer des Schwerbehindertenausweises bzw. des Gleichstellungsbescheides sowie die Art der Anrechnung (Mehrfachanrechnung) aufgenommen werden.

Wird das Verzeichnis nicht, nicht richtig oder nicht vollständig **4** geführt, handelt der Arbeitgeber ordnungswidrig gemäß § 156 Abs. 1 Ziff. 2 (siehe Erläuterungen dort). Anders als die noch bis zum 30. 9. 00 geltende Fassung des SchwbG schreibt Abs. 6 S. 1 bei der Führung des Verzeichnisses die Verwendung des von der Bundesanstalt für Arbeit herausgegebenen **Vordruckes** verbindlich vor.

Das Verzeichnis ist für jeden Betrieb oder für jede Dienststelle gesondert **5** zu führen und auch dort aufzubewahren, damit es auf Verlangen dem zuständigen Arbeitsamt oder dem zuständigen Integrationsamt vorgelegt werden kann. Zu dieser Vorlage ist der Betrieb oder die Dienststelle verpflichtet. Das Verzeichnis ist **laufend zu führen**, also stets auf dem neuesten Stand zu halten (GK-SchwbG–*Spiolek*, § 13 SchwbG RdNr. 10; *Düwell*, LPK-SGB IX, § 80 RdNr. 3).

Die nicht rechtzeitige Vorlage des Verzeichnisses gegenüber dem Integrationsamt oder dem Arbeitsamt stellt eine Ordnungswidrigkeit gemäß § 156 Abs. 1 Nr. 2 dar.

Nicht ausdrücklich geregelt ist ein **Anspruch der betrieblichen** **6** **Interessenvertretung** darauf, dass auch ihr das Verzeichnis fortlaufend zur Verfügung gestellt wird. Dieser kann daher nur aus dem allgemeinen Unterrichtungsrecht gemäß § 80 Abs. 2 BetrVG abgeleitet werden

und im arbeitsgerichtlichen Beschlussverfahren durchgesetzt werden
(*Düwell*, LPK-SGB IX, § 80 RdNr. 4).

III. Anzeigepflicht

7   Beschäftigungspflichtige Arbeitgeber sind verpflichtet, einmal
jährlich, spätestens **zum 31. 3.** des Folgejahres, eine Anzeige an das
für ihren Wohn-, Unternehmens- oder Verwaltungssitz zuständige **Arbeitsamt** abzugeben. Diese Anzeige soll der Bundesanstalt für Arbeit
und den Integrationsämtern Kenntnisse über die betrieblichen Verhältnisse sowie die Beschäftigung schwerbehinderter Menschen in Betrieben und Verwaltungen verschaffen und sie damit in die Lage versetzen,
den Umfang der Beschäftigungspflicht und die Berechnung der Ausgleichsabgabe zu ermitteln und zu überwachen. Die Anzeige muss
daher die hierzu notwendigen Daten enthalten. Sie sind gemäß Abs. 6
auf einem von der Bundesanstalt für Arbeit herausgegebenen **Vordruck** einzutragen. Die Verwendung dieses Vordruckes schreibt das
Gesetz verpflichtend vor. Er wird den Arbeitgebern zu Beginn des
Jahres übersandt. Zur Erleichterung des Anzeigeverfahrens soll auch
ein **elektronisches Übermittlungsverfahren** zugelassen werden.
Dieses ist zwischenzeitlich erstellt worden. Die Software REHADAT
ELan kann unter www.rehadat.de/elan abgerufen werden. Die
amtlichen Vordrucke sind als Dateien unter www.arbeitamt.de erhält-
lich.

8   In den Vordruck sind **folgende Daten getrennt für jeden Betrieb
oder Dienststelle** und **für jeden Monat** einzutragen:
- die Zahl der Arbeitsplätze im Sinne des § 73 Abs. 1 (auch zur Fortbildung und Umschulung)
- die Stellen, die nicht als Arbeitsplätze gelten (§ 73 Abs. 2 und 3)
- Ausbildungsplätze im Sinne des § 74 Abs. 1
- die Zahl der in den Betrieben oder Dienststellen beschäftigten
  Schwerbehinderten (§ 2 Abs. 2) und Gleichgestellten (§ 2 Abs. 3)
  und anrechnungsfähigen Personen im Sinne des § 75 Abs. 4
- die Zahl der Auszubildenden und die Zahl der zur sonstigen beruflichen Bildung beschäftigten schwerbehinderten Menschen und
  Gleichgestellten
- Mehrfachanrechnungen (§ 76)
- der Gesamtbetrag der zu zahlenden Ausgleichsabgabe. (§ 77)

9   Unterhält der Arbeitgeber mehrere Betriebe oder Dienststellen, sind
je Betrieb oder Dienststelle die Daten gesondert auf der Anzeige auszuweisen und anschließend zusammenzufassen, da für die Beschäftigungspflicht die Beschäftigungsverhältnisse aller Betriebe maßgeblich
sind (*Schröder* in Hauck/Noftz, SGB IX, K § 80 RdNr. 8; *Düwell*, LPK-
SGB IX, § 80 RdNr. 7).

Der **Anzeige** ist das **Verzeichnis** (bei mehreren Betrieben mehrere **10** Verzeichnisse) **beizufügen** und beides in doppelter Ausfertigung (Kopie) dem Arbeitsamt zuzuleiten. Dem Arbeitsamt obliegt es dann, Verzeichnis und Anzeige an das zuständige Integrationsamt weiterzuleiten, nachdem es beides in sachlicher und rechtlicher Hinsicht geprüft hat.

Der Arbeitgeber wird zur Einreichung der Anzeige nicht gesondert **11** aufgefordert. Er ist hierzu **kraft Gesetzes verpflichtet** und muss dieser Pflicht bis zum 31. 3. für das vergangene Kalenderjahr nachkommen. Entscheidend ist der Eingang der Anzeige beim Arbeitsamt. Eine Fristverlängerung ist nicht vorgesehen.

Zur Anzeigenerstattung sind nur **beschäftigungspflichtige Ar-** **12** **beitgeber** (also mit mindestens 20 Arbeitsplätzen gemäß § 71 Abs. 1) verpflichtet, wobei ausreichend ist, dass Beschäftigungspflicht **zumindest in einem Monat** des maßgeblichen Kalenderjahres bestanden hat.

Alle anderen Arbeitgeber haben die Anzeige nur nach Aufforderung **13** abzugeben, soweit sie im Rahmen einer repräsentativen **Umfrage** dazu ausgewählt worden sind (GK-SchwbG-*Spiolek,* § 13 RdNr. 13; *Düwell* in LPK-SGB IX § 80 RdNr. 5; *Schröder* in Hauck /Noftz, SGB IX, K § 80 RdNr. 13; *a. A. Dörner,* SchwbG, § 13 RdNr. 7). Dies ergibt sich aus Abs. 4. Diese Erhebung dient statistischen Zwecken und soll dem Arbeitsamt einen genaueren Überblick über die Beschäftigung aller erwerbstätigen schwerbehinderten Menschen und ihnen Gleichgestellten und den sonstigen anrechnungsfähigen Personen verschaffen. Die Erhebung wird alle fünf Jahre durchgeführt.

Eine **Kopie des Verzeichnisses** wie auch der **Anzeige** sind den in- **14** nerbetrieblichen Funktionsträgern, also **Betriebs-, Personal-, Richter-, Staatsanwalts- und Präsidialrat, Schwerbehindertenvertretung und Beauftragten** des Arbeitgebers zu übergeben (Abs. 2 S. 3). Auf diese Weise sollen alle diejenigen, die im Betrieb mit der Eingliederung und Förderung schwerbehinderter Arbeitnehmer befasst sind, den gleichen Kenntnisstand erhalten wie die mit der Teilhabe Schwerbehinderter befassten außerbetrieblichen Stellen. Der **gleiche Informationsstand** ist Voraussetzung für die in § 99 vorgesehene Kooperation zwischen Arbeitgeber, betrieblichen Interessenvertretungen, dem Beauftragten des Arbeitgebers und den zuständigen Behörden wie Arbeitsamt, Integrationsamt und Rehabilitationsträgern. Die Übermittlung von Anzeige und Verzeichnis an die innerbetrieblichen Funktionsträger dient darüber hinaus dem Zweck, diese in die Lage zu versetzen, dass sie den ihnen im Rahmen der §§ 93,95 obliegenden **Überwachungsaufgaben** gerecht werden können.

Die **Durchsetzbarkeit dieses Informationsanspruchs** ist durch **15** den Gesetzgeber allerdings erschwert worden. § 68 Abs. 1 Ziff. 3 SchwbG hat ausdrücklich auf § 13 Abs. 2 S. 4 SchwbG Bezug genommen. Demnach war die unterlassene Aushändigung einer Abschrift des Verzeichnisses oder der Anzeige an die betriebliche Interessenvertretung ordnungswidrig. In § 156 Abs. 1 Ziff. 3 fehlt dagegen die entsprechende Bezugnahme. Ihren Anspruch auf Übermittlung kann die betriebliche Interessenvertretung allerdings im Wege des arbeitsgerichtlichen Beschlussverfahrens durchsetzen.

IV. Erlass eines Feststellungsbescheides

16   Erfüllt ein Arbeitgeber seine Anzeigepflicht auch **bis zum 30. 6. des Folgejahres** nicht, nicht richtig oder nicht vollständig, so erlässt das für den Sitz des Arbeitgebers zuständige **Arbeitsamt** einen Feststellungsbescheid, nachdem es die Angaben des Arbeitgebers in sachlicher und tatsächlicher Hinsicht geprüft hat. Dieser Feststellungsbescheid ersetzt dann die fehlende Anzeige des Arbeitgebers oder korrigiert sie und enthält seinerseits die zur Berechnung des Umfangs der Beschäftigungspflicht und der Ausgleichsabgabe notwendigen Daten. Das zuständige Arbeitsamt **ermittelt** die **betrieblichen Verhältnisse** vor Erlass des Feststellungsbescheides umfassend **von Amts wegen** (*Cramer*, SchwbG § 13 RdNr. 16; *Schröder* in Hauck/Noftz, SGB IX , K § 80 RdNr. 15). Nur ausnahmsweise kommt eine Feststellung der Daten auf der Grundlage einer **Schätzung** in Betracht (*Cramer* a.a.O.).

17   Der Feststellungsbescheid des Arbeitsamtes entfaltet für die Festsetzung der Ausgleichsabgabe durch das zuständige Integrationsamt **Bindungswirkung.** Der Gesetzgeber hat in Abs. 3 klargestellt, dass das Arbeitsamt die Daten, die zur Berechnung des Umfangs der Beschäftigungspflicht erforderlich sind, umfassend, nämlich in tatsächlicher und rechtlicher Hinsicht prüft. Damit hat sich der Gesetzgeber für eine **klare Kompetenzverteilung zwischen Arbeitsamt und Integrationsamt** ausgesprochen (Stellungnahme des Bundesrates zum Gesetzentwurf der Regierungsfraktionen SPD und Bündnis 90/Die Grünen, BT-Drucks. 14/5531 S. 11). Die vom Arbeitgeber anzuzeigenden Daten sind ausschließlich vom Arbeitsamt zu prüfen und rechtlich in Bezug auf die Beschäftigungspflicht zu bewerten. Das **Integrationsamt** ist daher an diese Feststellungen **gebunden** (OVG Beschluss vom 12. 12. 01 AZ: 12 A 4737/01; *Schröder* in Hauck/Noftz, SGB IX , K § 80 RdNr. 15; *Düwell* in LPK-SGB IX § 80 RdNr. 10; *Cramer*, SchwbG § 13 RdNr. 16; siehe auch § 77 RdNr. 20). Durch die Klarstellung des Gesetzgebers ist die bisher abweichende Rechtsprechung des BSG zur Bindungswirkung (BSG U. v. 20. 1. 2000 SozR 3 – 3870 § 13 Nr. 4; BSG U. v. 6. 5. 94 SozR 3 – 3870 § 13 Nr. 2) obsolet (Bericht des Ausschusses für Arbeit und Sozialordnung zum Gesetzentwurf der Fraktionen SPD und Bündnis 90/Die Grünen, BT-Drucks. 14/5800 S. 30).

V. Auskunftspflicht

Abs. 5 verpflichtet den Arbeitgeber, den Vertretern/Vertreterinnen **18** des Arbeitsamtes und des Integrationsamtes mündliche oder schriftliche Auskünfte auf deren Aufforderung hin zu geben. Diese Auskünfte sind notwendig, damit die zuständigen Stellen die ihnen obliegenden Aufgaben, vor allem die Förderung der gleichberechtigten Teilhabe schwerbehinderter Menschen am Arbeitsleben, erfüllen können. Die Auskünfte werden benötigt, um die **Erfüllung der Beschäftigungspflicht** festzustellen oder um zu ermitteln, ob und wie welche schwerbehinderten Menschen eingesetzt werden könnten, oder um geeignete **Vermittlungsvorschläge** für die Besetzung von Arbeitsplätzen gemäß § 81 Abs. 1, unterbreiten zu können. Das Auskunftsverlangen wird durch den Schutz von **Betriebs- oder Dienstgeheimnissen** begrenzt. § 80 Abs. 7 ist insoweit entsprechend anzuwenden (*Dörner,* SchwbG, § 13 RdNr. 22; *Düwell,* LPK–SGB IX, § 80 RdNr. 11).

VI. Einblicksrecht in den Betrieb

Gemäß Abs. 7 haben die Vertreter/Vertreterinnen von Arbeitsamt **19** und Integrationsamt auch das Recht, den Betrieb oder die Dienststelle aufzusuchen, um sich einen Einblick in die betrieblichen Verhältnisse vor Ort zu verschaffen. Voraussetzung ist, dass dies im Interesse der schwerbehinderten Menschen erforderlich ist. Im Zusammenhang mit Kündigungen zur Aufklärung des Kündigungssachverhaltes, für die Entscheidung über begleitende Hilfen gemäß § 102 Abs. 1 Ziff. 3 oder im Rahmen der Unterstützung gemäß § 81 Abs. 4 S. 2 kann es geboten sein, den Arbeitsplatz, die Arbeitsplatzausstattung und den betrieblichen Organisationsablauf in Augenschein zu nehmen. Das Einblicksrecht ist dadurch begrenzt, dass **Betriebs- oder Dienstgeheimnisse** nicht gefährdet werden dürfen, wobei zu berücksichtigen ist, dass die Vertreter des Arbeitsamtes und des Integrationsamtes zur Geheimhaltung gemäß § 130 verpflichtet sind. Eine dennoch bestehende Gefährdung betrieblicher Belange ist durch den Arbeitgeber glaubhaft darzulegen (*Neumann/Pahlen,* SGB IX, § 80 SchwbG RdNr. 23).

VII. Benennung der Vertrauenspersonen und des Beauftragten (Abs. 8)

Damit die Zusammenarbeit zwischen den Interessenvertretungen **20** der Schwerbehinderten und dem Beauftragten des Arbeitgebers mit den zuständigen Integrationsämtern und Arbeitsämtern ermöglicht wird und die jeweiligen Ansprechpartner bekannt sind, sind nach Abs. 8 deren Namen unmittelbar nach der Wahl bzw. nach der Bestellung beiden Behörden mitzuteilen. Deren örtliche Zuständigkeit richtet sich im Falle der Schwerbehindertenvertretung nach dem Sitz des jeweiligen Betriebes oder der jeweiligen Dienststelle, bei der Gesamtschwerbehindertenvertretung nach dem Unternehmenssitz und bei der Konzernschwerbehindertenvertretung nach dem Sitz des herrschenden Unternehmens (§ 18 AktG).

VIII. Übersicht über die Beschäftigungsquote

21   Gemäß § 80 Abs. 9 ist die Bundesanstalt für Arbeit verpflichtet, jedes Jahr eine Übersicht über die Beschäftigungsquote schwerbehinderter Menschen im öffentlichen Dienst zu veröffentlichen. Dazu hat sie am 12. 6. 02 eine Sondernummer der Amtlichen Nachrichten herausgegeben. Dort werden für jede Gemeinde, aber auch z. B. für Sparkassen, Krankenhäuser oder Kirchengemeinden die zählenden Arbeitsplätze, die zu besetzenden Pflichtplätze sowie die Erfüllung der Pflichtquote aufgeführt.

IX. Ordnungswidrigkeit

22   Verletzt der Arbeitgeber seine Pflicht zur Führung eines Verzeichnisses (Abs. 1), zur Erstattung der Anzeige (Abs. 2 und 4), zur Erteilung der Auskunft (Abs. 5), zur Gewährung von Einblick in seinen Betrieb (Abs. 7) oder erfüllt er seine Benennungspflicht (Abs. 8) nicht, verhält er sich ordnungswidrig gemäß § 156 (siehe Erläuterungen dort).

Pflichten des Arbeitgebers und Rechte schwerbehinderter Menschen

81 (1) [1]Die Arbeitgeber sind verpflichtet zu prüfen, ob freie Arbeitsplätze mit schwerbehinderten Menschen, insbesondere mit beim Arbeitsamt arbeitslos oder arbeitssuchend gemeldeten schwerbehinderten Menschen, besetzt werden können. [2]Sie nehmen frühzeitig Verbindung mit dem Arbeitsamt auf. [3]Das Arbeitsamt oder ein von ihm beauftragter Integrationsfachdienst schlägt den Arbeitgebern geeignete schwerbehinderte Menschen vor. [4]Über die Vermittlungsvorschläge und vorliegende Bewerbungen von schwerbehinderten Menschen haben die Arbeitgeber die Schwerbehindertenvertretung und die in § 93 genannten Vertretungen unmittelbar nach Eingang zu unterrichten. [5]Bei Bewerbungen schwerbehinderter Richter und Richterinnen wird der

Präsidialrat unterrichtet und gehört, soweit dieser an der Ernennung zu beteiligen ist. [6]Bei der Prüfung nach Satz 1 beteiligen die Arbeitgeber die Schwerbehindertenvertretung nach § 95 Abs. 2 und hören die in § 93 genannten Vertretungen an. [7]Erfüllt der Arbeitgeber seine Beschäftigungspflicht nicht und ist die Schwerbehindertenvertretung oder eine in § 93 genannte Vertretung mit der beabsichtigten Entscheidung des Arbeitgebers nicht einverstanden, ist diese unter Darlegung der Gründe mit ihnen zu erörtern. [8]Dabei wird der betroffene schwerbehinderte Mensch angehört. [9]Alle Beteiligten sind vom Arbeitgeber über die getroffene Entscheidung unter Darlegung der Gründe unverzüglich zu unterrichten. [10]Bei Bewerbungen schwerbehinderter Menschen ist die Schwerbehindertenvertretung nicht zu beteiligen, wenn der schwerbehinderte Mensch die Beteiligung der Schwerbehindertenvertretung ausdrücklich ablehnt.

(2) [1]Arbeitgeber dürfen schwerbehinderte Beschäftigte nicht wegen ihrer Behinderung benachteiligen. [2]Im Einzelnen gilt hierzu Folgendes:

1. [1]Ein schwerbehinderter Beschäftigter darf bei einer Vereinbarung oder einer Maßnahme, insbesondere bei der Begründung des Arbeits- oder sonstigen Beschäftigungsverhältnisses, beim beruflichen Aufstieg, bei einer Weisung oder einer Kündigung, nicht wegen seiner Behinderung benachteiligt werden. [2]Eine unterschiedliche Behandlung wegen der Behinderung ist jedoch zulässig, soweit eine Vereinbarung oder eine Maßnahme die Art der von dem schwerbehinderten Beschäftigten auszuübenden Tätigkeit zum Gegenstand hat und eine bestimmte körperliche Funktion, geistige Fähigkeit oder seelische Gesundheit wesentliche und entscheidende berufliche Anforderung für diese Tätigkeit ist. [3]Macht im Streitfall der schwerbehinderte Beschäftigte Tatsachen glaubhaft, die eine Benachteiligung wegen der Behinderung vermuten lassen, trägt der Arbeitgeber die Beweislast dafür, dass nicht auf die Behinderung bezogene, sachliche Gründe eine unterschiedliche Behandlung rechtfertigen oder eine bestimmte körperliche Funktion, geistige Fähigkeit oder seelische Gesundheit wesentliche und entscheidende berufliche Anforderung für diese Tätigkeit ist.

2. Wird gegen das in Nummer 1 geregelte Benachteiligungsverbot bei der Begründung eines Arbeits- oder sonstigen Beschäftigungsverhältnisses verstoßen, kann der hierdurch benachteiligte schwerbehinderte Bewerber eine angemessene Entschädigung in Geld verlangen; ein Anspruch auf Begründung eines Arbeits- oder sonstigen Beschäftigungsverhältnisses besteht nicht.

3. [1]Wäre der schwerbehinderte Bewerber auch bei benachteiligungsfreier Auswahl nicht eingestellt worden, leistet der Arbeitgeber eine angemessene Entschädigung in Höhe von höchstens drei Monatsverdiensten. [2]Als Monatsverdienst gilt, was dem schwerbehinderten Bewerber bei regelmäßiger Arbeitszeit in dem Monat, in dem

das Arbeits- oder sonstige Beschäftigungsverhältnis hätte begründet werden sollen, an Geld- und Sachbezügen zugestanden hätte.

4. Ein Anspruch auf Entschädigung nach den Nummern 2 und 3 muss innerhalb von zwei Monaten nach Zugang der Ablehnung der Bewerbung schriftlich geltend gemacht werden.

5. Die Regelungen über die angemessene Entschädigung gelten beim beruflichen Aufstieg entsprechend, wenn auf den Aufstieg kein Anspruch besteht.

(3) [1]Die Arbeitgeber stellen durch geeignete Maßnahmen sicher, dass in ihren Betrieben und Dienststellen wenigstens die vorgeschriebene Zahl schwerbehinderter Menschen eine möglichst dauerhafte behinderungsgerechte Beschäftigung finden kann. [2]Absatz 4 Satz 2 und 3 gilt entsprechend.

(4) [1]Die schwerbehinderten Menschen haben gegenüber ihren Arbeitgebern Anspruch auf

1. Beschäftigung, bei der sie ihre Fähigkeiten und Kenntnisse möglichst voll verwerten und weiterentwickeln können,

2. bevorzugte Berücksichtigung bei innerbetrieblichen Maßnahmen der beruflichen Bildung zur Förderung ihres beruflichen Fortkommens,

3. Erleichterungen im zumutbaren Umfang zur Teilnahme an außerbetrieblichen Maßnahmen der beruflichen Bildung,

4. behinderungsgerechte Einrichtung und Unterhaltung der Arbeitsstätten einschließlich der Betriebsanlagen, Maschinen und Geräte sowie der Gestaltung der Arbeitsplätze, des Arbeitsumfeldes, der Arbeitsorganisation und der Arbeitszeit, unter besonderer Berücksichtigung der Unfallgefahr,

5. Ausstattung ihres Arbeitsplatzes mit den erforderlichen technischen Arbeitshilfen unter Berücksichtigung der Behinderung und ihrer Auswirkungen auf die Beschäftigung. [2]Bei der Durchführung der Maßnahmen nach den Nummern 1, 4 und 5 unterstützen die Arbeitsämter und die Integrationsämter die Arbeitgeber unter Berücksichtigung der für die Beschäftigung wesentlichen Eigenschaften der schwerbehinderten Menschen. [3]Ein Anspruch nach Satz 1 besteht nicht, soweit seine Erfüllung für den Arbeitgeber nicht zumutbar oder mit unverhältnismäßigen Aufwendungen verbunden wäre oder soweit die staatlichen oder berufsgenossenschaftlichen Arbeitsschutzvorschriften oder beamtenrechtliche Vorschriften entgegenstehen.

(5) [1]Die Arbeitgeber fördern die Einrichtung von Teilzeitarbeitsplätzen. [2]Sie werden dabei von den Integrationsämtern unterstützt. [3]Schwerbehinderte Menschen haben einen Anspruch auf Teilzeitbeschäftigung, wenn die kürzere Arbeitszeit wegen Art oder Schwere der Behinderung notwendig ist; Absatz 4 Satz 3 gilt entsprechend.

Übersicht

I. Allgemeines

Der Vorschrift kommt im Arbeitsverhältnis zentrale Bedeutung zu, **1** da sie konkrete Rechtspositionen des schwerbehinderten Menschen und spezielle Pflichten des Arbeitgebers im Rahmen seiner gesteigerten Treue- und Fürsorgepflicht gegenüber Schwerbehinderten und ihnen Gleichgestellten enthält. Die Regelung dient damit der Umsetzung des Verfassungsgebots in Art 3 Abs. 3 S. 2 GG, der Verwirklichung des Grundrechts aus Art 12 Abs. 1 GG sowie der Umsetzung der EG-Richtlinie 2000/78/EG des Rates vom 27. 11. 2000 (Begründung zum Gesetzentwurf der Fraktionen von SPD und Bündnis 90/Die Grünen BT-Drucks. 14/5074 S. 113). Durch sie sollen die Rechte der schwerbehinderten Menschen auf einen behinderungsgerechten und ihrer Qualifikation entsprechenden Arbeitsplatz gestärkt werden.

2   In Abs. 1 werden dem Arbeitgeber Prüfpflichten bezüglich der Beschäftigung von schwerbehinderten Menschen auf freien und frei werdenden Arbeitsplätzen auferlegt und die Beteiligungsrechte der Schwerbehindertenvertretung gestärkt. Abs. 2 enthält ein ausdrückliches Benachteiligungsverbot und räumt dem schwerbehinderten Menschen bei einem Verstoß einen Entschädigungsanspruch ein, der der Regelung des § 611 a BGB nachgebildet ist. Abs. 3 bis 5 enthalten Verpflichtungen des Arbeitgebers im laufenden Arbeitsverhältnis, wobei die Absätze 4 und 5 Pflichten des Arbeitgebers beschreiben, denen konkrete Rechtsansprüche des Arbeitnehmers korrespondieren.

3   Die Regelung entspricht im Wesentlichen dem bisherigen § 14 SchwbG, nachdem diese Vorschrift grundlegend bereits durch das am 1. 10. 00 in Kraft getretene Gesetz zur Bekämpfung der Arbeitslosigkeit Schwerbehinderter (BGBl. I S. 1394) umgestaltet und um die §§ 14 a bis c SchwbG ergänzt worden war (siehe auch Überblick unter § 68 IV RdNr. 23). Erweitert wurde das bisherige Recht durch die Einfügung des Benachteiligungsverbotes und durch den Entschädigungsanspruch des Behinderten.

Schließlich wurde der Begriff der Hauptfürsorgestelle durch den Begriff des Integrationsamtes ersetzt.

II. Pflichten des Arbeitgebers bei der Besetzung von Arbeitsplätzen

4   **1. Prüfpflichten.** Der Arbeitgeber hat die Pflicht zu prüfen, ob ein freier Arbeitsplatz mit einem schwerbehinderten Arbeitnehmer, insbesondere auch mit beim Arbeitsamt arbeitslos oder arbeitssuchend gemeldeten Arbeitnehmern besetzt werden kann. Diese Prüfung ist nicht abstrakt sondern **konkret für den ausgeschriebenen oder zu besetzenden Arbeitsplatz** vorzunehmen.

5   Die Prüfpflicht besteht unabhängig davon, ob der Arbeitgeber seiner Beschäftigungsverpflichtung gemäß §§ 71,72 nachgekommen ist. Zweck der Vorschrift ist es, die Einstellung und Beschäftigung Schwerbehinderter zu fördern. Daher ist die Prüfung immer vorzunehmen, wenn ein Arbeitsplatz besetzt werden soll (BAG Beschl. v. 14. 11. 89 NZA 1990, 368).

6   Die Prüfpflicht besteht unabhängig davon, ob ein schwerbehinderter Mensch sich auf die Stelle beworben hat. Sie bezieht sich auf alle Arten von Stellenbesetzungen, also auch auf innerbetriebliche Versetzungen (*Schröder* in Hauck / Noftz, SGB IX, K § 81 RdNr. 4).

7   Die Prüfpflicht begründet **keine Einstellungsverpflichtung.** Dies ergibt sich aus § 81 Abs. 2 Nr. 2 letzt. Hs. Der Arbeitgeber kann grund-

sätzlich über seinen Personaleinsatz frei disponieren. Da die Prüfpflicht andererseits das Ziel verfolgt, zumindest die Erfüllung der gesetzlichen Beschäftigungspflicht zu erreichen, ist das **Auswahlermessen** beschäftigungspflichtiger Arbeitgeber bei der Besetzung von Arbeitsplätzen **eingeschränkt**. Sie haben bei gleicher Qualifikation dem schwerbehinderten Bewerber den Vorzug einzuräumen (*Düwell*, LPK-SGB IX, § 81 RdNr. 14; *Dörner*, SchwbG, § 14 RdNr. 5).

Beschäftigungspflichtige Arbeitgeber sind außerdem gemäß § 81 **8** Abs. 3 verpflichtet, durch geeignete Maßnahmen sicherzustellen, dass sie ihre Beschäftigungspflicht erfüllen können. Die Prüfpflicht besteht daher schon vor der Ausschreibung einer Stelle und vor einer Personalauswahl und hat sich im **Vorfeld einer Besetzungsentscheidung** bereits auf die Möglichkeit einer behindertengerechten Gestaltung des Arbeitsplatzes zu erstrecken (so auch *Düwell*, LPK-SGB IX, § 81 RdNr. 17).

Die Prüfpflicht bezieht sich nicht nur auf Arbeitsplätze im Sinne **9** des § 73 Abs. 1, sondern umfasst z.b. auch **Teilzeitstellen unterhalb von 18 Stunden** in der Woche gemäß § 73 Abs. 3. Es würde dem Schutzzweck des Gesetzes und der Förderverpflichtung in § 81 Abs. 5 nicht entsprechen, bestimmte Teilzeitstellen aus der Prüfung, ob sie mit Schwerbehinderten besetzt werden können, auszunehmen, zumal Stellen mit nur geringer Arbeitszeit für Schwerbehinderte besonders geeignet sein können (GK-SchwbG-*Großmann*, § 14 RdNr. 23–25; *Düwell*, LPK-SGB IX, § 81 RdNr. 16).

Nach der noch zu § 14 SchwbG 1986 ergangenen Rechtsprechung ge- **10** nügte der Arbeitgeber seiner Prüfpflicht, wenn er dem Arbeitsamt eine Kopie der innerbetrieblichen Stellenausschreibung zusandte und das Arbeitsamt bat zu prüfen, ob es für diese Stelle einen geeigneten schwerbehinderten Arbeitslosen vermitteln kann. Der Arbeitgeber hatte dann in seine Prüfung die ihm vom Arbeitsamt für die konkrete Stelle genannten Bewerber einzubeziehen (BAG Beschl. v. 10. 11.92 NZA 1993, 376, 378). Neben diesen Verpflichtungen bestehen nach der gesetzlichen Neufassung weitergehende Prüfpflichten. Zum einen ist der Arbeitgeber verpflichtet, schon **frühzeitig Verbindung zum Arbeitsamt aufzunehmen**. Dies muss zu einem Zeitpunkt geschehen, zu dem das Arbeitsamt oder der von ihm beauftragte Integrationsfachdienst (§ 109) noch rechtzeitig für die Stellenbesetzung Vermittlungsvorschläge unterbreiten kann. Dem Arbeitsamt müssen die konkreten Anforderungen der zu besetzenden Stelle mitgeteilt werden, damit es geeignete schwerbehinderte Bewerber vorschlagen kann. Zum anderen muss der Arbeitgeber nicht nur die vom Arbeitsamt für eine konkrete Stelle benannten schwerbehinderten Bewerber einbeziehen, er muss vielmehr auch **von sich aus aktiv werden**, in dem er etwa Stellen für schwerbehinderte Menschen ausschreibt oder sich an das Arbeitsamt von sich aus wendet und um Vermittlungsvorschläge bittet (*Schröder* in Hauck/Noftz, SGB IX , § 81 RdNr. 6; *Hoffmann*, LPK-SGB IX, § 156 RdNr. 12).

11   Verstößt der Arbeitgeber gegen die Prüfpflicht, hat der **Betriebsrat** das Recht, gemäß § 99 Abs. 2 Ziff. 1 BetrVG die **Zustimmung zur Einstellung** zu **verweigern**, da in diesem Fall die Einstellung gegen eine gesetzliche Vorschrift (§ 81 Abs. 1 S.1), die die Eingliederung Schwerbehinderter in das Arbeitsleben durch die Auferlegung von Prüfpflichten des Arbeitgebers sichern soll, verstößt (BAG Beschl. v. 10. 11.92 NZA 1993, 376 u. Beschl. v. 14. 11. 89 NZA 1990, 368). Im Bericht des Ausschusses für Arbeit und Sozialordnung zum Gesetzentwurf der Bundesregierung (BT-Drucks. 14/5800 S. 30) wird auf diese Rechtsprechung des BAG ausdrücklich Bezug genommen.

12   Grundsätzlich keinen **Zustimmungsverweigerungsgrund** gemäß § 99 Abs. 2 Ziff. 1 BetrVG stellt der Umstand dar, dass der Arbeitgeber auf einem freien Arbeitsplatz keinen Schwerbehinderten einstellt, obwohl er die Pflichtquote noch nicht erfüllt hat. Der Betriebsrat kann dann nicht mit der Begründung widersprechen, der Arbeitgeber habe den schwerbehinderten Bewerber einstellen müssen (ArbG Lüneburg Beschl. v. 27. 5. 86 NZA 1987, 67). Anders ist die Rechtslage nur dann, wenn die Einstellung eines nicht schwerbehinderten Bewerbers unter Verstoß gegen das Benachteiligungsverbot des § 81 Abs. 2 erfolgen soll. Dann liegt ein Gesetzesverstoß vor, bei dem gemäß § 99 Abs. 2 Ziff. 1 BetrVG ein Zustimmungsverweigerungsgrund des Betriebsrates besteht (*Düwell* in BB 2000, 2570,2572; FKHE, BetrVG, § 99 RdNr. 154 für den vergleichbaren Fall des Verstoßes gegen § 611 a BGB).

13   Ein Verstoß gegen die Prüfpflichten wird – anders als ein Verstoß gegen Beteiligungs- und Anhörungsrechte – in § 156 nicht als **Ordnungswidrigkeit** aufgeführt. Erfüllt der Arbeitgeber jedoch die gesetzliche Beschäftigungspflicht nicht, kann die Missachtung der Prüfpflicht eine Ordnungswidrigkeit gemäß § 156 Abs. 1 Ziff. 1 darstellen (siehe Erläuterungen dort).

14   **2. Beteiligung der Schwerbehindertenvertretung.** Schon bei der Prüfung der Einstellungsmöglichkeiten für Behinderte muss der Arbeitgeber die Schwerbehindertenvertretung gemäß §§ 81 Abs. 1 S. 6, 95 Abs. 2 beteiligen und die in § 93 genannten Interessensvertretungen anhören. Die Beteiligung ist nach der gesetzlichen Regelung **für alle Arbeitgeber verpflichtend.** Diese sieht keine Ausnahmen vor, auch dann nicht, wenn der Arbeitgeber seine Beschäftigungspflicht nach § 71 erfüllt hat oder seiner Auffassung nach keine geeigneten schwerbehinderten Bewerber für die zu besetzende Stelle in Betracht kommen.

15   **a) Unterrichtungspflicht.** Gemäß § 81 Abs. 1 S. 4 hat der Arbeitgeber über die **Vermittlungsvorschläge** des Arbeitsamtes und alle **vorliegenden Bewerbungen** schwerbehinderter Menschen und ihnen Gleichgestellter die Schwerbehindertenvertretung und den Betriebsrat unmittelbar nach Eingang zu unterrichten, damit diese an der Eingliederung schwerbehinderter Menschen mitwirken können. Ent-

sprechend hat die Schwerbehindertenvertretung einen Auskunftsanspruch gegenüber dem Arbeitgeber.

Bewerber sind allerdings nur solche, die sich auch auf den konkreten 16 Arbeitsplatz beworben haben. Werden in einem Betrieb mehrere Stellen ausgeschrieben und meldet der Bewerber sich für einen bestimmten Arbeitsplatz, so gilt seine Bewerbung nicht gleichzeitig für alle anderen ausgeschriebenen Arbeitsplätze. Die Schwerbehindertenvertretung oder der Betriebsrat können den Bewerber allerdings auf andere ausgeschriebene Arbeitsplätze hinweisen, die für ihn aufgrund seiner Eignung ebenfalls in Frage kommen (BAG Beschl. v. 10. 11. 92 NZA 1993, 376).

Bewirbt sich eine große Anzahl von Bewerbern auf eine Stelle, muss 17 die Schwerbehindertenvertretung bereits bei der **Vorauswahl** gemäß §§ 81 Abs. 1 S. 6, 95 Abs. 2 beteiligt und ihr die beabsichtigte Auswahlentscheidung mitgeteilt werden. Dazu ist ihr gemäß § 95 Abs. 2 S. 1 **Gelegenheit zur Stellungnahme** (Anhörung) zu geben. Anschließend ist sie über die getroffene Vorauswahlentscheidung zu unterrichten.

Gemäß § 95 Abs. 2, der ausdrücklich auf § 81 Abs. 1 verweist, besteht 18 für die Schwerbehindertenvertretung weiterhin ein Recht auf **Teilnahme an Vorstellungsgesprächen** und ein **Einsichtsrecht** in die entscheidungsrelevanten Teile der **Bewerbungsunterlagen**; denn nur im Vergleich aller Bewerber kann die Schwerbehindertenvertretung sich über die Eignung des schwerbehinderten Bewerbers eine eigene Meinung bilden.

Bei der Bewerbung schwerbehinderter **Richter und Richterinnen** 19 sind unter den Voraussetzungen des § 81 Abs. 1 S. 5 auch die Präsidialräte zu unterrichten und anzuhören. Wann die Präsidialräte im Sinne dieser Vorschrift an der Ernennung zu beteiligen sind, ergibt sich aus den Richtergesetzen der Länder. Nach § 32 des nordrhein-westfälischen Landesrichtergesetzes ist das bei Beförderungen und Versetzungen im Interesse der Rechtspflege der Fall. In anderen Ländern muss der Präsidialrat auch bei der Entlassung von Richtern auf Probe beteiligt werden.

Ist das Bewerbungsverfahren abgeschlossen, hat der Arbeitgeber die 20 Schwerbehindertenvertretung über die beabsichtigte Einstellungsentscheidung gemäß § 95 Abs. 2 S. 1 zu informieren und ihr Gelegenheit zur Stellungnahme zu geben (Anhörung).

Kommt der Arbeitgeber seiner Beteiligungspflicht gegenüber der 21 Schwerbehindertenvertretung nicht nach, stellt dieser Gesetzesverstoß einen **Zustimmungsverweigerungsgrund** gemäß § 99 Abs. 2 Ziff. 1 BetrVG dar, da die Beteiligungsrechte wie die Prüfpflicht Bestandteil des gesetzlich vorgeschriebenen Stellenbesetzungsverfahrens sind (so auch: *Düwell*, LPK–SGB IX, § 81 RdNr. 22; DKK-*Kittner*, BetrVG, § 99 RdNr. 175; offengelassen: BAG Beschl. v. 10. 11.92 NZA 1993, 376, 378).

b) Besondere Erörterungspflicht (§ 81 Abs. 1 S. 7–9). Bei **be-** 22 **schäftigungspflichtigen Arbeitgebern** sieht das Gesetz erweiterte Beteiligungspflichten vor. Diese kommen zum Tragen, wenn der Arbeitgeber die Pflichtquote nicht erfüllt hat und die Schwerbehindertenvertretung oder die betriebliche Interessenvertretung mit der beabsichtigten Entscheidung des Arbeitgebers nicht einverstanden sind.

23   In diesem Fall besteht gemäß Abs. 1 S. 7 eine besondere Erörterungspflicht. Sie beinhaltet die Verpflichtung des Arbeitgebers, die beabsichtigte Einstellungsentscheidung der Schwerbehindertenvertretung und der betrieblichen Interessenvertretung gegenüber im Einzelnen zu begründen und mit ihr ein **Gespräch** zu führen, in der die von ihr **vorgetragenen Einwände erörtert** werden. Der Arbeitgeber hat dabei insbesondere darzulegen, weshalb die Einstellung des schwerbehinderten Bewerbers trotz Nichterfüllung der Beschäftigungspflicht nicht beabsichtigt wird.

24   Im Rahmen des besonderen Erörterungsverfahrens ist der Arbeitgeber außerdem gemäß Abs. 1 S. 8 verpflichtet, alle von der beabsichtigten Entscheidung **betroffenen schwerbehinderten Bewerber anzuhören**. Dies kann im Rahmen der Erörterungen mit Schwerbehindertenvertretung und betrieblicher Interessenvertretung erfolgen; dazu kann auch ein eigener Gesprächstermin festgelegt werden, an dem Schwerbehindertenvertretung und betriebliche Interessenvertretung teilnahmeberechtigt sind (*Schröder* in Hauck / Noftz, SGB IX, K § 81 RdNr. 10).

25   Die Anhörungspflicht besteht gegenüber allen abgelehnten schwerbehinderten Bewerbern. Der Arbeitgeber darf nicht etwa einzelne Bewerbungen im Wege einer Vorauswahl von der Anhörung oder Erörterung ausschließen. Es kommt auch nicht darauf an, ob der Bewerber sich von sich aus beworben hat oder auf eine konkrete Ausschreibung reagiert hat. Unerheblich ist auch, ob es sich um externe oder betriebsinterne Bewerbungen handelt (*Cramer*, SchwbG § 14 RdNr. 9; *Schröder* in Hauck/Noftz, SGB IX , K § 81 RdNr. 10).

26   Der Gesetzgeber hat bewusst für den Arbeitgeber, der seine Beschäftigungspflicht nicht erfüllt, dieses aufwändige und bürokratische Verfahren gewählt, um ihn zur Einstellung Schwerbehinderter anzuhalten (*Düwell*, LPK-SGB IX, § 81 RdNr. 22). Der Arbeitgeber soll nur nach reiflicher Überlegung und nach Berücksichtigung aller Umstände eine Entscheidung gegen einen schwerbehinderten Bewerber treffen. Da die Ablehnungsgründe im Erörterungsgespräch vorgetragen werden müssen, erleichtert dies dem abgelehnten Bewerber außerdem die Glaubhaftmachung eines Verstoßes gegen das Benachteiligungsverbot (Abs. 2), falls der Arbeitgeber nicht nur sachliche Gründe anführt.

27   **c) Unterrichtungspflicht über die Einstellungsentscheidung**. Hat der Arbeitgeber seine Einstellungsentscheidung getroffen, ist die Schwerbehindertenvertretung **unverzüglich,** d.h. in der Regel sofort gemäß § 95 Abs. 2 S. 1 zu informieren. Im **besonderen Erörterungsverfahren** (siehe RdNr. 23 ff.) sind alle Beteiligten, also auch die abgelehnten schwerbehinderten Bewerber, gemäß Abs. 1 S. 9 über die Entscheidung zu informieren. In diesem Fall muss die Entscheidung nicht

nur mitgeteilt sondern auch **begründet** werden. Dies versetzt die abgelehnten Bewerber in die Lage, die Entscheidung gerichtlich überprüfen zu lassen bzw. evtl. Rechte aus § 81 Abs. 2 geltend zu machen.

d) Beteiligungsablehnung durch einen Bewerber (Abs. 1   28
S. 10). Unterrichtungs- und Erörterungspflichten bestehen ausnahmsweise gegenüber einzelnen Bewerbern nicht, wenn diese die Beteiligung der Schwerbehindertenvertretung ausdrücklich ablehnen. Dies gilt allerdings nicht für die Beteiligungsrechte der betrieblichen Interessenvertretungen, da diese auch die Interessen anderer nicht schwerbehinderter Arbeitnehmer vertreten. Außerdem gelten die allgemeinen Beteiligungsrechte gemäß § 95 Abs. 2 weiter, da hier ein Ablehnungsgrund nicht erwähnt wird. Damit werden Anhörungs- und Unterrichtungsrechte durch die Ablehnung eines einzelnen schwerbehinderten Bewerbers nicht ausgeschlossen. Ein **einzelner Bewerber** wird lediglich die **Erörterung seiner Bewerbung** und die **Teilnahme an seinem Vorstellungs- und Anhörungsgespräch ablehnen** können. Im Übrigen kann die Schwerbehindertenvertretung über die Ablehnung einen **Nachweis** verlangen.

e) Fehler im Beteiligungsverfahren. Wird das gesetzliche Betei-   29
ligungsverfahren nicht korrekt durchgeführt, kann der Verstoß eine **Ordnungswidrigkeit** darstellen. Die Verletzung der Unterrichtungspflicht der Schwerbehindertenvertretung und der Interessensvertretungen über vorliegende Vermittlungsvorschläge und Bewerbungen sowie über die getroffene Entscheidung gegenüber allen Beteiligten wird in § 156 Ziff. 7 als Ordnungswidrigkeit geahndet. Ein Verstoß gegen die Erörterungspflicht stellt eine Ordnungswidrigkeit gemäß § 156 Ziff. 8 dar. Dies gilt nicht, wenn die Beteiligungspflicht entfällt, weil ein schwerbehinderte Bewerber eine Beteiligung der Schwerbehindertenvertretung ausdrücklich abgelehnt hat (§ 81 Abs. 1 S. 10).

f) Kurzübersicht über die Beteiligung der Schwerbehinder-   30
tenvertretung.

- Unterrichtung über alle eingegangenen Bewerbungen schwerbehinderter und nicht schwerbehinderter Bewerber sowie der Vermittlungsvorschläge des Arbeitsamtes (Abs. 1 S. 4)
- Unterrichtung über die beabsichtigte Vorauswahl bei größerem Bewerberkreis, Gelegenheit zur Stellungnahme dazu, Mitteilung der getroffenen Vorauswahlentscheidung und Gelegenheit zur Stellungnahme dazu (§ 81 Abs. 1 S. 6, § 95 Abs. 2 S. 1)
- Einsicht in Bewerbungsunterlagen und Teilnahme an Vorstellungsgesprächen (§ 95 Abs. 2 S. 3)
- Unterrichtung über eine beabsichtigte Einstellungsentscheidung und Gelegenheit zur Stellungnahme (§ 95 Abs. 2 S. 1)
- Besondere Erörterung der beabsichtigten Entscheidung bei Nichterfüllung der Beschäftigungspflicht und bei ablehnender Stellungnahme der Schwerbehindertenvertretung (§ 81 Abs. 1 S. 7):

(1) Gesprächsweise Erörterung der Entscheidung und Begründung im Einzelnen

(2) Anhörung des/der abgelehnten schwerbehinderten Bewerber(s) (§ 81 Abs. 1 S. 8)

- Mitteilung der getroffenen Entscheidung.(§ 95 Abs. 2 S. 1, letzt.Hs.), bei besonderer Erörterungspflicht: zusätzlich Begründung der Entscheidung (§ 81 Abs. 1, S. 9)
- Ausnahme: keine Beteiligung bezogen auf einen schwerbehinderten Bewerber, der dies ausdrücklich ablehnt.

III. Benachteiligungsverbot (Abs. 2)

31   Eine Neuregelung zum bisherigen § 14 SchwbG enthält Abs. 2. Dadurch soll vor allem die Teilhabe schwerbehinderter Menschen oder ihnen Gleichgestellter am Arbeitsleben gefördert werden, da Schwerbehinderte besonders von Arbeitslosigkeit betroffen sind. Um die Benachteiligung von Schwerbehinderten gerade bei der Begründung von Arbeitsverhältnissen zu verhindern, enthält die Regelung in Abs. 2 entsprechend wie § 611a BGB eine Entschädigungsregelung bei einem Verstoß gegen das Benachteiligungsverbot (Begründung zum Gesetzentwurf der Fraktionen von SPD und Bundnis 90/Die Grünen BT-Drucks. 14/5074 S. 113). Die Regelung dient damit auch der **Umsetzung der EU-Richtlinie** 2000/78 vom 27. 11. 00, die Benachteiligungen im Arbeitsleben wegen u.a. auch einer Behinderung verbietet und in Art.17 effektive Sanktionen für den Fall der Nichtbeachtung fordert. Ob die Umsetzung der Richtlinie durch die Regelungen im SGB IX und hier konkret durch die Entschädigungsregelung des Abs. 2 ausreichend erfolgt ist, wird mit guten Gründen bezweifelt (so etwa *Thüsing* in NZA 01, 1061, 1063; *von Roetteken* NZA 01, 414, 417f.). Die Regelung in Abs. 2 dient schließlich auch der Konkretisierung des Art. 3 Abs. 2 GG, wonach niemand wegen seiner Behinderung benachteiligt werden darf.

32   **1. Verstoß gegen das Benachteiligungsverbot (Abs. 2 Ziff.1).** Das Benachteiligungsverbot in Abs. 2 Ziff.1 gilt für alle Arbeits- und Beschäftigungsverhältnisse. Es ist von besonderer Wichtigkeit bei der **Anbahnung von Arbeitsverhältnissen**, gilt aber auch für **jede Form der Vereinbarung** (z.B. Vertragsänderungen oder einzelne Arbeitsbedingungen), bei **Maßnahmen des Arbeitgebers** (z.B. freiwillige soziale Leistungen), **Weisungen** im Rahmen des Direktionsrechts, **Kündigungen** und beim **beruflichen Aufstieg**.

33   Benachteiligung ist die im Einzelfall bewirkte **Schlechterstellung** des betroffenen Arbeitnehmers, wobei sie auch in der Vorenthaltung von Vorteilen bestehen kann, also etwa im Ausschluss von sozialen Leistungen (Palandt/*Putzo*, § 611a BGB RdNr. 9).

Jede Benachteiligung wegen der Behinderung ist grundsätzlich 34
untersagt. Eine **unterschiedliche Behandlung** behinderter und
nicht behinderter Arbeitnehmer kommt nur **ausnahmsweise** dann in
Betracht, wenn die Art der Tätigkeit eine bestimmte körperliche Funktion, bestimmte geistige Fähigkeiten oder seelische Gesundheit zwingend erfordert. Dies ist nur dann der Fall, wenn die berufliche Tätigkeit ohne diese Befähigungen nicht ausgeführt werden könnte.

Da gerade der Umstand der Behinderung eines Arbeitnehmers 35
vom Arbeitgeber besondere Förderung und Fürsorge verlangt, ist eine
unterschiedliche Behandlung von schwerbehinderten Menschen zu
ihrem eigenen **Vorteil**, um ihnen die berufliche Tätigkeit zu ermöglichen oder zu erleichtern, nicht durch Abs. 2 untersagt. Derartige Maßnahmen und Vereinbarungen sind zulässig und können sogar nach
Abs. 3 geboten sein.

2. Entschädigungsanspruch. Bei einem Verstoß gegen das Be- 36
nachteiligungsverbot besteht ein Rechtsanspruch auf Entschädigung.
Der Anspruch ist auf eine **Geldleistung** gerichtet. Er soll den Arbeitgeber dazu veranlassen, schwerbehinderte Menschen einzustellen und
auch sonstige den Schwerbehinderten benachteiligende Maßnahmen zu
unterlassen.

Der Entschädigungsanspruch ist der **Regelung des § 611 a BGB** 37
nachgebildet, die einer Umsetzung der sog. Gleichbehandlungsrichtlinie 76/207/EWG des Rates vom 9. 2. 1976 zur Verwirklichung des
Grundsatzes der Gleichbehandlung von Männern und Frauen hinsichtlich des Zugangs zu Beschäftigung und beruflichen Aufstieg
dient. § 611 a BGB und § 81 Abs. 2 weisen ebenso wie die ihnen zugrunde liegenden EU-Richtlinien 76/207 bzw. 2000/78 strukturelle
Parallelen auf. Benachteiligungen aufgrund des Geschlechts bzw. einer
Behinderung sollen verhindert werden. Deshalb können die zahlreichen zu § 611 a BGB Entscheidungen sowohl des EuGH wie auch des
BAG für die Diskriminierungsregelung in § 81 Abs. 2 herangezogen
werden. Vor allem infolge immer wieder erneuter Vorlagen beim
EuGH und daraufhin ergangener Entscheidungen des EuGH ist die
gesetzliche Regelung in § 611 a BGB häufig geändert und an die Rechtsprechung des EuGH angepasst worden. Sie ist deshalb in ihrer jetzigen
Fassung zum größten Teil wortgleich in § 81 Abs. 2 übernommen
worden.

Für die Diskriminierungsregelung in § 611 a BGB hat der EUGH 38
entschieden, dass die **Sanktion** für Verstöße gegen das Benachteiligungsverbot **nicht nur symbolisch** sein dürfen. Sie müssen, um
einen tatsächlich wirksamen Rechtsschutz zu gewährleisten, eine wirklich abschreckende Wirkung haben (EuGH – Colson und Kamann –
U. v. 10. 4. 84 NZA 1984, 157).

In seiner Entscheidung v. 8. 11. 1990 (Fall Dekker, NJW 1991,628 = 39
NZA 1991,171) stellt der EuGH klar, dass der Arbeitgeber die **Diskri-**

minierung, nämlich die verweigerte Einstellung einer schwangeren Frau, **nicht mit finanziellen Nachteilen rechtfertigen kann**, die auf ihn während der Mutterschutzfristen der schwangeren Frau zukommen. Der EuGH weist weiterhin darauf hin, dass die Entschädigungspflicht des Arbeitgebers auch nicht davon abhängig sei, dass ein Verschulden des Arbeitgebers oder kein Rechtfertigungsgrund für sein Verhalten vorliege. Die **verschuldensunabhängige Haftung** wird noch einmal bestätigt in der Entscheidung Draehmpaehl und Webb (EuGH U. v. 22. 4. 1997 NZA 1997, 645 und 14. 7. 94 NZA 1994, 783*)*, in der außerdem die damals geltende Entschädigungsgrenze für Verstöße, bei denen der Bewerber bei diskriminierungsfreier Auswahl eingestellt worden wäre, als mit der Gleichbehandlungsrichtlinie nicht vereinbar angesehen wurde.

40   Diese Entscheidungen haben den Gesetzgeber veranlasst, in § 611a Abs. 2 und 3 BGB und entsprechend in § 81 Abs. 2 Ziff. 2 und 3 eine verschuldensunabhängige Entschädigungsregelung vorzusehen und hinsichtlich der Höhe der Entschädigung danach zu differenzieren, ob der Bewerber auch bei diskriminierungsfreier Auswahl eingestellt worden wäre oder nicht.

41   Damit ergibt sich für die Entschädigungsregelung im Einzelnen folgendes: Es muss ein **Verstoß gegen das Benachteiligungsverbot** gemäß Ziff. 1 vorliegen. Dies ist schon immer dann der Fall, wenn die **Behinderung** bei der Maßnahme des Arbeitgebers oder seiner Einstellungs- oder Beförderungsentscheidung **zu Lasten des Bewerbers berücksichtigt** worden ist und die Behinderung auch in dem Motivbündel, das seine Entscheidung beeinflusst hat, als negatives Kriterium für den abgewiesenen Bewerber und als positives für den nicht schwerbehinderten Bewerber enthalten ist. Es reicht also aus, dass die Behinderung des abgewiesenen Bewerbers die Entscheidung des Arbeitgebers negativ beeinflusst hat (so für die Benachteiligung wegen des Geschlechts: BVerfG U. v. 16. 11. 93, AP Nr. 9 zu § 611a BGB). Ein **Verstoß** liegt etwa vor, wenn der Arbeitgeber die Einstellung eines Schwerbehinderten mit den damit verbundenen zusätzlichen **finanziellen und sonstigen Belastungen** (etwa beim Zusatzurlaub, bei der Kündigung) ablehnt. Der EUGH hat bei der Einstellungsablehnung einer Schwangeren aufgrund der damit verbundenen finanziellen Auswirkungen von Fehlzeiten wegen der Schwangerschaft ausdrücklich darauf hingewiesen, dass ein Verstoß gegen das Benachteiligungsverbot wegen des Geschlechtes vorliegt, wenn die Einstellung versagt wird, weil der Arbeitgeber Nachteile befürchtet (EuGH U. v. 8. 11. 90 – Dekker – NJW 1991, 628).

42   Die **Folge eines Verstoßes** gegen das Benachteiligungsverbot ist nicht die Einstellung des Schwerbehinderten, sondern die **Zahlung einer Entschädigung**. Sie ist unabhängig davon, ob der Arbeitgeber schuldhaft gehandelt hat oder, ob er sich auf einen Rechtfertigungsgrund berufen kann (EuGH U. v. 8.11.90 – Dekker – NJW 1991, 628; EuGH U. v. 22.4.1997 – Draehmpaehl – NZA 1997, 645; *Stürmer* in NZA 2001, 526, 528). Dem EuGH zufolge genügt jeder Verstoß gegen das Diskriminierungsverbot, um die volle Haftung des Verursachers auszulösen.

Bei der Höhe der Entschädigung differenziert das Gesetz danach, **43** ob der Bewerber **auch bei diskriminierungsfreier Auswahl nicht eingestellt** worden wäre. In diesem Fall ist die Entschädigungshöhe auf **drei Monatsgehälter** beschränkt.

Wäre der **Bewerber** dagegen wegen seiner besseren Qualifikation **eingestellt worden**, ist die **Haftung nicht begrenzt**. Auch diese Differenzierung ist in § 611a BGB nach entsprechenden Entscheidungen des EuGH vom Gesetzgeber übernommen worden (EuGH U. v. 22.4.1997 – Draehmpaehl – NZA 1997, 645 und U. v. 14.7.94 – Webb – NZA 1994, 783). § 81 Abs. 2 Ziff. 3 entspricht dieser Regelung in § 611a Abs. 2 BGB. Die zu § 611a ergangenen Entscheidungen sind daher auf das Schwerbehindertenrecht übertragbar.

Zur Schadenshöhe hat der EuGH grundsätzlich entschieden, dass **44** der vom Arbeitgeber zu leistende Schadensersatz in einem **angemessenen Verhältnis zum erlittenen Schaden** stehen muss (EuGH U. v. 22.4.1997 a.a.O.). Er kann **nicht** als **Naturalrestitution** geleistet werden, da § 81 Abs. 2 Ziff. 2 ausdrücklich regelt, dass die Entschädigung in Geld zu erfolgen hat und kein Anspruch auf Begründung eines Arbeitsverhältnisses besteht. In der Gesetzesbegründung zu § 611a BGB ist der Hinweis enthalten, dass die Entschädigungshöhe sich nach der Schwere des Verstoßes im Einzelfall und unter Abwägung der Interessen der benachteiligten Person und der wirtschaftlichen Auswirkungen für das Unternehmen richten soll (Begründung der Bundesregierung zum Entwurf eines Gesetzes zur Änderung des Bürgerlichen Gesetzbuches und des Arbeitsgerichtsgesetzes, BT-Drucks. 13/10242 S. 8). Im Rahmen der Entschädigungsleistung in § 611a BGB wird die Höhe entsprechend den Umständen im Einzelfall danach ausgerichtet, welcher Schaden beim Arbeitnehmer auszugleichen ist und wann sie für den Arbeitgeber auch im Sinne des EuGH eine wirklich abschreckende Sanktion darstellt (so etwa *Annuß* in NZA 1999, 738, 742); andere Autoren wollen die Entschädigungshöhe an der Rechtsprechung zur Verletzung des allgemeinen Persönlichkeitsrechts orientieren (*Wendeling* in DB 1999, 1012); schließlich wird auch eine Festlegung bestimmter Pauschalbeträge („Einsatzwerte") nach abstrakten und generellen Kriterien vorgeschlagen (*Zwanziger* in DB 1998, 1330).

Pauschalbeträge sind abzulehnen, da sie der gesetzgeberischen Ab- **45** sicht, die konkreten Nachteile des jeweilig benachteiligten Bewerbers auszugleichen, nicht gerecht würden.

Es erscheint angemessen, bei der Höhe der Entschädigung beide gesetzgeberischen Zwecke, nämlich den **Ausgleichszweck** wie auch den **Sanktionszweck** zu berücksichtigen und deshalb bei der Bemessung des Entschädigungsanspruchs auch **immaterielle Entschädigungsansprüche** mit einzubeziehen. Bei demjenigen Bewerber, der zwar wegen seiner Behinderung bei der Einstellung erst gar nicht zum Vorstellungsgespräch eingeladen worden ist, der aber aufgrund seiner Qualifikation im Vergleich zu seinen Mitbewerbern auch nicht eingestellt worden wäre, reduziert sich der erlittene materielle Schaden in der Regel nur auf die Bewerbungskosten. Um den Sanktionscharakter, die wirklich abschreckende Funktion der Vorschrift zu erhalten, muss daher der immaterielle Schaden, der darin besteht, dass der Bewerber „Opfer einer diskriminierenden Verhaltensweise" geworden ist und dadurch sein Persönlichkeitsrecht verletzt wurde, miteinbezogen werden (*Wendeling* in DB 1999, 1012, 1015). Die Höhe der Entschädigung hat sich an der **Schwere der Persönlichkeitsverletzung** auszurichten. Zu berücksichtigen ist zum einen das **Verhalten des Arbeitgebers** d.h. das Gewicht und die Art des Verstoßes gegen § 81 Abs. 2: etwa systematisches Vorgehen des Arbeitgebers, Wiederholungsfälle, besonders kränkende Begleitumstände, Hinwegsetzen über entsprechende Hinweise und Stellungnahmen der betrieblichen Interessensvertretung bzw. der Schwerbehindertenvertretung oder Missachtung von Beteiligungsrechten (*Schröder* in Hauck/Noftz, SGB IX, K § 81 RdNr. 23). Zum anderen ist die Höhe der Entschädigung danach auszurichten, **wie groß die Chance** des diskriminierten Bewerbers war, aufgrund seiner Eignung ohne Benachteiligung **in die engere Auswahl** miteinbezogen worden zu sein (*Wendeling* in DB 1999, 1012, 1017). Nach dem Gesetz ist allerdings die Entschädigung auf eine Höchstgrenze von drei Monatsgehältern begrenzt.

46   In dem Falle, dass bei **diskriminierungsfreier Auswahl** der Schwerbehinderte **eingestellt** worden wäre, ist die Entschädigung dagegen gesetzlich nicht begrenzt. Auch hier sind unter Berücksichtigung von Ausgleichsfunktion und Sanktionsfunktion materielle wie immaterielle Schäden aufgrund der Persönlichkeitsverletzung zu ersetzen. Da dem schwerbehinderten Bewerber wegen seiner Behinderung tatsächlich ein Arbeitsplatz entgangen ist, ist in der Regel als materieller Schaden mindestens der **Verdienst, den er bis zum nächsten Kündigungszeitpunkt erhalten hätte**, zu ersetzen.

47   Aber auch die Sanktion muss für den Arbeitgeber spürbarer sein, da sich in den Fällen, in denen der Schwerbehinderte ohne Diskriminierung eingestellt worden wäre, gerade das realisiert hat, was die gesetzliche Regelung vor allem verhindern wollte: die Nichteinstellung wegen der Behinderung. Außerdem ist der erlittene **immaterielle Schaden** dem Schaden vergleichbar, den ein Arbeitnehmer bei ungerechtfertigtem Verlust seines Arbeitsplatzes erleidet (*Wendeling* in DB 1999, 1012, 1017). Deshalb sollten die Kriterien, die auch bei der Höhe einer **Kündigungsschutzabfindung** gemäß §§ 9, 10 KSchG berück-

sichtigt werden, auch hier zur Ermittlung der Angemessenheit der Entschädigung herangezogen werden. Anerkannte Bemessungsfaktoren, die im Rahmen des § 10 KSchG berücksichtigt werden, sind neben der Dauer des Arbeitsverhältnisses, das hier kein taugliches Kriterium ist, Alter, Unterhaltspflichten, Gesundheitszustand, Vermittlungschancen auf dem Arbeitsmarkt sowie auch das Maß der Sozialwidrigkeit der Kündigung (KR-*Spilger* § 10 KSchG RdNr. 52ff.; KDZ-*Zwanziger*, § 10 KSchG RdNr. 8 ff.). Entsprechend der Regelung in § 10 KSchG kann die Entschädigung damit je nach den Umständen im Einzelfall bis zu 12 Monatsgehälter betragen. Da § 81 Abs. 2 gerade keine Höchstgrenze vorsieht, kann in besonderen Einzelfällen auch eine noch höhere Entschädigung angemessen sein (*Schröder* in Hauck/Noftz, SGB IX, K § 81 RdNr. 26; a. A. *Wendeling* in DB 1999, 1012, 1017). Auch hier wird für die Höhe die **Art und Schwere des Verstoßes** des Arbeitgebers je nach den Umständen im Einzelfall von Bedeutung sein. Auch die **wirtschaftliche Lage** des schwerbehinderten Bewerbers ist bei der Festsetzung der Entschädigung zu berücksichtigen (*Wendeling* in DB 1999, 1012, 1016; a. A.: *Schröder* in Hauck/Noftz, SGB IX, K § 81 RdNr. 24). Die wirtschaftliche Situation des Arbeitgebers dagegen kann nur ausnahmsweise etwa dann, wenn die Zahlung zur Gefährdung von Arbeitsplätzen oder der wirtschaftlichen Existenz des Unternehmens führen könnte, eine Reduzierung der Entschädigungszahlung rechtfertigen (*Wendeling* in DB 1999, 1012, 1017; *Zwanziger* in DB 1998, 1330, 1331).

48 Die Entschädigungshöhe richtet sich außerdem nach dem **Monatsverdienst**, das der schwerbehinderte Bewerber **im Arbeitsverhältnis erzielt hätte** (§ 81 Abs. 2, Ziff. 3). Es sind hierbei **alle Geld- und Sachbezüge** zu berücksichtigen, die er im ersten Monat des Arbeitsverhältnisses erhalten hätte. Es muss also auf die Arbeitsbedingungen (Arbeitszeit und Arbeitsverdienst) des Arbeitsplatzes abgestellt werden, auf den er sich beworben hatte. Maßgeblich ist der Bruttoverdienst. Anteilig mit einzubeziehen sind auch zusätzliche Leistungen wie zusätzliches Urlaubsgeld oder Weihnachtsgeld, wenn insoweit ein Anspruch bestanden hätte. Beim Anspruch auf **Akkordlohn** oder Provisions- oder Prämienzahlungen ist auf den mutmaßlichen Verdienst abzustellen (*Schröder* in Hauck/Noftz, SGB IX, K § 81 RdNr. 27). Dieser kann sich etwa an dem Durchschnitt der erzielten Leistungen der vergleichbaren Mitarbeiter orientieren. Zu den **Sachbezügen** zählen etwa das Zurverfügungstellen eines PKW oder die unentgeltliche Überlassung von Wohnraum. Hierbei sollte bei der Höhe der Entschädigung der tatsächliche Marktwert dieser Nebenleistungen berücksichtigt werden (so *Schröder* in Hauck/Noftz, SGB IX , K § 81 RdNr. 27).

49 Die Entschädigungsleistung ist kein Arbeitsentgelt. Wie auch Abfindungszahlungen für den Verlust des Arbeitsplatzes ist sie weder beitragspflichtig noch wird sie auf das Arbeitslosengeld angerechnet; wohl aber unterliegt sie der Steuerpflicht.

50   **3. Darlegungs- und Beweislast**. Hinsichtlich der Darlegungs-
und Beweislastverteilung gilt gemäß § 81 Abs. 2 Ziff. 1 S. 3 Folgendes:
Der **Schwerbehinderte** muss darlegen, dass ein Verstoß gegen das
Benachteiligungsverbot vorliegt, indem er **Tatsachen glaubhaft
macht**, die vermuten lassen, dass der Arbeitgeber gegen das Diskriminierungsverbot verstoßen hat. Dazu muss er zunächst darlegen und beweisen, dass ein nicht schwerbehinderter Arbeitnehmer anders behandelt worden ist, also eingestellt, befördert oder aufgrund einer anderen
Maßnahme besser behandelt worden ist. Das Gesetz verwendet zwar
den Begriff der Glaubhaftmachung (§ 294 ZPO). Wie auch im Rahmen des § 611a BGB kann hier aber nicht verlangt werden, dass der
Schwerbehinderte die Tatsachen, aus denen die Benachteiligung zu
schließen ist, eidesstattlich versichern muss. Es reicht vielmehr aus, dass
er **Tatsachen vorträgt**, die eine **Benachteiligung wegen der Behinderung wahrscheinlich machen** (*Schaub* zu § 611a BGB in Arbeitsrechtshandbuch § 165 RdNr. 25). Dafür können Äußerungen des
Arbeitgebers etwa im Vorstellungsgespräch oder gegenüber den betrieblichen Interessensvertretungen sprechen, u. U. auch die Tatsache,
dass ein Schwerbehinderter trotz formaler Erfüllung der Einstellungs-
voraussetzungen erst gar nicht zum Vorstellungsgespräch eingeladen
worden ist (so etwa bei Diskriminierungen wegen des Geschlechts:
BVerfG v. 16. 11. 1993, AP Nr. 9 zu § 611a BGB).

51   Der **Arbeitgeber** trägt die Darlegungs- und Beweislast dafür, dass
kein Verstoß gegen das Benachteiligungsverbot vorliegt. Dazu muss er
vortragen und nachweisen, dass entweder gar keine **Ungleichbehandlung** erfolgt ist oder aber die unterschiedliche Behandlung durch
sachliche Gründe gerechtfertigt ist. Im Falle der Einstellung oder
Beförderung wird er darlegen müssen, welche **Auswahlkriterien**, die
nicht mit der Behinderung des Bewerbers im Zusammenhang stehen,
zu seiner Entscheidung zugunsten des nicht schwerbehinderten Arbeitnehmers geführt haben. Schließlich kann er seine Entscheidung
rechtfertigen, indem er darlegt und unter Beweis stellt, dass die Ungleichbehandlung des schwerbehinderten Arbeitnehmers sich auf die
Art der Tätigkeit bezieht und ihre Ausübung zwingend eine bestimmte
körperliche Funktion oder geistige Fähigkeit oder ein bestimmtes Maß
an seelischer Gesundheit erfordert, die dem abgelehnten Schwerbehinderten gerade gefehlt hat.

52   Die vom Arbeitgeber für die von ihm vorgenommene unterschiedliche Behandlung vorgetragenen sachlichen Gründe sind einer sehr
kritischen Beurteilung zu unterziehen; andernfalls stellt die im
Gesetz verankerte Beweislastumkehr eine für den Arbeitgeber zu leicht
zu überwindende Barriere dar, da sich in der Regel noch immer ein
Ablehnungskriterium wie Ausbildungsdefizite oder Mangel an Erfahrung finden lassen (so kritisch etwa *Körner* in NZA 01, 1046, 1048 zu
§ 611a BGB). Insofern ist nach Auffassung des Bundesverfassungs-

gerichts gerade bei **nachträglich vorgetragenen Gesichtspunkten,** die im Rahmen des Auswahlverfahrens oder in der Ausschreibung zunächst keine Rolle gespielt haben und dort nicht formuliert worden waren, eine besonders kritische Würdigung erforderlich, da der Arbeitgeber die Anforderungen an die Qualifikation für eine Stelle grundsätzlich nach Belieben festsetzen kann (U. v. 16. 11. 1993 AP Nr. 9 zu § 611 a BGB). Nachträglich angeführte Gründe können daher nach Auffassung des BVerfG eine glaubhaft gemachte Diskriminierung nur dann entkräften, wenn besondere Umstände dafür sprechen, dass sie nicht nur vorgeschoben sind (z.B. dann, wenn sich während des Einstellungsverfahrens Aufgabenstellung und die Qualifikationsanforderungen des Einzustellenden geändert haben).

4. Geltendmachungsfrist. Die Geltendmachung des Entschädigungsanspruches ist fristgebunden (Abs. 2 Ziff. 4). Der abgelehnte Bewerber muss **innerhalb von zwei Monaten,** nachdem ihm die **Ablehnung zugegangen** ist, dem Arbeitgeber **schriftlich** mitteilen, dass er eine Entschädigung verlangt. Eine genaue Bezifferung des Schadens ist nicht erforderlich. Für die Fristwahrung ist der Zugang der schriftlichen Mitteilung an den Arbeitgeber entscheidend (*Schröder* in Hauck/Noftz, SGB IX, K § 81 RdNr. 29). Die Vorschrift dient der Rechtssicherheit. Der Arbeitgeber soll in einem angemessenen Zeitraum Klarheit darüber haben, ob und welche finanziellen Forderungen auf ihn zukommen. 53

5. Benachteiligung beim beruflichen Aufstieg. Auch bei einem Verstoß gegen das Benachteiligungsverbot beim beruflichen Aufstieg besteht grundsätzlich kein Beförderungsanspruch; vielmehr ist auch hier unter den Voraussetzungen der Ziff. 2 und 3 eine **Entschädigung** zu zahlen. Eine Ausnahme besteht dann, wenn aufgrund von vertraglichen oder tariflichen Regelungen ein Rechtsanspruch auf Einstellung für eine höherwertige Position besteht. In diesem Fall ist der Einstellungsanspruch dem Arbeitgeber gegenüber geltend zu machen. Daneben besteht dann kein Entschädigungsanspruch mehr (*Schröder* in Hauck /Noftz, SGB IX, K § 81 RdNr. 30). 54

IV. Behinderungsgerechte Beschäftigung (Abs. 3)

Die Verpflichtung in § 81 Abs. 3 richtet sich an die gemäß § 71 **beschäftigungspflichtigen Arbeitgeber.** Um ihre Beschäftigungspflicht zu erfüllen, müssen sie **konkrete Maßnahmen** ergreifen, damit in ihren Betrieben und Dienststellen Schwerbehinderte dauerhaft beschäftigt werden können. Durch die Regelung wird klar gestellt, dass dem Arbeitgeber der Einwand, über keine für Behinderte geeigneten Arbeitsplätze zu verfügen, abgeschnitten werden soll. Das Gesetz verlangt nicht nur die Nutzung vorhandener sondern auch die **Schaf-** 55

fung behindertengerechter Arbeitsplätze, um die Pflichtquote zu erfüllen. Die unternehmerische Organisationsfreiheit wird zu Gunsten der Beschäftigung Schwerbehinderter begrenzt. Welche geeigneten Maßnahmen zu ergreifen sind, ergibt sich aus der Regelung des Abs. 4 Ziff. 4. Es kann sich hierbei um Maßnahmen für eine entsprechende Gestaltung des Arbeitsplatzes, des Arbeitsumfeldes, der Sozialräume, der Arbeitsorganisation, Arbeitszeit oder für die Ausstattung einzelner Arbeitsplätze oder einzelner Betriebsvorrichtungen mit technischen Arbeitshilfen handeln. Die dem Arbeitgeber obliegenden Verpflichtungen werden durch die gesetzliche Verweisung auf Abs. 4 S. 2 und 3 eingeschränkt, weil die Aufwendungen verhältnismäßig und die von ihm zu ergreifenden Maßnahmen zumutbar sein müssen und nicht gegen Arbeitsschutzvorschriften verstoßen dürfen.

V. Individuelle Ansprüche (Abs. 4)

56   § 81 Abs. 4 gewährt dem schwerbehinderten Arbeitnehmer Ansprüche, die eingeklagt werden können. So kann der Schwerbehinderte in Ziff. 1 verlangen und auch gerichtlich durchsetzen, dass er so beschäftigt wird, dass er seine Fähigkeiten und Kenntnisse möglichst voll verwerten und weiter entwickeln kann. Den Arbeitgeber trifft deshalb die Fürsorgeverpflichtung dafür Sorge zu tragen, dass der schwerbehinderte Arbeitnehmer nicht den Anschluss an die berufliche Entwicklung verliert (ArbG Bonn U. v. 4. 7. 90 NZA 1991, 512).

57   Die Regelung in Abs. 4 über einen **einklagbaren Anspruch** schwerbehinderter Menschen auf die Erfüllung der in den Ziff. 1-5 normierten Verpflichtungen im laufenden Arbeitsverhältnis ist neu.

Nach altem Recht war ein Arbeitgeber, der die vorgeschriebene Zahl Schwerbehinderter beschäftigte davon befreit, dass in seine Betriebsorganisation regelnd eingegriffen wurde. Das Gesetz ging damals davon aus, dass ein Arbeitgeber, der die Beschäftigungsquote erfüllte, keine darüber hinausgehenden Anstrengungen mehr schuldete. Mit dem Gesetz zur Bekämpfung der Arbeitslosigkeit Schwerbehinderter vom 29. 9. 00 ist mit Wirkung vom 1. 10. 00 die maßgebliche Vorschrift des § 14 Abs. 3 SchwbG a.F. umgestaltet worden. Diese Fassung entspricht § 81 Abs. 4 SGB IX. Danach kann der Arbeitnehmer nunmehr eine **behinderungsgerechte Gestaltung** seines Arbeitsplatzes, des Arbeitsumfeldes und der Arbeitsorganisation **unabhängig vom Erreichen der Beschäftigungsquote** verlangen (BAG U. v. 23. 1. 2001 NZA 01, 1020, 1022).

58   Die in Abs. 4 enthaltenen Verpflichtungen treffen alle Arbeitgeber. Sie wirken auch nicht nur als öffentlich-rechtliche Verpflichtungen im Verhältnis zwischen Arbeitgeber und Staat; sie sind vielmehr als arbeitsrechtliche Pflichten ausgestaltet, die der Arbeitgeber gegenüber

dem einzelnen behinderten Arbeitnehmer zu erfüllen hat (BAG U. v.
13. 5. 1992 – 5 AZR 437/91; BAG U. v. 10. 7. 91 NZA 1992, 27, 29; *Cramer,*
SchwbG, § 14 RdNr. 15; *Neumann/Pahlen,* SGB IX, § 81 RdNr. 25
m. w. N.; *Schröder* in Hauck/Noftz, SGB IX, K § 81 RdNr. 32; *Düwell,*
LPK-SGB IX, § 81 RdNr. 26).

Außerdem ist Abs. 4 wie bereits § 14 Abs. 2 SchwbG a. F. ein **Schutz-** 59
gesetz im Sinne des § 823 Abs. 2 BGB. Erfüllt der Arbeitgeber seine
Verpflichtungen nach den Ziff. 1–5 schuldhaft nicht, macht er sich daher
schadensersatzpflichtig (BAG U. v. 12. 11. 1980 AP Nr. 3 zu § 11
SchwbG; BAG U. v. 10. 7. 1991 AP Nr. 1 zu § 14 SchwbG 1986; *Neumann/
Pahlen,* SGB IX, § 81 RdNr. 30; *Cramer,* SchwbG, § 14 RdNr. 15).

1. Anspruch auf Beschäftigung entsprechend Fähigkeiten 60
und Kenntnissen (Ziff. 1). Gemäß Ziff. 1 hat der schwerbehinderte
Mensch einen individuellen Anspruch darauf, dass ihm eine Beschäftigung zugewiesen wird, bei der er seine Fähigkeiten und Kenntnisse
möglichst voll verwerten und weiterentwickeln kann. Dieser Anspruch bezieht sich zunächst auf die behindertengerechte Einrichtung
und Unterhaltung des **konkret zugewiesenen Arbeitsplatzes**; er
geht aber darüber hinaus und erfasst auch die Übertragung einer behindertengerechten **anderen Beschäftigung** im Rahmen des Direktionsrechtes des Arbeitgebers ggf. auch nach einer entsprechenden Vertragsänderung.

a) Anderer Arbeitsplatz. Die Reichweite dieses Anspruches ist 61
nicht geklärt. Anerkannt ist auf der einen Seite, dass dem schwerbehinderten Menschen grundsätzlich kein Anspruch auf einen bestimmten
Arbeitsplatz oder auf die Übertragung einer bestimmten Tätigkeit zusteht und er auch nicht die Schaffung eines neuen behindertengerechten Arbeitsplatzes verlangen kann (*Schröder* in Hauck /Noftz, SGB IX,
K § 81 RdNr. 33; *Düwell,* LPK-SGB IX, § 81 RdNr. 27; BAG U. v.
28. 4. 98 NZA 1999,152). Auf der anderen Seite ist der Arbeitgeber verpflichtet, dem Arbeitnehmer einen **freien Arbeitsplatz** im Betrieb
zuzuweisen, auf dem eine seinen Fähigkeiten und Kenntnissen entsprechende Beschäftigung möglich ist. Er hat dann mit dem Schwerbehinderten einen Arbeitsvertrag abzuschließen, der die ihm mögliche
Arbeitsaufgabe zum Inhalt hat (BAG U. v. 28. 4. 98 a.a.O.).

Problematisch sind die Fallkonstellationen, in denen der schwerbe- 62
hinderte Mensch seine bisherige arbeitsvertraglich geschuldete Tätigkeit aus gesundheitlichen Gründen nicht mehr ausüben kann, ihm
zwar eine andere, seinen gesundheitlichen Beeinträchtigungen angepasste Tätigkeit übertragen werden könnte, dieser **leidensgerechte**
Arbeitsplatz aber von einem anderen Arbeitnehmer **besetzt** wird.
Hier wird zunächst allgemein unterschieden, ob der besetzte Arbeitsplatz im Rahmen des **Direktionsrecht** durch Versetzung frei gemacht
werden könnte oder nur im Wege der (Änderungs)kündigung. In einer
älteren Entscheidung hat das BAG auch ein **Freikündigen** für möglich

gehalten, wenn dies für den davon betroffenen Arbeitnehmer aus besonderen Gründen keine soziale Härte darstelle (U. v. 8. 2. 66 AP Nr.4 zu § 12 SchwBeschG). Ebenfalls in einer älteren Entscheidung hat dagegen das BVerwG eine Verdrängung des anderen Arbeitnehmers durch Entlassung ausgeschlossen, da dies unzulässigerweise in die Rechtsstellung des anderen Arbeitnehmers eingreife (U. v. 28. 2. 68 AP Nr. 29 zu § 14 SchwBeschG). In jüngeren Entscheidungen hat das BAG seine Rechtsprechung im Grundsatz bestätigt, die Anwendung allerdings auf solche Ausnahmefälle beschränkt, in denen der zu kündigende Arbeitnehmer nicht auch behindert ist und die Entlassung für ihn aus besonderen Gründen keine soziale Härte darstellt (BAG U. v. 28. 4. 98 NZA 1999, 152; BAG U. v. 13. 5. 92 – 5 AZR 437/91; BAG U. v. 10. 7. 91 NZA 1992, 27, 30). Da kaum vorstellbar ist, dass diese Voraussetzungen je erfüllt werden könnten, ist auch nach der Rechtsprechung des BAG ein Freikündigen so gut wie ausgeschlossen.

63   Die Rechtslage ist jedoch anders, wenn der schwerbehinderte Arbeitnehmer auf einen Arbeitsplatz versetzt werden könnte, der lediglich durch **Ausübung des Direktionsrechtes** gegenüber dem bisherigen Arbeitsplatzinhaber frei gemacht werden könnte. In diesem Fall kann er gemäß § 81 Abs. 4 Ziff. 1 verlangen, dass ihm der Arbeitgeber im Rahmen des betriebsorganisatorisch möglichen und für den betroffenen Arbeitnehmer zumutbaren eine leidensgerechte Beschäftigung auch durch einen **Arbeitsplatztausch** zuweist (BAG U. v. 29. 1. 97 NZA 1997, 709, 710; LAG Hamm U. v. 17. 5. 2001 – 8(6) Sa 30/01). Für den nicht behinderten Arbeitnehmer ist die Versetzung nur unzumutbar, wenn die hiermit verbundenen Nachteile gewichtig sind (LAG Hamm a.a.O.). Streitig ist, inwiefern der Arbeitgeber verpflichtet ist, auch noch ein **Zustimmungsersetzungsverfahren** durchzuführen, wenn der Betriebsrat der Versetzungsmaßnahme nicht zugestimmt hat (§ 99 BetrVG). Nach der Rechtsprechung des BAG ist dies dem Arbeitgeber wegen der daraus entstehenden innerbetrieblichen Konflikte nicht zumutbar (BAG U. v. 29. 1. 97 a.a.O.). Dieser Auffassung kann nicht uneingeschränkt gefolgt werden. Hat etwa der Betriebsrat mit offensichtlich haltlosen Gründen seine Zustimmung verweigert oder hat er auf einer unrichtigen oder unvollständigen Tatsachengrundlage entschieden, kann sich der Arbeitgeber nicht nur auf die formale Position zurückziehen, wegen fehlender Zustimmung des Betriebsrats sei ihm die Versetzung des Schwerbehinderten nicht möglich (so LAG Hamm U. v. 17. 5. 2001). Vom Arbeitgeber sind zur Erfüllung des Anspruchs auf behindertengerechte Beschäftigung gemäß § 81 Abs. 4 Ziff. 1 konkrete und ernsthafte Bemühungen zu verlangen. Dazu gehört es etwa auch, den Betriebsrat über die Folgen seiner Zustimmungsverweigerung zu informieren, die darin bestehen können, dass der Schwerbehinderte ohne die Versetzung seinen Arbeitsplatz verlieren wird (LAG Hamm U. v. 17. 5. 2001).

Ausnahmsweise kann sich der Arbeitgeber nicht darauf berufen, dass **64** der Arbeitsplatz besetzt sei, wenn er **zielgerichtet die Beschäftigung** des schwerbehinderten Arbeitnehmers auf diesem Arbeitsplatz **verhindert hat** (BAG U. v. 28. 4. 98 NZA 1999, 153). Dies kann z.b. anzunehmen sein, wenn etwa in Kenntnis der eingetretenen Gesundheitsstörung gerade der leidensgerechte Arbeitsplatz anderweitig besetzt worden ist (BAG U. v. 10. 7. 91 NZA 1992, 27, 30) oder durch Auslagerung eines Betriebsteils (Pfortendienst oder Wachdienst) Schonarbeitsplätze weggefallen sind.

Im Falle einer gerichtlichen Auseinandersetzung werden entspre- **65** chend den vorliegenden Entscheidungen der Arbeitsgerichtsbarkeit folgende **Anträge** empfohlen:

(Vertragsänderung): die Beklagte zu verurteilen, dem/der Kl. ein Vertragsangebot zur Änderung des Arbeitsvertrages zu unterbreiten mit dem Inhalt, dass der/die Kl. als............tätig ist und die Beklagte zu verurteilen, den/die Kl. nach Maßgabe des geänderten Arbeitsvertrages zu beschäftigen (BAG U. v. 28. 4. 98 a.a.O.)

(Versetzung): Beklagte zu verurteilen, dem/der Kl. die Tätigkeit des/der........in........zuzuweisen (LAG Hamm U. v. 17. 5. 2001)

(bei fehlender Zustimmung des Betriebsrats): Beklagte. zu verurteilen, beim Betriebsrat die für die Beschäftigung des/der Kl. am ..... im Antrag zu 1. bezeichneten Arbeitsplatz erforderliche Zustimmung gemäß § 99 BetrVG einzuholen, einschließlich der Durchführung des Zustimmungsersetzungsverfahrens (LAG Hamm U. v. 17. 5. 2001).

b) Höherwertiger Arbeitsplatz. Der schwerbehinderte Arbeit- **66** nehmer hat keinen Anspruch darauf, befördert zu werden. Ein allgemeiner Beförderungsanspruch oder eine absolute Vorrangstellung des Schwerbehinderten lässt sich aus § 81 Abs. 4 Ziff. 1 nicht herleiten. Im Einzelfall kann der Arbeitgeber jedoch verpflichtet sein, bei der Besetzung von Stellen den Schwerbehinderten gegenüber anderen Bewerbern zu **bevorzugen.** Dies gilt jedoch nur bei **gleicher Qualifikation** und nur dann, wenn der Beschäftigung des Schwerbehinderten auf der höherwertigen Stelle keine betrieblichen Gründe entgegenstehen (BAG U. v. 28. 4. 98 NZA 1999, 152; U. v. 19. 9. 79 AP Nr. 2 zu § 11 SchwbG).

c) Wiedereingliederung. Ähnlich wie schon § 74 SGB V sieht **67** § 28 für Arbeitnehmer, die nach ärztlicher Feststellung ihre bisherige Tätigkeit nur teilweise ausüben können, als wirksames Mittel, um wieder in das Arbeitsleben eingegliedert zu werden, eine stufenweise Wiedereingliederung vor. Das BAG hat mehrfach entschieden, dass es sich hierbei nicht um die Fortsetzung des bisherigen Arbeitsverhältnisses handelt, sondern ein **Vertragsverhältnis eigener Art** begründet wird. Da Gesichtspunkte der Rehabilitation im Vordergrund stehen und Gegenstand dieses Vertragsverhältnisses nicht die bisher geschuldete Arbeitsleistung sei, entstehen **keine Entgeltansprüche** (BAG U.

v. 29. 1. 92 NZA 1992, 643; U. v. 19. 4. 94 NZA 1995, 123; U. v. 28. 7. 99 NZA 1999, 1295). Dies ist gerechtfertigt, da der Arbeitnehmer durch die **Fortzahlung von Krankengeld oder Übergangsgeld abgesichert** ist, der Arbeitgeber andererseits durch die Freistellung von finanziellen Belastungen motiviert werden soll, solche Wiedereingliederungsverhältnisse einzugehen (*Gagel* in NZA 2001, 988,989). Das BAG hat bisher einen Anspruch des Arbeitnehmers auf stufenweise Wiedereingliederung im Rahmen des § 74 SGB V abgelehnt (BAG U. v. 29. 1. 92 NZA 1992, 643). Für das Schwerbehindertenrecht ist dazu eine Entscheidung nicht ergangen. In Entscheidungen vom 29. 1. 92 (a.a.O.) und 27. 5. 97 (9 AZR 325/96) hat es ausdrücklich offengelassen, ob ein Arbeitgeber an der Wiedereingliederung schwerbehinderter Menschen aus Gründen der Fürsorgepflicht mitwirken und ihnen diese Möglichkeit eröffnen muss. Eine derartige Verpflichtung des Arbeitgebers ist zu bejahen. Aufgrund der durch das SchwBAG vom 20. 12. 2000 erfolgten Verstärkung der Rechte Schwerbehinderter ist der **Arbeitgeber gemäß § 81 Abs. 4 Ziff. 1 verpflichtet**, daran mitzuwirken, dass bestehende **Leistungshindernisse durch eine Wiedereingliederungsmaßnahme ausgeräumt** werden. Der Anspruch auf volle Verwertung der Fähigkeiten und Kenntnisse beschränkt sich nicht nur auf die arbeitsvertraglich vereinbarte Tätigkeit sondern umfasst auch die vom Inhalt des Arbeitsvertrages gelöste gesetzliche Ausgestaltung der Beschäftigungspflicht gemäß § 81 Abs. 4 Ziff. 1 (LAG Hamm U. v. 17. 5. 2001 – 8 (6) Sa 30/01; *Düwell* in LPK-SGB IX § 81 RdNr. 29; *Gagel* in NZA 2001, 988). Ohne sachlichen Grund ist der Arbeitgeber daher nicht berechtigt, die schrittweise Heranführung des Arbeitnehmers an seine Arbeit im Wege einer Wiedereingliederungsmaßnahme zu verweigern (LAG Hamm U. v. 17. 5. 2001).

68   **2. Förderung bei der beruflichen Bildung (Ziff. 2 und Ziff. 3)**. Bei der inner- und außerbetrieblichen Aus- und Fortbildung haben schwerbehinderte Menschen Anspruch auf eine **bevorzugte Behandlung**. Damit trägt der Gesetzgeber der Tatsache Rechnung, dass Qualifizierung in besonderem Maße vermeiden hilft, dass schwerbehinderte Arbeitnehmer bei ihrem beruflichen und betrieblichen Fortkommen ins Hintertreffen geraten. Sie müssen deshalb besonders gefördert werden. Bewerben sich daher mehrere gleich geeignete Arbeitnehmer auf eine innerbetriebliche Fortbildungsmaßnahme, ist der schwerbehinderte Interessent in jedem Fall zu berücksichtigen. Dies gilt auch für die Besetzung einer Ausbildungsstelle. Der Einstellung eines schwerbehinderte Auszubildenden ist der Vorzug zu geben (*Schröder* in Hauck / Noftz, SGB IX, K § 81 RdNr. 36).

69   Vergleichbares gilt auch für außerbetriebliche Bildungsmaßnahmen. Dem schwerbehinderten Bewerber muss, soweit dies zumutbar ist und er geeignet ist, bevorzugt die Teilnahme daran ermöglicht werden. Dazu muss sich der Arbeitgeber ggf. aktiv für seinen schwerbehinder-

ten Arbeitnehmer beim überörtlichen Bildungsträger einsetzen und ihm die Teilnahme durch ein Entgegenkommen bei der Arbeits- oder Fahrtzeitgestaltung erleichtern (*Düwell*, LPK-SGB IX, § 81 RdNr. 30).

Soweit der Arbeitgeber eine Teilnahme ablehnt, kommt für die Durchsetzung des Anspruchs des Schwerbehinderten auch ein einstweiliges Verfügungsverfahren in Betracht.

3. Behindertengerechte Einrichtung und Unterhaltung (Ziff. 4). 70
Abs. 4 Ziff. 4 verpflichtet den Arbeitgeber zur behindertengerechten Umgestaltung des Arbeitsplatzes wie der Arbeitsumgebung des Schwerbehinderten. Es werden damit auch die **Betriebsstätte** und die gesamte **betriebliche Organisation** erfasst.

Um eine Beschäftigung schwerbehinderter Menschen zu ermög- 71 lichen, ist der Arbeitgeber verpflichtet, zumutbare organisatorische Veränderungen vorzunehmen und den Arbeitsablauf anders zu organisieren (BAG U. v. 14. 7. 83 – 2 AZR 34/82). Dies kann etwa dann verlangt werden, wenn der Arbeitnehmer nur noch Teile der geschuldeten Arbeitsleistung erbringen kann. Dann muss der Arbeitgeber, die Beschäftigung des Schwerbehinderten durch eine **andere Verteilung der Arbeiten** sichern. **Beispiel:** Arbeitgeber lässt nicht mehr alle Schlosserarbeiten von allen Schlossern ausführen, sondern überträgt einen abgrenzbaren Teil wie etwa Reparaturarbeiten in der Schlosserei, die behindertengerecht ausgeführt werden können, nur dem schwerbehinderten Arbeitnehmer. Zu einer solchen Maßnahme ist der Arbeitgeber allerdings nur verpflichtet, wenn sie ohne großen Aufwand und ohne nachteilige Auswirkungen auf den Arbeitsablauf und das Arbeitsergebnis und ohne gravierende Nachteile für die anderen Arbeitnehmer möglich ist (BAG U. v. 14. 7. 83 2 AZR 34/82).

Zur behindertengerechten Umgestaltung kann auch die **Verände-** 72 **rung der Arbeitszeit** gehören. Dieser Anspruch besteht z.B., wenn der schwerbehinderte Arbeitnehmer aus gesundheitlichen Gründen nicht mehr in Nachtschicht oder Wechselschicht arbeiten soll.

Der Arbeitgeber ist auch zur **behindertengerechten Einrichtung** 73 der Betriebsstätte verpflichtet. Dazu gehört etwa die Einrichtung von Aufzügen, betriebsnahen und geeigneten Parkplätzen (BAG U. v. 4. 2. 60 AP Nr. 7 zu § 618 BGB), behindertengerechten Zugängen zu Sozialräumen, zur Kantine, zum Büro des Betriebsrates, Personalrates oder Schwerbehindertenvertretung, behindertengerechte Toiletten und Sanitäranlagen (dazu mit weiteren Einzelheiten GK-SchwbG-*Großmann* § 14 RdNr. 381 ff.). Nur wenn die vom Arbeitgeber geforderte Umgestaltung unverhältnismäßig oder unzumutbar ist, entfällt die Verpflichtung. Diese Verpflichtung hat weiterhin zur Folge, dass der Arbeitgeber mit der Begründung, in seinem Betrieb fehle es an einer behindertengerechten Ausstattung der Räumlichkeiten eine Beschäftigung Behinderter nicht ablehnen kann (*Düwell*, LPK-SGB IX, § 81 RdNr. 32; *Dörner*, SchwbG, § 14 RdNr. 39).

74   **4. Ausstattung mit Arbeitshilfen (Ziff. 5).** Der schwerbehinderte Arbeitnehmer kann gemäß Ziff. 5 verlangen, dass sein Arbeitsplatz mit den erforderlichen technischen Arbeitshilfen ausgestattet wird. Darunter sind Vorrichtungen zu verstehen, die es dem Schwerbehinderten erst ermöglichen oder zumindest erleichtern, Arbeitsleistungen an einem bestimmten Arbeitsplatz zu erbringen (*Cramer*, SchwbG, § 14 RdNr. 16). Dazu gehören etwa Sehhilfen, Hebehilfen, Hubwerkzeuge, besondere Arbeitsstühle, Dreh-, Schwenk- und Verschiebeeinrichtungen. Die Verpflichtung des Arbeitgebers, den Arbeitsplatz entsprechend auszustatten, steht ebenfalls unter dem **Vorbehalt der Zumutbarkeit und Verhältnismäßigkeit.** Dies wird in der Regel davon abhängig sein, ob die technische Ausrüstung möglich ist und **vom Integrationsamt gefördert** wird (§ 102 Abs. 3). Welche Maßnahmen sinnvoll sind, ist daher vom Arbeitgeber zunächst in einem Gespräch mit Vertretern des Integrationsamtes zu klären. Unterlässt der Arbeitgeber die erforderliche und zumutbare Ausstattung, kann er dem Schwerbehinderten gegenüber **schadensersatzpflichtig** werden, wenn ihn daran ein Verschulden trifft und der schwerbehinderte Arbeitnehmer mit der entsprechenden technischen Arbeitshilfe hätte eingesetzt werden können (BAG U. v. 23. 1. 2001 NZA 2001, 1020, 1022).

75   **5. Zumutbarkeit und Verhältnismäßigkeit (Abs. 4 S. 3).** Die in den Ziff. 1–5 enthaltenen Verpflichtungen des Arbeitgebers stehen unter dem Vorbehalt der Zumutbarkeit und Verhältnismäßigkeit. **Unverhältnismäßig** sind Maßnahmen, die nur mit einem besonders hohen finanziellen Aufwand durchgeführt werden können, wobei Unterstützungsleistungen durch andere Träger wie Arbeitsamt, Integrationsamt und sonstige Rehabilitationsträger bereits berücksichtigt sind. Dies gilt vor allem, wenn der finanzielle Aufwand nicht sicher zu einer Dauerbeschäftigung des Schwerbehinderten führt oder der umgestaltete Arbeitsplatz nur noch für eine kurze Zeit wegen des absehbaren Rentenbezugs genutzt werden kann (*Schröder* in Hauck/Noftz, SGB IX, K § 81 RdNr. 41).

76   Der Begriff der Zumutbarkeit ist weiter. Er erfasst sowohl betriebstechnische wie auch wirtschaftliche Gesichtspunkte (BAG U. v. 14. 7. 83 – 2 AZR 34/82). **Unzumutbar** können geforderte Maßnahmen sein, wenn durch sie etwa andere Arbeitsplätze gefährdet sind oder gravierende andere Nachteile für andere Arbeitnehmer entstehen (z.B. eine andere Verteilung der Arbeiten führt dazu, dass der Arbeitskollege in einer Abteilung ausschließlich die körperlich besonders schweren Aufgaben zu erledigen hat und die Gefahr besteht, dass dies bei ihm ebenfalls zu gesundheitlichen Beeinträchtigungen führt). Unzumutbar können auch Maßnahmen sein, die die wirtschaftliche Lage des Unternehmens überfordern. Hierbei sind allerdings ebenfalls die möglichen Unterstützungsleistungen durch andere Träger (Integrationsamt und

Arbeitsamt) zu überprüfen. Außerdem kommt es auf die konkreten Einzelumstände, vor allem die Größe und wirtschaftliche Leistungsfähigkeit des Unternehmens an. Einem größeren Unternehmen, vor allem, wenn es seine Beschäftigungspflicht noch nicht erfüllt hat, werden stärkere wirtschaftliche und einschneidendere Maßnahmen zuzumuten sein als einem kleineren Betrieb.

6. Teilzeitanspruch (Abs. 5). § 81 Abs. 5 gibt einen Anspruch auf   **77** Teilzeitbeschäftigung, wenn eine solche wegen der Art oder Schwere der Behinderung notwendig ist und dem Arbeitgeber zumutbar ist. Diese Regelung wurde mit dem SchwBAG eingeführt. Sie ist im Zusammenhang mit der Vorschrift des § 8 TzBfG zu sehen, die ebenfalls unter bestimmten Voraussetzungen ein Recht auf Teilzeit gegenüber dem Arbeitgeber gibt. Beide Ansprüche bestehen nebeneinander. Der schwerbehinderte Arbeitnehmer kann sich neben § 81 Abs. 5 auch auf den allgemeinen Anspruch nach dem TzBfG berufen (so auch *Hanau* in NZA 2001, 1168, 1173).

Der Anspruch des Arbeitnehmers ist auf eine Teilzeitbeschäftigung   **78** gerichtet. Darunter versteht man nach der **Legaldefinition in § 2 TzBfG** eine kürzere wöchentliche Arbeitszeit als die eines vergleichbaren vollzeitbeschäftigten Arbeitnehmers. Anknüpfungspunkt ist demnach der **vergleichbare Arbeitnehmer** in Vollzeit, der einer gleichen oder ähnlichen Tätigkeit im Betrieb nachgeht. Ist ein vergleichbarer Arbeitnehmer im Betrieb nicht vorhanden, wird auf einen vergleichbaren Arbeitnehmer nach dem anwendbaren Tarifvertrag abgestellt bzw. auf den Tarifvertrag, der anwendbar wäre, wenn Tarifbindung vorläge (hinsichtlich weiterer Einzelheiten wird auf die Kommentierungen zum TzBfG verwiesen.).

Voraussetzung für den Anspruch auf Teilzeit nach Abs. 5 ist, dass   **79** die Arbeitszeitreduzierung **wegen der Art oder der Schwere der Behinderung** notwendig ist. Dies ist dann der Fall, wenn die geschuldete Arbeitsleistung aufgrund der Behinderung nicht mehr im vollen zeitlichen Umfang erfüllt werden kann, etwa weil der schwerbehinderte Arbeitnehmer **Schwierigkeiten bei der Ausübung der Tätigkeit,** (Beispiel: zu langes Stehen oder Sitzen, Konzentrationsprobleme und erhebliche Ermüdungserscheinungen nach einer bestimmten zeitlichen Beanspruchung, Probleme bei besonderen körperlichen oder psychischen Belastungen) oder **beim Erreichen des Arbeitsplatzes** hat. Dies ist vom Arbeitnehmer darzulegen und unter Beweis zu stellen etwa durch ein **ärztliches Attest** oder ggf. durch die Einholung eines entsprechenden medizinischen Sachverständigengutachtens.

Der Teilzeitanspruch des schwerbehinderten Arbeitnehmers gemäß   **80** Abs. 5 stellt eine **Privilegierung gegenüber dem allgemeinen Teilzeitanspruch** dar. Dies wird zum einen dadurch deutlich, dass er **auch in Kleinbetrieben** geltend gemacht werden kann und **nicht** davon abhängig ist, dass das Arbeitsverhältnis **mindestens 6 Monate**

besteht. Zum anderen sind die Gründe, mit denen der Arbeitgeber den Teilzeitanspruch ablehnen kann, weniger umfassend als die in § 8 Abs. 4 TzBfG genannten betrieblichen Gründe. Der Teilzeitanspruch des Schwerbehinderten steht unter dem Vorbehalt der Zumutbarkeit gemäß Abs. 4 Satz 3. Anders als in § 8 Abs. 4 TzBfG werden **betriebliche Ablehnungsgründe nicht erwähnt**. Bereits die Ablehnungsgründe, die der Arbeitgeber gegen den allgemeinen Teilzeitanspruch anführt, müssen rational und nachvollziehbar sein und ein deutliches Gewicht haben. Die Beeinträchtigung durch Teilzeitarbeit muss auch selbst einen nicht unerheblichen Schweregrad erreichen. Weniger wesentliche Beeinträchtigungen müssen also hingenommen werden (LAG Hamm U. v. 27. 9. 02 – 10 Sa 232/02; ArbG Bonn U. v. 20. 6. 01 NZA 2001, 973, 975; ArbG Stuttgart U. v. 5. 7. 01 NZA 2001, 968; ArbG Siegburg, U. v. 15. 8. 01, Az:2 Ca 1152/01 G n.v.; ArbG Freiburg U. v. 4. 9. 01 NZA 2002, 216; a.A. *Wank* in EuroAS 01, 186, 189).

81   Für den Anspruch auf Teilzeitarbeit eines Schwerbehinderter gilt daher, dass dann, wenn die vom Arbeitgeber angeführten Gründe bereits gegenüber dem allgemeinen Teilzeitanspruch nicht durchgreifen würden, dies erst recht für den Teilzeitanspruch gemäß § 81 Abs. 5 gilt.

Die Teilzeittätigkeit eines Schwerbehinderten ist für den Arbeitgeber danach nur **beim Vorliegen zwingender Gründe unzumutbar** (*Schröder* in Hauck/Noftz, SGB IX , K § 81 RdNr. 45).

Folgende Fallgruppen sind zu unterscheiden:

82   ● **unzumutbare Änderungen in der Arbeitsorganisation oder im Arbeitsablauf**: ein solcher Fall ist etwa anzunehmen, wenn im Bergbau aufgrund der Teilzeitbeschäftigung eine zusätzliche Fahrt nur dieses Arbeitnehmers unter Tage erforderlich würde. Denkbar erscheint dies auch bei Baukolonnen, die gemeinsam zu einer auswärtigen Baustelle hin- und zurückfahren (*Lindemann* BB 01, 146, 149, allerdings für den allgemeinen Teilzeitanspruch).

Zusätzlicher Abstimmungsbedarf sowie die Notwendigkeit von Übergabegesprächen sind schon nach dem TzBfG keine wesentlichen Beeinträchtigungen des Arbeitsablaufes, soweit sie zeitlich nicht besonderen Aufwand bedeuten (ArbG Mönchengladbach U. v. 30. 5. 01 NZA 2001, 970, 972; *Lindemann* in BB 01, 146, 149).

Unzumutbar ist das Teilzeitbegehren auch nicht schon dann, wenn es in die vom Arbeitgeber festgelegte Organisationsstruktur eingreift. Allein der Umstand, dass der Arbeitgeber darlegt, dass im Bereich, in dem der schwerbehinderte Arbeitnehmer eingesetzt wird, bislang ausschließlich Vollzeitkräfte arbeiten, schließt den Teilzeitanspruch nach Abs. 5 nicht aus (so für das TzBfG LAG Hamm U. v. 27. 9. 02 – 10 Sa 232/02; ArbG Hannover U. v. 31. 1. 02 NZA – RR 2002, 294, 296; *Preis/Gotthardt* in DB 01, 145, 148 a. A. *Lindemann* in BB 2001, 146, 149). Dies ergibt sich aus Abs. 4 Ziff. 4, demzufolge der Schwerbehinderte auch behindertengerechte Veränderungen der

Arbeitsorganisation verlangen kann. Die **unternehmerische Entscheidungsfreiheit** wird dadurch unmittelbar kraft Gesetzes eingeschränkt. Das schließt Eingriffe in ein unternehmerisches Konzept nicht von vorneherein aus. Sie sind vielmehr im Interesse der Erhaltung des Arbeitsplatzes von schwerbehinderten Arbeitnehmern gerichtlich gemäß den Regelungen des Abs. 4 und 5 überprüfbar und unterliegen nicht nur einer Missbrauchs- und Willkürkontrolle.

Soweit der Gesetzgeber mit der Novellierung des BErzGG den Schutz der Familie verstärken wollte und deshalb beim Teilzeitanspruch gemäß § 15 Abs. 7 BErzGG die unternehmerische Entscheidung, im Betrieb nur Vollzeitstellen einzurichten, keinen für sich genommen dringenden betrieblichen Grund gegen den Teilzeitwunsch eines Elternteils darstellt, (*Lindemann/Simon* NJW 2001, 258, 262), gilt diese Überlegung entsprechend für den Teilzeitanspruch des Schwerbehinderten. Die gesetzgeberische Absicht, die Beschäftigung Schwerbehinderter besonders zu fördern und deren Schutz zu verstärken, kann anders in der Praxis nicht umgesetzt werden.

- **kein Ausgleich der Arbeitszeitreduzierung durch zusätzliches Personal möglich:** dies ist nur anzunehmen, wenn der Arbeitgeber für den wegfallenden Teil der Arbeitskapazität weder eine geeignete Ersatzkraft aufgrund interner Ausschreibung im eigenen Betrieb noch auf dem allgemeinen Arbeitsmarkt findet und die Arbeitszeitreduzierung auch nicht aufgrund einer entsprechende betrieblichen Umorganisation ausgeglichen werden kann. Hier müssen allerdings **strenge Anforderungen an die Darlegungs- und Beweislast** gestellt werden. Der Arbeitgeber muss konkret darlegen, welche Bemühungen er intern und aufgrund von Stellenausschreibungen und Anfragen beim Arbeitsamt unternommen hat (so auch für den Teilzeitanspruch nach § 15 Abs. 7 BErzGG: *Lindemann/Simon* NJW 2001, 258, 262). Bloße Schwierigkeiten bei der Suche nach geeigneten Teilzeitkräften reichen bereits beim allgemeinen Teilzeitanspruch nicht aus (LAG Hamm U. v. 27. 9. 02 – 10 Sa 232/02 ArbG Mönchengladbach U. v. 30. 5. 01 NZA 2001, 970, 973). **83**

- **unteilbarer Arbeitsplatz aufgrund der besonderen Qualifikation des schwerbehinderten Arbeitnehmers** oder wegen besonderer Anforderungen an diesen Arbeitsplatz. Auch hieran sind strenge Anforderungen zu stellen, da ansonsten der Anspruch auf eine Teilzeitbeschäftigung leer läuft. Auch hochqualifizierte Tätigkeiten mit besonderer Fachkunde und im Leitungsbereich von Unternehmen sind nicht von vorneherein als unteilbar anzusehen. Als Indizien können Urlaubs- und Krankheitsregelungen gelten. Sind im selben Bereich bereits Teilzeitbeschäftigungen vorhanden, ist der Einwand der Unteilbarkeit in jedem Fall ausgeschlossen. Auch Argumente wie ständige Präsenzpflichten, Verfügbarkeit für den **84**

Kunden oder ständige Überwachungsaufgaben bei Führungsperso-
nal (ArbG Freiburg U. v. 4. 9. 01 NZA 2002, 216; *Beckschulze* in DB
2000, 2598, 2602; *Lindemann* BB 2001, 146, 149, jeweils zum allgemeinen Teilzeitanspruch) sind im Einzelnen genau zu überprüfen,
vor allem im Hinblick darauf, inwieweit eine Verkleinerung des
Zuständigkeitsbereiches die Einhaltung dieser Pflichten nicht doch
ermöglichen kann.

Auch dann, wenn Arbeitszeiten und Öffnungszeiten bzw. Produkti-
onszeiten im Betrieb nicht identisch sind (so etwa typischerweise im
Verkaufsbereich oder bei Schichtdienst), ist von einer Teilbarkeit von
Stellen aus diesen Bereichen auszugehen, da die Betriebsorganisation bereits darauf ausgerichtet ist, dass mehrere Arbeitnehmer an
einer Arbeitsaufgabe zu unterschiedlichen Zeiten arbeiten.

85 • **unverhältnismäßige Aufwendungen:** das TzBfG erwähnt insoweit unverhältnismäßige Kosten. Hier ist bereits anerkannt, dass solche Kosten, die durch die Einführung der Teilzeitarbeit und die Einstellung einer Zusatzkraft entstehen, vom Gesetzgeber in Kauf
genommen worden sind (ArbG Mönchengladbach U. v. 30. 5. 01
NZA 2001, 970). Die Gesetzesbegründung zum TzBfG weist insoweit ausdrücklich darauf hin, dass dem Mehraufwand laufende
Kosteneinsparungen durch Produktivitätssteigerungen und bessere
Kapitalnutzung gegenüberstehen können (Gesetzesentwurf der
Bundesregierung über Teilzeitarbeit und befristete Arbeitsverhältnisse und zur Änderung und Aufhebung arbeitsrechtlicher Bestimmungen, BT-Drucks. 14/4374, S. 3).

Es muss sich demnach um besondere zusätzliche Kosten handeln,
die ins Verhältnis gesetzt werden müssen zu anderen Kostenfaktoren
(ArbG Bonn U. v. 20. 6. 01 NZA 01, 973, 975). Unverhältnismäßige
Aufwendungen sind beispielshaft denkbar, wenn der teilzeitbeschäftigte Arbeitnehmer zu einzelnen Baustellen zu unterschiedlichen Zeiten als der Rest der anderen Arbeitnehmer gebracht oder
abgeholt werden müsste und dadurch erhebliche Zusatzkosten entstehen, wobei zuvor die Unterstützungsmöglichkeiten durch das zuständige Integrationsamt oder andere Rehabilitationsträger geprüft
werden müssen. Unverhältnismäßig können die Aufwendungen
auch sein, wenn das Arbeitsverhältnis durch Rentenbezug ohnehin
in absehbarer Zeit endet oder der Kostenaufwand aufgrund der wirtschaftlichen Lage des Unternehmens zur Gefährdung von anderen
Arbeitsplätzen führt (*Schröder* in Hauck/Noftz, SGB IX, K § 81
RdNr. 41).

86 • **entgegenstehende staatliche oder berufsgenossenschaftliche
Arbeitsschutzvorschriften oder beamtenrechtliche Vorschriften:** Beamtenrechtliche Vorschriften können z.B. bei Wahlämtern
gegen eine Teilzeitbeschäftigung sprechen; auch bei der monokrati-
schen Leitung einer Behörde (z.B. Ministerium, Regierungspräsi-

dium) ist eine Teilung der Stelle nicht möglich. Arbeitsschutzvorschriften werden dagegen einer Teilzeitbeschäftigung praktisch
nicht entgegenstehen.

Die Ansprüche nach den Absätzen 4 und 5 können **jederzeit gel-**   87
tend gemacht werden. Es gilt insbesondere auch für den Anspruch
auf Reduzierung der Arbeitszeit nicht die Drei-Monats-Frist des § 8
Abs. 2 TzBfG. Allerdings wird man dem Arbeitgeber eine gewisse
Vorlauf- und Planungszeit für die mit der Reduzierung verbundenen organisatorischen und personellen Veränderungen einräumen
müssen. Hier gibt die **Frist des § 8 Abs. 2 TzBfG** zumindest eine
Orientierungshilfe.

Die **Darlegungs- und Beweislast** für die Unzumutbarkeit der   88
vom Arbeitnehmer geforderten Maßnahmen gemäß Abs. 4 und der
Teilzeitbeschäftigung gemäß Abs. 5 trägt der Arbeitgeber. Lediglich
dafür, dass die Art oder Schwere der Behinderung ursächlich für die
Notwendigkeit der Teilzeitbeschäftigung ist, trägt der schwerbehinderte Arbeitnehmer die Darlegungs- und Beweislast (*Schröder* in
Hauck/Noftz, SGB IX , K § 81 RdNr. 46).

Lehnt der Arbeitgeber den Teilzeitanspruch ab und will der Ar-   89
beitnehmer ihn klageweise durchsetzen, ist die **Leistungsklage** nach
herrschender Meinung die richtige Verfahrensart, die auf die Abgabe
einer Willenserklärung gerichtet ist. Die Geltendmachung der Verringerung der Arbeitszeit stellt ein Angebot zur Änderung des Arbeitsvertrages dar. Der Anspruch des Arbeitnehmers auf Annahme dieses
Angebotes ist ein Anspruch auf Abgabe einer Willenserklärung. Er ist
darauf gerichtet, dass der Arbeitgeber der Verringerung der Arbeitszeit
zustimmt (LAG Hamm U. v. 27. 9. 02 – 10 Sa 232/02; ArbG Stuttgart
NZA 01, 968; ArbG Mönchengladbach NZA 01, 970; ArbG Bonn
NZA 01, 974; *Grobys/Bram* in NZA 2001, 1175, 1177 mit weiteren Nachweisen Fn. 32).

Da auch bei einer Verurteilung des Arbeitgebers, der beantragten Ar-   90
beitszeitreduzierung zuzustimmen, die entsprechende Willenserklärung gemäß § 894 ZPO erst mit Eintritt der Rechtskraft als abgegeben
gilt, ist für die wirkungsvolle und schnelle Durchsetzung des Teilzeit-
anspruches auch eine **einstweilige Verfügung** möglich. Die Verfügung muss allerdings nach §§ 935, 940 ZPO zur Abwendung wesentlicher Nachteile notwendig sein. Außerdem muss der Schwerbehinderte
glaubhaft machen, dass die Arbeitszeitreduzierung aus Gründen seiner
Behinderung unabdingbar ist. Der Arbeitgeber seinerseits muss die
Gegengründe, vor allem die Unzumutbarkeit der Teilzeitbeschäftigung, glaubhaft machen (*Globys/Bram* in NZA 01, 1175, 1181).

Besondere Pflichten der öffentlichen Arbeitgeber

82 [1]Die Dienststellen der öffentlichen Arbeitgeber melden den Arbeitsämtern frühzeitig frei werdende und neu zu besetzende sowie neue Arbeitsplätze (§ 73). [2]Haben schwerbehinderte Menschen sich um einen solchen Arbeitsplatz beworben oder sind sie vom Arbeitsamt oder einem von diesem beauftragten Integrationsfachdienst vorgeschlagen worden, werden sie zu einem Vorstellungsgespräch eingeladen. [3]Eine Einladung ist entbehrlich, wenn die fachliche Eignung offensichtlich fehlt. [4]Einer Integrationsvereinbarung nach § 83 bedarf es nicht, wenn für die Dienststellen dem § 83 entsprechende Regelungen bereits bestehen und durchgeführt werden.

I. Allgemeines

1   Die Vorschrift übernimmt im wesentlichen die Regelung des § 14 a SchwbG in der Fassung des am 1. 10. 2000 in Kraft getretenen Gesetzes zur Bekämpfung der Arbeitslosigkeit Schwerbehinderter (SchwBAG) vom 29. 9. 2000 (BGBl. I S. 1349 ff.). Eine Veränderung hat § 82 Abs. 1 S. 1 dadurch erfahren, dass die in § 14 a SchwbG noch auf die öffentlichen Arbeitgeber im Bundesbereich beschränkte Regelung auf alle öffentlichen Arbeitgeber ausgedehnt worden ist.

II. Besondere Pflichten bei der Stellenbesetzung

2   Die in § 81 Abs. 1 von allen Arbeitgebern zu erfüllenden Pflichten bei der Stellenbesetzung werden in § 82 für öffentliche Arbeitgeber besonders herausgehoben und verstärkt. Sie müssen **jeden frei werdenden, neu zu besetzenden und neuen Arbeitsplatz frühzeitig dem Arbeitsamt** gegenüber **melden**. Der Zeitpunkt der Meldung muss so gewählt werden, dass das Arbeitsamt noch rechtzeitig Vermittlungsvorschläge unterbreiten kann (siehe dazu auch Erläuterungen unter § 81 RdNr. 11). Die Meldepflicht ist ausnahmslos und zwingend.

3   Alle schwerbehinderten Bewerber müssen gemäß § 82 S. 2 zu einem **Vorstellungsgespräch** eingeladen werden. Es kommt nicht darauf an, ob sie sich auf Veranlassung des Arbeitsamtes, eines Integrationsfachdienstes oder von sich aus auf den Arbeitsplatz im öffentlichen Dienst beworben haben. Es ist außerdem unerheblich, ob es sich um eine externe oder interne Bewerbung handelt. Eine Ausnahme besteht nur dann, wenn es offensichtlich an der fachlichen Eignung des Bewerbers fehlt (S. 3).

4   Bei einem Verstoß gegen die Meldepflicht oder gegen die Pflicht zur Einladung zu einem Vorstellungsgespräch steht der **Personalver-**

tretung ein **Zustimmungsverweigerungsgrund** gemäß § 77 Abs. 2 Nr. 1 BPersVG zu, wenn damit gleichzeitig die Prüfpflichten in § 81 Abs. 1 S. 1 verletzt worden sind.

III. Integrationsvereinbarung

Integrationsvereinbarungen bedarf es bei Arbeitgebern im Sinne 5 des § 73 Abs. 3 nicht, wenn für deren Dienststellen dem § 83 entsprechende Regelungen bereits bestehen und durchgeführt werden. **Allgemeine „Fürsorgeerlasse"** oder **„Schwerbehindertenrichtlinien"** genügen den Anforderungen allerdings nicht (*Cramer* in DB 2000, 2217, 2219; *Braasch* in br 2001, 177, 182). Diese Anforderung könnten nur **dienststellenbezogene Zielvereinbarungskonzepte** erfüllen (*Seel* in br 2001, 61). Es ist daher davon auszugehen, dass auch bei den genannten öffentlichen Arbeitgebern im Bundesbereich konkrete Regelungen, die inhaltlich Integrationsvereinbarungen entsprechen, in der Regel nicht bestehen.

Integrationsvereinbarung

83 (1) ¹Die Arbeitgeber treffen mit der Schwerbehindertenvertretung und den in § 93 genannten Vertretungen in Zusammenarbeit mit dem Beauftragten des Arbeitgebers (§ 98) eine verbindliche Integrationsvereinbarung. ²Auf Antrag der Schwerbehindertenvertretung wird unter Beteiligung der in § 93 genannten Vertretungen hierüber verhandelt. ³Ist eine Schwerbehindertenvertretung nicht vorhanden, steht das Antragsrecht den in § 93 genannten Vertretungen zu. ⁴Der Arbeitgeber oder die Schwerbehindertenvertretung können das Integrationsamt einladen, sich an den Verhandlungen über die Integrationsvereinbarung zu beteiligen. ⁵Dem Arbeitsamt und dem Integrationsamt, die für den Sitz des Arbeitgebers zuständig sind, wird die Vereinbarung übermittelt.

(2) ¹Die Vereinbarung enthält Regelungen im Zusammenhang mit der Eingliederung schwerbehinderter Menschen, insbesondere zur Personalplanung, Arbeitsplatzgestaltung, Gestaltung des Arbeitsumfelds, Arbeitsorganisation, Arbeitszeit sowie Regelungen über die Durchführung in den Betrieben und Dienststellen. ²Bei der Personalplanung werden besondere Regelungen zur Beschäftigung eines angemessenen Anteils von schwerbehinderten Frauen vorgesehen.

(3) In den Versammlungen schwerbehinderter Menschen berichtet der Arbeitgeber über alle Angelegenheiten im Zusammenhang mit der Eingliederung schwerbehinderter Menschen.

I. Allgemeines

1   Als Kernstück der gesetzlichen Neuregelung und als innovatives, bislang noch nicht erprobtes **Planungs- und Steuerungsinstrumentarium** zur betrieblichen Eingliederung Schwerbehinderter ist die sog. Integrationsvereinbarung anzusehen. Ihre besondere Bedeutung liegt darin, dass durch sie die Beschäftigungs- und Förderpflicht des Arbeitgebers gegenüber schwerbehinderten Menschen konkretisiert und die berufliche Integration so **betriebsnah** wie möglich gestaltet werden kann. Da der Arbeitgeber über den Abschluss einer Integrationsvereinbarung verhandeln muss, wächst der **Einfluss der Schwerbehindertenvertretung** auf die betriebliche Personalpolitik. Außerdem verändert sich die Rolle der Schwerbehindertenvertretung von der individuellen Beratung und Betreuung von Schwerbehinderten hin zu einem gleichberechtigten betrieblichen Kollektivvertretungsorgan, das neben der betrieblichen Interessenvertretung verhandlungsführend und aktiv betriebliche Veränderungsprozesse zugunsten der Beschäftigung von Behinderten in Gang setzt (*Feldes* in br 2000, 187 und br 2002, 128; *Düwell* in BB 2000, 2570).

2   Die Verpflichtung zur Verhandlung über den Abschluss einer Integrationsvereinbarung trifft **alle Arbeitgeber**, öffentliche wie private, und unabhängig davon, ob sie ihre Beschäftigungspflicht erfüllt haben oder nicht.

3   Die Vorschrift entspricht inhaltsgleich dem bisherigen § 14b SchwbG, der mit dem am 1.10.00 in Kraft getretenen Gesetzes zur Bekämpfung des Arbeitslosigkeit Schwerbehinderter (SchwBAG) in das SchwbG aufgenommen worden ist. Ergänzt wurde die Vorschrift des § 14b SchwbG in § 83 Abs. 1 S. 5 insofern, als der Integrationsvereinbarung jetzt auch dem Integrationsamt übermittelt werden muss. Dadurch soll die Zusammenarbeit zwischen Arbeitsamt und Integrationsamt verbessert werden (Begründung zum Gesetzentwurf der Frak-

tionen von SPD und Bündnis 90/Die Grünen, BT-Drucks. 14/5074
S. 113).

II. Zustandekommen der Integrationsvereinbarung

Verhandlungen über den Abschluss einer Integrationsvereinbarung **4**
können von der örtlichen Schwerbehindertenvertretung initiiert werden. Wenn eine solche nicht gewählt wurde, wird die Aufgabe von der
Gesamtschwerbehindertenvertretung wahrgenommen. Wenn eine solche nicht besteht, schließt die betriebliche Interessenvertretung (§ 93)
die Vereinbarung ab. Der **Arbeitgeber** ist **verpflichtet,** sich an den
Verhandlungen zu beteiligen. Weigert er sich, kann ein Beschlussverfahren gegen ihn eingeleitet werden und er gerichtlich zur Aufnahme von Verhandlungen gezwungen werden (*von Seggern* in AiB
2000, 717, 724; *Seel* in br 2001, 61, 65).

Einigen sich die Betriebspartner nicht auf den Abschluss einer Inte- **5**
grationsvereinbarung, sieht die Vorschrift **kein Einigungsstellenverfahren** vor. Dies bedeutet, dass die Schwerbehindertenvertretung nur
die Verhandlung über eine Integrationsvereinbarung, **nicht** aber ihren
Abschluss erzwingen kann (*Seel* in br 2001, 61, 64; *Schröder* in Hauck/
Noftz, SGB IX, K § 83 RdNr. 7).

Bei Nichteinigung der Betriebsparteien über den Inhalt der Integra- **6**
tionsvereinbarung besteht für die Schwerbehindertenvertretung zum
einen die Möglichkeit, das **Integrationsamt einzuschalten,** damit
dieses seinen Einfluss zugunsten des Abschlusses einer Integrationsvereinbarung geltend macht (*Düwell* in BB 2000, 2570 f.). Da die Inhalte
der Integrationsvereinbarung auch **Regelungen des Gesundheitsschutzes** betreffen, besteht zum anderen für den Betriebsrat die
Möglichkeit, sein **Mitbestimmungsrecht gemäß § 87 Abs. 1 Ziff. 7
BetrVG** geltend zu machen und darüber den Abschluss einer Integrationsvereinbarung zu erzwingen (*v. Seggern* in AiB 2000, 717, 723). Es ist
nämlich anerkannt, dass der Gesundheitsschutz in § 87 Abs. 1 Ziff. 7
BetrVG nicht eng sondern weit als Fürsorge für die menschengerechte
Gestaltung der Arbeit verstanden wird (FKHE, BetrVG, § 87
RdNr. 28 6 ff.; DKK-*Klebe*, BetrVG, § 87 RdNr. 172, 181). Soweit die
Inhalte der Integrationsvereinbarung auch die behinderungsgerechte
Gestaltung der Arbeitsplatzes, des Arbeitsumfeldes und der Arbeitsorganisation betreffen, gehören sie damit auch zum mitbestimmungs-
pflichtigen Regelungsgegenstand des § 87 Abs. 1 Ziff. 7 BetrVG. Hier
können Vereinbarungen durch ein Einigungsstellenverfahren auf Antrag des Betriebsrat durchgesetzt werden.

Davon unabhängig kommt ein **freiwilliges Einigungsstellenverfahren** nach § 76 Abs. 6 BetrVG in Betracht (*Schröder* in Hauck/Noftz,
SGB IX , K § 83 RdNr. 22).

III. Rechtscharakter

7   Die Integrationsvereinbarung ist eine Rechtsquelle eigener Art. Sie stellt einen **mehrseitigen kollektivrechtlichen Vertrag eigener Art** dar (*Schröder* in Hauck/Noftz, SGB IX , K § 83 RdNr. 21, *Düwell*, LPK-SGB IX, § 83 RdNr. 3, *v. Seggern* in AiB 2000, 717, 724). Da sie keinen normativen Charakter hat, kann sie **nicht** als **Betriebsvereinbarung** (a. A. *Neumann/Pahlen*, SGB IX, § 83 RdNr. 8) angesehen werden. Sie wirkt nicht unmittelbar und zwingend auf die individuellen Arbeitsverträge. Sie hat auf der anderen Seite **verbindlichen Rechtscharakter** und verpflichtet den Arbeitgeber, sich entsprechend den verabredeten Integrationszielen zu verhalten und vereinbarte Verfahrensregeln einzuhalten. Als Steuerungs- und Planungsinstrument für eine integrative Personalpolitik vermag sie **keine subjektiven Rechtsansprüche für einzelne Schwerbehinderte** zu begründen (*Braasch* in br 2001, 177, 182; *Düwell*, LPK-SGB IX, § 83 RdNr. 3). Je konkreter in der Vereinbarung die Verpflichtung des Arbeitgebers ausgestaltet ist, Arbeitsplätze, Arbeitsumfeld, Arbeitsorganisation behindertengerecht zu gestalten, Schwerbehinderte beruflich zu fördern und weiter zu bilden und zu ihrer Beschäftigungssicherung durch bestimmte Maßnahmen beizutragen, desto eher können sich daraus auch **individuelle Ansprüche** vor allem **in Verbindung mit Ansprüchen aus § 81 Abs. 4** ergeben. Enthält die Integrationsvereinbarung keine eigene Kündigungsregelung, wird die Regelung des § 77 Abs. 5 entsprechend anzuwenden sein und die Integrationsvereinbarung mit einer Frist von 3 Monaten gekündigt werden können (*Neumann/Pahlen*, SGB IX, § 83 RdNr. 11).

8   Die Integrationsvereinbarung ist **schriftlich** abzufassen. Sie ist dem **Integrationsamt und dem Arbeitsamt zur Kenntnisnahme** zu übermitteln. Grund dafür ist, dass das Arbeitsamt Einblick in die besonderen innerbetrieblichen Verhältnisse erhält und dadurch in die Lage versetzt wird, gezielter Bewerbungsvorschläge für frei werdende Stellen zu unterbreiten, eine gezieltere Qualifizierung Schwerbehinderter durchzuführen und die jeweiligen Arbeitgeber entsprechend den betrieblichen Verhältnissen besser zu beraten. Durch die Weitergabe der Integrationsvereinbarung an das Integrationsamt soll dieses sich einen Überblick über notwendige Beratungs- und Betreuungserfordernisse verschaffen können (*Braasch* in br 2001, 177, 182).

IV. Regelungsinhalte

9   Integrationsvereinbarungen sind Planungs- und Steuerungsinstrument einer integrativen Personalpolitik. Sie steuern und gestalten betriebliche Integrations- und Rehabilitationsprozesse. In ihrer Funktion

als **Planungsinstrument** legen sie klare verständliche und messbar formulierte Ziele fest, an die die relevanten Entscheidungsträger gebunden sind. In ihrer Funktion als **Steuerungsinstrument** strukturieren sie den Verlauf der betrieblichen Veränderungsprozesse auf die festgelegten Ziele hin. Integrationsvereinbarungen funktionieren dabei nach dem Prinzip von **Zielvereinbarungen**, die schon seit längerem aus der unternehmerischen Praxis bekannt sind. Ihr müssen daher stets eine genaue **Situationsanalyse** in Form einer Stärke-Schwäche-Analyse vorausgehen, Chancen und Gefahren beurteilt, erst dann Ziele festgelegt und Lösungskonzepte entwickelt werden (*Feldes* in br 2000, 187, 189ff.; *Düwell* in BB 2000, 2570, 2571). Sie funktionieren damit als ein auch betriebswirtschaftlich sinnvolles Instrument, da durch sie der Einsatz des richtigen Arbeitnehmers am richtigen Arbeitsplatz erreicht werden soll (*Schröder* in Hauck/Noftz, SGB IX , K § 83 RdNr. 8). Da Behinderung sich nicht im Wesentlichen als festgefügte persönliche Eigenschaft darstellt, sondern sich im Verhältnis von behinderter Person und Umwelt zeigt, ist an der Umwelt, also auch bei der **Gestaltung der Arbeitsumgebung** anzusetzen (*Welti* in Soziale Sicherheit 2001, 146 f.). Hier greift das Instrument der Integrationsvereinbarung an und bietet eine große Chance, dass schwerbehinderte Menschen entsprechend ihrem Leistungsvermögen im Interesse des Betriebes am richtigen Arbeitsplatz eingesetzt werden, nachdem die dafür notwendigen Veränderungen geschaffen worden sind.

Inhaltlich geht es bei der Festlegung von konkreten Zielen, Maßnahmen und Verfahrensweisen zum Zwecke der Eingliederung schwerbehinderter Menschen um Personalplanung, Gestaltung des Arbeitsplatzes und des Arbeitsumfeldes, Arbeitsorganisation, Arbeitszeit und Verfahrensregeln (§ 83 Abs. 2). Hierbei handelt es sich nach dem Gesetzestext um keine abschließende Aufzählung („insbesondere"). Aufgrund der besonders schwierigen Beschäftigungssituation schwerbehinderter Frauen hat der Gesetzgeber ausdrücklich die Verpflichtung aufgenommen, in der Integrationsvereinbarung eine Regelung über die Beschäftigung eines angemessenen Anteils von Frauen zu treffen. **10**

Integrationsvereinbarungen sind **kein einmaliges, zeitlich begrenztes Projekt**. Dies würde zur Erstarrung der betrieblichen Praxis führen. Sie sind vielmehr auf Dauer angelegt und sollen einen **immanenten Prozess der Personalentwicklung** zugunsten der Beschäftigung Schwerbehinderter in Gang setzen. Entsprechend offen für neue Entwicklungen müssen sie formuliert sein (*v. Seggern* in AiB 00, 717, 726; *Schröder* in Hauck/Noftz, SGB IX , K § 83 RdNr. 8). **11**

Integrationsvereinbarungen können **folgende Struktur, Zielfelder und Regelungen enthalten** (*v. Seggern* in AiB 00, 717, 725; *Seel* in br 2001, 61 f.; Leitfaden zur Integrationsvereinbarung herausg. von IG-Metall und ver.di für Schwerbehindertenvertretungen, Betriebs- und Personalräte Dezember 2001): **12**

13   **1. Aufbau**. Die Integrationsvereinbarung kann folgende Gliede-
rung enthalten:
- Präambel
- Geltungsbereich
- Ziele und Zielvereinbarungen
- Umsetzung der Vereinbarung
- Berichtspflicht/Controlling
- Beilegung von Streitigkeiten

14   **2. Inhalte im Einzelnen. a) Geltungsbereich**. Neben einer Regelung zum örtlichen Geltungsbereich (z.B.: Die Vereinbarung gilt im
Betrieb/Dienststelle der Fa. …) kann im persönlichen Geltungsbereich
aufgenommen werden, dass die Vereinbarung für schwerbehinderte
Menschen und Gleichgestellte sowie auch für behinderte Beschäftigte
im Sinne des § 2 Abs. 1 SGB IX sowie auch für Beschäftigte in Rehabilitation und für Langzeiterkrankte gilt.

15   **b) Ziele und Zielvereinbarungen. (1) Personalplanung mit
dem Ziel, die Schwerbehindertenquote zu erhöhen**. Es können
Regelungen zur Erfüllung der gesetzlichen Beschäftigungsquote oder
zum Erreichen einer darüber hinausgehenden Quote sowie zur Beschäftigung besonderer Gruppen von Schwerbehinderten aufgenommen werden. Es kann etwa ein bestimmter Prozentsatz für die Einstellung auszubildender Schwerbehinderter, besonders betroffener Schwerbehinderter,
behinderter Frauen oder von älteren Behinderten festgelegt werden.

Zum Erreichen der festgelegten Beschäftigungsquoten kann ein
Zeitplan erstellt werden.

Es können weiterhin Regeln aufgestellt werden, wie eine frühest-
mögliche Suche nach schwerbehinderten Bewerbern bei künftig frei
werdenden Stellen gestaltet werden soll, wie die Zusammenarbeit mit
dem Arbeitsamt hierbei erfolgen soll und welche Hinweise in Aus-
schreibungstexten enthalten sein sollen. (Beispiel: Bewerbungen behinderter Menschen sind erwünscht. Bei gleicher Qualifikation werden sie bevorzugt eingestellt.)

Die Vereinbarung kann schließlich zur Einrichtung neuer behindertengerechter Arbeitsplätze, die möglichst konkret benannt werden,
verpflichten. Dazu kann sie z.B. die Regelung aufnehmen, dass ausge-
gliederte leichtere Arbeitsplätze wieder in den Betrieb „zurückgeholt“
werden oder deren Schaffung oder Beibehaltung bei geplanten Betriebsänderungen berücksichtigt werden müssen.

16   **(2) Behindertengerechte Arbeitsgestaltung mit dem Ziel der
Sicherung und Schaffung von Arbeitsplätzen für schwerbehinderte Menschen wie auch zum Zwecke einer bestmöglichen beruflichen Entfaltung**. Dazu können Regelungen zur Anpassung von
Arbeitsplätzen und Arbeitsanforderungen an schwerbehinderte Bewerber aufgenommen werden. Dazu gehört etwa die Überprüfung
vorhandener Arbeitsplätze am Maßstab des § 81 Abs. 4 Ziff. 1–5 und die

Aufstellung eines Maßnahme- und Zeitplanes für die Mängelbeseitigung oder andere Verbesserungen.

Die Vereinbarung kann Maßnahmen zur barrierefreien Gestaltung des Arbeitsumfeldes aufnehmen (etwa die Umrüstung oder den Neubau von Sanitäreinrichtungen, Aufzügen und anderen Gemeinschaftsräumen) einschließlich eines Zeitplanes für deren Umsetzung. Sinnvoll sind auch Angaben über die dafür zur Verfügung stehenden finanziellen Mittel.

Die Vereinbarung kann außerdem die Einrichtung von Schwerbehindertenparkplätzen oder besonderen Orientierungshilfen für seh- und hörbehinderten Menschen vorsehen.

Sie kann außerdem eine Verpflichtung zur behindertengerechten Organisation der Arbeitzeit enthalten, die die gesundheitlichen oder sozialen Bedürfnisse besonderer Behindertengruppen berücksichtigt wie etwa die von Diabetikern (Zusatzpausen), Herz-, Kreislauferkrankten oder Gehbehinderten (flexible Arbeitszeitmodelle) oder behinderten Müttern (flexible Arbeitzeit, Teilzeit).

Schließlich kann sie den Arbeitgeber zur Schaffung von Arbeits- und Leistungsbedingungen verpflichten, die etwa Leistungseinschränkungen behinderter Menschen durch längere Vorgabezeiten, Zeitzuschläge, eine höhere Personalbelegung, Zeitgutschriften und Lohnkostenausgleiche bei Teamarbeit so berücksichtigt, dass dem Team kein Nachteil entsteht.

(3) Berufliche Förderung und Weiterbildung von schwerbe- **17** **hinderten Menschen.** Es können Regelungen aufgenommen werden, die Verpflichtungen und/oder Anreize für Vorgesetzte enthalten, damit diese behinderte Beschäftigte bei beruflichen Aufstiegsmöglichkeiten fördern und berücksichtigen. Es kann ein Entscheidungsverfahren vereinbart werden, das bei der Bewerbung von behinderten Menschen eingehalten werden muss.

Weiterhin kann eine Mindestbeteiligung an betrieblichen Fortbildungsmaßnahmen festgelegt werden und bei betrieblichen Maßnahmen Inhalte vereinbart werden, die die Belange behinderter Menschen besonders berücksichtigen.

(4) Kündigungsvermeidung. In der Integrationsvereinbarung **18** kann der Präventionsgedanke des § 84 konkretisiert werden und ein Maßnahmeplan vereinbart werden, wenn Schwierigkeiten am Arbeitsplatz eines Schwerbehinderten auftreten.

Es kann weitergehend vereinbart werden, dass während der Laufzeit der Vereinbarung Kündigungen behinderter Menschen ausgeschlossen sind.

c) Verfahrensregeln/Beilegung von Streitigkeiten. Die gesetz- **19** lichen Beteiligungsrechte der Schwerbehindertenvertretung, des Betriebsrates bzw. Personalrates können konkretisiert und eine eigene Verfahrensregelung eingeführt werden. Außerdem können **regelmäßige Gesprächstermine** vereinbart werden, in denen der Stand der Umsetzung der Integrationsvereinbarung erörtert wird.

20   Es kann außerdem ein **Integrationsausssschuss** gebildet werden, der aus Schwerbehindertenvertretung, Betriebsrat/Personalrat, Arbeitgeber und ggfl. den Mitgliedern des Arbeitsausschusses besteht. Dabei können Regeln über die Zusammenarbeit dieses Ausschusses mit dem Integrationsamt und dem Arbeitsamt sowie Trägern der beruflichen Bildung vereinbart werden.

Es kann ein **Entscheidungsverfahren** beim Auftreten von Meinungsverschiedenheiten bei der Auslegung und Anwendung der Integrationsvereinbarung vereinbart werden.

Es kann ein **Zeitplan** aufgestellt werden, nach dem die Umsetzung und Wirkung der Integrationsvereinbarung regelmäßig überprüft und bewertet wird und die Beteiligten sich verpflichten, auf der Grundlage ihrer Einschätzungen neu zu verhandeln und die Vereinbarung zu ändern. Eine andere Möglichkeit besteht darin, Schwerbehindertenvertretung und Arbeitgeber das Recht einzuräumen, ergänzende Vorschläge zu unterbreiten, über die die jeweils andere Seite verpflichtet ist, in Verhandlungen zu treten wie beim Abschluss der Integrationsvereinbarung selbst.

Es können weiterhin Maßnahmen zur Verbreitung des Integrationsgedankens im Betrieb verabredet werden etwa durch entsprechende **Themenschwerpunkte in Betriebsversammlungen** oder in der **betrieblichen Berufsbildung** oder bei der **Qualifizierung von Vorgesetzten**.

21   Da die Integrationsvereinbarung ein bisher nicht erprobtes betriebliches Planungs- und Steuerungsinstrument darstellt, wird erst die zukünftige betriebliche Praxis erweisen, ob das gesetzgeberische Ziel, eine bestmögliche und gleichberechtigte Teilhabe schwerbehinderter Menschen im Betrieb zu ermöglichen, erreicht wird. Voraussetzung dazu ist, dass die betrieblichen Interessenvertretungen sich die dafür notwendigen Qualifikationen und Kompetenzen durch entsprechende **Schulungen** aneignen, die Zusammenarbeit zwischen Betriebsrat und Schwerbehindertenvertretung entsprechend weiterentwickelt wird und ein **Informations- und Erfahrungsaustausch** zwischen verschiedenen Betriebsräten und Schwerbehindertenvertretungen stattfindet (*Feldes* in br 2000, 187, 191).

22   **Beispiele und Anregungen** für Integrationsvereinbarungen können dem Leitfaden von IG-Metall und ver.di für Schwerbehindertenvertretung, Betriebs- und Personalräte von Dezember 2001 sowie auch dem Internet (www.uni-jena.de/sbv/hs-intgr-v-01.htm-21k; www.bundessozialgericht.de) entnommen werden.

V. Berichtspflicht des Arbeitgeber

23   Der Arbeitgeber ist gemäß § 83 Abs. 3 verpflichtet, in den Versammlungen Schwerbehinderter (§ 95 Abs. 6) über alle Angelegenheiten im

Zusammenhang mit der Integration schwerbehinderter Menschen zu berichten. Dazu gehört es, dass der Arbeitgeber auch über den Abschluss und den Inhalt von Integrationsvereinbarungen informiert.

Prävention

84 (1) Der Arbeitgeber schaltet bei Eintreten von personen-, verhaltens- oder betriebsbedingten Schwierigkeiten im Arbeits- oder sonstigen Beschäftigungsverhältnis, die zur Gefährdung dieses Verhältnisses führen können, möglichst frühzeitig die Schwerbehindertenvertretung und die in § 93 genannten Vertretungen sowie das Integrationsamt ein, um mit ihnen alle Möglichkeiten und alle zur Verfügung stehenden Hilfen zur Beratung und mögliche finanzielle Leistungen zu erörtern, mit denen die Schwierigkeiten beseitigt werden können und das Arbeits- oder sonstige Beschäftigungsverhältnis möglichst dauerhaft fortgesetzt werden kann.

(2) [1]Der Arbeitgeber schaltet mit Zustimmung der betroffenen Person die Schwerbehindertenvertretung auch ein, wenn ein schwerbehinderter Mensch länger als drei Monate ununterbrochen arbeitsunfähig ist oder das Arbeitsverhältnis oder sonstige Beschäftigungsverhältnis aus gesundheitlichen Gründen gefährdet ist. [2]Die Schwerbehindertenvertretung schaltet mit Zustimmung der betroffenen Person die gemeinsame Servicestelle und bei schwerbehinderten Menschen auch das Integrationsamt ein. [3]Die Sätze 1 und 2 gelten für behinderte oder von Behinderung bedrohte Menschen entsprechend; in diesem Fall tritt an die Stelle der Schwerbehindertenvertretung die zuständige Interessenvertretung im Sinne des § 93.

I. Allgemeines

Die Vorschrift dient der Konfliktprävention. Gefährdungen für den **1** Bestand eines Arbeitsverhältnisses sollen bereits frühzeitig durch beschäftigungssichernde Maßnahmen begegnet werden, um dadurch eine möglichst dauerhafte Erhaltung des Arbeitsplatzes zu erreichen (Begründung zum Gesetzentwurf der Fraktionen der SPD und Bündnis 90/Die Grünen, BT-Drucks. 14/5074 S. 113 und zum Entwurf der Fraktionen der SPD und Bündnis 90/Die Grünen eines Gesetzes zur Bekämpfung der Arbeitslosigkeit Schwerbehinderter vom 16. 5. 2000, BT-Drucks. 14/3372 S. 16). Die Schwerbehindertenvertretung, die betrieblichen Interessenvertretungen gemäß § 93 und das Integrationsamt müssen in die Präventionsplanung eingeschaltet werden.

Die Vorschrift entspricht der Regelung des § 14 c SchwbG i.d.F. des **2** am 1. 10. 2000 in Kraft getretenen Gesetzes zur Bekämpfung der Arbeitslosigkeit Schwerbehinderter (SchwBAG) v. 29.9.2000 (BGBl. I S. 1349ff.). Ergänzt wird § 14c SchwbG durch die Vorgabe einer frühzeitigen Einschaltung des Integrationsamtes in Abs. 1. In Abs. 2 werden der Aufgabenbereich der Schwerbehindertenvertretung und die Prävention auf den Krankheitsfall ausgedehnt (Begründung zum Gesetzentwurf der Fraktionen von SPD und Bündnis 90/Die Grünen, BT-Drucks. 14/5074 S. 113).

II. Geltungsbereich der Vorschrift

3   Sie gilt für alle Arbeitgeber, öffentliche und private, gleich, ob sie ihre Beschäftigungspflicht (§ 71 Abs. 1) erfüllt haben oder nicht.

Nach § 128 ist die Vorschrift, soweit dort eine entsprechende Verweisung enthalten ist, auch auf Dienstverhältnisse von Beamten, Richtern und Soldaten anwendbar.

III. Prävention beim Auftreten personen-, verhaltens- oder betriebsbedingter Schwierigkeiten (Abs. 1)

4   Mit der Nennung personen-, verhaltens- und betriebsbedingter Schwierigkeiten im Arbeits- oder Beschäftigungsverhältnis sind sämtliche Gründe aufgeführt, die zur Rechtfertigung einer Kündigung herangezogen werden können. Der Gesetzgeber hat damit bewusst darauf verzichtet, die Präventionsverpflichtung nur auf Schwierigkeiten zu beschränken, die im Zusammenhang mit der Behinderung stehen. Der Arbeitgeber soll viel mehr verpflichtet sein, aktiv zu werden, wenn sich erkennbar **Probleme gleich welcher Art** im Arbeitsverhältnis mit einem schwerbehinderten Menschen zeigen, die geeignet sind, den Bestand des Arbeitsverhältnis zu gefährden.

5   Personenbedingte Gefährdungen können auf kurzfristigen oder langfristigen Erkrankungen, auf einer eingetretenen Leistungsminderung oder auf Eignungsmängeln beruhen. Verhaltensbedingte Gefährdungen betreffen den Bereich arbeitsvertraglicher Pflichtverletzungen wie etwa Unpünktlichkeiten, Arbeitsverweigerung, Störungen des Betriebsfriedens und Schlechtleistungen. Betriebsbedingte Gefährdungen können etwa durch Rationalisierungsmaßnahmen oder Auftragsmangel eintreten. In allen Fällen sind die **Vertretungen** und das **Integrationsamt frühzeitig einzuschalten.**

6   Da die Vertretungen und das Integrationsamt in Abs. 1 angesprochen werden, ist davon auszugehen, dass sie alle in gleicher Weise und **nicht zeitlich abgestuft** in einem **Frühstadium aufgetretener Konflikte** einbezogen werden sollen. Aus der Vorschrift geht nicht hervor, dass

das Integrationsamt erst nach dem Scheitern betriebs- oder dienstinterner Bemühungen eingeschaltet werden muss (so auch *Schröder* in Hauck/Noftz, SGB IX, K § 84 RdNr. 5; a.A. *Schimanski* br 2002, 121, 126). Dies ist auch nicht sinnvoll, da außerbetriebliche Leistungsangebote regelmäßig auf weniger Akzeptanz stoßen werden, wenn sie erst nach möglicherweise konfliktreichen und gescheiterten Verhandlungen vorgeschlagen werden.

Sobald der **Arbeitgeber** das Arbeitsverhältnis als gefährdet ansieht,   **7** hat er die Vertretungen und das Integrationsamt über die aus seiner Sicht aufgetretenen **Schwierigkeiten zu unterrichten** und mit ihnen alle innerbetrieblichen und außerbetrieblichen Hilfsmöglichkeiten **zu erörtern**, mit denen die Gefährdung beseitigt und das Arbeitsverhältnis möglichst auf Dauer fortgesetzt werden kann. Den Vertretungen muss Gelegenheit gegeben werden, den Sachverhalt zu überprüfen und Gegenvorstellungen zu entwickeln.

Im Falle **häufiger und kürzerer Fehlzeiten** ist etwa zu überlegen,   **8** ob diese nicht durch Überstunden von Arbeitskollegen ausgeglichen werden können. Bei **längeren Ausfallzeiten** ist die Möglichkeit zu erörtern, eine befristete Aushilfe einzustellen. Bei **Eignungsmängeln** sind Umschulungs- und Fortbildungsmaßnahmen in Betracht zu ziehen. Bei **Leistungsstörungen** ist zu ermitteln, inwieweit medizinische oder berufliche Maßnahmen der Rehabilitation, die zur Wiederherstellung der Erwerbsfähigkeit führen können, zu ergreifen sind (*Schimanski* in br 2002, 121, 124). Außerdem ist stets zu prüfen, inwieweit eine Weiterbeschäftigung auf einem anderen Arbeitsplatz, auch ggf. unter schlechteren Arbeitsbedingungen, möglich und zumutbar ist.

Dem **Integrationsamt** soll die Möglichkeit gegeben werden zu überprüfen, welche **Hilfen und Leistungen** zur Teilhabe am Arbeitsleben   **9** gemäß den §§ 33 ff., vor allem welche Leistungen an Arbeitgeber in § 34 sowie welche Leistungen gemäß § 102 Abs. 2 und 3 gewährt werden können, damit der Arbeitsplatz erhalten bleibt. Alle dem Integrationsamt zur Verfügung stehenden Hilfen technischer und finanzieller Art sind dem Arbeitgeber anzubieten. Die ihm von den Vertretungen und dem Integrationsamt vorgeschlagenen Präventivmaßnahmen hat er nicht nur zur Kenntnis zu nehmen, sondern auf Stichhaltigkeit und Umsetzbarkeit ernsthaft zu überprüfen (*Schimanski* br 2002, 121, 126).

Mit der **frühzeitigen Einschaltung** der Schwerbehindertenvertre-   **10** tung und der betrieblichen Interessenvertretung soll sichergestellt werden, dass diese jedenfalls noch vor einem Zeitpunkt aktiv werden können, zu dem bereits konkrete Kündigungsabsichten bestehen. Die Erörterung von Präventivmaßnahmen muss deshalb dem Zustimmungsantrag beim Integrationsamt vorausgehen. Außerdem reicht es nicht aus, inner- und außerbetriebliche Maßnahmen erst im Rahmen der Anhörung des § 102 BetrVG zu erörtern (*Düwell* in BB 2000, 2570, 2572; *Braasch* in br 2001, 177, 182).

IV. Prävention beim Auftreten gesundheitlicher Schwierigkeiten (Abs. 2)

11   **1. Schwerbehinderte Menschen.** In Abs. 2 werden die Aufgaben der Schwerbehindertenvertretung erweitert. Sie muss auch dann eingeschaltet werden, wenn ein schwerbehinderter Mensch **mehr als drei Monate ununterbrochen arbeitsunfähig** ist oder das **Arbeitsverhältnis aus gesundheitlichen Gründen gefährdet** ist. Dies ist nicht nur bei krankheitsbedingten Fehlzeiten der Fall sondern auch bei durch Krankheit verursachten Leistungsminderungen oder sonstigen Schwierigkeiten, die ihre Ursachen in körperlichen, geistigen oder seelischen Beeinträchtigungen haben (*Schimanski* br 2002, 121, 127).

12   Die gesetzliche Regelung in Abs. 2 konkretisiert damit die gemeinsame Verantwortung von Arbeitgeber und betrieblichen Interessenvertretungen für die Gesundheit der Beschäftigten im Sinne des § 80 Abs. 1 Ziff. 4 und § 87 Abs. 1 Ziff. 7 BetrVG (*Welti* in NJW 2001, 2210, 2215). Sie trägt außerdem der Tatsache Rechnung, dass krankheitsbedingte Fehlzeiten und Leistungseinschränkungen ein wesentlicher Grund für Entlassungen schwerbehinderter Menschen sind (*Schimanski* br 2002, 121, 126). So waren im Zeitraum 1998 bis 2000 Gründe für die Beendigung des jeweiligen Arbeitsverhältnisses mit schwerbehinderten Arbeitnehmern nur in knapp einem Fünftel der Fälle betriebsbedingt, in drei Fünftel der Fälle aber personen- oder verhaltensbedingt (Antwort der Bundesregierung vom 5. 3. 2002 auf eine Kleine Anfrage der PDS-Fraktion zu den Wirkungen des Gesetzes zur Bekämpfung der Arbeitslosigkeit Schwerbehinderter, BT-Drucks. 14/8441 S. 25).

13   § 84 Abs. 2 verpflichtet den Arbeitgeber, mit der Schwerbehindertenvertretung nach gemeinsamen Lösungen zu suchen, wie das Arbeitsverhältnis dauerhaft fortgesetzt werden kann. Mit ihr sind deshalb entsprechend der Regelung in Abs. 1 sämtliche in Frage kommenden **Präventivmaßnahmen zu erörtern.** Die Vorschläge der Schwerbehindertenvertretung sind ernsthaft in Betracht zu ziehen.

14   **2. Behinderte oder von Behinderung bedrohte Menschen.** Die Regelung in Abs. 2 S. 1 und S. 2 gilt gemäß S. 3 nicht nur für schwerbehinderte Menschen, sondern auch für solche Arbeitnehmer, die behindert oder von Behinderung bedroht sind (siehe im Einzelnen Mrozynski, SGB IX, Teil 1, Erläuterungen zu § 2). Bei einer Gefährdung ihres Arbeitsplatzes wegen aufgetretener Fehlzeiten oder sonstiger krankheitsbedingter Schwierigkeiten sind ebenfalls Präventivmaßnahmen einzuleiten. Da diese Arbeitnehmer nicht schwerbehindert oder gleichgestellt sind, ist hier an Stelle der Schwerbehindertenvertretung die **betriebliche Interessenvertretung einzuschalten.**

15   **3. Zustimmung der Betroffenen (Abs. 2 S. 2 und S. 3).** Anders als im Rahmen von Abs. 1 bedarf die **Einschaltung der Schwerbe-**

hindertenvertretung und des Integrationsamtes der Zustimmung des Betroffenen. Nur wenn der betroffene Arbeitnehmer zustimmt, schaltet die Schwerbehindertenvertretung bei schwerbehinderten Menschen außerdem das Integrationsamt, bei behinderten oder von Behinderung bedrohten Menschen die Servicestellen (§§ 22, 23) ein. Dadurch soll unter Einbeziehung der Beratungs- und Hilfsmöglichkeiten des Integrationsamtes bzw. mit dem Beratungs- und Unterstützungsangebot der Servicestellen eine Sicherung des Arbeitsverhältnisses durch entsprechende, den Gesundheitszustand des Betroffenen frühzeitig stabilisierende und fördernde Maßnahmen erreicht werden.

Die Abhängigkeit der Einschaltung des Integrationsamtes und der Schwerbehindertenvertretung von der Zustimmung des Betroffenen bei Maßnahmen der gesundheitlichen Prävention im Sinne von Abs. 2 kann nicht auf die in Abs. 1 geregelten Sachbereiche übertragen werden. Dagegen spricht der eindeutig abweichende Wortlaut (a. A. *Schimanski* br 2002, 121, 127).

V. Auswirkungen auf Kündigungsschutzverfahren

Da die Vorschrift eine konkrete Verpflichtung des Arbeitgebers enthält, vorbeugende Maßnahmen zu ergreifen, wenn sich Schwierigkeiten im Arbeitsverhältnis zeigen, ist sie nicht ohne Bedeutung gerade auch im Zusammenhang mit der Regelung des § 2 SGB III und dem im Kündigungsrecht geltenden **Ultima-Ratio-Prinzip**. Danach ist der Arbeitgeber vor Ausspruch einer Kündigung verpflichtet, alle ihm zur Verfügung stehenden vertraglichen und tariflichen Möglichkeiten auszuschöpfen, um eine Kündigung zu vermeiden (BAG U. v. 27. 9. 84 AP Nr. 8 zu § 2 KSchG, ständige Rechtsprechung; zur Auslegung des § 2 SGB III in diesem Sinne: *Bepler* in Gagel § 2 SGB III RdNr. 27; *Preis* in NZA 1998, 449; *Kittner* in NZA 1997, 968, 975; *Rolfs* in NZA 1998, 17; *Schimanski* in br 2002, 121, 122). Der Arbeitgeber wird aufgrund von § 2 Abs. 1 SGB III auch verpflichtet sein, alle **sozialrechtlichen Möglichkeiten**, also auch die Hilfen des Integrationsamtes und der Servicestellen, in Anspruch zu nehmen, soweit sie ihm zumutbar sind, bevor er das Arbeitsverhältnis beendende Maßnahmen ergreift (*Gagel* in NZA 2001, 988, 992; *Schimanski* in br 2002, 121). Hat er demnach entgegen der Verpflichtung in § 84 die Schwerbehindertenvertretung, die betrieblichen Interessenvertretungen oder das Integrationsamt im Vorfeld einer Kündigung erst gar nicht eingeschaltet, riskiert er, dass der Zustimmungsantrag abgelehnt oder die Unwirksamkeit der Kündigung festgestellt wird, weil andere arbeitsplatzerhaltende Möglichkeiten auf der Basis von Hilfsangeboten etwa des Integrationsamtes zur Verfügung gestanden hätten (*v. Seggern* AiB 2000, 717, 726; *Düwell*,

16

LPK-SGB IX, § 84 RdNr. 5). Das **Integrationsamt** ist in einem derartigen Fall, in dem Maßnahmen der Prävention vor Ausspruch der Kündigung nicht erörtert worden sind, verpflichtet, den **Arbeitgeber** zunächst auf seine **gesetzliche Verpflichtung hinzuweisen** und ihn zur **Nachholung aufzufordern** (*Schimanski* in br 2002, 121, 126).

17   Wenn andererseits **alle Möglichkeiten**, durch Prävention den Arbeitsplatz zu erhalten, **ausgeschöpft** sind und eine Fortsetzung des Arbeitsverhältnisses für den Arbeitgeber dennoch nicht möglich ist, kann dies nicht ohne Einfluss auf das Zustimmungsverfahren beim Integrationsamt und das Kündigungsschutzverfahren beim Arbeitsgericht sein. Die frühzeitige Einschaltung des Integrationsamtes wird außerdem zu einer **Verkürzung der Entscheidungsfrist des § 88 Abs. 1** führen (*Braun* in MDR 2001, 63 f.; *Braasch* in br 01, 177, 182; *Cramer* in DB 2000, 2217, 2219).

VI. Rechtsschutz

18   Kommt der Arbeitgeber seinen gesetzlichen Verpflichtungen gegenüber der Schwerbehindertenvertretung oder der betrieblichen Interessenvertretung nicht nach, können die bestehenden Unterrichtungs- und Erörterungsansprüche im Wege des arbeitsgerichtlichen **Beschlussverfahrens** ggf. auch unter Inanspruchnahme einstweiligen Rechtsschutzes durchgesetzt werden.

Kapitel 4. Kündigungsschutz

Erfordernis der Zustimmung

85 Die Kündigung des Arbeitsverhältnisses eines schwerbehinderten Menschen durch den Arbeitgeber bedarf der vorherigen Zustimmung des Integrationsamtes.

Übersicht

I. Allgemeines

1   Die Vorschrift regelt den besonderen Kündigungsschutz schwerbehinderter Arbeitnehmer, indem sie die Wirksamkeit der arbeitge-
berseitigen Kündigung von der vorherigen Zustimmung des Integrationsamtes abhängig macht. Sie enthält eine sog. **Verbotsnorm mit
Erlaubnisvorbehalt**.

2   Zweck der Regelung ist, schwerbehinderte Arbeitnehmer in besonderer Weise vor dem Verlust ihres Arbeitsplatzes zu schützen. Sie dient
damit dem vom Gesetzgeber angegebenen Ziel, die Beschäftigung
schwerbehinderter Menschen zu fördern.

3   Zwischen diesem **gesetzgeberischen Ziel** und der **sozialen
Wirklichkeit** ist indessen eine erhebliche Diskrepanz festzustellen.
So ergibt sich aus der Entwicklung der Anträge auf Zustimmung zu
Kündigungen schwerbehinderter Menschen seit 1998 bis einschließ-
lich 2001, dass eklatant häufig die Zustimmung durch die Hauptfürsorgestellen (jetzt: Integrationsämter) erteilt wurden. So standen im
Jahr 2000 18 102 Zustimmungen 3 329 Versagungen und im Jahr 2001
16 193 Zustimmungen 2 313 Versagungen gegenüber (Antwort der
Bundesregierung vom 5. 3. 2002 auf eine Kleine Anfrage der PDS-
Fraktion zu den Wirkungen des Gesetzes zur Bekämpfung der Arbeitslosigkeit Schwerbehinderter, BT-Drucks. 14/8441 S. 14). Damit
zeigt sich, dass die bei Arbeitgebern verbreitete Vorstellung, schwerbehinderte Arbeitnehmer könnten aufgrund ihres besonderen Schut-

zes so gut wie nicht entlassen werden, tatsächlich nicht begründbar ist.

II. Entstehungsgeschichte

Sonderkündigungsschutz für Schwerbehinderte wurde erstmalig **4** unter dem Eindruck der Folgen des 1. Weltkrieges mit einer großen Zahl von Kriegsversehrten durch die Verordnung vom 9. 1. 1919 eingeführt. Mit § 12 SchwbeschG 1923 sah eine gesetzliche Regelung erstmals auf Dauer für Kündigungen das Erfordernis einer vorherigen Zustimmung der Hauptfürsorgestelle vor. Im Wesentlichen unverändert übernahm diese Regelung das SchwbeschG von 1953. Mit dem SchwbG 1974 wurde auch die außerordentliche Kündigung in den Sonderkündigungsschutz miteinbezogen und eine nachträgliche Heilung der ohne Zustimmung erteilten Kündigung ausgeschlossen. Das SchwbG 1986 hielt zwar am Zustimmungserfordernis vor Ausspruch der Kündigung in § 15 fest, schränkte den Schutz jedoch durch den Ausnahmekatalog in § 20, vor allem durch die Einführung der Wartezeit von 6 Monaten in § 20 Abs. 1 Nr. 1, erheblich ein.

Auch auf dem Gebiet der DDR galten besondere Kündigungs- **5** schutzvorschriften für Schwerbehinderte. Mit dem Staatsvertrag vom 25. 6. 1990 hat die DDR mit Gesetz vom 21. 6. 1990 das SchwbG von 1986 übernommen. Die noch im Einigungsvertrag vom 23. 9. 90 enthaltenen Übergangsregelungen bestehen nicht mehr.

Die Regelung des § 15 SchwbG 1986 ist in § 85 inhaltlich unverändert übernommen worden.

III. Geltungsbereich

1. Persönlich. Der besondere Kündigungsschutz gilt für alle **schwer-** **6** **behinderten und ihnen gleichgestellten Arbeitnehmer**. Dies ergibt sich aus der Verweisung in § 68 Abs. 1. Gemäß § 2 Abs. 2 liegt eine Schwerbehinderung bei einem Grad der Behinderung von mindestens 50 vor; bei einem Grad der Behinderung von mindestens 30 erfolgt unter den Voraussetzungen des § 2 Abs. 3 eine Gleichstellung (siehe Erläuterungen zu § 2 RdNr. 44 ff.).

Auf den Umfang der Arbeitsleistung kommt es nicht an. Zum ge- **7** schützten Personenkreis gehören **Teilzeitbeschäftigte** und auch Geringfügig Beschäftigte. Dem Sonderkündigungsschutz unterfallen ebenso **Leiharbeitnehmer** oder **leitende Angestellte**. Er gilt auch für **Auszubildende** (BAG U. v. 10. 12. 87 NZA 1988, 428) und gemäß § 127 Abs. 2 auch für in **Heimarbeit** beschäftigte schwerbehinderte Menschen, obwohl diese keine Arbeitnehmer sind. Auf andere arbeit-

nehmerähnliche Personen kann der Sonderkündigungsschutz **nicht**
analog angewendet werden. Er gilt weiterhin nicht für die **Mitglieder
von Vertretungsorganen** von juristischen Personen oder Personenge-
samtheiten im Sinne des § 5 Abs. 1 S. 3 ArbGG, nicht für die **Gesellschafter** einer OHG sowie die Gesellschafter einer KG oder BGB-Ge-
sellschaft. Dem besonderen Kündigungsschutz unterfallen auch nicht
Richter, Beamte und Soldaten, da sie in einem öffentlich-rechtlichen Dienst- und Treueverhältnis stehen. Hier bestehen Sonderregelungen gemäß § 128 (siehe Erläuterungen dort). Das Integrationsamt
muss vor der Entlassungsverfügung angehört werden.

8   **2. Räumlich.** In Deutschland lebende **Ausländer** und **Staatenlose**
genießen den Kündigungsschutz in gleicher Weise wie Deutsche. Ob
der Arbeitgeber eines inländischen Betriebes Deutscher ist spielt ebenfalls keine Rolle. Dagegen ist der besondere Kündigungsschutz nicht
anwendbar für Betriebe im Ausland selbst dann nicht, wenn der Arbeitgeber Deutscher ist. Da es sich um öffentlich-rechtliche Schutzvorschriften handelt, ist die privatrechtliche Kollisionsregelung der Art. 27,
30 EGBGB nicht anwendbar. Es ist also nicht maßgeblich, welches
Recht die Vertragsparteien vereinbart haben. Arbeitsvertragsstatuten
haben. Es gilt das sog. **Territorialprinzip**. Der Kündigungsschutz ist
räumlich auf Arbeitsverhältnisse in der Bundesrepublik Deutschland
beschränkt (BAG U. v. 30. 4. 87 NZA 1988, 135). Dies bedeutet zum einen, dass schwerbehinderte Arbeitnehmer, die mit einem Unternehmen
mit Sitz im Ausland einen Arbeitsvertrag im Ausland geschlossen haben, dann aber in Deutschland nicht nur vorübergehend arbeiten, dem
Sonderkündigungsschutz unterfallen können. Zum anderen kann es
bedeuten, dass deutsche Arbeitnehmer bei einer Beschäftigung im Ausland den Sonderkündigungsschutz nicht mehr genießen. Dies gilt etwa
dann, wenn der Einsatz des deutschen Arbeitnehmers nur und ständig
im Ausland vereinbart ist, es sich also um ein **reines Auslandsarbeits-
verhältnis** handelt. Ohne Bedeutung ist in diesem Fall, wenn die Parteien die Anwendung deutschen Rechts vereinbart haben (BAG U. v.
30. 4. 87 NZA 1988,135; *Hickl* in NZA 1988, 10, 15).

9   Liegt dagegen nur eine vorübergehende Entsendung des deutschen
Arbeitnehmers z.B. auf eine auswärtige Baustelle zu **Montagearbei-
ten im Ausland** vor, ohne dass es zu einer Verlagerung des gewöhnlichen Arbeitsortes kommt, bleibt der Sonderkündigungsschutz erhalten (BAG U. v. 30. 4. 87 a.a.O.; zu Einzelheiten siehe auch *Hönsch* in
NZA 1988, 113). Das Gleiche gilt, wenn schwerbehinderte Arbeitnehmer bei deutschen Dienststellen oder Zweigbetrieben im Ausland zeitlich im voraus befristet beschäftigt werden (§ 4 SGBIV: sog. **Ausstrah-
lungsprinzip**).

10   Sonderkündigungsschutz gilt auch für Schwerbehinderte, die auf
Schiffen unter deutscher Flagge eingesetzt werden (GK-SchwbG-
Steinbrück, § 15 RdNr. 19).

Nach Art. 56 Abs. 1a des Zusatzabkommens zum NATO-Truppen-statut vom 19.6.1951 mit Abkommen vom 3.8.59 gilt für die **Zivil-beschäftigten** der in Deutschland stationierten **alliierten Streit-kräfte** ebenfalls der Sonderkündigungsschutz des SGB IX (GK-SchwbG-*Steinbrück,* § 15 RdNr. 19; *Düwell,* LPK-SGB IX, vor § 85 RdNr. 5).

Nicht unter den Sonderkündigungsschutz fallen dagegen die Be- **11** schäftigten der gemäß den §§ 18–20 GVG exterritorialen Mitglieder diplomatischer Missionen (*Dörner,* SchwbG, § 15 RdNr. 7; *Griebeling* in Hauck/Noftz, SGB IX, K § 85 RdNr. 9; *Düwell,* LPK-SGB IX, vor § 85 RdNr. 5).

3. Sachlich. Die Geltung des Sonderkündigungsschutzes setzt das **12** **Bestehen eines Arbeitsverhältnisses** voraus. Das Gesetz enthält keine eigene Definition und nimmt damit Bezug auf den allgemeinen arbeitsrechtlichen Arbeitnehmerbegriff. Verwendet der Gesetzgeber nämlich einen in Literatur und Rechtsprechung gebräuchlichen Be-griff, ohne ihn selbst zu definieren, spricht dies dafür, dass dieser Be-griff in der herkömmlichen Bedeutung übernommen werden soll (BAG Beschl. v. 12.2.92 AP Nr. 52 zu § 5 BetrVG 1972). Nach der Rechtsprechung des BAG ist Arbeitnehmer, wer seine Dienstleistung im Rahmen einer von Dritten bestimmten Arbeitsorganisation er-bringt. Wesentlich ist die persönliche Abhängigkeit sowie die Einglie-derung in eine fremde Betriebsorganisation (BAG U. v. 12.9.96 NZA 1997, 194; BAG U. v. 26.5.99 NZA 1999, 983).

Liegt ein sog. **Gruppenarbeitsverhältnis** vor, genießen alle Grup- **13** penmitglieder den besonderen Kündigungsschutz, obwohl nur ein Mitglied schwerbehindert ist. Ein Gruppenarbeitsverhältnis wird an-genommen, wenn Arbeitnehmer zu einer gemeinsamen Dienstleis-tung verpflichtet sind und deshalb deren Arbeitsverhältnisse nur ein-heitlich gekündigt werden können. Dies ist z.B. bei der gemeinsamen Leitung eines Kinderheims durch ein Ehepaar bejaht worden (BAG U. v. 21.10.71 AP Nr. 1 zu § 611 BGB Gruppenarbeitsverhältnis). Ein ver-gleichbarer Fall könnte je nach Vertragsgestaltung das Hausmeisterpaar einer Schule sein, nicht aber etwa die Bau- oder Fliesenlegerkolonne, da die Arbeitsleistung auch einzeln erbracht werden kann.

Der Sonderkündigungsschutz besteht auch für **Mitglieder der Ver- 14** **tretungsorgane** von juristischen Personen oder Personengesamthei-ten im Sinne von § 5 Abs. 1, S. 3 ArbGG. Voraussetzung ist allerdings, dass zwischen juristischer Person und Vertretungsorgan wegen starker interner Weisungsabhängigkeit ein **Arbeitsverhältnis** vorliegt. Nur dann findet auf das Vertragsverhältnis materielles Arbeitsrecht und da-mit auch der Sonderkündigungsschutz Anwendung (BAG U. v. 25.5.99 – AZ: 5 AZB 30/98). Der Abschluss eines Geschäftsführer-dienstvertrages ist kein Arbeitsvertrag (BAG U. v. 8.6.2000 NZA 2000, 1013).

15   § 85 gilt nicht für die schwerbehinderten Menschen, auf die die in
§ 90 Abs. 1 und 2 aufgeführten **Ausnahmetatbestände** Anwendung
finden. Die Zustimmungspflicht besteht danach nicht für bestimmte
Arbeitsplätze, die auch bei der Berechnung der Pflichtzahl nicht mitzählen (§ 90 Abs. 1 Ziff. 2) und für besondere Personengruppen
(Ziff. 3) sowie für die besondere Form der Entlassung aus witterungsbedingten Gründen (Abs. 2).
Wichtigste Ausnahme in § 90 Abs. 1 Nr. 1, die erstmals in das
SchwbG 1986 eingefügt wurde, ist die Regelung, dass das Arbeitsverhältnis ohne Unterbrechung zum Zeitpunkt des Kündigungszugangs
länger als 6 Monate bestanden haben muss. Es gilt demnach auch für
den besonderen Kündigungsschutz der Schwerbehinderten die Wartezeit des Kündigungsschutzgesetzes.

16   Vom Geltungsbereich des § 85 dagegen erfasst ist **jede Art der
Kündigung,** sei es die ordentliche, die außerordentliche Kündigung
oder die Änderungskündigung. Es muss sich allerdings um eine Kündigung des Arbeitgebers handeln. Die Eigenkündigung des schwerbehinderten Arbeitnehmers ist nicht zustimmungspflichtig. In § 92 ist
die Zustimmungspflicht auf bestimmte kündigungslose Beendigungen erweitert worden (siehe Erläuterungen dort).

17   Das Zustimmungserfordernis besteht ebenfalls im Falle der **Insolvenz** und ist auch bei der Kündigung durch den Insolvenzverwalter zu
beachten (LAG Hamm Beschl. v. 12. 2. 01 NZA-RR 2002, 157).

18   Das Zustimmungserfordernis ist nicht davon abhängig, dass der Arbeitgeber überhaupt **beschäftigungspflichtig** ist und ob er seine Beschäftigungspflichten gemäß §§ 71 ff. erfüllt hat. Auch die Größe des
Betriebes ist ohne Bedeutung. Ausnahmeregeln für **Kleinbetriebe**
wie in § 23 Abs. 1 KSchG bestehen nicht.

19   Vom Geltungsbereich sind auch nicht Kündigungen ausgenommen,
die gem. der Anl. I Kap. XIX Sachgeb. A Abschnitt III Nr. 1 Abs. 5 Nr. 2
Einigungsvertrag vom 31. 8. 90 ausgesprochen worden sind (BAG U. v.
16. 3. 94 NZA 1994, 879). Die speziellen Regelungen im **Einigungsvertrag** ersetzen in ihrem Regelungsbereich lediglich die §§ 1 KSchG
und 626 BGB. Vor allem wird der wichtige Grund des § 626 präzisiert.
Der Schwerbehindertenschutz betrifft einen ganz anderen Regelungsbereich und gilt demnach auch für Personen, denen Tätigkeit für die
Staatssicherheit vorgeworfen wird. Diese Rechtsprechung ist jetzt
überholt, da die Regelungen des SGB IX auf das gesamte Bundesgebiet
Anwendung finden und die im Einigungsvertrag enthaltenen Über-
gangsvorschriften nicht mehr gelten.

IV. Beendigung des Arbeitsverhältnisses durch Kündigung des Arbeitgebers

Der besondere Kündigungsschutz gilt für jede arbeitgeberseitige 20
Kündigung eines schwerbehinderten oder gleichgestellten schwerbehinderten Arbeitnehmers. Voraussetzung ist entweder, dass zum Zeitpunkt des **Zugangs der Kündigung** die Schwerbehinderteneigenschaft besteht oder die Gleichstellung festgestellt ist. Es sind **verschiedene Fallgruppen** zu unterscheiden.

1. Schwerbehinderung bei Kündigungszugang. Die Feststel- 21
lung der Schwerbehinderteneigenschaft durch einen entsprechenden
Bescheid des Versorgungsamtes hat keine konstitutive sondern nur **deklaratorische Bedeutung.** Dies ergibt sich aus den §§ 2 Abs. 2 und 69
Abs. 1, S. 1, wonach das Vorliegen eines GdB von 50 behördlich lediglich festgestellt wird, sowie aus einem Umkehrschluss aus § 2 Abs. 2,
S. 2, wonach nur die Gleichstellung mit dem Tag des Antrags wirksam
wird. Der Bescheid des Versorgungsamtes erleichtert daher dem
schwerbehinderten Arbeitnehmer, der sich auf seinen Kündigungsschutz beruft, nur den Nachweis seiner Schwerbehinderteneigenschaft.

Steht zum Zeitpunkt des **Kündigungszugangs** aufgrund eines ent- 22
sprechenden **Bescheides** die Schwerbehinderung fest, ist die Kündigung zustimmungspflichtig. Das Gleiche gilt, wenn die Schwerbehinderteneigenschaft zwar nicht festgestellt, aber **offenkundig** ist. Dann
ist als Nachweis die behördliche Feststellung entbehrlich (BAG U. v.
16. 1. 85 NZA 1986, 31).

Die Offenkundigkeit muss sich allerdings nicht nur auf die Behinde- 23
rung selbst sondern auch auf den Grad der Behinderung von 50 beziehen. Offenkundigkeit wird z.B. bei Kleinwuchs, dem Verlust von
Gliedmaßen, Blindheit und Taubheit oder der abstoßenden Entstellung
des Gesichtes angenommen(GK-SchwbG-*Steinbrück*, § 15 RdNr. 62).

2. Antrag auf Schwerbehinderung. Allgemein anerkannt ist, dass 24
es für den Erhalt des Sonderkündigungsschutzes ausreicht, dass der
schwerbehinderte Arbeitnehmer bis zum Zeitpunkt des **Kündigungszugangs** einen entsprechenden Antrag beim Versorgungsamt gestellt
hat. Wird die Schwerbehinderteneigenschaft **rückwirkend festgestellt**, ist die ohne Zustimmung ausgesprochene Kündigung unwirksam (BVerwG U. v. 15. 12. 88 NZA 1989, 554; BAG U. v. 27. 2. 87 NZA
1988, 429; ständige Rechtsprechung). Dasselbe gilt, wenn zwar ein negativer Feststellungsbescheid zum Zeitpunkt der Kündigung vorlag,
dieser aber **noch nicht unanfechtbar** ist und daher noch ungewiss ist,
ob möglicherweise durch Widerspruch und Klage die Schwerbehinderteneigenschaft rückwirkend doch noch festgestellt wird (BVerwG U. v.
15. 12. 88 a.a.O.).

25   Umstritten ist, ob das **Integrationsamt** auf Antrag des Arbeitgebers
      tätig werden kann und muss, wenn die Schwerbehinderteneigenschaft
      noch nicht durch das Versorgungsamt festgestellt worden ist. Es ist be-
      fugt, eine **Entscheidung in der Sache** zu treffen, siehe § 88 RdNr. 7;
      bei einer außerordentlichen Kündigung muss es auch die Frist des § 91
      Abs. 3 einhalten, andernfalls gilt die Zustimmung als erteilt (siehe
      Kommentierung dort). Der Arbeitgeber kann also das **Zustimmungs-**
      verfahren auch **vorsorglich einleiten.** Es ergeht dann ein vorsorgli-
      cher Verwaltungsakt des Integrationsamtes, der dem Arbeitgeber im
      Falle der Zustimmung das Risiko nimmt, dass die Kündigung unwirk-
      sam wird, wenn die Schwerbehinderteneigenschaft später vom Versor-
      gungsamt festgestellt wird (BVerwG U. v. 15. 12. 88 NZA 1989, 554 für
      die ordentliche Kündigung a. A.; BAG U. v. 7. 3. 02 NZA 2002, 1145 f.).

26   **Umstritten** ist, ob es erforderlich ist, dass der Arbeitnehmer zur Er-
      haltung des besonderen Kündigungsschutzes bereits **vor Kündigungs-**
      zugang zumindest die **Schwerbehinderteneigenschaft beantragt**
      haben muss oder ob es ausreicht, dass die Schwerbehinderteneigenschaft
      für einen Zeitpunkt bis zum Kündigungszugang festgestellt wurde, der
      Antrag aber erst nach Zugang der Kündigung gestellt wurde.

27   Nach ständiger Rechtsprechung des BAG muss die Antragstellung
      bereits vor Zugang der Kündigung erfolgt sein (BAG U. v. 5. 7. 90
      NZA 1991,667; BAG U. v. 31. 8. 89 NZA 1990, 612). Diese Rechtspre-
      chung des BAG ist nach einer Entscheidung des BVerfG nicht verfas-
      sungswidrig (U. v. 9. 4. 1987 NZA 1987, 563)

28   Nach anderer Auffassung (*Großmann* in NZA 1992, 241, 244; *Griebe-*
      ling in Hauck/Noftz, SGB IX, K § 85 RdNr. 6; *Düwell,* LPK-SGB IX,
      § 85 RdNr. 5; KR-*Etzel* §§ 85–90 SGB IX RdNr. 23 ff.; KDZ-*Zwanzi-*
      ger, SchwbG, § 15 RdNr. 23) macht es keinen Unterschied, ob der
      Schwerbehinderte bis zur Kündigung schon einen Feststellungsantrag
      gestellt hat oder nicht. Wichtig ist nur, dass der Arbeitgeber innerhalb
      der Regelfrist von einem Monat nach Zugang der Kündigung Kenntnis
      von der Antragstellung hat. Es ist in der Regel **zufällig, ob der Antrag**
      bereits vor oder nach Zugang der Kündigung gestellt wird. Ist die
      Schwerbehinderteneigenschaft aber im Zeitpunkt des Zugangs der
      Kündigung vorhanden, gibt es **keinen sachlichen Grund** dafür, den
      Arbeitnehmer, der erst nach Zugang seine Schwerbehinderung bean-
      tragt hat, zu benachteiligen. Zu Recht nimmt deshalb Großmann an,
      dass der **Gleichheitssatz** es gebietet, beide Fallgruppen gleich zu be-
      handeln (*Großmann* in NZA 1992, 241, 246). Bei entsprechender Mittei-
      lung ist der Arbeitgeber auch subjektiv und objektiv in der Lage ge-
      nauso wie im Falle der Antragstellung vor Zugang der Kündigung, das
      Zustimmungsverfahren beim Integrationsamt einzuleiten (a.A. BAG
      NZA U. v. 31. 8. 89 1990, 612; U. v. 7. 3. 02 NZA 2002, 1145). Es ist auch
      sachlich nicht gerechtfertigt, den Fall der Antragstellung kurz vor der
      Kündigung anders zu behandeln als den der Antragstellung kurz nach

der Kündigung. In beiden Fällen hat der Arbeitgeber nach entsprechender Unterrichtung durch der Arbeitnehmer auch die Möglichkeit, die Zustimmung des Integrationsamtes zu beantragen. Die Auffassung des BAG ist auch nicht konsequent, da sie der anerkannten Tatsache widerspricht, dass dem Feststellungsbescheid nur deklaratorische Bedeutung zukommt und dem Arbeitnehmer nur den Nachweis seiner Schwerbehinderteneigenschaft erleichtern soll. Wird die **Schwerbehinderung** aber rückwirkend festgestellt, hat sie zum Zeitpunkt der Kündigung **objektiv vorgelegen**. Der Arbeitgeber ist daher grundsätzlich verpflichtet, die Zustimmung des Integrationsamtes auch bei einer Antragstellung nach Kündigungszugang einzuholen.

Eine gewisse **Modifizierung seiner Rechtsprechung** hat das 29
BAG durch seine neueste Entscheidung vom 7. März 02 (NZA 2002, 1145) eingeleitet. In dieser Entscheidung hat es das BAG genügen lassen, dass der Arbeitnehmer vor Ausspruch der Kündigung dem Arbeitgeber seine **Absicht mitgeteilt** hat, einen **Antrag** auf Anerkennung als Schwerbehinderter **stellen zu wollen**, wenn dem Arbeitgeber außerdem die körperliche Beeinträchtigung des Arbeitnehmers bekannt war.

3. Gleichstellung. Während die Feststellung der Schwerbehinde- 30
rung nur deklaratorische Bedeutung hat, ist die Gleichstellungsentscheidung für den Kündigungsschutz gemäß § 68 Abs. 2 **konstitutiv**. Liegt daher zum Zeitpunkt der Kündigung ein Gleichstellungsbescheid vor, ist die Kündigung zustimmungspflichtig. Das Gleiche gilt, wenn bis zu diesem Zeitpunkt ein entsprechender Antrag auf Gleichstellung gestellt ist, da gemäß § 68 Abs. 2 S. 2 die Gleichstellung mit dem Tag der Antragstellung wirksam wird. Wird daher durch entsprechenden behördlichen Bescheid oder nach einem gerichtlichen Verfahren die Gleichstellung ab Antragstellung festgestellt, ist die ohne Zustimmung des Integrationsamtes ausgesprochene Kündigung unwirksam.

Wird dagegen der **Antrag** auf Gleichstellung erst **nach Zugang** 31
der Kündigung gestellt, ist die Kündigung **nicht zustimmungspflichtig**, da die Entscheidung des Arbeitsamtes erst die Gleichstellung begründet und nur bis zur Antragstellung zurückwirkt. Der Sonderkündigungsschutz kann daher auch erst ab Antragstellung beginnen.

4. Kenntnis des Arbeitgebers. Nicht erforderlich ist, dass der Ar- 32
beitgeber Kenntnis von der Schwerbehinderteneigenschaft bzw. der Gleichstellung hat. Er muss auch nicht wissen, dass seitens des Arbeitnehmers ein entsprechender Antrag gestellt worden ist. Es kommt lediglich darauf an, ob zum Zeitpunkt des Kündigungszugangs der Kündigung der Arbeitnehmer schwerbehindert oder gleichgestellt war. Auch die rückwirkende Feststellung nach einem vor Zugang der Kündigung gestellten Antrags reicht aus (BAG U. v. 5. 7. 90 NZA 1990, 612; LAG Berlin U. v. 24. 6. 91 NZA 1992, 79, 80).

33 Um sich den besonderen Kündigungsschutz zu erhalten, muss der Arbeitnehmer allerdings seinen Arbeitgeber innerhalb einer bestimmten Frist **nach Zugang der Kündigung** informieren. Die Rechtsprechung des BAG nimmt eine **Frist von einem Monat** nach Zugang der Kündigung an (BAG U. v. 5. 7. 90 NZA 1991, 667; BAG U. v. 31. 8. 89 NZA 1990, 612; LAG Berlin U. v. 24. 6. 91 NZA 1992, 79, 80).

34 Vereinzelt wird vorgeschlagen, die Frist des § 9 Abs. 1 S. 1 MuSchG zur Anzeige einer Schwangerschaft von zwei Wochen entsprechend anzuwenden (KR-Etzel, §§ 85–90 SGB IX RdNr. 24). Dies erscheint jedoch nicht möglich, da die gesetzlichen Vorschriften des SGB IX eine bestimmte Frist nicht vorsehen und deshalb eine Analogiefähigkeit nicht besteht. Nach einer anderen Auffassung soll die Unterrichtungspflicht an keine bestimmte Frist gebunden sein; vielmehr seien die allgemeinen Grundsätze der Verwirkung (Zeit- und Umstandsmoment im jeweiligen Einzelfall) heranzuziehen (so KDZ-*Zwanziger*, SchwbG, § 15 RdNr. 26; *Griebeling* in Hauck/Noftz, SGB IX, K § 85 RdNr. 14, 15, der letztlich jedoch auch an der Regelfrist der herrschenden Meinung festhalten will). Im Interesse der Rechtssicherheit und Klarheit erscheint es jedoch sinnvoll, eine bestimmte Frist für die Unterrichtung des Arbeitgebers anzunehmen. Die Zeitspanne von einem Monat ist für beide Seiten angemessen.

35 Im Übrigen war dem Gesetzgeber bei der Normierung der §§ 85 ff. die von der h. M. angenommene Frist bekannt. Hätte er sie ändern wollen, hätte er dies mit der Änderung des Schwerbehindertenrechts tun können. Indem er dies unterlassen hat, ist davon auszugehen, dass es bei dieser Frist bleiben sollte (so auch schon die Begründung bei der Novellierung des Schwerbehindertengesetzes vom 30. 7. 1986: BAG U. v. 5. 7. 90 NZA 1991, 667, 668).

36 Nur in besonderen Ausnahmefällen, in denen es dem schwerbehinderten Menschen z. B. aus **Krankheitsgründen** (Übertragung der Grundsätze zur Erhebung der Kündigungsschutzklage) **nicht möglich** war, den Arbeitgeber **zu unterrichten**, kann eine Verlängerung der Frist geboten sein. Die Überschreitung der Monatsfrist führt dann nicht zum Verlust des besonderen Kündigungsschutzes (BAG U. v. 16. 1. 85 AP Nr. 14 unter III. 4 b bb zu § 12 SchwbG = NZA 1986, 31).

37 Bedient sich der Arbeitnehmer zur Unterrichtung des Arbeitgebers eines **Vertreters** oder eines **Boten**, muss er sich dessen Verschulden gemäß § 278 BGB anrechnen lassen. Dies gilt gemäß § 85 Abs. 2 ZPO auch für Prozessbevollmächtigte wie Rechtsanwälte, Gewerkschafts- oder Rechtssekretäre (*Griebeling* in Hauck/Noftz, SGB IX, K § 85 RdNr. 18; a. A. GK-SchwbG-*Steinbrück,* § 15 RdNr. 97).

38 Nach den o. a. Grundsätzen muss der Arbeitnehmer demnach seinen Arbeitgeber spätestens einen Monat nach Zugang der Kündigung darüber unterrichten, dass er schwerbehindert oder gleichgestellt ist oder einen Antrag auf Anerkennung als Schwerbehinderter oder einen

Gleichstellungsantrag gestellt hat. Im Streitfall muss er dies durch Vorlage des entsprechenden Bescheides oder der Antragstellung auch nachweisen. Die **Frist von einem Monat** kann dabei **voll ausgeschöpft** werden (BAG U. v. 16. 1. 85 AP Nr.14 zu § 12 SchwbG).

Die Mitteilung über die Schwerbehinderteneigenschaft muss nicht **39** notwendig gegenüber dem Arbeitgeber persönlich erfolgen; es können auch gesetzliche **Vertreter oder Mitarbeiter** informiert werden, die zur **selbstständigen Entlassung** von Arbeitnehmern **berechtigt sind** oder eine ähnlich selbstständige Stellung in Personalangelegenheiten haben. Der Zugang bei einem Vorgesetzten reicht selbst dann nicht aus, wenn dieser berechtigt ist, Abmahnungen auszusprechen (BAG U. v. 5. 7. 90 NZA 1991, 667, 668).

Die **Mitteilung** ist an **keine Form** gebunden. Der Arbeitnehmer **40** kann sich auch mündlich etwa im Gütetermin auf seine Schwerbehinderteneigenschaft berufen und eine entsprechende Antragstellung mitteilen (BAG U. v. 15. 8. 84 AP Nr.13 unter II 2 zu § 12 SchwbG). Aus seiner Erklärung muss jedoch für den Arbeitgeber **erkennbar** hervorgehen, dass der Arbeitnehmer sich auf seine Schwerbehinderteneigenschaft oder Gleichstellung berufen will. Dies wird verneint, wenn der Arbeitnehmer lediglich einen ablehnenden Bescheid vorlegt, ohne den Arbeitgeber gleichzeitig davon zu unterrichten, dass er gegen den Bescheid Widerspruch einlegen will. Der Arbeitgeber muss nicht selbst aufklären, ob der Bescheid bestandskräftig geworden ist (BAG U. v. 2. 6. 82 AP Nr. 8 zu § 12 SchwbG).

Nicht zu empfehlen ist, den Arbeitgeber erst **in der Klageschrift 41 zu informieren**, da die Kenntniserlangung erst mit der Zustellung der Klageschrift und damit möglicherweise zu spät erfolgt. § 270 Abs. 3 ZPO gilt nicht, da die Vorschrift nur auf Fristen Anwendung findet, die nur durch Klageerhebung gewahrt werden können und deshalb z.B. auch nicht auf tarifliche Verfallfristen, in denen die schriftliche Geltendmachung vorausgesetzt wird.

Hat der Arbeitnehmer lediglich einen Antrag auf Anerkennung als **42** Schwerbehinderter gestellt und den Arbeitgeber auch rechtzeitig darüber informiert, kann der Arbeitgeber die Kündigung aussprechen, solange der Arbeitnehmer als Schwerbehinderter oder Gleichgestellter nicht anerkannt ist. Er geht dann lediglich das Risiko ein, dass bei einer späteren Feststellung der Schwerbehinderteneigenschaft die Kündigung wegen fehlender Zustimmung des Integrationsamtes nichtig ist.

5. Anerkennung erst nach Verfahren gemäß § 44 SGB X. Eine **43** Besonderheit gilt, wenn der Arbeitnehmer den Antrag auf Anerkennung als Schwerbehinderter vor Zugang der Kündigung gestellt hat und dem Arbeitgeber auch innerhalb eines Monats davon Mitteilung gemacht hat, dann aber die **Schwerbehinderteneigenschaft durch das Versorgungsamt abgelehnt** wird und der Arbeitnehmer hiergegen keinen Widerspruch einlegt und der **Bescheid** dadurch **bestands-**

*Müller-Wenner*185

kräftig wird. In diesem Fall der Beendigung des Anerkennungsverfahrens kann der Arbeitgeber ohne Zustimmung des Integrationsamtes kündigen. Dies gilt auch dann noch, wenn der Arbeitnehmer ein Verfahren nach § 44 SGB X in Gang setzt und das Versorgungsamt aufgrund **nachträglicher Änderung der Umstände** die Schwerbehinderteneigenschaft rückwirkend zu einem Zeitpunkt vor Zugang der Kündigung noch anerkennt. Liegt nämlich ein bestandskräftiger negativer Bescheid vor, in dem die Schwerbehinderteneigenschaft abgelehnt wird, kann der Arbeitgeber darauf vertrauen, dass keine Zustimmung des Integrationsamtes mehr erforderlich ist. Andernfalls würde dem Arbeitgeber über Jahre die Ungewissheit zugemutet, ob die von ihm ausgesprochene Kündigung nicht doch noch zustimmungsbedürftig ist, ohne dass er diese Ungewissheit selbst durch eine Einschaltung des Integrationsamtes beenden könnte. Denn aufgrund der bestandskräftigen Ablehnung der Schwerbehinderteneigenschaft besteht ein objektives Verfahrenshindernis: das Zustimmungsverfahren beim Integrationsamt kann nicht betrieben werden (BAG U. v. 16. 8. 91 NZA 1992, 23, 26). Anders ist die Lage allerdings dann, wenn der Arbeitnehmer **noch innerhalb der Monatsfrist dem Arbeitgeber mitteilt**, dass er einen **Antrag gemäß § 44 SGB X** gestellt hat. Dann kann dem Arbeitgeber, wie bei der Mitteilung über das Anerkennungsverfahren, das Risiko zugemutet werden, dass der Sonderkündigungsschutz sich aufgrund des Rücknahmeverfahrens ergibt (BAG U. v. 16. 8. 91 a.a.O.).

6. Schaubild

43a

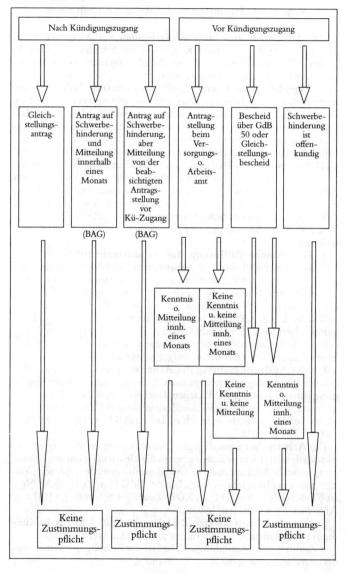

Nach Kündigungszugang			Vor Kündigungszugang		
Gleich-stellungs-antrag	Antrag auf Schwerbe-hinderung und Mitteilung innerhalb eines Monats	Antrag auf Schwerbe-hinderung, aber Mitteilung von der beab-sichtigten Antrags-stellung vor Kü-Zugang	Antrag-stellung beim Ver-sorgungs- o. Arbeits-amt	Bescheid über GdB 50 oder Gleich-stellungs-bescheid	Schwerbe-hinderung ist offen-kundig
	(BAG)	(BAG)			

Kenntnis o. Mitteilung innh. eines Monats — Keine Kenntnis u. keine Mitteilung innh. eines Monats

Keine Kenntnis u. keine Mitteilung — Kenntnis o. Mitteilung innh. eines Monats

Keine Zustimmungs-pflicht	Zustimmungs-pflicht	Keine Zustimmungs-pflicht	Zustimmungs-pflicht

V. Sonstige Beendigung des Arbeitsverhältnisses

44   Das Arbeitsverhältnis eines schwerbehinderten Menschen kann auch auf andere Weise als durch Kündigung des Arbeitgebers enden. In diesen Fällen ist die Wirksamkeit der Beendigung nicht an die Zustimmung des Integrationsamtes gebunden.

45   **1. Eigenkündigung und Aufhebungsvertrag.** Nicht zustimmungsbedürftig sind der Abschluss eines Aufhebungsvertrages und die Eigenkündigung des schwerbehinderten Menschen. Der Schwerbehinderte ist nicht in seiner Dispositionsfreiheit eingeschränkt. Inwieweit er an seinem Arbeitsverhältnis festhalten will, kann er selbst bestimmen. Er läuft allenfalls Gefahr, dass ihm vorübergehend gemäß **§ 117 die besonderen Hilfen** für schwerbehinderte Menschen entzogen werden. Und wie jeder andere Arbeitnehmer auch riskiert er beim Abschluss eines Aufhebungsvertrags und bei einer Eigenkündigung eine **Sperrfrist** des Arbeitsamtes. Er muss ebenfalls wie jeder andere Arbeitnehmer auch das **Schriftformgebot** des § 623 BGB beachten. Eine mündliche Kündigung oder Aufhebungsvereinbarung ist danach unwirksam.

46   **2. Gerichtliche Auflösung des Arbeitsverhältnisses.** Für den Fall, dass der schwerbehinderte Arbeitnehmer Kündigungsschutzklage erhoben hat und die Voraussetzungen des Kündigungsschutzgesetzes, also ein länger als 6 Monate bestehendes Arbeitsverhältnis (§ 1 Abs. 1 KSchG) und eine Beschäftigtenzahl von mehr als 5 Arbeitnehmern (§ 23 Abs. 2 S. 2, 3 KSchG) vorliegt, können Arbeitnehmer und Arbeitgeber gemäß §§ 9, 10 KSchG einen Auflösungsantrag stellen. Unter den dort bestimmten Voraussetzungen kann dann das Arbeitsverhältnis gegen Zahlung einer Abfindung aufgelöst werden.

47   Für den **Auflösungsantrag des Arbeitnehmers** reicht es aus, dass mit der Kündigungsschutzklage auch die Sozialwidrigkeit der Kündigung geltend gemacht wird. Liegen daneben andere Unwirksamkeitsgründe vor wie etwa die fehlende Zustimmung des Integrationsamtes, ist der Auflösungsantrag dennoch zulässig (BAG U. v. 29. 1. 81 AP Nr. 6 zu § 9 KSchG 1969 III 1).

48   Der **Arbeitgeber** kann dagegen eine Auflösung des Arbeitsverhältnisses jedenfalls nicht verlangen, wenn die Unwirksamkeit der Kündigung ausschließlich auf anderen Gründen, also etwa der fehlenden Zustimmung des Integrationsamtes, beruht (BAG U. v. 25. 11. 93 AP Nr. 3 zu § 14 KSchG 1969 unter I. 2.; KDZ–*Zwanziger*, SchwbG, § 9 RdNr. 6; APS/*Biebl* § 9 KSchG RdNr. 10 f.).

49   Stellt das Arbeitsgericht gemäß § 1 Abs. 2 KSchG fest, dass die Kündigung sozial nicht gerechtfertigt ist und löst das Arbeitsverhältnis gegen Zahlung einer Abfindung auf, bedarf die Beendigung keiner vorherigen Zustimmung des Integrationsamtes.

3. Befristung und Bedingung. Endet das Arbeitsverhältnis auf- 50
grund einer Befristung oder auflösenden Bedingung greift der besondere Kündigungsschutz nicht. Für die Zulässigkeit der Befristung oder
Bedingung gelten die §§ 620 BGB, 1 BeschFG und seit 1.1.01 die
§§ 14-21 TzBfG. Gemäß § 14 Abs. 4 TzBfG muss die **Befristungs-
abrede schriftlich** erfolgen. Wird ein **befristetes Probearbeitsverhältnis** vereinbart, muss ein solches dem Integrationsamt gemäß § 90
Abs. 3 innerhalb von 4 Tagen angezeigt werden. Auch das **Berufsaus-
bildungsverhältnis**, das mit dem Ablauf der Ausbildungszeit endet,
bedarf nicht der Zustimmung des Integrationsamtes. Ausnahmen gelten gemäß § 92 für Arbeitsverhältnisse, die ohne Kündigung für den
Fall teilweiser Erwerbsminderung, Erwerbsminderung auf Zeit, Be-
rufs- oder Erwerbsunfähigkeit auf Zeit enden.

4. Abberufung aus einer Arbeitsbeschaffungsmaßnahme. Das 51
Arbeitsamt weist den förderungsbedürftigen Arbeitnehmer für die
Dauer der Maßnahme zu. Unter den Voraussetzungen des § 269 Abs. 2
SGB III kann es ihn auch ohne Kündigung wieder abberufen. Die Ab-
berufung ist zustimmungsfrei.

5. Auflösung eines Eingliederungsvertrages. Gemäß § 231 SGB 52
III kann zwischen einem förderungsbedürftigem Arbeitslosen und einem Arbeitgeber ein sog. Eingliederungsvertrag, der längstens auf 6
Monate befristet ist (§ 232 Abs. 1 SGB III), abgeschlossen werden. Nach
§ 232 Abs. 2 SGB III kann dieser Vertrag von jeder Vertragspartei für
gescheitert erklärt und aufgelöst werden. Zwar finden auch auf den
Eingliederungsvertrag die Vorschriften und Grundsätze des Arbeitsrechts Anwendung (§ 231 Abs. 2, S. 1 SGB III); es ist jedoch anerkannt,
dass die Auflösung des Eingliederungsvertrages ein Sonderrecht der
Beendigung und keine Kündigung ist (*Düwell*, LPK-SGB IX, § 85
RdNr. 26; *Bepler* in Gagel SGB III § 232 RdNr. 15*)*. Deshalb sind vor
der Auflösung nicht Personalrat oder Betriebsrat zu beteiligen (LAG
Köln U. v. 26.1. 2000 AP Nr.4 zu § 72a LPVG NW) und zuvor auch
nicht die Zustimmung des Integrationsamtes einzuholen.

6. Freistellung und Aussperrung. Wird der schwerbehinderte Ar- 53
beitnehmer von seiner Arbeitspflicht befreit, stellt dies keine Kündigung dar und ist damit auch nicht zustimmungspflichtig. Auch für die
Aussperrung eines schwerbehinderten Arbeitnehmers während eines
Arbeitskampfes muss nicht die Zustimmung des Integrationsamtes
vorliegen, da gegenüber Arbeitnehmern, die durch besondere Regelungen geschützt werden, nur eine Aussperrung mit suspendierender
Wirkung dem Verhältnismäßigkeitsgrundsatz entspricht (BAG Beschl.
GS v. 21. 4. 71 AP Nr. 43 zu Art. 9 GG Arbeitskampf III C 5*)*. Das Arbeitsverhältnis wird daher durch die Aussperrung nicht aufgelöst.

Auch die **Aufhebung einer personellen Maßnahme** gemäß § 100 54
Abs. 3 BetrVG, nachdem gerichtlich festgestellt worden ist, dass die vorläufige Maßnahme nicht aufrechterhalten werden darf, ist von keiner

Zustimmung des Integrationsamtes abhängig, da die gerichtliche Entscheidung bereits rechtsgestaltend wirkt, der neu eingestellte schwerbehinderte Arbeitnehmer also nicht gekündigt werden muss (FKHE, BetrVG, § 100 RdNr. 10; DKK- *Kittner*, BetrVG, § 100 RdNr. 41).

55 **7. Beschlussverfahren nach § 126 InsO**. Gemäß § 126 InsO kann der Insolvenzverwalter beim Arbeitsgericht die Feststellung beantragen, die Kündigung der im Antrag namentlich bezeichneten Arbeitnehmer sei aus dringenden betrieblichen Erfordernissen sozial gerechtfertigt. Diese Festlegung, welchen Arbeitnehmern gekündigt werden soll, ist noch nicht von einer Zustimmung des Integrationsamtes abhängig, da im Verfahren des § 126 InsO auch nur überprüft wird, ob die Kündigung sozial gerechtfertigt ist. Wird nach Beendigung dieses Verfahrens die Kündigung ausgesprochen, muss dann zuvor die Zustimmung des Integrationsamtes eingeholt werden (*Griebeling* in Hauck/Noftz, SGB IX, K § 85 RdNr. 33).

56 **8. Kurzarbeit**. Ist der Arbeitgeber aufgrund gesetzlicher (§ 19 KSchG), tariflicher, betrieblicher oder arbeitsvertraglicher Regelungen berechtigt, Kurzarbeit einzuführen, ist die Maßnahme nicht zustimmungspflichtig. Der Sonderkündigungsschutz findet weder unmittelbar noch entsprechend Anwendung (BAG U. v. 7. 4. 70 AP Nr. 3 zu § 615 BGB Kurzarbeit). Fehlt es an der entsprechenden Rechtsgrundlage und stimmt der Arbeitnehmer der Verkürzung seiner Arbeitszeit auch nicht zu, bedarf es der Änderungskündigung. Diese ist zustimmungspflichtig.

57 **9. Widerruf von einzelnen Arbeitsbedingungen**. Hat der Arbeitgeber sich im Arbeitsvertrag den Widerruf einzelner Regelungen wie etwa die Gewährung von Zulagen vorbehalten, bedarf es zur Ausübung des Widerrufsrechtes nicht der vorherigen Zustimmung des Integrationsamtes.

58 **10. Verzicht**. Der Sonderkündigungsschutz ist **unabdingbar**. Der schwerbehinderte Arbeitnehmer kann daher auf ihn nicht im Voraus vertraglich verzichten. Einschränkungen des besonderen Kündigungsschutzes in tariflichen oder betrieblichen Regelungen sind ebenfalls unzulässig.

59 Der Schwerbehinderte ist allerdings nicht gehindert, **nach Zugang einer Kündigung** auf seinen Kündigungsschutz zu verzichten und einen **gerichtlichen oder außergerichtlichen Vergleich** abzuschließen oder eine ohne Zustimmung des Integrationsamt ausgesprochene Kündigung hinzunehmen. Auch in einer sog. **Ausgleichsquittung** kann der schwerbehinderte Arbeitnehmer auf seinen besonderen Kündigungsschutz verzichten. Dies setzt jedoch zum einen voraus, dass auf das Recht, die Kündigung klageweise anzugreifen, in der Erklärung ausdrücklich Bezug genommen worden ist (BAG U. v. 29. 6. 78 und 3. 5. 79 AP Nr. 5 und 6 zu § 4 KSchG 1969; BAG U. v. 9. 7. 91 – AZ: 2 AZR 34/82), und zum anderen die Schriftform des § 623 BGB einge-

halten ist. Dies erfordert, dass beide Parteien auf der gleichen Vertragsurkunde unterschrieben haben (*Düwell,* LPK-SGB IX, § 85 RdNr. 9).

11. Anfechtung. Auch die Anfechtung des Arbeitsvertrages wegen **60** Irrtums (§ 119 BGB), arglistiger Täuschung oder widerrechtlicher Drohung (§ 123 BGB) ist nicht zustimmungsbedürftig.

Die Anfechtung setzt einen Grund voraus, der schon vor oder bei Abschluss des Arbeitsvertrages vorgelegen hat und der zum Zeitpunkt der Anfechtungserklärung seine Bedeutung für das Arbeitsverhältnis auch noch nicht verloren haben darf (BAG U. v. 28. 3. 74 AP Nr. 3 zu § 119 BGB). Dies ist regelmäßig nicht der Fall, wenn der Arbeitnehmer bis zum Ausspruch der Kündigung den Leistungsanforderungen genügt hat und erst nach der Kündigung die Schwerbehinderung offenbart (*Neumann/Pahlen,* SGB IX, § 85 RdNr. 38).

Nach der ständigen Rechtsprechung des BAG wird das Anfechtungsrecht durch das Recht zur außerordentlichen Kündigung nicht verdrängt (BAG U. v. 11. 11. 93 NZA 1994, 407; BAG U. v. 21. 2. 91 NJW 1991, 2723; BAG U. v. 28. 3. 74 AP Nr. 3 zu § 119 BGB).

a) Irrtumsanfechtung (§ 119 Abs. 2 BGB). Die **Unkenntnis** **61** **über die Schwerbehinderteneigenschaft als solche** berechtigt nicht zur Anfechtung des Arbeitsvertrages gemäß § 119 Abs. 2 BGB, da sie keine **verkehrswesentliche Eigenschaft** ist. Lediglich dann, wenn der Arbeitnehmer aufgrund seiner Behinderung nicht in der Lage ist, die geschuldete Arbeitsleistung zu erbringen, kommt eine Irrtumsanfechtung gemäß § 119 Abs. 2 BGB in Betracht. Das BAG hat dies z. B. in einem Fall angenommen, indem ein an Epilepsie erkrankter Arbeitnehmer in seiner Leistungsfähigkeit infolge dauerhafter Medikamenteneinnahme erheblich beeinträchtigt war. Es hat dabei geprüft, inwieweit sich seine Erkrankung auf den konkret für ihn vorgesehenen Aufgabenbereich ausgewirkt hat (BAG U. v. 28. 3. 74 AP Nr. 3 zu § 119 BGB).

Hätte der Arbeitgeber bereits bei Vertragsabschluss die Leistungsbeeinträchtigung erkennen können, weil sie offenkundig war, ist eine Anfechtung ausgeschlossen. Die Täuschungshandlung hat beim Erklärungsgegner einen Irrtum über den wahren Sachverhalt nicht hervorgerufen (BAG U. v. 18. 10. 2000 NZA 2001, 315).

Sind die Voraussetzungen für eine Anfechtung gemäß § 119 BGB **62** gegeben, muss die Anfechtungserklärung gemäß § 121 Abs. 1 BGB **unverzüglich** erfolgen. Das BAG zieht zur zeitlichen Konkretisierung der Anfechtungsfrist die **Zwei-Wochen-Frist** des § 626 Abs. 2 BGB als **Höchstfrist** heran, wobei im Einzelfall ein Fristablauf wegen Verzögerung auch schon vor Ablauf der Zwei-Wochen-Frist eintreten kann (BAG U. v. 21. 2. 91 NJW 1991, 2723, 2726; BAG U. v. 28. 3. 74 AP Nr.3 zu § 119 BGB).

b) Anfechtung wegen arglistiger Täuschung (§ 123 Abs. 1 **63** **1. Alt. BGB).** § 123 BGB setzt grundsätzlich voraus, dass der Täu

schende durch Vorspiegelung oder Entstellung von Tatsachen beim Erklärungsgegner einen Irrtum erregt und ihn zur Abgabe einer Willenserklärung veranlasst. Dies kann durch ein positives Tun, aber auch
durch ein Unterlassen geschehen (BAG U. v. 11.11.93 NZA 94, 407,
ständige Rechtsprechung). Für den Bereich der Schwerbehinderung ist
anerkannt, dass eine Anfechtung wegen arglistiger Täuschung ausgeschlossen ist, wenn der Arbeitgeber nach der Schwerbehinderteneigenschaft nicht gefragt hat. Der schwerbehinderter Mensch ist **nicht zur
Offenbarung verpflichtet**. Er muss nicht ungefragt den Arbeitgeber
darüber informieren, dass er schwerbehindert ist. Etwas anderes gilt
ausnahmsweise nur dann, wenn er zur ordnungsgemäßen Vertragserfüllung gar nicht in der Lage ist (BAG U. v. 11.11.93 a.a.O.).

64   Das Anfechtungsrecht ist auch dann ausgeschlossen, wenn die Täuschungshandlung keinen **Irrtum erregt** hat oder für den Einstellungsentschluss nicht **kausal** geworden ist. Dies ist etwa dann der Fall, wenn
die **Schwerbehinderung offenkundig** ist (BAG U. v. 18.10.2000
NZA 2001, 315) oder feststeht, dass die **Einstellungsentscheidung
bereits vorher getroffen** worden ist. **Beispiel**: Der Fragebogen, auf
dem die Schwerbehinderung angegeben werden muss, wird erst später
verteilt (KDZ- *Däubler*, §§ 123,124 BGB RdNr. 29).

65   Die Anfechtung ist auch ausgeschlossen, wenn der **Anfechtungsgrund** zum Zeitpunkt der Ausübung des Anfechtungsrechts soviel **an
Bedeutung verloren hat**, dass er die Anfechtung nicht mehr rechtfertigen kann. Dies ist allerdings nach der Rechtsprechung des BAG nicht
schon immer dann anzunehmen, wenn das Arbeitsverhältnis über
einen längeren Zeitraum bestanden hat. War der schwerbehinderte Arbeitnehmer etwa aufgrund der Behinderung in erheblichem Umfang
arbeitsunfähig, wird angenommen, dass der Anfechtungsgrund noch
von Bedeutung ist (BAG U. v. 11.11.93 NZA 1994, 407).

66   **c) Pflicht des Arbeitnehmers zur Beantwortung der Frage
nach der Schwerbehinderteneigenschaft**. Umstritten ist, inwieweit der Schwerbehinderte auf eine entsprechende Frage des Arbeitgebers im Einstellungsgespräch oder bei der Ausfüllung eines Fragebogens wahrheitsgemäß antworten muss. Allgemein anerkannt ist,
dass der Arbeitnehmer nur auf **zulässig gestellte Fragen** des Arbeitgebers eine wahrheitsgemäße Antwort geben muss. Ob eine Frage
zulässig ist, richtet sich danach, ob der Arbeitgeber an ihrer Beantwortung ein **berechtigtes, billigenswertes und schutzwürdiges Interesse** im Hinblick auf das Arbeitsverhältnis hat (BAG U. v. 5.10.95
NZA 1996, 371). Erreicht die infolge der Behinderung bestehende
Leistungseinschränkung zwar noch nicht die Schwelle des Leistungsausschlusses (dann bestünde eine Offenbarungspflicht), würde sie aber
doch zu **erheblichen Belastungen im Arbeitsverhältnis** führen, ist
davon auszugehen, dass der Arbeitgeber ein berechtigtes Interesse hat,
dies zu erfahren. Dies ist etwa in den Fällen zu bejahen, in denen der

Arbeitnehmer nur einen Teil des vorgesehenen Aufgabengebietes übernehmen kann, besondere technische Arbeitshilfen oder Transportmittel wie z.b. einen Aufzug oder er besondere Pausen, Sanitäranlagen oder klimatische Bedingungen benötigt oder er bestimmte Arbeitszeiten (Nacht- oder Schichtarbeit) nicht einhalten kann (GK-SchwbG-*Steinbrück,* § 15 RdNr. 150).

Die noch h.M. geht weiterhin davon aus, dass der Arbeitgeber auch **67** **unabhängig von den Auswirkungen der Behinderteneigenschaft auf die konkrete Tätigkeit** des Arbeitnehmers an der wahrheitsgemäßen Beantwortung der Frage nach dem Schwerbehindertenstatus oder der Gleichstellung ein berechtigtes Interesse hat, da an die **Beschäftigung von schwerbehinderten Menschen Pflichten geknüpft** werden wie etwa die Gewährung von Zusatzurlaub, keine Verpflichtung zur Leistung von Mehrarbeit, Einrichtung von Teilzeitarbeitsplätzen etc. Außerdem habe der Arbeitgeber ein Interesse zu erfahren, ob er mit der Einstellung des Arbeitnehmers seiner **Beschäftigungspflicht** genügt. Das BAG hält die Frage auch deshalb für berechtigt, weil der Arbeitgeber gemäß § 81 Abs. 1 (bisher § 14 Abs. 1 SchwbG) verpflichtet sei zu **prüfen,** ob der zu besetzende Arbeitsplatz mit einem arbeitslos gemeldeten schwerbehinderten Menschen besetzt werden könne. Darüber sei auch die **Schwerbehindertenvertretung zu unterrichten.** Diese Prüfung werde dem Arbeitgeber aber unmöglich und das Beteiligungsrecht der Schwerbehindertenvertretung und das Mitbestimmungsrecht des Betriebsrates gemäß § 99 BetrVG unterlaufen, wenn der schwerbehinderte Arbeitnehmer die Frage nach seiner Schwerbehinderteneigenschaft unrichtig beantworten dürfe (BAG U. v. 3. 12. 98 NZA 1999, 584; BAG U. v. 5. 10. 95 NZA 1996, 371, 372; BAG 11. 11. 93 NZA 1994, 407; BAG U. v. 1. 8. 85 NZA 1986, 635, ständige Rspr.).

Diese Rechtsprechung des BAG überzeugt jedenfalls nach der Geset **68** zesänderung in § 81 Abs. 2 nicht und wird zu Recht von einer im Vordringen befindlichen Literaturmeinung abgelehnt (*Griebeling* in Hauck/Noftz, SGB IX, K § 85 RdNr. 27–30; *Düwell,* LPK-SGB IX, § 85 RdNr. 16–19; *Pahlen* in RdA 2001, 143; *Großmann* in NZA 1989, 702; GK-SchwbG-*Steinbrück,* § 15 RdNr. 152–158; KDZ-*Däubler,* §§ 123, 124 RdNr. 27, *Neumann/Pahlen,* SGB IX, § 85 RdNr. 39). Die generelle Pflicht zur wahrheitsgemäßen Beantwortung der Frage nach der Schwerbehinderteneigenschaft ist mit dem Zweck des SGB IX, die Beschäftigung von Schwerbehinderten besonders zu fördern, nicht zu vereinbaren. Denn die Zulassung der **Frage im Einstellungsgespräch fördert tatsächlich die Einstellung schwerbehinderter Menschen nicht** und gefährdet den Bestand ihrer Arbeitsplätze, wenn bei Falschbeantwortung der Frage die Anfechtung zugelassen wird oder wegen eines Vertrauensbruches die außerordentliche Kündigung gerechtfertigt wäre (so auch ArbG Siegen U. v. 22. 3. 94 NZA 1995, 943).

69   Dem Interesse des Arbeitgebers, über das Vorliegen einer Schwerbehinderung unterrichtet zu werden, um die damit verbundenen gesetzlichen Verpflichtungen zu erfüllen, kann auch durch eine entsprechende Frage nach Einstellung des schwerbehinderten Menschen
Genüge geleistet werden.

70   Richtigerweise muss daher der schwerbehinderte Mensch auf die
Frage nach der Schwerbehinderteneigenschaft jedenfalls im Regelfall
nicht wahrheitsgemäß antworten. Insoweit gilt dasselbe wie hinsichtlich des Bestehens einer **Schwangerschaft.** Gestützt auf das **Diskriminierungsverbot des § 611a BGB** gesteht die Rechtsprechung
der Betroffenen insoweit ein „Recht zur Lüge" zu. Seine gegenteilige
Auffassung zur Schwerbehinderteneigenschaft hatte das BAG damit
begründet, dass im Schwerbehindertenrecht eine dem § 611a BGB vergleichbare Vorschrift fehle (BAG U. v. 5.10.95 NZA 1996, 371, 373).
Dieses Argument ist mit der **Einführung des § 81 Abs. 2,** wonach
schwerbehinderte Beschäftigte nicht wegen ihrer Behinderung bei der
Einstellung benachteiligt werden dürfen, hinfällig.

71   Das tätigkeitsneutrale Fragerecht steht außerdem sogar **im Widerspruch zu § 81 Abs. 2,** und zwar aus folgendem Grund:. Das Anfechtungsrecht setzt einerseits voraus, dass gerade die wahrheitswidrige Antwort auf die Frage nach der Schwerbehinderteneigenschaft kausal für die
Einstellung gewesen sein muss, andererseits löst gemäß § 81 Abs. 2 Ziff. 2
gerade diese Kausalität eine Entschädigung aus. Der Arbeitgeber, der den
Arbeitsvertrag anfechten will, kann dies nur mit der Behauptung tun, er
habe den Arbeitnehmer nicht eingestellt, habe er gewusst, er sei schwerbehindert. Damit aber räumt er ein, dass er bei Einstellung gegen das
Benachteiligungsverbot des § 81 Abs. 2 habe verstoßen wollen. Auch der
Grundsatz der Einheit der Rechtsordnung gebietet es daher, die
Zulässigkeit des tätigkeitsneutralen Fragerechts zu verneinen.

72   Mit Einführung der Diskriminierungsregelung in § 81 Abs. 2 kann
die Frage nach der Schwerbehinderteneigenschaft nicht mehr als
berechtigt gelten. Es ist auch zu berücksichtigen, dass § 81 Abs. 2 in
Umsetzung der **Anti-Diskriminierungsrichtlinie 2000/78 EG** in
das Gesetz eingefügt worden ist. Aus der Rechtsprechung des EuGH
zum Fragerecht nach der Schwangerschaft ist bekannt, dass der EUGH
gerade annimmt, dass die mit der Beschäftigung einer Schwangeren
verbundenen finanziellen Nachteile keinen sachlichen Grund für die
Verweigerung der Einstellung darstellen (EUGH U. v. 8.11.90 – Dekker – NZA 1991, 171). Es ist daher davon auszugehen, dass der EUGH
auch das tätigkeitsneutrale Fragerecht, das ebenfalls mit den Belastungen des Arbeitgebers im Arbeitsverhältnis mit einem schwerbehinderten Arbeitnehmer begründet wird, als mit der Anti-Diskriminierungsrichtlinie nicht vereinbar ansehen wird.

73   Das mit der Pflicht zur wahrheitsgemäßen Beantwortung verbundene generelle Fragerecht des Arbeitgebers widerspricht schließlich

Art 3 Abs. 3 S. 2 GG (*Düwell*, LPK-SGB IX, § 85 RdNr. 16;). Das BAG hat allerdings auch nach Ergänzung des Grundgesetzes um das Benachteiligungsverbot für Behinderte an seiner Ansicht festgehalten (U. v. 11. 11. 93 NZA 1994, 407; BAG U. v. 5. 10. 95 NZA 1996, 371). Es geht davon aus, dass das Fragerecht auf den Grundsatz von Treu und Glauben (§ 242 BGB) gestützt werden kann, wobei die gegensätzlichen Interessen des Arbeitsplatzbewerbers und des Arbeitgebers gegeneinander abzuwägen sind (BAG U. v. 1. 8. 85 NZA 1986, 635). Gerade bei der Auslegung derartiger Generalklauseln und der in diesem Rahmen vorzunehmenden Interessenabwägung sind nach der Rechtsprechung des BVerfG jedoch die grundrechtlich geschützten Rechtspositionen zu einem angemessenen Ausgleich zu bringen und die verfassungsrechtliche Wertordnung zu beachten. Auch das Benachteiligungsverbot Behinderter in Art 3 Abs. 3 S. 2 GG muss deshalb als Teil der objektiven Wertordnung in die Auslegung des Zivilrechtes mit einfließen (BVerfG Beschl. v. 28. 3. 2000 NJW 2000, 2658, 2659). Das Benachteiligungsverbot soll den Schwerbehinderten gerade vor einer Behinderung in seinen Entfaltungs- und Betätigungsmöglichkeiten schützen. Es wird deshalb nicht angemessen berücksichtigt, wenn dem Arbeitgeber auch in Fällen, in denen die Behinderung keinen Einfluss auf die zu erbringende Arbeitsleistung hat, ein Fragerecht nach der Schwerbehinderteneigenschaft eingeräumt wird (*Düwell*, LPK-SGB IX, § 85 RdNr. 16; *Griebeling* in Hauck/Noftz, SGB IX, K § 85 RdNr. 28; GK-SchwbG-*Steinbrück*, § 15 RdNr. 152 a).

d) **Fragerecht des Arbeitgebers nach Bestand des Arbeitsverhältnisses nach 6 Monaten**. Von *Griebeling* (in Hauck/Noftz, SGB IX, K § 85 RdNr. 27) wird das berechtigte Interesse an der Frage nach der Schwerbehinderteneigenschaft zwar bei Einstellung, nicht aber nach Abschluss des Arbeitsvertrages verneint. Richtig erscheint daran, dass nach der Einstellung der Arbeitgeber wegen der auf ihn zukommenden Pflichten während der Beschäftigung ein berechtigtes Interesse hat zu erfahren, ob er einen schwerbehinderten Mensch beschäftigt. Will man die Frage aber nach Vertragsabschluss zulassen, besteht zwar nicht mehr das Risiko der Anfechtung des Vertrages, wohl aber das **Risiko der zustimmungsfreien Kündigung innerhalb der ersten 6 Monate**. Es erscheint daher unter dem Gesichtspunkt des Zweckes des Gesetzes, die Einstellung von Behinderten zu fördern und den Bestand des Arbeitsplatzes von Schwerbehinderten zu sichern, gerechtfertigt, die **Frage** auch **während der ersten 6 Monate** des Arbeitsverhältnisses **nicht** für **berechtigt** anzusehen.

Die Frage kann dem Arbeitgeber auch noch nach Ablauf von 6 Monaten zugemutet werden, wenn er die **Beschäftigungsquote** nicht erfüllt hat. Denn die Ausgleichsabgabe ist gemäß § 77 Abs. 4 jährlich zu entrichten. Dass der Arbeitgeber auch ansonsten zu besonderer Rücksichtnahme und zur Erfüllung besonderer Leistungen gegenüber Schwerbe-

74

hinderten verpflichtet ist, berechtigt ihn zur Frage nach der Schwerbehinderteneigenschaft ebenfalls nicht, da der Arbeitnehmer auf diese
Leistungen verzichten kann. Er muss den **Zusatzurlaub**, solange er den
Arbeitgeber auf seine Schwerbehinderteneigenschaft nicht hinweist,
nicht in Anspruch nehmen, und er kann auch z.B. **Mehrarbeit** leisten.
Es ist deshalb ihm überlassen, inwieweit er den Arbeitgeber über seine
Schwerbehinderteneigenschaft informiert und die ihm dadurch entstehenden Vorteile in Anspruch nimmt oder nicht. Dies ergibt sich auch
daraus, dass allgemein anerkannt ist, dass der Arbeitnehmer den Arbeitgeber auch nach Zugang der Kündigung erst über seine Schwerbehinderteneigenschaft informieren muss, will er den Sonderkündigungsschutz
behalten. Der Gesetzgeber hält also durchaus für möglich, dass ein
Arbeitgeber während des Bestehens des Arbeitsverhältnisses nichts davon weiß, dass er einen schwerbehinderten Menschen beschäftigt.

75   Ein berechtigtes und schutzwürdiges Interesse an der Beantwortung
der Frage nach der Schwerbehinderung ist **nach dem 6-monatigen
Bestehen** des Arbeitsverhältnisses allerdings zu **bejahen**. Das schutz-
würdige Interesse des Arbeitgebers folgt daraus, dass dem schwerbehinderten Arbeitnehmer ab diesem Zeitpunkt der besondere Kündigungsschutz der §§ 85 zusteht, und der Arbeitgeber erst bei Kenntnis
von der Schwerbehinderteneigenschaft Anlass hat, das Zustimmungsverfahren beim Integrationsamt einzuleiten. Damit der Arbeitgeber
demnach vor Ausspruch einer Kündigung die Zustimmung beim Integrationsamt beantragen kann, muss die Frage nach der Schwerbehinderung bei einem Bestehen des Arbeitsverhältnisses von mehr als 6
Monaten wahrheitsgemäß beantwortet werden.

76   Bei **Falschbeantwortung** kommt zwar keine Anfechtung des Arbeitsverhältnisses in Betracht, da der beim Arbeitgeber entstandene
Irrtum für die Einstellungsentscheidung nicht mehr kausal gewesen
sein kann; es können jedoch **Schadensersatzansprüche** begründet
sein und der Anspruch auf **Verzugslohn** kann **entfallen**, wenn der
Arbeitgeber erst **nach Ausspruch der Kündigung von der Schwerbehinderung erfährt** und deshalb die Kündigung zurücknehmen
muss (siehe dazu auch RdNr. 93 ff).

77   Düwell will in dem Sonderfall, dass ein **Arbeitgeber**, der bei der
Frage nach der Schwerbehinderteneigenschaft ausdrücklich darauf
hinweist, dass er mit der Frage **beabsichtigt**, **Schwerbehinderte zu
fördern und bevorzugt einzustellen**, das berechtigte Interesse des
Arbeitgebers bejahen. Da andererseits auch bei wahrheitswidriger Beantwortung ein Anfechtungsrecht entfällt (*Düwell*, LPK-SGB IX, § 85
RdNr. 19), führt diese Auffassung zu keinem anderen Ergebnis, soweit
dem Arbeitnehmer, der den Angaben des Arbeitgebers z.B. misstraut,
ebenfalls eine nicht zutreffende Antwort erlaubt wird.

78   **e) Folgen einer wirksamen Anfechtung.** Ist der Arbeitsvertrag
wirksam angefochten, ist er gemäß § 142 BGB **als von Anfang an**

nichtig anzusehen. Ein bereits in Vollzug gesetztes Arbeitsverhältnis kann jedoch mit rückwirkender Kraft nicht mehr angefochten werden. Eine **Rückabwicklung kommt nicht in Betracht**; die Auflösung des Arbeitsverhältnisses erfolgt wie bei einer Kündigung nur für die Zukunft. Dies soll allerdings nicht gelten, wenn die Vollziehung wegen **Arbeitsunfähigkeit von Beginn an** nicht erfolgen konnte bzw. später infolge Arbeitsunfähigkeit unterbrochen wurde (BAG U. v. 16. 9. 82, 29. 8. 84 AP Nr. 24 und 27 zu § 123 BGB; BAG U. v. 3. 12. 98 NZA 1999, 584). Aus Gründen der Rechtssicherheit und Schutzbedürftigkeit des Arbeitnehmers gerade während der Arbeitsunfähigkeit bestehen dagegen allerdings Bedenken.

VI. Kündigung ohne Zustimmung des Integrationsamtes

Der Arbeitgeber kann eine ordentliche Kündigung erst aussprechen, **79** wenn ihm der **Zustimmungsbescheid zugestellt** worden ist; für die außerordentliche Kündigung reicht auch eine mündliche oder telefonische Mitteilung des Integrationsamtes (siehe Erläuterungen zu § 91). Da es maßgeblich auf den Zeitpunkt des Kündigungszugangs ankommt, soll es noch ausreichend sein, wenn der Arbeitgeber das Kündigungsschreiben zwar schon absendet, es beim Arbeitnehmer aber erst zugeht, nachdem zwischenzeitlich der Zustimmungsbescheid dem Arbeitgeber zugestellt worden ist (BAG U. v. 15. 5. 97 NZA 1998, 33, 36 f.).

1. Rechtsfolgen. Wird die Kündigung ohne vorherige Zustim- **80** mung des Integrationsamtes ausgesprochen, ist sie **unheilbar nichtig**. Eine nachträgliche Einholung der Zustimmung ist nicht möglich.

2. Negativattest. Das Vorliegen eines sog. Negativattestes **beseitigt** **81** **die Zustimmungssperre**. Ein solches wird erteilt, wenn das Integrationsamt auf einen Zustimmungsantrag des Arbeitgebers feststellt, dass die Kündigung nicht zustimmungspflichtig ist, weil der Arbeitnehmer z.B. nicht schwerbehindert ist und auch keinen Antrag gestellt hat. In diesem Fall ersetzt das Negativattest die Zustimmung (BAG U. v. 27. 5. 83 AP Nr. 12 zu § 12 SchwbG). Nach entsprechender Zustellung des Negativattestes beim Arbeitgeber kann dieser die Kündigung aussprechen. Der Arbeitnehmer kann das Negativattest mit denselben Rechtsbehelfen (Widerspruch und Klage) angreifen, mit denen er auch gegen die Zustimmungsentscheidung des Integrationsamtes vorgehen kann.

Solange die **Entscheidung** des Integrationsamtes **über das Nega-** **82** **tivattest nicht unanfechtbar** ist, trägt der Arbeitgeber das Risiko, dass sich im Laufe des gerichtlichen Verfahrens doch noch die Zustimmungsbedürftigkeit der Kündigung herausstellt. Das gilt in dem Fall, dass das Integrationsamt ein Negativattest erteilt, obwohl der schwerbehinderte Arbeitnehmer einen Antrag auf Gleichstellung oder Schwerbehinderung gestellt hatte, und das Arbeitsamt oder das Versorgungsamt nach der Kündigung dem Antrag stattgibt (GK-SchwbG- *Steinbrück*, § 15 RdNr. 195; *Cramer, SchwbG*, § 15 RdNr. 126).

83   Ist der Bescheid über das Negativattest dagegen **bestandskräftig** geworden, ist die Kündigung auch dann nicht nichtig, wenn sich nach Kündigungszugang herausstellt, dass der Arbeitnehmer doch schwerbehindert war und die Zustimmung hätte eingeholt werden müssen. Auf das Negativattest soll sich der Arbeitgeber im Falle der Unanfechtbarkeit verlassen können. Dies geht auch aus der Entscheidung des BAG vom 27. 5. 83 hervor, in der nach Rücknahme des Widerspruchs der Bescheid über das Negativattest bestandskräftig geworden war und das BAG eine Nichtigkeit des Bescheides abgelehnt hat (BAG U. v. 27. 5. 83 AP Nr.12 zu § 12 SchwbG).

84   **3. Klage.** Der Arbeitnehmer hat die Möglichkeit, die Unwirksamkeit der Kündigung wegen eines Verstoßes gegen § 85 mit einer allgemeinen Feststellungsklage gemäß § 256 Abs. 1 ZPO oder der sog. Kündigungsschutzklage gemäß § 4 KSchG gerichtlich geltend zu machen. **Sachlich zuständig** ist gemäß § 1 Abs. 1 Ziff. 3 b ArbGG in beiden Fällen das Arbeitsgericht, da über das Bestehen eines Arbeitsverhältnisses gestritten wird. Der **allgemeine Feststellungsantrag** lautet: *fest zustellen, dass zwischen den Parteien über den . . . hinaus ein Arbeitsverhältnis besteht.* Der Antrag der **Kündigungsschutzklage** ist wie folgt zu formulieren: *festzustellen, dass das zwischen den Parteien bestehende Arbeitsverhältnis nicht durch die Kündigung vom . . . beendet wird.* Beide Anträge sind **nebeneinander zulässig** (BAG U. v. 21. 1. 88 NZA 1988, 650). Nach der sog. punktuellen Streitgegenstandstheorie wird beim Kündigungsschutzantrag nur über den Bestand des Arbeitsverhältnisses bis zur Kündigung und aufgrund der Kündigung und nicht darüber hinaus über den Bestand des Arbeitsverhältnisses bis zum Schluss der mündlichen Verhandlung entschieden. Deshalb empfiehlt sich in der Regel die **Kumulierung beider Anträge**.

85   Soll nur der Verstoß gegen § 85 gerügt werden, ist allerdings allein die allgemeine Feststellungsklage die richtige Klageart. Dies ist in der Praxis eher selten, da die Kündigung meistens unter mehreren Gesichtspunkten angegriffen wird und in der Regel ebenfalls die fehlende soziale Rechtfertigung gemäß § 1 Abs. 2 KSchG geltend gemacht wird. In Betracht kommt dies aber, wenn es sich um einen Kleinbetrieb handelt und deshalb allgemeiner Kündigungsschutz nicht besteht. Wird dennoch der Kündigungsschutzantrag gestellt, ist dies auch nicht schädlich. Der Antrag wird dann in einen allgemeinen Feststellungsantrag umgedeutet. Zulässig ist es in diesem Fall auch, nur eine **Leistungsklage** auf Zahlung der Vergütung oder auf Weiterbeschäftigung zu erheben, wenn in der Klagebegründung für den Arbeitgeber deutlich wird, dass auch der zukünftige Fortbestand des Arbeitsver-

hältnisses geltend gemacht werden soll. Ansonsten könnte sich der Arbeitgeber zu einem späteren Zeitpunkt auf den Grundsatz der Prozessverwirkung berufen (*Griebeling* in Hauck/Noftz, SGB IX, K § 85 RdNr. 37).

Organschaftliche Vertreter einer Personengesamtheit oder einer **86** juristischen Person (also der Geschäftsführer z.B. einer GmbH, der nach den Eintragungen im Handelsregister die Gesellschaft nach außen vertritt), die aufgrund eines Arbeitsvertrages tätig werden, gelten gemäß § 5 Abs. 1 S. 3 nicht als Arbeitnehmer. Für ihre Klage sind daher die **ordentlichen Gerichte zuständig** (BAG AP Nr. 49 zu § 5 ArbGG 1979).

4. Klagefrist. Will der Arbeitnehmer nicht nur den Verstoß gegen **87** § 85 rügen sondern auch geltend machen, dass die Kündigung **gemäß § 1 Abs. 2 KSchG sozial ungerechtfertigt** ist, muss die Kündigungsschutzklage gemäß § 4 KSchG innerhalb von **3 Wochen nach Kündigungszugang** beim Arbeitsgericht erhoben werden. **Ausnahmsweise** beginnt die 3-Wochen-Frist erst **mit Zustellung des Zustimmungsbescheides beim Arbeitnehmer.** Dies gilt in dem Fall, dass zwar die Zustimmung zur Kündigung dem Arbeitgeber bereits zugestellt ist, der Arbeitnehmer den Zustimmungsbescheid aber erst nach Zugang der Kündigung erhält (BAG U. v. 17. 2. 82 AP Nr.1 zu § 15 SchwbG). Dies hat seinen Grund darin, dass der Arbeitnehmer, der den Zustimmungsbescheid noch nicht kennt, annehmen darf, die Kündigung sei bereits wegen der fehlenden Zustimmung des Integrationsamtes nichtig, und sich deshalb nicht veranlasst sieht, innerhalb der 3-Wochen-Frist auch die Sozialwidrigkeit der Kündigung geltend zu machen.

Will der Arbeitnehmer seine Klage nur darauf stützen, dass es an **88** der vorherigen Zustimmung des Integrationsamtes fehlt, muss er die 3-Wochen-Frist nicht einhalten, weil es sich hierbei um **einen anderen Unwirksamkeitsgrund im Sinne des § 13 Abs. 3 KSchG** handelt. Es kommen nur die allgemeinen Grundsätze der Prozessverwirkung in Betracht, die durch das Zeitmoment und das Umstandsmoment bestimmt werden (BAG U. v. 2. 12. 99 NZA 2000, 540).

Ist Klage innerhalb von 3 Wochen erhoben worden und bislang die **89** Unwirksamkeit der Kündigung nur mit dem Verstoß gegen § 85 begründet worden, kann gemäß § 6 KSchG die Klage bis zum Schluss der mündlichen Verhandlung 1. Instanz auch noch auf die Unwirksamkeitsgründe gemäß § 1 KSchG erweitert werden.

5. Besonderheiten in der Insolvenz. Auch der Insolvenzverwalter **90** muss vor Ausspruch der Kündigung eines schwerbehinderten oder gleichgestellten Arbeitnehmers die **Zustimmung des Integrationsamtes einholen.** Unterlässt er dies, ist die Kündigung ebenfalls nichtig. Gemäß § 113 Abs. 2 InsO muss der Arbeitnehmer, der die Kündigung nicht hinnehmen will, jedoch auch den **Verstoß gegen § 85**

innerhalb von 3 Wochen nach Zugang der Kündigung **gerichtlich geltend machen.** § 13 Abs. 3 KSchG gilt im Falle der Kündigung durch den Insolvenzverwalter nicht. Dies soll der Beschleunigung des Insolvenzverfahrens dienen. Bei Versäumung der 3-Wochen-Frist besteht unter den Voraussetzungen des § 5 KSchG durch die Verweisung in § 113 Abs. 2 S. 2 InsO die Möglichkeit, innerhalb von 2 Wochen nach Wegfall des Hindernisses die nachträgliche Klagezulassung zu beantragen. Die Besonderheiten gelten nur **bei Kündigungen des Insolvenzverwalters nach Eröffnung des Insolvenzverfahrens**, nicht für Kündigungen, die durch einen sog. vorläufigen Insolvenzverwalter, auch einen solchen mit Verfügungsbefugnis, ausgesprochen werden (*Düwell*, LPK-SGB IX, § 85 RdNr. 34).

91   **6. Beschäftigungsanspruch.** Neben der Feststellungsklage kann der schwerbehinderte Arbeitnehmer gerichtlich auch seine Weiterbeschäftigung nach Zugang der Kündigung bzw. nach Ablauf der Kündigungsfrist durch eine entsprechende Leistungsklage gerichtlich geltend machen. Nach den Grundsätzen der Rechtsprechung des Großen Senats des BAG ist dem **Weiterbeschäftigungsanspruch** außerhalb des Regelungsbereichs des § 102 Abs. 5 BetrVG, § 79 Abs. 2 BPersVG in der Regel erst nach einer **obsiegenden Entscheidung 1. Instanz** stattzugeben (BAG GS Beschl. v. 27. 2. 85 NZA 1985, 702).

92   **Fehlt** es an der vorherigen **Zustimmung des Integrationsamtes** und steht die Schwerbehinderteneigenschaft oder die Gleichstellung des Arbeitnehmers fest, ist die Kündigung jedoch offensichtlich unwirksam. In diesem Fall überwiegt das Beschäftigungsinteresse des Arbeitnehmers bereits während des Kündigungsschutzprozesses und auch schon vor einem die Unwirksamkeit der Kündigung feststellenden Urteil 1. Instanz. Die **Weiterbeschäftigung** kann dann bereits **vor Abschluss des Klageverfahrens** im Wege der einstweiligen Verfügung durchgesetzt werden.

93   **7. Annahmeverzug.** Ist die Kündigung wegen fehlender Zustimmung des Integrationsamtes unwirksam, hat der Arbeitnehmer Anspruch auf das ihm zustehende Arbeitsentgelt auch für den Zeitraum, in dem der Arbeitgeber ihn zu Unrecht nicht beschäftigt hat (§ 615 S. 1 BGB). Es bedarf hierzu gemäß § 296 S. 1 BGB nicht eines **Arbeitskraftangebotes** des Arbeitnehmers; es ist viel mehr die Verpflichtung des Arbeitgebers, dem Arbeitnehmer einen funktionsfähigen Arbeitsplatz bereitzustellen und ihn nach Ausspruch der Kündigung zur Arbeit aufzufordern. Hat der Arbeitnehmer sich gegen die Kündigung zur Wehr gesetzt, hat er damit seine Leistungsbereitschaft gezeigt und muss auch nicht nach Ende der Arbeitsunfähigkeit sein Arbeitskraftangebot wiederholen (BAG U. v. 19. 4. 90 NZA 1991, 228).

94   **Umstritten** ist, inwieweit der Arbeitgeber zur **Zahlung der Vergütung** auch verpflichtet ist, solange er **noch nicht weiß** oder noch nicht der Nachweis erbracht ist, dass der Arbeitnehmer **schwerbehindert**

ist. Von Bedeutung ist die Frage beispielsweise in folgenden Fällen: nachdem eine außerordentliche Kündigung oder eine ordentliche Kündigung mit einer kurzen Kündigungsfrist (im Bauhauptgewerbe: 12 Werktage) ausgesprochen worden ist, teilt der Arbeitnehmer nach Zugang der Kündigung innerhalb der Monatsfrist mit, dass er schwerbehindert ist oder einen entsprechenden Antrag gestellt hat.

Teilweise wird die Auffassung vertreten, der Arbeitgeber sei in diesen Fällen bis zur Mitteilung bzw. sogar bis zum Nachweis über die Schwerbehinderteneigenschaft nicht zur Zahlung des Verzugslohns verpflichtet (KR-*Etzel*, §§ 85–90 SGB IX, RdNr. 30; *Düwell*, LPK-SGB IX, § 85 RdNr. 41). Begründet wird die Auffassung damit, dass es in diesem Fall an einem ordnungsgemäßen Leistungsangebot fehle, da dazu auch die Mitteilung und der Nachweis über im persönlichen Bereich des Arbeitnehmers liegender Umstände wie Schwerbehinderteneigenschaft und Schwangerschaft gehöre (KR-*Etzel* a.a.O.). **95**

Dieser Ansicht kann nicht gefolgt werden (so auch *Griebeling* in Hauck/Noftz, SGB IX, K § 85 RdNr. 42; KDZ-*Zwanziger*, § 15 SchwbG RdNr. 40). Für das Leistungsangebot des Arbeitnehmers gelten die §§ 294–296 BGB. Danach hat der Arbeitnehmer grundsätzlich dem Arbeitgeber seine Arbeitsleistung in eigener Person, zur verabredeten Zeit und zum verabredeten Ort und in der vereinbarten Art und Weise anzubieten. Der Arbeitnehmer muss also leistungsbereit und leistungsfähig sein. Das Leistungsangebot ist an weitere persönliche Umstände nicht gebunden. Vor allem stellt das Vorliegen der Schwerbehinderteneigenschaft als solche die Leistungsfähigkeit gerade nicht in Frage. Allenfalls könnte der Anspruch auf Verzugslohn unter besonderen Umständen entfallen, wenn im Verhalten des Arbeitnehmers ein **böswillig unterlassener Erwerb im Sinne des § 615 S. 2 BGB** liegt. Das trifft auf die Unterlassung der Mitteilung der Schwerbehinderteneigenschaft jedoch nicht zu und ist im Regelfall zu **verneinen** (siehe für den Sonderfall, dass die Frage nach der Schwerbehinderteneigenschaft nach sechsmonatigem Bestand des Arbeitsverhältnisses auf eine entsprechende Frage des Arbeitgebers falsch beantwortet wird: Erläuterungen unter RdNr. 75 f.). Die Einhaltung der Monatsfrist zur Mitteilung ist keine Verpflichtung des Arbeitnehmers gegenüber dem Arbeitgeber. Sie dient lediglich der Festlegung eines objektiv bestimmbaren Zeitpunktes, ab dem der Arbeitgeber darauf Vertrauen können soll, dass die Wirksamkeit der Kündigung nicht mehr wegen einer ihm nicht bekannten Schwerbehinderung in Zweifel gezogen werden kann. Lediglich als Folge davon besteht für den Arbeitnehmer die Obliegenheit, im eigenen Interesse für die Kenntniserlangung des Arbeitgebers zu sorgen, um sich die Rechte aus dem Sonderkündigungsschutz zu erhalten (BAG U. v. 16. 1. 85 NZA 1986,31). Will der Arbeitnehmer sich auf den Sonderkündigungsschutz nicht berufen, ist er auch nicht zur Offenbarung seiner Schwerbehinderteneigenschaft **96** gegenüber dem Arbeitgeber verpflichtet. Der Arbeitnehmer darf die Monatsfrist auch grundsätzlich voll ausschöpfen (BAG U. v. 16.1.85 a.a.O.).

97 In der Regel ist dem Arbeitnehmer gar nicht bekannt, dass er sich auf den besonderen Kündigungsschutz auch noch nach Zugang der Kündigung berufen kann, wenn er den Arbeitgeber entsprechend noch rechtzeitig unterrichtet. Dies erfährt er häufig erst nach einer entsprechenden rechtlichen Beratung. Die Verweigerung des Verzugslohns käme demnach nur unter ganz besonderen Umständen in Betracht, nämlich dann, wenn der Arbeitgeber im Einzelnen darlegen und beweisen könnte, dass der Arbeitnehmer vorsätzlich die Mitteilung bis zum Ablauf der Monatsfrist zurückgehalten hat.

98 Die Ablehnung des Verzugslohn ist jedenfalls ausgeschlossen, wenn der Arbeitgeber den Arbeitnehmer auch nach Kenntnis von der Schwerbehinderteneigenschaft nicht zur Arbeitsleistung auffordert.

99 Unter keinem rechtlichen Gesichtspunkt kann die Zahlung von Verzugslohn verweigert werden, solange der Arbeitnehmer seine Behinderung zwar mitgeteilt, aber nur **den Nachweis über seine Schwerbehinderteneigenschaft** noch **nicht erbracht hat**. Hier hat der Arbeitgeber außerdem die Möglichkeit, das Risiko der Lohnzahlung zu minimieren, in dem er den Arbeitnehmer weiterbeschäftigt und gleichzeitig die Zustimmung zur Kündigung beim Integrationsamt beantragt.

100 Teilweise wird vertreten, dass der Arbeitgeber im Falle einer Mitteilung der Schwerbehinderung erst nach Zugang der Kündigung mit einem **Schadensersatzanspruch** gegen den Anspruch auf Annahmeverzugslohn des Arbeitnehmers aufrechnen könne (*Griebeling* in Hauck/Noftz, SGB IX, K § 85 RdNr. 85 RdNr. 42; *Düwell*, LPK-SGB IX, § 85 RdNr. 41). Als Schadensersatz kämen etwa die Kosten für eine Ersatzkraft in Betracht, die der Arbeitgeber nach Ablauf der Kündigungsfrist oder bei einer außerordentlichen Kündigung nach Zugang der Kündigung eingestellt habe. Der Schadensersatzanspruch sei aus positiver Vertragsverletzung begründet. Auch diese Auffassung ist **für den Regelfall abzulehnen**. Der Schadensersatzanspruch setzt ein vertragswidriges Verhalten voraus. Daran fehlt es, da der Arbeitnehmer zur Offenbarung seiner Schwerbehinderteneigenschaft oder einer entsprechenden Antragstellung nicht verpflichtet ist.

101 Der **Annahmeverzugsanspruch entfällt**, wenn der Arbeitnehmer zur Leistung der bisher geschuldeten Arbeit wegen seiner Behinderung auch nach Ablauf des Entgeltfortzahlungszeitraums von 6 Wochen nicht mehr in der Lage ist (§ 297 BGB). Problematisch sind die Fälle, in denen der Arbeitnehmer seine Weiterbeschäftigung auf einem anderen Arbeitplatz oder nach einer seinem Leistungsvermögen angepassten Umorganisation im Betrieb verlangt (**Beispiel**: Der Arbeitnehmer war als Reparaturschlosser tätig und konnte nur noch überwiegend im

Sitzen arbeiten. Die von ihm vorgeschlagenen organisatorischen Veränderungen sahen vor, dass ihm nur die im Sitzen möglichen Instandsetzungsarbeiten und der Ein- und Ausbau den anderen Schlossern übertragen werden sollten; Sachverhalt aus BAG U. v. 14. 7. 83 AZ: 2 AZR 34/82). Ein Annahmeverzugsanspruch ist insoweit zu verneinen, als der Arbeitnehmer seine **Arbeitskraft** nicht mehr für die ursprünglich geschuldete, sondern nur **für eine veränderte Arbeitsleistung** anbieten kann. In Betracht zu ziehen ist in diesen Fällen jedoch ein **Schadensersatzanspruch des schwerbehinderten Arbeitnehmers** wegen der Verletzung von Fürsorgepflichten seitens des Arbeitgebers bzw. wegen Nichterfüllung der Pflichten aus § 81 Abs. 4 Ziff. 1, 4 oder 5. Dieser ist zu bejahen, wenn der Arbeitgeber eine ihm zumutbare Umorganisation, veränderte Gestaltung oder Ausstattung des Arbeitsplatzes schuldhaft unterlassen hat (BAG U. v. 14. 7. 83 a.a.O.; BAG U. v. 10. 7. 91 NZA 1992,27,29; *Düwell*, LPK-SGB IX, § 85 RdNr. 42).

VII. Aussetzung des arbeitsgerichtlichen Verfahrens

Ist die Schwerbehinderung oder die Gleichstellung festgestellt, liegt **102** aber die Zustimmung des Integrationsamtes vor Ausspruch der Kündigung nicht vor, stellt das Arbeitsgericht fest, dass das Arbeitsverhältnis fortbesteht, da die Kündigung nichtig ist. Liegen sowohl über die Schwerbehinderung bzw. über die Gleichstellung wie auch über die erteilte Zustimmung **bestandskräftige Bescheide** vor, sind die **Arbeitsgerichte** an diese **gebunden.** Sie dürfen gemäß § 17 Abs. 2 GVG als öffentlich-rechtliche Vorfrage nur prüfen, ob der Verwaltungsakt, der die Vorfrage darstellt, besteht, nicht aber darüber entscheiden, ob er auch rechtmäßig ist. Über die Rechtmäßigkeit der Bescheide des Versorgungsamtes und des Arbeitsamtes entscheidet nach Widerspruch und Klage das Sozialgericht, über die Rechtmäßigkeit der Zustimmung des Integrationsamtes das Verwaltungsgericht.

Problematisch sind die folgenden Fälle, in denen die behördlichen **103** Entscheidungen noch **nicht bestandskräftig** sind: die Zustimmung des Integrationsamtes ist erteilt, gegen den Bescheid ist aber Widerspruch eingelegt worden oder die Zustimmung liegt nicht vor, der Bescheid des Versorgungsamtes über die Schwerbehinderteneigenschaft bzw. der Bescheid des Arbeitsamtes über die Gleichstellung sind noch nicht erlassen oder mit Widerspruch oder Klage angegriffen worden. In diesen Fällen stellt sich die Frage, ob das arbeitsgerichtliche Verfahren gemäß § 148 ZPO wegen Vorgreiflichkeit auszusetzen ist.

Die **Aussetzung** steht grundsätzlich im **Ermessen des Gerichts.** **104** Zu berücksichtigen sind das Interesse des Arbeitgebers an einer baldigen Entscheidung und die Wahrscheinlichkeit, dass mit einer Abänderung des Bescheides, also etwa mit einer Anerkennung als Schwerbe-

hinderter zu rechnen ist. Bei nur **sehr geringen Erfolgsaussichten**
geht die Rechtsprechung davon aus, dass das arbeitsgerichtliche Verfahren nicht im Hinblick darauf, dass noch nicht geklärt ist, ob dem
Arbeitnehmer der besondere Kündigungsschutz zusteht, (bis z.B.
rechtskräftig über die Anerkennung als Schwerbehinderter entschieden worden ist) gemäß § 148 ZPO ausgesetzt werden muss. Dafür
spricht im Übrigen das in § 9 Abs. 1 ArbGG verankerte Beschleuni-
gungsgebot (BAG U. v. 15. 3. 95 AP Nr. 25 zu § 626 Verdacht einer
strafbaren Handlung; LAG Berlin U. v. 24. 6. 91 NZA 1992, 79, 80).

105 Eine **Aussetzung** kommt jedenfalls nur dann **in Frage**, wenn die
Wirksamkeit der Kündigung nur noch vom Ergebnis der verwaltungsgerichtlichen oder sozialgerichtlichen Entscheidung abhängig
ist. Dabei muss im Aussetzungsbeschluss zumindest **kurz begründet**
werden, weshalb die Aussichten der Kündigungsschutzklage nur als
gering anzusehen sind. Es ist nicht sachgerecht, den Aussetzungsbeschluss bereits in der Güteverhandlung ohne Gelegenheit zur Stellungnahme für den Arbeitnehmer zu den Kündigungsgründen zu fassen
(LAG Köln LS NZA 1992, 766).

106 Ist die **Kündigung** bereits **aus anderen Gründen unwirksam**
(mangelhafte Betriebsratsanhörung etwa) oder sozial ungerechtfertigt
gemäß § 1 Abs. 2 KSchG, kann das Arbeitsgericht über die Kündigung
entscheiden. Eine Aussetzung kommt nicht in Betracht (LAG Hessen
Beschl. v. 12. 11. 93 NZA 1994, 576; Wilhelm in NZA 1988, 18, 26).

107 Außerdem besteht für den Arbeitnehmer, wenn eine für ihn ungünstige arbeitsgerichtliche Entscheidung ergeht, die Möglichkeit, **die
Wiederaufnahme des Verfahrens** gemäß § 580 Nr. 6, Nr. 7 ZPO
analog zu beantragen, wenn ihm die Schwerbehinderteneigenschaft
zugesprochen wird und damit wegen fehlender Zustimmung des Integrationsamtes die Kündigung nichtig ist (BAG U. v. 15. 8. 84 AP Nr. 13
zu § 12 SchwbG; BAG U. v. 15. 3. 95 a.a.O.; LAG Berlin U. v. 24. 6. 91
NZA 1992, 79, 81).

108 Da das Verwaltungs- und sich anschließende verwaltungs- bzw. sozialgerichtliche Verfahren sich mehrere Jahre hinziehen können, ist bei
der Aussetzung Zurückhaltung geboten. Denn der Arbeitnehmer wird
während des Kündigungsschutzprozesses in der Regel nicht weiterbeschäftigt, und den Arbeitgeber trifft das Risiko der Lohnzahlung über
einen lange zurückliegenden Zeitraum unter dem Gesichtspunkt des
Annahmeverzuges im Falle eines verlorenen Prozesses. Aus diesen
Gründen wird auch die Zuständigkeit mehrerer Rechtswege kritisiert
(so etwa *Düwell* in NZA 1991, 929, 932). Der Gesetzgeber hat jedoch an
der **Mehrspurigkeit des Rechtsweges** festgehalten und Alternativ-
vorschläge, wie etwa den, die Zustimmung des Integrationsamtes in
einem eigenen arbeitsgerichtlichen Beschlussverfahren entsprechend
der Regelung des § 103 Abs. 2 BetrVG zu überprüfen (*Düwell*, LPK-
SGB IX, § 85 RdNr. 40), nicht aufgegriffen.

VIII. Umsetzung der Anti-Diskriminierungsrichtlinie

Die Richtlinie 2000/78 EG vom 27.11.2000 enthält die Verpflich- **109**
tung, bis zur Umsetzungsfrist: 2. Dezember 2003 Entlassungsbedin-
gungen zu schaffen, die eine mittelbare oder unmittelbare Diskriminierung wegen der Behinderung verhindern. In Umsetzung dieser
Richtlinie hat der Gesetzgeber das gesetzliche Benachteiligungsverbot
des § 81 Abs. 2 eingeführt. Auch die §§ 85 bis 92 erfüllen den Zweck
der Richtlinie. Zwar fordert die Richtlinie nicht das vom Gesetzgeber
eingeführte Zustimmungsverfahren. Da dieses jedoch ein besonders
geeignetes Mittel ist, schwerbehinderte Arbeitnehmer vor benachteili-
genden Entlassungen zu schützen, rechtfertigt die Richtlinie auch
keine Einschränkung des besonderen Kündigungsschutzes (*Griebeling*
in Hauck/Noftz, SGB IX, K § 85 RdNr. 47; *Düwell*, LPK-SGB IX,
§ 85 RdNr. 44).

IX. Wirksamkeit der Kündigung nach anderen Vorschriften

Der besondere Kündigungsschutz der §§ 85 ff. besteht neben ande- **110**
ren Schutzvorschriften, ersetzt diese aber nicht. Es gilt daher auch das
Kündigungsverbot des **§ 9 MuSchG** während der Schwangerschaft
und bis zum Ablauf von 4 Monaten nach der Entbindung. Das in § 9
Abs. 3 MuSchG vor Ausspruch einer Kündigung vorgesehene Zustimmungsverfahren wird beim Vorliegen einer Schwerbehinderung nicht
durch das Zustimmungsverfahren beim Integrationsamt entbehrlich.
Es gilt weiterhin der besondere Kündigungsschutz des **§ 18 BErzGG**
bei der Inanspruchnahme von Elternzeit. Sind Arbeitnehmer neben
ihrer Schwerbehinderung auch **Funktionsträger**, sind die Vorschriften des § 103 BetrVG, § 15 KSchG, § 108 BPersVG zu beachten. Es gelten darüber hinaus die **allgemeinen materiellen Kündigungsbeschränkungen** des § 626 BGB für den Fall der außerordentlichen
Kündigung und des § 1 Abs. 2 und 3 KSchG im Fall der ordentlichen
Kündigung. Schließlich sind die Beteiligungsrechte der betrieblichen
Interessenvertretung und der Schwerbehindertenvertretung sowie die
Anzeigepflichten im Falle der Massenentlassung gemäß **§§ 17, 18
KSchG** zu beachten.

1. Kündigungsschutz gemäß § 1 Abs. 2 und 3 KSchG. Neben **111**
dem besonderen Kündigungsschutz des § 85 unterliegt der schwerbehinderte Arbeitnehmer auch dem allgemeinen Kündigungsschutz,
wenn sein Arbeitsverhältnis länger als 6 Monate zum Zeitpunkt des
Kündigungszugangs bestanden hat (§ 1 Abs. 1 KSchG) und im Betrieb
in der Regel mehr als 5 Arbeitnehmer beschäftigt werden (§ 23 Abs. 1,
S. 2 und 3 KSchG). Da die 6-monatige Wartezeit derjenigen des § 90

Abs. 1 Ziff. 1 entspricht, genießt ein schwerbehinderter Arbeitnehmer, der dem besonderen Kündigungsschutz des § 85 unterliegt, den allgemeinen Kündigungsschutz des § 1 KSchG nur in Kleinbetrieben nicht.

112   Gemäß § 1 Abs. 2 KSchG ist die Kündigung nur wirksam, wenn sie durch **Gründe in der Person** oder **im Verhalten** des Arbeitnehmers oder durch **dringende betriebliche Erfordernisse** sozial gerechtfertigt ist. Sowohl im Falle des Ausspruches einer personen- und verhaltensbedingten wie auch einer betriebsbedingten Kündigung ist das Vorliegen einer Schwerbehinderung von Bedeutung.

113   Es ist anerkannt, dass bei jeder Kündigung, vor allem bei aus verhaltens- oder personenbedingten Gründen ausgesprochenen Kündigungen eine **Interessensabwägung** vorgenommen werden muss. Hierbei ist zu prüfen, inwieweit das Interesse des Arbeitgebers an der Beendigung des Arbeitsverhältnisses das Interesse des Arbeitnehmers an dessen Fortbestand überwiegt. Im Rahmen dieser Interessensabwägung ist auch das **Vorliegen einer Schwerbehinderung angemessen zu berücksichtigen**. Das Interesse des Arbeitnehmers am Erhalt seines Arbeitsplatzes kann im Falle der Schwerbehinderung dann besonders hoch sein, wenn aufgrund der Funktionsbeeinträchtigungen eine lang anhaltende Arbeitslosigkeit befürchtet werden muss.

114   Im Falle der **krankheitsbedingten Kündigung** kann zusätzlich zu berücksichtigen sein, dass die **Ursache der Schwerbehinderung** auf die Tätigkeit des Arbeitnehmers oder die **betrieblichen Umstände** zurückzuführen ist oder auf einem Arbeitsunfall beruht. In diesem Fall gelten besonders strenge Maßstäbe hinsichtlich der Zumutbarkeit einer Weiterbeschäftigung durch den Arbeitgeber (APS/ *Dörner* § 1 KSchG RdNr. 174). Aber auch bei Leistungseinschränkungen, die auf keinen betrieblichen Ursachen beruhen, ist zu prüfen, inwieweit der Arbeitnehmer auf einem **anderen Arbeitsplatz** in demselben Betrieb oder in einem anderen Betrieb des Unternehmens beschäftigt werden kann, der seiner Leistungsfähigkeit entspricht. Im Rahmen dieser Prüfung sind auch die Ansprüche des Arbeitnehmers gemäß § 81 Abs. 4 mit zu berücksichtigen sowie der Anspruch auf Teilzeitbeschäftigung gemäß § 81 Abs. 5. Die **Prüfungskompetenzen der Arbeitsgerichte** werden nicht durch das Zustimmungsverfahren des Integrationsamtes beschränkt (BAG U. v. 20. 1. 2000 NZA 2000, 768, 771).

115   Im Falle einer betriebsbedingten Kündigung ist die **Schwerbehinderung** vor allem im Rahmen der **Sozialauswahl** zu berücksichtigen. Gemäß § 1 Abs. 3 S. 1 KSchG ist unter mehreren zu kündigenden vergleichbaren Arbeitnehmern eine Auswahlentscheidung nach sozialen Kriterien vorzunehmen. Ob Arbeitnehmer **vergleichbar** sind, beurteilt sich danach, ob sie vor allem nach der von ihnen ausgeübten Tätigkeit austauschbar sind. Die Tätigkeiten müssen nach Ausbildung und Fähigkeiten gleichwertig sein, können aber andersartig sein. Ver-

gleichbarkeit besteht nur auf der gleichen Stufe der Betriebshierarchie (BAG U. v. 29. 3. 90 NZA 1991, 181, ständige Rechtsprechung). Nach Aufhebung des arbeitsrechtlichen Beschäftigungsförderungsgesetzes von 1996 gelten seit 1. 1. 99 wieder die Grundsätze, die vor Inkrafttreten des Gesetzes von 1996 zur Sozialauswahl entwickelt worden waren. Die Sozialauswahl ist damit nicht auf die drei Grunddaten: Dauer der Betriebszugehörigkeit, Lebensalter und Unterhaltspflichten beschränkt; soziale Gesichtspunkte sind vielmehr umfassend zu berücksichtigen (KR-*Etzel,* § 1 KSchG RdNr. 653; APS/*Kiel* § 1 KSchG RdNr. 722; KDZ-*Kittner* § 1 KSchG RdNr. 469; *Bader* in NZA 1999, 64, 68). Als soziales Kriterium ist daher u.a. auch eine Berufskrankheit oder ein Berufsunfall und die Schwerbehinderung mit einzubeziehen (BAG U. v. 18. 1. 90 NZA 1990, 729, 734; KR-*Etzel* a.a.O. RdNr. 656; APS/*Kiel* a.a.O.; KDZ-*Kittner* a.a.O.; *Bader* a.a.O.; *Düwell,* LPK-SGB IX, § 85 RdNr. 49; *Griebeling* in Hauck/Noftz, SGB IX, K § 85 RdNr. 45).

2. Nachschieben von Kündigungsgründen. Umstritten ist, ob **116** Kündigungsgründe, die **nicht Gegenstand des Zustimmungsverfahrens waren,** im anschließenden arbeitsgerichtlichen Verfahren nachgeschoben werden können. Nach **Auffassung des BVerwG** ist ein Nachschieben **unzulässig,** weil das Integrationsamt keine Möglichkeit hatte zu prüfen, ob die neuen Gründe im Zusammenhang mit der Behinderung standen und, ob die spezifischen Belange des schwerbehinderten Menschen überwiegen. Es hat offengelassen, ob dies auch für die außerordentliche Kündigung gilt, wenn der nachgeschobene Grund offensichtlich nicht im Zusammenhang mit der Behinderung steht (BVerwG U. v. 2. 7. 92 NZA 1993, 123, 126 und U. v. 2. 7. 92 – 5 C 39/90 – BVerwGE 90, 275; so auch GK-SchwbG-*Steinbrück,* § 18 RdNr. 122).

Die Gegenansicht lehnt ein erneutes Zustimmungsverfahren ab, **117** wenn das Integrationsamt bereits nach dem bislang vorgetragenen Sachverhalt die Interessen des Arbeitgebers für vorrangig gehalten hat. Dann werde der Schutzzweck des Gesetzes durch in den Arbeitsgerichtsprozess eingebrachte weitergehende Gründe nicht verletzt. Die **Rechtsprechung des BAG zum betriebsverfassungsrechtlichen Anhörungsverfahren** gemäß § 102 BetrVG (BAG U. v. 18. 1. 80 AP Nr. 1 zu § 626 BGB Nachschieben von Kündigungsgründen; BAG U. v. 11. 4. 85 NZA 1986, 647) sei nicht übertragbar (LAG Sachsen-Anhalt U. v. 24. 11. 99 br 2001, 31; *Griebeling* in Hauck/Noftz, SGB IX, K § 89 RdNr. 9).

Diese Auffassung überzeugt nicht. Aus der Tatsache der Zustim- **118** mungserteilung kann nicht ohne weiteres geschlossen werden, dass für den **neu eingebrachten Sachverhalt** nicht erstmals **behindertenspezifische Belange Bedeutung gewinnen** können. Das **Integrationsamt** muss daher Gelegenheit erhalten, die neu eingebrachten Tatsachen daraufhin erneut zu überprüfen. **Beispiel**: das Integrationsamt stimmt trotz Bejahung eines Zusammenhangs zwischen Behinderung und Straftat zu, weil es von einem nachgewiesenen Sachverhalt ausgeht, auf den der Arbeitgeber den Antrag auch allein gestützt hat. Im Arbeitsgerichtsprozess wird die Kündigung nur noch mit dem bloßen Verdacht begründet.

119   Steht allerdings der neue **Kündigungsgrund nicht im Zusammenhang mit der Behinderung** und hätte das Integrationsamt auch dann, wenn der neue Sachverhalt im Antrag enthalten gewesen wäre, **offensichtlich nicht anders entscheiden** können, ist ein neues Zustimmungsverfahren entbehrlich (offengelassen von BVerwG U. v. 2. 7. 92 NZA 1993, 123, 126 und U. v. 2. 7. 92 – 5 C 39/90 – BVerwGE 90, 275).

120   **4. Beteiligung der betrieblichen Interessenvertretung.** Eine **ohne Anhörung** des Betriebsrates ausgesprochene Kündigung ist gemäß § 102 Abs. 1 S. 3 BetrVG **unwirksam.** Im Bereich des öffentlichen Dienstes ist gemäß § 79 Abs. 4 BPersVG eine ohne Beteiligung des Personalrates erfolgte Kündigung unwirksam. Das Gleiche gilt für eine **nicht ordnungsgemäß durchgeführte Anhörung** (Grundsatzentscheidung des BAG U. v. 28. 2. 74 AP Nr.2 zu § 102 BetrVG; BAG U. v. 16. 9. 93 NZA 1994, 311, 313; ständige Rechtsprechung). Es ist hierbei anerkannt, dass der Arbeitgeber den Betriebsrat so zu informieren hat, dass dieser sich ohne zusätzliche eigene Nachforschungen ein Bild über die Person des Arbeitnehmers und über die aus seiner subjektiven Sicht maßgeblichen Kündigungsgründe machen kann (BAG a.a.O.; BAG U. v. 11. 7. 91 NZA 1992, 38; BAG U. v. 18. 5. 94 NZA 1995, 24). Zu den dem Betriebsrat mitzuteilenden persönlichen Umstände gehören u.a. auch besondere soziale Umstände wie das Vorliegen einer Schwerbehinderung (BAG a.a.O.). Dies gilt selbstverständlich nur soweit diese dem Arbeitgeber bekannt ist; er muss nicht erst eigene Nachforschungen unternehmen.

121   Vor Abschluss des Anhörungsverfahrens darf der Arbeitgeber die Kündigung nicht aussprechen. Erst, wenn sich der **Betriebsrat** innerhalb der **Wochenfrist** des § 102 Abs. 2 S. 1 BetrVG oder der **3-Tages-Frist** des § 102 Abs. 2 S. 3 BetrVG nicht **geäußert** oder bereits vorher eine **abschließende Stellungnahme** abgegeben hat, darf der Arbeitgeber kündigen. Ob eine vorherige Anhörung durchgeführt worden ist, beurteilt sich danach, ob das Kündigungsschreiben den Machtbereich des Arbeitgebers erst zu einem Zeitpunkt verlässt, also abgesandt wird, zu dem entweder die Stellungnahme des Betriebsrat bereits vorliegt oder die Wochen- oder 3-Tages-Frist verstrichen ist (BAG U. v. 28. 2. 74 AP Nr. 2 zu § 102 BetrVG 1972; U. v. 13. 11. 75 AP Nr. 7 zu § 102 BetrVG 1972).

122   Die Betriebsrats- oder Personalratsanhörung kann **vor, während oder erst nach der Durchführung des Zustimmungsverfahrens** beim Integrationsamt erfolgen (BAG U. v. 11. 3. 98 – 2 AZR 401/97).

Bei der außerordentlichen Kündigung ist allerdings die Frist des § 91 Abs. 2 (siehe Erläuterungen dort) zu beachten. Ist der Betriebsrat/ Personalrat vor Einleitung des Zustimmungsverfahrens angehört worden, ist die Anhörung **nach dem Vorliegen der Zustimmung nicht zu wiederholen**, auch dann nicht, wenn die Zustimmung erst nach jahrelangem Rechtsstreit erteilt worden ist. Dies ist nur anders zu beurteilen, wenn sich der **Sachverhalt** zwischenzeitlich **wesentlich geändert** hat (BAG U. v. 20. 1. 2000 NZA 2000, 768, 769).

4. Beteiligung der Schwerbehindertenvertretung. Gemäß § 95 **123** Abs. 2 ist die Schwerbehindertenvertretung vor einer Entscheidung, die einen schwerbehinderten Menschen betrifft, anzuhören. Diese Anhörungspflicht wird nicht durch die Anhörung der betrieblichen Interessenvertretung entbehrlich. Die Beteiligung der Schwerbehindertenvertretung ist daher zusätzlich vorzunehmen. Sie muss vor der Durchführung des Zustimmungsverfahrens beim Integrationsamt erfolgen. Allerdings führt die unterbliebene Anhörung nach h.M. **nicht zur Unwirksamkeit der Kündigung** (siehe Erläuterungen zu § 95; § 87 RdNr. 16).

5. Schutz vor Kündigungen innerhalb der ersten 6 Monate. Ein **124** schwerbehinderter Arbeitnehmer, dessen Arbeitsverhältnis zum Zeitpunkt des Kündigungszugangs noch nicht länger als 6 Monate bestanden hat, genießt weder den besonderen noch den allgemeinen Kündigungsschutz. Für die Wirksamkeit der außerordentlichen Kündigung gilt § 626 BGB. Unter besonderen Umständen kann jedoch auch eine ordentliche Kündigung unwirksam sein. Dies ist etwa dann der Fall, wenn die Kündigung **ausschließlich wegen der Behinderung** ausgesprochen wird, da in diesem Fall eine **Verletzung des gesetzlichen Benachteiligungsverbots** in § 81 Abs. 2 S. 1 vorliegt und die Kündigung deshalb wegen Gesetzesverstoßes gemäß § 134 BGB nichtig wäre (*Düwell*, LPK-SGB IX, § 85 RdNr. 50). Im Regelfall wird der Arbeitgeber die Kündigung kaum offen mit dem Vorliegen einer Schwerbehinderung begründen, sondern andere Gründe vorgeben. Es ist allerdings zu berücksichtigen, dass es gemäß § 81 Abs. 2 S. 2 Ziff. 1 S. 3 ausreicht, dass der Arbeitnehmer Tatsachen glaubhaft macht, die eine Benachteiligung wegen der Behinderung vermuten lassen. Dazu würde z.B. der Vortrag genügen, dass die **Kündigung im unmittelbaren zeitlichen Zusammenhang mit der Mitteilung der Schwerbehinderteneigenschaft** erfolgt ist. Dann wäre der Arbeitgeber gemäß § 81 Abs. 2 S. 2 Ziff. 1 S. 3 verpflichtet, die Kündigungsgründe darzulegen und zu beweisen, obwohl die Voraussetzungen des Kündigungsschutzgesetzes (§ 1 Abs. 1 KSchG) nicht vorliegen.

Kündigungsfrist

86 Die Kündigungsfrist beträgt mindestens vier Wochen.

I. Allgemeines

1   Die Vorschrift übernimmt unverändert die Regelung des § 16 SchwbG vom 26. August 1986 (BGBl. I S. 1421). Sie legt für jede ordentliche Kündigung eine gesetzliche Mindestkündigungsfrist von 4 Wochen fest. Eine wichtige Bedeutung kam der Regelung zu, als die gesetzlichen Kündigungsfristen für gewerbliche Arbeitnehmer noch 2 Wochen betrugen. Dadurch garantierte sie allen schwerbehinderten und gleichgestellten Arbeitnehmern eine gleiche Kündigungsfrist von zumindest 4 Wochen. Mit der **Einführung des Kündigungsfristengesetzes** vom 7. Oktober 1993 ist die Bedeutung der Vorschrift nur noch gering, da bereits die gesetzliche Kündigungsfrist für alle Arbeitnehmer gemäß § 622 Abs. 1 BGB 4 Wochen beträgt.

2   Da § 86 lediglich eine Mindestkündigungsfrist vorschreibt, werden von ihr weder verlängerte gesetzliche (§ 622 Abs. 2 BGB) noch tarifvertraglich oder einzelvertraglich vereinbarte **verlängerte Kündigungsfristen** verdrängt.

II. Anwendungsbereich

3   Die Vorschrift gilt für alle Arbeitsverhältnisse, die dem Sonderkündigungsschutz des § 85 unterliegen. Sie ist demnach nicht anwendbar auf Arbeitsverhältnisse, für die die **Ausnahmen des § 90** bestehen, also für Arbeitsverhältnisse während der ersten sechs Monate (§ 90 Abs. 1, Ziff. 1), für bestimmte Personengruppen (§ 90 Abs. 1, Ziff. 2 und 3) sowie für witterungsbedingte Entlassungen (§ 90 Abs. 2). Für in **Heimarbeit Beschäftigte** sieht § 127 Abs. 2 eine Sonderregelung vor. Die Kündigungsfrist bezieht sich auf ordentliche Beendigungs- wie auch auf ordentliche Änderungskündigungen.

4   Umstritten ist, ob die **Frist nur für arbeitgeberseitige Kündigungen** gilt. Aus der Gesetzessystematik und dem Schutzzweck der Vorschrift ergibt sich, dass sie nur vom Arbeitgeber zu beachten ist. Die Vorschrift steht im Zusammenhang mit der Regelung des § 85 und den §§ 87 bis 91. Diese enthalten Kündigungsbeschränkungen des Arbeitgebers. Nur dieser ist von einer Zustimmung des Integrationsamtes abhängig. Es wäre **systemfremd** anzunehmen, dass gerade § 86 hiervon eine Ausnahme darstellen sollte. Außerdem soll die Mindestkündigungsfrist den schwerbehinderten Arbeitnehmer vor kurzfristi-

gen Beendigungen schützen, da dieser erfahrungsgemäß besondere Schwierigkeiten hat, nach kurzer Zeit einen neuen Arbeitsplatz zu finden. Die **Dispositionsfreiheit des schwerbehinderten Arbeitnehmers** selbst sollte dadurch nicht eingeschränkt werden (so auch: GK-SchwbG-*Steinbrück,* § 16 RdNr. 26; *Cramer,* SchwbG, § 16 RdNr. 2; *Griebeling* in Hauck/Noftz, SGB IX, K § 86 RdNr. 5; *Düwell,* LPK-SGB IX, § 86 RdNr. 7; *KR-Etzel* §§ 15–20 Rdn. 134 a. A. Neumann/ Pahlen, SGB IX, § 86 RdNr. 4).

III. Bedeutung der Kündigungsfrist

Für **Arbeitsverhältnisse,** die mit der **gesetzlichen Grundkündi-** 5 **gungsfrist** aufgelöst werden können, ist die Mindestkündigungsfrist des § 86 ohne Bedeutung, da die Frist des § 622 Abs. 1 BGB bereits 4 Wochen zum 15. oder zum Ende eines Kalendermonats beträgt. Dies gilt auch für die meisten tariflichen Kündigungsfristen, die in der Regel keine kürzeren Fristen vorsehen.

Das Gleiche gilt für **Probe- und Aushilfsarbeitsverhältnisse.** Ge- 6 mäß § 622 Abs. 3 BGB kann während einer vereinbarten Probezeit das Arbeitsverhältnis zwar mit einer Frist von 2 Wochen beendet werden. Da § 622 Abs. 3 jedoch gleichzeitig vorsieht, dass dies nur für eine Probezeit gilt, die nicht länger als 6 Monate besteht, ist § 86 ohne Bedeutung, da auch hier die Mindestkündigungsfrist erst nach einem Bestehen des Arbeitsverhältnisses von über 6 Monaten anzuwenden ist.

Gemäß § 622 Abs. 5 S. 2 Ziff. 1 BGB kann bei vorübergehenden Aushilfsarbeitsverhältnissen einzelvertraglich eine kürzere Kündigungsfrist vereinbart werden. Dies gilt jedoch dann nicht, wenn das Aushilfsarbeitsverhältnis über einen Zeitraum von 3 Monaten andauert. Bei einer nur 3-monatigen aushilfsweisen Beschäftigung ist jedoch auch die Mindestkündigungsfrist des § 86 nicht anwendbar.

Auch für **einzelvertragliche Kündigungsregelungen** ist die 7 Mindestkündigungsfrist ohne Bedeutung. Bei Kleinbetrieben mit in der Regel nicht mehr als 20 Beschäftigten sieht § 622 Abs. 5 S. 1 Ziff. 2 BGB zwar die Möglichkeit vor, kürzere als die gesetzlichen Fristen zu vereinbaren. Dies bezieht sich jedoch nur auf das in § 622 Abs. 1 BGB vorgeschriebene Ende der Kündigungsfrist zum 15. oder zum Ende eines Kalendermonats, nicht aber auf die 4-Wochen-Grundfrist. Da demnach einzelvertraglich keine kürzere Frist als 4 Wochen vereinbart werden darf, greift auch hier die besondere Frist des § 86 nicht.

Bedeutung hat die Mindestkündigungsfrist allerdings für **tarifliche** 8 **Regelungen**, die eine **kürzere als die gesetzliche Kündigungsfrist vorsehen**. Derartige Regelungen sind gemäß § 622 Abs. 4 BGB zulässig. So können beispielsweise im Bauhauptgewerbe (§ 12 Bundesrahmentarifvertrag) Arbeitsverhältnisse nach sechsmonatiger Dauer unter Einhaltung einer Frist von 12 Werktagen gekündigt werden. Der Rahmentarifvertrag für das Gebäudereinigerhandwerk (§ 20 Ziff. 1 RTV) sieht eine Frist von 2 Wochen vor.

9   In diesen Fällen hat § 86 auch gegenwärtig noch einen Anwendungsbereich, da die Arbeitsverhältnisse von schwerbehinderten und gleichgestellten Arbeitnehmern nicht mit der kürzeren tariflichen Frist, sondern nur mit der Mindestfrist von 4 Wochen gekündigt werden können.

IV. Berechnung der Frist

10   Es gelten die §§ 186 ff. BGB. Gemäß § 187 Abs. 1 BGB wird für den **Beginn der Frist** der Tag des Kündigungszugangs nicht gerechnet. Die **Frist endet** gemäß § 188 Abs. 2 BGB mit Ablauf des Tages, der durch seine Benennung dem Tage entspricht, an dem die Kündigung zuging. Erreicht die Kündigung den schwerbehinderten Arbeitnehmer also an einem Freitag, endet sie wiederum an einem Freitag in der 4. Woche. Für das Ende der Frist gilt § 193 BGB. Fällt das Ende der 4-Wochen-Frist daher auf einen Samstag, Sonntag oder Feiertag, so tritt an die Stelle dieses Tages der nächste Werktag (GK-SchwbG-*Steinbrück,* § 16 RdNr. 39; *Düwell,* LPK-SGB IX, § 86 RdNr. 8; *Schaub,* Arbeitsrechtshandbuch, § 124 RdNr. 27; a.A. *Griebeling* in Hauck/Noftz, SGB IX, K § 85 RdNr. 7, der insoweit Beginn und Ende der Frist nicht unterscheidet). **§ 193 BGB gilt nicht für den Beginn der Frist**. Ist die 4-Wochen-Frist nur noch durch Kündigung an einem Samstag, Sonntag oder Feiertag einzuhalten, beginnt sie nicht erst am nächsten Werktag. Sie darf durch § 193 BGB für den Kündigenden nicht verkürzt werden (BAG U. v. 5. 3. 70 AP Nr. 1 zu § 193 BGB; *Neumann/Pahlen,* SGB IX, § 86 RdNr. 9).

11   Das Gesetz sieht keinen festen Endtermin vor. Mangels Spezialregelung ist allgemein anerkannt, dass die in **§ 622 BGB enthaltenen Endtermine zu übertragen** sind (*Düwell,* LPK-SGB IX, § 86 RdNr. 8, *Griebeling* in Hauck/Noftz, SGB IX, K § 86 RdNr. 6; *Dörner,* SchwbG, § 16 RdNr. 1). Dies bedeutet, dass gemäß § 622 Abs. 1 BGB das Arbeitsverhältnis entweder zum 15. oder zum Ende eines Kalendermonats endet. Für **Kleinbetriebe** gilt die Regelung des § 622 Abs. 5 Ziff. 2 BGB, so dass das Arbeitsverhältnis ohne festen Endtermin aufgelöst werden kann. Sehen **tarifliche Regelungen** bestimmte Endtermine vor, sind diese zu beachten (BAG U. v. 25.2.81 AP Nr. 2 zu § 17 SchwbG am Ende; *Düwell,* LPK-SGB IX, § 86 RdNr. 8, *Griebeling* in Hauck/Noftz, SGB IX, K § 86 RdNr. 6). Für den jeweiligen Endtermin: 15. oder Ende des Monats gilt § 193 BGB nicht. Das Arbeitsverhältnis endet an diesem Tag auch, wenn das Ende des Monats oder der 15. auf einen Samstag, Sonntag oder Feiertag fällt.

V. Nichteinhaltung der Frist

Beachtet der Arbeitgeber die Mindestkündigungsfrist nicht und 12
kündigt das Arbeitsverhältnis zu einem früheren Zeitpunkt, ist die
Kündigung erst **zum nächst zulässigen Zeitpunkt wirksam.** Ob
man insoweit von einer Teilnichtigkeit ausgeht und die Regelung des
§ 139 BGB anwendet (so *Griebeling* in Hauck/Noftz, SGB IX, K § 86
RdNr. 6; *Düwell,* LPK-SGB IX, § 86 RdNr. 9) oder die Kündigung mit
zu kurzer Kündigungsfrist in eine Kündigung mit zulässiger Kündigungsfrist gemäß § 140 BGB umdeutet (so GK-SchwbG-*Steinbrück,*
§ 16 RdNr. 45; Schaub, Arbeitsrechtshandbuch, allgemein für die
ordentliche Kündigung: § 123 RdNr. 162; KR-*Spilger* § 622 BGB
RdNr. 140) ist ohne praktische Bedeutung. Das Ergebnis ist in beiden
Fällen das Gleiche: das Arbeitsverhältnis wird zum nächstzulässigen
Termin beendet. Es muss nicht etwa das Zustimmungsverfahren wiederholt und die Kündigung erneut ausgesprochen werden.

VI. Kündigungsfrist in der Insolvenz

Gemäß § 113 Abs. 1 S. 2 InsO beträgt die Kündigungsfrist bei Insol- 13
venz des Arbeitgebers **drei Monate,** wenn nicht eine kürzere Kündigungsfrist maßgeblich ist. Bedeutsam ist die Mindestkündigungsfrist
des § 86 auch hier nur in den Fällen, in denen eine **tarifliche Kündigungsfrist** eine **Beendigungsmöglichkeit unter 4 Wochen** vorsicht.
Dann kann der Insolvenzverwalter das Arbeitsverhältnis mit dieser Frist
nicht kündigen, wenn der Arbeitnehmer dem Sonderkündigungsschutz
der §§ 85 ff. unterfällt. Auch vom **Insolvenzverwalter** ist die Frist des
§ 86 zu beachten. Sehen gesetzliche, tarifliche oder arbeitsvertragliche
Regelungen längere Kündigungsfristen als vier Wochen vor, werden
diese nicht durch die Mindestkündigungsfrist des § 86 verdrängt (*Griebeling* in Hauck/Noftz, SGB IX, K § 86 RdNr. 8; KR-*Etzel* §§ 85–90
SGB IX RdNr. 132; a.A. *Neumann/Pahlen,* SGB IX, § 86 RdNr. 6).

Antragsverfahren

87 (1) ¹Die Zustimmung zur Kündigung beantragt der Arbeitgeber
bei dem für den Sitz des Betriebes oder der Dienststelle zuständigen Integrationsamt schriftlich. ²Der Begriff des Betriebes und der Begriff der Dienststelle im Sinne des Teils 2 bestimmen sich nach dem Betriebsverfassungsgesetz und dem Personalvertretungsrecht.

(2) Das Integrationsamt holt eine Stellungnahme des zuständigen
Arbeitsamtes, des Betriebsrates oder Personalrates und der Schwer-

behindertenvertretung ein und hört den schwerbehinderten Menschen an.

(3) Das Integrationsamt wirkt in jeder Lage des Verfahrens auf eine gütliche Einigung hin.

Übersicht

I. Allgemeines

1   Die Vorschrift übernimmt inhaltlich im Wesentlichen unverändert die Regelung des § 17 SchwbG vom 26. August 1986, die ihrerseits bereits auf der Fassung des § 14 SchwbG von 1974 beruhte. Eine Änderung besteht lediglich insoweit, als die Vorschrift nicht mehr die Einreichung des Antrags in doppelter Ausfertigung vorschreibt.

2   Im Gesetzentwurf der Fraktionen von SPD und Bündnis 90/Die Grünen und der Bundesregierung (BT-Drucks. 14/5074 und BT-Drucks. 14/5531) war noch auf die Einholung einer **Stellungnahme des Arbeitsamtes** wegen der damit verbundenen Verzögerungen des Verfahrens verzichtet worden (BT-Drucks. 14/5074 S. 113). Nach den Beratungen im Ausschuss für Arbeit und Sozialordnung (BT-Drucks. 14/5800 S. 30) ist es bei der Einholung einer Stellungnahme beim Arbeitsamt verblieben mit der Begründung, dass dies im Interesse einer frühzeitigen Einleitung von Maßnahmen zur Vermeidung von Arbeitslosigkeit notwendig ist.

3   Die Bestimmung enthält Regelungen zur Einleitung des Zustimmungsverfahrens bis zur Entscheidung des Integrationsamtes. Dazu

gehören die Antragstellung des Arbeitgebers, die örtliche Zuständigkeit des Integrationsamtes, die Einholung von Stellungnahmen sowie das Bemühen um eine gütliche Einigung. Ergänzend dazu sind die Verwaltungsverfahrensregeln des SGB X anzuwenden.

II. Form der Antragstellung

Das Integrationsamt wird nur auf Antrag des Arbeitgebers tätig. **4** Die Antragstellung muss schriftlich erfolgen. Es gilt die **Schriftform** des § 126 Abs. 1 BGB. Ist der Arbeitgeber ein Einzelunternehmer, muss dieser persönlich den Antrag **unterzeichnen**. Handelt es sich um eine juristische Person, muss die Unterzeichnung durch ein Mitglied des vertretungsberechtigten Organs erfolgen. Zulässig ist auch die Unterschrift durch den rechtsgeschäftlichen Vertreter des Arbeitgebers. Dies ist in der Regel ein Mitarbeiter eines Unternehmens, der sich wie z.B. der Personalleiter oder Personalabteilungsleiter eines größeren Unternehmens in einer Position befindet, mit der üblicherweise die Befugnis zur Kündigung verbunden ist (BAG U. v. 30. 5. 72 AP Nr. 1 zu § 174 BGB). Lässt der Arbeitgeber sich durch einen Bevollmächtigten vertreten, hat er dies durch eine entsprechende **Vollmacht** nachzuweisen. Fehlt es hieran, hat das Integrationsamt den Arbeitgeber aufzufordern, die Vollmacht unter Fristsetzung nachzureichen. Erfolgt dies nicht, ist der Antrag zurückzuweisen. Eine ohne Vollmacht erteilte Zustimmung ist anfechtbar (KR-*Etzel* §§ 85-90 SGB IX RdNr. 60).

Die Schriftform wird nicht nur durch ein entsprechendes Antrags- **5** schreiben an das Integrationsamt gewahrt; es reicht auch die Übermittlung des Antrags durch **Telegramm oder Telefax** (*Neumann/Pahlen*, SGB IX, § 87 RdNr. 1; GK-SchwbG-*Steinbrück*, § 17 RdNr. 34; *Griebeling* in Hauck/Noftz, SGB IX, K § 87 RdNr. 3; *Düwell*, LPK-SGB IX, § 87 RdNr. 5). Nach der Entscheidung des Gemeinsamen Senats der Obersten Gerichtshöfe des Bundes vom 5. 4. 2000 (NZA 2000, 959) wird für bestimmte Schriftsätze auch die elektronische Übertragung einer Textdatei mit eingescannter Unterschrift auf das Faxgerät des Gerichts (sog. **Computerfax**) als formwahrend angesehen. Entsprechendes muss auch für die Antragsübermittlung an das Integrationsamt gelten (*Düwell*, LPK-SGB IX, § 87 RdNr. 5). Nicht ausreichend ist ein Faksimilestempel (*Neumann/Pahlen*, SGB IX, § 87 RdNr. 1; *Griebeling* in Hauck/Noftz, SGB IX, K § 87 RdNr. 3; KR-*Etzel* §§ 85-90 RdNr. 61). Eine **mündliche oder telefonische** Antragstellung löst keine Rechtsfolgen aus.

Ist die Schriftform nicht gewahrt, darf das **Integrationsamt** über **6** den Antrag **nicht entscheiden**. Sie muss den Arbeitgeber jedoch auf die **fehlende Schriftform hinweisen**. Reicht der Arbeitgeber einen schriftlichen Antrag nicht nach, bleibt das Integrationsamt untätig; die Situation ist so, als wäre ein Antrag gar nicht gestellt worden. Einer ablehnenden förmlichen Entscheidung bedarf es daher nicht (*Neumann/Pahlen*, SGB IX, § 87 a.a.O.; *Griebeling* in Hauck/Noftz, SGB IX, K § 87 a.a.O.; für eine solche Entscheidung: GK-SchwbG-*Steinbrück*, § 17 RdNr. 35; KR-*Etzel* §§ 85–90 RdNr. 62).

7   Trifft das Integrationsamt eine **Entscheidung**, obwohl gar kein Antrag oder **kein schriftlicher Antrag** vorliegt, ist diese zwar nicht nichtig, aber **fehlerhaft**. Gegen sie kann Widerspruchs eingelegt werden. Die fehlende Schriftform wird auch nicht dadurch geheilt, dass das Integrationsamt über einen nur mündlich gestellten Antrag eine Entscheidung trifft (BVerwG U. v. 17. 3. 88 – 5 B 60/87; *Düwell*, LPK-SGB IX, § 87 a.a.O.; *Griebeling* in Hauck/Noftz, SGB IX, K § 87 a.a.O. GK-SchwbG-*Steinbrück*, § 17 a.a.O.; a.A. *Neumann/Pahlen*, SGB IX, § 87 a.a.O.). Da es sich bei der Zustimmungsentscheidung um eine Ermessensentscheidung handelt, ist auch § 42 S. 1 SGB X nicht anzuwenden. Es kommt also nicht darauf an, ob im Falle des Vorliegens eines schriftlichen Antrags eine andere Entscheidung ausgeschlossen war (BVerwG U. v. 17. 3. 88 a.a.O.).

8   Da die **Arbeitsgerichte** im Kündigungsschutzverfahren an den Bescheid des Integrationsamtes **gebunden** sind, überprüfen sie dessen Fehlerhaftigkeit nicht (*Griebeling* in Hauck/Noftz, SGB IX, K § 87 a.a.O.).

III. Inhalt des Antrags

9   Für die Einleitung des Zustimmungsverfahren muss der Antrag **bestimmte Mindestangaben** enthalten. So muss aus ihm eindeutig hervorgehen, dass der Arbeitgeber die Absicht hat, einen bestimmten Arbeitnehmer zu kündigen. Die **Identität des Arbeitnehmers** muss sich aus dessen Name und Anschrift ergeben. Letzteres ist erforderlich, damit das Integrationsamt die schwerbehinderten Menschen gemäß Abs. 2 auch anhören kann. Aus dem Antrag muss weiterhin die **Identität des Arbeitgebers**, also sein Name, seine Bezeichnung und der Sitz des Beschäftigungsbetriebes hervorgehen.

10   Für das Zustimmungsverfahren ist zwar wegen der Frist des § 91 Abs. 3 auch die Kündigungsart – ordentlich oder außerordentlich – von Bedeutung; es ist jedoch allgemein anerkannt, dass bei insoweit bestehenden Unklarheiten **im Zweifel** von der Beantragung einer **ordentlichen Kündigung** ausgegangen wird (KR-*Etzel* §§ 85–90 SGB IX RdNr. 71; *Griebeling* in Hauck/Noftz, SGB IX, K § 87 RdNr. 4; *Düwell*, LPK-SGB IX, § 87 RdNr. 7).

11   Will der Arbeitgeber die Zustimmung zur **außerordentlichen** Kündigung und **hilfsweise** zur **ordentlichen Kündigung** beantragen, muss er die Zustimmung zu beiden Kündigungen einholen. Nur wenn eine **Zustimmung zu beiden Kündigungen** vorliegt, kann

das Arbeitsgericht die hilfsweise ausgesprochene ordentliche Kündigung für wirksam erachten. Liegt für die ordentliche Kündigung mangels Antrag dagegen keine Zustimmung vor, ist sie nichtig. Die außerordentliche Kündigung kann aus dem gleichen Grund auch **nicht** gemäß § 140 BGB in eine ordentliche Kündigung **umgedeutet** werden (GK-SchwbG-*Steinbrück,* § 17 RdNr. 45; *Cramer, SchwbG,* § 17 RdNr. 3; *Griebeling* in Hauck/Noftz, SGB IX, K § 87 RdNr. 4; *Düwell,* LPK-SGB IX, § 87 RdNr. 8).

Empfehlenswert sind darüber hinaus **Angaben** zur persönlichen 12 (Alter, Gesundheitszustand) und sozialen Situation (Unterhaltsverpflichtungen) und zur Tätigkeit des Betroffenen, zur bisherigen Dauer der Betriebszugehörigkeit und zur Beschäftigtenzahl von schwerbehinderten Menschen im Unternehmen und im Beschäftigungsbetrieb. Vor allem aber sollte der Antrag eine **genaue Darstellung der Kündigungsgründe** einschließlich Angaben dazu enthalten, weshalb Weiterbeschäftigungsmöglichkeiten im Betrieb nicht bestehen. Diese Angaben sind nicht im Hinblick auf die Einleitung des Zustimmungsverfahrens erforderlich, bilden jedoch die Grundlage für die vom Integrationsamt vorzunehmende Ermessensentscheidung gemäß §§ 89, 91. Enthält der Antrag **keine oder keine genügende Begründung**, darf das Integrationsamt die Zustimmung nicht erteilen. Es weist den Antrag als unbegründet zurück (KR-*Etzel* §§ 85–90 SGB IX RdNr. 72). Es darf insoweit auch keine Amtsermittlung vornehmen und die Gründe selbst feststellen. Gemäß § 20 SGB X hat die Behörde den Arbeitgeber allerdings zur **Begründung seines Antrags** oder zu **Ergänzungen** in der Begründung **aufzufordern** (*Cramer,* SchwbG, § 17 RdNr. 3; *Griebeling* in Hauck/Noftz, SGB IX, K § 17 RdNr. 4).

Empfehlenswert sind weiterhin **Angaben zum Bestehen einer** 13 **Schwerbehindertenvertretung, Betriebsrat oder Personalrat.** Dem Integrationsamt sollte mitgeteilt werden, dass die erforderliche Beteiligung der Schwerbehindertenvertretung bereits vor Antragstellung erfolgt ist. Vorliegende **Stellungnahmen** der betriebliche Interessenvertretung sollten dem Antrag beigefügt werden (GK-SchwbG-*Steinbrück,* § 17 RdNr. 43; *Düwell,* LPK-SGB IX, § 87 RdNr. 6).

Das Integrationsamt stellt **Antragsformulare** zur Verfügung, die 14 der Verwaltungsvereinfachung dienen, aber auch dem Arbeitgeber die Gewähr bieten, dass er die Mindestanforderungen an eine ordnungsgemäße Antragstellung erfüllt hat. Es ist daher zweckmäßig, wenngleich nicht zwingend, diese Formulare zu benutzen.

IV. Zeitpunkt der Antragstellung

Lediglich für den Antrag auf Zustimmung zur **außerordentlichen** 15 **Kündigung** ist eine Frist von **2 Wochen gemäß § 91 Abs. 2** vorge-

schrieben (siehe Erläuterungen dort). Ansonsten sieht das Gesetz eine
bestimmte Antragsfrist nicht vor. Liegen die Kündigungsgründe allerdings schon einen längeren Zeitraum zurück, wird die dadurch indi-
zierte geringere Bedeutung für den Kündigungsentschluss bei der
Sachentscheidung des Integrationsamtes berücksichtigt werden.

V. Beteiligung der Schwerbehindertenvertretung, Betriebsrat und Personalrat

16   Gemäß § 95 Abs. 2, S. 1 ist die **Schwerbehindertenvertretung**
bereits **vor der Antragstellung** umfassend über die beabsichtigte
Kündigung zu **unterrichten** und **anzuhören**. Es ist ihr im Falle der
ordentlichen Kündigung mit einer Frist von 1 Woche und im Falle der
außerordentlichen Kündigung mit einer Frist von 3 Tagen (entsprechend § 102 Abs. 2 BetrVG) Gelegenheit zur Stellungnahme zu geben
(siehe Erläuterungen zu § 95 RdNr. 35). Ist die Schwerbehindertenvertretung vor Antragstellung nicht beteiligt worden, muss das Integrationsamt den Arbeitgeber zunächst auffordern, die **Beteiligung innerhalb von 7 Tagen nachzuholen** (§ 95 Abs. 2 S. 2). Erfolgt dies nicht,
ist der Zustimmungsantrag zurückzuweisen. Die Einhaltung des gesetzlich vorgesehenen **Beteiligungsverfahren** in § 95 Abs. 2 ist vom
Integrationsamt zu beachten (*Düwell*, LPK-SGB IX, § 87 RdNr. 10;
Griebeling in Hauck/Noftz, SGB IX, K § 87 RdNr. 5).

17   Im Gegensatz dazu muss eine **Anhörung der betrieblichen Interessenvertretung** (§ 102 BetrVG, § 79 BPersVG) nicht zwingend vor
der Antragstellung erfolgen. Die bis zur Beantragung der Zustimmung
unterlassene Beteiligung ist daher vom Integrationsamt auch nicht zu
berücksichtigen.

VI. Zuständigkeit des Integrationsamtes

18   Bei welchem örtlichen Integrationsamt der Antrag zu stellen ist,
richtet sich nach dem Sitz des Betriebes oder der Dienststelle, in dem
oder bei der der schwerbehinderte Arbeitnehmer beschäftigt ist. Hinsichtlich des Begriffes des Betriebes und des Begriffes der Dienststelle
verweist die Vorschrift auf die Regelungen des Betriebsverfassungsrechts und des Personalvertretungsrechts.

19   **1. Betriebsbegriff.** Es gelten demnach die Regelungen der §§ 1-4
BetrVG. Allerdings enthält auch das BetrVG keine begriffliche Definition; es hat sich jedoch ein an Sinn und Zweck des BetrVG orientierter
eigener Betriebsbegriff in Rechtsprechung und Literatur entwickelt.
Danach ist für den Betriebsbegriff entscheidend die vom Arbeitgeber
hergestellte organisatorische Einheit zur Verfolgung arbeitstechnischer

Zwecke und die Steuerung des Einsatzes der menschlichen Arbeitskraft von einem einheitlichen Leitungsapparat (BAG Beschl. v. 29. 5. 91 AP Nr. 5 zu § 4 BetrVG unter II; siehe weitere Einzelheiten bei FKHE, BetrVG, § 1 RdNr. 54 f.; DKK-*Trümmer,* BetrVG, § 1 RdNr. 49 ff.). Da das BetrVG die Beteiligungsrechte des Betriebsrats gewährleisten soll, sind Betriebsräte da zu wählen, wo auch die Entscheidungen des Arbeitgebers getroffen werden. Ähnliches gilt auch für die Entscheidung des Integrationsamtes. Auch dessen Zuständigkeit soll sich nach dem **Sitz des Betriebes richten,** in dem die **Personalentscheidung für den schwerbehinderten Menschen getroffen wird.** Zu berücksichtigen sind deshalb auch die Grundsätze über das Vorliegen eines **gemeinsamen Betriebes.** Ein solcher wird unter den Voraussetzungen des § 1 Abs. 2 BetrVG vermutet, wenn von mehreren rechtlich selbstständigen Unternehmen die in einer Betriebsstätte vorhandenen materiellen (z.b. Maschinen) und immateriellen (z.b. Know-how) Betriebsmittel für arbeitstechnische Zwecke (z.b. für den Verkauf von Computersoftware oder für die Automobilproduktion) gemeinsam genutzt und der Einsatz der Arbeitnehmer aus den verschiedenen Unternehmen von einem einheitlichen Leitungsapparat gesteuert wird (die gesetzliche Vermutung entspricht der ständigen Rechtsprechung des BAG zum gemeinsamen Betrieb: Beschl. v. 24. 1. 96 NZA 1996, 1110; U. v. 3. 12. 97 NZA 1998, 876; Beschl. v. 21. 2. 2001 NZA 2002, 56 LS). Zuständig ist daher in diesen Fällen das Integrationsamt am Sitz des Betriebes/Unternehmens, in dem sich die personelle Leitungsmacht befindet, in dem also die maßgeblichen Personalentscheidungen getroffen werden.

Es sind weiterhin die Regelungen des § 4 BetrVG für **Betriebsteile** 20
und Kleinstbetriebe zu beachten. Unter den Voraussetzungen des § 4
S. 1 BetrVG (Mindestzahl wahlberechtigter und wählbarer Arbeitnehmer, räumlich weit vom Hauptbetrieb entfernt, Aufgabenbereich und Organisation relativ eigenständig) gelten auch Betriebsteile (siehe Erläuterungen zu § 94 RdNr. 8) als selbstständige Betriebe, so dass in diesem Fall auch das Integrationsamt am Sitz dieser Betriebsteile örtlich zuständig ist. Bei Betrieben mit **mehreren Betriebsstätten,** die gemäß § 4 BetrVG nicht als selbstständig gelten, ist auf den **Sitz des Betriebes** abzustellen, von dem aus die **Leitungsmacht in personellen und sozialen Angelegenheiten ausgeübt wird** (BAG U. v. 23. 9. 82 AP Nr. 3 zu § 4 BetrVG 1972).

Für die Zuständigkeit des Integrationsamtes sind weiterhin die in 21
der Neufassung des **§ 3 BetrVG vom 23. Juli 2001** enthaltenen von den Tarifvertragsparteien eingeräumten **flexibleren Gestaltungsmöglichkeiten** zur Schaffung von Arbeitnehmervertretungen zu berücksichtigen. Danach können auch **unternehmenseinheitliche Betriebsräte, Sparten- und Filialbetriebsräte** gebildet werden. Diese neuen betriebsverfassungsrechtlichen Organisationseinheiten gelten

dann als Betriebe im Sinne des BetrVG. Auch in diesen Organisationseinheiten wird sich die örtliche Zuständigkeit danach richten, in welchem der beteiligten Betriebe entweder auf Unternehmens- oder auf
regionaler Ebene die **maßgeblichen personellen und sozialen Entscheidungen getroffen werden.**

22   Eine Einzelprüfung durch das Integrationsamt, das zügig Entscheidungen zu treffen hat, wird nicht möglich sein. Es hat sich deshalb an
die **bestehenden Betriebsratsstrukturen** zu halten. Bei Verkennung
des Betriebsbegriffs ist eine Betriebsratswahl nicht nichtig, sondern
nur fehlerhaft. Solange diese nicht wirksam angefochten worden ist, ist
das Integrationsamt daher daran gebunden, wo der für eine bestimmte
Betriebsstätte zuständige Betriebsrat amtiert (*Düwell,* LPK-SGB IX,
§ 87 RdNr. 13). Im Falle der in § 3 BetrVG vorgesehenen neuen Organisationseinheiten kann dies vor allem beim Bestehen eines Sparten-
betriebsrates schwierig sein, da dann zu klären sein wird, in welcher
Sparte der betroffene schwerbehinderte Arbeitnehmer tätig ist, in welchem Betrieb die jeweilige Spartenleitung sitzt und der Betriebsrat
amtiert.

23   **2. Begriff der Dienststelle.** Der Begriff der Dienststelle richtet
sich nach **§ 6 BPersVG.** Hierbei handelt es sich um einzelne Behörden,
Verwaltungsstellen und öffentlich-rechtliche Betriebe des Bundes und
der bundesunmittelbaren Körperschaften, Anstalten und Stiftungen
des öffentlichen Rechts (GK-SchwbG-*Steinbrück,* § 17 RdNr. 22; *Neu-
mann/Pahlen,* SGB IX, § 87 RdNr. 13 ff.). Der Dienststellenbegriff des
§ 6 BPersVG gilt nach Art. 56 des Zusatzabkommens zum Nato-Trup-
penstatut auch für die Betriebe der zivilen Arbeitskräfte der in der
BRD stationierten Streitkräfte anderer Nato-Staaten. Für die Dienststellen im Bereich der Länder und Kommunen gelten entsprechende
Begriffsbestimmungen nach den jeweils einschlägigen Landespersonalvertretungsgesetzen.

24   **3. Antragstellung bei einer unzuständigen Behörde.** Reicht
der Arbeitgeber den Antrag bei einer sachlich oder örtlich nicht zuständigen Behörde ein, ist die Behörde verpflichtet, den Antrag unverzüglich **an die zuständige Behörde weiterzuleiten.** Der Antrag gilt
jedoch erst mit seinem Eingang beim zuständigen Integrationsamt
gestellt. Damit beginnen auch die Entscheidungsfristen des § 88 Abs. 1
und § 91 Abs. 2 S. 1 erst ab diesem Zeitpunkt. Auch die Antragsfrist des
§ 91 Abs. 2 S. 1 von 2 Wochen wird durch den Zugang des Antrags bei
der unzuständigen Behörde nicht gewahrt. § 16 Abs. 2 S. 2 SGB I ist
nicht anwendbar (KR-*Etzel* §§ 85–90 SGB IX RdNr. 69; *Griebeling* in
Hauck/Noftz, SGB IX, K § 87 RdNr. 6; GK-SchwbG-*Steinbrück,* § 17
RdNr. 26 f.).

VII. Verwaltungsverfahren

Grundsätzlich gelten für die Verwaltungstätigkeit des Integrations- 25
amtes die Regelungen des **SGB X**, soweit §87 keine abweichenden
Bestimmungen enthält (BVerwG Beschl. v. 11. 6. 92 Buchholz 436.61
§15 SchwbG 1986 Nr. 5). **Besonderheiten** ergeben sich aus der Verpflichtung, den betroffenen schwerbehinderten Arbeitnehmer anzuhören, Stellungnahmen von den im Gesetz genannten Stellen einzuholen und in jeder Lage auf eine gütliche Einigung hinzuwirken.
1. Verfahrensbeteiligte. Verfahrensbeteiligt sind der **Arbeitgeber** 26
als Antragsteller und der schwerbehinderte **Arbeitnehmer** als Antrags-
gegner gemäß §12 Abs. 1 Ziff. 1 SGB X. Die Beteiligtenrolle des Arbeitnehmers wird zwar nicht eigens im Gesetz erwähnt, ergibt sich jedoch
aus dessen materiell-rechtlicher Betroffenheit, da allein um sein Arbeitsverhältnis gestritten wird (GK-SchwbG-*Steinbrück*, §17 RdNr. 50;
Griebeling in Hauck/Noftz, SGB IX, K §87 RdNr. 9; *Düwell*, LPK-
SGB IX, §87 RdNr. 17). Gemäß 13 SGB X können die Beteiligten sich
durch **Bevollmächtigte** z. B. Verbandsvertreter oder Rechtsanwälte
vertreten lassen. Keine Verfahrensbeteiligten sind das Arbeitsamt, die
Schwerbehindertenvertretung und die betriebliche Interessenvertretung (GK-SchwbG-*Steinbrück*, a.a.O. RdNr. 51; *Düwell* a.a.O; *Griebeling*
a.a.O.).
2. Sachverhaltsermittlung. Gemäß §20 SGB X gilt der Untersu- 27
chungsgrundsatz. Danach ermittelt die Behörde den Sachverhalt **von
Amts wegen.** Anknüpfend an den Antrag des Arbeitgebers ermittelt
es all das, was erforderlich ist, um die widerstreitenden Interessen von
Arbeitgeber und schwerbehindertem Arbeitnehmer gegeneinander
abwägen zu können (BVerwG U. v. 11.11.99 NZA 2000, 146). Das
Integrationsamt klärt die für seine Entscheidung oder für eine gütliche
Entscheidung **wesentlichen Umstände** auf und bedient sich dazu
auch der **Beweismittel,** die es gemäß §21 Abs. 1 SGB X nach pflichtgemäßem Ermessen zur Ermittlung des Sachverhalts für erforderlich
hält (BVerwG Beschl. v. 11. 6. 92 Buchholz 436.61 §15 SchwbG 1986
Nr. 5). Es kann dazu gemäß §21 Abs. 1 SGB X **Auskünfte** jeder Art
einholen, **Akten** und **Urkunden** beiziehen, **Zeugen** und **Sachverständige** vernehmen und den Augenschein einnehmen. Begrenzt wird
die Sachverhaltsaufklärung der Behörde durch die **Mitwirkungspflicht** der Beteiligten gemäß §21 Abs. 2 SGB X. Zeugen und Sachverständige können durch das Integrationsamt jedoch nicht gemäß
§21 Abs. 2 SGB X zu einer Aussage verpflichtet werden, da es an einer
entsprechenden Rechtsgrundlage fehlt (*Düwell*, LPK-SGB IX, §87
RdNr. 24; *Dörner*, SchwbG, §17 RdNr. 27; a.A. GK-SchwbG-*Steinbrück*, §17 RdNr. 68, der die Zustimmungserteilung als eine besondere
Dienstleistung im Sinne des §11 SGB I ansehen will.). Zur Aufklärung

des Sachverhalts kann das Integrationsamt eine **Besichtigung des Arbeitsplatzes** durchführen. Diese zu gestatten, ist der Arbeitgeber gemäß § 80 Abs. 7 verpflichtet, soweit dies im Interesse des schwerbehinderten Menschen erforderlich ist und Betriebsgeheimnisse dadurch nicht gefährdet werden. **§ 80 Abs. 7** bildet für den mit der Betriebseinsicht verbundenen Eingriff die spezialgesetzliche **Ermächtigungsgrundlage** (BVerwG Beschl. v. 11. 6. 92 Buchholz 436.61 § 15 SchwbG 1986 Nr. 5). Einblick in die betrieblichen Verhältnisse zu nehmen und den Arbeitsplatz oder ggf. auch Alternativarbeitsplätze zu besichtigen, kann für die Beurteilung, inwieweit nach einer behindertengerechten Umgestaltung oder nach Unterstützungsleistungen des Arbeitsamtes oder des Integrationsamtes eine Weiterbeschäftigung in Betracht kommt, notwendig oder jedenfalls zweckmäßig sein. In der Praxis findet deshalb häufig ein **gemeinsames Gespräch mit den Beteiligten im Beschäftigungsbetrieb** statt. Jedenfalls ist der schwerbehinderte Arbeitnehmer über die Betriebseinsicht zu informieren, über das Ergebnis zu unterrichten, und ihm ist Gelegenheit zur Stellungnahme zu geben (VG Gelsenkirchen U. v. 2. 5. 83 ZfSH/SGB 1983, 517).

28   **3. Anhörung des schwerbehinderten Arbeitnehmers**. Dem schwerbehinderten Arbeitnehmer ist gemäß § 87 Abs. 2 Gelegenheit zu geben, sich zum Zustimmungsantrag seines Arbeitgebers zu äußern. Dazu müssen ihm neben dem Antrag die weiteren **Ermittlungsergebnisse**, vor allem auch die Stellungnahmen anderer Stellen vorgelegt werden, damit er auch darauf erwidern kann und den Kündigungssachverhalt aus seiner Sicht darstellen kann (*Wahrendorf* in BB 1986, 523). In welcher Form die Stellungnahme erfolgen muss, ist nicht vorgeschrieben. Dies kann mündlich oder schriftlich geschehen. Gemäß § 88 Abs. 1 kann das Integrationsamt auch eine mündliche Verhandlung anberaumen und hierzu alle Beteiligten laden. Auf Wunsch des Arbeitnehmers muss sogar eine Erörterung in Form eines **persönlichen Gesprächs** stattfinden. Dies wird aus dem Wortlaut der Vorschrift gefolgert. Im Gegensatz zur Einholung von Stellungnahmen in Abs. 2 wird nämlich bezogen auf den betroffenen schwerbehinderten Menschen im gleichen Absatz der Begriff der Anhörung gebraucht (GK-SchwbG-*Steinbrück*, § 17 RdNr. 116; *Düwell*, LPK-SGB IX, § 87 RdNr. 19; *Griebeling* in Hauck/Noftz, SGB IX, K § 87 RdNr. 15; a.A. *Wahrendorf* a.a.O.). Allerdings wird es vom BVerwG als zu weitgehend erachtet, vom Integrationsamt auch eine **Niederschrift** über das mündliche Gespräch oder eine **Protokollierung** der mündlichen Äußerungen des schwerbehinderten Menschen zu verlangen (BVerwG Beschl. v. 1. 7. 93 Buchholz 436.61 § 17 SchwbG Nr. 3).

29   Ist eine **Anhörung** des schwerbehinderten Menschen **unterblieben**, ist die Entscheidung fehlerhaft und **anfechtbar**. Allerdings kann die versäumte Anhörung im **Widerspruchsverfahren nachgeholt** und damit geheilt werden (GK-SchwbG-*Steinbrück*, § 17 RdNr. 123;

Düwell, LPK-SGB IX, § 87 RdNr. 19; *Wahrendorf* in BB 1986, 523). Unterbleibt sie auch dort, ist der Bescheid aufzuheben unabhängig davon, ob in der Sache eine andere Entscheidung ergangen wäre, wenn der Arbeitnehmer angehört worden wäre (VG Gelsenkirchen U. v. 2. 5. 83 ZfSH/SGB 1983, 517; GK-SchwbG-*Steinbrück,* § 17 RdNr. 124; Wahrendorf a.a.O.).

4. Stellungnahme des Arbeitsamts. Abs. 2 sieht zwingend vor, **30** dass vor der Zustimmungsentscheidung eine Stellungnahme des Arbeitsamtes eingeholt werden muss. Die Anforderung der Stellungnahme stellt ein spezialgesetzlich geregeltes formalisiertes Mittel der Informationsbeschaffung im Rahmen der Amtsermittlung gemäß § 20 SGB X dar. Dadurch soll gewährleistet werden, dass **arbeitsmarktpolitische Gesichtspunkte,** vor allem die Vermittlungsfähigkeit des von der Kündigung bedrohten schwerbehinderten Menschen in die vom Integrationsamt vorzunehmende Interessenabwägung einfließen kann (BVerwG U. v. 11. 11. 99 NZA 2000, 146; BVerwG U. v. 28. 9. 95 NZA-RR 1996, 290; BVerwG U. v. 10. 9. 92 NZA 1993, 76). Eine besondere Form ist für die Einholung nicht vorgeschrieben. Sie kann deshalb auch fernmündlich erfolgen (OVG NW U. v. 3. 10. 89 br 1990, 89).

Der Gesetzgeber geht davon aus, dass die Informationsbeschaffung **31** innerhalb der Fristen des § 88 Abs. 1, aber auch innerhalb der kurzen Frist des § 91 Abs. 3 S. 1 geschehen muss. Das gesamte relevante Abwägungsmaterial soll innerhalb dieser Entscheidungsfristen dem Integrationsamt zur Verfügung stehen (BVerwG U. v. 10. 9. 92 NZA 1993, 76). In Fällen, in denen für den Sitz des Betriebes und den Wohnort des schwerbehinderten Menschen **verschiedene Arbeitsämter** zuständig sind, muss eine **Stellungnahme von beiden Ämtern** eingeholt werden (BVerwG U. v. 10. 9. 92 a.a.O., ständige Rechtsprechung). Der Grund dafür liegt darin, dass beide Arbeitsämter **unterschiedliche ermessensrelevante Gesichtspunkte** in den Entscheidungsprozess einführen. Zur Frage der konkreten Vermittlungsfähigkeit des Schwerbehinderten unter Berücksichtigung der konkreten örtlichen Verhältnisse auf dem Arbeitsmarkt wird das Arbeitsamt des Wohnortes des Schwerbehinderten kompetente Aussagen treffen können; über Möglichkeiten der Weiterbeschäftigung unter Berücksichtigung der betrieblichen Verhältnisse, einer innerbetrieblichen Umsetzung oder behindertengerechten Ausstattung des Arbeitsplatzes im Betrieb wird nur das Arbeitsamt des Beschäftigungsbetriebes eine Aussage machen können.

Die Stellungnahme zweier Arbeitsämter wird auch nicht dadurch **32** entbehrlich, dass es eine **interne Kontaktaufnahme** zwischen den Ämtern gegeben hat. Handelt es sich hierbei um keine nach außen dokumentierte Absprache hat das Integrationsamt hiervon keine Kenntnis und kann den Umstand auch in ihren Ermessenserwägungen nicht berücksichtigen (BVerwG U. v. 28. 9. 95 NZA-RR 1996, 290). Die Einholung der Stellungnahme wird auch nicht dadurch entbehrlich, dass im Widerspruchsausschuss beim Landschaftsverband (Integrationsamt) ein Mitglied zugleich Vertreter des Landesarbeitsamtes ist (BVerwG U. v. 10. 9. 92 NZA 1993, 76).

33 **Unterbleibt eine Einholung der Stellungnahme** auch nur eines zuständigen Arbeitsamtes ist der Bescheid des Integrationsamtes **fehlerhaft**. Aus § 41 Abs. 1 Ziff. 5, Abs. 2 SGB X ergibt sich allerdings, dass die unterlassene Verfahrenshandlung im Widerspruchverfahren mit heilender Wirkung **nachgeholt** werden kann (BVerwG U. v. 11. 11. 99 NZA 2000, 146). Gibt das Arbeitsamt auf Anforderung keine Stellungnahme ab, ist die Entscheidung des Integrationsamtes nicht wegen der fehlenden Erklärung des Arbeitsamtes fehlerhaft. Dann muss das Integrationsamt entscheiden, inwieweit es sich in anderer Weise die erforderlichen Informationen beschafft oder sich selbst die sachgerechte Beurteilung der Lage auf dem Arbeitsmarkt und der Vermittlungsfähigkeit des Schwerbehinderten zutraut (BVerwG U. v. 11. 11. 99 a.a.O.). Es muss **nicht** vor einer Entscheidung das Arbeitsamt eine **Stellungnahme** erst **erfolglos anmahnen** (BVerwG U. v. 11. 11. 99 a.a.O.; a.A. GK-SchwbG-*Steinbrück*, § 17 RdNr. 112). Mit Rücksicht auf die kurzen Entscheidungsfristen ist dies nicht erforderlich; andernfalls könnte das Arbeitsamt durch die Verzögerung seiner Stellungnahme die Entscheidung blockieren. Das **Integrationsamt** ist im Übrigen **an die Stellungnahme** auch **nicht gebunden**, da die Entscheidungsverantwortung beim Integrationsamt, nicht beim Arbeitsamt liegt (BVerwG U. v. 11. 11. 99 a.a.O.).

34 Die Verletzung der Verfahrensvorschrift des § 87 Abs. 2 ist grundsätzlich nicht gemäß § 42 S. 1 SGB X deshalb unbeachtlich, weil **keine andere Entscheidung in der Sache** hätte getroffen werden können. Bei Ermessensentscheidungen ist die Vorschrift des § 42 S. 2 SGB X nur anwendbar, wenn ausnahmsweise eine Ermessensreduzierung auf Null eingetreten ist (BVerwG U. v. 28. 9. 95 NZA-RR 1996, 290; a.A. OVG Rh.-Pf.U. v. 15. 5. 97 br 1998, 18).

35 **5. Stellungnahme des Betriebsrats/Personalrats und der Schwerbehindertenvertretung.** Der **Aufklärung der innerbetrieblichen Verhältnisse** und der vom Arbeitgeber angegebenen Kündigungsgründe dienen die zwingend vom Integrationsamt einzuholenden Stellungnahmen der betrieblichen Interessenvertretung sowie der Schwerbehindertenvertretung. Damit soll das Integrationsamt auch in die Lage versetzt werden, sich ein Bild über evtl. innerbetriebliche Weiterbeschäftigungsmöglichkeiten oder über das Erfordernis von organisatorischen und technischen Veränderungen im Sinne des § 80 Abs. 4 und 5 machen zu können. Diese Stellungnahmen **ersetzen nicht die Beteiligung des Betriebsrates** gemäß §§ 102, 103 BetrVG und des Personalrats gemäß §§ 79, 108 BPersVG (GK-SchwbG-*Stein-*

brück, § 15 RdNr. 102; *Griebeling* in Hauck/Noftz, SGB IX, K § 87 RdNr. 14; *Düwell,* LPK-SGB IX, § 87 RdNr. 21). Umgekehrt wird die Einholung der Stellungnahme auch beim Vorliegen der Äußerungen, die die betriebliche Interessenvertretungen bereits im Rahmen der betriebsverfassungsrechtlichen oder personalvertretungsrechtlichen Beteiligung abgegeben haben, nicht entbehrlich. Dadurch soll sichergestellt werden, dass jeweils der aufgrund der konkreten Erklärungen gegenüber dem Integrationsamt vorliegende **aktuelle Kenntnisstand** die Grundlage für die Entscheidungsfindung bildet (*Griebeling* in Hauck/Noftz, SGB IX, K § 87 RdNr. 14; *Düwell,* LPK-SGB IX, § 87 RdNr. 21).

Auch mit der Einführung des SGB IX bleibt die Frage ungeklärt, **36** ob im Falle der Zustimmung zur Kündigung eines schwerbehinderten **leitenden Angestellten** eine Stellungnahme des Betriebsrates einzuholen ist. Dies wird teilweise bejaht (so etwa GK-SchwbG-*Steinbrück,* § 17 RdNr. 102). Diese Auffassung ist jedoch abzulehnen, da das BetrVG gemäß § 5 Abs. 3 S. 1 BetrVG keine Anwendung findet und der **Betriebsrat** damit auch **demokratisch nicht legitimiert** ist, die Interessen leitender Angestellter zu vertreten (so auch: *Düwell,* LPK-SGB IX, § 87 RdNr. 22; *Griebeling* in Hauck/Noftz, SGB IX, K § 87 RdNr. 13). Aus den Regelungen des SprAuG geht hervor, dass für die Interessenvertretung der leitenden Angestellten sog. **Sprecherausschüsse** zuständig sind. Es erscheint daher **zweckmäßig,** wenn auch rechtlich nicht geboten, dass das Integrationsamt im Rahmen seiner Amtsermittlung bei der Kündigung eines leitenden Angestellten eine **Stellungnahme** des im Betrieb gebildeten **Sprecherausschusses** einholt (*Düwell* a.a.O.; *Griebeling* a.a.O.).

Wird die Einholung einer **Stellungnahme des Betriebsrats/Per- 37 sonlrats** oder der Schwerbehindertenvertretung **unterlassen,** liegt ein schwerwiegender Fehler vor, der den Bescheid **anfechtbar** macht. Die Anforderung der Stellungnahme kann allerdings noch im Widerspruchsverfahren **nachgeholt** werden. Es gelten auch im Übrigen dieselben Grundsätze wie im Falle der fehlenden Stellungnahme des Arbeitsamtes (siehe dazu RdNr. 33 f.).

VIII. Gütliche Einigung

Abs. 3 bestimmt, dass das Integrationsamt in jeder Lage des Verfah- **38** rens auf eine gütliche Einigung hinwirken muss. Dies gilt auch im Widerspruchsverfahren. Die Entscheidungsfristen des § 88 Abs. 1 und § 91 Abs. 3 S. 1 werden durch Einigungsversuche nicht gehemmt. Vergleichsweise Regelungen werden in der Regel auf Grund einer mündlichen Verhandlung (§ 88 Abs. 1) getroffen. Sie können eine Fortsetzung des Arbeitsverhältnisses, eine Weiterbeschäftigung unter Veränderung der Arbeitsbedingungen oder auch eine Beendigung mit oder

ohne Zahlung einer Abfindung beinhalten. Im Falle von Aufhebungs-
vereinbarungen ist die Einhaltung der Kündigungsfrist zu beachten.
Daneben empfiehlt es sich, eine **Aufhebungsvereinbarung** nur nach
vorheriger Abstimmung mit dem Arbeitsamt zu treffen, da andernfalls das Risiko einer Sperrfrist gemäß § 144 SGB III besteht. Zum
Teil werden deshalb von den Integrationsämtern mit dem Arbeitsamt
vorab abgeklärte Textformulierungen in die Vereinbarung aufgenommen.

Entscheidung des Integrationsamtes

88 (1) Das Integrationsamt soll die Entscheidung, falls erforderlich
auf Grund mündlicher Verhandlung, innerhalb eines Monats
vom Tage des Eingangs des Antrages an treffen.

(2) [1]Die Entscheidung wird dem Arbeitgeber und dem schwerbehinderten Menschen zugestellt. [2]Dem Arbeitsamt wird eine Abschrift
der Entscheidung übersandt.

(3) Erteilt das Integrationsamt die Zustimmung zur Kündigung,
kann der Arbeitgeber die Kündigung nur innerhalb eines Monats
nach Zustellung erklären.

(4) Widerspruch und Anfechtungsklage gegen die Zustimmung
des Integrationsamtes zur Kündigung haben keine aufschiebende
Wirkung.

Übersicht

I. Allgemeines

Die Vorschrift übernimmt inhaltsgleich die Regelung des § 18   **1**
SchwbG vom 26. August 1986 (BGBl.I S. 1421). Diese geht zurück auf
§ 15 SchwbG 1974, wobei in § 18 Abs. 4 SchwbG 1986 die aufschiebende Wirkung von Widerspruch und Anfechtungsklage angefügt
wurde.

§ 88 enthält Verfahrensregelungen über die Entscheidung des Inte-   **2**
grationsamtes sowie über das nach Erlass der Entscheidung zu beach-
tende Verfahren. Ergänzend gelten die allgemeinen Verwaltungsver-
fahrensvorschriften des SGB X. § 88 ist sowohl für die ordentliche wie
für die außerordentliche Kündigung anwendbar, soweit § 91 Abs. 2-6
keine abweichenden Regelung enthält. Für die außerordentliche Kündigung besteht deshalb auch das Erfordernis, auf der Basis einer mündlichen Verhandlung zu entscheiden (Abs. 1). Ebenso ist die aufschiebende Wirkung von Widerspruch und Anfechtungsklage ausgeschlossen (Abs. 4).

II. Mündliche Verhandlung (Abs. 1)

Das Integrationsamt hat nach **pflichtgemäßem Ermessen** zu ent-   **3**
scheiden, ob es eine mündliche Verhandlung anberaumen will, zu der
es die Verfahrensbeteiligten, also den Arbeitgeber und den schwerbehinderten Arbeitnehmer lädt. Es kann auch – muss aber nicht – Vertreter des Arbeitsamtes, der betrieblichen Interessenvertretung oder der
Schwerbehindertenvertretung dazu laden. Außerdem kann es in der
Verhandlung Zeugen und Sachverständige hinzuziehen. Die mündliche Verhandlung dient der umfassenden Aufklärung des Sachverhalts
und der Feststellung der beidseitigen Interessen auch im Hinblick auf
eine gütliche Einigung (*Neumann/Pahlen,* SGB IX, § 88 RdNr. 6; GK-
SchwbG-*Steinbrück,* § 18 RdNr. 10). Diese Ziele können im Rahmen
einer mündlichen Erörterung in der Regel besser und schneller erreicht werden als im Austausch schriftlicher Stellungnahmen. Geboten
ist die mündliche Verhandlung, wenn das Integrationsamt den Eindruck gewinnt, dass ein Verfahrensbeteiligter zu schriftlichen Äußerungen nur unzureichend in der Lage ist (*Griebeling* in Hauck/Noftz,
SGB IX, K § 88 RdNr. 3).

In der Praxis ist eine mündliche Verhandlung, die entweder im Beschäftigungsbetrieb oder in der Behörde stattfindet, üblich. In der Verhandlung können sich die Verfahrensbeteiligten durch Verbandsvertreter oder Rechtsanwälte vertreten lassen (§ 13 SGB X).

Die Verhandlung hat insoweit keinen gerichtlichen Charakter, als   **4**
sie **nicht** an **bestimmte formale Abläufe** gebunden ist. Es sind ledig-

lich die §§ 8 ff. SGB X zu beachten. So muss ein geladener Verfahrensbeteiligter nicht erscheinen: er riskiert dann lediglich eine für ihn
negative Sachentscheidung infolge einer mangelhaften Sachaufklä-
rung. Es muss auch **kein Protokoll** erstellt werden. Die Verhandlung
ist auch **nicht öffentlich**. Am kontradiktorischen Charakter fehlt es
der Verhandlung dagegen nicht (so aber *Griebeling* in Hauck/Noftz,
SGB IX, K § 87 RdNr. 3; GK-SchwbG-*Steinbrück*, § 18 RdNr. 11), da
im Falle einer drohenden Kündigung die Interessen von Arbeitgeber
und Arbeitnehmer gegensätzlicher kaum sein können.

III. Entscheidungsfrist des Integrationsamtes (Abs. 1)

5   Das Integrationsamt soll seine Entscheidung innerhalb eines Monats
nach Eingang des Antrags treffen. Die Frist ist **keine Wirksamkeitsvoraussetzung**. Wird die Frist nicht eingehalten, wird der Bescheid
nicht fehlerhaft. Die Verfahrensbeteiligten haben keinen Anspruch auf
Einhaltung der Monatsfrist (*Griebeling* in Hauck/Noftz, SGB IX, K
§ 88 RdNr. 5; *Düwell*, LPK-SGB IX, § 88 RdNr. 4). Wird die Frist allerdings unangemessen ohne jeglichen Sachgrund überschritten, kommt
ein **Amtshaftungsanspruch** gemäß § 839 BGB, Art. 34 GG in Betracht. Tritt eine Verzögerung von mehr als 3 Monaten auf, kann eine
Untätigkeitsklage beim Verwaltungsgericht gemäß § 75 VwGO erhoben werden.

6   Sachlich begründete Verzögerungen können durch eine **aufwendige Sachverhaltsaufklärung** auftreten, oder dadurch, dass zwischen
den Parteien **Vergleichsverhandlungen** geführt werden, die nicht
von vorneherein als aussichtslos anzusehen sind.

7   Umstritten ist, inwieweit das Integrationsamt das **Zustimmungsverfahren aussetzen** darf im Hinblick auf ein noch **nicht abgeschlos-
senes Feststellungsverfahren gemäß § 69**. Damit ist der Fall gemeint,
dass der Arbeitnehmer beim Versorgungsamt oder beim Arbeitsamt
bereits einen Antrag auf Schwerbehinderteneigenschaft bzw. Gleichstellung gestellt hat, darüber aber noch keine bestandskräftige Entscheidung vorliegt. Das BVerwG hat in einer Entscheidung, in der es um die
Zustimmung zu einer außerordentlichen Kündigung ging, angenommen, dass die Behörde das Zustimmungsverfahren nicht bis zum Abschluss des Feststellungsverfahrens gemäß § 69 aussetzen muss (BVerwG
U. v. 15. 12. 88 NZA 1989, 554). In einem Urteil vom 16. 8. 91 (NZA 1992,
23 unter Ziff. 4 a bb) hat das BAG, ohne dass es darauf im konkreten Fall
angekommen wäre, entschieden, dass während eines noch laufenden
Feststellungsverfahrens das Integrationsamt nicht sofort entscheiden
könne, und jedenfalls bei einer ordentlichen Kündigung das Zustimmungsverfahren bis zur Entscheidung des Versorgungsamtes aussetzen
müsse. Diese Rspr. hat das BAG in einer neuen Entscheidung (U. v.

7. 3. 02 NZA 2002, 1145 f.) bestätigt. Der Ansicht des BAG ist aus folgenden Gründen nicht zu folgen. Einigkeit besteht, dass dem Arbeitnehmer der besondere Kündigungsschutz schon zugute kommt, wenn er ein Feststellungsverfahren gemäß § 69 eingeleitet hat, da es auf das objektive Vorliegen der Schwerbehinderteneigenschaft ankommt und die Feststellung nur deklaratorische Bedeutung hat und deshalb das **Integrationsamt zur Entscheidung in der Sache befugt** ist (BVerwG U. v. 15. 12. 88 a.a.O. und BAG U. v. 16. 8. 91 a.a.O.). Im Falle einer außerordentlichen Kündigung besteht für den Arbeitgeber ein besonderes Interesse an einer möglichst zügigen Klärung, ob die Zustimmung zur Kündigung erteilt wird (BVerwG U. v. 15. 12. 88 a.a.O.). Aber auch im Falle einer ordentlichen Kündigung kann das Abwarten einer Anerkennungsentscheidung durch das Versorgungsamt Monate dauern. Der Arbeitnehmer wird dagegen in seinen schutzwürdigen Interessen nicht benachteiligt, wenn das Integrationsamt bereits über den Zustimmungsantrag entscheidet, während seine Anerkennung als Schwerbehinderter noch ungewiss ist. Denn mit der Entscheidung über den Antrag **„unterstellt"** das Integrationsamt das Vorliegen des **Sonderkündigungsschutzes**. Es ist auch in der Lage, den Sachverhalt festzustellen, ohne dass der GdB in seiner konkreten Höhe feststeht, da es darauf ankommt, welche konkreten Beeinträchtigungen vorliegen (*Griebeling* in Hauck/Noftz, SGB IX, K § 88 RdNr. 6; *Düwell,* LPK-SGB IX, § 88 RdNr. 5; KDZ-*Zwanziger,* SchwbG, §§ 17, 18 RdNr. 21; a.A. GK-SchwbG-*Steinbrück,* § 18 RdNr. 38). Das Interesse an einer bloßen Verfahrensverzögerung ist nicht schützenswert. Der Einwand, das Integrationsamt dürfe wegen der Unsicherheit über das Vorliegen der Schwerbehinderung nicht entscheiden, greift nicht durch. Die Entscheidung kann vielmehr als sog. **vorsorglicher Verwaltungsakt** ergehen (BVerwG U. v. 15. 12. 88 a.a.O.; *Griebeling* a.a.O.; *Düwell* a.a.O.). Diesem ist der Vorbehalt immanent, dass ihm nur rechtliche Bedeutung zukommt, wenn die Schwerbehinderteneigenschaft oder die Gleichstellung später festgestellt wird. Wird die **Schwerbehinderteneigenschaft** schließlich **bestandskräftig abgelehnt**, erweist sich der **Bescheid des Integrationsamtes** als **gegenstandslos**, ohne dass dies für die Parteien noch mit rechtlichen und tatsächlichen Folgen verbunden wäre. Er kann, muss aber nicht aufgehoben werden (BVerwG U. v. 15. 12. 88 a.a.O.).

IV. Bescheid des Integrationsamtes

Die Entscheidung des Integrationsamtes ist ein **Verwaltungsakt 8 mit Drittwirkung** (*Griebeling* in Hauck/Noftz, SGB IX, K § 88 RdNr. 7; *Düwell,* LPK-SGB IX, § 88 RdNr. 6). Es gelten die Vorschriften der §§ 31 ff. SGB X. Die Entscheidung des Integrationsamtes kann in der Zustimmungserteilung, in der Abweisung des Antrags oder in der Erteilung eines sog. Negativattestes bestehen. Durch letzteres wird festgestellt, dass das Arbeitsverhältnis nicht dem besonderen Kündigungsschutz unterliegt, weil z.b. die Ausnahmen des § 90 gelten.

9 **1. Form.** Der Bescheid muss **schriftlich** erlassen werden. Dies ergibt sich aus dem Zustellungserfordernis in Abs. 2 S. 1. Er muss weiterhin den Anforderungen des § 33 SGB X genügen. Dazu muss er **inhaltlich hinreichend bestimmt** sein (§ 33 Abs. 1 SGB X), also deutlich werden lassen, über welche Art der Kündigung welchen Arbeitnehmers (Name und Anschrift) eine Entscheidung getroffen worden ist. Er muss die erlassende Behörde, Unterschrift oder die Namenswiedergabe des Behördenleiters, seines Vertreters oder seines Beauftragten enthalten (§ 33 Abs. 2 SGB X). Außerdem muss er gemäß § 36 SGB X mit einer **Rechtsbehelfsbelehrung** versehen sein. Deren Fehlen macht den Bescheid zwar nicht anfechtbar; der Lauf der Rechtsbehelfsfristen für Widerspruch und Klage wird jedoch nicht in Gang gesetzt.

10 Der Bescheid muss schließlich **schriftlich begründet** sein (§ 35 SGB X). Dadurch wird gewährleistet, dass den Verfahrensbeteiligten eine sachliche und rechtliche Überprüfung der Entscheidung ermöglich wird. Es reicht nicht aus, dass den Parteien in einer mündlichen Verhandlung die Gründe mitgeteilt worden sind (GK-SchwbG-*Steinbrück*, § 18 RdNr. 55 f.; a.A. *Dörner*, SchwbG, § 18 RdNr. 38). Das kann ausnahmsweise anders sein, wenn die Erörterungen und die wesentlichen Entscheidungsgründe im Gesprächstermin protokolliert wurden und mit der Entscheidung den Verfahrensbeteiligten zugesandt worden sind (*Düwell*, LPK-SGB IX, § 88 RdNr. 8). Dann wäre es Förmelei, im Bescheid eine Wiederholung dieser Begründung verlangen zu wollen.

Fehlt die Begründung oder ist sie unzureichend, ist der Bescheid aufzuheben; die Begründung kann aber gemäß § 41 Abs. 1 Nr. 2, Abs. 2 SGB X im Widerspruchsbescheid nachträglich gegeben werden.

11 **2. Zustellung des Bescheids (Abs. 2).** Die Entscheidung des Integrationsamtes wird sowohl dem Arbeitgeber als auch dem schwerbehinderten Menschen zugestellt. Anders als bei der außerordentlichen Kündigung, bei der in § 91 Abs. 5 eine von § 88 abweichende Regelung besteht, kann die **ordentliche Kündigung** erst **nach förmlicher Zustellung** der Entscheidung **an den Arbeitgeber** ausgesprochen werden (BAG U. v. 16. 10. 91 NZA 1992, 503). § 88 Abs. 2 sieht eine besondere Form der Bekanntgabe der Entscheidung vor; es reicht also z.B. eine fernmündliche Mitteilung nicht aus. Die Entscheidung muss daher in Urschrift, Ausfertigung oder beglaubigter Abschrift übergeben oder die Urschrift vorgelegt werden. Die Zustellung ist **Wirksamkeitsvoraussetzung**. Dies gilt auch für die Entscheidung im Rechtsmittelverfahren. Wird die Zustimmung also erst im Widerspruchsverfahren erteilt, muss auch der **Widerspruchsbescheid** zugestellt werden, bevor der Arbeitgeber kündigen kann (BAG U. v. 16. 10. 91 a.a.O.).

Maßgeblich ist der **Zugang des Kündigungsschreibens**. Schickt der Arbeitgeber die Kündigung bereits ab, bevor ihm der Zustimmungsbescheid zugestellt wird, kann die Kündigung noch wirksam sein, wenn diese dem Arbeitnehmer noch vor dem Zeitpunkt der Zustellung des Bescheides beim Arbeitgeber zugeht (*Düwell*, LPK–SGB IX, § 88 RdNr. 11)

Die Entscheidung wird dem Arbeitgeber und dem schwerbehinder- 12
ten Menschen zugestellt. Gemäß § 65 Abs. 2 SGB X sind für die Zustellung die jeweiligen Vorschriften der Verwaltungszustellungsgesetze der Länder anzuwenden (BAG U. v. 16. 9. 93 NZA 1994, 311, 312). Nach dem VwZG des Bundes, auf das landesrechtliche Regelungen Bezug nehmen (z.b. NW), wird durch die Post oder die Behörde zugestellt. Bei der Zustellung durch die Behörde händigt der Bedienstete dem Empfänger das Schriftstück aus. Dieser unterschreibt ein mit dem Datum der Aushändigung versehenes Empfangsbekenntnis. Bei einer Zustellung an einen Rechtsanwalt genügt das mit Datum und Unterschrift versehene Empfangsbekenntnis.

Die **Zustellung** des Bescheides an den schwerbehinderten **Arbeit-** 13
nehmer ist **keine Wirksamkeitsvoraussetzung** für die ausgesprochene Kündigung. Die Zustellung an den Arbeitnehmer muss also noch bewirkt sein, bevor ihm die Kündigung wirksam zugehen kann (BAG U. v. 17. 2. 82 AP Nr. 1 zu § 15 SchwbG; *Griebeling* in Hauck/Noftz, SGB IX, K § 88 RdNr. 9; GK–SchwbG-*Steinbrück*, § 18 RdNr. 72; a.A. *Neumann/Pahlen*, SGB IX, § 88 RdNr. 7). Die Zustellung hat für den Arbeitnehmer nur arbeitsrechtliche Bedeutung dann, wenn ihm der Bescheid erst nach Zugang der Kündigung zugestellt wird. In diesem Fall beginnt die **Frist zur Erhebung der Kündigungsschutzklage** ausnahmsweise gemäß § 4 S. 4 KSchG erst ab dem Zustellungszeitpunkt beim Arbeitnehmer. Vor allem hat die Zustellung gegenüber dem schwerbehinderten Arbeitnehmer jedoch **verwaltungsrechtliche Bedeutung**. Mit der Zustellung wird die Monatsfrist zur Erhebung von Widerspruch und Anfechtungsklage in Gang gesetzt.

Die in Abs. 2 S. 2 vorgeschriebene Zusendung einer **Abschrift** des 14
Bescheides an das **Arbeitsamt** hat lediglich verwaltungsinterne Bedeutung.

3. Bindungswirkung des Bescheides. Der Bescheid des Integrati- 15
onsamtes bindet Behörden und Gerichte, solange er nicht im Widerspruchs- oder Klageverfahren aufgehoben worden ist. Dies gilt nur dann nicht, wenn er an einem besonders schwerwiegenden und offensichtlichen Mangel leidet und deshalb gemäß § 40 Abs. 1 SGB X oder aus den gesetzlich bestimmten Gründen gemäß § 40 Abs. 2 SGB X **nichtig** ist. Ein **schwerwiegender Mangel** wäre etwa zu bejahen, wenn das Integrationsamt ohne irgendein förmliches Verfahren dem Arbeitgeber gleich telefonisch die Zustimmung erklären würde oder die Zustimmung nach Zugang der Kündigung erteilt (GK–SchwbG-

Steinbrück, § 18 RdNr. 100; *Griebeling* in Hauck/Noftz, SGB IX, K § 88 RdNr. 10). Auch in Bezug auf ein erteiltes **Negativattest** tritt Bindungswirkung ein (*Griebeling* a.a.O.; *Dörner,* SchwbG, § 18 RdNr. 27). Dies gilt auch dann, wenn es in Unkenntnis über ein anhängiges Anerkennungsverfahren erteilt worden ist. Die Entscheidung ist nur fehlerhaft und muss erst im Widerspruchs- bzw. Klageverfahren aufgehoben werden, ehe sie ihre Tatbestandswirkung verliert.

16   Bindungswirkung entfaltet der bestandskräftige Verwaltungsakt auch dem Integrationsamt selbst gegenüber. Es kann auch seine eigene Entscheidung nur unter den strengen **Voraussetzungen der §§ 44–49 SGB X aufheben** (GK-SchwbG-*Steinbrück,* § 18 RdNr. 109–112; KDZ-*Zwanziger,* §§ 17, 18 SchwbG RdNr. 27). Der jeweils begünstigte Arbeitgeber oder schwerbehinderte Arbeitnehmer soll in den Grenzen der §§ 44–49 SGB X auf den Bestand der Entscheidung vertrauen können.

17   **a) Rücknahme eines bestandskräftigen Bescheides**. Die Aufhebung eines rechtswidrigen Zustimmungsbescheides kann gegenüber dem begünstigten Arbeitgeber nur unter den engen Voraussetzungen des § 45 SGB X erfolgen. Auf den Bestand des Bescheides kann der Arbeitgeber gemäß § 45 Abs. 2 S. 3 SGB X nicht vertrauen, wenn er ihn etwa durch **vorsätzliche oder grob fahrlässig unrichtige Angaben** erschlichen hat. Dann ist die Zustimmungsentscheidung auch mit **Wirkung für die Vergangenheit** aufzuheben, obwohl die Kündigung dem Arbeitnehmer bereits zugegangen ist. Wird der Bescheid **für die Zukunft aufgehoben**, weil die Aufhebungsentscheidung noch vor Kündigungszugang erfolgt, ist in der Regel noch kein schutzwürdiges Vertrauen des Arbeitgebers entstanden (*Düwell,* LPK-SGB IX, § 88 RdNr. 18; GK-SchwbG-*Steinbrück,* § 18 RdNr. 112).

18   Unter den gleichen Voraussetzungen (§ 45 SGB X) kann auch eine den schwerbehinderten **Arbeitnehmer begünstigende rechtswidrige Ablehnungsentscheidung** zurückgenommen werden. Die Aufhebung wirkt allerdings nur für die Zukunft, da der Arbeitgeber die Kündigung nicht rückwirkend erklären kann und er sie für die Zukunft erst nach einer die Zustimmung erteilenden Entscheidung des Integrationsamtes aussprechen kann (GK-SchwbG-*Steinbrück,* § 18 RdNr. 116).

19   **b) Widerruf eines bestandskräftigen Bescheides**. Für den Widerruf eines rechtmäßigen Bescheides gelten die Regelungen der §§ 46,47 SGB X. Der Widerruf eines den Arbeitgeber begünstigenden Zustimmungsbescheides ist unter den Voraussetzungen des § 47 SGB X zulässig. In Betracht kommt praktisch nur der Widerruf, wenn der Zustimmungsbescheid mit einer selbstständig neben dem Bescheid erteilten **Auflage** (siehe § 89 RdNr. 45) verbunden war und diese **nicht erfüllt** worden ist (GK-SchwbG-*Steinbrück,* § 18 RdNr. 114; *Düwell,* LPK-SGB IX, § 88 RdNr. 19; *Griebeling* in Hauck/Noftz, SGB IX, K § 88 RdNr. 11).

Wird die **Zustimmungsentscheidung für die Vergangenheit** 20
aufgehoben, ist dies in einem noch anhängigen arbeitsgerichtlichen
Verfahren zu berücksichtigen. Die **Kündigung** ist mangels Zustimmung des Integrationsamtes **nichtig**. Ist das arbeitsgerichtliche Verfahren bereits abgeschlossen, kommt eine Restitutionsklage (§ 580 Nr. 6
und 7 b ZPO), aber auch ein Schadensersatzanspruch gegen den Arbeitgeber in Betracht.

V. Kündigungserklärungsfrist des Arbeitgebers (Abs. 3)

Bei der ordentlichen Kündigung kann der Arbeitgeber nur innerhalb 21
von vier Wochen, nachdem ihm die Entscheidung des Integrationsamtes förmlich zugestellt worden ist, kündigen. Der Arbeitgeber erhält
also eine **begrenzte Erlaubnis**, die beabsichtigte ordentliche Kündigung gegenüber dem Arbeitnehmer zu erklären (BAG U. v. 16. 10. 91
NZA 1992, 503, 504). Dies gilt auch, wenn dem Arbeitgeber erst im
Widerspruchsverfahren oder nach einer Klage beim Verwaltungsgericht die Zustimmung erteilt wird. Die Frist des § 88 Abs. 3 beginnt
dann mit Zustellung des Widerspruchsbescheides bzw. nach erhobener
Verpflichtungsklage mit der Zustellung des daraufhin erlassenen Zustimmungsbescheides des Integrationsamtes. Da **Widerspruch und
Anfechtungsklage keine aufschiebende Wirkung** haben (Abs. 4),
wird die Frist nicht dadurch gehemmt, dass die jeweiligen Bescheide
noch nicht bestandskräftig sind (*Griebeling* in Hauck/Noftz, SGB IX, K
§ RdNr. 12; GK-SchwbG-*Steinbrück* § 18 RdNr. 79).

Die Frist des Abs. 3 ist eine **materiell-rechtliche Ausschlussfrist** 22
(BAG U. v. 16. 10. 91 a.a.O.; GK-SchwbG-*Steinbrück*, § 18 RdNr. 89;
Düwell, LPK-SGB IX, § 88 RdNr. 26). Wird sie versäumt, ist die **Kündigung unwirksam**. Eine Wiedereinsetzung ist nicht möglich. Der
Arbeitgeber muss einen neuen Zustimmungsantrag beim Integrationsamt stellen (*Düwell* a.a.O. *Griebeling* in Hauck/Noftz, SGB IX, § 88
RdNr. 13).

Die **Erklärungsfrist** soll zum einen dem Arbeitnehmer schnell 23
Klarheit verschaffen, ob er mit einer Kündigung des Arbeitgebers
noch rechnen muss oder nicht; zum anderen soll gewährleistet sein,
dass der gleiche Kündigungssachverhalt, der der Entscheidung des
Integrationsamtes zugrunde lag, auch die Grundlage für die Kündigung bildet.

Hat der Arbeitgeber vor oder während der Beantragung der Zustim- 24
mung den Betriebsrat oder Personalrat nicht beteiligt, muss er dies
innerhalb der Erklärungsfrist des § 88 Abs. 3 nachholen. Das Gleiche
gilt, wenn er die betriebliche Interessenvertretung zwar vorher angehört hat, der Sachverhalt sich jedoch im Zustimmungsverfahren
wesentlich verändert hat. Dann ist eine erneute Anhörung, auch der

Schwerbehindertenvertretung, erforderlich. Die **Erklärungsfrist** wird durch die **Beteiligung der betrieblichen Interessenvertretung nicht gehemmt** (*Griebeling* in Hauck/Noftz, SGB IX, K § 88 RdNr. 13; GK-SchwbG-*Steinbrück,* § 18 RdNr. 91 ff.). Dies gilt auch für den Fall der **Insolvenz**. Auch durch die Eröffnung eines Insolvenzverfahrens wird die Erklärungsfrist nicht ausgesetzt. § 240 ZPO ist nicht entsprechend anwendbar (LAG Düsseldorf U. v. 3. 3. 82 – 5 Sa 1532/81)

25 Trotz des insoweit missverständlichen Gesetzestextes („Kündigung ..... erklären") ist allgemein anerkannt, dass es für das **Ende der Frist** entscheidend auf den **Zugang der Kündigung beim Arbeitnehmer** ankommt (LAG Köln U. v. 27. 2. 97 NZA-RR 1997, 337; GK-SchwbG-*Steinbrück,* § 18 RdNr. 87; *Düwell,* LPK-SGB IX, § 88 RdNr. 27; *Griebeling* in Hauck/Noftz, SGB IX, § 88 RdNr. 13; für die außerordentliche Kündigung entsprechend: BAG U. v. 3. 7. 80 AP Nr. 2 zu § 18 SchwbG unter 3 aa).

26 Für die **Berechnung der Frist** gelten die §§ 186 ff. BGB. Die Frist beginnt mit dem Zeitpunkt der Zustellung des Bescheides beim Arbeitgeber und endet mit Ablauf des Tages, der durch seine Zahl dem Tag entspricht, an dem die Zustellung erfolgt ist. Wird also am 16. eines Monats zugestellt, endet die Frist am 16. des Folgemonats. Beginnt die Frist am 31. und hat der Folgemonat nur 30 Tage, endet die Frist am 30 (und nicht etwa am 1. des weiteren Monats.). Es gilt außerdem die Regelung des § 193 BGB. Fällt das Fristende auf einen Sonnabend, Sonntag oder Feiertag, endet die Frist am nächstfolgenden Werktag (GK-SchwbG-*Steinbrück,* § 18 RdNr. 86; *Düwell,* LPK-SGB IX, § 88 RdNr. 26; *Griebeling* in Hauck/Noftz, SGB IX, § 88 RdNr. 13).

27 Im Falle der Erteilung eines **Negativattestes** gilt die Frist des § 88 Abs. 3 nicht, da ein solches die Feststellung beinhaltet, dass der Sonderkündigungsschutz nicht besteht und eine Zustimmungserteilung durch das Integrationsamt nicht erforderlich ist (*Griebeling* in Hauck/Noftz, SGB IX, § 88 RdNr. 12; GK-SchwbG-*Steinbrück,* § 18 RdNr. 78).

VI. Rechtsbehelfe (Abs. 4)

28 **1. Widerspruch und Anfechtungsklage.** Der schwerbehinderte Arbeitnehmer kann gegen die Zustimmungsentscheidung, der Arbeitgeber gegen die seinen Antrag ablehnende Entscheidung **Widerspruch** innerhalb eines Monats nach Zustellung des Bescheids beim Integrationsamt gemäß § 70 VwGO einlegen. Hilft das Integrationsamt dem Widerspruch nicht ab, entscheidet der beim zuständigen Integrationsamt gebildete Widerspruchsausschuss (siehe zum Widerspruchsverfahren Erläuterungen zu §§ 118–121). Das Gleiche gilt auch für die Erteilung eines Negativattestes. Hiergegen kann der Arbeitnehmer ebenfalls Widerspruch einlegen.

Gegen den Widerspruchsbescheid kann **Anfechtungsklage** beim 29
Verwaltungsgericht innerhalb einer Frist von einem Monat gemäß
§ 74 VwGO erhoben werden. Die Anfechtungsklage ist auch die richtige Klageart, wenn dem Arbeitgeber zunächst die Zustimmung erteilt
wird, dem Widerspruch des Arbeitnehmers aber im Widerspruchsbescheid stattgegeben wird. Dann kann der Arbeitgeber gegen die ihn
belastende Widerspruchsentscheidung gemäß § 79 Abs. 1 Nr. 2 VwGO
Anfechtungsklage erheben und die Aufhebung des Widerspruchsbescheides bewirken.

Widerspruch und Anfechtungsklage haben gemäß Abs. 4 **keine** 30
aufschiebende Wirkung. Dies bedeutet, dass trotz Widerspruchs und
Klage durch den Arbeitnehmer die Kündigungssperre aufgehoben
bleibt und der Arbeitgeber kündigen kann. Allerdings riskiert dieser,
dass der Arbeitnehmer mit den von ihm eingelegten Rechtsmitteln erfolgreich ist und die Kündigung mangels Zustimmung rückwirkend
nichtig ist.

2. **Verpflichtungsklage.** Ist der **Antrag des Arbeitgebers** sowohl 31
vom Integrationsamt als auch vom **Widerspruchsausschuss abge-**
lehnt worden, kann der Arbeitgeber Verpflichtungsklage gemäß § 42
Abs. 1 2. Alt. VwGO beim Verwaltungsgericht erheben. Sie ist deshalb
die richtige Klageart, weil der Arbeitgeber den Erlass eines Verwaltungsaktes, nämlich die Zustimmungserteilung, begehrt. Ist sie erfolgreich, entscheidet das Gericht, dass der Bescheid aufgehoben wird und
das Integrationsamt verpflichtet wird, die Zustimmung zu erteilen
oder ein neuer Bescheid unter Beachtung der Rechtsauffassung des
Gerichts zu erlassen ist (§ 113 Abs. 5 VwGO). Die Zustimmungssperre
wird in diesem Fall erst mit dem Zustimmungsbescheid des Integrationsamtes und nicht etwa bereits mit der Entscheidung des Gerichts
aufgehoben. Der Arbeitgeber kann daher erst mit der Zustellung des
Zustimmungsbescheids kündigen.

Einschränkungen der Ermessensentscheidung

89 (1) ¹Das Integrationsamt erteilt die Zustimmung bei Kündigungen in Betrieben und Dienststellen, die nicht nur vorübergehend
eingestellt oder aufgelöst werden, wenn zwischen dem Tage der Kündigung und dem Tage, bis zu dem Gehalt oder Lohn gezahlt wird, mindestens drei Monate liegen. ²Unter der gleichen Voraussetzung soll es die
Zustimmung auch bei Kündigungen in Betrieben und Dienststellen erteilen, die nicht nur vorübergehend wesentlich eingeschränkt werden,
wenn die Gesamtzahl der weiterhin beschäftigten schwerbehinderten
Menschen zur Erfüllung der Beschäftigungspflicht nach § 71 ausreicht.
³Die Sätze 1 und 2 gelten nicht, wenn eine Weiterbeschäftigung auf
einem anderen Arbeitsplatz desselben Betriebes oder derselben Dienst-

stelle oder auf einem freien Arbeitsplatz in einem anderen Betrieb oder einer anderen Dienststelle desselben Arbeitgebers mit Einverständnis des schwerbehinderten Menschen möglich und für den Arbeitgeber zumutbar ist.

(2) Das Integrationsamt soll die Zustimmung erteilen, wenn dem schwerbehinderten Menschen ein anderer angemessener und zumutbarer Arbeitsplatz gesichert ist.

(3) Ist das Insolvenzverfahren über das Vermögen des Arbeitgebers eröffnet, soll das Integrationsamt die Zustimmung erteilen, wenn

1. der schwerbehinderte Mensch in einem Interessenausgleich namentlich als einer der zu entlassenden Arbeitnehmer bezeichnet ist (§ 125 der Insolvenzordnung),

2. die Schwerbehindertenvertretung beim Zustandekommen des Interessenausgleichs gemäß § 95 Abs. 2 beteiligt worden ist,

3. der Anteil der nach dem Interessenausgleich zu entlassenden schwerbehinderten Menschen an der Zahl der beschäftigten schwerbehinderten Menschen nicht größer ist als der Anteil der zu entlassenden übrigen Arbeitnehmer an der Zahl der beschäftigten übrigen Arbeitnehmer und

4. die Gesamtzahl der schwerbehinderten Menschen, die nach dem Interessenausgleich bei dem Arbeitgeber verbleiben sollen, zur Erfüllung der Beschäftigungspflicht nach § 71 ausreicht.

Übersicht

I. Allgemeines

Die Vorschrift übernimmt in den Absätzen 1 und 2 inhaltlich unver- 1
ändert die Regelung des § 19 SchwbG vom 26. August 1986. Im
wesentlichen bestand die Bestimmung schon in § 16 SchwbG von
1974, wurde dann 1986 in § 19 Abs. 1 um S. 3 ergänzt. Mit Art. 97 des
Einführungsgesetzes zur Insolvenzordnung vom 5. 10. 1994
wurde § 19 SchwbG 1986 um Abs. 3 erweitert. Gemäß Art. 110 des Einführungsgesetzes sollte die Regelung des Abs. 3 erst zum 1. 1. 1999 in
Kraft treten. Da allerdings die Vorschrift des § 125 InsO, auf die Abs. 3
Ziff. 1 Bezug nimmt, bereits durch das arbeitsrechtliche Beschäfti-
gungsförderungsG vom 26. 9. 1996 mit anderen arbeitsrechtlichen Regelungen vorab in Kraft getreten war, wird die Auffassung vertreten, es
handele sich um ein Redaktionsversehen und Abs. 3 sei bereits seit dem
1. 10. 1996 anwendbar (siehe zum Meinungsstand: GK-SchwbG-*Steinbrück,* § 19 RdNr. 178 a). Da die Regelung des Abs. 3 seit 1. 1. 1999 un-
streitig gilt, hat der Meinungsstreit so gut wie keine Bedeutung mehr.

Die Vorschrift enthält **vier Fallgruppen**, in denen die Ermessens- 2
entscheidung des Integrationsamtes eingeschränkt ist, und deshalb zugunsten des Arbeitgebers die Zustimmung erteilt werden soll. Aus der
gesetzlich geregelten Ermessenseinschränkung wird deshalb im Umkehrschluss gefolgt, dass in allen anderen Fällen eine Entscheidung
nach pflichtgemäßem, freien Ermessen zu treffen ist.

II. Ermessensentscheidung des Integrationsamtes

Soweit nicht die besonderen Voraussetzungen des § 89 vorliegen, 3
entscheidet das Integrationsamt über den Zustimmungsantrag des
Arbeitgebers nach seinem Ermessen. Die Ermessensentscheidung ist
gemäß § 39 Abs. 1 SGB I nur durch Sinn und Zweck des Schwerbehindertenrechts gebunden. Im Rahmen der vorzunehmenden **Interessenabwägung** ist das Interesse des Arbeitgebers an der Erhaltung seiner
unternehmerischen Gestaltungsmöglichkeiten gegen das Interesse des

schwerbehinderten Arbeitnehmers an der Erhaltung seines Arbeitsplatzes abzuwägen (BVerwGE U. v. 19.10.95 NZA-RR 1996, 288; BVerwG U. v. 2.7.92 DVBL 1992, 1490; ständige Rechtsprechung). Gemäß § 20 SGB X hat das Integrationsamt die für diese Abwägung maßgeblichen Umstände von Amts wegen zu ermitteln.

4   **1. Prüfungsumfang.** Welche Umstände dies sind, vor allem wie weit der Prüfungsumfang des Integrationsamtes reicht, ist umstritten. Der Streit bezieht sich insbesondere auf die Frage, ob die beabsichtigte Kündigung des Arbeitgebers auch in allgemeiner arbeitsrechtlicher Hinsicht vom Integrationsamt überprüft werden darf oder ob dies den Arbeitsgerichten zu überlassen ist.

5   Teilweise wird die Ansicht vertreten, dass das Integrationsamt sich nur auf eine **Schlüssigkeitsprüfung beschränken** dürfe und bei seiner Abwägungsentscheidung nur die vom Arbeitgeber vorgetragenen und für die Entscheidung wesentlichen Umstände zugrundelegen dürfe (OVG Lüneburg U. v. 12.7.89 LS NZA 1990, 66; Bay. VGH U. v. 8.8.85 Br 1986, 45, allerdings für die außerordentliche Kündigung). Diese **Ansicht ist abzulehnen.** Das Integrationsamt hat eine eigene Aufklärungspflicht gemäß § 20 SGB X und ist nicht etwa an den Tatsachenvortrag des Arbeitgebers gebunden. Es muss sich über die Richtigkeit der vom Arbeitgeber behaupteten Umstände eine eigene Überzeugung bilden. Basiert die Entscheidung auf einem nicht hinreichend aufgeklärten Sachverhalt, ist sie ermessensfehlerhaft. Welche Umstände maßgeblich sind, ist aufgrund der **Umstände des Einzelfalles zu ermitteln** (BVerwGE U. v. 19.10.95 a.a.O. BVerwG U. v. 6.2.95 Buchholz 436.61 § 15 SchwbG Nr. 9; U. v. 2.7.92 a.a.O.; OVG des Saarlandes, Beschluss vom 13.2.01, – 3 Q 231/00). Würde die Aufklärung der für die Abwägungsentscheidung wesentlichen Umstände den Arbeitsgerichten überlassen, würde der **besondere Kündigungsschutz leerlaufen** und entgegen dem Gesetzeszweck keinen neben dem allgemeinen Kündigungsschutz zusätzlichen und umfassenderen Schutz gewährleisten (BVerwG U. v. 19.10.95 a.a.O.). Im Übrigen gewährt der Kündigungsschutz nach dem KSchG auch keinen gleichwertigen Schutz, da die Kündigung ohne Zustimmung zur Nichtigkeit der Kündigung führt und der schwerbehinderte Arbeitnehmer deshalb weiterzubeschäftigen ist, während ein Weiterbeschäftigungsanspruch im Kündigungsschutzprozess bis zur ersten obsiegenden Entscheidung in der Regel nicht besteht (BVerwG U. v. 19.10.95 NZA-RR 1996, 288).

6   Teilweise wird die Auffassung vertreten, dass in die Abwägungsentscheidung sämtliche Umstände einzubeziehen sind, die auch allgemein bei einer Entscheidung durch die Arbeitsgerichte berücksichtigt werden, da nur dies dem Grundsatz der Einheit der Rechtsordnung entspräche (GK-SchwbG-*Steinbrück*, § 19 RdNr. 24; *Cramer, SchwbG*, § 19 RdNr. 1). Nach Ansicht des BVerwG und einiger OVG sowie der über-

wiegenden Literaturmeinung ist grundsätzlich **die arbeitsrechtliche Wirksamkeit der beabsichtigten Kündigung** nicht zu prüfen. Nach Sinn und Zweck des Schwerbehindertenschutzes sollen vielmehr die **besonderen Nachteile von schwerbehinderten Menschen** auf dem allgemeinen Arbeitsmarkt ausgeglichen werden. Es soll sichergestellt werden, dass der schwerbehinderte Mensch gegenüber gesunden Arbeitnehmern nicht ins Hintertreffen gerät (BVerwG U. v. 2. 7. 92 DVBL 1992, 1490). Aus diesem Grund sei deshalb in der Abwägungsentscheidung die durch die Gesundheitsbeeinträchtigung bedingte besondere Stellung des Schwerbehinderten im Wirtschaftsleben zu berücksichtigen, nicht aber allgemeine soziale Interessen des Schwerbehinderten als Arbeitnehmer. Ob die **Kündigung** daher **sozial gerechtfertigt** ist, sei der Überprüfung im **arbeitsgerichtlichen Verfahren überlassen** und nicht zusätzlich noch durch das Integrationsamt zu prüfen (BVerwG U. v. 19. 10. 95 und 2. 7. 92 a.a.O.; OVG HH U. v. 27. 11. 87 BB 1989, 220; *Düwell,* LPK-SGB IX, § 89 RdNr. 4; *Griebeling* in Hauck/Noftz, SGB IX, § 89 RdNr. 4 f.; APS/ *Vossen* § 19 RdNr. 2; KDZ- *Zwanziger,* § 19 SchwbG RdNr. 5 f.). Dieser Ansicht ist im Grundsatz zu folgen. Im konkreten Einzelfall lässt sich allerdings zwischen Umständen, die sich speziell aus dem Schwerbehindertenschutz ableiten und solchen, die allgemein arbeitsrechtlicher Natur sind, **nicht trennscharf unterscheiden.** Dies ist auch der Entscheidung des BVerwG vom 2. 7. 92 zu entnehmen, derzufolge das Integrationsamt z.B. die Berechtigung der vom Arbeitgeber gegenüber dem Schwerbehinderten erhobenen Vorwürfe im Einzelnen prüfen muss. Diese Entscheidung wird im Schrifttum deshalb auch kritisiert (*Düwell,* LPK-SGB IX, § 89 RdNr. 12; *Dörner,* SchwbG, § 18 RdNr. 18).

Ausgangspunkt ist, dass das Integrationsamt gemäß § 20 SGB X **7** von Amts wegen all das ermitteln und dann auch berücksichtigen muss, was erforderlich ist, um die gegensätzlichen Interessen des Arbeitgebers und des schwerbehinderten Arbeitnehmers gegeneinander abwägen zu können. Es darf deshalb die vom Arbeitgeber im Zustimmungsantrag genannten Gründe nicht außer Acht lassen, da erst ihre Überprüfung die Beurteilung zulässt, ob die Kündigung die besondere Stellung des schwerbehinderten Menschen berührt. Es erscheint daher gerechtfertigt, von der **Prüfung nur solche Umstände auszuschließen, die rein arbeitsrechtlicher Art** sind und **spezifische Belange des schwerbehinderten Menschen nicht betreffen können** (BVerwGe U. v. 19. 10. 95 NZA-RR 1996, 288 und 2. 7. 92 DVBL 1992, 1490). Dazu gehört etwa die Prüfung, ob eine **Abmahnung** erforderlich ist, (BVerwG U. v. 2. 7. 92 a.a.O.) oder eine ordnungsgemäße **Sozialauswahl** (OVG HH U. v. 27. 11. 87 BB 1989, 220) getroffen wurde.

Ausnahmsweise ist die Zustimmung des Integrationsamtes allein **8** aus Gründen des allgemeinen Arbeitsrechts zu verweigern, wenn die arbeitsrechtliche Unwirksamkeit der Kündigung **offensichtlich** ist (Bay. VGH U. v. 9. 3. 95 Br 1995, 199; *Düwell,* LPK-SGB IX, § 89 RdNr. 5; BVerwG offengelassen: U. v. 2. 7. 92 a.a.O.).

9 **2. Mitwirkungspflicht.** Grundlage der Ermessensentscheidung sind die Umstände, die von den Beteiligten an das Integrationsamt herangetragen worden sind oder sich ihm zumindest aufgedrängt haben. Die für die Abwägungsentscheidung relevanten Umstände müssen dem Integrationsamt zumindest erkennbar gewesen sein. Den Schwerbehinderten trifft insoweit auch eine Mitwirkungspflicht, das Integrationsamt über die seiner Meinung nach relevanten Umstände zu informieren (OVG NW U. v. 23. 1. 92 NZA 1992, 844).

10 **3. Beurteilungszeitpunkt.** Nach der Rechtsprechung ist für die Beurteilung, ob die Zustimmung zu erteilen ist, abweichend zu den ansonsten geltenden Grundsätzen der verwaltungsgerichtlichen Nachprüfung einer behördlichen Entscheidung auf den **Zeitpunkt der Kündigungserklärung** und nicht auf den Zeitpunkt der Widerspruchsentscheidung abzustellen. Es können daher auch beim späteren Widerspruch oder im gerichtlichen Verfahren keine Tatsachen mehr berücksichtigt werden, die erst nach der Kündigung eintreten und die nicht mehr zu dem der Kündigung zugrundeliegenden historischen Sachverhalt gehören (BVerwG Beschl. v. 7. 3. 91 NZA 1991, 511; OVG U. v. 23. 1. 92 NW NZA 1992, 844; OVG Brandenburg U. v. 20. 3. 96 – 4 A 171/95; a.A. VGH Bad.Württ. U. v. 14. 5. 80 BB 1981, 615).

Dies gilt allerdings nur dann, wenn das Integrationsamt die Zustimmung erteilt hat und der schwerbehinderte Arbeitnehmer gegen die Entscheidung Widerspruch eingelegt hat. Nur dann liegt eine Kündigung des Arbeitgebers vor, die rechtsgestaltende Wirkungen entfalten kann. Ist dagegen die Zustimmung versagt worden, der Arbeitgeber greift die Entscheidung des Integrationsamtes mit dem Rechtsmittel des Widerspruchs an und erhebt gegen die Widerspruchsentscheidung Verpflichtungsklage beim Verwaltungsgericht, sind die **Verhältnisse zum Zeitpunkt der letzten Verwaltungsentscheidung maßgeblich** (BVerwG Beschl. v. 22. 1. 93 br 1994,21; zum Ganzen: *Kaiser* in br 1998,3 mit instruktiven Beispielen).

11 **4. Kündigungsgründe im Einzelnen.** Der Kündigungsschutz im Schwerbehindertenrecht hat besonderes Gewicht, wenn die Kündigung auf **Gründe** gestützt wird, die in der **Behinderung** ihre **Ursache** haben. Denn gerade dann konkretisiert und bewährt sich der Schutzzweck des Gesetzes, der darin besteht, den schwerbehinderten Menschen vor behinderungsbedingten Nachteilen im Arbeitsleben zu schützen und ihm durch Erhaltung seines Arbeitsplatzes eine selbstbestimmte und gleichberechtigte Teilhabe am Arbeitsleben zu ermöglichen. Es soll sichergestellt werden, dass die besonderen gesetzgeberischen Anstrengungen, einem Schwerbehinderten eine seinen Kenntnissen und Fähigkeiten angemessene Beschäftigung zu verschaffen,

nicht dadurch wieder zunichte gemacht wird, dass sich Arbeitgeber von ihren aus sozialpolitischen Überlegungen auferlegten Pflichten, Schwerbehinderte in den Arbeitsprozess einzugliedern, durch Kündigung wieder entledigen. Dies gilt vor allem dann, wenn der **Entlassungswunsch auf der Schwerbehinderung** beruht (Bay. VGH U. v. 9. 3. 95 br 1995, 199). Deshalb sind in diesen Fällen an die **Zumutbarkeitsgrenze** des Arbeitgebers für eine Weiterbeschäftigung des Arbeitnehmers **besonders hohe Anforderungen** zu stellen. Umgekehrt sind die Interessen des schwerbehinderten Menschen geringer zu gewichten, je weniger ein Zusammenhang zwischen Behinderung und Kündigungsgrund besteht (BVerwG U. v. 19. 10. 95 NZA-RR 1996, 288 und U. v. 16. 6. 90 – 5 B 127/89; Bay. VGH U. v. 9. 3. 95 br 1995, 199; OVH HH U. v. 27. 11. 87 BB 1989, 220). Bei einem **fehlenden Zusammenhang** zwischen Kündigungsgrund und Behinderung ist allerdings nicht etwa die Zustimmung zu erteilen; es müssen vielmehr auch dann die beiderseitigen **Interessen im konkreten Einzelfall** auch unter Berücksichtigung des Schwerbehindertenschutzes miteinander **abgewogen werden** und etwa die besondere Schwierigkeit für Schwerbehinderte auf dem Arbeitsmarkt, eine neue Stelle zu finden, gewichtet werden (OVG HH U. v. 27. 11. 87 a.a.O.).

a) Personenbedingte Gründe. Diese Grundsätze haben eine besondere Bedeutung beim Ausspruch einer Kündigung wegen **Leistungsminderung** oder einer **krankheitsbedingten Kündigung**. Immer dann, wenn der Arbeitgeber die Kündigung auf Minderleistungen oder krankheitsbedingte Fehlzeiten stützt, ist vom Integrationsamt aufzuklären, ob Fehlzeiten oder Leistungsminderung zumindest auch auf der **Behinderung beruhen**. Bei der behaupteten Minderleistung ist weiterhin zu ermitteln, welchen **Umfang** und welche **Auswirkungen** die Leistungsdefizite konkret auf die Arbeitsleistung haben. Diese Ermittlungen sind nicht den Arbeitsgerichten zu überlassen. Sie sind vom Integrationsamt vorzunehmen (BVerwG U. v. 19. 10. 95 NZA-RR 1996, 288). **12**

Im Falle der krankheitsbedingten Kündigung sind die Behauptungen des Arbeitgebers über die **Fehlzeiten** des Arbeitnehmers **in der Vergangenheit** auf ihre Richtigkeit hin durch das Integrationsamt zu überprüfen. Auch die **Prognose**, inwieweit mit ähnlichen Fehlzeiten in der Zukunft zu rechnen ist, ist in die **Prüfung** mit einzubeziehen (OVG NRW 21. 3. 90 br 1991,93; VG Arnsberg U. v. 24. 9. 96 br 1997, 112; *Düwell*, LPK-SGB IX, § 89 RdNr. 9). Insofern unterscheidet sich die Prüfung nicht von der allgemein-arbeitsrechtlichen. **13**

Fraglich ist allerdings, welche Maßnahmen das Integrationsamt zur Aufklärung des Sachverhalts ergreifen kann, ob es etwa auch zur Prüfung der noch bestehenden Leistungsfähigkeit des Arbeitnehmers oder zur Prüfung der Zukunftsprognose eine **ärztliche Begutachtung** veranlassen darf. Dies ist als nur weitreichend abzulehnen. **14**

15   Aufgabe des Integrationsamtes ist es nicht, die materiellen Kündigungsgründe im Rahmen eines langwierigen Aufklärungsprozesses durch die Einholung ärztlicher Gutachten oder eigene Begutachtungen einzuleiten (so aber wohl OVG Saarland U. v. 3. 4.95 br 1995, 154, 156). Bereits durch die Festlegung einer Entscheidungsfrist gemäß § 88 Abs. 1 von nur einem Monat hat der Gesetzgeber einer weitreichenden und alle Mittel ausschöpfenden Aufklärung des Sachverhalts Grenzen setzen wollen. Außerdem verbietet auch die Doppelgleisigkeit des Rechtsweges eine derartige Begutachtung, da es durch eine Aufklärung des medizinischen Sachverhalts von Amts wegen durch Begutachtungen des Integrationsamtes zu einer **im zivilgerichtlichen Verfahren nicht vorgesehenen Verschiebung der Darlegungs- und Beweislasten** zugunsten des beweisbelasteten Arbeitgebers kommen kann. Für die Darlegung der Kündigungsgründe ist dieser darlegungs- und beweispflichtig. Allerdings muss der Arbeitnehmer im Arbeitsgerichtsprozess die durch Fehlzeiten begründete Negativprognose entkräften und ggf. sich auch begutachten lassen. Bis es dazu kommt sind jedoch ärztliche Stellungnahmen einzuholen; außerdem können die Parteien Einfluss auf die Auswahl des Gutachters nehmen. Durch eine ärztliche Begutachtung des Integrationsamtes, die sich der Arbeitgeber im arbeitsgerichtlichen Prozess zu eigen machen kann, gewinnt dieser Vorteile, die er sonst im Zivilprozess nicht hätte. Der besondere Kündigungsschutz wäre dann in der Gefahr, sich in sein Gegenteil zu verkehren und der schwerbehinderte Arbeitnehmer könnte gegenüber einem nicht behinderten Arbeitnehmer benachteiligt werden.

16   Auf der dritten Stufe der Prüfung einer krankheitsbedingten Kündigung ist von den Arbeitsgerichten die **erhebliche Beeinträchtigung betrieblicher Interessen** bzw. die **erhebliche wirtschaftliche Belastung** etwa durch Entgeltfortzahlungskosten zu berücksichtigen. Soweit es sich um keine Fehlzeiten handelt, die mit der Behinderung im Zusammenhang stehen, ist diese Prüfung allgemein-arbeitsrechtlich und den Arbeitsgerichten zu überlassen. Beruhen die **krankheitsbedingten Ausfälle** jedoch **auf der Behinderung**, werden an die Unzumutbarkeit einer Weiterbeschäftigung **strenge Anforderungen** gestellt. Es ist anerkannt, dass der Arbeitgeber sogar verpflichtet sein kann, den Arbeitnehmer „durchzuschleppen". Diese Verpflichtung soll nur da ihre Grenze finden, wo die Weiterbeschäftigung **„allen Gesetzen wirtschaftlicher Vernunft" widerspricht** (BVerwG U. v. 16. 6. 90 – 5 B 127/89 – und U. v. 19. 10. 95 NZA-RR 1996, 288.; OVG Saarland U. v. 13. 2. 01 – 3 Q 231/00). So ist die äußerste Zumutbarkeitsgrenze beispielsweise erst als überschritten angesehen worden bei einer ununterbrochen über zwei Jahre währenden Arbeitsunfähigkeit (OVG Saarland U. v. 3. 4. 1995 br 1995, 154). In einer anderen Entscheidung wurde die Beschäftigung als nicht mehr zumutbar angesehen, nachdem der schwerbehinderte Mensch in den letzten 3 Jahren vor der Kündigung an mehr als der Hälfte der Arbeitstage nicht gearbeitet hat und die Besserung des Gesundheitszustandes aussichtslos war (OVG Münster 27. 2. 1998 br 1998, 170).

Die Behörde hat darüber hinaus zu prüfen, inwieweit eine **Weiter-**   **17** **beschäftigung** des schwerbehinderten Arbeitnehmers **möglich** ist. Dabei hat sie zum einen zu berücksichtigen, ob der Arbeitgeber seinen **Verpflichtungen zu einer behindertengerechten Beschäftigung** gemäß § 81 Abs. 4 und 5 nachkommt und inwieweit durch entsprechende organisatorische oder technische Veränderungen gemäß § 81 Abs. 4 Ziff. 4 und 5 eine Weiterbeschäftigung des Schwerbehinderten erreicht werden kann. Der Arbeitgeber ist gemäß § 81 Abs. 3, 4 und 5 verpflichtet, den Schwerbehinderten so zu fördern, dass er seine auch nur eingeschränkte Arbeitskraft durch eine entsprechende Tätigkeit im Betrieb noch einsetzen kann (BAG U. v. 10. 7. 91 NZA 1992, 27; OVG Saarland U. v. 3. 4. 95 br 1995, 154; *Düwell,* LPK-SGB IX, § 98 RdNr. 9; *Griebeling* in Hauck/Noftz, SGB IX, K § 89 RdNr. 6). Inwiefern eine **Umorganisation der Arbeit** im Betrieb so möglich ist, dass der schwerbehinderte Arbeitnehmer seine Tätigkeit fortsetzen kann (z.b. Arbeitsverrichtung überwiegend im Sitzen) muss die Behörde ggf. auch durch eine **Betriebsbegehung** klären, wenn sie anders ausreichende Erkenntnisse über den Arbeitsplatz nicht erwerben kann (OVG Saarland U. v. 3. 4. 95 a.a.O.)

In ihre Prüfung muss sie weiterhin auch die Möglichkeit einbezie-   **18** hen, ob eine Fortsetzung des Arbeitsverhältnisses unter **veränderten Arbeitsbedingungen** (z.B. Herausnahme aus dem Schichtdienst) oder eine Weiterbeschäftigung nur auf einem **anderen Arbeitsplatz** in Frage kommt (BVerwG U. 16. 6. 1990 Buchholz 436.61 § 15 SchwbG Nr. 3, S. 5; BVerwG U. v. 11. 9. 90 Buchholz 436.61 § 15 SchwbG 1986 Nr. 4). Ist dieser Arbeitsplatz frei, ist er dem schwerbehinderten Arbeitnehmer anzubieten. Auch soweit der Arbeitgeber die Weiterbeschäftigung des Schwerbehinderten auf einem leidensgerechten Arbeitsplatz dadurch erreichen kann, dass er lediglich durch Ausübung seines Direktionsrechtes den entsprechenden Arbeitsplatz freimacht, ist anerkannt, dass er zu dieser Umorganisation verpflichtet ist (BAG U. v. 29. 1. 97 NZA 1997, 709, 710).

Der Arbeitgeber ist jedoch grundsätzlich **nicht verpflichtet**, für den schwerbehinderten Arbeitnehmer einen zusätzlichen **Arbeitsplatz einzurichten** oder einen besetzten Arbeitsplatz **frei zu kündigen** (BAG U. v. 28. 4. 98 NZA 1999, 152; OVG HH U. v. 27. 11. 87 BB 1989, 220). In **Ausnahmefällen** kommt aber sogar ein **Freikündigen** in Betracht, nämlich dann, wenn der zu kündigende Arbeitnehmer nicht behindert ist und die Kündigung für ihn aus besonderen Gründen **keine soziale Härte** darstellt (BAG U. v. 28. 4. 98 a.a.O.; BAG U. v. 10. 7. 91 NZA 1992, 27, 29; BAG U. v. 8. 2. 66 AP Nr. 4 zu § 12 SchwBeschG) (siehe auch Erläuterungen zu § 81).

19   Der Schutzgedanke der Rehabilitation gebietet es darüber hinaus,
dass der Arbeitgeber auch das Ende einer ihn nicht mit Entgeltfortzahlungskosten belastenden **Schulungsmaßnahme** abwarten muss, ehe
er Kündigungsmaßnahmen plant. Ein Abwarten ist nur dann nicht zumutbar, wenn bereits vor Abschluss der Schulungsmaßnahme mit hinreichender Sicherheit erkennbar ist, dass für den schwerbehinderten
Arbeitnehmer kein behinderungsgerechter Einsatz nach Ende der
Umschulung bestehen wird (BVerwG U. 16. 6. 1990 Buchholz 436.61
§ 15 SchwbG Nr. 3; LAG Hamm U. v. 20. 1. 00 NZA-RR 2000, 239).

20   Schließlich ist gerade bei der Prüfung von personenbedingten Kündigungen der **Grundsatz der Prävention des § 84** zu berücksichtigen. Dort ist geregelt, dass schon frühzeitig beim Auftreten von Leistungseinschränkungen oder Fehlzeiten von mehr als 3 Monaten das
Integrationsamt eingeschaltet werden muss, damit bereits im Vorfeld
Hilfestellungen und eine Kündigung vermeidende Maßnahmen ergriffen werden können (siehe Erläuterungen dort). Kommt der Arbeitgeber seiner Präventionspflicht nicht nach, hat er ggf. nicht nur die verlängerte Ermittlungszeit hinzunehmen sondern auch eine ablehnende
Entscheidung des Integrationsamtes, wenn dieses nach Prüfung zu
dem Ergebnis kommt, dass vor der Kündigung zunächst alternative
Maßnahmen ergriffen werden können.

21   **b) Verhaltensbedingte Gründe.** Ob im Rahmen einer verhaltensbedingten Kündigung das Integrationsamt die vom Arbeitgeber vorgetragenen **Gründe von Amts wegen aufklären** muss, ist streitig.
Teilweise wird die Ansicht vertreten, dass die Prüfung, ob die vom
Arbeitgeber erhobenen Vorwürfe tatsächlich vorliegen, den Arbeitsgerichten überlassen bleiben soll (Bay. VGH U. v. 9. 3. 95 br 1995, 199;
Düwell, LPK-SGB IX, § 89 RdNr. 12). Nach Ansicht des BVerwG
müssen die vom Arbeitgeber behaupteten Pflichtverletzungen des Arbeitnehmers dagegen auf ihre Berechtigung hin überprüft werden.
Das Integrationsamt muss deshalb auch aufklären, in wessen Verant-
wortungsbereich etwa die dem Arbeitnehmer vorgeworfenen Streitigkeiten fallen (BVerwG U. v. 2.7.92 DVBL 1992, 1490). Dieser Auffassung ist zu folgen. Denn ohne eine **ausreichend ermittelte Tatsachengrundlage**, wozu auch die Frage gehört, wer die Verantwortung
für Störungen im Arbeitsverhältnis trägt, kann die Pflichtverletzung
im Rahmen der vorzunehmenden Interessenabwägung nicht gewichtet werden. Diese Prüfung kann deshalb nicht den Arbeitsgerichten
überlassen bleiben. Außerdem wird sich erst durch die Ermittlung, ob
und inwieweit die geschilderten Vorwürfe tatsächlich zutreffen, beurteilen lassen, ob zwischen Kündigungsgrund und Behinderung ein
Zusammenhang besteht.

22   Im Rahmen seiner Ermittlungen muss das Integrationsamt vor
allem prüfen, inwieweit der behauptete **Pflichtenverstoß im Zusammenhang mit der Behinderung** des Arbeitnehmers steht. Dies

kann etwa der Fall sein, wenn der Arbeitnehmer infolge seiner Behinderung von anderen Kollegen provoziert wird und sich dann aggressiv verhält (*Dörner*, SchwbG, § 18 RdNr. 18). In diesem Fall wird das Integrationsamt auch die Möglichkeit einer Beschäftigung auf einem **anderen Arbeitsplatz**, evtl. in einer anderen Abteilung überprüfen müssen.

Das Integrationsamt hat auch im Falle der verhaltensbedingten Kündigung zu klären, ob der Arbeitgeber seiner **Präventionspflicht** gemäß § 84 nachgekommen ist. Es hat die Zustimmung zu verweigern, wenn sich herausstellt, dass z.B. zum Abbau des behinderungsbedingten aggressiven Verhaltens zunächst therapeutische Maßnahmen wie ein Anti-Aggressionstraining (*Düwell*, LPK-SGB IX, § 89 RdNr. 13) durchgeführt werden können oder eine Versetzung in Betracht kommt.   23

Ob zuvor eine **Abmahnung** hätte ausgesprochen werden müssen, ist dagegen eine allgemein arbeitsrechtliche Frage, die von den Arbeitsgerichten zu klären ist (BVerwG U. v. 2. 7.92 DVBL 1992,1490; *Griebeling* in Hauck/Noftz, SGB IX, K § 89 RdNr. 8; *Düwell*, LPK-SGB IX, § 89 RdNr. 5).   24

c) Betriebsbedingte Gründe. Auch im Falle einer geplanten betriebsbedingten Kündigung ist der vom Arbeitgeber vorgetragene **Sachverhalt** im Rahmen der Amtsermittlung auf seine **Richtigkeit** hin **zu überprüfen** und vor allem zu klären, inwieweit der Schwerbehinderte von der geplanten Maßnahme tatsächlich betroffen ist und sein **Arbeitsplatz weggefallen** ist (OVG NRW U. v. 23. 1. 92 NZA 1992, 844). Dabei sind die vom Arbeitnehmer und der betrieblichen Interessenvertretung sowie der Schwerbehindertenvertretung angeführten Einwände zu berücksichtigen.   25

Ein Zusammenhang zwischen Kündigungsgrund und Schwerbehinderung wird im Fall der betriebsbedingten Kündigung in der Regel nicht gegeben sein. Dies enthebt das Integrationsamt jedoch nicht von der Verpflichtung, die sich speziell aus dem Schwerbehindertenschutz ableitenden Erwägungen in die Interessenabwägung einzubeziehen. Dazu gehört vor allem eine aufgrund der Behinderung **schwere Vermittlungsfähigkeit** auf den Arbeitsmarkt (OVG HH U. v. 27. 11. 87 BB 1989, 220).   26

Im Fall der betriebsbedingten Kündigung konzentriert sich die Prüfung vor allem auf die **Möglichkeit der Weiterbeschäftigung** des Schwerbehinderten. Diese ist auch dann zu prüfen, wenn die unternehmerische Entscheidung weder in einer Betriebsschließung noch in einer Betriebseinschränkung besteht (APS/*Vossen* § 19 RdNr. 3; *Düwell*, LPK-SGB IX, § 89 RdNr. 15; *Griebeling* in Hauck/Noftz, SGB IX, K § 89 RdNr. 7). Hierbei ist die grundsätzliche Verpflichtung des Arbeitgebers gemäß § 81 Abs. 3, Abs. 4 Ziff. 1 zu berücksichtigen, Schwerbehinderte so zu beschäftigen, dass sie ihre Fähigkeiten und Kenntnisse voll verwerten können. Diese Pflicht gilt vor allem, solange die **Pflichtquote nicht erfüllt** wird. Die Norm des § 81 Abs. 3 und 4 bein-   27 haltet eine privatrechtlich **gesteigerte Fürsorgepflicht** und begrenzt insoweit die unternehmerische Dispositionsfreiheit (BAG U. v. 10. 7. 91 NZA 1992, 27). Die in § 81 Abs. 3 enthaltene Verpflichtung, einer möglichst großen Zahl von Schwerbehinderten dauerhafte Beschäftigung zu geben, kann daher im Einzelfall auch bedeuten, dass eine **outsourcing-Maßnahme**, mit der gerade behindertengerechte Arbeitsplätze in Wegfall geraten sind, wieder rückgängig gemacht werden muss oder eine **Fremdvergabe** unterlassen werden muss, wenn der Einsatz Schwerbehinderter anders nicht zu realisieren ist (so *Düwell*, LPK-SGB IX, § 89 RdNr. 15). Typischer Fall ist der Pförtnerdienst, der auf ein Überwachungsunternehmen übertragen werden soll oder ein Kurier- und Botendienst, der an eine Spedition fremdvergeben werden soll.

28   Die Frage, inwieweit der Arbeitgeber u.a. auch die Schwerbehinderung im Rahmen der **Sozialauswahl** ausreichend beachtet hat, ist dagegen allein von den **Arbeitsgerichten** zu entscheiden (OVG HH U. v. 27. 11. 87 BB 1989, 220; *Düwell*, LPK-SGB IX, § 89 RdNr. 16;). Auch das BVerwG will nur eine offenkundig fehlerhafte Sozialauswahl berücksichtigen (BVerwG U. v. 11. 11. 99 NZA 2000, 146, 148). Dies erscheint schon deshalb gerechtfertigt, weil erst nach der Zustimmung der schwerbehinderte Arbeitnehmer überhaupt in die Sozialauswahl einzubeziehen ist; die soziale Auswahlentscheidung des Arbeitgebers schließt sich also erst an die Zustimmungserteilung an (*Düwell*, LPK-SGB IX, § 89 RdNr. 16).

III. Ermessensbindung (Abs. 1 und 2)

29   Die Ermessensentscheidung ist in folgenden **drei Fällen** gemäß Abs. 1 und Abs. 2 ausnahmsweise eingeschränkt.

30   Es liegt eine Betriebsstilllegung oder Dienststellenauflösung vor, der schwerbehinderte Arbeitnehmer erhält für 3 Monate nach dem Tage des Kündigungszugang seinen Lohn oder sein Gehalt fortgezahlt und eine Weiterbeschäftigungsmöglichkeit auf einem anderen Arbeitsplatz besteht nicht (Abs. 1 S. 1 u. S. 3).

31   Es liegt eine wesentliche Betriebseinschränkung vor, der schwerbehinderte Arbeitnehmer erhält ebenfalls die 3-monatige Gehaltszahlung und es besteht keine anderweitige Weiterbeschäftigungsmöglichkeit. Zusätzlich muss auch nach der Betriebseinschränkung durch die verbleibenden Arbeitnehmer die Pflichtquote erfüllt werden (Abs. 1 S. 2 u. 3).

32   Dem schwerbehinderten Arbeitnehmer ist ein anderer angemessener und zumutbarer Arbeitsplatz gesichert (Abs. 2).

33   **1. Betriebsstilllegung.** Der in § 89 Abs. 1 S. 1 verwendete Begriff der nicht nur vorübergehenden Einstellung des Betriebes oder Dienststelle entspricht der Betriebsstilllegung in § 15 Abs. 4 KSchG und § 111

S. 3 Ziff. 1 BetrVG. Es sind deshalb die **Auslegungsgrundsätze** heranzuziehen, die zu **§ 15 KSchG und § 111 BetrVG** entwickelt worden sind (OVG Brandenburg U. v. 20. 3. 96 – Az 4 171/95; APS/*Vossen* § 19 RdNr. 6; *Düwell,* LPK-SGB IX, § 89 RdNr. 20; *Griebeling* in Hauck/ Noftz, SGB IX, K § 89 RdNr. 12).

Nach ständiger Rechtsprechung des BAG liegt eine **Betriebsstill-**   **34** **legung** vor, wenn die zwischen Arbeitnehmer und Arbeitgeber bestehende Betriebs- und Produktionsgemeinschaft aufgelöst wird. Davon ist auszugehen, wenn die wirtschaftliche Betätigung in der ernstlichen Absicht eingestellt wird, den bisherigen Betriebszweck dauernd oder für eine unbestimmte, wirtschaftlich nicht unerhebliche Zeitspanne nicht weiter zu verfolgen (BAG U. v. 27. 9. 84 AP Nr. 39 zu § 613 a BGB; NZA 1991, 891; BAG U. v. 11. 3. 98 NZA 1998, 879). Lediglich eine **Betriebsunterbrechung** liegt vor, wenn z. b. aus Witterungsgründen nur eine Pause während der Wintermonate eingelegt wird oder es sich um einen Saison- oder Kampagnebetrieb handelt (*Dörner,* SchwbG, § 19 RdNr. 6). Auch die **Eröffnung des Insolvenzverfahrens** allein stellt noch keine Betriebsstillegung dar; dazu bedarf es erst einer entsprechenden Entscheidung durch den Insolvenzverwalter (BAG U. v. 11. 3. 98 a. a. O.).

Bei **Veräußerung des Betriebes** und dem damit verbundenen   **35** Wechsel des Inhabers des Betriebes liegt ebenfalls keine Betriebsstilllegung vor, sondern eine Fortführung des Betriebes durch den Betriebserwerber gemäß § 613 a BGB. Dieser tritt in die Arbeitsverhältnisse mit dem bisherigen Betriebsinhaber ein (BAG U. v. 27. 9. 84 AP Nr. 39 zu § 613 a BGB, ständige Rechtsprechung). Von einem Betriebsübergang ist auch auszugehen, wenn ein in Insolvenz gefallenes Unternehmen von einer **Auffanggesellschaft** übernommen und weitergeführt wird (VGH Bad.Württ. U. v. 14. 5. 80 BB 1981, 615).

Die Zustimmung muss nicht erst erteilt werden, wenn der Betrieb   **36** bereits stillgelegt ist. Es reicht auch die **endgültige und ernsthafte Stilllegungsabsicht.** Wird die Kündigung aber auf die zukünftige betriebliche Entwicklung gestützt, so müssen, um Missbrauch zu verhindern, die betrieblichen Umstände bereits **greifbare Formen** angenommen haben. Dafür können Indizien wie etwa ein entsprechender Gesellschafterbeschluss, Kundgabe gegenüber Geschäftspartnern, Verhandlungen über einen Interessenausgleich, nur noch Auftragsabwicklung und keine Hereinnahme größerer neuer Aufträge sein (*Griebeling* in Hauck/Noftz, SGB IX, K § 89 RdNr. 13). Wenn zum Zeitpunkt des Zustimmungsantrags noch über eine **Weiterführung** des Betriebes **verhandelt** wird, spricht dies gegen die ernsthafte Stilllegungsabsicht (BAG U. v. 11. 3. 98 NZA 1998, 879).

Maßgeblicher Zeitpunkt für die Beurteilung der Stilllegungsab-   **37** sicht sind die Verhältnisse zum Zeitpunkt der Kündigungserklärung. Das Integrationsamt muss also prüfen, inwieweit die vorgetragenen

Umstände unter Berücksichtigung einer vernünftigen betriebswirtschaftlichen Betrachtungsweise eine endgültige Stilllegung erwarten
lassen und ausschließen, dass sich an dieser Planung bis zur Kündigung
etwas ändert (*Düwell,* LPK-SGB IX, § 89 RdNr. 22).

38   Problematisch ist der Fall, dass **nach der Zustimmungserteilung
Verkaufsverhandlungen** mit einem potentiellen Erwerber aufgenommen werden. Da für die Beurteilung des Zustimmungsantrags
maßgeblich auf den Zeitpunkt des Zugangs der Kündigungserklärung
abzustellen ist, kommt es darauf an, ob zu diesem Zeitpunkt bereits
Anhaltspunkte vorhanden waren, die einen Verkauf hinreichend wahrscheinlich erwarten ließen. Bestand zu diesem Zeitpunkt keine **Aussicht auf** eine **Übernahme** und ändert sich dies nur später **unvorher-
gesehen**, wird die ursprüngliche Stilllegungsabsicht dadurch nicht in
Frage gestellt (BAG U. v. 11. 3. 98 NZA 1998, 879; OVG Brandenburg
U. v. 20. 3. 96 – 4 A 171/95; OVG NW U. v. 3. 10. 89 br 1990, 89).

39   Gegen eine überraschende Betriebsübernahme spricht allerdings,
wenn der Betrieb **alsbald wiedereröffnet** wird (in der BAG-Ent-
scheidung v. 27. 9. 84 waren es 2 Monate: AP Nr. 39 zu § 613 a BGB).
Dieser Umstand kann im Widerspruchs- und Klageverfahren daher als
wichtiges Indiz gegen die bisherige Prognoseentscheidung des Integrationsamtes gewertet und noch berücksichtigt werden.

40   Bei Bestandskraft des Bescheides kommt auch eine **Rücknahme**
gemäß den §§ 44, 45 SGB X in Betracht, wenn der **Bescheid rechtswidrig** ist und der Arbeitgeber zur Rechtswidrigkeit bewusst durch
falsche Angaben beigetragen hat (*Düwell,* LPK-SGB IX, § 89
RdNr. 23).

41   Der nicht nur vorübergehenden Einstellung entspricht bei der
öffentlichen Verwaltung die **Auflösung**. Diese liegt vor, wenn die
vorgesetzte Dienststelle kraft ihrer Organisationsgewalt eine Behörde,
selbstständige Verwaltungsstelle oder einen öffentlichen Betrieb auf-
hebt (APS/*Vossen* § 19 SchwbG RdNr. 6; *Griebeling* in Hauck/Noftz,
SGB IX, K § 89 RdNr. 12; *Neumann/Pahlen,* SGB IX, § 89 RdNr. 14).

42   **2. Dauerhafte wesentliche Einschränkung (Abs. 1 S. 2)**. Der
Begriff der wesentlichen Einschränkung entspricht demjenigen des
§ 111 Abs. 1 S. 2 Nr. 1 BetrVG (OVG NRW U. v. 12. 12. 89 br 1991, 66).
Gemeint sind Konstellationen, in denen zwar der Betriebszweck
weiterverfolgt wird, aber nur unter erheblicher Einschränkung der
Betriebsorganisation. Die Herabsetzung der Leistungsfähigkeit des
Betriebes kann durch eine Verringerung der sächlichen Betriebsmittel
wie durch eine **Einschränkung der Zahl der beschäftigten Arbeitnehmer** bedingt sein (BAG U. v. 28. 4. 93 NZA 1993, 1142). Die **Aufgabe eines Produktionszweiges** unter gleichzeitiger Änderung des
Unternehmenszwecks bzw. der Unternehmensorganisation stellt regelmäßig eine wesentliche Einschränkung des Betriebes dar (OVG
NW vom 12. 12. 1989 a.a.O.; OVG NW U. v. 3. 10.89 br 1990, 89, 90:

Aufgabe eines Dentallabors in einer zahnärztlichen Praxis; *Griebeling* in Hauck/Noftz, SGB IX, K § 89 RdNr. 17). Dasselbe gilt für die **Stilllegung** einer ganzen **Betriebsabteilung**. (APS/Vossen § 19 RdNr. 10; *Neumann/Pahlen*, SGB IX, § 89 RdNr. 12), es sei denn sie ist sowohl für den gesamten Betrieb als auch bezogen auf den Umfang der Personalreduzierung von ganz untergeordneter Bedeutung (so entschieden für die Auflösung einer Reinigungsabteilung in einem Druckbetrieb mit Verlag: BAG Beschl. v. 6. 12. 88 AP Nr. 26 zu § 111 BetrVG 1972). Auch der **bloße Personalabbau** unter Beibehaltung der sächlichen Betriebsmittel kann in einer bestimmten Größenordnung eine Betriebseinschränkung darstellen. Für die Frage, wann eine wesentliche Einschränkung anzunehmen ist, können die **Zahlenangaben des § 17 Abs. 1 KSchG** als Richtschnur herangezogen werden (BAG Beschl. v. 22. 5. 79 AP Nr. 4 zu § 111 BetrVG 1972; OVG NW U. v. 12. 12. 89 br 1991, 66). Maßgeblich ist die Gesamtzahl der Arbeitnehmer, die voraussichtlich betroffen sind. Der Vier-Wochen-Zeitraum des § 17 Abs. 1 KSchG gilt allerdings wie bei § 111 BetrVG nicht. Der Personalabbau kann sich also auch in **zeitlichen Stufen vollziehen**, muss aber auf einer **einheitlichen unternehmerischen Planung** beruhen (BAG Beschl. v. 22. 5. 79 a.a.O.; ArbG HH U. v. 17. 10. 97 AiB 98, 526; FKHE, BetrVG, § 111 RdNr. 46).

Bei **größeren Unternehmen** hat das BAG vorausgesetzt, dass mindestens 5 % der Belegschaft von der Maßnahme betroffen sein müssen (BAG Beschl. v. 23. 8. 88 AP Nr. 26 zu § 111 BetrVG 1972; *Griebeling* in Hauck/Noftz, SGB IX, K § 89 RdNr. 17; FKHE, BetrVG, § 111 RdNr. 71).

Eine Betriebseinschränkung liegt schließlich nur vor, wenn es sich **43** nicht um eine nur vorübergehende Herabsetzung der Leistungsfähigkeit des Betriebes handelt. Es darf sich also **nicht** um **gewöhnliche Schwankungen der Betriebstätigkeit** handeln, wie sie zum üblichen Erscheinungsbild z.B. eines Saisonbetriebes gehören. Die Betriebseinschränkung muss vielmehr für einen unbestimmten und wirtschaftlich erheblichen Zeitraum geplant sein (BAG Beschl. v. 22. 5. 79 AP Nr. 4 zu § 111 BetrVG 1972; GK-SchwbG-*Steinbrück*, § 19 RdNr. 82; *Düwell*, LPK-SGB IX, § 89 RdNr. 28; *Griebeling* in Hauck/Noftz, SGB IX, K § 89 RdNr. 17).

3. Entgeltzahlung für drei Monate. Die gesetzliche Regelung in **44** Abs. 1 S. 1 fordert, dass nach dem Tage des Kündigungszugangs noch für mindestens 3 Monate Gehalt oder Lohn fortgezahlt werden muss. Der **Rechtsgrund der Zahlung** ist hierbei **unerheblich**. Er kann sich aus einer einzelvertraglichen Zusage oder aus einer tariflichen oder betrieblichen Vereinbarung ergeben. Die Verpflichtung kann auch auf einer verlängerten Kündigungsfrist beruhen (GK-SchwbG-*Steinbrück*, § 19 RdNr. 60; KDZ-*Zwanziger*, § 19 SchwbG RdNr. 17). Entscheidend ist, dass die Vergütung noch für drei Monate nach Zugang der Kündigung gesichert ist (BAG U. v. 12. 7. 90 NZA 1991, 348).

45   Dies kann in unterschiedlicher Weise geschehen. Das Integrationsamt kann die Zustimmungserteilung mit einer **aufschiebenden Bedingung** verknüpfen, so dass diese erst wirksam mit der Zahlung des Arbeitsentgelts wird und der Arbeitgeber auch erst danach die Kündigung aussprechen kann. Das Integrationsamt kann weiterhin die Zustimmung auch unter einer **auflösenden Bedingung** erteilen mit der Folge, dass der Arbeitgeber zwar sofort kündigen kann, die Zustimmung aber mit Wirkung für die Vergangenheit wegfällt, wenn er nicht zahlt und seine Kündigung ebenfalls nachträglich unwirksam wird. Schließlich kann die Zustimmung auch unter einer **Auflage** erteilt werden. In diesem Fall kann der Arbeitgeber ebenfalls nach Zustimmung die Kündigung aussprechen. Erfüllt er die Auflage nicht, **zahlt** für drei Monate das Arbeitsentgelt also **nicht** weiter, wird die Kündigung zwar nicht unwirksam; die **Zustimmung** kann jedoch gemäß § 47 Abs. 1 Nr. 2, § 32 Abs. 2 Nr. 4 SGB X **widerrufen** werden mit Wirkung für die Zukunft (BAG U. v. 12. 7. 90 NZA 1991, 348; APS/*Vossen* § 19 RdNr. 8; *Cramer,* SchwbG, § 19 RdNr. 5; *Griebeling* in Hauck/Noftz, SGB IX, K § 89 RdNr. 10; *Düwell,* LPK-SGB IX, § 89 RdNr. 37).

46   Der Zustimmungsbescheid muss im Übrigen eindeutig erkennen lassen, ob und unter welcher Voraussetzung die Zustimmung erteilt ist. Bei Unklarheiten ist daher nicht von einer bedingten Zustimmung auszugehen. Es entspricht auch der **Praxis** der meisten (Hauptfürsorgestellen) Integrationsämter, die Zustimmung im Falle einer Betriebsstillegung nicht von einer Zahlungsverpflichtung des Arbeitgebers abhängig zu machen, sondern nur mit einer **Auflage** zu versehen, die bei unvollständiger Zahlung des Arbeitgebers widerruflich ist (BAG U. v. 12. 7. 90 NZA 1991, 348, 350).

47   Höchstrichterlich ungeklärt ist die Frage, ob der gesetzlich geforderten Zahlung mit einer entsprechenden vertraglichen Verpflichtung bereits Genüge getan wird oder die tatsächliche Gewährung der Vergütung verlangt werden muss. Es reicht nicht aus, dass der Arbeitnehmer die Fortzahlung des Arbeitsentgelts für drei Monate nur beanspruchen kann; die **Zahlung** muss auch **tatsächlich erfolgen** (so auch *Dörner,* SchwbG, § 19 RdNr. 21; offengelassen: BAG U. v. 12. 7. 90 NZA 1991, 348; *a. A.* OVG Münster U. v. 3. 10. 89 Br 1990, 89, 91 f.). Der Sinn der Vorschrift, dem Schwerbehinderten noch für drei Monate die Zahlung von Arbeitsentgelt zu sichern, ginge sonst vielfach ins Leere, wenn zur Sicherung auch nicht erfüllte oder unerfüllbare Ansprüche genügen würden oder der Arbeitnehmer sie erst im Klageverfahren durchsetzen müsste.

48   Streitig ist auch, ob die Vorschrift dem schwerbehinderten Arbeitnehmer einen eigenständigen Entgeltfortzahlungsanspruch gewährt oder, ob der Schwerbehinderte wie jeder andere Arbeitnehmer auch **nur Entgelt nach allgemeinen arbeitsrechtlichen Grundsätzen** beanspruchen kann. Diese Frage stellt sich, wenn der Schwerbehinderte während der dreimonatigen Kündigungsfrist über 6 Wochen arbeitsunfähig krank ist und **Krankengeld** erhält. Das BAG hat dies bislang zwar nicht ausdrücklich entschieden; jedoch in seiner Entscheidung vom 12. 7. 90 (NZA 1991, 348, 350) angeführt, dass für Zeiten krankheitsbedingter Arbeitsunfähigkeit kein über die für alle Arbeitnehmer geltenden Vorschriften hinausgehender Anspruch auf Fortzahlung der Vergütung im Krankheitsfalle aus dem seit 1974 geltenden Schwerbehindertenrecht hergeleitet werden könne. Dem ist auch für die Fortzahlung der Vergütung gemäß § 89 Abs. 1 S. 1 zu folgen, da die Vorschrift insoweit keine Besserstellung des schwerbehinderten Menschen bezweckt (*Düwell,* LPK-SGB IX, § 89 RdNr. 33). Während der Kündigungsfrist hat der arbeitsunfähige Arbeitnehmer daher **keinen über 6 Wochen hinaus bestehenden Entgeltzahlungsanspruch.** Anders ist die Rechtslage, wenn der Arbeitgeber sich vertraglich verpflichtet hat, über die Kündigungsfrist hinaus Arbeitsentgelt zu zahlen. Insoweit besteht keine vergleichbare Situation mit anderen nicht schwerbehinderten Arbeitnehmern und der Anspruch steht nicht im synallagmatischen Verhältnis von Leistung und Gegenleistung. In diesem Fall hat der Arbeitgeber im Krankheitsfalle auch Arbeitsentgelt über 6 Wochen zu gewähren.

Weiterhin besteht die Zahlungspflicht unabhängig von der Zahlung **49** von Lohnersatzleistungen wie **Insolvenzgeld** und **Arbeitslosengeld** (GK-SchwbG-*Steinbrück,* § 19 RdNr. 62; KDZ-*Zwanziger,* § 17 SchwbG RdNr. 17). Auch Leistungen wie **Kündigungsschutzabfindungen,** Nachteilausgleichszahlungen (§ 113 BetrVG) oder **Urlaubsabgeltungsansprüche** sind nicht anzurechnen (*Düwell,* LPK-SGB IX, § 89 RdNr. 33 f.; *Neumann/Pahlen,* SGB IX, § 89 RdNr. 17, GK-SchwbG-*Steinbrück,* § 19 SchwbG RdNr. 63).

Die Auflage zur Fortzahlung des Arbeitsentgelts für 3 Monate oder **50** eine entsprechend bedingte Zustimmung kann das Integrationsamt auch dem **Insolvenzverwalter,** wenn dieser den Betrieb stilllegt oder wesentlich einschränkt, erteilen (BAG U. v. 1. 7. 90 NZA 1991, 348).

4. Erfüllung der Pflichtquote (Abs. 1 S. 2). Im Falle der wesent- **51** lichen Betriebseinschränkung setzt § 89 Abs. 1 S. 2 weiterhin voraus, dass die Gesamtzahl der nach der Betriebseinschränkung noch verbleibenden schwerbehinderten Menschen ausreichen muss, um noch die Pflichtquote des § 71 zu erfüllen (siehe dazu Erläuterungen zu §§ 71 ff.). Dafür spielt es keine Rolle, ob der Arbeitgeber in der Vergangenheit die Quote überschritten hat (*Düwell,* LPK-SGB IX, § 89 RdNr. 29). Die Quote ist unternehmensbezogen zu erfüllen. Deshalb kann sie der Arbeitgeber auch durch die Beschäftigung Schwerbehinderter in anderen Betrieben erreichen. Da das Integrationsamt den Zustimmungsbescheid mit Nebenbestimmungen gemäß § 32 SGB X versehen kann, kann es das Erreichen der Pflichtquote nach Durchführung der Betriebseinschränkung auch durch die Erteilung einer entsprechenden Auflage oder aufschiebenden Bedingung sichern (*Düwell,* LPK-SGB IX, § 89 RdNr. 30; GK-SchwbG-*Steinbrück,* § 19 RdNr. 88).

52   **5. Anderweitige Weiterbeschäftigung (Abs. 1 S. 3).** Die Ermessensbindung des § 89 Abs. 1 S. 1 und 2 tritt trotz Vorliegens einer Betriebsstillegung oder wesentlichen Einschränkung nicht ein, wenn die
Weiterbeschäftigung des schwerbehinderten Arbeitnehmers mit dessen Zustimmung auf einem anderen Arbeitsplatz desselben Betriebes
oder derselben Dienststelle oder auf einem freien Arbeitsplatz eines anderen Betriebes oder anderen Dienststelle desselben Arbeitgebers
möglich und für den Arbeitgeber zumutbar ist.

53   Die gesetzliche Regelung entspricht im Wesentlichen § 1 Abs. 2 S. 2
Nr. 1 b und Nr. 2 b KSchG. Im Unterschied zu Nr. 2 b KSchG ist allerdings die Weiterbeschäftigung an einer anderen Dienststelle nicht an
denselben Verwaltungszweig an demselben Dienstort gebunden. Im
Übrigen kann daher die Rechtsprechung des BAG zur Weiterbeschäftigung auf einem anderen Arbeitsplatz nach den Regelungen im KSchG
übertragen werden (*Griebeling* in Hauck/Noftz, SGB IX, K § 89
RdNr. 15; APS/*Vossen* § 19 RdNr. 12; *Cramer*, SchwbG, § 19 RdNr. 5 a).

54   Stellt das Integrationsamt fest, dass eine **anderweitige Beschäftigungsmöglichkeit** gemäß Abs. 1 S. 3 besteht und ist der Arbeitnehmer
auch einverstanden, auf dem anderen Arbeitsplatz eingesetzt zu werden, ist davon auszugehen, dass das Integrationsamt auch im Rahmen
seiner dann zu treffenden freien Ermessensentscheidung die **Zustimmung verweigern** muss (*Düwell,* LPK-SGB IX, § 89 RdNr. 39).

55   **a) Anderer Arbeitsplatz in demselben Betrieb oder in derselben Dienststelle (Abs. 1 S. 3 1. Alt.).** Die Möglichkeit einer Weiterbeschäftigung im selben Betrieb oder Dienststelle kommt nur in Betracht, wenn es sich nicht um eine Stilllegung oder Auflösung, sondern
um eine **wesentliche Einschränkung** handelt (§ 89 Abs. 1 S. 2).

56   Das Integrationsamt hat durch Anhörung des Arbeitnehmers und
aufgrund der Stellungnahme der betrieblichen Interessenvertretung
und der Schwerbehindertenvertretung zu ermitteln, ob es im Betrieb
einen Arbeitsplatz gibt, den der Schwerbehinderte nach seiner Ausbildung und seinen Fähigkeiten ausfüllen kann (APS/*Vossen* § 19
RdNr. 13). Gibt es im selben Betrieb einen **geeigneten anderen Arbeitsplatz**, der auch frei ist, ist dem Arbeitgeber in jedem Fall zumutbar, dem Schwerbehinderten diese Arbeitsstelle zuzuweisen (BVerwG
U. v. 11. 11. 90 Buchholz 436.61 § 15 SchwbG 1986 Nr. 4). Hierbei sind
auch die Verpflichtungen des Arbeitgebers, den Arbeitsplatz gemäß
§ 81 Abs. 4 zunächst **behindertengerecht einzurichten**, zu beachten
(*Düwell,* LPK-SGB IX, § 89 RdNr. 40).

57   Innerhalb desselben Betriebes ist die Beschäftigungspflicht des Arbeitgebers indessen nicht auf freie Arbeitsplätze beschränkt. Aufgrund
des unterschiedlichen Gesetzeswortlauts in § 89 Abs. 1 S. 3: „anderer"
Arbeitsplatz und „freier Arbeitsplatz" ist viel mehr davon auszugehen,
dass in die Prüfung, ob eine anderweitige Beschäftigung in Betracht
kommt, nicht nur freie, sondern auch von anderen Arbeitnehmern **be-**

setzte Arbeitsplätze einzubeziehen sind (*Griebeling* in Hauck/Noftz, SGB IX, K §89 RdNr. 18; APS/*Vossen* §19 SchwbG RdNr. 13; KR-*Etzel*, §§85–90 SGB IX RdNr. 92; KDZ-*Zwanziger*, §19 SchwbG RdNr. 19). Damit stellt sich die Frage, wie eine Auswahl zwischen dem bisheri- 58 gen Arbeitsplatzbesitzer und dem Schwerbehinderten zu erfolgen hat. Anders als im Rahmen der freien Ermessensentscheidung ist hierbei allgemein anerkannt, dass eine Prüfung nach den **Grundsätzen der Sozialauswahl** vorzunehmen ist (*Griebeling* in Hauck/Noftz, SGB IX, K §89 RdNr. 18; *Düwell*, LPK-SGB IX, §89 RdNr. 42; APS/*Vossen* §19 SchwbG RdNr. 13; KR-*Etzel* §§85–90 RdNr. 93). Dies kann je- doch nur **modifiziert gelten** und ist außerdem in Einklang zu brin- gen mit der ebenfalls allgemein vertretenen Auffassung, dass die Prü- fung der sozialen Auswahlentscheidung grundsätzlich den Arbeitsge- richten überlassen bleiben soll. Daraus ergeben sich **folgende Ein- schränkungen**: Zum einen ist eine Sozialauswahl im Sinne des §1 Abs. 3 KSchG nur unter vergleichbaren Arbeitnehmern möglich. Die Prüfung einer Weiterbeschäftigung erstreckt sich jedoch auch auf Ar- beitsplätze, auf denen der schwerbehinderte Arbeitnehmer erst nach Änderung seiner Arbeitsbedingungen eingesetzt werden kann. Des- halb setzt die anderweitige Beschäftigung gemäß §89 Abs. 1 S. 3 auch das Einverständnis des Arbeitnehmers voraus. Handelt es sich daher um einen Arbeitsplatz, auf den der schwerbehinderte Arbeitnehmer **erst durch Änderungskündigung eingesetzt** werden könnte, ist keine Sozialauswahl zu treffen und kommt **nur in Ausnahmefällen ein Freikündigen** des Arbeitsplatzes zugunsten des Schwerbehinder- ten in Betracht.

Da die Richtigkeit der sozialen Auswahlentscheidung grundsätzlich 59 von den Arbeitsgerichten zu überprüfen ist, hat das Integrationsamt auch im Rahmen der Prüfung des §89 Abs. 1 S. 3 zum anderen nur zu ermitteln, ob ein anderer Arbeitsplatz nach sozialen Auswahlkriterien offensichtlich nicht in Betracht kommt. Erscheint es dagegen **nicht ausgeschlossen**, dass ein **besetzter vergleichbarer Arbeitsplatz durch den schwerbehinderten Arbeitnehmer ausgefüllt werden kann**, besteht eine Ermessensbindung nicht. Das Integrationsamt ist in seiner **Ermessensentscheidung** wieder frei.

b) Anderer Arbeitsplatz in einem anderen Betrieb oder ande- 60 **ren Dienststelle (Abs. 1 S. 3 2. Alt.).** Eine Weiterbeschäftigung in einem anderen Betrieb ist auch im Falle der Stillegung möglich, da diese sich nicht auf sämtliche Betriebe eines Unternehmens zu erstre- cken braucht. Voraussetzung für die Weiterbeschäftigung auf einem anderen Arbeitsplatz in einem anderen Betrieb ist, dass der **Arbeits- platz zum Zeitpunkt der Kündigung frei** ist. Hierfür reicht es aus, dass er voraussehbar mit hinreichender Sicherheit bis zum Ablauf der Kündigungsfrist frei wird. Frei sein können auch Arbeitsplätze, die erst nach Ablauf der Kündigungsfrist zu besetzen sind, wenn dies im Zeit-

punkt der Kündigungsfrist absehbar ist und der Überbrückungszeitraum zwischen Kündigungsfrist und dem Freiwerden dem Arbeitgeber zumutbar ist (BAG U. v. 15. 12. 94 NZA 1995, 521*). Endet der in
§ 89 Abs. 1 S. 1 und 2 festzusetzende Entgeltfortzahlungszeitraum von 3
Monaten erst nach der Kündigungsfrist, ist es dem Arbeitgeber in
jedem Fall zumutbar, Arbeitsplätze zu berücksichtigen, die erst nach
Ablauf dieser drei Monate frei werden (*Griebeling* in Hauck/Noftz,
SGB IX, K § 89 RdNr. 16; *Düwell*, LPK-SGB IX, § 89 RdNr. 41).

61   Die Zumutbarkeit richtet sich weiterhin danach, ob der **Überbrückungszeitraum** bis zum Einsatz des Arbeitnehmers dem Zeitraum
entspricht, den ein anderer Stellenbewerber zur Einarbeitung benötigen würde. Anhaltspunkte können die Probezeitvereinbarung sein,
die mit einem neu eingestellten Arbeitnehmer vereinbart werden
würde (BAG U. v. 15. 12. 94 NZA 1995, 521), wobei die Weiterbeschäftigung eines schwerbehinderten Arbeitnehmers nur ausnahmsweise
bei einem krassen Missverhältnis zwischen Überbrückungszeitraum
und Einarbeitungszeit aufgrund der besonderen Schutzbedürftigkeit
nicht zumutbar sein dürfte.

62   Weiterhin muss die Weiterbeschäftigung dem schwerbehinderten Arbeitnehmer aufgrund seiner **Qualifikation** auch möglich sein. Bestehen
insoweit Zweifel, muss das Integrationsamt prüfen und ggf. durch Verhandlungen mit dem Arbeitgeber, dem Betriebsrat und Schwerbehindertenvertretung klären, inwieweit durch eine entsprechende **Nach-
schulung** die Eignungsvoraussetzungen geschaffen werden können.

63   Die Beschäftigung kann auf einem gleichwertigen, grundsätzlich
auch auf einem **geringwertigeren Arbeitsplatz** erfolgen, da die Weiterbeschäftigung in jedem Fall das Einverständnis des schwerbehinderten Arbeitnehmers voraussetzt. Es erscheint gerechtfertigt, wegen des
besonderen Schutz- und Förderzwecks des Schwerbehindertenrechts
in § 81 Abs. 4 Ziff. 1-3 auch **Beförderungsstellen** bei der Frage der
Zumutbarkeit nicht von vorneherein auszuschließen, wenn der
Schwerbehinderte geeignet ist und sein Einverständnis erklärt hat
(*Griebeling* in Hauck/Noftz, SGB IX, K § 89 RdNr. 16; *Düwell*, LPK-
SGB IX, § 89 RdNr. 44).

64   Der Arbeitgeber ist grundsätzlich nicht verpflichtet, einen **Arbeitsplatz neu** zu **schaffen** oder durch Kündigung oder Umsetzung anderer Arbeitnehmer **frei zu machen**. Eine derartige Vorrangstellung gegenüber anderen nicht behinderten Arbeitnehmer räumt das Gesetz
schwerbehinderten Menschen nicht ein (OVG HH U. v. 27. 11. 87 BB
1989, 220; *Griebeling* in Hauck/Noftz, SGB IX, K § 89 RdNr. 16;
Düwell, LPK-SGB IX, § 89 RdNr. 42). Eine Auswahlentscheidung
nach sozialen Kriterien zu treffen, scheidet hier schon deshalb aus, weil
die Sozialauswahl betriebsbezogen vorzunehmen ist.

65   **6. „Muss"- bzw. „Soll"-Zustimmung (Abs. 1 S. 2 und 3).** Liegt
eine **Betriebsstillegung oder Dienststellenauflösung** vor, wird

Entgelt für drei Monate gezahlt, und ist auch eine Weiterbeschäftigungsmöglichkeit auf einem anderen Arbeitsplatz nicht gegeben, ist die Zustimmung gemäß Abs. 1 S. 1 ausnahmslos zu erteilen. Die Zustimmung ist ein „Muss".

Bei Vorliegen einer **wesentlichen Einschränkung des Betriebes** 66
gemäß Abs. 1 S. 2, Entgeltzahlung, Erreichen der Pflichtquote und fehlender Weiterbeschäftigungsmöglichkeit soll die Zustimmung erteilt werden. Im Regelfall bedeutet auch hier das „Soll" ein „Muss". Nur beim Vorliegen besonderer Umstände, bei denen anzunehmen ist, dass ein **atypischer Fall** vorliegt, darf die Behörde anders als gesetzlich vorgesehen nach pflichtgemäßem Ermessen entscheiden (BVerwG U. v. 6. 3. 95 Buchholz 436.61 SchwbG § 19 Nr. 1; *Griebeling* in Hauck/ Noftz, SGB IX, K § 89 RdNr. 11; *Düwell*, LPK-SGB IX, § 89 RdNr. 19). Dazu muss nach den Umständen im Einzelfall beurteilt werden, ob der Kündigungssachverhalt Besonderheiten zugunsten des schwerbehinderten Menschen aufweist, der es sachlich rechtfertigt, die Zustimmung entgegen dem gesetzlichen Regelfall zu verweigern.

7. Sicherung eines anderen angemessenen und zumutbaren Ar- 67
beitsplatzes (Abs. 2). Die Zustimmung soll ebenfalls erteilt werden, wenn für den Schwerbehinderten ein anderer angemessener und zumutbarer Arbeitsplatz gesichert ist. Dieser Tatbestand gilt für jede Art von Kündigung, vor allem für die **Änderungskündigung**. Anders, als bei der anderweitigen Beschäftigungsmöglichkeit nach Abs. 1 S. 3 erfasst Abs. 2 gerade den Fall, dass der schwerbehinderte Arbeitnehmer **mit dem angebotenen Arbeitsplatz nicht einverstanden** ist. Das Angebot des Arbeitgebers kann sich auf die Änderung der Arbeitsbedingungen in Betrieben seines Arbeitgebers beziehen, kann aber auch die Weiterbeschäftigung auf einem Arbeitsplatz bei einem anderen Arbeitgeber beinhalten (APS/*Vossen* § 19 SchwbG RdNr. 15; *Griebeling* in Hauck/Noftz, SGB IX, K § 89 RdNr. 19; *Düwell*, LPK-SGB IX, § 89 RdNr. 45).

a) Angemessenheit und Zumutbarkeit. Der andere Arbeitsplatz 68
muss zumutbar und angemessen sein. Die **Angemessenheit** beurteilt sich im Vergleich der neuen Arbeitsbedingungen zu den bisher vertraglich vereinbarten Bedingungen. In den Vergleich einzubeziehen sind die Höhe der Vergütung, Gratifikationszahlungen, betriebliche Altersversorgung, Fortbildungs- und Aufstiegsmöglichkeiten, die Art der Tätigkeit und die Arbeitsanforderungen. Letztere müssen der Vorbildung des Arbeitnehmers und seiner körperlichen Eignung entsprechen. Das Arbeitsentgelt muss nicht mit dem bisherigen identisch sein. Die Herabgruppierung um eine Vergütungsgruppe ist noch als angemessen angesehen worden, nicht dagegen eine Herabstufung etwa vom höheren Dienst in den gehobenen Dienst (BVerwG U. v. 12. 1. 66 AP Nr. 6 zu § 18 SchwBeschG).

In der Regel ist ein angemessener Arbeitsplatz auch **zumutbar**. Im 69
Rahmen der Zumutbarkeitsprüfung sind jedoch weitere Umstände,

die sich nicht auf die Bedingungen der Arbeit und des Arbeitsplatzes selbst beziehen, zu berücksichtigen. So etwa die verkehrsmäßige Anbindung der neuen Arbeitsstelle, die Verhältnisse in der neuen Umgebung, die zu erwartende Zusammenarbeit mit Arbeitskollegen und Vorgesetzten, evtl. Folgekosten sowie die finanzielle, soziale und familiäre Situation des Schwerbehinderten (OVG Koblenz U. v. 28. 11. 96 br 1997, 210; APS/*Vossen* § 19 RdNr. 17; *Cramer,* SchwbG, § 19 Rdn 7; *Neumann/Pahlen,* SGB IX, § 89 RdNr. 30; *Griebeling* in Hauck/Noftz, SGB IX, K § 89 RdNr. 19).

70   **b) Gesicherter anderer Arbeitsplatz.** Gesichert ist der Arbeitsplatz, wenn dem Arbeitnehmer eine **verbindliche Einstellungszusage** gegeben worden ist (OVG Koblenz U. v. 28. 11. 96 a.a.O.; *Griebeling* in Hauck/Noftz, SGB IX, K § 89 RdNr. 19). Nicht ausreichend ist, wenn bei Begründung eines neuen Arbeitsverhältnisses erst noch die **Wartezeit** von sechs Monaten zurückgelegt werden muss. Ein gesichertes Arbeitsverhältnis ist vielmehr erst bei einer entsprechenden Anrechnung der früheren Betriebszugehörigkeit anzunehmen (GK-SchwbG-*Steinbrück,* § 19 RdNr. 159; *Neumann/Pahlen,* SGB IX, § 89 RdNr. 29; a.A. *Griebeling* in Hauck/Noftz, SGB IX, K § 89 RdNr. 19; *Düwell,* LPK-SGB IX, § 89 RdNr. 48; KDZ-*Zwanziger,* § 19 SchwbG RdNr. 41); denn von einer ausreichenden Sicherung kann kaum ausgegangen werden, wenn das Arbeitsverhältnis noch während der Probezeit innerhalb der ersten sechs Monate ohne Zustimmung des Integrationsamtes und ohne Kündigungsschutz nach dem KSchG wieder aufgelöst werden kann. Allgemein anerkannt ist dagegen, dass ein Arbeitsverhältnis, das nur **befristet oder auflösend bedingt** abgeschlossen wird, nicht als gesichert gelten kann (*Düwell* a.a.O.; GK-SchwbG-*Steinbrück,* a.a.O RdNr. 160; *Neumann/Pahlen,* a.a.O.).

71   Liegen die **Voraussetzungen des Abs. 1 und Abs. 2 nicht** vor, führt dies nicht dazu, dass das Integrationsamt die Zustimmung zu versagen hätte. In diesem Fall greifen lediglich die Ermessenseinschränkungen nicht ein, die Zustimmung muss also nicht erteilt werden. Es ist vielmehr nach **pflichtgemäßem Ermessen** zu entscheiden.

IV. Ermessensbindung in der Insolvenz (Abs. 3)

72   In Abs. 3 wird das Ermessen des Integrationsamtes im Falle der Eröffnung des Insolvenzverfahrens eingeschränkt. Bei Vorliegen der Voraussetzungen der Ziff. 1–4 soll das Integrationsamt die Zustimmung erteilen. Dadurch soll einerseits dem Umstand Rechnung getragen werden, dass Betriebsänderungen zügig durchgeführt werden müssen; andererseits soll dem schwerbehinderten Arbeitnehmer der besondere Kündigungsschutz gegenüber ungerechtfertigten Kündigungen auch in der Insolvenz nicht genommen werden.

1. Interessenausgleich (Ziff. 1). Voraussetzung ist, dass die Kündi- 73
gung im Rahmen einer **Betriebsänderung** geplant ist. Dies ergibt sich
aus der Verweisung auf § 125 InsO, der seinerseits auf § 111 BetrVG
Bezug nimmt. Weitere Voraussetzung ist, dass zwischen Insolvenzverwalter und Betriebsrat ein **Interessensausgleich wirksam** abgeschlossen worden ist, in dem der zu entlassende Arbeitnehmer **namentlich
aufgeführt** worden ist (KDZ-*Zwanziger*, § 19 SchwbG RdNr. 25f.).

2. Schwerbehindertenvertretung (Ziff. 2). Gemäß Ziff. 2 muss 74
die Schwerbehindertenvertretung beim Zustandekommen des Interessenausgleich ordnungsgemäß entsprechend der Regelung des § 95
Abs. 2 beteiligt worden sein. Dazu gehört, dass sie vor der Beantragung
der Zustimmung **umfassend und rechtzeitig** wie auch der Betriebsrat gemäß § 111 S. 2 BetrVG **unterrichtet** worden ist (*Griebeling* in
Hauck/Noftz, SGB IX, K § 89 RdNr. 20; KDZ-*Zwanziger*, § 19
SchwbG RdNr. 27). Außerdem muss sie **Gelegenheit zur Stellungnahme** erhalten; zustimmen muss sie nicht.

Besteht **keine Schwerbehindertenvertretung** tritt auch die Ermes- 75
sensbindung des § 89 Abs. 3 nicht ein; denn nur dann, wenn die beabsichtigte Kündigungsmaßnahme durch die Schwerbehindertenvertretung überprüft werden konnte, ist es gerechtfertigt, die Erteilung der
Zustimmung für den Regelfall vorzugeben. Ist daher keine Schwerbehindertenvertretung auch keine Gesamt- oder Konzernschwerbehindertenvertretung (§ 97 Abs. 6 S. 1 u. 2) zu beteiligen, hat das Integrationsamt
nach freiem Ermessen zu entscheiden (*Griebeling* in Hauck/Noftz, SGB
IX, K § 89 RdNr. 20; *Düwell*, LPK-SGB IX, § 89 RdNr. 50; KDZ-*Zwanziger*, § 19 SchwbG RdNr. 29 *Neumann/Pahlen*, SGB IX, § 89 RdNr. 34).

3. Sicherung der Beschäftigung schwerbehinderter Menschen 76
(Ziff. 3 u. 4). Die Ziff. 3 und 4 sollen gewährleisten, dass im Rahmen
eines Insolvenzverfahrens nicht gerade eine hohe Anzahl schwerbehinderter Menschen entlassen wird. Ein **Sonderopfer Schwerbehinderter** soll **ausgeschlossen** werden. Deshalb darf gemäß Ziff. 3 die Zahl
der zu kündigenden schwerbehinderten Arbeitnehmer insgesamt eine
bestimmte Quote nicht übersteigen. Dazu wird die Anzahl entlassener
Schwerbehinderter mit der Anzahl der nach dem Interessenausgleich
noch beschäftigten schwerbehinderten Menschen verglichen. Die gleiche vergleichende Betrachtung wird bei der Anzahl der vor und nach
dem Interessenausgleich beschäftigten nicht behinderten Arbeitnehmer vorgenommen. Der jeweilig ermittelte Anteil an der Gesamt-
beschäftigung darf sich nicht zu Ungunsten der Schwerbehinderten
verändert haben (**Beispiel**: Im Betrieb sind insgesamt 600 Beschäftigte, davon 30 Schwerbehinderte. Entlassen werden sollen 100 Arbeitnehmer. Dann kann der Insolvenzverwalter gemäß Ziff. 3 nicht mehr
als 5 Schwerbehinderten kündigen. Nur bei einer Verteilung von 95 zu
5 verbleibt nämlich der Anteil von 5 % Schwerbehinderten an der Ge-
samtbeschäftigtenzahl erhalten.)

77   Ob für die Vergleichsrechnung auf die Verhältnisse im Betrieb oder
im Unternehmen abzustellen ist, ist danach zu beurteilen, ob der Interessenausgleich vom Betriebsrat oder vom Gesamtbetriebsrat abgeschlossen worden ist (KDZ-*Zwanziger*, § 19 SchwbG, RdNr. 31).

78   Schließlich muss gemäß Ziff. 4 die Zahl der schwerbehinderten Arbeitnehmer, die noch beschäftigt werden, ausreichen, um die **Beschäftigungspflicht gemäß § 71** zu erfüllen. Hierbei kommt es nicht darauf an, ob die Pflichtquote vor der Betriebsänderung eingehalten war
oder nicht. Die Zustimmung soll nur erteilt werden, wenn die Pflichtquote nach Durchführung der Betriebsänderung auch zum ersten Mal
erst erreicht wird (*Düwell*, LPK-SGB IX, § 89 RdNr. 51). Die Einhaltung der Pflichtquote ist wie auch im Fall des § 89 Abs. 1 S. 2 unternehmensbezogen zu beurteilen, da auch die gesetzliche Regelung in § 71
die Erfüllung der Pflichtquote vom Arbeitgeber und nicht vom einzelnen Betrieb verlangt (KDZ-*Zwanziger*, § 19 SchwbG RdNr. 35; a.A.
Düwell, LPK-SGB IX, § 89 RdNr. 51). Es gibt keinen Grund, von dieser Betrachtungsweise bei Eröffnung eines Insolvenzverfahrens abzuweichen.

Ausnahmen

90 (1) **Die Vorschriften dieses Kapitels gelten nicht für schwerbehinderte Menschen,**

**1. deren Arbeitsverhältnis zum Zeitpunkt des Zugangs der Kündi-
gungserklärung ohne Unterbrechung noch nicht länger als sechs
Monate besteht oder**

**2. die auf Stellen im Sinne des § 73 Abs. 2 Nr. 2 bis 6 beschäftigt
werden oder**

**3. deren Arbeitsverhältnis durch Kündigung beendet wird, sofern
sie**

**a) das 58. Lebensjahr vollendet haben und Anspruch auf eine
Abfindung, Entschädigung oder ähnliche Leistung auf Grund eines
Sozialplanes haben oder**

**b) Anspruch auf Knappschaftsausgleichsleistung nach dem Sechs-
ten Buch oder auf Anpassungsgeld für entlassene Arbeitnehmer des
Bergbaus haben, wenn der Arbeitgeber ihnen die Kündigungsabsicht
rechtzeitig mitgeteilt hat und sie der beabsichtigten Kündigung bis zu
deren Ausspruch nicht widersprechen.**

**(2) Die Vorschriften dieses Kapitels finden ferner bei Entlassungen,
die aus Witterungsgründen vorgenommen werden, keine Anwendung, sofern die Wiedereinstellung der schwerbehinderten Menschen
bei Wiederaufnahme der Arbeit gewährleistet ist.**

(3) Der Arbeitgeber zeigt Einstellungen auf Probe und die Beendigung von Arbeitsverhältnissen schwerbehinderter Menschen in den Fällen des Absatzes 1 Nr. 1 unabhängig von der Anzeigepflicht nach anderen Gesetzen dem Integrationsamt innerhalb von vier Tagen an.

Übersicht

I. Allgemeines

§ 90 nimmt vom besonderen Kündigungsschutz der §§ 85–92 Arbeitsverhältnisse in den ersten sechs Monaten (Abs. 1 Ziff. 1), bestimmte Personengruppen (Abs. 1 Ziff. 2 u. 3) und Kündigungen aus witterungsbedingten Gründen (Abs. 2) aus. Diese im Gesetz enumerativ **aufgeführten Ausnahmen sind abschließend** und können auch nicht durch eine analoge Anwendung auf andere Fallgruppen ausgedehnt werden (*Griebeling* in Hauck/Noftz, SGB IX, K § 89 RdNr. 3; *Dörner*, SchwbG, § 20 Anm. I.; *Düwell*, LPK-SGB IX, § 89 RdNr. 3 und kritischer Anmerk. zur Entscheid. des BAG 4. 2. 93 AP Nr. 2 zu § 21 SchwbG, die zwar im konkreten Fall eine entsprechende Anwendung ablehnt, die Ausnahmevorschrift des § 20 SchwbG aber im Grundsatz für analogiefähig hält). **1**

Abs. 3 enthält die Pflicht, Probearbeitsverhältnisse und Entlassungen innerhalb der Wartefrist dem Integrationsamt anzuzeigen.

Die Vorschrift übernimmt damit inhaltlich unverändert die Regelung des § 20 SchwbG 1986 (BGBl. I S. 1421). Bereits die SchwBeschG von 1920, 1923 und 1953 enthielten Ausnahmevorschriften für bestimmte Personengruppen und vorübergehende Beschäftigungen. Das SchwbG 1974 (BGBl. I S. 1006) schloss das erstmals für Kündigungen **2** eingeführte Zustimmungserfordernis ebenfalls für bestimmte atypische Beschäftigungsverhältnisse, wie sie heute in § 90 Abs. 1 Nr. 2 aufgeführt sind, und für vorübergehende Beschäftigungsverhältnisse bis zu sechs Monaten aus. Mit der seit dem 1. 8. 1986 geltenden Fassung des SchwbG 1986 wurden die Ausnahmen erheblich dadurch ausgedehnt, dass der Kündigungsschutz nicht mehr ab Beginn des Arbeitsverhältnisses sondern erst nach einer ununterbrochenen Dauer von sechs Monaten einsetzte. Der Gesetzgeber begründete dies mit dem Abbau von Einstellungshemmnissen. Auch der Gesetzgeber des SGB IX hat an der Regelung festgehalten, obwohl sich seit 1986 gezeigt hat, dass nicht mehr sondern immer weniger Schwerbehinderte eingestellt worden sind und die Arbeitslosigkeit unter schwerbehinderten Menschen zugenommen hat (siehe etwa *Mascher* in Bundesarbeitsblatt 2001, 5, 7; *Kraus* in br 2001, 1, 4 ff.; *Braun* MDR 2001, 63, 64).

3   Durch das Gesetz zur Reform des Sozialhilferechts vom 23. Juli 1996 (BGBl. I S. 1088) wurde aufgrund der Verweisung in § 20 Abs. 1 Ziff. 2. SchwbG auf § 7 Abs. 2 Nr. 6 SchwbG der Ausschluss auf Personen in Arbeitsverhältnissen nach § 19 BSHG ausgedehnt.

II. Kündigungen in den ersten sechs Monaten (Abs. 1 Ziff. 1)

4   Besteht das Arbeitsverhältnis zum Zeitpunkt des Kündigungszugangs ohne Unterbrechung noch keine 6 Monate, ist die Kündigung nicht zustimmungspflichtig. Der Arbeitgeber kann **ohne vorherige Zustimmung** des Integrationsamtes kündigen. Die Frist des § 90 Abs. 1 Ziff. 1 ist der **Wartezeit** des § 1 Abs. 1 KSchG nachgebildet. Es gelten deshalb für die Berechnung die gleichen Grundsätze (BAG U. v. 4. 2. 93 AP Nr. 2 zu § 21 SchwbG). Die 6-Monatsfrist ist einseitig zwingend und kann daher nur zu Gunsten des schwerbehinderten Arbeitnehmers durch eine entsprechende Vereinbarung abgekürzt oder abbedungen werden.

5   **1. Berechnung der Wartezeit.** Maßgeblich ist nicht die tatsächliche ununterbrochene Beschäftigungszeit sondern der **rechtliche Bestand** des Arbeitsverhältnisses (BAG U. v. 23. 9. 76 AP Nr. 1 zu § 1 KSchG Wartezeit). Zeiten, in denen der Arbeitnehmer etwa wegen Krankheit, Urlaub, Mutterschutz oder wegen eines Arbeitskampfes nicht gearbeitet hat, unterbrechen das Arbeitsverhältnis daher nicht.

6   Die **Frist beginnt** nicht immer mit dem Zeitpunkt des Vertragsabschlusses; es kommt vielmehr darauf an, wann der Arbeitnehmer absprachegemäß die Arbeit tatsächlich aufnehmen sollte. Erkrankt der Arbeitnehmer an diesem Tag, beginnt die Frist dennoch mit dem verabredeten Datum der Arbeitsaufnahme (*Griebeling* in Hauck/Noftz, SGB IX, K § 90 RdNr. 7; APS/*Dörner* § 1 KSchG RdNr. 30; KR-*Etzel*

§ 1 KSchG RdNr. 99). Das **Ende der 6-monatigen Wartezeit** berechnet sich gemäß § 188 Abs. 2 BGB. Hat das Arbeitsverhältnis z.B. am 1. 4. begonnen, enden die sechs Monate am 30. 9.; ab 1. 10. besteht Kündigungsschutz.

Die Kündigung ist nur zustimmungsfrei, wenn die Wartezeit von 6   **7**
Monaten zum **Zeitpunkt des Kündigungszugangs** noch nicht abgelaufen ist. Auf den Ablauf der Kündigungsfrist kommt es nicht an (BAG U. v. 25. 2. 81 AP Nr. 2 zu § 17 SchwbG). Der Arbeitgeber darf die Wartefrist bis zum Ende ausschöpfen. Nur in besonderen Ausnahmefällen, nämlich dann, wenn der Arbeitgeber die Kündigung nur deshalb vor Ende der Wartezeit ausspricht, um den Eintritt des besonderen **Kündigungsschutzes zu vereiteln,** kann ein Fall des § 162 BGB angenommen werden (*Griebeling* in Hauck/Noftz, SGB IX, K § 90 RdNr. 7; *Neumann/Pahlen,* SGB IX, § 90 RdNr. 7; APS/*Vossen* § 20 RdNr. 3). (**Beispiel**: eine Betriebsabteilung soll nach den Planungen des Arbeitgebers stillgelegt werden; dem schwerbehinderten Arbeitnehmer wird als einzigem von allen anderen betroffenen Arbeitnehmern bereits 6 Monate vor der Durchführung der Maßnahme gekündigt.) Das Risiko, dass das Kündigungsschreiben dem Arbeitnehmer rechtzeitig zugeht, trägt der Arbeitgeber. Er muss den Zugang ggf. unter Beweis stellen.

2. Anrechnung vergangener Rechtsverhältnisse. Die Zeiten   **8**
eines **Ausbildungsverhältnisses** im Sinne des § 1 Abs. 2, § 3 BBiG und des § 19 BBiG, das zeitlich nahtlos in ein Arbeitsverhältnis übergeht, werden für die Erfüllung der Wartezeit berücksichtigt (BAG U. v. 23. 9. 76 AP Nr. 1 zu § 1 KSchG Wartezeit; BAG U. v. 18. 11. 99 NZA 2000, 529). **Fortbildungsmaßnahmen** gemäß § 1 Abs. 3 und § 46 BBiG sind nur anzurechnen, soweit die Maßnahmen im Rahmen eines Arbeitsverhältnisses durchgeführt werden (BAG U. v. 18. 11. 99 a.a.O.).

Beschäftigungszeiten in einer **Arbeitsbeschaffungsmaßnahme**   **9**
gemäß §§ 260 ff. SGB III sind anzurechnen, wenn sich unmittelbar an die Maßnahme ein unbefristetes Arbeitsverhältnis anschließt (BAG U. v. 12. 2. 81 AP Nr. 1 zu § 5 BAT).

Nicht anrechenbar dagegen sind Beschäftigungszeiten aus einer   **10**
Fortbildungsmaßnahme gemäß § 77 SGB III, da zwischen dem Teilnehmer der Maßnahme und dem die Maßnahme durchführenden Träger in der Regel kein Arbeitsverhältnis begründet wird. Allein die Durchführung der Maßnahme reicht für die Annahme eines konkludenten Vertragsabschlusses zwischen Maßnahmeträger und Fortzubildenden nicht aus (BAG U. v. 8. 4. 88 - 2 AZR 684/87).

Die streitige Frage, ob Zeiten aus einem **Eingliederungsverhältnis**   **11**
nach §§ 231 ff. SGB III berücksichtigt werden, ist höchstrichterlich geklärt worden. Da durch den Eingliederungsvertrag kein Arbeitsverhältnis begründet wird, sondern gemäß § 234 Abs. 2 SGB III Vorschriften des allgemeinen Arbeitsrechts nur entsprechend angewendet

werden, werden diese Vorbeschäftigungszeiten nicht angerechnet
(BAG U. v. 17. 5. 01 DB 2001, 2354).

12   Im Fall eines **Betriebsinhaberwechsel** gemäß § 613 a BGB oder
beim Eintritt einer Gesamtrechtsnachfolge nach dem UmwG, werden
Beschäftigungszeiten aus dem Arbeitsverhältnis mit dem Betriebsvor-
gänger berücksichtigt (*Griebeling* in Hauck/Noftz, SGB IX, K § 90
RdNr. 4; *Düwell*, LPK-SGB IX, § 90 RdNr. 5; KDZ-*Kittner*, § 1 KSchG
RdNr. 27).

13   Keine Berücksichtigung findet dagegen die Beschäftigung, die im
Rahmen eines Dienstvertrages als **freier Mitarbeiter** ausgeübt worden ist, da es sich nicht um ein Arbeitsverhältnis handelt (BAG U. v.
11. 12. 96 NZA 1997, 818, 820).

14   **3. Unterbrechungen.** Grundsätzlich wird die Wartezeit nur bei
rechtlich ununterbrochenem Bestand des Arbeitsverhältnis erfüllt.
Schließt sich allerdings an ein rechtlich beendetes Arbeitsverhältnis
nahtlos ein weiteres Arbeitsverhältnis zum selben Arbeitgeber an,
ist von einem ununterbrochenen Bestehen auszugehen (BAG U. v.
23. 9. 76 AP Nr.1 zu § 1 KSchG Wartezeit; APS/*Vossen* § 20 RdNr. 4;
Griebeling in Hauck/Noftz, SGB IX, § 90 RdNr. 4; *Düwell*, LPK-SGB
IX, § 90 RdNr. 5).

15   Bei einer zeitlichen Unterbrechung zwischen zwei Arbeitsverhältnissen kann die Vorbeschäftigungszeit ebenfalls auf die Wartezeit angerechnet werden. Die Rechtsprechung hat dies bejaht, wenn zwischen
beiden Arbeitsverhältnissen ein **enger sachlicher Zusammenhang**
besteht. Eine gesetzliche Vermutungsregelung für die Annahme eines
engen sachlichen Zusammenhangs bei einer Unterbrechung **von
weniger als sechs Monaten** enthält § 14 Abs. 3, S. 3 TzBfG. Ob die
frühere vergleichbare Vermutungsregelung in § 1 Abs. 3 S. 2 BeschFG
herangezogen werden konnte, war umstritten. Es erscheint jedoch gerechtfertigt, die gesetzlich normierte Vermutung nicht auf den Regelungsbereich des TzBfG zu beschränken, da es sowohl bei der Erfüllung
der Wartezeit wie bei der Zulässigkeit einer Befristung um die Beurteilung geht, wann zwischen zwei Arbeitsverhältnissen eine rechtlich
relevante Unterbrechung besteht (Für die Anwendung der Vermutungsregelung: auch *Düwell*, LPK-SGB IX, § 90 RdNr. 6). Dafür sprechen auch Gründe der Rechtssicherheit und Rechtsklarheit, da das
Integrationsamt mit der Feststellung des Unterbrechungszeitraum
ohne weitere nähere Prüfung von Einzelumständen entscheiden kann,
ob die Kündigung zustimmungspflichtig ist oder nicht. Der Arbeitgeber kann die Vermutung allerdings durch Umstände, die gegen einen
engen Zusammenhang sprechen, widerlegen (z.B. Ausübung einer
ganz anderen Tätigkeit oder zu ganz neuen Arbeitsbedingungen). Nach
der noch h.M. ist allerdings davon auszugehen, dass der enge sachliche
Zusammenhang nicht nur nach der zeitlichen Dauer, sondern darüber
hinaus nach dem **Anlass der Unterbrechung** beurteilt werden muss.

Wird das Arbeitsverhältnis bereits nach wenigen Tagen fortgesetzt, ist von keiner rechtlich relevanten Unterbrechung ausgegangen. Handelt es sich dagegen um einen längeren Zeitraum von einigen Wochen (BAG: 3 Wochen U. v. 20. 8. 98 NZA 1999, 481) oder Monaten, sind zusätzlich die Umstände der Unterbrechung zu berücksichtigen. Von Bedeutung ist hierbei, aus welchem Anlass das Arbeitsverhältnis beendet wurde und, ob es nach der Unterbrechung in unveränderter oder zumindest ähnlicher Form wieder fortgesetzt worden ist. Je länger die rein zeitliche Unterbrechung ist, desto gewichtiger müssen die für einen sachlichen Zusammenhang sprechenden Umstände sein (BAG U. v. 20. 8. 98 a.a.O.).

Die Beschäftigungszeit aus einem vorherigen Arbeitsverhältnisses **16** wird trotz rechtlich relevanter Unterbrechung angerechnet, wenn zwischen den Parteien eine **Anrechnungsvereinbarung** getroffen worden ist. Eine solche kommt auch in Betracht, wenn die Beschäftigungszeit aus einem Arbeitsverhältnis mit einem anderen Arbeitgeber angerechnet werden soll. Handelt es sich um zwei **Arbeitsverhältnisse innerhalb eines Konzerns**, ist nach den Umständen des Einzelfalls zu beurteilen, ob der Abschluss einer derartigen Anrechnungsvereinbarung durch schlüssiges Verhalten angenommen werden kann (KDZ-*Kittner* § 1 KSchG RdNr. 26).

III. Beschäftigungen gemäß § 73 Abs. 2 Ziff. 2–6

§ 90 Ziff. 2 nimmt Bezug auf § 73 Abs. 2 Ziff. 2-6. Personen, die **17** auf diesen Stellen beschäftigt werden, genießen den besonderen Kündigungsschutz nicht. Sie können **ohne Zustimmung des Integrationsamtes** gekündigt werden. Für sie gilt auch nicht die vierwöchige Kündigungsfrist des § 86. Die in Ziff. 2 genannten Beschäftigungen erfolgen in erster Linie aus religiösen und karitativen Beweggründen (z.B. Rote-Kreuz-Schwestern). Unter Ziff. 3 fallen Personen, deren Beschäftigung vorrangig als Mittel zur Behebung physischer, psychischer oder sonstiger in der Person des Beschäftigten liegender Mängel eingesetzt wird. Personen, die von geregelter Arbeit entwöhnt sind oder sich an eine solche nie gewöhnt haben, sollen an diese Arbeit wieder herangeführt werden. Die Beschäftigung erfolgt also vorwiegend aus therapeutischen Gründen (BAG U. v. 4. 2. 93 NZA 1994, 214, 216). Diese in § 73 Abs. 2 Ziff. 2 und 3 genannten Personengruppen stehen schon nicht in einem Arbeitsverhältnis, so dass deren Erwähnung eigentlich überflüssig ist (*Düwell*, LPK-SGB IX, § 90 RdNr. 10; *Neumann/Pahlen*, SGB IX, § 90 RdNr. 11).

Die Ausnahmen in § 73 Abs. 2 Ziff. 4 und 6 sind in der besonderen **18** Gestaltung der Arbeitsverhältnisse begründet. So sind Personen, die an **Arbeitsbeschaffungs- und Strukturmaßnahmen** gemäß §§ 260 ff.

SGB III teilnehmen, ausgenommen. Auch Personen, die nach § 19 BSHG in Arbeitsverhältnissen **beschäftigt werden**, unterfallen nicht dem besonderen Kündigungsschutz. Beziehen diese Personen während ihrer Beschäftigung Hilfe zum Lebensunterhalt und eine Entschädigung, besteht bereits kein Arbeitsverhältnis. Aber auch dann, wenn ihnen Arbeitsentgelt aufgrund eines Arbeitsvertrages gezahlt wird, sind sie seit der ausdrücklichen Bezugnahme in § 73 Abs. 2 Ziff. 6 (galt auch für das SchwbG seit dem Gesetz zur Reform des Sozialhilferechts vom 23. 7. 1996) ausgenommen. Die noch in der Entscheidung des BAG vom 4. 2. 1993 (NZA 1994, 214) vorgenommene Unterscheidung, ob Arbeitsentgelt oder Hilfe zum Lebensunterhalt gewährt wird, ist daher überholt. Die Zustimmung des Integrationsamtes ist in beiden Fällen nicht erforderlich.

19   Schließlich sind von der Zustimmungspflicht die in § 73 Abs. 2 Ziff. 5 genannten Personen, die aufgrund demokratischer Wahlvorschriften **in ihre Stellen gewählt** werden, ausgenommen (wie z.B. bei politischen Parteien, Verbänden und Gewerkschaften).

IV. Arbeitnehmer mit sozialer Absicherung (Abs. 1 Ziff. 3)

Arbeitnehmer, die bereits durch andere Sozialleistungen finanziell abgesichert sind, und deren **Ausscheiden einvernehmlich** gewollt ist, sollen ohne Zustimmungsverfahren gekündigt werden können.

20   **1. Personen nach dem 58. Lebensjahr (Ziff. 3a).** Zu dieser Personengruppe gehören Arbeitnehmer, die spätestens zum Zeitpunkt des Kündigungszugangs ihr 58. Lebensjahr vollendet haben und Anspruch auf eine **Abfindung** oder **ähnliche Leistung** aufgrund eines Sozialplanes haben. Der Abfindungsanspruch muss nicht erst nach dem 58. Lebensjahr entstanden sein; er kann bereits früher begründet werden. Die **Rechtsgrundlage** für die finanzielle Leistung muss **kollektiver Art** sein. Sie kann sich also entweder aus einem mit dem Betriebsrat abgeschlossenen Sozialplan gemäß § 112 BetrVG oder aus einer tariflichen oder personalvertretungsrechtlichen Regelung ergeben. Aus ihr müssen Ansprüche des Arbeitnehmers gemäß § 77 Abs. 4 BetrVG, § 4 Abs. 1 TVG unmittelbar hervorgehen (LAG Köln U. v. 4. 4. 97 AiB 1998, 351). Ansprüche auf Nachteilsausgleich gemäß § 113 BetrVG, einzelvertraglich oder in einem gerichtlichen Vergleich vereinbarte Abfindungsansprüche reichen nicht (*Dörner*, SchwbG, § 20 Anm. IV. 1; *Griebeling* in Hauck/Noftz, SGB IX, K § 90 RdNr. 11; *Düwell*, LPK-SGB IX, § 90 RdNr. 12). Während der Überlegenszeit des Arbeitnehmers, ob er auf den besonderen Kündigungsschutz verzichten will, muss der Sozialplan bereits abgeschlossen sein; noch laufende Verhandlungen bieten noch keine genügende Sicherheit (*Griebeling* a.a.O.).

2. Personen mit Anspruch auf Knappschaftsausgleichsleistun-   21
gen (Ziff. 3 b). Als sozial genügend abgesichert gelten auch Arbeitnehmer, die Anspruch auf Knappschaftsausgleichsleistungen gemäß
§ 238 SGB VI oder auf Anpassungsgeld für entlassene Arbeitnehmer
des Bergbaus haben. Hierbei handelt es sich um ein systematisches
öffentlich gefördertes Ausscheiden aus dem Erwerbsleben, das an Alter
und Beschäftigungsdauer anknüpft. Das Ausscheiden dieser Arbeit-
nehmergruppe soll durch ein Zustimmungsverfahren beim Integrationsamt nicht erschwert werden.

Der Ausschluss der Zustimmungspflicht des Integrationsamtes ist   22
nicht davon abhängig, dass über die Knappschaftsleistung schon ein
bestandskräftiger Bescheid ergangen ist; allerdings ist davon auszugehen, dass bei dessen Fehlen der Arbeitnehmer in der Regel seine
Zustimmung nicht erteilen wird (*Dörner*, SchwbG, § 20 Anm. IV 3.;
Griebeling in Hauck/Noftz, SGB IX, K § 90 RdNr. 11).

Auf die Höhe der Leistung kommt es auch nicht an, da der Arbeit-   23
nehmer, wenn ihm die finanzielle Absicherung nicht ausreicht, von
seinem Widerspruchsrecht Gebrauch machen kann (*Griebeling* a.a.O.
RdNr. 12; *Düwell*, LPK-SGB IX, § 90 RdNr. 13).

3. Unterrichtung. Die Voraussetzungen der Ziff. 3 a und b sind   24
nur gegeben, wenn der Arbeitgeber dem Arbeitnehmer die **Kündigungsabsicht rechtzeitig mitteilt.** Die Unterrichtung ist an keine
Form gebunden. Sie muss jedoch zumindest Angaben zur Art der Kündigung, zur Kündigungsfrist und zum Kündigungstermin enthalten
(*Dörner*, SchwbG, § 20 Anm. IV. 4). Über die Möglichkeit des Widerspruchs muss der Arbeitgeber nicht unterrichten (*Dörner*, SchwbG,
a.a.O. Anm. IV. 5; *Griebeling* in Hauck/Noftz, SGB IX, K § 90
RdNr. 13). Rechtzeitig ist die Mitteilung nur dann, wenn der Arbeitnehmer noch genügend Zeit hat, um zu überlegen, ob er der Kündigung widersprechen will oder nicht. Umstritten ist, wie viel **Bedenk-
zeit** dem Arbeitnehmer mindestens eingeräumt werden muss. Teilweise wird die Regelung des § 102 Abs. 2 BetrVG (so KR-*Etzel* §§ 85–
90 SGB IX, RdNr. 49; *Düwell*, LPK-SGB IX, § 90 RdNr. 14) entsprechend angewandt und eine Mindestfrist von 2 Wochen für angemessen
angesehen; teilweise wird die 3-Wochen-Frist entsprechend der Regelung des § 4 KSchG herangezogen (*Neumann/Pahlen*, SGB IX, § 90
RdNr. 17; im Ergebnis wohl auch: *Griebeling* in Hauck/Noftz, SGB IX,
K § 90 RdNr. 14) oder eine Fristbestimmung ganz abgelehnt und nur
eine Einzelfallentscheidung befürwortet (GK-SchwbG-*Steinbrück*,
§ 20 RdNr. 45; *Dörner*, SchwbG, § 20 Anm. IV. 5.; APS/*Vossen* § 20
SchwbG RdNr. 8). Eine Mindestfrist von 2 Wochen erscheint generell
als zu kurz, da der Arbeitnehmer evtl. noch Erkundigungen über seine
Sozialleistungen bei anderen Stellen einholen muss und sich beraten
lassen möchte. Keine Frist anzugeben, die zumindest als Orientierung
dienen soll, birgt die Gefahr von Rechtsunsicherheit, da der Arbeit-

nehmer dann damit rechnen muss, dass seine Nichtäußerung innerhalb kürzerer Zeit als Zustimmung angesehen wird. Es erscheint daher richtig, sich an der **3-Wochen-Frist des § 4 KSchG als Mindestfrist zu orientieren**. Erst nach Ablauf dieser Frist wird der Arbeitgeber, wenn der Arbeitnehmer in dieser Zeit keine Einwände erhoben hat oder Anhaltspunkte dafür bestehen, dass der Arbeitnehmer eine längere Überlegenszeit benötigt, davon ausgehen können, dass ein Widerspruch nicht mehr erfolgen wird.

25   Ist die Unterrichtung nicht ordnungsgemäß oder nicht rechtzeitig erfolgt, bleibt die Kündigung zustimmungspflichtig. Ist die Kündigung ohne vorherige Zustimmung erklärt worden, ist sie wegen Verstoßes gegen § 85 unwirksam.

26   **4. Widerspruch**. Der Arbeitnehmer kann der Kündigungsabsicht widersprechen. Dies kann **formlos** geschehen und muss auch nicht begründet werden. Es reicht auch jeder Einwand, ob gegen die Kündigung als solche, gegen die Frist oder den Beendigungstermin (*Griebeling* in Hauck/Noftz, SGB IX, K § 90 RdNr. 15). Ein fehlender Widerspruch beinhaltet jedoch nicht ohne weiteres die Zustimmung zur Aufhebung des Arbeitsverhältnisses. Die Zustimmung hat nur zur Folge, dass das Zustimmungsverfahren entbehrlich wird (*Dörner*, SchwbG, a.a.O. Anm. IV. 5).

27   Der **Widerspruch** kann **bis zum Zugang der Kündigung** erklärt werden (*Griebeling* a.a.O.; *Dörner*, SchwbG, a.a.O.; *Neumann/Pahlen*, SGB IX, § 90 RdNr. 18; a.A. *Düwell*, LPK-SGB IX, § 90 RdNr. 15; GK-SchwbG-*Großmann*, § 20 RdNr. 49, die auf den Zeitpunkt des Ausspruchs abstellen wollen). Dieser Zeitpunkt ist maßgeblich, da auch sonst das Gesetz maßgeblich auf den Kündigungszugang abstellt, etwa für die Frage, wann die Zustimmung des Integrationsamts zur ordentlichen Kündigung beim Arbeitgeber vorliegen muss.

28   Im Zustimmungsverfahren oder auch im Rechtsmittelverfahren kann der Widerspruch jederzeit wieder zurückgenommen werden. Dann erledigt sich das Verfahren; der Arbeitgeber kann die Kündigung aussprechen.

V. Witterungsbedingte Entlassungen (Abs. 2)

29   Der besondere Kündigungsschutz der §§ 85 ff. besteht auch bei Kündigungen nicht, die aus witterungsbedingten Gründen erfolgen, und bei denen die Wiedereinstellung des Arbeitnehmers gewährleistet ist. Sie sind weder zustimmungsbedürftig noch gilt die Mindestkündigungsfrist des § 86.

30   **1. Witterungseinflüsse**. Witterungsbedingt ist die Entlassung, wenn die Arbeitsleistung des Arbeitnehmers wegen schlechter klimatischer Verhältnisse wie dauerhaftem Regen, Schnee, Frost, andauernder

Dürre oder zu großer Hitze praktisch nicht erbracht werden kann. Anwendbar ist die Vorschrift auf alle Wirtschaftszweige, die ihre Arbeiten typischerweise im Freien erledigen wie etwa die Land- und Forstwirtschaft, Tagebergbau, Binnenschifffahrt, bestimmte Montagetätigkeiten in der Metallindustrie oder Elektroarbeiten im Bereich des Kabelbaus. Grundsätzlich gehören dazu auch das Bauhauptgewerbe, das Baunebengewerbe wie das Dachdeckerhandwerk oder das Gerüstbaugewerbe und der Gartenbau. Die genannten Bereiche scheiden dennoch aus, da **tarifliche Regelungen** wie etwa § 12 Ziff. 2 des allgemeinverbindlich erklärten Bundesrahmentarifvertrages für das Baugewerbe (BRTV), § 50 RTV Dachdeckerhandwerk, § 13 RTV Gerüstbaugewerbe und § 14 BRTV Garten- und Landschaftsbau ausdrücklich **Kündigungen aus Witterungsgründen ausschließen.**

Streitig ist, ob eine witterungsbedingte Entlassung nur dann vorliegt, wenn aus Witterungsgründen **Aufträge nicht ausgeführt werden** können, oder auch dann, wenn aus Witterungsgründen **Aufträge fehlen** (für Letzteres: LAG München U. v. 24. 10. 86 LS NZA 1987, 522; *Griebeling* in Hauck/Noftz, SGB IX, K § 90 RdNr. 16; APS/*Vossen* § 20 RdNr. 10; GK-SchwbG-*Großmann*, § 20 RdNr. 54). Diese Auffassung ist zu weitgehend und birgt die Gefahr von Missbräuchen. Werden auch mittelbare Folgen der schlechten Witterung wie ein dadurch ausgelöster Auftragsrückgang einbezogen, kann nicht mehr trennscharf unterschieden werden, inwieweit dieser auf ganz anderen allgemeinen – wirtschaftlichen oder konjunkturellen – Ursachen beruht. Praktisch wird auf diese Weise der Zeitpunkt der Arbeitsaufnahme über das Ende der schlechten Wetterperiode hinausgeschoben, da als Folge der schlechten Witterung noch nicht genügend Aufträge eingegangen sind. Im Interesse der Rechtssicherheit und der Beschränkung der Vorschrift auf wirkliche Ausnahmen reicht ein **witterungsbedingter Auftragsmangel** daher **nicht** (so auch *Neumann/Pahlen,* SGB IX, § 90 RdNr. 20; *Dörner,* SchwbG, § 20 Anm. V 1.).

Da der Ausfall der Arbeitsleistung auf der schlechten Witterung beruhen muss, entfällt der besondere Kündigungsschutz nicht, wenn der Arbeitnehmer mit anderen zumutbaren Arbeiten etwa im **Innendienst** beschäftigt werden kann. Die Vorschrift ist auch nicht anwendbar auf Arbeitnehmer, die von Witterungseinflüssen unabhängig etwa im Büro eines Betriebes arbeiten, in dem Außenarbeiten wegen schlechter Witterung nicht durchgeführt werden können (*Neumann/Pahlen,* a.a.O.; *Dörner,* SchwbG, a.a.O.; GK-SchwbG-*Großmann*, a.a.O.; *Düwell, LPK*-SGB IX, § 90 RdNr. 17; a.A. *Griebeling* a.a.O.).

2. Wiedereinstellungszusage. Der besondere Kündigungsschutz entfällt bei witterungsbedingten Entlassungen nur, wenn der Arbeitgeber sich aufgrund eines Tarifvertrages, einer Betriebsvereinbarung oder einer einzelvertraglichen Zusage verpflichtet hat, nach Ende der Schlechtwetterperiode den Arbeitnehmer wieder einzustellen. Diese

Einstellungszusage muss dem Arbeitnehmer **zum Zeitpunkt des Kündigungszugangs** erteilt werden.

34   Wird die Zusage später nicht erfüllt, hat dies keinen Einfluss auf die Wirksamkeit der ausgesprochenen Kündigung, da es für die Beurteilung der Wirksamkeit der Kündigung auf die Verhältnisse zum Kündigungszeitpunkt ankommt. Der Arbeitnehmer muss seinen **Wiedereinstellungsanspruch** vielmehr **gerichtlich durchsetzen** (*Griebeling* in Hauck/Noftz, SGB IX, K § 90 RdNr. 18; *Düwell,* LPK-SGB IX, § 90 RdNr. 18; APS/*Vossen* a.a.O.; *Dörner,* SchwbG, § 20 Anm.V. 2.; a.A. GK-SchwbG-*Großmann,* § 20 RdNr. 59; *Neumann/Pahlen,* SGB IX, § 90 RdNr. 22). Der Antrag ist auf Abgabe einer Willenserklärung zum Abschluss eines Arbeitsvertrages gerichtet (BAG U. v. 28. 6. 2000 NZA 2000, 1097 f.). Die Annahmeerklärung des Arbeitgebers wird mit der Rechtskraft des Urteils gemäß § 894 ZPO fingiert. Für die Zeit zwischen der Entstehung des Wiedereinstellungsanspruchs und der Rechtskraft stehen dem Arbeitnehmer Schadensersatzansprüche auf die entgangene Vergütung gemäß §§ 280, 286 BGB zu (BAG U. v. 28. 6. 2000 a.a.O.).

VI. Anzeigepflicht (Abs. 3)

35   Probearbeitsverhältnisse und Kündigungen während der Wartezeit (Abs. 1 Ziff. 1) sind dem Integrationsamt innerhalb von 4 Tagen anzuzeigen. Andere Befristungen oder Beendigungen durch etwa Aufhebungsverträge unterliegen nicht der Anzeigepflicht.

36   **Probearbeitsverhältnisse** sind dabei nicht nur befristete Arbeitsverhältnisse sondern auch unbefristete Verträge mit vorgeschalteter Probezeit (GK-SchwbG-*Großmann,* § 20 RdNr. 64; *Griebeling* in Hauck/Noftz, SGB IX, K § 90 RdNr. 8).

37   Der Zweck der Anzeigepflicht besteht darin, dass das Integrationsamt seine Aufgaben gemäß § 102 wahrnehmen kann und ggf. **begleitende Hilfe** durch Beratungshilfe oder finanzielle Mittel für z.B. technische Arbeitshilfen oder eine behindertengerechte Einrichtung des Arbeitsplatzes anbieten kann (BAG U. v. 21. 3. 80 AP Nr. s1 zu § 17 SchwbG; APS/*Vossen* § 20 SchwbG RdNr. 11; *Düwell,* LPK-SGB IX, § 90 RdNr. 19; *Griebeling* a.a.O.). Dadurch soll vermieden werden, dass der Arbeitnehmer noch innerhalb der Probezeit wieder entlassen wird, obwohl dies durch Unterstützungsleistungen hätte verhindert werden können. Auch bei der Beendigung des Arbeitsverhältnisses noch während der ersten sechs Monate soll das Integrationsamt durch die Anzeige in die Lage versetzt werden, den Arbeitgeber zum einen durch Hilfsangebote noch zur Aufgabe seiner Kündigungsabsicht bewegen zu können; zum anderen soll ihm eine Prüfung ermöglicht werden, welche Rehabilitationsleistungen für den schwerbehinderten Arbeit-

nehmer sinnvoll wären, um einer erneuten Entlassung in einem späteren Arbeitsverhältnis vorzubeugen.

Die **4-tägige Anzeigepflicht berechnet sich** im Probearbeits- 38
verhältnis ab dem Zeitpunkt der vereinbarten Arbeitsaufnahme (APS/
Vossen § 20 SchwbG RdNr. 13). Für die Anzeige einer Beendigung des
Arbeitsverhältnisses während der ersten sechs Monate ist auf den **Zeitpunkt des Kündigungszugangs** und nicht auf das Ende der Kündigungsfrist abzustellen. Zwar spricht der Wortlaut dagegen; der Sinn
und Zweck der Anzeigepflicht gebietet es jedoch, das Integrationsamt
nicht erst nach Ablauf der Kündigungsfrist in Kenntnis zu setzen, da zu
diesem Zeitpunkt Hilfsangebote in jedem Fall zu spät kämen (*Griebeling* in Hauck/Noftz, SGB IX, K § 90 RdNr. 8; *Düwell*, LPK-SGB IX,
§ 90 RdNr. 19; *Cramer, SchwbG,* § 20 RdNr. 7; *Dörner*, SchwbG, § 20
SchwbG Anm. VI. 2; a.A. GK-SchwbG-*Großmann*, § 20 RdNr. 66;
APS/*Vossen* § 20 SchwbG RdNr. 13).

Die Anzeigepflicht ist eine **vertragliche Nebenpflicht.** Ihre Ver- 39
letzung ist **sanktionslos.** Weder ist die Kündigung bei einem Verstoß
unwirksam (BAG U. v. 21. 3. 80 AP Nr. 1 zu § 17 SchwbG) noch stellt
die unterlassene Anzeige eine Ordnungswidrigkeit dar. Große praktische Bedeutung kommt ihr daher nicht zu. Allenfalls kommt ein
Schadensersatzanspruch wegen positiver Vertragsverletzung in Betracht, wenn durch eine unterbliebene Anzeige Hilfsleistungen des Integrationsamtes nicht oder nur mit Verzögerung gewährt wurden, bei
deren (rechtzeitiger) Gewährung der Arbeitgeber das Arbeitsverhältnis nicht beendet hätte (BAG U. v. 21. 3. 80 a.a.O.; *Düwell* a.a.O.
RdNr. 20; *Griebeling* a.a.O. RdNr. 9). Aber auch dies ist ein theoretischer Fall, da ein entsprechender Beweis so gut wie nicht zu führen
sein wird.

Außerordentliche Kündigung

91 (1) Die Vorschriften dieses Kapitels gelten mit Ausnahme von
§ 86 auch bei außerordentlicher Kündigung, soweit sich aus den
folgenden Bestimmungen nichts Abweichendes ergibt.

(2) ¹Die Zustimmung zur Kündigung kann nur innerhalb von zwei
Wochen beantragt werden; maßgebend ist der Eingang des Antrages
bei dem Integrationsamt. ²Die Frist beginnt mit dem Zeitpunkt, in dem
der Arbeitgeber von den für die Kündigung maßgebenden Tatsachen
Kenntnis erlangt.

(3) ¹Das Integrationsamt trifft die Entscheidung innerhalb von zwei
Wochen vom Tage des Eingangs des Antrages an. ²Wird innerhalb
dieser Frist eine Entscheidung nicht getroffen, gilt die Zustimmung als
erteilt.

(4) Das Integrationsamt soll die Zustimmung erteilen, wenn die Kündigung aus einem Grunde erfolgt, der nicht im Zusammenhang mit der Behinderung steht.

(5) Die Kündigung kann auch nach Ablauf der Frist des § 626 Abs. 2 Satz 1 des Bürgerlichen Gesetzbuchs erfolgen, wenn sie unverzüglich nach Erteilung der Zustimmung erklärt wird.

(6) Schwerbehinderte Menschen, denen lediglich aus Anlass eines Streiks oder einer Aussperrung fristlos gekündigt worden ist, werden nach Beendigung des Streiks oder der Aussperrung wieder eingestellt.

Übersicht

I. Allgemeines

1   Die Vorschrift übernimmt inhaltlich unverändert die Regelung des § 21 SchwbG vom 26. August 1986.

Erst durch das seit dem 1.5.1974 geltende SchwbG wurde die Zustimmungspflicht allgemein auf außerordentliche Kündigungen ausgedehnt. In den bis dahin gültigen Regelungen des SchwBeschG bestand das Zustimmungserfordernis nur, wenn die Kündigung im unmittelbaren Zusammenhang mit der Gesundheitsstörung stand. Dies brachte für den Arbeitgeber die Schwierigkeit mit sich, dass er bereits für die Antragstellung beurteilen musste, ob ein derartiger Zusammenhang zu bejahen war. War seine Einschätzung falsch, war die Kündigung mangels Zustimmung nichtig. Mit der Einführung der generellen Zustimmungspflicht seit 1.5.1974 bleibt die Prüfung, ob ein Zusammenhang zwischen Kündigungsgrund und Behinderung besteht, für die Zustimmungserteilung des Integrationsamtes von Bedeutung (§ 91 Abs. 4). Das SchwbG 1986 verlängerte die Entscheidungsfrist für die Hauptfürsorgestelle von 10 Tagen auf 2 Wochen.

2   Durch die Regelung in § 91 wird einerseits klargestellt, dass das Zustimmungserfordernis des § 85 sowie die Regelungen der §§ 87–90

grundsätzlich auch auf die außerordentliche Kündigung Anwendung finden; andererseits enthalten die Abs. 2 bis 6 Sonderbestimmungen. Diese beinhalten vor allem vom Integrationsamt und Arbeitgeber einzuhaltende kurze Fristen (Abs. 2, 3 und 5), sowie die Ermessenseinschränkung in Abs. 4. Sie dienen damit einerseits dem Interesse des Arbeitgebers an einer zügigen Entscheidung des Integrationsamtes (Abs. 3 und 4), andererseits dem Interesse des Arbeitnehmers, alsbald Klarheit über die Kündigungsentscheidung des Arbeitgebers zu gewinnen (Abs. 2 und 5).

§ 91 enthält keine abschließende Regelung. Ergänzend ist daher die 3 Vorschrift des § 626 Abs. 1 BGB anwendbar, die das Vorliegen eines wichtigen Grundes für den Ausspruch jeder außerordentlichen Kündigung voraussetzt.

II. Geltungsbereich

Für die außerordentliche Kündigung gelten hinsichtlich des persön- 4 lichen, räumlichen und sachlichen Geltungsbereich die gleichen Grundsätze wie bei einer ordentlichen Kündigung (siehe Erläuterungen zu § 85). Die Zustimmungspflicht setzt daher ebenfalls das Bestehen eines **Arbeitsverhältnisses**, das Vorliegen der **Schwerbehinderteneigenschaft** oder einer **Gleichstellung** oder zumindest zum Zeitpunkt des Kündigungszugangs eine entsprechende Antragstellung voraus. Schließlich muss dem Arbeitgeber die Schwerbehinderteneigenschaft oder Gleichstellung bekannt sein oder innerhalb eines Monats nach Kündigungszugang durch eine entsprechende Mitteilung des Arbeitnehmers bekannt werden. Die Rechtsprechung des BAG hat auch im außerordentlichen Kündigungsverfahren an der **Mitteilungsfrist von einem Monat** festgehalten (BAG U. v. 14. 5. 82 AP Nr. 4 zu § 18 SchwbG; U. v. 16. 1. 85 AP Nr. 14 zu § 12 SchwbG mit krit. Anm. Meisel). Dies wird im Schrifttum kritisiert (Meisel a.a.O.; *Dörner,* SchwbG, § 21 Anm. I 2.; GK-SchwbG-*Großmann,* § 21 RdNr. 20; *Düwell,* LPK-SGB IX, § 91 RdNr. 4). Zwar hat der Arbeitgeber ein Interesse, schnell zu wissen, ob die von ihm beabsichtigte Kündigung der Zustimmung des Integrationsamtes bedarf; aus Gründen der Rechtsklarheit erscheint es jedoch gerechtfertigt, nicht unterschiedliche Mitteilungsfristen festzulegen, je nachdem, um welche Art von Kündigung es sich handelt. Unsicherheiten entstünden vor allem, wenn, was in der Praxis nicht selten ist, aus dem Kündigungsschreiben nicht eindeutig hervorgeht, ob die Kündigung als außerordentliche gewollt ist oder lediglich keine Frist eingehalten wurde. Außerdem müssten Ausnahmen im Falle der außerordentlichen Kündigung mit Auslauffrist festgelegt werden, um insoweit sachlich nicht gerechtfertigte Ungleichbehandlungen zu vermeiden.

III. Antragsfrist des Arbeitgebers (Abs. 2)

5   Für die Antragstellung gilt das in § 87 geregelte Verfahren. Der Antrag muss hinreichend bestimmt sein, vor allem auch eindeutig erkennen lassen, dass der Ausspruch einer außerordentlichen Kündigung beabsichtigt ist. Er muss bei dem für den Sitz des Betriebes oder der
Dienststelle zuständigen Integrationsamt gestellt werden.

6   Eine außerordentliche Kündigung kann gemäß § 626 Abs. 2 BGB
nur **innerhalb von 2 Wochen** erfolgen. Dieser Regelung ist die Vorschrift des § 91 Abs. 2 nachgebildet worden. Sie ist gegenüber § 626
Abs. 2 BGB lex specialis und wandelt die Ausschlussfrist in § 626 BGB
insoweit ab, als an die Stelle des Ausspruches der Kündigung die Stellung des Zustimmungsantrags beim Integrationsamt tritt und damit
die Ausschlussfrist gewissermaßen vorverlagert wird in das Zustimmungsverfahren (BAG Beschl. v. 22. 1. 87 AP Nr. 24 zu § 103 BetrVG =
NZA 1987, 563). § 626 Abs. 2 BGB ist rechtlich neben § 91 Abs. 2 anzuwenden; als speziellere Regelung geht sie dem § 626 Abs. 2 BGB nur
vor, wenn die Zwei-Wochen-Frist bereits abgelaufen ist (BAG U. v.
15. 11. 2001 NZA 2002, 971 unter ausdrücklicher Aufgabe der bisherigen Rechtsprechung: Beschl. v. 22. 1. 87 a.a.O.).

7   Für den **Fristbeginn** kann auf die zu § 626 Abs. 2 BGB entwickelten
Grundsätze zurückgegriffen werden, da § 91 Abs. 2 S. 2 wie § 626
Abs. 2 BGB auf den Zeitpunkt abstellt, in dem der Arbeitgeber von
den **für die Kündigung maßgebenden Tatsachen Kenntnis** erhält
(BVerwG 2. 5. 96 Buchholz 436.61 § 21 SchwbG Nr. 7; BAG U. v.
18. 12. 86 – 2 AZR 36/86). Es kommt hierbei auf eine sichere und möglichst vollständige Kenntnis vom Kündigungssachverhalt an; selbst
grobe fahrlässige Unkenntnis genügt nicht (BVerwG 2. 5. 96 a.a.O;
BAG U. v. 29. 7. 93 NZA 1994, 171 – ständige Rechtsprechung). Die
Ausschlussfrist ist solange gehemmt, solange der Arbeitgeber den
Sachverhalt aufklärt und mit der gebotenen Eile noch eigene **Ermittlungen** anstellt, um sich eine umfassende und zuverlässige Kenntnis
vom Kündigungssachverhalts zu verschaffen. Die Ermittlungen sind
als abgeschlossen anzusehen, wenn die Umstände, die der Arbeitgeber
für die Kündigung wesentlich hält, aufgeklärt sind (BAG U. v.
18. 12. 86 – 2 AZR 36/86). Im Falle einer Kündigung wegen einer
Straftat kann der Arbeitgeber auch das Ergebnis eines **staatsanwalt-
schaftlichen Ermittlungsverfahrens oder Gerichtsverfahrens** abwarten. Dies gilt aber nur, wenn er die Kündigung nicht auf den Verdacht einer Straftat, sondern auf die Tatbegehung stützen will und
tatsächlich den Zustimmungsantrag erst stellt, wenn das strafrechtliche
Verfahren abgeschlossen ist (BAG U. v. 29. 7. 93 NZA 1994, 171). Im
Übrigen wird bei den für die Kenntnis maßgebenden Tatsachen unterschieden, ob der Kündigungsgrund einen in sich abgeschlossenen

Lebenssachverhalt oder einen **Dauertatbestand**, der sich über einen längeren Zeitraum ununterbrochen hinzieht, darstellt. Letzteres wird etwa im Fall des **unentschuldigten Fehlens** angenommen. Die 2-Wochen-Frist des § 626 Abs. 2 BGB setzt in diesen Fällen erst ein, wenn die Fehlzeit beendet ist und der Arbeitnehmer wieder im Betrieb erscheint (BAG Beschl. v. 22.1.98 NZA 1998, 708).

Maßgeblich für den Fristbeginn ist weiterhin, dass der jeweils **Kün-** 8 **digungsberechtigte** vom Kündigungssachverhalt **Kenntnis** hat. Bei juristischen Personen ist dies regelmäßig das gesetzlich zuständige Vertretungsorgan (BAG U. v. 25.2.98 NZA 1998, 747), aber auch Mitarbeiter, die kraft Rechtsgeschäfts (z.B. Erteilung von Prokura oder Generalvollmacht) oder durch Übertragung einer selbstständigen Entlassungsbefugnis zur Vertretung berechtigt sind (BAG U. v. 5.7.90 AP Nr. 1 zu § 15 SchwbG 1986). Die Kenntnis einzelner Mitglieder des Organs oder auch anderer Mitarbeiter des Betriebs kann dem Kündigungsberechtigten nur zugerechnet werden, wenn deren Stellung im Betrieb nach den Umständen erwarten lässt, dass sie den Kündigungsberechtigten vom Sachverhalt informieren, und die verzögerte Kenntniserlangung durch eine schuldhaft fehlerhafte Organisation des Betriebs verursacht worden ist (BAG U. v. 18.5.94 NZA 1994, 1086). Nicht ausreichend ist, wenn der Mitarbeiter lediglich zum Ausspruch von Abmahnungen berechtigt ist (BAG U. v. 5.7.90 a.a.O.).

Nach der Rechtsprechung des BAG und des BVerwG kann die 9 Zwei-Wochen-Frist auch noch gewahrt werden, wenn der Arbeitgeber erst **nach Zugang der Kündigung von der Antragstellung oder der Schwerbehinderteneigenschaft erfährt**. In diesem Fall soll die 2-Wochen-Frist erst mit der Kenntnis über die Schwerbehinderteneigenschaft bzw. über die Antragstellung beginnen, da es sich auch hierbei um eine für die Kündigung maßgebliche Tatsache handelt (BAG U. v. 14.5.82 AP Nr. 4 zu § 18 SchwbG unter I 3. a dd; BVerwG 5.10.95 Buchholz 436.61 § 21 SchwbG Nr. 6). Dies kann jedoch nicht uneingeschränkt gelten. Geht der Arbeitgeber nämlich davon aus, dass die Kündigung nicht zustimmungspflichtig ist, muss er die Frist des § 626 Abs. 2 BGB einhalten. Hat er diese versäumt, kann ihm nicht dadurch ein Vorteil erwachsen, dass er später von der Schwerbehinderteneigenschaft des Arbeitnehmers erfährt. Dies würde eine nicht gerechtfertigte Benachteiligung Schwerbehinderter gemäß § 81 Abs. 2 Nr. 1 darstellen (*Griebeling* in Hauck/Noftz, SGB IX, K § 91 RdNr. 7; *Düwell*, LPK-SGB IX, § 91 RdNr. 11). Der Arbeitgeber soll lediglich hinsichtlich der Fristversäumung keinen Nachteil erfahren, wenn er erst später darüber unterrichtet wird, dass die Kündigung zustimmungspflichtig ist (BAG U. v. 15.11.2001 NZA 2002, 971, 973). Die Frist beginnt daher nur in den Fällen ab Kenntnis von der Schwerbehinderteneigenschaft, in denen die ursprüngliche Kündigung unter Beachtung der Frist des § 626 Abs. 2 BGB ausgesprochen worden war. Der Entscheidung des

BVerwG vom 5.10.95 kann die hier befürwortete Einschränkung außerdem auch entnommen werden (Buchholz 436.61 § 21 SchwbG Nr. 6). Sie enthält nämlich die Feststellung, dass die Arbeitsgerichtsbarkeit nicht die Unwirksamkeit der ursprünglichen Kündigung wegen Ablaufs der 2-Wochen-Frist festgestellt hatte, und außerdem keine Anhaltspunkte dafür vorlagen, dass die 2-Wochen-Frist beim Ausspruch der ursprünglichen Kündigung offensichtlich abgelaufen war.

10   Hat der Arbeitgeber den Zustimmungsantrag innerhalb der Zwei-Wochen-Frist beim Integrationsamt gestellt, weil er vom Arbeitnehmer über die Antragstellung beim Versorgungsamt informiert worden ist, ist die Kündigung nicht wegen Verstreichens der Frist des § 626 Abs. 2 BGB unwirksam, wenn sich **herausstellt, dass das Integrationsamt nicht hätte eingeschaltet werden müssen**, weil keine Schwerbehinderteneigenschaft besteht. Das BAG (U. v. 27. 2. 87 NZA 1988, 429) nimmt zu Recht an, dass es **treuwidrig** wäre und ein in sich widersprüchliches Verhalten darstellt, wenn der Arbeitnehmer, der den Arbeitgeber über die Antragstellung selbst informiert und ihn dadurch veranlasst hat, das Zustimmungsverfahren beim Integrationsamt einzuleiten, sich nunmehr auf die Ausschlussfrist des § 626 Abs. 2 BGB berufen könnte. Das Interesse des Arbeitnehmers an alsbaldiger Klarstellung, ob der Arbeitgeber ein bestimmtes Verhalten zum Anlass für eine außerordentliche Kündigung nimmt, ist im Übrigen durch die rechtzeitige Antragstellung beim Integrationsamt gewahrt (BAG U. v. 27. 2. 87 NZA 1988, 429). Sobald der Arbeitgeber allerdings erfährt, dass keine Schwerbehinderteneigenschaft vorliegt, muss er die Kündigung in entsprechender Anwendung des § 91 Abs. 5 unverzüglich aussprechen (KDZ-*Zwanziger*, § 21 SchwbG RdNr. 4; APS/*Vossen* § 21 SchwbG RdNr. 8).

11   Mit der Antragstellung hat der Arbeitgeber dem Integrationsamt den Nachweis über die Einhaltung der 2-Wochen-Frist zu erbringen. Er muss der Behörde daher mitteilen, wann er vollständige Kenntnis vom Kündigungssachverhalt erworben hat. Ggf., soweit dies noch innerhalb der kurzen Entscheidungsfrist möglich ist, muss das Integrationsamt den Arbeitgeber auf die Unvollständigkeit seiner Angaben hinweisen. Die **Einhaltung der Frist** des § 91 Abs. 2 ist **von Amts wegen durch das Integrationsamt zu prüfen**. Bei der Prüfung ist auf den **Eingang des Antrags** abzustellen. Ein Antrag geht ein, wenn er tatsächlich in die Verfügungsgewalt der öffentlichen Stelle gelangt. Der Antrag kann auch noch fristwahrend nach Dienstschluss gestellt und dem Pförtner übergeben werden (BAG U. v. 9. 2. 94 NZA 1994, 1030, 1031). Der Zustimmungsantrag ist zurückzuweisen, ohne dass der Antrag in der Sache geprüft wird, wenn die 2-Wochen-Frist verstrichen ist (BVerwG 2. 5. 96 Buchholz 436.61 § 21 SchwbG Nr. 7). Eine **Wiedereinsetzung** ist ausgeschlossen (*Dörner*, SchwbG, § 21 Anm. II. 4. ; GK-SchwbG-*Großmann*, § 21 RdNr. 51). Die **Prüfungs-**

kompetenz über die rechtzeitige Antragstellung liegt allein beim Integrationsamt und im Falle von Widerspruch und Klage bei den Verwaltungsgerichten (BVerwG 2. 5. 96 a.a.O.). Die Arbeitsgerichte können die Feststellung, dass die Kündigung unwirksam ist, allenfalls auf eine offensichtliche Versäumung der 2-Wochen-Frist stützen, wenn sich außerdem aus dem Bescheid ergibt, dass die Einhaltung der Frist behördlich gar nicht überprüft worden ist (*Griebeling* in Hauck/Noftz, SGB IX, K § 91 RdNr. 8; *Düwell*, LPK-SGB IX, § 91 RdNr. 12; für eine noch weitergehende Prüfung: *Frenski* in BB 2001, 570).

In allen anderen Fällen ist das Arbeitsgericht an die Zustimmungser- **12** teilung auch bezogen auf die Einhaltung der 2-Wochen-Frist gebunden. Das Fristversäumnis kann der Arbeitnehmer nur dadurch rügen, dass er gegen den zustimmenden Bescheid des Integrationsamtes Widerspruch einlegt und ggf. Klage beim Verwaltungsgericht erhebt.

IV. Entscheidungsfrist des Integrationsamtes (Abs. 3 S. 1)

Nach § 91 Abs. 3 hat das Integrationsamt die Entscheidung, ob es **13** der Kündigung zustimmt, innerhalb von **2 Wochen vom Tage des Antrageingangs** zu treffen. Die Frist beginnt gemäß § 187 Abs. 1 BGB, § 26 Abs. 1 SGB X am Tage nach dem Eingang des Antrages beim zuständigen Integrationsamt. Sie endet zwei Wochen danach mit Ablauf des Tages, der durch seine Benennung dem Tage entspricht, an dem der Antrag beim Integrationsamt eingegangen ist. Die Fristberechnung erfolgt gemäß § 188 Abs. 2 BGB, § 26 Abs. 1 SGB X (BAG U. v. 9. 2. 94 NZA 1994, 1030, 1031). Geht der Antrag also an einem Dienstag ein, beginnt die Frist am Mittwoch zu laufen und endet wieder an einem Mittwoch in 2 Wochen.

Für das Entscheidungsverfahren sind die Regelungen der §§ 87, 88 **14** zu beachten, wobei die Fristen des § 88 Abs. 1 und 3 wegen der abweichenden Regelung in § 91 nicht zur Anwendung kommen.

Der **Amtsermittlungsgrundsatz** (§ 20 SGB X) kommt uneinge- **15** schränkt zum Zuge. Trotz der Kürze der zur Verfügung stehenden Zeit muss der für die Entscheidung **wesentliche Sachverhalt aufgeklärt** werden. Gemäß § 87 Abs. 2 sind auch die **Stellungnahmen** des Arbeitsamtes, der betrieblichen Interessenvertretung und der Schwerbehindertenvertretung **einzuholen** sowie eine Anhörung des Schwerbehinderten durchzuführen. Denn nur auf der Grundlage des so recherschierten entscheidungserheblichen Abwägungsmaterial lässt sich auch die Frage, ob der Kündigungsgrund im Zusammenhang mit der Behinderung steht, beurteilen (BVerwG 10. 9. 92 NZA 1993, 76, 77). Dies kann mit einer kurzen Frist von 3 Tagen – angelehnt an die Frist des § 102 Abs. 2 S. 3 BetrVG – unter Zuhilfenahme von e-mail oder Fax oder notfalls auch telefonisch geschehen (*Neumann/Pahlen*,

SGB IX, § 91 RdNr. 18; *Griebeling* in Hauck/Noftz, SGB IX, K § 91
RdNr. 9; *Düwell*, LPK-SGB IX, § 91 RdNr. 13). Eine ohne Einholung
der notwendigen Stellungnahmen getroffene Entscheidung ist fehlerhaft. Im Widerspruchsverfahren kann der Fehler allerdings noch geheilt werden (BVerwG 10. 2. 97 Buchholz 436.61 § 17 SchwbG Nr. 7).

16   Sieht sich das Integrationsamt angesichts der Kürze der Zeit und des
umfangreich zu ermittelnden Sachverhalts nicht in der Lage, eine Entscheidung zu treffen, darf die Behörde die Frist ohne Entscheidung
verstreichen lassen. Es tritt dann die **Zustimmungsfiktion** ein. Das
Integrationsamt darf die Zustimmung jedoch nicht mit der Begründung versagen, es habe wegen nicht abgeschlossener Ermittlungen den
Sachverhalt nicht genügend aufklären können (APS/Vossen § 21
SchwbG RdNr. 11 *Neumann/Pahlen*, SGB IX, § 91 RdNr. 19).

V. Zustimmungsfiktion (Abs. 3 S. 2)

17   Trifft das Integrationsamt innerhalb der Frist von zwei Wochen keine
Entscheidung, gilt die Zustimmung als erteilt. Umstritten ist, wann das
Integrationsamt die Entscheidung getroffen hat und wann daher die
Zustimmungsfiktion eingreift. Dieser Streit ist dann von Bedeutung,
wenn ein die Zustimmung ablehnender Bescheid noch am letzten Tag
der Frist von der Behörde zur Post gegeben worden ist, der Arbeitgeber
darüber aber erst später mündlich oder schriftlich informiert wird. Teilweise wird die Auffassung vertreten, dass die Entscheidung erst mit **Bekanntgabe an den Arbeitgeber** getroffen ist, da es sich bei der Entscheidung um einen Verwaltungsakt handelt, der erst mit seiner Bekanntmachung an den Betroffenen gemäß § 39 SGB X wirksam wird
(so die ältere Rechtspr. des 2. Senats des BAG bis 1994, etwa U. v. 3. 7. 80
AP Nr. 2 zu § 18 SchwbG; *Griebeling* in Hauck/Noftz, SGB IX, K § 91
RdNr. 15; *Cramer*, SchwbG, § 21 RdNr. ; *Neumann/Pahlen*, SGB IX, § 91
RdNr. 19; *Dörner*, SchwbG, § 21 Anm. III. 4. b dd). Nach anderer Auffassung reicht es aus, dass die **Entscheidung innerhalb der 2-Wochen-
Frist getroffen und zur Post gegeben worden ist**. Dies wird damit
begründet, dass die Fiktionswirkung nicht an die Wirksamkeit des Verwaltungsaktes anknüpfe sondern an den Abschluss des Entscheidungs-
vorganges. Die Entscheidung sei jedoch abgeschlossen, wenn das Integrationsamt alles Erforderliche für die Entscheidung seinerseits getan
hat (so BAG U. v. 9. 2. 94 unter ausdrücklicher Aufgabe der bisherigen
Rechtspr. des 2. Senats in NZA 1994, 1030, 1032; BAG U. des 7. Senats
v. 16. 3. 83 AP Nr. 6 zu § 18 SchwbG; *Düwell*, LPK-SGB IX, § 91
RdNr. 15; APS/*Vossen* § 21 SchwbG RdNr. 14; KDZ-*Zwanziger*, § 21
SchwbG RdNr. 12; § GK-SchwbG-*Großmann*, § 21 RdNr. 70).

18   Dem ist zu folgen. Dem Gesetzeszweck der Verfahrensbeschleuni-
gung hat das Integrationsamt genügt, wenn der fertige Bescheid inner-

halb von zwei Wochen den Machtbereich der Behörde verlassen hat. Die Sanktion der Zustimmungsfiktion wäre nicht gerechtfertigt, wenn sich die Bekanntgabe der Entscheidung ohne Verschulden der Behörde z.B. wegen verlängerter Postlaufzeiten, Unerrreichbarkeit des Arbeitgebers verzögern würde. Dem Arbeitgeber entstehen dadurch ebenfalls keine Nachteile, da er sich, will er früher kündigen, beim Integrationsamt auch telefonisch erkundigen kann, welche Entscheidung getroffen worden ist.

Wegen des unterschiedlichen Wortlauts in § 88 Abs. 2 S. 1 („zuge- **19** stellt") und § 91 Abs. 2 S. 2 („getroffen") muss die Entscheidung dem Arbeitgeber nicht schriftlich mitgeteilt oder sogar zugestellt werden, sondern **jede Art der Bekanntgabe, auch mündlich oder telefonisch,** reicht aus. Dies entspricht auch dem aus den Regelungen des § 91 erkennbaren Beschleunigungsgrundsatz des Zustimmungsverfahrens (BAG U. v. 12. 8. 99 NZA 1999, 1267, 1269; BAG U. v. 9. 2. 94 NZA 1994, 1030; BAG U. v. 15. 11. 90 NZA 1991, 553; *Griebeling* in Hauck/ Noftz, SGB IX, K § 91 RdNr. 16; *Cramer,* SchwbG, a.a.O. RdNr. 6).

Auch die **fingierte Zustimmungsentscheidung** ist ein Verwal- **20** tungsakt, den der schwerbehinderte Mensch mit **Widerspruch und Anfechtungsklage** angreifen kann. § 91 Abs. 3 S. 2 ist Ausdruck des Beschleunigungsgrundsatzes. Sie dient dem Interesse des Arbeitgebers an einer möglichst kurzfristigen Klärung der Frage, ob die öffentlich-rechtliche Wirksamkeitsvoraussetzung für die außerordentliche Kündigung vorliegt. Es bedeutet aber nicht, dass das Integrationsamt untätig bleiben darf und eine Zustimmung nicht erforderlich ist. Deshalb wird das Integrationsamt dadurch, dass es eine Entscheidung nicht innerhalb der Frist trifft, auch nicht der Pflicht enthoben, den Beteiligten die als erteilt geltende Zustimmung **schriftlich zu bestätigen.** Diese Entscheidung ist auch mit einer Rechtsbehelfsbelehrung (§ 36 SGB X) für den Schwerbehinderten zu versehen (BVerwG 10. 9. 92 NZA 1993, 76). Das Integrationsamt hat darüber hinaus auch die **Möglichkeit** dem Schwerbehinderten einen **förmlichen Zustimmungsbescheid** nach Ablauf der 2-Wochen-Frist mit einer entsprechenden Rechtsmittelbelehrung zuzusenden (*Düwell,* LPK-SGB IX, § 91 RdNr. 14).

VI. Kündigungsfrist des Arbeitgebers (Abs. 5)

Aus § 91 Abs. 5 ergibt sich, dass der Arbeitgeber die Kündigung auch **21** noch **nach Ablauf der Frist des § 626 Abs. 2 BGB** aussprechen kann. Dies ist die Folge davon, dass gemäß Abs. 2 die Frist des § 626 Abs. 2 bereits durch die Beantragung des Zustimmungsantrags gewahrt wird. Damit wird berücksichtigt, dass es dem Arbeitgeber in der Regel wegen des vorgeschalteten Zustimmungsverfahrens gar nicht möglich sein wird, dem Arbeitnehmer unter Wahrung der Frist des § 626 Abs. 2 BGB auch noch die Kündigung zu erteilen (BAG U. v. 15. 11. 2001 NZA 2002, 971, 973).

22   Abs. 5 stellt außerdem klar, dass **nach der Entscheidung des Integrationsamts keine neue 2-Wochen-Frist** für den Ausspruch der Kündigung in Gang gesetzt wird, sondern die Kündigung **unverzüglich** zu erfolgen hat (BAG U. v. 3. 7. 80 AP Nr. 2 zu § 18 SchwbG; BAG Beschl. v. 22. 1. 87 AP Nr. 24 zu § 103 BetrVG). Unverzüglich bedeutet nicht sofort und beinhaltet auch keine starre Zeitvorgabe. Entsprechend der Legaldefinition in § 121 Abs. 1 S. 1 BGB ist darunter eine Reaktion ohne schuldhaftes Zögern zu verstehen. Dem Arbeitgeber ist eine **angemessene Überlegensfrist**, die Struktur und Größe des Unternehmens berücksichtigt, einzuräumen. In der Regel kann die Frist aber nur **sehr knapp** sein und nur **2-3 Tage** umfassen, da der Arbeitgeber durch das Zustimmungsverfahren schon ausreichend Zeit zum Überlegen hatte (BAG U. v. 3. 7. 80 a.a.O.).

23   Schafft es der Arbeitgeber trotz des vorgeschalteten Zustimmungsverfahrens dem Arbeitnehmer noch **innerhalb der 2-Wochen-Frist des § 626 Abs. 2 BGB** zu **kündigen**, muss **nicht zusätzlich** geprüft werden, ob die Kündigung auch **unverzüglich** nach der Entscheidung des Integrationsamtes zugegangen ist (BAG U. v. 15. 11. 2001 NZA 2002, 971, 973; *Griebeling* in Hauck/Noftz, SGB IX, K § 91 RdNr. 17; KDZ-*Zwanziger* § 21 SchwbG RdNr. 16; *Frenski* in BB 2001, 570, 572).

24   Dies ergibt sich bereits aus dem Wortlaut der Vorschrift. Danach setzt die Regelung einen Ablauf der Frist des § 626 Abs. 2 BGB voraus (*Frenski* a.a.O.; *Zwanziger* a.a.O.). Das Ergebnis entspricht auch dem Sinn und Zweck der Vorschrift. Sie dient dem Schutz des Arbeitgebers. Ist die Zwei-Wochen-Frist des § 626 Abs. 2 BGB nicht abgelaufen, bedarf der Arbeitgeber keines Schutzes. Er würde im Gegenteil sogar benachteiligt, wenn die allgemein geltende Frist des § 626 Abs. 2 BGB ohne Grund verkürzt würde (BAG U. v. 15. 11. 2001 a.a.O.).

25   Die **Frist beginnt** mit der Bekanntgabe der Zustimmungserteilung an den Arbeitgeber oder ab dem Zeitpunkt der Zustimmungsfiktion. Die Entscheidung des Integrationsamtes kann auch in der Erteilung eines sog. **Negativattestes** bestehen, da dieses ebenfalls die Kündigungssperre beseitigt. Wird dem Arbeitgeber die Zustimmung vor Ablauf der Entscheidungsfrist mitgeteilt, ist dieser Zeitpunkt maßgeblich; erfolgt die Mitteilung erst danach, ist der entscheidende Zeitpunkt das Ende der 2-Wochen-Frist des Abs. 3 (BAG U. v. 3. 4. 86 AP Nr. 9 zu § 18 SchwbG). Die Frist beginnt dann am 15. Tag nach dem Eingang des Zustimmungsantrags. Fällt das Ende der 2-Wochen-Frist auf einen Samstag, Sonntag oder Feiertag gilt § 193 BGB.

26   Für die Bekanntgabe reicht eine mündliche oder fernmündliche Unterrichtung aus; es muss keine Mitteilung in schriftlicher Form oder eine Zustellung erfolgen. Dies kann im Einzelfall bedeuten, dass

ein (irrtümliches) **Abwarten des Arbeitgebers auf einen schriftlichen Bescheid schädlich** sein kann, wenn dadurch die Kündigung zu spät ausgesprochen wird (**Beispiel**: Tritt die Zustimmungsfiktion am 19. 8. ein, die schriftliche Mitteilung darüber geht erst 1 Woche päter am 26. 8. beim Arbeitgeber ein, muss er trotzdem ab 20. 8. die außerordentliche Kündigung unverzüglich erklären. Reagiert er erst am 27. 8., wird dies verspätet sein.).

Maßgeblich ist, wann das **Kündigungsschreiben dem Arbeit-** 27 **nehmer zugeht** (BAG U. v. 3. 4. 86 AP Nr. 9 zu § 18 SchwbG). Der Arbeitgeber hat dafür zu sorgen, notfalls durch Boten, dass den Arbeitnehmer das Kündigungsschreiben unverzüglich erreicht. Ausnahmsweise kann es jedoch **treuwidrig** sein, sich auf den verspäteten Kündigungszugang zu berufen, wenn der Arbeitnehmer über das Zustimmungsverfahren beim Integrationsamt informiert war und er auch einen Benachrichtigungsschein über die Niederlegung des Kündigungsschreibens zur Kenntnis genommen hat, dieses aber bei der Post nicht abholt (BAG U. v. 3. 4. 86 a.a.O.).

Dem Arbeitgeber ist es unbenommen, die **Beteiligung des Be-** 28 **triebsrates** gemäß § 102 BetrVG auch noch während oder nach dem Zustimmungsverfahren zu veranlassen. Entscheidet er sich für eine Anhörung erst nach der zustimmenden Entscheidung des Integrationsamtes, muss er den Betriebsrat **unverzüglich** um Stellungnahme zur Kündigung auffordern. In der Regel muss dies am **ersten Tag nach der Zustimmungserteilung** geschehen. Sobald die Stellungnahme des Betriebsrat vorliegt oder die 3-Tages-Frist des § 102 Abs. 2 S. 3 BetrVG verstrichen ist, ist der Arbeitgeber weiterhin verpflichtet, am darauffolgenden Tag für einen Zugang der Kündigung beim Arbeitnehmer zu sorgen (BAG Beschl. v. 22. 1. 87 AP Nr. 24 zu § 103 BetrVG; BAG U. v. 27. 5. 83 AP Nr. 12 zu § 12 SchwbG; BAG U. v. 3. 7. 80 AP Nr. 2 zu § 18 SchwbG). In seiner Entscheidung vom 22. 1. 87 (a.a.O.) hat das BAG klargestellt, dass es diese besonders knappen Fristen nur dann verlangt, wenn der Arbeitgeber das Anhörungsverfahren erst nach der Zustimmungserteilung erstmals oder wiederholt einleitet.

Handelt es sich um einen **Mandatsträger** und muss deshalb die 29 Zustimmung des Betriebsrates oder Personalrates vor Ausspruch der Kündigung vorliegen, muss der Arbeitgeber nicht bereits vor der Zustimmung des Integrationsamtes ein Zustimmungsersetzungsverfahren einleiten, um die 2-Wochen-Frist zu wahren. Vielmehr tritt **an die Stelle der Kündigung der Antrag an das Arbeitsgericht** nach § 103 Abs. 2 BetrVG (BAG Beschl. v. 22. 1. 87 AP Nr. 24 zu § 103 BetrVG). Dies bedeutet, dass der Arbeitgeber bei der beabsichtigten Kündigung eines Mandatsträgers unverzüglich nach der Zustimmungsentscheidung des Integrationsamtes den Antrag auf Zustimmungsersetzung beim Arbeitsgericht stellen muss und ihm hierfür die gleiche kurze Überlegensfrist von nur wenigen Tagen zur Verfügung

steht wie dann, wenn er dem Arbeitnehmer die Kündigung erteilt.
Den Arbeitgeber bereits vor der Zustimmungserteilung zur Stellung
des Zustimmungsersetzungsantrags zu zwingen, macht deshalb keinen
Sinn und wäre unzweckmäßig, weil dem Antrag das Rechtsschutz-
interesse fehlt, wenn das Integrationsamt später die Zustimmung versagt (BAG Beschl. v. 22. 1. 87 a.a.O.).

VII. Entscheidung des Integrationsamtes (Abs. 4)

30   Das Integrationsamt hat auch über den Antrag auf Zustimmung zu
einer außerordentlichen Kündigung wie bei der ordentlichen Kündigung nach freiem **pflichtgemäßen Ermessen** zu entscheiden.

31   Erfolgt die Kündigung jedoch aus einem **Grund**, der **nicht mit
der Behinderung im Zusammenhang** steht, soll das Integrationsamt im Regelfall die Zustimmung erteilen. Das „Soll" ist im verwaltungsrechtliche Sinne als „Muss" zu verstehen (BVerwG 10. 9. 1992 5 C
80/88, LS in NZA 1994, 420; BVerwG 10. 9. 92 – 5 C 39/88 NZA 1993,
76, 78; BVerwG 2. 7. 92 – 5 C 39/90 Buchholz 436.61 § 21 SchwbG 1986
Nr. 3; BVerwG 2. 7. 92 – 5 C 31/91 NZA 1993, 123).

32   Die Zustimmungserteilung in diesem Fall ist begründet in dem
gesetzgeberischen Zweck, die spezifischen Schutzinteressen schwerbehinderter Menschen zur Geltung zu bringen, also die aus ihrer
Behinderung resultierenden Benachteiligungen auf dem Arbeitsmarkt auszugleichen. **Allgemeine soziale Abwägungsinteressen**,
die nichts mit der Behinderung zu tun haben, sind dagegen der Prüfung durch die **Arbeitsgerichte** vorbehalten. Wenn der schwerbehinderte Arbeitnehmer einen Grund für eine Kündigung gegeben hat, der
nicht mit der Behinderung im Zusammenhang steht, hat das Kündi-
gungsinteresse des Arbeitgebers demnach grundsätzlich Vorrang und
die Zustimmung ist zu erteilen (BVerwG a.a.O.).

33   Der **Zusammenhang** muss kein unmittelbarer sein; ein **mittelbarer** reicht aus. Ein solcher ist etwa dann anzunehmen, wenn das ver-
tragswidrige Verhalten durch die gesundheitliche Schädigung hervorgerufen worden ist (Belästigung durch einen Hirnverletzten: BAG U.
v. 17. 5. 57 AP Nr. 1 zu § 19 SchwBeschG).

34   Nur ausnahmsweise hat das Integrationsamt eine Entscheidung nach
pflichtgemäßem Ermessen trotz fehlenden Zusammenhangs
zwischen Kündigungsgrund und Behinderung zu treffen, wenn besondere **atypische Umstände** vorliegen. Ein derartiger atypischer Fall
soll gegeben sein, wenn die außerordentliche Kündigung den Schwerbehinderten in einer die Schutzzwecke des Schwerbehindertenrechts
berührenden Weise besonders hart trifft, ihm im Vergleich zu anderen
von Kündigung betroffenen Schwerbehinderten also ein Sonderopfer
abverlangt wird (BVerwG 10. 9. 1992 5 C 80/88, LS in NZA 1994, 420;

BVerwG 10. 9. 92 – 5 C 39/88 NZA 1993, 76, 78; BVerwG 2. 7. 92 – 5 C 39/90 Buchholz 436.61 § 21 SchwbG 1986 Nr. 3; BVerwG 2. 7. 92 – 5 C 31/91 NZA 1993, 123).

Allgemeine **schlechte Vermittlungschancen** auf dem Arbeits- 35 markt, langjährige Beschäftigung oder fortgeschrittenes Alter begründen noch keine atypische Fallgestaltung, da sie keine außergewöhnlichen Umstände sind, sondern typische besondere soziale Belange von schwerbehinderten Menschen darstellen (BVerwG a.a.O.). Schlechte Vermittlungschancen begründen dann eine atypische Fallgestaltung, wenn sie aufgrund einer nach Art oder Schwere besonders gelagerten Behinderung über die typische Benachteiligung von Schwerbehinderten hinausgehen (BVerwG a.a.O.). Vorstellbar ist dies in einem Fall, in dem etwa der Arbeitsplatz des Schwerbehinderten mit aufwendigen technischen Arbeitshilfen behindertengerecht durch Mittel des Integrationsamtes ausgestattet worden ist und aufgrund der spezifischen Behinderung eine Vermittlung auf einen anderen Arbeitsplatz ausgeschlossen ist.

Umstritten ist, ob das Integrationsamt darüber hinaus **prüfen** muss, 36 ob ein **wichtiger Grund** im Sinne des § 626 Abs. 1 BGB gegeben ist. Nach der Rechtsprechung des BVerwG ist dies den Arbeitsgerichten vorbehalten; denn der besondere Kündigungsschutz diene dazu, die behinderungsbedingten Nachteile auszugleichen, nicht aber eine umfassende Abwägung aller gegenläufigen Interessen zwischen Arbeitgeber und Arbeitnehmer vorzunehmen. Außerdem wäre eine Beurteilung des wichtigen Grundes im Sinne des § 626 Abs. 1 BGB innerhalb der kurzen Zwei-Wochen-Frist auch nicht möglich (BVerwG a.a.O.; OVG HH U. v. 14. 11. 86 NZA 1987, 566; Bay.VGH 29. 3. 90 Br 1990, 136; OVG Münster 8. 3. 96 Br 1997, 47; OVG Münster 5. 9. 89 EzA § 21 SchwbG 1986 Nr. 1; *Griebeling* in Hauck /Noftz, SGB IX, K § 91 RdNr. 11; APS/ *Vossen* § 21 RdNr. 18; KR-*Etzel*, § 91 SGB IX RdNr. 19). Die Gegenansicht kritisiert die Rechtsprechung des BVerwG, da auch die Berücksichtigung atypischer Umstände letztlich eine unter Beachtung der Umstände des Einzelfalls durchgeführte Interessenabwägung im Rahmen des § 626 Abs. 1 BGB sei und fordert von den Verwaltungsgerichten auch, das Vorliegen eines wichtigen Grundes zu prüfen (*Dörner*, SchwbG, § 21 Anm. IV. 2. a und b; *Cramer*, SchwbG, § 21 RdNr. 7; *Neumann/Pahlen*, SGB IX, § 91 RdNr. 21; GK-SchwbG-*Großmann*, § 21 RdNr. 80; KDZ-*Zwanziger*, § 21 SchwbG RdNr. 9).

Im **Grundsatz** ist der Auffassung des BVerwG zu folgen, da in der 37 Tat sowohl eine **umfassende Sachverhaltsaufklärung** als auch eine abschließende arbeitsrechtliche Bewertung des Vorliegens eines wichtigen Grundes in der knappen gesetzlichen Zeitvorgabe **nicht möglich** ist und damit auch **nicht zu sachgerechten Ergebnissen** führen kann. Soweit daher nicht spezifische Schutzinteressen des Schwerbehinderten betroffen sind, ist die Überprüfung der Rechtfertigung

einer außerordentlichen Kündigung wie auch bei jedem anderen
Arbeitnehmer, der von einer außerordentlichen Kündigung betroffen
ist, den Arbeitsgerichten zu überlassen.

38   **Ausnahmsweise** erscheint es jedoch geboten, die Zustimmung auch
wegen des Fehlens eines wichtigen Grundes im Sinne des § 626 Abs. 1
BGB zu verweigern. Dies ist der Fall, wenn sich aufgrund der im Zustimmungsverfahren ermittelten Fakten **offensichtlich ein wichtiger
Grund** für eine Kündigung **nicht herleiten lässt** (OVG HH U. v.
14. 11. 86 NZA 1987, 566 und OVG Münster U. v. 5. 9. 89 EzA SchwbG
1986 § 21 Nr. 1; *Griebeling* in Hauck/Noftz, SGB IX, K § 91 RdNr. 11;
KDZ- *Zwanziger*, § 21 SchwbG RdNr. 9; Offengelassen: BVerwG U. v.
2. 7. 92 NZA 1993, 123, 126). Eine Zustimmungserteilung des Integrationsamtes im Übrigen auch dann zu erwarten, wenn dieses davon überzeugt ist, dass die außerordentliche Kündigung mangels Vorliegens eines
wichtigen Grundes offensichtlich nicht haltbar ist, ist schließlich
lebensfremd und entspricht auch nicht der tatsächlichen Praxis der früheren Hauptfürsorgestellen, jetzt Integrationsämter.

39   Darüber hinaus ist die Ablehnung der Zustimmung aber auch dann
gerechtfertigt, wenn der vom Arbeitgeber angeführte oder **von Amts
wegen ermittelte unstreitige Sachverhalt schon objektiv nicht
geeignet ist, einen wichtigen Grund** im Sinne des § 626 Abs. 1 BGB
abzugeben (so auch *Dörner*, SchwbG, § 21 Anm. IV. 2 c aa; *Düwell*, LPK-
SGB IX, § 91 RdNr. 19). In seiner Entscheidung vom 2. 7. 92 (NZA
1993, 123, 126) geht im Übrigen das BVerwG vergleichbar vor, in dem
es Feststellungen dazu trifft, dass der Sachverhalt, den der Arbeitgeber
zur Begründung vorträgt, von den Besonderheiten des Einzelfalles abgesehen, einen wichtigen Grund darstellen kann.

40   Bei der Prüfung des Zustimmungsantrags sind daher folgende **Fallgruppen** zu unterscheiden (so ähnlich auch *Dörner*, SchwbG, § 21
SchwbG Anm. IV. 2 c; *Düwell*, LPK-SGB IX, § 91 RdNr. 19):
       Der vom Arbeitgeber **vorgetragene oder unstreitige Sachver-
halt** erfüllt **offensichtlich** nicht die Voraussetzungen eines wichtigen
Grundes oder ist zumindest **objektiv ungeeignet**, einen wichtigen
Grund abzugeben. Offensichtlichkeit müsste z.B. in dem Fall angenommen werden, dass ein Arbeitgeber wegen Stillegung seines Betriebes meint, einen Grund zur fristlosen Kündigung zu haben.
       Objektiv ungeeignet wäre z.B. der Vortrag des Arbeitgebers, der
schwerbehinderte Arbeitnehmer sei zwei Mal wenige Minuten zu spät
zur Arbeit erschienen.
       In beiden Fällen müsste das Integrationsamt die **Zustimmung ver-
weigern.**

41   Der vom Arbeitgeber **angegebene Sachverhalt ist objektiv geeignet**, einen wichtigen Grund abzugeben. Der Arbeitgeber behauptet
z.B., der Arbeitnehmer habe betriebseigenes Material unterschlagen
oder die Kassiererin habe Geld aus der Kasse in ihre eigene Tasche

gesteckt oder es sei im Betrieb zu einer tätlichen Auseinandersetzung gekommen oder der Arbeitnehmer habe eigenmächtig Urlaub genommen. In diesem Fall hat das Integrationsamt nur zu **überprüfen**, ob ein **Zusammenhang** zwischen dem **Kündigungsgrund** und der **Behinderung** besteht. Dazu hat es allerdings alles Erforderliche zu ermitteln. Die Beweislast für den fehlenden Zusammenhang liegt beim Arbeitgeber (APS/*Vossen* § 21 SchwbG RdNr. 20). Bleiben also insoweit **Zweifel**, tritt die Ermessensbindung des § 91 Abs. 4 nicht ein; die Behörde hat nach pflichtgemäßem freien **Ermessen** zu entscheiden.

Ein Zusammenhang kann beispielhaft anzunehmen sein, wenn die tätliche Auseinandersetzung durch das behinderungsbedingt aggressive Verhalten des Arbeitnehmers ausgelöst worden ist. Häufiges Zuspätkommen oder wiederholte Nachlässigkeiten während der Arbeit können auf einer chronischen Suchterkrankung beruhen. Wird der **Zusammenhang bejaht**, bedeutet dies, dass die Zustimmung zwar **in der Regel**, nicht aber in jedem Fall zu **verweigern** ist. So hat das OVG Münster in einem Fall, in dem der Hausmeister einer Grundschule Geldbeträge aus den Taschen von Lehrern gestohlen hatte, um seine Heroinsucht zu finanzieren, trotz des bestehenden Zusammenhangs zwischen dem vertragswidrigen Verhalten und der Behinderung wegen der Besonderheiten des Falles das Integrationsamt für verpflichtet angesehen, die Zustimmung zu erteilen (OVG NW U. v. 23.5.00 br 2000, 176).

Ergibt die Prüfung des Integrationsamtes, dass kein Zusammenhang besteht, muss noch das Bestehen eines möglicherweise **atypischen Falles** geprüft werden.

Ist der Sachverhalt geeignet, **objektiv einen wichtigen Grund abzugeben**, bleiben die **Umstände im Einzelnen** jedoch **streitig**, (etwa, ob die Mitnahme von betriebseigenem Material nicht doch üblich war, der Urlaub nicht doch genehmigt war etc.), ist die **genaue Aufklärung** den **Arbeitsgerichten** überlassen. Stellt das Integrationsamt fest, dass **kein Zusammenhang** zwischen Behinderung und Kündigungsgrund besteht, ist die allgemein arbeitsrechtliche Prüfung, inwieweit es dem Kündigenden unter Berücksichtigung aller Umstände und unter Abwägung der beidseitigen Interessen unzumutbar ist, das Arbeitsverhältnis fortzusetzen, nicht mehr durch das Integrationsamt, sondern ebenfalls durch die Arbeitsgerichte vorzunehmen. Die Zustimmung ist daher **in der Regel zu erteilen**, da spezifische Schutzinteressen schwerbehinderter Menschen, die im Vorfeld der Kündigung zu prüfen sind, nicht mehr greifen. Die durch die Behinderung bedingte besonders schützenswerte Stellung des schwerbehinderten Menschen wird nicht mehr berührt. Er befindet sich in der Stellung wie jeder andere Arbeitnehmer auch, dem außerordentlich wegen behaupteter erheblicher Pflichtverletzungen gekündigt wird (anderer

42

Ansicht: *Düwell*, LPK-SGB IX, § 91 RdNr. 19; *Dörner*, SchwbG, § 21 Anm. IV. 2c bb, die auch hier eine Prüfung des wichtigen Grundes aufgrund des gegenwärtigen Erkenntnisstandes des Integrationsamtes zulassen wollen, obwohl auch sie im Fall der ordentlichen Kündigung die Prüfung der allgemeinen Sozialwidrigkeit der Kündigung den Arbeitsgerichten überlassen wollen).

VIII. Hilfsweise ordentliche Kündigung und Umdeutung

43 Neben der außerordentlichen Kündigung spricht der Arbeitgeber häufig auch hilfsweise eine ordentliche fristgerechte Kündigung aus. Vielfach kann zudem die außerordentliche Kündigung gemäß § 140 BGB in eine ordentliche Kündigung umgedeutet werden, wenn dies dem erkennbaren Willen des Arbeitgebers entspricht. Im Schwerbehindertenrecht ist dies jedoch nur dann zulässig, wenn eine **gesonderte Zustimmung des Integrationsamtes** auch für die ordentliche Kündigung vorliegt. Die Zustimmung zur außerordentlichen Kündigung enthält nicht gleichzeitig die Zustimmung zur ordentlichen Kündigung (LAG Berlin U. v. 9. 7. 84 NZA 1985, 95; LAG Köln U. v. 11. 8. 98 NZA-RR 1999, 415; *Dörner*, SchwbG, § 21 SchwbG Anm. VI. 2 b; APS/*Vossen* § 21 SchwbG RdNr. 23; *Griebeling* in Hauck/Noftz, SGB IX, K § 91 RdNr. 20; *Düwell*, LPK-SGB IX, § 91 RdNr. 20; *Neumann/Pahlen*, SGB IX, § 91 RdNr. 7; GK-SchwbG-*Großmann*, a.a.O. RdNr. 43). Soweit die Kündigungsgründe nicht im Zusammenhang mit der Behinderung stehen, kommt eine Umdeutung gemäß § 43 Abs. 3 SGB X schon deshalb nicht in Betracht, weil die Zustimmung zur außerordentlichen Kündigung in der Regel auf einer gebundenen Ermessensentscheidung gemäß § 91 Abs. 4 beruht und die Zustimmung zur ordentlichen Kündigung aufgrund einer freien Ermessensentscheidung ergehen müsste. Aber auch in dem Fall, dass beim Bestehen eines Zusammenhangs auch die Zustimmung zur außerordentlichen Kündigung nach freiem pflichtgemäßem Ermessen zu treffen ist, kann nicht angenommen werden, dass in der Zustimmung zur außerordentlichen Kündigung immer auch die Zustimmung zur „milderen" ordentlichen Kündigung enthalten ist (so aber KR-*Etzel* § 91 SchwbG RdNr. 35).

44 Die abweichende Ansicht überzeugt deshalb nicht, weil beide Verfahren vor allem bezogen auf die unterschiedliche Entscheidungsfrist, die im Falle der ordentlichen Kündigung dem Integrationsamt eine viel sorgfältigere Prüfung ermöglicht, erheblich voneinander abweichen.

IX. Sonderfall der außerordentlichen Kündigung mit Auslauffrist

Nach der Rechtsprechung des BAG soll auch für die sog. außer- **45** ordentliche Kündigung mit sozialer Auslauffrist die Regelung des § 91 gelten (BAG U. v. 12. 8. 99 NZA 1999, 1267). Darunter fallen Kündigungen, die gegenüber Arbeitnehmern ausgesprochen werden, bei denen aufgrund einzelvertraglicher, betrieblicher oder tariflicher Vorschriften (z.B. § 55 BAT, § 11 Abs. 9 MTV Einzelhandel oder § 20 Ziff. 4 Metallindustrie) nach längerer Betriebszugehörigkeit und Erreichens einer bestimmten Altersgrenze das Recht zur ordentlichen Kündigung ausgeschlossen ist. Die **Regelungen des § 91** können auf diese Fälle jedoch **nicht uneingeschränkt Anwendung finden.** Die Rechtsprechung des BAG wird deshalb zu Recht kritisiert (*Griebeling* in Hauck/Noftz, SGB IX, K § 91 RdNr. 4; *Düwell*, LPK-SGB IX, § 91 RdNr. 8). Die uneingeschränkte Anwendung des § 91 steht im **Widerspruch zur eigenen Rechtsprechung des BAG** und den darin entwickelten besonders strengen Maßstäben, die an die Wirksamkeit einer außerordentlichen Kündigung mit sozialer Auslauffrist anzulegen sind. Danach liegt nur im Ausnahmefall beim Wegfall jeglicher Beschäftigungsmöglichkeit ein wichtiger betriebsbedingter bzw. personenbedingter Grund vor. Auch eine Weiterbeschäftigung ist nur ausnahmsweise für den Arbeitgeber unzumutbar, wenn er dem Arbeitnehmer über einen längeren Zeitraum Lohn fortzahlen müsste, obwohl er ihn z.B. wegen Betriebsstillegung nicht mehr einsetzen kann (BAG U. v. 12. 8. 99 NZA 1999, 1267; BAG U. v. 5. 2. 98 NZA 1998, 771). Darüber hinaus ist der Arbeitgeber verpflichtet, mit allen zumutbaren Mitteln, ggf. auch durch eine entsprechende Umorganisation und das Freimachen geeigneter gleichwertiger Arbeitsplätze eine Weiterbeschäftigung des Arbeitnehmers im Betrieb bzw. Unternehmen zu versuchen (BAG a.a.O. und U. v. 6. 11. 97 NZA 1998, 833).

Bei der Frage, wann dem Arbeitgeber die Weiterbeschäftigung zu- **46** mutbar ist, spielt auch die Kündigungsfrist eine Rolle, die bei einer ordentlichen Kündigungsfrist maßgebend wäre. Außerdem sollen die im Falle der ordentlichen Kündigung geltenden schärferen Beteiligungsrechte des Personalrates oder die längere Stellungnahmefrist des § 102 Abs. 2 S. 1 BetrVG und das Widerspruchsrecht des § 102 Abs. 3–5 BetrVG Anwendung finden (BAG U. v. 5. 2. 98 NZA 1998, 771). Dies wird damit begründet, dass ansonsten ein **nicht zu rechtfertigender Wertungswiderspruch** bestünde, wenn der Arbeitnehmer, der noch ordentlich gekündigt werden kann, schlechter gestellt wäre als der Arbeitnehmer, bei dem die ordentliche Kündigung ausgeschlossen ist (BAG U. v. 5. 2. 98 a.a.O.).

47   Diese Gesichtspunkte sind auch bei der Frage, ob die Regeln des
§ 91 uneingeschränkt auf außerordentliche Kündigungen mit sozialer
Auslauffrist übertragen werden können, zu berücksichtigen. Gemäß
§ 91 Abs. 4 ist in der Regel keine Ermessensentscheidung zu treffen,
wenn kein Zusammenhang zwischen Behinderung und Kündigungsgrund besteht; in diesen Fällen ist vielmehr regelmäßig die Zustimmung zu erteilen. Dies bedeutet, dass etwa im Falle betrieblicher Kündigungsgründe, bei denen in der Regel kein Zusammenhang zur
Behinderung besteht, bei außerordentlichen Kündigungen mit sozialer Auslauffrist die Zustimmung zu erteilen wäre, während bei ordentlich kündbaren Arbeitnehmern eine Ermessensentscheidung nur mit
den Einschränkungen des § 89 getroffen werden müsste. Dies stellt den
Wertungswiderspruch dar, der vom BAG gerade vermieden werden
soll. Insofern erscheint es gerechtfertigt, dass das Integrationsamt der
**außerordentlichen Kündigung mit sozialer Auslauffrist nur
unter den Voraussetzungen der §§ 88, 89 zustimmen kann** und
**weder § 91 Abs. 4 noch das beschleunigte Verfahren des § 91
Abs. 3 anzuwenden sind** (so auch *Griebeling* in Hauck/Noftz, SGB
IX, K § 91 RdNr. 4; *Düwell*, LPK-SGB IX, § 91 RdNr. 8). Die Fristbe-
stimmungen des § 91 Abs. 2 und 5 sind dagegen Schutzbestimmungen
zugunsten des Schwerbehinderten. Hiervon abzuweichen gibt es keinen Grund so wie auch im Fall nicht behinderter Arbeitnehmer die
Ausschlussfrist des § 626 Abs. 2 BGB bei ordentlich unkündbaren Arbeitnehmern weiter angewendet wird. Das gleiche gilt auch für die
Form der Bekanntgabe an den Arbeitgeber (BAG U. v. . 12. 8. 99 NZA
1999, 1267; *Griebeling* a.a.O.; *Düwell* a.a.O.).

X. Streik oder Aussperrung (Abs. 6)

48   § 91 Abs. 6 bestimmt, dass der schwerbehinderte Arbeitnehmer nach
Ende eines Arbeitskampfes wieder eingestellt werden muss, wenn ihm
aus Anlass eines Streiks oder Aussperrung außerordentlich gekündigt
worden ist. Insoweit knüpft die Vorschrift an eine längst überholte
Rechtsauffassung, nach der der Arbeitgeber das Arbeitsverhältnis
wegen der Teilnahme an einem Streik fristlos lösen konnte. Heute läuft
die Vorschrift praktisch leer, da **Arbeitnehmer** nach der Rechtsprechung des BAG **aus Anlass eines Arbeitskampfes nicht entlassen
werden dürfen** (BAG GS 21. 4. 71 AP Nr. 43 zu Art. 9 GG Arbeitskampf; BAG U. v. 17. 12. 76 AP Nr. 51 zu Art. 9 GG Arbeitskampf), bei
Streik und Aussperrung außerdem die **Pflichten** aus dem Arbeitsverhältnis lediglich **suspendiert** werden (BAG U. v. 3. 8. 99 NZA 2000,
487; BAG U. v. 17. 6. 97 NZA 1998, 47 ständige Rechtspr.).

49   Kündigt ein Arbeitgeber dennoch, ist die Kündigung zustimmungspflichtig. Diese ist allerdings nicht zu erteilen, da bereits offensichtlich

ein wichtiger Grund zur Auflösung des Arbeitsverhältnisses nicht besteht.

Allenfalls bei Teilnahme an einem **rechtswidrigen Streik** kommt 50
der Vorschrift noch eine eingeschränkte praktische Bedeutung zu. Da
im Falle der bloßen Teilnahme an einer rechtswidrigen Arbeitsniederlegung eine außerordentliche Kündigung grundsätzlich in Betracht
kommen kann (BAG U. v. 14. 2. 78 AP Nr. 59 zu Art. 9 GG Arbeitskampf), ist in diesem Fall auch die Vorschrift des § 91 Abs. 6 anwendbar.
Erteilt das Integrationsamt nämlich die Zustimmung und hält die
außerordentliche Kündigung auch einer arbeitsgerichtlichen Überprüfung stand, muss der schwerbehinderte Mensch nach Beendigung der
Arbeitskampfmaßnahme gemäß § 91 Abs. 6 **wieder eingestellt werden.** Unter Beachtung des Gebots der Verhältnismäßigkeit hält die
Rechtsprechung des BAG den Arbeitgeber für berechtigt, auf einen
rechtswidrigen Streik auch mit der **lösenden Aussperrung** zu reagieren (BAG GS 21. 4. 71 AP Nr. 43 zu Art. 9 GG Arbeitskampf). Insoweit
ist jedoch kein Raum für die Regelung des § 91 Abs. 6, da auch nicht
behinderten Arbeitnehmer ein Wiedereinstellungsanspruch nach billigem Ermessen zusteht (BAG GS 21. 4. 71 a.a.O.; dazu auch: *Langer* in
NZA 1991, Beil. 3, 24 f.).

Eine außerordentliche Kündigung kommt auch bei **Streikexzes-** 51
sen, also Begehung von Straftaten anlässlich eines rechtmäßigen
Streiks, in Betracht. In diesen Fällen ist die Regelung des § 91 Abs. 6
allerdings **nicht anwendbar**, weil die Kündigung nicht nur wegen der
Teilnahme am Arbeitskampf erfolgt ist. Meistens wird die Wiedereinstellung in diesen Fällen allerdings durch tarifvertragliche **Maßregelungsverbote** gewährleistet.

Erweiterter Beendigungsschutz

92 [1]Die Beendigung des Arbeitsverhältnisses eines schwerbehinderten Menschen bedarf auch dann der vorherigen Zustimmung
des Integrationsamtes, wenn sie im Falle des Eintritts einer teilweisen Erwerbsminderung, der Erwerbsminderung auf Zeit, der Berufsunfähigkeit oder der Erwerbsunfähigkeit auf Zeit ohne Kündigung erfolgt. [2]Die
Vorschriften dieses Kapitels über die Zustimmung zur ordentlichen Kündigung gelten entsprechend.

I. Allgemeines

Im SchwBeschG waren Beendigungen des Arbeitsverhältnisses 1
außerhalb von Kündigungen zustimmungsfrei. Mit dem SchwbG
1974 wurde erstmals der besondere Kündigungsschutz auch für

Schwerbehinderte eingeführt, deren Arbeitsverhältnis nicht durch Kündigung sondern durch den Eintritt der auflösenden Bedingung: Bezug einer Rente wegen Berufsunfähigkeit beendet wurde. Mit dem Änderungsgesetz vom 9.7.79 wurde die Regelung auf Erwerbsunfähigkeitsrenten auf Zeit ausgedehnt. Mit dem SchwG 1986 ist der Streit, ob die Regelungen über die Zustimmung zu außerordentlichen Kündigungen auch dann nicht anwendbar sein sollten, wenn die (tarifliche) Beendigungsvorschrift eine Auslauffrist vorsah, durch die Verweisungsregelung in § 22 S.2 SchwbG auf die Vorschriften der ordentlichen Kündigung geklärt worden. Mit Wirkung vom 1.1.01 ist § 22 SchwbG an die gesetzlichen Neuregelungen des Gesetzes zur Reform der Renten wegen verminderter Erwerbsfähigkeit (EM-ReformG) vom 20.12.2000 angepasst und die Zustimmungspflicht auf die Fälle der teilweisen oder vollen Erwerbsminderung ausgedehnt worden (Begründung zum Gesetzentwurf der Fraktionen von SPD und Bündnis 90/Die Grünen, BT-Drucks. 14/5074 S. 113). In dieser Fassung ist § 22 SchwbG als § 92 inhaltlich unverändert übernommen worden.

2   Der Zweck der Vorschrift geht dahin, das **Mitspracherecht des Integrationsamtes zu sichern**, wenn tarifliche, betriebliche oder einzelvertragliche Regelungen die Beendigung des Arbeitsverhältnisses ohne Kündigung aufgrund des Eintritts von Berufsunfähigkeit, Erwerbunfähigkeit auf Zeit oder teilweise bzw. voller Erwerbsminderung auf Zeit vorsehen (BAG U. v. 28.6.95 NZA 1996, 374, 376). Der Schutz der schwerbehinderten Menschen wird dadurch erweitert, weil der besondere Kündigungsschutz des § 85 Beendigungstatbestände außerhalb von Kündigungen nicht erfasst.

II. Anwendungsbereich

3   Die Vorschrift hat an Bedeutung verloren, da die insoweit vor allem im öffentlichen Dienst geltenden tariflichen Regelungen (§ 59 BAT, § 56 MTV für die Arbeiter des Bundes und § 62 MTV für die Arbeiter der Länder) 1985 dahingehend geändert worden sind, dass die **Gewährung einer BU-Rente** auf Zeit nicht mehr zur automatischen Beendigung des Arbeitsverhältnisses sondern nur noch zu dessen Ruhen führt. Außerdem hat das BAG entschieden, dass die Regelungen, die eine Beendigung im Falle des Bezuges einer Berufsunfähigkeitsrente vorsehen, in der Weise gesetzeskonform auszulegen sind, dass eine Umgehung des § 1 KSchG oder der §§ 626, 622 BGB ausgeschlossen ist. Dies ist nur gewährleistet, wenn das Arbeitsverhältnis nur dann auflösend bedingt endet, wenn keine zumutbaren Weiterbeschäftigungsmöglichkeiten für den Arbeitnehmer bestehen (BAG U. v. 28.6.95 NZA 1996, 374).

Für die Beendigung des Arbeitsverhältnis wegen **dauerhafter Er-** 4
werbsunfähigkeit oder **voller Erwerbsminderung auf Dauer** ist
§ 92 seinem Wortlaut nach schon nicht anwendbar. Damit beschränkt
sich der Anwendungsbereich praktisch auf die Fälle der **Erwerbsunfä-**
higkeit auf Zeit, der teilweisen oder **vollen Erwerbsminderung**
auf Zeit und der **Berufsunfähigkeit ohne Weiterbeschäftigungs-**
möglichkeit.

Anerkannt ist weiterhin, dass § 92 entsprechend Anwendung findet 5
auf sog. **Dienstordnungsangestellte,** die etwa bei Sozialversiche-
rungsträgern beschäftigt werden und auf deren Arbeitsverhältnis
Beamtenrecht anzuwenden ist. Werden sie wegen Dienstunfähigkeit in
den Ruhestand versetzt, gilt nicht § 128 Abs. 2; es ist vielmehr die
Zustimmung des Integrationsamtes einzuholen (BAG U. v. 20.10.77
AP Nr.1 zu § 19 SchwbG; APS/*Vossen* § 22 SchwbG RdNr. 4; KDZ-
Zwanziger, § 22 SchwbG RdNr. 3; *Griebeling* in Hauck/Noftz, SGB IX,
K § 92 RdNr. 3, *Neumann/Pahlen,* SGB IX, § 92 RdNr. 7).

Der geschützte Personenkreis ist im Übrigen derselbe wie im Falle 6
des Ausspruches einer ordentlichen Kündigung. Der betroffene Arbeitnehmer muss **schwerbehindert** oder **gleichgestellt** sein oder zumindest einen dahingehenden Antrag gestellt haben. Maßgeblicher
Zeitpunkt für die Antragstellung ist ein dem Kündigungszeitpunkt
vergleichbarer Zeitpunkt. Dieser wird allgemein im Zeitpunkt des
Zugangs des Rentenbescheids gesehen (BAG U. v. 28.6.95 NZA
1996, 374; *Dörner,* SchwbG, § 22 SchwbG RdNr. 8; *Düwell,* LPK-SGB IX, § 92
RdNr. 5).

Weiterhin setzt die Zustimmungspflicht in § 92 voraus, dass der 7
Arbeitgeber **Kenntnis** von der Schwerbehinderteneigenschaft, der
Gleichstellung oder der entsprechenden Antragstellung hat. Auch hier
gilt die **Monatsfrist** für die Unterrichtung des Arbeitgebers über die
Schwerbehinderung. Das BAG hat offengelassen, ob für den **Beginn**
der Frist auf den Zeitpunkt der Stellung des Rentenantrags oder auf
den Zeitpunkt des **Zugangs des Rentenbescheids** abzustellen ist
(BAG U. v. 28.6.95 a.a.O.). In der Literatur wird zu Recht allgemein auf
Letzteres abgestellt; nur dieser Zeitpunkt ist mit dem des Kündigungszugangs vergleichbar; weil erst die Zustellung des Rentenbescheids die
automatische Beendigung des Arbeitsverhältnisses auslöst (*Dörner,*
SchwbG, § 22 SchwbG RdNr. 9; *Griebeling* in Hauck/Noftz, SGB IX, K
§ 92 RdNr. 4; APS/*Vossen* § 22 SchwbG RdNr. 6). Lediglich dann,
wenn die tarifliche Vorschrift für die Beendigung des Arbeitsverhältnisses noch eine schriftliche Nachricht des Arbeitgebers vorsieht, berechnet sich die Monatsfrist erst ab Zugang dieser Mitteilung beim Arbeitnehmer (*Dörner,* SchwbG, § 22 SchwbG RdNr. 9). Unterrichtet der Arbeitnehmer seinen Arbeitgeber nicht innerhalb der Monatsfrist über seine
Schwerbehinderteneigenschaft, Gleichstellung oder entsprechenden
Antragstellung, verliert er den besonderen Kündigungsschutz.

III. Verfahren

8   Entsprechend der **Verweisungsregelung in S. 2** gelten die Verfahrensregeln, die im Falle einer ordentlichen Kündigung einzuhalten
sind. Dies sind die §§ 85–89 mit Ausnahme der Kündigungsfrist des
§ 86, der Mindestkündigungsfrist des § 88 Abs. 3 sowie der Ermessenseinschränkung in § 89 Abs. 1 und 3.

9   Die Zustimmung des Integrationsamtes muss vor der Beendigung
des Arbeitsverhältnisses vorliegen. Die **Zustimmung** ist zu **beantragen**, wenn dem Arbeitnehmer der **Rentenbescheid zugestellt** worden ist und dem Arbeitgeber die **Schwerbehinderung bekannt** ist.
Kennt der Arbeitgeber die Schwerbehinderung, weiß aber noch nichts
vom Rentenbescheid, besteht das Arbeitsverhältnis solange fort, bis
die Zustimmung des Integrationsamtes eingeholt ist (*Düwell*, LPK-
SGB IX, § 92 RdNr. 6; *Griebeling* in Hauck/Noftz, SGB IX, K § 92
RdNr. 4; *Dörner*, SchwbG, § 22 RdNr. 18). Diese kann der Arbeitgeber,
ohne dass er an eine Frist gebunden wäre, auch noch zu einem viel
späteren Zeitpunkt beantragen, nachdem er über das Vorliegen des
Rentenbescheides in Kenntnis gesetzt worden ist (*Dörner* a.a.O.; *Düwell*
a.a.O.; *Griebeling* a.a.O.). Ohne Zustimmung wird auch eine in der
tariflichen Regelung enthaltene Auslauffrist gehemmt. Diese Frist beginnt erst mit der Zustimmungserteilung.

IV. Entscheidung des Integrationsamtes

10   Das Integrationsamt hat eine Entscheidung nach **pflichtgemäßem
Ermessen** zu treffen. Die Ermessenseinschränkungen des § 89 Abs. 1
und 3 gelten nicht.

11   Es ist zu unterscheiden, aus welchem Grund die in der jeweiligen
tariflichen Vorschrift oder sonstigen Vereinbarung enthaltene auflö-
sende Bedingung eingetreten ist.
*   **Berufsunfähigkeit** besteht dann, wenn der Arbeitnehmer seine
    bisherige berufliche Tätigkeit nicht mehr ausüben kann und auch
    keine zumutbaren Verweisungstätigkeiten in Betracht kommen. Da
    damit nicht ausgeschlossen ist, dass der schwerbehinderte Mensch
    noch in der Lage ist, andere Beschäftigungen ohne Einschränkungen
    zu übernehmen, muss das Integrationsamt bei einer dauerhaften
    Berufsunfähigkeitsrente prüfen, ob nicht eine **anderweitige Be-
    schäftigung** im Betrieb möglich ist, die der Arbeitnehmer trotz
    seiner gesundheitlichen Einschränkungen ausüben kann (BAG U. v.
    28. 6. 95 NZA 1996, 374). Dabei ist auch der Anspruch auf eine Teil-
    zeitbeschäftigung gemäß § 81 Abs. 5 S. 2 und der Anspruch auf eine
    behindertengerechte Einrichtung und Ausstattung des Arbeitsplat-

zes gemäß § 81 Abs. 4 Ziff. 4 u.5 zu berücksichtigen. Besteht eine zumutbare Weiterbeschäftigungsmöglichkeit, ist die Zustimmung nicht zu erteilen (*Dörner*, SchwbG, § 22 RdNr. 19; *Düwell*, LPK-SGB IX, § 92 RdNr. 7).

Im Falle einer Berufsunfähigkeitsrente auf Zeit sehen die tariflichen Regelungen des öffentlichen Dienstes bereits keine Beendigung des Arbeitsverhältnis sondern nur ein **Ruhen** vor. Stellt der Arbeitgeber trotzdem einen Zustimmungsantrag, muss ihm ein **Negativattest** erteilt werden, da Zustimmungspflicht nicht besteht. Sieht eine tarifliche, betriebliche oder einzelvertragliche Regelung auch bei einer Berufsunfähigkeitsrente auf Zeit eine Beendigung des Arbeitsverhältnisses vor, ist das Integrationsamt neben der Prüfung anderweitiger Beschäftigungsmöglichkeiten gehalten, im Rahmen einer **gütlichen Einigung** die Vereinbarung eines Ruhens der gegenseitigen Verpflichtungen aus dem Arbeitsverhältnis für die Dauer des Bezuges der Rente anzuregen (*Düwell*, LPK-SGB IX, § 92 RdNr. 7). Vor allem hat das Integrationsamt zu prüfen, inwieweit es dem Arbeitgeber zumutbar ist während der Dauer der Zeitrente den Arbeitsplatz durch bestimmte **Überbrückungsmaßnahmen** offen zu halten (*Griebeling* in Hauck/Noftz, SGB IX, K § 92 RdNr. 5; *Düwell* a.a.O.; *Dörner*, SchwbG, § 22 RdNr. 22; *Neumann/Pahlen,* SGB IX, § 92 RdNr. 5; *GK-Schimanski* § 22 SchwbG RdNr. 56).

• Das Gleiche gilt für die seit dem 1.1.2001 geltende **Rente wegen teilweiser Erwerbsminderung.** Da auch hier noch ein Restleistungsvermögen besteht, hat das Integrationsamt auch hier eine anderweitige Beschäftigungsmöglichkeit vor allem auf einem Teilzeitarbeitsplatz zu prüfen.

• Im Falle einer **Zeitrente wegen Erwerbsunfähigkeit bzw. wegen voller Erwerbsminderung** (ab 1.1.2001) ist in der Regel die Zustimmung zu erteilen, weil eine Weiterbeschäftigungsmöglichkeit ausgeschlossen ist. Das Integrationsamt hat lediglich im Rahmen der vorzunehmenden Interessenabwägung zu überprüfen, inwieweit vom Arbeitgeber ein **Freihalten des Arbeitsplatzes** für die Dauer der Rente verlangt werden kann (*Griebeling* a.a.O.; *Düwell* a.a.O.; *Dörner*, SchwbG, a.a.O.; *Neumann/Pahlen*, a.a.O.; *Schimanski* a.a.O.). Dies kommt in Betracht, wenn der Arbeitgeber zumutbare Überbrückungsmaßnahmen wie etwa eine befristete Einstellung ergreifen kann. **12**

• Besteht **Erwerbsunfähigkeit oder** (ab 1.1.2001) **eine volle Erwerbsminderung auf Dauer,** muss die Zustimmung des Integrationsamtes nach § 92 nicht eingeholt werden. Beantragt der Arbeitgeber dennoch die Zustimmung, ist der Arbeitgeber auf die Entbehrlichkeit der Zustimmung hinzuweisen oder ihm ein Negativattest zu erteilen (*Dörner*, SchwbG, a.a.O. RdNr. 21; *GK-Schimanski* a.a.O. RdNr. 58). **13**

Kapitel 5. Betriebs-, Personal-, Richter-, Staatsanwalts- und Präsidialrat, Schwerbehindertenvertretung; Beauftragter des Arbeitgebers

Aufgaben des Betriebs-, Personal-, Richter-, Staatsanwalts- und Präsidialrates

93 [1]Betriebs-, Personal-, Richter-, Staatsanwalts- und Präsidialrat fördern die Eingliederung schwerbehinderter Menschen. [2]Sie achten insbesondere darauf, dass die dem Arbeitgeber nach den §§ 71, 72 und 81 bis 84 obliegenden Verpflichtungen erfüllt werden; sie wirken auf die Wahl der Schwerbehindertenvertretung hin.

I. Allgemeines

1   Die Vorschrift übernimmt inhaltlich unverändert die Regelung des § 23 SchwbG vom 23. 8. 1986.

Sie enthält in S. 1 die allgemeine Verpflichtung der im Gesetz genannten Interessenvertretungen in Betrieb und Dienststelle, die Eingliederung schwerbehinderter Menschen zu fördern. Diese Verpflichtung findet sich entsprechend auch in § 80 Abs. 1 Ziff. 4 BetrVG, § 68 Abs. 1 Ziff. 4 BPersVG und § 52 DRiG. Sie richtet sich auch an die jeweiligen Stufenvertretungen im Rahmen ihrer Zuständigkeiten (Gesamtbetriebsrat: §§ 47, 50 BetrVG; Konzernbetriebsrat: §§ 54, 58 BetrVG; Gesamtpersonalrat: §§ 55, 56 BPersVG; Bezirks- und Hauptpersonalrat: §§ 53 ff. BPersVG). In S. 2 wird diese Verpflichtung durch Beispiele konkretisiert.

II. Personalvertretungsorgane

2   Die Verpflichtung richtet sich an den Betriebs-, Personal-, Richter-, Staatsanwalts- und Präsidialrat, ohne deren Zuständigkeiten zu erweitern. Da sie die Interessen aller Beschäftigten im Betrieb oder Dienststelle wahrzunehmen haben und dazu auch schwerbehinderte Menschen gehören, sind sie auch zur Wahrung der besonderen Belange dieser Gruppe verpflichtet. Sie haben sich dazu des gesamten Instrumentariums zu bedienen, das ihnen durch Mitbestimmungs- und Mitwirkungsrechte gesetzlich zur Verfügung steht.

1. Betriebs- und Personalrat. Gemäß § 1 BetrVG werden Be- 3
triebsräte gewählt in Betrieben mit in der Regel mindestens fünf ständigen wahlberechtigten Arbeitnehmern, von denen drei wählbar sein
müssen. Gemäß § 12 BPersVG und den entsprechenden Personalver-
tretungsgesetzen der Länder gilt Entsprechendes für die Wahl des Personalrates.

2. Richterrat und Präsidialrat. Gemäß §§ 49, 50 DRiG wird eine 4
eigene Richtervertretung, der Richterrat, gewählt. Er vertritt Richter
und Richterinnen in allen allgemeinen und sozialen Angelegenheiten.
Er ist das Personalvertretungsorgan der Richter. Er hat deshalb auch
gegenüber den schwerbehinderten Richtern die Verpflichtungen, die
gegenüber den sonstigen Mitarbeitern der Personalrat hat. Der Präsidialrat wird gemäß den §§ 49, 54 DRiG gewählt. Er ist in Abhängigkeit von besonderen landesrechtlichen Bestimmungen in der Regel bei
der erstmaligen Anstellung von Richtern auf Lebenszeit und immer
bei der Beförderung von Richtern zu beteiligen. Er ist für die personellen Angelegenheiten der Richter das zuständige Vertretungsorgan.

3. Staatsanwaltsrat. Nach landesrechtlichen Regelungen bilden 5
auch Staatsanwälte eigene Vertretungen, die die gleichen Rechte und
Pflichten wie Richterräte besitzen. Den Staatsanwaltsrat trifft demnach die Verpflichtung, für die Förderung schwerbehinderter Staatsanwälte einzutreten.

III. Aufgaben der Vertretungen

§ 93 S. 1 wiederholt die allgemeine Verpflichtung, die sich bereits 6
aus den §§ 80 Abs. 1, Ziff. 4 BetrVG und 68 Abs. 1, Ziff. 4 BPersVG ergibt, dass die betriebliche und dienstliche Interessenvertretung die
Eingliederung Schwerbehinderter zu fördern hat. Sie stellt damit
klar, dass dies nicht etwa nur die Aufgabe der Schwerbehindertenvertretung ist. Diese Verpflichtung trifft das jeweilige Personalvertretungsorgan vielmehr in gleicher Weise. Sie hat besondere Bedeutung,
weil der Schwerbehindertenvertretung nur sehr viel schwächere Beteiligungsrechte zur Verfügung stehen; die Durchsetzung der Interessen
schwerbehinderter Menschen wird deshalb wirkungsvoll nur **mit
Hilfe der stärker ausgestalteten echten Mitbestimmungsrechte**
der Personalvertretungsorgane möglich. Darüber hinaus werden in
kleinen Betrieben oder kleinen Dienststellen Betriebsräte und Personalräte bestehen, ohne dass dort gleichzeitig immer die Voraussetzungen für die Bildung einer Schwerbehindertenvertretung gegeben sind.
In diesen Fällen liegt die Verpflichtung, die Teilhabe schwerbehinderter
Menschen am Arbeitsleben zu fördern, allein bei der betrieblichen und
dienstlichen Interessenvertretung. Sie besteht auch unabhängig von
der Beschäftigungspflicht des Arbeitgebers gemäß § 71 Abs. 1.

7   **1. Überwachungsaufgaben**. Die betriebliche und dienstliche Interessenvertretung hat die Aufgabe, die Erfüllung der gesetzlichen Pflichten durch den Arbeitgeber zu überwachen. Dazu führt S. 2 beispielshaft
die dem Arbeitgeber obliegenden Pflichten aus den §§ 71, 72 und 81 bis
84 auf. Die Überwachungsaufgabe bezieht sich demnach auf:

- die Erfüllung der **Beschäftigungspflicht** gemäß den §§ 71, 72, 81
  Abs. 3;
- die Einhaltung der **Prüfpflicht** in Bezug auf die Besetzung freier
  Stellen mit schwerbehinderten Menschen und der bei dieser Prüfung bestehenden Beteiligungsrechte der Schwerbehindertenvertretung gemäß § 81 Abs. 1;
- die Beachtung des **Diskriminierungsverbotes** gemäß § 81 Abs. 2
- die Erfüllung von Ansprüchen auf **behindertengerechte Beschäftigung** gemäß § 81 Abs. 4 und 5;
- die Einhaltung der **Meldepflichten** gemäß § 82;
- Erfüllung der Verpflichtungen im Hinblick auf den Abschluss einer
  Integrationsvereinbarung gemäß § 83;
- Beachtung der in § 84 vorgesehenen **Präventionsmaßnahmen.**

8   Diese Überwachungspflichten sind **nicht abschließend**, wie sich
aus der Verwendung des Begriffes: „insbesondere" ergibt. Darüber
hinaus ist die Überwachungspflicht als allgemeine Aufgabe auch den
§§ 80 Abs. 1 Ziff. 1 BetrVG und 68 Abs. 1 Ziff. 2 BPersVG zu entnehmen. Die betriebliche und dienstliche Interessenvertretung hat daher
auch die Pflicht, die Einhaltung anderer gesetzlicher Regelungen zugunsten schwerbehinderter Menschen, die in S. 2 nicht ausdrücklich
aufgeführt sind, zu überwachen. Dazu gehört etwa auch die **Einhaltung der Beteiligungsrechte** gegenüber der Schwerbehindertenvertretung gemäß § 95 Abs. 2.

9   **2. Initiative zur Wahl einer Schwerbehindertenvertretung
(S.2 letzter Hs.).** Die betriebliche oder dienstliche Interessenvertretung ist verpflichtet, die Wahl einer Schwerbehindertenvertretung in
Betrieben oder Dienststellen zu initiieren, in denen die Voraussetzungen für die Bildung einer Schwerbehindertenvertretung gegeben sind,
bisher eine solche aber nicht gewählt worden ist. Die Verpflichtung ist
zwingend (Gesetzentwurf der Bundesregierung zur Änderung des
SchwbG vom 3. 4. 1985, BT Drucks. 10/3138 S. 21 ff.). Ihrer Verpflichtung kommt die kollektive Interessenvertretung dadurch nach, dass sie
zum Zwecke der Wahl eines Wahlvorstandes gemäß § 1 Abs. 2 S. 2,
§ 19 Abs. 2, § 24 Abs. 2 S. 1 SchwbVWO zu einer **Versammlung**
schwerbehinderter Menschen einlädt. Selbst kann sie einen Wahlvorstand nicht bestellen. Ggf. muss sie auch darauf hinwirken, dass Betriebe und Dienststellen gemäß § 94 Abs. 1 S. 4 für die Wahl einer
Schwerbehindertenvertretung zusammengefasst werden.

10   **3. Aufgaben nach dem BetrVG und BPersVG.** Um die Eingliederung schwerbehinderter Menschen zu fördern, ist die kollektive In-

teressenvertretung verpflichtet, ihre Beteiligungsrechte nach betriebsverfassungsrechtlichen und personalvertretungsrechtlichen Regelungen zugunsten der Beschäftigung oder zugunsten sonstiger Belange
schwerbehinderter Menschen wahrzunehmen.

Dazu kann im Einzelfall gehören, dass der Betriebsrat **die Zustim-** **11**
mung zur Einstellung eines nicht schwerbehinderten Bewerbers
gemäß § 99 Abs. 2 Ziff. 1 BetrVG **verweigert**, wenn die Beschäftigungspflicht gemäß § 71 nicht erfüllt ist und die Stelle statt mit einem
qualifizierten schwerbehinderten Bewerber mit einem Nichtbehinderten besetzt worden ist (*Masuch* in Hauck/Noftz, SGB IX, K § 93
RdNr. 11; DKK-*Kittner*, BetrVG, § 99 RdNr. 175; offengelassen BAG
Beschl. v. 10. 11.92 NZA 1993, 376; a.A.: ArbG Lüneburg Beschl. v.
27. 5. 86 NZA 1987,67).

Dazu kann weiterhin die **Zustimmungsverweigerung** gemäß
§ 99 Abs. 2 Ziff. 1 BetrVG gehören, weil die **Prüfpflichten** des § 81
Abs. 1 nicht beachtet wurden (BAG Beschl. v. 14. 11. 1989 AP Nr. 77 zu
§ 99 BetrVG; BAG Beschl. v. 10. 11. 92 a.a.O.; Düwell, LPK-SGB IX,
§ 81 RdNr. 15; DKK-*Kittner*, BetrVG, § 99 RdNr. 174 und 175) oder,
weil die vom Arbeitgeber beabsichtigte personelle Maßnahme gegen
das **Diskriminierungsverbot** des § 81 Abs. 2 verstößt (so etwa anerkannt bei Verstößen gegen den Gleichbehandlungsgrundsatz gemäß
§ 611a BGB: FKHE, BetrVG, § 99, RdNr. 154; DKK-*Kittner*, BetrVG,
§ 99 RdNr. 174).

Keinen Zustimmungsverweigerungsgrund stellt es nach der Rechtsprechung des BAG dagegen dar, wenn die personelle Maßnahme
unter **Verletzung von Beteiligungsrechten** vorgenommen worden
ist (BAG Beschl. v. 28. 1. 86 AP Nr. 34 zu § 99 BetrVG, ständige Rspr.;
FKHE, BetrVG, § 99 RdNr. 158; DKK-*Kittner*, BetrVG, § 99
RdNr. 175). Allerdings kann der Betriebsrat in diesen Fällen den Arbeitgeber auf die fehlerhafte Unterrichtung hinweisen, so dass die Zustimmungsfiktion des § 99 Abs. 3 S. 2 BetrVG nicht eintritt (BAG
Beschl. v. 28. 1. 86 a.a.O.). Dies muss entsprechend für die fehlende Beteiligung der Schwerbehindertenvertretung gemäß § 95 Abs. 2 gelten,
auf die der Betriebsrat im Rahmen des Zustimmungsverfahrens den
Arbeitgeber ebenfalls hinweisen kann.

Die Verpflichtung in § 93 S. 1 bedeutet weiterhin, dass die kollektive **12**
Interessenvertretung im Rahmen eines **Kündigungsschutzverfah-**
rens eine **Stellungnahme** gemäß § 87 Abs. 2 abgibt, der der Aufgabe,
an der Eingliederung schwerbehinderter Menschen im Betrieb mitzuwirken, angemessen Rechnung trägt.

§ 93 S. 1 verpflichtet die Interessenvertretung außerdem, im Rah- **13**
men ihrer Beteiligung bei der technischen oder organisatorischen **Ver-**
änderung von Arbeitsplätzen, des Arbeitsablaufs oder der
Arbeitsumgebung gemäß § 90 BetrVG bzw. § 78 Abs. 4 BPersVG
bereits im Planungsstadium die Belange schwerbehinderter Menschen

an einer behindertengerechten Gestaltung mit einzubringen (*Masuch* in Hauck/Noftz, SGB IX, K § 93 RdNr. 13).

14 Die Vorschrift enthält weiterhin die Verpflichtung, dass die Interessenvertretung im Rahmen ihrer Aufgabenwahrnehmung gemäß § 80 Abs. 1 BetrVG bzw. § 68 Abs. 1 BPersVG zugunsten schwerbehinderter Menschen initiativ wird und **konkrete Maßnahmen** beim Arbeitgeber gemäß § 80 Abs. 2 BetrVG, § 68 Abs. 1 Ziff. 1 BPersVG **verlangt** und hierbei **Anregungen** schwerbehinderter Beschäftigter gemäß § 80 Abs. 1 Ziff. 3 BetrVG, § 68 Abs. 1 Ziff. 3 BPersVG **aufgreift**.

15 Schließlich ist die Interessenvertretung gehalten, sich mit **Beschwerden** schwerbehinderter Menschen gemäß §§ 84, 85 BetrVG ernsthaft zu befassen und beim Arbeitgeber für Abhilfe zu sorgen, wenn sie sie für berechtigt hält, ggf. durch Anrufung der Einigungsstelle.

IV. Zusammenarbeit mit der Schwerbehindertenvertretung

16 Betriebsrat bzw. Personalrat sind dazu verpflichtet, die im Betrieb oder Dienststelle bestehende Schwerbehindertenvertretung zu allen ihren Sitzungen und Besprechungen mit dem Arbeitgeber rechtzeitig unter Mitteilung der Tagesordnung einzuladen (§ 95 Abs. 4 und 5 SGB IX, § 32 BetrVG, 40 BPersVG). Wenn dies von der Schwerbehindertenvertretung beantragt wird, sind gemäß § 95 Abs. 4 Beschlüsse für die Dauer von einer Woche auszusetzen.

V. Verfahrensfragen

17 Streitigkeiten über Verpflichtungen gemäß § 93 sind im Beschlussverfahren entweder vor dem Arbeitsgericht oder im Bereich des öffentlichen Dienstes vor dem Verwaltungsgericht auszutragen.

Wahl und Amtszeit der Schwerbehindertenvertretung

94 (1) ¹In Betrieben und Dienststellen, in denen wenigstens fünf schwerbehinderte Menschen nicht nur vorübergehend beschäftigt sind, werden eine Vertrauensperson und wenigstens ein stellvertretendes Mitglied gewählt, das die Vertrauensperson im Falle der Verhinderung durch Abwesenheit oder Wahrnehmung anderer Aufgaben vertritt. ²Ferner wählen bei Gerichten, denen mindestens fünf schwerbehinderte Richter oder Richterinnen angehören, diese einen Richter oder eine Richterin zu ihrer Schwerbehindertenvertretung. ³Satz 2 gilt entsprechend für Staatsanwälte oder Staatsanwältinnen, soweit für sie eine besondere Personalvertretung gebildet wird. [4]Betriebe oder Dienststellen, die die Voraussetzungen des Satzes 1 nicht erfüllen, können für die Wahl mit räumlich nahe liegenden Betrieben des Arbeitgebers oder gleichstufigen Dienststellen derselben Verwaltung zusammengefasst werden; soweit erforderlich, können Gerichte unterschiedlicher Gerichtszweige und Stufen zusammengefasst werden. [5]Über die Zusammenfassung entscheidet der Arbeitgeber im Benehmen mit dem für den Sitz der Betriebe oder Dienststellen einschließlich Gerichten zuständigen Integrationsamt.

(2) Wahlberechtigt sind alle in dem Betrieb oder der Dienststelle beschäftigten schwerbehinderten Menschen.

(3) [1]Wählbar sind alle in dem Betrieb oder der Dienststelle nicht nur vorübergehend Beschäftigten, die am Wahltage das 18. Lebensjahr vollendet haben und dem Betrieb oder der Dienststelle seit sechs Monaten angehören; besteht der Betrieb oder die Dienststelle weniger als ein Jahr, so bedarf es für die Wählbarkeit nicht der sechsmonatigen Zugehörigkeit. [2]Nicht wählbar ist, wer kraft Gesetzes dem Betriebs-, Personal-, Richter-, Staatsanwalts- oder Präsidialrat nicht angehören kann.

(4) Bei Dienststellen der Bundeswehr, bei denen eine Vertretung der Soldaten nach dem Bundespersonalvertretungsgesetz zu wählen ist, sind auch schwerbehinderte Soldaten und Soldatinnen wahlberechtigt und auch Soldaten und Soldatinnen wählbar.

(5) Die regelmäßigen Wahlen finden alle vier Jahre in der Zeit vom 1. Oktober bis 30. November statt. [2]Außerhalb dieser Zeit finden Wahlen statt, wenn

1. das Amt der Schwerbehindertenvertretung vorzeitig erlischt und ein stellvertretendes Mitglied nicht nachrückt,

2. die Wahl mit Erfolg angefochten worden ist oder

3. eine Schwerbehindertenvertretung noch nicht gewählt ist.

[3]Hat außerhalb des für die regelmäßigen Wahlen festgelegten Zeitraumes eine Wahl der Schwerbehindertenvertretung stattgefunden, wird die Schwerbehindertenvertretung in dem auf die Wahl folgenden nächsten Zeitraum der regelmäßigen Wahlen neu gewählt. [4]Hat die Amtszeit der Schwerbehindertenvertretung zum Beginn des für die regelmäßigen Wahlen festgelegten Zeitraums noch nicht ein Jahr betragen, wird die Schwerbehindertenvertretung im übernächsten Zeitraum für regelmäßige Wahlen neu gewählt.

(6) [1]Die Vertrauensperson und das stellvertretende Mitglied werden in geheimer und unmittelbarer Wahl nach den Grundsätzen der Mehrheitswahl gewählt. [2]Im Übrigen sind die Vorschriften über die

Wahlanfechtung, den Wahlschutz und die Wahlkosten bei der Wahl des Betriebs-, Personal-, Richter-, Staatsanwalts- oder Präsidialrates sinngemäß anzuwenden. [3]**In Betrieben und Dienststellen mit weniger als 50 wahlberechtigten schwerbehinderten Menschen wird die Vertrauensperson und das stellvertretende Mitglied im vereinfachten Wahlverfahren gewählt, sofern der Betrieb oder die Dienststelle nicht aus räumlich weit auseinander liegenden Teilen besteht.** [4]**Ist in einem Betrieb oder einer Dienststelle eine Schwerbehindertenvertretung nicht gewählt, so kann das für den Betrieb oder die Dienststelle zuständige Integrationsamt zu einer Versammlung schwerbehinderter Menschen zum Zwecke der Wahl eines Wahlvorstandes einladen.**

(7) [1]**Die Amtszeit der Schwerbehindertenvertretung beträgt vier Jahre.** [2]**Sie beginnt mit der Bekanntgabe des Wahlergebnisses oder, wenn die Amtszeit der bisherigen Schwerbehindertenvertretung noch nicht beendet ist, mit deren Ablauf.** [3]**Das Amt erlischt vorzeitig, wenn die Vertrauensperson es niederlegt, aus dem Arbeits-, Dienst-oder Richterverhältnis ausscheidet oder die Wählbarkeit verliert.** [4]**Scheidet die Vertrauensperson vorzeitig aus dem Amt aus, rückt das mit der höchsten Stimmenzahl gewählte stellvertretende Mitglied für den Rest der Amtszeit nach; dies gilt für das stellvertretende Mitglied entsprechend.** [5]**Auf Antrag eines Viertels der wahlberechtigten schwerbehinderten Menschen kann der Widerspruchsausschuss bei dem Integrationsamt (§ 119) das Erlöschen des Amtes einer Vertrauensperson wegen grober Verletzung ihrer Pflichten beschließen.**

Übersicht

I. Allgemeines

Die Vorschrift überträgt inhaltsgleich die Regelung des § 24   **1**
SchwbG. Veränderungen im Wortlaut sind vor allem im Interesse
geschlechtsneutraler Formulierung vorgenommen werden. So heißt es
jetzt Vertrauensperson und stellvertretendes Mitglied, hinzugefügt
wurden jeweils Richterinnen, Staatsanwältinnen und Soldatinnen.

Die Vorschrift regelt die Wahlvoraussetzungen, aktives und passives   **2**
Wahlrecht, das Wahlverfahren und die Amtszeit der Schwerbehindertenvertretung und der stellvertretenden Mitglieder. Auf der Grundlage
der Ermächtigung in § 100 hat die Bundesregierung mit Zustimmung
des Bundesrates eine Wahlordnung erlassen, in der weitere Einzelheiten des Wahlverfahrens geregelt sind (abgedruckt im Anhang 4).

Während der kollektiven Interessenvertretung wie Betriebsrat und   **3**
Personalrat die allgemeine Vertretung der Beschäftigten obliegt, vertritt die Schwerbehindertenvertretung gezielt die Interessen der
schwerbehinderten Menschen und der ihnen Gleichgestellten. Beide
Vertretungen handeln hierbei gleichrangig (GK-SchwbG-*Schimanski*,
§ 24 RdNr. 2 f.). Durch die Einführung des SGB IX ist zudem die
Rolle der Schwerbehindertenvertretung durch eine Erweiterung
ihrer Zuständigkeit deutlich **gestärkt** worden. So hat sie sich auch um
die Belange von Beschäftigten zu kümmern, die noch nicht als
Schwerbehinderte oder Gleichgestellte anerkannt sind und ihnen bei
entsprechenden Anträgen behilflich zu sein (§ 95 Abs. 1 S. 3). Weiterhin muss sie am Verfahren nach § 81 Abs. 1 und beim Vorliegen von
Vermittlungsvorschlägen des Arbeitsamtes beteiligt werden (§ 95
Abs. 2 S. 3). Vor allem aber kommt der Schwerbehindertenvertretung
eine neue richtungsweisende Rolle zu, wenn es um die Initiative zu
Verhandlungen zum Abschluss einer Integrationsvereinbarung gemäß
§ 83 geht.

Nach der gesetzlichen Regelung ist eine Schwerbehindertenvertre-   **4**
tung zu wählen, wenn im Betrieb oder Dienststelle mindestens 5
schwerbehinderte oder ihnen gleichgestellte behinderte Menschen
nicht nur vorübergehend beschäftigt sind. In diesem Fall hält der
Gesetzgeber eine Schwerbehindertenvertretung für erforderlich, ohne
dass die Wahl selbstverständlich erzwingbar wäre. Anders als die Wahl
zum Betriebsrat oder Personalrat besteht die **Schwerbehindertenvertretung** unabhängig von der Zahl der schwerbehinderten Beschäftig-

ten lediglich **aus einer Person**. Daneben ist mindestens ein stellvertretendes Mitglied zu wählen.

5   Da die Regelungen über Wahl und Amtszeit mit denen der betrieblichen Interessenvertretungen im Betriebsverfassungs- und Personalvertretungsrecht korrespondieren, sind die entsprechenden Vorschriften in diesen Gesetzen zu berücksichtigen (*Neumann/Pahlen*, SGB IX, § 94 RdNr. 1).

II. Wahlvoraussetzungen

6   Die Wahl zur Schwerbehindertenvertretung setzt voraus, dass **mindestens 5 Schwerbehinderte oder Gleichgestellte** in dem Betrieb oder der Dienststelle nicht nur vorübergehend beschäftigt sind. Diese Voraussetzungen müssen am **Wahltag** vorliegen (*Masuch* in Hauck/Noftz, SGB IX, K § 94 RdNr. 4; *Cramer*, SchwbG, § 24 RdNr. 2; GK-SchwbG-*Schimanski*, § 24 RdNr. 16). Anders als bei der Betriebsratswahl, bei der gemäß § 1 Abs. 1 BetrVG auf die im Betrieb in der Regel bestehende Beschäftigtenzahl abgestellt wird, ist hier auch die möglicherweise nur vorübergehende Beschäftigungssituation zum Zeitpunkt der Wahl maßgeblich.

7   **1. Wahl im Betrieb oder Dienststelle**. Nach § 87 Abs. 1 S. 2 richtet sich der Begriff des Betriebes und der Dienststelle für das gesamte Schwerbehindertenrecht nach den Bestimmungen des Betriebsverfassungsgesetzes und des Personalvertretungsrechts (siehe auch Kommentierung zu § 87).

Auch in **Betriebsteilen und Kleinstbetrieben,** Teilen einer Dienststelle und Nebenstellen sind eigene Schwerbehindertenvertretungen zu wählen, soweit die Mindestzahl von fünf schwerbehinderten oder gleichgestellten behinderten Menschen erreicht wird und die Betriebsteile als selbstständig im Sinne des § 4 S. 1 BetrVG bzw. § 6 Abs. 3 BPersVG gelten. Derartige Betriebsteile sind räumlich und organisatorisch unterscheidbare Betriebsbereiche, die regelmäßig innerhalb des Betriebes eine bestimmte Aufgabe zu erfüllen haben, aber wegen ihrer Eingliederung in die Organisation des Gesamtbetriebes allein nicht bestehen können (FKHE, BetrVG, § 4 RdNr. 5; DKK-*Trümmer*, BetrVG, § 4 RdNr. 28). Sie gelten als selbstständig, wenn sie entweder räumlich weit vom Hauptbetrieb entfernt sind oder (bei räumlicher Nähe) durch Aufgabenbereich und Organisation eigenständig sind. Eigenständigkeit in diesem Sinne ist zu bejahen, wenn die **Betriebsstättenleitung** die **überwiegende Entscheidungskompetenz in personellen und sozialen Angelegenheiten** besitzt (BAG Beschlüsse v. 23. 9. 82 und 17. 2. 83 AP Nr. 3 und 4 zu § 4 BetrVG 1972). Im Interesse einer entscheidungsnahen und arbeitnehmernahen Gestaltung der Beteiligungsstrukturen ist in Betriebsteilen, die als selbstständig im obigen Sinne gelten, sowohl eine eigene betriebliche Interessenvertretung als auch eine eigene Schwerbehindertenvertretung zu wählen. Selbstständige Betriebsteile können z.b. eigenständig geführte **Filialen** im Einzelhandelsbereich (BAG Beschl. v. 26. 6. 96 – 7 ABR 51/95) oder eigenverantwortlich geführte einzelne Restaurants einer Restaurantkette sein (BAG U. v. 25. 11. 93 NZA 1994, 837).

Seit der Änderung § 4 BetrVG durch das Betriebsverfassungsreform- **8** gesetzes vom 23. 7. 2001 (BGBl. I S. 1852) können die Arbeitnehmer eines nach S. 1 als selbstständig geltenden Betriebes dafür **optieren, an der Wahl des Betriebsrats im Hauptbetrieb teilzunehmen.** Es stellt sich deshalb die Frage der Übertragbarkeit dieser Norm auf die Wahl zur Schwerbehindertenvertretung. Dagegen spricht, dass die Verweisung des § 87 Abs. 1 S. 2 sich nur auf den Betriebsbegriff bezieht und § 94 Abs. 6 S. 2 bezüglich der Wahlvorschriften ausdrücklich nur die Anwendung der Vorschriften über die Wahlanfechtung, den Wahlschutz und die Wahlkosten aus dem Betriebsverfassungs- und Personalvertretungsrecht erwähnt. Dieser Gesichtspunkt kann im Ergebnis jedoch nicht durchgreifen.

Die den Arbeitnehmern in § 4 S. 2 BetrVG eingeräumte Möglichkeit **9** soll der Atomisierung betrieblicher Interessenvertretungen in Fällen einer dezentralen betrieblichen Organisation entgegenwirken. Dieser Gesetzeszweck rechtfertigt eine entsprechende Anwendung der Regelung auch für die Wahl der Schwerbehindertenvertretung. Auch hier kann es im Interesse einer effektiven Aufgabenerfüllung sinnvoll sein, an der Wahl der Schwerbehindertenvertretung im Hauptbetrieb teilzunehmen, da dort die wesentlichen Entscheidungen im personellen und sozialen Bereich, die die schwerbehinderten Menschen auch im Betriebsteil betreffen, gefasst werden. Haben daher die **Arbeitnehmer für die Zugehörigkeit zum Hauptbetrieb optiert, wirkt** dies auch **für die Wahl der Schwerbehindertenvertretung** (so auch *Düwell* in LPK-SGB IX § 94 RdNr. 8).

2. Wahl einer gemeinsamen Schwerbehindertenvertretung. **10** Für den Fall, dass Betriebsteile oder auch Betriebe die **Mindestzahl** von 5 schwerbehinderten Menschen **nicht erreichen**, sieht die Vorschrift in Abs. 1 S. 4 eine Sonderregelung vor. In diesem Fall können diese Betriebe mit räumlich nahegelegenen Betrieben desselben Arbeitgebers **zusammengefasst** werden. Für den Begriff der **räumlichen Nähe** ist auf die Rechtsprechung zur vergleichbaren Vorschrift des § 4 BetrVG zurückzugreifen. Danach sind vor allem die Verkehrsmöglichkeiten entscheidend für die Entfernung, da sowohl die Interessenvertreter sich untereinander wie auch die Arbeitnehmer die Interessenvertreter leicht erreichen können sollen (BAG Beschl. v. 24. 2. 76 AP Nr. 2 zu § 4 BetrVG).

Über die **Zusammenfassung** entscheidet der **Arbeitgeber** (siehe **11** gesetzl. Definition in § 73 Abs. 1 und 3) **„im Benehmen"** mit dem

Integrationsamt, das für den Sitz der Betriebe oder Dienststellen zuständig ist. Sind mehrere Integrationsämter zuständig, müssen mehrere Ämter beteiligt werden. „Im Benehmen" bedeutet, dass der Arbeitgeber dem Integrationsamt Gelegenheit zur Stellungnahme geben, sein Vorhaben erörtern und auf eine Verständigung hinwirken muss. Gebunden ist der Arbeitgeber an die Stellungnahme des Integrationsamtes allerdings nicht (*Cramer*, SchwbG, § 39 RdNr. 4; GK-SchwbG-*Schimanski*, § 24 RdNr. 38; *Neumann/Pahlen*, SGB IX, § 94 RdNr. 14; *Masuch* in Hauck /Noftz, SGB IX, K § 94 RdNr. 8). In der Praxis wird das Benehmen dadurch hergestellt, dass der Arbeitgeber das zuständige Integrationsamt über die beabsichtigte Zusammenlegung informiert und um Einverständnis bittet. Sobald das Einverständnis gegeben ist, werden die betroffenen Betriebe und Dienststellen für die nächste Wahl zusammengefasst und eine einheitliche Wahl durchgeführt (*Heuser* in br 1990, 25, 27).

12   Der Arbeitgeber entscheidet über die Zusammenfassung nicht nur in positiver sondern auch in negativer Weise: er kann sie auch ablehnen oder wieder aufheben. Da die **betriebliche Interessenvertretung** gemäß § 93 S. 2 auf die Wahl der Schwerbehindertenvertretung hinzuwirken hat, steht ihr auch ein **Initiativrecht hinsichtlich der Zusammenfassungsentscheidung** zu (GK SchwbG *Schimanski*, § 24 RdNr. 39; *Masuch* in Hauck/Noftz, SGB IX, K § 94 RdNr. 8).

13   Die Entscheidung des Arbeitgebers über die Zusammenfassung wirkt jeweils für **eine Wahlperiode**. Sie muss deshalb auch **vor der Wahl** getroffen sein (*Neumann/Pahlen*, SGB IX, § 94 RdNr. 18; *Masuch* in Hauck/Noftz, SGB IX, K § 94 RdNr. 9) und denen, die die Wahl einleiten können, also der vorhandenen Schwerbehindertenvertretung, dem Betriebsrat bzw. Personalrat oder dem Integrationsamt oder den wahlberechtigten schwerbehinderten Menschen bekannt gegeben werden (*Cramer*, SchwbG, § 24 RdNr. 4). Auch wenn der Arbeitgeber nach der Wahl seine Entscheidung über die Zusammenfassung ändert oder die Voraussetzungen für die Zusammenfassung nachträglich wegfallen, ist die Schwerbehindertenvertretung wirksam gewählt und bleibt im Amt. Ein Grund für eine Neuwahl besteht nicht (*Cramer*, SchwbG, § 24 RdNr. 4; *Neumann/Pahlen*, SGB IX, § 94 RdNr. 17).

14   **3. Mindestzahl von Schwerbehinderten.** Die Wahl zur Schwerbehindertenvertretung setzt eine „nicht nur vorübergehende" Beschäftigung von mindestens 5 Schwerbehinderten oder Gleichgestellten voraus. Es ist umstritten, ob eine dauernde Beschäftigung erst bei einer vereinbarten Beschäftigung von über 6 Monaten (so *Neumann/Pahlen*, SGB IX, § 94 RdNr. 7) angenommen werden kann oder, ob die Vorschrift nur die auch in § 73 Abs. 3 erwähnten **kurzzeitigen Beschäftigungen** von höchstens 8 Wochen ausschließt (so *Cramer*, SchwbG, § 24 RdNr. 5). Letzter Ansicht ist zu folgen. Auf die Voraussetzungen für das passive Wahlrecht in § 94 Abs. 3 kann nicht Bezug genommen

werden, da hier ausdrücklich die Sechs-Monatsfrist benannt ist, die im Übrigen auch nicht ausnahmslos gilt. Auch das Argument, dass der Begriff in § 3 SchwbG verwendet wird und dort einen Zeitraum von 6 Monaten beinhaltete und deshalb im gleichen Gesetz auch gleich verwendet werden soll, spricht nicht für eine gleiche Auslegung. Zum einen erwähnt § 2 den Begriff nicht mehr, sondern legt den Zeitraum ausdrücklich auf länger als sechs Monate fest; zum anderen muss bei Auslegung eines unbestimmten Rechtsbegriffes der jeweilige Normzusammenhang berücksichtigt werden. In § 2 geht es um die Feststellung der Behinderung, in § 94 darum, welche Arten von Beschäftigungen sinnvollerweise bei der Frage, ob in einem Betrieb eine Schwerbehindertenvertretung bestehen sollte, Berücksichtigung finden sollen. Es spricht nichts dafür, dass der Gesetzgeber die Voraussetzungen restriktiv handhaben wollte. **Befristete Beschäftigungen bis zu 6 Monaten außer Betracht** zu lassen, erscheint auch **nicht sachgerecht**, weil es sich zum einen um reine vorgeschaltete Probearbeitsverhältnisse handeln kann, die in eine Dauerbeschäftigung übergehen können, zum anderen in einem Betrieb ein Arbeitsplatz immer wieder mit befristet Beschäftigten besetzt werden kann, so dass die Voraussetzung einer Beschäftigung von 5 Schwerbehinderten insgesamt gesehen trotz der Einzelbefristungen erfüllt sein kann.

Ob schwerbehinderte Menschen auf Arbeitsplätzen beschäftigt werden, die als **Arbeitsplätze im Sinne von 73** gelten, ist **ohne Bedeutung**. Es kommt nur darauf an, ob sie im Betrieb beschäftigt sind. Deshalb zählen zur Mindestzahl von mindestens 5 schwerbehinderten Beschäftigten arbeitnehmerähnliche Personen z.B. Handelsvertreter nicht, wohl aber in entsprechender Anwendung des § 5 Abs. 1 S. 2 BetrVG die in Heimarbeit Beschäftigten, die in der Hauptsache für einen Betrieb arbeiten. Ebenfalls nicht mit zu berücksichtigen sind der schwerbehinderte Arbeitgeber, wohl aber anders als in § 5 BetrVG schwerbehinderte **leitende Angestellte** (*Neumann/Pahlen*, SGB IX, § 94 RdNr. 5). 15

III. Sonderregelungen im öffentlichen Dienst, für Gerichte und Staatsanwaltschaft

Der **Begriff der Dienststelle** richtet sich nach § 6 BPersVG und den entsprechenden Regelungen der Personalvertretungsgesetze in den Ländern. Nach der Begriffsbestimmung der Rechtsprechung des BVerwG und des BAG wird unter Dienststelle im personalvertretungsrechtlichen Sinne eine tatsächlich organisatorisch verselbstständigte Verwaltungseinheit verstanden, der ein örtlich und sachlich bestimmtes Aufgabengebiet zur Wahrnehmung zugewiesen ist und die ihren inneren Betriebsablauf eigenverantwortlich bestimmt (BAG U. 16

v. 18.1.90 – AZR 386/89). Nebenstellen und Teile einer Dienststelle gelten als selbstständige Dienststellen, wenn die Mehrheit ihrer wahlberechtigten Beschäftigten dies in geheimer Abstimmung beschließt.

17 Für die **Zusammenfassung** der Dienststellen der öffentlichen Verwaltung gilt dasselbe wie für die Zusammenfassung von Betrieben mit der Einschränkung, dass beide Dienststellen der gleichen Verwaltung und der gleichen Stufe (also nicht ein Arbeitsamt mit einem Landesarbeitsamt) angehören müssen.

18 Sind an einem **Gericht** mindestens fünf schwerbehinderte Richter/Richterinnen tätig, wählen sie gemäß den Verfahrensregeln in §§ 24–27 SchwbVWO eine eigene Schwerbehindertenvertretung. Diese besteht dann neben den Schwerbehindertenvertretungen der nichtrichterlichen Bediensteten. Hier gilt für die **Zusammenfassung eine Ausnahme.** Es können auch unterschiedliche Gerichtszweige und verschiedene Instanzen zusammengefasst werden, wenn sie räumlich nah beieinander liegen und jede für sich die Mindestzahl von fünf schwerbehinderten Richtern nicht erreichen. Durch das Gesetz in § 94 Abs.1 ist die Wahl einer **gemeinsamen Schwerbehindertenvertretung** durch **Richter** und die an einem Gericht beschäftigten **übrigen Beschäftigten ausgeschlossen.** Dies gilt auch dann, wenn die Mindestzahl der schwerbehinderten Richter wie auch der sonstigen schwerbehinderten Beschäftigten nicht erreicht wird (BVerwG 8.12.99 NZA-RR 2000, 333). Dieses Ergebnis führt nicht dazu, dass die Wahl einer Schwerbehindertenvertretung ganz unterbleiben muss. Bei Nichterfüllung der zahlenmäßigen Voraussetzung sieht das Gesetz vielmehr eine andere Lösung vor, nämlich die Zusammenfassung räumlich naheliegender gleichstufiger Dienststellen bzw. die Zusammenfassung von Gerichten auch unterschiedlicher Gerichtszweige und -stufen.

19 Die Entscheidung über die **Zusammenfassung** von Dienststellen und Gerichten ist nach **pflichtgemäßem Ermessen** zu treffen. Liegen die gesetzlichen Voraussetzungen vor, ist die Zusammenfassung durch den Arbeitgeber vorzunehmen (BVerwG 8.12.99 NZA-RR 2000, 333). Dessen Entscheidung unterliegt damit einer stärkeren gerichtlichen Kontrolle als im Bereich privater Unternehmen. Die Entscheidung kann seitens der Personalvertretung gerichtlich überprüft werden (*Düwell*, LPK-SGB IX, § 94 RdNr. 12).

20 **Staatsanwälte** und **Staatsanwältinnen** können eine eigene Schwerbehindertenvertretung nur wählen, wenn sie auch einen eigenen Personalrat gewählt haben. Ist dies nicht der Fall, nehmen sie an der Wahl der Schwerbehindertenvertretung ihrer Behörde teil.

IV. Sonderregelungen für Soldaten

Gemäß Abs. 4 sind in den Dienststellen der Bundeswehr nur Schwer- **21** behindertenvertretungen zu wählen, wenn dort eine Vertretung nach dem BPersVG gewählt wird. Dies ist wegen der Besonderheiten im militärischen Bereich meist nicht der Fall. In den Einheiten, Stäben und Schulen der Bundeswehr werden keine Personalvertretungen sondern nur sog. Vertrauenspersonen nach dem Soldatenbeteiligungsgesetz vom 16. 1. 1991 in der Fassung vom 15. 4. 1997 gewählt. In den Dienststellen, in denen tatsächlich eine **Personalvertretung** nach dem BPersVG besteht und gemäß § 49 SoldatenbeteiligungsG Soldatenvertreter zu den Personalvertretungen hinzugewählt werden, kann **auch eine eigene Schwerbehindertenvertretung** gemäß Abs. 4 gewählt werden. Dabei ist jeder schwerbehinderte Soldat oder Soldatin wahlberechtigt, wählbar sind auch nicht schwerbehinderte Soldaten und Soldatinnen.

V. Aktives Wahlrecht

Wahlberechtigt sind alle im Betrieb oder Dienststelle beschäftigten **22** Schwerbehinderten und die ihnen Gleichgestellten. Es kommt weder auf das Lebensalter oder auf die Betriebszugehörigkeit noch auf die Stellung im Betrieb an. Anders als bei der Mindestzahl sind auch vorübergehend Beschäftigte nicht ausgeschlossen. Maßgeblich ist, dass sie im Betrieb eingegliedert sind: das Wahlrecht fehlt deshalb nur arbeitnehmerähnlichen Personen, Arbeitnehmern in **Altersteilzeit**, die sich in der Freistellungsphase befinden (*Sieg* in NZA 2002, 1064 f.) und dem Arbeitgeber im Sinne des § 5 Abs. 2 Ziff. 1 und 2 BetrVG bzw. Dienststellenleiter im Sinne des § 7 BPersVG aus. Auch schwerbehinderte Beschäftigte, die außerhalb des Betriebes oder der Dienststelle arbeiten, wie etwa Arbeitnehmer im Außendienst oder auf Telearbeitsplätzen (siehe auch Klarstellung in § 5 Abs. 1 BetrVG) sind wahlberechtigt. Dies gilt ebenfalls für **leitende Angestellte** im Sinne des § 5 Abs. 3 BetrVG sowie für **Beschäftigungen auf Stellen, die im Sinne des § 73 Abs. 2 und 3** nicht als Arbeitsplätze gelten, da schon vom Wortlaut her der Begriff der Beschäftigung weiterreicht als der der Arbeit. Außerdem ist es Aufgabe der Schwerbehindertenvertretung, die Interessen aller Schwerbehinderter im Betrieb zu vertreten und nicht nur die schwerbehinderter Arbeitnehmer (BAG Beschl. v. 26. 6. 01 – 7 ABR 50/ 99; *Cramer*, SchwbG, § 24 RdNr. 10; *Neumann/Pahlen*, SGB IX, § 94 RdNr. 24; GK-SchwbG-*Schimanski*, § 24 RdNr. 46; *Masuch* in Hauck/ Noftz, SGB IX, K § 94 RdNr. 11). Auch ein schwerbehinderter **Beauftragter** des Arbeitgebers ist wahlberechtigt, da er nicht gemäß § 98 den Arbeitgeber in seiner Arbeitgeberfunktion vertritt. Wahlberechtigt sind allerdings nur schwerbehinderte Menschen, deren **Schwerbehinder-teneigenschaft** im Sinne des § 69 oder deren **Gleichstellung** gemäß § 68 Abs. 2 **festgestellt** ist, wobei der entsprechende Bescheid noch **nicht bestandskräftig** zu sein braucht (*Cramer*, SchwbG, § 24 RdNr. 10). Wer erst einen **Antrag** auf Anerkennung als Schwerbehinderter oder einen Antrag auf Gleichstellung gestellt hat, ist nicht wahlberechtigt. Die Wirksamkeit der Wahl kann nicht von der Entscheidung über den Antrag abhängig gemacht werden (*Cramer*, SchwbG, § 24 RdNr. 10; *Neumann/Pahlen*, SGB IX, § 94 RdNr. 23; GK-SchwbG-*Schimanski*, § 24 RdNr. 48; *Masuch* in Hauck/Noftz, SGB IX, K § 94 RdNr. 11). Das Gleiche gilt, wenn die Schwerbehinderteneigenschaft oder die Gleichstellung zwar festgestellt ist, der Beschäftigte sich darauf jedoch nicht beruft. Auch dann kann er sein Wahlrecht nicht rückwirkend ausüben. Die Wahl bleibt wirksam (BSG Beschl. v. 14. 3. 1994, AZ 11 BAr 139/93; *Neumann/Pahlen*, a.a.O.). Auf die **Geschäftsfähigkeit** des Wahlberechtigten kommt es nicht an. Da gerade die entmündigten, geschäftsunfähigen oder vermindert geschäftsfähigen Schwerbehinderten auf die Interessenvertretung durch die Schwerbehindertenvertretung besonders angewiesen sind, sollen sie auch das Recht haben, sie zu wählen (*Heuser* in br 1990, 25, 28, *Sieg* in NZA 2002, 1064 f.).

VI. Passives Wahlrecht

23   Der Kreis derjenigen, die gewählt werden können (passives Wahlrecht) ist weiter als derjenigen, die wählen dürfen. Die Schwerbehinderteneigenschaft ist nämlich keine Voraussetzung der Wählbarkeit. Es können viel mehr **auch nicht schwerbehinderte Menschen** gewählt werden. Zum anderen wird der Kreis der wählbaren Personen eingeschränkt. So ist nur wählbar, wer am Wahltag das **18. Lebensjahr** vollendet, wer **nicht nur vorübergehend beschäftigt** ist und wer mindestens eine **sechsmonatige Betriebs- oder Dienstzugehörigkeit** aufzuweisen hat. Vorübergehend beschäftigt ist, wer von vorneherein nur für eine kurze Aushilfstätigkeit eingestellt worden ist (siehe auch Erläuterungen zu § 73 RdNr. 22). In diesem Fall würde das passive Wahlrecht auch kaum sinnvoll sein, da die Amtszeit in kurzer Zeit bereits wieder enden würde. Ein jedenfalls auf sechs Monate befristetes Arbeitsverhältnis schließt das passive Wahlrecht nicht aus (*Masuch* in Hauck/Noftz, SGB IX, K § 94 RdNr. 13). Bei der Dauer der Betriebs- oder Dienstzugehörigkeit werden **vorangegangene Beschäftigungszeiten** im Falle eines Betriebsübergangs gemäß § 613a BGB oder einer befristeten Vorbeschäftigung beim selben Arbeitgeber mitberücksichtigt. Dies ist ebenfalls der Fall, wenn Vorbeschäftigungszeiten wegen des Bestehens eines engen sachlichen Zusammenhangs zwischen früherem und neuem Arbeitsverhältnis anzurechnen sind (BAG

U. v. 6.12.76 AP Nr.2 zu § 1 KSchG Wartezeit; *Masuch* in Hauck/ Noftz, SGB IX, K § 94 RdNr. 13) Ausnahmsweise muss die sechsmonatige Beschäftigungsdauer nicht erfüllt sein, wenn der Betrieb oder die Dienststelle selbst zum Zeitpunkt der Wahl noch kein Jahr besteht. Dann darf jede beschäftigte Person gewählt werden unabhängig von ihrer Betriebszugehörigkeit.

Weiterhin wird der Kreis der wählbaren Personen dadurch einge- **24** schränkt, dass nicht wählbar ist, wer kraft Gesetzes dem Betriebs- oder Personalrat nicht angehören kann. Dies ergibt sich aus § 5 Abs. 2 und 3 BetrVG. Nicht wählbar ist demnach, wer **nicht in einem Arbeitsoder Ausbildungsverhältnis** steht. Es scheiden deshalb auch alle Beschäftigten aus, die aus religiösen oder karitativen Gründen arbeiten oder in erster Linie zu ihrer Heilung, Wiedereingewöhnung oder Erziehung beschäftigt werden (siehe auch Komm. zu § 73 RdNr. 16 f.). Auch **Rehabilitanden in reinen Berufsausbildungswerken** sind keine zum Betriebsrat wählbaren Arbeitnehmer (BAG U. v. 26.1. 1994 NZA 1995, 120; BAG Beschl. v. 27.6.01, AZ 7 ABR 50/99). Ausgeschlossen sind außerdem **leitende Angestellte** gemäß § 5 Abs. 3 BetrVG und **Leiharbeitnehmer** gemäß § 14 Abs. 2 AÜG. Das Gleiche gilt für **Altersteilzeitler** während der Freistellungsphase (*Kuhlmann* in br 2002, 1 f.).

Darüber hinaus schließt das Personalvertretungsrecht gemäß § 14 **25** Abs. 2 BPersVG Beschäftigte aus, die in der Woche regelmäßig weniger als 18 Stunden arbeiten. Ebenfalls nicht wählbar ist gemäß § 14 Abs. 3 BPersVG der Dienststellenleiter sowie Beschäftigte, die zu selbstständigen Entscheidungen in Personalangelegenheiten der Dienststelle befugt sind.

Nicht wählbar ist auch, wer aufgrund einer **strafgerichtlichen Ver-** **26** **urteilung** die Fähigkeit, Rechte aus öffentlichen Wahlen zu erlangen, nicht besitzt (§ 8 Abs. 1 S. 3 BetrVG und § 14 Abs. 1 S. 2 BPersVG). Dies tritt gemäß § 45 Abs. 1 StGB immer dann ein, wenn eine Verurteilung wegen eines Verbrechens zu einer Mindestfreiheitsstrafe von einem Jahr erfolgt ist. Der Verlust ist auf fünf Jahre nach Rechtskraft des Urteils beschränkt.

VII. Wahlperiode

Die Wahl findet turnusmäßig **alle 4 Jahre** in der Zeit vom **1.10.** **27** **bis zum 30.11.** statt. Die letzte Wahl hat im Herbst 2002 stattgefunden. Der Zeitraum ist auf die Wahl zum Betriebs- und Personalrat abgestimmt, die ebenfalls alle 4 Jahre in der Zeit vom 1. März bis 31. Mai durchgeführt wird. **Ausnahmsweise** findet **außerhalb des regulären Zeitraums** eine Wahl in drei vom Gesetz in Abs. 5 S. 2 Ziff. 1–3 genannten Fällen statt:

- Das Amt der Schwerbehindertenvertretung erlischt vorzeitig (siehe dazu RdNr. 48) und es gibt kein nachrückendes stellvertretendes Mitglied.
- Die Wahl ist erfolgreich angefochten (siehe dazu RdNr. 42 ff).
- Es findet erstmalig die Wahl einer Schwerbehindertenvertretung statt.

In diesen Fällen ist außerhalb des regelmäßigen Wahlturnus zu wählen. Die nächste Wahl findet dann aber wieder im regelmäßigen Wahlzeitraum statt, auch dann, wenn dies zu einer verkürzten Amtsperiode führt. Ausnahmsweise soll dies nicht erfolgen, wenn die Schwerbehindertenvertretung zu diesem Zeitpunkt noch nicht ein Jahr im Amt ist. Damit sollen zu kurze Amtsperioden und Neuwahlen in zu kurzen Abständen vermieden werden.

VIII. Wahlgrundsätze und Durchführung der Wahl

28   In zwei getrennten Wahlgängen werden die Schwerbehindertenvertretung und das stellvertretende Mitglied bzw. die stellvertretenden Mitglieder gewählt. Es gilt das **Mehrheitsprinzip**. Für die Schwerbehindertenvertretung ist **eine Person** zu wählen. Stellen sich mehrere Personen zur Wahl, ist die Person mit den meisten Stimmen gewählt. Für die Stellvertretung können auch mehrere Mitglieder gewählt werden, wenn der Wahlvorstand dies im förmlichen Verfahren und im vereinfachten Wahlverfahren die Wahlversammlung beschließt. Gewählt sind dann jeweils die Mitglieder mit den meisten Stimmen.

29   Die Wahl ist **geheim und unmittelbar**. Sie darf also nicht durch Akklamation oder öffentliche Stimmabgabe, sondern muss schriftlich durch **Stimmzettel** evtl. in einer Wahlkabine erfolgen. Unmittelbar bedeutet, dass die Stimme nur persönlich, wenn auch schriftlich, und nicht etwa durch Einschaltung von „Wahlmännern" abgegeben werden darf.

30   Es wird entweder im **vereinfachten oder im förmlichen Verfahren** gewählt. Dies hängt von der Zahl der wahlberechtigten schwerbehinderten Menschen ab. Sind in der Dienststelle oder dem Betrieb, in dem gewählt werden soll, **weniger als 50** wahlberechtigte schwerbehinderte Menschen beschäftigt, wird immer im vereinfachten Wahlverfahren gewählt. Eine Ausnahme besteht nur dann, wenn der Betrieb oder die Dienststelle aus räumlich weit auseinanderliegenden Teilen besteht (Abs. 6 S. 3). Dies beurteilt sich nach den Umständen im Einzelfall und richtet sich vor allem nach den konkreten Verkehrsverhältnissen (*Heuser* in br 1990, 25). Sind mindestens 50 wahlberechtigte schwerbehinderte Menschen im Betrieb oder Dienststelle beschäftigt, wird immer im förmlichen Wahlverfahren gewählt.

31   **1. Vereinfachtes Wahlverfahren.** Im vereinfachten Wahlverfahren hat die amtierende Schwerbehindertenvertretung, spätestens 3 Wochen vor Ende ihrer Amtszeit zu einer **Wahlversammlung** einzuladen, in der

die Wahl stattfindet. Dies kann für den Fall, dass eine Schwerbehindertenvertretung nicht besteht, auch durch den Betriebs- oder Personalrat, drei Wahlberechtigte oder das Integrationsamt geschehen (§ 19 SchwbVWO). Nach der **Wahl eines Versammlungsleiters** (§ 20 Abs. 1 SchwbWO) wird in der Wahlversammlung mit Stimmenmehrheit beschlossen, **wie viele stellvertretende Mitglieder** und ob diese in einem Wahlgang gewählt werden sollen (§ 20 Abs. 2 SchwbVWO). Nachdem Wahlvorschläge, die von jedem Wahlberechtigten ohne Stützunterschriften abgegeben werden können, eingereicht worden sind, wird das Wahlrecht durch die Abgabe von Stimmzetteln ausgeübt (§ 20 Abs. 3 SchwbVWO). In gleicher Weise, aber in einem getrennten Wahlgang erfolgt die Wahl der Stellvertretung. Auf den Stimmzetteln werden die vorgeschlagenen Personen in alphabetischer Reihenfolge aufgeführt. Nach Abschluss der Wahl und öffentlicher Stimmenauszählung muss das **Wahlergebnis unverzüglich festgestellt** werden (§ 20 Abs. 3 SchwbVWO). Für die Benachrichtigung des Gewählten und für die Bekanntmachung gelten die entsprechenden Vorschriften des förmlichen Verfahrens (§ 20 Abs. 4 SchwbVWO).

2. Förmliches Verfahren. Im förmlichen Wahlverfahren (dazu Ein 32 zelheiten bei *Sieg* in NZA 2002, 1064) muss spätestens 8 Wochen vor dem Ende der Amtszeit die amtierende Schwerbehindertenvertretung einen **Wahlvorstand** bestellen. Ist eine solche nicht vorhanden, können auch die betriebliche Interessenvertretung, das Integrationsamt oder mindestens drei Wahlberechtigte zu einer Versammlung einberufen, in der ein Wahlvorstand gewählt werden soll (§ 1 SchwbVWO). Die Aufgabe des Wahlvorstandes besteht darin, die **Wählerliste** unverzüglich auszulegen und das **Wahlausschreiben** zu erstellen und bekannt zu machen (§ 5 SchwbVWO). Nach Erlass des Wahlausschreibens können die Wahlberechtigten innerhalb von 2 Wochen schriftliche **Wahlvorschläge** einreichen (§ 6 SchwbVWO). Jeder Vorschlag muss mindestens 3 Stützunterschriften enthalten (§ 6 Abs. 2 SchwbVWO). Nach der Prüfung der Wahlvorschläge müssen spätestens eine Woche vor dem Wahltermin die Wahlvorschläge bekannt gegeben werden (§ 8 SchwbVWO). Die Wahl erfolgt geheim durch **Abgabe eines Stimmzettels** in einem Wahlumschlag (§ 9 und 10 SchwbVWO). Bei Abwesenheit vom Betrieb zum Zeitpunkt der Wahl ist gemäß § 11 SchwbVWO **Briefwahl** möglich. Nach Abschluss der Wahl und öffentlicher Stimmauszählung stellt der Wahlvorstand das Ergebnis fest (§ 13 SchwbVWO). Unverzüglich danach benachrichtigt der Wahlvorstand die gewählte Vertrauensperson und das gewählte stellvertretende Mitglied schriftlich. Geht nicht innerhalb von 3 Arbeitstagen eine Erklärung beim Wahlvorstand ein, gilt die Wahl als angenommen (§ 14 SchwbVWO). Die Wahl wird durch einen zweiwöchigen öffentlichen Aushang bekannt gemacht. Es erfolgt eine Mitteilung über den Ausgang der Wahl an den Arbeitgeber und an den Betriebsrat bzw. Personalrat (§ 15 SchwbVWO).

IX. Wahl und Aufgaben des stellvertretenden Mitglieds

33   In Betrieben und Dienststellen ist neben der Vertrauensperson
wenigstens ein stellvertretendes Mitglied zu wählen. Wird allerdings
zum Wahlzeitpunkt der Vertrauensperson ausnahmsweise keine Stellvertretung gewählt, bleibt die Wahl der Vertrauensperson dennoch
wirksam.

34   Über die Zahl der stellvertretenden Mitglieder beschließt im förmlichen Wahlverfahren nicht die Versammlung der schwerbehinderten
Menschen sondern der Wahlvorstand (§ 2 Abs. 4 SchwbVWO). Im
förmlichen Wahlverfahren ist unter den Voraussetzungen des § 11
SchwbVWO auch eine **Briefwahl** für einzelne Wahlberechtigte oder
generell möglich.

35   Die Amtszeit des stellvertretenden Mitglieds ist grundsätzlich an
diejenige der Vertrauensperson gebunden. Deshalb wird in der Regel
auch die Wahl der Schwerbehindertenvertretung zeitgleich mit der der
stellvertretenden Mitglieder stattfinden. Zwingend ist dies jedoch
nicht. § 17 SchwbVWO sieht ausdrücklich die **Nachwahl** des stellvertretenden Mitglieds vor. Dies kann etwa dann erforderlich sein, wenn
durch Ausscheiden der Vertrauensperson das einzige stellvertretende
Mitglied nachrückt, oder die Wahl zur Stellvertretung erfolgreich
angefochten worden ist oder sich zum Zeitpunkt der Wahl zur Schwerbehindertenvertretung niemand findet, der sich als stellvertretendes
Mitglied wählen lassen will. In diesen Fällen muss gemäß § 21
SchwbVWO nachgewählt werden. Die Wahl der Stellvertretung findet
dann außerhalb des regulären Wahlzeitraums statt (*Masuch* in Hauck/
Noftz, SGB IX, K § 94 RdNr. 26).

36   Das stellvertretende Mitglied darf bis auf den besonderen Fall des
§ 95 Abs. 1 S. 4 (siehe Kommentierung dort) nur tätig werden, wenn
die Vertrauensperson **tatsächlich verhindert** ist. Dies ist nicht nur
dann der Fall, wenn die Vertrauensperson abwesend ist (z.B. bei Krankheit oder Urlaub), sondern auch wenn sie andere Aufgaben wahrnehmen muss (z.B. bei einer Terminskollision) (*Cramer*, SchwbG, § 24
RdNr. 7).

37   Dazu gehört auch der nicht ausdrücklich geregelte Fall, dass die Vertrauensperson an der Ausübung ihres Amtes **rechtlich gehindert** ist,
weil sie ansonsten in eigener Angelegenheit tätig würde. **Beispiel**: Die
Vertrauensperson soll außerordentlich gekündigt werden (BAG U. v.
26.8.81 AP Nr. 13 zu § 103 BetrVG; *Cramer*, SchwbG, § 24 RdNr. 7;
Düwell, LPK-SGB IX, § 95 RdNr. 10).

X. Wahlschutz, Wahlkosten und Wahlanfechtung

Abs. 6 S. 2 sieht hinsichtlich des Schutzes der Wahl, der Kosten und **38**
der Anfechtung eine sinngemäße Anwendung der Vorschriften im Be-
triebsverfassungs- und Personalvertretungsrecht vor.

Wie sich auch aus § 96 Abs. 3 ergibt, sind die Mitglieder des Wahl- **39**
vorstandes und die Wahlbewerber für die Schwerbehindertenvertretung wie für die Stellvertretung ebenfalls vor Kündigungen, Abordnungen und Versetzungen gemäß § 15 Abs. 3 KSchG geschützt (siehe
Komm. zu § 96 RdNr. 11 ff). Außerdem darf niemand bei der Ausübung seines Wahlrechts beschränkt werden oder der ungestörte Ablauf der Wahl beeinträchtigt werden (§ 20 Abs. 1 BetrVG und § 24
Abs. 1 BPersVG). Verboten ist auch jede Wahlbeeinflussung durch Zufü-
gung oder Androhung von Nachteilen sowie durch die Gewährung
von Vorteilen (§ 20 Abs. 2 BetrVG).

Die **Kosten der Wahl** sind nach den entsprechenden Vorschriften **40**
im Betriebsverfassungsrecht (§ 20 Abs. 3) und Personalvertretungsrecht (§ 24 Abs. 2 BPersVG) vom Arbeitgeber zu tragen. Dazu zählen
die erforderlichen Sachkosten der Wahl, die erforderlichen persönlichen Kosten der Wahlvorstandsmitglieder einschließlich deren Schulung zum Zwecke einer ordnungsgemäßen Vorbereitung und Durchführung der Wahl (siehe im Einzelnen die Kommentierungen zu § 20
BetrVG und § 24 BPersVG). Zu den Kosten der Wahl zählt auch die notwendige Versäumnis von Arbeitszeit bei der Teilnahme an Versammlungen und der Ausübung des Wahlrechts.

Ebenfalls entsprechend anwendbar sind die Vorschriften über die **41**
Wahlanfechtung in § 19 BetrVG und § 25 BPersVG. Die Anfechtbar-
keit der Wahl ist zu unterscheiden von ihrer Nichtigkeit. Eine **nichtige
Wahl** liegt nur in besonderen Fällen vor, wenn ein grober und offen-
sichtlicher Verstoß gegen wesentliche Wahlregeln stattgefunden hat
und nicht einmal der Anschein einer legalen Wahl gegeben ist (BAG
Beschl. v. 24.1.1964 AP Nr.6 zu § 3 BetrVG 1952; DKK-*Schneider*,
BetrVG, § 19 RdNr. 39; FKHE, BetrVG, § 19 RdNr. 3). Dies ist etwa
dann gegeben, wenn gegen zwingende Wahlgrundsätze in § 94 Abs. 6
S. 1 verstoßen worden ist und z.B. die Wahl durch Akklamation erfolgt
ist oder im förmlichen Wahlverfahren ganz ohne Wahlvorstand (weitere Beispiele: FKHE, BetrVG, § 19 RdNr. 4 und DKK-*Schneider*,
BetrVG, § 19 RdNr. 40).

Voraussetzung für die **Anfechtbarkeit** der Wahl ist gemäß § 19 **42**
BetrVG, dass gegen **wesentliche Vorschriften** über das Wahlrecht, die
Wählbarkeit oder das Wahlverfahren in der SchwbVWO **verstoßen**
worden ist und eine Berichtigung nicht mehr rechtzeitig erfolgt ist;
zur Wahlanfechtung berechtigen nur erhebliche Verstöße. Das sind solche, die zu einem anderen Wahlergebnis geführt haben oder hätten

führen können (DKK-*Schneider*, BetrVG, § 19 RdNr. 4; FKHE, BetrVG, § 19 RdNr. 16). **Beispiele** für wesentliche Verstöße sind etwa die Nichtzulassung Wahlberechtiger zur Wahl (BAG 29. 3. und 25. 6. 1974 AP Nr. 2 und 3 zu § 19 BetrVG 1972) oder die Zulassung nicht wählbarer Personen (unter 18 Jahre oder leitende Angestellte) als Wahlkandidaten (BAG 28. 11. 77 AP Nr. 2 zu § 8 BetrVG), das Fehlen einer Wählerliste (BAG 27. 4. 76 AP Nr. 4 zu § 19 BetrVG 1972) oder die fehlende oder nicht ordnungsgemäße Bekanntgabe des Wahlausschreibens (BAG 27. 4. 1976 a.a.O.), die unzulässige Anwendung des vereinfachten Wahlverfahrens (*Masuch* in Hauck/Noftz, SGB IX, K § 94 RdNr. 33) oder die Verkennung des Betriebsbegriffes durch den Wahlvorstand (BAG 17. 1. 1978 AP Nr. 1 zu § 1 BetrVG 1972; BAG 13. 11. 96 AP Nr. 4 zu § 30 MantelG DDR; weitere Beispiele in FKHE, BetrVG, § 19 RdNr. 10, 12, 14 *Sieg* in NZA 2002, 1064, 1069 und DKK-*Schneider*, BetrVG, § 19 RdNr. 5 u. 9).

43   Wenn der Verstoß noch rechtzeitig berichtigt werden kann, ist eine Anfechtung nicht möglich. Dies ist dann der Fall, wenn die Berichtigung zu einem Zeitpunkt erfolgt, zu dem die Wahl danach noch ordnungsgemäß ablaufen kann (FKHE, BetrVG, § 19 RdNr. 15; DKK-*Schneider*, BetrVG, § 19 RdNr. 4).

44   Die Erheblichkeit des wesentlichen Verstoßes richtet sich danach, ob es nach der allgemeinen Lebenserfahrung und den konkreten Einzelumständen nicht ganz unwahrscheinlich ist ,dass das **Wahlergebnis ohne den Verstoß anders ausgefallen wäre.** Unwahrscheinlich ist dies z.B., wenn ein Beschäftigter unberechtigt mitgewählt hat, die Wahlkandidaten in ihren erreichten Stimmen aber so weit auseinanderliegen, dass die unberechtigte Stimmabgabe für das Wahlergebnis ganz ohne Einfluss geblieben ist (FKHE, BetrVG, § 19 RdNr. 16). Lässt sich nicht sicher feststellen, ob sich der Verstoß ausgewirkt hat, ist eine Beeinflussung des Wahlergebnisses zu bejahen (BAG 8. 3. 57 AP Nr. 1 zu § 19 BetrVG; FKHE, BetrVG, § 19 RdNr. 16a).

45   **Anfechtungsberechtigt** sind gemäß § 19 Abs. 2 BetrVG bzw. § 25 BPersVG mindestens drei Wahlberechtigte, der Arbeitgeber oder Dienststellenleiter sowie eine im Betrieb oder Dienststelle vertretene Gewerkschaft. Die **Anfechtungsfrist** beträgt 2 Wochen bzw. 12 Arbeitstage vom Tage der Bekanntmachung des Wahlergebnisses an. Die Frist ist eine Ausschlussfrist. Mit Ablauf der Frist erlischt die Anfechtungsmöglichkeit.

XI. Dauer und Beendigung der Amtszeit

46   **1. Amtsdauer.** Die reguläre Amtszeit der Schwerbehindertenvertretung beträgt 4 Jahre. Sie beginnt mit der **Bekanntgabe des Wahlergebnisses** in Betrieben, in denen bislang noch keine Schwerbehinder-

tenvertretung gewählt war oder die Amtszeit der bisherigen Schwerbehindertenvertretung zu diesem Zeitpunkt schon beendet ist. Ist die
4-jährige Amtszeit der bisherigen Schwerbehindertenvertretung noch
nicht abgelaufen, beginnt die Amtszeit der neuen Schwerbehindertenvertretung nicht mit der Bekanntgabe des Wahlergebnisses sondern erst
unmittelbar nach dem **Ende der Amtszeit der früheren Schwerbehindertenvertretung** (GK-SchwbG-*Schimanski*, § 24 RdNr. 137;
Cramer, SchwbG, § 24 RdNr. 16; *Masuch* in Hauck/Noftz, SGB IX, K
§ 94 RdNr. 35). Dies gilt allerdings nur für die Fälle, in denen die Wahl
im turnusmäßigen Rhythmus abgelaufen ist. Ist eine Schwerbehindertenvertretung **außerhalb des regulären Wahlturnus** von 4 Jahren gewählt worden (Abs. 5 S. 3), verkürzt oder verlängert sich die Amtszeit.
Sie verkürzt sich, wenn die Schwerbehindertenvertretung zum Zeitpunkt der regelmäßigen Wahlen bereits mindestens ein Jahr im Amt ist
und verlängert sich, wenn dies noch nicht der Fall ist. In diesen Fällen
beginnt die Amtszeit der neuen Schwerbehindertenvertretung mit der
Bekanntgabe des Wahlergebnisses und nicht erst mit dem im Gesetz
vorgesehenen spätesten Ende nach 4 Jahren (FKHE, BetrVG, § 21
RdNr. 23; DKK-*Schneider*, BetrVG, § 21 RdNr. 22).

Wird keine Schwerbehindertenvertretung gewählt, endet die Amts-   **47**
zeit der bisherigen Schwerbehindertenvertretung immer nach 4 Jahren.
Für den Fall, dass die Schwerbehindertenvertretung zum Zeitpunkt
der turnusgemäßen Wahlen noch kein Jahr im Amt ist, muss die Amtszeit spätestens am 31. 10. der übernächsten regulären Wahlperiode
enden, wenn zu diesem Zeitpunkt die Wahl einer neuen Schwerbehindertenvertretung nicht zustande gekommen ist.

2. Vorzeitige Beendigung der Amtszeit. Das Gesetz sieht in   **48**
Abs. 7 S. 3 **drei Fallgruppen** vor, in denen das Amt der Schwerbehindertenvertretung vorzeitig erlischt:

- **Niederlegung des Amtes** durch die Vertrauensperson. Dies erfolgt
aufgrund einer Entscheidung der Vertrauensperson, die nicht begründet werden muss. Mit dem Zugang der Erklärung gegenüber
dem Arbeitgeber und der betrieblichen Interessenvertretung (§ 15
SchwbVWO) endet das Amt unwiderruflich (GK-SchwbG-*Schimanski*, § 24 RdNr. 144; *Masuch* in Hauck/Noftz, SGB IX, K § 94
RdNr. 40).

- **Ausscheiden aus dem Arbeits- oder Dienstverhältnis.** Das
Amt ist an die Beschäftigung im jeweiligen Betrieb oder Dienststelle
geknüpft. Endet daher die Beschäftigung der Vertrauensperson,
erlischt auch das Amt. Hier ergeben sich aber besondere Probleme
im Falle der Stilllegung, Spaltung oder Zusammenlegung von Betrieben oder Betriebsteilen (siehe dazu auch RdNr. 53).

- Verlust der Wählbarkeit. Dies ist etwa der Fall, wenn die Vertrauensperson die Fähigkeit, Rechte aus öffentlichen Wahlen zu erlangen
gemäß § 8 Abs. 2 S. 3 BetrVG, § 14 Abs. 1 S. 2 BPersVG nicht mehr

besitzt; weiterhin dann, wenn sie etwa zum Kreis der leitenden Angestellten gemäß § 5 Abs. 3 BetrVG gehört oder in einen anderen Betrieb oder in eine andere Dienststelle versetzt worden ist.

49   **3. Abwahl der Vertrauensperson.** Eine Abwahl sieht Abs. 7 S. 5 nur in besonderen Fällen vor, wenn der **Widerspruchsausschuss des zuständigen Integrationsamtes** das Erlöschen des Amtes wegen **grober Pflichtverletzung** beschließt. Der Widerspruchausschuss wird auf Antrag eines Viertels der Wahlberechtigten tätig. Die Pflichten der Schwerbehindertenvertretung werden in §§ 94–99 aufgeführt. Die Verletzung ist nur grob, wenn sie objektiv erheblich und offensichtlich schwerwiegend ist (DKK-*Schneider*, BetrVG, § 23 RdNr. 10; FKHE, BetrVG, § 23 RdNr. 14). Bei der Beurteilung kann auch die entsprechende Regelung des § 23 Abs. 1 BetrVG für den Ausschluss eines Mitglieds aus dem Betriebsrat herangezogen werden. Das Verhalten der Vertrauensperson muss zudem schuldhaft, also grob fahrlässig oder vorsätzlich sein. Eine einmalige grobe Pflichtverletzung reicht noch nicht aus (*Masuch* in Hauck/Noftz, SGB IX, K § 94 RdNr. 43; FKHE, BetrVG, § 23 RdNr. 16 u.17; GK-SchwbG-*Schimanski*, § 24 RdNr. 149). **Beispiele** für grobe Pflichtverletzungen sind etwa: wiederholte Schweigepflichtverletzungen, ungerechtfertigte gehässige Diffamierungen von BR Mitgliedern, grundsätzliche Ablehnung der Zusammenarbeit mit der betrieblichen Interessenvertretung in § 99 (*Masuch* in Hauck/Noftz, SGB IX, K § 94 RdNr. 44; GK-SchwbG-*Schimanski*, § 24 RdNr. 150; weitere Beispiele in FKHE, BetrVG, § 23 RdNr. 19 und DKK-*Schneider*, BetrVG, § 23 RdNr. 19). Von der Verletzung von Amtspflichten zu unterscheiden, ist die Verletzung der Pflichten aus dem Arbeitsverhältnis. Ein Verstoß nur gegen Pflichten aus dem Arbeitsvertrag hat regelmäßig lediglich arbeitsrechtliche Folgen. Nur ausnahmsweise können Amtspflichtverstöße gleichzeitig auch Pflichten aus dem Arbeitsverhältnis verletzen etwa bei der Entfernung von der Arbeit unter dem Vorwand, schwerbehinderte Menschen an einem anderen Ort betreuen zu müssen (*Masuch* in Hauck/Noftz, SGB IX, K § 94 RdNr. 45; FKHE, BetrVG, § 23 RdNr. 22).

50   Der **Antrag auf Amtsenthebung** hat **keine suspendierende Wirkung**. Erst bei bestandskräftiger Entscheidung durch den Widerspruchsausschuss oder nach rechtskräftiger Abweisung der verwaltungsgerichtlichen Klage der Vertrauensperson gegen ihre Amtsenthebung erlischt das Amt. Widerspruch und Klage der Vertrauensperson haben grundsätzlich aufschiebende Wirkung gemäß § 80 Abs. 1 VwGO. Das Integrationsamt kann in besonders dringenden Fällen auf der Grundlage des § 80 Abs. 2 Ziff. 4 VwGO die sofortige Vollziehung des Amtsenthebungsbeschlusses anordnen. Dagegen kann sich die abgesetzte Vertrauensperson mit einem Antrag nach § 80 Abs. 5 VwGO wehren.

51   Erlischt das Amt in den o.a. Fällen vorzeitig, **rückt** das mit der höchsten Stimmenzahl gewählte **stellvertretende Mitglied nach,** und das

Mitglied mit der zweithöchsten Stimmenzahl wird stellvertretendes Mitglied. Beide nachrückenden Mitglieder verbleiben dann für die restliche Zeit bis zu den nächsten regulären Wahlen im Amt.

Rückt kein Mitglied nach, muss gemäß Abs. 5 S. 2 Ziff. 1 **neu ge-** **52** **wählt werden**, und zwar außerhalb der turnusmäßigen Wahlen mit der Folge, dass die Vertrauensperson grundsätzlich bis zur nächsten regulären Wahl im Amt bleibt (Abs. 5 S. 3 und 4). Das Gleiche gilt, wenn das Amt des stellvertretenden Mitgliedes vorzeitig erlischt, weil niemand mehr nachrückt. § 17 SchwbVWO sieht hier eine gesonderte Nachwahl vor.

XII. Übergangsmandat

In Umsetzung des Art. 6 der Richtlinie 2001/23/EG des Rates vom   **53** 12. März 2001 zur Angleichung der Rechtsvorschriften der Mitgliedsstaaten über die Wahrung von Ansprüchen der Arbeitnehmer beim Übergang von Unternehmen, Betrieben oder Betriebsteilen hat das Betriebsverfassungsreformgesetz in **§ 21a BetrVG** für den Betriebsrat ein Übergangsmandat verankert. Danach steht dem Betriebsrat bei jeder Form der Betriebsspaltung (Abs. 1) oder Zusammenlegung von Betrieben oder Betriebsteilen zu einem Betrieb (Abs. 2) ein Übergangsmandat zu, wenn die Organisationsänderung zum Wegfall des bisherigen Betriebsrates führt oder ein Teil der Arbeitnehmerschaft aus dem Zuständigkeitsbereich des Betriebsrates herausfällt und die Arbeitnehmer dadurch ihren betriebsverfassungsrechtlichen Schutz verlieren würden. Im SGB IX fehlt eine entsprechende ausdrückliche Regelung. Die **Vorschrift ist jedoch für die Schwerbehindertenvertretung analog anzuwenden**. Dies ist zum einen deshalb sachlich gerechtfertigt, weil die Vertrauensperson gemäß § 96 Abs. 3 die gleiche persönliche Rechtsstellung besitzt wie die Mitglieder des Betriebsrates; zum anderen wegen des gesetzlichen Zweckes, der zur Schaffung des Übergangsmandats für den Betriebsrat geführt hat. Dieser besteht darin, die Arbeitnehmer im Anschluss an eine betriebliche Umstrukturierung vor dem Verlust der Beteiligungsrechte zu schützen. Dieser Zweck spricht auch für die Übertragung des Übergangsmandates für die Schwerbehindertenvertretung. Auch diese ist in Zeiten betrieblicher Umstrukturierungsmaßnahmen gefordert, zugunsten der schwerbehinderten Menschen tätig zu werden und darüber zu wachen, dass die Interessen der Schwerbehinderten beachtet werden (so auch *Düwell* in LPK-SGB IX § 94 RdNr. 26; ein Übergangsmandat noch vor dem Betriebsverfassungsreformgesetz bejahend: *Schimanski* in br 1999, 129). Es ist daher davon auszugehen, dass der Gesetzgeber des SGB IX das Problem des Übergangsmandates für die Schwerbehindertenvertretung lediglich übersehen hat (*Düwell* a.a.O.).

XIII. Rechtsstreitigkeiten

54   Streitigkeiten über die Wahl der Schwerbehindertenvertretung werden vor dem für den jeweiligen Betrieb zuständigen Arbeitsgericht geführt. Handelt es sich um die Wahl in einer Dienststelle ist das Verwaltungsgericht zuständig. Die richtige Verfahrensart ist das Beschlussverfahren.

Aufgaben der Schwerbehindertenvertretung

95 (1) [1]Die Schwerbehindertenvertretung fördert die Eingliederung schwerbehinderter Menschen in den Betrieb oder die Dienststelle, vertritt ihre Interessen in dem Betrieb oder der Dienststelle und steht ihnen beratend und helfend zur Seite. [2]Sie erfüllt ihre Aufgaben insbesondere dadurch, dass sie

1. darüber wacht, dass die zugunsten schwerbehinderter Menschen geltenden Gesetze, Verordnungen, Tarifverträge, Betriebs- oder Dienstvereinbarungen und Verwaltungsanordnungen durchgeführt, insbesondere auch die dem Arbeitgeber nach den §§ 71, 72 und 81 bis 84 obliegenden Verpflichtungen erfüllt werden,

2. Maßnahmen, die den schwerbehinderten Menschen dienen, insbesondere auch präventive Maßnahmen, bei den zuständigen Stellen beantragt,

3. Anregungen und Beschwerden von schwerbehinderten Menschen entgegennimmt und, falls sie berechtigt erscheinen, durch Verhandlung mit dem Arbeitgeber auf eine Erledigung hinwirkt; sie unterrichtet die schwerbehinderten Menschen über den Stand und das Ergebnis der Verhandlungen.

[3]Die Schwerbehindertenvertretung unterstützt Beschäftigte auch bei Anträgen an die für die Durchführung des Bundesversorgungsgesetzes zuständigen Behörden auf Feststellung einer Behinderung, ihres Grades und einer Schwerbehinderung sowie bei Anträgen auf Gleichstellung an das Arbeitsamt. [4]In Betrieben und Dienststellen mit in der Regel mehr als 200 schwerbehinderten Menschen kann sie nach Unterrichtung des Arbeitgebers das mit der höchsten Stimmenzahl gewählte stellvertretende Mitglied zu bestimmten Aufgaben heranziehen.

(2) [1]Der Arbeitgeber hat die Schwerbehindertenvertretung in allen Angelegenheiten, die einen einzelnen oder die schwerbehinderten Menschen als Gruppe berühren, unverzüglich und umfassend zu unterrichten und vor einer Entscheidung anzuhören; er hat ihr die getroffene Entscheidung unverzüglich mitzuteilen. [2]Die Durchführung oder

Vollziehung einer ohne Beteiligung nach Satz 1 getroffenen Entscheidung ist auszusetzen, die Beteiligung ist innerhalb von sieben Tagen nachzuholen; sodann ist endgültig zu entscheiden. [3]Die Schwerbehindertenvertretung hat das Recht auf Beteiligung am Verfahren nach § 81 Abs. 1 und beim Vorliegen von Vermittlungsvorschlägen des Arbeitsamtes nach § 81 Abs. 1 oder von Bewerbungen schwerbehinderter Menschen das Recht auf Einsicht in die entscheidungsrelevanten Teile der Bewerbungsunterlagen und Teilnahme an Vorstellungsgesprächen.

(3) [1]Der schwerbehinderte Mensch hat das Recht, bei Einsicht in die über ihn geführte Personalakte oder ihn betreffende Daten des Arbeitgebers die Schwerbehindertenvertretung hinzuzuziehen. [2]Die Schwerbehindertenvertretung bewahrt über den Inhalt der Daten Stillschweigen, soweit sie der schwerbehinderte Mensch nicht von dieser Verpflichtung entbunden hat.

(4) [1]Die Schwerbehindertenvertretung hat das Recht, an allen Sitzungen des Betriebs-, Personal-, Richter-, Staatsanwalts- oder Präsidialrates und deren Ausschüssen sowie des Arbeitsschutzausschusses beratend teilzunehmen; sie kann beantragen, Angelegenheiten, die einzelne oder die schwerbehinderten Menschen als Gruppe besonders betreffen, auf die Tagesordnung der nächsten Sitzung zu setzen. [2]Erachtet sie einen Beschluss des Betriebs-, Personal-, Richter-, Staatsanwalts- oder Präsidialrates als eine erhebliche Beeinträchtigung wichtiger Interessen schwerbehinderter Menschen oder ist sie entgegen Absatz 2 Satz 1 nicht beteiligt worden, wird auf ihren Antrag der Beschluss für die Dauer von einer Woche vom Zeitpunkt der Beschlussfassung an ausgesetzt; die Vorschriften des Betriebsverfassungsgesetzes und des Personalvertretungsrechtes über die Aussetzung von Beschlüssen gelten entsprechend. [3]Durch die Aussetzung wird eine Frist nicht verlängert. [4]In den Fällen des § 21 e Abs. 1 und 3 des Gerichtsverfassungsgesetzes ist die Schwerbehindertenvertretung, außer in Eilfällen, auf Antrag eines betroffenen schwerbehinderten Richters oder einer schwerbehinderten Richterin vor dem Präsidium des Gerichtes zu hören.

(5) Die Schwerbehindertenvertretung wird zu Besprechungen nach § 74 Abs. 1 des Betriebsverfassungsgesetzes, § 66 Abs. 1 des Bundespersonalvertretungsgesetzes sowie den entsprechenden Vorschriften des sonstigen Personalvertretungsrechtes zwischen dem Arbeitgeber und den in Absatz 4 genannten Vertretungen hinzugezogen.

(6) [1]Die Schwerbehindertenvertretung hat das Recht, mindestens einmal im Kalenderjahr eine Versammlung schwerbehinderter Menschen im Betrieb oder in der Dienststelle durchzuführen. [2]Die für Betriebs- und Personalversammlungen geltenden Vorschriften finden entsprechende Anwendung.

(7) Sind in einer Angelegenheit sowohl die Schwerbehindertenvertretung der Richter und Richterinnen als auch die Schwerbehindertenvertretung der übrigen Bediensteten beteiligt, so handeln sie gemeinsam.

I. Allgemeines

1   In der Vorschrift werden die Aufgaben der Schwerbehindertenvertretung und ihre Beteiligungsrechte gegenüber dem Arbeitgeber und den betrieblichen Interessensvertretungen geregelt. Die in Abs. 1 S. 2 und 3 aufgezählten Aufgaben sind nicht abschließend, was durch den Begriff: *insbesondere* deutlich wird.

2   Die Vorschrift übernimmt inhaltlich unverändert die Regelung des § 25 SchwG 1986.

Schon das SchwBeschG 1920 sah eine Vertretung Schwerbehinderter vor. Mit den SchwbG 1974, 1986 und dem SchwBAG vom 29. 9. 2000 wurden die Aufgaben und die Beteiligungsrechte der Schwerbehindertenvertretung zunehmend erweitert.

II. Aufgaben der Schwerbehindertenvertretung im Einzelnen

Zunächst wird generalklauselartig umschrieben, dass die Aufgabe **3** der Schwerbehindertenvertretung darin besteht, die Eingliederung schwerbehinderter Menschen zu fördern, ihre Interessen im Betrieb oder Dienststelle zu vertreten und den einzelnen Schwerbehinderten beratend und helfend zur Seite zu stehen. Die Eingliederungsaufgabe obliegt daneben auch den kollektiven Interessenvertretungen wie Betriebsrat (§ 80 Abs. 1 Ziff. 4 BetrVG), Personalrat (§ 68 Abs. 1 Nr. 4 BPersVG) Richtervertretung und Staatsanwaltsschaftsrat (§ 52 DRiG).

Die Aufgaben der Schwerbehindertenvertretung sind dabei sehr **4** vielschichtig ausgestaltet. Sie haben sowohl eine kollektive wie individuelle Seite, sie gelten sowohl gegenüber bereits beschäftigten schwerbehinderten Arbeitnehmern wie auch gegenüber arbeitslosen und arbeitsuchenden schwerbehinderten Menschen (Abs. 2 S. 3 i.V. mit § 81 Abs. 1).

Die Schwerbehindertenvertretung hat darüber hinaus auch die Inter- **5** essen schwerbehinderter Menschen insgesamt zu vertreten, soweit ein Bezug zum Betrieb oder zur Dienststelle besteht (*Cramer*, SchwbG, § 25 RdNr. 2). Sie kann sich deshalb auch z.B. für die Einrichtung behindertengerechter Kundenparkplätze und für Barrierefreiheit auf dem Betriebs- oder Verkaufsgelände einsetzen (*Bihr/Fuchs/Krauskopf/Lewering Hoff*, SGB IX, § 95 RdNr. 4).

Die kollektive Seite der Interessenvertretung wird in der Über- **6** wachungsfunktion in Abs. 1 Ziff. 1 und ihren Beteiligungs- und Versammlungsrechten in Abs. 2, Abs. 4 bis 6 deutlich; ihre individuelle Unterstützungsfunktion zeigt sich insbesondere bei der Hilfestellung, die die Schwerbehindertenvertretung einzelnen schwerbehinderten Menschen bei der Verwirklichung ihrer Rechte geben soll (vor allem in Abs. 1 S. 3).

1. Überwachungsaufgaben (Abs. 1 S. 2 Ziff. 1). Das Kontroll- **7** und Überwachungsrecht der Schwerbehindertenvertretung entspricht dem Recht, das auch der betrieblichen Interessenvertretung etwa in § 80 Abs. 1 Ziff. 1 BetrVG eingeräumt wird. Auf die hierzu ergangene Rechtsprechung kann daher verwiesen werden.

Die Überwachungsrechte beziehen sich auf die **Einhaltung fol-** **8** **gender Regelungen im SGB IX** selbst:

- Einhaltung der Pflichtquote in § 71, § 81 Abs. 3 sowie Beachtung der Beschäftigungspflicht besonderer Gruppen schwerbehinderter Menschen (§ 72)
- Einhaltung der Prüfpflichten des Arbeitgebers bei der Besetzung freier Arbeitsplätze (§ 81 Abs. 1)

- Einhaltung des Diskriminierungsverbotes in § 81 Abs. 2
- Einhaltung der Vorschrift zur behindertengerechten Beschäftigung und Ausgestaltung des Arbeitsplatzes gemäß § 81 Abs. 4
- Einhaltung der Einrichtungspflicht von Teilzeitarbeitsplätzen und Beschäftigung auf Teilzeitstellen (§ 81 Abs. 5)
- Einhaltung des Verbotes von Entgeltnachteilen infolge der Behinderung (§ 123)
- Einhaltung des Gebotes auf Freistellung von Mehrarbeit (§ 124) und der Gewährung von Zusatzurlaub (§ 125)

9   Darüber hinaus hat die Schwerbehindertenvertretung auf die Beachtung von **Arbeitnehmerschutzbestimmungen** und allgemein all denjenigen **Regelungen** zu achten, die nicht nur zugunsten von Schwerbehinderten ergangen sind, sondern **zugunsten von schwerbehinderten Menschen sich auswirken**. Dies bezieht sich auch nicht nur auf Gesetze sondern in gleicher Weise auf die im Gesetz genannten untergesetzlichen Normen wie etwa Tarifverträge und Betriebsvereinbarungen oder Verwaltungsanordnungen.

10   Um der Überwachungspflicht nachzukommen, stehen der Schwerbehindertenvertretung umfassende **Unterrichtungsrechte** zu. Ohne die notwendigen Informationen ist die Schwerbehindertenvertretung nicht in der Lage, ihren Überwachungsaufgaben nachzukommen. Sie hat deshalb gegenüber dem Arbeitgeber einen entsprechenden Informationsanspruch (*Masuch* in Hauck/Noftz, SGB IX, K § 95 RdNr. 15). Dieser umfasst auch das Recht des unbeschränkten **Zutritts zu den Arbeitsplätzen** der schwerbehinderten Beschäftigten (BAG zum Zutrittsrecht des Betriebsrats: Beschl. v. 13.6.89 AP Nr.36 zu § 80 BetrVG 72) sowie das Recht, bei den durch staatliche Aufsichtsorgane durchgeführten Betriebsbesichtigungen herangezogen zu werden (GK-SchwbG-*Schimanski*, § 25 RdNr. 30).

11   **2. Initiative für behindertengerechte Maßnahmen (Abs. 1 S. 2 Nr. 2)**. In dieser Vorschrift ist ein Initiativrecht der Schwerbehindertenvertretung festgelegt, vergleichbar den Regelungen in § 80 Abs. 1 Ziff. 2 BetrVG und § 68 Abs. 1 Ziff. 1 BPersVG. Die Schwerbehindertenvertretung kann beim Arbeitgeber, aber auch bei anderen zuständigen Stellen, **Maßnahmen beantragen**, die den Schwerbehinderten dienen. Andere Stellen sind etwa die örtlichen Fürsorgestellen, das Integrationsamt, die Berufsgenossenschaft und das Arbeitsamt. Sie kann hierbei von sich aus tätig werden ohne von einem oder einer Gruppe von schwerbehinderten Menschen beauftragt zu sein. Besonders verpflichtet ist sie jedoch zu derartigen Anträgen, wenn Schwerbehinderte ihr entsprechende Anregungen geben oder Beschwerden vorbringen. Bei allen Initiativen ist eine **Zusammenarbeit mit dem Betriebsrat** sinnvoll, um zu erreichen, dass dieser sich der Angelegenheit ebenfalls annimmt und die Erledigung ggf. erzwingt, falls es sich um eine mitbestimmungspflichtige Angelegenheit nach dem BetrVG

handelt. Der Schwerbehindertenvertretung fehlt die Rechtsmacht, eigene Initiativen auch gegen den Widerstand des Arbeitgebers durchzusetzen, da **§ 95 nur ein Mitwirkungs- nicht aber ein Mitbestimmungsrecht gewährt.**

Der Begriff der den **„schwerbehinderten Menschen dienenden** 12 **Maßnahmen"** ist **weit auszulegen** (*Masuch* in Hauck/Noftz, SGB IX, K § 95 RdNr. 17). Darunter sind demnach alle Initiativen zu verstehen, die sich zugunsten von schwerbehinderten Menschen auswirken und vor allem ihre Lage und Stellung im Betrieb verbessern. Dazu zählt etwa Folgendes:

- Maßnahmen zur beruflichen Förderung
- Umorganisation von Arbeitsabläufen und Umgestaltung der Arbeitsumgebung
- Unterstützung bei der Durchsetzung einer Teilzeitbeschäftigung
- Ausstattung von Arbeitplätzen etwa mit einer bestimmten technischen Ausstattung
- Gewährleistung der Barrierefreiheit im Betrieb (z.B. die Abschrägung von Treppen oder die Absenkung von Bordsteinkanten)
- Beschaffung von betriebsnahen besonderen Parkplätzen
- Leistungen zur medizinischen Rehabilitation (§§ 26 ff.) oder zur Teilhabe am Arbeitsleben (§§ 33 ff.)

Gegenüber der entsprechenden Regelung in § 25 SchwbG ist die 13 Vorschrift um **„präventive Maßnahmen"** erweitert worden. Hierunter sind alle Maßnahmen zu verstehen, die im Sinne von § 84 bereits vorbeugend Gefährdungen im Arbeitsverhältnis vermeiden helfen. Sie sollen der Tendenz einer Ausgliederung gerade älterer oder behinderter Arbeitnehmer (z.B. auch durch Frühverrentung) durch eine entsprechende behinderten- und altersgerechte Gestaltung von Arbeitsbedingungen entgegenwirken. Dieser gesetzliche Vorrang der Prävention wird in § 95 Abs. 1 S. 1 Ziff. 2 für den Einsatz der Schwerbehindertenvertretung noch einmal herausgehoben. Zielgruppe präventiver Maßnahmen sind nicht allein schwerbehinderte sondern vor allem **von Behinderung bedrohte, langzeiterkrankte und dauerhaft gesundheitlich beeinträchtigte Menschen** (*Feldes* in br 2002, 128, 130).

Welche konkreten Maßnahmen durch die Schwerbehindertenver- 14 tretung ergriffen werden sollen, darf im Betrieb auch durch eine **Umfrage** geklärt werden (BAG Beschl. v. 8. 2. 77 AP Nr. 10 zu § 80 BetrVG).

3. Anregungen und Beschwerden (Abs. 1 S. 2 Ziff. 3). Die 15 Schwerbehindertenvertretung hat weiterhin die Aufgabe, Beschwerden und Anregungen von Schwerbehinderten entgegenzunehmen, diese auf ihre sachliche Berechtigung hin zu prüfen und im Rahmen ihrer Möglichkeiten für Abhilfe oder Umsetzung der Vorschläge zu sorgen. Eine vergleichbare Regelung enthält auch § 85 BetrVG. Anders als der Betriebsrat kann die Schwerbehindertenvertretung die **Durch-**

setzung der von ihr für sachlich berechtigt angesehenen Anregungen oder Beschwerden allerdings nicht erzwingen. Eine Regelung wie in § 85 Abs. 2 BetrVG findet sich in § 95 nicht. Die Schwerbehindertenvertretung ist daher darauf verwiesen, **gesprächsweise,** also durch ihre Überzeugungskraft für Abhilfe beim Arbeitgeber zu sorgen. Bei der Beurteilung, ob das Anliegen eines Schwerbehinderten sachlich begründet ist, steht der Vertretung ein weiter Ermessensspielraum zur Verfügung. Auch, wenn sich die Beanstandung später als sachlich nicht begründet herausstellen sollte, ist dies unschädlich (*Masuch* in Hauck/Noftz, SGB IX, K § 95 RdNr. 19).

16   Über die Behandlung der Anregungen und Beschwerden sind die **Beschwerdeführer in angemessenen Abständen auf dem Laufenden zu halten.** Ihnen ist also mindestens mitzuteilen, ob die Schwerbehindertenvertretung ihr Anliegen aufgreifen will, welche Maßnahmen sie unternehmen will, wann mit einem Ergebnis gerechnet werden kann und mit welchem Ergebnis die Angelegenheit geendet hat (*Neumann/Pahlen*, SGB IX G § 95 RdNr. 7).

17   Damit die Schwerbehindertenvertretung auch für Anliegen der schwerbehinderten Menschen erreichbar ist, sollte sie eine **Sprechstunde** einrichten (wie nach § 39 BetrVG für den Betriebsrat). Das Recht dazu ergibt sich mittelbar aus der Regelung des § 96 Abs. 9, wonach der Schwerbehindertenvertretung Räume auch zur Abhaltung von Sprechstunden zur Verfügung zu stellen sind.

18   **Sachlich zuständig** ist die Schwerbehindertenvertretung nur **für Beschwerden** und Anregungen schwerbehinderter Beschäftigter. Andere Arbeitnehmer muss sie mit ihren Anliegen an die kollektive Interessenvertretung verweisen (*Düwell*, LPK-SGB IX, § 95 RdNr. 7).

19   Schwerbehinderte Arbeitnehmer haben daneben auch die Möglichkeit, sich an der Schwerbehindertenvertretung vorbei auch unmittelbar an ihre betriebliche Interessenvertretung wegen einer Beschwerde (§§ 84, 85 BetrVG) zu wenden. Sie müssen nicht nur oder vorrangig die Schwerbehindertenvertretung einschalten.

20   **4. Unterstützung bei der Stellung von Anträgen (Abs. 1 S. 3).** Neu geregelt worden ist die Befugnis der Schwerbehindertenvertretung Arbeitnehmer bei der Antragstellung gemäß § 69 SGB IX zu unterstützen. Dies bedeutet, dass sie einen Arbeitnehmer bei der Antragstellung beim Versorgungsamt auf Feststellung der Schwerbehinderteneigenschaft, aber auch bei Verschlimmerungsanträgen und bei Anträgen auf Gleichstellung beim Arbeitsamt Hilfe leisten muss, wenn der **Beschäftigte dies wünscht.** Eine Vertretung im **Verwaltungs- oder gerichtlichen Verfahren** ist dagegen gesetzlich nicht vorgesehen. Sie kann ihn nur über Rechtsmittelbehelfe belehren und Rechtsauskünfte auch nur begrenzt auf ihren Aufgabenbereich erteilen. Sie sollte den Beschäftigten im Übrigen auf die Rechtsauskunftsstellen der Gewerkschaften und der Behindertenverbände verweisen.

Eine geschäftsmäßige Vertretung wäre auch mit dem Rechtsberatungs-missbrauchsgesetz nicht vereinbar (GK-SchwbG-*Schimanski*, § 25 RdNr. 22; *Cramer*, SchwbG, § 25 RdNr. 2; *Masuch* in Hauck/Noftz, SGB IX, K § 95 RdNr. 20).

III. Dauervertretung (Abs. 1 S. 4)

Die Schwerbehindertenvertretung ist kein Kollegialorgan. Sie be- **21** steht aus einem Mitglied, der mit den meisten Stimmen gewählten Vertrauensperson. Normalerweise ist die Vertretung der Vertrauensperson durch das stellvertretende Mitglied auf den Fall der Verhinderung beschränkt (siehe dazu Kommentierung zu § 94).

§ 95 Abs. 1 S. 4 regelt den Fall der auf bestimmte Aufgaben be- **22** schränkten Fall der **ständigen Vertretung** der Vertrauensperson durch ein stellvertretendes Mitglied. Voraussetzung hierfür ist die Beschäftigung von in der Regel mehr als **200 schwerbehinderten Menschen**. Nach § 25 SchwbG war die Zahl noch auf 300 schwerbehinderte Beschäftigte festgelegt. Mit der Herabsetzung der Grenzzahl vollzieht das Gesetz eine Entwicklung aus dem Betriebsverfassungsrecht nach. Nach dem geänderten § 9 BetrVG ist ein Betriebsratsmitglied nun schon bei 200 Beschäftigten freizustellen. Der Gesetzgeber des SGB IX ging davon aus, dass infolge des **Aufgabenzuwachses** für die Schwerbehindertenvertretung eine Dauervertretung bereits ab 200 Schwerbehinderter erforderlich ist, um die auf sie zukommenden Aufgaben noch bewältigen zu können.

Zur Zahl der im Betrieb oder Dienststelle beschäftigten schwerbe- **23** hinderten Menschen gehören auch die Arbeitnehmer, die in zum Betrieb gehörenden Betriebsteilen oder Nebenbetrieben arbeiten, wie auch die leitenden Angestellten. Auch die in Heimarbeit Beschäftigten im Sinne des § 127 zählen dazu.

Für die **Ermittlung der Beschäftigtenzahl** stellt das Gesetz wie **24** in einigen anderen Regelungen (§ 17, § 23 KSchG, §§ 1, 9, 38, 111 BetrVG) auf die **in der Regel** beschäftigten schwerbehinderten Menschen ab, wobei es bei der Ermittlung der Anzahl schwerbehinderter Menschen nur auf die **Kopfzahl** ankommt und nicht etwa auf den Zeitanteil ihrer Beschäftigung. In der Regel bedeutet, dass weder die aktuelle Zahl zu einem beliebigen Zeitpunkt noch eine Durchschnittsberechnung auf das vergangene Jahr maßgeblich ist; es muss vielmehr die personelle Situation im Rückblick wie auch die **Personalentwicklung** in der Zukunft betrachtet werden (BAG U. v. 12. 10. 1976 AP Nr. 1 zu § 8 BetrVG 1972 III 3 c; BAG U. v. 31. 1. 1991 AP Nr. 11 zu § 23 KSchG). Letzteres muss durch Fakten belegt werden. Vorübergehende Erhöhungen wie auch Verringerungen sowie geringfügige Schwankungen spielen keine Rolle.

25   Die **Vertrauensperson** entscheidet, ob sie für bestimmte Aufgaben
das stellvertretende Mitglied heranzieht. Sie **entscheidet** dies nach
pflichtgemäßem Ermessen. Sie muss nicht, sie kann die Dauervertretung wählen. Mit der Aufgabe betraut werden, kann allerdings nur
das Mitglied, das mit der zweithöchsten Stimmenzahl gewählt wurde.
Andere stellvertretende Mitglieder können nur dann herangezogen
werden, wenn die **erste stellvertretende Person** die Aufgabenüber-
nahme abgelehnt hat. **Welche Aufgaben** das stellvertretende Mitglied
übernimmt, entscheidet ebenfalls die Vertrauensperson allein. Sinnvollerweise erfolgt die Übertragung allerdings in Abstimmung mit dem
stellvertretenden Mitglied . Eine Aufgabenabgrenzung bietet sich beispielhaft in der Weise an, dass das stellvertretende Mitglied für bestimmte räumlich auseinanderliegende Betriebsteile oder Abteilungen
im Betrieb oder für bestimmte schwerbehinderte Menschen nach
Alphabet oder für die Wahrnehmung bestimmter Ausschüsse zuständig
ist.

26   Ist die Übertragung vorgenommen, nimmt das **stellvertretende
Mitglied** diese Aufgaben auch **eigenverantwortlich** mit allen Rechten und Pflichten wahr (§ 95 Abs. 3). Die Vertrauensperson behält allerdings das Recht, die Aufgabenübertragung jederzeit wieder **rückgängig zu machen, zu erweitern oder einzuschränken** (GK-
SchwbG-*Schimanski*, § 25 RdNr. 58).

27   Sie muss den **Arbeitgeber** von der Übertragung und auch jeder Änderung vorher **unterrichten** und ihm hierzu die Art der Aufgabenübertragung und das stellvertretende Mitglied benennen.

IV. Beteiligungsrechte der Schwerbehindertenvertretung gegenüber dem Arbeitgeber (Abs. 2)

28   Die Schwerbehindertenvertretung ist vom Arbeitgeber in allen Angelegenheiten, die einen einzelnen Schwerbehinderten oder die
Schwerbehinderten als Gruppe berühren, unverzüglich und umfassend zu unterrichten und vor einer Entscheidung zu hören. Im Unterschied zum früher geltenden Rechtszustand ist nicht mehr nur eine
rechtzeitige sondern sogar eine unverzügliche Unterrichtung erforderlich.

29   Abs. 2 enthält die **Kernvorschrift des Beteiligungsrechts** der
Schwerbehindertenvertretung. Es bestehen Unterrichtungs-, Anhö-
rungs- und Erörterungsrechte. Voraussetzung für die unterschiedlichen Formen der Beteiligung ist stets, dass es sich um Angelegenheiten
handelt, die die schwerbehinderten Menschen als Einzelne oder als
Gruppe berühren. Umstritten ist, ob eine bloße **Mitbetroffenheit**
ausreicht. Das wird verbreitet als nicht ausreichend angesehen (z.B.
von: LAG München 30. 8. 89 5 Sa 419/89 NZA 1990, 28; *Masuch* in

Hauck/Noftz, SGB IX, K § 95 RdNr. 28; *Düwell*, LPK-SGB IX § 95 RdNr. 13). Nach anderer Auffassung ist es ausreichend, dass Maßnahmen oder Entscheidungen des Arbeitgebers sich nur mittelbar auf schwerbehinderte Menschen auswirken; sie müssen nicht unmittelbar oder in spezifischer Weise betroffen sein (*Cramer*, SchwbG, § 25 RdNr. 6; *Neumann/Pahlen*, SGB IX, § 95 RdNr. 10; GK-SchwbG-*Schimanski*, § 25 RdNr. 60). Dieser Ansicht ist zu folgen, da andernfalls das Beteiligungsrecht bei allen allgemeinen Maßnahmen des Arbeitgebers, die alle Arbeitnehmer betreffen, leer laufen könnte, obwohl sich möglicherweise erst durch die Beteiligung der Schwerbehindertenvertretung herausstellt, dass bei der geplanten Maßnahme des Arbeitgebers bestimmte Interessen Schwerbehinderter zu berücksichtigen sind. Eine Beteiligung ist daher bei **allen Maßnahmen** geboten, die die **Ordnung im Betrieb** wie etwa die Torkontrolle, die Einrichtung und Belegungsordnung von Parkplätzen, Benutzungsordnung für Wasch- und Umkleideräume, Kleiderordnungen etc. (siehe im Einzelnen Kommentierungen zu § 87 Abs. 1 Ziff. 1 BetrVG) betreffen sowie bei allen **Änderungen der Arbeitsanforderungen, der Arbeitsabläufe, der Arbeitszeit,** bei der Anordnung von Überstunden, Umorganisationen und der Verlagerung von Arbeitsplätzen. Weiterhin ist die Schwerbehindertenvertretung bei **allen personellen Maßnahmen,** die sich auf schwerbehinderte Menschen auswirken können, weil sie übergangen, nicht berücksichtigt oder in anderer Weise betroffen sind, zu beteiligen. Dies gilt etwa bei Versetzungen, Höhergruppierungen, Beförderungen, der Genehmigung einer Nebentätigkeit, Teilnahme an Fortbildungsmaßnahmen, Verlängerung der Probezeit, Einteilung zum Schichtdienst oder auch dienstlichen Beurteilungen. Letzteres ist umstritten. Das BVerwG verneint für den Bereich des öffentlichen Dienstes eine Beteiligungspflicht, soweit die jeweilige personelle Maßnahme – hier die **dienstliche Beurteilung** – keinen Verwaltungsakt darstellt (BVerwG 14.12.90 2 B 106/90 NJW 1991, 2097). Diese Ansicht ist abzulehnen. § 95 Abs. 2 räumt der Schwerbehindertenvertretung in allen Angelegenheiten, die Schwerbehinderte betreffen, ein Beteiligungsrecht ein. Auch Maßnahmen des öffentlichen Arbeitgebers, die wegen fehlender Außenwirkung nicht als Verwaltungsakt zu qualifizieren sind, sind Entscheidungen, die eine weitreichende Bedeutung für den betroffenen schwerbehinderten Menschen haben können (dafür auch: VG Berlin 29.8.91 7 A 53/89; *Neumann/Pahlen*, SGB IX, § 95 RdNr. 10; *Masuch* in Hauck/Noftz, SGB IX, K § 95 RdNr. 31; *Düwell*, LPK-SGB IX § 95 RdNr. 17).

1. Informationsrecht. Die Unterrichtungspflicht besteht in allen **30** Angelegenheiten, die schwerbehinderte Menschen berühren. Dieser Pflicht korrespondierend hat die Schwerbehindertenvertretung einen gerichtlich durchsetzbaren Auskunftsanspruch (BAG Beschl. v. 26.1.88 AP Nr. 31 zu § 80 BetrVG zum entspr. Anspruch des Betriebsrats; *Masuch* in Hauck/Noftz, SGB IX, K § 95 RdNr. 29). Die Verletzung der Unterrichtungspflicht stellt eine Ordnungswidrigkeit gemäß § 156 Abs. 1 Ziff. 9 dar.

31   Zur Information verpflichtet ist der Arbeitgeber auch dann, wenn der einzelne **Schwerbehinderte dies nicht ausdrücklich wünscht oder sogar ablehnt**. Die Unterrichtungspflicht besteht auch nicht nur, wenn die Schwerbehindertenvertretung eine bestimmte Information verlangt. Die Auskünfte können schriftlich oder mündlich erfolgen. Sie müssen **unverzüglich** erteilt werden, also so frühzeitig, dass die Schwerbehindertenvertretung noch in der Lage ist, durch Stellungnahmen zu reagieren und auf den Entscheidungsprozess Einfluss zu nehmen.

32   Die Unterrichtung muss **umfassend** erfolgen. Sie muss die Tatsachen so vollständig und verständlich wiedergeben, dass die Schwerbehindertenvertretung in die Lage versetzt wird, sich ein eigenes Bild der Sachlage machen zu können.

33   Ist der Schwerbehindertenvertreter gleichzeitig Mitglied des Betriebsrates, muss er sich die Kenntnisse, die er in dieser Funktion erfahren hat, zurechnen (LAG München U. v. 30. 8. 89 NZA 1990, 28).

34   **2. Anhörungsrecht**. Eine Anhörungspflicht des Arbeitgebers besteht, bevor dieser eine Entscheidung trifft. Soll also in Angelegenheiten, die schwerbehinderte Menschen berühren, eine Maßnahme getroffen werden, ist die Schwerbehindertenvertretung nicht nur zu informieren; ihr ist auch die **Gelegenheit zur Stellungnahme** zu geben. Der Arbeitgeber soll sich dann zunächst mit den Anregungen und Einwendungen der Schwerbehindertenvertretung befassen müssen und sie prüfen, ehe er die Entscheidung trifft.

35   Das Gesetz sieht **keine bestimmte Frist** vor, innerhalb derer die Schwerbehindertenvertretung Stellung nehmen muss. Es hängt von der Dringlichkeit der Entscheidung und der Vollständigkeit der Unterrichtung ab, wie zügig eine Reaktion der Schwerbehindertenvertretung erwartet werden kann. Als **Orientierung** können die Fristen des § 102 Abs. 2 BetrVG dienen. In eiligen Fällen erscheint daher in der Regel eine Frist von drei Tagen, ansonsten mindestens eine Woche angemessen (*Masuch* in Hauck/Noftz, SGB IX, K § 95 RdNr. 34; GK-SchwbG-*Schimanski*, § 25 RdNr. 78; *Düwell*, LPK-SGB IX § 95 RdNr. 16).

36   Die Anhörungspflicht des Arbeitgeber beinhaltet ein **Mitwirkungs- nicht ein Mitbestimmungsrecht** der Schwerbehindertenvertretung. Daraus folgt, dass der Arbeitgeber sich bei seiner Entscheidung über die vorgetragenen Einwände hinwegsetzen kann. Er ist allerdings gehalten, im Rahmen der Verpflichtung zur engen Zusammenarbeit (§ 99) die Einwände ernsthaft zu prüfen.

37   Die **Verletzung der Anhörungspflicht** stellt ebenfalls eine Ordnungswidrigkeit gemäß § 156 Abs. 1 Ziff. 9 dar und kann mit einer

Geldbuße bis zu 2500 Euro geahndet werden (siehe Kommentierung zu § 156). Allerdings ist eine ohne Beteiligung der Schwerbehindertenvertretung getroffene Entscheidung (z.B. die Kündigung eines Schwerbehinderten) nicht bereits aus diesem Grund unwirksam (BAG U. v. 28. 7. 83 DB 1984, 133).

3. Unterrichtungsrecht nach getroffener Entscheidung. Der **38** Arbeitgeber ist verpflichtet, der Schwerbehindertenvertretung die Entscheidung unverzüglich mitzuteilen, in der Regel also unmittelbar nach dem Zeitpunkt, zu dem sie getroffen worden ist. Die Verletzung dieser Verpflichtung ist nicht mit einer Sanktion verbunden. Sie ist in § 156 nicht als Ordnungswidrigkeit aufgeführt.

4. Erörterungsrecht und Einsichtsrecht im Verfahren zu § 81 39 Abs. 1. Gemäß § 95 Abs. 2 S. 3 ist die Schwerbehindertenvertretung auch am Verfahren bei der **Besetzung von Arbeitsplätzen** gemäß § 81 Abs. 1 zu beteiligen. Danach sind Arbeitgeber gemäß § 81 Abs. 1 verpflichtet zu prüfen, ob freie Arbeitsplätze mit schwerbehinderten Menschen, die arbeitslos oder arbeitssuchend gemeldet sind, besetzt werden können. In diesem Prozess ist die Schwerbehindertenvertretung zu beteiligen, damit sie ihrer **Mitprüfungsaufgabe**, ob die Besetzung freier Arbeitsplätze mit schwerbehinderten Menschen in Betracht kommt, gerecht werden kann. Sie kann dazu die Vorlage notwendiger Unterlagen wie die Stellenbeschreibung, die Ausschreibung der Stelle sowie andere Pläne, die die Gestaltung des Arbeitsplatzes betreffen, verlangen. Nur dann ist es ihr möglich zu beurteilen, inwiefern die Stelle mit einem Schwerbehinderten besetzt werden kann.

Beteiligungsrechte bestehen auch beim Vorliegen von **Vermitt- 40 lungsvorschlägen des Arbeitsamtes** und sonstigen **Bewerbungen**. Wie § 81 Abs. 1 S. 4 ist auch § 95 Abs. 2 S. 3 insoweit gegenüber dem bisherigen Recht erweitert worden. Im Rahmen des Verfahrens nach § 81 Abs. 1 bestehen nicht nur Unterrichtungs- und Anhörungsrechte. Der Arbeitgeber ist darüber hinaus verpflichtet, seine **beabsichtigte Entscheidung** mit der Schwerbehindertenvertretung zu **erörtern**, die wechselseitigen Gründe sind gegeneinander abzuwägen. Die letzte Entscheidung bleibt allerdings auch nach Erörterung der Angelegenheit beim Arbeitgeber (siehe im Einzelnen die Kommentierung zu § 81).

Der Schwerbehindertenvertretung ist gemäß § 95 Abs. 2 S. 3 darüber **41** hinaus **Einsicht** in die entscheidungsrelevanten Teile der **Bewerbungsunterlagen** zu gewähren. Sie hat außerdem das Recht, an **Vorstellungsgesprächen** teilzunehmen. Diese gegenüber dem bisherigen Recht erweiterten Beteiligungsrechte sind auf Vorschlag des Bundesrates in das Gesetz mit aufgenommen worden (Stellungnahme des Bundesrates zum Gesetzentwurf der Regierungsfraktionen SPD und Bündnis 90/Die Grünen, BT-Drucks. 14/5531 S. 10). Für die Neuregelung war maßgeblich, dass die Schwerbehindertenvertretung im Rahmen des § 81 Abs.1 eine begründete Stellungnahme abgeben muss, wenn sie mit der Einstellungsentscheidung des Arbeitgebers nicht einverstanden ist. Dies ist ihr aber nur möglich, wenn sie die Bewerbungsunterlagen eingesehen hat und auch am Vorstellungsgespräch teilgenommen hat. Nur dann kann sie die Eignung der verschiedenen Bewerber auf der gleichen Tatsachengrundlage beurteilen wie auch der Arbeitgeber (Bericht des Ausschusses für Arbeit und Sozialordnung zum Gesetzentwurf der Fraktionen SPD und Bündnis 90/Die Grünen, BT-Drucks. 14/5800 S. 30). Da die Vorschrift bezüglich des Beteiligungsrechts auf die Entscheidungsrelevanz abstellt, wird sich immer da, wo es auf einen **Eignungsvergleich** zwischen behinderten und nicht behinderten Bewerbern ankommt, das Einsichts- und Teilnahmerecht auch auf die **Unterlagen und das Vorstellungsgespräch des nicht behinderten Bewerbers** beziehen müssen (so auch *Hansen* in NZA 2001, 986, 988). Dies geht im Übrigen auch aus der Stellungnahme des Bundesrates zum Gesetzentwurf der Regierungsfraktionen SPD und Bündnis 90/Die Grünen (BT-Drucks. 14/5531 S. 10/11) sowie dem Bericht des Ausschusses für Arbeit und Sozialordnung zum Gesetzentwurf der Fraktionen SPD und Bündnis 90/Die Grünen BT-Drucks. 14/5800 S. 30) hervor.

42   **5. Rechtsfolgen der unterlassenen Beteiligung.** Hier ist grundsätzlich zu unterscheiden, ob der Arbeitgeber die von ihm getroffene Entscheidung bereits vollzogen hat oder nicht. Vom Vollzug ist z.B. auszugehen, wenn das Kündigungsschreiben dem Arbeitnehmer bereits zugegangen oder die Versetzungsmaßnahme durchgeführt worden ist.

43   **a) Aussetzungsrecht bei noch nicht vollzogener Entscheidung.** Ist die Schwerbehindertenvertretung vor der getroffenen Entscheidung nicht beteiligt worden, kann sie gemäß § 95 Abs. 2 S. 2 vom Arbeitgeber verlangen, dass die Maßnahme nicht durchgeführt wird, solange nicht die Beteiligung nachgeholt wird.

Die gesetzliche Regelung sieht vor, dass die **Entscheidung auszusetzen** ist und das Versäumte innerhalb von **7 Tagen nachzuholen** ist. Es empfiehlt sich, den Arbeitgeber hierzu schriftlich mit kurzer Frist aufzufordern. Kommt er dieser Aufforderung nicht nach, kann der Anspruch auf Aussetzung der Entscheidung im arbeitsgerichtlichen Beschlussverfahren unter Inanspruchnahme einstweiligen Rechtsschutzes durchgesetzt werden (BAG Beschl. v. 10.11.92 NZA 1993, 376, 378; GK-SchwbG, § 25 RdNr. 92; *Masuch* in Hauck/Noftz, SGB IX, K § 95 RdNr. 35; *Düwell*, LPK-SGB IX § 95 RdNr. 21; Bihr/Fuchs/Krauskopf/Lewering *Hoff*, SGB IX, § 95 RdNr. 21).

44   Während der Aussetzung ist die **Entscheidung** des Arbeitgebers **schwebend unwirksam.** Sie **darf nicht durchgeführt werden** und muss vom schwerbehinderten Menschen auch **nicht beachtet werden** (*Masuch* in Hauck/Noftz, SGB IX, K § 95 RdNr. 36; GK-SchwbG-

Schimanski, § 25 RdNr. 94, 98; *Cramer*, SchwbG, § 25 RdNr. 7 a). Innerhalb von 7 Tagen muss die **Beteiligung nachgeholt werden**. Die Frist beginnt mit dem Zeitpunkt, zu dem der Schwerbehindertenvertretung die Entscheidung mitgeteilt worden ist. Mit Ablauf der Frist wird sie nicht automatisch wirksam. Es muss vielmehr erst die Beteiligung nachgeholt werden: die Schwerbehindertenvertretung muss unterrichtet, ihr Gelegenheit zur Stellungnahme gegeben und ihr das Ergebnis mitgeteilt werden. Dies bedeutet, dass das Verbot, die Maßnahme durchzuführen, auch länger währen kann, falls der Arbeitgeber die Beteiligung auch nach Ablauf der Frist noch nicht nachgeholt hat. In diesem Fall bleibt die Entscheidung des Arbeitgebers schwebend unwirksam und kann nicht vollzogen werden. Holt der Arbeitgeber die Beteiligung nach, sind zwei Möglichkeiten denkbar: 1. er bestätigt die erste Entscheidung, was die Regel sein wird. Dann wird die bereits getroffene Entscheidung wirksam. 2. er entscheidet abweichend. Dann ist die ursprüngliche Entscheidung unwirksam und muss rückgängig gemacht werden.

Das Gleiche muss gelten, wenn der Arbeitgeber die von ihm getrof- **45** fene **Entscheidung durchführt, obwohl** er von der Schwerbehindertenvertretung **zur Aussetzung aufgefordert** worden ist. Auch dann ist seine Entscheidung bis zur nachgeholten Beteiligung schwebend unwirksam und muss vom schwerbehinderten Menschen nicht beachtet werden. Einer für ihn ungünstigen Maßnahme muss der schwerbehinderte Arbeitnehmer nicht Folge leisten. Es erscheint daher sinnvoll, dass die Schwerbehindertenvertretung den Betroffenen unverzüglich von der fehlenden Beteiligung und der Geltendmachung des Aussetzungsrechts informiert.

b) Aussetzungsrecht bei vollzogener Entscheidung. Praktisch **46** **ins Leere geht das Aussetzungsrecht**, wenn der Arbeitgeber seine Entscheidung vollzogen hat, bevor die Schwerbehindertenvertretung die Aussetzung von ihm verlangen konnte.

Die **durchgeführte Maßnahme** ist trotz unterbliebener Beteiligung **wirksam** und muss vom schwerbehinderten Arbeitnehmer auch befolgt werden.

Dies folgt aus der speziellen Aussetzungsregelung. Das Beteiligungsrecht des § 95 Abs. 2 ist nicht Wirksamkeitsvoraussetzung für eine Entscheidung des Arbeitgebers (BAG U. v. 28.7.83 DB 1984, 133; BAG U. v. 3. 4. 86 AP Nr. 9 zu § 18 SchwbG unter III. 2.; LAG Rh. Pfalz U. v. 18. 8. 93 NZA 1993, 1133; *Cramer*, SchwbG, § 25 RdNr. 7; *Dörner,* SchwbG, § 25 RdNr. 29; *Düwell,* LPK-SGB IX § 95 RdNr. 19). Die Regelung ist lediglich als Ordnungsvorschrift ausgestaltet, was sich aus § 156 Abs. 1 Ziff. 9 ergibt (LAG Berlin U. v. 24. 6. 91 NZA 1992, 79, 80). Dies geht auch daraus hervor, dass die Anhörung als Wirksamkeitsvoraussetzung in anderen Vorschriften besonders gekennzeichnet ist (z.B. § 102 Abs. 1 BetrVG). Daran fehlt es hier (LAG Rh.-Pf. U. v.

18.8.93 a.a.O.). Die Anhörung der Schwerbehindertenvertretung hat
im Falle von Kündigungen sachlich nur die Bedeutung einer Vorprü-
fung, weil die Rechte der schwerbehinderten Arbeitnehmer durch das
Integrationsamt und den Widerspruchsausschuss gewahrt werden
(LAG Berlin U. v. 24.6.91 NZA 1992, 79, 80).

47   Unterbleibt die Beteiligung der Schwerbehindertenvertretung dagegen vor einer verwaltungsrechtlichen Entscheidung, ist der **Verwaltungsakt fehlerhaft**. Er kann durch Widerspruch und Klage angefochten und vom Gericht aufgehoben worden (BVerwG U. v. 17.9.81
DVBl 1982, 582; OVG Berlin U. v. 28.6.89 br 1990, Sonderheft, S. 44;
VGH Hessen U. v. 17.8.89 br 2001, 127).

48   **6. Einsichtsrecht in Personalakte.** Schon nach dem Schwerbehindertengesetz hatte jeder Schwerbehinderte das Recht, bei Einsicht in
seine Personalakte die Schwerbehindertenvertretung hinzuzuziehen.
Mit § 95 Abs. 3 ist dieses Recht noch dahingehend erweitert worden,
dass das Einsichtsrecht sich auf alle über einen schwerbehinderten
Menschen beim Arbeitgeber geführte Daten bezieht. Damit sind Einwände des Arbeitgebers, es handele sich bei den betreffenden personenbezogenen Daten nicht um Bestandteile der Personalakte, ausgeschlossen. Auch bei diesen **neben der Personalakte geführten
Daten** ist klar gestellt, dass bei Einsichtnahme der schwerbehinderte
Mensch die Schwerbehindertenvertretung hinzuziehen kann.

49   Unerheblich ist, in welcher Form die über einen bestimmten
Schwerbehinderten gesammelten Unterlagen geführt werden. Auch
die in **elektronischen Datenbanken** gespeicherten Personaldaten
zählen dazu (siehe im Einzelnen auch die Kommentierungen zu § 83
BetrVG).

50   Die Schwerbehindertenvertretung hat nach dem Gesetz **kein eigenes Einsichtsrecht**. Der schwerbehinderte Mensch kann sie lediglich
zu seiner **Unterstützung hinzuziehen**. Sie soll ihn als sachkundige
Vertretung beraten, und ihn evtl. über die beruflichen Auswirkungen
der über ihn geführten Daten informieren. Das Recht zur Einsichtnahme geht daher auch nur soweit, wie auch das Recht dazu dem
Schwerbehinderten selbst zusteht. Kein Anspruch besteht auf Einsicht
in Prozessakten oder werksärztliche Unterlagen, die nicht Teil der Personalakte sind (Bihr/Fuchs/Krauskopf/Lewering *Hoff*, SGB IX, § 95
RdNr. 28). Gewährt werden muss die Einsichtnahme während der Arbeitszeit ohne Minderung des Arbeitsentgelts.

51   **Über den Inhalt der Daten** ist Stillschweigen zu bewahren. Die
Schweigepflicht ist für alle der Schwerbehindertenvertretung infolge
ihres Amtes bekannt gewordenen Angelegenheiten bereits allgemein
in § 96 Abs. 7 normiert. Im Zusammenhang mit der Akteneinsicht
wird die Schweigepflicht noch einmal betont, andererseits auch das
Recht des Schwerbehinderten hervorgehoben, die Schwerbehindertenvertretung von ihrer Schweigepflicht zu entbinden. Dies kann für

die Verfolgung berechtigter Interessen im Einzelfall sinnvoll sein. Begrenzt wird das Recht, über den Inhalt der Akte zu berichten, soweit Rechte Dritter berührt werden (so z.b. wenn die Personalakte eine Auseinandersetzung zwischen Mitarbeitern dokumentiert: Bihr/Fuchs/Krauskopf/Lewering *Hoff*, SGB IX, § 95 RdNr. 30).

V. Beteiligungsrechte gegenüber den betrieblichen Interessenvertretungen (Abs. 4)

1. Teilnahme an Sitzungen. Die Regelung über die Teilnahme-   52
rechte der Schwerbehindertenvertretung knüpft an die Regelung im Betriebsverfassungsrecht an (§ 32 BetrVG). Da der Betriebsrat über seine gesetzlichen Aufgaben grundsätzlich in Sitzungen (siehe § 29 BetrVG) berät und beschließt, soll der Schwerbehindertenvertretung daran ein Teilnahmerecht gesichert werden. Dadurch wird sicher gestellt, dass zum einen die Schwerbehindertenvertretung über das **betriebliche Geschehen** in gleicher Weise wie die betriebliche Interessenvertretung **informiert** ist; zum anderen soll gewährleistet werden, dass die Schwerbehindertenvertretung auf die **Willensbildung und Entscheidungsfindung Einfluss nehmen kann** und damit die Belange der Schwerbehinderten Berücksichtigung finden können. Deshalb bezieht sich das Teilnahmerecht auch nicht nur auf Betriebsratssitzungen sondern gleichfalls auf **sämtliche Sitzungen der gemäß §§ 27 und 28 BetrVG gebildeten Ausschüsse.** Der Gesetzgeber hat klar gestellt, dass das Teilnahmerecht sich auch auf den Arbeitsschutzausschuss bezieht, der gemäß § 11 ASiG vom Arbeitgeber gebildet wird und sich mit Fragen der Arbeitssicherheit und des Unfallschutzes befasst. Damit ist jedoch das Teilnahmerecht für andere gemeinsame Ausschüsse nicht ausgeschlossen (so auch *Düwell*, LPK-SGB IX § 95 RdNr. 23). Es besteht vielmehr auch in Bezug auf Sitzungen anderer gemäß § 28 Abs. 3 BetrVG gebildeter gemeinsamer Ausschüsse von Arbeitgeber und Betriebsrat (BAG Beschl. v. 21. 4. 93 NZA 1994, 43; a. A. Bihr/Fuchs/Krauskopf/Lewering *Hoff*, SGB IX, § 95 RdNr. 32). Da sich die Willensbildung und Entscheidungsfindung in gemeinsamen Ausschüssen vollzieht, würde die Schwerbehindertenvertretung keinen Einfluss nehmen können, wenn ihr ein Teilnahmerecht dort versagt würde. Dass in diesen Ausschüssen auch der Arbeitgeber anwesend ist, spricht nicht gegen das Teilnahmerecht, da § 95 Abs. 5 ein Teilnahmerecht zu allen Besprechungen zwischen Betriebsrat und Arbeitgeber nach § 74 Abs. 1 BetrVG vorsieht.

Die Schwerbehindertenvertretung hat auch ein Recht, an den Sit-   53
zungen des **Wirtschaftsausschusses** (§ 106 BetrVG) teilzunehmen (BAG Beschl. v. 4. 6. 87 AP Nr. 2 zu § 22 SchwbG; BAG Beschl. v. 21. 4. 93 NZA 1994, 43; LAG Köln U. v. 5. 7. 2001 AP Nr. 3 zu § 26

SchwbG 1986; DKK- *Däubler,* BetrVG, § 108 RdNr. 14; FKHE, BetrVG, § 108 RdNr. 24; a.A.: Bihr/Fuchs/Krauskopf/Lewering *Hoff,* SGB IX, § 95 RdNr. 32).

54   Die Vertrauensperson hat in den oben genannten Gremien **kein Stimmrecht**, sie kann nur mit **beratender Stimme** teilnehmen; ihr steht jedoch Rederecht und ein Antragsrecht für die Tagesordnung zu. Ist sie verhindert, hat das erste stellvertretende Mitglied das Teilnahmerecht. Ist die Vertrauensperson gleichzeitig Mitglied der betrieblichen Interessenvertretung, tritt es in Doppelfunktion auf und muss nicht vertreten werden. Da die Teilnahme gesetzlich nicht als Pflicht, sondern als Recht formuliert ist, stellt es **keine Amtspflichtverletzung** dar, wenn die Schwerbehindertenvertretung nicht an allen Sitzungen teilnimmt. Dies ergibt sich mittelbar auch aus § 29 Abs. 2 S. 5 BetrVG, wonach nur Betriebsratsmitglieder und Mitglieder der Jugend- und Auszubildendenvertretung ihre Verhinderung unter Angabe von Gründen mitzuteilen haben.

55   Das Teilnahmerecht besteht unabhängig davon, welche Themen auf der Sitzung behandelt werden sollen. Lediglich beim **Antragsrecht** für die Tagesordnung regelt das Gesetz, dass es sich um **Schwerbehinderte besonders betreffende Angelegenheiten** handeln muss. Aufgrund des Teilnahmerechts ist die Schwerbehindertenvertretung zu jeder Sitzung des Gremiums und der Ausschüsse von der betrieblichen Interessenvertretung unter Überreichung der Tagesordnung **einzuladen** (§ 29 Abs. 2 S. 4 BetrVG; § 34 Abs. 2 S. 4 BPersVG).

56   Ob der Schwerbehindertenvertretung eine **Protokollabschrift** gemäß § 34 BetrVG zu erteilen ist, ist umstritten (dafür: *Masuch* in Hauck/Noftz, SGB IX, K § 95 RdNr. 44; a.A. DKK-*Wedde,* BetrVG, § 34 RdNr. 16; FKHE, BetrVG, § 34 RdNr. 20). Da die Schwerbehindertenvertretung unter bestimmten Voraussetzungen sogar die Aussetzung von Beschlüssen der betrieblichen Interessenvertretung verlangen kann, ist es geboten, ihr beispielsweise zur Überprüfung, inwieweit die von ihr zugunsten der Schwerbehinderten wahrgenommenen Aktivitäten auch in der Niederschrift enthalten sind, ein Protokoll der Sitzung auszuhändigen.

57   Eine spezielle Regelung enthält **§ 34 Abs. 3 BPersVG**. Danach hat die Schwerbehindertenvertretung ein eigenes Antragsrecht, die Einberufung des Personalrates zu verlangen in Angelegenheiten, die schwerbehinderte Menschen besonders betreffen.

58   Die Schwerbehindertenvertretung hat auch das Recht, an den sog. **Monatsgesprächen** i.S. von § 74 Abs. 1 BetrVG, § 66 Abs. 1 BPersVG teilzunehmen (OVG Münster 2. 10. 98 NZA-RR 1999, 278). Ihr Teilnahmerecht besteht auch nicht nur dann, wenn Angelegenheiten, die Schwerbehinderte besonders betreffen, auf der Tagesordnung stehen. Dies gilt auch für sonstige Zusammenkünfte, die zwischen dem Arbeitgeber und der betrieblichen Interessenvertretung vereinbart werden.

2. Aussetzung von Beschlüssen. Wichtiges Instrumentarium auf   59
die interne Willensbildung der betrieblichen Interessenvertretung Einfluss zu nehmen, ist das der Schwerbehindertenvertretung in § 95
Abs. 4 S. 2 und 3 eingeräumte Recht, eine Aussetzung der Beschlüsse
der Interessenvertretungen für die Dauer von einer Woche zu verlangen. Die Aussetzungsrechte in § 35 BetrVG und § 39 BPersVG gelten
entsprechend. Die darin enthaltenen Fristen sind vergleichbar. Lediglich § 39 Abs. 1 S. 1 BPersVG sieht eine Frist von sechs Arbeitstagen vor.
Die Aussetzungsdauer im Hinblick auf Beschlüsse der Personalvertretung ist damit in der Regel einen Tag länger als in § 95 Abs. 4, da eine
Arbeitswoche regelmäßig nur fünf Arbeitstage umfasst. Das Aussetzungsrecht besteht zum einen immer dann, wenn die **Beteiligungs-**
rechte in Abs. 2 S. 1 **durch den Arbeitgeber nicht beachtet** worden
sind; zum anderen dann, wenn mit dem Beschluss **wichtige Interes-**
sen von schwerbehinderten Menschen beeinträchtigt worden
sind. Ob dies der Fall ist, entscheidet nach pflichtgemäßem Ermessen
allein die Schwerbehindertenvertretung. Sie hat insoweit einen weiten
Beurteilungsspielraum. Der Antrag ist an keine Form gebunden, er
sollte jedoch nachvollziehbar begründet werden. Die Schwerbehindertenvertretung ist allerdings nicht verpflichtet, Nachweise für eine ihrer
Auffassung nach vorliegende erhebliche Beeinträchtigung von Behinderten beizubringen.

Wird die Aussetzung beantragt, darf die betriebliche Interessenver-   60
tretung den Beschluss eine Woche lang nicht vollziehen. Der Antrag
wird deshalb sinnvollerweise noch in der Sitzung der betrieblichen Interessenvertretung gestellt, da sich die Wochenfrist nicht durch eine
spätere Antragstellung verlängert. Die Aussetzung kann dann nur noch
für den Rest der Frist verlangt werden.

Die Aussetzung kann seitens der Schwerbehindertenvertretung im   61
Beschlussverfahren im Wege der **einstweiligen Verfügung** erzwungen werden. Sie kann nicht mehr beantragt und durchgesetzt werden,
wenn der Beschluss des Betriebs - oder Personalrates bereits durchgeführt worden ist (FKHE, BetrVG, § 35 RdNr. 35; *Neumann/Pahlen*,
SGB IX, § 95 RdNr. 16). Insofern stellt sich das Aussetzungsrecht als
„stumpfes Schwert" dar, das auf Gutwilligkeit und Verständigungsbe-
reitschaft der verschiedenen kollektiven Interessenvertretungen setzt.
Die Wochenfrist soll im Wesentlichen dazu genutzt werden, erneut
über die Angelegenheit **ins Gespräch zu kommen** und nach **ge-**
meinsamen Lösungen zu suchen.

Diese Intention des Gesetzes wird noch dadurch verstärkt, dass nach   62
§ 95 Abs. 4 S. 3 die **Aussetzung nicht zu einer Fristverlängerung**
führt. Beschlüsse der betrieblichen Interessenvertretung, die an Fristen
gebunden sind, sind etwa die Zustimmung **bei personellen Maß-**
nahmen gemäß § 99 Abs. 3 BetrVG und die Mitteilung von Bedenken
gemäß § 102 Abs. 2 BetrVG. In beiden Fällen beträgt die Frist eine

Woche. Die Aussetzung des Beschlusses führt nach der gesetzlichen Regelung demnach nicht automatisch dazu, dass diese Fristen verlängert werden. Andererseits ist der Betriebsrat bei Vorliegen eines Aussetzungsantrags gehindert, den Beschluss bis zum Ablauf der Wochenfrist zu vollziehen. Aufgrund dieses Widerspruchs ist deshalb umstritten, welche **rechtliche Wirkung der Aussetzungsantrag** in diesen Fällen hat. Zum Teil wird angenommen, dass der Zustimmungsbeschluss des Betriebsrates nicht wirksam ist, (so *Masuch* in Hauck/Noftz, SGB IX, K § 95 RdNr. 52), teilweise wird der Betriebsrat für verpflichtet gehalten, seine Zustimmung bis zur endgültigen Beschlussfassung zu verweigern (so *Neumann/Pahlen*, SGB IX, § 95 RdNr. 18). Eine andere Meinung hält den Betriebsrat nur für verpflichtet, den Arbeitgeber über den Aussetzungsantrag zu informieren und alles ihm Mögliche dafür zu tun, dass der Arbeitgeber die Maßnahme bis zur erneuten Beschlussfassung des Betriebsrat zurückstellt (so auch FKHE, BetrVG, § 35 RdNr. 35; DKK- *Wedde*, BetrVG, § 35 RdNr. 14). Der letzten Auffassung ist zu folgen. Wäre der Beschluss des Betriebsrates während der Aussetzung nicht wirksam, würde dies dazu führen, dass innerhalb der Wochenfrist keine Stellungnahme erfolgen könnte. Dies hätte im Rahmen des § 102 Abs. 2 BetrVG und des § 99 Abs. 3 BetrVG etwa zur Folge, dass die Zustimmung als erteilt gilt. Damit würde dem beabsichtigten Ziel der beantragten Aussetzung der Schwerbehindertenvertretung gerade nicht gerecht. Außerdem würde sich je nach dem Inhalt des gefassten Beschlusses eine Auffassung durchsetzen, die der Mehrheitsmeinung im Organ der betrieblichen Interessenvertretung nicht entsprach. So etwa dann, wenn der Betriebsrat der Kündigung mit Gründen widersprechen will, die nicht die Zustimmung der Schwerbehindertenvertretung findet. Dieser Einwand gilt auch für die Auffassung, nach der der Betriebsrat verpflichtet sein soll, seine Zustimmung auf einen Aussetzungsantrag hin generell zu verweigern. Auch hier wird der betrieblichen Interessenvertretung eine nicht mehr revidierbare Reaktion aufgenötigt, obwohl der von ihr einmal gefasste Beschluss durch den Aussetzungsantrag nur zeitweilig und nicht auf Dauer aufgehoben werden kann.

63   Entscheidet die betriebliche Interessenvertretung in gleicher Weise wie vor der Aussetzung oder nur mit geringen Abweichungen, kann die Schwerbehindertenvertretung nicht erneut die Aussetzung beantragen. Etwas anderes gilt, wenn ein neuer Beschluss gefasst wird.

VI. Sonderregelung für Richter

64   Für die Gerichtsbarkeit sieht § 95 Abs. 4 S. 4 eine Sonderregelung vor. Die Schwerbehindertenvertretung hat **kein Recht, an den Sitzungen der Richter- und Präsidialräte teilzunehmen**. Sie kann

auch **keine Aussetzung** von Beschlüssen verlangen. Stattdessen hat sie das Recht, auf Antrag des betroffenen schwerbehinderten Richters vom Präsidium des Gerichts in den Fällen des § 21e Abs. 1 und Abs. 3 GVG **angehört** zu werden. Nach § 21 e Abs. 1 GVG bestimmt das Präsidium die Besetzung der Spruchkörper, bestellt die Ermittlungsrichter, regelt die Vertretung und verteilt die Geschäfte. § 21 e Abs. 3 GVG ordnet an, dass grundsätzlich die Bestimmungen während des laufenden Geschäftsjahres nicht geändert werden. Ausnahmen bestehen bei Überlastung oder nicht genügender Auslastung eines Richters oder Spruchkörpers oder im Fall eins Wechsels oder dauernden Verhinderung eines Richters. Das Anhörungsrecht entfällt nur in Eilfällen.

Eine weitere Sonderregelung findet sich in Abs. 7. Diese trägt der **65** Tatsache Rechnung, dass es **bei Gerichten zwei Schwerbehindertenvertretungen** geben kann, die der Richter und die der übrigen beim jeweiligen Gericht beschäftigten Schwerbehinderten. Beide handeln in Angelegenheiten, von denen alle Schwerbehinderten betroffen sind, gemeinsam. Daraus folgt jedoch nicht, dass sie immer einheitlich vorgehen müssen; sie dürfen auch unterschiedliche Standpunkte vertreten (*Cramer*, SchwbG, § 25 RdNr. 21; *Neumann/Pahlen*, SGB IX, § 95 RdNr. 22; GK-SchwbG-*Schimanski*, § 25 RdNr. 151; Bihr/Fuchs/Krauskopf/Lewering *Hoff*, SGB IX, § 95 RdNr. 40).

VII. Versammlungsrecht (§ 95 Abs. 6)

Mindestens einmal im Jahr ist die Schwerbehindertenvertretung be- **66** rechtigt, aber nicht verpflichtet, eine Versammlung aller schwerbehinderter Menschen und ihnen Gleichgestellter im Betrieb oder in der Dienststelle abzuhalten. Ihr ist es auch erlaubt, **mehr als eine Versammlung** durchzuführen, wenn ein **besonderer Grund** dazu vorliegt: z.B. Information der Schwerbehinderten über einen besonderen betrieblichen Vorgang wie eine bevorstehende Betriebsänderung (siehe im Einzelnen auch die Kommentierungen zu § 43 BetrVG). Die Vorschriften der §§ 42 ff. BetrVG, §§ 48 BPersVG sind entsprechend anzuwenden.

Die Versammlung findet **während der Arbeitszeit** statt. Ein Ver- **67** dienstausfall darf dadurch nicht entstehen. Für schwerbehinderte Menschen, die an der Versammlung nur außerhalb ihrer persönlichen Arbeitszeit teilnehmen können, besteht ein Anspruch auf Freizeitausgleich. Auch notwendige **Fahrtkosten**, die dadurch für einzelne Teilnehmer entstehen, müssen vom Arbeitgeber erstattet werden.

Der Arbeitgeber oder dessen Beauftragter (§ 98), ein Vertreter aller **68** im Betrieb oder der Dienststelle vertretenen Gewerkschaften sowie des zuständigen Arbeitgeberverbandes können an der Versammlung mit beratender Stimme teilnehmen. Sie müssen deshalb von der Schwerbehindertenvertretung auch eingeladen werden. Umstritten ist, ob darüber hinaus auch Vertreter des zuständigen Arbeitsamtes oder des Integrationsamtes sowie ein Betriebsrats- oder Personalratsmitglied oder die Vertretungen gemäß § 97 ein Teilnahmerecht haben (dafür: *Neumann/Pahlen*, SGB IX, § 95 RdNr. 21 und *Masuch* in Hauck/Noftz, SGB IX, K/Noftz, SGB IX, § 95 RdNr. 59; dagegen: *Cramer*, SchwbG, § 25 RdNr. 20). Dies ist zu bejahen. Sinn der Versammlung ist es, schwerbehinderte Menschen über die sie betreffenden Angelegenheiten im Betrieb oder der Dienststelle zu unterrichten. Dazu kann es sinnvoll sein, sich bei in den Versammlungen auftretenden Fragen der besonderen Sach- und Fachkunde des Arbeitsamtes oder des Integrationsamtes und der betrieblichen Interessenvertretungen zu bedienen. Der Schwerbehindertenvertretung ist daher das **Recht** einzuräumen, **neben dem Arbeitgeber und den Verbandsvertretern weitere Personen zu der einberufenen Versammlung einzuladen.** Aufgrund des Gebotes der vertrauensvollen Zusammenarbeit ist die betriebliche Interessenvertretung darüber hinaus berechtigt, von sich aus der Versammlung beizuwohnen.

69   Die **Einladung** der Schwerbehinderten erfolgt in der Regel über einen Aushang am Schwarzen Brett oder ein Rundschreiben. Soweit alle potentiellen Teilnehmer Zugang zu einem PC mit e-mail-Funktion haben, kann die Einladung auch per mail verbreitet werden. Sie muss rechtzeitig und unter Mitteilung der Tagesordnung erfolgen. Ort und Zeitpunkt der Versammlung sind mit dem Arbeitgeber abzusprechen.

VIII. Rechtsstreitigkeiten

70   Streitigkeiten über die Rechte und Pflichten der Schwerbehindertenvertretung soweit es sich um deren Beteiligungsrechte im weitesten Sinne gegenüber dem Arbeitgeber bzw. der Dienststelle oder anderen Organen der Betriebsverfassung oder der Personalvertretung handelt, sind im **Beschlussverfahren** zu entscheiden. Dies ergibt sich aus der Neuregelung in **§ 2a Abs. 1 Nr. 3a, Abs. 2 ArbGG.** Diese Rechte und Pflichten haben ihre Grundlage nämlich nicht im Arbeitsverhältnis, sondern in dem von den Vertrauenspersonen wahrgenommenen Amt der Schwerbehindertenvertretung (so die grundlegende Entscheidung des BAG vom 21. 9. 1989 NZA 1990,362). Für Rechtsstreitigkeiten um Beteiligungsrechte der in einer **Dienststelle** gebildeten Schwerbehindertenvertretung sind die **Verwaltungsgerichte** zuständig. Hier ist im verwaltungsgerichtlichen Beschlussverfahren zu entscheiden (BAG U. v. 21. 9. 89 NZA 1990,362; BVerwG Beschl. v. 4. 10. 93 AP Nr. 6 zu § 25 SchwbG 1986; Germelmann-Matthes-Prütting, ArbGG, § 2a RdNr. 26).

Düwell schließt aus der **Neuregelung in § 2a Abs. 1 Nr. 3 a ArbGG,** 71
dass für den Bereich der Schwerbehindertenvertretung eine generelle
Zuständigkeit der Arbeitsgerichtsbarkeit auch für Streitigkeiten in
Dienststellen des öffentlichen Dienstes gegeben ist (*Düwell*, LPK-SGB
IX, § 95 RdNr. 31; so auch *Neumann/Pahlen*, SGB IX, § 95 RdNr. 16).
Dies ist der Neuregelung jedoch nicht zu entnehmen. Aus den Gesetzes-
materialien geht hervor, dass die Neufassung des § 2a Abs. 1 Ziff. 3 a
ArbGG lediglich der **Klarstellung** dienen sollte, dass Angelegenheiten
der Schwerbehindertenvertretung **im Beschlussverfahren** zu entscheiden sind (BT-Drucks. 14/626 S. 8) und damit die bisher schon
durch die Rechtsprechung des BAG in diesem Sinne gestaltete Rechtslage nur bestätigt werden sollte. Es sind keine Anhaltspunkte erkennbar,
dass die Neuregelung neben dieser Klarstellungsfunktion eine erweiternde Zuständigkeit der Arbeitsgerichtsbarkeit begründen sollte. Dazu
hätte es irgendeines Hinweises im Gesetzgebungsverfahrens bedurft.
Außerdem ist es auch sachlich nicht zu rechtfertigen, eine unterschiedliche gerichtliche Zuständigkeit für Streitigkeiten zwischen Personalrat
und Dienststelle (Verwaltungsgericht) und zwischen Schwerbehindertenvertretung und Dienststelle (Arbeitsgericht) anzunehmen.

Persönliche Rechte und Pflichten der Vertrauenspersonen der schwerbehinderten Menschen

96 (1) Die Vertrauenspersonen führen ihr Amt unentgeltlich als Ehrenamt.

(2) Die Vertrauenspersonen dürfen in der Ausübung ihres Amtes nicht behindert oder wegen ihres Amtes nicht benachteiligt oder be-günstigt werden; dies gilt auch für ihre berufliche Entwicklung.

(3) [1]Die Vertrauenspersonen besitzen gegenüber dem Arbeitgeber die gleiche persönliche Rechtsstellung, insbesondere den gleichen Kündigungs-, Versetzungs- und Abordnungsschutz wie ein Mitglied des Betriebs-, Personal-, Staatsanwalts- oder Richterrates. [2]Das stell-vertretende Mitglied besitzt während der Dauer der Vertretung und der Heranziehung nach § 95 Abs. 1 Satz 4 die gleiche persönliche Rechtsstellung wie die Vertrauensperson, im Übrigen die gleiche Rechtsstellung wie Ersatzmitglieder der in Satz 1 genannten Vertre-tungen.

(4) [1]Die Vertrauenspersonen werden von ihrer beruflichen Tätigkeit ohne Minderung des Arbeitsentgelts oder der Dienstbezüge befreit, wenn und soweit es zur Durchführung ihrer Aufgaben erforderlich ist. [2]Sind in den Betrieben und Dienststellen in der Regel wenigstens 200 schwerbehinderte Menschen beschäftigt, wird die Vertrauensperson auf ihren Wunsch freigestellt; weiter gehende Vereinbarungen sind

zulässig. [3]Satz 1 gilt entsprechend für die Teilnahme an Schulungs- und Bildungsveranstaltungen, soweit diese Kenntnisse vermitteln, die für die Arbeit der Schwerbehindertenvertretung erforderlich sind. [4]Satz 3 gilt auch für das mit der höchsten Stimmenzahl gewählte stellvertretende Mitglied, wenn wegen

1. ständiger Heranziehung nach § 95,

2. häufiger Vertretung der Vertrauensperson für längere Zeit,

3. absehbaren Nachrückens in das Amt der Schwerbehindertenvertretung in kurzer Frist

die Teilnahme an Bildungs- und Schulungsveranstaltungen erforderlich ist.

(5) [1]Freigestellte Vertrauenspersonen dürfen von inner- oder außerbetrieblichen Maßnahmen der Berufsförderung nicht ausgeschlossen werden. [2]Innerhalb eines Jahres nach Beendigung ihrer Freistellung ist ihnen im Rahmen der Möglichkeiten des Betriebes oder der Dienststelle Gelegenheit zu geben, eine wegen der Freistellung unterbliebene berufliche Entwicklung in dem Betrieb oder der Dienststelle nachzuholen. [3]Für Vertrauenspersonen, die drei volle aufeinander folgende Amtszeiten freigestellt waren, erhöht sich der genannte Zeitraum auf zwei Jahre.

(6) Zum Ausgleich für ihre Tätigkeit, die aus betriebsbedingten oder dienstlichen Gründen außerhalb der Arbeitszeit durchzuführen ist, haben die Vertrauenspersonen Anspruch auf entsprechende Arbeits- oder Dienstbefreiung unter Fortzahlung des Arbeitsentgelts oder der Dienstbezüge.

(7) [1]Die Vertrauenspersonen sind verpflichtet,

1. über ihnen wegen ihres Amtes bekannt gewordene persönliche Verhältnisse und Angelegenheiten von Beschäftigten im Sinne des § 73, die ihrer Bedeutung oder ihrem Inhalt nach einer vertraulichen Behandlung bedürfen, Stillschweigen zu bewahren und

2. ihnen wegen ihres Amtes bekannt gewordene und vom Arbeitgeber ausdrücklich als geheimhaltungsbedürftig bezeichnete Betriebs- oder Geschäftsgeheimnisse nicht zu offenbaren und nicht zu verwerten.

[2]Diese Pflichten gelten auch nach dem Ausscheiden aus dem Amt. [3]Sie gelten nicht gegenüber der Bundesanstalt für Arbeit, den Integrationsämtern und den Rehabilitationsträgern, soweit deren Aufgaben den schwerbehinderten Menschen gegenüber es erfordern, gegenüber den Vertrauenspersonen in den Stufenvertretungen (§ 97) sowie gegenüber den in § 79 Abs. 1 des Betriebsverfassungsgesetzes und den in den entsprechenden Vorschriften des Personalvertretungsrechtes genannten Vertretungen, Personen und Stellen.

(8) ¹Die durch die Tätigkeit der Schwerbehindertenvertretung entstehenden Kosten trägt der Arbeitgeber. ²Das Gleiche gilt für die durch die Teilnahme des mit der höchsten Stimmenzahl gewählten stellvertretenden Mitglieds an Schulungs- und Bildungsveranstaltungen nach Absatz 4 Satz 3 entstehenden Kosten.

(9) Die Räume und der Geschäftsbedarf, die der Arbeitgeber dem Betriebs-, Personal-, Richter-, Staatsanwalts- oder Präsidialrat für dessen Sitzungen, Sprechstunden und laufende Geschäftsführung zur Verfügung stellt, stehen für die gleichen Zwecke auch der Schwerbehindertenvertretung zur Verfügung, soweit ihr hierfür nicht eigene Räume und sächliche Mittel zur Verfügung gestellt werden.

Übersicht

I. Allgemeines

Die Regelung entspricht § 26 SchwbG in der Fassung der Bekanntmachung vom 26. August 1986, zuletzt geändert durch das am 1. 10. 2000 in Kraft getretene Gesetz zur Bekämpfung der Arbeitslosigkeit Schwerbehinderter (SchwBAG) v. 29. 9. 2000 (BGBl. I S. 1349 ff.). Veränderungen im Vergleich zum bis dahin geltenden Schwerbehindertenrecht gehen daher schon auf das am 1. 10. 00 in Kraft getretene Gesetz zurück, so etwa die generelle Möglichkeit der Freistellung in Abs. 4 S. 2 und der erweiterte Schulungsanspruch des stellvertretenden Mitglieds gemäß Abs. 4 S. 4 Ziff. 2 und 3. In § 96 ist im Gegensatz zu

§ 26 SchwbG die geschlechtsneutrale Bezeichnung Vertrauensperson und stellvertretendes Mitglied aufgenommen worden ohne weitere inhaltliche Veränderungen.

2   Die Vorschrift regelt die persönliche Rechtsstellung der Vertrauensperson und des stellvertretenden Mitglieds. Sie **entspricht** im Wesentlichen **der rechtlichen Stellung der anderen betrieblichen Interessenvertreter**, wie sie in § 37 BetrVG und § 46 BPersV ausgestaltet ist. Insoweit kann ergänzend auf Kommentierung und Rechtsprechung zu diesen Vorschriften verwiesen werden.

II. Ehrenamt

3   Wie Betriebsräte und Personalräte gemäß § 37 Abs. 1 BetrVG und § 46 Abs. 1 BPersVG führt die Vertrauensperson gemäß Abs. 1 ihr Amt **unentgeltlich** als Ehrenamt. Amt ist hierbei nicht im öffentlich-rechtlichen Sinne zu verstehen. Die Vertrauensperson übt **keine öffentlich-rechtlichen Amtsbefugnisse** aus. Sie steht vielmehr weiterhin in einem Arbeitsverhältnis, dessen Rechte und Pflichten lediglich durch die Wahrnehmung der Aufgaben als Vertrauensperson der Schwerbehinderten modifiziert werden. Sie nimmt die Interessen der schwerbehinderten Menschen wahr und übt ihr Amt **frei von jeglichen Weisungen** sowohl seitens des Arbeitgebers, der Behörden oder auch von den Schwerbehinderten selbst wahr. Von ihnen wird sie allerdings in ihrer Amtsführung kontrolliert etwa in der Versammlung der Schwerbehinderten gemäß § 95 Abs. 6. Vor allem ist das Ehrenamt durch die **Unentgeltlichkeit** gekennzeichnet. Die Vertrauensperson erhält für die Amtsführung keine besondere Vergütung. Vor allem dadurch, aber auch durch die Weisungsfreiheit soll die **innere Unabhängigkeit** der Vertrauensperson gewährleistet werden. Für die Wahrnehmung der Aufgaben dürfen an die Vertrauensperson der Schwerbehinderten auch nicht mittelbar oder versteckt finanzielle Zuwendungen fließen. Nur die mit der **Amtsführung verbunden Kosten** werden erstattet (siehe RdNr. 58). Dies kann auch durch die Vereinbarung einer Pauschale geschehen, wenn diese im Durchschnitt die realen Auslagen und Aufwendungen abdeckt und nicht etwa doch verstecktes zusätzliches Entgelt enthält (FKHE, BetrVG, § 37 RdNr. 8; DKK-*Wedde*, BetrVG, § 37 RdNr. 3; *Cramer*, SchwbG, § 26 RdNr. 2; *Masuch* in Hauck/Noftz, SGB IX, K § 96 RdNr. 4). Verstöße gegen die Unentgeltlichkeit der Amtsführung werden in § 156 nicht als Ordnungswidrigkeit geahndet. Die **Annahme unzulässiger materieller Zuwendungen** kann jedoch eine **grobe Amtspflichtverletzung** darstellen und das Erlöschen des Amtes gemäß § 94 Abs. 7 zur Folge haben.

III. Behinderungs-, Benachteiligungs- und Begünstigungs-
verbot (Abs. 2)

Die Regelung in Abs. 2 entspricht im Wesentlichen den Regelungen **4**
in § 78 BetrVG und § 107 BPersVG. Das Behinderungsverbot gewährleistet die Funktionsfähigkeit der Schwerbehindertenvertretung. Es schützt die Vertrauensperson in ihrer Amtsführung. Der Schutz erstreckt sich auch auf das amtierende stellvertretende Mitglied.

Der Begriff der Behinderung umfasst jede unzulässige Erschwerung, Störung oder sogar Verhinderung der Aufgabenwahrnehmung durch die Schwerbehindertenvertretung. Ein **Verschulden** oder eine Absicht ist **nicht erforderlich** (BAG Beschl. v. 12.11.97 NZA 1998, 559). Die Behinderung kann sowohl in einem Tun wie auch in einem Unterlassen bestehen. Das **Behinderungsverbot** richtet sich sowohl gegen den Arbeitgeber als auch gegen andere wie etwa die betrieblichen Interessenvertretungen, Behörden, Gewerkschaftsvertreter oder Arbeitgeberverbände. **Beispiele für Behinderungen** sind etwa das Entfernen von Mitteilungen für Schwerbehinderte vom Schwarzen Brett, das Verbot oder das Abraten, die Schwerbehindertenversammlung aufzusuchen, beharrliche Vorenthaltung von Sachmitteln wie Räume und Materialien oder ständige Verletzung der gesetzlich vorgesehenen Unterrichtspflichten und Beteiligungsrechte in § 95 Abs. 2, § 81 Abs. 1 (GK-SchwbG-*Schimanski*, § 26, RdNr. 21; FKHE, BetrVG, § 78 RdNr. 8 und DKK-*Buschmann*, BetrVG, § 78 RdNr. 8 mit weiteren Beispielen). Eine Behinderung kann es auch darstellen, wenn der Arbeitgeber gegenüber der Belegschaft gezielt die Kosten herausstellt, die durch die Amtstätigkeit der Interessenvertretung entstehen ohne darauf hinzuweisen, dass diese entsprechend den gesetzlichen Vorgaben und nicht etwa nach Gutdünken der betrieblichen Interessenvertretung entstanden sind (BAG Beschl. v. 19.7.95 NZA 1996, 332; BAG Beschl. v. 12.11.97 NZA 1998, 559). Im Falle der Behinderung hat die Schwerbehindertenvertretung wie die betriebliche Interessenvertretung einen **Unterlassungsanspruch** gegenüber dem Arbeitgeber (BAG Beschl. v. 12.11.97 a.a.O.).

Das **Benachteiligungsverbot** schützt die Vertrauensperson vor **6**
persönlichen Nachteilen, die sie wegen ihrer ehrenamtlichen Tätigkeit erleidet. Ob eine Benachteiligung vorliegt, ist danach zu beurteilen, ob die Vertrauensperson wegen ihrer Amtstätigkeit und nicht aus sachlichen oder in ihrer Person liegenden Gründe im Vergleich zu anderen Arbeitnehmern schlechter gestellt wird. Verglichen wird die Vertrauensperson mit einem Arbeitnehmer oder Bediensteten, der zum Zeitpunkt der Wahl ähnliche Tätigkeiten ausgeübt hat und dafür in ähnlicher Art und Weise wie die Vertrauensperson selbst fachlich und persönlich qualifiziert war (BAG U. v. 11.12.1991, NZA 1993, 909).

Auch hier kommt es auf eine Benachteiligungsabsicht nicht an. Die Schlechterstellung muss nur objektiv gegeben sein. **Ursache für die Benachteiligung** muss die **Amtstätigkeit** sein. Für den Nachweis des Kausalzusammenhangs reicht **Wahrscheinlichkeit** aus (GK-SchwbG-*Schimanski*, § 26, RdNr. 27; *Masuch* in Hauck/Noftz, SGB IX, K § 96 RdNr. 10). Das Benachteiligungsverbot steht im engen Zusammenhang mit Abs. 4 S. 1. Diese Vorschrift sichert der Vertrauensperson die Höhe des vor Übernahme des Ehrenamtes erzielten Arbeitsentgelts. **Beispiele für unzulässige Benachteiligungen** sind etwa: Ausschluss von besonderen Zuwendungen oder Vergünstigungen, außerordentliche Kündigung nur der Vertrauensperson, obwohl an einem Vorfall mehrere Arbeitnehmer beteiligt waren, Angabe der Amtstätigkeit im Zeugnis gegen den Willen des Amtsträgers, Ausschluss vom Bewährungsaufstieg (weitere Beispiele: FKHE, BetrVG, § 78 RdNr. 15 a und DKK-*Buschmann*, BetrVG, § 78 RdNr. 13). **Amtsbedingte Versetzungen** auf einen geringer bezahlten Arbeitsplatz stellen ebenfalls unzulässige Benachteiligungen dar. Dies gilt jedoch nicht für eine Versetzung auf einen gleichwertigen Arbeitsplatz ohne Minderung des Arbeitsentgelts im Rahmen des Direktionsrechts des Arbeitgebers (BAG U. v. 9. 6. 82 AP Nr. 1 zu § 107 BPersVG). Bei derartigen Maßnahmen ist allerdings zu prüfen, ob mit der neuen Tätigkeit möglicherweise Chancen für eine Höhergruppierung oder eine Beförderung, die mit der bisherigen Tätigkeit verbunden waren, verloren gegangen sind (Anm. *Herschel* zum Urteil des BAG v. 9. 6. 82 a.a.O.).

7   Das Benachteiligungsverbot bezieht auch die **berufliche Entwicklung** ein. Dieser Grundsatz wird in Abs. 5 näher ausgestaltet (siehe RdNr. 51). Ein Verstoß kann vorliegen, wenn die Vertrauensperson aufgrund ihrer Freistellung eine **Aufstiegsposition** nicht erhalten hat und ohne ihre Amtstätigkeit aufgrund ihrer Qualifikation (im öffentlichen Dienst unter Beachtung der Kriterien Eignung und Leistung gemäß Art. 33 Abs. 2 GG) die Beförderungsstelle erreicht hätte (BAG U. v. 31. 10. 1985 AP Nr. 5 zu § 46 BPersVG). Eine Beeinträchtigung in der beruflichen Entwicklung kann auch gegeben sein, wenn ein nur befristet beschäftigter Amtsträger wegen seiner Amtstätigkeit nicht in ein **unbefristetes Arbeitsverhältnis** übernommen wird, obwohl eine Übernahme ansonsten üblich ist (FKHE, BetrVG, § 78, RdNr. 16; DKK-*Buschmann*, BetrVG, § 78 RdNr. 14).

8   Verstöße gegen das Benachteiligungsverbot können einen **Schadensersatzanspruch** gemäß § 823 Abs. 2 BGB auslösen, da § 96 Abs. 2 wie § 78 S. 2 BetrVG und § 46 Abs. 3 S. 3 BPersVG (BAG U. v. 31. 10. 85 a.a.O. und 9. 6. 82 a.a.O.) Schutzgesetz im Sinne des § 823 Abs. 2 BGB ist (*Masuch* in Hauck/Noftz, SGB IX, K § 96 RdNr. 12; GK-SchwbG-*Schimanski*, § 26, RdNr. 31).

9   Unzulässig ist ebenfalls eine Begünstigung der Vertrauensperson wegen ihrer Amtstätigkeit. Die Schwerbehindertenvertretung darf aus

ihrer Amtsausübung auch keinen materiellen oder immateriellen Vorteil gewinnen. Dies wäre mit dem Prinzip der Ehrenamtlichkeit nicht vereinbar und würde die innere Unabhängigkeit der Vertrauensperson beeinträchtigen. Beispiele für **unzulässige Begünstigungen** sind etwa die Gewährung eines besonders günstigen Darlehens oder überhöhte Zahlungen für Auslagen und Reisekosten (FKHE, BetrVG, § 78, RdNr. 19; DKK-*Buschmann*, BetrVG, § 78 RdNr. 16; BAG U. v. 29. 1. 74 AP Nr. 8 zu § 37 BetrVG 72; BAG U. v. 23. 6. 75 AP Nr. 10 zu § 40 BetrVG, wonach für alle Arbeitnehmer geltende verbindliche Reisekostenregelungen auch für Reisekosten der Amtsträger anzuwenden sind). Vereinbarungen, die eine unzulässige Begünstigung enthalten, sind wegen Gesetzesverstoß gemäß § 134 BGB nichtig.

IV. Persönliche Rechtsstellung der Vertrauensperson

Abs. 3 S. 1 enthält zunächst den allgemeinen Grundsatz, dass die Vertrauensperson die gleiche persönliche Rechtsstellung wie das Mitglied der betrieblichen Interessenvertretung genießt. Dies bedeutet, dass die §§ 46, 47 BPersVG und §§ 37, 103 BetrVG sowie §§ 15, 16 KSchG entsprechend auch für die Vertrauenspersonen gelten. Auch im Bereich des DRiG sind die Vorschriften sinngemäß anzuwenden, soweit sie nicht dem Sinn und Zweck der Regelungen über den Richterrat widersprechen (*Masuch* in Hauck/Noftz, SGB IX, K § 96 RdNr. 18). Die Regelungen über die persönliche Rechtsstellung der Vertrauenspersonen beschränken sich nicht auf den Kündigungs-, Versetzungs- und Abordnungsschutz. Auch die Bestimmungen in Abs. 4 und 5 über die persönliche Rechtsstellung der Vertrauensperson enthalten keine abschließende Regelung (BAG U. v. 14. 8. 86 NZA 1987, 277). Durch die Generalklausel in Abs. 3 erfolgt vielmehr eine darüber hinausgehende Gleichstellung mit anderen Mandatsträgern, wie sich bereits aus der Verwendung des Wortes „insbesondere" ergibt. **10**

1. Kündigungs- Versetzungs- und Abordnungsschutz (Abs. 3, S. 1). Die Vorschrift stellt die Vertrauensperson bezogen auf den Schutz vor Kündigungen, Versetzungen und Abordnungen ausdrücklich den Mitgliedern der betrieblichen Interessenvertretung gleich. Für Kündigungen der Vertrauensperson gelten demnach die Regelungen in **§ 15 KSchG i.V. mit § 103 BetrVG und §§ 47, 108 BPersVG.** Damit trägt die Regelung der Tatsache Rechnung, dass Vertrauenspersonen wie die Mitglieder der betrieblichen Interessenvertretungen aufgrund ihrer Amtstätigkeit in besondere Interessenkonflikte geraten können, und sie deshalb eines **erhöhten Arbeitsplatzschutzes** bedürfen (BAG U. v. 18. 2. 93 NZA 94, 74; APS/*Böck* § 15 KSchG RdNr. 155). **11**

Wird die Vertrauensperson gekündigt, kann dies nur außerordentlich bei Vorliegen eines **wichtigen Grundes** und erst nach **Zustim-** **12**

mung des Betriebsrates bzw. Personalrates geschehen. Wird die Zustimmung nicht erteilt, muss der Arbeitgeber ein **Zustimmungsersetzungsverfahren** beim Arbeitsgericht bzw. Verwaltungsgericht einleiten und kann die Kündigung erst nach einer entsprechenden, die Zustimmung ersetzenden rechtskräftigen gerichtlichen Entscheidung aussprechen. Besteht kein Betriebsrat oder Personalrat, muss der Arbeitgeber die Zustimmung unmittelbar beim Gericht beantragen. Voraussetzung für die Ersetzung der Zustimmung des Betriebsrates zur Kündigung ist das Vorliegen eines wichtigen Grundes im Sinne des § 626 Abs.1 BGB. Es ist zu prüfen, ob unter Berücksichtigung aller Umstände des Einzelfalls und der Belange beider Vertragsteile die Fortsetzung des Arbeitsverhältnisses zugemutet werden kann. Hierbei ist auf die **fiktive Kündigungsfrist**, die ohne den besonderen Kündigungsschutz bei einer ordentlichen Kündigung gelten würde, abzustellen (BAG U. v. 18. 2. 93 NZA 94, 74, ständige Rspr.). Zur Wahrung der **Ausschlussfrist des § 626 Abs. 2 BGB** ist es erforderlich, dass der Arbeitgeber ab Kenntnis des Kündigungsgrundes noch innerhalb der 2-Wochen-Frist die Zustimmung beim Betriebsrat oder Personalrat beantragt und dies so rechtzeitig erfolgt, dass im Falle der Zustimmungsverweigerung ebenfalls noch innerhalb dieser Frist das gerichtliche Ersetzungsverfahren beantragt werden kann (BAG Beschl. v. 18. 8. 77 AP Nr.10 zu § 103 BetrVG 72, ständige Rspr.). Nach Erteilung der Zustimmung durch die betriebliche Interessenvertretung oder aufgrund gerichtlicher Ersetzungsentscheidung muss die Kündigung unverzüglich (siehe Erläuterungen zu § 91) ausgesprochen werden. Ist die **Vertrauensperson** gleichzeitig **schwerbehindert** ist neben der Zustimmung durch Betriebsrat und Personalrat die **vorherige Zustimmung des Integrationsamtes** gemäß § 91 erforderlich. Hier kann das Zustimmungsersetzungsverfahren auch erst unverzüglich nach Erteilung der Zustimmung durch das Integrationsamt eingeleitet werden, weil es keinen Sinn macht, den Arbeitgeber zur Einleitung des Zustimmungsersetzungsverfahren zu zwingen, wenn das Integrationsamt möglicherweise die Zustimmung versagt und daher dem Zustimmungsersetzungsverfahren das Rechtsschutzbedürfnis fehlt (BAG Beschl. v. 22. 1. 87 NZA 1987, 563).

Der besondere Kündigungsschutz setzt mit dem Beginn der Amtszeit ein und endet mit deren Beendigung, auch bei einem vorzeitigen Ausscheiden der Vertrauensperson.

13   Ist die **Kündigung ohne Zustimmung des Betriebsrates** oder Personalrates ausgesprochen worden, ist sie wegen Gesetzesverstoßes gemäß § 134 BGB unheilbar nichtig. Da es sich um einen sonstigen Unwirksamkeitsgrund i.S. des § 13 Abs. 3 KSchG handelt, kann dies auch außerhalb der 3-Wochen-Frist des § 4 KSchG gerichtlich geltend gemacht werden (FKHE, BetrVG, § 103, RdNr. 31; DKK-*Kittner*, BetrVG, § 103 RdNr. 57; *Cramer*, SchwbG, § 26 RdNr. 6; *Neumann/*

Pahlen, SGB IX, § 96 RdNr. 7; a. A. *Masuch* in Hauck/Noftz, SGB IX, K § 96 RdNr. 19, der auch bei nichtiger Kündigung auf die Beachtung der 3-Wochen-Frist hinweist.). In diesem Fall, in dem die Kündigungsschutzklage ausschließlich auf die fehlende Zustimmung gestützt wird, scheidet allerdings eine **Auflösung des Arbeitsverhältnisses** gemäß § 13 Abs. 1 S. 3 i.V.m. §§ 9, 10 KSchG aus. Wird dagegen innerhalb der 3-Wochen-Frist neben der fehlenden Zustimmung darüber hinaus noch das Fehlen des wichtigen Grundes oder die Nichteinhaltung der Frist des § 626 Abs. 2 BGB gerügt, kann auch die Auflösung gegen Zahlung einer angemessenen Abfindung gemäß § 13 Abs. 2 S. 2 KSchG verlangt werden. Dies gilt allerdings nur für den Auflösungsantrag des Arbeitnehmers (siehe auch Erläuterungen unter § 85). Bei einer fehlenden Zustimmung des Betriebsrates ist für den Arbeitgeber der Auflösungsantrag stets unzulässig (BAG U. v. 9.10.79 AP Nr. 4 zu § 9 KSchG). Ist die Zustimmung erteilt oder ersetzt worden, hat die Vertrauensperson wie jeder andere Arbeitnehmer auch das Recht, Kündigungsschutzklage gegen die außerordentliche Kündigung zu erheben. Diese Klage unterliegt gemäß § 13 Abs. 1 S. 2 KSchG der 3-Wochen-Frist des § 4 KSchG.

Besonders geschützt ist die Vertrauensperson auch noch über die Be- **14** endigung der Amtszeit hinaus für ein Jahr danach (§ 15 Abs. 1 S. 2 und Abs. 2 S. 2 KSchG). Innerhalb dieses Jahres kann die Vertrauensperson nur aus wichtigem Grund gekündigt werden (**nachwirkender Kündigungsschutz**). Dieser Schutz besteht auch, wenn das Amt vorzeitig endet (etwa durch Rücktritt oder Ausscheiden der Vertrauensperson aus dem Betrieb oder der Dienststelle). Ausnahmsweise gilt dies nicht, wenn die Beendigung der Amtszeit auf einer gerichtlichen Entscheidung beruht. Für die Vertrauensperson ist dies der Fall, wenn der Widerspruchsausschuss des Integrationsamtes das Erlöschen des Amtes gemäß § 94 Abs. 7 S. 5 beschließt und die Entscheidung bestandskräftig ist (*Neumann/Pahlen*, SGB IX, § 96 RdNr. 6).

Der besondere Schutz für Vertrauenspersonen gilt auch für Ände- **15** rungskündigungen, nicht aber für **kündigungsunabhängige Beendigungen** des Arbeitsverhältnisses infolge Befristungsende oder Aufhebungsvereinbarung.

Die Entlassung einer Vertrauensperson ist demnach grundsätzlich **16** nur aufgrund einer außerordentlichen Kündigung möglich. Ausnahmen sehen die Vorschriften in § 15 Abs. 4 und 5 KSchG im Falle der **Stillegung eines Betriebes oder einer Betriebsabteilung ohne Übernahmemöglichkeit** des Amtsträgers in eine andere Abteilung vor (BAG U. v. 13.8.92 NZA 1993, 224).

Weiterhin besteht **Abordnungs- und Versetzungsschutz.** Auch **17** insoweit ist die Vertrauensperson den Mitgliedern der Personalvertretung und des Betriebsrates gleichgestellt. Der Schutz gilt auch für Beamte und Richter, soweit nicht Sonderregelungen bestehen. Im Bereich des Personalvertretungsrechts bestand gemäß **§ 47 Abs. 2 BPersVG** schon immer ein Versetzungs- und Abordnungsschutz. Dieser wurde für in Betrieben tätige Vertrauenspersonen allgemein aus dem Grundsatz des Behinderungs- und Benachteiligungsgebotes hergeleitet (*Masuch* in Hauck/Noftz, SGB IX, K § 96 RdNr. 21). Seit der Novellierung des Betriebsverfassungsgesetzes sieht **§ 103 Abs. 3 BetrVG** ausdrücklich auch einen Versetzungsschutz für Mitglieder des Betriebsrates vor. Die Vorschrift gilt damit über § 96 Abs. 3 S. 1 jetzt auch für Vertrauenspersonen. Damit bedarf die **Versetzung einer Vertrauensperson** der **Zustimmung des Betriebsrates bzw. der des Personalrates**, wenn die Vertrauensperson ihrer Versetzung nicht zugestimmt hat.

18   Im Übrigen sind **die Regelungen in § 47 Abs. 2 BPersVG und § 103 Abs. 3 BetrVG nicht deckungsgleich**. § 103 Abs. 3 macht nur solche Versetzungen von einer Zustimmung des Betriebsrates abhängig, die zu einem Amts- oder Wählbarkeitsverlust führen. Diese Einschränkung enthält § 47 Abs. 2 BPersVG nicht. Hier wird sogar ausdrücklich klargestellt, dass auch die mit einem Wechsel des Dienstortes verbundene Umsetzung innerhalb einer Dienststelle zustimmungsbedürftig ist. Da bei dieser Maßnahme das Personalratsmitglied innerhalb der Dienststelle verbleibt, bleibt auch sein Amt erhalten. Weiterhin beinhaltet der Versetzungsschutz des Personalratsmitglieds, dass eine Versetzung nur aus **wichtigem dienstlichen Grund** zulässig ist. Eine Versetzung gemäß § 103 Abs. 3 BetrVG ist nur zulässig, wenn der Arbeitgeber **dringende betriebliche Erfordernisse** für seine Maßnahme nachweist und diese vorrangig gegenüber der Kontinuität der Amtsführung sind. Dass damit der Versetzungsschutz für Vertrauenspersonen je nachdem, ob sie in einer öffentlichen Dienststelle oder einem Betrieb beschäftigt sind, unterschiedlich geregelt ist, ist nicht glücklich, muss aber hingenommen werden. Eine Vereinheitlichung scheidet aus, da dies zu einem unterschiedlichen Schutz der Amtsträger im gleichen Betrieb bzw. der gleichen Dienststelle führen würde. Vorrangig muss daher der gleiche Versetzungsschutz für die Schwerbehindertenvertretung und die Mitglieder des Betriebsrates einerseits und für die Schwerbehindertenvertretung und die Mitglieder des Personalrates andererseits gelten.

19   Unabhängig vom Bestehen des besonderen Versetzungsschutzes in § 103 Abs. 3 BetrVG ist der Betriebsrat gemäß § 99 Abs. 1 BetrVG in Unternehmen mit in der Regel mehr als 20 wahlberechtigten Arbeitnehmern zu beteiligen und seine Zustimmung einzuholen. Aus den in § 99 Abs. 2 BetrVG genannten Gründen kann der Betriebsrat daher wie bei jedem Arbeitnehmer die Zustimmung auch bei der Versetzung der Vertrauensperson verweigern.

20   Für Beamte im Vorbereitungsdienst und für Beschäftigte in vergleichbarer Berufsausbildung gilt der besondere Kündigungs- und Versetzungsschutz gemäß § 47 Abs. 2 BPersVG nicht.

2. Vorübergehende Arbeitsfreistellung. a) Arbeitsbefreiung 21
(Abs. 4 S. 1). Die Vertrauensperson hat wie Betriebsrats- und Personalratsmitglieder (§ 37 Abs. 2 BetrVG und § 46 Abs. 2 BPersVG) Anspruch darauf, von der Arbeit freigestellt zu werden, soweit dies zur Ausübung der Tätigkeit als Vertrauensperson erforderlich ist. Es muss sich also um **notwendige Amtstätigkeit** handeln. Ob dies der Fall ist, ist weder rein subjektiv noch nur nach objektiven Kriterien zu entscheiden. Der Vertrauensperson steht ein Beurteilungsspielraum zu. Es ist darauf abzustellen, ob sie bei gewissenhafter Überlegung und vernünftiger Würdigung aller Umstände die Arbeitsversäumung für erforderlich halten durfte (FKHE, BetrVG, § 37 RdNr. 34; DKK-*Kittner*, BetrVG, § 37 RdNr. 26, 31). Das Gesetz räumt den Aufgaben der Schwerbehindertenvertretung außerdem Vorrang gegenüber den arbeits- und dienstvertraglichen Pflichten ein (GK-SchwbG-*Schimanski*, § 26, RdNr. 93). Um erforderliche Amtstätigkeit handelt es sich in jedem Fall, wenn die Vertrauensperson an **Sitzungen** des Betriebsrates bzw. Personalrates und seinen Ausschüssen sowie an Besprechungen gemäß § 95 Abs. 5 teilnimmt. Aber auch außerhalb von Sitzungen ist die Vertrauensperson von der Arbeit freizustellen, wenn dies zur Aufgabenerfüllung notwendig ist. **Beispiele** sind etwa das Aufsuchen eines schwerbehinderten Arbeitnehmers an seinem Arbeitsplatz oder die Durchführung von Sprechstunden (FKHE, BetrVG, § 37, RdNr. 21 mit weiteren Beispielen), aber auch die **Verhandlungen mit Behörden** wie dem Arbeitsamt oder Integrationsamt. Auch die **Teilnahme an einer Gerichtsverhandlung** als Zuhörer kann erforderlich sein, wenn dort eine für die Arbeit der Schwerbehindertenvertretung wesentliche Frage behandelt wird (FKHE, BetrVG, § 37 RdNr. 26). Geboten ist auch die Befreiung von der Arbeitsleistung zur **Vor- und Nachbereitung von Sitzungen** und Gesprächen sowie zur Abfassung von **Stellungnahmen** und dem **Führen von Telefonaten** (etwa im Rahmen des § 81 Abs. 1 oder § 87 Abs. 2) weil es sich dabei um erforderliche Amtstätigkeit handelt. Hier ist in der Praxis oft der zeitliche Umfang und die Häufigkeit der Arbeitsbefreiung streitig. Es ist daher sinnvoll Absprachen mit dem Arbeitgeber zu treffen, wie viel Zeit pro Tag oder Woche für diese Verwaltungstätigkeiten pauschal angesetzt werden kann. Im Übrigen wird es auf die Zahl der zu betreuenden Schwerbehinderten und die aktuell gerade anstehenden Probleme im Betrieb ankommen, wie viel Zeit die Vertrauensperson für Schriftverkehr mit Behörden und dem Arbeitgeber aufwenden muss.

Da der Vertrauensperson ein **Beurteilungsspielraum** zusteht 22
sowohl hinsichtlich der Frage, ob Amtstätigkeit vorliegt als auch in welchem Umfang sie erforderlich ist, kommt eine Abmahnung wegen arbeitsvertraglicher Pflichtverletzungen nur ausnahmsweise und nur in ganz eindeutigen Fällen in Betracht. Müsste die Vertrauensperson schon in Zweifelsfällen wegen der Verkennung der Rechtslage mit

einer Abmahnung rechnen, könnte sie nicht mehr unbefangen ihre
Amtstätigkeit ausüben (FKHE, BetrVG, § 37, RdNr. 30 a).

23   In der Regel ist die Vertrauensperson für die Ausübung ihrer Amtstätigkeit für einen bestimmten Zeitraum von ihrer Arbeitsverpflichtung
freizustellen. Es kann aber auch erforderlich sein, dass die Vertrauensperson **von einer bestimmten Art der Arbeit freizustellen** ist,
wenn ihr ansonsten die Amtsführung nicht möglich ist (z.B. bei Wechselschicht oder Nachtschicht wegen der Erreichbarkeit der schwerbehinderten Beschäftigten). Es kann auch notwendig sein, die Vertrauensperson vom Rest einer (Nacht)schicht zu befreien, damit sie am
nächsten Tag die Aufgaben als Schwerbehindertenvertretung wahrnehmen kann (FKHE, BetrVG, § 37, RdNr. 37; DKK- *Kittner*, BetrVG,
§ 37 RdNr. 42). Der Arbeitgeber kann auch verpflichtet sein, der Vertrauensperson ein **geringeres Arbeitspensum** zu übertragen, damit
sie in der Lage ist, die Amtstätigkeit auszuüben (BAG U. v. 14. 3. 90 AP
Nr. 78 zu § 37 BetrVG). Dies ist z.B. in Fällen erforderlich, in denen die
Arbeitszeiten nicht festgelegt sind, sondern sich über die Zuweisung
von Arbeit regulieren (z.B. sog. Vertrauensarbeitszeit).

24   **b) Abmeldung.** Wie auch das Betriebsrats- oder Personalratsmitglied ist die Vertrauensperson verpflichtet, sich bei ihrem Vorgesetzten
abzumelden, bevor sie sich zur Wahrnehmung ihrer Aufgaben vom
Arbeitsplatz entfernt. Nach neuerer Rechtsprechung des BAG besteht
nicht mehr die Verpflichtung, stichwortartig die Art der beabsichtigten
Amtstätigkeit mitzuteilen. **Angaben zum Ort und zur voraussichtlichen Dauer reichen aus** (BAG U. v. 15. 3. 95 NZA 1995, 961).
Ausnahmsweise ist auch die Angabe des Ortes nicht erforderlich, wenn
dadurch Rückschlüsse auf den Beschäftigten möglich sind (DKK-
Kittner, BetrVG, § 37 RdNr. 44; FKHE, BetrVG, § 37, RdNr. 43 a).
Nach Beendigung der Amtstätigkeit muss sich die Vertrauensperson
bei ihrem Vorgesetzten auch wieder **zurückmelden.** An- und Abmeldung sollen den Arbeitgeber in die Lage versetzen, den Arbeitsablauf
entsprechend zu organisieren.

25   Erhebt der Arbeitgeber Einwände, weshalb aus **betrieblichen
Gründen** die Vertrauensperson gerade **unabkömmlich** ist, ist diese
zwar verpflichtet zu überprüfen, ob eine Verschiebung möglich ist. Ist
die **Amtsausübung** jedoch dringlich, hat sie im Konflikt mit der
Arbeitsverpflichtung den **Vorrang.** Die Dringlichkeit hat die Vertrauensperson dem Arbeitgeber darzulegen (BAG U. v. 15. 3. 95 NZA 1995,
961). Die Entfernung vom Arbeitsplatz bedarf nicht der Zustimmung
des Arbeitgebers. Die Vertrauensperson kann auch **gegen den Willen**
des Arbeitgebers den Arbeitsplatz verlassen, um ihrer Amtstätigkeit
nachzukommen (BAG a.a.O.).

26   **c) Entgeltfortzahlung.** Für die Dauer der Aufgabenerfüllung hat
die Vertrauensperson Anspruch auf die Arbeitsvergütung, die sie erhalten hätte, wenn sie gearbeitet hätte. Es gilt das **Lohnausfallprinzip**

(BAG U. v. 30. 4. 87 AP Nr. 3 zu § 23 SchwbG). Es besteht Anspruch auf die volle bisherige Arbeitsvergütung incl. Prämien und Gratifikationen, Zuschlägen für Nacht-, Mehr- und Sonntagsarbeit, ebenso wie für Erschwernis- und Schmutzzulagen, da diese **Zulagen** nicht Aufwendungsersatz sondern Bestandteile des Arbeitsentgelts sind (*Neumann/Pahlen,* SGB IX, § 96 RdNr. 12; *Cramer,* SchwbG, § 26 RdNr. 12; FKHE, BetrVG, § 37 RdNr. 49, 50; DKK- *Kittner,* BetrVG, § 37 RdNr. 48). Hat die Vertrauensperson im **Akkord** gearbeitet, muss ihr der ausgefallene Akkordverdienst weitergezahlt werden. Im Falle von **Kurzarbeit** erhält auch die Vertrauensperson Kurzarbeitergeld, wenn sie im Falle der Arbeitsleistung von Kurzarbeit betroffen gewesen wäre (FKHE, BetrVG, § 37 RdNr. 54; DKK-*Kittner,* BetrVG, § 37 RdNr. 49). Lediglich Leistungen, die reinen Aufwendungscharakter haben wie etwa Wegegelder, Fahrtkostenerstattung oder die Fernauslösung nach dem BundesmontageTV (BAG U. v. 18. 9. 91 NZA 1992, 936; FKHE, BetrVG, § 37 BetrVG, RdNr. 52; DKK- *Kittner,* BetrVG, § 37 RdNr. 51) müssen nicht weitergewährt werden.

Für den **Lohnfortzahlungsanspruch** ist entscheidend, dass die **27** Arbeitsbefreiung tatsächlich für die Erledigung von Aufgaben der Schwerbehindertenvertretung erforderlich war. Anders als bei der Arbeitsbefreiung muss die Vertrauensperson im Streitfall daher auch **Angaben zu Art und Umfang** ihrer Amtstätigkeiten machen (dazu im Einzelnen, auch zur abgestuften Darlegungslast: BAG U. v. 15. 3. 95 NZA 1995, 961).

In der Regel ist davon auszugehen, dass die Vertrauensperson ihrer **28** Amtstätigkeit während ihrer Arbeitszeit nachgeht. Ist dies jedoch aus betriebsbedingten oder dienstlichen Gründen nicht möglich, ordnet Abs. 6 einen entsprechenden **Freizeitausgleich** unter Fortzahlung des Arbeitsentgelts an. Im Gegensatz zu § 37 Abs. 3 BetrVG sieht die Vorschrift für Vertrauenspersonen **keine Mehrarbeitsvergütung** vor, wenn der Anspruch auf Freizeitausgleich nicht innerhalb eines Monats erfüllt wird. Eine analoge Anwendung kommt nicht in Betracht (*Masuch* in Hauck/Noftz, SGB IX, K § 96 RdNr. 38; *Cramer,* SchwbG, § 26 RdNr. 14; *Neumann/Pahlen,* SGB IX, § 96 RdNr. 18; GK-SchwbG-*Schimanski,* § 26 RdNr. 137). Anspruch auf Freizeitausgleich besteht nur dann, wenn die Ursache dafür, dass die Amtstätigkeit außerhalb der Arbeitszeit stattfinden muss, in der Sphäre des Betriebes liegt (*Masuch* in Hauck/Noftz, SGB IX, K § 96 RdNr. 38; FKHE, BetrVG, § 37 RdNr. 65). Dies ist etwa bei Schichtarbeit der Fall. Bei **Teilzeitbeschäftigten** war streitig, ob es sich um betriebsbedingte Ursachen handelt, wenn deren Amtstätigkeit außerhalb der persönlichen Arbeitszeit stattfindet (siehe zum Meinungsstand FKHE, BetrVG, § 37 RdNr. 66 und DKK-*Kittner,* BetrVG, § 37 RdNr. 61). Seit der Neufassung des § 37 Abs. 3 BetrVG ist klargestellt, dass auch unterschiedliche Arbeitszeiten sich nicht nachteilig auf die persönliche Rechtsstellung der betrieblichen Interessenvertreter auswirken dürfen. Findet die Amtstätigkeit daher außerhalb der persönlichen Arbeitszeit statt, handelt es sich gemäß § 37 Abs. 3 S. 2 BetrVG um einen betriebsbedingten Grund. Diese Regelung ist zur Auslegung des auch in Abs. 6 verwandten unbestimmten Rechtsbegriffs: „betriebsbedingte Gründe" heranzuziehen und gilt daher auch für den Anspruch auf Freizeitausgleich der Vertrauensperson.

29   **3. Vollständige Arbeitsfreistellung (Abs. 4 S. 2).** Seit dem Inkrafttreten des Gesetzes zur Bekämpfung der Arbeitslosigkeit Schwerbehinderter am 1. 10. 2000 ist gesetzlich eine vollständige Freistellung der Vertrauensperson von ihrer Arbeitsleistung **ab einer Anzahl von mindestens 200 beschäftigten Schwerbehinderten** vorgesehen. Die Freistellung erfolgt auf Wunsch der Vertrauensperson. Sie bedarf keiner besonderen Begründung. Die Regelung schließt es nicht aus, dass – wie schon nach der bisherigen Gesetzeslage – eine generelle Freistellung auch unterhalb einer Beschäftigtenzahl von 200 Schwerbehinderten erforderlich sein kann. Dies beurteilt sich nach den konkreten Verhältnissen im Betrieb oder Dienststelle, etwa nach der Lage der Arbeitsplätze oder nach der Anzahl von Schwerbehinderten im Sinne des § 72. Die Vertrauensperson hat dann allerdings darzulegen und nachzuweisen, weshalb ohne generelle Freistellung die Aufgaben der Schwerbehindertenvertretung nicht ordnungsgemäß erfüllt werden können (*Cramer*, SchwbG, § 26 RdNr. 11; *Neumann/Pahlen*, SGB IX, § 96 RdNr. 10).

30   Auch bei vollständiger Freistellung besteht **Anspruch auf Entgeltfortzahlung** entsprechend dem Lohnausfallprinzip (siehe RdNr. 26). Die freigestellte Vertrauensperson erhält die Vergütung, die sie erhalten hätte, wenn sie an ihrer Arbeitsstelle verblieben und gearbeitet hätte. Dies festzustellen, kann im Einzelfall schwierig sein. Für die Frage, inwieweit **Überstundenvergütungen** zu gewähren sind, kann auf Indizien zurückgegriffen werden, und zwar sowohl auf regelmäßig geleistete Überstunden in der Vergangenheit wie auch auf die tatsächliche Leistung von Überstunden vergleichbarer Arbeitnehmer während der Freistellung (BAG U. v. 29. 6. 88 AP Nr.1 zu § 24 BPersVG; BAG U. v. 30. 4. 87 AP Nr. 3 zu § 23 SchwbG; *Schneider* in NZA 1984, 21; zur Vergleichbarkeit: BAG U. v. 11. 12.91, NZA 1993, 909).

31   Da die ganz freigestellten Personalratsmitglieder gemäß § 46 Abs. 5 S. 1 BPersVG eine **Aufwandsentschädigung** erhalten, ist diese auch an die generell freigestellte Vertrauensperson der Schwerbehinderten zu leisten (BAG U. v. 14. 8. 86 NZA 1987, 277). Dies ist auch aus dem Zweck der Aufwandsentschädigung sachlich gerechtfertigt. Sie soll den Personalratsmitgliedern die Aufwendungen ersetzen, die typischerweise mit der Amtstätigkeit verbunden sind. In gleicher Weise haben aber auch Vertrauenspersonen typische Aufwendungen bei ihrer Beratungs- und Betreuungstätigkeit.

Die **bisherige Arbeitsvergütung** erhält die generell freigestellte   32
Vertrauensperson auch dann, wenn sie infolge ihrer Amtstätigkeit in
die **Tagschicht versetzt** werden muss, um die von ihr vertretenen
schwerbehinderten Menschen erreichen zu können, und damit ein geringeres Arbeitsentgelt als etwa bei Nacht- oder Wechselschicht verbunden ist. Die Arbeitsvergütung der freigestellten Vertrauensperson
ist auch der laufenden Vergütung vergleichbarer Arbeitnehmer anzu-
passen.

Gemäß Abs. 4 S. 1 werden die Vertrauenspersonen von ihrer beruf-   33
lichen Tätigkeit ohne Minderung des Arbeitsentgelt freigestellt, soweit
dies zur Durchführung ihrer Aufgaben erforderlich ist. Diese Vorschrift gilt auch für die in S. 2 von der Arbeit völlig freigestellten Vertrauenspersonen (BAG U. v. 30. 4. 87 NZA 1988,172). Für die Berechnung der Arbeitsvergütung gilt das Lohnausfallprinzip. Sie sollen
weder schlechter noch besser gestellt werden, als wenn sie gearbeitet
hätten. Dies ergibt sich im Übrigen auch aus § 96 Abs. 2. Für die Beurteilung sind die **vergleichbaren Mitarbeiter und deren Verdienst
heranzuziehen**. Vergleichbar sind die Arbeitsplätze, auf denen die
Vertrauenspersonen arbeiten müssten, wenn ihre Freistellung beendet
würde (BAG U. v. 30. 4. 87 NZA 1988, 172).

Abs. 4 enthält keine starre Freistellungsstaffel. Lediglich bei einer   34
Anzahl von 200 Schwerbehinderten wird eine Freistellung regelmäßig
angenommen. Die Vorschrift erlaubt allerdings auch darüber hinausgehende Vereinbarungen. Dadurch soll den konkreten Bedürfnissen
der Dienststelle bzw. des Betriebes Rechnung getragen werden. So
kann trotz gleicher Anzahl von Schwerbehinderten wegen z.B. unterschiedlicher Weite des Betreuungsgebietes, der Arbeitsplatzanforde-
rungen oder unterschiedlichen Häufigkeit von höheren Graden von
Behinderung in einer Dienststelle oder einem Betrieb mehr oder weniger Zeit benötigt werden (BAG U. v. 14. 8. 86 NZA 1987, 277).

**4. Schulungs- und Bildungsveranstaltungen (§ 96 Abs. 4   35
S. 3)**. Vertrauenspersonen der schwerbehinderten Menschen sind für
die Teilnahme an Schulungs- und Bildungsveranstaltungen von ihrer
beruflichen Tätigkeit ohne Minderung des Arbeitsentgelts oder der
Dienstbezüge zu befreien, soweit diese Kenntnisse vermitteln, die für
die Arbeit der Schwerbehindertenvertretung erforderlich sind. Die
Regelung ist der in § 37 Abs. 6 BetrVG und § 47 Abs. 6 BPersVG nachgebildet. Es gibt deshalb keinen sachlichen Grund, weshalb der Begriff
der Erforderlichkeit, wie er im Regelungsbereich des Betriebsverfassungsrechts verstanden wird, nicht im Bereich des Schwerbehindertenrechts denselben Inhalt haben sollte (LAG Köln U. v. 5. 7.2001 AP Nr. 3
zu § 26 SchwbG 1986). Danach sind **erforderliche Kenntnisse** nur
solche, die nach Art und Umfang der konkreten Situation des Betriebes
von der Schwerbehindertenvertretung benötigt werden, um ihre der-
zeitigen oder demnächst anfallenden Aufgaben sachgerecht zu erfül-

len. Es reicht nicht aus, dass die Vermittlung der Kenntnisse nützlich ist (BAG Beschl. v. 19. 7. 1995, NZA 1996, 443, ständige Rspr.; *Schiefer* in NZA 1993, 822, 827). Die Teilnahme einer Vertrauensperson ist auch dann nicht erforderlich, wenn diese in der Vergangenheit bereits an Veranstaltungen teilgenommen hat, die diese Kenntnisse vermittelten. Dann fehlt es an der **Schulungsbedürftigkeit**.

36   Handelt es sich um die **Vermittlung von Grundkenntnissen** für ein erstmalig gewählte Vertrauensperson, muss weder ein besonderer betriebsbezogener Anlass noch die Schulungsbedürftigkeit dargelegt werden. Die Erforderlichkeit wird vielmehr unterstellt (FKHE, BetrVG, § 37 RdNr. 115; *Masuch* in Hauck/Noftz, SGB IX, K § 96 RdNr. 30; GK-SchwbG-*Schimanski*, § 26 RdNr. 116).

37   Um nach Art und Umfang erforderliche Schulungen handelt es sich auch bei den **von den Integrationsämtern durchgeführten Schulungsmaßnahmen**, da diese gesetzlich verpflichtet sind, gemäß § 102 Abs. 2 S. 6 letzter Hs. die Vertrauenspersonen zu schulen (GK-SchwbG-*Schimanski*, § 26 RdNr. 118; *Cramer*, SchwbG, § 26 RdNr. 18; *Masuch* in Hauck/Noftz, SGB IX, K § 96 RdNr. 31). Bei diesen Schulungen entstehen in der Regel nur Fahrt-, Verpflegungs- und Übernachtungskosten, nicht aber Kosten für Räume, Arbeitsmaterialien oder Referentenhonorare, da diese aus Mitteln der Ausgleichsabgabe getragen werden (§ 29 SchwbAV). Das Schulungsangebot durch die Integrationsämter schließt es nicht aus, dass daneben auch die Teilnahme an Bildungsmaßnahmen anderer Träger, Gewerkschaften, Arbeitgeber- und Behindertenverbänden etwa, erforderlich sein kann (§ 29 SchwbAV). Die Teilnahme an diesen Veranstaltungen muss allerdings auf ihre Erforderlichkeit und hinsichtlich der geltend gemachten Sachkosten auf ihre **Verhältnismäßigkeit** hin überprüft werden (BAG U. v. 16. 8. 77 AP Nr. 1 zu § 23 SchwbG; *Cramer*, SchwbG, § 26 RdNr. 18; GK-SchwbG-*Schimanski*, § 26, RdNr. 119, *Masuch* in Hauck/Noftz, SGB IX, K § 96 RdNr. 31).

38   Handelt es sich weder um Grundschulungen noch um vom Integrationsamt veranstaltete Schulungen ist die Prüfung der **Erforderlichkeit** wie auch im Rahmen des § 37 Abs. 6 BetrVG im Einzelfall schwierig. Für die sachgerechte Aufgabenerfüllung sind **Kenntnisse über die aktuelle Gesetzeslage und Rechtsprechung** des BAG/BSG im Schwerbehindertenrecht notwendig (U. v. 20. 12. 95; GK-SchwbG-*Schimanski*, § 26 RdNr. 113 d) oder Schulungen über Ursachen von Behinderungen, Einsatzmöglichkeiten im Betrieb sowie die behinderungsgerechte Gestaltung von Arbeitsplätzen, da von der Schwerbehindertenvertretung im Rahmen von Präventionsmaßnahmen (§ 84) kompetente Vorschläge erwartet werden (noch zum alten Recht: GK-SchwbG-*Schimanski*, § 26 RdNr. 113 c). Erforderlich sind ebenfalls Schulungen über das in § 83 neu eingeführte innerbetriebliche Regelungsinstrument: **Integrationsvereinbarung**.

Auch nicht nur speziell für Schwerbehindertenvertretungen veran-   39
staltete Schulungen können für die sachgerechte Wahrnehmung der
Aufgaben der Vertrauensperson erforderlich sein, so etwa Bildungs-
angebote zum **Arbeitsschutz oder zur Arbeitssicherheit** (BAG
Beschl. v. 15. 5. 86 AP Nr. 54 zu § 37 BetrVG; GK-SchwbG-*Schimanski*,
§ 26, RdNr. 113 a), zur **Gestaltung von Arbeitsplätzen**, zum Arbeitsablauf und Arbeitsumgebung, zur Lohngestaltung oder zur Arbeitszeit
(dies vor allem im Hinblick auf geplante Verhandlungen über den
Abschluss einer Integrationsvereinbarung gemäß § 83).

Anerkannt ist ebenfalls, dass aufgrund des Teilnahmerechts der Ver-   40
trauensperson an Sitzungen des Wirtschaftsausschusses, eine Schulung
erforderlich ist, die **Basiswissen** über die Funktion und Tätigkeit eines
Wirtschaftsausschusses sowie Grundkenntnisse des betrieblichen
Rechnungswesens, des handelsrechtlichen Jahresabschlusses und der
Bilanzpolitik vermittelt (LAG Köln U. v. 5. 7. 2001 AP Nr. 3 zu § 26
SchwbG 1986).

Im Rahmen des § 37 Abs. 6 BetrVG ist anerkannt, dass gerade der   41
Betriebsratsvorsitzende und dessen Stellvertreter erfahrungsgemäß
in einem weit stärkeren Maße und intensiverem Umfang um Rat und
Auskunft angegangen werden und deshalb in besonderem Maße über
Kenntnisse verfügen müssen. Aus diesem Grund muss diesen beiden
Personen eine breitere und intensive Schulung zukommen (DKK-*Kittner*, BetrVG, § 37 RdNr. 102; FKHE, BetrVG, § 37 RdNr. 135 m.w.N.).
Dieselbe Rolle hat im Schwerbehindertenrecht die **Vertrauensperson**. Diese Rolle ist mit der Einführung des SGB IX durch die Erweiterung von Beteiligungsrechten in den §§ 81 bis 84 außerdem gestärkt
worden, was mit erhöhten Erwartungen an die Amtsführung durch
die Vertrauenspersonen verbunden ist. Neben den Anforderungen an
die fachliche Kompetenz sind auch die Ansprüche an die Kommunikationsfähigkeit, Gesprächs- und Verhandlungsführung der Vertrauensperson gewachsen. Deshalb werden gerade in größeren Betrieben auch
Schulungen zur **Sprech- und Argumentationstechnik** erforderlich
sein (grundsätzlich anerkannt: BAG U. v. 15. 2. 95 NZA 1995, 1036),
wenn z.B. konkrete Verhandlungen über den Abschluss von Integrationsvereinbarungen zu führen sind.

Hinsichtlich der **Dauer der Veranstaltungen** sieht das Gesetz keine   42
bestimmte zeitliche Begrenzung vor. Maßgebend sind Umfang und
Schwierigkeit des zu vermittelnden Unterrichtsstoffs (Bay. VGH
30. 6. 99 – 18 PC 99.1849). Für Betriebsratsmitglieder sind im Rahmen
des § 37 Abs. 6 Schulungen von einer Dauer bis zu 2 Wochen anerkannt
worden (z.B. BAG Beschl. v. 8. 2. 77 AP Nr. 26 zu § 37 BetrVG; *Masuch*
in Hauck/Noftz, SGB IX, K § 96 RdNr. 30; DKK-*Kittner*, BetrVG,
§ 37 RdNr. 117).

Auch dann, wenn der Arbeitgeber der Teilnahme der Vertrauensper-   43
son an der Schulungsmaßnahme widerspricht, weil er sie für nicht er-

forderlich hält, kann die Vertrauensperson an ihr teilnehmen (DKK-
Kittner, BetrVG, § 37 RdNr. 134; FKHE, BetrVG, § 37 RdNr. 201
m. w. N.). Da der Arbeitgeber in diesen Fällen regelmäßig die Lohnzah-
lung für die Dauer der Schulungsmaßnahme und die Erstattung der
Schulungskosten verweigert, wird die Vertrauensperson je nachdem,
ob sie in einem Betrieb oder einer Dienststelle beschäftigt ist, einen
Rechtsstreit vor dem Arbeitsgericht oder dem Verwaltungsgericht um
Arbeitsentgelt und Schulungskosten führen.

44   Hat der Arbeitgeber die Mitteilung über die **Teilnahme** der Vertrauensperson an einer Schulungsmaßnahme **unwidersprochen** ent-
gegengenommen, kann er nach der Teilnahme keine Einwände mehr
gegen die Fortzahlung des Arbeitsentgelts erheben (*Schaub*, Arbeitsrechtshandbuch, § 221 RdNr. 44 m. w. N.).

45   Das BAG hat die Frage, ob die Vertrauensperson, die **außerhalb** ihrer
Arbeitszeit an einer **Schulungs- oder Bildungsveranstaltung** teilnimmt, gemäß § 96 Abs. 6 (§ 26 Abs. 6 SchwbG a. F.) Anspruch auf
Freizeitausgleich hat, verneint. Es hat dies zum einen damit begründet, dass nur in S. 3 des § 26 Abs. 4 SchwbG a.F. (jetzt Abs. 4) die Teilnahme an Schulungs- und Bildungsveranstaltungen erwähnt wird und
nicht bei der Regelung des Freizeitausgleiches in Abs. 6. Zum anderen
hat es die vergleichbare Regelung in § 37 Abs. 3 und Abs. 6 BetrVG
herangezogen und angenommen, dass auch Betriebsratsmitglieder für
die Teilnahme an Schulungsmaßnahmen außerhalb ihrer Arbeitszeit
keinen Anspruch auf Gewährung von Freizeitausgleich haben und eine
Besserstellung der Vertrauenspersonen im Vergleich zu den Betriebs-
und Personalräten nicht gerechtfertigt wäre (BAG U. v. 14. 3. 90 NZA
1990, 698). Letzteres ist allerdings seit der Novellierung des Betriebs-
verfassungsrechtes nicht mehr haltbar. **Betriebsratmitgliedern** steht
nunmehr gemäß dem in § 37 Abs. 6 S. 1 BetrVG enthaltenen Verweis
auf § 37 Abs. 3 BetrVG ein entsprechender Freizeitausgleich zu, wenn
sie aus betrieblichen Gründen, wozu Besonderheiten in der betrieblichen Arbeitszeitgestaltung (z. B. rollierende Arbeitszeitsysteme und
Schichtarbeit) und auch Teilzeitarbeit gehören, Schulungsveranstaltungen außerhalb ihrer Arbeitszeit besuchen. In diesem Fall ist der
Umfang des Ausgleichsanspruchs unter Einbeziehung der Arbeitsbefreiung allerdings begrenzt auf die Arbeitszeit eines vollzeitbeschäftigten Arbeitnehmers (§ 37 Abs. 6 S. 2 BetrVG). Entsprechend dem
Grundsatz des § 96 Abs. 3 S. 1 und weil generell nicht anzunehmen ist,
dass die Vertrauenspersonen insoweit schlechter als Betriebsratsmitglieder gestellt werden sollten, ist hier von einer nur versehentlich
unterbliebenen gesetzgeberischen Anpassung auch im Schwerbehindertenrecht auszugehen.

V: Persönliche Rechtsstellung der stellvertretenden Mitglieder (Abs. 3 S. 2 und Abs. 4 S. 4)

Auch die stellvertretenden Mitglieder besitzen den besonderen Kün- **46** digungs- Versetzungs- und Abordnungsschutz (§§ 15 KSchG und 103 BetrVG) **während der Dauer der Vertretung** und für den Fall, dass sie gemäß § 95 Abs. 1 S. 4 für **bestimmte Aufgaben dauernd herangezogen** werden. Der besondere Schutz beginnt im Falle der Vertretung an dem Tag, an dem die Vertrauensperson erstmals verhindert ist. Er besteht in gleicher Weise unabhängig davon, ob die Vertrauensperson nur vorübergehend oder endgültig nicht tätig werden kann. Es gelten die entsprechenden Regelungen wie für Ersatzmitglieder im Betriebs- und Personalvertretungsrecht (Siehe hierzu: FKHE, BetrVG, § 103 RdNr. 7 und 35; § 25 RdNr. 5 ff.). Nicht ausreichend ist, dass die Vertrauensperson nur für die Wahrnehmung bestimmter Aufgaben verhindert ist. Der Verhinderungsfall ist nicht aufgaben- sondern zeitbezogen (*Masuch* in Hauck/Noftz, SGB IX, K 96 § RdNr. 24). Nach Ende der Vertretung besteht auch der **nachwirkende Kündigungsschutz** des § 15 Abs. 1 S. 2 und Abs. 2 S. 2 für ein Jahr unabhängig von der Dauer der Vertretung.

Das stellvertretende Mitglied, das gemäß § 95 Abs. 1 S. 4 für be- **47** stimmte Aufgaben herangezogen wird, wird im Gesetz ausdrücklich in seiner persönlichen Rechtsstellung der Vertrauensperson gleichgestellt. Es genießt damit auch den besonderen Kündigungs-, Versetzungs- und Abordnungsschutz.

Im Vertretungsfall oder für den Fall der Heranziehung hat das stell- **48** vertretende Mitglied ebenfalls wie die Vertrauensperson **Anspruch auf Freistellung** von der Arbeitsverpflichtung unter Fortzahlung der Vergütung, die es erhalten hätte, wenn es gearbeitet hätte. Es gelten die gleichen Grundsätze (siehe RdNr. 27 ff).

Gemäß Abs. 4 S. 4 besteht ebenfalls ein **Teilnahmerecht an Schu-** **49** **lungsveranstaltungen** unter Fortzahlung des Gehaltes für das erste stellvertretende Mitglied unter den gleichen Voraussetzungen wie sie auch für den Anspruch der Vertrauensperson gelten. Dieses Teilnahmerecht gilt zum einen für das stellvertretende Mitglied, das zur Wahrnehmung bestimmter Aufgaben herangezogen wird; es besteht darüber hinaus jedoch auch für das erste stellvertretende Mitglied, das häufiger und für längere Zeit die Vertrauensperson vertritt, und greift bereits im **Vorfeld des Vertretungsfalles**, nämlich dann, wenn ein Nachrücken bereits absehbar ist. Dies war nach der bisherigen Rechtslage streitig (siehe zum damaligen Meinungsstand: GK-SchwbG-*Schimanski*, § 26 RdNr. 123 und 123 a). Ein Schulungsanspruch des stellvertretenden Mitglieds wurde von der Rechtsprechung des BAG auch bei einer Vertretung in größerem Umfang abgelehnt (BAG Beschl. v.

14.12.94 NZA 1995, 593). Diese Rechtsprechung ist jetzt obsolet, da
der Gesetzgeber klar gestellt hat, dass ein Schulungsanspruch in derartigen Fällen gegeben ist.

VI. Tätigkeits- und Entgeltschutz nach Freistellung (Abs. 5)

50   Die Vorschrift konkretisiert das allgemeine Benachteiligungsverbot.
Gerade vollständig frei gestellte Vertrauenspersonen müssen dagegen
geschützt werden, dass sie infolge der Freistellung ihre beruflichen Fertigkeiten und Kenntnisse verlieren und damit den **Anschluss an die
betriebliche Entwicklung** verpassen. Deshalb dürfen sie zum einen
nicht von inner- und außerbetrieblichen Maßnahmen der Berufsförderung ausgeschlossen werden, zum anderen müssen sie nach Beendigung ihrer Amtstätigkeit eine **unterbliebene berufliche Entwicklung nachholen** können. Entsprechende Vorschriften finden sich für
Betriebsrats- und Personalratsmitglieder (§ 38 Abs. 4 BetrVG und § 8
letzter Hs. BPersV). Allerdings bezieht sich der Anspruch nur darauf,
bei der Teilnahme an berufsfördernden Maßnahmen so berücksichtigt
zu werden, wie dies der Fall ohne die Freistellung gewesen wäre
(DKK-*Wedde*, BetrVG, § 38 RdNr. 76; FKHE, BetrVG § 38 RdNr. 98).
Hierbei ist darauf abzustellen, an welchen betrieblichen Fortbildungsmaßnahmen **vergleichbare Arbeitnehmer**, also zum Zeitpunkt der
Wahl in ähnlicher Weise fachlich und persönlich qualifizierte Arbeitnehmer, im Betrieb teilgenommen haben (zur Vergleichbarkeit: BAG
U. v. 11.12.91 NZA 1993, 909; *Schneider* in NZA 1984, 21, 22). Bei der
Nachholung von **Fortbildungsmaßnahmen** sind freigestellte Ver-
trauenspersonen **bevorzugt** zu behandeln und ihnen ist innerhalb
eines Jahres nach Beendigung der Freistellung im Rahmen der Möglichkeiten des Betriebes die Chance zu geben, eine entsprechende
Schulung zu besuchen (FKHE, BetrVG, § 38 RdNr. 99 f.; DKK-*Wedde*,
BetrVG, § 38 RdNr. 77). Die Frist erhöht sich auf zwei Jahre im Falle
einer Freistellung über drei volle aufeinander folgende Amtsperioden.

VII. Geheimhaltungspflichten (Abs. 7)

51   Abs. 7 verpflichtet die Vertrauensperson zur Verschwiegenheit. Als
Interessenvertreter und Vertraute schwerbehinderter Beschäftigter
können der Vertrauensperson **vertrauliche persönliche Angelegenheiten** und Verhältnisse **einzelner schwerbehinderter Beschäftigter** bekannt werden. Vertrauliche Informationen erfährt sie außerdem
aufgrund des Rechtes, Einsicht in Bewerbungsunterlagen und in die
Personalakte gemäß § 95 Abs. 2 und 3 nehmen zu können. Aufgrund
des Teilnahmerechts an allen Betriebsratssitzungen und Ausschüssen

(§ 95 Abs. 4) besteht die Möglichkeit, dass der Vertrauensperson **Betriebs- und Geschäftsgeheimnisse** bekannt werden. Aus diesem Grund normiert die Vorschrift eine besondere Verpflichtung zur Geheimhaltung. Sie geht über die allgemeine dienstrechtliche und arbeitsrechtliche Schweigepflicht hinaus und entspricht derjenigen von Personalrats- und Betriebsratsmitgliedern (§ 10 BPersVG und § 79 BetrVG). Ein Verstoß gegen diese Verpflichtung stellt eine Straftat gemäß § 155 dar.

Die Verschwiegenheitspflicht bezieht sich auf vertrauliche Informationen, die der Vertrauensperson **im Rahmen ihrer Amtsführung** bekannt werden. Werden sie ihr also allgemein als Arbeitskollege/in privat mitgeteilt, unterfällt die Information nicht der Schweigepflicht gemäß Abs. 7 (möglicherweise aber der Schweigepflicht nach allgemeinen zivilrechtlichen Vorschriften).   52

Ziff. 1 umfasst die Schweigepflicht im Verhältnis Vertrauensperson und schwerbehinderter Beschäftigter. Da Ziff. 1 auf § 73 Bezug nimmt, sind alle im Betrieb oder Dienststelle Beschäftigten (nicht nur Schwerbehinderte) erfasst und auch die in § 73 Abs. 2 genannten Personengruppen. **Geschützt** sind **alle auf eine Person bezogenen Daten** wie etwa Krankheiten, finanzielle Verhältnisse und andere Sozialdaten (**Sozialgeheimnis** in § 35 Abs. 1 SGB I). Weiterhin müssen die Daten oder mitgeteilten Umstände ihrem Inhalt oder ihrer Bedeutung nach **geheimhaltungsbedürftig** sein. Dies bestimmt sich nicht objektiv; vielmehr richtet sich das nach dem subjektiven Interesse des jeweiligen Betroffenen an der Geheimhaltung, da nur so das verfassungsrechtlich anerkannte informationelle Selbstbestimmungsrecht des Einzelnen gewahrt bleibt (BVerfG U. v. 15. 12. 83 NJW 1984, 419; GK-SchwbG-*Schimanski*, § 26 RdNr. 163; *Masuch* in Hauck/Noftz, SGB IX, K § 96 RdNr. 41). Es reicht daher aus, dass der einzelne schwerbehinderte Mensch **wahrscheinlich ein Interesse an der Geheimhaltung** hat. Im Übrigen ist er durch die Vertrauensperson danach zu fragen, ob er eine Geheimhaltung wünscht. Stimmt der Betroffene der Offenlegung seiner persönlichen Daten und Angelegenheiten zu, besteht keine Verpflichtung zur Verschwiegenheit. Im Zweifelsfall hat die Vertrauensperson jedoch Stillschweigen zu wahren (GK-SchwbG-*Schimanski*, a.a.O.).   53

Ziff. 2 bezieht sich auf die Geheimhaltung von Betriebs- und Geschäftsgeheimnissen und damit auf das Verhältnis von Schwerbehindertenvertretung und Arbeitgeber. Voraussetzung ist zunächst, dass es sich um **objektiv feststellbare Betriebs- und Geschäftsgeheimnisse** handelt. Der Arbeitgeber muss ein **berechtigtes Interesse** an ihrer Geheimhaltung haben. Es reicht nicht, dass der Arbeitgeber eine Angelegenheit allein durch deren Bezeichnung zum Betriebs- oder Geschäftsgeheimnis erklärt (FKHE, BetrVG, § 79 RdNr. 3; DKK-*Buschmann*, BetrVG, § 79 RdNr. 6, 6 a). **Beispiele** sind etwa Kunden-   54 listen, Kalkulationsunterlagen, Produktbestandteile, Liquidität des Unternehmens, Absatzplanung oder Diensterfindungen (weitere Beispiele: FKHE, BetrVG, § 79 RdNr. 4, DKK-*Buschmann*, BetrVG, § 79 RdNr. 9), nicht aber Entlassungspläne (*Masuch* in Hauck/Noftz, SGB IX, K § 96 RdNr. 41) oder beabsichtigte Betriebsänderungen. Geheimhaltungsbedürftig sind betriebliche oder geschäftliche Umstände allerdings nur dann, wenn vom **Arbeitgeber ausdrücklich darauf hingewiesen** wird, dass sie vertraulich sind. Dies muss nicht in einer bestimmten Form geschehen, für die Schwerbehindertenvertretung jedoch klar und unmissverständlich sein (DKK-*Buschmann*, BetrVG, § 79 RdNr. 11; FKHE, BetrVG, § 79 RdNr. 5).

55   Die Vertrauensperson darf die vertrauliche Information des Arbeitgebers **nicht offenbaren und verwerten**. Dies bedeutet, dass sie nicht an unberechtigte Dritte weitergegeben werden darf. Sie darf außerdem nicht zu eigenen wirtschaftlichen Zwecken ausgenutzt werden.

56   Die Verschwiegenheitspflicht wirkt auch noch **über das Ende der Amtszeit** hinaus. Grundsätzlich gilt sie auch **gegenüber jedermann**. Hiervon gibt es jedoch **Ausnahmen**: Abs. 7 S. 3 nennt selbst eine Reihe von **Behörden** wie die Bundesanstalt für Arbeit, die Integrationsämter und die Rehabilitationsträger, gegenüber denen der Geheimnisschutz nicht gilt. Eine Offenbarungspflicht besteht jedoch nur eingeschränkt, nämlich nur insoweit die Informationsweitergabe zur Aufgabenerfüllung dieser Behörden im Einzelfall geeignet und erforderlich ist. Auch gegenüber den **Stufenvertretungen** gemäß § 97 besteht keine Verschwiegenheitspflicht, da deren Vertrauenspersonen selbst gemäß § 97 Abs. 7 i.V. mit § 96 Abs. 7 wiederum der Schweigepflicht unterliegen. Das Gleiche gilt für die Mitglieder der betrieblichen **Interessenvertretungen** wie Personal-, Betriebs-, Richter-, Staatsanwalts- oder Präsidialrats sowie für Personen, die etwa als Sachverständige, sachkundige Arbeitnehmer, Vertreter von Gewerkschaften oder Arbeitgeberverbänden berechtigt an Sitzungen der betrieblichen Interessenvertretung teilnehmen. Auch diese Personen unterliegen ihrerseits gemäß § 79 BetrVG und § 10 BPersVG der Schweigepflicht. Handelt es sich allerdings um persönliche Umstände, die ein Beschäftigter der Vertrauensperson anvertraut hat, hat diese Geheimhaltung auch gegenüber Mitgliedern der betrieblichen Interessenvertretung zu wahren, es sei denn der Betroffene hat der Offenbarung ausdrücklich zugestimmt (GK-SchwbG-*Schimanski*, § 26 RdNr. 163; *Neumann/Pahlen*, SGB IX, § 96 SchwbG RdNr. 20; *Masuch* in Hauck/Noftz, SGB IX, K § 96 RdNr. 44).

VIII. Kosten der Amtsführung (Abs. 8)

Gemäß Abs. 8 trägt der Arbeitgeber die durch die Tätigkeit der 57
Schwerbehindertenvertretung entstehenden Kosten. Entsprechende
Regelungen enthalten auch § 40 BetrVG und § 44 Abs. 1 BPersVG. Der
Arbeitgeber hat der Schwerbehindertenvertretung die Kosten zu er-
statten, die für eine **pflichtgemäße Aufgabenerfüllung erforderlich** sind (DKK-*Wedde*, BetrVG, § 40 RdNr. 3; FKHE, BetrVG, § 40
RdNr. 9). Dazu gehören die **Kosten für die laufende Geschäftsführung** wie etwa Telefon- und Portogebühren, Kosten für die Anschaf-
fung von Gesetzestexten und mindestens einem Kommentar zum
SGB IX nach Wahl der Vertrauensperson (*Neumann/Pahlen*, SGB IX,
§ 96 RdNr. 23; *Cramer*, SchwbG, § 26 RdNr. 16) sowie **Fahrt- oder
Reisekosten** der Vertrauensperson (BAG U. v. 28. 4. 88 NZA 1988,
701).

Zu den zu erstattenden Aufwendungen gehören auch **Gerichts-** 58
und Rechtsanwaltskosten, die aufgrund von Streitigkeiten über
Rechte der Schwerbehindertenvertretung gegenüber dem Arbeitgeber entstehen. Ob die Schwerbehindertenvertretung im Verfahren
obsiegt oder unterlegen ist, ist für die Kostenerstattung unerheblich.
Die Rechtsverfolgung darf nur nicht offensichtlich aussichtslos oder
mutwillig sein (BAG Beschl. v. 19. 4. 89 AP Nr. 29 zu § 40 BetrVG,
ständige Rechtsprechung; DKK-*Wedde*, BetrVG, § 40 RdNr. 25). Anwaltskosten, die im Rahmen eines **Zustimmungsersetzungsverfahren** der Vertrauensperson gemäß § 103 BetrVG entstehen, soweit
sie selbst gekündigt worden ist, müssen vom Arbeitgeber nicht ersetzt
werden (allerdings wohl im Falle des Obsiegens im gleichen Umfang
wie im entsprechenden Kündigungsschutzprozess: BAG Beschl. v.
21. 1. 1990 AP Nr. 28 zu § 103 BetrVG).

Die Kostenerstattungspflicht des Arbeitgebers gilt auch für entstan- 59
dene Schulungskosten der Vertrauensperson und des stellvertretenden
Mitglieds soweit deren Teilnahme erforderlich war (siehe dazu
RdNr. 36 ff.).

IX. Sachmittel (Abs. 9)

Die Schwerbehindertenvertretung hat keinen Anspruch auf eigene 60
Räume und eigenes Büropersonal. Ihr steht lediglich ein **Mitbenutzungsrecht** für die der betrieblichen Interessenvertretung zur Verfügung gestellten Sachmittel zu. Diese kann jedenfalls einen funktions-
gerechten Büroraum, ein sog. Schwarzes Brett, Telefon, Telefax und
Kopiergerät (zumindest Mitbenutzung), Zurverfügungstellung von
Büropersonal und ggf. einen PC verlangen (siehe im Einzelnen FKHE,

BetrVG, § 40 RdNr. 80 ff. und DKK-*Wedde*, BetrVG, § 40 RdNr. 89 ff). Wenn der Gesetzgeber nur ein Mitbenutzungsrecht einräumt, geht er davon aus, dass **Schwerbehindertenvertretung und betriebliche Interessenvertretung sich über die Nutzungsrechte verständigen** und entsprechend der Regelung des § 99 zusammenarbeiten und sich gegenseitig unterstützen. Die betriebliche Interessenvertretung wird sich daher mit der Schwerbehindertenvertretung etwa über die Abhaltung von Sprechstunden oder Verwaltungstätigkeit im gemeinsam zu nutzenden Raum einigen, ihr einen **abschließbaren Schrank** für aufzubewahrende Materialien zur Verfügung stellen und ihr **Platz für Nachrichten am Schwarzen Brett** einräumen müssen. Mögliche Streitigkeiten werden zwischen der Schwerbehindertenvertretung und der betrieblichen Interessenvertretung im **Beschlussverfahren** vor dem Arbeitsgericht oder Verwaltungsgericht ausgetragen. Der Arbeitgeber wird nur ausnahmsweise, etwa, wenn ansonsten die Vertraulichkeit im Verhältnis zu den Schwerbehinderten nicht gewahrt werden kann oder die Räumlichkeiten und Sachmittel nicht ausreichen und daher eine ordnungsgemäße Amtsführung nicht möglich ist, einen eigenen Raum und eigene Sachmittel zur Verfügung stellen müssen (GK-SchwbG-*Schimanski*, § 26 RdNr. 188 f.; *Masuch* in Hauck/Noftz, SGB IX, K § 96 RdNr. 17).

X. Rechtsstreitigkeiten

61   Vor welchen Gerichten und in welchem Verfahren Streitigkeiten zwischen Arbeitgeber und Schwerbehindertenvertretung auszutragen sind war streitig, ist durch die Rechtsprechung des BAG aber inzwischen geklärt (BAG U. v. 21. 9. 89 NZA 1990, 362). Danach sind Streitigkeiten über die Rechte und Pflichten der Schwerbehindertenvertretung, soweit es sich um deren Beteiligungsrechte im weitesten Sinne gegenüber dem Arbeitgeber, der Dienststelle oder anderen Organen der Betriebsverfassung handelt, im Beschlussverfahren zu entscheiden. Seit der **Neuregelung des § 2 a Abs. 1 Nr. 3 a ArbGG** ist dies auch gesetzlich klargestellt. Allerdings wird **§ 96 in der Regelung des ArbGG nicht erwähnt**. Daraus kann jedoch nicht geschlossen werden, dass Streitigkeiten zwischen der Schwerbehindertenvertretung und dem Arbeitgeber um Ansprüche aus § 96 generell nicht im Beschlussverfahren zu entscheiden sind. Es ist kein Hinweis erkennbar, dass der Gesetzgeber mit der Neufassung des § 2 a Abs. 1 Nr. 3 a ArbGG die bis dahin bestehende Rechtslage ändern wollte (LAG Köln U. v. 5. 7. 2001 AP Nr. 3 zu § 26 SchwbG 1986).

62   Dementsprechend gilt für Rechtsstreitigkeiten im Rahmen des § 96 folgendes: Streitigkeiten über die **Unterlassung einer Störung, Behinderung, Benachteiligung oder Begünstigung** der Amts-

tätigkeit sind im arbeitsrechtlichen **Beschlussverfahren** durchzuführen. Allerdings ist der Antrag nur zulässig, wenn die Unterlassung eines konkret benannten Verhaltens gefordert wird (FKHE, BetrVG, § 78 RdNr. 22). Hiervon zu unterscheiden ist, dass die Vertrauensperson sich auf das Benachteiligungsverbot stützt und vorträgt, ohne die Übernahme des Amtes der Schwerbehindertenvertretung hätte sie eine bestimmte berufliche Entwicklung genommen und daher stünde ihr ein Arbeitsentgelt entsprechend einer bestimmten betrieblichen Arbeitsstelle zu. Hier ist im Urteilsverfahren zu entscheiden (z.B. BAG U. v. 11.12.91 NZA 1993, 909).

Streitigkeiten über die **Fortzahlung des Arbeitsentgelts** während 63 der Amtstätigkeit, während der generellen Freistellung oder während der Dauer einer Schulungsmaßnahme gemäß Abs. 4, über die Gewährung von **Freizeitausgleich** gemäß Abs. 6 oder die Teilnahme an Berufsbildungsmaßnahmen nach Abs. 5 sind im Urteilsverfahren zu entscheiden (*Cramer*, SchwbG, § 26 RdNr. 23; DKK-*Wedde*, BetrVG, § 37 RdNr. 160 f und § 38 RdNr. 83; FKHE, BetrVG, § 37, RdNr. 204 und § 38 RdNr. 109).

Für Streitigkeiten über die Erstattung von Kosten für die Amtsfüh- 64 rung und Schulungskosten (wie etwa Reise-, Verpflegungs-, Übernachtungs- und anteilige Referentenkosten) gemäß Abs. 8 ist das Beschlussverfahren die richtige Verfahrensart (*Cramer*, SchwbG, § 26 RdNr. 23; FKHE, BetrVG, § 37 RdNr. 206, § 40 RdNr. 109 f.; DKK-*Wedde*, BetrVG, § 37 RdNr. 160 und § 40 RdNr. 123).

Je nachdem, ob die Schwerbehindertenvertretung in einer Dienst- 65 stelle im öffentlich-rechtlichen Bereich oder im Betrieb eines privaten Arbeitgebers gebildet ist, ist für Rechtsstreitigkeiten die Verwaltungsgerichtsbarkeit oder die Arbeitsgerichtsbarkeit zuständig (siehe auch Erläuterungen zu § 95 RdNr. 70 f.).

Konzern-, Gesamt-, Bezirks- und Hauptschwerbehindertenvertretung

97 (1) ¹Ist für mehrere Betriebe eines Arbeitgebers ein Gesamtbetriebsrat oder für den Geschäftsbereich mehrerer Dienststellen ein Gesamtpersonalrat errichtet, wählen die Schwerbehindertenvertretungen der einzelnen Betriebe oder Dienststellen eine Gesamtschwerbehindertenvertretung. ²Ist eine Schwerbehindertenvertretung nur in einem der Betriebe oder in einer der Dienststellen gewählt, nimmt sie die Rechte und Pflichten der Gesamtschwerbehindertenvertretung wahr.

(2) ¹Ist für mehrere Unternehmen ein Konzernbetriebsrat errichtet, wählen die Gesamtschwerbehindertenvertretungen eine Konzernschwerbehindertenvertretung. ²Besteht ein Konzernunternehmen nur aus einem Betrieb, für den eine Schwerbehindertenvertretung ge-

wählt ist, hat sie das Wahlrecht wie eine Gesamtschwerbehindertenvertretung.

(3) [1]Für den Geschäftsbereich mehrstufiger Verwaltungen, bei
denen ein Bezirks- oder Hauptpersonalrat gebildet ist, gilt Absatz 1
sinngemäß mit der Maßgabe, dass bei den Mittelbehörden von deren
Schwerbehindertenvertretung und den Schwerbehindertenvertretungen der nachgeordneten Dienststellen eine Bezirksschwerbehindertenvertretung zu wählen ist. [2]Bei den obersten Dienstbehörden ist von
deren Schwerbehindertenvertretung und den Bezirksschwerbehindertenvertretungen des Geschäftsbereichs eine Hauptschwerbehindertenvertretung zu wählen; ist die Zahl der Bezirksschwerbehindertenvertretungen niedriger als zehn, sind auch die Schwerbehindertenvertretungen der nachgeordneten Dienststellen wahlberechtigt.

(4) [1]Für Gerichte eines Zweiges der Gerichtsbarkeit, für die ein Be-
zirks- oder Hauptrichterrat gebildet ist, gilt Absatz 3 entsprechend.
[2]Sind in einem Zweig der Gerichtsbarkeit bei den Gerichten der Länder mehrere Schwerbehindertenvertretungen nach § 94 zu wählen
und ist in diesem Zweig kein Hauptrichterrat gebildet, ist in entsprechender Anwendung von Absatz 3 eine Hauptschwerbehindertenvertretung zu wählen. [3]Die Hauptschwerbehindertenvertretung nimmt
die Aufgabe der Schwerbehindertenvertretung gegenüber dem Präsidialrat wahr.

(5) Für jede Vertrauensperson, die nach den Absätzen 1 bis 4 neu
zu wählen ist, wird wenigstens ein stellvertretendes Mitglied gewählt.

(6) [1]Die Gesamtschwerbehindertenvertretung vertritt die Interessen der schwerbehinderten Menschen in Angelegenheiten, die das
Gesamtunternehmen oder mehrere Betriebe oder Dienststellen des
Arbeitgebers betreffen und von den Schwerbehindertenvertretungen
der einzelnen Betriebe oder Dienststellen nicht geregelt werden können, sowie die Interessen der schwerbehinderten Menschen, die in
einem Betrieb oder einer Dienststelle tätig sind, für die eine Schwerbehindertenvertretung nicht gewählt ist. [2]Satz 1 gilt entsprechend für
die Konzern-, Bezirks- und Hauptschwerbehindertenvertretung sowie für die Schwerbehindertenvertretung der obersten Dienstbehörde, wenn bei einer mehrstufigen Verwaltung Stufenvertretungen
nicht gewählt sind. [3]Die nach Satz 2 zuständige Schwerbehindertenvertretung ist auch in persönlichen Angelegenheiten schwerbehinderter Menschen, über die eine übergeordnete Dienststelle entscheidet,
zuständig; sie gibt der Schwerbehindertenvertretung der Dienststelle,
die den schwerbehinderten Menschen beschäftigt, Gelegenheit zur
Äußerung. [4]Satz 3 gilt nicht in den Fällen, in denen der Personalrat
der Beschäftigungsbehörde zu beteiligen ist.

(7) § 94 Abs. 3 bis 7, § 95 Abs. 1 Satz 4, Abs. 2, 4, 5 und 7 und § 96 gelten entsprechend, § 94 Abs. 5 mit der Maßgabe, dass die Wahl der Gesamt- und Bezirksschwerbehindertenvertretungen in der Zeit vom 1. Dezember bis 31. Januar, die der Konzern- und Hauptschwerbehindertenvertretungen in der Zeit vom 1. Februar bis 31. März stattfindet.

(8) § 95 Abs. 6 gilt für die Durchführung von Versammlungen der Vertrauens- und der Bezirksvertrauenspersonen durch die Gesamt-, Bezirks- oder Hauptschwerbehindertenvertretung entsprechend.

Übersicht

I. Allgemeines

Die Vorschrift regelt in Parallele zum Betriebsverfassungs- und Per- 1
sonalvertretungsrecht die Wahl von Stufenvertretungen, die auf den verschiedenen hierarchischen Ebenen der privaten Unternehmen und der Dienststellen des öffentlichen Dienstes die Interessenvertretung schwerbehinderter Menschen sicherstellen sollen. Im Wesentlichen entspricht die Vorschrift der Regelung des § 27 SchwbG vom 26. 8. 1986. Durch das am 1. 10. 2000 in Kraft getretene Gesetz zur Bekämpfung der Arbeitslosigkeit Schwerbehinderter vom 29. 9. 2000 (SchwBAG) ist die Wahl einer **Konzernschwerbehindertenvertretung** eingeführt worden. Mit dem Gesetz zur Gleichstellung behinderter Menschen und zur Änderung anderer Gesetze vom 27. 4. 02 (BGBl. I S. 1467) ist die bisher offensichtlich unrichtige Verweisung in § 97 Abs. 4 Sätze 1 und 2 und Abs. 5 korrigiert worden.

II. Gesamtschwerbehindertenvertretung (Abs. 1)

Gemäß § 47 Abs. 1 BetrVG wird ein Gesamtbetriebsrat errichtet, 2
wenn ein Unternehmen mehrere Betriebsräte hat. § 55 i.V. mit § 6 Abs. 3 BPersV sieht die Bildung eines Gesamtpersonalrates in Behörden

mit Nebenstellen und Teilen einer Dienststelle, die räumlich weit von dieser entfernt sind, vor. In Abhängigkeit dazu regelt Abs. 1, dass immer dann, wenn ein **Gesamtbetriebsrat oder Gesamtpersonalrat besteht**, auch eine Gesamtschwerbehindertenvertretung zu wählen ist. Dies ist zwingend. Auf diese Weise soll sichergestellt werden, dass die Interessen der Schwerbehinderten auch in diesen Beteiligungsgremien berücksichtigt werden. Entsprechend enthält § 52 BetrVG das Recht der Gesamtschwerbehindertenvertretung, an den **Sitzungen des Gesamtbetriebsrates** teilzunehmen.

3   Die Gesamtschwerbehindertenvertretung muss gewählt werden, wenn zum Wahlzeitpunkt ein Gesamtbetriebsrat bzw. Gesamtpersonalrat errichtet ist. Sie besteht auch weiter, wenn vorübergehend etwa durch Ablauf der Amtszeit der einzelnen Betriebs- oder Personalräte kein Gesamtbetriebsrat oder Gesamtpersonalrat besteht.

4   **Gewählt** wird die Gesamtschwerbehindertenvertretung von den **Vertrauenspersonen der einzelnen Schwerbehindertenvertretungen**. Es besteht kein Urwahlrecht aller schwerbehinderten Menschen aus den einzelnen Betrieben oder Dienststellen.

5   In Abs. 1 S. 2 ist der Sonderfall geregelt, dass im Unternehmen oder in beteiligten Dienststellen **nur in einem Betrieb** oder einer **Dienststelle eine Schwerbehindertenvertretung** besteht. In diesem Fall kann die Wahl einer Gesamtschwerbehindertenvertretung nicht stattfinden. Deshalb übernimmt die **örtliche Schwerbehindertenvertretung** ausnahmsweise eine **Doppelfunktion**. Sie nimmt auch die Aufgaben der Gesamtschwerbehindertenvertretung für alle Betriebe des Unternehmens bzw. Dienststellen, für die ein Gesamtbetriebsrat bzw. Gesamtpersonalrat gebildet ist, wahr. Dies ist erforderlich, damit eine „Vertretungslücke" vermieden wird und eine Interessenvertretung auch auf Unternehmensebene sichergestellt ist. In diesem Fall nimmt die örtliche Schwerbehindertenvertretung an den Sitzungen des Gesamtbetriebsrates und Gesamtpersonalrates teil.

III. Konzernschwerbehindertenvertretung (Abs. 2)

6   Während die Errichtung eines Konzernbetriebsrates in § 54 BetrVG in privaten Unternehmen nicht obligatorisch ist, ist die Wahl einer Konzernschwerbehindertenvertretung **zwingend, wenn ein Konzernbetriebsrat besteht**. Die Regelung ist neu durch das am 1. 10. 2000 in Kraft getretene Gesetz zur Bekämpfung der Arbeitslosigkeit Schwerbehinderter eingeführt worden. Es soll damit die Interessenvertretung schwerbehinderter Menschen auch auf Konzernebene sichergestellt werden. Die Konzernschwerbehindertenvertretung hat gemäß § 59a BetrVG ausdrücklich das Recht, an allen Sitzungen des Konzernbetriebsrates mit beratender Stimme teilzunehmen.

Gewählt wird die Konzernschwerbehindertenvertretung von den **7**
Vertrauenspersonen der einzelnen Gesamtschwerbehinderten-
vertretungen. In Abs. 2 S. 2 ist der Sonderfall geregelt, dass ein Konzernunternehmen nur aus einem Betrieb besteht und in diesem Betrieb
eine Schwerbehindertenvertretung gewählt ist. Dann ist die Vertrauensperson dieser Schwerbehindertenvertretung wahlberechtigt für die
Wahl der Konzernschwerbehindertenvertretung. Das Gleiche gilt,
wenn sich ein Konzernunternehmen zwar aus mehreren Betrieben zusammensetzt, jedoch nur in einem Betrieb eine Schwerbehindertenvertretung gewählt ist. Dann nimmt diese Schwerbehindertenvertretung bereits gemäß Abs. 1 S. 2 die Funktion der Gesamtschwerbehindertenvertretung wahr und ist in dieser Funktion auch wahlberechtigt.

IV. Bezirks- und Hauptschwerbehindertenvertretung
(Abs. 3)

Bezirksschwerbehindertenvertretung und Hauptschwerbehinder- **8**
tenvertretung betreffen den **öffentlichen Dienst** und sind da zu wählen, wo im mehrstufigen Verwaltungsaufbau entsprechend auf der
Ebene der Mittelbehörden (z.B. Bezirksregierungen des Landes) **Be-**
zirkspersonalräte und auf der Ebene der obersten Behörde (z.B. Innenministerium des Landes) ein **Hauptpersonalrat** gebildet sind.
Beispiele für den dreistufigen Verwaltungsaufbau sind etwa die Bundesanstalt für Arbeit, die Landesarbeitsämter und die Arbeitsämter.
Mit der Wahl der entsprechenden Schwerbehindertenvertretungen auf
Stufenebene soll die Interessenvertretung der schwerbehinderten Menschen auf der jeweils höheren Stufe gewährleistet werden. **Gewählt**
wird die **Bezirksschwerbehindertenvertretung** durch die jeweiligen Schwerbehindertenvertretungen der unteren Behörden (im Beispiel die Schwerbehindertenvertretungen der einzelnen Arbeitsämter)
gemeinsam mit der Schwerbehindertenvertretung der Mittelbehörde
(im Beispiel die Schwerbehindertenvertretung des Landesarbeitsamtes). Eine Urwahl aller schwerbehinderten Beschäftigten der beteiligten Unter- und Mittelbehörden findet auch hier nicht statt. Falls im
Geschäftsbereich des Bezirkspersonalrats nur eine Schwerbehindertenvertretung besteht, so gilt § 97 Abs. 1 S. 2 entsprechend. Diese Schwerbehindertenvertretung nimmt dann gleichzeitig die Aufgaben der Bezirksschwerbehindertenvertretung wahr.

Die **Hauptschwerbehindertenvertretung** wird durch die **9**
Schwerbehindertenvertretung der obersten Behörde (im Beispiel die
Schwerbehindertenvertretung der Bundesanstalt für Arbeit) und den
jeweiligen Bezirksschwerbehindertenvertretungen (im Beispiel die
Bezirksschwerbehindertenvertretungen der Landesarbeitsämter) ge-

wählt. Einen Sonderfall regelt Abs. 3 S. 2. letzter Hs.. Erreicht die Zahl der Bezirksschwerbehindertenvertretungen nicht 10, so wählen auch die Schwerbehindertenvertretungen der nachgeordneten Behörden, also der unteren Behörden, mit. Problematisch ist die Wahlberechtigung der Bezirksschwerbehindertenvertretungen bei sog. **Bündelungsbehörden**, die in fachlicher Hinsicht mehreren Ressorts der obersten Dienstbehörde unterstellt sind. Dazu hat das BVerwG in Bezug auf die **Wahlberechtigung** der Bezirksschwerbehindertenvertretungen der Bezirksregierungen (Mittelbehörden) im Land NW entschieden, dass diese nur zur Wahl der Hauptschwerbehindertenvertretung beim Innenminister berechtigt sind und nicht auch zur Wahl der Hauptschwerbehindertenvertretung des Ministeriums für Arbeit, Gesundheit und Soziales, obwohl bei der Bezirksregierung Schwerbehinderte beschäftigt sind, die nicht der Dienstaufsicht des Innenministerium unterfallen. Begründet wird dies damit, dass wahlberechtigt nur die Bezirksschwerbehindertenvertretungen der Mittelbehörden seien, die dem **Geschäftsbereich der jeweiligen obersten Dienstbehörde zugeordnet** sind. Die Bezirksregierungen gehören aber nicht zum Geschäftsbereich des Ministeriums für Arbeit, Gesundheit und Soziales (BVerwG Beschl. v. 2. 6. 87, Buchholz 436.61 § 24 Nr. 2). Da der Gesetzgeber in Kenntnis dieser Rechtsprechung die Regelung in § 97 Abs. 3 S. 2 nicht verändert hat, muss davon ausgegangen werden, dass der Gesetzgeber diese billigt (so auch *Düwell* in LPK-SGB IX § 97 RdNr. 10).

V. Bezirksschwerbehindertenvertretung und Hauptschwerbehindertenvertretung der Richter (Abs. 4)

10 Auch in der Gerichtsbarkeit werden in Abhängigkeit vom Bestehen von Bezirks- und Hauptrichterräten Schwerbehindertenvertretungen auf den jeweiligen Instanzebenen eines Gerichtszweiges gebildet. Eine Bezirksschwerbehindertenvertretung würde von den jeweiligen Schwerbehindertenvertretungen an den Gerichten 1. Instanz (etwa den Amts- und Landgerichten) und der Schwerbehindertenvertretung des jeweiligen Gerichtes 2. Instanz (z.B. Oberlandesgericht) gewählt. Auch hier gilt Abs. 1 S. 2 entsprechend, dass beim Bestehen nur einer Schwerbehindertenvertretung an den beteiligten Gerichten 1. und 2. Instanz diese auch die Aufgaben der Bezirksschwerbehindertenvertretung wahrnimmt.

11 Die richterlichen Bezirksschwerbehindertenvertretungen wählen gemeinsam mit der Schwerbehindertenvertretung auf der **Ebene des Landesministeriums** die **Hauptschwerbehindertenvertretung**. Eine solche wird ausnahmsweise auch dann gebildet, wenn kein Hauptrichterrat besteht. Voraussetzung ist, dass im Zweig der Gerichts-

barkeit der Länder mehrere Schwerbehindertenvertretungen gewählt sind. Dies hat deshalb eine **besondere Bedeutung**, weil die Hauptschwerbehindertenvertretung bei personellen Angelegenheiten, etwa Beförderungen von Richtern, im zuständigen Mitwirkungsorgan, dem **Präsidialrat**, die Interessen der schwerbehinderten Richter vertritt. Die Vertrauensperson der Hauptschwerbehindertenvertretung hat dann das Recht, an den Sitzungen des Präsidialrates der jeweiligen Gerichtsbarkeit auf Landesebene teilzunehmen.

Bei den **Bundesgerichten** nimmt die Schwerbehindertenvertretung des jeweiligen Gerichtszweiges die Aufgaben gegenüber dem Präsidialrat wahr.

In der Gerichtsbarkeit besteht die Besonderheit, dass bei der Wahl **12** der Vertrauenspersonen auch für die Bezirksschwerbehindertenvertretung und die Hauptschwerbehindertenvertretung **nur Richter** gewählt werden können.

VI. Stellvertretung

Auch für die Gesamt-Konzern-Bezirks- und Hauptschwerbehinder- **13** tenvertretung sind jeweils stellvertretende Mitglieder zu wählen, damit die Funktionsfähigkeit des Amtes auch auf der Ebene der Stufenvertretungen im Falle der Verhinderung der Vertrauensperson gewahrt bleibt. Unter den Voraussetzungen des § 95 Abs. 1 S. 4 kann das stellvertretende Mitglied einer Stufenvertretung mit der höchsten Stimmenzahl über die Verweisung in Abs. 7 S. 1 auch **für bestimmte Aufgaben herangezogen werden**. Diese Verweisung war im SchwbG in der Fassung der Bekanntmachung vom 26. 8. 1986 noch nicht enthalten. Sie ist erst mit dem am 1. 10. 2000 in Kraft getretenen Gesetz zur Bekämpfung der Arbeitslosigkeit Schwerbehinderter aufgenommen worden.

Über die **Anzahl der stellvertretenden Mitglieder** entscheidet **14** gemäß § 22 Abs. 3 S. 2 i.V. mit § 20 Abs. 2 S. 1 SchwbVWO die Wahlversammlung der wahlberechtigten Vertrauenspersonen. Dies gilt gemäß § 27 i.V. mit § 25 Abs. 1 SchwbVWO auch für die Gerichtsbarkeit. Scheidet die Vertrauensperson einer Stufenvertretung aus, rückt das stellvertretende Mitglied mit der höchsten Stimmenzahl nach.

VII. Aufgaben (Abs. 6)

Die Aufgaben der Stufenvertretungen sind keine anderen, als sie **15** auch die Schwerbehindertenvertretungen auf der Ebene der Betriebe und Dienststellen wahrnehmen. Dies ergibt sich aus der Verweisung des Abs. 7 auf § 95 Abs. 2 bis 5. Abs. 6 regelt die **Verteilung der Zu-**

ständigkeiten zwischen den Schwerbehindertenvertretungen auf der Ebene des Betriebes oder der Dienststelle und den jeweiligen Schwerbehindertenvertretungen der höheren Ebenen in der Unternehmenshierarchie bzw. im mehrstufigen Verwaltungsaufbau. Die Vorschrift ist der Regelung zum Aufgabenbereich des Gesamt- und Konzernbetriebsrates in den §§ 50 und 58 BetrVG nachgebildet. Die Aufgabenabgrenzung erfolgt in der Weise, dass die jeweilige Stufenvertretung nur für Angelegenheiten ihrer Stufe tätig werden darf. Bei der Gesamt-, Bezirks- oder Hauptschwerbehindertenvertretung muss es sich also um Aufgaben handeln, die das **Gesamtunternehmen** oder **mehrere Betriebe oder Dienststellen betreffen**. Im Falle der Zuständigkeit Konzernschwerbehindertenvertretung muss es sich um Angelegenheiten des Konzerns oder mehrerer Konzernunternehmen handeln. Es gilt außerdem das **Subsidiaritätsprinzip**. Die Stufenvertretungen dürfen darüber hinaus nur tätig werden, wenn die Angelegenheit von den unteren Schwerbehindertenvertretungen nicht geregelt werden können. Dies ist nach h.M. nicht nur bei objektiver Unmöglichkeit zu bejahen, sondern auch dann, wenn ein zwingendes Erfordernis für eine betriebs-, dienststellen- oder unternehmensübergreifende einheitliche Regelung besteht (BAG Beschl. v. 6. 12. 88 NZA 1989, 478; FKHE, BetrVG, § 50, RdNr. 20 f.; GK SchwbG-*Schimanski*, § 27 RdNr. 43; kritisch dazu: DKK-*Trittin*, BetrVG, § 50 RdNr. 24 ff.). Die **Abgrenzung der Aufgaben** der einzelnen Schwerbehindertenvertretung hat sich daran zu orientieren, wie die **Kompetenzen zwischen Gesamt- und Konzernbetriebsrat bzw. Bezirks- und Hauptpersonalrat** abgegrenzt werden. Wenn die Angelegenheit in den Kompetenzbereich dieser Vertretungen fällt, gilt dies auch für die jeweilige Vertretung der Schwerbehinderten, da nur dann sicher gestellt ist, dass deren besondere Interessen auch auf allen Ebenen der Unternehmenshierarchie und im Verwaltungsaufbau Beachtung finden. Die Vertrauenspersonen der Gesamt-, Konzern-, Bezirks- und Hauptschwerbehindertenvertretung sind berechtigt, an den **Sitzungen** der betrieblichen und dienstlichen Interessenvertretung und ihren **Ausschüssen auf der jeweiligen Stufe** mit beratender Stimme teilzunehmen und haben hierbei auch das Recht, gemäß Abs. 7 i.V. mit § 95 Abs. 4 die Aussetzung von Beschlüssen zu verlangen.

16   Ausnahmsweise nimmt die Gesamtschwerbehindertenvertretung die Aufgaben der örtlichen Schwerbehindertenvertretung wahr, wenn in einem Betrieb oder einer Dienststelle keine Schwerbehindertenvertretung gewählt ist, etwa, weil die Zahl von mindestens 5 Schwerbehinderten nicht erreicht ist. Das Gleiche gilt für die nächst höheren Stufenvertretungen. Die Konzernschwerbehindertenvertretung nimmt also gleichzeitig die Aufgaben der Gesamtschwerbehindertenvertretung in einem Unternehmen des Konzerns wahr, in der keine Gesamtschwerbehindertenvertretung gewählt ist. Entsprechen-

des gilt für die Hauptschwerbehindertenvertretung, wenn keine
Bezirksschwerbehindertenvertretung besteht. Ist die **Gesamtschwerbehindertenvertretung** auch **als Schwerbehindertenvertretung
tätig**, hat dies eine besondere Bedeutung für alle personellen Angelegenheiten, da ihr sämtliche **Beteiligungsrechte gemäß § 95** zustehen. Sie kann deshalb in ihrer Rolle als örtliche Schwerbehindertenvertretung z. B. hinzugezogen werden bei der Anhörung vor Ausspruch
einer Kündigung gemäß § 95 Abs. 2 (BAG U. v. 28. 7. 83 DB 1984, 133),
zur Unterstützung bei Anträgen auf Anerkennung als Schwerbehinderter gemäß § 95 Abs. 1 S. 3 und bei der Einsicht in die Personalakte
gemäß § 95 Abs. 3, was sie in ihrer Funktion als Gesamtschwerbehindertenvertretung gemäß Abs. 7 nicht könnte.

Abs. 6 S. 3 stellt klar, dass die **nächst höhere Stufenvertretung** 17
und nicht die örtliche Schwerbehindertenvertretung die Interessen der
Schwerbehinderten vertritt, über deren **persönliche Angelegenheiten** (z. B. Beförderung) eine **übergeordnete Dienststelle entscheidet**. Vor der Entscheidung der übergeordneten Dienststelle ist daher
die Stufenvertretung gemäß § 95 Abs. 2 zu beteiligen. Diese ist allerdings verpflichtet, vor Abgabe ihrer Stellungnahme sich mit der
Schwerbehindertenvertretung der Dienststelle, in der der Schwerbehinderte beschäftigt ist, in Verbindung zu setzen und deren Meinung
zu hören. Dies soll sicherstellen, dass weder partikulare Interessen einer
Dienststelle noch nur übergeordnete Interessen Berücksichtigung finden. Ist jedoch nach den jeweiligen Landespersonalvertretungsgesetzen
(etwa in **Hessen** und **Niedersachsen**) vorgesehen, dass auch im Falle
der Entscheidung der übergeordneten Dienstbehörde der Personalrat
der Beschäftigungsbehörde zu beteiligen ist, soll dies entsprechend
gemäß Abs. 6 S. 4 auch für die Zuständigkeit der Schwerbehindertenvertretung gelten. Zu beteiligen ist dann ebenfalls die Schwerbehindertenvertretung der Beschäftigungsbehörde. Dadurch soll erreicht
werden, dass für personelle Angelegenheiten, die Schwerbehinderte
betreffen, stets die Interessenvertretungen derselben Stufen beteiligt
werden müssen.

VIII. Wahl und Amtszeit

Aus der Verweisung in Abs. 7 auf § 94 Abs. 3 bis 7 ergibt sich, dass 18
für das Wahlverfahren der Stufenvertretungen die gleichen Grundsätze
wie für die Wahl der Schwerbehindertenvertretungen gelten. Das
aktive Wahlrecht ist abweichend geregelt, da wahlberechtigt nur **Vertrauenspersonen** und nicht die einzelnen Schwerbehinderten in den
Betrieben oder Dienststellen sind. **Wählbar** sind dagegen nicht nur
Vertrauenspersonen, wie sich aus der Verweisung auf die Regelung
zum passiven Wahlrecht in § 94 Abs. 3 ergibt, sondern **jeder Beschäf-**

tigte der Betriebe oder Dienststellen, der zur Vertrauensperson gewählt werden kann. Einzelheiten der Wahl ergeben sich aus der SchwbVWO (§ 22 SchwbVWO). Sind allerdings nur **zwei Vertrauenspersonen wahlberechtigt**, regelt § 22 Abs. 2 SchwbVWO, dass diese im Einvernehmen die entsprechende Stufenvertretung bestimmen. Können sie sich nicht einigen, entscheidet das Los. Gemäß § 22 Abs. 3 SchwbVWO muss auch nicht das förmliche Wahlverfahren mit Bestellung des Wahlvorstandes eingeleitet werden; bei rechtzeitiger Einberufung vor Ablauf der Amtszeit reicht es vielmehr aus, dass eine Versammlung der wahlberechtigten Vertrauenspersonen stattfindet und dort gemäß § 20 SchwbVWO im **vereinfachten Verfahren** die Wahl durchgeführt wird. In der **Gerichtsbarkeit** wird gemäß § 27 SchwbVWO die Wahl der Bezirks- und der Hauptschwerbehindertenvertretung wie diejenige der Schwerbehindertenvertretung der schwerbehinderten Richter und Richterinnen durchgeführt. Wahlberechtigt sind allerdings auch hier nur die Vertrauenspersonen der jeweiligen Schwerbehindertenvertretungen bzw. Bezirksschwerbehindertenvertretungen.

19   Die **Wahlgrundsätze** (geheim und unmittelbar, Mehrheitswahl) sowie die Vorschriften zur Wahlanfechtung, zum Wahlschutz und zu den Wahlkosten gelten für die Stufenvertretungen ebenfalls, wobei die Wahlberechtigten bereits durch ihre Stellung als Vertrauenspersonen geschützt sind. Aus § 22 Abs. 1 S. 1 SchwbVWO i.V. mit dem Klammerzusatz ergibt sich, dass bei der Wahl der höherstufigen Schwerbehindertenvertretungen nur eine **schriftliche Stimmabgabe** gemäß §§ 11, 12 SchwbVWO möglich ist (OVG NW Beschl. v. 19. 4. 93 br 1993, 172 f.).

20   Wie die Schwerbehindertenvertretungen werden auch die Stufenvertretungen **alle vier Jahre gewählt**. Der **Wahlzeitraum** wird gemäß Abs. 7 allerdings **modifiziert**, da erst die Wahl der Vertrauenspersonen, die die Stufenvertretungen wählen, durchgeführt worden sein muss. Entsprechend findet die Wahl der Gesamtschwerbehindertenvertretung und der Bezirksschwerbehindertenvertretung in der Zeit vom 1. 12. bis 31. 1. und die Wahl der Konzernschwerbehindertenvertretung und der Hauptschwerbehindertenvertretung anschließend in der Zeit vom 1. 2 bis 31. 3. statt. Bei der Festlegung des Wahltermins und dem Erlass des Wahlausschreibens ist darauf Rücksicht zu nehmen, dass die Wahlen, aus denen sich der Kreis der aktuell Wahlberechtigten ergibt, tatsächlich schon stattgefunden haben (OVG NW Beschl. v. 19. 4. 93 br 1993, 172 f.).

IX. Persönliche Rechtsstellung

Die Vertrauenspersonen der Stufenvertretungen genießen die glei- 21
che persönliche Rechtsstellung wie die der Schwerbehindertenvertretung der einzelnen Betriebe und Dienststellen. § 96 ist entsprechend
anwendbar. Die Vertrauenspersonen der Stufenvertretungen führen ihr
Amt ebenfalls als Ehrenamt unentgeltlich aus; sie dürfen nicht behindert, benachteiligt oder begünstigt werden. Sie unterliegen dem besonderen Kündigungsschutz, haben das Recht gegen Fortzahlung ihres
bisherigen Entgelts freigestellt zu werden und dürfen von Maßnahmen
der beruflichen Förderung nicht ausgeschlossen werden. Die Kosten,
die durch ihre Amtstätigkeit entstehen, sind ihnen vom Arbeitgeber
gemäß § 96 Abs. 8 zu erstatten.

In diesem Sinne hat das BAG entschieden, dass die **Reisekosten** 22
der Bezirksschwerbehindertenvertretung vom Arbeitgeber ersetzt
werden müssen, wenn die Bezirksvertrauensperson an einer durch die
örtliche Schwerbehindertenvertretung einberufene örtliche Versammlung der Schwerbehinderten teilnimmt (BAG U. v. 28. 4. 88 NZA
1988, 701).

Die Vertrauenspersonen der Stufenvertretungen sind wie die Ver- 23
trauenspersonen der Schwerbehindertenvertretungen zur **Vertraulichkeit** verpflichtet. Da Abs. 7 auch auf § 96 Abs. 4 S. 2 Bezug nimmt,
besteht das Recht der vollständigen **Freistellung** ab einer Zahl von
200 Schwerbehinderten in den beteiligten Betrieben oder Dienststellen. Soweit bereits auf der Ebene eines Betriebes oder einer Dienststelle
die Vertrauensperson freigestellt ist, erscheint es praktisch sinnvoll,
diese Vertrauensperson auch zur Gesamt-, Konzern-, Bezirks- oder
Hauptschwerbehindertenvertretung zu wählen (*Düwell* in LPK-SGB
IX § 97 RdNr. 12). Das Gesetz schließt es jedoch nicht aus, dass eine
weitere Vertrauensperson auf der Ebene der Stufenvertretung ihre Freistellung verlangt.

X. Versammlung (Abs. 8)

Durch die Verweisung auf § 95 Abs. 6 wird klargestellt, dass die 24
jeweilige Stufenvertretung das Recht hat, eine Versammlung der Vertrauenspersonen durchzuführen. Dazu lädt die Gesamt- und Bezirksschwerbehindertenvertretung die Vertrauenspersonen der Schwerbehindertenvertretungen ein und die Hauptschwerbehindertenvertretung
die Vertrauenspersonen der Bezirksschwerbehindertenvertretungen.
Entsprechend der Regelung des § 97 Abs. 3 S. 2 sind bei einer Zahl von
Bezirksschwerbehindertenvertretungen unter 10 auch die Schwerbehindertenvertretungen der nachgeordneten Behörden einzuladen.

25   Nicht erwähnt wird in Abs. 8 die **Konzernschwerbehindertenvertretung**. Auch ihr muss aber das Recht zustehen, die Vertrauenspersonen der Gesamtschwerbehindertenvertretungen zu einer Versammlung einzuladen (so auch *Masuch* in Hauck/Noftz, SGB IX, K
§ 97 RdNr. 18).

Beauftragter des Arbeitgebers

98   [1]Der Arbeitgeber bestellt einen Beauftragten, der ihn in Angelegenheiten schwerbehinderter Menschen verantwortlich vertritt;
falls erforderlich, können mehrere Beauftragte bestellt werden. [2]Der
Beauftragte soll nach Möglichkeit selbst ein schwerbehinderter Mensch
sein. [3]Der Beauftragte achtet vor allem darauf, dass dem Arbeitgeber
obliegende Verpflichtungen erfüllt werden.

I. Allgemeines

1   Die Vorgängerregelung des § 28 SchwbG ist durch das am
1. 10. 2000 in Kraft getretene Gesetz zur Bekämpfung der Arbeitslosigkeit Schwerbehinderter vom 29. 9. 2000 (BGBl. I S. 1394) in S. 1
SchwbG um die **verantwortliche** Vertretung ergänzend worden. Weiterhin ist in § 28 S. 2 bestimmt worden, dass der Beauftragte nach
Möglichkeit selbst schwerbehindert sein sollte. Diese Fassung des § 28
SchwbG ist dann im Wesentlichen in § 98 übernommen worden. Die
Bestellung eines Beauftragten kannte bereits das SchwBeschädG von
1920. Die Regelung wurde von sämtlichen nachfolgenden Vorschriften im wesentlichen unverändert fortgeschrieben.

2   Sinn und Zweck der gesetzlich vorgeschriebenen Bestellung eines
Beauftragten auf Arbeitgeberseite ist es, für die Schwerbehinderten im
Betrieb oder Dienststelle, für die Schwerbehindertenvertretung und
gegenüber den zuständigen Behörden wie dem Arbeitsamt und dem
Integrationsamt einen kompetenten und präsenten Ansprechpartner
zu haben, der sich mit den Problemen Schwerbehinderter auskennt
und die Einhaltung der gesetzlichen Pflichten kontrolliert.

II. Bestellung

3   Die Vorschrift **verpflichtet jeden Arbeitgeber**, einen Beauftragten für Schwerbehindertenangelegenheiten zu bestellen. Weder ist
Voraussetzung für die Bestellung, dass der Arbeitgeber beschäftigungspflichtig gemäß § 71 Abs. 1 ist noch, dass eine Schwerbehindertenvertretung besteht. **Ausnahmsweise** ist in Unternehmen, die die

Zahl von mindestens 20 Arbeitsplätzen nicht erreichen (also nicht beschäftigungspflichtig sind) und auch keinen schwerbehinderten Menschen beschäftigen, die Bestellung nicht erforderlich, da in diesem Fall die Aufgabe des Beauftragten, den Arbeitgeber in Schwerbehindertenangelegenheiten zu vertreten, entfällt (*Neumann/Pahlen*, SGB IX, § 98 RdNr. 1; GK-SchwbG-*Schimanski*, § 28 RdNr. 13; *Masuch* in Hauck/Noftz, SGB IX, K § 98 RdNr. 4; *Düwell* in LPK-SGB IX § 98 RdNr. 3).

Zur Bestellung verpflichtet sind das Unternehmen und der öffentliche Arbeitgeber im Sinne des § 71 Abs. 3 und nicht der einzelne Betrieb oder die einzelne Dienststelle.

Der Arbeitgeber ist nicht berechtigt, sich selbst als Beauftragten ein- **4** zusetzen, da die Bestellung gemäß S. 3 ausdrücklich auch der Kontrolle des Arbeitgebers dienen soll. Allenfalls in **Kleinbetrieben** unter 20 Beschäftigten kann die Personenidentität von Arbeitgeber und Beauftragtem zugelassen werden, vorausgesetzt der Arbeitgeber regelt auch sonst sämtliche Personalangelegenheiten allein (*Cramer*, SchwbG, § 28 RdNr. 4; weitergehend: GK-SchwbG-*Schimanski*, § 28 RdNr. 13; *Neumann/Pahlen*, SGB IX, § 98 RdNr. 3).

Falls erforderlich können **mehrere Beauftragte** bestellt werden. **5** Dies entscheidet der Arbeitgeber nach pflichtgemäßem Ermessen. Notwendig kann dies dann sein, wenn das Unternehmen aus mehreren Betrieben besteht, die räumlich weit auseinanderliegen. Dann ist der Beauftragte nur dann ein präsenter Ansprechpartner, und die Zusammenarbeit auch mit den örtlichen Behörden wie Integrationsamt und Arbeitsamt kann nur funktionieren, wenn ein Beauftragter für die einzelnen Betriebe oder nachgeordneten Dienststellen bestellt ist.

Die **Bestellung** erfolgt durch einseitige Willenserklärung des Arbeit- **6** gebers. Wen der Arbeitgeber benennt, ist gesetzlich nicht vorgeschrieben. Nur **nach Möglichkeit** soll der Beauftragte selbst ein **schwerbehinderter Mensch** sein. Mit der Funktion des Beauftragten als Vertreter des Arbeitgebers in Schwerbehindertenangelegenheiten ist es in der Regel kaum vereinbar, eine Vertrauensperson oder ein Mitglied der betrieblichen Interessenvertretung zum Beauftragten zu bestimmen (*Cramer*, SchwbG, § 28 RdNr. 5). In der Praxis bestellt der Arbeitgeber meistens einen **Mitarbeiter** oder auch **leitenden Angestellten der Personalabteilung**. Letzterer nimmt bereits aufgrund seines Anstellungsvertrages Arbeitgeberfunktionen wahr, so dass es nahe liegt, ihm auch die verantwortliche Vertretung der Schwerbehindertenangelegenheiten zu übertragen. Soweit der Anstellungsvertrag dazu nicht verpflichtet, kann die Bestellung allerdings nicht gegen den Willen des Beauftragten erfolgen. Niemand ist verpflichtet, die Rolle des Beauftragten im Unternehmen zu übernehmen, wenn dies nicht zum Umfang seiner arbeitsvertraglichen Verpflichtungen gehört (GK-SchwbG-*Schimanski*, § 28 RdNr. 26; *Düwell* in LPK-SGB IX § 98 RdNr. 6).

7   **In welchem Umfang** der Beauftragte den Arbeitgeber in Schwerbehindertenangelegenheiten **vertritt**, muss durch diesen klar festgelegt werden. Unklarheiten gehen zu seinen Lasten (GK-SchwbG-*Schimanski*, § 28 RdNr. 30). Es erscheint daher ratsam, den Umfang der Vollmachtserteilung schriftlich festzuhalten, wobei ausreichend ist, auf die Verpflichtungen des Teils 2 des SGB IX zu verweisen (*Masuch* in Hauck/Noftz, SGB IX, K § 98 RdNr. 3). Im Rahmen der Bevollmächtigung vertritt der Beauftragte den Arbeitgeber gemäß § 164 BGB wirksam nach außen. Die **Vollmachtserteilung** erfolgt gemäß § 167 BGB durch Erklärung gegenüber dem Beauftragten sowie gegenüber Dritten, nämlich gegenüber dem zuständigen Arbeitsamt und dem zuständigen Integrationsamt gemäß § 80 Abs. 8. Nach § 170 BGB bleibt die Vollmacht diesen Ämtern gegenüber solange wirksam, bis ihnen das Erlöschen oder Veränderungen durch den Arbeitgeber angezeigt werden.

8   Damit auch den **Beschäftigten** in den Betrieben und Dienststellen bekannt ist, an wen sie sich in Angelegenheiten der Schwerbehinderten wenden müssen, ist auch diesen und gegenüber der **Schwerbehindertenvertretung der Beauftragte bekannt zu machen** (GK-SchwbG-*Schimanski*, § 28 RdNr. 20).

9   Da der Beauftragte den Arbeitgeber nach der gesetzlichen Regelung verantwortlich vertritt, ist besondere Sorgfalt auf seine Auswahl zu verwenden. Er muss für seine Aufgabe fachlich und auch menschlich geeignet sein.

10   Die Bestellung des Beauftragten kann zwar von der Schwerbehindertenvertretung, der betrieblichen Interessenvertretung oder dem Integrationsamt angemahnt werden; erzwungen werden kann sie allerdings nicht. Ihre Unterlassung stellt auch keine Ordnungswidrigkeit im Sinne des § 156 dar.

11   Die **Abberufung** des Beauftragten folgt ebenfalls durch einseitige empfangsbedürftige Willenserklärung des Arbeitgebers. Auch der Beauftragte kann sein Amt niederlegen, falls er nicht arbeitsvertraglich zur Übernahme dieser Aufgabe verpflichtet ist (GK-SchwbG-*Schimanski*, § 28 RdNr. 34; *Düwell* in LPK-SGB IX § 98 RdNr. 8; a.A. *Cramer*, SchwbG, § 98 RdNr. 8). Im Gesetz findet sich keine Regelung dazu, dass die Schwerbehindertenvertretung oder die betriebliche Interessenvertretung die Abberufung des Beauftragten verlangen könnten (*Cramer*, SchwbG, § 28 RdNr. 9; *Düwell* in LPK-SGB IX § 98 RdNr. 8, der unter den Voraussetzungen des § 104 BetrVG den Betriebsrat für berechtigt hält, die Entlassung oder Versetzung des Beauftragten zu verlangen. Dies setzt allerdings voraus, dass es sich um einen Arbeitnehmer gemäß § 5 Abs. 1 BetrVG handelt. Ist der Beauftragte ein leitender Angestellter, könnte somit seine Abberufung nicht verlangt werden).

III. Aufgaben

Der Beauftragte hat gemäß S. 3 vor allem darauf zu achten, dass die **12** gesetzlichen Verpflichtungen des Arbeitgebers gegenüber schwerbehinderten Menschen eingehalten werden. Im Rahmen seiner Vollmachtserteilung sorgt er selbst mit Wirkung für den Arbeitgeber dafür, dass die gesetzlichen Pflichten erfüllt werden. Zu seinen **Kontrollaufgaben** gehört es z.b., die Einhaltung der Beschäftigungspflichten des Arbeitgebers gemäß §§ 71, 72 zu überwachen. Deshalb bestimmt § 80 Abs. 2 S. 3, dass auch dem Beauftragten eine Kopie der Anzeige und des Verzeichnisses zu übermitteln ist. Weiterhin hat er zu kontrollieren, dass die sonstigen Pflichten des Arbeitgebers gemäß §§ 80 ff. etwa die Prüfpflicht des § 81 Abs. 1 eingehalten und die Beteiligungsrechte der Schwerbehindertenvertretung gemäß § 95 Abs. 2 gewahrt werden. So verpflichtet § 99 den Beauftragten ausdrücklich neben dem Arbeitgeber zur **Zusammenarbeit** mit der Schwerbehindertenvertretung und den betrieblichen Interessenvertretungen.

Auch dann, wenn der **Arbeitgeber** Schwerbehindertenangelegen- **13** heiten auf den Beauftragten verantwortlich übertragen hat, kann er sich dadurch seiner **Verantwortung** für die Erfüllung seiner gesetzlichen Pflichten gegenüber den Schwerbehinderten **nicht entziehen**. Dies wäre vor allem mit der Kontrollfunktion des Beauftragten nicht zu vereinbaren (*Masuch* in Hauck/Noftz, SGB IX, K § 98 RdNr. 9). Der Arbeitgeber bleibt zum einen zur **sorgfältigen Auswahl** und zur **Aufsicht** des von ihm bestellten Beauftragten verpflichtet und kann bei fehlenden Aufsichtsmaßnahmen gemäß § 130 OWIG ordnungswidrig handeln. Dazu gehört es auch, dass der Arbeitgeber für die **notwendige Qualifizierung seines Beauftragten** durch die entsprechende Teilnahme an Schulungs- und Fortbildungsmaßnahmen des Integrationsamtes oder anderer Träger sorgt (§ 102 Abs. 2 S. 6). Zum anderen kann nur nach den Umständen im Einzelfall und der Reichweite der Bevollmächtigung beurteilt werden, wie weit die persönliche Verantwortung des Beauftragten bei der Verletzung von gesetzlichen Pflichten reicht. So hat das Amtsgericht Düsseldorf gegen einen Beauftragten für dessen wiederholte Nichtbeteiligung der Schwerbehindertenvertretung bei der Besetzung von Beförderungsstellen gemäß § 95 Abs. 2 (§ 25 Abs. 2 SchwbG) ein Bußgeld wegen einer Ordnungswidrigkeit gemäß § 156 Abs. 1 Ziff. 9 (§ 68 Abs. 1 SchwbG) festgesetzt (AG Düsseldorf U. v. 8. 2. 90 br 1991, 118). Hat etwa der Arbeitgeber den Beauftragten mit der Führung des Verzeichnisses gemäß § 80 Abs. 1 und der Erstattung der Anzeige gemäß § 80 Abs. 2 beauftragt, wird dieser in der Regel ebenfalls ordnungswidrig gemäß § 156 Abs. 1 Ziff. 2 und 3 handeln, wenn diese Pflichten nicht erfüllt werden. Dies muss aber anders beurteilt werden, wenn der Arbeitgeber die notwendigen Daten dem Beauftragten vorenthält oder verzögert, und die Versäumung der Pflichten darauf beruht. Auch für die Verletzung der Beschäftigungspflicht gemäß § 71 Abs. 1 wird der Arbeitgeber in der Regel verantwortlich bleiben und selbst ordnungswidrig handeln. Dies kann allenfalls dann anders sein, wenn der Beauftragte als leitender Angestellter selbständig Einstellungen und Entlassungen vornehmen kann.

IV. Rechtsstreitigkeiten

14   Streitigkeiten über den Umfang der Beauftragung sind zwischen privatem Arbeitgeber und beauftragten Arbeitnehmer beim Arbeitsgericht, im Beamtenverhältnis beim Verwaltungsgericht zu führen. Ist umstritten, inwieweit der Beauftragte die Beteiligungsrechte der Schwerbehindertenvertretung verletzt hat, ist das Beschlussverfahren die richtige Verfahrensart.

Der Beauftragte ist außerdem in entsprechender Anwendung des § 10 S. 1 ArbGG beteiligungsfähig (*Düwell* in LPK-SGB IX § 98 RdNr. 13; Arbeitsgerichtsgesetz: Kommentar/Germelmann-*Matthes*, § 10 RdNr. 24).

Zusammenarbeit

99 (1) Arbeitgeber, Beauftragter des Arbeitgebers, Schwerbehindertenvertretung und Betriebs-, Personal-, Richter-, Staatsanwalts- oder Präsidialrat arbeiten zur Teilhabe schwerbehinderter Menschen am Arbeitsleben in dem Betrieb oder der Dienststelle eng zusammen.

(2) ¹Die in Absatz 1 genannten Personen und Vertretungen, die mit der Durchführung des Teils 2 beauftragten Stellen und die Rehabilitationsträger unterstützen sich gegenseitig bei der Erfüllung ihrer Aufgaben. ²Vertrauensperson und Beauftragter des Arbeitgebers sind Verbindungspersonen zur Bundesanstalt für Arbeit und zu dem Integrationsamt.

Übersicht

Müller-Wenner

I. Allgemeines

Die Regelung der Zusammenarbeit war bereits im Schwerbehinder- **1**
tengesetz vom 26. 8. 1986 enthalten. Sie ist inhaltsgleich übernommen
worden.
Vergleichbar ist sie den Vorschriften in § 2 Abs. 1 BetrVG und § 2
Abs. 1 BPersVG. Sie verpflichtet sowohl zur innerbetrieblichen wie auch
zur außerbetrieblichen Zusammenarbeit zur Erfüllung des gemeinsamen Zieles, die Teilhabe schwerbehinderter Menschen am Arbeitsleben zu fördern.

II. Zusammenarbeit innerhalb des Betriebes (Abs. 1)

Die Vorschrift enthält eine **zwingende Verpflichtung. Adressaten** **2**
sind der Arbeitgeber, der Beauftragte, die Schwerbehindertenvertretung und die betrieblichen Interessenvertretungen. Verbunden durch
ein gemeinsames Ziel, nämlich den schwerbehinderten Menschen die
Teilhabe an der Beschäftigung in Betrieb oder Dienststelle zu ermöglichen, sollen die im Gesetz aufgeführten Personen und Vertretungen
zusammenarbeiten. Damit ist gemeint, dass sie nicht gegeneinander,
nicht nebeneinander, nicht aneinander vorbei arbeiten, sondern sich
miteinander abstimmen, sich **gegenseitig unterrichten** und **nach
gemeinsamen Lösungen suchen.** Zusammenarbeit bedeutet andererseits nicht, dass bestehende Interessensgegensätze verwischt werden
sollen und eine Interessenvertretung nicht auch konfliktorientiert geschehen kann. Mit der Einfügung des Begriffes „eng", das in den § 2,
Abs. 1 BetrVG und § 2 Abs. 1 BPersVG fehlt, schreibt das Gesetz eine intensive Zusammenarbeit vor. Das Merkmal „Zusammenarbeit" enthält,
ohne dass dies im Gesetz eigens erwähnt wird (anders insoweit in den
betriebsverfassungs- und personalvertretungsrechtlichen Vorschriften)
die Komponente einer **vertrauensvollen Kooperation,** da Zusammenarbeit ohne gegenseitiges Vertrauen gar nicht funktionieren kann.
Die Verpflichtung zur Zusammenarbeit ist als **Generalklausel** zu **3**
verstehen, deren rechtliche Bedeutung vor allem darin besteht, dass sie
zur **Auslegung anderer Vorschriften** herangezogen werden kann. Sie
gibt vor allem vor, in welcher Art und Weise die gesetzlichen Beteiligungsrechte der Schwerbehindertenvertretung ausgefüllt werden sollen. Dazu gehört es, **Beteiligungsrechte nicht nur formell zu beachten** sondern Stellungnahmen etwa im Rahmen der Einstellung von
schwerbehinderten Menschen gemäß § 81 Abs. 1, § 95 Abs. 2 ernst zu
nehmen und wirklich im Entscheidungsprozess zu berücksichtigen,
oder Verhandlungen mit der Schwerbehindertenvertretung über eine
Integrationsvereinbarung mit dem ernsthaften Willen zu führen, zu

einer Einigung zu kommen. Zur Zusammenarbeit gehört auf beiden
Seiten außerdem ein **ständiger Informationsaustausch**; denn nur
wenn alle Adressaten der Zusammenarbeit die gleiche Informationsbasis
haben, kann für das gemeinsame Ziel der Integration schwerbehinderter
Menschen in den Betrieb oder die Dienststelle erfolgreich zusammen-
gearbeitet werden. Enge vertrauensvolle Zusammenarbeit zeigt sich
weiterhin darin, dass der Arbeitgeber die Schwerbehindertenvertretung
im Einzelfall auch außerhalb gesetzlicher Beteiligungsrechte einbezieht, sie etwa zu einem behördlichen Gespräch über eine personelle Angelegenheit eines Schwerbehinderten mit hinzu zieht (GK-SchwbG-
Schimanski, § 29 RdNr. 16). Umgekehrt gehört es ebenfalls zur geforderten engen Zusammenarbeit, dass die Schwerbehindertenvertretung im
Falle der vereinzelten Verletzung von Beteiligungsrechten zunächst versucht, mit dem Arbeitgeber ein klärendes Gespräch zu führen, ehe etwa
die Anzeige einer Ordnungswidrigkeit erfolgt.

4   Das Gebot der Zusammenarbeit erstreckt sich auch auf das **Verhältnis Schwerbehindertenvertretung und betriebliche Interessenvertretung**. Es entfaltet Wirkung etwa im Rahmen des § 96 Abs. 9,
wenn es um die Beteiligung der Schwerbehindertenvertretung an den
der betrieblichen Interessenvertretung vom Arbeitgeber zur Verfügung gestellten Räumlichkeiten und Sachmitteln geht. Der Grundsatz
der engen und vertrauensvollen Zusammenarbeit zeigt sich z.B. auch
darin, dass die betriebliche Interessenvertretung sich mit Anliegen und
Anträgen der Schwerbehindertenvertretung im Rahmen des § 95
Abs. 4 ernsthaft in ihren Sitzungen befasst.

5   Das Zusammenarbeitsgebot richtet sich auch an die jeweiligen **Stufenvertretungen** sowohl auf Seiten der betrieblichen Interessenvertretung wie auf Seiten der Schwerbehindertenvertretung (GK-
SchwbG-*Schimanski*, § 29 RdNr. 23; *Neumann/Pahlen*, SGB IX, § 99
RdNr. 2; *Cramer*, SchwbG, § 29 RdNr. 2).

III. Zusammenarbeit mit außerbetrieblichen Stellen
(Abs. 2 S. 1)

6   Abs. 2 enthält die Verpflichtung zur außerbetrieblichen Zusammenarbeit. Die in Abs. 1 genannten Personen und Vertretungen einerseits
sowie die außerbetrieblichen Stellen andererseits haben sich **gegenseitig zu unterstützen bei der Integration** schwerbehinderter Menschen in das Arbeitsleben, z.B. durch die Schaffung oder Erhaltung
eines behindertengerechten, ihren Fähigkeiten und Qualifikationen
entsprechenden Arbeitsplatzes. Die außerbetrieblichen Stellen, die mit
dieser gesetzlichen Aufgabe vor allem befasst sind, sind die Versorgungsämter (§ 69), die Integrationsämter (§§ 101, 102), die Arbeitsämter (§§ 101, 104) sowie die in § 6 genannten Rehabilitationsträger.

Die gegenseitige Unterstützung ist vor allem in Hinblick auf die 7
Verpflichtungen des Arbeitgebers im Rahmen der Prüfpflicht des § 81
Abs. 1 und den damit korrespondierenden Beratungspflichten der Bundesanstalt für Arbeit gemäß § 104 von Bedeutung. Entsprechendes gilt
etwa für die Verpflichtung des Arbeitgebers gemäß § 81 Abs. 4, eine
behinderungsgerechte Gestaltung des Arbeitsplatzes, der Arbeitsorganisation und der Arbeitszeit vorzunehmen. Auch hierzu ist eine enge
Zusammenarbeit mit dem zuständigen Integrationsamt notwendig,
das gemäß § 33 die zur möglichst dauerhaften Teilhabe am Arbeitsleben erforderlichen Leistungen und Hilfen zur Erlangung oder Erhaltung des Arbeitsplatzes zu erbringen hat.

Zusammenarbeit und gegenseitige Unterstützung beinhalten wie 8
auch im Falle der innerbetrieblichen Zusammenarbeit vor allem die
wechselseitige Information und Erörterung der einzelnen Schwerbehindertenangelegenheit sowie die **Gewährung von Leistungen im
Einzelfall**. Eine Verpflichtung zu enger Zusammenarbeit ist schließlich in § 111 Abs. 3 im Hinblick auf die neu gebildeten sog. Integrationsfachdienste normiert.

IV. Verbindungspersonen (Abs. 2 S. 2)

Die Vorschrift bestimmt als Verbindungspersonen zur Bundesanstalt 9
für Arbeit und zum Integrationsamt den **Beauftragten** und die **Vertrauensperson**. Damit wird diesen beiden Personen die Rolle eines
Hauptansprechpartners in Betrieb oder Dienststelle für die mit
Schwerbehindertenangelegenheiten befassten Behörden zugewiesen.
In aller Regel sollen sich die genannten Behörden mit diesen **Ansprechpartnern** zunächst in allen Angelegenheiten, die Schwerbehinderte betreffen, in Verbindung setzen; dies bedeutet umgekehrt, dass
diese sich ihrerseits auch unmittelbar mit einem Anliegen an die genannten Behörden wenden können (GK-SchwbG-*Schimanski*, § 29
RdNr. 28; *Düwell* in LPK-SGB IX § 99 RdNr. 5).

Nicht ausdrücklich genannt sind in Abs. 2 S. 2 die **Versorgungsäm-** 10
ter. Dies hat seinen Grund darin, dass diese bis auf die Feststellung der
Behinderung und ihres Grades und der Ausstellung des entsprechenden Ausweises (§ 69) **keine mit der Durchführung des Teils 2 beauftragte Stelle** sind. Zwar gehört es gemäß § 95 Abs. 1 S. 3 zu den
Aufgaben der Schwerbehindertenvertretung, die Beschäftigten bei der
Stellung von Anträgen zum Versorgungsamt auf Feststellung der
Schwerbehinderteneigenschaft zu unterstützen; Ansprechpartner für
das Versorgungsamt könnte die Vertrauensperson jedoch in diesem Fall
nur nach einer ausdrücklichen Zustimmung des einzelnen Beschäftigten sein und nicht etwa kraft Gesetzes gemäß Abs. 2 S. 2 (a. A. *Düwell*
in LPK-SGB IX § 99 RdNr. 5).

Verordnungsermächtigung

100 Die Bundesregierung wird ermächtigt, durch Rechtsverordnung mit Zustimmung des Bundesrates nähere Vorschriften
über die Vorbereitung und Durchführung der Wahl der Schwerbehindertenvertretung und ihrer Stufenvertretungen zu erlassen.

1   Die Vorschrift übernimmt die Verordnungsermächtigung in § 24
Abs. 7 SchwbG 1986 und überträgt den Text inhaltlich unverändert in
eine eigene Norm.

Von der Verordnungsermächtigung hat die Bundesregierung durch
den Erlass der Schwerbehindertenwahlordnung (SchwbVWO) Gebrauch gemacht. Sie enthält die näheren Bestimmungen über die Vorbereitung und die Durchführung der Wahl der Schwerbehindertenvertretung und ihrer Stufenvertretungen.

2   Die bereits aufgrund der Ermächtigung in § 24 Abs. 7 SchwbG erlassene Verordnung in der Fassung der Bekanntmachung vom 24. 4. 1990
(BGBl. I S. 811) ist zwei Mal geändert worden: zum einen durch Art. 3
des SchwBAG vom 29. 9. 2000 (BGBl. I S. 1394) wegen der erstmaligen
Wahl der Konzernschwerbehindertenvertretung und zum anderen
durch Art. 54 des Gesetzes vom 19. 6. 01 – SGB IX, Rehabilitation und
Teilhabe behinderter Menschen – (BGBl. I S. 1046, 1125 ff.), um die
Wahlordnung den sprachlichen Veränderungen im SGB IX anzu-
passen.

Kapitel 6. Durchführung der besonderen Regelungen zur Teilhabe schwerbehinderter Menschen

Zusammenarbeit der Integrationsämter und der Bundesanstalt für Arbeit

101 (1) Soweit die besonderen Regelungen zur Teilhabe schwerbehinderter Menschen am Arbeitsleben nicht durch freie Entschließung der Arbeitgeber erfüllt werden, werden sie

1. in den Ländern von dem Amt für die Sicherung der Integration schwerbehinderter Menschen im Arbeitsleben (Integrationsamt) und

2. von der Bundesanstalt für Arbeit

in enger Zusammenarbeit durchgeführt.

(2) Die den Rehabilitationsträgern nach den geltenden Vorschriften obliegenden Aufgaben bleiben unberührt.

I. Allgemeines, Regelungsinhalt der Vorschrift

Die **Eingangsvorschrift** des Kapitels 6 des 2. Teils des SGB IX (Durchführung der besonderen Regelungen zur Teilhabe schwerbehinderter Menschen) beinhaltet die **Aufforderung an Arbeitgeber**, ihre gesetzlichen Verpflichtungen gegenüber schwerbehinderten Menschen freiwillig zu erfüllen. Soweit **behördliches Handeln** notwendig wird, setzen Integrationsämter und Bundesanstalt für Arbeit die besonderen Regelungen zur Teilhabe schwerbehinderter Menschen am Arbeitsleben **in enger Zusammenarbeit** um (§ 101 Abs. 1 SGB IX). Darüber hinaus bestimmt § 101 Abs. 2 SGB IX, dass die Aufgaben der **Rehabilitationsträger** durch das Schwerbehindertenrecht des 2. Teils des SGB IX nicht eingeschränkt werden. 1

Die Vorschrift entspricht im Wesentlichen dem bisherigen **§ 30 SchwbG.** Sie ist allerdings so umgestaltet worden, dass die Stellen, die in den Ländern für die Durchführung der besonderen Regelungen für schwerbehinderte Menschen zuständig sind, definiert werden. Entsprechend einem Vorschlag des Bundesrates ist die bisherige Bezeichnung **„Hauptfürsorgestelle"** durch **„Integrationsamt"** ersetzt worden, um hierdurch die Aufgaben der Behörde besser herauszustellen. Die **Umbenennung** soll verdeutlichen, dass nicht Fürsorge, sondern Teilhabe Ziel des Gesetzes ist. Inhaltliche Änderungen in der Aufgabenstellung (vgl. § 102 SGB IX) sind mit der Umbenennung nicht 2 verbunden (BT-Drucks. 14/5800, S. 30; *Düwell* BB 2001, 1527, 1530; Zur Entstehungsgeschichte der Vorläuferregelung vgl. GK-SchwbG-*Spiolek*, § 30 RdNr. 4 ff.).

II. Soziale Verpflichtung der Arbeitgeber (Abs. 1)

3   § 101 Abs. 1 SGB IX beinhaltet zunächst den Appell an Arbeitgeber, die besonderen Regelungen zur Teilhabe schwerbehinderter Menschen am Arbeitsleben durch freie Entschließung zu erfüllen. Dies betrifft
  – die Regelungen zur **Beschäftigungspflicht** der Arbeitgeber (§§ 71 ff. SGB IX),
  – die sonstigen **Pflichten der Arbeitgeber** und die **Rechte schwerbehinderter Menschen** nach den §§ 80 ff. SGB IX, insbesondere im Zusammenhang mit der Begründung von Arbeitsverhältnissen (§ 81 Abs. 1), dem Benachteiligungsverbot (§ 81 Abs. 2), der Ausgestaltung der Beschäftigung schwerbehinderter Menschen auf behinderungsgerechten Arbeitsplätzen (§ 81 Abs. 3–5 SGB IX), dem Abschluss von Integrationsvereinbarungen (§ 83) und der Prävention (§ 84),
  – den besonderen **Kündigungsschutz** nach Maßgabe der §§ 85 ff. SGB IX,
  – die Aufgabenstellung von allgemeinen **Mitbestimmungsgremien** und Schwerbehindertenvertretungen sowie Beauftragten der Arbeitgeber nach den §§ 93 ff. SGB IX.

4   Arbeitgeber sollen ihre schwerbehindertenrechtlichen Pflichten vorrangig durch **freie Entschließung**, also nicht erst auf Grund staatlichen Zwangs erfüllen. § 101 Abs. 1 SGB IX hat jedoch insoweit nur **deklaratorischen und programmatischen Charakter**, weil die behördliche und erforderlichenfalls gerichtliche Durchsetzung der Arbeitgeberpflichten unbenommen bleibt (*Seidel/Götze* in: Hauck/Noftz, SGB IX, § 101 RdNr. 1; *Steck* in: Kossens/von der Heide/Maaß, Praxiskommentar zum Behindertenrecht, SGB IX, § 101 RdNr. 2; GK-SchwbG-*Spiolek*, § 30 RdNr. 15). So bedarf die Kündigung des Arbeitsverhältnisses eines schwerbehinderten Menschen durch den Arbeitgeber der vorherigen Zustimmung des Integrationsamtes. Die Einhaltung der sonstigen Pflichten der Arbeitgeber und der Rechte schwerbehinderter Menschen kann arbeitsgerichtlich durchgesetzt werden. Darüber hinaus kann die Verletzung einiger Arbeitgeberpflichten mit Bußgeldern bis zu 2500 Euro geahndet werden (§ 156 SGB IX). Keinesfalls handelt es sich damit um ein „Gesetz des guten Willens", dessen Geltung von dem Befolgungswillen der Arbeitgeber abhinge.

5   Die Zusammenarbeit von Arbeitgebern und Integrationsämtern ist Gegenstand der **Vereinbarung zur Schaffung und Sicherung von**

Arbeitsplätzen für Behinderte der Bundesvereinigung der Deutschen Arbeitgeberverbände und der Arbeitsgemeinschaft der Deutschen Hauptfürsorgestellen vom 4. 11. 1994 (br 1995, 25).

III. Behördliche Zusammenarbeit (Abs. 1)

Die Anordnung einer **engen Zusammenarbeit** der **Integrations-** **6** **ämter** der Länder und der **Bundesanstalt für Arbeit** erstreckt sich auf die in § 102 SGB IX für Integrationsämter und in § 104 SGB IX für die Bundesanstalt für Arbeit näher geregelten Aufgaben bei der Durchführung des Schwerbehindertenrechts. Neben diesem allgemeinen schwerbehindertenrechtlichen Zusammenarbeitsgebot existieren **verwaltungsverfahrensrechtliche Vorgaben** zur Zusammenarbeit der Leistungsträger (§§ 86 ff. SGB X) und **spezielle Kooperationsanordnungen** z. B. in § 102 Abs. 2 Satz 1 SGB IX (begleitende Hilfe im Arbeitsleben), in § 87 Abs. 2 SGB IX (Stellungnahme des Arbeitsamtes zur Vorbereitung der Zustimmungsentscheidung des Integrationsamtes zur Kündigung schwerbehinderter Arbeitnehmer) und in § 117 Abs. 1 SGB IX (Entziehung der besonderen Hilfen für schwerbehinderte Menschen).

Soweit die Form der Zusammenarbeit zwischen den Integrations- **7** ämtern und den Dienststellen der Bundesanstalt für Arbeit nicht gesetzlich bestimmt ist, ist sie bisher durch eine gemeinsame Verfahrensregelung zwischen der Bundesarbeitsgemeinschaft der Hauptfürsorgestellen und der Bundesanstalt für Arbeit aus dem Jahre 1978 konkretisiert worden. Die Arbeitsämter haben sich bei der **Arbeitsvermittlung** schwerbehinderter Menschen (§ 104 Abs. 1 Nr. 1 SGB IX) mit dem zuständigen Integrationsamt abzustimmen, soweit **begleitende Hilfen** des Integrationsamtes aus den Mitteln der Ausgleichsabgabe (vgl. § 102 Abs. 3 SGB IX) erforderlich werden. Gewährt das Integrationsamt Hilfen zur Gründung und Erhaltung einer **selbstständigen Existenz** (§ 102 Abs. 3 Satz 1 Nr. 1 Buchst. c SGB IX, § 21 SchwbAV), prüft es die Zweckmäßigkeit der selbstständigen Tätigkeit des behinderten Menschen unter Berücksichtigung von Auskünften der Arbeitsverwaltung zu Lage und Entwicklung des Arbeitsmarkts.

Eine Abstimmung beider Behörden ist auch erforderlich bei der **8** Durchführung des **Anzeigeverfahrens** (§ 104 Abs. 1 Nr. 6 SGB IX, § 80 Abs. 2 Satz 2 SGB IX), der Überwachung der Erfüllung der **Beschäftigungspflicht** (§ 104 Abs. 1 Nr. 7 SGB IX, §§ 71 ff. SGB IX), der Zulassung der **Anrechnung** Beschäftigter auf die Zahl der Pflichtarbeitsplätze (§ 75 Abs. 2 SGB IX), der Mehrfachanrechnung (§ 76 SGB IX) und der Erhebung der **Ausgleichsabgabe** (§ 102 Abs. 1 Nr. 1 SGB IX, § 77 Abs. 4 SGB IX). Die Integrationsämter erheben die Ausgleichsabgabe auf der Grundlage von Feststellungen der Arbeitsverwaltung.

9   Begrenzt wird die **Intensität der Zusammenarbeit** von Integrationsämtern als Landesbehörden (Art. 83 GG) und der Bundesanstalt für Arbeit als bundesunmittelbare Körperschaft des öffentlichen Rechts (Art. 86 GG) durch das **Verbot der Mischverwaltung**. Soweit das SGB IX deshalb die Form des Zusammenwirkens nicht ausdrücklich vorgibt (so § 117 Abs. 1 SGB IX: „im Benehmen"), kommen im Wesentlichen Informationsaustausch, Handlungsabsprachen und gutachtliche Stellungnahmen in Betracht, wobei die jeweiligen Entscheidungszuständigkeiten unberührt bleiben (*Dau,* LPK-SGB IX, § 101 RdNr. 6; GK-SchwbG-*Spiolek,* § 30 RdNr. 30).

IV. Aufgaben der Rehabilitationsträger (Abs. 2)

10   Nach § 101 Abs. 2 SGB IX bleiben die den Rehabilitationsträgern obliegenden Aufgaben unberührt. **Rehabilitationsträger** sind nach **§ 6 Abs. 1 SGB IX** die gesetzlichen Krankenkassen, die Bundesanstalt für Arbeit, die Träger der gesetzlichen Unfallversicherung, die Träger der gesetzlichen Rentenversicherung, die Träger der Kriegsopferversorgung, die Träger der öffentlichen Jugendhilfe und die Träger der Sozialhilfe. Im Rahmen ihrer Zuständigkeit erbringen Rehabilitationsträger **auch Leistungen zur Teilhabe am Arbeitsleben** nebst unterhaltssichernden und anderen ergänzenden Leistungen (§ 5 Nr. 2, 3 SGB IX, §§ 33 ff., §§ 44 SGB IX).

11   Mit § 101 Abs. 2 SGB IX wird nicht nur die **Eigenständigkeit** der Leistungserbringung durch Rehabilitationsträger zum Ausdruck gebracht, sondern auch deren **Vorrang** vor Maßnahmen des Schwerbehindertenrechts. Die Regelung verdeutlicht, dass das Schwerbehindertenrecht zusätzliche Hilfen zur Teilhabe schwerbehinderter Menschen bereitstellt und damit Leistungen der Rehabilitationsträger ergänzt (*Dau,* LPK-SGB IX, § 101 RdNr. 7; GK-SchwbG-*Spiolek,* § 30 RdNr. 43 ff.; *Cramer,* SchwbG, § 30 RdNr. 3). Der **allgemeine Grundsatz des Vorrangs von Rehabilitationsleistungen** wird **konkretisiert** in **§ 102 Abs. 5 Satz 2 SGB IX**. Leistungen der Rehabilitationsträger dürfen nach dieser Vorschrift auch dann nicht deshalb versagt werden, weil nach den besonderen Regelungen für schwerbehinderte Menschen entsprechende Leistungen vorgesehen sind, wenn auf sie ein Rechtsanspruch nicht besteht. Eine Aufstockung durch Leistungen des Integrationsamtes findet nicht statt. Nach **§ 77 Abs. 5 Satz 1 SGB IX** darf die Ausgleichsabgabe nur für besondere Leistungen zur Förderung der Teilhabe schwerbehinderter Menschen am Arbeitsleben einschließlich begleitender Hilfe im Arbeitsleben verwendet werden, soweit Mittel für denselben Zweck nicht von anderer Seite zu leisten sind oder geleistet werden. Entsprechende Vorgaben finden sich in § 15 Abs. 2 Satz 2 SchwbAV, § 18 Abs. 1 SchwbAV, § 32 Abs. 2 SchwbAV. Bei Leistungen

zur begleitenden Hilfe im Arbeitsleben bleibt der Nachrang der Träger der Sozialhilfe gemäß § 2 BSHG unberührt (§ 18 Abs. 1 Satz 2 SchwbAV). Nach § 102 Abs. 6 SGB IX werden die Integrationsämter in das **Zuständigkeitsklärungsverfahren** des § 14 SGB IX einbezogen, ohne selbst Rehabilitationsträger zu sein (dazu *Mrozynski*, SGB XI Teil 1, § 14 RdNr. 22; *Vömel* Rehabilitation 2002, 274 ff.; Zur Antragstellung bei unzuständigen Leistungsträgern s.a. § 16 Abs. 2 SGB I).

Aufgaben des Integrationsamtes

102 (1) Das Integrationsamt hat folgende Aufgaben:

1. die Erhebung und Verwendung der Ausgleichsabgabe,

2. den Kündigungsschutz,

3. die begleitende Hilfe im Arbeitsleben,

4. die zeitweilige Entziehung der besonderen Hilfen für schwerbehinderte Menschen (§ 117).

(2) [1]Die begleitende Hilfe im Arbeitsleben wird in enger Zusammenarbeit mit der Bundesanstalt für Arbeit und den übrigen Rehabilitationsträgern durchgeführt. [2]Sie soll dahin wirken, dass die schwerbehinderten Menschen in ihrer sozialen Stellung nicht absinken, auf Arbeitsplätzen beschäftigt werden, auf denen sie ihre Fähigkeiten und Kenntnisse voll verwerten und weiterentwickeln können sowie durch Leistungen der Rehabilitationsträger und Maßnahmen der Arbeitgeber befähigt werden, sich am Arbeitsplatz und im Wettbewerb mit nichtbehinderten Menschen zu behaupten. [3]Dabei gelten als Arbeitsplätze auch Stellen, auf denen Beschäftigte befristet oder als Teilzeitbeschäftigte in einem Umfang von mindestens 15 Stunden wöchentlich beschäftigt werden. [4]Die begleitende Hilfe im Arbeitsleben umfasst auch die nach den Umständen des Einzelfalls notwendige psychosoziale Betreuung schwerbehinderter Menschen. [5]Das Integrationsamt kann bei der Durchführung der begleitenden Hilfen im Arbeitsleben Integrationsfachdienste einschließlich psychosozialer Dienste freier gemeinnütziger Einrichtungen und Organisationen beteiligen. [6]Das Integrationsamt soll außerdem darauf Einfluss nehmen, dass Schwierigkeiten im Arbeitsleben verhindert oder beseitigt werden; es führt hierzu auch Schulungs- und Bildungsmaßnahmen für Vertrauenspersonen, Beauftragte der Arbeitgeber, Betriebs-, Personal-, Richter-, Staatsanwalts- und Präsidialräte durch.

(3) [1]Das Integrationsamt kann im Rahmen seiner Zuständigkeit für die begleitende Hilfe im Arbeitsleben aus den ihm zur Verfügung stehenden Mitteln auch Geldleistungen erbringen, insbesondere

1. an schwerbehinderte Menschen

a) für technische Arbeitshilfen,

b) zum Erreichen des Arbeitsplatzes,

c) zur Gründung und Erhaltung einer selbstständigen beruflichen Existenz,

d) zur Beschaffung, Ausstattung und Erhaltung einer behinderungsgerechten Wohnung,

e) zur Teilnahme an Maßnahmen zur Erhaltung und Erweiterung beruflicher Kenntnisse und Fertigkeiten und

f) in besonderen Lebenslagen,

2. an Arbeitgeber

a) zur behinderungsgerechten Einrichtung von Arbeitsplätzen für schwerbehinderte Menschen und

b) für außergewöhnliche Belastungen, die mit der Beschäftigung schwerbehinderter Menschen im Sinne des § 72 Abs. 1 Nr. 1 Buchstabe a bis d oder des § 75 Abs. 2 verbunden sind, vor allem, wenn ohne diese Leistungen das Beschäftigungsverhältnis gefährdet würde,

3. an freie gemeinnützige Einrichtungen und Organisationen zu den Kosten in den Fällen des Absatzes 2 Satz 5 sowie an Träger von Integrationsunternehmen und an öffentliche Arbeitgeber im Sinne des § 71 Abs. 3, soweit sie Integrationsbetriebe und Integrationsabteilungen führen. ²Es kann ferner Leistungen zur Durchführung von Aufklärungs-, Schulungs- und Bildungsmaßnahmen erbringen.

(4) Schwerbehinderte Menschen haben im Rahmen der Zuständigkeit des Integrationsamtes für die begleitende Hilfe im Arbeitsleben aus den ihm aus der Ausgleichsabgabe zur Verfügung stehenden Mitteln Anspruch auf Übernahme der Kosten einer notwendigen Arbeitsassistenz.

(5) ¹Verpflichtungen anderer werden durch die Absätze 3 und 4 nicht berührt. ²Leistungen der Rehabilitationsträger nach § 6 Abs. 1 Nr. 1 bis 5 dürfen, auch wenn auf sie ein Rechtsanspruch nicht besteht, nicht deshalb versagt werden, weil nach den besonderen Regelungen für schwerbehinderte Menschen entsprechende Leistungen vorgesehen sind; eine Aufstockung durch Leistungen des Integrationsamtes findet nicht statt.

(6) ¹§ 14 gilt sinngemäß, wenn bei dem Integrationsamt eine Leistung zur Teilhabe am Arbeitsleben beantragt wird. ²Das Gleiche gilt, wenn ein Antrag bei einem Rehabilitationsträger gestellt und der Antrag von diesem nach § 16 Abs. 2 des Ersten Buches an das Integrationsamt weitergeleitet worden ist.

Übersicht

I. Allgemeines, Regelungsinhalt der Vorschrift

§ 102 SGB IX beinhaltet in Abs. 1 eine allgemeine **Aufgabenbe-** 1
schreibung der Integrationsämter (bisher: Hauptfürsorgestellen; zur historischen Entwicklung vgl. GK-SchwbG-*Spiolek,* § 31 RdNr. 5 ff.). Die weiteren Regelungen betreffen die Ausgestaltung der **begleiten-** **den Hilfe im Arbeitsleben** durch Integrationsämter sowie ihr Verhältnis zu den Leistungen der Rehabilitationsträger (Überblicksaufsätze: *Seidel* br 2002, 34 = SuP 2002, 243; *Seidel* SuP 2001, 577; *Seidel* SuP 1999, 496; *Ritz* br 2001, 71). Die Vorschrift wird ergänzt durch die auf der Grundlage des § 79 SGB IX erlassene **Schwerbehinderten-Aus-** **gleichsabgabeverordnung (SchwbAV)** vom 28. 3. 1988 (BGBl. I S. 484), zuletzt geändert durch Gesetz vom 19. 6. 2001 (BGBl. I S. 1046; abgedruckt als Anhang 3). Ein **Adressenverzeichnis** der Integrationsämter und einen **Informationsservice** bietet die Internetdarstellung der Bundesarbeitsgemeinschaft der Integrationsämter und Hauptfürsorgestellen (BIH) in Karlsruhe (www. Integrationsaemter.de).

Die Regelung überträgt weitgehend den bisherigen § 31 **SchwbG.** 2 Die **Umbenennung** der Hauptfürsorgestellen in Integrationsämter soll deren Aufgabenstellung besser zum Ausdruck bringen (BT-Drucks. 14/5800, S. 30). Neben weiteren sprachlichen Anpassungen ist in § 102 Abs. 2 Satz 5 SGB IX die Einbeziehung von **Integrations-** **fachdiensten** (§§ 109 ff. SGB IX) bei der begleitenden Hilfe im Arbeitsleben normiert worden. Während des **Gesetzgebungsverfah-** **rens** ist davon Abstand genommen worden, Geldleistungen zur Beschaffung, Ausstattung und Erhaltung einer behinderungsgerechten Wohnung (§ 102 Abs. 3 Satz 1 Nr. 1 Buchst. d SGB IX) aus dem Leistungskatalog der begleitenden Hilfen zu streichen. Entgegen der Begründung im Gesetzentwurf (BT-Drucks. 14/ 5074, S. 113) deckten die vorrangigen Leistungen der Rehabilitationsträger im Bereich der **Wohnungshilfe** den notwendigen Bedarf nicht vollständig ab. So gebe es beispielsweise für den anspruchsberechtigten Personenkreis der Beamten und Selbstständigen keinen vorrangigen Rehabilitationsträger. Stattdessen ist der Leistungstatbestand der **Erholungshilfe** gestrichen worden, weil diese Leistungsart kaum praktische Bedeutung mehr gehabt habe und bei den Betroffenen Erwartungen ausgelöst habe, die vom Leistungstatbestand des § 31 Abs. 3 Satz 1 Nr. 1 Buchst. e SchwbG (Geldleistungen zur Erhaltung der Arbeitskraft) nicht gedeckt gewesen seien und die in der Praxis immer wieder zu Rechtsstreitigkeiten geführt hätten (BT-Drucks. 14/5531, S. 11; BT-Drucks. 14/5800, S. 30). In § 102 Abs. 3 Satz 1 Nr. 3 SGB IX ist nunmehr auch die Erbringung von Geldleistungen an öffentliche Arbeitgeber im Sinne des § 71 Abs. 3 SGB IX vorgesehen, soweit sie **Integrationsbetriebe** und Integrationsabteilungen führen. Es handelt sich um eine Folgeänderung zu § 132 Abs. 1 SGB IX. Neu geregelt ist die **Zuständigkeitsklärung** in § 102 Abs. 6 SGB IX, die sicherstellen soll, dass die Integrationsämter wie die Rehabilitationsträger nach § 14 SGB IX verfahren (BT-Drucks. 14/5074, S. 114).

II. Aufgabenstellung (Abs. 1)

3   § 102 Abs. 1 SGB IX enthält eine **Zuständigkeitsbestimmung** der Integrationsämter für vier wesentliche Aufgaben. Lediglich hinsichtlich der **begleitenden Hilfe im Arbeitsleben** (Nr. 3) ist die Zuständigkeitsbestimmung konstitutiv. Die Erhebung und Verwendung der **Ausgleichsabgabe** (Nr. 1) durch Integrationsämter ergibt sich bereits aus § 77 Abs. 4 bis 7 SGB IX, die Zuständigkeit für die Durchführung des **Kündigungsschutzes** (Nr. 2) aus den §§ 87 ff. SGB IX und die Zuständigkeit für die zeitweilige **Entziehung der besonderen Hilfen** (Nr. 4) aus § 117 SGB IX.

4   Der **Aufgabenkatalog** des § 102 Abs. 1 SGB IX ist **nicht abschließend**. So obliegt den Integrationsämtern darüber hinaus die Überwachung der Beschäftigungspflicht der Arbeitgeber nach § 80 SGB IX und die Unterstützung der Arbeitgeber bei der behinderungsgerechten Ausgestaltung der Beschäftigung schwerbehinderter Menschen nach § 81 Abs. 4 Satz 2 SGB IX. Die Integrationsämter sind einbezogen in die Bildung von Schwerbehindertenvertretungen (§ 94 Abs. 1 Satz 5 SGB IX, § 94 Abs. 6 Satz 4 SGB IX). **Rehabilitationsträger** haben das zuständige Integrationsamt zur Klärung eines Hilfebedarfs nach Teil 2 des SGB IX zu beteiligen (§ 11 Abs. 3 SGB IX). Gemeinsame örtliche **Servicestellen** der Rehabilitationsträger beraten behinderte Menschen, ihre Vertrauenspersonen und Personensorgeberechtigten unter **Beteiligung der Integrationsämter** über einen schwerbehindertenrechtlichen Hilfebedarf (§ 22 Abs. 1 Satz 3 SGB IX). Nach § 10 Abs. 2 SGB IX ist das Integrationsamt für die **Koordinierung** der Leistungen und sonstigen Hilfen für schwerbehinderte Menschen nach Teil 2 des SGB IX verantwortlich.

III. Begleitende Hilfe im Arbeitsleben (Abs. 2)

Die Erbringung der begleitenden Hilfe im Arbeitsleben steht im **Er-** 5
messen der Integrationsämter. Der Gesetzgeber hat davon abgesehen,
einen Rechtsanspruch der behinderten Menschen auf die vielfältigen
Leistungen der begleitenden Hilfe zu begründen, weil dies auf
beachtliche rechtliche und praktische Bedenken stoße (BT-Drucks. 14/
3372, S. 20). Eine Ausnahme gilt für die Arbeitsassistenz (Abs. 4). Integrationsämter werden auf **Antrag** des behinderten Menschen oder des
Arbeitgebers, aber auch **von Amts wegen**, etwa auf Grund von Be-
triebsbesuchen, tätig (§ 18 SGB X; *Seidel* in: Hauck/Noftz, SGB IX,
§ 102 RdNr. 32: „aktives Integrationsamt"; *Matzeder* br 2002, 40, 43:
Begleitende Hilfe als „Bringschuld" der Integrationsämter). Sie haben
ihr Ermessen entsprechend dem Zweck der Ermächtigung auszuüben
und die gesetzlichen Grenzen des Ermessens einzuhalten. Auf die
pflichtgemäße Ausübung des Ermessens besteht ein Anspruch
(**§ 39 Abs. 1 SGB I**). Die Integrationsämter haben sich von daher bei
Entscheidungen über Leistungen der begleitenden Hilfe im Arbeitsleben an der gesetzlichen **Zielsetzung** zu orientieren, die Selbstbestimmung und gleichberechtigte Teilhabe behinderter Menschen am Leben
in der Gesellschaft zu fördern, Benachteiligungen zu vermeiden oder
ihnen entgegenzuwirken. Dabei ist den besonderen Bedürfnissen behinderter Frauen Rechnung zu tragen (**§ 1 SGB IX**). Die begleitende
Hilfe im Arbeitsleben dient der Verwirklichung des **sozialen Rechtes**
behinderter Menschen auf Hilfe, die notwendig ist, um ihnen einen
ihren Neigungen und Fähigkeiten entsprechenden Platz im Arbeitsleben zu sichern, ihre Entwicklung zu fördern und ihre Teilhabe am
Leben in der Gesellschaft und eine möglichst selbstständige und selbstbestimmte Lebensführung zu ermöglichen oder zu erleichtern sowie
Benachteiligungen auf Grund der Behinderung entgegenzuwirken
(**§ 10 SGB I**). Dieses soziale Recht behinderter Menschen ist bei der
Ausübung von Ermessen durch die Integrationsämter zu beachten; dabei ist sicherzustellen, dass es möglichst weitgehend verwirklicht wird
(**§ 2 Abs. 2 SGB I**).

Da die begleitende Hilfe aus dem Aufkommen der **Ausgleichsab-** 6
gabe finanziert wird (§ 77 Abs. 5 SGB IX, § 14 Abs. 1 Nr. 2 SchwbAV),
erscheint es als zulässig, auch den finanziellen Aspekt der insofern **be-**
grenzten Mittel als ermessensrelevanten Gesichtspunkt zu berücksichtigen (*Seidel* in: Hauck/Noftz, SGB IX, § 102 RdNr. 24). Erweist
sich jedoch eine konkrete Maßnahme der begleitenden Hilfe im Arbeitsleben zur Sicherung eines behinderungsgerechten Arbeitsplatzes
im Sinne der Aufgabenbeschreibung des § 102 Abs. 2 Satz 2 SGB IX als
zwingend erforderlich, wird sich das Ermessen des Integrationsamtes
dahingehend **„auf null"** reduzieren, dass eine Bewilligung zu erfolgen

hat (GK-SchwbG-*Spiolek,* § 31 RdNr. 57). Die Entscheidung über
Leistungen der begleitenden Hilfe ergeht durch **Verwaltungsakt** des
Integrationsamtes, wobei die **Begründung** auch die Gesichtspunkte
erkennen lassen muss, von denen die Behörde bei der Ausübung ihres
Ermessens ausgegangen ist (§ 35 Abs. 1 Satz 3 SGB X). Über den
Widerspruch des durch die Ablehnung beschwerten behinderten
Menschen oder Arbeitgebers entscheidet der Widerspruchsausschuss
bei dem Integrationsamt (§§ 118 f. SGB IX).

7   **§ 102 Abs. 2 Satz 1 SGB IX** enthält den **Grundsatz der engen
Zusammenarbeit** mit der Bundesanstalt für Arbeit und wiederholt
damit das bereits in § 101 Abs. 1 SGB IX enthaltene entsprechende Gebot (vgl. § 101 RdNr. 6 ff.). Soweit die Bundesanstalt für Arbeit nicht
als Rehabilitationsträger im Sinne des § 6 SGB IX, sondern in Erfüllung der Aufgaben des § 104 SGB IX tätig wird, greift der Subsidiaritätsgrundsatz des § 102 Abs. 5 SGB IX nicht. Vielmehr steht das Leistungsangebot der Integrationsämter nach § 102 SGB IX und das der
Bundesanstalt für Arbeit nach § 104 SGB IX **gleichrangig nebeneinander,** so dass erhöhter **Koordinierungs-** und **Kooperationsbedarf**
besteht. Der Schwerpunkt der begleitenden Hilfe der Integrationsämter liegt bei der Förderung bereits eingestellter schwerbehinderter
Menschen, während sich die Leistungen der Bundesanstalt für Arbeit
auf die Förderung der Einstellung selbst konzentrieren. Von daher liegt
es nahe, wenn die Arbeitsverwaltung im Falle einer erfolgreichen Vermittlung eines schwerbehinderten Menschen ggfs. erforderliche begleitende Hilfen zur Sicherung der beruflichen Eingliederung mit
dem zuständigen Integrationsamt abstimmt. **Zuständigkeitsüber-
schneidungen** ergeben sich bei der Ersteingliederung / Einstellung
schwerbehinderter Menschen, weil hier die begleitende Hilfe bereits
im Kontext des dem Arbeitsamt obliegenden Vermittlung einsetzen
kann. So erfasst § 17 Abs. 1 Satz 2 SchwbAV bestimmte Leistungen der
begleitenden Hilfe im Arbeitsleben zur Ermöglichung der Aufnahme
einer dauerhaften Beschäftigung (s.a. § 18 Abs. 2 Nr. 1 SchwbAV; *Seidel*
in: Hauck / Noftz, SGB IX, § 102 RdNr. 36; GK-SchwbG-*Spiolek,* § 31
RdNr. 33).

8   In **§ 102 Abs. 2 Satz 2, 4, 6 SGB IX** wird die **Unterstützung der
betrieblichen Eingliederung** schwerbehinderter Menschen als Aufgabe der Integrationsämter beschrieben. Als **Teilziele** werden benannt:

– Verhinderung des Absinkens der sozialen Stellung,
– Beschäftigung auf qualifikationsentsprechenden Arbeitsplätzen,
– Gelegenheit zur Weiterentwicklung von Fähigkeiten und Kennt-
   nissen,
– Stärkung der sozialen Kompetenz am Arbeitsplatz,
– Stärkung der Wettbewerbsfähigkeit gegenüber nichtbehinderten
   Menschen,

- Psychosoziale Betreuung,
- Verhinderung oder Beseitigung von Schwierigkeiten im Arbeitsleben.

Nach **§ 17 Abs. 2 SchwbAV** können Leistungen, die der Teilhabe
schwerbehinderter Menschen am Arbeitsleben nicht oder nur mittelbar dienen, im Rahmen der begleitenden Hilfe im Arbeitsleben nicht
erbracht werden. Insbesondere können **medizinische Maßnahmen**
sowie **Urlaubs- und Freizeitmaßnahmen** nicht gefördert werden.

Die Verwirklichung der Aufgaben der begleitenden Hilfe setzt eine   9
Kooperation zwischen Integrationsämtern und **Arbeitgebern** voraus. Die Mitarbeiter der Integrationsämter haben sich über die betrieblichen Belange zu informieren, ihre eigenen Kenntnisse und Erfahrungen einzubringen und die geeignete Hilfe im Beratungsprozess zu vermitteln. Dies erfordert **fachkundiges Personal** der Integrationsämter,
das insbesondere mit den für die betriebliche Integration schwerbehinderter Menschen maßgeblichen arbeitswissenschaftlichen, betriebs-
organisatorischen, arbeitspsychologischen und arbeitsschutzrechtlichen Aspekten hinreichend vertraut ist. Mitarbeiter der Integrationsämter müssen in der Lage sein, geeignete Vorschläge zur Beschäftigung
schwerbehinderter Menschen und zur Ausstattung ihrer Arbeitsplätze
zu machen, die sowohl den betrieblichen Interessen als auch den Belangen des Betroffenen Rechnung tragen (GK-SchwbG-*Spiolek,* § 31
RdNr. 38; Zur begleitenden Hilfe als Managementaufgabe: *Matzeder* br
2002, 40). Hierzu setzen die Integrationsämter auch beratende Inge-
nieure ein (zu Ingenieur-Fachdiensten: *Seidel* br 2002, 50). Da nach
§ 77 Abs. 5 Satz 2 SGB V personelle und sächliche Kosten der Verwaltung und Kosten des Verfahrens nicht aus dem Aufkommen der Ausgleichsabgabe bestritten werden dürfen, hängt die diesbezügliche Ausstattung der Integrationsämter von der Wertschätzung ihrer Aufgabenerfüllung durch die Haushaltsgesetzgeber in den Bundesländern ab
(krit. zur Ausstattung der Integrationsämter durch die Länder: *Feldes
u. a.,* Schwerbehindertenrecht, § 102 SGB IX RdNr. 6).

Arbeitgeber sind zur Mitwirkung an den begleitenden Hilfen der   10
Integrationsämter verpflichtet. Dies ergibt sich aus dem **systematischen Zusammenhang** der begleitenden Hilfe im Arbeitsleben mit
den **Arbeitgeberpflichten aus § 81 Abs. 3 bis 5 SGB IX** (Dazu: *Seidel*
SuP 2002, 31). Arbeitgeber haben demnach durch geeignete Maßnahmen sicherzustellen, dass in ihren Betrieben und Dienststellen wenigstens die vorgeschriebene Zahl schwerbehinderter Menschen eine
möglichst dauerhafte behinderungsgerechte Beschäftigung finden
können. Schwerbehinderte Menschen haben gegenüber ihrem Arbeitgeber u. a. einen Rechtsanspruch auf eine Beschäftigung, bei der sie
ihre Fähigkeiten und Kenntnisse möglichst voll verwerten und weiterentwickeln können und auf eine behinderungsgerechte Ausstattung
der Arbeitsstätte und des Arbeitsplatzes. Der in § 81 Abs. 4 Satz 2,

Abs. 5 Satz 2 SGB IX angeordneten Unterstützung der Arbeitgeber
bei der Erfüllung dieser Verpflichtungen durch die Integrationsämter
dient die begleitende Hilfe im Arbeitsleben. Dementsprechend haben
die Arbeitgeber den Beauftragten des Integrationsamtes auf Verlangen
Einblick in ihren Betrieb oder ihre Dienststelle zu geben (§ 80
Abs. 7 SGB IX) und auf Verlangen **Auskünfte** zu erteilen, die zur
Durchführung der begleitenden Hilfe erforderlich sind (§ 80 Abs. 5
SGB IX). Die **Schwerbehindertenvertretung** überwacht die Erfüllung der Arbeitgeberpflichten aus § 81 SGB IX und kann selbstständig
bei dem zuständigen Integrationsamt begleitende Hilfen beantragen
(§ 95 Abs. 1 Satz 2 Nr. 1 und 2 SGB IX). Die Vertrauensperson der
schwerbehinderten Menschen (§ 96 SGB IX) und der Beauftragte des
Arbeitgebers (§ 98 SGB IX) sind **Verbindungspersonen** zum Integrationsamt (§ 99 Abs. 2 Satz 2 SGB IX).

11   Nach **§ 102 Abs. 2 Satz 3 SGB IX** kommt die begleitende Hilfe
auch schwerbehinderten Menschen zugute, die in **befristeten Arbeitsverhältnissen** oder als **Teilzeitbeschäftigte** in einem Umfang
von mindestens 15 Stunden wöchentlich beschäftigt werden. Nach der
allgemeinen Arbeitsplatzdefinition in § 73 SGB IX gelten als Arbeitsplätze nicht Stellen, die nach der Natur der Arbeit oder nach den
zwischen den Parteien getroffenen Vereinbarungen nur auf die Dauer
von höchstens acht Wochen besetzt sind, sowie Stellen, auf denen Beschäftigte weniger als 18 Stunden wöchentlich beschäftigt werden.
Hinsichtlich des Umfangs der Teilzeitbeschäftigung ist die 15-Stun-
den-Grenze des § 102 Abs. 2 Satz 3 SGB IX **lex specialis**. Die Regelung stellt klar, dass die begleitende Hilfe im Arbeitsleben nicht nur
bei unbefristeten, sondern auch bei befristeten Voll- und Teilzeit-Be-
schäftigungsverhältnissen im Sinne des § 73 Abs. 1 SGB IX mit einer
Dauer von mehr als acht Wochen möglich ist, abweichend von § 73
Abs. 3 SGB IX auch für Teilzeitarbeitsverhältnisse ab mindestens 15
Stunden wöchentlich (BT-Drucks. 14/3372, S. 20).

12   Die nach den Umständen des Einzelfalls notwendige **psychosoziale
Betreuung** (§ 102 Abs. 2 Satz 4 SGB IX) gewährleisten die Integrationsämter durch eigene psychosozialen Dienste (zu Konzeption und
Qualitätsmanagement in der psychosozialen Betreuung: *Brand* br 1998,
34; *Beule u. a.* br 2000, 93). Daneben können sie nach § 102 Abs. 2 Satz 5
SGB IX psychosoziale **Dienste freier gemeinnütziger Einrichtungen und Organisationen** beteiligen, wobei die Integrationsämter
den behinderten Menschen und ihren Arbeitgebern gegenüber für die
sachgerechte Aufgabenerfüllung verantwortlich bleiben. Freie gemeinnützige Träger psychosozialer Dienste, die das Integrationsamt an
der Durchführung der ihr obliegenden Aufgabe der im Einzelfall erforderlichen psychosozialen Betreuung schwerbehinderter Menschen
unter Fortbestand ihrer Verantwortlichkeit beteiligt, können Leistungen zu den daraus entstehenden notwendigen Kosten erhalten (§ 102

Abs. 3 Satz 1 Nr. 3 SGB IX, § 28 Abs. 1 SchwbAV). Die externen Dienste haben fachliche Anforderungen zu erfüllen (§ 28 Abs. 2 SchwbAV). Die Maßnahmen müssen auf der Grundlage einer **Vereinbarung** zwischen dem Integrationsamt und dem Träger des psychosozialen Dienstes stattfinden, die auch das Nähere über die Höhe der zu übernehmenden Kosten bestimmt (§ 28 Abs. 3 SchwbAV).

Das Integrationsamt kann bei der Durchführung der begleitenden **13** Hilfe **Integrationsfachdienste** im Sinne der §§ 109 ff. SGB IX beteiligen (§ 102 Abs. 2 Satz 5 SGB IX). Auch hier bleibt das Integrationsamt für die Ausführung der Leistung verantwortlich (§ 111 Abs. 1 Satz 2 SGB IX). Näheres zur Beauftragung, Zusammenarbeit, fachlichen Leitung, Aufsicht sowie zur Qualitätssicherung und Ergebnisbeobachtung wird zwischen dem Integrationsamt und dem Träger des Integrationsfachdienstes auf der Grundlage einer bundesweiten **Mustervereinbarung** vertraglich geregelt (Vgl. § 111 Abs. 4 SGB IX). Im Auftrag legt das Integrationsamt in Abstimmung mit dem Integrationsfachdienst Art, Umfang und Dauer des im Einzelfall notwendigen Einsatzes des Integrationsfachdienstes sowie das Entgelt fest (§ 111 Abs. 2 SGB IX). Der Integrationsfachdienst hat mit dem Integrationsamt eng zusammenzuarbeiten (§ 111 Abs. 3 Nr. 2 SGB IX).

Die gesetzliche Option der Hinzuziehung eines Integrationsfach- **14** dienstes lässt das Recht des Integrationsamtes, eigene psychosoziale Dienste zu beteiligen, unberührt. Allerdings ist es das Ziel, dass Integrationsämter ebenso wie Arbeitsämter nur **denselben Integrationsfachdienst** beauftragen, der möglichst einen psychosozialen Dienst umfasst und damit auch den schwerbehinderten Menschen Rechnung getragen werden kann, die der psychosozialen Betreuung durch einen solchen Dienst bedürfen. Von den Arbeitsämtern und den Integrationsämtern sollen nicht unterschiedliche Fachdienste beteiligt werden (BT-Drucks. 14/3372, S. 20, 23). Die **Vergütung** für die Inanspruchnahme von Integrationsfachdiensten kann bei Beauftragung durch das Integrationsamt aus Mitteln der Ausgleichsabgabe erbracht werden (§ 113 SGB IX, § 27 a SchwbAV).

§ 102 Abs. 2 Satz 6 SGB IX verknüpft die begleitende Hilfe des **15** Integrationsamtes mit der **betrieblichen Interessenvertretung** schwerbehinderter Arbeitnehmer. Das Integrationsamt führt **Schulungs- und Bildungsmaßnahmen** für Vertrauenspersonen schwerbehinderter Menschen (§§ 94 ff. SGB IX), Beauftragte der Arbeitgeber (§ 98 SGB IX), Betriebs-, Personal-, Richter-, Staatsanwalts- und Präsidialräte zur Verhinderung oder Beseitigung von **Schwierigkeiten im Arbeitsleben** durch. Sie dienen insbesondere der Information über die Rechte schwerbehinderter Menschen, die Notwendigkeit besonderer Unterstützung und die diesbezüglichen Aufgaben der Vertretungsgremien. Neben Veranstaltungen der Integrationsämter werden auch **Maßnahmen anderer Träger** gefördert, wenn sie erforderlich und die Integrationsämter an ihrer inhaltlichen Gestaltung maßgeblich beteiligt sind (§ 29 Abs. 1 SchwbAV). Aufklärungsmaßnahmen sowie Schulungs- und Bildungsmaßnahmen für Personen außerhalb der in § 102 Abs. 2 Satz 6 SGB IX benannten Zielgruppe, die die Teilhabe schwerbehinderter Menschen am Arbeitsleben zum Gegenstand haben, können ebenfalls gefördert werden (§ 103 Abs. 3 Satz 2 SGB IX, § 29 Abs. 2 SchwbAV).

IV. Geldleistungen (Abs. 3)

16 Der **Katalog der Geldleistungen** des Integrationsamtes aus den ihm zur Verfügung stehenden Mitteln in § 102 Abs. 3 SGB IX (s.a. § 17 Abs. 1 Satz 1 SchwbAV) ist nicht abschließend („insbesondere"). Die Formulierung „im Rahmen seiner Zuständigkeit" ist im Zusammenhang mit dem in Abs. 5 enthaltenen Grundsatz der **Subsidiarität** der begleitenden Hilfe im Arbeitsleben gegenüber Leistungen vorrangig zuständiger Rehabilitationsträger zu verstehen. Die Vorschrift differenziert zwischen

– Leistungen an **schwerbehinderte Menschen** (§ 102 Abs. 3 Satz 1 Nr. 1 SGB IX, §§ 19 ff. SchwbAV),
– Leistungen an **Arbeitgeber** (§ 102 Abs. 3 Satz 1 Nr. 2 SGB IX, §§ 26 f. SchwbAV),
– **Leistungen an Dritte** (§ 102 Abs. 3 Satz 1 Nr. 3 SGB IX, §§ 27 a ff. SchwbAV),
– Leistungen zur Durchführung von **Aufklärungs-, Schulungs- und Bildungsmaßnahmen** (§ 102 Abs. 3 Satz 2 SGB IX, § 29 SchwbAV).

Nach der **Öffnungsklausel** des § 17 Abs. 1 Satz 2 SchwbAV können daneben solche Leistungen unter besonderen Umständen an Träger sonstiger Maßnahmen erbracht werden, die dazu dienen und geeignet sind, die Teilhabe schwerbehinderter Menschen am Arbeitsleben auf dem allgemeinen Arbeitsmarkt (Aufnahme, Ausübung oder Sicherung einer möglichst dauerhaften Beschäftigung) zu ermöglichen, zu erleichtern oder zu sichern.

17 **Geldleistungen** der begleitenden Hilfe im Arbeitsleben **an schwerbehinderte Menschen** können nur erbracht werden, wenn die Teilhabe am Arbeitsleben auf dem allgemeinen Arbeitsmarkt unter Berücksichtigung von Art oder Schwere der Behinderung auf **besondere Schwierigkeiten** stößt und **durch** die Leistungen ermöglicht, erleichtert oder gesichert werden kann. Außerdem darf es dem schwerbehinderten Menschen wegen des **behinderungsbedingten Bedarfs** nicht zuzumuten sein, die erforderlichen Mittel selbst aufzubringen. In den übrigen Fällen sind seine **Einkommensverhältnisse** zu berücksichtigen (§ 18 Abs. 2 SchwbAV).

Geldleistungen können als **einmalige** oder **laufende** Leistungen er- **18** bracht werden. Laufende Leistungen sind in der Regel zu befristen. Leistungen können wiederholt erbracht werden (§ 18 Abs. 3 SchwbAV).

Für die Beschaffung **technischer Arbeitshilfen** (§ 102 Abs. 3 Satz 1 **19** Nr. 1 Buchst. a SGB IX), ihre Wartung, Instandsetzung und die Ausbildung des schwerbehinderten Menschen im Gebrauch können die Kosten bis zur vollen Höhe übernommen werden. Gleiches gilt für die Ersatzbeschaffung und die Beschaffung zur Anpassung an die technische Weiterentwicklung (§ 19 SchwbAV). Abzugrenzen sind Hilfsmittel zum allgemeinen Behinderungsausgleich (§ 33 SGB V), die in der Regel als Leistungen zur medizinischen Rehabilitation (§ 26 Abs. 2 Nr. 6 SGB IX, § 31 SGB IX) bereitzustellen sind. Bei arbeitsplatzbezogenen technischen Hilfen sind diejenigen, die mit der Betriebseinrichtung fest verbunden sind (Arbeitstische, Werkbänke, Spezialmaschinen u. a.) vorrangig vom **Arbeitgeber** nach **§ 81 Abs. 4 Satz 1 Nr. 5 SGB IX** bereitzustellen. Hier kommt eine ergänzende Förderung des Arbeitgebers gem. § 102 Abs. 3 Satz 1 Nr. 2 Buchst. a SGB IX in Betracht, soweit die Erfüllung der Arbeitgeberpflicht zur behinderungsgerechten Ausgestaltung des Arbeitsumfeldes für diesen nicht zumutbar oder mit unverhältnismäßigen Aufwendungen verbunden wäre (§ 81 Abs. 4 Satz 3 SGB IX). Der **Anwendungsbereich des § 102 Abs. 3 Satz 1 Nr. 1 Buchst. a SGB IX** beschränkt sich damit auf technische Arbeitshilfen, die nicht betriebsbezogen sind oder trotz ihrer Betriebsbezogenheit im Besitz des schwerbehinderten Arbeitnehmers verbleiben (z. B. Spezialbrillen, spezielle Schutzschuhe, besondere Werkzeuge und kleinere technische Geräte; vgl. GK-SchwbG-*Spiolek*, § 31 RdNr. 63). Technische Arbeitshilfen gehören zum Leistungsspektrum vorrangig zuständiger Träger der **beruflichen Rehabilitation** (§ 33 Abs. 8 Satz 1 Nr. 5 SGB IX).

Geldleistungen zum **Erreichen des Arbeitsplatzes** (§ 102 Abs. 3 **20** Satz 1 Nr. 1 Buchst. b SGB IX werden schwerbehinderten Menschen in Anwendung der Verordnung über Kraftfahrzeughilfe zur beruflichen Rehabilitation **(KfzHV)** vom 28. 9. 1987 (BGBl. I S. 2251), zuletzt geändert durch Gesetz vom 19. 6. 2001 (BGBl. I S. 1046) gewährt (§ 20 SchwbAV, § 1 KfzHV). Die **Kraftfahrzeughilfe** umfasst Leistungen zur Beschaffung eines Kraftfahrzeugs, für eine behinderungsbedingte Zusatzausstattung und zur Erlangung einer Fahrerlaubnis (§ 2 KfzHV). Die Leistungen setzen voraus, dass der behinderte Mensch infolge seiner Behinderung nicht nur vorübergehend auf die Benutzung eines Kraftfahrzeugs angewiesen ist, um seinen Arbeits- oder Ausbildungsort oder den Ort einer sonstigen Leistung der beruflichen Bildung zu erreichen, und dass der behinderte Mensch ein Kraftfahrzeug führen kann oder gewährleistet ist, dass ein Dritter das Kraftfahrzeug für ihn führt (§ 3 Abs. 1 KfzHV). Da die Kraftfahrzeughilfe auch zum Leistungsangebot zur Teilhabe am Arbeitsleben der vorrangig zuständigen Rehabilitationsträger gehört (§ 5 Nr. 2 SGB IX, § 6 Abs. 1 Nr. 2, 3–5

SGB IX, § 33 Abs. 8 Nr. 1 SGB IX), verbleibt im Rahmen der begleitenden Hilfe der Integrationsämter die Förderung von nicht sozialversicherten Beamten und Selbstständigen.

21   Geldleistungen an schwerbehinderte Menschen zur Gründung und Erhaltung einer **selbstständigen beruflichen Existenz** (§ 102 Abs. 3 Satz 1 Nr. 1 Buchst. c SGB IX; Überblicksaufsatz: *Seidel* SuP 2001, 377) können als **Darlehen** oder **Zinszuschüsse** gewährt werden. Leistungsvoraussetzung ist nach § 21 SchwbAV, dass

   – der schwerbehinderte Mensch die erforderlichen persönlichen und fachlichen Voraussetzungen für die Ausübung der Tätigkeit erfüllt,

   – der schwerbehinderte Mensch seinen Lebensunterhalt durch die Tätigkeit voraussichtlich auf Dauer im Wesentlichen sicherstellen kann, und

   – die Tätigkeit unter Berücksichtigung von Lage und Entwicklung des Arbeitsmarkts zweckmäßig ist.

   Nicht erforderlich ist es, dass die selbstständige Tätigkeit die Haupterwerbsgrundlage des behinderten Menschen darstellt. Eine Förderung kommt auch dann in Betracht, wenn das Vorhaben es ermöglicht, neben **Familienpflichten** zeitlich flexibel einer Erwerbstätigkeit nachzugehen. Dies gilt ebenfalls, wenn der behinderte Mensch aus gesundheitlichen Gründen nur mit **reduzierter Stundenzahl** arbeitet und im Übrigen der Lebensunterhalt z. B. durch das Einkommen des Partners gesichert ist. Untergrenze ist ein Tätigkeitsumfang von 15 Stunden wöchentlich (*Seidel* SuP 2001, 377, 379). Sonstige Leistungen zur Deckung von Kosten des **laufenden Betriebs** können nicht erbracht werden.

22   Geldleistungen zur Beschaffung, Ausstattung und Erhaltung einer **behinderungsgerechten Wohnung** (§ 102 Abs. 3 Satz 1 Nr. 1 Buchst. d SGB IX, zum Gesetzgebungsverfahren vgl. RdNr. 2) werden als Zuschüsse, Zinszuschüsse oder Darlehen erbracht. Höhe, Tilgung und Verzinsung bestimmen sich nach den Umständen des Einzelfalls (§ 22 Abs. 2 SchwbAV). Neben der **Beschaffung** von behinderungsgerechten Wohnraum im Sinne des § 2 Abs. 2 des Zweiten Wohnungsbaugesetzes sind die **Anpassung** von Wohnraum und seiner Ausstattung an die besonderen behinderungsbedingten Bedürfnisse und der **Umzug** in eine behinderungsgerechte oder erheblich verkehrsgünstiger zum Arbeitsplatz gelegene Wohnung förderfähig (§ 22 Abs. 1 SchwbAV). Leistungen von anderer Seite sind nur insoweit anzurechnen, als sie schwerbehinderten Menschen für denselben Zweck wegen der Behinderung zu erbringen sind oder erbracht werden (§ 22 Abs. 3 SchwbAV). Die Wohnungshilfe wird als Leistung zur Teilhabe am Arbeitsleben von vorrangig zuständigen Rehabilitationsträgern erbracht (§ 33 Abs. 8 Satz 1 Nr. 6 SGB IX).

23   Geldleistungen für **Hilfen zur beruflichen Förderung** im Sinne des § 102 Abs. 3 Satz 1 Nr. 1 Buchst. e SGB IX, § 24 SchwbAV werden

erbracht, wenn der schwerbehinderte Mensch an inner- oder außerbetrieblichen **Maßnahmen der beruflichen Bildung** zur Erhaltung
und Erweiterung seiner beruflichen Kenntnisse und Fertigkeiten oder
zur Anpassung an die technische Entwicklung teilnimmt. Vor allem bei
besonderen Fortbildungs- und Anpassungsmaßnahmen, die nach Art,
Umfang und Dauer den Bedürfnissen des schwerbehinderten Menschen entsprechen, können Zuschüsse bis zur Höhe der ihm durch die
Teilnahme an diesen Maßnahmen entstehenden Aufwendungen gewährt werden. Hilfen können auch zum beruflichen Aufstieg erbracht
werden. Vorrangig zuständige **Rehabilitationsträger** bieten entsprechende Leistungen zur Teilhabe im Arbeitsleben (§ 33 Abs. 3 Nr. 2–4
SGB IX).

Geldleistungen an schwerbehinderte Menschen **in besonderen Le-** 24
benslagen (§ 102 Abs. 3 Satz 1 Nr. 1 Buchst. f SGB IX, § 25 SchwbAV)
werden erbracht, wenn und soweit sie unter Berücksichtigung von Art
und Schwere der Behinderung erforderlich sind, um die Teilhabe am
Arbeitsleben auf dem allgemeinen Arbeitsmarkt zu ermöglichen, zu
erleichtern oder zu sichern. Auch im Rahmen dieser **Auffangregelung** zur Berücksichtigung individueller Hilfebedarfe muss der konkrete Bezug zur Eingliederung in das Arbeitsleben gegeben sein.

Geldleistungen an **Arbeitgeber zur behinderungsgerechten** 25
Einrichtung von Arbeitsplätzen für schwerbehinderte Menschen
(§ 102 Abs. 3 Satz 1 Nr. 2 Buchst. a SGB IX, § 26 SchwbAV) können als
Darlehen oder **Zuschuss** bis zur vollen Höhe der entstehenden notwendigen Kosten für folgende Maßnahmen gewährt werden:
– Behinderungsgerechte Einrichtung und Unterhaltung der Arbeitsstätten einschließlich der Betriebsanlagen, Maschinen und Geräte,
– Einrichtung von Teilzeitarbeitsplätzen,
– Ausstattung von Arbeits- oder Ausbildungsplätzen mit notwendigen technischen Arbeitshilfen, deren Wartung und Instandsetzung
  sowie die Ausbildung des schwerbehinderten Menschen im Gebrauch der geförderten Gegenstände,
– Sonstige Maßnahmen, durch die eine möglichst dauerhafte behinderungsgerechte Beschäftigung schwerbehinderter Menschen in
  Betrieben oder Dienststellen ermöglicht, erleichtert oder gesichert
  werden kann.
Gleiches gilt für Ersatzbeschaffungen oder Beschaffungen zur Anpassung an die technische Weiterentwicklung.

Art und **Höhe** der Leistung an Arbeitgeber bestimmen sich nach 26
den **Umständen des Einzelfalls**, insbesondere unter Berücksichtigung, ob eine **Verpflichtung des Arbeitgebers** zur Durchführung
von Maßnahmen gemäß § 81 Abs. 3 Satz 1, Abs. 4 Satz 1 Nr. 4 und 5 und
Abs. 5 Satz 1 SGB IX besteht und erfüllt wird sowie ob schwerbehinderte Menschen ohne **Beschäftigungspflicht** oder über die Beschäftigungspflicht hinaus (§ 71 SGB IX) oder im Rahmen der Erfüllung der

besonderen Beschäftigungspflicht gegenüber bei der Teilhabe am Arbeitsleben **besonders betroffenen** schwerbehinderten Menschen (§ 71 Abs. 1 Satz 2, § 72 SGB IX) beschäftigt werden (§ 26 Abs. 2 SchwbAV). Die begleitende Hilfe des Integrationsamtes in Form von Geldleistungen für Arbeitgeber kommt insbesondere in Betracht, wenn die alleinige Kostentragung für den Arbeitgeber **nicht zumutbar** oder mit **unverhältnismäßigen Aufwendungen** verbunden wäre und damit ein Rechtsanspruch des schwerbehinderten Menschen gegenüber dem Arbeitgeber nicht besteht (§ 81 Abs. 4 Satz 3 SGB IX; s.a. GK-SchwbG-*Spiolek*, § 31 RdNr. 77). Vorrangig zuständige **Rehabilitationsträger** gewähren an Arbeitgeber als Leistung zur Teilhabe am Arbeitsleben Zuschüsse für Arbeitshilfen im Betrieb (§ 34 Abs. 1 Satz 1 Nr. 3 SGB IX).

27   Arbeitgeber können Zuschüsse zur **Abgeltung außergewöhnlicher Belastungen** erhalten, die mit der Beschäftigung eines schwerbehinderten Menschen verbunden sind, der nach Art oder Schwere seiner Behinderung **im Arbeitsleben besonders betroffen** ist (§ 72 Abs. 1 Satz 1 Buchst. a bis d SGB IX) oder in **Teilzeit** (§ 75 Abs. 2 SGB IX) beschäftigt wird, vor allem, wenn ohne diese Leistungen das Beschäftigungsverhältnis gefährdet würde (§ 102 Abs. 3 Satz 1 Nr. 2 Buchst. b SGB IX, § 27 Abs. 1 SchwbAV). **Außergewöhnliche Belastungen** sind überdurchschnittlich hohe finanzielle Aufwendungen oder sonstige Belastungen, die einem Arbeitgeber bei der Beschäftigung eines schwerbehinderten Menschen auch nach Ausschöpfung aller Möglichkeiten entstehen und für die die Kosten zu tragen für den Arbeitgeber nach Art oder Höhe unzumutbar ist (§ 27 Abs. 2 SchwbAV). Die Dauer des Zuschusses richtet sich nach den Umständen des Einzelfalls (§ 27 Abs. 3 SchwbAV).

28   Als **sonstige Leistungen an Dritte** sieht § 102 Abs. 3 Satz 1 Nr. 3 SGB IX i.V.m. § 28 SchwbAV Geldleistungen an freie gemeinnützige **Träger psychosozialer Dienste** vor, die das Integrationsamt gem. § 102 Abs. 2 Satz 5 SGB IX an der Durchführung der ihr obliegenden psychosozialen Betreuung schwerbehinderter Menschen beteiligt. Beauftragt das Integrationsamt im Rahmen der begleitenden Hilfe einen **Integrationsfachdienst** (§§ 109 ff. SGB IX), kann dieser Leistungen aus dem Aufkommen der Ausgleichsabgabe zu den durch seine Inanspruchnahme entstehenden notwendigen Kosten erhalten (§ 17 Abs. 1 Satz 1 Nr. 3, § 27 a SchwbAV). Darüber hinaus können nach § 102 Abs. 3 Satz 1 Nr. 3 SGB IX i.V.m. § 28 a SchwbAV **Integrationsprojekte** im Sinne der §§ 132 ff. SGB IX Leistungen für Aufbau, Erweiterung, Modernisierung und Ausstattung einschließlich einer betriebswirtschaftlichen Beratung und besonderen Aufwand erhalten. Durch die mit dem SGB IX bewirkte Ergänzung der Regelung (vgl. RdNr. 2) ist den Integrationsämtern auch die Förderung der von **öffentlichen Arbeitgebern** geführten Integrationsbetriebe und

–abteilungen übertragen worden. Die Erbringung von Leistungen an Integrationsbetriebe und -abteilungen obliegt vorrangig dem Ausgleichsfonds beim BMA (§ 134 SGB IX, § 41 Abs. 1 Satz 1 Nr. 3 SchwbAV).

Die in § 102 Abs. 3 Satz 2 SGB IX, § 29 Abs. 2 SchwbAV vorgesehe- **29** nen Leistungen zur Durchführung von **Aufklärungs-, Schulungs- und Bildungsmaßnahmen,** die die Teilhabe schwerbehinderter Menschen am Arbeitsleben zum Gegenstand haben, wenden sich an andere als die in § 102 Abs. 2 Satz 6 SGB IX genannten Personen. Darüber hinaus können Informationsschriften und –veranstaltungen über Rechte, Pflichten, Leistungen und sonstige Eingliederungshilfen sowie Nachteilsausgleiche nach dem SGB IX und anderen Vorschriften gefördert werden.

Im Jahre **2000** gaben die **Integrationsämter** 49,54 Mio. DM für **30** Leistungen an Arbeitgeber zur Förderung der Einstellung (nur Sonderprogramme) aus. Insgesamt 400,42 Mio. DM wendeten sie für Leistungen der begleitenden Hilfe auf, davon 48,37 Mio. DM für Leistungen an schwerbehinderte Menschen, 269,51 Mio. DM für Leistungen an Arbeitgeber, 80,11 Mio. DM für Leistungen an freie Träger zur psychosozialen Betreuung und 2,43 Mio. DM für sonstige Maßnahmen. Auf die institutionelle Förderung entfielen 143,98 Mio. DM, auf Schulung und Öffentlichkeitsarbeit 8,91 Mio. DM und Forschungs- und Modellvorhaben 161,94 Mio. DM (**Gesamtausgaben**: 611,90 Mio. DM, BT-Drucks. 14/8441, S. 17).

V. Arbeitsassistenz (Abs. 4)

Mit dem Gesetz zur Bekämpfung der Arbeitslosigkeit Schwerbehin- **31** derter vom 29. 9. 2000 (BGBl. I S. 1394; Vgl. § 68 RdNr. 23 f.) ist mit Wirkung zum 1. 10. 2000 der **Rechtsanspruch** schwerbehinderter Menschen auf **Arbeitsassistenz** eingeführt worden (zu fachlichen und juristischen Aspekten der Arbeitsassistenz: *Schneider/Adlhoch* br 2001, 51; *Schneider* SuP 2000, 389; Informationen der Bundesarbeitsgemeinschaft für Unterstützte Beschäftigung – BAG UB – unter www.arbeitsassistenz.de). Die Ausgestaltung als Rechtsanspruch stellt innerhalb der begleitenden Hilfe im Arbeitsleben eine Besonderheit dar, da diese im Übrigen im Ermessen des Integrationsamtes liegt (BT-Drucks. 14/3372, S. 20, vgl. RdNr. 5). Nach dem bis zum 30. 9. 2000 geltenden Schwerbehindertenrecht waren Unterstützungs- und Arbeitsassistenzleistungen überwiegend als Leistungen bei außergewöhnlichen Belastungen an Arbeitgeber erbracht worden (§ 27 SchwbAV). Diese Form der Förderung **arbeitgeberorganisierter Arbeitsassistenz** bleibt von der Änderung des Schwerbehindertenrechts und seiner Einordnung in das SGB IX unberührt. Die neuen Regelungen über die **arbeitnehmerorganisierte Arbeitsassistenz** beinhalten ein zusätzliches Leistungsangebot. Beide Leistungsmöglichkeiten stehen zur Wahl des schwerbehinderten Menschen.

32   Erste Erfahrungen mit dem neuen Recht zeigen, dass ein hoher Anteil von schwerbehinderten Menschen zu der vom jeweiligen Arbeitgeber organisierten persönlichen Unterstützung neigt. Die von dem schwerbehinderten Menschen selbst organisierte Form der Arbeitsassistenz stellt hohe Anforderungen an den schwerbehinderten Menschen in seiner **Arbeitgeberfunktion**. Die Antragsteller – Arbeitgeber oder schwerbehinderte Menschen – werden von den Integrationsämtern über die bestehenden Fördermöglichkeiten gemäß § 102 Abs. 3 Satz 1 Nr. 2 Buchst. b SGB IX i.V.m. § 27 SchwbAV (Leistungen bei außergewöhnlichen Belastungen) sowie gemäß § 102 Abs. 4 SGB IX i.V.m. § 17 Abs. 1 a SchwbAV (Arbeitsassistenz) informiert. Dabei zeigt sich, dass mehrheitlich eine Bewilligung nach der ersten Alternative von den Beteiligten favorisiert wird. Ausschlaggebend dafür scheint zu sein, dass die Pflichten und Verantwortlichkeiten, die dem schwerbehinderten Menschen als Arbeitgeber einer Assistenzkraft entstehen, häufig davon abhalten, diese Leistung zu beantragen. Zwischenzeitlich treten professionelle Anbieter von **Arbeitsassistenz-Diensten** auf, welche die Gewinnung eines Arbeitsassistenten und die Arbeitgeberfunktionen samt der Vertretungen in Krankheits- und Urlaubsfällen übernehmen, was aber insgesamt zu einer Verteuerung führen kann (Antwort der Bundesregierung vom 5.3.2002 auf eine Kleine Anfrage der PDS-Fraktion zu den Wirkungen des Gesetzes zur Bekämpfung der Arbeitslosigkeit Schwerbehinderter, BT-Drucks. 14/8441, S. 29).

33   Seitens der Integrationsämter findet **keine generelle Überprüfung** der bewilligten Leistungen für eine vom Arbeitgeber organisierte personelle Unterstützung (§ 102 Abs. 3 Satz 1 Nr. 2 Buchst. b SGB IX) mit dem Ziel statt, die Voraussetzungen für eine Arbeitsassistenz nach § 102 Abs. 4 SGB IX zu überprüfen. Die Voraussetzungen für eine arbeitnehmerorganisierte Arbeitsassistenz nach neuem Recht werden nur auf **Antrag** des betroffenen schwerbehinderten Menschen geprüft (BT-Drucks. 14/8441, S. 30).

34   **Begrifflich** ist Arbeitsassistenz die über gelegentliche Handreichungen hinausgehende, zeitlich wie tätigkeitsbezogen **regelmäßig wiederkehrende Unterstützung** von schwerbehinderten Menschen bei der **Arbeitsausführung** in Form einer von ihnen selbst beauftragten persönlichen Arbeitsplatzassistenz im Rahmen der Erlangung oder Erhaltung eines Arbeitsplatzes auf dem allgemeinen Arbeitsmarkt. Sie beinhaltet insbesondere **Hilfstätigkeiten** bei der Erbringung der seitens der schwerbehinderten Menschen arbeitsvertraglich geschuldeten Arbeitsaufgabe. Dazu zählen auch Vorlesekräfte für Blinde und hochgradig Sehbehinderte sowie – bei kontinuierlichem, umfangreichem Bedarf – der Einsatz von Gebärdendolmetschern. Die Leistung setzt

voraus, dass die schwerbehinderten Menschen in der Lage sind, den das Beschäftigungsverhältnis inhaltlich prägenden **Kernbereich** der arbeitsvertraglich geschuldeten Arbeitsaufgaben selbstständig zu erbringen. Das **Austauschverhältnis** Arbeit gegen Entgelt muss im Wesentlichen gewahrt bleiben (*Mrozynski,* SGB IX Teil 1, § 33 RdNr. 73 f.; *Seidel* in: Hauck/Noftz, SGB IX, § 102 RdNr. 60; *Braasch* br 2001, 177, 184). Der über Arbeitsassistenz **abzudeckende Hilfebedarf** bezieht sich nur auf arbeitsplatzbezogene oder arbeitsausführende Hilfeleistungen (BT-Drucks. 14/8441, S. 29).

Notwendig im Sinne des § 102 Abs. 4 SGB IX ist die Arbeitsassistenz, wenn dem schwerbehinderten Menschen erst dadurch eine den Anforderungen des allgemeinen Arbeitsmarkts entsprechende Erbringung der jeweils arbeitsvertraglich geschuldeten Tätigkeit wettbewerbsfähig ermöglicht wird. Andere Möglichkeiten der begleitenden Hilfe im Arbeitsleben wie die behinderungsgerechte Ausstattung des Arbeitsplatzes und berufliche Qualifizierung müssen ausgeschöpft sein (s.a. *Haines,* LPK-SGB IX, § 33 RdNr. 48). Die Auswahl eines dem Fähigkeitsprofil entsprechenden Arbeitsplatzes im Wege einer innerbetrieblichen Umsetzung oder Versetzung kann nur dann verlangt werden, wenn es sich um eine für den behinderten Menschen zumutbare gleichwertige Alternative handelt. **35**

Das Nähere über die Voraussetzungen des Anspruchs auf Arbeitsassistenz sowie über die Höhe, Dauer und Ausführung der Leistung soll auf der Grundlage der gesetzlichen Ermächtigung in § 108 SGB IX in einer **Rechtsverordnung** der Bundesregierung mit Zustimmung des Bundesrates geregelt werden. Der nach dem Willen des Gesetzgebers unverzügliche Erlass der Verordnung steht aus, was jedoch die Geltendmachung des Anspruchs nicht hindert. Es gelten die **allgemeinen Leistungsvoraussetzungen** des § 18 SchwbAV (BT-Drucks. 14/3372, S. 21, 27), so dass in Anwendung des § 18 Abs. 2 Nr. 2 SchwbAV bei der Höhe der Leistungsgewährung auf ein vertretbares Verhältnis zu dem von dem schwerbehinderten Menschen erzielten Arbeitseinkommen abzustellen ist. **36**

Die von den Integrationsämtern entwickelten und mit dem BMA abgestimmten **„Vorläufigen Empfehlungen"** der **Bundesarbeitsgemeinschaft der Integrationsämter und Hauptfürsorgestellen** (br 2001, Heft 2, Beilage 1) sehen Leistungen an schwerbehinderte Menschen vor, die sich nach Höhe und Dauer an der zeitlichen Inanspruchnahme von Arbeitsassistenz ausrichten und bis zu 1023 Euro, vereinzelt auch darüber, betragen. Es ist ein **Bewilligungszeitraum** von in der Regel zwei Jahren vorgesehen, auf Antrag können die Leistungen wiederholt erbracht werden. **37**

Im Hinblick auf den Rechtscharakter der „Vorläufigen Empfehlungen" als für Betroffene und Gerichte nicht verbindliche **Verwaltungsrichtlinien** und die Ausgestaltung des § 102 Abs. 4 SGB IX als **38**

Rechtsanspruch des schwerbehinderten Menschen entfaltet die Regelung der **Nr. 1.4 der Empfehlungen** keine Rechtswirkung. Demnach ist der Anspruch dem Grunde und/oder der Höhe nach **beschränkt** auf Mittel der Ausgleichsabgabe in dem Umfang, in dem sie dem örtlich zuständigen Integrationsamt im Jahr des Eingangs des Förderantrags zur Verfügung stehen. Diese verwaltungsseitige Vorgabe einer **Begrenzung des Rechtsanspruchs** auf Übernahme von Assistenzkosten nach Maßgabe ihrer Finanzierbarkeit findet in § 102 Abs. 4 SGB IX keine Grundlage. Mit der gesetzlichen Formulierung „aus den ihm zur Verfügung stehenden Mitteln der Ausgleichsabgabe" ist allein die **Abgrenzung der Kostenträgerschaft** gegenüber den Rehabilitationsträgern (§ 33 Abs. 8 SGB IX) angesprochen. Eine Anspruchsbegrenzung bedarf einer eindeutigen **gesetzlichen Regelung**, zumal es ansonsten in der Hand der Integrationsämter läge, den Rechtsanspruch behinderter Menschen auf Kostenübernahme durch Mittelverschiebungen zugunsten anderer Verwendungszwecke der Ausgleichsabgabe ganz oder teilweise zu unterlaufen. Von daher ist der Kritik des VDK an der fehlenden gesetzlichen Regelung der Leistungsvoraussetzungen und des Leistungsumfangs zuzustimmen (Stellungnahme des VdK zum SGB IX-Entwurf, SuP 2001, 169, 175).

39   **Förderungsfähig** ist nur der Arbeitsassistenzbedarf schwerbehinderter Menschen in tariflich oder ortsüblich entlohnten **Beschäftigungsverhältnissen** auf Arbeitsplätzen im Sinne des § 73 SGB IX, § 102 Abs. 2 Satz 3 SGB IX, d. h. es muss ein Mindestbeschäftigungsumfang des schwerbehinderten Menschen von 15 Stunden wöchentlich vorliegen. Die Förderung von **Arbeitsbeschaffungsmaßnahmen** durch die Bundesanstalt für Arbeit umfasst nach § 264 Abs. 5 SGB III auch die Übernahme der Kosten einer notwendigen Arbeitsassistenz. Entsprechendes gilt für die Förderung von **Strukturanpassungsmaßnahmen** (§ 278 SGB III).

40   Bei der arbeitnehmerorganisierten Arbeitsassistenz bestehen zwischen der Assistenzkraft und dem Arbeitgeber des behinderten Menschen **keine vertraglichen Rechtsbeziehungen**. Die Organisations- und Anleitungskompetenz für die Assistenzkraft liegt bei dem schwerbehinderten Mitarbeiter. Gleichwohl besteht angesichts des Hausrechts des Arbeitgebers die Notwendigkeit einer **Abstimmung mit dem Arbeitgeber**. Die Integrationsämter verlangen deshalb eine schriftliche Erklärung des Arbeitgebers, dass er mit dem Einsatz einer nicht von ihm angestellten betriebsfremden Assistenzkraft einverstanden ist. Aus dem in § 81 Abs. 4 Satz 1 Nr. 4 SGB IX enthaltenen Rechtsanspruch des behinderten Menschen gegenüber seinem Arbeitgeber auf behinderungsgerechter Einrichtung und Unterhaltung der Arbeitsstätten ist abzuleiten, dass Arbeitgeber in der Regel (Zumutbarkeitsgrenze entsprechend § 81 Abs. 4 Satz 3 SGB IX) **verpflichtet** sind, Arbeitsassistenten den **Zutritt zum Betrieb zu erlauben** (s.a. *Braasch* br 2001, 177, 184).

Das SGB IX hat die Übernahme der Kosten einer notwendigen Ar- **41** beitsassistenz auch als **Rehabilitationsleistung** zur Erlangung eines Arbeitsplatzes eingeführt (§ 33 Abs. 8 Satz 1 Nr. 3 SGB IX). Diese durch den zuständigen Rehabilitationsträger (§ 6 Abs. 1 Nr. 1–5 SGB IX) für die Dauer von **bis zu drei Jahren** zu erbringende Leistung wird in Abstimmung mit dem Rehabilitationsträger durch das Integrationsamt nach § 102 Abs. 4 SGB IX ausgeführt. Der Rehabilitationsträger erstattet dem Integrationsamt seine Aufwendungen (§ 33 Abs. 8 Satz 2–3 SGB IX). Die Rehabilitationsleistung nach dieser Regelung ist gegenüber dem Anspruch aus § 102 Abs. 4 SGB IX **vorrangig** (§ 102 Abs. 5 SGB IX, § 18 Abs. 1 SchwbAV). Der Anspruch aus § 102 Abs. 4 SGB IX bleibt gemäß § 33 Abs. 8 Satz 4 SGB IX unberührt, so dass sich nach Ablauf der Förderungshöchstdauer von drei Jahren für die Leistung des Rehabilitationsträgers die **zeitlich nicht begrenzte Förderung** der Arbeitsassistenz durch das Integrationsamt aus den Mitteln der Ausgleichsabgabe anschließen kann (*Mrozynski,* SGB IX Teil 1, § 33 RdNr. 72). Da das Integrationsamt von Beginn an die Leistung ausführt, wird ein Trägerwechsel und damit möglicherweise verbunden auch der Wechsel der Assistenzkraft vermieden (BT-Drucks. 14/5074, S. 108).

VI. Verhältnis zu Leistungen anderer Träger (Abs. 5)

Nach **§ 102 Abs. 5 Satz 1 SGB IX** bleiben Verpflichtungen anderer **42** durch die vom Integrationsamt zu erbringenden Leistungen der begleitenden Hilfe im Arbeitsleben unberührt. Dies betrifft das Verhältnis zu den Leistungen der Bundesanstalt für Arbeit nach § 104 Abs. 1 Nr. 1–4 SGB IX. Insoweit gilt das Prinzip der **Gleichrangigkeit** mit der Anforderung an die beteiligten Behörden, die Leistungserbringung zu koordinieren. Hat die Bundesanstalt für Arbeit allerdings geleistet, kommt gemäß § 18 Abs. 1 Satz 1 SchwbAV eine gleichgeartete Leistung im Rahmen der begleitenden Hilfe durch das Integrationsamt nicht mehr in Betracht (GK-SchwbG-*Spiolek,* § 31 RdNr. 82).

§ 102 Abs. 5 Satz 2 SGB IX beschreibt den **generellen Nachrang** **43** der vom Integrationsamt bereitzustellenden begleitenden Hilfe im Arbeitsleben gegenüber den von den **Rehabilitationsträgern** nach § 6 Abs. 1 Nr. 1–5 SGB IX zu gewährenden Leistungen zur Teilhabe am Arbeitsleben (§ 5 Nr. 2 SGB IX, §§ 33 ff. SGB IX). Der Subsidiaritätsgrundsatz gilt auch dann, wenn auf Rehabilitationsleistungen kein Rechtsanspruch besteht. Rehabilitationsträgern ist es untersagt, insbesondere Ermessensleistungen deshalb zu versagen, weil das Schwerbehindertenrecht entsprechende Leistungen vorsieht. Das **Aufstockungsverbot** des § 102 Abs. 5 Satz 2 Halbs. 2 SGB IX soll sicherstellen, dass jeder Rehabilitationsträger in Erfüllung seines Auftrages aus

§ 4 Abs. 2 Satz 2 SGB IX im Rahmen seiner Zuständigkeit die nach Lage des Einzelfalls erforderlichen Leistungen so vollständig, umfassend und in gleicher Qualität erbringt, dass Leistungen eines anderen Trägers möglichst nicht erforderlich werden (Vgl. *Dau*, LPK-SGB IX, § 102 RdNr. 17; *Steck* in: Kossens/von der Heide/Maaß, Praxiskommentar zum Behindertenrecht, SGB IX, § 102 RdNr. 16 f.).

44   Mit der Beschränkung der Regelung auf die in § 6 Abs. 1 Nr. 1–5 SGB IX aufgeführten Rehabilitationsträger wird dem **Nachrang von Leistungen der Träger der Sozialhilfe** getragen (s. a. § 18 Abs. 1 Satz 2 SchwbAV). Entsprechendes gilt für die Träger der öffentlichen Jugendhilfe – § 6 Abs. 1 Nr. 6 SGB IX – (BT-Drucks. 14/5800, S. 30).

VII. Zuständigkeitsklärung (Abs. 6)

45   Mit **§ 102 Abs. 6 Satz 1 SGB IX** werden die Integrationsämter, die selbst nicht Rehabilitationsträger im Sinne des § 6 SGB IX sind, in die **Zuständigkeitsklärung nach § 14 SGB IX** einbezogen (BT-Drucks. 14/5074, S. 113 f.: Integrationsämter verfahren wie Rehabilitationsträger nach § 14 SGB IX). Beantragt ein behinderter Mensch bei einem Integrationsamt eine Rehabilitationsleistung zur Teilhabe am Arbeitsleben, leitet das Integrationsamt den Antrag gemäß § 14 Abs. 1 Satz 2 SGB IX unverzüglich dem seiner Auffassung nach zuständigen Rehabilitationsträger zu. Die **Weiterleitungspflicht** ergibt sich bereits aus § 16 Abs. 2 SGB I. Für die Klärung einer zweifelhaften Zuständigkeit setzt § 14 Abs. 1 Satz 1 SGB IX die **kurze Frist** von zwei Wochen nach Antragseingang (zu weiteren Einzelheiten der Zuständigkeitsklärung wie Entscheidungsfrist, Begutachtung, vorläufige Leistungen und Erstattungen vgl. *Mrozynski*, SGB IX Teil 1, § 14 RdNr. 7 ff.).

46   Entsprechend der Klarstellung in **§ 102 Abs. 6 Satz 2 SGB IX** findet die allgemeine Regelung des § 16 SGB I Anwendung, wenn ein Antrag auf begleitende Hilfe im Arbeitsleben zunächst bei einem Rehabilitationsträger gestellt wird und von diesem nach dem in dieser Vorschrift vorgesehenen Verfahren dem Integrationsamt zugeleitet wird. Die Folge ist, dass der Antrag von dem Integrationsamt im Rahmen des in § 14 SGB IX vorgesehenen Verfahrens an den für die Erbringung der Leistung vorrangig zuständigen Rehabilitationsträger (vgl. § 102 Abs. 5 SGB IX) weitergeleitet werden kann. Gelangt das Integrationsamt zu der Überzeugung, es handele sich um eine Leistung, für die der ursprünglich angegangene Rehabilitationsträger zuständig ist, kann der Antrag auch an diesen Träger zurückgeleitet werden. Dieser muss dann über den Antrag nach § 14 SGB IX entscheiden (BT-Drucks. 14/5800, S. 31).

Beratender Ausschuss für behinderte Menschen bei dem Integrationsamt

103 (1) ¹Bei jedem Integrationsamt wird ein Beratender Ausschuss für behinderte Menschen gebildet, der die Teilhabe der behinderten Menschen am Arbeitsleben fördert, das Integrationsamt bei der Durchführung der besonderen Regelungen für schwerbehinderte Menschen zur Teilhabe am Arbeitsleben unterstützt und bei der Vergabe der Mittel der Ausgleichsabgabe mitwirkt. ²Soweit die Mittel der Ausgleichsabgabe zur institutionellen Förderung verwendet werden, macht der Beratende Ausschuss Vorschläge für die Entscheidungen des Integrationsamtes.

(2) Der Ausschuss besteht aus zehn Mitgliedern, und zwar aus

zwei Mitgliedern, die die Arbeitnehmer und Arbeitnehmerinnen vertreten,

zwei Mitgliedern, die die privaten und öffentlichen Arbeitgeber vertreten,

vier Mitgliedern, die die Organisationen behinderter Menschen vertreten,

einem Mitglied, das das jeweilige Land vertritt,

einem Mitglied, das das Landesarbeitsamt vertritt.

(3) ¹Für jedes Mitglied ist ein Stellvertreter oder eine Stellvertreterin zu berufen. ²Mitglieder und Stellvertreter oder Stellvertreterinnen sollen im Bezirk des Integrationsamtes ihren Wohnsitz haben.

(4) ¹Das Integrationsamt beruft auf Vorschlag

der Gewerkschaften des jeweiligen Landes zwei Mitglieder,

der Arbeitgeberverbände des jeweiligen Landes ein Mitglied,

der zuständigen obersten Landesbehörde oder der von ihr bestimmten Behörde ein Mitglied,

der Organisationen behinderter Menschen des jeweiligen Landes, die nach der Zusammensetzung ihrer Mitglieder dazu berufen sind, die behinderten Menschen in ihrer Gesamtheit zu vertreten, vier Mitglieder.

²Die zuständige oberste Landesbehörde oder die von ihr bestimmte Behörde und der Präsident oder die Präsidentin des Landesarbeitsamtes berufen je ein Mitglied.

I. Allgemeines, Regelungsinhalt der Vorschrift

1   Die Vorschrift über die **Pflicht** zur Bildung von Beratenden Ausschüssen für behinderte Menschen **bei jedem Integrationsamt** und über deren **Aufgaben, Zusammensetzung** und die **Bestellung der Mitglieder** überträgt abgesehen von sprachlichen Anpassungen und einer Neugestaltung der Absätze inhaltsgleich den bisherigen **§ 32 SchwbG** (zur Entstehungsgeschichte: GK-SchwbG-*Spiolek*, § 32 RdNr. 4 f.).

2   Bei der **Bundesanstalt für Arbeit** wird ebenfalls ein Beratender Ausschuss für behinderte Menschen gebildet (§ 105 SGB IX). In § 106 SGB IX finden sich für beide Ausschüsse **gemeinsame Vorschriften** über die innere Struktur und die Beschlussfassung dieser Gremien. Ein vergleichbares Beratungsgremium stellt der nach § 64 SGB IX beim BMA zu bildende **Beirat für die Teilhabe behinderter Menschen** dar. Die Mitwirkung von Vertretern der schwerbehinderten Arbeitnehmer und der Arbeitgeber an konkreten Verwaltungsentscheidungen erfolgt in den Widerspruchsausschüssen bei den Integrationsämtern (§§ 118 f. SGB IX).

II. Aufgaben (Abs. 1)

3   Durch die bei jedem Integrationsamt zu bildenden Beratenden Ausschüsse für behinderte Menschen sollen insbesondere Arbeitnehmer- und Arbeitgebervertreter und Vertreter der schwerbehinderten Menschen das Integrationsamt bei der Durchführung der besonderen Regelungen für schwerbehinderte Menschen zur Teilhabe am Arbeitsleben **unterstützen** und bei der Vergabe der Mittel der Ausgleichsabgabe **mitwirken**. Der Regelung liegt die Annahme zu Grunde, dass die aktive Teilnahme von Betroffenen und Beteiligten eine wesentliche Voraussetzung für eine erfolgreiche Integrationsarbeit der Ämter darstellt.

4   Hinsichtlich der **unterstützenden Funktion** bei der Aufgabenerfüllung ist auf den **Tätigkeitskatalog des § 102 Abs. 1 Nr. 2–4 SGB IX** abzustellen. Hier ist das Mitwirkungsrecht des Ausschusses derart **schwach ausgeprägt**, dass lediglich Ratschläge, Empfehlungen, Anregungen o.ä. ohne jeden Verbindlichkeitscharakter etwa zur Ausgestaltung der begleitenden Hilfe im Arbeitsleben nach § 102 Abs. 2–6 SGB IX oder zur Handhabung des besonderen Kündigungsschutzes nach den §§ 85 ff. SGB IX in Betracht kommen. Mit der beratenden und unterstützenden Funktion der Ausschüsse korrespondiert ein umfassendes **Informationsrecht** gegenüber dem Integrationsamt über die Aufgabenerfüllung in diesen Tätigkeitsbereichen. Das Integrations-

amt liefert dem Ausschuss damit die Grundlagen seiner Vorschläge (*Seidel/Brodkorb* in: Hauck/Noftz, SGB IX, § 103 RdNr. 5). Vor grundlegenden, über den Einzelfall hinausgehenden Entscheidungen soll das Integrationsamt den Ausschuss einberufen und **anhören** (*Neumann/ Pahlen*, SGB IX, § 103 RdNr. 3; *Feldes u. a.*, Schwerbehindertenrecht, § 103 SGB IX RdNr. 3). Die Ausschussmitglieder unterliegen der in § 130 SGB IX normierten Geheimhaltungspflicht.

Das Mitwirkungsrecht des Beratenden Ausschusses ist stärker ausge- 5 prägt, soweit es um die **Vergabe der Mittel der Ausgleichsabgabe** geht. Die Verwendungszwecke der Ausgleichsabgabe ergeben sich aus § 14 SchwbAV. Es handelt sich um Leistungen zur Förderung des **Arbeits- und Ausbildungsplatzangebots** für schwerbehinderte Menschen, Leistungen zur **begleitenden Hilfe** im Arbeitsleben, Leistungen für **Einrichtungen** zur Teilhabe schwerbehinderter Menschen und Leistungen zur Durchführung von **Forschungs- und Modellvorhaben** auf dem Gebiet der Teilhabe schwerbehinderter Menschen am Arbeitsleben. Bei der Vergabe von Mitteln des Ausgleichsfonds (§ 78 SGB IX) wirkt der Beirat für die Teilhabe behinderter Menschen beim BMA mit (§ 64 Satz 2 Nr. 1 SGB IX).

Das Integrationsamt ist nach **§ 77 Abs. 5 Satz 3 SGB IX** verpflich- 6 tet, dem Beratenden Ausschuss für behinderte Menschen auf dessen Verlangen eine Übersicht über die Verwendung der Ausgleichsabgabe zu geben. Es handelt sich um eine **spezielle Ausprägung** der **allgemeinen Informationspflicht** des Integrationsamtes gegenüber dem Ausschuss. Mit der gesetzlichen Anordnung einer **Mitwirkung** des Beratenden Ausschusses bei der Vergabe von Mitteln der Ausgleichsabgabe ist verbunden, dass dem Integrationsamt die **Mittelvergabe ohne seine Beteiligung untersagt** ist (*Neumann/Pahlen*, SGB IX, § 103 RdNr. 4). Das Integrationsamt hat den Ausschuss zuvor zu unterrichten, anzuhören und seine Stellungnahme in die Entscheidungsfindung einzubeziehen. Es besteht zwar keine Bindung an die Stellungnahme des Ausschusses. Der Beratende Ausschuss hat jedoch zumindest einen **Anspruch** darauf, dass das Integrationsamt diesem gegenüber **begründet**, warum seinen Vorschlägen oder Einwänden gegen die beabsichtigte Verwaltungsentscheidung nicht Rechnung getragen wird (*Seidel/Brodkorb* in: Hauck/Noftz, SGB IX, § 103 RdNr. 6; *Feldes u. a.*, Schwerbehindertenrecht, § 103 SGB IX RdNr. 4).

Soweit die Mittel der Ausgleichsabgabe zur **institutionellen Förderung** 7 verwendet werden, hat der Beratende Ausschuss nach **§ 103 Abs. 1 Satz 2 SGB IX** dem Integrationsamt Entscheidungsvorschläge zu unterbreiten. Während derartige Vorschläge im Bereich der individuellen Förderung schwerbehinderter Menschen nur zulässig sind, handelt es sich für die institutionelle Förderung um eine **Pflichtaufgabe** des Beratenden Ausschusses. Er kommt dieser Aufgabe nach, indem er zu vorliegenden Förderanträgen Stellung nimmt und vorschlägt, ob, wie und in welcher Höhe antragsgemäß Mittel vergeben werden sollen. Der Ausschuss kann daneben unabhängig vom Vorliegen eines Förderantrags konkrete Vorhaben initiieren und zur institutionellen Förderung vorschlagen (GK-SchwbG-*Spiolek*, § 32 RdNr. 16). Liegt die nach § 103 Abs. 1 Satz 2 SGB IX erforderliche Stellungnahme des Beratenden Ausschusses zu einem Antrag auf institutionelle Förderung nicht vor, ist die gleichwohl ergehende Entscheidung des Integrationsamtes **verfahrensfehlerhaft** und damit rechtswidrig. Da im Regelfall nicht offensichtlich sein dürfte, dass die fehlende Mitwirkung des Beratenden Ausschusses die Entscheidung in der Sache nicht beeinflusst hat, kann der Verfahrensfehler gemäß § 42 Satz 1 SGB X streitentscheidend sein. Der Verfahrensfehler ist nach § 41 Abs. 1 Nr. 4, Abs. 2 SGB X **unbeachtlich**, wenn der Beschluss des Beratenden Ausschusses über den Entscheidungsvorschlag bis zur letzten Tatsacheninstanz eines verwaltungsgerichtlichen Verfahrens nachgeholt wird.

III. Zusammensetzung (Abs. 2–3)

8   Der Beratende Ausschuss besteht nach § 103 Abs. 2 SGB IX aus zehn Mitgliedern. Sie vertreten die Gruppen der Arbeitnehmer und der Arbeitgeber, die Organisationen behinderter Menschen sowie das jeweilige Bundesland und das zuständige Landesarbeitsamt. Das **Übergewicht** von Vertretern der Arbeitnehmer und der Organisationen behinderter Menschen entspricht der Bezeichnung des Ausschusses als Gremium für behinderte Menschen und der einer **Interessenvertretung** ähnlichen Aufgabenstellung. Von daher liegt es nahe, dass jedenfalls als Arbeitnehmervertreter von den vorschlagsberechtigten Gewerkschaften schwerbehinderte Menschen bzw. Vertrauenspersonen der schwerbehinderten Menschen (§§ 94 ff. SGB IX) vorgeschlagen werden. Ungeachtet der bisher entgegenstehenden Rechtswirklichkeit in Vertretungsgremien erscheint es auf Grund der **Zielbestimmung in § 1 Satz 2 SGB IX**, den besonderen Bedürfnissen behinderter Frauen Rechnung zu tragen, als geboten, eine **paritätische Besetzung** des Beratenden Ausschusses mit Frauen und Männern anzustreben. Für den Beirat für die Teilhabe behinderter Menschen beim BMA (§ 64 SGB IX) verlangt der Gesetzgeber ausdrücklich, dass die vorschlagenden Stellen darauf hinzuwirken haben, dass eine gleichberechtigte Vertretung von Männern und Frauen geschaffen und erhalten wird (BT-Drucks. 14/5074, S. 111). Dies muss auch für die Beratenden Ausschüsse gelten.

9   Entsprechend der Vorgabe des § 103 Abs. 3 Satz 1 SGB IX ist für jedes Mitglied des Beratenden Ausschusses ein **stellvertretendes Mitglied** zu berufen, um die **fortlaufende Handlungsfähigkeit** des

Gremiums zu gewährleisten. Die **Beschlussfähigkeit** des Ausschusses setzt die Anwesenheit von wenigstens der Hälfte der Mitglieder bzw. der stellvertretenden Mitglieder voraus (§ 106 Abs. 2 SGB IX). Das ordentliche Mitglied kann im Verhinderungsfall nur durch seinen persönlichen Stellvertreter vertreten werden (*Steck* in: Kossens/von der Heide/Maaß, Praxiskommentar zum Behindertenrecht, SGB IX, § 103 RdNr. 4; *Cramer,* SchwbG, § 32 RdNr. 5). Die Stellvertreter werden ebenso wie die ordentlichen Mitglieder des Beratenden Ausschusses nach dem in § 103 Abs. 4 SGB IX bestimmten Modus berufen.

Mitglieder und stellvertretende Mitglieder sollen nach **§ 103 Abs. 3 Satz 2 SGB IX** ihren **Wohnsitz** im Bezirk des Integrationsamtes haben, damit sich die Tätigkeit des Beratenden Ausschusses auch auf die Kenntnis der örtlichen Gegebenheiten stützen kann. In begründeten Einzelfällen kann von dieser „Soll-Regelung" abgewichen werden (GK-SchwbG-*Spiolek,* § 32 RdNr. 18; *Seidel/Brodkorb* in: Hauck/Noftz, SGB IX, § 103 RdNr. 7). 10

IV. Bestellung der Mitglieder (Abs. 4)

Nach **§ 103 Abs. 4 Satz 1 SGB IX** beruft das Integrationsamt auf Vorschlag der Gewerkschaften die zwei Arbeitnehmervertreter. Vorschlagsberechtigt können nur Gewerkschaften sein, die für die Vertretung von Arbeitnehmerinteressen in dem jeweiligen Bundesland nach Tarifvertragsfähigkeit und Mitgliederzahl eine wesentliche Bedeutung haben. Es handelt sich regelmäßig um die Gewerkschaften des Deutschen Gewerkschaftsbundes (DGB). Nach der gesetzlichen Regelung ist davon auszugehen, dass **Vorschläge** für das Integrationsamt **bindend** sind (S.a. *Dau,* LPK-SGB IX, § 103 RdNr. 7). 11

Mangels näherer Konkretisierung ist zur Auswahl der nach § 103 Abs. 4 SGB IX für vier Mitglieder des Ausschusses vorschlagsberechtigten **Organisationen behinderter Menschen** auf die in **§ 14 Abs. 3 Satz 2 SGG** für die Vorschlagslisten der ehrenamtlichen Richter in der Sozialgerichtsbarkeit getroffene Regelung abzustellen. Demnach handelt es sich um Vereinigungen, deren satzungsmäßige Aufgaben die gemeinschaftliche Interessenvertretung, die Beratung und die Vertretung der behinderten Menschen wesentlich umfassen und die unter Berücksichtigung von Art und Umfang ihrer bisherigen Tätigkeit sowie ihres Mitgliederkreises die Gewähr für eine sachkundige Erfüllung dieser Aufgaben bieten. Hierunter fallen u. a. der VdK und der Sozialverband Deutschland, die Interessen behinderter Menschen ungeachtet der Behinderungsursache und der Behinderungsart sachkundig vertreten. 12

Der Vertreter der **öffentlichen Arbeitgeber** und der Vertreter des **Landesarbeitsamtes** im Beratenden Ausschuss werden nicht vom 13

Integrationsamt berufen, sondern von der zuständigen obersten Landesbehörde bzw. dem Präsidenten des Landesarbeitsamtes (§ 103 Abs. 4 Satz 2 SGB IX).

Aufgaben der Bundesanstalt für Arbeit

104 (1) Die Bundesanstalt für Arbeit hat folgende Aufgaben:

1. die Berufsberatung, Ausbildungsvermittlung und Arbeitsvermittlung schwerbehinderter Menschen einschließlich der Vermittlung von in Werkstätten für behinderte Menschen Beschäftigten auf den allgemeinen Arbeitsmarkt,

2. die Beratung der Arbeitgeber bei der Besetzung von Ausbildungs- und Arbeitsplätzen mit schwerbehinderten Menschen,

3. die Förderung der Teilhabe schwerbehinderter Menschen am Arbeitsleben auf dem allgemeinen Arbeitsmarkt, insbesondere von schwerbehinderten Menschen,

a) die wegen Art oder Schwere ihrer Behinderung oder sonstiger Umstände im Arbeitsleben besonders betroffen sind (§ 72 Abs. 1),

b) die langzeitarbeitslos im Sinne des § 18 des Dritten Buches sind,

c) die im Anschluss an eine Beschäftigung in einer anerkannten Werkstatt für behinderte Menschen oder einem Integrationsprojekt eingestellt werden,

d) die als Teilzeitbeschäftigte eingestellt werden oder

e) die zur Aus- oder Weiterbildung eingestellt werden,

4. im Rahmen von Arbeitsbeschaffungsmaßnahmen und Strukturanpassungsmaßnahmen die besondere Förderung schwerbehinderter Menschen,

5. die Gleichstellung, deren Widerruf und Rücknahme,

6. die Durchführung des Anzeigeverfahrens (§ 80 Abs. 2 und 4),

7. die Überwachung der Erfüllung der Beschäftigungspflicht,

8. die Zulassung der Anrechnung und der Mehrfachanrechnung (§ 75 Abs. 2, § 76 Abs. 1 und 2),

9. die Erfassung der Werkstätten für behinderte Menschen, ihre Anerkennung und die Aufhebung der Anerkennung,

10. die Erfassung der Integrationsfachdienste sowie die Erbringung finanzieller Leistungen aus den Mitteln der Ausgleichsabgabe an diese Dienste.

(2) ¹Die Bundesanstalt für Arbeit übermittelt dem Bundesministerium für Arbeit und Sozialordnung jährlich die Ergebnisse ihrer Förde-

rung der Teilhabe schwerbehinderter Menschen am Arbeitsleben auf dem allgemeinen Arbeitsmarkt nach dessen näherer Bestimmung und fachlicher Weisung. [2]Zu den Ergebnissen gehören Angaben über die Zahl der geförderten Arbeitgeber und schwerbehinderten Menschen, die insgesamt aufgewandten Mittel und die durchschnittlichen Förderungsbeträge. [3]Die Bundesanstalt für Arbeit veröffentlicht diese Ergebnisse.

(3) Die Bundesanstalt für Arbeit führt befristete überregionale und regionale Arbeitsmarktprogramme zum Abbau der Arbeitslosigkeit schwerbehinderter Menschen, besonderer Gruppen schwerbehinderter Menschen, insbesondere schwerbehinderter Frauen, sowie zur Förderung des Ausbildungsplatzangebots für schwerbehinderte Menschen durch, die ihr durch Verwaltungsvereinbarung gemäß $\S$ 370 Abs. 2 Satz 2 und Abs. 3 des Dritten Buches unter Zuweisung der entsprechenden Mittel übertragen werden.

(4) [1]Die Bundesanstalt für Arbeit richtet zur Durchführung der ihr in Teil 2 und der ihr im Dritten Buch zur Teilhabe behinderter und schwerbehinderter Menschen am Arbeitsleben übertragenen Aufgaben in allen Arbeitsämtern besondere Stellen ein; bei der personellen Ausstattung dieser Stellen trägt sie dem besonderen Aufwand bei der Beratung und Vermittlung des zu betreuenden Personenkreises sowie bei der Durchführung der sonstigen Aufgaben nach Absatz 1 Rechnung. [2]Soweit in Geschäftsstellen solche besonderen Stellen nicht gebildet werden können, soll dort für die Beratung und Vermittlung eine fachliche Schwerpunktbildung erfolgen.

(5) Im Rahmen der Beratung der Arbeitgeber nach Absatz 1 Nr. 2 hat die Bundesanstalt für Arbeit

1. dem Arbeitgeber zur Besetzung von Arbeitsplätzen geeignete arbeitslose oder arbeitssuchende schwerbehinderte Menschen unter Darlegung der Leistungsfähigkeit und der Auswirkungen der jeweiligen Behinderung auf die angebotene Stelle vorzuschlagen,

2. ihre Fördermöglichkeiten aufzuzeigen, so weit wie möglich und erforderlich, auch die entsprechenden Hilfen der Rehabilitationsträger und der begleitenden Hilfe im Arbeitsleben durch die Integrationsämter.

Übersicht

I. Allgemeines, Regelungsinhalt der Vorschrift

1   Die Vorschrift enthält in Abs. 1 und 5 eine Beschreibung der **schwerbehindertenrechtlichen Aufgaben der Bundesanstalt für Arbeit**. Der Aufgabenkatalog ist **nicht abschließend**. Weitere, in § 104 SGB IX nicht aufgeführte Aufgaben sind:
– die Unterstützung des Arbeitgebers bei Errichtung und Ausstattung behinderungsgerechter Arbeitsplätze nach § 81 Abs. 4 Satz 2 SGB IX,
– die Stellungnahme im Kündigungszustimmungsverfahren des Integrationsamtes nach § 87 Abs. 2 SGB IX,
– die Zusammenarbeit mit Vertrauenspersonen der schwerbehinderten Menschen und Beauftragten der Arbeitgeber nach § 99 Abs. 2 SGB IX,
– die Verfolgung von Ordnungswidrigkeiten nach § 156 Abs. 3 SGB IX.
Die Regelung stellt das Gegenstück zu § 102 SGB IX dar, der die Aufgaben des Integrationsamtes beinhaltet. Beide Behörden führen ihre schwerbehindertenrechtlichen Aufgaben in enger **Zusammenarbeit** durch (§ 101 Abs. 1 SGB IX, § 102 Abs. 2 Satz 1 SGB IX), wobei die den **Rehabilitationsträgern** obliegenden Aufgaben unberührt bleiben (§ 101 Abs. 2 SGB IX).

2   Es gilt der allgemeine Grundsatz des **Vorrangs von Rehabilitationsleistungen** vor Leistungen des Schwerbehindertenrechts (vgl. § 101 RdNr. 10 f.). Leistungen, die von der Bundesanstalt für Arbeit als Rehabilitationsträger nach § 5 Nr. 2 und 3 i.V.m. § 6 Abs. 1 Nr. 2 SGB IX, §§ 33 ff. SGB IX, § 3 Abs. 1 Nr. 7 SGB III, §§ 97 ff. SGB III zur Teilhabe behinderter Menschen am Arbeitsleben erbracht werden, werden von § 104 SGB IX als **Spezialregelung** für die Durchführung der besonderen Regelungen zur **Teilhabe schwerbehinderter Menschen** nicht erfasst (s.a. *Steck* in: Kossens/von der Heide/Maaß, Praxiskommentar zum Behindertenrecht, SGB IX, § 104 RdNr. 2; *Braasch* bei 2001, 177, 184). Während behinderte Menschen auf die **besonderen Leistungen zur Teilhabe** am Arbeitsleben der Bundesanstalt für Arbeit, insbesondere zur Förderung der beruflichen Aus- und Weiterbildung einschließlich Berufsvorbereitung sowie blindentechnischer und vergleichbarer spezieller Grundausbildungen nach § 3 Abs. 5 SGB III, § 102 SGB III einen **Rechtsanspruch** haben, steht die Erbringung **allgemeiner Rehabilitationsleistungen** im Ermessen der Behörde (§ 100 SGB III). Allerdings ist die Bundesanstalt für Arbeit insbesondere gegenüber den Trägern der gesetzlichen Rentenversicherung für allgemeine und besondere Leistungen zur Teilhabe am Arbeitsleben nur **nachrangig zuständig** (§ 6 Abs. 1 Nr. 4 SGB IX, § 7 Satz 2 SGB IX i.V.m. § 22 Abs. 2 SGB III; Zur Zuständigkeitsklärung vgl. § 14

SGB IX). Die vorrangige Leistungspflicht der Rentenversicherungsträger hat zur Folge, dass die Bundesanstalt für Arbeit Rehabilitationsleistungen für jüngere behinderte Menschen erbringt, die die versiche-
rungsrechtlichen Voraussetzungen für Teilhabeleistungen aus der
gesetzlichen Rentenversicherung (§§ 11, 16 SGB VI) nicht erfüllen.

Die **Grenzen** zwischen beruflicher Rehabilitation und begleitender   3
Hilfe im Arbeitsleben für schwerbehinderte Menschen werden zunehmend **unscharf** (*Mrozynski*, SGB IX Teil 1, § 33 RdNr. 4). Die Aufgabenbeschreibung in § 104 Abs. 1 Nr. 1, 3, 4 SGB IX enthält individuelle
Leistungen der beruflichen Rehabilitation der Bundesanstalt für Arbeit. Schwerbehindertenrechtliche Instrumente wie die Beteiligung
von Integrationsfachdiensten (§§ 109 ff. SGB IX) und Arbeitsassistenz
(§ 102 Abs. 4 SGB IX) sind Bestandteil der beruflichen Rehabilitation
geworden (§ 33 Abs. 6 Nr. 8, § 33 Abs. 8 Nr. 3 SGB IX). Soweit § 104
Abs. 1 SGB IX allgemeine Aufgaben der Bundesanstalt für Arbeit wie
Berufsberatung (§ 3 Abs. 1 Nr. 1 SGB III, §§ 29 ff. SGB III) und Arbeitsvermittlung (§ 3 Abs. 1 Nr. 1 SGB III, §§ 35 ff. SGB III) enthält,
hat dies klarstellenden Charakter im Hinblick auf die Abgrenzung zur
Aufgabenstellung der Integrationsämter.

Darüber hinaus regelt § 104 SGB IX in Abs. 2 die **Berichtspflicht**   4
der Bundesanstalt für Arbeit gegenüber dem BMA, in Abs. 3 werden
der Bundesanstalt **Arbeitsmarktprogramme** für beruflich besonders
betroffene schwerbehinderte Menschen auferlegt und in Abs. 4 werden
organisatorische Vorgaben zur Betreuung schwerbehinderter Menschen durch die Arbeitsverwaltung gemacht.

Die Vorschrift überträgt im Wesentlichen den bisherigen § 33   5
SchwbG. Statt „beruflicher Eingliederung" heißt es nun in § 104
Abs. 1 Nr. 3, Abs. 2, Abs. 4 „Teilhabe am Arbeitsleben". Mit dieser neuen
Terminologie sind keine inhaltlichen Änderungen verbunden. Mit
dem **Gesetz zur Bekämpfung der Arbeitslosigkeit Schwerbehin-
derter vom 29. 9. 2000** (BGBl. I S. 1394; vgl. § 68 RdNr. 23 f.) ist die
Vorgängervorschrift erheblich umgestaltet worden. Die Neuregelun-
gen betreffen den Übergang von WfB auf den allgemeinen Arbeits-
markt (jetzt § 104 Abs. 1 Nr. 1 SGB IX), die Beschreibung des besonders
förderungswürdigen Personenkreises (§ 104 Abs. 1 Nr. 3 SGB IX), die
Erfassung und Förderung von Integrationsfachdiensten (§ 104 Abs. 1
Nr. 10 SGB IX), die Einführung der Berichtspflicht (§ 104 Abs. 2 SGB
IX), die gesetzliche Normierung von besonderen Arbeitsmarktpro-
grammen als Pflichtaufgabe der Bundesanstalt (§ 104 Abs. 3 SGB IX),
Vorgaben zu den besonderen Stellen für die Beratung und Vermittlung
Schwerbehinderter (§ 104 Abs. 4 SGB IX) und die Konkretisierung der
Verpflichtung zur Arbeitgeberberatung (§ 104 Abs. 5 SGB IX). Zur
Entstehungsgeschichte der Vorschrift seit 1919 vgl. GK-SchwbG-
Spiolek, § 33 RdNr. 4 ff.).

II. Aufgabenstellung (Abs. 1, 5)

6   Die in § 104 Abs. 1 Nr. 1 SGB IX genannten Tätigkeitsfelder der **Berufsberatung**, der **Ausbildungsvermittlung** und der **Arbeitsvermittlung** sind orginäre Aufgaben der Bundesanstalt für Arbeit (§ 3 Abs. 1 Nr. 1 SGB III, §§ 29 ff., 35 ff. SGB III). Sie sollen dazu beitragen, dass ein hoher Beschäftigungsstand erreicht und die Beschäftigungsstruktur ständig verbessert wird. Diese **Leistungen der Arbeitsförderung** sind darauf auszurichten, das Entstehen von Arbeitslosigkeit zu vermeiden oder die Dauer der Arbeitslosigkeit zu verkürzen. Dabei ist die Gleichstellung von Frauen und Männern als durchgängiges Prinzip zu verfolgen (§ 1 Abs. 1 SGB III). Die Leistungen sollen insbesondere den Ausgleich von Angebot und Nachfrage auf dem Ausbildungs- und Arbeitsmarkt unterstützen, die zügige Besetzung offener Stellen ermöglichen, die individuelle Beschäftigungsfähigkeit durch Erhalt und Ausbau von Kenntnissen, Fertigkeiten sowie Fähigkeiten fördern, unterwertiger Beschäftigung entgegenwirken und zu einer Weiterentwicklung der regionalen Beschäftigungs- und Infrastruktur beitragen (§ 1 Abs. 2 SGB III). Es gilt der Vorrang der Vermittlung in Ausbildung und Arbeit vor dem Bezug von Entgeltersatzleistungen (§ 4 SGB III), der Vorrang der aktiven Arbeitsförderung (§ 5 SGB III). Bei der Vermeidung von Langzeitarbeitslosigkeit ist den besonderen Bedürfnissen schwerbehinderter Menschen angemessen Rechnung zu tragen (§ 6 Abs. 1 Satz 4 SGB III).

7   Die **Berufsberatung** umfasst die Erteilung von Auskunft und Rat
– zur Berufswahl, beruflichen Entwicklung und zum Berufswechsel,
– zur Lage und Entwicklung des Arbeitsmarktes und der Berufe,
– zu den Möglichkeiten der beruflichen Bildung,
– zur Ausbildungs- und Arbeitsplatzsuche,
– zu Leistungen der Arbeitsförderung.

Die Berufsberatung erstreckt sich auch auf die Erteilung von Auskunft und Rat zu Fragen der Ausbildungsförderung und der schulischen Bildung, soweit sie für die Berufswahl und die berufliche Bildung von Bedeutung sind (§ 30 SGB III). Bei der Berufsberatung sind Neigung, Eignung und Leistungsfähigkeit der Ratsuchenden sowie die Beschäftigungsmöglichkeiten zu berücksichtigen (§ 31 Abs. 1 SGB III).

8   Das Arbeitsamt hat Ausbildungssuchenden, Arbeitssuchenden und Arbeitgebern **Ausbildungsvermittlung** und **Arbeitsvermittlung** anzubieten. Die Vermittlung umfasst alle Tätigkeiten, die darauf gerichtet sind, Ausbildungssuchende mit Arbeitgebern zur Begründung eines Ausbildungsverhältnisses und Arbeitssuchende mit Arbeitgebern zur Begründung eines Beschäftigungsverhältnisses zusammenzubringen (§ 35 Abs. 1 SGB III). Das Arbeitsamt hat die Neigung, Eignung und Leistungsfähigkeit der Ausbildungssuchenden und Arbeitssuchen-

den sowie die Anforderungen der angebotenen Stellen zu berücksichtigen, erforderlichenfalls die Teilnahme an einer Maßnahme zur Eignungsfeststellung vorzusehen und mit dem Arbeitslosen oder Ausbildungssuchenden eine Eingliederungsvereinbarung zu treffen (§ 35 Abs. 2–4 SGB III). Das Arbeitsamt darf nicht vermitteln, wenn ein Ausbildungs- oder Arbeitsverhältnis begründet werden soll, das gegen ein Gesetz oder die guten Sitten verstößt (§ 36 Abs. 1 SGB III). Dies beinhaltet die Beachtung der gesetzlichen und tarifvertraglichen Mindestarbeitsbedingungen, wobei letztere nur im Falle der Tarifgebundenheit der Arbeitsvertragsparteien von der Bundesanstalt zu berücksichtigen sind (*Kruse* in Gagel, SGB III, § 36 RdNr. 3 ff., 8 ff.). Das Arbeitsamt darf Einschränkungen, die der Arbeitgeber für eine Vermittlung hinsichtlich Geschlecht, Alter, Gesundheitszustand oder Staatsangehörigkeit des Ausbildungssuchenden und Arbeitssuchenden oder ähnlicher Merkmale vornimmt, nur berücksichtigen, wenn diese Einschränkungen nach Art der auszuübenden Tätigkeit unerlässlich sind (§ 36 Abs. 2 SGB IX). Seit dem 1. 1. 2002 kann das Arbeitsamt zu seiner Unterstützung Dritte mit der Vermittlung beauftragen (§ 37 a SGB III). Arbeitslosen und von Arbeitslosigkeit bedrohten Arbeitssuchenden sowie Ausbildungssuchenden können als unterstützende Leistungen Bewerbungs- und Reisekosten übernommen werden (§§ 45 ff. SGB III). Beratung und Vermittlung werden in der Regel unentgeltlich angeboten (§ 43 SGB III).

In der Zeit von Oktober 2000 bis September 2001 wurden nach Mitteilung der Bundesanstalt für Arbeit von den Arbeitsämtern insgesamt 53 142 schwerbehinderte Menschen **vermittelt**, darunter 33 312 Männer und 19 830 Frauen (BT-Drucks. 14/8441, S. 10). **9**

Der Hinweis in § 104 Abs. 1 Nr. 1 SGB IX auf die **Vermittlung** **10**
von in WfB Beschäftigten auf den allgemeinen Arbeitsmarkt dient der Klarstellung, dass die Vermittlung von behinderten Menschen, die in WfB (§§ 136 ff. SGB IX) beschäftigt werden, aber den Übergang auf den allgemeinen Arbeitsmarkt anstreben, zu den Aufgaben der Arbeitsvermittlung durch die Bundesanstalt für Arbeit gehört. Die Regelung verdeutlicht, dass eine stärkere Einbeziehung der Arbeitsämter in die Vermittlung von in WfB beschäftigten Behinderten auf den allgemeinen Arbeitsmarkt zu erfolgen hat (BT-Drucks. 14/ 3372, S. 21). Sie steht in Zusammenhang mit der Verpflichtung der Werkstätten aus § 136 Abs. 1 Satz 3 SGB IX, den Übergang geeigneter Personen auf den allgemeinen Arbeitsmarkt zu fördern (vgl. § 136 RdNr. 9 ff.).

Die **Beratung der Arbeitgeber** bei der Besetzung von Ausbildungs- und Arbeitsplätzen mit schwerbehinderten Menschen (**§ 104 Abs. 1 Nr. 2 SGB IX**) konkretisiert die in **§ 81 Abs. 3 Satz 2 SGB IX** normierte Aufgabe der Arbeitsämter, Arbeitgeber bei der Erfüllung ihrer Pflicht zur möglichst dauerhaften behinderungsgerechten Be- **11** schäftigung wenigstens der vorgeschriebenen Zahl schwerbehinderter Menschen zu unterstützen. Die Arbeitsmarktberatung von Arbeitgebern ist reguläre Aufgabe der Bundesanstalt für Arbeit (§ 3 Abs. 2 Nr. 1 SGB III, § 29 Abs. 1 SGB III, §§ 34, 40 SGB III). Sie soll nach § 34 SGB III dazu beitragen, Arbeitgeber bei der Besetzung von Ausbildungs- und Arbeitsplätzen zu unterstützen. Sie umfasst die Erteilung von Auskunft und Rat

- zur Lage und Entwicklung des Arbeitsmarktes und der Berufe,
- zur Besetzung von Ausbildungs- und Arbeitsplätzen,
- zur Gestaltung von Arbeitsplätzen, Arbeitsbedingungen und der Arbeitszeit,
- zur betrieblichen Aus- und Weiterbildung,
- zur Eingliederung förderungsbedürftiger Auszubildender und Arbeitnehmer,
- zu Leistungen der Arbeitsförderung.

Das Arbeitsamt soll die Beratung zur Gewinnung von Ausbildungs- und Arbeitsplätzen nutzen. Es soll auch von sich aus Verbindung zu Arbeitgebern aufnehmen und halten.

12   In **§ 104 Abs. 5 SGB IX** wird die schwerbehindertenrechtliche Verpflichtung der Arbeitsämter zur **Arbeitgeberberatung konkretisiert.** Von Bedeutung ist insbesondere, dass die dem Arbeitgeber vorgeschlagenen Bewerber für die Besetzung des Arbeitsplatzes auch geeignet sein müssen. Das Arbeitsamt hat sich daher ggfs. frühzeitig um eine betriebsnahe Qualifizierung zu bemühen (BT-Drucks. 14/ 3372, S. 21 f.). Die Regelung ist im Zusammenhang mit der Verpflichtung der Arbeitgeber nach § 81 Abs. 1 SGB IX zu sehen. Danach haben Arbeitgeber zu prüfen, ob freie Arbeitsplätze mit schwerbehinderten Menschen, insbesondere mit beim Arbeitsamt arbeitslos oder arbeitssuchend gemeldeten schwerbehinderten Menschen, besetzt werden können. Das Arbeitsamt oder ein vom ihm nach § 110 Abs. 1 Nr. 2 SGB IX, § 111 SGB IX beauftragter Integrationsfachdienst schlägt den Arbeitgebern geeignete schwerbehinderte Menschen vor (§ 81 Abs. 1 Satz 3 SGB IX).

13   § 104 Abs. 5 Nr. 1 SGB IX verlangt vom Arbeitsamt hierbei die Darlegung der individuellen Leistungsfähigkeit des schwerbehinderten Stellenbewerbers und der Auswirkung der Behinderung auf die angebotene Stelle. Dies soll **Vorbehalten von Arbeitgebern** gegenüber der **Leistungsfähigkeit** Schwerbehinderter entgegenwirken. Der Grad der Behinderung von wenigstens 50 als Voraussetzung der Schwerbehinderteneigenschaft bedeutet nicht, dass der Betroffene in entsprechendem Umfang ist seiner beruflichen Leistungsfähigkeit gemindert ist (vgl. Komm. zu § 69).

14   Das Aufzeigen von neben der Anrechnung auf die Pflichtplatzquote bestehenden **Fördermöglichkeiten** (§ 104 Abs. 5 Nr. 2 SGB IX) soll ebenfalls dem Arbeitgeber die Entscheidung für die Einstellung

schwerbehinderter Menschen erleichtern. Hier konkretisiert sich das Zusammenarbeitsgebot von Arbeitsverwaltung und Integrationsämtern, da neben vorrangigen **Rehabilitationsleistungen** zur Teilhabe am Arbeitsleben an den behinderten Menschen und an den Arbeitgeber (§§ 33 f. SGB IX) Leistungen der **begleitenden Hilfe im Arbeitsleben** (§ 102 Abs. 2–4 SGB IX) aus den Mitteln der Ausgleichsabgabe in Betracht kommen. Die Arbeitsämter selbst erbringen an Arbeitgeber Leistungen zur Förderung der Teilhabe behinderter Menschen nach Maßgabe der §§ 236 ff. SGB III, nämlich Zuschüsse für die **betriebliche Aus- oder Weiterbildung** (§ 236 SGB III) und für eine **behinderungsgerechte Ausstattung** von Ausbildungs- oder Arbeitsplätzen (§ 237 SGB III). Arbeitgebern können die Kosten für eine befristete **Probebeschäftigung** behinderter, schwerbehinderter und ihnen gleichgestellter Menschen bis zu einer Dauer von drei Monaten erstattet werden (§ 238 SGB III). Für besonders betroffene schwerbehinderte Menschen können **Eingliederungszuschüsse** und **Zuschüsse zur Ausbildungsvergütung** gewährt werden (§ 104 Abs. 1 Nr. 3 SGB IX, §§ 222 a und 235 a SGB III).

§ 104 Abs. 1 Nr. 3 SGB IX benennt die schwerbehinderten Menschen, deren Teilhabe am Arbeitsleben auf dem allgemeinen Arbeitsmarkt von den Arbeitsämtern durch **Eingliederungszuschüsse** nach § 222 a SGB III und **Zuschüsse zur Ausbildungsvergütung** nach § 235 a SGB III gefördert werden kann. Der **Katalog beruflich besonders betroffener förderungsbedürftiger schwerbehinderter Menschen** ist nicht abschließend („insbesondere"). Es wird zunächst Bezug genommen auf die in § 72 Abs. 1 SGB IX aufgeführten besonderen Gruppen schwerbehinderter Menschen. Es handelt sich um nach **Art oder Schwere der Behinderung** im Arbeitsleben besonders betroffene Personen und schwerbehinderte Menschen, die das **50. Lebensjahr** vollendet haben. **Langzeitarbeitslos** sind Arbeitslose, die ein Jahr und länger arbeitslos sind (§ 18 Abs. 1 SGB III), wobei der Begriff der Arbeitslosigkeit in § 16 SGB III definiert ist. **Arbeitslos** sind demnach Personen, die wie beim Anspruch auf Arbeitslosengeld

- vorübergehend nicht in einem Beschäftigungsverhältnis stehen,
- eine versicherungspflichtige Beschäftigung suchen und dabei den Vermittlungsbemühungen des Arbeitsamtes zur Verfügung stehen und
- sich beim Arbeitsamt arbeitslos gemeldet haben.

Die bisherige Beschäftigung in einer **WfB** (§§ 136 ff. SGB IX) oder einem **Integrationsprojekt** (§§ 132 ff. SGB IX) sind weitere förderungswürdige Tatbestände. **Teilzeitbeschäftigung** im Sinne dieser Vorschrift setzt einen Beschäftigungsumfang von wenigstens 18 Stunden wöchentlich voraus, da eine § 102 Abs. 2 Satz 3 SGB IX entsprechende Vorschrift fehlt und deshalb die allgemeine Arbeitsplatzdefinition des § 73 Abs. 3 SGB IX Anwendung findet.

15

16   Zum Zwecke der **Verwaltungsvereinfachung** und besseren **Transparenz** für alle beteiligten Stellen ist die bisherige zusätzliche Förderung bei der Einstellung schwerbehinderter Menschen durch die Bundesanstalt für Arbeit aus Ausgleichsabgabemitteln mit dem Gesetz zur Bekämpfung der Arbeitslosigkeit Schwerbehinderter vom 29. 9. 2000 als **zusätzlicher Fördertatbestand** in das SGB III übernommen worden (BT-Drucks. 14/3372, S. 25). Die Eingliederungszuschüsse nach § 222 a SGB III dürfen **ausschließlich** für schwerbehinderte Menschen im Sinne des **§ 104 Abs. 1 Nr. 3 Buchst. a–d SGB IX** erbracht werden, weil § 222 a Abs. 1 SGB III allein auf die in dieser Vorschrift benannten Gruppen von schwerbehinderten Menschen Bezug nimmt (*Brandts* in: Niesel, SGB III, § 222 a RdNr. 3; *Feckler* in: GK-SGB III, § 222 a RdNr. 3; *Hennig,* SGB III, § 222 a RdNr. 4). **Empfänger der Leistung** ist der Arbeitgeber, der mit dem schwerbehinderten Menschen ein sozialversicherungspflichtiges Beschäftigungsverhältnis begründet. Soweit **gleichgestellte behinderte Menschen** die Kriterien des § 104 Abs. 1 Nr. 3 Buchst. a–d SGB IX erfüllen, können für sie ebenfalls Eingliederungszuschüsse gewährt werden (§ 68 Abs. 3 SGB IX, § 222 a Abs. 5 SGB III).

17   Es handelt sich bei den Eingliederungszuschüssen um **Ermessensleistungen** der Bundesanstalt für Arbeit, wobei sich das Ermessen sowohl auf das „Ob" als auch auf die Höhe und die Dauer der Leistung erstreckt („können erbracht werden" in § 222 a Abs. 1 SGB III, § 39 SGB I, § 2 Abs. 2 SGB I, § 35 Abs. 1 Satz 3 SGB X). Eingliederungszuschüsse werden von dem Arbeitsamt erbracht, in dessen Bezirk der Betrieb des Arbeitgebers liegt. Der **Antrag** ist gem. § 324 Abs. 1 SGB III i.d.R. vor Abschluss des Arbeitsvertrages mit dem förderungsbedürftigen Arbeitnehmer zu stellen, wobei dass Arbeitsamt zur Vermeidung unbilliger Härten eine verspätete Antragstellung zulassen kann (*Brandts* in: Niesel, SGB III, § 217 RdNr. 7).

18   **Zweck der Eingliederungszuschüsse** für besonders betroffene schwerbehinderte Menschen ist entweder, dem Arbeitgeber einen gewissen Ausgleich für Aufwendungen zur Einarbeitung der eingestellten schwerbehinderten Menschen zu verschaffen oder ihm einen Anreiz zur Kompensation befürchteter oder tatsächlicher Minderleistungen zu Beginn des Arbeitsverhältnisses zu geben (*Göbel* Der Arbeitgeber 2000, Heft 10, 17, 19). Damit soll das Ziel erreicht werden, diesen benachteiligten Personenkreis verstärkt in den allgemeinen Arbeitsmarkt einzugliedern. Eingliederungszuschüsse dienen nach der gesetzlichen Zielbestimmung in § 217 SGB III generell der Eingliederung förderungsbedürftiger Arbeitnehmer durch Zuschüsse an Arbeitgeber zu den Arbeitsentgelten zum **Ausgleich von Minderleistungen.** Förderungsbedürftig sind demnach Arbeitnehmer, die ohne die Leistung nicht oder nicht dauerhaft in den Arbeitsmarkt eingegliedert werden können. Der Vorrang einer finanziell nicht geförderten Ver-

mittlung nach § 4 Abs. 2 SGB III bleibt unberührt (*Feckler* in: GK-SGB III, § 217 RdNr. 9).

Eingliederungszuschüsse für besonders betroffene schwerbehinderte 19 Menschen dürfen **70 % des berücksichtigungsfähigen Arbeitsent-** **gelts** nicht übersteigen. Innerhalb dieser **Höchstgrenze** darf die Bundesanstalt für Arbeit sowohl in einer Anordnung nach § 224 SGB III als auch im Einzelfall nach dessen Umständen unter Anwendung von pflichtgemäßem Ermessen differenzieren. Die **Förderungsdauer** darf 36 Monate, bei schwerbehinderten Menschen, die das 55. Lebensjahr vollendet haben, 96 Monate nicht übersteigen (§ 222 a Abs. 2 SGB III). Bei der Ermessensentscheidung über Höhe und Dauer der Förderung berücksichtigt das Arbeitsamt, ob der schwerbehinderte Mensch **ohne gesetzliche Verpflichtung** oder über die Beschäftigungspflicht nach den §§ 71 ff. SGB IX hinaus eingestellt und beschäftigt wird. Stellt ein Arbeitgeber mit weniger als 20 Arbeitsplätzen oder ein Arbeitgeber, der die Pflichtplatzquote von 5 % bereits erfüllt hat, einen besonders betroffenen schwerbehinderten Menschen ein, soll dies die Höhe des Zuschusses positiv beeinflussen. Durch die Höhe des Zuschusses wird in diesen Fällen ein **zusätzlicher Anreiz** geschaffen, mehr Personen der förderungsbedürftigen Zielgruppe einzustellen (*Brandts* in: Niesel, SGB III, § 222 a RdNr. 6). Zudem soll bei der Dauer der Förderung eine **geförderte befristete Vorbeschäftigung** beim Arbeitgeber angemessen berücksichtigt werden (§ 222 a Abs. 3 SGB III), wobei der Gesetzgeber mit dem Job-AQTIV-Gesetz vom 10. 12. 2001 (BGBl. I S. 3443) mit Wirkung zum 1. 1. 2002 dem Arbeitsamt Ermessen eingeräumt hat. Dies soll eine flexible Handhabung ermöglichen, um dem jeweiligen Einzelfall besser gerecht zu werden (BT-Drucks. 14/7347, S. 83). Der Eingliederungszuschuss wird nach Ablauf von 12 Monaten bzw. 24 Monaten bei älteren schwerbehinderten Arbeitnehmern entsprechend der zu erwartenden Zunahme der Leistungsfähigkeit des Arbeitnehmers und den abnehmenden Eingliederungserfordernissen gegenüber der bisherigen Förderungshöhe um mindestens 10 % jährlich **vermindert**; er darf aber 30 % nicht unterschreiten (§ 222 a Abs. 4 SGB III)

Förderungsausschlüsse und **Rückzahlungsverpflichtungen** in 20 Missbrauchsfällen und bei Zielverfehlung wegen vorzeitiger Beendigung des geförderten Beschäftigungsverhältnisses enthält § 223 SGB III. So ist die **Förderung ausgeschlossen**, wenn zu vermuten ist, dass der Arbeitgeber die **Beendigung** eines Beschäftigungsverhältnisses **veranlasst** hat, um einen Eingliederungszuschuss zu erhalten oder die **Einstellung bei einem früheren Arbeitgeber** erfolgt, bei dem der Arbeitnehmer während der letzten drei Jahre vor Förderungsbeginn mehr als drei Monate versicherungspflichtig beschäftigt war. Letzterer Förderungsausschluss gilt nicht, wenn es sich um eine **befristete** Beschäftigung schwerbehinderter Menschen im Sinne des § 104 Abs. 1

Nr. 3 Buchst. a–d SGB IX handelt (§ 223 Abs. 1 Nr. 2 SGB III). Eingliederungszuschüsse für besonders betroffene schwerbehinderte Menschen mit Ausnahme solcher für ältere schwerbehinderte Menschen im Sinne des § 222 a Abs. 2 SGB III sind **teilweise zurückzuzahlen**, wenn das Beschäftigungsverhältnis während des Förderungszeitraums oder innerhalb eines Zeitraums, welcher der Förderungsdauer entspricht, längstens jedoch von zwölf Monaten, nach Ende des Förderungszeitraums beendet wird. Dies gilt nicht, wenn der Arbeitgeber zur ordentlichen Kündigung berechtigt war, die Beendigung des Arbeitsverhältnisses auf Bestreben des Arbeitnehmers hin erfolgt, ohne dass der Arbeitgeber den Grund hierfür zu vertreten hat oder der Arbeitnehmer das Mindestalter für den Bezug der gesetzlichen Altersrente erreicht hat. Die Rückzahlung ist auf die **Hälfte des Förderungsbetrages**, höchstens aber den in den letzten zwölf Monaten vor der Beendigung des Beschäftigungsverhältnisses gewährten Förderungsbetrag begrenzt (§ 223 Abs. 2 SGB III).

21   Für andere als die von § 104 Abs. 1 Nr. 3 Buchst. a–d SGB IX erfassten schwerbehinderten Menschen können weiterhin **Eingliederungszuschüsse nach § 218 Abs. 1 Nr. 2 SGB III** erbracht werden. Soweit § 222a SGB III einschlägig ist, geht die Förderung nach dieser Sonderregelung der nach den §§ 217 ff. SGB III vor, auch wenn sie sich auf dieselben Ziele erstreckt (*Hennig*, SGB III, § 222 a RdNr. 3). Im Jahre **2001** wurde **die Vermittlung schwerbehinderter Menschen** in 17 441 Fällen durch einen Eingliederungszuschuss für besonders betroffene schwerbehinderte Menschen nach § 222 a SGB III gefördert (davon Frauen: 6378), in 1979 Fällen durch Eingliederungszuschüsse nach § 218 SGB III, in 29 Fällen durch Eingliederungszuschüsse bei Neugründungen nach § 226 SGB III, in 1 Fall durch Eingliederungsvertrag nach § 231 SGB III und in 188 Fällen durch Beschäftigungshilfe für Langzeitarbeitslose. Hinzu kamen 11981 Eintritte in ABM/SAM. Darüber hinaus wurde die Aufnahme einer selbstständigen Tätigkeit von schwerbehinderten Menschen in 377 Fällen mit Überbrückungsgeld (§ 57 SGB III) gefördert. Für die **Leistungen nach § 222a SGB III** wurden im Jahr 2001 **248 Mio. Euro** ausgegeben, wobei die Ausgaben neue Förderfälle und Altfälle beinhalteten (BT-Drucks. 14/8441, S. 10 ff.).

22   Arbeitgeber können nach § 235 a Abs. 1 SGB III für die **betriebliche Aus- oder Weiterbildung** von schwerbehinderten Menschen im Sinne des § 104 Abs. 1 Nr. 3 Buchst. e SGB IX oder von gleichgestellten behinderten Menschen (§ 68 Abs. 3 SGB IX, § 222 a Abs. 5 SGB III) durch **Zuschüsse zur Ausbildungsvergütung** oder vergleichbaren Vergütung gefördert werden, wenn die Aus- oder Weiterbildung **sonst nicht zu erreichen** ist. Auf die Leistung besteht kein Rechtsanspruch, sie steht vielmehr im pflichtgemäßen **Ermessen** der Bundesanstalt für Arbeit (*Brandts* in: Niesel, SGB III, § 235 a RdNr. 5). Mit

Wirkung zum 1. 7. 2001 ist durch die Streichung der Wörter „in Ausbildungsberufen" in § 235 a Abs. 1 SGB III die Förderung der betrieblichen Aus- und Weiterbildung auch in anderen als Ausbildungsberufen ermöglicht worden. Dies entspricht den bis zum 30. 9. 2000 nach § 5 Nr. 3 SchwbAV a.F. bestehenden Fördermöglichkeiten (BT-Drucks. 14/5800, S. 33).

Die Zuschüsse sollen regelmäßig **80 % der monatlichen Ausbildungsvergütung** für das letzte Ausbildungsjahr oder der vergleichbaren Vergütung einschließlich des darauf entfallenden Arbeitgeberanteils am Gesamtsozialversicherungsbeitrag nicht übersteigen. In begründeten Ausnahmefällen können Zuschüsse bis zur Höhe der Ausbildungsvergütung für das letzte Ausbildungsjahr erbracht werden (§ 235a Abs. 2 SGB III). Bei **Übernahme** schwerbehinderter Menschen in ein Arbeitsverhältnis durch den ausbildenden oder einen anderen Arbeitgeber im Anschluss an eine abgeschlossene Aus- oder Weiterbildung kann ein **Eingliederungszuschuss** in Höhe von bis zu 70 % des berücksichtigungsfähigen Arbeitsentgelts (§ 218 Abs. 3 SGB III) für die Dauer von einem Jahr erbracht werden, sofern während der Aus- oder Weiterbildung Zuschüsse erbracht worden sind (§ 235 a Abs. 3 SGB III). Ein zeitlich nahtloser Anschluss des Arbeitsverhältnisses an die vorangegangene Aus- oder Weiterbildung ist für diese zusätzliche Förderung nicht erforderlich (*Brandts* in: Niesel, SGB III, § 235 a RdNr. 8). **23**

§ 22 Abs. 2 Satz 2 SGB III stellt sicher, dass Eingliederungszuschüsse nach § 222 a SGB III und Zuschüsse zur Ausbildungsvergütung nach § 235 a SGB III für schwerbehinderte Menschen auch dann erbracht werden dürfen, wenn ein anderer Rehabilitationsträger zuständig ist. In diesem Fall werden die Leistungen des anderen Leistungsträgers angerechnet. Die **Finanzierung** der Förderung besonders betroffener schwerbehinderter Menschen nach den §§ 222 a, 235 a SGB III erfolgt nicht aus Beitragsmitteln der Bundesanstalt für Arbeit (§ 340 SGB III), sondern aus den Mitteln des Ausgleichsfonds beim BMA (§ 78 SGB IX, § 41 Abs. 1 Satz 1 Nr. 1 SchwbAV), wobei im Jahre 2000 für Zuschüsse nach § 33 Abs. 2 SchwbG/§ 104 SGB IX insgesamt 298,7 Mio. DM aufgewendet worden sind (BT-Drucks. 14/8441, S. 18). **24**

Die besondere Förderung schwerbehinderter Menschen im Rahmen von **Arbeitsbeschaffungsmaßnahmen** (§§ 260 ff. SGB III) und **Strukturanpassungsmaßnahmen** (§§ 272 ff. SGB III) ist nach **§ 104 Abs. 1 Nr. 4 SGB IX** eine weitere Aufgabe der Bundesanstalt für Arbeit. Nach § 263 Abs. 2 Nr. 4 SGB III kann das Arbeitsamt unabhängig vom Vorliegen der allgemeinen Voraussetzungen die **Förderungsbedürftigkeit für ABM** bei Arbeitnehmern feststellen, die wegen Art oder Schwere ihrer Behinderung nur durch Zuweisung in die Maßnahme beruflich stabilisiert oder qualifiziert werden können. In diesen bevorzugt zu fördernden Maßnahmen darf der **Zuschuss** bis zu **25**

100 % des berücksichtigungsfähigen Arbeitsentgelts betragen (§ 264 Abs. 3 Satz 2 SGB III). Bei der Beschäftigung eines schwerbehinderten Menschen sind auch die Kosten einer notwendigen **Arbeitsassistenz** (§ 33 Abs. 8 Satz 1 Nr. 3 SGB IX, § 102 Abs. 4 SGB IX) zu übernehmen (bei Strukturanpassungsmaßnahmen: § 278 SGB III). Bei der ABM für besonders förderungsbedürftige Arbeitnehmer kommt die **verstärkte Förderung** nach § 266 Abs. 2 Nr. 2 SGB III und eine verlängerte **Maßnahmedauer** von bis zu 36 Monaten (§ 267 Abs. 2–3 SGB III) in Betracht. Im Dezember 2001 waren in ABM 8802 schwerbehinderte Menschen und in Strukturanpassungsmaßnahmen 1551 schwerbehinderte Menschen beschäftigt (BT-Drucks. 14/8441, S. 9).

26   Die Bundesanstalt für Arbeit ist nach § 104 Abs. 1 Nr. 5 SGB IX zuständig für die **Gleichstellung** behinderter Menschen mit schwerbehinderten Menschen sowie für deren Widerruf und Rücknahme. Für die Gleichstellung ergibt sich dies bereits aus § 68 Abs. 2 Satz 1 SGB IX (vgl. § 68 RdNr. 28 ff.). Die Gleichstellung kommt nach § 2 Abs. 3 SGB IX für behinderte Menschen mit einem GdB von 30 oder 40 in Betracht, die infolge ihrer Behinderung ohne die Gleichstellung einen geeigneten Arbeitsplatz nicht erlangen oder nicht behalten können. Die besonderen Regelungen für gleichgestellte behinderte Menschen werden nach dem **Widerruf** (§ 47 SGB X) oder der **Rücknahme** (§ 45 SGB X) der Gleichstellung nicht mehr angewendet. Der Widerruf der Gleichstellung ist zulässig, wenn die Voraussetzungen nach § 2 Abs. 3 i.V.m. § 68 Abs. 2 SGB IX weggefallen sind (§ 116 Abs. 2 SGB IX).

27   Die Zuständigkeit für die **Durchführung des Anzeigeverfahrens** (§ 80 Abs. 2 und 4 SGB IX) nach § 104 Abs. 1 Nr. 6 SGB IX ergibt sich bereits unmittelbar aus § 80 Abs. 2 Satz 1 SGB IX. Die von den Arbeitgebern der Arbeitsverwaltung mitzuteilenden Daten dienen der Berechnung des Umfangs der Beschäftigungspflicht, zur Überwachung ihrer Erfüllung und der Erhebung der Ausgleichsabgabe. Die Arbeitsämter leiten die erhobenen Daten an die Integrationsämter zur Erhebung der Ausgleichsabgabe weiter.

28   Zu den Aufgaben der Bundesanstalt für Arbeit gehören nach § 104 Abs. 1 Nr. 7–8 SGB IX die **Überwachung der Beschäftigungspflicht** der Arbeitgeber (§§ 71 ff. SGB IX) und die Zulassung der **Anrechnung** bei Teilzeitbeschäftigung und der **Mehrfachanrechnung** bei besonderen Schwierigkeiten der Teilhabe am Arbeitsleben auf Pflichtarbeitsplätze (§ 75 Abs. 2, § 76 Abs. 1–2 SGB IX).

29   Die Aufgabe der Erfassung der **WfB**, ihre Anerkennung und die Aufhebung der Anerkennung (§ 104 Abs. 1 Nr. 9 SGB IX) wird in § 142 SGB IX i.V.m. §§ 17 ff. WVO näher ausgestaltet (Vgl. Komm. zu § 142). Die Zuständigkeitsbestimmung für die Erfassung der **Integrationsfachdienste** sowie die Erbringung finanzieller Leistungen aus den Mitteln der Ausgleichsabgabe an diese Dienste (§ 104 Abs. 1 Nr. 10

SGB IX ist eine Ergänzung des Aufgabenkatalogs aufgrund der Einfügung der §§ 109 ff. SGB IX (bisher: §§ 37a ff. SchwbG) über die Integrationsfachdienste in das Schwerbehindertenrecht mit Wirkung zum 1. 10. 2000. Die Vergütung der Inanspruchnahme von Integrationsfachdiensten kann bei Beauftragung durch die Bundesanstalt für Arbeit aus den Mitteln der Ausgleichsabgabe erfolgen (§ 113 Satz 2 SGB IX).

III. Berichtspflicht (Abs. 2)

Die bis zum 30. 9. 2000 in § 33 Abs. 2 SchwbG und im Ersten Ab- **30** schnitt der SchwbAV getroffenen Regelungen zur besonderen Förderung der Eingliederung und Beschäftigung Schwerbehinderter sind aus Gründen der Verwaltungsvereinfachung und der besseren Transparenz als zusätzliche Fördertatbestände in das SGB III aufgenommen worden (§§ 222a, 235a SGB III i.V.m. § 104 Abs. 1 Nr. 3 SGB IX, vgl. RdNr. 15 ff.). § 104 Abs. 2 SGB IX erlegt der Bundesanstalt für Arbeit in diesem Zusammenhang eine jährliche **Berichtspflicht** gegenüber dem BMA auf. Die Berichterstattung soll die Förderung der Teilhabe schwerbehinderter Menschen auf dem allgemeinen Arbeitsmarkt nach dem SGB III aus Haushaltsmitteln der Bundesanstalt für Arbeit unter Verwendung der ihr aus Ausgleichsabgabemitteln des Ausgleichsfonds zugewiesenen Mitteln **transparent** machen (BT-Drucks. 14/3372, S. 21). Dem dient auch die **Veröffentlichung** der Förderungsergebnisse mit Angaben über die Zahl der geförderten Arbeitgeber und schwerbehinderten Menschen, die insgesamt aufgewandten Mittel und die durchschnittlichen Förderungsbeträge (§ 104 Abs. 2 Satz 2–3 SGB IX).

IV. Arbeitsmarktprogramme (Abs. 3)

Mit § 104 Abs. 3 SGB IX wird klargestellt, dass die Durchführung **31** befristeter überregionaler und regionaler **Arbeitsmarktprogramme** zum Abbau der Arbeitslosigkeit schwerbehinderter Menschen, besonderer Gruppen schwerbehinderter Menschen oder schwerbehinderter Frauen sowie zur Förderung des Ausbildungsangebots für schwerbehinderte Menschen aus Mitteln der Ausgleichsabgabe der Integrationsämter und des Ausgleichsfonds beim BMA **Aufgabe der Bundesanstalt für Arbeit** ist (BT-Drucks. 14/3372, S. 21). Die Durchführung solcher Sonderprogramme ist der Bundesanstalt für Arbeit nach § 370 SGB III zu übertragen.

Besondere Gruppen von schwerbehinderten Menschen im Sinne **32** des § 104 Abs. 3 SGB IX sind insbesondere solche, die wegen Art oder

Schwere der Behinderung oder sonstiger Umstände im Arbeitsleben besonders betroffen sind (§ 104 Abs. 1 Nr. 3 Buchst. a SGB IX i.V.m. § 72 Abs. 1 SGB IX), langzeitarbeitslose schwerbehinderte Menschen sowie schwerbehinderte Menschen im Übergang von Beschäftigungen in WfB und Integrationsprojekten auf den regulären allgemeinen Arbeitsmarkt (§ 104 Abs. 1 Nr. 3 Buchst. b–c SGB IX). Arbeitsmarktprogramme für **schwerbehinderte Frauen** sollen auf die Beseitigung bestehender Nachteile sowie auf die Überwindung des geschlechtsspezifischen Ausbildungs- und Arbeitsmarktes hinwirken. Sie sollen – wie andere Maßnahmen auch – in ihrer zeitlichen, inhaltlichen und organisatorischen Ausgestaltung die Lebensverhältnisse von Menschen mit **Familienpflichten** berücksichtigen (vgl. § 8 Abs. 1 SGB III, § 8 a SGB III, § 1 Satz 2 SGB IX, § 9 Abs. 1 Satz 2–3 SGB IX, § 33 Abs. 2 SGB IX).

33   Nach § 370 Abs. 2 Satz 2 SGB III kann die **Bundesregierung** der Bundesanstalt für Arbeit die Durchführung befristeter Arbeitsmarktprogramme durch **Verwaltungsvereinbarung** übertragen. Die **Landesarbeitsämter** können nach § 370 Abs. 3 SGB III durch Verwaltungsvereinbarung die Durchführung befristeter **Arbeitsmarktprogramme der Länder** übernehmen, wenn die Arbeitsmarktprogramme die Tätigkeiten der Bundesanstalt ergänzen, die Erledigung eigener Aufgaben dadurch nicht wesentlich beeinträchtigt wird und die Hauptstelle zugestimmt hat. Über den Abschluss von Verwaltungsvereinbarungen mit den Ländern ist das BMA zu unterrichten.

34   Die Integrationsämter können nach § 16 SchwbAV der Bundesanstalt für Arbeit **Mittel der Ausgleichsabgabe** zur Durchführung befristeter regionaler Arbeitsmarktprogramme gemäß § 104 Abs. 3 SGB IX zuweisen. Zur Durchführung befristeter überregionaler Arbeitsmarktprogramme können **Mittel aus dem Ausgleichsfonds** beim BMA verwendet werden (§ 78 SGB IX, § 41 Abs. 1 Satz 1 Nr. 2 SchwbAV).

35   Die **Ländersonderprogramme**, deren Durchführung das jeweilige Land der Bundesanstalt für Arbeit überträgt, ergänzen die Leistungen zur besonderen Förderung der Eingliederung schwerbehinderter Menschen aus den Mitteln der Ausgleichsabgabe des Bundes (Ausgleichsfonds). Bei der schwierigen Arbeitsmarktsituation gerade für schwerbehinderte Menschen tragen diese Förderleistungen wesentlich dazu bei, einer noch ungünstigeren Entwicklung entgegenzuwirken. Zur besseren Übersichtlichkeit wird eine Angleichung der Sonderprogramme hinsichtlich Personenkreis, Leistungsvoraussetzungen und Leistungsumfang angestrebt (BT-Drucks. 13/9514, S. 74).

V. Stellen für Beratung und Vermittlung (Abs. 4)

Nach den Feststellungen der Bundesanstalt für Arbeit im Rahmen 36
der Modellversuche zum Arbeitsamt 2000 hängt die erfolgreiche Vermittlung von schwerbehinderten Menschen entscheidend davon ab, ob
diese Aufgabe von einer **eigenständigen Organisationseinheit**
wahrgenommen wird. § 104 Abs. 4 SGB IX behält deshalb die Einrichtung besonderer Stellen zur Durchführung der Aufgaben der Bundesanstalt für Arbeit zur Teilhabe behinderter und schwerbehinderter
Menschen bei. Die besonderen Stellen sind für **alle Arbeitsämter
obligatorisch**. Für den Fall, dass in den Geschäftsstellen die Bildung
solcher Stellen nicht möglich ist, soll dort eine fachliche Schwerpunktbildung erfolgen. Die sachgerechte Wahrnehmung der Aufgaben der
Bundesanstalt nach § 104 Abs. 1 SGB IX erfordert eine angemessene
Personalausstattung. Bei der **Personalbemessung** dieser Stellen muss
dem besonderen Aufwand bei der Wahrnehmung der Aufgaben nach
Teil 2 des SGB IX Rechnung getragen werden (vgl. BT-Drucks. 14/
3372, S. 21).

Beratender Ausschuss für behinderte Menschen bei der Bundes-
anstalt für Arbeit

105 (1) Bei der Hauptstelle der Bundesanstalt für Arbeit wird ein
Beratender Ausschuss für behinderte Menschen gebildet, der
die Teilhabe der behinderten Menschen am Arbeitsleben durch Vorschläge fördert und die Bundesanstalt für Arbeit bei der Durchführung
der in Teil 2 und im Dritten Buch zur Teilhabe behinderter und schwer-
hinderter Menschen am Arbeitsleben übertragenen Aufgaben unterstützt.

(2) Der Ausschuss besteht aus elf Mitgliedern, und zwar aus

zwei Mitgliedern, die die Arbeitnehmer und Arbeitnehmerinnen
vertreten,

zwei Mitgliedern, die die privaten und öffentlichen Arbeitgeber
vertreten,

fünf Mitgliedern, die die Organisationen behinderter Menschen
vertreten,

einem Mitglied, das die Integrationsämter vertritt,

einem Mitglied, das das Bundesministerium für Arbeit und Sozialordnung vertritt.

(3) Für jedes Mitglied ist ein Stellvertreter oder eine Stellvertreterin
zu berufen.

(4) [1]Der Vorstand der Bundesanstalt für Arbeit beruft die Mitglieder, die Arbeitnehmer und Arbeitgeber vertreten, auf Vorschlag ihrer Gruppenvertreter im Verwaltungsrat der Bundesanstalt für Arbeit. [2]Er beruft auf Vorschlag der Organisationen behinderter Menschen, die nach der Zusammensetzung ihrer Mitglieder dazu berufen sind, die behinderten Menschen in ihrer Gesamtheit auf Bundesebene zu vertreten, die Mitglieder, die Organisationen der behinderten Menschen vertreten. [3]Auf Vorschlag der Arbeitsgemeinschaft, in der sich die Integrationsämter zusammengeschlossen haben, beruft er das Mitglied, das die Integrationsämter vertritt, und auf Vorschlag des Bundesministeriums für Arbeit und Sozialordnung das Mitglied, das dieses vertritt.

I. Allgemeines, Regelungsinhalt der Vorschrift

1   Die Vorschrift verpflichtet die Bundesanstalt für Arbeit, bei ihrer **Hauptstelle** in Nürnberg einen Beratenden Ausschuss für behinderte Menschen zu bilden. Anders als bei den Beratenden Ausschüssen der regionalen Integrationsämter (§ 103 SGB IX) handelt es sich um ein **zentrales Beratungsgremium** mit bundesweiter Reichweite. Insoweit besteht Ähnlichkeit mit dem **Beirat** für die Teilhabe behinderter Menschen beim BMA **(§ 64 SGB IX)**. Während die Beratenden Ausschüsse der **Integrationsämter** auch bei konkreten Entscheidungen über die Vergabe der Mittel der Ausgleichsabgabe mitwirken **(§ 103 Abs. 1 SGB IX)**, beschränkt sich die Mitwirkung des Beratenden Ausschusses bei der Bundesanstalt für Arbeit auf Vorschläge und Stellungnahmen zu **übergreifenden Fragen** der Teilhabe behinderter Menschen am Arbeitsleben von grundsätzlicher Bedeutung. In **§ 106 SGB IX** finden sich für beide Ausschüsse **gemeinsame Vorschriften** über die innere Struktur und die Beschlussfassung dieser Gremien. Die Mitwirkung von Vertretern der schwerbehinderten Arbeitnehmer und der Arbeitgeber an konkreten Verwaltungsentscheidungen erfolgt in den **Widerspruchsausschüssen** bei den Landesarbeitsämtern (§ 120 SGB IX).

2   § 105 SGB IX überträgt abgesehen von Anpassungen an den Sprachgebrauch des SGB IX inhaltsgleich den bisherigen **§ 34 SchwbG**. Die Regelung des § 34 Abs. 2 Satz 2 SchwbG (Stellvertreterberufung) befindet sich nunmehr in Abs. 3 des § 105 SGB IX. Im Jahre 1974 sind zusätzliche Ausschüsse bei den Landesarbeitsämtern wegen fehlender Effizienz abgeschafft worden. Zugleich wurde der Aufgabenbereich des Beratenden Ausschusses bei der Hauptstelle auf die Unterstützung der Bundesanstalt bei der beruflichen Eingliederung nach dem Arbeitsförderungsrecht erweitert, um dem engen Zusammenhang zwischen beruflicher Rehabilitation und schwerbehindertenrechtlichen

Aufgaben der Bundesanstalt Rechnung zu tragen (GK-SchwbG-*Spiolek*, § 34 RdNr. 6 ff.; *Cramer*, SchwbG, § 34 RdNr. 1 f.).

II. Aufgaben (Abs. 1)

Die Aufgabenbeschreibung in § 105 Abs. 1 SGB IX ist allgemein **3** gehalten. Der Aufgabenbereich der zur Förderung der Teilhabe behinderter Menschen am Arbeitsleben **im SGB III übertragenen Aufgaben** bezieht sich auf die Tätigkeit der Bundesanstalt für Arbeit als **Rehabilitationsträger** gemäß § 6 Abs. 1 Nr. 2 SGB IX, §§ 33 ff. SGB IX, §§ 97 ff. SGB III (Förderung der Teilhabe behinderter Menschen am Arbeitsleben), §§ 236 ff. SGB III (Leistungen an Arbeitgeber zur Förderung der Teilhabe am Arbeitsleben), §§ 248 ff. SGB III (Förderung von Einrichtungen der beruflichen Rehabilitation). Hierbei wird nicht zwischen **behinderten Menschen** (Legaldefinition: § 2 Abs. 1 SGB IX) und **schwerbehinderten Menschen** im Sinne des § 2 Abs. 2 i.V.m. § 69 SGB IX unterschieden. Die der Bundesanstalt für Arbeit bei der **Durchführung der in Teil 2 des SGB IX übertragenen Aufgaben** sind im Wesentlichen Teil des Aufgabenkatalogs in § 104 Abs. 1 SGB IX. Eine scharfe **Grenzziehung** zwischen den der Bundesanstalt zur Teilhabe behinderter Menschen im SGB III übertragenen Aufgaben und als Behörde zur Durchführung der besonderen Regelungen zur Teilhabe schwerbehinderter Menschen ist weder durchgängig möglich noch notwendig (s.a. *Brodkorb* in: Hauck/Noftz, SGB IX, § 105 RdNr. 4). So ist die Erbringung von Eingliederungszuschüssen für besonders betroffene schwerbehinderte Menschen und von Zuschüssen zur Ausbildungsvergütung schwerbehinderter Menschen (§§ 222 a, 235 a SGB III) aus Mitteln der Ausgleichsabgabe einerseits eine Aufgabe zur Förderung der Teilhabe schwerbehinderter Menschen nach § 104 Abs. 1 Nr. 3 SGB IX, anderseits erfolgt die gesetzliche Ausgestaltung dieser Leistungen nicht im Schwerbehindertenrecht des Teils 2 des SGB IX, sondern in speziellen Fördertatbeständen des SGB III.

Als Mitwirkungsformen des Beratenden Ausschusses enthält § 105 **4** Abs. 1 SGB IX das Unterbreiten von **Vorschlägen** und die **Unterstützung** der Bundesanstalt bei der Aufgabendurchführung. Hieraus folgt zwingend, dass der Ausschuss keinerlei Mitbestimmungsrechte und Entscheidungsbefugnisse hat. Auf Grund der beratenden Funktion des Ausschusses kann er lediglich Stellungnahmen und Empfehlungen vorlegen sowie Vorschläge machen, an die die Bundesanstalt für Arbeit nicht gebunden ist. Der Ausschuss kann seine beratende und unterstützende Funktion nur sachgerecht erfüllen, wenn die Hauptstelle der Bundesanstalt mit ihm eng zusammenarbeitet. So obliegt es der Hauptstelle, den Ausschuss über alle grundlegenden Angelegenheiten

der Teilhabe behinderter Menschen am Arbeitsleben fortlaufend zu
unterrichten (GK-SchwbG-*Spiolek,* § 34 RdNr. 35; *Cramer,* SchwbG,
§ 34 RdNr. 3; *Brodkorb* in: Hauck/Noftz, SGB IX, § 105 RdNr. 5). Die
Informationspflicht der Bundesanstalt erstreckt sich auch auf die er-
schöpfende Beantwortung von diesbezüglichen Fragen des Ausschusses. Die Unterstützung der Bundesanstalt bei der Aufgabenerfüllung
beinhaltet eine nach **außen wirkende Tätigkeit** des Beratenden Ausschusses. Dabei kann es sich um Öffentlichkeitsarbeit oder um ein
Hineinwirken in die entsendenden Verbände, Organisationen und Behörden handeln (*Neumann/Pahlen,* SGB IX, § 105 RdNr. 17). Die in
§ 130 SGB IX normierten **Geheimhaltungspflichten** sind jedoch zu
beachten.

III. Zusammensetzung (Abs. 2–3)

5   Der Beratende Ausschuss besteht nach § 105 Abs. 2 SGB IX aus **elf
Mitgliedern**. Sie vertreten die Gruppen der an der Selbstverwaltung
der Bundesanstalt (§§ 374 ff., 380 SGB III) beteiligten **Arbeitnehmer**
und **Arbeitgeber**, die Organisationen behinderter Menschen, die Integrationsämter und das BMA. Die starke Vertretung der **Organisationen behinderter Menschen** entspricht der Bezeichnung des Ausschusses und der einer Interessenvertretung ähnlichen Aufgabenstellung. Die Beteiligung eines Vertreters der **Integrationsämter** trägt
dem Gebot einer engen Zusammenarbeit von Arbeitsverwaltung und
Integrationsämtern bei der Durchführung der besonderen Regelungen
zur Teilhabe schwerbehinderter Menschen Rechnung (§ 101 Abs. 1,
§ 102 Abs. 2 Satz 1 SGB IX). Die Hinzuziehung eines Vertreters des
BMA entspricht dem auf grundsätzliche behinderten- und arbeitsmarktpolitische Fragen gerichteten Wirkungsbereich des Beratenden
Ausschusses.

6   Ungeachtet der bisher entgegenstehenden Rechtswirklichkeit in
Vertretungsgremien erscheint es auf Grund der **Zielbestimmung in
§ 1 Satz 2 SGB IX**, den besonderen Bedürfnissen behinderter Frauen
Rechnung zu tragen, als geboten, eine **paritätische Besetzung** des
Beratenden Ausschusses mit Frauen und Männern anzustreben. Für die
Mitglieder der Selbstverwaltung der Bundesanstalt für Arbeit ist in
§ 390 Abs. 2 Satz 2 SGB III die Berücksichtigung von Frauen und Männern mit dem Ziel einer gleichberechtigten Teilhabe in den Gruppen
vorgesehen. Für den Beirat für die Teilhabe behinderter Menschen
beim BMA nach § 64 SGB IX verlangt der Gesetzgeber in der Gesetzesbegründung, dass die vorschlagenden Stellen darauf hinzuwirken
haben, dass eine gleichberechtigte Vertretung von Männern und
Frauen geschaffen und erhalten wird (BT-Drucks. 14/5074, S. 111). Dies
muss auch für den Beratenden Ausschuss gelten.

Entsprechend der Vorgabe in § 105 Abs. 3 SGB IX ist für jedes   7
ordentliche Mitglied des Beratenden Ausschusses **ein stellvertretendes Mitglied** zu berufen, um die fortlaufende Handlungsfähigkeit des
Gremiums zu gewährleisten. Die Beschlussfähigkeit des Ausschusses
setzt die Anwesenheit von wenigstens der Hälfte der Mitglieder bzw.
der stellvertretenden Mitglieder voraus (§ 106 Abs. 2 SGB IX). Das
ordentliche Mitglied kann im Vertretungsfall nur durch seinen persönlichen Vertreter vertreten werden (*Cramer,* SchwbG, § 34
RdNr. 5). Stellvertretende Mitglieder des Beratenden Ausschusses werden ebenso wie die ordentlichen Mitglieder nach dem in § 105 Abs. 4
SGB IX bestimmten Modus berufen (*Steck* in: Kossens/von der Heide/
Maaß, Praxiskommentar zum Behindertenrecht, SGB IX, § 105
RdNr. 6).

IV. Berufung der Mitglieder (Abs. 4)

Der Vorstand der Bundesanstalt für Arbeit beruft die Mitglieder,   8
die Arbeitnehmer und Arbeitgeber vertreten, auf Vorschlag ihrer
Gruppenvertreter im Verwaltungsrat der Bundesanstalt in den Beratenden Ausschuss. Der Verwaltungsrat ist das zentrale Selbstverwal-
tungsorgan der Bundesanstalt für Arbeit. Er überwacht den Vorstand
und die Verwaltung, beschließt die Satzung und erlässt die Anordnun-
gen der Bundesanstalt, mit denen auch die Ermessensleistungen der
aktiven Arbeitsmarktpolitik näher ausgestaltet werden (§§ 374, 376
SGB III). Der Verwaltungsrat setzt sich zu gleichen Teilen aus Vertretern der Arbeitnehmer, der Arbeitgeber und der öffentlichen Körperschaften zusammen (§ 380 SGB III). Im Sinne einer Anbindung des
Beratenden Ausschusses an dieses zentrale Entscheidungsgremium ist
es zweckmäßig, das Vorschlagsrecht dessen Gruppenvertretern zuzu-
billigen. Die Vorgeschlagenen können, müssen aber nicht zugleich
Mitglied des Verwaltungsrates sein (*Neumann/Pahlen,* SGB IX, § 105
RdNr. 8).

Vorschlagsberechtigt für fünf Mitglieder und stellvertretende Mit-   9
glieder sind die **Organisationen behinderter Menschen,** die nach
der Zusammensetzung ihrer Mitglieder dazu berufen sind, die behinderten Menschen in ihrer Gesamtheit auf Bundesebene zu vertreten.
Es kann sich demnach nur um Selbsthilfe- und Behindertenverbände
handeln, die über eine **bundesweite Ausdehnung** verfügen und nach
ihrer Satzung die Interessen behinderter Menschen ungeachtet der
Behinderungsart und der **Behinderungsursache** vertreten. Vorschläge von Zusammenschlüssen von Verbänden (Spitzenverbänden)
sind zulässig. Als vorschlagsberechtigt kommen – in naturgemäß nicht
abschließender Aufzählung – der VdK, der Sozialverband Deutschland
und die Bundesarbeitsgemeinschaft Hilfe für Behinderte e.V. (BAGH)

in Betracht. Verbände, die nur bestimmte Behindertengruppen vertreten, sind zwar nicht selbst vorschlagsberechtigt. Gleichwohl kann ein vorschlagsberechtigter Verband ihre Vertreter in seinen Vorschlag an den Vorstand der Bundesanstalt für Arbeit einbeziehen (GK-SchwbG-*Spiolek,* § 34 RdNr. 27; *Cramer,* SchwbG, § 34 RdNr. 7). Der Vorstand der Bundesanstalt für Arbeit hat bei der **Berücksichtigung der Vorschläge** eine der Mitgliederzahl und der Bedeutung der vorschlagenden Organisationen entsprechende Repräsentanz im Beratenden Ausschuss herzustellen. § 390 Abs. 2 Satz 3 SGB III, wonach bei Vorschlägen mehrerer Vorschlagsberechtigter die Sitze **anteilsmäßig** unter billiger Berücksichtigung der **Minderheiten** zu verteilen sind, gilt entsprechend. An die **Reihenfolge** der Vorschläge für ordentliche und stellvertretende Mitglieder auf den Vorschlagslisten ist der Vorstand der Bundesanstalt gebunden.

Gemeinsame Vorschriften

106 (1) ¹Die Beratenden Ausschüsse für behinderte Menschen (§§ 103, 105) wählen aus den ihnen angehörenden Mitgliedern von Seiten der Arbeitnehmer, Arbeitgeber oder Organisationen behinderter Menschen jeweils für die Dauer eines Jahres einen Vorsitzenden oder eine Vorsitzende und einen Stellvertreter oder eine Stellvertreterin. ²Die Gewählten dürfen nicht derselben Gruppe angehören. ³Die Gruppen stellen in regelmäßig jährlich wechselnder Reihenfolge den Vorsitzenden oder die Vorsitzende und den Stellvertreter oder die Stellvertreterin. ⁴Die Reihenfolge wird durch die Beendigung der Amtszeit der Mitglieder nicht unterbrochen. ⁵Scheidet der Vorsitzende oder die Vorsitzende oder der Stellvertreter oder die Stellvertreterin aus, wird er oder sie neu gewählt.

(2) ¹Die Beratenden Ausschüsse für behinderte Menschen sind beschlussfähig, wenn wenigstens die Hälfte der Mitglieder anwesend ist. ²Die Beschlüsse und Entscheidungen werden mit einfacher Stimmenmehrheit getroffen.

(3) ¹Die Mitglieder der Beratenden Ausschüsse für behinderte Menschen üben ihre Tätigkeit ehrenamtlich aus. ²Ihre Amtszeit beträgt vier Jahre.

I. Allgemeines, Regelungsinhalt der Vorschrift

1   Die Vorschrift beinhaltet Regelungen zur **inneren Struktur**, zum **Verfahren** und zur **Rechtsstellung** der Mitglieder der Beratenden Ausschüsse bei den Integrationsämtern (§ 103 SGB IX) und der Hauptstelle der Bundesanstalt für Arbeit (§ 105 SGB IX). Abgesehen von

sprachlichen Anpassungen überträgt die Vorschrift inhaltsgleich den bisherigen § 36 SchwbG.

Die Vorgängerregelung bezog sich unmittelbar auch auf den Beirat 2 für die Rehabilitation der Behinderten beim BMA nach § 35 SchwbG. Unter der Bezeichnung **Beirat für die Teilhabe behinderter Menschen** ist dieses Beratungsgremium mit erweitertem Mitgliederkreis nunmehr in Teil 1 des SGB IX (§ 64 SGB IX) verankert, was seine über das Schwerbehindertenrecht hinausgehenden Aufgaben verdeutlicht. Wesentliche Aufgabe des Beirats im Rahmen der besonderen Regelungen zur Teilhabe schwerbehinderter Menschen ist die Mitwirkung bei der Vergabe von Mitteln des Ausgleichsfonds (§ 78 SGB IX) durch das BMA geblieben. Für das **Verfahren des Beirats** enthält § 65 SGB IX eigenständige Vorgaben, verweist jedoch im übrigen auf die entsprechende Geltung des § 106 SGB IX.

§ 106 Abs. 1 und 2 SGB IX gilt für den **Widerspruchsausschuss** 3 bei dem Integrationsamt (§ 119 SGB IX) und den Widerspruchsausschuss beim Landesarbeitsamt (§ 120 SGB IX) entsprechend (§ 121 Abs. 1 SGB IX). Eine **Geheimhaltungspflicht** u. a. für die Mitglieder der Beratenden Ausschüsse wird in § 130 SGB IX festgelegt. Die Ausschüsse haben die Möglichkeit, weitere Einzelheiten ihres Verfahrens kraft autonomen Organisationsrechts in einer **Geschäftsordnung** festzulegen (*Kossens* in: Kossens/von der Heide/Maaß, Praxiskommentar zum Behindertenrecht, SGB IX, § 106 RdNr. 1; *Dau,* LPK-SGB IX, § 106 RdNr. 2; *Seidel* in: Hauck/Noftz, SGB IX, § 106 RdNr. 1).

II. Vorsitz (Abs. 1)

§ 106 Abs. 1 Satz 1 SGB IX beschränkt die Möglichkeit, den **Vorsitz** 4 bzw. **stellvertretenden Vorsitz** in Beratenden Ausschüssen zu übernehmen, auf Mitglieder der Gruppen der Arbeitnehmer, der Arbeitgeber und der Organisationen behinderter Menschen. Dies trägt dem einer Interessenvertretung ähnlichen Charakter der Ausschüsse Rechnung, denn es wirkt einer Dominierung der Gremien durch Behördenvertreter entgegen. Bei der entsprechenden Anwendung der Regelung auf die **Widerspruchsausschüsse** (§ 121 Abs. 1 SGB IX) beschränkt sich das passive Wahlrecht mangels Vertretern der Organisationen behinderter Menschen auf die Gruppenvertreter von schwerbehinderten Arbeitnehmern und Arbeitgebern (*Neumann/Pahlen,* SGB IX, § 106 RdNr. 2; GK-SchwbG-*Spiolek,* § 36 RdNr. 7). **Aufgabe des Vorsitzenden** der Beratenden Ausschüsse ist es, die Sitzungen vorzubereiten, einzuberufen und zu leiten. Er wird in seiner Amtführung durch das Integrationsamt bzw. die Hauptstelle der Bundesanstalt für Arbeit unterstützt (*Cramer,* SchwbG, § 36 RdNr. 2).

5   Auch wenn die Vorschrift von einer **Wahl** der Vorsitzenden und
Stellvertreter spricht, wird die Wahlmöglichkeit durch weitere Vorgaben begrenzt. So dürfen die Gewählten **nicht derselben Gruppe** angehören. Die drei in Frage kommenden Gruppen stellen in regelmäßig
jährlich wechselnder Reihenfolge den Vorsitzenden und den Stellvertreter. Dies hat zur Folge, dass faktisch mit der ersten Wahl die Reihenfolge des rotierenden Vorsitzes für die kommenden Jahre bereits
festgelegt wird. Wahlberechtigt sind alle Ausschussmitglieder, im Verhinderungsfall ihre persönlichen Stellvertreter. Die Wahl erfolgt mit
einfacher Mehrheit, wobei die Beschlussfähigkeit gemäß § 106 Abs. 2
SGB IX festzustellen ist.

6   Endet die vierjährige Amtszeit des Vorsitzenden oder seines Stellvertreters als Ausschussmitglied (§ 106 Abs. 3 Satz 3 SGB IX) im Laufe seiner einjährigen Amtszeit oder scheidet er aus anderen Gründen vorzeitig aus dem Ausschuss aus, so wird für den Rest der einjährigen Amtszeit ein **Nachfolger** aus seiner Gruppe gewählt. Dies stellt sicher, dass
die Reihenfolge durch die Beendigung der Amtszeit der Mitglieder
nicht unterbrochen wird (*Seidel* in: Hauck/Noftz, SGB IX, § 106
RdNr. 7; *Dau*, LPK-SGB IX, § 106 RdNr. 4).

III. Beschlussfassung (Abs. 2)

7   § 106 Abs. 2 SGB IX enthält Vorgaben zur Beschlussfassung Beratender Ausschüsse. Demnach setzt die **Beschlussfähigkeit** die **Anwesenheit** von wenigstens der Hälfte der Mitglieder oder ihrer persönlichen
Stellvertreter voraus. In Sitzungen des Beratenden Ausschusses bei den
Integrationsämtern müssen fünf Mitglieder bzw. Stellvertreter, in Sitzungen des Beratenden Ausschusses bei der Bundesanstalt für Arbeit
sechs Mitglieder oder Stellvertreter körperlich anwesend sein (Telefon-
oder Videokonferenzen sind nicht vorgesehen). Für die Beschlussfähigkeit ist es unmaßgeblich, ob alle Gruppen vertreten sind. Die gesetzliche Regelung gibt nicht zwingend vor, dass die Anwesenheit des
Vorsitzenden oder seines Vertreters Voraussetzung für die Beschlussfähigkeit wäre (a.A. *Seidel* in: Hauck/Noftz, SGB IX, § 106 RdNr. 9;
GK-SchwbG-*Spiolek*, § 36 RdNr. 9; *Neumann/Pahlen*, SGB IX, § 106
RdNr. 6). Im Interesse einer ordnungsgemäßen Sitzungsleitung sollte
die Anwesenheitspflicht des Vorsitzenden oder seines Vertreters in der
Geschäftsordnung der Ausschüsse geregelt werden.

8   Die Beschlüsse und Entscheidungen werden nach § 106 Abs. 2 Satz
2 SGB IX mit **einfacher Mehrheit** getroffen. Maßgeblich ist die
Mehrheit der anwesenden Stimmen. Bei **Stimmengleichheit** gilt ein
Antrag als abgelehnt. Der Vorsitzende oder sein Vertreter hat kein aus-
schlaggebendes Stimmrecht (*Dau*, LPK-SGB IX, § 106 RdNr. 3; *Seidel*
in: Hauck/Noftz, SGB IX, § 106 RdNr. 10; *Kossens* in: Kossens/von

der Heide/Maaß, Praxiskommentar zum Behindertenrecht, SGB IX, § 106 RdNr. 4). Es kann **offen** oder **geheim** abgestimmt werden, worüber auf Antrag eines Mitgliedes eine Entscheidung des Gremiums herbeizuführen ist. Auch wenn eine diesbezügliche gesetzliche Vorgabe fehlt, erscheint es als sachdienlich, zumindest ein **Ergebnisprotokoll** von den Sitzungen der Ausschüsse zu erstellen.

IV. Rechtsstellung der Mitglieder (Abs. 4)

Die Mitglieder der Beratenden Ausschüsse für behinderte Menschen **9** üben ihre Tätigkeit nach § 106 Abs. 3 Satz 1 SGB IX **ehrenamtlich** aus. Daraus folgt, dass eine **Vergütung** der Sitzungstätigkeit nicht in Betracht kommt. **Auslagen** von Fahrtkosten und Verdienstausfall können von den Integrationsämtern bzw. der Bundesanstalt für Arbeit, denen die Ausschüsse zugeordnet sind, ersetzt werden. Aus dem Aufkommen der Ausgleichsabgabe dürfen diese Kosten gemäß § 77 Abs. 5 Satz 2 SGB IX nicht bestritten werden.

Die **Amtszeit** der Mitglieder beträgt nach § 106 Abs. 3 Satz 2 SGB **10** IX vier Jahre. Die Amtszeit beginnt mit der Berufung und endet vier Jahre später mit dem Tag, der dem Tag der Berufung entspricht. Scheiden Ausschussmitglieder vor Ablauf dieser Zeit aus oder verlieren sie ihren Status als Behörden- oder Organisationsvertreter, sind sie durch **Neuberufung** zu ersetzen. Für neuberufene Mitglieder beträgt die Amtzeit wiederum vier Jahre, so dass die Ämter der Ausschussmitglieder zu verschiedenen Zeitpunkten enden können (*Cramer,* SchwbG, § 36 RdNr. 5; a.A. *Seidel* in: Hauck/Noftz, SGB IX, § 106 RdNr. 15: Neuberufung nur für den Rest der Amtszeit).

Die vorzeitige **Abberufung** von Ausschussmitgliedern ist nicht ge- **11** regelt. Angesichts der gesetzlich garantierten vierjährigen Amtszeit kommt bei Fortbestehen der formalen Berufungsvoraussetzungen (insbesondere Zugehörigkeit zur jeweiligen Gruppe) allein eine Einflussnahme des vorschlagsberechtigten Verbandes bzw. der vorschlagsberechtigten Behörde auf das Mitglied mit dem Ziel einer Amtsniederlegung in Betracht. Eine vorzeitige Abberufung gegen den Willen des Ausschussmitgliedes allein wegen inhaltlicher Meinungsverschiedenheiten mit der vorschlagsberechtigten Organisation ist damit unzulässig *(Cramer,* SchwbG, § 36 RdNr. 5; *Feldes u. a.,* Schwerbehindertenrecht, SGB IX, § 106 RdNr. 3; *Neumann/Pahlen,* SGB IX, § 106 RdNr. 9; a.A. *Kossens* in: Kossens/von der Heide/Maaß, Praxiskommentar zum Behindertenrecht, SGB IX, § 106 RdNr. 6: auch Abberufung durch entsendende Organisation).

Übertragung von Aufgaben

107 (1) ¹Die Landesregierung oder die von ihr bestimmte Stelle kann die Verlängerung der Gültigkeitsdauer der Ausweise nach § 69 Abs. 5, für die eine Feststellung nach § 69 Abs. 1 nicht zu treffen ist, auf andere Behörden übertragen. ²Im Übrigen kann sie andere Behörden zur Aushändigung der Ausweise heranziehen.

(2) Die Landesregierung oder die von ihr bestimmte Stelle kann Aufgaben und Befugnisse des Integrationsamtes nach Teil 2 auf örtliche Fürsorgestellen übertragen oder die Heranziehung örtlicher Fürsorgestellen zur Durchführung der den Integrationsämtern obliegenden Aufgaben bestimmen.

(3) Die Bundesanstalt für Arbeit kann Aufgaben, die nach Teil 2 die Landesarbeitsämter wahrzunehmen haben, mit Ausnahme der Aufgaben nach § 156, ganz oder teilweise den Arbeitsämtern übertragen.

I. Allgemeines, Regelungsinhalt der Vorschrift

1   Die Vorschrift ermächtigt die Landesregierung oder die von ihr bestimmte Stelle, die den **Versorgungsämtern** obliegende Verlängerung und Aushändigung von **Schwerbehindertenausweisen** auf andere Behörden zu übertragen (Abs. 1) sowie Aufgaben und Befugnisse des **Integrationsamtes** auf örtliche Fürsorgestellen zu verlagern (Abs. 2). Schließlich wird die **Bundesanstalt für Arbeit** ermächtigt, schwerbehindertenrechtliche Aufgaben der Landesarbeitsämter mit Ausnahme der Verfolgung von Ordnungswidrigkeiten auf die Arbeitsämter zu übertragen (Abs. 3). Die Vorschrift überträgt abgesehen von der Anpassung an die Systematik des SGB IX inhaltsgleich den bisherigen § 37 **SchwbG.**

II. Schwerbehindertenausweise (Abs. 2)

2   Nach § 69 Abs. 1 Satz 1, Abs. 4 SGB IX stellen die **Versorgungsämter** das Vorliegen einer Behinderung und den GdB sowie die gesundheitlichen Voraussetzungen für die Inanspruchnahme von Nachteilsausgleichen (Merkzeichen) fest. Auf Grund dieser Feststellungen stellen die Versorgungsämter nach § 69 Abs. 5 SGB IX einen **Ausweis** über die Eigenschaft als schwerbehinderter Mensch, den GdB sowie über weitere gesundheitliche Merkmale aus. Der Ausweis dient dem Nachweis für die Inanspruchnahme von Leistungen und sonstigen Hilfen, die schwerbehinderten Menschen nach Teil 2 des SGB IX oder nach anderen Vorschriften zustehen. Die Gültigkeitsdauer des Ausweises wird

für die Dauer von längstens fünf Jahren befristet und kann auf Antrag höchstens zweimal verlängert werden (§ 6 SchwbAwV; vgl. § 69 RdNr. 109 ff.).

Eine **Ausnahme** von dieser ausschließlichen Zuständigkeit der Ver- 3 sorgungsverwaltung für Statusfeststellungen nach § 69 SGB IX lässt § 107 Abs. 1 Satz 1 SGB IX für die **Ausweisverlängerung** zu, wenn eine Feststellung nach § 69 Abs. 1 SGB IX, also über das Vorliegen einer Behinderung und des GdB, nicht erforderlich wird. Dies muss Feststellungen nach § 69 Abs. 4 SGB IX zu den gesundheitlichen Voraussetzungen von Nachteilsausgleichen einschließen. Nur wenn derartige Feststellungen bei bestandskräftigen Feststellungsbescheiden der Versorgungsämter nicht zu treffen sind, kommt eine Übertragung der Verlängerung der Gültigkeitsdauer der Ausweise auf andere Behörden in Betracht. Begehrt dagegen der behinderte Mensch im Zusammenhang mit der Ausweisverlängerung eine Erhöhung des GdB oder die Feststellung der gesundheitlichen Voraussetzungen für Nachteilsausgleiche, führt allein das Versorgungsamt ein diesbezügliches Verwaltungsverfahren durch (zum **Entscheidungsmonopol** der Versorgungsverwaltung für schwerbehindertenrechtliche Statusfeststellungen: § 69 RdNr. 11 ff).

Ohne weitere Einschränkung kann die Landesregierung oder die 4 von ihr bestimmte Stelle andere Behörden zur **Aushändigung der Ausweise** heranziehen (§ 107 Abs. 1 Satz 2 SGB IX). **Zweck** dieser Aufgabendelegation ist die Bereitstellung einer **ortsnahen Dienstleistung** für schwerbehinderte Menschen. In Nordrhein-Westfalen ist Zuständigkeit für die Verlängerung der Gültigkeitsdauer von Schwerbehindertenausweisen, für die eine Statusfeststellung nicht zu treffen ist, neben den Versorgungsämtern den Gemeinden übertragen worden. Örtlich zuständig ist die Gemeinde, in welcher der schwerbehinderte Mensch seinen gewöhnlichen Aufenthalt (§ 30 Abs. 3 SGB I) hat (Verordnung zur Regelung von Zuständigkeiten nach dem Schwerbehindertengesetz vom 31. 1. 1989, GV.NW. 1989, S. 78).

Ungeachtet der Regelung in § 107 Abs. 1 SGB IX haben Gemeinden, 5 Sozialleistungsträger und andere deutsche Behörden Anträge von behinderten Menschen auf Ausstellung und Verlängerung von Schwerbehindertenausweisen entgegenzunehmen und unverzüglich an das örtlich zuständige Versorgungsamt weiterzuleiten (**§ 16 Abs. 2 SGB I**).

III. Aufgaben des Integrationsamtes (Abs. 2)

Mit § 107 Abs. 2 SGB IX wird die Landesregierung oder die von ihr 6 bestimmte Stelle ermächtigt, Aufgaben und Befugnisse des Integrationsamtes nach Teil 2 des SGB IX auf **örtliche Fürsorgestellen** zu übertragen oder die Heranziehung örtlicher Fürsorgestellen zur Aufga-

bendurchführung zu bestimmen. Die Regelung ermöglicht es, kreisfreie Städte und Kreise als örtliche Träger der Sozialhilfe (§ 96 BSHG)
an der Durchführung des Schwerbehindertenrechts zu beteiligen.
Während mit der Aufgabenübertragung die Verantwortlichkeit für die
Aufgabenwahrnehmung auf die örtlichen Fürsorgestellen übergeht,
bleibt diese bei der Heranziehung zur Aufgabendurchführung bei den
Integrationsämtern (*Seidel/Masuch* in: Hauck/Noftz, SGB IX, § 107
RdNr. 7).

7   **Aufgaben** der Integrationsämter im Sinne dieser Vorschrift sind insbesondere diejenigen nach § 102 Abs. 1 SGB IX, also die Erhebung und
Verwendung der Ausgleichsabgabe, der Kündigungsschutz, die begleitende Hilfe im Arbeitsleben und die zeitweilige Entziehung der besonderen Hilfen für schwerbehinderte Menschen. Im Sinne einer orts- und
betriebsnahen Ausgestaltung der **begleitenden Hilfe im Arbeitsleben** (§ 102 Abs. 2–4 SGB IX) bietet sich vor allem hier eine Heranziehung örtlicher Fürsorgestellen an. So werden in Nordrhein-Westfalen
u. a. Betriebsbesuche, Sachverhaltsermittlungen in Kündigungsverfahren, Einladungen zu Schwerbehindertenversammlungen, die Unterstützung von Schwerbehindertenvertretungen und die Durchführung
der begleitenden Hilfe im Arbeitsleben auf die örtlichen Fürsorgestellen übertragen, soweit nicht das Integrationsamt mit seinen Fachdiensten in Anspruch genommen wird. Das Integrationsamt hat dabei auf
eine einheitliche und wirksame Durchführung der den Fürsorgestellen
obliegenden Aufgaben und Befugnisse hinzuwirken (§ 1 der Verordnung zur Regelung von Zuständigkeiten mach dem Schwerbehindertengesetz vom 31. 1. 1989, GV. NW. 1989, 78).

8   Die Tätigkeit des **Widerspruchsausschusses** bei dem Integrationsamt wird vom Anwendungsbereich des § 107 SGB IX nicht erfasst.
§ 118 Abs. 1 SGB IX regelt als lex specialis, dass bei Verwaltungsakten
der Integrationsämter und der örtlichen Fürsorgestellen (§ 107 Abs. 2)
der Widerspruchsausschuss bei dem Integrationsamt (§ 119) den Widerspruchsbescheid erlässt. Von daher können Entscheidungen über
Widersprüche nicht durch Aufgabendelegation an örtliche Fürsorgestellen dem Widerspruchsausschuss entzogen werden (*Seidel/Masuch* in:
Hauck/Noftz, SGB IX, § 107 RdNr. 8).

IV. Aufgaben des Landesarbeitsamtes (Abs. 3)

9   § 107 Abs. 3 SGB IX räumt der **Bundesanstalt für Arbeit** die Möglichkeit ein, **schwerbehindertenrechtliche Aufgaben der Landesarbeitsämter** ganz oder teilweise den Arbeitsämtern zu übertragen.
Nicht delegationsfähig sind die Verfolgung von Ordnungswidrigkeiten nach § 156 SGB IX durch das Landesarbeitsamt und die Tätigkeit des Widerspruchsausschusses beim Landesarbeitsamt (§ 118 Abs. 2

SGB IX). Diesbezügliche Entscheidungen der Arbeitsämter sind wegen absoluter Unzuständigkeit nichtig. Alle anderen Aufgaben der Landesarbeitsämter können an die örtlichen Arbeitsämter delegiert werden. In Betracht kommt die Aufgabenübertragung von den Landesarbeitsämtern auf örtliche Arbeitsämter – ungeachtet ihrer Zweckmäßigkeit – bei der Mitwirkung im Entziehungsverfahren nach § 117 SGB IX und im Anerkennungsverfahren für WfB nach § 142 SGB IX i.V.m. § 18 WVO.

Aufgaben der Arbeitsämter (z. B. nach § 80 Abs. 2 SGB IX, § 81 **10** Abs. 4 Satz 2 SGB IX, § 87 Abs. 2 SGB IX) können nicht umgekehrt den Landesarbeitsämtern übertragen werden. Zuständigkeiten innerhalb der Bundesanstalt für Arbeit werden entweder durch Gesetz (§ 104 SGB IX enthält dazu keine Regelung) oder durch die vom Verwaltungsrat der Bundesanstalt zu erlassene Satzung bestimmt (§ 375 SGB III). Die Aufgabenübertragung an Arbeitsämter wird in den Amtlichen Nachrichten der Bundesanstalt für Arbeit (ANBA) bekannt gegeben.

Verordnungsermächtigung

108 Die Bundesregierung wird ermächtigt, durch Rechtsverordnung mit Zustimmung des Bundesrates das Nähere über die Voraussetzungen des Anspruchs nach § 33 Abs. 8 Nr. 3 und § 102 Abs. 4 sowie über die Höhe, Dauer und Ausführung der Leistungen zu regeln.

Mit dem Gesetz zur Bekämpfung der Arbeitslosigkeit Schwerbehin- **1** derter vom 29. 9. 2000 (BGBl. I S. 1394; vgl. § 68 RdNr. 23 f.) ist mit Wirkung zum 1. 10. 2000 der Rechtsanspruch schwerbehinderter Menschen auf **Arbeitsassistenz** eingeführt worden (§ 102 Abs. 4 SGB IX, vgl. § 102 RdNr. 31 ff.). Das Nähere über die Voraussetzungen des Anspruchs auf Arbeitsassistenz sowie über die Höhe, Dauer und Ausführung der Leistung soll auf der Grundlage der gesetzlichen Ermächtigung in § 108 SGB IX in einer **Rechtsverordnung** der Bundesregierung mit Zustimmung des Bundesrates geregelt werden. Die Regelung des § 108 SGB IX überträgt inhaltsgleich den bisherigen **§ 31 Abs. 3a SchwbG** und berücksichtigt die Einführung des Anspruchs auf Arbeitsassistenz gegenüber den **Rehabilitationsträgern** mit § 33 Abs. 8 Satz 1 Nr. 3, Satz 2–4 SGB IX (BT-Drucks. 14/5074, S. 114; Vgl. § 102 RdNr. 41).

Der nach dem Willen des Gesetzgebers **unverzügliche Erlass** der **2** Rechtsverordnung (BT-Drucks. 14/3372, S. 21) steht weiterhin aus, was zwar die Geltendmachung des Anspruchs nicht hindert. Gleichwohl erscheint es angesichts der unpräzisen gesetzlichen Ausgestaltung des Rechtsanspruchs auf Arbeitsassistenz in § 102 Abs. 4 SGB IX, § 33 Abs. 8 SGB IX als problematisch, dass nunmehr die Verwaltung die Grenzen des Rechtsanspruchs mit **„Vorläufigen Empfehlungen"** der Bundesarbeitsgemeinschaft der Integrationsämter und Hauptfürsorgestellen (br 2001, Heft 2, Beilage 1) selbst definiert (vgl. § 102 RdNr. 37 f.). Anders als bei einer Rechtsverordnung auf der Grundlage einer gesetzlichen Ermächtigung (Art. 80 GG) sind die Vorgaben dieser Empfehlungen als Verwaltungsbinnenrecht im Verhältnis zu den Anspruchsberechtigten rechtlich unverbindlich und unterliegen der inhaltlichen Überprüfung durch die Verwaltungsgerichtsbarkeit. Die von *Kossens* in: Kossens/von der Heide/Maaß, Praxiskommentar zum Behindertenrecht, SGB IX, § 108 RdNr. 1 mitgeteilte Vorgehensweise der Bundesregierung, vor Erlass der Rechtsverordnung die Erfahrungen mit der Umsetzung der „Vorläufigen Empfehlungen" abzuwarten, überzeugt deshalb nicht. Im Streitfall sind die Verwaltungsgerichte gefordert, einer Verkürzung des Rechtsanspruchs auf Arbeitsassistenz durch die „Vorläufigen Empfehlungen" entgegenzutreten.

Kapitel 7. Integrationsfachdienste

Begriff und Personenkreis

109 (1) Integrationsfachdienste sind Dienste Dritter, die im Auftrag der Bundesanstalt für Arbeit, der Rehabilitationsträger und der Integrationsämter bei der Durchführung der Maßnahmen zur Teilhabe schwerbehinderter Menschen am Arbeitsleben beteiligt werden.

(2) Schwerbehinderte Menschen im Sinne des Absatzes 1 sind insbesondere

1. schwerbehinderte Menschen mit einem besonderen Bedarf an arbeitsbegleitender Betreuung,

2. schwerbehinderte Menschen, die nach zielgerichteter Vorbereitung durch die Werkstatt für behinderte Menschen am Arbeitsleben auf dem allgemeinen Arbeitsmarkt teilhaben sollen und dabei auf aufwendige, personalintensive, individuelle arbeitsbegleitende Hilfen angewiesen sind sowie

3. schwerbehinderte Schulabgänger, die für die Aufnahme einer Beschäftigung auf dem allgemeinen Arbeitsmarkt auf die Unterstützung eines Integrationsfachdienstes angewiesen sind.

(3) Ein besonderer Bedarf an arbeits- und berufsbegleitender Betreuung ist insbesondere gegeben bei schwerbehinderten Menschen mit geistiger oder seelischer Behinderung oder mit einer schweren Körper-, Sinnes- oder Mehrfachbehinderung, die sich im Arbeitsleben besonders nachteilig auswirkt und allein oder zusammen mit weiteren vermittlungshemmenden Umständen (Alter, Langzeitarbeitslosigkeit, unzureichende Qualifikation, Leistungsminderung) die Teilhabe am Arbeitsleben auf dem allgemeinen Arbeitsmarkt erschwert.

(4) Der Integrationsfachdienst kann im Rahmen der Aufgabenstellung nach Absatz 1 auch zur beruflichen Eingliederung von behinderten Menschen, die nicht schwerbehindert sind, tätig werden.

I. Allgemeines, Regelungsinhalt der Vorschrift

Kapitel 7 des Teils 2 des SGB IX überträgt im Wesentlichen inhalts- **1** gleich die mit dem **Gesetz zur Bekämpfung der Arbeitslosigkeit Schwerbehinderter** vom 29.9.2000 (BGBl. I. S.1394; vgl. § 68 RdNr. 23 f.) mit Wirkung zum 1.10.2000 eingeführten Regelungen über die Tätigkeit von **Integrationsfachdiensten** (§§ 37 a ff. SchwbG; Überblicksaufsatz: *Ernst* br 2001, 66). In § 109 Abs. 1 SGB IX werden die Integrationsfachdienste definiert, die im Auftrag der **Bundesanstalt für Arbeit** und nunmehr auf Grund ausdrücklicher gesetzlicher Regelung auch der **Rehabilitationsträger** einschließlich der überörtlichen Träger der Sozialhilfe (§ 6 SGB IX) und der **Integrationsämter** bei der Durchführung ihrer Aufgaben gegenüber schwerbehinderten Menschen beteiligt werden können. Die weiteren Absätze des § 109 SGB IX definieren die **Zielgruppe** von Integrationsfachdiensten.

2   Die gesetzliche Neuregelung basiert auf Erfahrungen mit **modellhaften externen Fachdiensten** zur Unterstützung der begleitenden Hilfe im Arbeitsleben der Hauptfürsorgestellen (jetzt: Integrationsämter, § 102 Abs. 2–4 SGB IX), die seit Anfang der neunziger Jahre unter verschiedener Bezeichnung aufgebaut und mit Mitteln der Ausgleichsabgabe in Anspruch genommen wurden. **Konzepte** für solche Integrationsfachdienste wurden 1997 in Form „Vorläufiger Grundsätze" im BMA entwickelt. Es setzte sich die Erkenntnis durch, dass ein Teil der arbeitslosen schwerbehinderten Menschen auch unter Ausschöpfung bereits vorhandener Fördermöglichkeiten nur dann in das Arbeitsleben auf dem allgemeinen Arbeitsmarkt eingegliedert würden, wenn besondere externe Fachdienste zur Unterstützung der Arbeitsverwaltung bei der Vermittlung und zur Unterstützung der Hauptfürsorgestellen bei der nachgehenden arbeitsbegleitenden Betreuung zur Verfügung stünden. Als **Zielgruppe** wurden insbesondere Ältere, Langzeitarbeitslose, unzureichend beruflich Qualifizierte und wegen Art oder Schwere der Behinderung besonders Betroffene angesehen. Auf der Basis der Konzepte sollte in einer **Modellphase bis zum Jahre 2001** ein Projekt je Bundesland durch Übernahme der erforderlichen Personal- und Sachkosten aus dem Ausgleichsfonds beim BMA (§ 78 SGB IX) gefördert werden. In dieser Zeit sollten unter wissenschaftlicher Begleitung nähere Erkenntnisse über die notwendige Ausstattung, den Finanzierungsaufwand und die Effizienz solcher trägerübergreifend tätigen Einrichtungen gewonnen werden. Im Falle der Bewährung der Modelle war eine spätere Entscheidung über eine regelhafte Förderung vorgesehen (Vierter Bericht der Bundesregierung über die Lage der Behinderten und die Entwicklung der Rehabilitation vom 18.12.1997, BT-Drucks. 13/9514, S. 74 f.; *Matzeder* br 1998, 29; *Ernst* br 1998, 155; Bericht über ein Modellprojekt: *Marquardt* Rehabilitation 2001, 138).

3   Der Gesetzgeber hat die Auswertung der Modellvorhaben nicht abgewartet, sondern bereits im Jahre 2000 den Aufbau eines **flächendeckenden** und **ortsnahen Angebotes** von Fachdiensten zur Integration schwerbehinderter Menschen in das Arbeitsleben beschlossen. Die **sechzehn Bundesmodelle** sind trotz der gesetzlichen Neuregelung bis zum Ende des Jahres 2001 weitergeführt und wissenschaftlich

ausgewertet worden. Dieses Vorgehen hat der Gesetzgeber des Gesetzes zur Bekämpfung der Arbeitslosigkeit Schwerbehinderter vom 29. 9. 2000 wie folgt begründet (BT-Drucks. 14/3372, S. 22):

„Die notwendige Unterstützung ist in diesen bestimmten Problemfällen sehr aufwendig und personalintensiv; sie kann deshalb von den Fachdiensten der Arbeitsämter – auch dann, wenn die behördeninternen Dienste den Grundanforderungen entsprechend ausgestattet sind – nicht immer in der erforderlichen Art und Weise und in ausreichendem Umfang geleistet werden. Es ist deshalb notwendig, die Chancen Schwerbehinderter, soweit sie zur Beschaffung und Erhaltung eines Arbeitsplatzes besondere Unterstützung benötigen, durch besondere ergänzende Fachdienste zur Integration zu verbessern. Solche Fachdienste können die Arbeitsämter bei der Erfüllung ihrer diesbezüglichen Aufgaben, insbesondere bei der Beratung der Schwerbehinderten im Vorfeld der Arbeitsaufnahme, bei der Arbeitsplatzsuche, im Bewerbungsverfahren und nach der Arbeitsaufnahme und bei der Festigung des Schwerbehinderten unterstützen und den Betrieben und Verwaltungen mit Information, Beratung und Hilfestellung zur Seite stehen. Die Fachdienste sollen außer für arbeitslose und von Arbeitslosigkeit bedrohte Schwerbehinderte auch beim Übergang von Schwerbehinderten aus Werkstätten für Behinderte tätig werden, desgleichen beim Übergang aus der Sonderschule in ein Beschäftigungsverhältnis auf dem allgemeinen Arbeitsmarkt, wenn anderenfalls nur eine Beschäftigung in einer Werkstatt für Behinderte in Betracht kommt."

Seit dem Inkrafttreten des Gesetzes zur Bekämpfung der Arbeitslosigkeit Schwerbehinderter am 1. 10. 2000 bis **Ende 2001** konnten bundesweit 172 Integrationsfachdienste eingerichtet und vertraglich gebunden werden. Hinzu kommt ein Teil der 16 vom BMA modellhaft geförderten Fachdienste. Damit werden **183 Integrationsfachdienste** bundesweit tätig sein; in zwei Städten sind zwei Fachdienste beauftragt. Der gesetzliche Auftrag aus § 111 Abs. 5 SGB IX, in jedem Arbeitsamtsbezirk einen Integrationsfachdienst einzurichten, ist erfüllt. Darüber hinaus haben die Integrationsämter weitere psychosoziale und berufsbegleitende Dienste eingesetzt, die noch nicht alle in die Integrationsfachdienste integriert worden sind. **4**

Die Integrationsfachdienste wurden nach der Statistik der Bundesanstalt für Arbeit im Jahresverlauf **2001** bei insgesamt **30 248 Personen** beauftragt, darunter waren 520 (nicht schwerbehinderte) behinderte Menschen. Es wurden **4079 schwerbehinderte Menschen** auf den allgemeinen Arbeitsmarkt **vermittelt**, darunter 188 in Integrationsprojekte (§§ 132 ff. SGB IX), die als Sonderformen ebenfalls dem allgemeinen Arbeitsmarkt zuzuordnen sind. In Arbeitsbeschaffungsmaßnahmen bzw. Strukturanpassungsmaßnahmen sind 659 Personen vermittelt worden. Der Ausgleichsfonds beim BMA hat der Bundesanstalt für Arbeit seit dem Jahr 2000 **Mittel nach § 41 SchwbAV** zum **5**

Aufbau und zur Förderung der Integrationsfachdienste zur Verfügung gestellt, im Jahr 2000 den Betrag von 4,0 Mio. DM, für das Jahr 2001 rund 88 Mio. DM. Für das Jahr 2002 sind 100 Mio. DM (51 Mio. Euro) vorgesehen. Im Jahr 2001 beliefen sich die Ausgaben der Bundesanstalt für Arbeit für die **Beauftragung** von Integrationsfachdiensten auf rund 45,8 Mio. DM (Antwort der Bundesregierung vom 5. 3. 2002 auf eine Kleine Anfrage der PDS-Fraktion, BT-Drucks. 14/8441, S. 22 ff.).

6   Eine Adressenliste der Integrationsfachdienste sowie weitere Informationen bietet die Internetdarstellung der **Bundesarbeitsgemeinschaft für Unterstützte Beschäftigung** (www.bag-ub.de). Die gemeinsamen örtlichen **Servicestellen** der Rehabilitationsträger (§ 22 SGB IX) haben behinderte Menschen in geeigneten Fällen auf das Leistungsangebot der Integrationsfachdienste hinzuweisen.

II. Begriff (Abs. 1)

7   § 109 Abs. 1 SGB IX definiert Integrationsfachdienste als Dienste Dritter, die im Auftrag der Bundesanstalt für Arbeit, der Rehabilitationsträger und der Integrationsämter bei der Durchführung der Maßnahmen zur Teilhabe schwerbehinderter Menschen am Arbeitsleben beteiligt sind. Leistungen zur Teilhabe am Arbeitsleben als **Rehabilitationsträger** erbringen die Bundesanstalt für Arbeit, die Träger der gesetzlichen Unfallversicherung, die Träger der gesetzlichen Rentenversicherung, die Träger der Kriegsopferversorgung, die Träger der öffentlichen Jugendhilfe und die Träger der Sozialhilfe (§ 5 Nr. 2, § 6 Abs. 1 SGB IX). Die Ermächtigung in § 115 SGB IX räumt dem BMA die Möglichkeit ein, das Nähere über den Begriff und die Aufgaben (§ 110 SGB IX) des Integrationsfachdienstes durch **Rechtsverordnung** zu regeln.

8   **Dienste Dritter** im Sinne dieser Regelung sind trägerübergreifend tätige Einrichtungen, wobei deren Organisationsform gesetzlich nicht vorgegeben ist und eine konkretisierte Rechtsverordnung nach § 115 SGB IX aussteht. Es kann sich um Dienste von **Wohlfahrtsverbänden, Behindertenverbänden, Selbsthilfegruppen** oder **Arbeitgeberverbänden** sowie um **gewerbliche Dienste** handeln, soweit den Trägern gegenüber rechtliche oder organisatorische und wirtschaftliche Eigenständigkeit besteht (§ 112 Abs. 1 Nr. 4 SGB IX). Ausgeschlossen sind lediglich eigene Dienste der Bundesanstalt für Arbeit, anderer Rehabilitationsträger im Sinne des § 6 SGB IX und der Integrationsämter (*Haines/Deutsch*, LPK-SGB IX, § 109 RdNr. 5). So sind die **besonderen Stellen der Arbeitsämter** zur Teilhabe behinderter und schwerbehinderter Menschen am Arbeitsleben nach § 104 Abs. 4 SGB IX und die **Fachdienste der Integrationsämter** (§ 102 Abs. 2 SGB IX) keine Integrationsfachdienste nach den §§ 109 ff. SGB IX.

Anstelle des Aufbaus externer Integrationsfachdienste hätte auch die Alternative des quantitativen und qualitativen Ausbaus dieser bestehenden behördeninternen Dienste bestanden. Die Gesetz gewordene Regelung nimmt **Parallelstrukturen** – auch zur Heranziehung berufsbegleitender und psychosozialer Dienste freier gemeinnütziger Einrichtungen und Organisationen nach § 102 Abs. 2 Satz 5 SGB IX – in Kauf. Hierfür dürfte die dem Zeitgeist entsprechende Annahme ausschlaggebend gewesen sein, dass nur externe Fachdienste ihre Aufgaben hinreichend unbürokratisch, flexibel, kundenfreundlich, arbeitgebernah und nicht zuletzt kostengünstig wahrnehmen könnten und von daher Eigeneinrichtungen der Sozialleistungsträger überlegen seien.

Unbestreitbarer Vorteil der externen Fachdienste ist ihre **leistungs- 9 trägerübergreifende Ausrichtung**, was sie ungeachtet der Kostenträgerschaft zu konstanten Ansprechpartnern u. a. für schwerbehinderte Menschen, Arbeitgeber und Einrichtungen der schulischen und beruflichen Bildung und Rehabilitation macht. Integrationsfachdienste durchbrechen die **institutionelle Trennung** zwischen berufsvorbereitenden und qualifizierenden Maßnahmen, der Arbeitsvermittlung und der begleitenden Hilfe bei bestehendem Arbeitsverhältnis. So verstehen sich Integrationsfachdienste als vernetzte, flexible und regionale **Serviceeinrichtungen** zur passgenauen Vermittlung und Stabilisierung von Arbeitverhältnissen.

Die Besonderheit und der zusätzliche Nutzen der Integrationsfach- 10 dienste besteht nach Auffassung der Bundesarbeitsgemeinschaft für Unterstützte Beschäftigung (Integrationsfachdienste – Ziele und Aufgaben, www.bag-ub.de) in einer **schnittstellenübergreifenden Arbeit** innerhalb des gegliederten Rehabilitationssystems. Dazu eigne sich im Besonderen das Konzept des **Casemanagements** (s.a. *Matzeder* br 1998, 29, 32 f.). Dieses basiere im Wesentlichen auf der optimalen Zusammenführung verschiedener Leistungen zu einem gemeinsamen Ziel. Eine solche „Prozessoptimierung" ermögliche ein effektives und flexibles Vorgehen im Einzelfall. Dabei seien Arbeitssuchende bzw. Arbeitnehmer und Unternehmen die zentralen „Kunden". Der Fallmanager sorge auf Grund seiner Fachlichkeit für einen effizienten Informationsaustausch zwischen den Beteiligten und eine enge „Verzahnung" der erforderlichen Unterstützungsleistungen.

Zweck der Integrationsfachdienste muss sein, im Auftrag der 11 Bundesanstalt für Arbeit, der weiteren Rehabilitationsträger und der Integrationsämter bei der Durchführung der **Maßnahmen zur Teilhabe schwerbehinderter Menschen** am Arbeitsleben beteiligt zu werden. Damit nimmt § 109 Abs. 1 SGB IX Bezug auf die in den §§ 33 ff. SGB IX geregelten Leistungen der Rehabilitationsträger zur Teilhabe am Arbeitsleben. Darüber hinaus sind die besonderen Regelungen zur Teilhabe schwerbehinderter Menschen im Arbeitsleben angesprochen, insbesondere die diesbezüglichen Aufgaben der Integrationsämter (§ 102 SGB IX) und der Bundesanstalt für Arbeit (§ 104 SGB IX).

III. Zielgruppe (Abs. 2–4)

12   In § 109 Abs. 2–3 SGB IX wird in nicht abschließender Weise („insbesondere") der **Personenkreis** derjenigen schwerbehinderten Menschen umschrieben, bei denen ein Integrationsfachdienst beteiligt werden kann. Es handelt sich um schwerbehinderte Menschen mit einem **besonderen Bedarf an arbeits- und berufsbegleitender Betreuung** vor Begründung eines Arbeitsverhältnisses (einschließlich eines betrieblichen Ausbildungsverhältnisses) und in der ersten Phase während des Arbeitsverhältnisses. Dazu gehören schwerbehinderte Menschen mit geistiger oder seelischer Behinderung, aber auch mit einer schweren Körper-, Sinnes- oder Mehrfachbehinderung, die sich im Arbeitsleben besonders nachteilig auswirkt und allein oder zusammen mit weiteren Faktoren die Eingliederung auf den allgemeinen Arbeitsmarkt erschwert (BT-Drucks. 14/3372, S. 22). Der besondere Betreuungsbedarf wird regelmäßig bei schwerbehinderten Menschen gegeben sein, bei denen ein GdB von wenigstens 50 allein infolge geistiger oder seelischer Behinderung oder eines Anfallsleidens vorliegt. Der Gesetzgeber unterstellt bei diesem Personenkreis eine besondere Betroffenheit im Arbeitsleben (Vgl. § 72 Abs. 1 Nr. 1 Buchst. d SGB IX i.V.m. § 104 Abs. 1 Nr. 3 Buchst. a SGB IX).

13   Die in § 109 Abs. 2 Nr. 2 SGB IX angeführte Zielgruppe von behinderten Menschen, die bisher in **WfB** im Rahmen arbeitnehmerähnlicher Beschäftigungsverhältnisse tätig waren (vgl. §§ 136 ff. SGB IX), ist durch den Werkstatträger bei dem **Übergang auf den allgemeinen Arbeitsmarkt** durch geeignete Maßnahmen zu fördern (§ 136 Abs. 1 Satz 3 SGB IX; vgl. § 136 RdNr. 38 ff.). Es trägt dem **Wunsch- und Wahlrecht** schwerbehinderter Menschen (§ 9 SGB IX) Rechnung, u. a. durch die ergänzende Beteiligung von Integrationsfachdiensten eine alternative Beschäftigung auf dem regulären allgemeinen Arbeitsmarkt oder in einem Integrationsprojekt (§§ 132 ff. SGB IX) zu ermöglichen. Die WfB sehen sich durch derartige konkurrierende Angebote zur Teilhabe besonders betroffener schwerbehinderter Menschen am Arbeitsleben in ihrer bisherigen **Monopolstellung** für die Beschäftigung dieses Personenkreises beeinträchtigt und sind gefordert, sich an einer Vernetzung der verschiedenen Angebote zu beteiligen (vgl. § 136 RdNr. 6).

14   Nach § 109 Abs. 2 Nr. 3 SGB IX können die Integrationsfachdienste auch im Interesse schwerbehinderter **(Sonder-)Schulabgänger** tätig werden, um z. B. geeignete berufsvorbereitende Maßnahmen (§ 33

Abs. 3 Nr. 2 SGB IX) bei Bildungsträgern zu erschließen und so die Aufnahme in eine WfB zu vermeiden (BT-Drucks. 14/5074, S. 114). Bei Schulabgängern und WfB-Beschäftigten sieht jedoch die Bundesanstalt für Arbeit **keine Priorität** für eine Beteiligung der Integrationsfachdienste, weil es ihr vorrangig um den Abbau der registrierten Arbeitslosigkeit geht, worunter Abgänger von Sonderschulen und behinderte Menschen in WfB nicht fallen. Auch stehen diese behinderten Menschen regelmäßig nicht im Leistungsbezug der Arbeitsämter (*Ernst br* 2001, 66, 69). Da zudem die Begleitung von WfB-Beschäftigten auf den allgemeinen Arbeitsmarkt für Integrationsfachdienste betreuungsintensiv ist, droht entgegen dem gesetzlichen Auftrag eine Vernachlässigung dieser Personengruppen.

Die in § 109 Abs. 3 SGB IX genannten weiteren **vermittlungs-** 15
hemmenden Umstände wie **Alter** (ab Vollendung des 50. Lebensjahres, § 72 Abs. 1 Nr. 2 SGB IX), **Langzeitarbeitslosigkeit** (Definition in § 18 SGB III: Mindestens ein Jahr Arbeitslosigkeit i.s. des § 16 SGB III), **unzureichende Qualifikation** (insbesondere Fehlen einer abgeschlossenen Berufsausbildung) und **Leistungsminderung** beinhalten keine abschließende Aufzählung. Es handelt sich um Regelbeispiele. Zu berücksichtigen sind alle vermittlungshemmenden Faktoren und Umstände des Einzelfalls, so auch geschlechtsspezifische Benachteiligungen und familiäre Verpflichtungen (vgl. § 1 Satz 2 SGB IX, §§ 8, 8 a SGB III; s.a. *Schröder* in: Hauck/Noftz, SGB IX, § 109 RdNr. 10; *Kossens* in: Kossens/von der Heide/Maaß, Praxiskommentar zum Behindertenrecht, SGB IX, § 109 RdNr. 7).

Nach **§ 109 Abs. 4 SGB IX** können Integrationsfachdienste auch 16
für solche behinderte Menschen tätig werden, bei denen eine versorgungsamtliche Feststellung der Schwerbehinderteneigenschaft mit einem GdB von wenigstens 50 (§ 2 Abs. 2 SGB IX i.V.m. § 69 SGB IX) nicht vorliegt. Von dieser Regelung sind **gleichgestellte behinderte Menschen** (§ 2 Abs. 3 SGB IX i.V.m. § 68 Abs. 2 SGB IX) nicht betroffen, da für diesen Personenkreis nach § 68 Abs. 3 SGB IX die besonderen Regelungen für schwerbehinderte Menschen und damit auch die §§ 109 ff. SGB IX ohnehin Anwendung finden. **Sonstige Personen** können die Dienste eines Integrationsfachdienstes in Anspruch nehmen, wenn bei ihnen eine **Behinderung** im Sinne des § 2 Abs. 1 SGB IX und ein **besonderer Bedarf** an arbeits- und berufsbegleitender Betreuung im Sinne des § 109 Abs. 2–3 SGB IX vorliegt. Der individuelle Bedarf ist hier streng zu prüfen, da es sich um eine Ausnahmevorschrift zum Regelfall der Betreuung schwerbehinderter Menschen handelt. Praktische Relevanz kann die Beteiligung von Integrationsfachdiensten trotz fehlender Schwerbehinderteneigenschaft bei der Inanspruchnahme von Leistungen der **Rehabilitationsträger** haben. Die Beteiligung von Integrationsfachdiensten zählt nach § 33 Abs. 6 Nr. 8 SGB IX zu deren Leistungen zur Teilhabe am Arbeitsleben.

Aufgaben

110 (1) Die Integrationsfachdienste können zur Teilhabe schwerbehinderter Menschen am Arbeitsleben (Aufnahme, Ausübung und Sicherung einer möglichst dauerhaften Beschäftigung) beteiligt werden, indem sie

1. die schwerbehinderten Menschen beraten, unterstützen und auf
geeignete Arbeitsplätze vermitteln,

2. die Arbeitgeber informieren, beraten und ihnen Hilfe leisten.

(2) Zu den Aufgaben des Integrationsfachdienstes gehört es,

1. die Fähigkeiten der zugewiesenen schwerbehinderten Menschen
zu bewerten und einzuschätzen und dabei ein individuelles Fähigkeits-,
Leistungs- und Interessenprofil zur Vorbereitung auf den allgemeinen
Arbeitsmarkt in enger Kooperation mit den schwerbehinderten Menschen, dem Auftraggeber und der abgebenden Einrichtung der schulischen oder beruflichen Bildung oder Rehabilitation zu erarbeiten,

2. geeignete Arbeitsplätze (§ 73) auf dem allgemeinen Arbeitsmarkt zu erschließen,

3. die schwerbehinderten Menschen auf die vorgesehenen Arbeitsplätze vorzubereiten,

4. die schwerbehinderten Menschen, solange erforderlich, am Arbeitsplatz oder beim Training der berufspraktischen Fähigkeiten am
konkreten Arbeitsplatz zu begleiten,

5. mit Zustimmung des schwerbehinderten Menschen die Mitarbeiter im Betrieb oder in der Dienststelle über Art und Auswirkungen der
Behinderung und über entsprechende Verhaltensregeln zu informieren und zu beraten,

6. eine Nachbetreuung, Krisenintervention oder psychosoziale Betreuung durchzuführen sowie

7. als Ansprechpartner für die Arbeitgeber zur Verfügung zu stehen.

I. Allgemeines, Regelungsinhalt der Vorschrift

1   § 110 SGB IX legt die **Aufgaben des Integrationsfachdienstes**
fest. Zu diesen gehört es, die schwerbehinderten Menschen zu beraten,
zu unterstützen und auf geeignete Arbeitsplätze zu vermitteln und
dem Betrieb oder der Verwaltung die notwendige Information, Beratung und Hilfe anzubieten. Dabei werden die Aufgaben im Einzelnen
in Absatz 2 aufgeführt.

2   Die Regelung überträgt abgesehen von sprachlichen Anpassungen
an die Terminologie des SGB IX inhaltsgleich den bisherigen **§ 37 b**

SchwbG. In § 110 Abs. 2 Nr. 5 SGB IX ist klargestellt worden, dass den behinderten Menschen betreffende Informationen und Beratungen des betrieblichen Umfeldes seiner Zustimmung bedürfen.

II. Tätigkeitsbereich

§ 110 Abs. 1 SGB IX grenzt die Beteiligung des Integrationsfachdiens-   3
tes auf die Aufnahme, Ausübung und Sicherung einer möglichst dauerhaften Beschäftigung ein. Es besteht **keine gesetzliche Rangfolge**
dieser Betätigungsfelder. Gleichwohl werden die Integrationsfachdienste mit der trägerbezogenen Vorgabe möglichst hoher Vermittlungszah-
len konfrontiert, was zu einer Vernachlässigung der Nachhaltigkeit der
Vermittlungen (Behinderungsgerechter Arbeitsplatz, Dauerhaftigkeit
des Arbeitsverhältnisses) und der individuellen Nachbetreuung führen
kann. So führt der **Vermittlungsdruck** dazu, dass die Arbeitsämter den
Integrationsfachdiensten z.T. nur sehr kurze Betreuungszeiten für Arbeitsuchende von drei bis sechs Monaten zugestehen und die arbeitsbegleitende Betreuung auf die Dauer der Probezeit beschränken
(BAG UB, Stellungnahme zur Situation der Integrationsfachdienste,
Februar 2002, S. 2).

Als **Kriterien** für eine erfolgreiche Unterstützung der **Aufnahme**   4
einer dauerhaften Tätigkeit des schwerbehinderten Menschen auf
dem allgemeinen Arbeitsmarkt durch Integrationsfachdienste sind der
niedrigschwellige Zugang für die Betroffen, die Motivation und Beratung der Arbeitsuchenden, die optimale Passung von Anforderungen
und Fähigkeiten, die Bereitstellung von betrieblichen Erprobungs-
möglichkeiten z. B. in Form von Praktika, die individuelle Arbeitsplatzgestaltung, die lösungsorientierte betriebliche Beratung, flexible
und zeitnahe Krisenintervention sowie die Stabilisierung des Beschäftigungsverhältnisses durch nachgehende Unterstützung anzusehen. Hierzu beschreibt § 110 konkrete behinderten- und arbeitgeber-
bezogene Aufgaben des Integrationsfachdienstes.

Im Interesse des **niedrigschwelligen Zugangs** können schwerbe-   5
hinderte Menschen, Arbeitgeber oder sonstige Stellen (Kliniken, Ärzte,
Sonderschulen, WfB, Reha-Einrichtungen) **unmittelbar Kontakt** mit
den Integrationsfachdiensten aufnehmen. Es erfolgt zunächst eine fach-
dienstliche Beratung zur Anliegens-, Ziel- und Kooperationsklärung
sowie zur Klärung der Zuständigkeit. Anschließend wird die weitergehende Betreuung des schwerbehinderten Menschen mit dem Arbeitsamt (für arbeitsuchende schwerbehinderte Menschen), dem Integrationsamt (für beschäftigte schwerbehinderte Menschen) oder dem für
Leistungen zur Teilhabe am Arbeitsleben zuständigen Rehabilitationsträger abgestimmt (§ 1 Abs. 4 der Mustervereinbarung über die Zusammenarbeit mit Integrationsfachdiensten (Grundvertrag), br 2001, 78 f.).

III. Behindertenbezogene Aufgaben

6   Nach § 110 Abs. 1 Nr. 1 SGB IX werden schwerbehinderte Menschen durch Integrationsfachdienste beraten, unterstützt und auf geeignete Arbeitsplätze vermittelt. Diese **allgemeine Beschreibung** der behindertenbezogenen Aufgaben wird ergänzt durch **spezielle Aufgabenzuweisungen** in § 110 Abs. 2 Nr. 1, 3, 4 und 6 SGB IX. Der Katalog des Abs. 2 hat keinen abschließenden Charakter, so dass nach den Umständen des Einzelfalls notwendige ergänzende Maßnahmen getroffen werden können (s.a. *Kossens* in: Kossens/von der Heide/Maaß, Praxiskommentar zum Behindertenrecht, SGB IX, § 110 RdNr. 3).

7   Für die Erstellung eines **individuellen Fähigkeits-, Leistungs- und Interessenprofils** zur Vorbereitung auf den allgemeinen Arbeitsmarkt schreibt § 102 Abs. 2 Nr. 1 SGB IX zunächst enge **Kooperation** mit dem schwerbehinderten Menschen vor, um dem Leitbild der Förderung von **Selbstbestimmung** und gleichberechtigter Teilhabe gerecht zu werden (§ 1 SGB IX). Da die **Auftraggeber** des Integrationsfachdienstes nach § 111 Abs. 1 Satz 2 SGB IX für die Ausführung der Leistung verantwortlich bleiben, ist auch die enge Kooperation mit ihnen zwingend erforderlich. Dies gilt ebenso für **abgebende Einrichtungen** der schulischen oder beruflichen Bildung oder Rehabilitation wie z. B. Sonderschulen oder WfB, um die individuellen Kenntnisse und Fähigkeiten des behinderten Menschen umfassend aufnehmen zu können.

8   In Zusammenarbeit mit dem schwerbehinderten Menschen werden **Perspektiven der beruflichen Teilhabe am Arbeitsleben** entwickelt, Bewerbungsunterlagen zusammengestellt und Übergänge in eine Beschäftigung – wie betriebliche Trainingsmaßnahmen oder Probebeschäftigungen – vorbereitet. Dabei wird ggfs. die **Mitarbeit des Bewerbers** besonders angesprochen und aktiviert, um die erforderliche Eingliederungs- und Veränderungsbereitschaft zu entwickeln und beizubehalten. Es gilt die **soziale Kompetenz** des schwerbehinderten Menschen und damit die Basis für Motivation und Durchsetzungsfähigkeit zu stärken. Erscheint das primäre Ziel einer Vermittlung auf den allgemeinen Arbeitsmarkt aufgrund **individueller Vermittlungshemmnisse** in nächster Zeit nicht als erreichbar, werden weitere Begleitungsziele als Zwischenstufen zur Vermittlung auf den allgemeinen Arbeitsmarkt vorgeschlagen (z. B. berufliche Qualifizierung, Reha-Maßnahmen) und der Fortgang der Begleitung mit dem Kostenträger abgesprochen. Ziel der Beratung und Begleitung kann es auch sein, eine Abklärung der beruflichen Gesamtsituation des Bewerbers mit Abschätzung von kurz- und mittelfristigen Vermittlungschancen auf dem allgemeinen Arbeitsmarkt vorzunehmen. Dieses Ziel ist insbesondere dann gegeben, wenn in absehbarer Zeit eine Teilhabe

am Arbeitsleben auf dem allgemeinen Arbeitsmarkt nicht realisierbar erscheint oder sich im Laufe der Beratung gravierende einschränkende Faktoren auf Seiten des Bewerbers herausstellen.

Die **Vorbereitung** des schwerbehinderten Menschen auf den vorge- **9** sehenen Arbeitsplatz (§ 110 Abs. 2 Nr. 3 SGB IX) soll den Bewerber mit den Anforderungen des konkreten Arbeitplatzes vertraut machen und seine Kenntnisse und Fähigkeiten entsprechend trainieren. Dies schließt die Ermöglichung von Betriebspraktika ein.

Die **nachgehende Begleitung** des behinderten Menschen am Ar- **10** beitsplatz oder beim Training der berufspraktischen Fähigkeiten am konkreten Arbeitsplatz (§ 110 Abs. 2 Nr. 4 SGB IX) wird in der Regel bis zum Ende der Probezeit, d. h. **sechs Monate** nach der Vermittlung, durch den Integrationsfachdienst gewährleistet. Aus der gesetzlichen Formulierung „solange erforderlich" ergibt sich eine derartige Befristung nicht, so dass im Einzelfall durchaus eine längere Zuständigkeit des Integrationsfachdienstes gegeben seien kann. Angesichts der Vergütung der Fachdienste mit pauschalen Vermittlungs- und Erfolgshonoraren (vgl. Komm. zu § 113 SGB IX) ist eine intensive und andauernde nachgehende Begleitung für die Fachdienste jedoch wirtschaftlich schwer darstellbar (s.a. *Ernst* br 2001, 66, 70). Von daher erscheint es zur Sicherung der Vermittlungserfolge als sachgerecht, bei erhöhtem Betreuungsbedarf hilfsweise bereits ab der Vermittlung in ein Beschäftigungsverhältnis von einer **Zuständigkeit der Integrationsämter** für die begleitende Hilfe im Arbeitsleben (§ 102 Abs. 2–4 SGB IX) auszugehen. Besteht nach erfolgter Arbeitsaufnahme die Notwendigkeit einer Fortsetzung der Begleitung des schwerbehinderten Arbeitnehmers, informiert der Integrationsfachdienst das zuständige **Integrationsamt** und sorgt für eine Absprache über die Weiterbetreuung im Rahmen der **begleitenden Hilfe im Arbeitsleben**.

Die nachgehende Begleitung des schwerbehinderten Menschen **11** durch den Integrationsfachdienst schließt nach § 110 Abs. 2 Nr. 6 SGB IX eine Nachbetreuung, **Krisenintervention** und **psychosoziale Betreuung** ein. Hier ergeben sich Überschneidungen mit den von den Integrationsämtern eingesetzten psychosozialen und berufsbegleitenden Diensten. Auch soweit sie gemäß § 111 Abs. 5 Satz 2 SGB IX in die Integrationsfachdienste integriert werden, müssen diese Dienste im Rahmen der begleitenden Hilfe im Arbeitsleben der Integrationsämter nach § 102 Abs. 2 SGB IX **unbefristet** zur Verfügung stehen.

IV. Arbeitgeberbezogene Aufgaben

Nach § 110 Abs. 1 Nr. 2 SGB IX **informieren** und **beraten** Integra- **12** tionsfachdienste die Arbeitgeber und leisten ihnen **Hilfe**. Diese allgemeine Beschreibung der arbeitgeberbezogenen Aufgaben wird in § 110

Abs. 2 Nr. 2, 5 und 7 SGB IX durch spezielle Aufgabenzuweisungen
ergänzt.

13   Die **Erschließung geeigneter Arbeitsplätze** auf dem allgemeinen
Arbeitsmarkt (§ 110 Abs. 2 Nr. 2 SGB IX) hat zentrale Bedeutung für
den Erfolg der Arbeit von Integrationsfachdiensten. Dies setzt voraus,
dass die Dienste möglichst **arbeitsmarktnah** operieren, persönliche
Kontakte zu den Arbeitgebern des Einzugsgebietes pflegen, eine qualifizierte Beratung anbieten und dabei ihre **Koordinierungsfunktion**
hinsichtlich der Bereitstellung von Fördermitteln zur Finanzierung
der Eingliederungskosten gegenüber den Unternehmen hinreichend
darstellen und praktisch ausüben können. Die Erschließung von Arbeitsplätzen für die Zielgruppe der Fachdienste kann nur gelingen,
wenn auf die organisatorischen, fachlichen und psychosozialen Anforderungen am Arbeitsplatz und im Betrieb gezielt eingegangen wird.
Um dem Arbeitgeber eine realistische Beurteilung des Beschäfti-
gungsrisikos zu ermöglichen, müssen bei jeder Personalentscheidung
die wichtigsten Fragen zur beruflichen und sozialen Kompetenz des
künftigen Mitarbeiters beantwortet und ggfs. dokumentiert werden
können (*Matzeder* br 1998, 29, 30 f.; Zu Methoden eines Eingliede-
rungsmanagements: *Matzeder* br 2000, 33 und br 2002, 40; Zu Infor-
mations und Beratungsprozessen: *Wahler/Mauch* br 2000, 38). Der
Integrationsfachdienst hat den **Arbeitgebern seines Einzugsgebietes** – auch unaufgefordert – **geeignete schwerbehinderte Menschen** zur Einstellung auf freie Arbeitsplätze **vorzuschlagen** (§ 81
Abs. 1 Satz 3 SGB IX).

14   Widerstände gegen die Einstellung von **Mitarbeitern mit einge-
schränktem Leistungsvermögen** werden nicht nur von der Perso-
nalführung, sondern auch von potentiellen Vorgesetzten und Kollegen
angemeldet. Personalabbau, moderne Produktionsmethoden, rigide
Arbeitsorganisation und überzogene Leistungserwartungen führen
dazu, dass zusätzliche Belastungen unmittelbar auf die betroffenen
Kollegen zurückschlagen. Der Leistungsdruck und der Gruppen-
zwang verändern soziales Verhalten und mindern Zugeständnisse an
das Leistungsvermögen einzelner Kollegen. Diese Aspekte erschweren
die betriebliche Integration schwerbehinderter Menschen. Integrationsfachdiensten obliegt es, vor diesem Hintergrund mit Zustimmung
des Betroffenen **Kollegen** im Betrieb oder der Dienststelle über Art
und Auswirkungen der Behinderung und über entsprechende Verhaltensregeln **zu informieren** und **zu beraten** (§ 110 Abs. 2 Nr. 5 SGB
IX) und als **Ansprechpartner** für Arbeitgeber zur Verfügung zu stehen (§ 110 Abs. 2 Nr. 7 SGB IX). Von der kommunikativen und fachlicher Kompetenz der Mitarbeiter des Integrationsfachdienstes (vgl.
§ 112 SGB IX) wird es abhängen, inwieweit Vorbehalten gegen behinderte Menschen und Entsolidarisierung im Betrieb entgegengewirkt
werden kann.

Der mit Wirkung zum 1.7.2001 eingeführte Zusatz in § 110 Abs. 2 **15**
Nr. 5 SGB IX „mit **Zustimmung des schwerbehinderten Men-**
schen" stellt klar, dass auch Integrationsfachdienste den **Sozialdaten-**
schutz gemäß § 35 SGB I, §§ 67 ff. SGB X zu beachten haben. § 35
Abs. 1 Satz 4 SGB I verpflichtet Integrationsfachdienste ausdrücklich
zur **Wahrung des Sozialgeheimnisses**. Eine Selbstverpflichtung zur
Wahrung des Datenschutzes enthält § 6 der Mustervereinbarung nach
§ 111 Abs. 4 SGB IX.

Der Integrationsfachdienst hat seine Akqisitionsbemühungen auf **16**
Arbeitsplätze im Sinne des § **73 SGB IX** auszurichten. Demnach sind
Arbeitsplätze alle Stellen, auf denen Arbeitnehmer, Beamte, Richter
sowie Auszubildende und andere zu ihrer beruflichen Bildung Eingestellte beschäftigt werden. § 73 Abs. 2 SGB IX enthält einen Aus-
schlusskatalog, der durch § 110 Abs. 2 Nr. 2 SGB IX ebenfalls in Bezug
genommen wird. Es erscheint jedoch nicht als sachdienlich, Integrationsfachdienste von der Vermittlung von **Arbeitsbeschaffungsmaß-**
nahmen und Strukturanpassungsmaßnahmen (§ 73 Abs. 2 Nr. 4 SGB
IX) auszunehmen.

Nach § 81 Abs. 5 SGB IX haben die Arbeitgeber mit Unterstützung **17**
der Integrationsämter die Einrichtung von **Teilzeitarbeitsplätzen** zu
fördern. Schwerbehinderte Menschen haben demnach einen Anspruch
auf Teilzeitbeschäftigung, wenn die kürzere Arbeitszeit wegen Art
oder Schwere der Behinderung notwendig ist. Die Erschließung von
Teilzeitarbeitsplätzen durch Integrationsfachdienste ist zur Verwirklichung dieses Rechtsanspruchs schwerbehinderter Menschen erforderlich, jedoch auf Stellen begrenzt, auf denen Beschäftigte mindestens 18
Stunden wöchentlich beschäftigt werden (§ 110 Abs. 2 Nr. 2 SGB IX
i.V.m. § 73 Abs. 3 SGB IX).

Arbeitsplätze sind **geeignet** i.S. des § 110 Abs. 2 Nr. 2 SGB IX, wenn **18**
ihre Anforderungen mit dem nach § 110 Abs. 2 Nr. 1 SGB IX erarbeite-
ten individuellen Fähigkeits-, Leistungs- und Interessenprofil des
schwerbehinderten Menschen übereinstimmen oder durch gezieltes
Training der berufspraktischen Fähigkeiten in angemessener Zeit er-
füllbar sind (s.a. *Schröder* in: Hauck/Noftz, SGB IX, § 110 RdNr. 11).
Darüber hinaus müssen der Arbeitsplatz und das Arbeitsumfeld **be-**
hinderungsgerecht ausgestaltet sein oder werden. Dabei ist zu
berücksichtigen, dass der schwerbehinderte Mitarbeiter gegenüber
seinem (künftigen) Arbeitgeber einen **Rechtsanspruch** auf die behinderungsgerechte Einrichtung und Unterhaltung der Arbeitsstätten
einschließlich der Betriebsanlagen, Maschinen, Geräte sowie der Gestaltung der Arbeitsplätze, des Arbeitsumfeldes, der Arbeitsorganisation und der Arbeitszeit unter besonderer Berücksichtigung der Unfallgefahr hat (§ 81 Abs. 4 Satz 1 Nr. 4 SGB IX). Hier obliegt es dem
Integrationsfachdienst, die Durchsetzung dieses Rechtsanspruchs des
schwerbehinderten Menschen durch entsprechende Absprachen mit

dem Arbeitgeber und durch Betriebsbesichtigungen sicherzustellen.
Die **Unterstützung des Arbeitgebers** bei der Durchführung der erforderlichen Maßnahmen durch das Arbeitsamt, das Integrationsamt (§ 81 Abs. 4 Satz 2 SGB IX, § 102 Abs. 2–4 SGB IX, § 104 Abs. 1 Nr. 3, Abs. 3 SGB IX) oder durch den Rehabilitationsträger im Rahmen der Leistungen zur Teilhaben am Arbeitsleben (§ 34 SGB IX) ist vom Integrationsfachdienst gegenüber dem Arbeitgeber darzustellen.

Beauftragung und Verantwortlichkeit

111 (1) ¹Die Integrationsfachdienste werden im Auftrag der Bundesanstalt für Arbeit, der Integrationsämter oder der Rehabilitationsträger tätig. ²Diese bleiben für die Ausführung der Leistung verantwortlich.

(2) Im Auftrag legt der Auftraggeber in Abstimmung mit dem Integrationsfachdienst Art, Umfang und Dauer des im Einzelfall notwendigen Einsatzes des Integrationsfachdienstes sowie das Entgelt fest.

(3) Der Integrationsfachdienst arbeitet insbesondere mit

1. den zuständigen Stellen im Arbeitsamt,

2. dem Integrationsamt,

3. dem zuständigen Rehabilitationsträger, insbesondere den Berufshelfern der gesetzlichen Unfallversicherung,

4. dem Arbeitgeber, der Schwerbehindertenvertretung und den anderen betrieblichen Interessenvertretungen,

5. der abgebenden Einrichtung der schulischen oder beruflichen Bildung oder Rehabilitation mit ihren begleitenden Diensten und internen Integrationsfachkräften oder -diensten zur Unterstützung von Teilnehmenden an Leistungen zur Teilhabe am Arbeitsleben,

6. wenn notwendig auch mit anderen Stellen und Personen, wenn zusammen.

(4) ¹Näheres zur Beauftragung, Zusammenarbeit, fachlichen Leitung, Aufsicht sowie zur Qualitätssicherung und Ergebnisbeobachtung wird zwischen dem Auftraggeber und dem Träger des Integrationsfachdienstes unter Berücksichtigung der Grundsätze des § 86 des Dritten Buches auf der Grundlage einer bundesweiten Mustervereinbarung, die die Bundesanstalt für Arbeit entwickelt und im Rahmen der nach § 101 gebotenen Zusammenarbeit mit der Arbeitsgemeinschaft, in der sich die Integrationsämter zusammengeschlossen haben, unter Beteiligung der maßgeblichen Verbände, darunter der Bundesarbeitsgemeinschaft, in der sich die Integrationsfachdienste zusammengeschlossen haben, abgestimmt hat, vertraglich geregelt. ²Die Vereinbarungen sollen im Interesse finanzieller Planungssicher-

heit auf eine Dauer von mindestens drei Jahren abgeschlossen werden.

(5) ¹Die Bundesanstalt für Arbeit wirkt darauf hin, dass Integrationsfachdienste in ausreichender Zahl eingerichtet werden. ²Grund-
sätzlich soll in jedem Arbeitsamtsbezirk nur ein Integrationsfachdienst
eines Trägers oder eines Verbundes verschiedener Träger beauftragt
werden, der berufsbegleitende und psychosoziale Dienste umfasst,
trägerübergreifend tätig wird und auch von dem regional zuständigen Integrationsamt beauftragt ist.

I. Allgemeines, Regelungsinhalt der Vorschrift

Die Vorschrift regelt das **Verhältnis** zwischen dem Integrationsfach- 1
dienst und den auftraggebenden Sozialleistungsträgern, begründet ein
Kooperationsgebot mit allen an der beruflichen Eingliederung von
schwerbehinderten Menschen beteiligten Stellen und Personen und
weist der **Bundesanstalt für Arbeit** die Verantwortung für die Einrichtung einer ausreichenden Zahl von Integrationsfachdiensten zu.

Die Regelung überträgt abgesehen von sprachlichen Anpassungen 2
an die Terminologie des SGB IX im Wesentlichen inhaltsgleich den
bisherigen § 37c SchwbG. Gleichzeitig wird klargestellt, dass eine Beauftragung der Integrationsfachdienste nicht nur durch die Bundesanstalt für Arbeit, sondern auch durch die Integrationsämter und die
Rehabilitationsträger erfolgen kann. Im Übrigen wird in Abs. 4 eine
Mindestdauer der vertraglichen Vereinbarungen von drei Jahren vorgesehen, damit finanzielle Planungssicherheit gewährleistet werden kann
(BT-Drucks. 14/5074, S. 114).

II. Verhältnis zu Auftraggebern (Abs. 1–2)

Integrationsfachdienste werden nach § 111 Abs. 1 SGB IX im Verwal- 3
tungsauftrag tätig. Die Beauftragung von Integrationsfachdiensten
durch **Integrationsämter** erfolgt im Rahmen der begleitenden Hilfe
im Arbeitsleben nach § 102 Abs. 2 Satz 5 SGB IX, durch **Arbeitsämter**
im Rahmen der Arbeitsvermittlung schwerbehinderter Menschen einschließlich der Vermittlung von in WfB Beschäftigten auf den allgemeinen Arbeitsmarkt nach § 104 Abs. 1 Nr. 1, 10 SGB IX und durch
Rehabilitationsträger als Leistung zur Teilhabe am Arbeitsleben
nach § 33 Abs. 6 Nr. 8 SGB IX.

Die genannten Sozialleistungsträger entscheiden im Rahmen ihrer 4
Zuständigkeit über die Beteiligung eines Integrationsfachdienstes. Im
Verhältnis zum schwerbehinderten Menschen ist diese Entscheidung
nach pflichtgemäßem **Ermessen** zu treffen (§ 39 SGB I, § 2 Abs. 2

Schorn 453

SGB I, § 35 Abs. 1 Satz 3 SGB X), wobei der Zielbestimmung des § 1 SGB IX, die Selbstbestimmung und gleichberechtigte Teilhabe behinderter Menschen zu fördern, Benachteiligungen zu vermeiden oder ihnen entgegenzuwirken, Rechnung zu tragen ist. Es besteht jedoch kein Rechtsanspruch des schwerbehinderten Menschen auf Beteiligung eines Integrationsfachdienstes (*Feldes u. a.,* Schwerbehindertenrecht, SGB IX, § 111 RdNr. 3; *Gröninger/Thomas,* SchwbG, § 37 a RdNr. 3).

5 Während nach § 37 c Abs. 1 Satz 2 SchwbG bis zum 30. 6. 2001 der Auftraggeber für die Durchführung der ihm obliegenden Aufgaben **verantwortlich** blieb, gilt dies nach § 111 Abs. 1 Satz 2 SGB IX für die **Ausführung der Leistung**. Eine inhaltliche Änderung ist damit nicht bewirkt worden. Es handelt sich lediglich um eine sprachliche Anpassung an **§ 17 Abs. 1 Satz 2 SGB IX.** Nach dieser Regelung bleibt der Rehabilitationsträger für die Ausführung der Leistung verantwortlich, soweit er Leistungen zur Teilhabe unter Inanspruchnahme von geeigneten, insbesondere auch freien und gemeinnützigen oder privaten Rehabilitationsdiensten und -einrichtungen ausführt. Der auftraggebende Leistungsträger hat somit **sicherzustellen**, dass der Integrationsfachdienst die Gewähr für eine sachgerechte, die Rechte und Interessen des schwerbehinderten Menschen wahrende Erfüllung der Aufgaben bietet (§ 97 SGB X; s.a. § 17 Abs. 3 Satz 3 SGB I: Nachprufung der zweckentsprechenden Verwendung bei der Inanspruchnahme öffentlicher Mittel). Dieses Gebot gilt insbesondere für den personellen und sachlich organisatorischen Bereich und schließt die vertraglich zu vereinbarende Möglichkeit von **Kontrollen** hinsichtlich der **Qualität, Zuverlässigkeit** und Wahrung von **Betroffeneninteressen** ein. Die Leistungsträger haben das Fortbestehen der fachlichen Voraussetzungen (§ 112 SGB IX) zu überwachen, wobei die Art und Weise der Überprüfung lediglich durch den Grundsatz der Verhältnismäßigkeit begrenzt wird (vgl. *Schroeder-Printzen,* SGB X, § 97 RdNr. 3; Kass-Komm-*Scholz,* § 97 SGB X RdNr. 24, 28). Der Auftraggeber bleibt auch für die Einhaltung der **datenschutzrechtlichen Vorschriften** verantwortlich (§ 80 SGB X). Der Auftraggeber **haftet** für Pflichtverletzungen des von ihm mit der Ausführung seiner Leistungen beauftragten Integrationsfachdienstes (*Schröder* in: Hauck/Noftz, SGB IX, § 111 RdNr. 5 f.). Soweit **§ 3 der Mustervereinbarung** nach § 111 Abs. 4 SGB IX (br 2001, 78) vorsieht, dass die fachliche Verantwortung für den Integrationsfachdienst bei seinem Träger liegt, ist dies angesichts der gesetzlichen Vorgabe einer Verantwortlichkeit des Auftraggebers für die Aufgabenwahrnehmung zumindest missverständlich.

6 Das **Angebot** des Leistungsträgers, einen Integrationsfachdienst zu beauftragen, ist für den schwerbehinderten Menschen **nicht verbindlich**. Er ist auch unter dem Gesichtspunkt sozialrechtlicher Mitwirkungspflichten (§§ 64, 66 SGB I, § 117 Abs. 1 SGB IX) nicht gehalten,

auf die Dienstleistung der Integrationsfachdienste zurückzugreifen, sondern kann in Ausübung seines **Wunsch- und Wahlrechtes** (§ 9 SGB IX) sanktionslos verlangen, die behördeninterne begleitende Hilfe der Integrationsämter (§ 102 SGB IX) oder die Unterstützung der besonderen Stellen der Arbeitsämter nach § 104 Abs. 4 SGB IX in Anspruch zu nehmen. Es bedarf einer ausdrücklichen **Einverständniserklärung** des schwerbehinderten Menschen zu der Beauftragung eines Integrationsfachdienstes und der damit verbundenen Weiterleitung persönlicher Daten.

§ 111 Abs. 2 SGB IX macht Vorgaben zum **Inhalt des Auftrages**. 7 Demnach legt der Auftraggeber in Abstimmung mit dem Integrationsfachdienst im Auftrag Art, Umfang und Dauer des im Einzelfall notwendigen Einsatzes sowie das Entgelt nach § 113 SGB IX fest.

III. Zusammenarbeit (Abs. 3)

§ 111 Abs. 3 SGB IX bestimmt, dass die Integrationsfachdienste mit 8 den zuständigen Stellen im Arbeitsamt (§ 104 Abs. 4 SGB IX), dem Integrationsamt, dem zuständigen Rehabilitationsträger (§ 6 SGB IX), dem Arbeitgeber, betrieblichen Interessenvertretungen, abgebenden Einrichtungen sowie, soweit notwendig, auch mit anderen Stellen und Personen **eng zusammenarbeiten**. Andere Stellen und Personen können Beratungsstellen, Rehabilitationseinrichtungen, behandelnde Ärzte und Psychotherapeuten oder Personen aus dem sozialen oder familiären Umfeld, Betreuer und Arbeitskollegen sein. Die Regelung stellt eine Ausprägung der **schnittstellenübergreifenden Arbeit** der Integrationsfachdienste dar (vgl. § 109 RdNr. 9 f.).

IV. Vertragsgestaltung (Abs. 4)

Näheres zur Beauftragung, Zusammenarbeit, fachlichen Leitung, 9 Aufsicht sowie zur Qualitätssicherung und Ergebnisbeobachtung ist zwischen dem Integrationsfachdienst und dem Auftraggeber nach § 111 Abs. 4 SGB IX **vertraglich** zu regeln. Hierbei sind die Grundsätze zur **Qualitätsprüfung** nach § 93 SGB III zu beachten. Im Interesse der finanziellen Planungssicherheit sollen die Leistungserbringungsverträge als **Grundverträge** auf die Dauer von mindestens drei Jahren abgeschlossen werden.

Die vertraglichen Beziehungen zwischen Auftraggeber und Integra- 10 tionsfachdienst sind auf der Grundlage der bundesweiten **Mustervereinbarung** (abgedruckt in: br 2001, 78) auszugestalten, welche die Bundesanstalt für Arbeit entwickelt und mit den Arbeitsgemeinschaften der Integrationsämter (BIH) und der Integrationsfachdienste (BAG

UB) unter Beteiligung der maßgeblichen Verbände abgestimmt hat. Abstimmung bedeutet nicht zwangsläufig Zustimmung. So haben sowohl die BIH als auch die BAG UB und andere Verbände Kritik an der Mustervereinbarung geäußert. **Hauptkritikpunkt** ist, dass die **Vergütung** nach § 113 SGB IX auf Grund eigener Vereinbarungen mit den Leistungsträgern erfolgt (§ 2 der Mustervereinbarung) und dabei ausschließlich auf der Grundlage der zugewiesenen Fallzahlen mit **Betreuungspauschalen** kalkuliert wird, ohne dass eine Sockelfinanzierung für die Einrichtung und den Betrieb der Integrationsfachdienste sowie Erstattungen bei besonders aufwendigem Unterstützungsbedarf vorgesehen sind (RdLH 2000, 181 f.; BAG UB, Stellungnahme zur Situation der Integrationsfachdienste, Februar 2002, S. 3). Darüber hinaus erschöpft sich die Mustervereinbarung über weite Strecken in der Wiedergabe des (inzwischen geänderten) Gesetzestextes und lässt eine **nähere Ausgestaltung** der in § 111 Abs. 4 SGB IX genannten Regelungsgegenstände weitgehend vermissen (s.a. *Schröder* in: Hauck/Noftz, SGB IX, § 111 RdNr. 14). Lediglich zu den **Dokumentationspflichten** gemäß § 114 SGB IX enthält § 4 der Mustervereinbarung detailliertere Angaben. Eine **Überarbeitung** und Konkretisierung der Mustervereinbarung unter Berücksichtigung der seit dem 1. 7. 2001 geltenden Rechtslage erscheint als geboten (s.a. *Haines/Deutsch*, LPK-SGB IX, § 111 RdNr. 9). Weitergehende Vorgaben für vertragliche Vereinbarungen zur Nachprüfung der zweckentsprechenden Verwendung der Vergütungen und einer dem Verweis auf § 93 SGB III gerecht werdenden Qualitätsprüfung sind erforderlich (vgl. RdNr. 5). Die Vertragsgegenstände sollten die Tatbestände des § 21 SGB IX umfassen.

11   Die zwischen Leistungsträgern und Integrationsfachdiensten abzuschließenden **Grundverträge** sind nicht starr an die Vorgaben der Mustervereinbarung gebunden. So können regionale Besonderheiten **Abweichungen** rechtfertigen. **Ergänzende Regelungen** z. B. zu Instrumenten der Qualitätssicherung und der Kontrolle der Aufgabenwahrnehmung durch die Auftraggeber sind zulässig.

V. Einrichtung von Integrationsfachdiensten (Abs. 5)

12   § 111 Abs. 5 SGB IX verpflichtet die Bundesanstalt für Arbeit, darauf hinzuwirken, dass Integrationsfachdienste in ausreichender Zahl eingerichtet werden. Die Bundesanstalt für Arbeit kann zum Aufbau und zur Förderung von Integrationsfachdiensten nach § 104 Abs. 1 Nr. 10 SGB IX, § 41 Abs. 1 Satz 1 Nr. 3 SchwbAV **finanzielle Leistungen** aus den Mitteln der Ausgleichsabgabe an diese Dienste erbringen (zum flächendeckenden Aufbau von Integrationsfachdiensten vgl. § 109 RdNr. 4 ff.).

13   In § 111 Abs. 5 Satz 2 SGB IX wird der Grundsatz betont, dass in jedem **Arbeitsamtsbezirk** nur **ein Integrationsfachdienst** beauftragt werden soll, der bestehende oder neu einzurichtende berufsbegleitende und psychosoziale Dienste umfasst, trägerübergreifend tätig wird und auch von dem örtlich zuständigen Integrationsamt zur begleitenden Hilfe im Arbeitsleben beauftragt ist. Dies soll die Integrationsämter veranlassen, ihrerseits dieselben Dienste in Anspruch zu nehmen. Ziel ist, für die schwerbehinderten Menschen und die Arbeitgeber in jedem Arbeitsamtsbezirk **einen Ansprechpartner** zu schaffen und eine Vielfalt unterschiedlicher Dienste zu vermeiden. Die Regelung schließt nicht aus, dass **in Einzelfällen** in größeren Arbeitsamtsbezirken mehrere Integrationsfachdienste beauftragt werden (BT-Drucks. 14/3372, S. 23).

Satz 2 bestimmt ferner, dass es sich nicht um einen Integrationsfach-   **14** dienst eines alleinigen Trägers handeln muss, sondern auch der **Zusammenschluss** (Verbund) **verschiedener Träger** möglich sein soll. Zur Vermeidung einer Zersplitterung des Angebotes müssen Trägerverbünde so organisiert sein, dass sie das gesamte Dienstleistungsspektrum eines Integrationsfachdienstes aus einer Hand bereitstellen.

Soweit das Arbeitsamt zwischen der Beauftragung von Integrations-   **15** fachdiensten verschiedener Träger **auswählen** kann, sind die Grundsätze des **§ 19 Abs. 4 SGB IX** entsprechend anzuwenden. Die Auswahl hat danach zu erfolgen, welcher Dienst die Leistung in der am **besten geeigneten Form** ausführt. Dabei werden Dienste **freier oder gemeinnütziger Träger** entsprechend ihrer Bedeutung für Rehabilitation und Teilhabe behinderter Menschen berücksichtigt und die Vielfalt der Träger gewahrt sowie deren Selbstständigkeit, Selbstverständnis und Unabhängigkeit beachtet. Die Entscheidung hat demnach vorrangig auf die **Qualität der Leistungserbringung**, Fachkunde, Leistungsfähigkeit, Erfahrung und Zuverlässigkeit der Dienste bzw. ihrer Träger abzustellen, wobei ergänzend die **regionale Bedeutung freier und wohlfahrtsverbandlicher Träger** Berücksichtigung finden soll. Entsprechend § 19 Abs. 4 Satz 2 SGB IX i.V.m. § 35 Satz 2 Nr. 4 SGB IX kann daneben auch auf **Wirtschaftlichkeit** und **Sparsamkeit** der Leistungserbringung unterschiedlicher Träger von Integrationsfachdiensten abgestellt werden, wobei diese Aspekte kein Übergewicht gegenüber der vorrangigen Bedarfsgerechtigkeit der Angebote erlangen dürfen (s.a. *Mrozynski,* SGB IX Teil 1, § 19 RdNr. 27 f.). Eine einseitige Bevorzugung gewerblicher Dienste oder solcher in Trägerschaft von Arbeitgeberverbänden entspricht diesen Vorgaben nicht. Wesentlich ist auch die Fähigkeit des Trägers, unter angemessener Binnendifferenzierung seines Angebotes den besonderen Bedürfnissen **verschiedener Gruppen schwerbehinderter Menschen** Rechnung zu tragen (§ 109 Abs. 2 SGB IX, § 112 Abs. 2 Satz 2 SGB IX) und für den regionalen Einzugsbereich die Aufgaben nach § 110 SGB IX vollständig zu übernehmen. Außerdem soll eine gute Erreichbarkeit des Fachdienstes innerhalb des Einzugsgebietes gegeben sein (*Haines/Deutsch,* LPK-SGB IX, § 111 RdNr. 11).

Fachliche Anforderungen

112 (1) Die Integrationsfachdienste müssen

1. nach der personellen, räumlichen und sächlichen Ausstattung in der Lage sein, ihre gesetzlichen Aufgaben wahrzunehmen,

2. über Erfahrungen mit dem zu unterstützenden Personenkreis (§ 109 Abs. 2) verfügen,

3. mit Fachkräften ausgestattet sein, die über eine geeignete Berufsqualifikation, eine psychosoziale oder arbeitspädagogische Zusatzqualifikation und ausreichende Berufserfahrung verfügen, sowie

4. rechtlich oder organisatorisch und wirtschaftlich eigenständig sein.

(2) ¹Der Personalbedarf eines Integrationsfachdienstes richtet sich nach den konkreten Bedürfnissen unter Berücksichtigung der Zahl der Betreuungs- und Beratungsfälle, des durchschnittlichen Betreuungs- und Beratungsaufwands, der Größe des regionalen Einzugsbereichs und der Zahl der zu beratenden Arbeitgeber. ²Den besonderen Bedürfnissen besonderer Gruppen schwerbehinderter Menschen, insbesondere schwerbehinderter Frauen, und der Notwendigkeit einer psychosozialen Betreuung soll durch eine Differenzierung innerhalb des Integrationsfachdienstes Rechnung getragen werden.

(3) ¹Bei der Stellenbesetzung des Integrationsfachdienstes werden schwerbehinderte Menschen bevorzugt berücksichtigt. ²Dabei wird ein angemessener Anteil der Stellen mit schwerbehinderten Frauen besetzt.

I. Allgemeines, Regelungsinhalt der Vorschrift

1   § 112 SGB IX regelt die **fachlichen Voraussetzungen**, denen ein Integrationsfachdienst vor allem in personeller Hinsicht genügen muss. Die Erfüllung dieser Voraussetzungen ist erforderlich, um als Auftragnehmer von den Arbeitsämtern, den Integrationsämtern und den Rehabilitationsträgern bei der Durchführung der Maßnahmen zur Teilhabe (schwer)behinderter Menschen beteiligt zu werden. Der Abschluss eines **Grundvertrages** gemäß § 111 Abs. 4 SGB IX ist an die Erfüllung der fachlichen Voraussetzung geknüpft. Darüber hinaus findet anders als bei den WfB (§ 142 SGB IX) kein förmliches Anerkennungsverfahren für Integrationsfachdienste statt. Es erfolgt lediglich eine **Erfassung** der Fachdienste durch die Bundesanstalt für Arbeit (§ 104 Abs. 1 Nr. 10 SGB IX).

2   Die Vorschrift überträgt abgesehen von sprachlichen Anpassungen inhaltsgleich den bisherigen **§ 37d SchwbG**. Fachliche Anforderungen an

freie gemeinnützige **Träger psychosozialer Dienste**, die das Integrationsamt zur psychosozialen Betreuung schwerbehinderter Menschen beteiligt (§ 102 Abs. 2 Satz 5 SGB IX), enthält § 28 Abs. 2 SchwbAV.

II. Fachliche Anforderungen (Abs. 1)

Integrationsfachdienste müssen gemäß § 112 Abs. 1 SGB IX nach 3 ihrer personellen, räumlichen und sächlichen Ausstattung in der Lage sein, ihre gesetzlichen Aufgaben nach § 110 SGB IX zu erfüllen. Sie müssen über Erfahrungen mit dem zu unterstützenden Personenkreis, wie er in § 109 Abs. 2 SGB IX umschrieben ist, verfügen und mit Fachkräften ausgestattet sein, die über eine geeignete Berufsqualifikation, eine psychosoziale oder arbeitspädagogische Zusatzqualifikation und eine ausreichende Berufserfahrung verfügen. Über diese auch unter Berücksichtigung von § 112 Abs. 2 SGB IX vagen gesetzlichen Vorgaben hinaus gibt es bislang keine mustervertraglichen (§ 111 Abs. 4 SGB IX) oder verordnungsrechtlichen (§ 115 SGB IX) **Konkretisierungen.** Es erscheint als problematisch, die personelle Ausstattung der Integrationsfachdienste anders als im Werkstättenrecht (§ 136 Abs. 1 Satz 4 SGB IX i.V.m. §§ 9 f. WVO) dem freien Spiel der Kräfteverhältnisse zwischen Kostenträgern und Leistungserbringern zu überlassen. Letztere beklagen bereits einen **Betreuungsschlüssel** von 1 : 35, der mindestens doppelt so hoch liege wie in der Phase der Modellprojekte und eine intensive Begleitung der schwerbehinderten Menschen nicht zulasse (BAG UB, Stellungnahme zur Situation der Integrationsfachdienste, Februar 2002, S. 2 f.).

Aus dem Erfordernis von **Erfahrungen** mit der zu begleitenden Kli- 4 entel folgt, dass insbesondere Träger heranzuziehen sind, die bereits in der Vergangenheit an der Integration schwerbehinderter Menschen auf dem allgemeinen Arbeitsmarkt mitgewirkt haben und auch über Kontakte zu Wirtschaft und Verwaltungen des Einzugsgebietes verfügen. Dies kann für Träger gelten, die im Auftrag der Integrationsämter begleitende Hilfe im Arbeitsleben einschließlich psychosozialer Dienste erbracht haben, aber auch für Träger von Berufsbildungswerken, Berufsförderungswerken oder WfB (*Schröder* in: Hauck/Noftz, SGB IX, § 112 RdNr. 5).

Hinsichtlich der **beruflichen Qualifikation** der Mitarbeiter von 5 Integrationsfachdiensten sind die Vorgaben anders als im Werkstättenrecht (vgl. §§ 9 f. WVO) wenig konkret. Den Beruf des „Integrationsberaters" gibt es bisher nicht. In der Regel verfügen die Mitarbeiter über eine Ausbildung in einem **Sozialberuf**, z. B. als Sozialarbeiter/ Sozialpädagoge. Dies ist bei einer Spezialisierung auf Sozialberatung und Behindertenarbeit als geeignete Grundlage für die Tätigkeit in einem Integrationsfachdienst anzusehen. Zusätzliche Qualifizierungen im betriebswirtschaftlichen und rechtlichen Bereich sind erforderlich. Strategien der Arbeitsplatzerschließung einschließlich kommunikativer Aspekte sollten Gegenstand von Fortbildungen sein (*Ernst* br 1998, 155, 158; *Matzeder* br 1998, 29, 32). § 112 Abs. 1 Nr. 3 SGB IX macht deutlich, dass auch eine **wirtschaftsnahe Basisqualifikation** z. B. von Betriebswirten als geeignet angesehen werden kann, wobei die erforderliche psychosoziale oder arbeitspädagogische Zusatzqualifikation und sachnahe Berufserfahrung nachzuweisen sind.

6   Integrationsfachdienste können **rechtlich selbstständig** sein. Ist das nicht der Fall, müssen sie zumindest **organisatorisch und wirtschaftlich selbstständig** sein (§ 112 Abs. 1 Nr. 4 SGB IX). Damit wird eine fachliche Unabhängigkeit von der Trägerorganisation bezweckt. Es muss zumindest eine organisatorische Trennung zum Träger des Integrationsfachdienstes und eine eigene Buchführung geben. Die wirtschaftliche Selbstständigkeit soll sicherstellen, dass nicht andere Angelegenheiten des Trägers aus Mitteln für den Integrationsfachdienst mitfinanziert werden. Eine bestimmte **Rechtsform** ist nicht vorgeschrieben (*Schröder* in: Hauck/Noftz, SGB IX, § 112 RdNr. 7 f.). Die Integrationsfachdienste sind so einzurichten, dass sie von behinderten Menschen und Arbeitgebern als **eigenständiges Dienstleistungsangebot** wahrgenommen werden können. Sie werden damit zu einem festen Bestandteil der sozialen Infrastruktur wie z. B. die WfB (*Haines/Deutsch*, LPK-SGB IX, § 112 RdNr. 5).

III. Personalbedarf, Binnendifferenzierung (Abs. 2)

7   Der **Personalbedarf** eines Integrationsfachdienstes richtet sich gemäß § 112 Abs. 2 SGB IX nach den konkreten Bedürfnissen unter Berücksichtigung der Zahl der Betreuungs- und Beratungsfälle, des durchschnittlichen Betreuungs- und Beratungsaufwands, der Größe des regionalen Einzugsbereichs oder der Zahl der zu beratenden Betriebe und Verwaltungen. Einen **Personalschlüssel** wollte der Gesetzgeber im Jahre 2000 mangels hinreichenden Erfahrungswissens nicht festlegen (BT-Drucks. 14/3372, S. 23). Dies sollte entsprechend dem Werkstättenrecht in der nach § 115 SGB IX zu erlassenen Rechtsverordnung geschehen. Derzeit haben faktisch Zahl, Art und Vergütung der den Integrationsfachdiensten erteilten Aufträge bestimmenden Einfluss auf die Personalausstattung (s. a. *Haines/Deutsch*, LPK-SGB IX, § 112 RdNr. 6).

8   Die in § 112 Abs. 2 Satz 2 SGB IX als fachliche Anforderung vorgegebene **Binnendifferenzierung** des Angebotes von Integrationsfachdiensten betrifft neben schwerbehinderten Frauen (s. a. § 1 Satz 2 SGB IX) bestimmte Behinderungsarten (z. B. gehörlose und blinde Menschen; seelisch behinderte Menschen) und Personen im Übergang von WfB auf den allgemeinen Arbeitsmarkt. Dabei soll der Fachdienst den besonderen Bedürfnissen dieser Gruppen und der Notwendigkeit psychosozialer Betreuung Rechnung tragen. Die Regelung ist Ausdruck

des Bestrebens, die **Zahl** von Integrationsfachdiensten auf einen Dienst je Arbeitsamtsbezirk **zu beschränken** und kein ausdifferenziertes Angebot für einzelne Klientengruppen zuzulassen (§ 111 Abs. 5 SGB IX). So sollen die Integrationsfachdienste auch nach Möglichkeit bereits bestehende psychosoziale und berufsbegleitende Dienste für bestimmte Gruppen von schwerbehinderten Menschen umfassen, damit insbesondere für den Arbeitgeber eine **einheitlicher Gesprächpartner** gegeben ist (BT-Drucks. 14/3372, S. 23).

IV. Schwerbehinderte Mitarbeiter (Abs. 3)

Die Anordnung einer **bevorzugten Berücksichtigung** von schwerbehinderten Mitarbeitern nach § 112 Abs. 3 SGB IX geht über die allgemeine Beschäftigungspflicht der Arbeitgeber nach § 71 SGB IX hinaus. Der Gesetzgeber beabsichtigt eine überdurchschnittliche Beschäftigung schwerbehinderter Menschen als Mitarbeiter von Integrationsfachdiensten, wobei **Frauen** angemessen, d. h. hälftig zu berücksichtigen sind. **9**

Die Anfang 2002 beauftragten Integrationsfachdienste beschäftigen insgesamt 805 Personen, davon 464 Frauen. 77 Beschäftigte sind schwerbehindert, davon 40 Frauen. Sie bringen ihre **besonderen Kenntnisse und Erfahrungen** als schwerbehinderte Menschen in die Arbeit der Integrationsfachdienste ein. Zudem wird die Nutzung der behinderungsspezifischen Kompetenzen von **Selbsthilfegruppen** und **Behindertenverbänden** durch eine enge Zusammenarbeit vor Ort sichergestellt (BT-Drucks. 14/8441, S. 24). **10**

Finanzielle Leistungen

113 [1]Die Inanspruchnahme von Integrationsfachdiensten wird vom Auftraggeber vergütet. [2]Die Vergütung für die Inanspruchnahme von Integrationsfachdiensten kann bei Beauftragung durch die Bundesanstalt für Arbeit oder das Integrationsamt aus Mitteln der Ausgleichsabgabe erbracht werden.

Die Vorschrift überträgt im Wesentlichen inhaltsgleich den bisherigen § 37e SchwbG. In Satz 2 erfolgt eine klarstellende Konkretisierung, indem die Bundesanstalt für Arbeit und das Integrationsamt ausdrücklich benannt werden. Es handelt sich um eine Folgeänderung zu § 109 Abs. 1 SGB IX, wo erstmals auch die Integrationsämter als Auftraggeber von Integrationsdiensten ausdrücklich angeführt werden. **1**

§ 113 Satz 1 SGB IX begründet dem Grunde nach den **Vergütungsanspruch** des Integrationsfachdienstes gegenüber seinem Auftrag- **2**

geber, ohne diesen näher auszugestalten. Der Gesetzgeber geht vielmehr davon aus, dass die Höhe der Vergütung für die Inanspruchnahme
des Integrationsfachdienstes zwischen dem Auftraggeber und dem Träger des Fachdienstes **vertraglich zu vereinbaren** ist (BT-Drucks. 14/
3372, S. 23).Dementsprechend sind auf der Grundlage der Mustervereinbarung nach § 111 Abs. 4 SGB IX mit den Integrationsfachdiensten
Vereinbarungen getroffen worden, so auch über Platzkapazitäten. Für
diese Plätze sind nach der jeweiligen Vergütungsvereinbarung Vergütungen für die Betreuung sowie Honorare für die erfolgreiche Vermittlung und bei Beständigkeit dieser Vermittlungen über die Probezeit
hinaus ein Erfolgshonorar gezahlt worden. Für die **Betreuung** ist je
Platz eine Vergütung von i.d.R. bis zu 300,- DM pro Monat, für die erfolgreiche **Vermittlung** 1000,- DM und bei entsprechender Beständigkeit ein **Erfolgshonorar** von zwischenzeitlich 1500,- DM vorgesehen
(BT-Drucks. 14/8441, S. 24). Die Ermächtigung des § 115 SGB IX
räumt dem BMA die Möglichkeit ein, das Nähere über die finanziellen
Leistungen durch **Rechtsverordnung** zu regeln.

3   Soweit es um die Teilhabe schwerbehinderter Menschen am Arbeitsleben geht, können die Entgelte aus den Mitteln der **Ausgleichsabgabe** finanziert werden (§ 77 Abs. 5 SGB IX, § 27 a SchwbAV). Die
Bundesanstalt für Arbeit erhält zum Aufbau und zur Förderung von
Integrationsfachdiensten Zuweisungen aus dem **Ausgleichsfonds**
beim BMA (§ 78 SGB IX, § 41 Abs. 1 Satz 1 Nr. 3 SchwbAV; vgl. zum
finanziellen Umfang: § 109 RdNr. 5). Die Kosten für die Vermittlung
und nachfolgende Betreuung behinderter Menschen, die nicht schwerbehindert sind (§ 33 Abs. 6 Nr. 8 SGB IX, § 109 Abs. 4 SGB IX), tragen
die zuständigen **Rehabilitationsträger** (§ 6 SGB IX) aus deren jeweiligen Haushaltmitteln.

Ergebnisbeobachtung

114 [1]Der Integrationsfachdienst dokumentiert Verlauf und Ergebnis der jeweiligen Bemühungen um die Förderung der Teilhabe am Arbeitsleben. [2]Er erstellt jährlich eine zusammenfassende Darstellung der Ergebnisse und legt diese den Auftraggebern nach deren
näherer gemeinsamer Maßgabe vor. [3]Diese Zusammenstellung soll insbesondere geschlechtsdifferenzierte Angaben enthalten zu

1. den Zu- und Abgängen an Betreuungsfällen im Kalenderjahr,

2. dem Bestand an Betreuungsfällen,

3. der Zahl der abgeschlossenen Fälle, differenziert nach Aufnahme einer Ausbildung, einer befristeten oder unbefristeten Beschäftigung, einer Beschäftigung in einem Integrationsprojekt oder in
einer Werkstatt für behinderte Menschen.

Nach § 114 SGB IX (bisher im Wesentlichen inhaltsgleich § 37 f. **1**
SchwbG) haben Integrationsfachdienste **Verlauf** und **Ergebnis** ihrer
Bemühungen um die Förderung der Teilhabe am Arbeitsleben in jedem **Einzelfall** zu **dokumentieren.** Die Falldokumentationen sind
fortlaufend und möglichst durch EDV standardisiert zu führen. Sie sollen es dem Auftraggeber ermöglichen, seiner fortbestehenden **Verantwortung** für die Ausführung der Leistung (§ 111 Abs. 1 Satz 2 SGB IX)
gerecht zu werden und ggfs. steuernd in die Tätigkeit des Integrationsfachdienstes einzugreifen.

Integrationsfachdienste erstellen darüber hinaus jährlich – erstmals **2**
für 2001 – eine **zusammenfassende Darstellung** der Ergebnisse und
legen diese den Auftraggebern nach deren näherer gemeinsamer Maßgabe vor. Dies ist durch die Integrationsfachdienste erstmals zum
31. 3. 2002 an die Arbeitsämter erfolgt. Die Meldungen an die Hauptstelle der Bundesanstalt für Arbeit waren zum 31. 5. 2002 vorgesehen.
Die Bundesanstalt für Arbeit hat angekündigt, die Ergebnisdarstellun-
gen zeitnah auszuwerten. Die Erörterung der Ergebnisse mit den Fachdiensten, deren Verbänden und anderen Beteiligten hat das Ziel, die
Zusammenarbeit mit den Integrationsfachdiensten und ihr Mitwirken
an einer verbesserten Teilhabe schwerbehinderter Menschen am Arbeitsleben weiterzuentwickeln und zu optimieren (BT-Drucks. 14/
8441, S. 23).

Eine Konkretisierung der Dokumentationspflichten beinhaltet § 4 **3**
der **Mustervereinbarung** gemäß § 111 Abs. 4 SGB IX (br 2001, 78).
In den Dokumentationen und jährlichen Zusammenfassungen sind
personenbezogene Daten zu anonymisieren (BT-Drucks. 14/5074,
S. 114).

Verordnungsermächtigung

115 Das Bundesministerium für Arbeit und Sozialordnung wird
ermächtigt, durch Rechtsverordnung mit Zustimmung des
Bundesrates das Nähere über den Begriff und die Aufgaben des Integrationsfachdienstes, die für sie geltenden fachlichen Anforderungen
und die finanziellen Leistungen zu regeln.

Die Vorschrift überträgt inhaltsgleich den bisherigen § 37 g **SchwbG.** **1**
In der **Gesetzesbegründung** zu § 37g SchwbG war im Jahre 2000
ausgeführt worden, die auf Grund der Verordnung regelbaren Fragen
würden durch eine solche Rechtsverordnung geregelt, sobald die
laufenden Modellprojekte zu Integrationsfachdiensten (vgl. § 109
RdNr. 2 f.) Erkenntnisse erbrächten, die dazu eine Notwendigkeit ergä-
ben. Dann würden auch bisher fehlende Regelungen in der SchwbAV
getroffen. Im Rahmen der Anhörung der Verbände zum Erlass der

Rechtsverordnung werde auch die Bundesarbeitsgemeinschaft „Unterstützte Beschäftigung" zu beteiligen sein. Auf Grund der Ermächtigung könne und solle das Verwaltungsverfahren nicht geregelt werden (BT-Drucks. 14/3372, S. 23).

2　Im März 2002 teilt die **Bundesregierung** mit, ihr lägen inzwischen Erfahrungen und Erkenntnisse aus der Teilnahme an verschiedenen Fachtagungen und Veranstaltungen mit der Bundesanstalt für Arbeit, der Arbeitsgemeinschaft der Integrationsämter und Hauptfürsorgestellen sowie der Bundesarbeitsgemeinschaft Unterstützte Beschäftigung vor. Weitere Erkenntnisse erwarte sie von der wissenschaftlichen Begleitforschung zu den Modellprojekten des BMA, die bis zum 31. 3. 2002 laufe und auch wichtige Erkenntnisse über sonstige Integrationsfachdienste erbringen solle. Dieser Bericht werde vom BMA zusammen mit den anderen Beteiligten ausgewertet. Von den Ergebnissen und den in der Praxis gemachten Erfahrungen werde es abhängen, ob eine Rechtsverordnung nach § 115 SGB IX mit Zustimmung des Bundesrates erlassen werde, die noch Näheres über den Begriff und die Aufgaben des Integrationsfachdienstes sowie die für sie geltenden fachlichen Anforderungen und die finanziellen Leistungen regele (BT-Drucks. 14/8441, S. 22).

3　**Regelungsgegenstände** der noch ausstehenden Rechtsverordnung können **konkretisierende Vorgaben** zu Begriff und Aufgaben von Integrationsfachdiensten (vgl. §§ 109 f. SGB IX), den für sie geltenden fachlichen Anforderungen (§ 112 SGB IX) und ihrer Finanzierung (§ 113 SGB IX) sein. Im Hinblick auf die geringe Regelungsintensität der gesetzlichen Vorschriften kann entgegen *Gröninger/Thomas,* SchwbG, § 37 g RdNr. 1 der Erlass einer Rechtsverordnung nicht von vornherein als überflüssig angesehen werden.

Kapitel 8. Beendigung der Anwendung der besonderen Regelungen zur Teilhabe schwerbehinderter und gleichgestellter behinderter Menschen

Beendigung der Anwendung der besonderen Regelungen zur Teilhabe schwerbehinderter Menschen

116 (1) Die besonderen Regelungen für schwerbehinderte Menschen werden nicht angewendet nach dem Wegfall der Voraussetzungen nach § 2 Abs. 2; wenn sich der Grad der Behinderung auf weniger als 50 verringert, jedoch erst am Ende des dritten Kalendermonats nach Eintritt der Unanfechtbarkeit des die Verringerung feststellenden Bescheides.

(2) ¹Die besonderen Regelungen für gleichgestellte behinderte Menschen werden nach dem Widerruf oder der Rücknahme der Gleichstellung nicht mehr angewendet. ²Der Widerruf der Gleichstellung ist zulässig, wenn die Voraussetzungen nach § 2 Abs. 3 in Verbindung mit § 68 Abs. 2 weggefallen sind. ³Er wird erst am Ende des dritten Kalendermonats nach Eintritt seiner Unanfechtbarkeit wirksam.

(3) Bis zur Beendigung der Anwendung der besonderen Regelungen für schwerbehinderte Menschen und ihnen gleichgestellte behinderte Menschen werden die behinderten Menschen dem Arbeitgeber auf die Zahl der Pflichtarbeitsplätze für schwerbehinderte Menschen angerechnet.

I. Allgemeines, Regelungsinhalt der Vorschrift

Die Vorschrift steht in systematischem Zusammenhang mit den 1 §§ 68 f. SGB IX. Nach § 68 Abs. 1 SGB IX gelten die besonderen Regelungen zur Teilhabe schwerbehinderter Menschen in Teil 2 des SGB IX für schwerbehinderte und diesen gleichgestellte behinderte Menschen. Während § 69 SGB IX das Verfahren des Versorgungsamtes zur Feststellung einer Behinderung, des GdB und weiterer gesundheitlicher Merkmale einschließlich der **Feststellung einer Schwerbehinderteneigenschaft** gemäß § 2 Abs. 2 SGB IX regelt, macht § 116 SGB IX Vorgaben zur **Beendigung des Schutzes** schwerbehinderter und ihnen gleichgestellter Menschen.

Die **dreimonatige Schonfrist** bei Wegfall der Schwerbehinderte- 2 neigenschaft und bei Widerruf der Gleichstellung gilt seit dem

1. 8. 1986. Mit dem Gesetz zur Änderung des SchwbG vom 26. 8. 1986 (BGBl. I S. 1421) wurde die zuvor bis zu zweijährige Frist verkürzt, die dem Gesetzgeber als zu weitgehend erschien (BT-Drucks. 10/3138, S. 25). Die Neuregelung sollte eine frühere Kündigung der nicht mehr schwerbehinderten Menschen ermöglichen und damit die Besetzung des Arbeitsplatzes mit tatsächlich Schwerbehinderten erleichtern.

3   Nach der Gesetzesbegründung überträgt die Vorschrift inhaltsgleich den bisherigen § 38 SchwbG (BT-Drucks. 14/5074, S. 114). Anpassungen an die Terminologie des SGB IX haben weder inhaltliche Änderungen noch sprachliche Verbesserungen bewirkt. Statt „Erlöschen des Schwerbehindertenschutzes/des Schutzes Gleichgestellter" heißt es nunmehr „Beendigung der Anwendung der besonderen Regelungen zur Teilhabe schwerbehinderter und gleichgestellter behinderter Menschen".

II. Schwerbehinderung (Abs. 1)

4   Die **besonderen Regelungen für schwerbehinderte Menschen** werden nicht angewendet nach dem Wegfall der Tatbestandsmerkmale der Schwerbehinderteneigenschaft in § 2 Abs. 2 SGB IX. Bei den **besonderen Regelungen des Teils 2 des SGB IX** handelt es sich um die Anrechnung der Beschäftigung des schwerbehinderten Menschen auf die Pflichtplatzquote des Arbeitgebers (§§ 71 ff. SGB IX), die Rechte schwerbehinderter Menschen im Betrieb (§ 81 SGB IX), den besonderen Kündigungsschutz (§ 85 ff. SGB IX), das besondere Mitwirkungsrecht (§§ 93 ff. SGB IX), Nachteilsausgleiche unter zusätzlichen gesundheitlichen Voraussetzungen (§ 69 Abs. 4 SGB IX), Vergünstigungen wie die Freistellung von Mehrarbeit und den Zusatzurlaub (§§ 124 f. SGB IX) sowie die Fördermöglichkeiten des Integrationsamtes (§ 102 SGB IX) und der Bundesanstalt für Arbeit (§ 104 SGB IX) zur Teilhabe schwerbehinderter Menschen am Arbeitsleben.

5   Die **Voraussetzungen der Schwerbehinderteneigenschaft** sind, dass

– der **GdB** des behinderten Menschen wenigstens 50 beträgt, und
– der behinderte Mensch seinen **Wohnsitz, gewöhnlichen Aufenthalt** (§ 30 Abs. 3 SGB I) oder seinen **Arbeitsplatz** im Sinne des § 73 SGB IX rechtmäßig im Geltungsbereich des SGB IX hat (§ 2 Abs. 2 SGB IX).

Der Wegfall der tatbestandlichen Voraussetzungen hinsichtlich des **Inlandsbezuges** bewirkt nach § 116 Abs. 1 Halbs. 1 SGB IX unmittelbar die Nichtanwendung des Schwerbehindertenrechts. Eine Schonfrist besteht in diesem Falle nicht. Die gesetzliche Vorgabe eines Inlandsbezuges der Schwerbehinderteneigenschaft führt z. B. dazu, dass bei einem Beamten, der seinen Wohnsitz oder gewöhnlichen Aufenthalt außerhalb der Bundesrepublik Deutschland hat, nach Versetzung in den Ruhestand gemäß § 116 Abs. 1 SGB IX die Anwendung der besonderen Regelungen zur Teilhabe schwerbehinderter Menschen endet (LSG Rheinland-Pfalz, Urteil vom 22. 6. 2001, br 2002, 24).

Der **Status** der Schwerbehinderung und die Berechtigung zur In-   **6** anspruchnahme von Nachteilsausgleichen beginnen grundsätzlich mit dem Vorliegen der gesetzlichen Voraussetzungen (vgl. § 69 RdNr. 14). Der **Feststellungsbescheid** der Versorgungsverwaltung hat deshalb nur deklaratorische Wirkung. Er dient mit dem auf seiner Grundlage ausgestellten Schwerbehindertenausweis (§ 69 Abs. 5 SGB IX) dem Nachweis über die Schwerbehinderteneigenschaft und hat Tatbestandswirkung für andere Behörden (vgl. § 69 RdNr. 12 f., 109 ff.). Ebenso **endet** die Schwerbehinderteneigenschaft **kraft Gesetzes** mit dem Wegfall der sie begründenden tatbestandlichen Voraussetzungen (*Dau*, LPK-SGB IX, § 116 RdNr. 5; *Kossens* in: Kossens/von der Heide/ Maaß, Praxiskommentar zum Behindertenrecht, SGB IX, § 116 RdNr. 2; *Cramer*, SchwbG, § 38 RdNr. 1).

Liegt ein bestandskräftiger **Verwaltungsakt über die Feststellung**   **7** **der Schwerbehinderteneigenschaft** vor, muss das Versorgungsamt ihn wegen Änderung in den tatsächlichen Verhältnissen **aufheben**, um seine Wirksamkeit zu beenden (§ 39 Abs. 2 SGB X, § 48 Abs. 1 SGB X; vgl. dazu § 69 RdNr. 66 ff.). Der Wegfall von tatbestandlichen Voraussetzungen der Schwerbehinderteneigenschaft stellt eine wesentliche tatsächliche Änderung im Sinne des § 48 Abs. 1 SGB X dar. In diesen Fällen endet die Anwendung des Schwerbehindertenrechts mit der **Bestandskraft des Aufhebungsbescheides (§ 77 SGG)**, weil Widerspruch und Klage bei dem zuständigen Sozialgericht (§ 51 Abs. 1 Nr. 7 SGG) aufschiebende Wirkung haben (§ 86 a Abs. 1 SGG; vgl. allgemein zu Rechtsbehelfen § 69 RdNr. 117 ff.).

Eine Ausnahme von der unmittelbaren Beendigung der Anwen-   **8** dung des Schwerbehindertenrechts bei Wegfall der tatbestandlichen Voraussetzungen des § 2 Abs. 2 SGB IX stellt die **dreimonatige Schonfrist** in § 116 Abs. 1 Halbs. 2 SGB IX für den Hauptanwendungsfall des Absinkens des GdB auf weniger als 50 dar. Es handelt sich in der Regel um bisher schwerbehinderte Menschen, bei denen auf Grund einer **Besserung der gesundheitlichen Verhältnisse** die Versorgungsverwaltung durch Aufhebungsbescheid nach § 48 Abs. 1 SGB X einen GdB von weniger als 50 feststellt. Diesem Personenkreis wird eine Umstellungsfrist zugebilligt, die auch dann zum Tragen kommt, wenn keine neue Feststellung erfolgt, weil es an einem verbleibenden GdB von wenigstens 20 mangelt (vgl. § 69 Abs. 1 Satz 3 SGB IX; s.a. *Cramer*, SchwbG, § 38 RdNr. 2; *Kossens* in: Kossens/von der Heide/ Maaß, Praxiskommentar zum Behindertenrecht, SGB IX, § 116 RdNr. 3). Die Auslauffrist gilt auch dann, wenn die gegenüber einer eigenständigen GdB-Feststellung der Versorgungsverwaltung vorgreifliche Feststellung einer MdE in einem **Rentenbescheid** nach § 69 Abs. 2 SGB IX (vgl. § 69 RdNr. 51 ff.) auf unter 50 % herabgesetzt wird. Ebenso wie die Feststellung der MdE gilt deren Herabsetzung zugleich als Feststellung des neuen GdB (§ 69 Abs. 2 Satz 2 SGB IX; *Dau*, LPK-SGB IX, § 116 RdNr. 6).

9 Die Dreimonatsfrist **beginnt** mit der **Unanfechtbarkeit** des die Verringerung von GdB/MdE feststellenden Bescheides. Diese tritt ein, wenn der gegen diesen Bescheid gegebene Rechtsbehelf nicht oder erfolglos eingelegt wird (§ 77 SGG). Abzuwarten ist zunächst die Monatsfrist zur Widerspruchseinlegung (§ 84 SGG, ggfs. Jahresfrist nach § 66 Abs. 2 SGG). Wird der Widerspruch durch Widerspruchsbescheid zurückgewiesen, bleibt die Unanfechtbarkeit einen weiteren Monat in der Schwebe (Klagefrist nach § 87 SGG). Die Klageerhebung, ggfs. auch Berufungs- und Revisionsverfahren können die Unanfechtbarkeit der Verwaltungsentscheidung über Jahre hinauszögern.

10 Die **Schonfrist endet** am Ende des dritten Kalendermonats nach Eintritt der Unanfechtbarkeit. Die Mitteilung des Versorgungsamtes über den **Zeitpunkt der Beendigung** der Anwendung des Schwerbehindertenrechts erfolgt nicht lediglich in Erfüllung allgemeiner Beratungspflichten, sondern regelt konkret den jeweiligen Einzelfall mit Außenwirkung durch **anfechtbaren Verwaltungsakt**. Diese Feststellung wirkt sich auf die in RdNr. 4 genannten Rechtsverhältnisse bisher schwerbehinderter Menschen aus und setzt eine rechtliche Wertung voraus, wann der die Verringerung des GdB feststellende Bescheid unanfechtbar geworden ist. Ohne diese Feststellung könnte weder der Zeitpunkt für die Einziehung des Schwerbehindertenausweises festgelegt werden, noch könnten sich ohne eine solche verbindliche Regelung Arbeitgeber und Arbeitnehmer sowie die betroffenen Behörden (z. B. Sozialversicherungsträger, Finanzämter, Integrationsämter) auf die geänderte Situation einstellen (BSGE 65, 185 = SozR 1300 § 48 Nr. 57). Einer **Rücknahme** der Feststellung der Schwerbehinderteneigenschaft mit **Wirkung für die Vergangenheit** bei anfänglicher Rechtswidrigkeit (§ 45 SGB X) steht die Schonfrist des § 116 Abs. 1 SGB IX entgegen (LSG Rheinland-Pfalz, Urteil vom 11. 8. 1997, Az.: L 4 Vs 158/96).

11 Bis zum **Ablauf der Schonfrist** verbleiben dem bisher schwerbehinderten Menschen trotz des Wegfalls der tatsächlichen Voraussetzungen des Schwerbehindertenstatus die in Teil 2 des SGB IX begründeten **Rechte und Vergünstigungen** dieses Personenkreises. Dies umfasst auch die gegenüber dem Arbeitgeber bestehenden Ansprüche z. B. auf Freistellung von Mehrarbeit und Zusatzurlaub oder das Zustimmungserfordernis zur Kündigung. Die Zustimmung des Integrationsamtes ist auch dann erforderlich, wenn die Kündigung zwar während der Schonfrist ausgesprochen wird, aber die Kündigungsfrist erst nach Be-

endigung der Anwendbarkeit des Schwerbehindertenrechts ausläuft *(Neumann/Pahlen,* SGB IX, § 116 RdNr. 14). Die Schonfrist des § 116 SGB IX gilt nicht für die Bemessung der **Pauschbeträge nach § 33 b EStG** (BFH, Urteil vom 22. 9. 1989, DB 1990, 2582; *Kossens* in: Praxis-kommentar zum Behindertenrecht, SGB IX, § 116 RdNr. 4; a.A. GK-SchwbG-*Schimanski,* § 38 RdNr. 80). Diese steuerrechtliche Vorschrift ermöglicht die Geltendmachung von Behinderten-Pauschbeträgen ungeachtet der Schwerbehinderteneigenschaft bereits ab einem GdB von 30. Es handelt sich um keine besondere Regelung zur Teilhabe schwerbehinderter Menschen im Sinne des § 116 Abs. 1 SGB IX.

III. Gleichstellung (Abs. 2)

Der Bescheid der Arbeitsverwaltung über die Gleichstellung behin- **12** derter Menschen mit schwerbehinderten Menschen hat **konstitutive Wirkung** (vgl. § 68 RdNr. 46 f.). Von daher endet nach § 116 Abs. 2 SGB IX die Anwendung des Schwerbehindertenrechts für gleichgestellte behinderte Menschen bei Wegfall der tatbestandlichen Gleichstellungs-voraussetzungen nicht kraft Gesetzes, sondern nur auf Grund des **Widerrufs** oder der **Rücknahme** des **Gleichstellungsbescheides.**

Materielle Gleichstellungsvoraussetzungen des § 2 Abs. 3 SGB **13** IX sind das Vorliegen eines GdB von 30 oder 40, der Inlandsbezug ent-sprechend § 2 Abs. 2 SGB IX sowie der Umstand, dass der behinderte Mensch infolge seiner Behinderung ohne die Gleichstellung einen geeigneten Arbeitsplatz im Sinne des § 73 SGB IX nicht erlangen oder nicht behalten kann (dazu § 68 RdNr. 30, 35; *Mrozynski,* SGB IX Teil 1, § 2 RdNr. 54 ff.).

Fallen diese Anspruchsvoraussetzungen nachträglich weg, kann das **14** zuständige Arbeitsamt den **Gleichstellungsbescheid widerrufen.** § 116 Abs. 2 Satz 2 SGB IX stellt eine gesetzliche **Erlaubnisnorm** zum **Widerruf** eines (ursprünglich) rechtmäßigen begünstigenden Verwal-tungsaktes gemäß **§ 47 Abs. 1 Nr. 1 SGB X** dar. Anders als bei einer Aufhebung nach § 48 Abs. 1 Satz 1 SGB X („ist aufzuheben") handelt es sich bei dem Widerruf des Gleichstellungsbescheides um eine **Ermes-sensentscheidung** der Arbeitsverwaltung („darf widerrufen wer-den"). Dies bedeutet, dass das Arbeitsamt trotz Wegfalls von tatbe-standlichen Voraussetzungen im Rahmen der pflichtgemäßen Aus-übung des Ermessens (§ 2 Abs. 2 Satz 2 SGB I, § 39 SGB I, § 35 Abs. 1 Satz 3 SGB X) zu dem Ergebnis kommen kann, auf Grund der Um-stände des Einzelfalls die Gleichstellung des behinderten Menschen fortbestehen zu lassen (vgl. *von Wulffen/Wiesner,* SGB X, § 47 RdNr. 11; *Neumann/Pahlen,* SGB IX, § 116 RdNr. 15; *Cramer,* SchwbG, § 38 RdNr. 4; A.A. *Kossens* in: Kossens/von der Heide/Maaß, Praxiskom-mentar zum Behindertenrecht, SGB IX, § 116 RdNr. 9).

15 Der Widerruf der Gleichstellung ist nur mit **Wirkung für die Zukunft** möglich. Eine **Aufhebung** des Gleichstellungsbescheides nach § 48 Abs. 1 Satz 1 SGB X wegen wesentlicher Änderung der tatsächlichen Verhältnisse kommt im Falle des Wegfalls der tatbestandlichen Voraussetzungen der Gleichstellung nicht in Betracht, weil § 116 Abs. 2 Satz 2 SGB IX als lex specialis vorgeht (s.a. *Dau*, LPK-SGB IX, § 116 RdNr. 10 ff.; *Neumann/Pahlen*, SchwbG, SGB IX, § 116 RdNr. 7; a. A. *Masuch* in: Hauck/Noftz, SGB IX, § 116 RdNr. 15 und GK-SchwbG-*Schimanski*, § 38 RdNr. 67). Ein Widerruf ist nicht erforderlich, wenn die Gleichstellung von Anfang an gemäß § 68 Abs. 2 Satz 3 SGB IX **befristet** worden ist. In diesem Falle erledigt sich der Gleichstellungsbescheid automatisch und ohne dreimonatige Schonfrist mit Ablauf der Befristung, ohne dass es einer diesbezüglichen bescheidmäßigen Feststellung bedarf (§ 39 Abs. 2 SGB X). Am **Verwaltungsverfahren** über den Widerruf des Gleichstellungsbescheides ist der Arbeitgeber ebensowenig beteiligt wie am Verwaltungsverfahren zur Erteilung der Gleichstellung (vgl. § 68 RdNr. 36 ff.; a. A. *Kossens* in: Kossens/von der Heide/Maaß, Praxiskommentar zum Behindertenrecht, SGB IX, § 116 RdNr. 10).

16 Ist die Gleichstellung von Anfang an rechtswidrig gewesen, kommt nur eine **Rücknahme des Gleichstellungsbescheides** unter den strengen Voraussetzungen des § 45 SGB X (Fristen, Vertrauensschutzprüfung, Ermessensentscheidung) in Betracht. Nach § 116 Abs. 2 Satz 1 SGB IX werden die besonderen Regelungen für gleichgestellte behinderte Menschen (vgl. § 68 Abs. 3 SGB IX: Schwerbehindertenrecht ohne § 125 SGB IX und Kapitel 13) **nach der Rücknahme** der Gleichstellung nicht mehr angewendet. Damit ist für eine Rücknahme mit **Wirkung für die Vergangenheit** nach § 45 Abs. 1, Abs. 4 SGB X kein Raum (*Masuch* in: Hauck/Noftz, SGB IX, § 116 RdNr. 19; a. A. *Kossens* in: Kossens/von der Heide/Maaß, Praxiskommentar zum Behindertenrecht, SGB IX, § 116 RdNr. 8 und *Neumann/Pahlen*, SGB IX, § 116 RdNr. 12).

17 Die **dreimonatige Schonfrist** des § 116 Abs. 2 Satz 3 SGB IX kommt nur bei dem **Widerruf** der Gleichstellung, nicht aber bei der Rücknahme des Gleichstellungsbescheides zur Anwendung. Beginn der Frist ist wie in Abs. 1 der Eintritt der Unanfechtbarkeit des Widerrufsbescheides. Von daher hat es der gleichgestellte behinderte Mensch in der Hand, die Vorzüge der Gleichstellung während der Ausschöpfung des Rechtsweges weiter in Anspruch zu nehmen (vgl. RdNr. 9 ff.).

IV. Pflichtplatzzahl (Abs. 3)

§ 116 Abs. 3 SGB IX kann nur klarstellenden Charakter haben. **18**
Wenn nach § 116 Abs. 1 und 2 SGB IX das Ende der Anwendbarkeit der
besonderen Regelungen für schwerbehinderte und gleichgestellte behinderte Menschen geregelt wird, gilt dies selbstverständlich auch für
die **Anrechnung auf die Pflichtarbeitsplätze** für schwerbehinderte
Menschen nach den §§ 71 ff. SGB IX. Auf Grund ausdrücklicher gesetzlicher Regelung begünstigen somit die Schonfristen der Absätze 1
und 2 nicht nur den behinderten Menschen, sondern auch seinen Arbeitgeber bei der Erfüllung der Beschäftigungspflicht.

Die Anrechnung auf die Pflichtplatzzahl endet somit am Ende des **19**
dritten Kalendermonats nach Eintritt der Unanfechtbarkeit des die
Verringerung des GdB auf weniger als 50 feststellenden Bescheides
bzw. des Bescheides über den Widerruf einer Gleichstellung. In den
übrigen Fällen des Wegfalls tatbestandlicher Voraussetzungen der
Schwerbehinderteneigenschaft und der Rücknahme der Gleichstellung endet die Anrechnung bereits mit Bekanntgabe des Aufhe-
bungs- oder Rücknahmebescheides (§§ 45, 48 SGB X), soweit nicht
infolge der Einlegung von Rechtsbehelfen aufschiebende Wirkung
eintritt.

Entziehung der besonderen Hilfen für schwerbehinderte Menschen

117 (1) ¹Einem schwerbehinderten Menschen, der einen zumutbaren Arbeitsplatz ohne berechtigten Grund zurückweist
oder aufgibt oder sich ohne berechtigten Grund weigert, an einer Maßnahme zur Teilhabe am Arbeitsleben teilzunehmen, oder sonst durch
sein Verhalten seine Teilhabe am Arbeitsleben schuldhaft vereitelt, kann
das Integrationsamt im Benehmen mit dem Landesarbeitsamt die besonderen Hilfen für schwerbehinderte Menschen zeitweilig entziehen.
²Dies gilt auch für gleichgestellte behinderte Menschen.

(2) ¹Vor der Entscheidung über die Entziehung wird der schwerbehinderte Mensch gehört. ²In der Entscheidung wird die Frist bestimmt,
für die sie gilt. ³Die Frist läuft vom Tage der Entscheidung an und beträgt nicht mehr als sechs Monate. ⁴Die Entscheidung wird dem
schwerbehinderten Menschen bekannt gegeben.

I. Allgemeines, Regelungsinhalt der Vorschrift

1   Die Vorschrift stellt den Integrationsämtern ein **Disziplinierungs-instrument** für schwerbehinderte Menschen und gleichgestellte behinderte Menschen zur Verfügung, die sich der Teilhabe am Arbeitsleben widersetzen, sprich für arbeitsunwillig gehalten werden. Es bestehen Ähnlichkeiten zur arbeitsförderungsrechtlichen **Sperrzeitregelung** des § 144 SGB III und zur Leitungsversagung wegen fehlender **Mitwirkung** nach den §§ 64, 66 SGB I (zu den Rechtsgrundlagen der Mitwirkung im Schwerbehindertenrecht: BSG SozR 3–3870 § 4 Nr. 17).

2   Erkenntnisse zum **praktischen Nutzen** der Vorschrift liegen nicht vor, zumal deren Anwendung bei der Auslegung des unbestimmten Rechtsbegriffs des berechtigten Grundes und bei der Verschuldensprüfung einzelfallbezogene und z.T. schwierige **Abwägungen** zu etwaigen behinderungsbedingten Ursachen des beanstandeten Verhaltens des schwerbehinderten Menschen erforderlich macht (s.a. GK-SchwbG-*Schimanski,* § 39 RdNr. 13 ff.; *Masuch* in: Hauck/Noftz, SGB IX, § 117 RdNr. 4). Die Vorschrift gibt dem Integrationsamt keine Handhabe, bei Meinungsverschiedenheiten über verschiedene Möglichkeiten der begleitenden Hilfe im Arbeitsleben (§ 102 Abs. 2–4 SGB IX) gegenüber dem schwerbehinderten Menschen seine Auffassung mit Androhung des Hilfeentzugs durchzusetzen. Das in § 9 SGB IX, § 33 SGB I normierte **Wunsch- und Wahlrecht des Leistungsberechtigten** ist auch bei den Leistungen zur Teilhabe schwerbehinderter Menschen zu beachten.

3   Die Vorschrift überträgt abgesehen von sprachlichen Anpassungen an die Terminologie des SGB IX inhaltsgleich den bisherigen **§ 39 SchwbG.**

II. Entzugsgründe

4   In einem **abschließenden Katalog** führt § 117 Abs. 1 Satz 1 SGB IX die zur zeitweisen Entziehung der besonderen Hilfen für schwerbehinderte Menschen berechtigenden **Entziehungstatbestände** auf. Es handelt sich um
   – die **Zurückweisung** eines zumutbaren Arbeitsplatzes ohne berechtigenden Grund,
   – die **Aufgabe** eines zumutbaren Arbeitsplatzes ohne berechtigenden Grund,
   – die **Weigerung** ohne berechtigenden Grund, an einer Maßnahme zur Teilhabe am Arbeitsleben teilzunehmen,
   – die sonstige schuldhafte **Vereitelung** der Teilhabe am Arbeitsleben durch das Verhalten des schwerbehinderten Menschen.

Zur Auslegung der **unbestimmten Rechtsbegriffe** des § 117 5
Abs. 1 SGB IX kann z.T. auf Rechtsprechung und Literatur zu entspre-
chenden Begrifflichkeiten in **§ 144 SGB III** zurückgegriffen werden.
Dies gilt insbesondere für den **wichtigen Grund** im Sinne des § 144
Abs. 1 SGB III, wobei jedoch der **berechtigende Grund** nach § 117
Abs. 1 SGB IX weiter gefasst ist. Der berechtigende Grund ermöglicht
die Berücksichtigung auch nicht arbeitsplatzbezogener persönlicher
Gründe wirtschaftlicher, familiärer, psychischer oder rein menschli-
cher Art (*Masuch* in: Hauck/Noftz, SGB IX, § 117 RdNr. 11).

   Besonderheiten des Schwerbehindertenrechts sind zu berück- 6
sichtigen. So definiert § 102 Abs. 2 Satz 2 SGB IX als **Ziel der begleitenden Hilfe** im Arbeitsleben, dass die schwerbehinderten Menschen
in ihrer sozialen Stellung nicht absinken, auf Arbeitsplätzen beschäftigt werden, auf denen sie ihre Fähigkeiten und Kenntnisse voll verwerten und weiterentwickeln können sowie durch Leistungen der
Rehabilitationsträger und Maßnahmen der Arbeitgeber befähigt werden, sich am Arbeitsplatz und im Wettbewerb mit nichtbehinderten
Menschen zu behaupten. So werden Arbeitsaufgaben auf Grund von
Konflikten im Betrieb eher die Frage nach **berufsbegleitenden und
psychosozialen Hilfen** für die betroffenen schwerbehinderten Menschen aufwerfen (vgl. § 102 Abs. 2 Satz 4–6 SGB IX) als Anlass für eine
Disziplinierung nach § 117 SGB IX seien können. Dabei dürfte es we-
niger darum gehen, den schwerbehinderten Menschen durch gütliches
Zureden auf den „rechten Weg" zu bringen (so *Neumann/Pahlen*,
SGB IX, § 117 RdNr. 2), als vielmehr um eine Konfliktschlichtung
unter allen Beteiligten, die auch Art und Auswirkungen der Behinderung einbezieht. Es ist nach § 102 Abs. 2 Satz 6 SGB IX **Aufgabe des
Integrationsamtes**, darauf Einfluss zu nehmen, dass Schwierigkeiten
im Arbeitsleben verhindert oder beseitigt werden. Insofern ist die neue
Behinderungsdefinition des § 2 Abs. 1 SGB IX zu berücksichtigen,
wonach die Behinderung eine **soziale Situation** auf Grund individueller und gesellschaftlicher Faktoren erfasst (vgl. § 69 RdNr. 26 ff.).
Dies bestätigt die Notwendigkeit, die für das (Fehl-)Verhalten des
schwerbehinderten Menschen maßgeblichen Faktoren in seiner gesellschaftlichen und insbesondere betrieblichen Umwelt in ihrer negativen
Wechselwirkung mit den gesundheitlichen und funktionalen Beeinträchtigungen zu erkennen und in die Auslegung des „berechtigten
Grundes" nach § 117 Abs. 1 SGB IX einfließen zu lassen.

   Bei der Beurteilung der **Zumutbarkeit eines Arbeitsplatzes** ist 7
davon auszugehen, dass diese nur bei solchen Arbeitsplätzen gegeben
ist, die den Anforderungen **des § 81 Abs. 4 und 5 SGB IX** genügen.
Arbeitsplätze in **Integrationsprojekten** (§§ 132 ff. SGB IX) sind dem
allgemeinen Arbeitsmarkt zuzurechnen und werden damit von § 117
Abs. 1 SGB IX erfasst. Ergänzend sind die **arbeitsförderungsrechtlichen Anforderungen** an eine zumutbare Beschäftigung nach § 121

SGB III heranzuziehen (s.a. *Masuch* in: Hauck/Noftz, SGB IX, § 117 RdNr. 5; *Kossens* in: Kossens/von der Heide/Maaß, Praxiskommentar zum Behindertenrecht, SGB IX, § 117 RdNr. 3). Demnach sind einem Arbeitslosen alle seiner Arbeitsfähigkeit entsprechenden Beschäftigungen zumutbar, soweit allgemeine und personenbezogene Gründe der Zumutbarkeit einer Beschäftigung nicht entgegenstehen.

8 Aus **allgemeinen Gründen** ist eine Beschäftigung insbesondere nicht zumutbar, wenn die Beschäftigung gegen gesetzliche, tarifliche oder in Betriebsvereinbarungen festgelegte Bestimmungen über Arbeitsbedingungen oder gegen Bestimmungen des Arbeitsschutzes verstößt (§ 121 Abs. 2 SGB III). Aus **personenbezogenen Gründen** ist eine Beschäftigung einem Arbeitslosen insbesondere nicht zumutbar, wenn das daraus erzielbare **Arbeitsentgelt** erheblich niedriger ist als das der Bemessung des Arbeitslosengeldes zu Grunde liegende Arbeitsentgelt. In den ersten drei Monaten der Arbeitslosigkeit ist eine Minderung um mehr als 20 % und in den folgenden drei Monaten um mehr als 30 % dieses Arbeitsentgelts nicht zumutbar. Vom siebten Monat der Arbeitslosigkeit an ist dem Arbeitslosen eine Beschäftigung nur dann nicht zumutbar, wenn das daraus erzielbare Nettoeinkommen unter Berücksichtigung der mit der Beschäftigung zusammenhängenden Aufwendungen niedriger ist als das Arbeitslosengeld (§ 121 Abs. 3 SGB III). Diese Regelung ist im Rahmen der Zumutbarkeit nach § 117 Abs. 1 SGB IX nicht uneingeschränkt zu übernehmen. Vielmehr muss Beachtung finden, dass die begleitende Hilfe im Arbeitsleben zum Ziel hat, schwerbehinderte Menschen vor dem **Absinken in ihrer sozialen Stellung** und damit auch in ihrer Einkommenssituation zu bewahren (§ 102 Abs. 2 Satz 2 SGB IX). Dem kann dadurch Rechnung getragen werden, dass auf Dauer jedenfalls eine Minderung des bisherigen Arbeitsentgelts um mehr als 20 % nicht zumutbar ist (gegen die Zumutbarkeit unterwertiger Beschäftigung s.a. GK-SchwbG-*Schimanski*, § 39 RdNr. 22, 26, 37; a.A. *Kossens* in: Kossens/von der Heide/Maaß, Praxiskommentar zum Behindertenrecht, § 117 RdNr. 5 und *Neumann/Pahlen,* SGB IX, § 117 RdNr. 7). Eine **untertarifliche Bezahlung** ist ebenfalls ein Indiz für die Unzumutbarkeit eines Arbeitsplatzes.

9 Die in § 121 Abs. 4 SGB III als zumutbar bezeichneten **Pendelzeiten** von bis zu zweieinhalb Stunden täglich sind zu modifizieren, wenn Art und Ausmaß der Behinderung dies erfordern. Soweit § 121 Abs. 5 SGB III dem Arbeitslosen **befristete Beschäftigungen**, vorübergehend **getrennte Haushaltsführung** und **ausbildungsfremde Beschäftigungen** zumutet, können dem behinderungsbedingte Einschränkungen entgegenstehen. Außerdem ist die schwerbehindertenrechtliche Vorgabe einer Beschäftigung auf Arbeitsplätzen zu beachten, die eine volle Verwertung und Weiterentwicklung der Fähigkeiten und Kenntnisse des schwerbehinderten Menschen erlauben (§ 81 Abs. 4 Satz 1 Nr. 1 SGB IX, § 102 Abs. 2 Satz 2 SGB IX).

Die **Aufgabe eines Arbeitsplatzes** nach § 117 Abs. 1 Satz 1 SGB 10
IX umfasst die arbeitnehmerseitige ordentliche und fristlose Kündigung und den Aufhebungsvertrag in beiderseitigem Einvernehmen.
Bei einem **Aufhebungsvertrag** ist danach zu differenzieren, ob die
Gründe für die Beendigung des Beschäftigungsverhältnisses dem
schwerbehinderten Menschen oder dem Arbeitgeber (z. B. bei betriebsbedingten Gründen) zuzurechnen sind. Anders als in § 144 Abs. 1
Nr. 1 SGB III wird die Lösung des Beschäftigungsverhältnisses durch
den **Arbeitgeber** auf Grund arbeitsvertragswidrigen Verhaltens des
Arbeitnehmers vom Tatbestand des § 117 Abs. 1 SGB IX nicht erfasst.
Deshalb stellt auch die fristlose Kündigung des Beschäftigungsverhältnisses durch den Arbeitgeber bei Verfehlungen des schwerbehinderten
Menschen keine Aufgabe im Sinne des § 117 Abs. 1 Satz 1 SGB IX dar
(*Masuch* in: Hauck/Noftz, SGB IX, § 107 RdNr. 6; GK-SchwbG-*Schimanski*, § 39 RdNr. 30; a. A. *Kossens* in: Kossens/von der Heide/Maaß,
Praxiskommentar zum Behindertenrecht, SGB IX, § 107 RdNr. 4). In
derartigen Fällen kommt allein die Annahme einer schuldhaften Vereitelung der Teilhabe am Arbeitsleben durch das Verhalten des schwerbehinderten Menschen in Betracht.

Die **Zurückweisung eines Arbeitsplatzes** bezieht sich auf die 11
Vermittlungstätigkeit der Bundesanstalt für Arbeit (§ 104 Abs. 1 Nr.
1 SGB IX) und der von ihr beteiligten Integrationsfachdienste (§ 110
Abs. 1 Nr. 1 SGB IX). Der schwerbehinderte Mensch muss bereit sein,
sich auf einen geeigneten und zumutbaren Arbeitsplatz vermitteln zu
lassen. Dem unberechtigten Zurückweisen eines Arbeitsplatzangebotes gleichgestellt ist die Weigerung, an einer **Maßnahme zur Teilhabe
am Arbeitsleben** teilzunehmen. Es handelt sich um Maßnahmen der
Rehabilitationsträger im Rahmen der Leistungen zur Teilhabe am Arbeitsleben nach den §§ 33 ff. SGB IX, insbesondere in Berufsbildungswerken, Berufsförderungswerken und vergleichbaren Einrichtungen
der beruflichen Rehabilitation (§ 35 SGB IX). Abgesehen davon, dass
berechtigten Wünschen des schwerbehinderten Menschen immer zu
entsprechen ist (§ 9 SGB IX, § 33 SGB I), sind schwerbehinderte Menschen nicht verpflichtet, zur Vermeidung einer Sanktionierung nach
§ 117 SGB IX gegen ihren Willen eine Beschäftigung in **WfB** (§§ 39 ff,
136 ff. SGB IX) aufzunehmen oder der Beteiligung eines externen
Integrationsfachdienstes zuzustimmen.

Der schwerbehinderte Mensch darf im Übrigen unsanktioniert 12
Maßnahmen zur Teilhabe am Arbeitsleben **ablehnen**, wenn diese
ihm nach den Umständen des Einzelfalls nicht zumutbar sind oder ein
sonstiger zur Ablehnung berechtigender Grund vorliegt. Dies gilt für
Maßnahmen, die nicht dazu beitragen, die Erwerbsfähigkeit des
schwerbehinderten Menschen entsprechend seiner Leistungsfähigkeit
zu erhalten, zu verbessern, herzustellen oder wiederherzustellen (vgl.
§ 33 Abs. 1 SGB IX), sondern eine **Dequalifizierung** gegenüber dem

erreichten beruflichen Status begünstigen (*Masuch* in: Hauck/Noftz, SGB IX, § 107 RdNr. 8; A. A. *Kossens* in: Kossens/von der Heide/Maaß, Praxiskommentar zum Behindertenrecht, SGB IX, § 107 RdNr. 5). Ein berechtigter Ablehnungsgrund kann auch vorliegen, wenn die dem schwerbehinderten Menschen vorgeschlagene Maßnahme keine wohnortnahen, zeitlich flexiblen oder in Teilzeit nutzbaren Angebote beinhaltet, um die Bewältigung von **Familienpflichten** zu ermöglichen (§ 1 Satz 2 SGB IX, § 9 Abs. 1 Satz 2–3 SGB IX, § 33 Abs. 2 SGB IX, § 8 a SGB III).

13   Der schwerbehinderte Mensch kann durch sein Verhalten seine Teilhabe am Arbeitsleben **schuldhaft vereiteln.** Es gilt ein **subjektiver Verschuldensmaßstab**, wobei der schwerbehinderte Mensch die Entziehung der besonderen Hilfen als Folge seines Verhaltens vorhersehen können muss. Schuldhaftes Verhalten liegt vor, wenn der Betroffene nicht die Sorgfalt anwendet, die ihm nach den gesamten Umständen nach allgemeiner Verkehrsanschauung zuzumuten ist. Das Fehlverhalten kann gegenüber Arbeitgebern, Integrationsämtern, Arbeitsämtern und Integrationsfachdiensten zu Tage treten. Die Vereitelung der Teilhabe kann durch eine von dem schwerbehinderten Menschen ausgehende gravierende Störung des Betriebsfriedens, hartnäckige Arbeitsverweigerung oder unangemessenes Verhalten bei Vorstellungsgesprächen bedingt sein. Es muss sich in jedem Fall um schwerwiegende, nicht auf Art und Ausmaß der Behinderung zurückzuführende Verfehlungen handeln, die in ihrem Gewicht den übrigen Entzugstatbeständen des § 117 Abs. 1 SGB IX entsprechen. Ein Hilfeentzug kommt nach dem **Verhältnismäßigkeitsgrundsatz** nur in Betracht, wenn mildere Mittel des Einwirkens auf den schwerbehinderten Menschen nicht mehr zur Verfügung stehen und das Übermaßgebot beachtet wird (s. a. *Masuch* in: Hauck/Noftz, SGB IX, § 107 RdNr. 9 f.).

III. Verfahren und Entscheidung

14   Zuständig für die Entziehung der besonderen Hilfen ist das Integrationsamt, das im Benehmen mit dem Landesarbeitsamt entschiedet. Die **Herstellung des Benehmens** beinhaltet eine Konsultation der beteiligten Behörde wobei die Stellungnahme des Landesarbeitsamtes für das Integrationsamt nicht verbindlich ist. Unterbleibt die geforderte Mitwirkung des Landesarbeitsamtes, ist die gleichwohl ergehende Entscheidung des Integrationsamtes zwar nicht nichtig, aber verfahrensfehlerhaft (§ 40 Abs. 3 Nr. 4 SGB X). Der Verfahrensfehler kann bis zur letzten Tatsacheninstanz eines verwaltungsgerichtlichen Verfahrens geheilt werden (§ 41 Abs. 1 Nr. 5, Abs. 2 SGB X).

15   Vor der Entscheidung ist der schwerbehinderte Mensch **zu hören** (§ 117 Abs. 2 Satz 1 SGB IX). Es gelten die für eine **Anhörung** nach

§ 24 Abs. 1 SGB X entwickelten Grundsätze (vgl. *von Wulffen,* SGB X, § 24 RdNr. 7 ff. m.w.Nw.). So ist dem schwerbehinderten Menschen in einer i.d.R. **schriftlichen Anhörungsmitteilung** durch das Integrationsamt der **entscheidungserhebliche Sachverhalt** mitzuteilen. Dem Betroffenen ist eine **Frist von mindestens zwei Wochen** zur Abgabe einer Stellungnahme zu den für die beabsichtigte Entscheidung erheblichen Tatsachen einzuräumen. Erst nach Fristablauf und Prüfung etwaiger Einwände des schwerbehinderten Menschen darf der Bescheid über den Entzug der besonderen Hilfen ergehen. Die unterbliebene oder unzureichende Anhörung des Betroffenen stellt einen Verfahrensfehler dar, der im Rechtsstreit nur begrenzt heilbar ist (§ 41 Abs. 1 Nr. 3, Abs. 2–3 SGB X, § 42 SGB X).

Das Integrationsamt entscheidet über den Entzug der besonderen **16** Hilfen nach pflichtgemäßem **Ermessen** (§ 117 Abs. 1 Satz 1 SGB IX: „kann"; § 2 Abs. 2 SGB I, § 39 SGB I). Dabei sind insbesondere der **Ausnahmecharakter** eines Hilfeentzugs im Schwerbehindertenrecht und **nachteilige Folgen** für den **weiteren Verlauf der Teilhabe** am Arbeitsleben des Betroffenen zu berücksichtigen. Eine unreflektierte Bestrafung abweichenden Verhaltens entspricht nicht dem Zweck der Ermächtigung zur Ermessensausübung. Die Sanktion dient zwar auch der Ahndung schuldhaft herbeigeführter Integrationsbehinderungen, soll aber zugleich den Betroffenen zu künftigem eingliederungskonformen Verhalten bewegen (*Dau,* LPK-SGB IX, § 117 RdNr. 9). Im Rahmen der **Bekanntgabe** der Entscheidung an den schwerbehinderten Menschen (§ 117 Abs. 2 Satz 4 SGB IX, § 37 SGB X, § 39 Abs. 1 SGB X) müssen die Gesichtspunkte benannt werden, von denen das Integrationsamt bei der Ausübung seines Ermessens ausgegangen ist (§ 35 Abs. 1 Satz 3 SGB X, § 41 Abs. 1 Nr. 2, Abs. 2–3 SGB X, § 42 SGB X). Eine ermessensfehlerhafte Entscheidung wird auf die Klage des Betroffenen im Verwaltungsgerichtsverfahren aufgehoben. Der schriftlich zu erlassene Verwaltungsakt muss eine Rechtsbehelfsbelehrung enthalten (§ 36 SGB X). Widerspruch und Klage gegen die Entscheidung des Integrationsamtes haben **aufschiebende Wirkung** (§ 80 Abs. 1 VwGO), so dass die Entziehung der besonderen Hilfen zunächst nicht wirksam wird.

IV. Rechtsfolgen

In der Entscheidung des Integrationsamtes wird die **Frist** bestimmt, **17** für die der Entzug der besonderen Hilfen gilt. Die Frist läuft vom Tage der Entscheidung an und beträgt nicht mehr als **sechs Monate** (§ 117 Abs. 2 Satz 2–3 SGB IX). Dem Integrationsamt ist nicht nur über das „ob" des Hilfeentzuges, sondern auch über dessen Dauer **Ermessen** eingeräumt worden. Die Verwaltungsentscheidung muss somit auch die Gesichtspunkte erkennen lassen, die für die Bestimmung der Entzugsdauer maßgebend gewesen sind. Insbesondere bei erstmaligem Fehlverhalten des schwerbehinderten Menschen dürfte ein volles Ausschöpfen des Zeitrahmens in der Regel unverhältnismäßig sein.

18   Das Integrationsamt kann die besonderen Hilfen für schwerbehinderte Menschen **ganz oder teilweise** entziehen. Diese Rechtsfolge ist beschränkt auf schwerbehindertenrechtliche **Hilfen nach Teil 2 des SGB IX**. Vergünstigungen nach anderen Gesetzen, z. B. steuerrechtlicher Art, oder Leistungen der Rehabilitationsträger nach den §§ 33 ff. SGB IX werden nicht erfasst (Vgl. GK-SchwbG-*Schimanski*, § 39 RdNr. 58). Betroffen seien können der besondere Kündigungsschutz (§§ 85 ff. SGB IX), der Vorrang schwerbehinderter Menschen bei der Einstellung (§ 81 Abs. 1 SGB IX), betriebliche Mitwirkungsrechte für schwerbehinderte Menschen (§§ 93 ff. SGB IX), der Anspruch auf Freistellung von Mehrarbeit (§ 124 SGB IX), die begleitende Hilfe im Arbeitsleben des Integrationsamtes (§ 102 Abs. 2–4 SGB IX) und die Förderung der Teilhabe schwerbehinderter Menschen durch die Bundesanstalt für Arbeit (§ 104 SGB IX) sowie die Freifahrtberechtigung nach § 145 SGB IX.

19   Unter Berücksichtigung des Eingliederungszwecks des Schwerbehindertenrechts und des Verhältnismäßigkeitsgrundsatzes mag es zwar im Einzelfall geboten erscheinen, einen schwerbehinderten Menschen auf Grund massiven Fehlverhaltens befristet von **bestimmten Hilfen** auszuschließen. Es ist aber kaum ein Gesichtspunkt ersichtlich, unter dem der **Totalentzug** sämtlicher besonderer Hilfen einschließlich des Kündigungsschutzes gerechtfertigt wäre.

20   Der Anspruch auf **Zusatzurlaub** gemäß § 125 SGB IX ist eine besondere Hilfe für schwerbehinderte Menschen im Arbeitsleben. Soweit er bei einem teilweisen Hilfeentzug ausdrücklich eingeschlossen worden ist oder ein Totalentzug erfolgt, wird der Anspruch des schwerbehinderten Menschen von fünf Arbeitstagen im Urlaubsjahr entsprechend der Entzugsdauer anteilig verkürzt (*Cramer*, SchwbG, § 39 RdNr. 9; a. A. *Masuch* in: Hauck/Noftz, SGB IX, § 117 RdNr. 18).

21   Während des Entzugszeitraumes bleibt die Anrechnung der Beschäftigung des betroffenen schwerbehinderten Menschen auf die **Pflichtplatzquote** seines Arbeitgebers (§§ 71 ff. SGB IX) erhalten (*Dau*, LPK-SGB IX, § 117 RdNr. 10; *Masuch* in: Hauck/Noftz, SGB IX, § 117 RdNr. 19; *Kossens* in: Kossens/von der Heide/Maaß, Praxiskommentar zum Behindertenrecht, SGB IX, § 117 RdNr. 8; *Cramer*, SchwbG, § 39 RdNr. 9; a. A. *Neumann/Pahlen*, SGB IX, § 117 RdNr. 14). Der von der Versorgungsverwaltung im Feststellungsverfahren nach § 69 SGB IX begründete **Status** als schwerbehinderter Mensch bleibt ungeachtet eines Hilfeentzugs nach § 117 SGB IX bestehen. Entsprechendes gilt für die von der Arbeitsverwaltung erteilte Gleichstellung nach § 2 Abs. 3 SGB IX i.V.m. § 68 Abs. 2–3 SGB IX. Eine § 116 Abs. 3 SGB IX

entsprechende Regelung zur Beendigung der Anrechnung fehlt. Von daher beschäftigt der Arbeitgeber auch während des Entzugszeitraums in Erfüllung seiner Beschäftigungspflicht aus § 71 Abs. 1 SGB IX einen schwerbehinderten oder gleichgestellten behinderten Menschen im Sinne des § 2 Abs. 2–3 SGB IX.

Widerspruch

118 (1) ¹Den Widerspruchsbescheid nach § 73 der Verwaltungsgerichtordnung erlässt bei Verwaltungsakten der Integrationsämter und bei Verwaltungsakten der örtlichen Fürsorgestellen (§ 107 Abs. 2) der Widerspruchsausschuss bei dem Integrationsamt (§ 119). ²Des Vorverfahrens bedarf es auch, wenn den Verwaltungsakt ein Integrationsamt erlassen hat, das bei einer obersten Landesbehörde besteht.

(2) Den Widerspruchsbescheid nach § 85 des Sozialgerichtsgesetzes erlässt bei Verwaltungsakten, welche die Arbeitsämter und Landesarbeitsämter auf Grund des Teils 2 erlassen, der Widerspruchsausschuss beim Landesarbeitsamt.

1 Die Vorschrift überträgt inhaltsgleich den bisherigen § 40 SchwbG. Sie ist Ausdruck des **zweigleisigen Rechtschutzes** im Schwerbehindertenrecht. Widerspruchsbescheide bei Widersprüchen gegen **Verwaltungsakte** (Legaldefinition: § 31 SGB X) der **Integrationsämter** und von ihnen nach § 107 Abs. 2 SGB IX herangezogenen örtlichen Fürsorgestellen im Rahmen der Aufgabenwahrnehmung nach § 102 SGB IX erlässt der Widerspruchsausschuss bei dem Integrationsamt (§ 119 SGB IX). Der Widerspruchsbescheid ist vor den Gerichten der **allgemeinen Verwaltungsgerichtsbarkeit** anfechtbar (§ 40 Abs. 1 VwGO). Widerspruchsbescheide bei Widersprüchen gegen Verwaltungsakte, die **Arbeitsämter** und **Landesarbeitsämter** auf Grund des Teils 2 des SGB IX erlassen, ergehen durch den Widerspruchsausschuss beim Landesarbeitsamt nach § 120 SGB IX. In diesen Fällen ist nach § 51 Abs. 1 Nr. 4 SGG der Rechtsweg zu den Gerichten der **Sozialgerichtsbarkeit** gegeben. Diese entscheiden auch über Streitigkeiten im Zusammenhang mit Statusfeststellungen der Versorgungsämter nach § 69 SGB IX (§ 51 Abs. 1 Nr. 7 SGG).

2 Bei Streitigkeiten um die **Kündigung** schwerbehinderter Menschen kommt als dritte Gerichtsbarkeit die Arbeitsgerichtsbarkeit ins Spiel, die für Kündigungsschutzklagen des schwerbehinderten Menschen zuständig ist. Diese **Zersplitterung des Rechtsschutzes** im Schwerbehindertenrecht ist wenig praktikabel (s.a. § 69 RdNr. 123). Eine **generelle Zuständigkeit der Sozialgerichtsbarkeit** für Angelegenheiten nach dem **Sozialgesetzbuch** würde die Handhabung des Verwaltungsverfahrensrechts (SGB I, SGB X) vereinheitlichen, die Berück-

sichtigung der wechselseitigen Bezüge des Sozialrechts erleichtern und auch dem Umstand Rechnung tragen, dass mit dem SGB IX die Sozialhilfeträger in den Kreis der Rehabilitationsträger aufgenommen worden sind (§ 6 SGB IX). Darüber hinaus haben die **Sozialgerichte** unter Beweis gestellt, dass ihre Besetzung der erstinstanzlichen Kammern mit einem Berufsrichter und zwei ehrenamtlichen Richtern einen in quantitativer wie qualitativer Hinsicht zufriedenstellenden Sozialrechtsschutz ermöglicht. Reibungsverluste und Zwänge hierarchisch strukturierter Spruchkörper der Verwaltungsgerichte mit drei Berufsrichtern werden vermieden. Anders als in der Verwaltungsgerichtsbarkeit wirken in den Kammern der Sozialgerichte fachgebietsbezogen ausgewählte **ehrenamtliche Richter** mit, die berufliche und persönliche Erfahrungen mit sozialrechtsrelevanten Lebenssachverhalten haben (§ 12 SGG).

Für das **Widerspruchsverfahren** bei Widersprüchen gegen Ent- **3** scheidungen der **Integrationsämter** gelten nach § 62 SGB X die §§ 68 ff. VwGO, ergänzt durch die Verfahrensvorschriften des § 121 SGB IX. § 118 Abs. 1 SGB IX schreibt abweichend von § 73 Abs. 1 Satz 1 Nr. 1–2 VwGO (nächsthöhere Behörde) den Erlass des Widerspruchsbescheides durch einen besonderen **Widerspruchsausschuss** vor. Nach § 73 Abs. 2 VwGO geht eine derartige spezialgesetzliche Aufgabenzuweisung der allgemeinen Regelung des Abs. 1 vor. Abweichend von § 68 Abs. 1 Satz 2 VwGO schreibt § 118 Abs. 1 Satz 2 SGB IX die Durchführung eines Widerspruchsverfahrens als **Prozessvoraussetzung** für die Erhebung einer Anfechtungs- und Verpflichtungsklage auch dann vor, wenn den Verwaltungsakt ein Integrationsamt erlassen hat, das bei einer **obersten Landesbehörde** besteht.

§ 118 Abs. 2 SGB IX enthält die Parallelregelung für die Behandlung **4** von Widersprüchen gegen Entscheidungen der **Arbeitsämter** und der **Landesarbeitsämter**. Abweichend von § 85 Abs. 2 Nr. 3 SGG wird die Zuständigkeit des besonderen Widerspruchsausschusses beim Landesarbeitsamt begründet. Für das **Widerspruchsverfahren** gelten nach § 62 SGB X die §§ 78 ff. SGG, ergänzt durch die Verfahrensvorschriften des § 121 SGB IX (Zum Widerspruchs- und nachfolgenden Klageverfahren vgl. § 69 RdNr. 117 ff.). Auch hier ist die Nachprüfung von Rechtmäßigkeit und Zweckmäßigkeit des Verwaltungsaktes in einem Vorverfahren obligatorische **Prozessvoraussetzung** für die Erhebung einer Anfechtungsklage (§ 78 Abs. 1 Satz 1 SGG).

Widerspruchsverfahren haben neben ihrer Funktion als Klagevor- **5** aussetzung die Aufgabe, eine verwaltungsinterne Überprüfung von **Rechtmäßigkeit** und **Zweckmäßigkeit** der Verwaltungsentscheidung zu ermöglichen. Letztere ist nicht mehr Gegenstand der gerichtlichen Kontrolle. Die Zusammensetzung der Widerspruchsausschüsse nach den §§ 119 f. SGB IX soll dabei den **besonderen Interessen der Betroffenen**, insbesondere der schwerbehinderten Arbeitnehmer und der Arbeitgeber, Rechnung tragen. Entsprechend dem Grundsatz der **Gesetzmäßigkeit der Verwaltung** (Art. 20 Abs. 3 GG) soll das Widerspruchsverfahren die **Selbstkontrolle** der Verwaltung ermöglichen. Soweit diese Aufgabe ernsthaft wahrgenommen wird und auch die notwendige Sachverhaltsaufklärung (§§ 20 f. SGB X) erfolgt, kann das Widerspruchsverfahren seine **Filterfunktion** zur Vermeidung überflüssiger Klageverfahren erfüllen.

6   Bei der Entscheidung des Integrationsamtes über einen Antrag des Arbeitgebers auf **Zustimmung zur Kündigung** eines schwerbehinderten Arbeitnehmers haben Widerspruch und Anfechtungsklage gegen die Zustimmung des Integrationsamtes abweichend von § 80 Abs. 1 VwGO **keine aufschiebende Wirkung** (§ 88 Abs. 4 SGB IX; zur aufschiebenden Wirkung von Widerspruch und Anfechtungsklage bei Entscheidungen der Arbeitsverwaltung vgl. § 86a SGG). Angesichts des Umstandes, dass über die Widersprüche zur Vermeidung einer **Untätigkeitsklage** innerhalb von drei Monaten entschieden werden soll (§ 75 VwGO, § 88 Abs. 2 SGG) ist es beachtlich, dass zu Jahresbeginn 2002 bei den Integrationsämtern noch 1092 Widerspruchsverfahren aus den Jahren 1998 oder früher liefen (BT-Drucks. 14/8441, S. 15).

Widerspruchsausschuss bei dem Integrationsamt

119 (1) Bei jedem Integrationsamt besteht ein Widerspruchsausschuss aus sieben Mitgliedern, und zwar aus

zwei Mitgliedern, die schwerbehinderte Arbeitnehmer oder Arbeitnehmerinnen sind,

zwei Mitgliedern, die Arbeitgeber sind,

einem Mitglied, das das Integrationsamt vertritt,

einem Mitglied, das das Landesarbeitsamt vertritt,

einer Vertrauensperson schwerbehinderter Menschen.

(2) Für jedes Mitglied wird ein Stellvertreter oder eine Stellvertreterin berufen.

(3) ¹Das Integrationsamt beruft

auf Vorschlag der Organisationen behinderter Menschen des jeweiligen Landes die Mitglieder, die Arbeitnehmer sind,

auf Vorschlag der jeweils für das Land zuständigen Arbeitgeberverbände die Mitglieder, die Arbeitgeber sind, sowie

die Vertrauensperson.

²Die zuständige oberste Landesbehörde oder die von ihr bestimmte Behörde beruft das Mitglied, das das Integrationsamt vertritt. ³Der Präsident oder die Präsidentin des Landesarbeitsamtes beruft das Mitglied, das das Landesarbeitsamt vertritt.

⁴Entsprechendes gilt für die Berufung des Stellvertreters oder der Stellvertreterin des jeweiligen Mitglieds.

(4) ¹In Kündigungsangelegenheiten schwerbehinderter Menschen, die bei einer Dienststelle oder in einem Betrieb beschäftigt sind, der zum Geschäftsbereich des Bundesministeriums der Verteidigung gehört, treten an die Stelle der Mitglieder, die Arbeitgeber sind, Angehörige des öffentlichen Dienstes. ²Dem Integrationsamt werden ein Mitglied und sein Stellvertreter oder seine Stellvertreterin von den von der Bundesregierung bestimmten Bundesbehörden benannt. ³Eines der Mitglieder, die schwerbehinderte Arbeitnehmer oder Arbeitnehmerinnen sind, muss dem öffentlichen Dienst angehören.

(5) ¹Die Amtszeit der Mitglieder der Widerspruchsausschüsse beträgt vier Jahre. ²Die Mitglieder der Ausschüsse üben ihre Tätigkeit unentgeltlich aus.

I. Allgemeines, Regelungsinhalt der Vorschrift

Die Vorschrift verpflichtet jedes Integrationsamt, einen Widerspruchsausschuss einzurichten und enthält **Organisationsregelungen** hinsichtlich der Zusammensetzung des Widerspruchsausschusses und der Berufung, Amtszeit und Ehrenamtlichkeit seiner Mitglieder. Entsprechendes regelt § 120 SGB IX für den Widerspruchsausschuss beim Landesarbeitsamt. Vorschriften zum **Widerspruchsverfahren** finden sich in § 62 SGB X i.V.m. §§ 68 ff. VwGO, ergänzt durch Verfahrensvorschriften des § 121 SGB IX, der die **Gemeinsamen Vorschriften für Beratende Ausschüsse** in § 106 Abs. 1–2 SGB IX für entsprechend anwendbar erklärt. **1**

Die **Aufgabenkreise** des **Beratenden Ausschusses** für behinderte Menschen bei dem Integrationsamt (§ 103 SGB IX) und des **Widerspruchsausschusses** sind voneinander abzugrenzen. Während der Beratende Ausschuss das Integrationsamt bei der Durchführung der besonderen Regelungen für schwerbehinderte Menschen zur Teilhabe am Arbeitsleben unterstützt und bei der Vergabe der Mittel der Ausgleichsabgabe mitwirkt, kommt dem Widerspruchsausschuss die Aufgabe der **Bescheidung von Widersprüchen** gegen Verwaltungsakte des Integrationsamtes und der von ihm hinzugezogenen örtlichen Fürsorgestellen zu. Darüber hinaus entscheidet der Widerspruchsausschuss nach § 94 Abs. 7 Satz 5 SGB IX ohne vorhergehendes Verwaltungsverfahren über das **Erlöschen des Amtes einer Vertrauensperson** der schwerbehinderten Menschen wegen grober Pflichtverletzung. **2**

Die Vorschrift überträgt abgesehen von Anpassungen an die Terminologie des SGB IX inhaltsgleich den bisherigen **§ 41 SchwbG.** **3**

II. Zusammensetzung (Abs. 1–2)

4   Der Widerspruchsausschuss besteht aus **sieben** ordentlichen Mitgliedern und sieben stellvertretenden Mitgliedern. Dabei kommt den **Vertretern des Arbeitslebens** ein Übergewicht zu, das sich aus der auf die Teilhabe schwerbehinderter Menschen am Arbeitsleben gerichteten **Aufgabenstellung des Integrationsamtes** (§ 102 SGB IX) erklärt. Die zu überprüfenden Verwaltungsakte des Integrationsamtes betreffen insbesondere die Erhebung und Verwendung der Ausgleichsabgabe, den besonderen Kündigungsschutz und die begleitende Hilfe im Arbeitsleben. Besondere **persönliche Voraussetzungen** z.B. an das Alter, die Qualifikation und die Staatsangehörigkeit der Mitglieder des Widerspruchsausschusses existieren nicht (s.a. Bihr/Fuchs/Krauskopf/ Lewering *Quaas,* SGB IX, § 119 RdNr. 6; *Masuch* in: Hauck/Noftz, SGB IX, § 119 RdNr. 5; a.A. hinsichtlich eines Erfordernisses der deutschen Staatsangehörigkeit: *Neumann/Pahlen,* SGB IX, § 119 RdNr. 22).

5   Angesichts der Zielbestimmung in § 1 Satz 2 SGB IX, den besonderen Bedürfnissen behinderter Frauen Rechnung zu tragen, ist eine **paritätische Besetzung** des Ausschusses mit **Frauen und Männern** anzustreben. Für den Beirat für die Teilhabe behinderter Menschen beim BMA (§ 64 SGB IX) verlangt der Gesetzgeber ausdrücklich, dass die vorschlagenden Stellen darauf hinzuwirken haben, dass eine gleichberechtigte Vertretung von Männern und Frauen geschaffen und erhalten wird (BT-Drucks. 14/5074, S. 111). Dies muss auch für die Widerspruchsausschüsse nach den §§ 119 f. SGB IX gelten.

6   **Schwerbehinderte Arbeitnehmer** müssen Arbeitnehmer im arbeitsrechtlichen Sinne sein, die entweder durch das Versorgungsamt als schwerbehindert (§ 2 Abs. 2 SGB IX i.V.m. § 69 SGB IX) anerkannt oder durch das Arbeitsamt nach § 2 Abs. 3 SGB IX i.V.m. § 68 Abs. 2–3 SGB IX gleichgestellt worden sind.

7   Die Mitglieder aus dem Kreis der **Arbeitgeber** müssen selbst Arbeitgeber sein. Dies umfasst in Anlehnung an § 16 Abs. 4 SGG
– Personen, die regelmäßig mindestens einen versicherungspflichtigen Arbeitnehmer beschäftigen,
– bei Betrieben einer juristischen Person oder einer Personengesamtheit Personen, die kraft Gesetzes, Satzung oder Gesellschaftsvertrag allein oder als Mitglieder des Vertretungsorgans zur Vertretung der juristischen Person oder der Personengesamtheit berufen sind,
– Beamte und Angestellte des Bundes, der Länder, der Gemeinden und Gemeindeverbände sowie bei anderen Körperschaften, Anstalten und Stiftungen des öffentlichen Rechts nach näherer Anordnung der zuständigen obersten Bundes- oder Landesbehörde,
– Personen, denen Prokura oder Generalvollmacht erteilt ist sowie leitende Angestellte,

– Mitglieder und Angestellte von Vereinigungen von Arbeitgebern
  sowie Vorstandsmitglieder und Angestellte von Zusammenschlüssen solcher Vereinigungen, wenn diese Personen kraft Satzung oder
  Vollmacht zur Vertretung befugt sind.

Das **Integrationsamt,** das die mit dem Widerspruch angefochtene   **8**
Entscheidung getroffen hat, ist mit einem Mitglied im Widerspruchsausschuss vertreten. Dieses Mitglied soll die Interessen der Behörde
wahrnehmen, ohne als ehrenamtliches Organmitglied weisungsgebunden zu sein. Die Beteiligung eines Vertreters des **Landesarbeitsamtes** ist Ausdruck der engen Zusammenarbeit von Integrationsamt
und Bundesanstalt für Arbeit bei der Durchführung des Schwerbehindertenrechts (§ 101 Abs. 1 SGB IX). Insbesondere bei Widerspruchsverfahren um die Zustimmung zur Kündigung von schwerbehinderten
Menschen sollen auf diese Weise aktuelle Erkenntnisse über die Arbeitsmarktlage in die Entscheidung des Widerspruchsausschusses einfließen (Zur Beteiligung der Arbeitsverwaltung am Antragsverfahren
vgl. § 87 Abs. 2 SGB IX; s.a. GK-SchwbG-*Schimanski,* § 41 RdNr. 18).
Durch die Beteiligung einer **Vertrauensperson** der schwerbehinderten Menschen (vgl. §§ 94 ff. SGB IX) sollen betriebliche Erfahrungen
mit der Durchführung des Schwerbehindertenrechts aus der Sicht der
Mitwirkungsgremien in die Entscheidungsfindung einfließen.

Entsprechend der Vorgabe in § 119 Abs. 2 SGB IX ist für jedes Mit-   **9**
glied des Widerspruchsausschusses ein **stellvertretendes Mitglied** zu
berufen, um die fortlaufende Handlungsfähigkeit des Gremiums zu
gewährleisten. Die Beschlussfähigkeit des Ausschusses setzt die Anwesenheit von wenigstens der Hälfte der Mitglieder bzw. der stellvertretenden Mitglieder voraus (§ 121 Abs. 1 SGB IX i.V.m. § 106 Abs. 2
SGB IX). Das ordentliche Mitglied kann im Verhinderungsfall nur
durch seinen persönlichen Stellvertreter vertreten werden (*Masuch* in:
Hauck/Noftz, SGB IX, § 119 RdNr. 5; *Steck* in: Kossens/von der
Heide/Maaß, Praxiskommentar zum Behindertenrecht, SGB IX, § 119
RdNr. 3; *Cramer,* SchwbG, § 41 RdNr. 4). Die stellvertretenden Mitglieder werden ebenso wie die ordentlichen Mitglieder nach dem in
§ 119 Abs. 3 SGB IX bestimmten Modus berufen.

III. Berufung der Mitglieder (Abs. 3)

Zuständig für die **Berufung** der Mitglieder des Widerspruchsaus-   **10**
schusses sind nach § 119 Abs. 3 SGB IX das Integrationsamt, die zuständige oberste Landesbehörde (i.d.R. Landessozialministerium) und der
Präsident des Landesarbeitsamtes. Das Integrationsamt ist hinsichtlich
der Arbeitnehmer- und Arbeitgebervertreter bei der Berufung an die
Vorschläge der **vorschlagsberechtigten Verbände** grundsätzlich gebunden. Werden Vorschläge von mehreren vorschlagsberechtigten Ver-

bänden eingereicht, hat die Auswahl von Mitgliedern und Stellvertre-
tern der Gruppe eine der Mitgliederzahl und der Bedeutung der vorschlagenden Organisationen entsprechende Repräsentanz im Widerspruchsausschuss herzustellen. Die **anteilsmäßige Verteilung der
Sitze** erfolgt unter billiger Berücksichtigung der Minderheiten, soweit
dies die Gruppengröße im Widerspruchsausschuss erlaubt. Das stellvertretende Mitglied kann einer anderen Organisation angehören als das
zu vertretende ordentliche Mitglied. An die **Reihenfolge** der Vorschläge auf Vorschlagslisten ist das Integrationsamt gebunden (a.A.
Bihr/Fuchs/Krauskopf/Lewering *Quaas*, SGB IX, § 119 RdNr. 9, der
ein nicht näher begrenztes Auswahlermessen annimmt). Die Mitgliedschaft in einem Beratenden Ausschuss für behinderte Menschen oder
dem Beirat für die Teilhabe behinderter Menschen (§ 64 SGB IX) steht
der Berufung in den Widerspruchsausschuss nicht entgegen.

11   Die **Vertrauensperson** der schwerbehinderten Menschen wird unmittelbar von dem Integrationsamt ausgesucht und berufen. Eine Vorschlagsberechtigung ist nicht vorgesehen. Dies schließt nicht aus, die
ansonsten im Rahmen des § 119 SGB IX nicht vorschlagsberechtigten
Gewerkschaften um Vorschläge geeigneter betrieblicher Interessenvertreter zu bitten.

12   Als vorschlagsberechtigte **Organisationen behinderter Menschen** können nur solche Verbände angesehen werden, deren Organi-
sationsbereich sich auf das gesamte Bundesland erstreckt. Es kommen
demnach **Landesverbände** überregionaler Selbsthilfe- und Behindertenverbände in Betracht. Lokale Organisationen sind nicht solche
„des jeweiligen Landes" gemäß § 119 Abs. 3 Satz 1 SGB IX (s.a. *Masuch*
in: Hauck/Noftz, SGB IX, § 119 RdNr. 9; Bihr/Fuchs/Krauskopf/
Lewering *Quaas*, SGB IX, § 119 RdNr. 7; *Cramer*, SchwbG, § 41
RdNr. 6). Anders als in § 103 Abs. 4 SGB IX und § 105 Abs. 4 SGB IX
zu den Beratenden Ausschüssen verlangt § 119 Abs. 3 SGB IX für die
Vorschlagsberechtigung der Organisationen behinderter Menschen
nicht ausdrücklich, dass diese die behinderten Menschen **in ihrer Gesamtheit**, also ungeachtet von Ursache, Art und Ausmaß der Behinderung vertreten. Gleichwohl sind im Hinblick auf die umfassende
Aufgabenstellung des Widerspruchsausschusses Selbsthilfe- und Behindertenverbände, die nach ihrer Satzung die Interessen behinderter
Menschen **ungeachtet der Behinderungsart und der Behinderungsursache** vertreten, in erster Linie als vorschlagsberechtigt anzusehen. Im Übrigen ist mangels näherer gesetzlicher Konkretisierung
bei der Auswahl der vorschlagsberechtigten Organisationen behinderter Menschen auf die in **§ 14 Abs. 3 Satz 2 SGG** für die Vorschlagslisten der ehrenamtlichen Richter in der Sozialgerichtsbarkeit getroffene Regelung abzustellen (vgl. § 103 RdNr. 12).

IV. Besondere Zusammensetzung (Abs. 4)

§ 119 Abs. 4 SGB IX enthält die Vorgabe einer abweichenden Beset- **13** zung des Widerspruchsausschusses in Kündigungsangelegenheiten schwerbehinderter Menschen (§§ 85 ff. SGB IX), die bei einer **Dienststelle der öffentlichen Verwaltung** von Bund, Ländern, Gemeinden oder sonstigen Körperschaften, Stiftungen und Anstalten des öffentlichen Rechts oder in einem **Betrieb** beschäftigt sind, der zum **Geschäftsbereich des Bundesministeriums der Verteidigung** gehört. Kündigungsangelegenheiten schwerbehinderter Menschen in **anderen öffentlichen Betrieben** werden von der Vorschrift nicht erfasst, sondern unterfallen der regulären Besetzung des Widerspruchsausschusses gem. § 119 Abs. 1 SGB IX (Bihr/Fuchs/Krauskopf/Lewering *Quaas,* SGB IX, § 119 RdNr. 9; GK-SchwbG-*Schimanski,* § 41 RdNr. 22 ff.; *Cramer,* SchwbG, § 41 RdNr. 7).

In den Fällen des § 119 Abs. 4 SGB IX treten an die Stelle der Arbeit- **14** gebervertreter **Angehörige des öffentlichen Dienstes,** wobei dem Integrationsamt ein Mitglied nebst Stellvertreter von den von der Bundesregierung bestimmten Bundesbehörden (Bundesinnenministerium) benannt wird. Außerdem muss ein Mitglied des Widerspruchsausschusses aus der Gruppe der schwerbehinderten Arbeitnehmer dem öffentlichen Dienst angehören. Diese besondere Zusammensetzung des Widerspruchsausschusses soll den **Interessen des öffentlichen Dienstes** und der dort beschäftigten schwerbehinderten Menschen Rechnung tragen, wobei die Beschränkung auf öffentliche **Betriebe** im Geschäftsbereich des Verteidigungsministeriums nicht einleuchtet. Da allgemein **Dienststellen** der öffentlichen Verwaltung erfasst werden, handelt es sich entgegen *Masuch* in: Hauck/Noftz, SGB IX, § 119 RdNr. 13 jedoch um keine auf den Verteidigungsbereich beschränkte Regelung. Für Angehörige des **Bundesnachrichtendienstes** trifft § 158 Nr. 4 SGB IX eine Sonderregelung zur Besetzung des Widerspruchsausschusses.

V. Rechtsstellung der Mitglieder (Abs. 5)

§ 119 Abs. 5 SGB IX beinhaltet Vorgaben zu **Amtszeit** und **Unent-** **15** **geltlichkeit** der Tätigkeit der Mitglieder des Widerspruchsausschusses. Nicht ausdrücklich benannt, aber gemeint ist die Ausübung eines **öffentlichen Ehrenamtes,** was auch die Erstattung von Auslagen und Verdienstausfall durch das Integrationsamt nicht ausschließt (s.a. § 106 RdNr. 9 ff.). Die Behördenvertreter im Widerspruchsausschuss sind in Ausübung des Ehrenamtes nicht weisungsgebunden. Die Mitglieder des Widerspruchsausschusses unterliegen der **Geheimhaltungspflicht** nach § 130 SGB IX.

Widerspruchsausschuss beim Landesarbeitsamt

120 (1) Bei jedem Landesarbeitsamt besteht ein Widerspruchsausschuss aus sieben Mitgliedern, und zwar aus

zwei Mitgliedern, die schwerbehinderte Arbeitnehmer oder Arbeitnehmerinnen sind,

zwei Mitgliedern, die Arbeitgeber sind,

einem Mitglied, das das Integrationsamt vertritt,

einem Mitglied, das das Landesarbeitsamt vertritt,

einer Vertrauensperson schwerbehinderter Menschen.

(2) Für jedes Mitglied wird ein Stellvertreter oder eine Stellvertreterin berufen.

(3) [1]Der Präsident oder die Präsidentin des Landesarbeitsamtes beruft

die Mitglieder, die Arbeitnehmer oder Arbeitnehmerinnen sind, auf Vorschlag der Organisationen behinderter Menschen des jeweiligen Landesarbeitsamtsbezirkes, der im Benehmen mit den für den Landesarbeitsamtsbezirk jeweils zuständigen Gewerkschaften, die für die Vertretung der Arbeitnehmerinteressen wesentliche Bedeutung haben, gemacht wird,

die Mitglieder, die Arbeitgeber sind, auf Vorschlag der jeweils für den Landesarbeitsamtsbezirk zuständigen Arbeitgeberverbände, soweit sie für die Vertretung von Arbeitgeberinteressen wesentliche Bedeutung haben, sowie

das Mitglied, das das Landesarbeitsamt vertritt, und

die Vertrauensperson.

[2]Die zuständige oberste Landesbehörde oder die von ihr bestimmte Behörde beruft das Mitglied, das das Integrationsamt vertritt. [3]Entsprechendes gilt für die Berufung des Stellvertreters oder der Stellvertreterin des jeweiligen Mitglieds.

(4) § 119 Abs. 5 gilt entsprechend.

1   Die Vorschrift verpflichtet als Parallelregelung zu § 119 SGB IX jedes Landesarbeitsamt, einen Widerspruchsausschuss einzurichten und enthält **Organisationsvorgaben** hinsichtlich der **Zusammensetzung** des Widerspruchsausschusses und der **Berufung** seiner Mitglieder. Bezüglich der **besonderen Zusammensetzung** bei Widerspruchsverfahren um die Kündigung schwerbehinderter Menschen aus dem öffentlichen Dienst wird in § 120 Abs. 4 SGB IX auf § 119 Abs. 4 SGB IX Bezug genommen. Die Regelung über **Amtszeit** und **Unentgeltlichkeit** der Tätigkeit in Widerspruchsausschüssen in § 119 Abs. 5 SGB IX gilt auch für den Widerspruchsausschuss beim Landesarbeitsamt.

Die Vorschrift überträgt abgesehen von Anpassungen an die Terminologie des SGB IX inhaltsgleich den bisherigen § 42 **SchwbG**.

Vorschriften zum **Widerspruchsverfahren** finden sich in § 62   2
SGB X i.V.m. §§ 78 ff. SGG, ergänzt durch die Verfahrensvorschriften des § 121 SGB IX, der die Gemeinsamen Vorschriften für Beratende Ausschüsse für behinderte Menschen in § 106 Abs. 1–2 SGB IX für entsprechend anwendbar erklärt.

Die **Aufgabenkreise** des **Beratenden Ausschusses für behin-**   3
derte Menschen bei der Hauptstelle der Bundesanstalt für Ar-
beit nach § 105 SGB IX und der **Widerspruchsausschüsse bei den**
Landesarbeitsämtern sind voneinander abzugrenzen. Während der
Beratende Ausschuss ein zentrales Beratungsgremium zur Unterstützung der Bundesanstalt für Arbeit bei der Durchführung des Schwerbehindertenrechts darstellt, obliegt den Widerspruchsausschüssen die Bescheidung von Widersprüchen gegen Verwaltungsakte, die Arbeitsämter und Landesarbeitsämter auf Grund des Teils 2 des SGB IX erlassen. Die Aufgaben der Bundesanstalt für Arbeit im Schwerbehindertenrecht ergeben sich aus § 104 SGB IX.

Hinsichtlich der **ordentlichen** und der **stellvertretenden Mitglie-**   4
der des Widerspruchsausschusses beim Landesarbeitsamt entspricht
§ 120 Abs. 1–2 SGB IX den Vorgaben des § 119 Abs. 1–2 SGB IX zur
Zusammensetzung des Widerspruchsausschusses bei dem Integrationsamt. Auf die diesbezügliche Kommentierung wird verwiesen.

Berufende Behörden sind nach § 120 Abs. 3 SGB IX der Präsident   5
des Landesarbeitsamtes und die zuständige oberste Landesbehörde.
Die **Vorschlagsberechtigung** für die Vertreter der schwerbehinderten
Arbeitnehmer und der Arbeitgeber liegt wie nach § 119 Abs. 3 SGB IX
bei den **Organisationen behinderter Menschen** und den **Arbeitge-**
berverbänden (vgl. dortige Kommentierung), wobei nicht auf die
Ausdehnung im jeweiligen Bundesland, sondern in dem z.T. von Ländergrenzen abweichenden Landesarbeitsamtsbezirk abgestellt wird.
Eine weitere Besonderheit liegt darin, dass die Organisationen behinderter Menschen ihre Vorschläge **im Benehmen** mit den für den Landesarbeitsamtsbezirk jeweils zuständigen **Gewerkschaften** zu unterbreiten haben. Dabei sollen die Gewerkschaften Berücksichtigung finden, die für die Vertretung von Arbeitnehmerinteressen wesentliche Bedeutung haben. Es dürfte deshalb genügen, wenn die Behindertenverbände ihre Vorschläge mit dem Deutschen Gewerkschaftsbund (DGB) abstimmen, der wiederum seine Mitgliedsgewerkschaften beteiligen kann. Es ist nicht erforderlich, dass der ungeachtet des Benehmenserfordernisses allein vorschlagsberechtigte Behindertenverband mit der Gewerkschaft ein Einvernehmen über die Vorschläge erzielt.

Verfahrensvorschriften

121 (1) Für den Widerspruchsausschuss bei dem Integrationsamt (§ 119) und den Widerspruchsausschuss beim Landesarbeitsamt (§ 120) gilt § 106 Abs. 1 und 2 entsprechend.

(2) Im Widerspruchsverfahren nach Teil 2 Kapitel 4 werden der Arbeitgeber und der schwerbehinderte Mensch vor der Entscheidung gehört; in den übrigen Fällen verbleibt es bei der Anhörung des Widerspruchsführers.

(3) ¹Die Mitglieder der Ausschüsse können wegen Besorgnis der Befangenheit abgelehnt werden. ²Über die Ablehnung entscheidet der Ausschuss, dem das Mitglied angehört.

I. Allgemeines, Regelungsinhalt der Vorschrift

1   Die Vorschrift beinhaltet ergänzende Verfahrensvorschriften für das Widerspruchsverfahren im Schwerbehindertenrecht. Im Übrigen sind für **Widerspruchsverfahren** bei Verwaltungsakten der **Integrationsämter** und der von diesen herangezogenen örtlichen Fürsorgestellen (§ 107 Abs. 2 SGB IX) nach § 62 SGB X die Regelungen über das Vorverfahren in den §§ 68 ff. VwGO maßgeblich. Für Widerspruchsverfahren bei Verwaltungsakten, welche die **Arbeitsämter** und Landesarbeitsämter auf Grund schwerbehindertenrechtlicher Vorschriften erlassen, richtet sich das Vorverfahren gemäß § 62 SGB X nach den §§ 78 ff. SGG. Darüber hinaus sind verwaltungsverfahrensrechtliche Vorschriften u. a. zu den **Verfahrenbeteiligten** (§ 12 SGB X), **Bevollmächtigten** und Beiständen (§ 13 SGB X), dem **Untersuchungsgrundsatz** (§ 20 SGB X), den Beweismitteln (§ 21 SGB X) und der **Akteneinsicht** (§ 25 SGB X) anwendbar. Das sozialrechtliche Widerspruchsverfahren ist **kostenfrei** (§ 64 SGB X), die Erstattung von Kosten des Widerspruchsführers richtet sich nach § 63 SGB X (vgl. zum Widerspruchsverfahren § 69 RdNr. 117 ff.).

2   Die Vorschrift basiert auf dem bisherigen § 43 SchwbG. Im Gesetzgebungsverfahren zum SGB IX ist § 121 Abs. 2 SGB IX auf Vorschlag des Bundesrates abgeändert worden. Die Pflicht zur **Anhörung des Arbeitgebers** im Widerspruchsverfahren ist auf Verfahren in Angelegenheiten des besonderen Kündigungsschutzes (§§ 85 ff. SGB IX) beschränkt worden.

II. Vorsitz und Beschlussfassung (Abs. 1)

§ 121 Abs. 1 SGB IX verweist zur Regelung einiger Fragen der **inneren** 3 **Organisation** der Widerspruchsausschüsse auf § 106 Abs. 1–2 SGB IX (vgl. § 106 RdNr. 4 ff.). Die „entsprechende Anwendung" des § 106 Abs. 1 SGB IX bedeutet, dass die Widerspruchsausschüsse bei den Integrationsämtern und den Landesarbeitsämtern ihre **Vorsitzenden** und deren Stellvertreter im jährlichen Wechsel aus den Gruppen der schwerbehinderten Arbeitnehmer und der Arbeitgeber wählen. Andere Mitglieder der Widerspruchsausschüsse sind nicht wählbar. Stimmberechtigt sind alle Ausschussmitglieder (*Cramer,* SchwbG, § 43 RdNr. 1; GK-SchwbG-*Schimanski,* § 43 RdNr. 11; *Neumann/Pahlen,* SGB IX, § 121 RdNr. 4; Bihr/Fuchs/Krauskopf/Lewering *Quaas,* SGB IX, § 121 RdNr. 4).

Die Bezugnahme auf § 106 Abs. 2 SGB IX hinsichtlich der **Be-** 4 **schlussfassung** greift in vollem Umfang, so dass auf die diesbezügliche Kommentierung verwiesen werden kann (§ 106 RdNr. 7 f.). Ergänzend ist auf die Entscheidung des Hessischen VGH vom 10. 8. 1993 (ESVGH 44, 42) hinzuweisen, wonach eine **Stimmenthaltung** bei der Entscheidung über einen Widerspruch im Widerspruchsausschuss bei dem Integrationsamt unzulässig ist. Wenn der Gesetzgeber einem **pluralistisch zusammengesetzten Gremium** wie dem Widerspruchsausschuss Einzelentscheidungskompetenzen einräume, so sei davon auszugehen, dass er die Erwartung daran knüpfe, dass die einzelnen Ausschussmitglieder auf Grund ihrer unterschiedlichen Sichtweisen und ihrer verschiedenen Erfahrungshorizonte als Schwerbehinderte, Schwerbehindertenvertreter, Arbeitgeber und Behördenvertreter nicht nur Fragen der beabsichtigten Kündigung erörterten, sondern darüber hinaus auch **jedes einzelne Mitglied** aus seiner Sicht der Dinge Stellung beziehe. Damit lasse sich eine Stimmenthaltung nicht vereinbaren.

III. Anhörung von Verfahrensbeteiligten (Abs. 2)

Die **Anhörung des Widerspruchsführers** vor Erlass des Wider- 5 spruchsbescheides ist nach § 121 Abs. 2 SGB IX zwingend vorgeschrieben. Es handelt sich um eine spezielle verfahrensrechtliche Ausprägung des **Anspruchs auf rechtliches Gehör** (Art. 103 Abs. 1 GG, § 108 Abs. 2 VwGO, § 62 SGG). Die Anhörung hat den zu § 24 Abs. 1 SGB X entwickelten Maßstäben zu genügen (vgl. *von Wulffen,* SGB X, § 24 RdNr. 7 ff. m.w.Nw.). Dem schwerbehinderten Menschen ist Gelegenheit zu geben, sich zu den für die Entscheidung **erheblichen Tatsachen** zu äußern. Deshalb sind dem Betroffenen diese Tatsachen (z. B. Ergebnisse einer im Widerspruchsverfahren durchgeführten Sachverhaltsaufklärung) in einer grundsätzlich schriftlichen **Anhörungsmit-teilung** darzulegen (s.a. *Masuch* in: Hauck/Noftz, SGB IX, § 121 RdNr. 11). Ihm ist Gelegenheit zu geben, innerhalb einer **Äußerungs-frist** von i.d.R. wenigstens **zwei Wochen** vor Erlass des Wider-spruchsbescheides Stellung zu nehmen.

6   Das Integrationsamt ist verpflichtet, in Kündigungsangelegenheiten dem schwerbehinderten Menschen und dem Arbeitgeber vor der Ent-scheidung über den Widerspruch Gelegenheit zu geben, sich zu einer im Widerspruchsverfahren von ihm eingeholten **ärztlichen Stellung-nahme** zum Gesundheitszustand des schwerbehinderten Menschen zu äußern. Dies gilt auch dann, wenn die Verfahrensbeteiligten in der Sit-zung des Widerspruchsausschusses, die zum Einholen der ärztlichen Stellungnahme geführt hat, bereits angehört worden sind (Hessischer VGH, Urteil vom 29. 9. 1987, ZFSH/SGB 1988, 304). Das Unterlassen der Anhörung im Widerspruchsverfahren oder ihre unzureichende Durchführung stellen einen **Verfahrensfehler** dar, der den Wider-spruchsbescheid **anfechtbar** macht (§ 41 Abs. 1 Nr. 3, Abs. 3, § 42 Satz 2 SGB X). Eine ordnungsgemäße Anhörung kann nach § 41 Abs. 2 SGB X bis zur letzten Tatsacheninstanz eines sozial- oder verwaltungs-gerichtlichen Verfahrens nachgeholt werden.

7   Entschließt sich der Widerspruchsausschuss, zusätzlich zur Ein-holung schriftlicher Stellungnahmen der Verfahrensbeteiligten eine **mündliche Verhandlung** durchzuführen, hat er im Verfahren auf Zustimmung zur Kündigung eines schwerbehinderten Menschen den Arbeitgeber und den schwerbehinderten Menschen **zur Verhandlung zu laden**, um ihnen Gelegenheit zu mündlichem Vorbringen zu ge-ben. Anderenfalls liegt ein zur Aufhebung der Widerspruchsentschei-dung führender Verfahrensmangel vor (VGH Baden-Württemberg, Urteil vom 5. 8. 1996, ESVGH 46, 309).

8   § 121 Abs. 2 Halb. 1 SGB IX beinhaltet eine **Sonderregelung** für Widerspruchsverfahren über die **Zustimmung des Integrationsam-tes zur Kündigung** schwerbehinderter Menschen (§§ 85 ff. SGB IX). In diesen zweiseitigen Verfahren erstreckt sich die Anhörungspflicht nicht nur auf den Widerspruchsführer, sondern auf den schwerbehin-derten Menschen und den Arbeitgeber. Der Gesetzgeber des SGB IX geht davon aus, dass nur in Angelegenheiten des besonderen Kündi-gungsschutzes eine Anhörung von schwerbehindertem Arbeitnehmer und Arbeitgeber Sinn macht (BT-Drucks. 14/5800, S. 31; BT-Drucks. 14/5531, S. 11). In allen anderen Fällen, in denen es z. B. um die Erbrin-gung von Leistungen aus der Ausgleichsabgabe geht, ist nur der jewei-lige Widerspruchsführer zu hören.

IV. Ablehnung wegen Besorgnis der Befangenheit (Abs. 3)

§ 121 Abs. 3 SGB IX knüpft an die **allgemeine Regelung des § 17** **9** **SGB X** zur Ablehnung wegen der Besorgnis der Befangenheit an. In § 121 Abs. 3 Satz 1 SGB IX wird klargestellt, dass auch die Mitglieder der Widerspruchsausschüsse nach den §§ 119 f. SGB IX wegen Besorgnis der Befangenheit abgelehnt werden können. Nach Satz 2 entscheidet der **Ausschuss** über die Ablehnung, dem das abgelehnte Mitglied angehört. Das **betroffene Ausschussmitglied** darf bei der Entscheidung über den Ablehnungsantrag gemäß § 17 Abs. 2 SGB X i.V.m. § 16 Abs. 4 Satz 3 SGB X nicht mitwirken. Tritt dadurch **Beschlussunfähigkeit** des Widerspruchsausschusses ein (§ 121 Abs. 1 SGB IX i.V.m. § 106 Abs. 2 SGB IX), ist die Widerspruchsverhandlung zu vertagen, um in neuer Besetzung den Ablehnungsantrag zu bescheiden (s. a. *Masuch* in: Hauck/Noftz, SGB IX, § 121 RdNr. 12). Das **ausgeschlossene Mitglied** darf bei der weiteren Beratung und Beschlussfassung nicht zugegen sein (§ 17 Abs. 2 SGB X i.V.m. § 16 Abs. 4 Satz 4 SGB X).

Der **Beschluss des Widerspruchsausschusses**, mit dem ein Ableh- **10** nungsgesuch gegenüber einem Ausschussmitglied zurückgewiesen worden ist, kann nicht mit einem Rechtsbehelf selbstständig angefochten werden. Vielmehr kann der Beteiligte erst mit seiner **Klage** gegen den Ausgangsbescheid in der Fassung des Widerspruchsbescheides geltend machen, an der Widerspruchsentscheidung hätten befangene und deshalb zu Recht abgelehnte Ausschussmitglieder mitgewirkt. Auf diesen möglichen Rechtswidrigkeitsgrund kann der Kläger sich mit seiner Klage gegen die Sachentscheidung aber nur dann berufen, wenn er sich sein Ablehnungsrecht durch **rechtzeitige Geltendmachung des Ablehnungsgrundes** im Verwaltungsverfahren erhalten hat. Die Ablehnung nach § 121 Abs. 3 SGB IX wird unzulässig, wenn sich der Antragsteller zuvor **rügelos in die mündliche Verhandlung des Widerspruchsausschusses einlässt**, ohne den ihm bekannten Ablehnungsgrund geltend zu machen (BVerwGE 90, 287).

Die **Besorgnis der Befangenheit** ist gegeben, wenn ein Grund **11** vorliegt, der geeignet ist, Misstrauen gegen eine unparteiische Amtsausübung zu rechtfertigen (§ 17 Abs. 1 Satz 1 SGB X). Dies verlangt einen vernünftigen Grund, der einen Verfahrensbeteiligten von seinem Standpunkt aus befürchten lassen kann, dass ein Ausschussmitglied nicht unparteiisch sachlich entscheiden wird. Es kommt dabei nicht darauf an, ob das Ausschussmitglied tatsächlich befangen ist. Besorgnis der Befangenheit kann z. B. bestehen bei **Freundschaft** oder **Feindschaft** im Verhältnis zum Beteiligten oder dessen Bevollmächtigten, **entfernterer Verwandschaft** als nach dem Angehörigenbegriff des § 16 Abs. 5 SGB X, bei **unsachlichem Verhalten** oder Mitwirkung in einem **vorangegangenen Verwaltungsverfahren**. Besorgnis der Befangenheit kommt auch in Betracht, wenn ein Ausschussmitglied durch seine Mitwirkung an der Entscheidung einen mittelbaren **Vor- oder Nachteil** erlangen kann. Nicht ausreichend sind z. B. sachliche Meinungsäußerungen zu den Erfolgsaussichten eines Beteiligten, unter Umständen aber **unangemessenes Drängen** auf Antrags- bzw. Widerspruchsrücknahme (vgl. *von Wulffen*, SGB X, § 17 RdNr. 4 m. w. Nw.). Dass der Vorsitzende des Widerspruchsausschusses als **Geschäftsführer eines Arbeitgeberverbandes** gewissermaßen die Arbeitgeberseite repräsentiert, stellt für sich allein keinen Ablehnungsgrund dar. Dies ergibt sich bereits aus § 119 Abs. 1 SGB IX und § 120 Abs. 1 SGB IX, wonach das Gesetz selbst die Mitwirkung von „Repräsentanten" der Arbeitgeberseite vorsieht (BVerwGE 90, 287). Liegt ein **absoluter Ausschließungsgrund i. S. d.** § 16 SGB X vor, ist das betroffene Ausschussmitglied kraft Gesetzes von der Mitwirkung an der Widerspruchsentscheidung ausgeschlossen.

Kapitel 10. Sonstige Vorschriften

Vorrang der schwerbehinderten Menschen

122 Verpflichtungen zur bevorzugten Einstellung und Beschäftigung bestimmter Personenkreise nach anderen Gesetzen entbinden den Arbeitgeber nicht von der Verpflichtung zur Beschäftigung schwerbehinderter Menschen nach den besonderen Regelungen für schwerbehinderte Menschen.

I. Entstehungsgeschichte

Auf dem Hintergrund der Folgen des 2. Weltkrieges, der viele **1** Menschen „notleidend" und „betreuungsbedürftig" werden ließ, ist die Regelung durch § 31 Abs. 1 SchwbeschG 1953 (BGBl. I S. 389) eingeführt worden. Gegenüber anderen schutzbedürftigen Personengruppen sollte nach Auffassung des damaligen Gesetzgebers Schwerbeschädigten wegen deren lebenslanger Schädigung eine Vorrangstellung eingeräumt werden (vgl. im Einzelnen: GK-SchwbG-*Großmann*, § 44 RdNr. 2 u. 3).

Diese Vorrangstellung ist sowohl in das SchwbG 1979 (§ 41) wie auch **2** in das SchwbG von 1986 (§ 44) übernommen worden. Die jetzige Vorschrift entspricht der Regelung des § 44 SchwbG vom 26. 8. 86.

II. Bedeutung der Vorschrift

Die Regelung stellt klar, dass der Arbeitgeber sich von seinen Pflich- **3** ten gegenüber schwerbehinderten Menschen nicht mit dem Hinweis auf gesetzliche Verpflichtungen gegenüber anderen schutzbedürftigen Personengruppen entlasten kann (*Neumann/Pahlen*, SGB IX, § 122 RdNr. 2; *Cramer*, SchwbG, § 44 RdNr. 4; GK-SchwbG-*Großmann*, § 44, RdNr. 35; *Düwell*, LPK-SGB IX, § 122 RdNr. 3; *Masuch* in Hauck/Noftz, SGB IX, K § 122 RdNr. 5). Er muss also in jedem Fall die Beschäftigungspflichten gemäß §§ 71, 72 erfüllen, unabhängig davon, ob er auch zur Beschäftigung anderer Personen verpflichtet ist. Dieser Grundsatz spielte vor allem eine Rolle gegenüber gesetzlichen Pflichten zur Beschäftigung oder bevorzugten Wiedereinstellung nach § 35 Bundesentschädigungsgesetz (BEG) vom 29. 6. 1956, §§ 9, 21 des Bundesgesetzes zur Regelung der Wiedergutmachung nationalsozialisti-

schen Unrechts für Angehörige des öffentlichen Dienstes, für Heim-
kehrer gemäß § 7, 8 Heimkehrergesetz, bei der Rückkehr von Evaku-
ierten nach § 15 BundesevakuiertenG (BEvG) und für die bevorzugte
Arbeitsvermittlung für Vertriebene und Flüchtlinge gemäß § 77 des
BundesvertriebenenG (BVFG) (siehe Einzelheiten in GK-SchwbG-
Großmann, § 44 RdNr. 8–12). Diese Vorschriften existieren teilweise
nicht mehr, teilweise haben sie jede Bedeutung verloren. Aktuell ist
heute dagegen noch die Beschäftigungspflicht privater und öffentlicher Arbeitgeber gegenüber **Inhabern eines Bergmannversorgungsscheins** nach den entsprechenden Landesvorschriften in Niedersachsen, Nordrhein-Westfalen und dem Saarland. Die **Pflichten**
gegenüber Inhabern eines Bergmannversorgungsscheins sowie gegenüber schwerbehinderten Menschen sind demnach **nebeneinander zu
erfüllen.** Ein Konkurrenzproblem stellt sich hier jedoch nicht, da gemäß § 75 Abs. 4 auch Inhaber eines Bergmannversorgungsscheins auf
einen Pflichtarbeitsplatz angerechnet werden.

4   Welche Bedeutung der Vorschrift neben der o.a. Klarstellungsfunktion zukommt, ist nicht klar. Allgemein anerkannt ist zweierlei: zum
einen, dass aus ihr trotz der insoweit irreführenden Überschrift **nicht**
auf eine **absolute Vorrangstellung** Schwerbehinderter bei der Einstellung sowie der Beschäftigung auf **Beförderungsstellen** geschlossen werden kann. Dies wird auch dadurch deutlich, dass § 81 Abs. 2
Ziff. 2 letzter Hs. den Anspruch auf die Begründung eines Arbeitsverhältnisses oder Beschäftigungsverhältnisses ausdrücklich ausschließt;
weiterhin soll die Vorschrift nicht zu einer Ausweitung individueller
Ansprüche führen, sie soll vielmehr die bereits nach anderen Regelungen etwa gemäß § 81 bestehenden Ansprüche auf benachteiligungs-
freie Einstellung, behindertengerechte Beschäftigung und ggf. bevorzugte Teilnahme an Aufstiegsmöglichkeiten (siehe Erläuterungen
dort) verstärken (*Masuch* in Hauck/Noftz,SGB IX, K § 122 RdNr. 5;
GK-SchwbG-*Großmann,* § 44 RdNr. 36). Auch die Rechtsprechung
des BAG hat zwar die Einräumung eines „absoluten Vorrangs" Schwerbehinderter im Verhältnis zu anderen Stellenbewerbern abgelehnt, es
aber für möglich gehalten, dass es bei **gleicher Qualifikation** geboten
sein kann, den schwerbehinderten Bewerber vorzuziehen, wenn betriebliche oder sonstige sachliche Gründe nicht entgegenstehen (BAG
U. v. 19. 9. 79 AP Nr. 2 zu § 11 SchwbG; BAG U. v. 5. 9. 91 8 AZR 462/
90; zurückhaltender insoweit: BVerwG U. v. 22. 10. 91 Buchholz 232
§ 79 BBG Nr. 106). Soweit daher gemäß § 81 dem einzelnen Schwerbehinderten ein individueller Vorrang bei der Einstellung oder Beschäftigung bei gleicher Eignung und Qualifikation gegenüber anderen
Bewerbern einzuräumen ist, wird die Annahme eines solchen **individuellen Anspruch** durch § 122 bestätigt und verstärkt.

5   Schwierigkeiten, welche Reichweite und Bedeutung die gesetzliche
Vorrangstellung schwerbehinderter Menschen hat, können vor allem

in der **Konkurrenz mit weiblichen Bewerbern** auftreten. Nach dem FrauenförderG (FFG) vom 24. 6. 94 in der Fassung vom 24. 2. 97 und entsprechenden landesgesetzlichen Frauenförder- und Gleichstellungsgesetzen sind Frauen im öffentlichen Dienst unter Beachtung des Grundsatzes von Eignung, Befähigung und fachlicher Leistung u. a. bei der Besetzung von Beförderungsstellen bevorzugt zu berücksichtigen, wenn in einzelnen Beschäftigungsbereichen Frauen in geringerer Anzahl beschäftigt sind. Die besondere Förderpflicht von Schwerbehinderten und Frauen bei der Beschäftigung und beim Aufstieg sind als **gleichrangig** anzusehen. Dem (öffentlichen) Arbeitgeber wird daher ein **Auswahlermessen** zustehen, welcher Fördermaxime er im Einzelfall den Vorrang gibt (GK-SchwbG-*Großmann*, §44 SchwbG, RdNr. 54; *Düwell*, LPK-SGB IX, §122 RdNr. 8).

Arbeitsentgelt und Dienstbezüge

123 (1) ¹Bei der Bemessung des Arbeitsentgelts und der Dienstbezüge aus einem bestehenden Beschäftigungsverhältnis werden Renten und vergleichbare Leistungen, die wegen der Behinderung bezogen werden, nicht berücksichtigt. ²Die völlige oder teilweise Anrechnung dieser Leistungen auf das Arbeitsentgelt oder die Dienstbezüge ist unzulässig.

(2) Absatz 1 gilt nicht für Zeiträume, in denen die Beschäftigung tatsächlich nicht ausgeübt wird und die Vorschriften über die Zahlung der Rente oder der vergleichbaren Leistung eine Anrechnung oder ein Ruhen vorsehen, wenn Arbeitsentgelt oder Dienstbezüge gezahlt werden.

Übersicht

I. Allgemeines

1   Die Vorschrift übernimmt die Regelung des § 45 SchwbG (bis zum
31. 7. 1974: § 42 SchwbG) in der Fassung der Bekanntmachung vom
26. 8. 1986, wobei Abs. 2 durch das Rentenreformgesetz 1992 angefügt
worden ist. Eine ähnliche Regelung bestand bereits vor dem 1. 5. 74 in
§ 33 und bis heute in § 83 Bundesversorgungsgesetz (BVG).

2   Sinn und Zweck der Vorschrift gehen dahin, den Schwerbehinderten
vor **finanziellen Nachteilen** in seinem Beschäftigungsverhältnis zu
schützen, wenn ihm zum Ausgleich von Nachteilen, die mit seiner Behinderung zusammenhängen, **gesetzliche Sozialleistungen** gewährt
werden. Der Arbeitgeber soll daran gehindert werden, diese Leistungen
bei der Zahlung seiner Vergütungen mindernd zu berücksichtigen. Insofern enthält die Vorschrift den Grundsatz, dass der schwerbehinderte
Mensch für die ihm vertraglich übertragene Arbeit voll leistungsfähig
ist und anderweitig bezogene Leistungen (vor allem Rentenleistungen)
deshalb den Entgeltanspruch auch nicht teilweise ersetzen dürfen. Es
handelt sich um ein **gesetzliches Verbot** im Sinne des § 134 BGB. Einschränkungen ergeben sich allerdings für Arbeitgeberleistungen, soweit das Arbeitsverhältnis ruht oder beendet ist.

II. Anwendungsbereich

3   Die Vorschrift gilt für alle schwerbehinderten Menschen und die
ihnen Gleichgestellten, die in einem Beschäftigungsverhältnis stehen,
ob als Arbeitnehmer, Auszubildende, Beamte, Richter oder Soldaten.
Sie ist auch auf arbeitnehmerähnliche Personen und Beschäftigte in
Heimarbeit (§ 127) anwendbar. Zum Zeitpunkt der Anrechnungsmöglichkeit müssen die gesetzlichen Erfordernisse für die Anerkennung als Schwerbehinderter objektiv vorliegen; die behördliche Feststellung muss zu diesem Zeitpunkt noch nicht gegeben sein (BAG U.
v. 9. 12. 81 AP Nr. 2 zu § 42 SchwbG).

4   **1. Arbeitsentgelt und Dienstbezüge.** Der Begriff des Arbeitsentgelts und der Dienstbezüge ist **weit zu fassen.** Geschützt sind alle Formen der Vergütung für die Leistung abhängiger Arbeit ohne Rücksicht
auf ihre Bezeichnung und Voraussetzung (BAG U. v. 19. 7. 83 AP Nr. 9
zu § 5 BetrAVG). Dazu gehören neben Löhnen und Gehältern auch
Zulagen, Prämien, Provisionen, Sonderzahlungen wie zusätzliches
Urlaubs -und Weihnachtsgeld, Jubiläumsgelder, Lohnersatzleistungen
wie Urlaubsentgelt und Entgeltfortzahlung im Krankheitsfalle, ebenfalls Naturalleistungen und Sachzuwendungen wie Dienstwohnung,
Dienstwagen oder freie Verpflegung. Dazu zählen auch die Dienstbezüge von Beamten, Richtern und Soldaten gemäß § 1 Abs. 2 und 3

BBesG. Neben dem Grundgehalt gehören dazu auch der Ortszuschlag, andere Zulagen, Kindergeld, Sachbezüge usw.

a) Betriebsrente. Leistungen aus der betrieblichen Altersversorgung zählen nicht zum geschützten Arbeitsentgelt. Auf sie können gesetzliche Versorgungsleistungen wie Rentenzahlungen oder die Zahlung von Verletztengeld bei der Berechnung der Gesamtversorgung **angerechnet werden**. Grund dafür ist, dass Betriebsrenten im Rahmen von Gesamtversorgungssystemen dem **gleichen Zweck dienen** wie die anzurechnenden Sozialleistungen, nämlich der Sicherung des Versorgungsbedarfs des Rentners auf der Basis seines bisherigen Lebensstandards (BAG U. v. 19. 7. 83 AP Nr. 8 und Nr. 9 zu § 5 BetrAVG). Problematischer ist die Anrechnung von **Unfallrenten** auf die betriebliche Altersversorgung. Während das BAG eine Anrechnungsmöglichkeit wegen Verstoßes gegen den Gleichbehandlungsgrundsatz zunächst verneint hatte, (BAG U. v. 17. 1. 1980 AP Nr. 3 zu § 5 BetrAVG), hat es in späteren Entscheidungen eine differenzierte Sichtweise eingenommen und eine Anrechnung teilweise zugelassen (BAG U. v. 19. 7. 83 a.a.O.). Da die Unfallrente zum Teil Verdienstausfallschäden ausgleichen, zum Teil für den Verlust der körperlichen Unversehrtheit, also für immaterielle Schäden, entschädigen soll, ist zwischen einem **anrechnungsfähigen** und einem **anrechnungsfreien Teil** zu unterscheiden. Bezüglich des Ausgleiches von Verdienstminderungen darf eine Anrechnung erfolgen. Sieht die Versorgungsordnung eine derartige Differenzierung nicht vor, muss die Aufteilung nach billigem Ermessen (§ 315 BGB) durch die Gerichte vorgenommen werden. Für den Aufteilungsmaßstab zieht die Rechtsprechung das Recht der Kriegsopferversorgung heran, da dort zwischen der Grundrente, die die körperliche Beeinträchtigung und Mehraufwendungen entschädigt, und der Ausgleichsrente, die Verdienstminderungen ausgleicht, unterschieden wird. Es muss also geprüft werden, welche Grundrente nach dem BundesversorgungsG der Schwerbehinderte bei der bei ihm festgestellten Minderung der Erwerbsfähigkeit bezogen hätte. Dieser aus der Grundrente fiktiv errechnete Betrag darf nicht angerechnet werden (BAG U. v. 19. 7. 83 AP Nr. 8 und Nr. 9 zu § 5 BetrAVG).

Bei der **Festlegung von Gesamtversorgungsobergrenzen** bei der Gewährung einer betrieblichen Altersversorgung ist es zulässig, bei schwerbehinderten Arbeitnehmern die gleiche fiktive Nettoversorgungsobergrenze vorzusehen wie bei nicht behinderten Arbeitnehmern. Dies ist deshalb problematisch, weil damit die Steuervergünstigungen, die Schwerbehinderte bei ihren Bezügen im bestehenden Beschäftigungsverhältnis erhalten, bei der Festsetzung der pauschalierten Nettoobergrenze nicht berücksichtigt werden. Das BAG sieht dies mit Rücksicht auf die Notwendigkeit einer pauschalierenden Betrachtungsweise als zulässig an (BAG U. v. 24. 8. 93 AP Nr. 19 zu § 1 BetrAVG Ablösung).

7   **b) Lohnausgleichszahlungen.** Nicht zum geschützten Arbeitsentgelt gehören Leistungen, die der Arbeitgeber bis zur Rentengewährung als Ausgleich für eine geringere Entlohnung infolge Leistungsminderung zahlt (BAG U. v. 10.11.82 AP Nr. 4 zu § 42 SchwbG). Im vom BAG entschiedenen Fall konnte ein Schwerbehinderter wegen seiner Behinderung seine bisherige Tätigkeit nicht mehr ausüben. Aufgrund dessen wurde er auf einen geringer entlohnten Arbeitsplatz umgesetzt. Zum Ausgleich erhielt er eine Zulage. Die Vereinbarung, wonach die Zulage entfällt, wenn wegen der gleichen Leistungsminderung die Rentengewährung erfolgt, ist zulässig, da die Ausgleichszahlung nur im **Vorgriff auf die zu erwartende Sozialleistung** zur Sicherung des bisherigen Lebensstandards in der Art eines Schadensausgleiches gezahlt wurde. Das Gleiche gilt für die **tarifliche Verdienstsicherung.** Die Anrechnung oder Rückerstattung der Einkünfte aus der Verdienstsicherung bei Bezug von aus demselben Anlass zustehender anderweitigen Leistungen stellt keinen Verstoß gegen § 123 (§ 42 SchwbG) dar (BAG U. v. 8.12.82, AP Nr. 7 zu § 42 SchwbG).

8   **2. Renten und vergleichbare Leistungen.** Nach § 123 dürfen Renten und vergleichbare Leistungen, die wegen der Behinderung bezogen werden, bei der Bemessung des Arbeitsentgelts und der Dienstbezüge nicht berücksichtigt werden. Der Begriff der Renten und vergleichbaren Leistungen ist wegen des Schutzzwecks der Norm **weit zu fassen** (GK-SchwbG-*Großmann*, § 45 RdNr. 49; *Masuch* in Hauck/ Noftz, SGB IX, K § 123 RdNr. 10). Sie müssen jedoch wegen der Behinderung bezogen werden. In Betracht kommen Renten nach dem BVG und nach anderen Vorschriften, die lediglich hinsichtlich der Rechtsfolgen auf das BVG verweisen. Dies gilt etwa für Entschädigungsleistungen nach den §§ 80 ff. Soldatenversorgungsgesetz, nach den §§ 47 ff. Zivildienstgesetz sowie nach § 1 Opferentschädigungsgesetz für die Opfer von Gewalttaten. Auch Entschädigungsleistungen auf der Grundlage der §§ 51 ff. Bundesseuchengesetz in der bis zum 31.12.2000 geltenden Fassung bzw. der §§ 60 ff. des seit dem 1. Januar 2001 geltenden Infektionsschutzgesetzes sind grundsätzlich von der Anrechnung ausgeschlossen. Für diese Geschädigten sieht allerdings § 83 BVG bereits ein eigenständiges Anrechnungsverbot vor.

9   Ebenfalls in Betracht kommen Renten nach der gesetzlichen Rentenversicherung und Unfallrenten. Vergleichbare Leistungen sind neben den Renten alle Leistungen, die als **Ausgleich für behinderungsbedingte Nachteile** gezahlt werden. Dazu gehören etwa KFZ-Hilfe, Hilfsmittel und Kriegsopferfürsorge nach dem BVG oder die in der gesetzlichen Unfallversicherung vorgesehenen Leistungen der Heilbehandlung, Übergangsgeld oder ergänzende Leistungen der Rehabilitation. Dazu zählen auch die berufsfördernden Leistungen der Rehabilitation, die gemäß den §§ 97 ff. SGB III einschließlich Über-

gangsgeld durch die Bundesanstalt für Arbeit gewährt werden. Allerdings ist unter bestimmten Voraussetzungen umgekehrt gesetzlich bestimmt, dass das gezahlte Arbeitsentgelt oder die Dienstbezüge z.B. auf das Übergangsgeld angerechnet werden. Dies schließt das Anrechnungsverbot des Abs. 1 nicht aus.

Ob die gewährten Renten oder vergleichbaren Leistungen vom An- **10** rechnungsverbot erfasst werden, hängt davon ab, ob sie **wegen der Behinderung** bezogen werden. Es muss also überprüft werden, ob die Rentenleistung aus dem gleichen Grund gewährt wird, der auch zur Anerkennung der Schwerbehinderteneigenschaft oder der Gleichstellung geführt hat. Dies ist nicht immer schon dann zu verneinen, wenn die im Bescheid des Versorgungsamtes festgestellten Funktionsbeeinträchtigungen nicht mit den Gesundheitsstörungen übereinstimmen, wegen derer Rentenleistungen bezogen werden. Dann muss im Einzelfall aufgeklärt werden, ob die bisher nur im Rentenbescheid enthaltenen Gesundheitsstörungen auch zur Anerkennung der Schwerbehinderteneigenschaft und umgekehrt bislang im Rentenbescheid nicht berücksichtigte Funktionsbeeinträchtigungen im Bescheid des Versorgungsamtes auch zur Rentengewährung geführt hätten (BAG U. v. 16. 11. 82 AP Nr. 10 zu § 42 SchwbG).

Das Anrechnungsverbot erstreckt sich nicht auf die **Altersrente** **11** wegen Erreichens einer gesetzlichen Altersgrenze, auch nicht auf den vorzeitigen Bezug von Altersrente wegen längerer Arbeitslosigkeit (BAG U. v. 10. 11. 82 AP Nr. 5 zu § 42 SchwbG: diese Möglichkeit ist mit der Aufhebung des § 38 SGB VI allerdings entfallen.) oder auf die vorzeitige Altersrente von Frauen, da diese Renten nicht wegen der Behinderung bezogen werden, sondern von Behinderten wie Nichtbehinderten in Anspruch genommen werden (BAG U. v. 10. 11. 82 AP Nr. 5 zu § 42 SchwbG; U. v. 16. 11. 82 AP Nr. 9 zu § 42 SchwbG); wohl aber erfasst das Anrechnungsverbot die **Altersrente für Schwerbehinderte** gemäß § 37 SGB VI.

3. Bestehendes Beschäftigungsverhältnis. Mit der seit 1. 1. 1982 **12** geltenden Fassung des § 42 SchwbG wollte der Gesetzgeber vor allem im Hinblick auf den Anspruch von Übergangsgeld klarstellen, dass eine Anrechnung von Renten auf Arbeitsentgelte und Dienstbezüge, die erst für die Zeit nach Beendigung des Arbeitsverhältnisses gezahlt werden, wirksam ist.

a) Übergangsgeld. Nach der Rechtsprechung des BAG war es **13** unzulässig, Rentenleistungen Schwerbehinderter wie etwa vorgezogenes Altersruhegeld auf das bei Beendigung des Beschäftigungsverhältnisses im **öffentlichen Dienst** zu zahlende Übergangsgeld (§§ 62, 63 BAT) anzurechnen. Das BAG sah einen Verstoß gegen die Vorschrift des § 42 SchwbG i.d.F. v. 29. 4. 74 (BAG U. v. 16. 11. 82 – 3 AZR 454/80 – AP Nr. 6 zu § 42 SchwbG und 3 AZR 160/82 AP Nr. 9 zu § 42 SchwbG).

14   Durch das 2. Haushaltsstrukturgesetz vom 22.12.81 wurde § 42 **SchwbG** dahingehend **geändert**, dass das Anrechnungsverbot sich nur auf Arbeitsentgelt und Dienstbezüge aus einem bestehenden Beschäftigungsverhältnis bezieht. Dies hat zur Folge, dass seitdem durch den Gesetzgeber geklärt ist, dass auch Schwerbehinderte die Anrechnung ihrer Sozialversicherungsrenten auf das Übergangsgeld hinnehmen müssen (BAG U. v. 16.11.82 AP Nr. 8 zu § 42 SchwbG; kritisch dazu: GK-SchwbG-*Großmann*, § 45 RdNr. 21–23).

15   Das BVerfG hat entschieden, dass die Änderung des damaligen § 42 SchwbG auch hinsichtlich seiner **tatbestandlichen Rückanknüpfung** verfassungsgemäß ist (Beschl. v. 20.1.88 – 2 BvL 23/82 – BVerfGE 77, 370).

16   **b) Abfindungen.** Die Anrechnung von Abfindungen etwa aus einem Sozialplan oder aufgrund einer tariflichen Regelung ist im Falle des Bezuges von Leistungen aus der gesetzlichen Rentenversicherung zulässig. So ist nach der Rechtsprechung des BAG eine tarifliche Regelung wirksam, nach der sich eine Abfindungszahlung verringert, wenn der (schwerbehinderte) Arbeitnehmer innerhalb von 15 Monaten nach Beendigung des Arbeitsverhältnisses eine Erwerbsunfähigkeitsrente bezieht (BAG U. v. 28.10.99 NZA 2000, 778). Ein Verstoß gegen § 122 Abs. 1 (§ 45 SchwbG 1986) liegt ebenfalls nicht vor, weil es sich bei der Abfindung um eine finanzielle Leistung des Arbeitgebers nicht aus dem bestehenden sondern aus dem beendeten Beschäftigungsverhältnis handelt. Ein Verstoß gegen Art 3 Abs. 3 S. 2 GG wird ebenfalls verneint, weil sogar dann, wenn ein Fall mittelbarer Diskriminierung bejaht werden könnte, ein sachlicher Grund für die Anrechnung darin liegt, dass der Arbeitnehmer, der eine Rente aus der gesetzlichen Rentenversicherung erhält, dauerhaft finanziell abgesichert ist (BAG U. v. 28.10.99 NZA 2000, 778). Hat der Arbeitnehmer die Abfindung bereits erhalten, ist er gemäß der tariflichen Regelung auch verpflichtet, diese (ggf. anteilig) zurückzuzahlen.

17   Ob dies auch für Abfindungen gelten kann, die als **Nachteilsausgleich gemäß § 113 BetrVG** gezahlt werden, ist zweifelhaft, da § 113 in erster Linie Sanktionsnorm ist und betriebsverfassungsrechtliche Rechte des Betriebsrates sicherstellen will. Die Ausgleichszahlungen sind das Sanktionsmittel und dienen nicht vorrangig der Absicherung der betroffenen Arbeitnehmer. Es leuchtet deshalb nicht ein, weshalb zu Gunsten des Arbeitgebers die Sanktion geringer ausfallen soll, wenn ein Arbeitnehmer Leistungen aus der gesetzlichen Rentenversicherung bezieht (für eine Anrechnung auch in diesem Fall: *Düwell*, LPK-SGB IX, § 123 RdNr. 12).

18   **4. Ruhendes Beschäftigungsverhältnis (Abs. 2).** Durch das SchwbG-ÄndG von 1986 ist Abs. 2 angefügt worden und dadurch der Anrechnungsschutz weiter eingeschränkt worden. Das Anrechnungsverbot des Abs. 1 gilt danach unter der Voraussetzung nicht, dass zum einen die Beschäftigung tatsächlich nicht ausgeübt wird und zum anderen sozialrechtliche Vorschriften ihrerseits die Anrechnung oder das Ruhen der Rente oder vergleichbaren Leistung ausdrücklich vorsehen, wenn Arbeitsentgelt oder Dienstbezüge gezahlt werden (z.B. § 94 SGB VI). Mit der Anfügung des Abs. 2 sollte vor allem eine vom Gesetzgeber nicht beabsichtigte Ungleichbehandlung von Schwerbehinderten und Nichtbehinderten bei der **Zahlung von Krankenbezügen** beseitigt werden. In Tarifverträgen ist teilweise eine über die 6-wöchige Entgeltfortzahlung hinausgehende Zahlung von Krankenbezügen enthalten. § 37 II BAT sieht etwa eine bis zu 26 Wochen andauernde Zahlung vor, regelt aber gleichzeitig, dass diese Krankenbezüge nicht über den Zeitpunkt hinaus gezahlt werden, von dem an Bezüge aus der gesetzlichen Rentenversicherung oder sonstiger Versorgungseinrichtungen bezogen werden. Mit Urteil vom 28.3.1984 hatte das BAG diese Regelung wegen Verstoßes gegen § 42 SchwbG für unzulässig gehalten, wenn die Kürzung der Krankenbezüge wegen einer Rente erfolgt, die ein Schwerbehinderter wegen seiner Behinderung bezieht (BAG U. v. 28.3.84 NZA 1984, 126). Schwerbehinderte bezogen daher über den Zeitraum von 2 Monaten hinaus ausschließlich tarifliche Krankenbezüge, da nach rentenrechtlichen Vorschriften der Anspruch auf EU-BU-Rente ruhte, wenn er für mehr als zwei Monate mit einem Anspruch auf Arbeitsentgelt zusammentraf. Mit der Anfügung des Abs. 2 ist die Anrechnung von Krankenbezügen nunmehr zulässig, da das Anrechnungsverbot seitdem nicht mehr für Zeiträume gilt, in denen die Beschäftigung tatsächlich nicht ausgeübt wird (BAG U. v. 29.6.00 NZA 2001, 670).

Dies gilt allerdings nur, soweit (tarifliche) Vereinbarungen die Zahlung von Krankenbezügen über die gesetzlich zwingend vorgeschriebene **Entgeltfortzahlung** im Krankheitsfalle hinaus vorsehen. Für einen Zeitraum, in dem ein Arbeitnehmer Fortzahlung der Vergütung im Krankheitsfall von in der Regel 6 Wochen (§ 3 EFZG) verlangen kann, ist die Anrechnung ausgeschlossen, da die gesetzliche Entgeltfortzahlung nach § 12 EFZG unabdingbar ist (BAG U. v. 29.6.2000 NZA 2001, 670, 673; *Düwell*, LPK-SGB IX, § 123 RdNr. 14). 19

Auch andere im **ruhenden Arbeitsverhältnis** gezahlte Bezüge wie vor allem **Sonderzuwendungen** wie etwa Weihnachtsgeld sind vom Anrechnungsverbot nicht erfasst. Nach der Rechtsprechung des BAG ist eine tarifliche Regelung zulässig, wonach Sonderzahlungen für Zeiten gekürzt werden, in denen das Arbeitsverhältnis aufgrund des Bezuges einer Berufs- oder Erwerbsunfähigkeitsrente ruht. Es verstößt auch nicht gegen das Benachteiligungsverbot Behinderter gemäß Art 3 Abs. 3 GG, wenn nach dem Grund des Ruhens differenziert wird und die gleiche Kürzungsmöglichkeit nicht auch für Abwesenheitszeiten während des Erziehungsurlaubes oder des Wehr- und Zivildienstes vorgesehen ist (BAG U. v. 18.8.99 – 10 AZR 613/98). 20

21   Nach der Rechtsprechung des BAG besteht auch dann kein Anspruch auf die Zahlung von Sonderzuwendungen, wenn Arbeitsleistungen wegen **lang andauernder Erkrankung** tatsächlich nicht
mehr erbracht werden, ein Rentenantrag gestellt ist und der Arbeitgeber auf sein **Direktionsrecht verzichtet** hat, um dem Arbeitnehmer die Zahlung von Arbeitslosengeld zu ermöglichen (BAG U. v.
11. 2. 98 BB 1998, 2367, ständige Rechtspr.). Auch in diesen Fällen steht
das Berücksichtigungsverbot des Abs. 1 der Zahlungseinstellung nicht
entgegen, wenn dem Schwerbehinderten wegen seiner Behinderung
etwa eine BU-Rente oder EU-Rente auf Zeit gewährt wird, weil das
Beschäftigungsverhältnis gemäß Abs. 2 tatsächlich nicht ausgeübt
wird.

Mehrarbeit

124   Schwerbehinderte Menschen werden auf ihr Verlangen von
Mehrarbeit freigestellt.

I. Allgemeines

1   Die Vorschrift übernimmt inhaltlich unverändert die Regelung des
§ 46 SchwbG in der Fassung der Bekanntmachung vom 26. 8. 1986
(BGBl. I S. 1421). Ihr Sinn und Zweck geht dahin, schwerbehinderte
Menschen vor zeitlicher Überbeanspruchung zu schützen und damit
ihre Leistungsfähigkeit zu erhalten.

II. Geltungsbereich

2   § 124 ist auf alle schwerbehinderten Menschen und die ihnen Gleichgestellten anwendbar. Die Norm bezieht alle Arbeitnehmer, Beamte
und Richter ein, gemäß § 128 Abs. 4 S. 2 Soldaten nur, soweit dies mit
den Besonderheiten ihres Dienstverhältnisses vereinbar ist. Auf die Art
der Behinderung und die Art der Tätigkeit kommt es nicht an.

III. Mehrarbeit

3   § 124 definiert nicht, was unter Mehrarbeit zu verstehen ist. Auch
das **Arbeitszeitgesetz** (ArbZG) vom 6. 6. 94 erwähnt den Begriff der
Mehrarbeit im Gegensatz zur davor geltenden Arbeitszeitordnung
(AZO) nicht mehr. Der Begriff bleibt demnach umstritten. Eine in
jüngster Zeit verstärkt vertretene Meinung in der Literatur nimmt an,

dass Mehrarbeit immer dann vorliege, wenn die **individuelle Arbeitszeitverpflichtung** überschritten ist (*Düwell*, LPK-SGB IX, §124 RdNr. 4; *Masuch* in Hauck/Noftz,SGB IX, K §124 RdNr. 7 f.; *Dörner*, SchwbG, §46 Anm. III 2 d; GK-SchwbG-*Großmann*, §46 RdNr. 25; *Neumann/Pahlen*, SGB IX, §124 RdNr. 3). Aus der Tatsache, dass das ArbZG den Begriff der Mehrarbeit nicht mehr verwendet, wird u.a. geschlossen, dass der Gesetzgeber die Festlegung der Arbeitszeit bewusst anderen Gesetzen, Tarifverträgen, Betriebsvereinbarungen und Arbeitsverträgen überlassen hat. Außerdem werde in vielen tariflichen Regelungen nicht zwischen Mehrarbeit und Überstunden unterschieden, sondern beides synonym gebraucht, so dass auch aus dem Wortlaut des §124 (§46 SchwbG) nicht geschlossen werden könne, der Gesetzgeber habe an der gesetzlichen Höchstarbeitszeit der AZO festhalten wollen (*Düwell*, LPK-SGB IX, §124 RdNr. 4; *Masuch* in Hauck/Noftz,SGB IX, K §124 RdNr. 7 f.; *Dörner*, SchwbG, §46 Anm. III 2 a; GK-SchwbG-*Großmann*, §46 RdNr. 25; *Neumann/Pahlen*, SGB IX, §124 RdNr. 3).

Die Rechtsprechung des BAG hat noch unter der Geltung der alten **4** AZO angenommen, dass die dort geregelte **Höchstarbeitszeit von 8 Stunden** pro Arbeitstag zu übernehmen ist. Dementsprechend sei Mehrarbeit diejenige Arbeit, die über die regelmäßige gesetzliche Arbeitszeit von 8 Stunden pro Werktag hinausgeht. Dagegen seien Überstunden, die über die jeweilige aufgrund von Tarifverträgen, Betriebsvereinbarungen oder Arbeitsvertrag festgelegte Arbeitszeit hinausgehen, von der Vorschrift nicht erfasst (BAG U. v. 8.11.89 NZA 1990, 309). Das BAG verweist auf den Zweck der Norm, den Schutz des Schwerbehinderten vor **Überbeanspruchung**. Diese drohe bei einer täglichen Arbeitszeit von mehr als 8 Stunden, weil nach medizinischen Erkenntnissen ein 8-Stunden-Arbeitstag das Höchstmaß dessen darstellt, das noch für Gesundheit und Wohlbefinden von Arbeitnehmern tragbar ist (BAG U. v. 8.11.89 a.a.O.).

Der Auffassung des BAG ist zu folgen. Ausgangspunkt für die Ausle- **5** gung des Begriffes der Mehrarbeit ist der **Schutzzweck der Norm**. Dieser besteht darin, den Schwerbehinderten vor besonderen körperlichen und seelischen Belastungen, die durch verlängerte Arbeitszeiten verursacht werden können, zu schützen. Dieser der Norm zugrundeliegende Gedanke des **Arbeits- und Gesundheitsschutzes** ist aber ein **absoluter**, der nicht je nachdem, welche individuellen Arbeitszeitregelungen anwendbar sind, wechseln kann (so auch LAG Frankf. U. v. 26.4.01 AZ: 5 Sa 1070/00; ArbG Aachen U. v. 2.12.99 Az: 9 (7) Sa 3454/99). Der Gegenansicht, die die Grenze der Belastbarkeit eines Schwerbehinderten nach der jeweiligen individuellen Arbeitszeitverpflichtung ausrichten will, könnte nur dann gefolgt werden, wenn davon auszugehen wäre, dass die für den einzelnen Schwerbehinderten jeweils geltende regelmäßige Arbeitszeit auch in der Regel seiner be-

hindertenbedingten Leistungsgrenze entspricht. Nur dann würde jede
Überschreitung der individuellen Arbeitszeit eine mit dem Schutzzweck des Gesetz nicht zu vereinbarende Überbeanspruchung darstellen. Die individuelle Arbeitszeitverpflichtung eines schwerbehinderten Beschäftigten hat jedoch seinen Grund nur im Ausnahmefall in der
Behinderung (z.B. in den Fällen des § 81 Abs. 5); die Arbeitszeit von
schwerbehinderten Vollzeitbeschäftigten wie die von nicht behinderten Beschäftigten beruht viel mehr **in der Regel** auf den jeweiligen
tariflichen oder betrieblichen Regelungen. Ob die **Arbeitszeitverpflichtung** 35 Stunden oder 40 Stunden pro Woche umfasst, steht daher **nicht im Zusammenhang mit der Behinderung**. Auch nicht
jede Teilzeitbeschäftigung eines schwerbehinderten Beschäftigten (z.B.
schwerbehinderte Mutter mit kleinen Kindern) ist behinderten-
bedingt. Aus diesem Grund erscheint es gerechtfertigt, die Rechtsprechung des BAG, die noch zur alten AZO und zu § 46 SchwbG ergangen ist, auch unter Geltung des § 124 anzuwenden, zumal sowohl das
ArbeitszeitG in § 3 die gleiche werktägliche Höchstarbeitszeit vorsieht,
und der Gesetzgeber auch § 124 wortgleich in Kenntnis der Rechtsprechung des BAG aus dem SchwbG übernommen hat und eine Klarstellung, was unter Mehrarbeit zu verstehen ist, nicht vorgenommen hat.

6   Die oben dargestellte Gegenansicht ist auch deshalb abzulehnen, weil
sie, wenn sie auf die vereinbarte individuelle Arbeitszeit abstellt, auch
einzelvertragliche, betriebliche und tarifvertragliche Flexibilisierungs-
regelungen berücksichtigen muss, die an einzelnen Arbeitstagen eine
über 8 Stunden hinausgehende Arbeitszeit zulassen, solange nur im
Ausgleichszeitraum keine Überschreitung der regelmäßigen Arbeitszeit erfolgt (so *Masuch* in Hauck/Noftz,SGB IX, K § 124 RdNr. 8). Der
Gesundheitsschutz von Schwerbehinderten erfordert es aber, sie gerade
vor einer zu hohen arbeitstäglichen Beanspruchung zu schützen. Mit
diesem Schutzgedanken ist es daher nicht vereinbar, Schwerbehinderte
auch gegen ihren Willen an einzelnen Tagen über 8 Stunden arbeiten zu
lassen. Auch der **spätere Ausgleich in Freizeit** oder verkürzter Arbeitszeit (evtl. Monate später) vermag die tägliche Überbeanspruchung
nicht aufzuwiegen. Dem Bedürfnis nach **Flexibilisierung** kann auch
auf der Grundlage der Auffassung des BAG hinreichend Rechnung
getragen werden. Die meisten Tarifverträge sehen nämlich eine regelmäßige durchschnittliche Arbeitszeit von unter 40 Stunden vor, so dass
üblicherweise auch in Zeiträumen, in denen eine verlängerte Arbeitszeit vorgesehen ist, die 40-Stunden-Woche in der Regel gar nicht überschritten wird. Praktisch geht es daher darum, dass Schwerbehinderte
in die Lage versetzt werden, die häufig von Arbeitnehmern geforderten
Überstunden, die oftmals die tägliche Arbeitszeit von 8 Stunden überschreiten, auf gesicherter gesetzlicher Grundlage ablehnen zu können,
und sie daran auch nicht durch das Versprechen eines Freizeitausgleiches
zu einem späteren Zeitpunkt gehindert werden.

IV. Freistellungsverlangen

Wird vom schwerbehinderten Beschäftigten Mehrarbeit verlangt, **7** hat er ein Recht die geforderten Arbeiten zu **verweigern**. Ihm steht ein Leistungsverweigerungsrecht zu (*Cramer*, SchwbG, § 45 RdNr. 1; *Düwell*, LPK-SGB IX, § 124 RdNr. 7). Voraussetzung ist allerdings, dass der schwerbehinderte Mensch sich gegenüber seinem Arbeitgeber auf seine **Schwerbehinderteneigenschaft berufen** hat und seine Freistellung von Mehrarbeit **verlangt hat** (BVerwG U. v. 9. 3. 93 – AZ 1 D 4/92; *Masuch* in Hauck/Noftz,SGB IX, K § 124 RdNr. 15; *Düwell*, LPK-SGB IX, § 124 RdNr. 7, *Neumann/Pahlen*, SGB IX, § 124 RdNr. 5). Er ist nicht befugt, die Arbeitsstelle einfach zu verlassen. Soweit er jedoch seine Freistellung verlangt hat, bedarf es **keiner Genehmigung oder Freistellungserklärung** des Arbeitgebers. Das Freistellungsverlangen ist weiterhin so **rechtzeitig** wie möglich zu stellen, damit der Arbeitgeber entsprechend disponieren kann (*Masuch* in Hauck/Noftz,SGB IX, K § 124 RdNr. 15; *Neumann/Pahlen*, SGB IX, § 124 RdNr. 5; GK-SchwbG-*Großmann*, § 46 RdNr. 39). Verlangt der Arbeitgeber jedoch seinerseits kurzfristig die Durchführung von Arbeiten nach acht geleisteten Arbeitsstunden noch am selben Tag, kann auch die Leistungsverweigerung nur entsprechend kurzfristig erfolgen.

Das Freistellungsverlangen kann nicht auf die Leistung von **Nacht-,** **8** **Feiertags- und Sonntagsarbeit** erstreckt werden. Dies sieht § 124 für schwerbehinderte Menschen im Gegensatz zu Jugendlichen (§§ 14, 17 und 18), stillenden und werdenden Müttern (§ 8 MuSchG) nicht vor.

V. Verfahrensfragen

Rechtsstreitigkeiten über das Leistungsverweigerungsrecht des **9** schwerbehinderten Menschen aus § 124 sind bei Arbeitnehmern vor den Arbeitsgerichten, bei Beamten vor den Verwaltungsgerichten zu führen.

Zusatzurlaub

125 [1]Schwerbehinderte Menschen haben Anspruch auf einen bezahlten zusätzlichen Urlaub von fünf Arbeitstagen im Urlaubsjahr; verteilt sich die regelmäßige Arbeitszeit des schwerbehinderten Menschen auf mehr oder weniger als fünf Arbeitstage in der Kalenderwoche, erhöht oder vermindert sich der Zusatzurlaub entsprechend. [2]Soweit tarifliche, betriebliche oder sonstige Urlaubsregelungen für schwerbehinderte Menschen einen längeren Zusatzurlaub vorsehen, bleiben sie unberührt.

Übersicht

I. Allgemeines

1   Zusatzurlaub von 3 Werktagen wurde erstmalig 1941 Angestellten und Beamten im öffentlichen Dienst aufgrund von Erlassen gewährt. Nach 1945 folgten gesetzliche Regelungen über einen Zusatzurlaub in einzelnen Bundesländern. Diese wurden schrittweise durch Schwerbeschädigtengesetze von 1953, 1961 und schließlich durch das SchwbG 1974 verdrängt und vereinheitlicht. Das SchwbG 1974 sah in § 44 vor, dass alle um mindestens 50 % Erwerbsgeminderten ohne Rücksicht auf die Ursachen der Behinderung einen bezahlten Urlaub von 6 Arbeitstagen erhalten sollten. Dies hatte zur Folge, dass diejenigen Schwerbehinderten, die in der Arbeitswoche kürzer arbeiteten, einen längeren Zusatzurlaub erhielten, nämlich bei 5 Arbeitstagen einen Urlaub von 1 Woche und 1 Tag. Dies wurde als nicht sachgerecht angesehen und deshalb im § 47 SchwbG 1986 dahingehend modifiziert, dass sich die Urlaubsdauer nach der Zahl der Arbeitstage in der Kalenderwoche richten sollte. Die Regelung des § 47 SchwbG 1986 ist inhaltlich unverändert in die jetzige Vorschrift übernommen worden.

2   Mit der Gewährung zusätzlicher Urlaubstage soll dem **besonderen Erholungsbedürfnis** schwerbehinderter Menschen Rechnung getragen werden. Zwar ist der Umfang des jedem Beschäftigten zustehenden Erholungsurlaubes vom Zeitpunkt der Einführung des Zusatzurlaubes von zwei Wochen im Jahre 1953 auf heute mindestens vier Wochen und durch tarifliche Regelungen in der Regel sechs Wochen angestiegen. Dies ändert jedoch nichts daran, dass typisierend davon auszugehen ist, dass Schwerbehinderte aufgrund ihrer gesundheitlichen Beeinträchtigungen längerer Zeiten der Regeneration als andere Beschäftigte bedürfen, damit ihre Arbeitskraft erhalten bleibt. Zusätzlich ist zu berücksichtigen, dass die Belastungen im Arbeitsleben durch

zunehmenden Arbeitsdruck gestiegen sind. Die Gewährung von Zusatzurlaub hat daher weiterhin ihre Berechtigung (allgemeine Meinung: GK-SchwbG-*Großmann*, § 47 RdNr. 10–13; *Neumann/Pahlen*, SGB IX, § 125 RdNr. 6 f.; *Düwell*, LPK-SGB IX, § 125 RdNr. 3; *Masuch* in Hauck/Noftz, SGB IX, K § 125 RdNr. 3). Der Einwand von Arbeitgeberseite, dass gerade der Zusatzurlaub als Einstellungshemmnis wirke, verfängt schon – unabhängig davon, ob er tatsächlich zutrifft – deshalb nicht, da dies typischerweise für Schutzgesetze aller Art gilt (z.B. Mutterschutz, Kündigungsschutz), ohne dass dies allein ihre Abschaffung rechtfertigen könnte. Dies widerspräche auch dem Ziel des SGB IX, das Einstellung und Beschäftigung durch ein reichhaltiges Angebot von Hilfen und nicht durch den Abbau von zum Schutz und Erhaltung der gesundheitlichen Leistungsfähigkeit schwerbehinderter Menschen erlassener Regelungen fördern will

II. Anwendungsbereich

Anspruchsberechtigt sind alle **schwerbehinderten Beschäftigten,** **nicht** aber die ihnen **Gleichgestellten,** da § 68 Abs. 3 die Anwendbarkeit der Regelung über den Zusatzurlaub ausdrücklich ausgeschlossen hat. Der Zusatzurlaub ist demnach allen Arbeitnehmern, Auszubildenden, Beamten (§ 128 Abs. 1), Richtern (§ 128 Abs. 3) und Soldaten (§ 128 Abs. 4) zu gewähren. Für in Heimarbeit Beschäftigte gilt die Sonderregelung des § 127 Abs. 3. 3

III. Urlaubsdauer

Dem schwerbehinderten Beschäftigten steht ein zusätzlicher Urlaub von 5 Arbeitstagen zu, wenn sich seine Arbeitszeit in der Arbeitswoche auf 5 Arbeitstage verteilt. Ist die **Arbeitszeit anders verteilt,** erhöht oder vermindert sich der zusätzliche Urlaub entsprechend. Wird also etwa an 3 Tagen in der Woche gearbeitet, beträgt auch der Zusatzurlaub nur 3 Arbeitstage. Ist die regelmäßige Arbeitszeit auf 6 Werktage in der Woche verteilt, erhöht sich auch der Zusatzurlaub auf 6 Tage im Jahr. Ist die Arbeitszeit nicht gleichmäßig auf die Kalenderwoche verteilt, also arbeitet der Arbeitnehmer z.B. innerhalb eines Zeitraumes von 8 Wochen in zwei Wochen an sechs und in sechs Wochen an fünf Kalendertagen, muss die Erhöhung des zusätzlichen Urlaubs auf das Urlaubsjahr berechnet werden. Der Arbeitnehmer, dessen regelmäßige Arbeitszeit sich auf fünf Arbeitstage in der Woche verteilt, ist zur Arbeitsleistung an 260 Arbeitstagen verpflichtet. Bei einer erhöhten Arbeitsverpflichtung muss dies auf die Arbeitstage im Jahr umgerechnet werden. Im obigen Beispielsfall waren dies 273 Arbeitstage. Der 4

Zusatzurlaub wird dann wie folgt errechnet: 273 : 260 x 5 = 5,25 Tage (BAG U. v. 22. 10. 91 NZA 1992, 797).

5　　Da die gesetzliche Regelung keine Auf- oder Abrundung vorsieht, sind auch **Bruchteile** von Urlaubstagen durch entsprechende stundenweise Arbeitsfreistellung zu gewähren (BAG U. v. 26. 4. 90 NZA 1990, 940; U. v. 22. 10. 91 a.a.O.). § 5 Abs. 2 Bundesurlaubsgesetz (BUrlG) ist nicht anwendbar, da es sich nicht um einen Teilurlaub handelt (BAG U. v. 26. 6. 86 NZA 87, 98). Der Bruchteil ergibt sich vielmehr aus der Berechnung des vollen Zusatzurlaubes.

6　　Für den Zusatzurlaub gilt grundsätzlich, dass er bis auf das Merkmal der Schwerbehinderteneigenschaft dem Anspruch auf Erholungsurlaub folgt (**Grundsatz der Akzessorietät**). Wie auch beim Grundurlaub (§ 4 BUrlG) besteht deshalb Anspruch auf Zusatzurlaub erst nach einem Bestehen des Arbeitsverhältnisses von 6 Monaten. Ein Teilurlaub durch **Zwölftelung** des Urlaubsanspruch ($^1/_{12}$ pro vollen Monat des rechtlichen Bestandes des Arbeitsverhältnisses, nicht unbedingt also pro Kalendermonat) kommt nur im **Eintritts- oder Austrittsjahr** in Betracht. Hier gelten die Regelungen des § 5 BUrlG. Der volle Zusatzurlaubsanspruch besteht auch dann, wenn der schwerbehinderte Arbeitnehmer nach sechsmonatigen Bestehen des Arbeitsverhältnisses in der zweiten Hälfte des Kalenderjahres aus dem Arbeitsverhältnis ausscheidet (BAG U. v. 21. 2. 95 NZA 1995, 839). Gezwölftelt wird also nur, wenn der schwerbehinderte Arbeitnehmer noch **keine 6 Monate** beschäftigt ist oder nach 6 Monaten in der **ersten Hälfte des Kalenderjahres** ausscheidet. Dann steht ihm pro vollen Beschäftigungsmonat ein Zwölftel des Zusatzurlaubes zu.

7　　Zwölftelungsregelungen in **Tarifverträgen** gelten für den gesetzlichen Zusatzurlaub nicht, da den Tarifvertragsparteien die Befugnis fehlt, den Zusatzurlaub oder den gesetzlichen Mindesturlaub nach dem BUrlG zu ändern. Es handelt sich um zwingendes Recht (BAG U. v. 8. 3. 1994 NZA 1994, 1095, 1097).

IV. Lage des Urlaubs

8　　Da der Zusatzurlaub dem allgemeinen Urlaubsanspruch akzessorisch ist, sind das BUrlG oder entsprechende tarifliche Urlaubsregelungen auch auf den Zusatzurlaub anzuwenden. Für die zeitliche Lage des Urlaubs gilt daher grundsätzlich § 7 Abs. 1 BUrlG. Danach sind die **Urlaubswünsche des Arbeitnehmers** zu berücksichtigen, wenn nicht dringende betriebliche Belange oder Urlaubswünsche anderer Arbeitnehmer, die unter sozialen Gründen den Vorrang verdienen, dagegen stehen. § 7 Abs. 1 S. 1 ist tariflich zu Ungunsten der Arbeitnehmer abänderbar (§ 13 Abs. 1 BUrlG). Dies gilt damit auch für die zeitliche Lage des Zusatzurlaubes. Die **tarifliche Regelung**, dass der

Urlaub im Schulbereich in die Schulferien zu legen ist, ist daher auch für den Zusatzurlaub wirksam (BAG U. v. 13. 2. 96 NZA 1996, 1103).

V. Feststellung der Schwerbehinderteneigenschaft

Der volle Zusatzurlaub und nicht etwa nur ein anteiliger Urlaub entsteht in dem **Kalenderjahr**, in dem die Schwerbehinderung festgestellt wird, ohne dass es darauf ankommt, zu welchem Zeitpunkt dies geschehen ist. Auch dann, wenn der erforderliche Grad der Behinderung erst im Laufe des Kalenderjahres anerkannt worden ist, wird der volle Zusatzurlaub für das betreffende Kalenderjahr erworben (ständige Rechtsprechung des BAG: U. v. 25. 6. 96 NZA 1996, 1153; U. v. 21. 2. 95 AZ: 9 AZR 675/93 NZA 1995, 746; U. v. 21. 2. 95 AZR 746/93 NZA 1995, 1008; U. v. 26. 4. 90 NZA 1990, 940). **9**

Es kommt auch nicht darauf an, wann der **Feststellungsbescheid** des Versorgungsamtes über die Schwerbehinderteneigenschaft erlassen worden ist, da der Feststellung nur deklaratorische Bedeutung zukommt. Maßgeblich ist der Zeitpunkt, zu dem objektiv die Schwerbehinderung besteht. Wird sie daher rückwirkend für das laufende Kalenderjahr festgestellt, erwirbt der schwerbehinderte Beschäftigte den vollen Zusatzurlaub. Der schwerbehinderte Mensch kann sich auch noch ohne entsprechenden Feststellungsbescheid auf seine Schwerbehinderteneigenschaft berufen und den Zusatzurlaub verlangen. In diesem Fall wird er jedoch in der Regel Schwierigkeiten haben, seine Schwerbehinderung nachzuweisen (BAG U. v. 26. 6. 86 NZA 87, 98). **10**

Erlischt der Schwerbehindertenschutz gemäß § 116 Abs. 1 wegen Wegfall der Voraussetzungen des § 2 Abs. 2, entfällt mit dem **Verlust der Schwerbehinderteneigenschaft** auch der Anspruch auf Zusatzurlaub. Er kann auch nicht anteilig verlangt werden. Der Verlust im Laufe des Kalenderjahres ist entsprechend wie der Erwerb der Schwerbehinderung im laufenden Kalenderjahr zu behandeln (LAG Niedersachsen U. v. 25. 3. 98 DB 1998, 1292; *Masuch* in Hauck/Noftz, SGB IX, K § 125 RdNr. 6; *Düwell*, LPK-SGB IX, § 125 RdNr. 9; a. A. *Cramer*, SchwbG, § 47 RdNr. 5). Zu beachten ist allerdings die gemäß § 116 Abs. 1 bestehende **3-monatige Nachfrist** nach Unanfechtbarkeit des Feststellungsbescheides über das Erlöschen des Schwerbehindertenschutzes, während der die Schwerbehinderteneigenschaft noch besteht. Daraus folgt, dass der schwerbehinderte Beschäftigte seinen Zusatzurlaub bis zum Ende der Nachfrist noch verlangen und in Anspruch nehmen kann. Ist ihm dies allerdings aus Krankheitsgründen nicht möglich, verfällt der Anspruch. Schwierigkeiten könnten entstehen, wenn trotz konkret geäußerten Urlaubswunsches der Arbeitgeber den **Zusatzurlaub in der Nachfrist nicht gewährt**. Die Situation ist damit der vergleichbar, in der der Arbeitgeber dem Urlaubsverlangen im **11**

Übertragungszeitraum nicht nachkommt. Beide Fälle sind daher gleich zu behandeln: Der Arbeitgeber gerät demnach in Verzug und hat auch noch nach Ablauf der Nachfrist **Ersatzurlaub gemäß § 249 S. 1 BGB** (siehe dazu RdNr. 16) zu gewähren.

12   Die **Entziehung der besonderen Hilfen** gemäß § 117 haben keine Auswirkungen auf den Zusatzurlaub, da diese nicht den Schwerbehindertenstatus als solchen betreffen, sondern nur an diesen Stutus anknüpfende Hilfen beenden (*Düwell*, LPK–SGB IX, § 125 RdNr. 10; *Masuch* in Hauck/Noftz, SGB IX, K § 117 RdNr. 18).

VI. Übertragung und Verfall

13   Auch der Zusatzurlaub ist auf das Kalenderjahr beschränkt, muss also rechtzeitig vor Ablauf des Urlaubsjahres geltend gemacht werden; ansonsten verfällt er (BAG Urteile v. 21. 2. 95 NZA 1995, 746; 839 und 1008*)*. Liegen die gesetzlichen oder tariflichen Übertragungsvoraussetzungen vor, kann der Zusatzurlaub wie der gesetzliche oder tarifliche Urlaub auch noch bis zum 31. 3. des Folgejahres genommen werden. Gemäß § 7 Abs. 3 BUrlG ist die **Übertragung bis zum 31. 3. des folgenden Kalenderjahres** zulässig, wenn der Urlaub aus dringenden betrieblichen oder in der Person des Arbeitnehmers liegenden Gründen im Urlausbjahr nicht genommen werden konnte. Ist es dem Arbeitnehmer aus Krankheitsgründen unmöglich, den Zusatzurlaub zu nehmen, verfällt er wie der Grundurlaub, wenn die Arbeitsunfähigkeit bis zum Ende des Übertragungszeitraum andauert (BAG U. v. 13. 5. 82 AP Nr. 4 zu § 7 BUrlG Übertragung; BAG U. v. 28. 11. 90 NZA 1991, 423). Das Gleiche gilt, wenn der Arbeitnehmer im Übertragungszeitraum seinen Zusatzurlaub zwar angetreten hat, er jedoch während des Urlaubes erkrankt. Auch dann besteht kein Anspruch, dass ihm der Urlaub außerhalb des Übertragungszeitraumes nachgewährt wird (BAG U. v. 21. 1. 97 NZA 1997, 889).

14   Die Tatsache, dass noch unsicher ist, ob der Arbeitnehmer im laufenden Kalenderjahr die Anerkennung als Schwerbehinderter erreicht, ist kein ausreichender Grund zur Übertragung des Zusatzurlaubes (BAG U. v. 21. 2. 95 NZA 1995, 746 und 1008). Es **reicht** daher auch **nicht**, dass der Arbeitnehmer dem Arbeitgeber mitteilt, dass er die **Schwerbehinderung beantragt** hat und er deshalb den **Zusatzurlaub vorsorglich** geltend mache. Er muss viel mehr den Arbeitgeber konkret zur Urlaubserteilung auffordern (BAG U. v. 28. 1. 82 AP Nr. 3 zu § 44 SchwbG; BAG U. v. 26. 6. 86 NZA 1986, 833). Macht der Arbeitnehmer den Zusatzurlaub also erst im Folgejahr geltend, nachdem er rückwirkend für das vergangene Kalenderjahr als Schwerbehinderter anerkannt wurde, kann er den Zusatzurlaub nicht mehr im Übertragungszeitraum beanspruchen.

Wird die Schwerbehinderteneigenschaft dagegen noch im laufenden 15
Kalenderjahr festgestellt und der Arbeitnehmer verlangt seinen Zusatzurlaub noch bis zum 31.12. desselben Jahres, kann dieser entsprechend den gesetzlichen oder tariflichen Übertragungsvoraussetzungen
bzw. auch dann, wenn eine entsprechende betriebliche Übung einer
automatischen Übertragung ins nächste Kalenderjahr besteht, noch im
folgenden Kalenderjahr genommen werden (BAG NZA U. v. 21.2.95
1995, 746).

VII. Schadensersatz

Macht der Arbeitnehmer seinen Urlaubsanspruch so frühzeitig gel- 16
tend, dass dem Arbeitgeber die Gewährung des Urlaubes noch bis zum
Ablauf des Übertragungszeitraums möglich ist, gerät der Arbeitgeber,
wenn er dem Urlaubsverlangen nicht nachkommt, mit der Erfüllung
des Urlaubsanspruches in **Verzug**. Dem Arbeitnehmer steht in diesem
Fall ein Schadensersatzanspruch gemäß §§ 281 Abs. 1, 280 Abs. 1, 286
Abs. 1, § 287 S. 2, 249 S. 1 BGB zu. Da mit Ablauf des Übertragungszeitraums der Urlaub verfallen und damit die Urlaubserfüllung
unmöglich geworden ist, tritt an die Stelle des zu erfüllenden Urlaubsanspruches ein **Ersatzanspruch in gleicher Höhe** (ständige Rspr.
des BAG Urteile v. 7.11.85 NZA 392 und 393; U. v. 22.10.91 NZA
1992, 797; U. v. 21.2.95 NZA 1995, 839). Ist die Urlaubserteilung
wegen zwischenzeitlicher Beendigung des Arbeitsverhältnisses unmöglich geworden, steht dem Arbeitnehmer ein Schadensersatzanspruch in Geld gemäß § 251 BGB zu.

VIII. Abgeltung

Für den Zusatzurlaub gilt auch § 7 Abs. 4 BUrlG. Bei Beendigung 17
des Arbeitsverhältnisses ist der noch nicht gewährte Urlaub abzugel-
ten. Hinsichtlich Befristung und Erfüllbarkeit ist er an die gleichen
Voraussetzungen wie der sonstige Urlaubsanspruch gebunden. Er ist
kein Abfindungsanspruch. Er setzt also voraus, dass der Urlaubsanspruch **noch erfüllt** werden könnte, wenn das Arbeitsverhältnis
noch bestünde. Um sich evtl. Schadensersatzansprüche zu sichern,
muss der Arbeitnehmer demnach auch bei Beendigung des Arbeitsverhältnisses seine Urlaubsansprüche rechtzeitig geltend machen (BAG U.
v. 17.1.95 NZA 1995, 531). Ist der Arbeitnehmer bei Beendigung des
Arbeitsverhältnisses erkrankt und erlangt seine Arbeitsfähigkeit auch
nicht mehr bis zum Ende des Kalenderjahres bzw. bis zum Ablauf des
Übertragungszeitraumes, **verfällt** der Urlaubsabgeltungsanspruch
wie auch der Urlaubsanspruch erloschen wäre, wenn das Arbeitsver-

hältnis fortgesetzt worden wäre (BAG U. v. 17. 1. 95 a.a.O.; BAG U. v. 5. 12. 95 NZA 1996, 594, ständige Rspr.).

18   Die Ersetzung des Freistellungs- durch den Abgeltungsanspruch vollzieht sich bei Beendigung des Arbeitsverhältnisses von Gesetzes wegen. Der Abgeltungsanspruch ist deshalb auch **nicht** davon **abhängig**, dass dem Arbeitgeber bei Beendigung des Arbeitsverhältnisses die **Schwerbehinderung bekannt** ist. Der Zusatzurlaub muss vom Arbeitnehmer nicht schon vor Ende des Arbeitsverhältnisses geltend gemacht werden (BAG U. v. 25. 6. 96 NZA 1996, 1153). Wenn er die Schwerbehinderung nicht schon vorher mitteilt, ist dies auch nicht treuwidrig (BAG U. v. 25. 6. 96 a.a.O.).

IX. Verzicht

19   Auf den Zusatzurlaub wie auch auf den gesetzlichen Mindesturlaub kann nicht verzichtet werden, etwa durch eine **Ausgleichsquittung** oder im Rahmen eines **Vergleichs**. Dies bestimmt § 13 Abs. 1 BUrlG (BAG U. v. 25. 6. 96 NZA 1996, 1153).

X. Urlaubsentgelt und zusätzliches Urlaubsgeld

20   Wie während der Dauer des Grundurlaubes gemäß § 11 BUrlG das Arbeitsentgelt weiter zu gewähren ist, ist der **regelmäßig erzielte Arbeitsverdienst** auch während des Zusatzurlaubes weiterzuzahlen. Für den Zusatzurlaub gelten keine Besonderheiten. Soweit keine günstigeren tariflichen, betrieblichen oder vertraglichen Regelungen bestehen, berechnet sich das Urlaubsentgelt nach dem **Durchschnittsverdienst der letzten 13 Wochen vor Beginn des Urlaubs** (§ 11 BUrlG). Hinsichtlich des Zeitfaktors ist darauf abzustellen, wie viele Stunden (also auch **Überstunden**) der Arbeitnehmer gearbeitet hätte, wenn er nicht urlaubsbedingt von der Arbeit freigestellt worden wäre; hinsichtlich des Geldfaktors sind die im Bezugszeitraum geleisteten **Überstundenzuschläge** allerdings nicht zu berücksichtigen (BAG U. v. 9. 11. 99 NZA 2000, 1335, 1337).

21   Neben der Zahlung von Urlaubsentgelt sehen tarifliche, betriebliche oder arbeitsvertragliche Vereinbarungen die Zahlung eines zusätzlich zu zahlenden Urlaubsgeldes vor. Einen gesetzlichen Anspruch auf diese Leistung gibt es nicht. Regelt ein **Tarifvertrag**, dass zusätzlich zum Urlaubsentgelt ein Zuschlag oder **zusätzliches Urlaubgeld zu** zahlen ist, gilt dies auch für den Zusatzurlaub für Schwerbehinderte, wenn der Tarifvertrag keine Einschränkungen enthält, vor allem keine Unterscheidung zwischen dem tariflichen und dem gesetzlichen Urlaubsanspruch trifft. Gewährt der Tarifvertrag dagegen ausdrücklich das zusätzliche Urlaubsgeld nur für die tariflich festgelegten Urlaubstage, entfällt das Urlaubsgeld für den gesetzlichen Zusatzurlaub (BAG U. v. 30. 7. 86 NZA 1986, 831).

XI. Beamtenverhältnis

§ 125 ist auch im Beamtenverhältnis anwendbar (§ 128 Abs. 1). Dies   22
ergibt sich auch aus § 14 Abs. 1 **Erholungsurlaubsverordnung**
(EUrlV), wonach die darin enthaltene Höchstdauer des Gesamturlaubes nicht für den Zusatzurlaub für Schwerbehinderte gilt. Die in der
Urlaubsverordnung enthaltenen Regelungen wie etwa zum Urlaubsjahr (§ 1 EUrlV), zur Wartezeit (§ 3 EUrlV) und zum Teilurlaub (§ 5
Abs. 3 EUrlV) entsprechen den Bestimmungen des Bundesurlaubsgesetzes. Eine § 7 BUrlG vergleichbare Übertragungsvorschrift des Urlaubes in das folgende Kalenderjahr findet sich in § 7 EUrlV, wobei der
Übertragungszeitraum abweichend 4 Monate beträgt. Da es an einer
entsprechenden gesetzlichen Regelung fehlt, soll nach der Rechtsprechung des BVerwG nicht erteilter Erholungsurlaub, und damit entsprechend auch der Zusatzurlaub, **nicht in Geld abgegolten** werden
können. Die darin bestehende unterschiedliche rechtliche Behandlung
von Beamten und Arbeitnehmern verstößt nicht gegen Art. 3 Abs. 1
GG (BVerwG U. v. 31. 7. 1997 – 2 B 138/96).

XII. Verlängerung des Zusatzurlaubs (§ 125 S. 2)

Gemäß S. 2 sind Regelungen, die einen verlängerten Zusatzurlaub   23
vorsehen, zulässig. Dies kann aufgrund von Tarifverträgen, Betriebsvereinbarungen oder Arbeitsverträgen der Fall sein. Die Vereinbarung eines
kürzeren Zusatzurlaubes wäre dagegen wegen Gesetzesverstoß nichtig.

Die in S. 2 enthaltene Öffnungsklausel erfasst auch die weitergehende   24
Regelung über den Zusatzurlaub im **Saarland** (§ 1 des Saarländischen
Gesetzes Nr. 186 vom 22. 6. 1950 i.d.F. des Gesetzes vom 30. 6. 1951).
Dieses Gesetz sieht einen Zusatzurlaub von 3 Arbeitstagen für sog. Minderbehinderte mit einem Behinderungsgrad zwischen 25 und unter 50
vor. Das BAG hat entschieden, dass die saarländische Regelung nicht
gegen Bundesrecht verstößt (BAG U. v. 27. 5. 97 NZA 1998, 649).

XIII. Rechtsstreitigkeiten

Im Falle von Streitigkeiten über den Zusatzurlaub ist bei Arbeitneh-   25
mern die Arbeitsgerichtsbarkeit, bei Beamten und Richtern die Verwaltungsgerichtsbarkeit zuständig.

Nachteilsausgleich

126 (1) Die Vorschriften über Hilfen für behinderte Menschen zum Ausgleich behinderungsbedingter Nachteile oder Mehraufwendungen (Nachteilsausgleich) werden so gestaltet, dass sie unabhängig von der Ursache der Behinderung der Art oder Schwere der Behinderung Rechnung tragen.

(2) Nachteilsausgleiche, die auf Grund bisher geltender Rechtsvorschriften erfolgen, bleiben unberührt.

1   Die Vorschrift überträgt die bisherige Regelung in § 48 SchwbG. Sie beruht auf der im Jahre 1974 begonnenen Neuorientierung des Schwerbehindertenrechts am Grundsatz der **Finalität** und damit auf der Abkehr von der Begünstigung bestimmter Behinderungsursachen (entschädigungsrechtliche Kausalität; vgl. § 68 RdNr. 16 ff.).

2   § 126 Abs. 1 SGB IX enthält eine **Legaldefinition** des Begriffs „Nachteilsausgleich", ein **Differenzierungsverbot** nach der Behinderungsursache und ein **Differenzierungsgebot** nach Art und Schwere der Behinderung. In § 126 Abs. 2 SGB IX ist eine **Bestandsschutzklausel** für Nachteilsausgleiche vorgesehen, die auf Grund geänderter oder aufgehobener Rechtsvorschriften gewährt worden sind.

3   Die Vorschrift stellt einen **Programmsatz** des Gesetzgebers dar (*Cramer*, SchwbG, § 48 RdNr. 3; GK-SchwbG-*Dopatka*, § 48 RdNr. 7; *Dörner*, SchwbG, § 48 RdNr. 2). Adressaten sind Gesetz- und Verordnungsgeber, die die Grundsätze des § 126 SGB IX bei der Ausgestaltung von Nachteilsausgleichen für behinderte Menschen zu berücksichtigen haben. Als Anspruchsgrundlage für soziale Rechte behinderter Menschen kommt die Regelung nicht in Betracht.

4   **Systematisch** wirkt die Regelung im Kapitel 10 „sonstige Vorschriften" etwas verloren. Sinnvoller wäre sie als Programmsatz und Auslegungsregel in Kapitel 1 den Vorschriften zur Inanspruchnahme von Nachteilsausgleichen (§ 69 Abs. 4 und 5 SGB IX) vorangestellt worden. Die gesundheitlichen Voraussetzungen für die Inanspruchnahme von Nachteilsausgleichen werden durch diesbezügliche **Feststellungen der Versorgungsämter** (§ 69 Abs. 4 SGB IX) und die Aufnahme entsprechender **Merkzeichen** in den Schwerbehindertenausweis (§ 69 Abs. 5 SGB IX i.V.m. der **SchwbAwV**, abgedruckt als Anhang 2) nachgewiesen. Eine **Übersicht der Merkzeichen** befindet sich in der Kommentierung zu § 69 unter RdNr. 81.

5   Die unterschiedlich beantwortete Frage nach dem **Geltungsbereich** der Regelung (nur Schwerbehinderte und Gleichgestellte: *Neumann/Pahlen*, SGB IX, § 126 RdNr. 2; Alle behinderten Menschen: GK-SchwbG-*Dopatka*, § 48 RdNr. 9) beantwortet sich unmittelbar aus § 68 Abs. 1 SGB IX. Demnach gelten die Regelungen des Teils 2 des

SGB IX und damit auch des § 126 SGB IX für schwerbehinderte und diesen gleichgestellte behinderte Menschen.

Mit § 126 Abs. 1 SGB IX nicht vereinbar ist die Ausgestaltung des **6**
Merkzeichens „1.Kl." (§ 3 Abs. 1 Nr. 6 SchwbAwV). Dieses Merkzeichen wird in den Schwerbehindertenausweis eingetragen, wenn der schwerbehinderte Mensch die im Verkehr mit Eisenbahnen tariflich festgelegten gesundheitlichen Voraussetzungen für die Benutzung der 1. Wagenklasse mit Fahrausweis der 2. Wagenklasse erfüllt. Die Deutsche Bahn AG gewährt in ihren Tarifen jedoch nur Kriegsbeschädigten und NS-Verfolgten mit einer MdE um wenigstens 70 v.H. das Recht zur Nutzung der 1. Wagenklasse ohne Aufpreis. Von daher verstößt § 3 Abs. 1 Nr. 6 SchwbAwV gegen das Differenzierungsverbot hinsichtlich der Behinderungsursache in § 126 Abs. 1 SGB IX. Demgegenüber hat der Gesetzgeber im Jahre 1979 den **Anspruch auf unentgeltliche Beförderung** schwerbehinderter Menschen von der Behinderungsursache gelöst (vgl. § 145 RdNr. 7 ff.). Als Relikt der bis dahin geltenden Privilegierung von Kriegsbeschädigen ist die Bestandsschutzvorschrift des § 145 Abs. 1 Satz 5 Nr. 3 in das SGB IX übernommen worden.

Von dem **Differenzierungsverbot** nach der Behinderungsursache **7** unberührt bleiben unterschiedliche Leistungsansprüche behinderter Menschen im **gegliederten System der sozialen Sicherung**. So erhalten Arbeitsunfallopfer, an Berufskrankheiten leidende behinderte Menschen und Anspruchsberechtigte im sozialen Entschädigungsrecht (u. a. Kriegs- und Wehrdienstbeschädigte, Impfschadensopfer, Opfer von Gewalttaten) eine Verletzten- bzw. Grundrente nach dem Grad der schädigungsbedingten MdE. Auch die Zuständigkeit der Rehabilitationsträger und die Ausgestaltung der Rehabilitation ist z.T. abhängig von der Behinderungsursache (§ 6 SGB IX). Das Differenzierungsverbot des § 126 Abs. 1 SGB IX greift nur insoweit, als ein soziales Recht des behinderten Menschen nicht in einem spezifischen Teilsystem der sozialen Sicherheit begründet ist, sondern wie im Schwerbehindertenrecht allein auf dem Umstand der Behinderung beruht.

Aus dem **Differenzierungsgebot** hinsichtlich Art und Schwere **8** der Behinderung in § 126 Abs. 1 SGB IX leitet das BSG ab, dass Nachteilsausgleiche gemäß ihrem Zweck nur dann gewährt werden können, wenn der auszugleichende Nachteil auf die Behinderung zurückgeht und nicht auch gleichaltrige Gesunde trifft (BSG SozR 3 – 3870 § 4 Nr. 18 hinsichtlich der Nichtbefreiung eines Kleinkindes von der Rundfunkgebührenpflicht, Merkzeichen „RF").

Beschäftigung schwerbehinderter Menschen in Heimarbeit

127 (1) Schwerbehinderte Menschen, die in Heimarbeit beschäftigt oder diesen gleichgestellt sind (§ 1 Abs. 1 und 2 des Heimarbeitsgesetzes) und in der Hauptsache für den gleichen Auftraggeber arbeiten, werden auf die Arbeitsplätze für schwerbehinderte Menschen dieses Auftraggebers angerechnet.

(2) [1]Für in Heimarbeit beschäftigte und diesen gleichgestellte schwerbehinderte Menschen wird die in § 29 Abs. 2 des Heimarbeitsgesetzes festgelegte Kündigungsfrist von zwei Wochen auf vier Wochen erhöht; die Vorschrift des § 29 Abs. 7 des Heimarbeitsgesetzes ist sinngemäß anzuwenden. [2]Der besondere Kündigungsschutz schwerbehinderter Menschen im Sinne des Kapitels 4 gilt auch für die in Satz 1 genannten Personen.

(3) [1]Die Bezahlung des zusätzlichen Urlaubs der in Heimarbeit beschäftigten oder diesen gleichgestellten schwerbehinderten Menschen erfolgt nach den für die Bezahlung ihres sonstigen Urlaubs geltenden Berechnungsgrundsätzen. [2]Sofern eine besondere Regelung nicht besteht, erhalten die schwerbehinderten Menschen als zusätzliches Urlaubsgeld 2 Prozent des in der Zeit vom 1. Mai des vergangenen bis zum 30. April des laufenden Jahres verdienten Arbeitsentgelts ausschließlich der Unkostenzuschläge.

(4) [1]Schwerbehinderte Menschen, die als fremde Hilfskräfte eines Hausgewerbetreibenden oder eines Gleichgestellten beschäftigt werden (§ 2 Abs. 6 des Heimarbeitsgesetzes) können auf Antrag eines Auftraggebers auch auf dessen Pflichtarbeitsplätze für schwerbehinderte Menschen angerechnet werden, wenn der Arbeitgeber in der Hauptsache für diesen Auftraggeber arbeitet. [2]Wird einem schwerbehinderten Menschen im Sinne des Satzes 1, dessen Anrechnung das Arbeitsamt zugelassen hat, durch seinen Arbeitgeber gekündigt, weil der Auftraggeber die Zuteilung von Arbeit eingestellt oder die regelmäßige Arbeitsmenge erheblich herabgesetzt hat, erstattet der Auftraggeber dem Arbeitgeber die Aufwendungen für die Zahlung des regelmäßigen Arbeitsverdienstes an den schwerbehinderten Menschen bis zur rechtmäßigen Beendigung seines Arbeitsverhältnisses.

(5) Werden fremde Hilfskräfte eines Hausgewerbetreibenden oder eines Gleichgestellten (§ 2 Abs. 6 des Heimarbeitsgesetzes) einem Auftraggeber gemäß Absatz 4 auf seine Arbeitsplätze für schwerbehinderte Menschen angerechnet, erstattet der Auftraggeber die dem Arbeitgeber nach Absatz 3 entstehenden Aufwendungen.

(6) Die den Arbeitgeber nach § 80 Abs. 1 und 5 treffenden Verpflichtungen gelten auch für Personen, die Heimarbeit ausgeben.

I. Allgemeines

Die Regelung geht im Wesentlichen zurück auf das SchwbG von 1
1974 (BGBl. I S. 1006) und übernimmt inhaltlich unverändert § 49
SchwbG vom 26. 8. 1986 (BGBl. I S. 1421), zuletzt geändert durch das
Gesetz vom 26. 7. 1994 (BGBl. I S. 1792).

Danach sind Heimarbeiter, Hausgewerbetreibende oder diesen 2
Gleichgestellte in den besonderen Schutz des Schwerbehindertenrechts
miteinbezogen. Dies hat seinen Grund darin, dass sie als sog.
arbeitnehmerähnliche Personen wegen ihrer besonderen wirtschaftlichen Abhängigkeit wie Arbeitnehmer schutzbedürftig sind.

Es werden allerdings nicht sämtliche Vorschriften des Schwerbehin- 3
dertenrechts angewandt, da Heimarbeiter nicht in den Betrieb eingegliedert sind. Die Regelungen zur Einstellung und Beschäftigung
(§§ 71, 72, 81) wie auch zur Mehrarbeit (§ 124) gelten deshalb nicht. Wohl
aber sind die Regelungen zum Kündigungsschutz (§§ 85 ff.), zur Mindestkündigungsfrist (§ 86) und zum Zusatzurlaub (§ 125) anzuwenden.

II. Begriff des Heimarbeiters, Hausgewerbetreibenden und Gleichgestellten

Was unter dem Begriff des in Heimarbeit Beschäftigten zu verstehen 4
ist, wird in § 2 Abs. 1 und 2 des Heimarbeitsgesetzes (HAG) definiert.
Danach sind **Heimarbeiter** diejenigen, die ihre Arbeitsstätte selbst
auswählen und dort allein oder mit Familienangehörigen für einen
oder mehrere Auftraggeber arbeiten und diesem die Verwertung des
Arbeitsergebnisses überlassen. Sie müssen weiterhin erwerbsmäßig
tätig werden, also aus der Tätigkeit ihren Lebensunterhalt bestreiten.
Gewerblich muss die Tätigkeit nicht sein. Es kann sich also auch um
(qualifizierte) Angestelltentätigkeiten (z. B. Bürotätigkeiten in einem
home-office) handeln (*Düwell*, LPK-SGB IX, § 127 RdNr. 4; *Masuch*
in Hauck/Noftz; SGB IX, K § 127 RdNr. 6; offengelassen BAG Beschl.
v. 25. 3. 92 NZA 1992, 899, 902). **Hausgewerbetreibende** unterscheiden sich vom Heimarbeiter nur dadurch, dass sie noch fremde Hilfskräfte oder Heimarbeiter, allerdings dürfen es höchstens zwei sein, beschäftigen. Dabei müssen sie selbst wesentlich mitarbeiten. Gemeinsames Kennzeichen beider Personengruppen ist, dass sie **wirtschaftlich**,
aber **nicht persönlich abhängig** sind, also nicht betrieblich eingegliedert sind und keinem Weisungsrecht unterliegen. Sie sind daher
keine Arbeitnehmer sondern arbeitnehmerähnliche Personen. Auch in
§ 6 Abs. 2 S. 1 BetrVG **gelten** sie nur als Angestellte.

Aufgrund einer Entscheidung des Heimarbeitsausschusses mit Zu- 5
stimmung der obersten Arbeitsbehörde des Landes (§ 1 Abs. 4, §§ 3

und 4 HAG) können auch weitere natürliche Personen den in Heimarbeit Beschäftigten gleichgestellt werden. Kriterium für die **Gleichstellung** ist deren **vergleichbare Schutzbedürftigkeit**, die gemäß
§ 1 Abs. 1 S. 2 HAG nach dem Ausmaß der wirtschaftlichen Abhängigkeit beurteilt wird. Die in Betracht kommenden Personengruppen
sind in § 1 Abs. 2 a–d HAG aufgeführt. Dazu zählen Heimarbeiter, die
nicht gewerblich tätig sind (Fallgruppe a), Hausgewerbetreibende, die
mehr als zwei fremde Hilfskräfte oder Heimarbeiter beschäftigen (Fallgruppe b), im Lohnauftrag arbeitende Gewerbetreibende (Fallgruppe
c), die keine eigene Absatzorganisation unterhalten, sondern auf Bestellung arbeiten (BAG U. v. 19.1.88 NZA 1988, 805) und **Zwischenmeister** (Fallgruppe d). Darunter wird gemäß § 2 Abs. 3 HAG derjenige verstanden, der als Mittler die ihm vom Auftraggeber übertragene
Arbeit an den in Heimarbeit Beschäftigten weitergibt. Er darf selbst
nicht Arbeitnehmer sein, kann aber daneben auch noch selbst Heimarbeiter oder Hausgewerbetreibender sein.

III. Begriff der Hilfskraft und des Auftraggebers

6   Fremde Hilfskräfte sind Arbeitnehmer, die in der Arbeitsstätte eines
Hausgewerbetreibenden oder eines Gleichgestellten beschäftigt werden (§ 2 Abs. 6 HAG). Auftraggeber sind die Unternehmer, die Heimarbeit ausgeben. Sie verwerten die Arbeit des in Heimarbeit Beschäftigten und tragen auch das Verwertungsrisiko (GK-SchwbG-*Großmann*, § 49 RdNr. 18; *Neumann/Pahlen*, SGB IX, § 127 RdNr. 8).

IV. Anrechnung auf Pflichtarbeitsplätze (Abs. 1 und Abs. 4)

7   Da gemäß § 73 Abs. 1 Arbeitsplätze nur Stellen sind, auf denen Arbeitnehmer und Arbeitnehmerinnen beschäftigt werden und in Heimarbeit Beschäftigte keine Arbeitnehmer sind, werden Heimarbeits-
plätze bei der Berechnung der Pflichtquote in § 71 nicht berücksichtigt.
In der früheren Vorschrift des § 35 SchwbG 1961 war dies noch anders.
Danach wurde die Zahl der Arbeitsplätze nach der für einen Arbeitsplatz maßgeblichen Arbeitsmenge festgelegt. Da die Vorschrift sich als
wenig praktikabel erwies und ihre Einhaltung kaum zu überwachen
war, wurde sie seit 1965 nicht mehr angewandt und in das SchwbG von
1974 nicht mehr aufgenommen (*Neumann/Pahlen*, SGB IX, § 127
RdNr. 13). Die Vergabe von Heimarbeit hat also seitdem auf die **Berechnung der Zahl der Pflichtplätze keinen Einfluss**.

8   Ein in Heimarbeit Beschäftigter wird dem Arbeitgeber jedoch auf
die **Pflichtzahl angerechnet**, wenn dieser in der **Hauptsache für
den gleichen Auftraggeber** arbeitet. Diese Formulierung findet sich

in ähnlicher Weise auch in § 6 BetrVG, wonach in Heimarbeit Beschäftigte als Arbeitnehmer gelten, wenn sie in der Hauptsache für den Betrieb arbeiten.

Es ist anerkannt, dass die Erfüllung dieser Voraussetzung davon abhängig ist, in welchem Umfang der Auftraggeber die Arbeitskraft des Heimarbeiters in Anspruch nimmt. Es kommt also nicht auf den Verdienst sondern auf den Umfang der Arbeitszeit an. Dadurch soll im Verhältnis zu mehreren Auftraggebern klar gestellt werden, wem der Heimarbeiter zuzuordnen ist (BAG Beschl. v. 27. 9. 74 AP Nr.1 zu § 6 BetrVG). Davon zu unterscheiden ist, dass eine nur geringfügige zeitliche Inanspruchnahme die Anrechnung ausschließen muss, da andernfalls der Auftraggeber auch mit einer noch so kurzen Heimarbeitstätigkeit sich die Zahlung der Ausgleichsabgabe ersparen könnte (*Otten* in NZA 1987,478). Anhaltspunkt bietet die Regelung des § 75 Abs. 2, nach der bei einer Beschäftigung unterhalb von 18 Stunden in der Woche eine Anrechnung grundsätzlich ausgeschlossen ist. Diese Grenze muss mindestens auch für die Anrechnung von in Heimarbeit Beschäftigten gelten. Zu Recht geht Otten davon aus, dass bei einem Einsatz von schwerbehinderten Menschen im Betrieb die Belastung für den Arbeitgeber höher ist als bei einer Beschäftigung in Heimarbeit. Es erscheint daher gerechtfertigt, die Anrechnung sogar nur bei einer Tätigkeit des in Heimarbeit Beschäftigten, die noch **über 18 Stunden wöchentlich deutlich hinausgeht**, zuzulassen (*Otten* a.a.O. S. 481). **9**

Arbeitet der in Heimarbeit Beschäftigte für **mehrere Auftraggeber** muss ein Vergleich der zeitlichen Inanspruchnahme erweisen, für welchen Auftraggeber er überwiegend tätig ist. Ist er für jeden der Auftraggeber nur geringfügig tätig, kommt eine Anrechnung für keinen Auftraggeber in Betracht (*Neumann-Pahlen,* SGB IX, § 127 RdNr. 16). **10**

Die Anrechnung kommt nur für einen **Auftraggeber** in Betracht, der nicht nur Heimarbeit ausgibt, sondern daneben noch einen **Betrieb** oder mehrere Betriebe hat und deshalb beschäftigungspflichtig gemäß § 71 Abs. 1 ist. **11**

Abs. 4 sieht auch die Möglichkeit vor, dass eine **fremde Hilfskraft**, die bei einem Hausgewerbetreibenden oder Gleichgestellten beschäftigt ist, auf die Zahl der Pflichtplätze des Auftraggebers angerechnet wird. Voraussetzung ist, dass der Hausgewerbetreibende oder Gleichgestellte seinerseits für diesen Auftraggeber in der Hauptsache tätig wird. Über die Anrechnung muss allerdings auf **Antrag** des Auftraggebers durch das zuständige **Arbeitsamt** entschieden werden. Dies ergibt sich indirekt aus der Regelung des Abs. 4 S. 2. **12**

V. Kündigungsfrist und Kündigungsschutz (Abs. 2)

13   Gemäß § 29 HAG bedarf die Beendigung des Beschäftigungsverhältnisses eines in Heimarbeit Beschäftigten der Kündigung. Es kann
beiderseits an jedem Tag für den Ablauf des folgenden Tages gekündigt
werden (§ 29 Abs. 1 HAG); besteht es mit einem Auftraggeber oder
Zwischenmeister länger als 4 Wochen, erhöht sich die Kündigungsfrist
auf zwei Wochen (§ 29 Abs. 2 HAG), bei einer überwiegenden Beschäftigung durch einen Auftraggeber beträgt die Kündigungsfrist vier
Wochen zum 15. oder zum Ende eines Kalendermonats (§ 29 Abs. 3
HAG). Die verlängerten Kündigungsfristen sind in Anlehnung an
§ 622 BGB in § 29 Abs. 4 HAG geregelt. Bei schwerbehinderten Heim-
arbeitern oder Hausgewerbetreibenden oder Gleichgestellten sieht
Abs. 2 S. 1 eine von § 29 Abs. 2 HAG abweichende Kündigungsfrist vor.
Dauert das Beschäftigungsverhältnis demnach länger als 4 Wochen an,
kann ein schwerbehinderter in Heimarbeit Beschäftigter nur mit einer
Frist von 4 Wochen gekündigt werden. Diese Regelung **privilegiert**
schwerbehinderte Heimarbeiter auch im Vergleich zu anderen beschäftigten schwerbehinderten Menschen, da die Mindestkündigungsfrist
von 4 Wochen gemäß § 86 gemäß § 90 Abs. 1 Ziff. 1 erst gilt, wenn das
Arbeitsverhältnis länger als 6 Monate bestanden hat. In den ersten 4
Wochen des Beschäftigungsverhältnisses sieht § 127 dagegen keine Besonderheit vor, so dass die kurze Kündigungsfrist des § 29 Abs. 1 HAG
gilt.

14   Während der vierwöchigen Kündigungsfrist des Abs. 2 ist ausdrücklich auch die Regelung des § 29 Abs. 7 HAG anwendbar. Danach steht
dem in Heimarbeit Beschäftigten oder Gleichgestellten **während der
Kündigungsfrist** auch bei Ausgabe weniger Aufträge $^1/_6$ **des Ge-
samtbetrages** zu, den sie in den dem Kündigungszugang vorausge-
gangenen 24 Wochen erhalten haben. Dadurch soll verhindert werden,
dass dem in Heimarbeit Beschäftigten während der Kündigungsfrist
weniger Aufträge zugeteilt werden und dadurch die Kündigungsbe-
stimmungen umgangen werden.

15   Um einer „Aushungerung" des in Heimarbeit Beschäftigten vorzubeugen, bestimmt § 29 Abs. 8 HAG, dass die Kündigungsfrist auch
dann einzuhalten ist, wenn ein Auftraggeber oder Zwischenmeister
die Arbeitsmenge um ein Viertel verringern will, die er mindestens ein
Jahr lang regelmäßig an den in Heimarbeit Beschäftigten ausgegeben
hat. Zur Feststellung der **bisherigen Arbeitsmenge** werden die vom
in Heimarbeit Beschäftigten zu führenden **Entgeltbücher** (§ 9 HAG)
herangezogen.

16   Eine besondere Regelung findet sich in Abs. 4 S. 2 für die Kündigung der Arbeitnehmer (fremden Hilfskräfte), die gemäß Abs. 4 S. 1 bei
einem in Heimarbeit Beschäftigten oder Gleichgestellten arbeiten und

als Schwerbehinderte auf einen Pflichtarbeitsplatz des Auftraggebers angerechnet werden. Wird die **fremde Hilfskraft** gekündigt, weil der Auftraggeber die Aufträge einstellt oder erheblich reduziert (zur Beurteilung wird man den Maßstab des § 29 Abs. 8 HAG: Verringerung um mindestens ¼ heranziehen können), hat der Arbeitgeber, also der in Heimarbeit Beschäftigte, einen Ersatzanspruch gegen seinen Auftraggeber. Das regelmäßige Arbeitsentgelt und sonstige Aufwendungen, die der Arbeitgeber an seine Hilfskraft während der Kündigungsfrist zahlt, erhält er von seinem Auftraggeber erstattet.

Das **Kündigungsschutzgesetz** findet auf Beschäftigungsverhält- **17** nisse in Heimarbeit keine Anwendung. Im Gegensatz dazu gilt der besondere Kündigungsschutz für schwerbehinderte Menschen und ihnen Gleichgestellte. Die Vorschrift nimmt in Abs. 2 S. 2 ausdrücklich Bezug auf Kapitel 4 und damit auf die Regelungen der §§ 85 ff. Schwerbehinderte Heimarbeiter, Hausgewerbetreibende und Gleichgestellte sind daher, wenn ihr Beschäftigungsverhältnis länger als sechs Monate bestanden hat, nur mit **vorheriger Zustimmung des Integrationsamtes kündbar**. Es gelten die Ausnahmefälle des § 90 auch im Beschäftigungsverhältnis in Heimarbeit. Auch die sonstigen **Regelungen des Kapitels 4** (Kündigungsschutz) sind anzuwenden, so auch die Regelung des § 91 im Falle einer außerordentlichen Kündigung. Lediglich § 86 (Kündigungsfrist) wird durch die Spezialregelung des § 127 Abs. 2 S. 1 ersetzt.

VI. Urlaub (Abs. 3 und 5)

Auch die in Heimarbeit Beschäftigten und Gleichgestellten haben **18** Anspruch auf Erholungsurlaub gemäß der Regelung des § 12 BUrlG, tariflichen oder arbeitsvertraglichen Regelungen. Es gilt die jeweils günstigste Bestimmung (§ 13 BUrlG). Für Jugendliche folgt der Grundurlaubsanspruch aus § 19 JArbSchG und staffelt sich entsprechend dem Alter. Aus Abs. 3 ergibt sich, dass schwerbehinderten in Heimarbeit Beschäftigten auch der **Zusatzurlaub** des § 125 zusteht. Gleichgestellte gemäß § 2 Abs. 3 SGB IX erhalten auch im Beschäftigungsverhältnis in Heimarbeit den Zusatzurlaub nicht (§ 68 Abs. 3).

Da in Heimarbeit Beschäftigte nicht im Betrieb des Auftraggebers **19** eingegliedert sind, haben sie auch keinen Freistellungsanspruch während des Urlaubs. Ihr Urlaubsanspruch wird daher in Form eines **besonders berechneten Urlaubsentgelts** realisiert. Für den Grundurlaub ergibt sich die Berechnung aus § 12 BUrlG oder § 19 Abs. 4 JArbSchG. Missverständlich ist insoweit die in § 127 Abs. 3 verwandte Formulierung: zusätzliches Urlaubsgeld, da es sich nicht um eine zum Urlaubsentgelt sondern lediglich zum sonstigen Arbeitsentgelt zusätzlich geleistete Vergütung handelt (*Düwell*, LPK-SGB IX, § 127 RdNr. 10).

20   Auf 24 Werktage bezogen beträgt das Urlaubsentgelt gemäß § 12
BUrlG 9,1 % des in der Zeit vom 1. Mai bis zum 30. April des folgenden
Jahres oder bis zur Beendigung des Beschäftigungsverhältnisses verdienten Arbeitsentgeltes, ausgenommen etwa Unkostenzuschläge und
andere Auslagen. Da die Arbeitswoche in der Regel 5 Arbeitstage umfasst, ist für den Grundurlaub ein Anspruch von 18 Arbeitstagen und
daher ein Prozentsatz von 6,75 zugrundezulegen (GK-SchwbG-*Großmann*, § 49 RdNr. 52; *Masuch* in Hauck/Noftz, SGB IX, K § 127
RdNr. 16). Für den Zusatzurlaub für Schwerbehinderte in Heimarbeit
Beschäftigte sieht Abs. 3 S. 2 eine vergleichbare Berechnungsregelung
vor. Danach erhalten diese zusätzlich 2 % ihres in der Zeit vom 1.Mai
des vergangenen bis zum 30. April des laufenden Jahres verdienten Arbeitsentgelts. Ihnen steht daher ein Prozentsatz von insgesamt 8,75 zu
(GK-SchwbG-*Großmann*, § 49 RdNr. 59; *Masuch* in Hauck/Noftz, SGB
IX, K § 127 RdNr. 18). Trotz geringfügig abweichender Formulierung
in § 12 Ziff. 1 BUrlG und § 127 Abs. 3 S. 2 ist der Bezugszeitraum in
beiden Fällen gleich zu verstehen. Es ist von einer **realen** und nicht
fiktiven **Berechnungsgrundlage** auszugehen und auf den Verdienst
ab 1. Mai des vergangenen bis zum 30. 4. des laufenden Jahres abzustellen (GK-SchwbG-*Großmann*, § 49 RdNr. 60).

21   Die Auszahlung des Urlaubsentgeltes soll gemäß § 12 Ziff. 3
BUrlG mit der letzten Entgeltabrechnung vor Antritt des Urlaubes erfolgen. Hiervon abzuweichen ist jedoch unschädlich. Zweckmäßiger
erscheint es, da der in Heimarbeit Beschäftigte keinen Freistellungsanspruch gegen seinen Auftraggeber hat, das Urlaubsentgelt von 8,75 %
jeweils mit dem monatlichen Entgelt auszuzahlen (GK-SchwbG-
Großmann, § 49 RdNr. 62; *Düwell*, LPK-SGB IX, § 127 RdNr. 12).

22   Eine Sonderregelung besteht gemäß Abs. 5 für den Urlaubsanspruch
von Hilfskräften. Da die **Hilfskräfte** Arbeitnehmer sind, steht ihnen
der Urlaubsanspruch nach den §§ 3 ff. BUrlG bzw. nach entsprechenden günstigeren tariflichen oder arbeitsvertraglichen Vereinbarungen
gegen ihren Arbeitgeber, also den in Heimarbeit Beschäftigten bzw.
Gleichgestellten, zu. Abs. 5 bestimmt, dass der Arbeitgeber gegen seinen Auftraggeber einen Anspruch auf Erstattung dieser Urlaubsauf-
wendungen hat, wenn die Hilfskraft dem Auftraggeber auf dessen
Pflichtplätze angerechnet wird.

VII. Sonstige Pflichten des Auftraggebers (Abs. 6)

23   Gemäß Abs. 6 ist derjenige, der Heimarbeit ausgibt, also der Auftraggeber oder Zwischenmeister, lediglich zur **Führung des Verzeichnisses** gemäß § 80 Abs. 1 und zur **Auskunft** gemäß § 80 Abs. 5
gegenüber der Bundesanstalt für Arbeit und dem Integrationsamt verpflichtet. Weitere Verpflichtungen etwa auf eine behindertengerechte

Gestaltung von Arbeitsplätzen (§ 81 Abs. 4) bestehen mangels Eingliederung der in Heimarbeit Beschäftigten in den Betrieb des Auftraggebers nicht.

VIII. Verfahrensfragen

Rechtsstreitigkeiten um Entgelte und Urlaubsgewährung oder Kündigung sind vor den Arbeitsgerichten gemäß § 5 Abs. 1 S. 2, § 2 Ziff. 3 ArbGG zu führen. Streitigkeiten um die Anrechnung gemäß § 127 Abs. 4, die durch das Arbeitsamt zugelassen werden muss, sind beim Sozialgericht anhängig zu machen (§ 51 Abs. 1 SGG). Ansonsten bestehen hinsichtlich des Streits um die Schwerbehinderteneigenschaft oder die Zustimmung des Integrationsamtes zur Kündigung keine Besonderheiten. Insoweit ist die Sozialgerichtsbarkeit bzw. die Verwaltungsgerichtsbarkeit zuständig.

Schwerbehinderte Beamte und Beamtinnen, Richter und Richterinnen, Soldaten und Soldatinnen

128 (1) Die besonderen Vorschriften und Grundsätze für die Besetzung der Beamtenstellen sind unbeschadet der Geltung des Teils 2 auch für schwerbehinderte Beamte und Beamtinnen so zu gestalten, dass die Einstellung und Beschäftigung schwerbehinderter Menschen gefördert und ein angemessener Anteil schwerbehinderter Menschen unter den Beamten und Beamtinnen erreicht wird.

(2) ¹Sollen schwerbehinderte Beamte oder Beamtinnen vorzeitig in den Ruhestand versetzt oder entlassen werden, wird vorher das Integrationsamt gehört, das für die Dienststelle zuständig ist, die den Beamten oder die Beamtin beschäftigt, es sei denn, der schwerbehinderte Beamte oder die schwerbehinderte Beamtin hat die vorzeitige Versetzung in den Ruhestand oder die Entlassung selbst beantragt. ²Die Beteiligung der Schwerbehindertenvertretung gemäß § 95 Abs. 2 bleibt unberührt.

(3) Die Vorschriften der Absätze 1 und 2 finden auf Richter und Richterinnen entsprechende Anwendung.

(4) ¹Für die persönliche Rechtsstellung schwerbehinderter Soldaten und Soldatinnen gelten § 2 Abs. 1 und 2, §§ 69, 93 bis 99, 116 Abs. 1 sowie §§ 123, 125, 126 und 145 bis 147. ²Im Übrigen gelten für Soldaten und Soldatinnen die Vorschriften über die persönliche Rechtsstellung der schwerbehinderten Menschen, soweit sie mit den Besonderheiten des Dienstverhältnisses vereinbar sind.

Übersicht

I. Allgemeines

1   Die Vorschrift übernimmt inhaltlich unverändert die Regelung des § 50 SchwbG in der Fassung der Bekanntmachung vom 26. 8. 1986. Da die Regelungen, die das Bestehen eines Arbeitsverhältnisses vorausset- zen, wie etwa der Kündigungsschutz gemäß §§ 85 ff. auf das Beamten- verhältnis keine Anwendung finden, bezweckt die Vorschrift eine die Besonderheiten des öffentlich-rechtlichen Dienstverhältnisses berück- sichtigende gleichwertige Förderung der Teilhabe schwerbehinderter Menschen.

II. Einstellungsförderung

2   Abs. 1 stellt grundsätzlich klar, dass die Regelungen des Teils 2 zur Teilhabe schwerbehinderter Menschen nicht nur für schwerbehinderte Arbeitnehmer sondern auch für schwerbehinderte Beamte und Beam- tinnen gelten. Darüber hinaus sollen die besonderen Vorschriften und Grundsätze, die für die Einstellung und Beschäftigung von Beamten gelten, so gestaltet und angewendet werden, dass sie für eine Einstel- lung und Beschäftigung Schwerbehinderter förderlich sind.

    Bereits durch die Vorschriften der §§ 71 Abs. 1 und 3, 73 Abs. 3 ist klar, dass auch öffentliche Arbeitgeber beschäftigungspflichtig sind. Darüber hinaus legt jedoch § 128 Abs. 1 ausdrücklich fest, dass die all- gemeine Beschäftigungspflicht durch die Beschäftigung eines ange- messenen Anteils schwerbehinderter Menschen unter den Beamten und Beamtinnen zu erfüllen ist. Öffentliche Arbeitgeber könnten ihrer Verpflichtung auch dadurch Genüge tun, dass sie im Wesentlichen schwerbehinderte Arbeiter und Angestellte und nicht schwerbehin- derte Beamte oder Richter einstellen. Um dies zu verhindern schreibt

Abs. 1 vor, dass unter den beschäftigten Schwerbehinderten auch ein **angemessener Anteil von Beamten und Richtern** ist. Die Angemessenheit orientiert sich am Anteil, den Beamte und Richter insgesamt am Personal des beschäftigungspflichtigen öffentlichen Arbeitgebers stellen. Dieser Anteil soll sich bei der Beschäftigung schwerbehinderter Beamter und Richter widerspiegeln. Dies zu überwachen, ist Verpflichtung der Bundesanstalt für Arbeit gemäß § 104 Abs. 1 Ziff. 7. Als Ordnungswidrigkeit wird ein Verstoß nicht geahndet.

Den öffentlichen Arbeitgeber treffen die **Verpflichtungen des** 3 **§ 81** in gleicher Weise wie den privaten Arbeitgeber. Dies gilt auch für die Einstellung von Beamten und Beamtinnen. Deshalb sind beim Freiwerden von Beamtenstellen die Meldepflichten der §§ 82, 81 Abs. 1 gegenüber dem Arbeitsamt zu beachten und schwerbehinderte Bewerber zu einem Vorstellungsgespräch einzuladen, wenn deren fachliche Eignung nicht offensichtlich fehlt (§ 82). Über Vermittlungsvorschläge des Arbeitsamtes oder Bewerbungen sind gemäß § 81 Abs. 1 die **Schwerbehindertenvertretung** sowie der zuständige **Personalrat** zu unterrichten und vor der Einstellungsentscheidung zu **beteiligen**. Das **Benachteiligungsverbot** des § 81 Abs. 2 ist auch bei der Besetzung einer Beamtenstelle einzuhalten. Bei Verstößen entstehen Schadensersatzansprüche.

Darüber hinaus treffen den öffentlichen Arbeitgeber auch besondere 4 Förderpflichten bei der Besetzung von Beamtenstellen. § 128 Abs. 1 enthält insoweit eine Verpflichtung, die sich an den Normsetzungsgeber wie den Normanwender bei der Besetzung von Beamtenstellen richtet (*Masuch* in Hauck/Noftz, SGB IX, K § 128 RdNr. 7). Im Normsetzungsbereich zählen hierzu etwa die auf der Ebene des Bundes für den jeweiligen Geschäftsbereich der Bundesministerien erlassenen **Schwerbehindertenrichtlinien** sowie die in den einzelnen Ländern erlassenen Schwerbehindertenrichtlinien für die jeweiligen Landesverwaltungen. Darüber hinaus gehören dazu die **Laufbahnverordnungen** des Bundes (§ 13 BLVO) und der Länder (z.B. § 6 Abs. 1, S. 6 LVO NW), die veränderte Altersgrenzen für schwerbehinderte Laufbahnbewerber bei der Einstellung oder Übernahme als Beamte auf Probe vorsehen. Da es sich hierbei um pauschalierte Ausnahmeregelungen handelt, können darüber hinaus nicht noch weitere Gesichtspunkte (etwa Altersüberschreitung wegen Geburt und Betreuung von Kindern gemäß § 6 Abs. 1 S. 3 LVO) berücksichtigt und eine noch weitergehende Überschreitung der Altersgrenzen zugelassen werden (OVG NW U. v. 26. 3. 01 – AZ 6 A 4698/00).

§ 13 BLVO und entsprechende Vorschriften auf Länderebene (z.B. 5 § 13 LVO NW) sehen außerdem vor, dass von Schwerbehinderten bei der Einstellung und Beförderung nur das Mindestmaß körperlicher Eignung verlangt werden darf. Die **Auswahlentscheidung** kann unter Beachtung dieser Verordnungen und Richtlinien zwar nicht den

Grundsatz der „Bestenauslese" nach Art. 33 GG aufheben; bei **gleicher Qualifikation** können die Regelungen jedoch dazu führen, dass der schwerbehinderte Bewerber dem nicht behinderten Bewerber vorgezogen werden muss und nur die Einstellung des Schwerbehinderten sich als die sachlich richtige, ermessensfehlerfreie Entscheidung erweist (BVerwG U. v. 15. 2. 90, NVwZ-RR 1990, 489; *Düwell*, LPK-SGB IX, § 128 RdNr. 5). Der Einstellungs- oder Beförderungsanspruch ist allerdings in der Praxis schwierig durchzusetzen, weil der Nachweis der vom BVerwG verlangten „absolut gleichen" Qualifikation schwer zu führen ist. Insofern kollidiert der gesetzgeberische Normsetzungsauftrag in § 128 Abs. 1, für die Einstellung förderliche Regelungen (in Erlassen und Verordnungen) zu treffen, mit dem Prinzip der „Bestenauslese" in Art. 33 GG.

III. Beschäftigungsförderung

6   Zunächst gilt die gesetzliche Verpflichtung in § 81 Abs. 4 Ziff. 1, schwerbehinderte Menschen so zu beschäftigen, dass sie ihre Fähigkeiten und Kenntnisse möglichst voll verwerten und weiterentwickeln können, auch im Beamtenverhältnis. Gegenüber schwerbehinderten Beamten und Beamtinnen bestehen auch die weiteren in **§ 81 Abs. 4 genannten Verpflichtungen**, vor allem auch zur behindertengerechten Ausstattung des Arbeitsplatzes und Gestaltung der Arbeitsorganisation sowie des Arbeitsumfeldes (siehe Erläuterungen zu § 81). Unter den Voraussetzungen des § 81 Abs. 5 besteht auch ein Anspruch auf **Teilzeitbeschäftigung**. Darüber hinaus sehen auch hier besondere Vorschriften eine weitergehende Förderpflicht im Bund und in den Ländern durch die jeweiligen Laufbahnverordnungen (z. B. § 13 Abs. 3 LVO NW) und die sog. Schwerbehindertenrichtlinien vor. Danach sollen etwa bei der Beurteilung des schwerbehinderten Beamten dessen verminderte Leistungsfähigkeit aufgrund der Behinderung zu berücksichtigen sein und besondere Anstrengungen positiv hervorgehoben werden. Dies bedeutet z.B., dass bei Beurteilungen in Bezug auf die **Quantität der Arbeitsleistung**, also Arbeitstempo und Belastbarkeit nicht die gleichen Maßstäbe wie bei nicht behinderten Beamten angelegt werden dürfen (BVerwG U. v. 5. 8. 83, AZ: 2 B 89/82). **Qualitative Leistungsminderungen** sind allerdings nicht zu berücksichtigen, da dies dem Leistungsgrundsatz im öffentlichen Dienstrecht widerspricht und zu einer Bevorzugung Schwerbehinderter führen würde (BVerwG U. v. 25. 2. 88 DÖV 1988, 599). Ähnliches gilt auch für das **Prüfungswesen**. Auch hier sehen die Laufbahnverordnungen etwa Erleichterungen für Körperbehinderte vor (z.B. § 13 Abs. 2 LVO NW).

7   Im Rahmen der Besetzungsentscheidung von **Aufstiegspositionen** begründet die Schwerbehinderteneigenschaft als solche keinen An-

spruch auf eine bestimmte Position. Die Entscheidung ist – wie auch sonst – nach den Grundsätzen des Art. 33 Abs. 2 GG vorzunehmen, also nach Eignung, Befähigung und fachlicher Leistung. Der am besten geeignete Bewerber ist auszuwählen. Die Schwerbehinderteneigenschaft ist aber dann zu berücksichtigen, wenn ein Schwerbehinderter mit einem Nichtbehinderten konkurriert und beide aufgrund ihrer Aus- und Vorbildung, ihrer Fähigkeiten und Leistungen „absolut gleich geeignet" für die angestrebte Verwendung sind. Ein weitergehender Anspruch ist auch den Schwerbehindertenrichtlinien nicht zu entnehmen (BVerwG U. v. 15. 2. 90, NVwZ-RR 1990, 489). Die vorrangige Berücksichtigung der Schwerbehinderteneigenschaft bei gleicher Qualifikation kann im Wege der Konkurrentenklage geltend gemacht werden.

IV. Schutz vor Entlassungen und Versetzungen in den Ruhestand

Vor der Entlassung oder Versetzung eines Beamten in den Ruhe- **8** stand ist die Schwerbehindertenvertretung der Dienststelle, die den Beamten beschäftigt, sowie das Integrationsamt vorher zu hören.

1. Anhörung des Integrationsamtes. Das Gesetz sieht anders als **9** im Arbeitsverhältnis kein vorheriges Zustimmungserfordernis des Integrationsamtes vor. Damit soll den staatsrechtlichen Besonderheiten des Beamtenverhältnisses und den Belangen des öffentlichen Dienstes Rechnung getragen werden (BVerwG U. v. 17. 9. 81 DVBl 1982, 582). Die Anhörungspflicht besteht in den Fällen, in denen der Beamte gemäß den §§ 28, 31, 32 BBG, § 23 BRRG oder den entsprechenden Landesregelungen entlassen wird. Dies sind vor allem **Entlassungen von Beamten auf Widerruf** (§ 32 BBG) und von **Beamten auf Probe** wegen mangelnder Bewährung (§ 31 Abs. 1 Ziff. 2 BBG). Die Anhörungspflicht besteht nicht, wenn der Beamte die Entlassung selbst beantragt hat (§ 30 BBG). Wenn das Beamtenverhältnis **kraft Gesetzes endet**, ist die Anhörung des Integrationsamtes ebenfalls nicht erforderlich. Dies ist etwa bei bestimmten strafrechtlichen Verurteilungen der Fall (§§ 48 BBG, 24 BRRG) oder bei Verlust der Deutscheneigenschaft (§ 29 BBG und § 22 BRRG). Auch bei einer Entfernung des Beamten aus dem Dienst wegen eines **schwerwiegenden Dienstvergehens** gemäß § 77 BBG, § 11 BDO gilt die Anhörungspflicht nicht.

Bei der nicht selbst beantragten Versetzung in den Ruhestand gemäß **10** § 48 BBG und § 26 BRRG und den entsprechenden Landesvorschriften ist das Integrationsamt ebenfalls vor der Entscheidung anzuhören. Die **Versetzung in den Ruhestand** ist nur zulässig, wenn der Beamte/Beamtin infolge eines körperlichen Gebrechens oder wegen

Schwäche der körperlichen oder geistigen Kräfte zur Erfüllung seiner/ihrer Dienstpflichten dauernd unfähig ist.

11   Das Gebot der vorherigen Anhörung setzt voraus, dass zum Zeitpunkt der Entscheidung des Dienstherrn entweder die Schwerbehinderteneigenschaft bereits gemäß § 69 Abs. 1 festgestellt ist oder zumindest beantragt worden ist. Fehlt es an beidem besteht das Erfordernis vorheriger Anhörung aus Gründen der Klarheit und Rechtssicherheit nicht (BVerwG U. v. 17. 9. 81 DVBl. 1982, 582). Darüber hinaus muss der Dienststelle die Schwerbehinderteneigenschaft oder die Antragstellung bekannt sein. Umstritten ist, bis zu welchem Zeitpunkt der Beamte sich auf seine **Schwerbehinderteneigenschaft berufen** muss. Das OVG NW nimmt an, dass er dies unverzüglich zu tun hat und die Monatsfrist, die das BAG im Rahmen des Kündigungsschutzverfahren anwendet, nicht übertragbar sei (OVG NW U. v. 15. 11. 89 DVBl 1990, 654). Da der betroffene Beamte vor der Entlassungsverfügung gemäß § 28 VwVfG angehört werden muss, hält das OVG ihn für verpflichtet, bereits im Rahmen dieser Anhörung sich auf die Schwerbehinderteneigenschaft zu berufen (OVG Münster U. v. 15. 11. 89 a.a.O. und U. v. 8. 6. 93 – AZ: 6 A 2076/91). Dieser Auffassung ist zu folgen. Aufgrund der besonderen Anhörungspflicht, die im Beamtenverhältnis gilt, ist es dem Beamten zumutbar, sich **im Anhörungsgespräch** über seine **Schwerbehinderteneigenschaft zu erklären.** Es ist deshalb sachlich gerechtfertigt, ihm darüber hinaus nicht eine weitere Frist von in der Regel einem Monat nach Zugang der Entlassungsverfügung einzuräumen, innerhalb derer er den Dienstherrn von seiner Schwerbehinderteneigenschaft bzw. der Antragstellung unterrichten kann (so auch *Neumann/Pahlen*, SGB IX, § 128 RdNr. 14; a.A.: *Cramer*, SchwbG, § 50 RdNr. 9).

12   Anhörung des Integrationsamtes bedeutet, dass **Gelegenheit zur Stellungnahme** gegeben werden muss. Auf die abschließende Entscheidung soll noch Einfluss genommen werden können. Das Integrationsamt soll die Möglichkeit haben, Gesichtspunkte aus dem Schwerbehindertenschutz oder aus den individuellen und persönlichen Verhältnissen des einzelnen Beamten in den Entscheidungsprozess mit einzubringen (BVerwG U. v. 17. 9. 81 DVBl 1982, 582). Die Dienststelle hat das Integrationsamt daher über die Gründe der beabsichtigten Entscheidung zu unterrichten und auch auf entsprechende Nachfragen zur Beseitigung von Unklarheiten durch zusätzliche Informationen beizutragen. Im Falle der Versetzung in den Ruhestand hat es dem Integrationsamt auch mitzuteilen, inwieweit eine behindertengerechte Gestaltung des Arbeitsplatzes oder der Arbeitsumgebung nicht möglich oder weshalb eine Versetzung auf einen geeigneten anderen Dienstposten ausgeschlossen war. Das Integrationsamt kann vor seiner Stellungnahme Beweise für die Richtigkeit der Darlegungen der Dienstbehörde verlangen und auch den Betroffenen anhören (GK-SchwbG-

Großmann, § 50 RdNr. 75–77). Dem Integrationsamt ist außerdem die vorab einzuholende Äußerung der Schwerbehindertenvertretung zur Kenntnis zu bringen (*Düwell*, LPK-SGB IX, § 128 RdNr. 7). Die **Stellungnahme** des Integrationsamtes ist **kein Verwaltungsakt**; sie kann daher auch im Verwaltungsrechtsweg nicht angegriffen werden.

Im Gesetz ist nicht festgelegt, innerhalb welcher **Frist** das Integrati- **13** onsamt seine Stellungnahme abzugeben hat. Anerkannt ist, dass die dem Integrationsamt zugestandene Zeit angemessen sein muss und ausreichend Zeit für eine sachgerechte Vorbereitung der abzugebenden Stellungnahme verbleiben muss. Als Anhaltspunkt kann dazu die Monatsfrist des § 88 Abs. 1 dienen (OVG NW U. v. 7. 11. 94 br 1995, 50). In derselben Entscheidung vom 7. 11. 94 war jedenfalls eine Frist von 2 Wochen als zu kurz angesehen worden; in einer Entscheidung des OVG NW vom 18. 4. 91 (AZ 12 A 1861/89) wurde die Gewährung einer Frist von 2 Monaten jedenfalls für ausreichend gehalten. Erfolgt nach Ablauf der Frist keine Reaktion des Integrationsamtes, kann die Entscheidung der Behörde über die Entlassung oder Versetzung in den Ruhestand erfolgen (OVG NW U. v. 18. 4. 91 a. a. O.).

2. Folgen der unterbliebenen Anhörung des Integrationsam- 14 tes. Ist die Entscheidung über die Entlassung eines Beamten oder dessen Versetzung in den Ruhestand ohne Anhörung des Integrationsamtes getroffen worden, ist die Entscheidung **unheilbar rechtswidrig**. Es ist auch unerheblich, ob das Integrationsamt noch im Widerspruchsverfahren genügend Zeit zur Abgabe einer Stellungnahme verblieben ist, da die Anhörung weder im Widerspruchsverfahren noch im Verwaltungsstreitverfahren nachgeholt werden kann, der Verfahrensfehler also unheilbar ist (BVerwG U. v. 17. 9. 81 DVBl 1982, 582). Insbesondere sind auch die Regelungen des § 45 Abs. 1 Ziff. 3 und 5 VwVfG bzw. § 41 SGB X nicht anwendbar, die eine Heilung von Verfahrens- und Formfehlern ermöglichen, da die spezialgesetzliche Regelung des § 128 Abs. 2 vorgeht (OVG NW U. v. 15. 11. 89 DVBl 1990, 654).

Davon zu trennen ist das **Verwaltungsverfahren**, das der abschließenden Entscheidung vorangeht. Während dieses Verfahrens bis zur Zustellung der Zurruhesetzungsverfügung oder des Entlassungsbescheides an den betroffenen Beamten kann die Anhörung des Integrationsamtes noch erfolgen (BVerwG U. v. 25. 10. 89, DVBl 1990, 259; OVG Münster U. v. 12. 10. 87 br 1988, 116).

3. Anhörung der Schwerbehindertenvertretung. Aus § 128 **15** Abs. 2 S. 2 ergibt sich, dass gemäß § 95 Abs. 2 die Schwerbehindertenvertretung zu beteiligen ist. Im Unterschied zur Regelung des § 128 Abs. 2 S. 1 gilt dies auch bei der durch den Beamten selbst beantragten Entlassung oder Versetzung in den Ruhestand. Dies hat seinen Grund darin, dass die Schwerbehindertenvertretung neben den Belangen des Betroffenen auch die Interessen anderer schwerbehinderter Beschäftig-

ter berücksichtigen muss. Will die Dienststelle demnach einen Beamten entlassen oder in den Ruhestand versetzen oder auch sonst eine personelle Entscheidung, die einen schwerbehinderten Beamten/Beamtin
berührt, treffen, muss sie zunächst die zuständige Schwerbehindertenvertretung von der beabsichtigten Maßnahme unverzüglich und
umfassend unterrichten und vor der Entscheidung anhören. Die
Schwerbehindertenvertretung muss also beteiligt werden, bevor die
Zurruhesetzungsverfügung oder der Entlassungsbescheid dem betroffenen Beamten zugestellt worden ist (OVG Münster U. v. 12. 10. 87, br
1988, 116). Anschließend ist ihr die getroffene Entscheidung unverzüglich mitzuteilen (§ 95 Abs. 2). Gemäß § 97 Abs. 6 S. 3 ist die Stufenvertretung zuständig, wenn die Entscheidung von der übergeordneten
Dienststelle getroffen wird.

16   **4. Folgen der unterbliebenen Anhörung der Schwerbehindertenvertretung.** Die fehlende Anhörung der Schwerbehindertenvertretung gemäß § 128 Abs. 2 S. 2 i.V. mit § 95 Abs. 2 führt als solche nicht
zur Rechtswidrigkeit der getroffenen Maßnahme. Sie kann gemäß
§ 95 Abs. 2 S. 2 nachgeholt werden. Auch, wenn die Maßnahme bereits
durchgeführt oder vollzogen worden ist, bleibt sie **wirksam**.

17   Dies bedeutet allerdings nicht, dass die vollzogene Entscheidung
im öffentlichen Dienstrecht auch rechtmäßig ist. Handelt es sich nämlich um eine Ermessensentscheidung des Dienstherrn, kann sie deshalb
ermessensfehlerhaft sein, weil die **Überlegungen der Schwerbehindertenvertretung nicht** in die Entscheidung **miteinbezogen**
werden konnten. Unter Verletzung der Beteiligungspflicht erlassene
Verwaltungsakte sind mit einem Verfahrensfehler behaftet, der diese
rechtswidrig und damit anfechtbar macht (BVerwG U. v. 15. 2. 90
NVwZ-RR 1990, 489–491; OVG Berlin Beschl. v. 28. 6. 89 br 1990,
44). Ein Ermessensfehler liegt nur dann nicht vor, wenn ausgeschlossen werden kann, dass durch die Überlegungen der Schwerbehindertenvertretung die Entscheidung in keinem Fall zugunsten des betroffenen schwerbehinderten Beamten hätte beeinflusst werden können.
Entscheidungserheblich ist hierbei die nachträgliche Einlassung der
Schwerbehindertenvertretung. Erklärt sie z.B., dass sie die vollzogene
Entscheidung auch bei vorheriger Anhörung gebilligt hätte, ist ein Ermessensfehler nicht anzunehmen (BVerwG U. v. 15. 2. 90 NVwZ-RR
1990, 489–491).

V. Richter (Abs. 3)

18   Die Vorschrift erstreckt die Anwendung der Absätze 1 und 2 auch
auf schwerbehinderte und gleichgestellte Richter und Richterinnen.
Eine **ausdrückliche Einbeziehung** ist deshalb erforderlich, weil es
sich aufgrund der persönlichen und sachlichen Unabhängigkeit um

ein Dienstverhältnis besonderer Art handelt (Art 92, 97 GG). Anzuwenden ist die Vorschrift auf alle Richter und Richterinnen im Sinne
des § 9 DRiG, demnach auf Richter auf Lebenszeit (§ 10 DRiG), auf
Probe (§ 12) und kraft Auftrags (§ 14), nicht aber auf Richter auf Zeit
(§ 11) und nicht auf ehrenamtliche Richter, da sie nicht im besonderen
Dienstverhältnis stehen.

Die **Einstellung und Beschäftigung** von schwerbehinderten   19
Richtern sind ebenfalls **besonders zu fördern**. Auch für sie gilt die
Regelung des § 13 Abs. 1 BLVO und die entsprechenden Laufbahnverordnungen der Länder, wonach für die Einstellung und Beförderung
von Schwerbehinderten nur ein Mindestmaß an körperlicher Eignung zu verlangen ist. Aus diesem Grund können etwa auch Blinde
Richter werden, nicht aber wohl Taubstumme, da ein Mindestmaß an
Verständigung und unmittelbarem Eindruck vom Prozessgeschehen
in der mündlichen Verhandlung erforderlich ist (GK-SchwbG-*Großmann*, § 50 RdNr. 100; a.A. *Masuch* in Hauck/Noftz, SGB IX, K § 128
RdNr. 23).

Bezogen auf die **Qualifikation** können die Anforderungen an   20
schwerbehinderte Richter bei der Einstellung und Beschäftigung auch
auf Beförderungsstellen nicht geringer sein. Es kann allerdings gerechtfertigt sein, aufgrund der Behinderung eine **quantitativ geringere Dezernatszuteilung** vorzunehmen (GK-SchwbG-*Großmann*,
§ 50 RdNr. 101, *Düwell*, LPK-SGB IX, § 128 RdNr. 14).

Bei der Entlassung von Richtern (z.B. bei Nichtübernahme nach   21
Ablauf der Probezeit gemäß § 22 DRiG) und vorzeitigen Versetzung in
den Ruhestand wegen Dienstunfähigkeit (§ 34 DRiG) ist zuvor die für
Richter zuständige **Schwerbehindertenvertretung** sowie das **Integrationsamt zu hören**.

VI. Soldaten (Abs. 4)

Sowohl unter Berufssoldaten wie unter Wehrpflichtigen finden sich   22
auch Schwerbehinderte, da die Schwerbehinderteneigenschaft nicht
von vorneherein zur Annahme der Wehrdienstunfähigkeit im Sinne
der §§ 8a, 9 WpflG führt. Sie sind lediglich gemäß § 11 Abs. 1 Ziff. 4
WpflG vom Wehrdienst befreit.

Abs. 4 enthält deshalb eine Sonderregelung für Soldaten. Danach   23
sind die in S. 1 genannten Vorschriften unbedingt, weitere die persönliche Rechtsstellung des Soldaten berührenden Vorschriften des Gesetzes
gemäß S. 2 nur **eingeschränkt anwendbar**. Da die Vorschriften über
die Beschäftigungspflicht (§§ 71 ff.) nicht die persönliche Rechtsstellung betreffen, sind sie nicht anwendbar.

Ohne Einschränkungen gelten gemäß Abs. 4 S. 1 die Vorschriften   24
über

- die Feststellung der Schwerbehinderteneigenschaft (§ 2 Abs. 1 und 2, § 69) und deren Wegfall (§ 116 Abs. 1)
- das gesamte Kapitel 5, also vor allem die Regelungen über die Tätigkeit des Personalrates und der Schwerbehindertenvertretung. Gemäß § 95 Abs. 2 ist damit auch in allen Angelegenheiten, die schwerbehinderte Soldaten betreffen, vorab die Schwerbehindertenvertretung zu beteiligen.
- das Anrechnungsverbot gemäß § 123, der Zusatzurlaub gemäß § 125 und der Nachteilsausgleich gemäß § 126.
- die unentgeltliche Beförderung im öffentlichen Personenverkehr (§§ 145–147)

25   Darüber hinaus regelt Abs. 4 S. 2, dass weitere Schutzvorschriften für Soldaten nur anwendbar sind, wenn sie mit den **Besonderheiten des soldatischen Dienstverhältnisses** vereinbar sind. Dazu gehören etwa die Regelungen über Mehrarbeit (§ 124) oder die Ansprüche auf behindertengerechte Beschäftigung gemäß § 81 Abs. 4 und 5 oder die vorherige Anhörung des Integrationsamtes bei Entlassung oder vorzeitigem Versetzen in den Ruhestand gemäß § 128 Abs. 2.

26   Unanwendbar sind neben den Regelungen über die Beschäftigungspflicht auch die Vorschriften über die Gleichstellung gemäß § 2 Abs. 3, den Kündigungsschutz (§§ 85 ff.), die Werkstätten für Behinderte (Kap. 12) und die Förderung der Einstellung durch Arbeitsamt und Integrationsamt (§§ 101 ff.) (*Masuch* in Hauck/Noftz, SGB IX, K § 128 RdNr. 32; GK-SchwbG-*Großmann*, § 50 RdNr. 110).

27   Die Sonderregelung des § 128 Abs. 4 gilt auch für schwerbehinderte **Zivildienstleistende**. Dies ergibt sich daraus, dass gemäß § 78 Abs. 2 ZDG der Zivildienst bei Anwendung der Vorschriften des öffentlichen Dienstrechts dem Wehrdienst aufgrund der Wehrpflicht gleichgestellt ist (GK-SchwbG-*Großmann*, § 50 RdNr. 110).

VII. Verfahrenfragen

28   Ist streitig, ob die Dienstbehörde gemäß § 128 Abs. 2 verpflichtet ist, vorab das Integrationsamt anzuhören, besteht die Möglichkeit, die Frage vorab durch ein **Feststellungsverfahren** gemäß § 43 VwGO entscheiden zu lassen.

29   Da bei fehlender Anhörung des Integrationsamtes dienstrechtliche Maßnahmen im Sinne des § 128 Abs. 2 einen rechtswidrigen Verwaltungsakt darstellen, der mit Widerspruch und Anfechtungsklage angreifbar ist, ist das **dienstrechtliche Verfahren** auszusetzen, solange die Schwerbehinderteneigenschaft oder Gleichstellung nicht geklärt ist und damit ebenfalls nicht, welche Rechtsfolgen die unterbliebene Anhörung hat (*Masuch* in Hauck/Noftz, SGB IX, K § 128 RdNr. 34; GK-SchwbG-*Großmann*, § 50 RdNr. 122).

Wie auch im Falle der Zustimmung des Integrationsamtes beim Aus- **30** spruch von Kündigungen im Rahmen eines Arbeitsverhältnisses das Integrationsamt bereits im Falle der beantragten, aber noch nicht festgestellten Schwerbehinderteneigenschaft eine Entscheidung treffen kann (BVerwG U. v. 15. 12. 88 NZA 1989, 554), besteht auch für die Dienstbehörde die Möglichkeit, das Integrationsamt bereits bei **beantragter Schwerbehinderung** anzuhören. Dies empfiehlt sich, um evtl. eine über Monate oder auch Jahre andauernde Aussetzung des verwaltungsgerichtlichen Verfahrens bis zur Klärung der Schwerbehinderteneigenschaft zu vermeiden.

Unabhängige Tätigkeit

129 Soweit zur Ausübung einer unabhängigen Tätigkeit eine Zulassung erforderlich ist, soll schwerbehinderten Menschen, die eine Zulassung beantragen, bei fachlicher Eignung und Erfüllung der sonstigen gesetzlichen Voraussetzungen die Zulassung bevorzugt erteilt werden.

I. Allgemeines

Die Vorschrift entspricht inhaltlich unverändert § 51 SchwbG 1986. **1** Sinn und Zweck der Regelung gehen dahin, Schwerbehinderten auch die Aufnahme einer selbstständigen Tätigkeit zu erleichtern. Streitig ist, ob die Vorschrift nur für schwerbehinderte Menschen oder auch für diesen gleichgestellten behinderten Menschen gilt. Da § 68 Abs. 3 Gleichgestellte lediglich von der Regelung über den Zusatzurlaub (§ 125) und von der unentgeltlichen Beförderung im öffentlichen Personenverkehr (Kap. 13) ausschließt, ist die Vorschrift auch auf **Gleichgestellte** anzuwenden (*Cramer*, SchwbG, § 51 RdNr. 2; GK-SchwbG-*Dopatka*, § 51 RdNr. 18; *Neumann/Pahlen*, SGB IX, § 129 RdNr. 1; a. A. *Masuch* in Hauck/Noftz, SGB IX, K § 129 RdNr. 1).

II. Anwendungsbereich

Der Begriff der unabhängigen Tätigkeit ist weit gefasst und beinhal- **2** tet jede **weisungsfrei gestaltete Tätigkeit**, deren Ausübung an eine öffentlich-rechtliche Zulassung gebunden ist. Auch der Begriff der **Zulassung** wird nicht eng verstanden, sondern erstreckt sich auch auf Konzession, Erlaubnis und Approbation (*Masuch* in Hauck/Noftz, SGB IX, K § 129 RdNr. 4; GK-SchwbG-*Dopatka*, § 51 RdNr. 11).

Der Anwendungsbereich der Vorschrift ist dennoch **praktisch ge- 3 ring**, da zum einen nur selten die Ausübung einer Tätigkeit an eine Zulassung gebunden ist (z.B. Bezirksschornsteinfeger, Gaststätten, Rechtsanwälte, Notare, Vertragsärzte) und zum anderen beim Vorliegen der subjektiven und ggf. objektiven Zulassungsvoraussetzungen ein Rechtsanspruch auf Zulassung ohnehin besteht. Der Anwendungsbereich der Vorschrift beschränkt sich demnach auf die Fälle, in denen die über die Zulassung zu entscheidende Stelle einen **Ermessensspielraum** hat. Dann muss in die Ermessensentscheidung auch die in § 129 gesetzlich vorgeschriebene Bevorzugung Schwerbehinderter einfließen. Wird dies unterlassen, ist die Entscheidung fehlerhaft (BGH U. v. 13.10.86 DNotZ 1987, 448; BGH U. v. 16.3.98 NJW-RR 1998, 1281).

4   Praktisch bedeutsam ist die Vorschrift daher im Bereich der **Notarzulassung**. Der BGH hat insoweit entschieden, dass es zwar keinen Ermessensfehler darstellt, wenn die allgemeine 5-jährige **Wartezeit** der Notariatsbewerber für Schwerbehinderte nicht generell verkürzt wird; die Behörde muss jedoch im Einzelfall prüfen, inwieweit durch die Behinderung ein Zeitverlust eingetreten ist, der den schwerbehinderten Menschen daran gehindert haben könnte, die Wartezeit zu erfüllen (BGH U. v. 16.3.98 NJW-RR 1998, 1281). In NRW sieht § 18 Abs. 4 AVNot eine Bevorzugung Schwerbehinderter im Rahmen der Auswahlentscheidung bei gleicher Punktzahl vor. Im Bereich der **vertragsärztlichen Zulassung** steht dem Zulassungsausschuss gemäß § 103 Abs. 4 S.3 SGB V ein Auswahlermessen zu, welcher Bewerber unter mehreren als Nachfolger des bisherigen Vertragsarztes die ausgeschriebene Praxis fortführen darf. Bei dieser Ermessensentscheidung wird der Zulassungsausschuss aufgrund der Vorschrift des § 129 das Vorliegen einer Schwerbehinderung bei einem der Bewerber zu berücksichtigen haben.

5   Im Rahmen der **begleitenden Hilfe im Arbeitsleben** sieht § 102 Abs. 3 Ziff. 1 c die Möglichkeit vor, Geldleistungen auch zur Gründung und Erhaltung einer selbständigen Existenz zu gewähren.

Geheimhaltungspflicht

130 (1) Die Beschäftigten der Integrationsämter, der Bundesanstalt für Arbeit, der Rehabilitationsträger einschließlich ihrer Beschäftigten in gemeinsamen Servicestellen sowie der von diesen Stellen beauftragten Integrationsfachdienste und die Mitglieder der Ausschüsse und des Beirates für die Teilhabe behinderter Menschen (§ 64) und ihre Stellvertreter oder Stellvertreterinnen sowie zur Durchführung ihrer Aufgaben hinzugezogene Sachverständige sind verpflichtet,

1. über ihnen wegen ihres Amtes oder Auftrages bekannt gewordene persönliche Verhältnisse und Angelegenheiten von Beschäftigten auf Arbeitsplätzen für schwerbehinderte Menschen, die ihrer Bedeu-

tung oder ihrem Inhalt nach einer vertraulichen Behandlung bedürfen, Stillschweigen zu bewahren, und

2. ihnen wegen ihres Amtes oder Auftrages bekannt gewordene
und vom Arbeitgeber ausdrücklich als geheimhaltungsbedürftig bezeichnete Betriebs- oder Geschäftsgeheimnisse nicht zu offenbaren
und nicht zu verwerten.

(2) [1]Diese Pflichten gelten auch nach dem Ausscheiden aus dem
Amt oder nach Beendigung des Auftrages. [2]Sie gelten nicht gegenüber der Bundesanstalt für Arbeit, den Integrationsämtern und den
Rehabilitationsträgern, soweit deren Aufgaben gegenüber schwerbehinderten Menschen es erfordern, gegenüber der Schwerbehindertenvertretung sowie gegenüber den in § 79 Abs. 1 des Betriebsverfassungsgesetzes und den in den entsprechenden Vorschriften des
Personalvertretungsrechts genannten Vertretungen, Personen und
Stellen.

I. Allgemeines

Die Vorschrift übernimmt inhaltlich unverändert die Regelung des 1
§ 52 SchwbG 1986 (BGBl I S. 1421). § 130 erweitert den Geltungsbereich auch auf die Beschäftigten der neu geschaffenen Servicestellen
(§§ 22, 23) und Integrationsfachdienste (§§ 109 ff.).

Da bereits durch die Regelungen des § 35 SGB I in Verbindung mit 2
§§ 67 ff. SGB X die Sozialdaten als Teil des allgemeinen Persönlich-
keitsrechtes geschützt werden, kommt § 130 im wesentlichen nur eine
ergänzende und das **informationelle Selbstbestimmungsrecht** des
Betroffenen verstärkende Bedeutung zu.

Obwohl bereits § 52 SchwbG als veränderungsbedürftig und anpas- 3
sungsbedürftig im Hinblick auf die in § 35 Abs. 1 SGB I und §§ 67 ff.
SGB X verwendete moderne Begrifflichkeit (etwa: Sozialdaten statt
persönliche Verhältnisse und Angelegenheiten) angesehen wurde (siehe
GK-SchwbG-*Dopatka* § 52 RdNr. 3; *Masuch* in Hauck/Noftz, SGB IX,
K § 130 RdNr. 6), hat der Gesetzgeber die bisherige Fassung des § 52
SchwbG beibehalten. Er hat damit die Anwendung der §§ 35 SGB I
und 67 ff. SGB X aber nicht einschränken wollen. Vor allem enthält
§ 130 keine abweichende Regelung im Sinne des § 37 S. 1 SGB I. Er hat
vielmehr die Geheimhaltungspflichten des in der Vorschrift genannten
Personenkreises nur konkretisieren und herausheben wollen (*Masuch* in
Hauck/Noftz, SGB IX, K § 130 RdNr. 1 und 6).

II. Verpflichteter Personenkreis

4   In § 35 Abs. 1 SGB I wird die Verpflichtung zur Wahrung des Sozialgeheimnisses den Leistungsträgern als Institutionen auferlegt, während in § 130 die **Beschäftigten der in Abs. 1 aufgeführten Stellen**,
also der Integrationsämter, der Bundesanstalt für Arbeit, der Rehabilitationsträger, der gemeinsamen Servicestellen und der beauftragten
Integrationsfachdienste sowie die Mitglieder und stellvertretenden
Mitglieder des Beirates gemäß § 64 und der Ausschüsse verpflichtet
werden. Ausschüsse sind alle die im SGB IX genannten Ausschüsse,
also die beratenden Ausschüsse gemäß § 103 und § 105 sowie die
Widerspruchsausschüsse beim Integrationsamt (§ 119) und beim Landesarbeitsamt (§ 120). Verpflichtet werden außerdem die von den in
Abs. 1 genannten Stellen herangezogenen **Sachverständigen**.

III. Geschützter Personenkreis

5   Unter den Schutzbereich des Gesetzes fallen nach Ziff. 1 alle **Personen**, die bei einem privaten oder öffentlichen Arbeitgeber **beschäftigt
werden**. Bereits unter der Geltung des § 52 SchwbG war allgemein anerkannt, dass Personen, die auf Arbeitsplätzen gemäß § 7 Abs. 2 (heute:
§ 73 Abs. 2) eingesetzt werden, vom Schutz nicht ausgenommen sind
(GK-SchwbG-*Dopatka* § 52 RdNr. 38; *Cramer*, SchwbG, § 52 RdNr. 3;
Neumann/Pahlen, SGB IX, § 130 RdNr. 5). Die Beschäftigten müssen
auch nicht schwerbehindert oder gleichgestellt sein; sie können auch
nicht behindert sein (GK-SchwbG-*Dopatka*, § 52 RdNr. 39; *Cramer*,
SchwbG, § 52 RdNr. 3; *Masuch* in Hauck/Noftz, SGB IX, K § 130
RdNr. 11).

6   Nach Ziff. 1 gehören zum geschützten Personenkreis weiterhin **Ar-
beitgeber**. Hierbei kann es sich auch um juristische Personen handeln
(GK-SchwbG-*Dopatka*, § 52 RdNr. 40; *Masuch* in Hauck/Noftz, SGB
IX, K § 130 RdNr. 16). Dies ergibt sich im Übrigen auch aus § 67 Abs. 1
SGB X.

IV. Sachlicher Schutzbereich

7   Der Geheimnisschutz umfasst die persönlichen Verhältnisse und
Angelegenheiten der Beschäftigten sowie Betriebs- und Geschäftsgeheimnisse der Arbeitgeber, soweit diese Informationen im Rahmen
der Aufgabenwahrnehmung des SGB IX offenbart werden. Damit
wird dem Umstand Rechnung getragen, dass zur Verwirklichung der
Aufgaben des SGB IX den Beschäftigten und den Arbeitgebern Mit-

wirkungspflichten auferlegt werden, bei deren Erfüllung Daten offengelegt werden müssen, an deren Geheimhaltung die Betroffenen ein schutzwürdiges Interesse haben. § 130 i.V. mit § 35 SGB I gibt den Betroffenen daher ein **subjektiv öffentliches Recht** gegen die in Abs. 1 genannten Personen, die geheimzuhaltenden Tatsachen nicht zu offenbaren (BSG U. v. 25. 10. 1978 SozR 1200 § 35 Nr. 1; GK-SchwbG-*Dopatka*, § 52 RdNr. 44; *Masuch* in Hauck/Noftz, SGB IX, K § 130 RdNr. 7).

1. Persönliche Angelegenheiten (Ziff. 1). Nach der Legaldefini- 8 tion in § 67 Abs. 1 SGB X sind Sozialdaten Einzelangaben über persönliche oder sachliche Verhältnisse einer bestimmten oder bestimmbaren natürlichen Person, die von einem Leistungsträger im Hinblick auf dessen Aufgaben erhoben, verarbeitet oder genutzt werden. Nicht anders ist auch der sachliche Schutzbereich des § 130 Ziff. 1 definiert. Es geht um den **Schutz von Sozialdaten**, die im Rahmen der Aufgabenwahrnehmung des SGB IX bekannt werden. Die Regelung in Ziff. 1, wonach Angelegenheiten, soweit sie ihrer Bedeutung oder ihrem Inhalt nach einer vertraulichen Behandlung bedürfen, dem Geheimnisschutz unterliegen, ist auch nicht einschränkend zu verstehen. Es sind alle Sozialdaten im Sinne des § 67 Abs. 1 SGB X geschützt. Eine wertende Unterscheidung zwischen „sensiblen" und „harmlosen" Daten ist nicht zulässig (GK-SchwbG-*Dopatka*, § 52 RdNr. 46, 49; *Masuch* in Hauck/Noftz, SGB IX, K § 130 RdNr. 10).

2. Betriebs- und Geschäftsgeheimnisse (Ziff. 2). Nach der 9 Legaldefinition des § 67 Abs. 1 SGB X sind unter Betriebs- und Geschäftsgeheimnissen **alle betriebs- und geschäftsbezogenen Daten**, auch von juristischen Personen, die **Geheimnischarakter** haben, zu verstehen. Gemäß § 35 Abs. 4 SGB I stehen sie Sozialdaten gleich. Geschäftsgeheimnisse betreffen den kaufmännischen Bereich. Dazu zählen etwa Unterlagen oder Informationen über die Kalkulation, die Absatzplanung, die Auftragslage, die Finanzverhältnisse, die Lohnkosten oder das Marketing. Betriebsgeheimnisse beziehen sich dagegen auf den betrieblichen und produktiven Bereich und erfassen etwa Daten über Produktionsmethoden, Maschinen, neue technische Verfahren oder Konstruktionen.

Ziff. 2 regelt zwar, dass der Arbeitgeber die Betriebs- oder Geschäfts- 10 geheimnisse ausdrücklich als geheimhaltungsbedürftig zu bezeichnen hat. Allgemein wird jedoch anerkannt, dass dem grundrechtlich geschützten Recht auf informelle Selbstbestimmung nur Rechnung getragen wird, wenn der Datenschutz nicht davon abhängig gemacht wird, dass der Betroffene eine bestimmte Tatsache für geheimhaltungsbedürftig erklärt. Maßgeblich allein ist vielmehr, ob die **Tatsache selbst Geheimnischarakter** hat (§ 67 Abs. 1 S. 2 SGB X). Dies entscheidet sich nach sachlichen Gesichtspunkten und ist nur der Fall, wenn der Arbeitgeber an der Geheimhaltung ein **berechtigtes wirt-**

schaftliches Interesse hat (GK-SchwbG-*Dopatka*, § 52 RdNr. 56; *Masuch* in Hauck/Noftz, SGB IX, K § 130 RdNr. 16). Gemäß Abs. 2 besteht die Pflicht zur Geheimhaltung auch noch über das Ende der Amtszeit oder des Auftrags hinaus. Sie gilt damit zeitlich unbeschränkt.

V. Ausnahmen (Abs. 2 S. 2)

11   Eingeschränkt wird die Geheimhaltungpflicht gegenüber der **Bundesanstalt für Arbeit, den Integrationsämtern und den Rehabilitationsträgern.** Sie besteht diesen Stellen gegenüber nicht, soweit diese ihrerseits bestimmte Daten für ihre Aufgabenwahrnehmung im Interesse schwerbehinderter Menschen benötigen. Insoweit sind die Übermittlungsbefugnisse näher in den §§ 68 ff. SGB X geregelt. Ist nach diesen Regelungen die Offenbarung erlaubt, berechtigt dies auch die in § 130 Verpflichteten zur Weitergabe von Daten (*Masuch* in Hauck/Noftz, SGB IX, K § 130 RdNr. 22).

12   Keine Geheimhaltungpflicht besteht außerdem gegenüber den **Schwerbehindertenvertretungen** sowie den **betrieblichen und dienstlichen Interessenvertretungen** gemäß § 93, also Betriebsrat, Personalrat, Richter-, Staatsanwalts- und Präsidialrat. Grund dafür ist, dass diese Vertretungen ihrerseits zur Geheimhaltung gemäß § 96 Abs. 7 SGB IX, § 79 BetrVG, § 10 BPersVG verpflichtet sind.

13   Darüber hinaus besteht keine Verpflichtung zur Geheimhaltung, wenn der Betroffene selbst in die Offenbarung seiner Daten **eingewilligt** hat. § 130 enthält keine von der Regelung des § 67b SGB X abweichende Bestimmung (§ 37 SGB I).

VI. Rechtsfolgen der Geheimnisverletzung

14   Ein schuldhafter Verstoß gegen die Geheimhaltungpflicht des § 130 durch eine der in Abs. 1 genannten Personen stellt eine **Straftat** gemäß § 155 dar (siehe Erläuterungen dort). Als weitere Straftaten kommen § 203 Abs. 2 StGB und § 85 SGB X in Betracht.

15   Darüber hinaus können dem Betroffenen bei einer Verletzung der Geheimhaltungpflicht **Schadensersatzansprüche** zustehen. § 130 ist Schutzgesetz im Sinne des § 823 Abs. 2 BGB, so dass ein Amtshaftungsanspruch gemäß Art. 34 GG i.V. mit § 839 Abs. 1 BGB in Betracht kommt.

16   **Vertrauenspersonen** können wegen grober Verletzung ihrer Pflichten aufgrund einer Entscheidung des Widerspruchsausschusses des Integrationsamtes gemäß § 94 Abs. 7 ihr Amt verlieren. Zwar sieht das Gesetz keine Möglichkeit vor, Mitglieder von Ausschüssen bei

grober Verletzung ihrer Pflichten abzuberufen; zu Recht wird jedoch allgemein angenommen, dass den jeweiligen Ausschüssen die Möglichkeit zur Abberufung in diesem Fall ebenfalls zustehen muss (so *Neumann/Pahlen*, SGB IX, § 130 RdNr. 11; GK-SchwbG-*Dopatka*, § 52 RdNr. 102; *Masuch* in Hauck/Noftz, SGB IX, K § 130 RdNr. 26).

Der Betroffene hat außerdem die Möglichkeit, bei erstmalig drohen- 17 der unbefugter Offenbarung eine **vorbeugende Unterlassungsklage** zu erheben, und im Falle der wiederholten unbefugten Offenbarung mit einer Unterlassungsklage seinen Anspruch auf Geheimhaltung gerichtlich durchzusetzen (BSG U. v. 25. 10. 79 SozR 1200 § 35 Nr. 1).

Statistik

131 (1) [1]Über schwerbehinderte Menschen wird alle zwei Jahre eine Bundesstatistik durchgeführt. [2]Sie umfasst folgende Tatbestände:

1. die Zahl der schwerbehinderten Menschen mit gültigem Ausweis,

2. persönliche Merkmale schwerbehinderter Menschen wie Alter, Geschlecht, Staatsangehörigkeit, Wohnort,

3. Art, Ursache und Grad der Behinderung.

(2) [1]Für die Erhebung besteht Auskunftspflicht. [2]Auskunftspflichtig sind die nach § 69 Abs. 1 und 5 zuständigen Behörden.

Die Pflicht zur Führung einer Bundesstatistik über schwerbehin- 1 derte Menschen wurde erstmals in das SchwbG 1974 eingeführt. Die jetzige Vorschrift übernimmt inhaltlich unverändert die Regelung des § 53 SchwbG 1986, zuletzt geändert durch das Gesetz vom 19. 12. 1997 (BGBl. I S. 3158), durch das das Führen einer Leistungsstatistik über Rehabilitationsmaßnahmen abgeschafft worden war.

Die Vorschrift steht im Zusammenhang mit dem **Bundesstatistik-** 2 **gesetz** (BStatG). Gemäß § 5 Abs. 1 BStatG bedürfen Bundesstatistiken einer gesetzlichen Ermächtigungsgrundlage, da sie einen Eingriff in das **informationelle Selbstbestimmungsrecht** darstellen. Für die Statistik über schwerbehinderte Menschen ist daher § 131 Ermächtigungsgrundlage und legt die Erhebungsmerkmale, die Art der Erhebung, den Erhebungszeitraum und die Auskunftspflicht fest. Von der 2-jährigen Statistik werden nicht alle behinderten Menschen erfasst, sondern nur Schwerbehinderte mit einen Grad der Behinderung von mindestens 50, die über einen gültigen Ausweis verfügen. **Erhebungsmerkmale** sind Alter, Geschlecht, Staatsangehörigkeit, Wohnort, Art, Ursache und Grad der Behinderung. Sie werden anonymisiert. Die Erhebungsmerkmale sind außerdem abschließend.

3   Gemäß Abs. 2 sind die **Versorgungsämter** (§ 69 Abs. 1 und Abs. 5) auskunftspflichtig.

Nach der zuletzt zum 31. 12. 2001 durchgeführten **Statistik** waren am **31. 12. 1999** 6 633 466 schwerbehinderte Menschen registriert. Diese gliederten sich in 3 497 458 männliche und 3 136 008 weibliche Personen auf (Antwort der Bundesregierung vom 5. 3. 2002 auf eine kleine Anfrage der PDS-Fraktion zu den Wirkungen des Gesetzes zur Bekämpfung der Arbeitslosigkeit Schwerbehinderter, BT-Drucks. 14/8441, S. 5).

Kapitel 11. Integrationsprojekte

Begriff und Personenkreis

132 (1) Integrationsprojekte sind rechtlich und wirtschaftlich selbstständige Unternehmen (Integrationsunternehmen) oder unternehmensinterne oder von öffentlichen Arbeitgebern im Sinne des § 71 Abs. 3 geführte Betriebe (Integrationsbetriebe) oder Abteilungen (Integrationsabteilungen) zur Beschäftigung schwerbehinderter Menschen auf dem allgemeinen Arbeitsmarkt, deren Teilhabe an einer sonstigen Beschäftigung auf dem allgemeinen Arbeitsmarkt auf Grund von Art oder Schwere der Behinderung oder wegen sonstiger Umstände voraussichtlich trotz Ausschöpfens aller Fördermöglichkeiten und des Einsatzes von Integrationsfachdiensten auf besondere Schwierigkeiten stößt.

(2) Schwerbehinderte Menschen nach Absatz 1 sind insbesondere

1. schwerbehinderte Menschen mit geistiger oder seelischer Behinderung oder mit einer schweren Körper-, Sinnes- oder Mehrfachbehinderung, die sich im Arbeitsleben besonders nachteilig auswirkt und allein oder zusammen mit weiteren vermittlungshemmenden Umständen die Teilhabe am allgemeinen Arbeitsmarkt außerhalb eines Integrationsprojekts erschwert oder verhindert,

2. schwerbehinderte Menschen, die nach zielgerichteter Vorbereitung in einer Werkstatt für behinderte Menschen oder in einer psychiatrischen Einrichtung für den Übergang in einen Betrieb oder eine Dienststelle auf dem allgemeinen Arbeitsmarkt in Betracht kommen und auf diesen Übergang vorbereitet werden sollen, sowie

3. schwerbehinderte Menschen nach Beendigung einer schulischen Bildung, die nur dann Aussicht auf eine Beschäftigung auf dem allgemeinen Arbeitsmarkt haben, wenn sie zuvor in einem Integrationsprojekt an berufsvorbereitenden Bildungsmaßnahmen teilnehmen und dort beschäftigt und weiterqualifiziert werden.

(3) [1]Integrationsunternehmen beschäftigen mindestens 25 Prozent schwerbehinderte Menschen im Sinne von Absatz 1. [2]Der Anteil der schwerbehinderten Menschen soll in der Regel 50 Prozent nicht übersteigen.

I. Allgemeines, Regelungsinhalt der Vorschrift

1   Die Vorschriften des 11. Kapitels über Integrationsprojekte basieren
auf den mit dem **Gesetz zur Bekämpfung der Arbeitslosigkeit
Schwerbehinderter** vom 29. 9. 2000 (BGBl. I S. 1394; vgl. § 68
RdNr. 23 f. m. w. Nw.) in das SchwbG eingefügten §§ 53 a bis 53 d.

2   Bereits in den **neunizger Jahren** hatte sich nach ersten Experimen-
ten mit sog. **Selbsthilfefirmen** die Erkenntnis durchgesetzt, dass ein
Teil der arbeitslosen schwerbehinderten Menschen nur dann in das Arbeitsleben auf dem allgemeinen Arbeitsmarkt eingegliedert werden
kann, wenn dem (Wieder-) Eingliederungsprozess eine längere Phase
der Beschäftigung und Qualifizierung in einem hierfür besonders geeigneten Beschäftigungs-/Integrationsprojekt vorausgeht. Zielgruppe
der Selbsthilfefirmen waren überwiegend seelisch behinderte Menschen, in geringerem Umfang auch geistig, lern- oder sinnesbehinderte
Menschen (ausführlich zur Entwicklung **„marktorientierter" und
„maßnahmeorientierter" Selbsthilfefirmen** sowie **„geschützter
Betriebsabteilungen"** in der DDR und **speziellen Abteilungen** zur
Beschäftigung leistungsgeminderter Mitarbeiter in einigen westdeut-
schen Großbetrieben als Vorläuter der Integrationsprojekte: *Adlhoch* in:
Ernst/Adlhoch/Seel, SGB IX, Vor § 132 RdNr. 1 ff.).

3   Die Hauptfürsorgestellen nahmen mit Mitteln der Ausgleichsabgabe
– unter verschiedener Bezeichnung – externe Fachdienste zur Unter-
stützung der begleitenden Hilfe im Arbeits- und Berufsleben in Anspruch. Konzepte für Integrationsfachdienste (vgl. nunmehr §§ 109 ff.
SGB IX) und Integrationsprojekte waren in Form **„Vorläufiger
Grundsätze"** und **„Förderrichtlinien"** im BMA entwickelt worden.
Auf der Basis dieser Konzepte sollte zunächst in einer **Modellphase** bis
2001 eine Anzahl von Integrationsfachdiensten und Beschäftigungs-/
Integrationsprojekten gefördert werden; gedacht war an je eines dieser
Projekte je Bundesland. In dieser Zeit sollten nähere Erkenntnisse über
die notwendige Ausstattung, den Finanzierungsaufwand und die Effizienz solcher trägerübergreifend tätigen Einrichtungen gewonnen
werden. Die Modellvorhaben sollten wissenschaftlich begleitet werden. **Finanziert** werden sollten die Modelle aus Mitteln des Ausgleichsfonds, also aus dem vom BMA verwalteten Anteil des Bundes an
dem Aufkommen an Ausgleichsabgabe. Es war vorgesehen, jährlich
insgesamt 50 Mio. DM für die Modelle zur Verfügung zu stellen. Die
Beschäftigungs-/Integrationsprojekte sollten durch Zuschüsse zum
Aufbau, zur Ausstattung sowie zur betriebswirtschaftlichen Beratung
und zu den notwendigen Kosten für Anleitungs-, Betreuungs-, Lei-
tungs- und Verwaltungspersonal gefördert werden. Für den Fall der
Bewährung der Modelle war eine spätere Entscheidung über eine
regelhafte Förderung vorgesehen (Vierter Bericht der Bundesregie-

rung über die Lage der Behinderten und die Entwicklung der Rehabilitation vom 18. 12. 1997, BT-Drucks. 13/9514, S. 74 f.; Zu einzelnen Modellen: *Ehrenheim* br 2000, 89). Im Herbst 2000 gab es bundesweit bereits ca. 330 Integrationsprojekte unterschiedlichster Art mit etwa 6500 Arbeitsplätzen für behinderte und nichtbehinderte Menschen. Diese Integrationsprojekte betätigten sich in den verschiedensten Branchen wie Gastronomie und Kantinen, Industriedienstleistungen, Wäschereien, Einzelhandel, Landschaftspflege, Satz und Druck (*Haines/Deutsch*, LPK-SGB IX, vor § 132 RdNr. 4).

Der Prozess der Schaffung eines flächendeckenden strukturierten **4** Angebots und der **Institutionalisierung** von Integrationsprojekten wurde mit dem Gesetz vom 29. 9. 2000 beschleunigt, ohne die Ergebnisse der Modellprojekte abzuwarten. Anknüpfend an die Förderrichtlinien des BMA erfolgte mit Wirkung zum 1. 10. 2000 die gesetzliche Normierung der Förderung von Integrationsprojekten in den **§§ 53a ff. SchwbG.** Ausweislich der Gesetzesbegründung ging der Gesetzgeber davon aus, dass für arbeitslose Schwerbehinderte, für die eine WfB nicht die adäquate Einrichtung zur Beschäftigung und Qualifizierung sei, besondere Integrationsprojekte als **„dritter" Weg** oder als **Brücke zur Eingliederung** in eine reguläre Beschäftigung auf dem allgemeinen Arbeitsmarkt zu schaffen seien. Nur so erhielten diese Schwerbehinderten eine reelle Chance zur (Wieder-) Eingliederung in das „normale"Arbeitsleben. Diese Integrationsprojekte seien – obwohl dem allgemeinen Arbeitsmarkt angehörend – zwischen dem allgemeinen Arbeitsmarkt und den WfB angesiedelt und sollten auch den **Übergang** Schwerbehinderter von WfB auf den allgemeinen Arbeitsmarkt (vgl. § 136 Abs. 1 Satz 3 SGB IX) ermöglichen (BT-Drucks. 14/3372, S. 23 f.).

Die **finanzielle Förderung** von Integrationsunternehmen und **5** öffentlichen Arbeitgebern mit Integrationsbetrieben und Integrationsabteilungen erfolgt nunmehr auf der Grundlage des § 134 SGB IX i.V.m. § 102 Abs. 3 Satz 1 Nr. 3 SGB IX aus Mitteln der Ausgleichsabgabe durch das **Integrationsamt.** Unternehmensinterne Integrationsbetriebe und Integrationsabteilungen werden nach § 134 SGB IX i.V.m. § 41 Abs. 1 Satz 1 Nr. 3 SchwbAV durch die **Bundesanstalt für Arbeit** aus Mitteln des Ausgleichsfonds (§ 78 SGB IX) unterstützt. Neben dieser **institutionellen Förderung** von Integrationsprojekten besteht die Möglichkeit, **individuelle Leistungen** an Arbeitgeber und schwerbehinderte Arbeitnehmer nach § 102 Abs. 3 Satz 1 Nr. 1 und Nr. 2 SGB IX zu erbringen. Die Bundesarbeitsgemeinschaft der Integrationsämter und Hauptfürsorgestellen (BIH) hat **Vorläufige Empfehlungen zur Förderung von Integrationsprojekten** (Stand: 1. 4. 2002) erarbeitet.

§ 132 SGB IX überträgt im Wesentlichen inhaltsgleich den bisheri- **6** gen § 53 a SchwbG. Er beinhaltet in Abs. 1 eine **Legaldefinition** des

Begriffs „Integrationsprojekt", in Abs. 2 eine Beschreibung der **Ziel-gruppe** und in Abs. 3 die Angabe eines **Mindest- und eines Höchst-beschäftigungsanteils** schwerbehinderter Menschen in Integrations-unternehmen.

7　　Auf Vorschlag des Bundesrats wurde im Gesetzgebungsverfahren § 132 Abs. 1 Satz 1 SGB IX dahingehend ergänzt, dass nunmehr auch **öffentliche Arbeitgeber** Integrationsbetriebe und Integrationsabtei-lungen zur Beschäftigung schwerbehinderter Menschen auf dem all-gemeinen Arbeitsmarkt einrichten dürfen. Dies war auf der Grund-lage des § 53 a SchwbG nach Auffassung des BMA nicht möglich (BT-Drucks. 14/5531, S. 11 f.; BT-Drucks. 14/5800, S. 31). Als **redaktionelle Vereinheitlichung** wurde in § 132 Abs. 1 Satz 1, Abs. 2 Nr. 1 SGB IX der Begriff der Eingliederung durch den der Teilhabe und in § 132 Abs. 2 Nr. 1 SGB IX der Begriff der psychischen Behinderung durch den der seelischen Behinderung ersetzt.

8　　Behinderte wie nichtbehinderte **Mitarbeiter von Integrations-projekten** stehen in regulären sozialversicherungspflichtigen Arbeits-verhältnissen. Anders als arbeitnehmerähnlich beschäftigte behinderte Menschen in WfB (§ 138 SGB IX, § 13 WVO) sind sie **Arbeitneh-mer**, deren Rechte und Pflichten sich aus dem abzuschließenden Ar-beitsvertrag, den jeweils einschlägigen Tarifverträgen und dem staat-lichen Arbeitnehmerschutzrecht ergeben. Schwerbehinderte Mitarbei-ter unterliegen insbesondere dem Sonderkündigungsschutz der §§ 85 ff. SGB IX. Die Vorbereitung auf eine Beschäftigung in einem Integrationsprojekt gem. § 133 SGB IX begründet demgegenüber noch keinen Arbeitnehmerstatus, sondern entspricht eher einem Be-triebspraktikum im Rahmen der beruflichen Rehabilitation.

9　　Angesichts der weitgehend inhaltsgleichen Übernahme der §§ 53 a ff. SchwbG in Kapitel 11 des SGB IX und der bei ihrer Einführung heraus-gestellten Ausrichtung der Integrationsprojekte auf das „normale" Ar-beitsleben, auf Wirtschaftlichkeit und Wettbewerbsfähigkeit ist davon auszugehen, dass mit der gesetzlichen Regelung in den §§ 132 ff. SGB IX die **marktorientierte Variante** der früheren Selbsthilfe-/Integrati-onsfirmen weiterentwickelt werden sollte (*Adlhoch* in: Ernst/Adlhoch/ Seel, SGB IX, Vor § 132 RdNr. 7; BT-Drucks. 14/3372, S. 24).

10　　Eine Liste von Integrationsprojekten findet sich in der Internetdar-stellung der **Bundesarbeitsgemeinschaft Integrationsfirmen e.V.** (www.bag-integrationsfirmen.de).

II. Integrationsprojekte (Abs. 1)

11　　Integrationsprojekte sind nach § 132 Abs. 1 SGB IX sowohl als recht-lich und wirtschaftlich selbstständige **Unternehmen** als auch als un-ternehmensinterne bzw. von öffentlichen Arbeitgebern geführte **Be-**

triebe und **Abteilungen** möglich. Gemeinsam ist ihnen der in § 132 Abs. 1 und 2 SGB IX vorgegebene **Unternehmenszweck**, beruflich besonders betroffene schwerbehinderte Menschen auf behinderungsgerechten Arbeitsplätzen zu beschäftigen und die **fachliche Anforderung**, eine arbeitsbegleitende Betreuung und Qualifizierung (§ 133 SGB IX) bereitzustellen. Einer **förmlichen Anerkennung** als Integrationsprojekt bedarf es anders als für WfB (§ 142 SGB IX) nicht.

Integrationsunternehmen müssen rechtlich und wirtschaftlich **12** selbstständig sein. Maßgeblich ist die auf Dauer angelegte Verfolgung **erwerbswirtschaftlicher Zwecke** in Konkurrenz zu anderen Marktteilnehmern in **wirtschaftlicher Selbstständigkeit** und **eigener Rechtsträgerschaft**. Ein gemeinnütziger Status schränkt die erwerbswirtschaftliche Unternehmensfunktion nicht ein. Mit einer rein ideellen Zwecksetzung wird jedoch die Voraussetzung der wirtschaftlichen Selbstständigkeit von Integrationsunternehmen verfehlt. Integrationsunternehmen müssen in der **Rechtsform** der Einzelkaufleute, Personengesellschaften oder Kapitalgesellschaften betrieben werden. Als rechtlich selbstständig sind im **Privatrecht** die GmbH, der rechtsfähige wirtschaftliche Verein, die Genossenschaft, die AG sowie die OHG und die KG anzusehen. Juristische Personen des **öffentlichen Rechts** mit wirtschaftlicher Zwecksetzung wie Stiftungen und rechtsfähige Anstalten des öffentlichen Rechts können sich als Integrationsunternehmen betätigen, nicht jedoch Eigenbetriebe der öffentlichen Hand ohne eigene Rechtspersönlichkeit. Integrationsunternehmen sind nach den Regeln des Handels- und Gesellschaftsrechts buchführungspflichtig und haben ihre Gewinne und Verluste auszuweisen.

Als **Integrationsbetriebe** kommen abgrenzbare organisatorische **13** Einheiten von (Gesamt-) Unternehmen in Betracht, innerhalb derer ein oder mehrere Arbeitgeber mit Hilfe von sächlichen und immateriellen Mitteln einen oder mehrere arbeitstechnische Zwecke fortgesetzt verfolgen, die sich nicht in der Befriedigung des Eigenbedarfs erschöpfen. Im Vordergrund steht dabei eine **einheitliche Organisation**, in der durch einen einheitlichen Leitungsapparat Betriebsmittel eingesetzt und der Arbeitskräfteeinsatz gesteuert wird. Die Betriebsorganisation muss auf eine gewisse Dauer angelegt sein und über eine institutionalisierte Leitungsmacht im sozialen und personellen Bereich verfügen, also zuständig sein für Einstellungen und Entlassungen (*Schröder* in: Hauck/Noftz, SGB IX, § 132 RdNr. 6 f.; *Adlhoch* in: Ernst/Adlhoch/Seel, SGB IX, § 132 RdNr. 4, jeweils m.w.Nw.). Als **unternehmensinterne** Integrationsbetriebe kommen nur **rechtlich unselbstständige Betriebe** von Unternehmen in Betracht, die nicht Integrationsunternehmen sind und selbst erwerbswirtschaftliche Zwecke verfolgen. Rechtlich unselbstständige Zweckbetriebe z. B. von **Verbänden der freien Wohlfahrtspflege, Behindertenverbänden** oder **WfB** gehören mangels primärer erwerbswirtschaftlicher Zwecksetzung dieser Verbände und Einrichtungen nicht zu den Integrationsprojekten i.S. des § 132 Abs. 1 SGB IX (*Adlhoch* br 2001, 8, 9, 18; *Adlhoch* in: Ernst/Adlhoch/Seel, SGB IX, § 132 RdNr. 11, 14; *Schröder* in: Hauck/Noftz, SGB IX, § 132 RdNr. 14 f.).

14   **Unternehmensinterne Integrationsabteilungen** sind rechtlich und organisatorisch unselbstständige Betriebsteile von Unternehmen, die selbst nicht Integrationsunternehmen sind, eine erwerbswirtschaftliche Zwecksetzung verfolgen und rechtlich selbstständig sind. Von daher ist es einer **WfB** als Einrichtung der beruflichen Rehabilitation auch verwehrt, sich um eine Integrationsabteilung als Integrationsprojekt zu erweitern.

15   **Öffentliche Arbeitgeber** können nach § 132 Abs. 1 SGB IX Integrationsbetriebe und Integrationsabteilungen führen. Auf die in **§ 71 Abs. 3 SGB IX** abschließend aufgezählten Bundes- und Landesbehörden, Gebietskörperschaften, Kommunalverbände, sonstigen Körperschaften, Anstalten und Stiftungen des öffentlichen Rechts wird Bezug genommen. Das im öffentlichen Dienst für die Zielgruppe der Integrationsprojekte erschließbare Arbeitsplatzpotenzial wäre durch eine Beschränkung auf erwerbswirtschaftliche Unternehmen ungenutzt geblieben (BT-Drucks. 14/5531, S. 11 f.).

16   Als weiteres Tatbestandsmerkmal des Begriffs „Integrationsprojekt" enthält § 132 Abs. 1 SGB X eine besondere **Aufgabenstellung** des Integrationsunternehmens, des Integrationsbetriebes oder der Integrationsabteilung, nämlich die **Beschäftigung beruflich besonders betroffener schwerbehinderter Menschen auf dem allgemeinen Arbeitsmarkt**. Diese Aufgabenstellung muss in einem Angebot behinderungsgerechter Arbeitsplätze und arbeitsbegleitender Betreuung und Qualifizierung gem. § 133 SGB IX zum Ausdruck kommen.

III. Zielgruppe (Abs. 1 i.V.m. Abs. 2)

17   Integrationsprojekte dienen der Beschäftigung und Qualifizierung von arbeitslosen schwerbehinderten Menschen, die in einer WfB unterfordert wären, auf dem allgemeinen Arbeitsmarkt jedoch auf Grund von Art und Schwere ihrer Behinderung oder wegen sonstiger Gründe trotz Ausschöpfens aller Fördermöglichkeiten und des Einsatzes von Integrationsfachdiensten (noch) **nicht wettbewerbsfähig** sind und deren Teilhabe am Arbeitsleben deshalb auf besondere Schwierigkeiten stößt. **Sonstige vermittlungshemmende Umstände** im Sinne des § 132 Abs. 1 SGB IX sind insbesondere Alter, Langzeitarbeitslosigkeit, unzureichende Qualifikation und Leistungsminderung (vgl. § 109 Abs. 3 SGB IX). Um welche Gruppen von schwerbehinderten Menschen es sich dabei handelt, wird in § 132 Abs. 2 SGB IX aufgeführt.

Als nach § 132 Abs. 1 SGB IX gegenüber einer Beschäftigung in **18**
einem Integrationsprojekt **vorrangige Fördermöglichkeiten** sind
Maßnahmen der beruflichen Rehabilitation und der begleitenden
Hilfe im Arbeitsleben (§§ 33 ff. SGB IX, §§ 97 ff. SGB III, § 102 Abs. 2
bis 4 SGB IX) anzusehen. Mit dem Erfordernis der **„voraussichtlichen" besonderen Schwierigkeiten** bei der Erlangung einer sonstigen Beschäftigung auf dem allgemeinen Arbeitsmarkt trotz Ausschöpfens aller Fördermöglichkeiten in § 132 Abs. 1 SGB IX kommt zum
Ausdruck, dass nicht sämtliche denkbare Fördermöglichkeiten vor
Aufnahme in ein Integrationsprojekt tatsächlich ausgeschöpft worden
seien müssen. Entscheidend ist vielmehr eine **prognostische Bewertung der Eingliederungschancen** unter Berücksichtigung geeigneter Fördermöglichkeiten und der Einschaltung eines Integrationsfachdienstes (*Adlhoch* in: Ernst/Adlhoch/Seel, SGB IX, § 132 RdNr. 18).

Die Aufzählung der Zielgruppe von Integrationsprojekten in § 132 **19**
Abs. 2 SGB IX ist **nicht abschließend** („insbesondere"), so dass es
trotz der Benennung bestimmter Behinderungen in Nr. 1 auf die Art
der Behinderung nicht ankommt. Es ergeben sich **Überschneidungen** mit der Zielgruppe der **Integrationsfachdienste** gem. § 109
Abs. 2 und Abs. 3 SGB IX. Unterschieden werden **drei Gruppen von
beruflich besonders betroffenen schwerbehinderten Menschen:**
– **Nr. 1**: Personen, bei denen sich die näherer bezeichnete **Behinderung** im Arbeitsleben **besonders nachteilig auswirkt** und allein
oder zusammen mit weiteren vermittlungshemmenden Umständen
(in der Person des Betroffenen oder der Lage des Arbeitsmarkts) die
Teilhabe am allgemeinen Arbeitsmarkt außerhalb eines Integrationsprojekts erschwert oder verhindert. In diesen Fällen dürfte zur Abklärung einer **vorrangigen Beschäftigung** auf einem geeigneten Arbeitsplatz des „normalen" Arbeitsmarkts die vorherige Einschaltung
eines Integrationsfachdienstes geboten sein (vgl. § 110 SGB IX).
– **Nr. 2**: Bisher in **WfB** und **psychiatrischen Einrichtungen** beschäftigte schwerbehinderte Menschen zur Vorbereitung des **Übergangs auf den allgemeinen Arbeitsmarkt.** Die Vorschrift setzt
voraus, dass die Betroffenen bereits in der **bisherigen Einrichtung**
zielgerichtet auf den Übergang **vorbereitet** worden sind und diese
Vorbereitung nunmehr unter praxisnäheren Bedingungen des allgemeinen Arbeitsmarkts in einem Integrationsprojekt **fortgesetzt**
wird. Für die **WfB** ist die Förderung des Übergangs geeigneter Personen auf den allgemeinen Arbeitsmarkt durch besondere Maßnahmen eine gesetzliche Verpflichtung (**§ 136 Abs. 1 Satz 3 SGB IX
i.V.m. § 5 Abs. 4 und Abs. 5 WVO**). Die WfB hat demnach insbesondere eine Übergangsgruppe mit besonderen Förderangeboten
einzurichten, individuelle Förderpläne zu entwickeln sowie Trainingsmaßnahmen, Betriebspraktika und die zeitweise Beschäftigung auf ausgelagerten Arbeitsplätzen zu ermöglichen. Dabei hat

die Werkstatt die notwendige **arbeitsbegleitende Betreuung** in der Übergangsphase sicherzustellen und darauf hinzuwirken, dass der zuständige **Rehabilitationsträger** seine Leistungen und nach dem Ausscheiden des behinderten Menschen aus der Werkstatt das **Integrationsamt**, ggfs. unter Beteiligung eines **Integrationsfachdienstes**, die begleitende Hilfe im Arbeits- und Berufsleben einbringen. Die WfB hat die **Bundesanstalt für Arbeit** bei der Durchführung der vorbereitenden Maßnahmen in die Bemühungen zur Vermittlung auf dem allgemeinen Arbeitsmarkt einzubeziehen. Nach § 133 SGB IX bietet auch das **Integrationsprojekt** geeignete Maßnahmen zur Vorbereitung auf eine Beschäftigung in dem Projekt an. An der **Schnittstelle zum Übergang** von der WfB auf den allgemeinen Arbeitsmarkt unter Zuhilfenahme eines Integrationsprojektes wird somit eine intensive **Abstimmung** der begleitenden Maßnahmen erforderlich. Eine **Vernetzung der Angebote zum Übergang von WfB-Beschäftigten** auf den allgemeinen Arbeitsmarkt erscheint als geboten (*Wendt* Rehabilitation 2001, 92, 95). Behinderte Menschen, die im Anschluss an eine WfB-Beschäftigung in einem Integrationsprojekt tätig sind, werden in der gesetzlichen **Rentenversicherung** nach den für WfB maßgeblichen Regelungen nach einem Mindestentgelt i.H.v. 80 % der Bezugsgröße weiterversichert (§ 162 Nr. 2a SGB VI, § 168 Abs. 1 Nr. 2a SGB VI). Der Bund erstattet dem Integrationsprojekt die **Rentenversicherungsbeiträge**, die auf den Betrag zwischen dem tatsächlich erzielten monatlichen Arbeitsentgelt und 80 % der monatlichen Bezugsgröße entfallen, wenn das tatsächlich erzielte monatliche Arbeitsentgelt 80 % der monatlichen Bezugsgröße nicht übersteigt (§ 179 Abs. 1 SGB VI). Die **volle Erwerbsminderung** eines WfB-Beschäftigten wird durch den Übertritt in ein Integrationsprojekt nicht unterbrochen, wenn dieser Eingliederungsversuch in den allgemeinen Arbeitsmarkt scheitert und der behinderte Mensch in die WfB zurückkehrt (§ 43 Abs. 2 Satz 3 Nr. 2 SGB VI).

– **Nr. 3: Schwerbehinderte Schulabgänger** insbesondere aus Sonderschulen, die nur dann Aussicht auf eine Beschäftigung auf dem allgemeinen Arbeitsmarkt haben, wenn sie zuvor in einem Integrationsprojekt an berufsvorbereitenden Bildungsmaßnahmen teilnehmen und dort beschäftigt und weiterqualifiziert werden (dazu *Wendt* NDV 2000, 105, 106). Bei dieser jugendlichen Zielgruppe dient die Beschäftigung in einem Integrationsprojekt der Verhinderung von Arbeitslosigkeit und auch einer Ausgliederung aus dem allgemeinen Arbeitsmarkt durch Aufnahme in eine WfB. Die **Teilnahme an beruflichen Bildungsmaßnahmen** in dem Integrationsprojekt ist verbindlich vorgeschrieben.

20   Aus **gewerkschaftlicher Sicht** wird die Erlaubnis für Unternehmen zur Ausgründung von Integrationsprojekten als Aufforderung des

Gesetzgebers zur **Ausgliederung gesundheitlich beeinträchtigter und behinderter Beschäftigter** in solche Bereiche kritisiert. Die Einrichtung spezieller Integrationsabteilungen sei beschäftigungs- und integrationspolitisch kontraproduktiv und berge die Gefahr der **Ausgrenzung** aus einer normalisierenden Beschäftigung in sich (*Feldes u. a.*, Schwerbehindertenrecht, § 132 SGB IX RdNr. 5). Diese Kritik erscheint im Hinblick auf die gesetzlich umschriebene Zielgruppe der Integrationsprojekte als unberechtigt. Es handelt sich nicht um die Ausgliederung von schwerbehinderten Arbeitnehmern mit bestehenden Arbeitsverhältnissen, sondern im Wesentlichen um die gezielte Förderung von beruflich besonders betroffenen schwerbehinderten **Arbeitslosen** sowie um die Unterstützung des „sanften" **Eintritts** von WfB-Beschäftigten und schwerbehinderten Jugendlichen in den allgemeinen Arbeitsmarkt.

IV. Schwerbehindertenanteil in Integrationsunternehmen (Abs. 3)

§ 132 Abs. 3 SGB IX enthält zwei **Sonderregelungen** für die recht- 21 lich und wirtschaftlich selbstständigen **Integrationsunternehmen**. Einerseits dürfen sie einen **Mindestbeschäftigtenanteil** an besonders beruflich betroffenen schwerbehinderten Menschen im Sinne des Abs. 1 i.V.m. Abs. 2 von **25 %** nicht unterschreiten. Zur Sicherung der Wirtschaftlichkeit und Wettbewerbsfähigkeit der Integrationsunternehmen ist auch eine **„Höchstgrenze"** bestimmt. Danach soll in der Regel der Anteil beschäftigter schwerbehinderter Menschen **50 %** nicht überschreiten. In **Ausnahmefällen**, in denen z. B. bestehende „Integrations"- oder „Selbsthilfefirmen" in der Praxis bewiesen haben, dass wirtschaftliche Ergebnisse auch mit einem höheren Anteil an beschäftigten schwerbehinderten Menschen erreicht werden können, soll ein höherer Anteil möglich sein (BT-Drucks. 14/3372, S. 24).

Aufgaben

133 Die Integrationsprojekte bieten den schwerbehinderten Menschen Beschäftigung und arbeitsbegleitende Betreuung an, soweit erforderlich auch Maßnahmen der beruflichen Weiterbildung oder Gelegenheit zur Teilnahme an entsprechenden außerbetrieblichen Maßnahmen und Unterstützung bei der Vermittlung in eine sonstige Beschäftigung in einem Betrieb oder einer Dienststelle auf dem allgemeinen Arbeitsmarkt sowie geeignete Maßnahmen zur Vorbereitung auf eine Beschäftigung in einem Integrationsprojekt.

1   Die Vorschrift überträgt im Wesentlichen inhaltsgleich den bisherigen
§ 53b SchwbG. Demnach ist es **Aufgabe der Integrationsprojekte,
Beschäftigung** und **arbeitsbegleitende Betreuung** anzubieten. Darüber hinaus können in Einzelfällen Maßnahmen der **beruflichen Weiterbildung** oder Möglichkeiten zur Teilnahme an entsprechenden außerbetrieblichen Maßnahmen erforderlich sein. Wenn notwendig hat das
Beschäftigungsprojekt einen Beschäftigten, der in eine Beschäftigung in
einen Betrieb oder eine Dienststelle **wechseln** will, dabei zu unterstützen. Eine solche Unterstützung ist regelmäßig dann nicht erforderlich,
wenn zu dieser Unterstützung **Integrationsfachdienste** (§§ 109 ff.
SGB IX) zur Verfügung stehen. In den Fällen, in denen dies möglich ist,
wird nicht eine Dauerbeschäftigung in dem Integrationsprojekt, sondern die **Vorbereitung** der beruflich besonders betroffenen schwerbehinderten Menschen auf eine Beschäftigung auf dem **„normalen" allgemeinen Arbeitsmarkt** angestrebt (BT-Drucks. 14/3372, S. 24).

2   Aus der Aufgabenstellung der Integrationsprojekte ergibt sich, dass
es sich zwar nicht um neben der WfB bestehende weitere Einrichtungen der beruflichen Rehabilitation handelt, gleichwohl **spezielle
strukturierte Integrationsangebote** die rein wirtschaftliche Betätigung am Markt ergänzen.

3   Die gesetzlich geforderte **arbeitsbegleitende Betreuung** bezieht
sich auf die unmittelbare berufliche Tätigkeit im Integrationsprojekt
und dient der beruflichen Stabilisierung und Weiterentwicklung des
schwerbehinderten Mitarbeiters. Unter arbeitsbegleitender Betreuung
sind arbeitsmotivierende und arbeitsstabilisierende, anleitende sowie
psychosoziale **Unterstützungsmaßnahmen bei der Arbeitsausführung** zu verstehen. Darunter fällt auch die personelle Unterstützung eines schwerbehinderten Mitarbeiters durch eine beim Integrationsprojekt beschäftigte Hilfskraft im Sinne einer Arbeitsassistenz (vgl.
§ 102 Abs. 4 SGB IX).

4   Anders als in WfB mit ihren begleitenden pädagogischen, sozialen
und medizinischen Diensten (§ 10 WVO) soll in Integrationsprojekten
keine allgemeine **Sozialarbeit** betrieben werden. Im Vordergrund
steht hier ein reguläres Arbeitsverhältnis mit arbeitsvertraglichen
Pflichten auch für den schwerbehinderten Menschen, so dass eine
Überbetonung der betreuenden Funktion des Integrationsprojektes
dem Charakter einer Beschäftigung unter möglichst realen Bedingungen des allgemeinen Arbeitsmarktes widerspräche. Anzustreben ist
eine klare Rollenverteilung zwischen Integrationsprojekt und Integrationsfachdienst, wobei ersteres als **Arbeitgeber** fungiert und letzterer als **externer Berater** z. B. zur Krisenintervention und psychosozialen Betreuung (§ 110 Abs. 2 Nr. 6 SGB IX) zur Verfügung steht
(s.a. *Haines/Deutsch*, LPK-SGB IX, § 133 RdNr. 8).

5   Schwerbehinderte Arbeitnehmer in Integrationsprojekten haben gegenüber ihrem Arbeitgeber einen **Rechtsanspruch** auf die in § 133

SGB IX vorgesehene arbeitsbegleitende Betreuung und berufliche
Weiterbildung. Dieser Rechtsanspruch ergänzt die auch für die Beschäftigung in Integrationsprojekten geltenden Ansprüche schwerbehinderter Arbeitnehmer auf teilhabefördernde Maßnahmen des Arbeitgebers aus **§ 81 Abs. 4 und 5 SGB IX** (s. a. *Adlhoch* in: Ernst/Adl-
hoch/Seel, SGB IX, § 133 RdNr. 4).

Zur Teilnahme an geeigneten innerbetrieblichen oder außerbetrieb- **6**
lichen Maßnahmen der **beruflichen Weiterbildung** sind die schwerbehinderten Mitarbeiter von Integrationsprojekten in angemessenem
Umfang von der Arbeitsleistung **freizustellen**. Die Teilnahme von
schwerbehinderten **Schulabgängern** i. S. des § 132 Abs. 2 Nr. 3 SGB
IX an berufsvorbereitenden Bildungsmaßnahmen und Maßnahmen
zur Weiterqualifizierung ist als fachliche Anforderung an Integrationsprojekte zwingend vorgesehen.

§ 133 SGB IX ist im Gesetzgebungsverfahren ergänzt worden um **7**
den Auftrag an Integrationsprojekte, geeignete **Maßnahmen zur
Vorbereitung** auf eine Beschäftigung in einem Integrationsprojekt
anzubieten. Die Ergänzung soll es ermöglichen, in Integrationsprojekten auch solche, insbesondere seelisch schwerbehinderte Menschen,
durch geeignete Fördermaßnahmen mit Leistungen des zuständigen
Rehabilitationsträgers nach § 33 SGB IX auf eine Beschäftigung in einem Integrationsprojekt vorzubereiten, die noch nicht auf dem allgemeinen Arbeitsmarkt – auch nicht in einem Integrationsprojekt – beschäftigt werden können (BT-Drucks. 14/5800, S. 31). Diese Regelung
unterstreicht die Funktion der Integrationsprojekte als **Bindeglied**
zwischen WfB und dem allgemeinen Arbeitsmarkt (vgl. § 132 Abs. 2
Nr. 2 SGB IX, § 136 Abs. 1 Satz 3 SGB IX). Ein derartiges vorbereiten-
des Angebot von Integrationsprojekten könnte dazu beitragen, insbesondere für körperlich und seelisch behinderte Menschen oftmals nicht
adäquate Aufenthalte in WfB zu vermeiden. Mangels konkreter Vorgaben haben die Integrationsprojekte in der **Ausgestaltung der Angebote** einen weiten Spielraum, den jeweiligen individuellen Bedürfnissen des behinderten Menschen z. B. im Rahmen von Praktika oder
Probebeschäftigungen Rechnung zu tragen.

Finanzielle Leistungen

134 Integrationsprojekte können aus Mitteln der Ausgleichsabgabe Leistungen für Aufbau, Erweiterung, Modernisierung und Ausstattung einschließlich einer betriebswirtschaftlichen Beratung und für besonderen Aufwand erhalten.

I. Allgemeines, Regelungsinhalt der Vorschrift

1   Die Vorschrift stellt sicher, dass Integrationsprojekte eine **institutionelle Förderung** zu Aufbau, Erweiterung, Modernisierung und Ausstattung einschließlich einer betriebswirtschaftlichen Beratung sowie Leistungen für besonderen Aufwand aus dem Aufkommen der **Ausgleichsabgabe** (§ 77 SGB IX, § 102 Abs. 3 Satz 1 Nr. 3 SGB IX) erhalten können. Damit soll der **Aufbau einer ausreichenden Zahl an Integrationsprojekten** ermöglicht werden. Nähere Einzelheiten bleiben der **Verordnung** nach § 135 SGB IX vorbehalten, sobald abschließende Erkenntnisse aus den Modellprojekten und der Begleitforschung vorliegen. Mit den genannten Leistungen sind die finanziellen Hilfen, die an Integrationsprojekte erbracht werden können, **nicht abschließend** geregelt. Die Erbringung individueller Leistungen durch die Bundesanstalt für Arbeit, die Integrationsämter und die Rehabilitationsträger nach den für sie geltenden Rechtsvorschriften bleibt unberührt (Gesetzesbegründung zu § 53 c SchwbG: BT-Drucks. 14/3372, S. 24). Abgesehen von einer sprachlichen Anpassung überträgt die Vorschrift inhaltsgleich den bisherigen **§ 53c SchwbG**.

2   Bei der Förderung von **Integrationsunternehmen** handelt es sich um eine Leistung im Rahmen der begleitenden Hilfe im Arbeitsleben (§ 102 Abs. 1 Satz 1 Nr. 3 SGB IX), bei der Förderung von **unternehmensinternen Integrationsbetrieben und -abteilungen** (§ 132 Abs. 1 SGB IX) außerhalb von öffentlichen Arbeitgebern um Leistungen aus dem Ausgleichsfonds beim BMA (§ 78 SGB IX). Die Förderung von Integrationsunternehmen dem Grunde nach sowie Art und Umfang der Förderung und ihre regionale Verteilung stehen im **Ermessen des Integrationsamtes** (§ 134: Integrationsprojekte „können" erhalten).

3   Die Förderung im Rahmen der begleitenden Hilfe im Arbeitsleben setzt voraus, dass die Integrationsprojekte **Arbeitsplätze** im Sinne des § 73 SGB IX i.V.m. § 102 Abs. 2 Satz 3 SGB IX einrichten. Maßnahmen i.S. des § 133 SGB IX zur **Vorbereitung** auf eine Beschäftigung in einem Integrationsprojekt sind i.d.R. nicht förderfähig, weil um die Ausschlusstatbestände des § 73 Abs. 2 Nr. 1 und Nr. 3 SGB IX erfüllen. Hier kommen Leistungen des zuständigen **Rehabilitationsträgers** gem. § 33 Abs. 3 Nr. 1 (Trainingsmaßnahme), Nr. 3 (berufliche Anpas-

sung und Weiterbildung) und Nr. 6 (sonstige Hilfen) SGB IX in Betracht (s.a. *Adlhoch* in: Ernst/Adlhoch/Seel, SGB IX, § 133 RdNr. 9, § 134 RdNr. 6).

Im Verhältnis zu Leistungen des Integrationsamtes an Arbeitgeber 4
zur Schaffung von Arbeits- und Ausbildungsplätzen gem. **§ 102 Abs. 3 Satz 1 Nr. 2 SGB IX, § 15 SchwbAV** sind Leistungen nach § 134 SGB IX als spezifische projektbezogene Förderung vorrangig. § 134 SGB IX ist insoweit als **lex specialis** anzusehen (*Schröder* in: Hauck/Noftz, SGB IX, § 134 RdNr. 24; *Adlhoch* in: Ernst/Adlhoch/ Seel, SGB IX, § 134 RdNr. 5). An Stelle der Leistungen nach § 15 SchwbAV wird wegen der vorrangigen und in ihren Voraussetzungen weiteren Vorschrift des § 134 SGB IX, die auch Ersatzbeschaffungen im Rahmen von Modernisierungen zulässt, eine Förderung nur nach dieser Vorschrift erbracht. Auch die Förderung der behinderungsgerechten Einrichtung von Arbeitsplätzen nach **§ 26 SchwbAV** wird regelmäßig beim Aufbau der Integrationsprojekte in den Leistungen nach § 134 SGB IX enthalten sein, kann aber bei nachträglichen Anpassungen und Einzelmaßnahmen ergänzend in Betracht kommen. Leistungen bei außergewöhnlichen Belastungen **(§ 27 SchwbAV)** sind für Integrationsprojekte zuschussfähig, soweit diese nicht bereits durch Abgeltung des besonderen Aufwandes nach § 134 SGB IX ausgeglichen werden. **Individuelle Leistungen** an schwerbehinderte **Arbeitnehmer** nach § 102 Abs. 3 Satz 1 Nr. 1 SGB IX können unter Beachtung der allgemeinen Fördervoraussetzungen für die begleitende Hilfe im Arbeitsleben **uneingeschränkt erbracht** werden.

Bei der Prüfung der Notwendigkeit einer persönlichen **Arbeitsas-** 5
sistenz nach § 102 Abs. 4 SGB IX ist zu berücksichtigen, dass Integrationsprojekte auf Grund ihrer besonderen Aufgabenstellung nach § 133 SGB IX eine besondere arbeitsbegleitende Betreuung zu erbringen haben, für die sie vorrangige Leistungen nach § 134 SGB IX, § 27 SchwbAV erhalten können (Vorläufige Empfehlungen der Bundesarbeitsgemeinschaft der Integrationsämter und Hauptfürsorgestellen (BIH) zur Förderung von Integrationsprojekten, Stand: 1. 4. 2002, Ziffer 5.1 ff.; Weitergehend *Adlhoch* in Ernst/Adlhoch/Seel, SGB IX, § 134 RdNr. 35: kein individueller Kostenübernahmeanspruch des behinderten Menschen für Arbeitsassistenz nach § 102 Abs. 4 SGB IX bei Beschäftigung in Integrationsprojekt).

II. Förderungsvoraussetzungen

Die Förderung von Integrationsprojekten setzt voraus, dass diese 6
wegen ihrer Zuordnung zum allgemeinen Arbeitsmarkt dem Integrationsamt eine **Konzeption** vorlegen können, die erwarten lässt, dass die Integrationsprojekte sich in einem wirtschaftlich erfolgverspre-

chenden Marktsegment betätigen und dadurch **dauerhaft existenz-
fähig** sein können. Erforderlich ist eine **konkrete Projektskizze** mit
nachvollziehbaren Aussagen mindestens zu den geplanten Produkten/
Dienstleistungen, zum Personalkonzept und zur Finanzierung der Investitionen und des laufenden Geschäftsbetriebes. Die Konzeption soll
erkennen lassen, dass die **betriebswirtschaftliche Planung** wesentlich darauf ausgerichtet ist, einen überwiegenden Teil der laufenden
Kosten des Betriebes durch die Erzielung von Erlösen am Markt und
nur nachrangig durch laufende öffentliche Zuschüsse zu decken. Diesem Zweck dient die Vorlage von Erklärungen möglicher Auftraggeber über ihre Absicht, dem Integrationsprojekt Aufträge zu erteilen.
Das Integrationsamt kann zur Vorbereitung seiner Förderentscheidung
die Vorlage eines betriebswirtschaftlichen Gutachtens verlangen oder
sich eine prognostische Auskunft über die voraussichtliche wirtschaftliche Tragfähigkeit des Projekts durch Einschaltung anderer geeigneter
sachverständiger Stellen (z. B. IHK) erteilen lassen (Vorläufige BIH-
Empfehlungen zur Förderung von Integrationsprojekten, Ziffer 3.1;
Schröder in: Hauck/Noftz, SGB IX, § 134 RdNr. 5; *Adlhoch* in: Ernst/
Adlhoch/Seel, SGB IX, § 134 RdNr. 20).

7   Weitere Fördervoraussetzung für Integrationsprojekte ist das Vor-
handensein **behinderungsgerechter Arbeitsplätze**, einer qualitativ
und quantitativ ausreichenden **arbeitsbegleitenden Betreuung** und
der erforderlichen **Maßnahmen der beruflichen Weiterbildung**
(§ 133 SGB IX). Integrationsunternehmen haben darüber hinaus den
Mindest- und Höchstbeschäftigungsanteil schwerbehinderter
Menschen nach § 132 Abs. 3 SGB IX einzuhalten.

III. Art und Umfang der Förderung

8   Einzelheiten des Förderungsumfangs sind in § 134 SGB IX nicht
enthalten. Zur Bestimmung des Leistungsumfangs kann auf die vergleichbaren **Förderbestimmungen der §§ 30 ff. SchwbAV für Rehabilitationseinrichtungen** zurückgegriffen werden. So finden sich
§ 30 Abs. 1 SchwbAV die bedeutungs- bzw. wortgleichen Begriffe der
Schaffung, Erweiterung, Ausstattung und Modernisierung von Einrichtungen (s.a. § 248 Abs. 1 Satz 2 Nr. 1 SGB III).

9   Die Förderung für **Aufbau, Erweiterung, Modernisierung und
Ausstattung** der Integrationsprojekte nach § 134 SGB IX umfasst Aufwendungen, die **investiv notwendig** sind, um **Arbeitsplätze** für die
in § 132 Abs. 1 i.V.m. Abs. 2 SGB IX beschriebene Zielgruppe **zu
schaffen** und **zu erhalten**. Dazu gehören die Kosten für Bau, Umbau
und Instandsetzung von Gebäuden, für Einrichtungs- und Ausstat-
tungsgegenstände, insbesondere für Maschinen und Geräte zur Arbeitsplatzausstattung. **Grundstücks-** und **Personalkosten** sind eben-

sowenig förderfähig wie Aufwendungen für **Kredite** und **Kosten des laufenden Geschäftsbetriebes** (s.a. § 30 Abs. 3 SchwbAV, § 32 Abs. 3 SchwbAV). Bauinvestitionen müssen in einem angemessenen Verhältnis zum geplanten Umfang des Betriebes und den sonstigen Förderleistungen stehen.

Art und Höhe der Leistungen stehen im Ermessen des Integrati- 10 onsamtes und bestimmen sich nach den Umständen des Einzelfalls, insbesondere nach dem Anteil der auf Arbeitsplätzen nach § 73 Abs. 1 i.V.m. § 102 Abs. 2 Satz 3 SGB IX beschäftigten schwerbehinderten Menschen. In Anwendung des Rechtsgedankens in § 33 Abs. 2 SchwbAV kann auch die wirtschaftliche Situation des Integrationsprojekts unter dem Gesichtspunkt des Erhalts von Arbeitsplätzen für die beruflich besonders betroffene Zielgruppe Berücksichtigung finden. Als **Zuwendungsart** kommen entsprechend der Regelung in § 33 SchwbAV Zuschüsse, Darlehen und Zinszuschüsse zur Verbilligung von Fremdmitteln in Betracht. Der **Eigenanteil** des Integrationsprojekts soll in der Regel 20 % der gesamten Aufwendungen nicht unterschreiten (*Kossens* in: Kossens/von der Heide/Maaß, Praxiskommentar zum Behindertenrecht, SGB IX, § 134 RdNr. 2; s.a. § 32 Abs. 1 SchwbAV, § 15 Abs. 2 Satz 1 SchwbAV, § 26 Abs. 3 SchwbAV, § 41 Abs. 5 SchwbAV: jeweils Erfordernis einer angemessenen Eigenbeteiligung des Zuwendungsempfängers). Die Förderung von **Modernisierungsinvestitionen** ist möglich, soweit diese Kosten nicht aus den Rücklagen auf Grund von Abschreibungen gedeckt werden können (zum Ganzen: Vorläufige BIH-Empfehlungen zur Förderung von Integrationsprojekten, Ziffer 4.1; *Adlhoch* in: Ernst/Adlhoch/Seel, SGB IX, § 134 RdNr. 12 ff.; *Schröder* in: Hauck/Noftz, SGB IX, § 134 RdNr. 8 ff.).

Ergänzt wird die institutionelle Förderung nach § 134 SGB IX 11 durch die Bereitstellung einer **betriebswirtschaftlichen Beratung** für Integrationsprojekte. Sie beinhaltet
– die Gründungsberatung,
– die laufende betriebswirtschaftliche Beratung,
– die Beratung in Krisenphasen,
– das institutionalisierte Beratungsangebot.

In der **Gründungsphase von Integrationsprojekten** kann die 12 Existenzgründungsberatung, die betriebswirtschaftliche Projekterarbeitung und die Durchführung von Marktrecherchen durch Dritte mit 80 % der entstehenden Kosten, höchstens aber mit 5100 Euro bezuschusst werden. Dieser Zuschuss deckt auch die ggfs. entstehenden Gutachterkosten im Antragsverfahren mit ab. Die Förderung ist erst nach Vorlage eines vorläufigen und aussagekräftigen Exposes möglich (Vorläufige BIH-Empfehlungen zur Förderung von Integrationsprojekten, Ziffer 4.2.1; Die Empfehlungen haben die Rechtsqualität von Verwaltungsvorschriften und sind hinsichtlich der Begrenzung des Förderungsumfangs gegenüber den Integrationsprojekten nicht rechtsverbindlich).

13   Die notwendigen Aufwendungen für die **laufende betriebswirt-schaftliche Beratung** durch Dritte, insbesondere zur Unterstützung der weiteren strategischen Unternehmensplanung, bei Investitions-entscheidungen, Projekt- und Produktkalkulationen, Erweiterungs-und Verlagerungsvorhaben, Kapazitätsberechnungen, dem Aufbau von Liquiditätsplanungen und -kontrollen können mit höchstens 2600 Euro pro Jahr bezuschusst werden (a.a.O., Ziffer 4.2.2).

14   Über die Förderung von **Beratungen in Krisen- und Konsoli-dierungsphasen** des Integrationsprojekts wird nach den Notwendig-keiten des Einzelfalls unter Berücksichtigung der Betriebsgröße, der Situation am Markt und des beschäftigten Personenkreises entschieden (a.a.O., Ziffer 4.2.3).

15   An Stelle einer Förderung der vorstehenden Beratungen kann die Förderung auch durch Einrichtung einer **festen Stelle** bei Dritten zur betriebswirtschaftlichen Beratung von Integrationsprojekten erfolgen (a.a.O., Ziffer 4.2.4)

16   Nach § 134 SGB IX können Integrationsprojekte aus Mitteln der Ausgleichsabgabe schließlich Leistungen für **besonderen Aufwand** erhalten. Besonderer Aufwand ist ein über die Kostenstruktur bran-chengleicher Unternehmen ähnlicher Betriebsgröße hinausgehender Aufwand, der auf die Beschäftigung einer das übliche Maß deutlich übersteigenden Anzahl beruflich besonders betroffener schwerbehin-derter Menschen im Sinne des § 132 Abs. 1 i.V.m. Abs. 2 SGB IX, auf die in § 133 SGB IX geforderte arbeitsbegleitende Betreuung sowie auf die Verfolgung qualifizierender und rehabilitativer Ziele zurückzufüh-ren ist. Unter einem besonderen Aufwand, der die Wettbewerbsfähig-keit der Integrationsprojekte mit anderen Unternehmen des allgemei-nen Arbeitsmarktes beeinträchtigt, fällt eine überdurchschnittlich aufwendige arbeitsbegleitende Unterstützung des schwerbehinderten Arbeitnehmers einschließlich der Notwendigkeit zeitweiser oder dau-erhafter psychosozialer Betreuung am Arbeitsplatz sowie die Notwen-digkeit, in einem überdurchschnittlich hohen Maße flexible und an die Fähigkeiten der Mitarbeiter angepasste Betriebsstrukturen und -pro-zesse vorzuhalten. Der besondere Aufwand kann dem Integrationspro-jekt pauschaliert mit einem monatlichen Betrag von bis zu 205 Euro pro beschäftigtem schwerbehinderten Arbeitnehmer ausgeglichen werden. Die Abgeltung des besonderen Aufwandes ist auch bei Ar-beitsunfähigkeit des schwerbehinderten Mitarbeiters oder bei seiner Abwesenheit aus sonstigen Gründen bis zu einer Dauer von 6 Wochen vorgesehen. Sie kann neben laufenden Leistungen der Bundesanstalt für Arbeit zur Eingliederung schwerbehinderter Menschen nach dem SGB III erbracht werden (Vgl. Vorläufige BIH-Empfehlungen zur För-derung von Integrationsunternehmen, Ziffer 4.3; *Adlhoch* in: Ernst/

Adlhoch/Seel, SGB IX, § 134 RdNr. 24 ff.; *Schröder* in: Hauck/Noftz, SGB IX, § 134 RdNr. 18 ff.).

Nicht zu den erstattungsfähigen besonderen Aufwendungen im **17** Sinne des § 134 SGB IX gehören Aufwendungen, die den Integrationsprojekten bei der Beschäftigung schwerbehinderter Menschen auf Grund **gesetzlicher Verpflichtungen** zugunsten dieses Personenkreises wie jedem anderen Arbeitgeber entstehen, ohne dass eine Rechtsgrundlage für einen Erstattungsanspruch ersichtlich wäre (Zusatzurlaub gem. § 125 SGB IX; Besonderer Kündigungsschutz gem. den §§ 85 ff. SGB IX; Entgeltfortzahlung bei Arbeitsunfähigkeit gem. § 3 EFZG; Dazu ausführlich *Adlhoch* br 2001, 8, 16).

IV. Kostenträger und Verfahren

Für sämtliche Leistungen der begleitenden Hilfe an Integrationsun- **18** ternehmen im Sinne des § 132 Abs. 1 SGB IX und an Integrationsbetriebe und -abteilungen öffentlicher Arbeitgeber im Sinne des § 71 Abs. 3 SGB IX ist nach § 102 Abs. 3 Satz 1 Nr. 3 SGB IX das **Integrationsamt** zuständig. Die Förderung von Integrationsbetrieben und -abteilungen (mit Ausnahme öffentlicher Arbeitgeber) erfolgt aus Mitteln des **Ausgleichsfonds beim BMA** (§ 78 SGB IX) auf der Grundlage des § 41 Abs. 1 Satz 1 Nr. 3 SchwbAV. Daneben ist die individuelle Arbeitgeberförderung durch das Integrationsamt nach § 102 Abs. 3 Satz 1 Nr. 2 SGB IX möglich, wobei Leistungen der Träger der beruflichen Rehabilitation vorrangig sind (§ 102 Abs. 5 SGB IX, § 34 SGB IX). Die **zersplitterte Förderzuständigkeit** für Integrationsprojekte erscheint als mißlungen. Sie wird abgemildert durch folgende Verwaltungspraxis: Die Anträge von Integrationsbetrieben und -abteilungen auf Förderung aus dem **Ausgleichsfonds beim BMA** nach § 41 Abs. 1 Satz 1 Nr. 3 SchwbAV werden von dem örtlich zuständigen Integrationsamt nach dessen Empfehlungen **vorgeprüft** und mit einem befürwortenden oder ablehnenden Fördervorschlag an das BMA weitergeleitet.

Örtlich zuständig ist das Integrationsamt, in dessen Bereich der **19** Sitz des Betriebes oder Nebenbetriebes des Integrationsprojektes liegt.

Leistungen können vom Monat der **Antragstellung** an erbracht **20** werden. Laufende Leistungen werden in der Regel vierteljährlich gegen Vorlage der entsprechenden Nachweise ausbezahlt. Integrationsprojekte haben dem Integrationsamt die zweckentsprechende **Verwendung** der Geldleistungen **nachzuweisen**. Bei der Erbringung von laufenden Pauschalbeträgen sind in vierteljährlichem Abstand ein Verzeichnis der beschäftigten schwerbhinderten Menschen und Gehaltsnachweise vorzulegen. Zur Einhaltung der mit der Förderung investiver Aufwendungen im Förderbescheid ausgesprochenen **Arbeitsplatzbindungen** sind von den Integrationsprojekten geeignete **Sicherheiten** zu stellen.

21 Gegen eine ablehnende Förderentscheidung des Integrationsamtes kann das Integrationsprojekt **Widerspruch** einlegen. Den Widerspruchsbescheid erlässt der Widerspruchsausschuss bei dem Integrationsamt (§§ 118 f. SGB IX). Anschließend steht der Rechtsweg zur Verwaltungsgerichtsbarkeit offen (§ 40 Abs. 1 VwGO).

Verordnungsermächtigung

135 Das Bundesministerium für Arbeit und Sozialordnung wird ermächtigt, durch Rechtsverordnung mit Zustimmung des Bundesrates das Nähere über den Begriff und die Aufgaben der Integrationsprojekte, die für sie geltenden fachlichen Anforderungen, die Aufnahmevoraussetzungen und die finanziellen Leistungen zu regeln.

1 Die Vorschrift übernimmt inhaltsgleich den bisherigen § 53 d SchwbG. In der **Gesetzesbegründung** zu § 53 d SchwbG war angeführt worden, nähere Einzelheiten der Förderung von Integrationsprojekten blieben einer Rechtsverordnung vorbehalten, sobald abschließende Erkenntnisse aus den Modellprojekten und der Begleitforschung vorlägen. Dann solle das Nähere über den Begriff und die Aufgaben der Integrationsprojekte, die für sie geltenden fachlichen Anforderungen, die Aufnahmevoraussetzungen sowie die finanziellen Leistungen in der mit Zustimmung des Bundesrates ergehenden Rechtsverordnung geregelt werden. Im Rahmen der Anhörung der Verbände zum Erlass der Rechtsverordnung werde auch die Bundesarbeitsgemeinschaft der Integrationsfirmen zu beteiligen sein. Auf Grund der Ermächtigung könne und solle das Verwaltungsverfahren von Behörden nicht geregelt werden (BT-Drucks. 14/3372, S. 24).

2 Die Rechtsverordnung liegt bisher nicht vor. Eine Vereinheitlichung der Verwaltungspraxis bezwecken die **Vorläufigen Empfehlungen** der Bundesarbeitsgemeinschaft der Integrationsämter und Hauptfürsorgestellen zur Förderung von Integrationsprojekten (Stand: 1. 4. 2002). Sie stellen als **Verwaltungsvorschriften** jedoch keinen gleichwertigen Ersatz gegenüber dem Erlass der Rechtsverordnung dar. So sind anspruchsbegrenzende Aussagen in den Empfehlungen für die Zuwendungsempfänger nicht rechtsverbindlich und gerichtlich in vollem Umfang überprüfbar. Im Zuge der vom Gesetzgeber beabsichtigten flächendeckenden Ausdehnung der Integrationsprojekte wäre es zur Gewährleistung **einheitlicher fachlicher Standards** und zur **Vermeidung von Mitnahmeeffekten** bei der Förderung privatwirtschaftlicher Unternehmen sinnvoll, verordnungsrechtlich Regelungen

zur Ausfüllung der §§ 132 ff. SGB IX zu treffen. Ein **förmliches Anerkennungsverfahren** für förderungswürdige Integrationsprojekte
wie für WfB (vgl. § 142 SGB IX i.V.m. §§ 17 ff. WVO) kann mangels
diesbezüglicher gesetzlicher Ermächtigung auf dem Verordnungswege
nicht eingeführt werden (*Adlhoch* in: Ernst/Adlhoch/Seel, SGB IX,
§ 135 RdNr. 3).

Begriff und Aufgaben der Werkstatt für behinderte Menschen

136 (1) [1]Die Werkstatt für behinderte Menschen ist eine Einrichtung zur Teilhabe behinderter Menschen am Arbeitsleben im Sinne des Kapitels 5 des Teils 1 und zur Eingliederung in das Arbeitsleben. [2]Sie hat denjenigen behinderten Menschen, die wegen Art oder Schwere der Behinderung nicht, noch nicht oder noch nicht wieder auf dem allgemeinen Arbeitsmarkt beschäftigt werden können,

1. eine angemessene berufliche Bildung und eine Beschäftigung zu einem ihrer Leistung angemessenen Arbeitsentgelt aus dem Arbeitsergebnis anzubieten und

2. zu ermöglichen, ihre Leistungs- oder Erwerbsfähigkeit zu erhalten, zu entwickeln, zu erhöhen oder wiederzugewinnen und dabei ihre Persönlichkeit weiterzuentwickeln.

[3]Sie fördert den Übergang geeigneter Personen auf den allgemeinen Arbeitsmarkt durch geeignete Maßnahmen. [4]Sie verfügt über ein möglichst breites Angebot an Berufsbildungs- und Arbeitsplätzen sowie über qualifiziertes Personal und einen begleitenden Dienst.

(2) [1]Die Werkstatt steht allen behinderten Menschen im Sinne des Absatzes 1 unabhängig von Art oder Schwere der Behinderung offen, sofern erwartet werden kann, dass sie spätestens nach Teilnahme an Maßnahmen im Berufsbildungsbereich wenigstens ein Mindestmaß wirtschaftlich verwertbarer Arbeitsleistung erbringen werden. [2]Dies ist nicht der Fall bei behinderten Menschen, bei denen trotz einer der Behinderung angemessenen Betreuung eine erhebliche Selbst- oder Fremdgefährdung zu erwarten ist oder das Ausmaß der erforderlichen Betreuung und Pflege die Teilnahme an Maßnahmen im Berufsbildungsbereich oder sonstige Umstände ein Mindestmaß wirtschaftlich verwertbarer Arbeitsleistung im Arbeitsbereich dauerhaft nicht zulassen.

(3) Behinderte Menschen, die die Voraussetzungen für eine Beschäftigung in einer Werkstatt nicht erfüllen, sollen in Einrichtungen oder Gruppen betreut und gefördert werden, die der Werkstatt angegliedert sind.

I. Allgemeines, Regelungsinhalt der Vorschrift

§ 136 SGB IX ist die **Eingangsvorschrift** des 12. Kapitels des SGB   **1**
IX (Werkstätten für behinderte Menschen, im Folgenden unter Beibehaltung der eingeführten Abkürzung: WfB). In § 136 SGB IX werden
Begriff und Aufgaben der WfB geregelt (Abs. 1 und 3) sowie **Aufnahmevoraussetzungen** von Seiten des behinderten Menschen definiert (Abs. 2). Die folgenden Vorschriften des **Werkstättenrechts**
beinhalten den Aufnahme- und Beschäftigungsanspruch des behinderten Menschen (§ 137 SGB IX), die Rechtsstellung und den Arbeitsentgeltanspruch (§ 138 SGB IX), die Mitwirkung (§ 139 SGB IX), die
Anrechnung von Aufträgen auf die Ausgleichsabgabe (§ 140 SGB IX),
die Vergabe von Aufträgen der öffentlichen Hand (§ 141 SGB IX), das
Anerkennungsverfahren (§ 142 SGB IX) sowie eine Regelung für
Blindenwerkstätten (§ 143 SGB IX). Die auf der Grundlage der Verordnungsermächtigung in § 144 Abs. 1 SGB IX erlassene **Werkstättenverordnung (WVO)** vom 13. 8. 1980, zuletzt geändert durch Art.
48 des SGB IX vom 19. 6. 2001 (BGBl. I S. 1046; abgedruckt als Anhang 5) enthält ergänzende Regelungen zu den fachlichen Anforderungen an WfB und zum Verfahren zur Anerkennung als WfB. Auf
Grund des § 144 Abs. 2 SGB IX hat das BMA die **Werkstätten-Mitwirkungsverordnung (WMVO)** vom 25. 6. 2001 (BGBl. I S. 1297;
abgedruckt als Anhang 6) erlassen. Sie bestimmt Einzelheiten der Errichtung, der Zusammensetzung, der Wahl und der Aufgaben des
Werkstattrates sowie die Gegenstände, die Art und den Umfang der
Mitwirkung behinderter Menschen in der WfB (dazu *Thiel* ZMV
2001, 219).

§ 136 SGB IX überträgt im Wesentlichen inhaltsgleich den bisheri-   **2**
gen **§ 54 SchwbG**. Ergänzend wird in Abs. 1 Satz 1 klargestellt, dass die
für Rehabilitationseinrichtungen nach Teil 1 des SGB IX geltenden
Regelungen auch für WfB gelten. Die rechtliche Behandlung der in
Absatz 3 geregelten Tagesförderstätten und der an einer Werkstatt angegliederten Einrichtungen bleibt unverändert (BT-Drucks. 14/5074,
S. 114). Sprachliche Anpassungen an die Terminologie des SGB IX

bringen die Umbenennung der bisherigen „Werkstatt für Behinderte"
in „Werkstatt für behinderte Menschen" sowie des bisherigen Begriffs
des Arbeitstrainings in den der Berufsbildung i.S. des § 40 SGB IX
(Abs. 1 Satz 4, Abs. 2).

3   Das Werkstättenrecht des 12. Kapitels des SGB IX wird ergänzt durch
die **leistungsrechtlichen Vorschriften in den §§ 39–43 SGB IX**
(vgl. dazu die Kommentierung von *Mrozynski, SGB IX* Teil 1,
§§ 39 ff.). Hier finden sich die von den Rehabilitationsträgern im Rahmen ihrer nach § 42 SGB IX vorgegebenen Zuständigkeit im **Ein-
gangs- und Berufsbildungsbereich** (§ 40 SGB IX) sowie im **Arbeitsbereich** (§ 41 SGB IX) der WfB zu erbringenden Leistungen.
Sind Leistungen nach dem BSHG zu erbringen, so handelt es sich hierbei um Leistungen der **Eingliederungshilfe** für behinderte Menschen nach § 40 Abs. 1 Satz 1 Nr. 7 BSHG. Diese beschränken sich auf
den Arbeitsbereich der Werkstatt (§ 42 Abs. 2 SGB IX). Besteht keine
Zuständigkeit vorrangig zuständiger Leistungsträger der gesetzlichen
Unfall- und Rentenversicherung, der sozialen Entschädigung und der
öffentlichen Jugendhilfe, tritt für Leistungen im Eingangsverfahren
und im Berufsbildungsbereich die **Auffangzuständigkeit** der **Bundesanstalt für Arbeit** (§ 42 Abs. 1 Nr. 1 SGB IX) und im Arbeitsbereich der **Sozialhilfeträger** (§ 42 Abs. 2 Nr. 4 SGB IX) ein. Nach § 43
Abs. 2 Satz 1 Nr. 7 BSHG ist die Inanspruchnahme der in § 28 BSHG
genannten Personen bei Leistungen im Arbeitsbereich der WfB auf
den in der Werkstatt erbrachten Lebensunterhalt (i.d.R. das Mittag-
essen) beschränkt. Eine **Bedürftigkeitsprüfung** erübrigt sich somit
ungeachtet des Alters des behinderten Menschen bei der Entscheidung
über die Bewilligung von Leistungen im Rahmen der sozialhilferechtlichen Eingliederungshilfe, auf die ein Rechtsanspruch des behinderten Menschen besteht. Damit ist die eigentliche Eingliederungs-
leistung Werkstattbeschäftigung ebenso in vollem Umfang vom
Sozialhilfeträger zu übernehmen wie die Maßnahmekosten bei der
medizinischen Rehabilitation und der übrigen Leistungen zur Teilhabe am Arbeitsleben (BT-Drucks. 14/5074, S. 124; Dazu *Finke* br
2002, 5). Dies ist Ausfluss der mit dem SGB IX bewirkten Einbeziehung der Sozialhilfeträger in den   Kreis der Rehabilitationsträger (§ 6
Abs. 1 Nr. 7 SGB IX).

4   **WfB** sind seit Mitte der sechziger Jahre vor allem von freien und
kirchlichen Trägern der Behindertenhilfe gegründet und entwickelt
worden. Sie wurden damals **beschützende oder geschützte Werkstätten** genannt. Für einen erheblichen Teil der im Arbeitsleben stehenden Menschen mit Behinderungen sind die Werkstätten seither das
einzige Instrument zur beruflichen Bildung und Beschäftigung. Dies
gilt insbesondere für die Hauptgruppe der in WfB Beschäftigten, den
geistig behinderten Menschen. Die WfB sind Einrichtungen zur **Eingliederung in das Arbeitsleben** für diejenigen behinderten Men-

schen, die trotz Behinderung und stark geminderter Leistungsfähigkeit am Arbeitsleben teilnehmen können, denen das aber wegen ihrer Behinderung auf dem allgemeinen Arbeitsmarkt nicht oder noch nicht möglich ist. Sie sollen diesen behinderten Menschen ermöglichen, ihre Leistungs- oder Erwerbsfähigkeit zu erhalten, zu entwickeln, zu verbessern oder wiederherzustellen, ihre Persönlichkeit weiterzuentwickeln und ihre Beschäftigung zu ermöglichen oder zu sichern (§ 39 SGB IX).

In den vergangenen Jahrzehnten wurde eine **flächendeckende 5 Ausbreitung der WfB** in der Bundesrepublik Deutschland betrieben: In 643 anerkannten Werkstätten fanden am 31. 12. **1998** ca. 181 000 behinderte Menschen Förderung, Beschäftigung, Betreuung und berufliche Bildung, im früheren Bundesgebiet rund 149 000, in den neuen Ländern rund 32 000. Der Auf- und Ausbau eines flächendeckenden, bedarfsdeckenden Netzes an WfB in ganz Deutschland ist damit zwar sehr weit vorangekommen, soll aber insbesondere in den neuen Ländern noch zum Abschluss gebracht werden (Erster Armuts- und Reichtumsbericht der Bundesregierung vom 8. 5. 2001, BT-Drucks. 14/5990, S. 132; s. a. Vierter Bericht der Bundesregierung über die Lage der Behinderten und die Entwicklung der Rehabilitation vom 18. 12. 1997, BT-Drucks. 13/9514, S. 76 ff.). Im Jahre **2000** war die Zahl der behinderten Menschen in WfB bereits auf 194 722 angestiegen (BT-Drucks. 14/8441, S. 24).

Das Werkstättenrecht findet seine **historischen Wurzeln** in der 6 **Eingliederungshilfe** des BSHG aus dem Jahre 1961, die auch heute noch der WfB als einer durch einen öffentlich-rechtlichen Kostensatz finanzierten **Reha-Einrichtung** das Gepräge gibt. Durch das Arbeitsförderungsgesetz aus dem Jahre 1969 wurden die Weichen der Zuständigkeit der **Arbeitsverwaltung** für die Ausbildung der Rehabilitanden in der WfB gestellt, die dann durch die Anordnung der Bundesanstalt für Arbeit über die Arbeits- und Berufsförderung Behinderter (A-Reha) im Jahre 1970 konkretisiert wurde. Ein weiterer Schritt der Annäherung an den allgemeinen Arbeitsmarkt erfolgte mit der Aufnahme der Rechtsgrundlagen der WfB in das **SchwbG von 1974**, die 1980 durch die WVO ergänzt wurden (vgl. allgemein zur Geschichte des Schwerbehindertenrechts § 68 RdNr. 16 ff.). Mit dem **Gesetz zur Reform der Sozialhilfe vom 23. 7. 1996** (BGBl. I S. 1088) wurde durch Änderungen des SchwbG und des ArbGG eine Klärung der zuvor umstrittenen Rechtsstellung behinderter Menschen in WfB im Sinne eines **arbeitnehmerähnlichen Rechtsstatus** und eines Rechts auf eine angemessene Entlohnung gegenüber dem Werkstatträger sowie einer Zuständigkeitsbegründung der **Arbeitsgerichtsbarkeit** für Streitigkeiten aus dem Werkstattverhältnis vorgenommen (jetzt: § 138 SGB IX; § 2 Abs. 1 Nr. 10 ArbGG). Die Werkstätten wurden zunächst in § 5 Abs. 4 WVO, mit dem **Gesetz zur**

Bekämpfung der Arbeitslosigkeit Schwerbehinderter vom 29. 9. 2000 (BGBl. I. S. 1394) in § 54 SchwbG verpflichtet, den Übergang geeigneter Behinderter auf den allgemeinen Arbeitsmarkt durch geeignete Maßnahmen, z. B. eine zeitweise Beschäftigung auf ausgelagerten Arbeitsplätzen, zu fördern (jetzt: § 136 Abs. 1 Satz 3 SGB IX). Seit der Sozialhilfereform 1996 und fortgesetzt durch das SGB IX wird die **Monopolstellung der WfB** durch konkurrierende Angebote zur Integration schwerbehinderter Menschen in das Arbeitsleben in Frage gestellt. Nicht zuletzt als Ausprägung des Wunsch- und Wahlrechts des Leistungsberechtigten bei der Inanspruchnahme von Rehabilitationsleistungen (§ 9 SGB IX) können nunmehr anstelle einer WfB auch Beschäftigungsmöglichkeiten in arbeitsmarktnäheren **Integrationsprojekten** (§ 132 SGB IX) oder zur Beschäftigung auf dem allgemeinen Arbeitsmarkt eine arbeits- und berufsbegleitende Betreuung durch **Integrationsfachdienste** (§§ 109 ff. SGB IX) bis hin zur **Arbeitsassistenz** (§ 102 Abs. 4 SGB IX) in Anspruch genommen werden (zur Entwicklung des Werkstättenrechts vgl.: *Wendt* RsDE Nr. 36, 1997, 43; *Haines/Jacobs,* LPK-SGB IX, vor § 136 RdNr. 1 ff.; *Cramer,* SchwbG, vor § 54 RdNr. 1 ff., § 54 RdNr. 2 ff.). Diese Entwicklung mit der Chance eines **leistungssteigernden Wettbewerbs** stellt die WfB vor neue Anforderungen hinsichtlich der **Qualitätssicherung** (zur Kritik einer u. a. der bisherigen Monopolstellung der WfB geschuldeten „Bequemlichkeitshaltung" gegenüber behinderten Menschen in WfB: *Quambusch,* Das Recht der geistig Behinderten, 4. Aufl. 2001, RdNr. 350 ff.; *Quambusch* ZFSH/SGB 2001, 515) und hinsichtlich einer **Vernetzung** mit Beschäftigungsformen auf dem allgemeinen Arbeitsmarkt (dazu *Wendt* Rehabilitation 2001, 92; Zu Alternativen zur WfB s.a. *Mrozynski,* SGB IX Teil 1, § 39 RdNr. 16 ff.).

II. Werkstattbegriff (Abs. 1 Satz 1)

7   § 136 Abs. 1 Satz 1 SGB IX definiert die WfB als Einrichtung zur **Teilhabe** behinderter Menschen am Arbeitsleben im Sinne des Kapitels 5 des Teils 1 des SGB IX und zur **Eingliederung** in das Arbeitsleben. Der Begriff der WfB wird für alle Regelungsbereiche des Sozialgesetzbuchs **einheitlich definiert** und findet somit Anwendung auf sozialversicherungsrechtliche Tatbestände wie die Versicherungspflicht behinderter Menschen in der gesetzlichen Krankenversicherung nach § 5 Abs. 1 Nr. 7 SGB V und in der gesetzlichen Rentenversicherung nach § 1 Satz 1 Nr. 2 a SGB VI sowie auf Tatbestände des Sozialleistungsrechts (z. B. Eingliederungshilfe nach § 40 Abs. 1 Satz 1 Nr. 7 BSHG, Leistungen zur Teilhabe am Arbeitsleben nach § 102 Abs. 2 SGB III, § 16 SGB VI, § 35 SGB VII). Die Legaldefinition der WfB ist

Grundlage der öffentlich-rechtlichen Anerkennung als förderfähige Werkstatt nach § 142 SGB IX i.V.m. § 17 WVO.

Rehabilitationsleistungen zur Teilhabe am Arbeitsleben werden **8** nach § 33 Abs. 1 SGB IX als Eingangsvorschrift des Kapitels 5 erbracht, um die Erwerbsfähigkeit behinderter Menschen entsprechend ihrer Leistungsfähigkeit zu erhalten, zu verbessern, herzustellen oder wiederherzustellen und ihre Teilhabe am Arbeitsleben möglichst auf Dauer zu sichern. In § 39 SGB IX wird diese Zielbestimmung für die WfB konkretisiert. § 54 Abs. 1 SchwbG bezeichnete die WfB lediglich als Einrichtung zur Eingliederung Behinderter in das Arbeitsleben. Die **Erweiterung der Begriffsdefinition** in § 136 Abs. 1 Satz 1 SGB IX unter Bezugnahme auf das allgemeine Rehabilitationsrecht des Teils 1 des SGB IX bringt nunmehr den Charakter der WfB als eine von mehreren **Einrichtungen der beruflichen Rehabilitation** zum Ausdruck (vgl. § 4 Abs. 1 Nr. 3, § 5 Nr. 2, §§ 35, 39 SGB IX). Zugleich hebt die Vorschrift den **Doppelcharakter** der WfB hervor: Einerseits ist sie eine Einrichtung, in der die Teilhabe behinderter Menschen am Arbeitsleben vorbereitet werden soll. Andererseits ist sie eine Einrichtung, in der die Eingliederung in das Arbeitsleben – allerdings abgeschottet vom allgemeinen Arbeitsmarkt – tatsächlich bewirkt wird. Dies beinhaltet die Besonderheit der WfB, dass Sozialleistungen auch erbracht werden, wenn das Ziel einer Eingliederung auf den allgemeinen Arbeitsmarkt trotz Förderung in der Werkstatt nicht erreicht wird und der behinderte Mensch daher auf Dauer im Arbeitsbereich der Werkstatt bleibt (*Haines/Jacobs*, LPK-SGB IX, § 136 RdNr. 5; *Götze* in: Hauck/Noftz, SGB IX, § 136 RdNr. 6).

Kennzeichnend für WfB ist ihr Doppelcharakter in anderer Hin- **9** sicht: Einerseits ist sie als Einrichtung der beruflichen und sozialen Rehabilitation ihrem **Rehabilitationsauftrag** verpflichtet, andererseits hat sie sich hinsichtlich der Wirtschaftsführung an **privatwirtschaftlichen Unternehmen** zu orientieren. So gibt § 12 Abs. 1 WVO vor, dass die WfB nach betriebswirtschaftlichen Grundsätzen organisiert seien muss, nach kaufmännischen Grundsätzen Bücher zu führen und eine Betriebsabrechnung in Form einer Kostenstellenrechnung und einen Jahresabschluss zu erstellen hat. Die Werkstatt muss nach § 12 Abs. 3 WVO **wirtschaftliche Arbeitsergebnisse** anstreben, um an die im Arbeitsbereich beschäftigten behinderten Menschen ein ihrer Leistung angemessenes Arbeitsentgelt zahlen zu können. Die gesetzliche Konzeption der WfB versucht die Produktionsorientierung mit den Erfordernissen von beruflicher Bildung und Förderung der Persönlichkeitsentwicklung, behinderungsbedingten Betreuungs- und Pflegenotwendigkeiten sowie sozialpädagogischer Unterstützung zu vereinbaren (*Baur* ZFSH/SGB 1999, 262; Bihr/Fuchs/Krauskopf/Lewering *Baur*, SGB IX, vor §§ 136–144 RdNr. 5;

Zur „Betreuungsfunktion" der WfB s.a. BSG SozR 3–1930 § 116 Nr. 5). Allerdings produziert die Konzeption **Zielkonflikte**, wenn z. B. zur Aufrechterhaltung des Betriebsergebnisses entgegen dem gesetzlichen Auftrag zur Förderung des Übergangs geeigneter Personen auf den allgemeinen Arbeitsmarkt (§ 136 Abs. 1 Satz 3 SGB IX) sog. Leistungsträger in den WfB gehalten werden (s.a. *Feldes u. a.,* Schwerbehindertenrecht, § 136 SGB IX RdNr. 14; GK-SchwbG-*Dopatka,* § 54 RdNr. 4).

10 Entsprechend dem **Grundsatz der einheitlichen Werkstatt** (§ 1 WVO) sollen nicht unterschiedliche WfB-Typen nebeneinander stehen, z. B. eher arbeitsmarkt-, leistungs- und produktionsorientierte neben anderen mehr auf Beschäftigungs- und Arbeitstherapie, Betreuung und soziale Eingliederung ausgerichteten Werkstätten (*Cramer,* SchwbG, § 54 RdNr. 4, 7). Vielmehr haben einheitlich strukturierte Einrichtungen zur Erfüllung ihrer gesetzlichen Aufgaben die Voraussetzungen dafür zu schaffen, dass sie die i.S. des § 136 Abs. 2 SGB IX aufnahmeberechtigten behinderten Menschen aus ihrem Einzugsbereich aufnehmen können. Dabei soll nach § 1 Abs. 2 WVO innerhalb der WfB der unterschiedlichen Art der Behinderung und ihren Auswirkungen durch geeignete Maßnahmen, insbesondere durch Bildung besonderer Gruppen im Berufsbildungs- und Arbeitsbereich, Rechnung getragen werden. Eine **Ausnahme** vom Grundsatz der einheitlichen Werkstatt ergibt sich aus § 137 Abs. 1 Satz 2 Nr. 2 SGB IX. Diese Vorgabe der Aufnahme unabhängig von der Art der Behinderung, wenn in dem Einzugsgebiet keine besondere WfB für diese Behinderungsart vorhanden ist, lässt den Schluss auf die Zulässigkeit von WfB zu, die auf ein spezielles Klientel, z. B. seelisch kranke Menschen, ausgerichtet sind. Im Regelfall haben sich WfB jedoch auf die Aufnahme aller Behindertengruppen einzurichten und der unterschiedlichen Art der Behinderung und ihren Auswirkungen durch geeignete Maßnahmen der **Binnendifferenzierung** insbesondere für Schwerstkörperbehinderte, Blinde und seelisch Kranke Rechnung zu tragen.

11 Die Bezugnahme in § 136 Abs. 1 Satz 1 SGB IX auf Kapitel 5 des SGB IX schließt die entsprechende Anwendbarkeit des **§ 33 Abs. 2 SGB IX** auf WfB ein. Demnach werden im Rahmen der Leistungen zur Teilhabe am Arbeitsleben **behinderten Frauen** gleiche Chancen im Erwerbsleben gesichert, insbesondere durch in der beruflichen Zielsetzung geeignete, wohnortnahe und auch in Teilzeit nutzbare Angebote (s.a. § 9 Abs. 1 Satz 2–3 SGB IX). § 33 Abs. 2 SGB IX nimmt die Zielsetzung in § 1 Satz 2 SGB IX zur Berücksichtigung besonderer Bedürfnisse behinderter und von Behinderung bedrohter Frauen auf, indem gleiche Chancen im Erwerbsleben sowohl im Vergleich zu nichtbehinderten Frauen als auch im Vergleich zu behinderten und von Behinderung bedrohten Männern gesichert werden müssen. Um dieses Ziel zu erreichen, müssen spezifische Ansätze den besonderen, typischen Problemsituationen von Frauen Rechnung tragen. Dazu gehören in Teilzeit nutzbare Angebote, die so zu gestalten sind, dass sie im Hinblick auf betreuungsbedürftige Kinder die zeitliche Disposition der behinderten Eltern und deren eingeschränkte Verfügbarkeit berücksichtigen (BT-Drucks. 14/5074, S. 108). Die Möglichkeit einer **Teilzeitbeschäftigung in WfB** wird in § 6 Abs. 2 WVO zugestanden, wenn es wegen Art und Schwere der Behinderung oder zur Erfüllung des Erziehungsauftrages notwendig erscheint. Daneben ist nach Maßgabe des Teilzeit- und Befristungsgesetzes vom 21. 12. 2000 (BGBl. I S. 1966) die Vereinbarung kürzerer Beschäftigungszeiten möglich. Soweit die Vorläufigen Werkstattempfehlungen der Bundesarbeitsgemeinschaft der überörtlichen Träger der Sozialhilfe (WE/BAGüS) in Ziffer 8.4 eine Mindestbeschäftigungszeit von 15 Stunden wöchentlich zuzüglich von Zeiten für arbeitsbegleitende Maßnahmen verlangen, findet sich hierfür keine gesetzliche Grundlage. Die zur Begründung angeführten Regelungen des § 102 Abs. 2 SGB IX und 8 Abs. 1 SGB IV betreffen andere Sachverhalte mit Bezug zum allgemeinen Arbeitsmarkt, wobei auch geringfügig Beschäftigte am Arbeitsleben teilnehmen (s. a. *Wendt* RdLH 2002, 24, 28). Ausdrücklicher Wille des Gesetzgebers des SGB IX ist es, durch die Neufassung des § 6 Abs. 2 WVO behinderten Eltern in WfB die Wahrnehmung ihres Erziehungsauftrages zu erleichtern (BT-Drucks. 14/5074, S. 129).

III. Leistungsangebot und fachliche Anforderungen (Abs. 1 Satz 2, 4)

§ 136 Abs. 1 Satz 2, 4 SGB IX enthält Vorgaben zum Leistungsange- **12**
bot und zur Ausstattung von WfB, die in der WVO konkretisiert werden. Die Erfüllung dieser Vorgaben ist nach § 17 Abs. 1 WVO Voraussetzung, um im Verfahren nach § 142 SGB IX als förderungswürdige WfB anerkannt zu werden. Entsprechend den leistungsrechtlichen Regelungen in den §§ 40 f. SGB IX hat die WfB ein **Eingangsverfahren**, einen **Berufsbildungsbereich** und einen **Arbeitsbereich** bereitzustellen, um eine angemessene berufliche Bildung und eine Beschäftigung zu einem der Leistung angemessenen Arbeitsentgelt aus dem Arbeitsergebnis anbieten zu können sowie den behinderten Menschen zu ermöglichen, ihre Leistungs- und Erwerbsfähigkeit zu erhalten, zu entwickeln, zu erhöhen oder wiederzugewinnen und dabei ihre Persönlichkeit weiterzuentwickeln. Diese in § 136 Abs. 1 Satz 2 SGB IX enthaltene Aufgabenstellung verdeutlicht, dass der Auftrag der WfB nicht allein auf die Teilhabe am Arbeitsleben zielt, sondern auch soziale, pädagogische und psychologische Elemente mit dem Ziel eines

selbstbestimmten Lebens in der Gesellschaft enthält (vgl. BT-Drucks. 14/5074, S. 109). Dem hat die WfB durch entsprechende **begleitende Dienste** (§ 10 WVO) Rechnung zu tragen.

13　　Aufgabe des nunmehr nach § 40 Abs. 1 SGB IX **obligatorischen Eingangsverfahrens** (*Mrozynski,* SGB IX Teil 1, § 40 RdNr. 3; *Schell/ Cleavenger* BArbBl 11/2001, 22) ist es festzustellen, ob die WfB die geeignete Einrichtung zur Teilhabe behinderter Menschen am Arbeitsleben und zur Eingliederung in das Arbeitsleben i. S. des § 136 SGB IX ist, sowie welche Bereiche der Werkstatt und welche Leistungen zur Teilhabe am Arbeitsleben und ergänzende Leistungen oder Leistungen zur Eingliederung in das Arbeitsleben in Betracht kommen. Ein **Eingliederungsplan** ist zwingend zu erstellen (§ 3 Abs. 1 WVO). Der Eingliederungsplan muss mindestens Aussagen über das Ausmaß und die Auswirkungen der Behinderung, die schulische und berufliche Vorgeschichte, das Ergebnis der Berufsberatung, die individuelle Zielrichtung des Berufsbildungsbereichs, die gebotenen Fördermaßnahmen, erforderliche begleitende Maßnahmen im Berufsbildungsbereich und die Perspektiven nach dem Berufsbildungsbereich, insbesondere im Hinblick auf den anzustrebenden Übergang auf den allgemeinen Arbeitsmarkt enthalten (Ziffer 4.1.3 WE/BAGüS). Der Eingliederungsplan enthält den Vorschlag der Werkstatt nach § 3 Abs. 3 S. 1 WVO an den **Fachausschuss** (§ 2 WVO: Vertreter der Werkstatt, der Bundesanstalt für Arbeit und des überörtlichen Trägers der Sozialhilfe bilden das beratende Gremium). Der Fachausschuss erstellt nach **Anhörung des behinderten Menschen** bzw. seines gesetzlichen Vertreters und nach Einbeziehung nichtbeteiligter, aber im Einzelfall zuständiger Rehabilitationsträger sowie anderer fachkundiger Personen (z. B. Mitarbeiter der Integrationsfachdienste, behandelnde Ärzte und Psychotherapeuten, vgl. Ziffer 5.1 WE/BAGüS) eine **Stellungnahme** für den nach § 42 Abs. 1 SGB IX zuständigen Rehabilitationsträger. Der Eingliederungsplan entspricht dem in § 14 Abs. 4 der Bundesempfehlungen zu § 93 d Abs. 3 BSHG genannten Hilfeplan, der als Parameter der Prozeßqualität regelmäßig überprüft und kontinuierlich fortgeschrieben werden soll. Er ist zugleich im Gesamtplan, den der Sozialhilfeträger nach § 46 BSHG aufzustellen hat, zu berücksichtigen.

14　　Die **Stellungnahme des Fachausschusses** gegenüber dem zuständigen Rehabilitationsträger beinhaltet die Eignung der WfB zur Förderung des behinderten Menschen, die in Betracht kommenden Bereiche der Werkstatt und die erforderlichen Leistungen zur Teilhabe am Arbeitsleben. Kommt der Fachausschuss zu dem Ergebnis, dass die WfB nicht geeignet ist, soll er zugleich eine Empfehlung aussprechen, welche andere Einrichtung oder sonstige Maßnahmen für den behinderten Menschen in Betracht kommen (§ 3 Abs. 4 WVO). Hier ist insbesondere die Aufnahme in Förder- und Betreuungsstätten (§ 136

Abs. 3 SGB IX) zu prüfen. Das **Votum des Fachausschusses** ist bei der Entscheidung über den Förderanspruch weder für den zuständigen Rehabilitationsträger noch für das Gericht bindend (BSG SozR 3 – 4100 § 58 Nr. 6). Eine Abweichung bedarf jedoch einer eingehenden Begründung im Leistungsbescheid des Rehabilitationsträgers gem. § 35 Abs. 1 SGB X.

Eine **vorzeitige Beendigung** des Eingangsverfahrens wegen **15** Nichteignung des behinderten Menschen kommt nur durch einen Aufhebungsbescheid des zuständigen Rehabilitationsträgers unter den Voraussetzungen des § 48 SGB X in Betracht, d. h. es muss eine wesentliche Änderung in den tatsächlichen Verhältnissen eingetreten sein (Dazu *Mrozynski*, SGB IX Teil 1, § 40 RdNr. 6).

Die **Dauer des Eingangsverfahrens** beträgt vier Wochen, wenn **16** die notwendigen Feststellungen in dieser Zeit getroffen werden können. Im Einzelfall können Leistungen im Eingangsverfahren bis zu drei Monaten erbracht werden (§ 40 Abs. 2 SGB IX, § 3 Abs. 2 WVO). Es wird davon auszugehen sein, dass der Zeitraum von drei Monaten oftmals ausgeschöpft werden muss, weil die Aufgabenstellung des Eingangsverfahrens, nämlich einen detaillierten Eingliederungsplan zu erstellen, nur nach einer längeren Erprobungs- und Beobachtungsphase zu realisieren sein wird (Ziffer 10.2 WE/BAGüS). Nach § 3 Abs. 3 Satz 2 WVO endet das Eingangsverfahren ungeachtet des Fristablaufs frühestens mit Ablauf des Tages, an dem die Werkstatt von der Entscheidung des zuständigen Rehabilitationsträgers über die Anschlussmaßnahme Kenntnis erhält. Hierdurch wird vermieden, dass der behinderte Mensch allein wegen einer noch ausstehenden Entscheidung des Rehabilitationsträgers über weitere Maßnahmen zunächst aus der WfB ausscheiden muss.

Die **Leistungen im Eingangsverfahren** nach § 40 Abs. 1 Satz 1 **17** SGB IX, § 3 Abs. 1 WVO werden nach § 44 und § 45 Abs. 2 SGB IX ergänzt durch unterhaltssichernde und andere ergänzende Leistungen wie z. B. Ausbildungsgeld, Übergangsgeld, Fahrtkosten, Kostenerstattung der Sozialversicherungsbeiträge nach Maßgabe der Leistungsgesetze der jeweiligen Rehabilitationsträger.

Der bisherige Arbeitstrainingsbereich heißt nunmehr **Berufsbil-** **18** **dungsbereich**, um dem beruflichen Bildungsauftrag der WfB sprachlich besser Rechnung zu tragen. Damit wird hervorgehoben, dass es in den Werkstätten nicht um das bloße Trainieren von praktischen Tätigkeiten geht, sondern um eine den behinderten Menschen angemessene berufliche Bildung (*Schell/Cleavenger* BArbBl 11/2001, 22, 23). Nach § 4 Abs. 1 WVO führt die Werkstatt im Benehmen mit dem im Berufsbildungsbereich und dem im Arbeitsbereich zuständigen Rehabilitationsträger Maßnahmen im **Berufsbildungsbereich (Einzelmaß-** **nahmen und Lehrgänge)** zur Verbesserung der Teilhabe am Arbeitsleben unter Einschluss angemessener Maßnahmen zur Weiterentwicklung der Persönlichkeit des behinderten Menschen durch. Sie fördert die behinderten Menschen so, dass sie spätestens nach Teilnahme an Maßnahmen des Berufsbildungsbereichs in der Lage sind, wenigstens ein **Mindestmaß wirtschaftlich verwertbarer Arbeitsleistung** i.S. des § 136 Abs. 2 SGB IX zu erbringen (§ 40 Abs. 1 Nr. 2 SGB IX). Das Leistungsangebot soll möglichst breit sein, um Art und Schwere der Behinderung, der unterschiedlichen Leistungsfähigkeit, Entwicklungsmöglichkeit sowie Eignung und Neigung der behinderten Menschen soweit wie möglich Rechnung zu tragen (§ 4 Abs. 2 WVO). Ist der behinderte Mensch nach dem Ergebnis des Eingangsverfahrens bereits in der Lage, ein Mindestmaß wirtschaftlich verwertbarer Arbeitsleistung zu erbringen, zielen Leistungen im Berufsbildungsbereich auf die Fähigkeit, im nachfolgenden Arbeitsbereich eine **qualifiziertere Beschäftigung** ausüben oder eine berufliche Tätigkeit oder Bildungsmaßnahme **außerhalb der Werkstatt** aufnehmen zu können. Die behinderten Menschen sind damit im Berufsbildungsbereich so lange zu fördern, wie mit gezielten Maßnahmen ihre Leistungsfähigkeit weiterentwickelt oder wiedergewonnen werden kann. Sie sollen innerhalb der gesetzlich vorgesehenen Regelleistungsdauer ihren individuellen Möglichkeiten entsprechend optimal gefördert werden.

19   Der Berufsbildungsbereich gliedert sich in einen **Grund- und einen Aufbaukurs** von je zwölfmonatiger Dauer (§ 4 Abs. 3 bis 5 WVO mit näheren Vorgaben zur inhaltlichen Ausgestaltung der Kurse). Die Leistungen im Berufsbildungsbereich werden damit für **zwei Jahre** erbracht. Sie werden in der Regel für ein Jahr bewilligt. Es besteht die Möglichkeit der Verlängerung für ein weiteres Jahr, wenn die Leistungsfähigkeit des behinderten Menschen weiterentwickelt oder wiedergewonnen werden kann (§ 40 Abs. 3 SGB IX). Diese Regelung ist praxisgerecht, weil im Regelfall mindestens eine zweijährige Förderung im Berufsbildungsbereich notwendig ist. In Fachkreisen wird auch für behinderte Menschen eine dreijährige Ausbildungszeit in Werkstätten befürwortet (Ziffer 10.3 WE/BAGüS). Nach § 4 Abs. 6 Satz 3 i.V.m. § 3 Abs. 3 Satz 2 WVO enden Maßnahmen im Berufsbildungsbereich frühestens mit Ablauf des Tages, an dem die Werkstatt von der nach Würdigung der vom **Fachausschuss** nach § 4 Abs. 6 Satz 1 WVO rechtzeitig vor Beendigung der Maßnahme abzugebenden Stellungnahme getroffenen Entscheidung des zuständigen Rehabilitationsträgers Kenntnis erhält.

20   Der WfB obliegt es, in Erfüllung ihres Auftrages aus § 136 Abs. 1 Satz 2 SGB IX einen **Arbeitsbereich** einzurichten und zu unterhalten, der aus einem möglichst breiten Angebot an Arbeitsplätzen besteht, um Art und Schwere der Behinderung, der unterschiedlichen Leistungsfähigkeit, Entwicklungsmöglichkeit sowie Eignung und Neigung der behinderten Menschen soweit wie möglich Rechnung

zu tragen. Die Ausgestaltung der Arbeitsplätze soll soweit wie möglich denjenigen auf dem allgemeinen Arbeitsmarkt entsprechen, zugleich aber die besonderen Bedürfnisse der behinderten Menschen berücksichtigen (§ 136 Abs. 1 Satz 4 SGB IX, § 5 Abs. 1–2 WVO). Damit sollen die **Arbeitsbedingungen**, unter denen im Arbeitsbereich gearbeitet wird, möglichst betriebsnah sein und denen in der Industrie, im Handel und im Dienstleistungsbereich soweit wie möglich angeglichen werden (zur Orientierung an üblichen Beschäftigungszeiten vgl. § 6 WVO). Durch geeignete arbeitsbegleitende Maßnahmen ist die Leistungsfähigkeit und die Weiterentwicklung der Persönlichkeit des behinderten Menschen zu unterstützen (§ 5 Abs. 3 WVO).

Infolge dieser fachlichen Anforderung haben die Werkstätten in den letzten Jahren unterschiedlich gestaltete Formen des Arbeitsplatzangebots entwickelt. So sind die behinderten Menschen zwar überwiegend in eigenen **Betriebsstätten** der Werkstattträger im engen räumlichen Verbund mit den begleitenden Diensten unter einem Dach beschäftigt, viele Werkstätten verfügen jedoch auch über Beschäftigungsplätze an **ausgelagerten Einsatzorten**. Plätze an ausgelagerten Einsatzorten können Stellen in Arbeitsgruppen sein, die für den Werkstattträger, für andere Einrichtungen oder sonstige Dritte außerhalb des Werkstattgebäudes Dienstleistungen erbringen, insbesondere im Bereich der Landschafts- und Gartenpflege oder der Hauswirtschaft. Arbeitsplätze **in Betriebsstätten Dritter** können in Form einer Außenarbeitsgruppe mit WfB-Gruppenleiter oder als ausgelagerte Arbeitsplätze zur Beschäftigung einzelner behinderter Menschen bereitgestellt werden. Bei letzteren geht es um befristete Maßnahmen zum Übergang auf den allgemeinen Arbeitsmarkt (§ 5 Abs. 4 WVO) oder weitergehende Maßnahmen zur Eingliederung in das Arbeitsleben. Hierbei muss durch regelmäßige Überwachung unter Beteiligung des Fachausschusses (§ 2 WVO, § 5 Abs. 5 WVO) ausgeschlossen werden, dass diese Form der Beschäftigung missbraucht wird, um reguläre Arbeitsverhältnisse zu vermeiden (Ziffer 4.3.3 WE/BAGüS). Bei der Beschäftigung an ausgelagerten Einsatzorten sind sämtliche gesetzlichen und verordnungsrechtlichen Anforderungen an die WfB zu erfüllen. Den dort beschäftigten behinderten Menschen muss der Zugang zu sämtlichen fördernden Angeboten der WfB offen stehen, zumal ihre Rechtsstellung zur Werkstatt (§ 138 SGB IX) durch den Einsatz auf einem externen Arbeitsplatz nicht berührt wird. Die **Veränderung des Betätigungsfeldes** einer WfB, insbesondere die Aufnahme einer zusätzlichen Tätigkeit, führt nicht zur Notwendigkeit einer erneuten Anerkennung im Verfahren nach § 142 SGB IX (Bayerisches LSG, Urteil vom 30. 6. 1994, Breithaupt 1994, 986 im Falle einer organisatorisch unselbstständigen zusätzlichen Gärtnerei).

22   Der zuständige **Rehabilitationsträger**, i.d.R. der überörtliche Träger der Sozialhilfe (§ 42 Abs. 2 Nr. 4 SGB IX, § 40 Abs. 1 Satz 1 Nr. 7
BSHG), erbringt Leistungen im Arbeitsbereich der WfB für behinderte Menschen, bei denen eine Beschäftigung auf dem allgemeinen
Arbeitsmarkt oder Berufsvorbereitung, berufliche Anpassung und
Weiterbildung oder berufliche Ausbildung (§ 33 Abs. 3 Nr. 2 bis 4 SGB
IX) wegen Art oder Schwere der Behinderung nicht, noch nicht oder
noch nicht wieder in Betracht kommen und die in der Lage sind,
wenigstens ein Mindestmaß an wirtschaftlich verwertbarer Arbeitsleistung zu erbringen (§ 41 Abs. 1 SGB IX; entsprechend der Aufgabenstellung der WfB in § 136 Abs. 1 Satz 2 SGB IX). Die Leistungen sind
gerichtet auf Aufnahme, Ausübung und Sicherung einer der Eignung
und Neigung des behinderten Menschen entsprechenden Beschäftigung, Teilnahme an arbeitsbegleitenden Maßnahmen und Förderung
des Übergangs geeigneter behinderter Menschen auf den allgemeinen
Arbeitsmarkt (§ 41 Abs. 2 SGB IX). Die WfB erhält für diesbezügliche
Leistungen eine Vergütung des Rehabilitationsträgers nach Maßgabe
des § 41 Abs. 3 SGB IX (dazu *Mrozynski* SGB IX Teil 1, § 41
RdNr. 12 ff.).

23   Nach § 136 Abs. 1 Satz 4 SGB IX i.V.m. der WVO hat die WfB weitere im Rahmen des Anerkennungsverfahrens nach § 142 SGB IX
nachzuweisende **fachliche Anforderungen** zu erfüllen. Dies gilt für
– die personelle Ausstattung einschließlich Fortbildung der Mitarbeiter (§§ 9–11 WVO),
– die Wirtschaftsführung (§ 12 WVO),
– die Ausgestaltung arbeitsbegleitender Maßnahmen (§ 136 Abs. 1
  Satz 2 SGB IX, § 5 Abs. 3 WVO),
– die bauliche Gestaltung, die Ausstattung, den Standort und die
  Größe der WfB (§§ 7 f. WVO).

24   Hinsichtlich der **personellen Ausstattung** verlangt § 136 Abs. 1
Satz 4 SGB IX die Bereitstellung von qualifiziertem Personal und eines
begleitenden Dienstes. Die Vorgaben werden durch **Qualifikationsanforderungen** an Werkstattleiter und Fachpersonal zur Arbeits- und
Berufsförderung in § 9 WVO konkretisiert. So soll der **Werkstattleiter** über einen Fachhochschulabschluss im kaufmännischen oder technischen Bereich oder einen gleichwertigen Bildungsstand, über ausreichende Berufserfahrung und eine sonderpädagogische Zusatzausbildung verfügen. Entsprechende Berufsqualifikationen aus dem sozialen
Bereich (insbesondere Dipl.-Sozialarbeiter, Dipl.-Sozialpädagoge,
Dipl.-Pädagoge) sind gleichwertig, wenn die zur Leitung einer Werkstatt erforderlichen Kenntnisse und Fähigkeiten im kaufmännischen
und technischen Bereich anderweitig erworben worden sind. Die sonderpädagogische Zusatzqualifikation kann in angemessener Zeit durch
Teilnahme an Fortbildungsmaßnahmen nachgeholt werden (§ 9 Abs. 2
WVO).

§ 9 Abs. 3 WVO enthält quantitative und qualitative Anforderungen 25
für die **Fachkräfte zur Arbeits- und Berufsförderung**, die ergänzt
werden durch die Verordnung über die Prüfung zum anerkannten
Abschluss Geprüfte Fachkraft zur Arbeits- und Berufsförderung in
Werkstätten für behinderte Menschen vom 25. 6. 2001 (BGBl. I
S. 1239). Die Fachkräfte sollen in der Regel Facharbeiter, Gesellen oder
Meister mit einer mindestens zweijährigen Berufserfahrung in Industrie oder Handwerk sein; sie müssen pädagogisch geeignet sein und
über eine sonderpädagogische Zusatzqualifikation verfügen. Entspre-
chende Berufsqualifikationen aus dem pädagogischen oder sozialen
Bereich sind gleichwertig, wenn die für eine Tätigkeit als Fachkraft
erforderlichen sonstigen Kenntnisse und Fähigkeiten für den Berufs-
bildungs- und Arbeitsbereich anderweitig erworben worden sind. Das
Zahlenverhältnis von Fachkräften zu behinderten Menschen soll im
Berufsbildungsbereich 1 : 6 und im Arbeitsbereich 1 : 12 betragen (§ 9
Abs. 2 WVO).

Art und Schwere der Behinderung der Menschen, die in einer Werk- 26
statt beschäftigt werden, erfordern es, dass die WfB für diesen Personenkreis nicht nur geeignete Berufsbildungs- und Arbeitsplätze bereithält,
auf denen die behinderten Menschen von qualifiziertem Personal ange-
leitet und beruflich gefördert werden, sondern auch eine den Bedürfnissen der behinderten Menschen gerecht werdende **pädagogische,
soziale und medizinische Betreuung** sicherstellen muss. Die Werkstatt hat deshalb nach § 10 WVO zur pädagogischen, sozialen und
medizinischen Betreuung der behinderten Menschen über **begleitende Dienste** zu verfügen, die den Bedürfnissen der behinderten
Menschen Rechnung tragen. Eine erforderliche **psychologische Betreuung** ist, ggfs. unter Heranziehung externer Dipl.-Psychologen,
sicherzustellen. § 10 Abs. 2 WVO gibt einen **Personalschlüssel** zur
Beschäftigung von einem Dipl.-Sozialarbeiter bzw. Dipl.-Sozialpäda-
gogen für je 120 behinderte Menschen vor, was lediglich als Untergrenze akzeptabel sein dürfte. Darüber hinaus sind im Einvernehmen
mit den Rehabilitationsträgern pflegerische, therapeutische und nach
Art und Schwere der Behinderung sonst erforderliche Fachkräfte bereitzustellen. Hierüber und über weiteres WfB-Personal (z. B. Verwaltungskräfte, Reinigungs- und Küchenpersonal) sind in den Leistungs-
und Vergütungsvereinbarungen Regelungen zu treffen.

Ein über die in § 9 Abs. 3 und § 10 Abs. 2 WVO enthaltenen Perso- 27
nalschlüssel hinausgehender personeller Betreuungsbedarf darf einer
Aufnahme in die Werkstatt nicht entgegenstehen. Dabei ist zu berück-
sichtigen, dass es sich um Durchschnittsschlüssel handelt, die es der
Werkstatt ermöglichen sollen, flexibel auf den individuellen Hilfebe-
darf der behinderten Menschen einzugehen (Ziffer 4.6 WE/BAGüS).
Nach § 11 WVO hat die Werkstatt dem Fachpersonal Gelegenheit zur
Teilnahme an **Fortbildungsmaßnahmen** zu geben. Damit dürfte

eine arbeitsvertragliche Nebenpflicht des Personals korrespondieren, insbesondere an sonderpädagogischen Fortbildungen tatsächlich teilzunehmen. Das BSG geht davon aus, dass im Hinblick auf die Zielsetzung des § 9 WVO der Erwerb von sonderpädagogischen Zusatzqualifikationen von WfB-Gruppenleitern durch Teilnahme an geeigneten Fortbildungsmaßnahmen im überwiegenden Interesse der WfB liegt (BSG SozR 3 – 4460 § 9 Nr. 1). Die Teilnahme an Fortbildungsmaßnahmen ist Gegenstand der „Gemeinsamen Empfehlungen zur Fortbildung von Fachkräften zur Arbeits- und Berufsförderung in WfB“, die im Jahre 1996 von der BAG WfB, der Bundesanstalt für Arbeit und der BAGüS vereinbart worden sind.

28   Hinsichtlich ihrer **Wirtschaftsführung** hat die WfB sich an den Vorgaben des § 12 WVO zu orientieren. Nach § 12 Abs. 1 WVO muss die Werkstatt nach **betriebswirtschaftlichen Grundsätzen** organisiert sein und ist deshalb verpflichtet,

– nach kaufmännischen Grundsätzen Bücher zu führen,
– eine Betriebsabrechnung in Form einer Kostenstellenrechnung zu erstellen,
– einen Jahresabschluss mit Jahresbilanz und Gewinn- und Verlustrechnung zu erstellen,
– über einen Organisations- und Stellenplan mit einer Funktionsbeschreibung des Personals zu verfügen (§ 12 Abs. 2 WVO),
– wirtschaftliche Arbeitsergebnisse anzustreben, um an die im Arbeitsbereich beschäftigten behinderten Menschen ein ihrer Arbeitsleistung angemessenes Arbeitsentgelt zahlen zu können (§ 12 Abs. 3 WVO),
– im Jahresabschluss oder in anderer geeigneter Weise das Arbeitsergebnis, seine Zusammensetzung im Einzelnen gem. § 12 Abs. 4 WVO und seine Verwendung auszuweisen (§ 12 Abs. 1 Satz 3 WVO),
– das Arbeitsergebnis nur für die in § 12 Abs. 5 WVO genannten Zwecke zu verwenden,
– die Buchführung, die Betriebsabrechnung, den Jahresabschluss sowie die Ermittlung des Arbeitsergebnisses, seine Zusammensetzung im Einzelnen gem. § 12 Abs. 5 WVO von einer Person prüfen zu lassen, die als Prüfer bei durch Bundesgesetz vorgeschriebenen Prüfungen als Jahresabschluss juristischer Personen zugelassen ist,
– die Ermittlung des Arbeitsergebnisses und dessen Verwendung gegenüber der Bundesanstalt für Arbeit und dem zuständigen überörtlichen Träger der Sozialhilfe auf deren Verlangen offen zu legen (§ 12 Abs. 6 WVO).

29   Von dem nach Maßgabe des § 138 Abs. 2 SGB IX, § 12 Abs. 4 WVO zu ermittelnden **Arbeitsergebnis** der WfB sind i.d.R. mindestens 70 % für die Zahlung der Arbeitsentgelte der behinderten Menschen zu verwenden. Der Restbetrag darf nur für Zwecke der WfB,

nämlich eine Rücklage für Ertragsschwankungen sowie Ersatz- und Modernisierungsinvestitionen verwendet werden, soweit diese Aufwendungen nicht aus Abschreibungen oder von Dritten zu decken sind (§ 12 Abs. 5 VWO). Bei der Ermittlung des Arbeitsergebnisses der Werkstatt werden nach § 41 Abs. 4 SGB IX die Auswirkungen der Vergütungen der Rehabilitationsträger (i.d.R. nach §§ 93 ff. BSHG) auf die Höhe des Arbeitsergebnisses dargestellt. Dabei wird getrennt ausgewiesen, ob sich durch die Vergütung Verluste oder Gewinne ergeben. Das Arbeitsergebnis der Werkstatt darf demnach nicht zur Minderung der Vergütungen der zuständigen Rehabilitationsträger gem. § 41 Abs. 3 SGB IX verwendet werden (Verbot der Nettoerlösrückführung). Die Regelung des § 41 Abs. 4 SGB IX ist Folge der Verknüpfung der Vergütungen der im Arbeitsbereich zuständigen Rehabilitationsträger mit den durch die wirtschaftliche Betätigung der Werkstatt erzielten Erlösen (vgl. *Mrozynski,* SGB IX Teil 1, § 41 RdNr. 12 ff.; *Wendt* RdLH 2002, 24, 29; *Schell/Cleavenger* BArbBl. 11/ 2001, 22, 26 f.).

Entsprechend dem Auftrag aus § 136 Abs. 1 Satz 2 Nr. 2 SGB IX **30** (s. a. § 39 SGB IX, § 41 Abs. 2 Nr. 2 SGB IX) besteht die in § 4 Abs. 1 und Abs. 4 Satz 2 WVO, § 5 Abs. 3 WVO konkretisierte fachliche Anforderung an die WfB, u. a. durch **arbeitsbegleitende Maßnahmen** ihre sozialen Aufgaben zu erfüllen. Was arbeitsbegleitende Maßnahmen zur Weiterentwicklung der Persönlichkeit und Maßnahmen zur Erhaltung und Erhöhung der im Berufsbildungsbereich erwobenen Leistungsfähigkeit sind, wird im SGB IX und in der WVO nicht vorgegeben. Hier bedarf es einer Einzelfallbeurteilung nach den Verhältnissen des behinderten Menschen, wobei ein Bezug auf die Entwicklung und Steigerung der Arbeitsfähigkeit gegeben seien soll. Diese Vorgabe der WE/BAGüS (Ziffer 6.2), mit der sonstige, **nicht unmittelbar tätigkeitsbezogene Aktivitäten** der WfB mit positiven Auswirkungen auf die Entwicklung der Persönlichkeit des behinderten Menschen ausgegrenzt werden sollen, dürfte mit dem gesetzlichen Auftrag der WfB nicht zu vereinbaren sein, auch die Selbstbestimmung und die gleichberechtigte Teilhabe des behinderten Menschen am Leben in der Gesellschaft zu fördern. So differenzieren die o.g. Vorschriften zwischen der Erwerbsfähigkeit und der umfassenderen Leistungsfähigkeit des behinderten Menschen. Jedenfalls umfassen die arbeitsbegleitenden Maßnahmen der WfB die Bereiche

– Lesen, Schreiben, Rechnen,
– Mobilität und Orientierung,
– Kooperation und Kommunikation mit anderen behinderten Menschen, Vorgesetzten und dem sonstigen sozialen Umfeld,
– Eigenverantwortliche Lebensführung,
– Festigung des Selbstwertgefühls,
– Vorbereitung auf die Lebensphase nach Ausscheiden aus der WfB,

wobei entgegen der Auffassung der BAGüS ein enger Zusammenhang mit der Teilhabe am Arbeitsleben nicht zu fordern ist.

31   Die WfB soll nach § 7 WVO in der Regel über **mindestens 120 Plätze** verfügen, wobei diese Mindestzahl als erfüllt gilt, wenn der **Werkstattverbund** i.S. des § 15 WVO, dem die Werkstatt angehört, über diese Zahl an Plätzen verfügt. Die Werkstatt kann eine **teilstationäre Einrichtung** oder ein organisatorisch **selbstständiger Teil einer stationären Einrichtung** (Anstalt, Heim oder gleichartige Einrichtung) oder eines Unternehmens sein (§ 16 WVO). Erforderlich ist eine behinderungsgerechte **bauliche Gestaltung und Ausstattung** sowie eine **Standortwahl,** die eine Einbindung in die regionale Wirtschafts- und Beschäftigungsstruktur zulässt und zugleich für behinderte Menschen mit öffentlichen oder sonstigen Verkehrsmitteln die WfB in zumutbarer Zeit erreichen lässt (§ 8 WVO).

IV. Aufnahmevoraussetzungen (Abs. 2)

32   § 136 Abs. 2 SGB IX bestimmt in Ergänzung zu Abs. 1 Satz 2 Halbs. 1 die Anforderungen an den aufzunehmenden Personenkreis. Demnach steht die WfB allen behinderten Menschen i.S. des Abs. 1 (behinderungsbedingt fehlende Beschäftigungsmöglichkeit auf dem allgemeinen Arbeitsmarkt) offen, sofern erwartet werden kann, dass sie spätestens nach Teilnahme an Maßnahmen im Berufsbildungsbereich wenigstens ein Mindestmaß an wirtschaftlich verwertbarer Arbeitsleistung erbringen werden. Liegen die Aufnahmevoraussetzungen dieser Regelung vor, besteht nach § 137 SGB IX ein einklagbarer **Rechtsanspruch** auf Aufnahme in die WfB und nach den §§ 39 ff. SGB IX auf Leistungen des zuständigen Rehabilitationsträgers.

33   Der unbestimmte Rechtsbegriff des **Mindestmaßes an wirtschaftlich verwertbarer Arbeitsleistung,** der als Zielvorgabe für Maßnahmen im Berufsbildungsbereich auch in § 40 Abs. 1 Nr. 2 SGB IX und § 4 Abs. 1 Satz 2 WVO sowie als Anspruchsvoraussetzung für Leistungen im Arbeitsbereich in § 41 Abs. 1 SGB IX enthalten ist, wird nicht nach dem erzielbaren Entgelt definiert. Es kommt nicht darauf an, ob der behinderte Mensch eine im kaufmännischen Sinne gewinnbringende Arbeitsleistung verrichten kann und ein bestimmtes Mindesteinkommen erzielt. Ausschlaggebend und ausreichend ist, dass das Produkt der Arbeitsleistung wirtschaftlichen Wert besitzt, sich also beispielsweise als Ware verkaufen lässt. Dabei ist es unerheblich, ob Arbeits-, Sach- und Personalaufwand und Arbeitsergebnis in einem wirtschaftlichen Verhältnis zueinander stehen. Ein Minimum an Arbeitsleistung reicht aus (BSGE 52, 123, 128 = SozR 2200 § 1237 a Nr. 19; BSG SozR 3 – 2200 § 1237 a Nr. 2; BSGE 72, 187 = SozR 3 – 3870 § 54 Nr. 1). Zur Erfüllung dieser Aufnahmevoraussetzung genügt zu Beginn des Ein-

gangsverfahrens die **Prognose**, dass das „Mindestmaß" nach Durchlaufen des Berufsbildungsbereichs erreicht werden kann (*Cramer*, SchwbG, § 54 RdNr. 8; MünchArbR/*Cramer*, § 237 RdNr. 10; *Haines/Jacobs*, LPK-SGB IX, § 136 RdNr. 10; *Dörner*, SchwbG, § 54 Anm. 2; *Feldes u. a.*, Schwerbehindertenrecht, § 136 SGB IX RdNr. 13).

Nach § 136 Abs. 2 Satz 2 SGB IX kommt eine Aufnahme in die 34 WfB bei behinderten Menschen nicht in Betracht,
- bei denen trotz einer der Behinderung angemessenen Betreuung eine **erhebliche Selbst- oder Fremdgefährdung** zu erwarten ist,
- bei denen das **Ausmaß der erforderlichen Betreuung und Pflege** die Teilnahme an Maßnahmen im Berufsbildungsbereich dauerhaft nicht zulassen,
- bei denen **sonstige Umstände** ein Mindestmaß an wirtschaftlich verwertbarer Arbeitsleistung dauerhaft nicht zulassen.

Es handelt sich bei diesen **Ausschlusskriterien** um gerichtlich voll überprüfbare unbestimmte Rechtsbegriffe, deren Auslegung maßgeblich von den jeweiligen Interessenlagen (ungestörter Werkstattbetrieb/ Teilhabeanspruch des behinderten Menschen) und behindertenpolitischen Vorverständnissen geprägt wird. Im Sinne einer möglichst weitgehenden Verwirklichung sozialer Rechte behinderter Menschen (§ 2 Abs. 2 SGB I, § 10 SGB I, § 1 SGB IX) ist eine zurückhaltende Anwendung der Ausschlusskriterien geboten (s. a. GK-SchwbG-*Dopatka*, § 54 RdNr. 18).

Der Begriff der **erheblichen Selbst- oder Fremdgefährdung** 35 ersetzt den bis 1996 verwendeten Begriff der fehlenden Gemeinschaftsfähigkeit, der zu Recht als diskriminierend empfunden wurde. Von erheblicher Selbst- oder Fremdgefährdung ist auszugehen, wenn das Verhalten des behinderten Menschen eine **beständige** Gefahr für Gesundheit und Leben des behinderten Menschen selbst, für andere behinderte Menschen oder nicht behinderte Mitarbeiter der Werkstatt oder für Sachen darstellt und deshalb der geordnete Betrieb der Werkstatt **ernsthaft** gestört ist (Ziffer 3.2.2 WE/BAGüS). Dabei ist der Grundsatz der Verhältnismäßigkeit zu wahren. So ist zu prüfen, ob mildere Mittel als der Ausschluss aus der WfB in Frage kommen, z. B. Krankschreibungen oder therapeutische Maßnahmen.

Eine arbeitsbegleitend erforderliche Pflege und Betreuung des be- 36 hinderten Menschen stellt seine Werkstattfähigkeit grundsätzlich nicht in Frage. Anders ist es in den Fällen, in denen das **Ausmaß der Pflege und Betreuung** die Teilnahme an Berufsbildungsmaßnahmen dauerhaft nicht zulässt und in der Folge auch der Tätigkeit im Arbeitsbereich entgegensteht (BSG SozR 3 – 4100 § 58 Nr. 6). Die Annahme eines in diesem Sinne außergewöhnlichen Pflege- und Betreuungsaufwandes kommt in Betracht, wenn dauerhaft mehr als 50 % der Anwesenheitszeit des behinderten Menschen auf Pflegeleistungen verwandt werden müssen (*Mrozynski*, SGB IX Teil 1, § 39 RdNr. 7). Darüber hinaus ist eine Kausalität zwischen dem außergewöhnlichen Ausmaß an Pflege und Betreuung und der Unmöglichkeit einer Teilnahme an Berufsbildungsmaßnahmen und der Erbringung des Mindestmaßes an Arbeitsleistung erforderlich (*Haines/Jacobs*, LPK-SGB IX, § 136 RdNr. 15). Der **personelle Aufwand**, der für die Förderung eines einzelnen behinderten Menschen erforderlich ist, kann nach Auffassung des BSG als Kriterium für die Beurteilung der Werkstattfähigkeit mit herangezogen werden (BSGE 76, 178 = SozR 3 – 4100 § 58 Nr. 7). Diese Entscheidung vermag nicht zu überzeugen. Das BSG knüpft den Rechtsanspruch des behinderten Menschen auf Geldleistungen zur Förderung in einer WfB an deren Bereitschaft, den Betroffenen aufzunehmen. Verweigert die WfB die Aufnahme unter Hinweis auf ihren Personalschlüssel, soll dies genügen, um die fehlende Werkstattfähigkeit zu begründen. Demgegenüber weist die BAGüS zu Recht darauf hin, dass die Personalschlüssel in § 9 Abs. 3 und § 10 Abs. 2 WVO Durchschnittsschlüssel seien, die es der WfB ermöglichten, flexibel auf den individuellen Hilfebedarf einzugehen. Ein über den Personalschlüssel hinausgehender personeller Betreuungsbedarf steht der Aufnahme in die Werkstatt deshalb grundsätzlich nicht entgegen (Ziffer 4.6 WE/BAGüS).

37   Der nach § 2 WVO gebildete **Fachausschuss** der Werkstatt hat nach Anhörung des Betroffenen bzw. seines gesetzlichen Vertreters und unter Hinzuziehung fachkundiger Dritter (z. B. behandelnde Ärzte) oder Einholung eines Sachverständigengutachtens (vgl. § 2 Satz 4 WVO) eine Stellungnahme zur Werkstattfähigkeit i.S. des § 136 Abs. 2 SGB IX abzugeben. Die Entscheidungszuständigkeit hinsichtlich der Erbringung von Rehabilitationsleistungen in der WfB verbleibt beim zuständigen Rehabilitationsträger.

V. Übergang auf den allgemeinen Arbeitsmarkt (Abs. 1 Satz 3)

38   Nach § 136 Abs. 1 Satz 3 SGB IX fördert die WfB den **Übergang** geeigneter Personen **auf den allgemeinen Arbeitsmarkt** (s.a. § 41 Abs. 2 Nr. 3 SGB IX). Diese seit 1996 verordnungsrechtlich geregelte fachliche Anforderung an WfB ist mit dem Gesetz zur Bekämpfung der Arbeitslosigkeit Schwerbehinderter vom 29. 9. 2000 (BGBl. I S. 1394) in Anbetracht ihrer Bedeutung als **gesetzliche Verpflichtung der WfB** verankert worden (BT-Drucks. 14/3372, S. 24). Nähere Einzelheiten enthält § 5 Abs. 4 WVO, wonach die Förderung des Übergangs insbesondere durch die Errichtung einer Übergangsgruppe mit besonderen Förderangeboten, Entwicklung individueller Förderpläne sowie Ermöglichung von Trainingsmaßnahmen, Betriebspraktika und durch die zeitweise Beschäftigung auf ausgelagerten Arbeitsplätzen

erfolgen soll. Dabei hat die Werkstatt die notwendige arbeitsbegleitende Betreuung in der Übergangsphase sicherzustellen und darauf
hinzuwirken, dass der zuständige **Rehabilitationsträger** seine Leistungen sowie nach dem Ausscheiden des behinderten Menschen aus
der Werkstatt das **Integrationsamt** (§ 102 SGB IX), gegebenenfalls
unter Beteiligung eines **Integrationsfachdienstes** (§§ 109 ff. SGB
IX), die begleitende Hilfe im Arbeits- und Berufsleben einbringen.
Die Werkstatt hat die Bundesanstalt für Arbeit in die Vermittlungsbemühungen einzubeziehen und nach § 5 Abs. 5 WVO den **Fachausschuss** bei der Planung und Durchführung übergangsfördernder
Maßnahmen zu beteiligen. Nach § 5 Abs. 5 Satz 3 WVO i.V.m. § 3
Abs. 3 Satz 1 WVO ergehen die wenigstens einmal jährlich gegenüber
dem zuständigen Rehabilitationsträger abzugebenden **Stellungnahmen des Fachausschusses** nach **Anhörung** der betroffenen behinderten Menschen. Der **Bundesanstalt für Arbeit** obliegt nach § 104
Abs. 1 Nr. 1 SGB IX die Vermittlung von in WfB Beschäftigten auf den
allgemeinen Arbeitsmarkt (vgl. § 104 RdNr. 9). Sie gewährt nach
Maßgabe des § 104 Abs. 1 Nr. 3 Buchst. c SGB IX i.V.m. §§ 222 a ff.
SGB III **Eingliederungszuschüsse** bis zu 70 % des berücksichtigungsfähigen Arbeitsentgelts für i.d.R. bis zu 36 Monate.

Mit dem Gesetz zur Reform der Renten wegen verminderter Er- **39**
werbsfähigkeit vom 20. 12. 2000 (BGBl. I S. 1827) sind diese Regelungen durch **rentenrechtliche Änderungen** flankiert worden, um
Hindernisse für den Übergang auf den allgemeinen Arbeitsmarkt zu
beseitigen (dazu *Rademacker* SozSich 2001, 74, 77; *Schell/Cleavenger*
BArbl 11/2001, 22, 23; *Mrozynski,* SGB IX Teil 1, § 41 RdNr. 9). Nach
§ 43 Abs. 2 Satz 3 Nr. 1 SGB VI ist voll erwerbsgemindert der als WfB-
Beschäftigter rentenversicherungspflichtige behinderte Mensch, der
wegen Art oder Schwere der Behinderung nicht auf dem allgemeinen
Arbeitsmarkt tätig sein kann. Die volle Erwerbsminderung des Werkstattbeschäftigten wird nicht dadurch unterbrochen, dass er auf den allgemeinen Arbeitsmarkt wechselt, dieser **Eingliederungsversuch** jedoch scheitert und der Beschäftigte deshalb in die Werkstatt zurückkehrt (§ 43 Abs. 2 Satz 3 Nr. 2 SGB VI). Behinderte Menschen, die im
Anschluss an eine WfB-Beschäftigung in einem **Integrationsprojekt**
(§§ 132 ff. SGB IX) tätig sind, werden nach den für WfB maßgeblichen
Regelungen nach einem Mindestentgelt in Höhe von 80 % der
Bezugsgröße weiterversichert (§ 162 Nr. 2a SGB VI, § 168 Abs. 1
Nr. 2 a SGB VI).

Der Übergang von der WfB-Beschäftigung zu einem Arbeitsplatz **40**
auf dem allgemeinen Arbeitsmarkt gelingt bisher nur wenigen behinderten Menschen. Diesbezügliche **Schätzungen** benennen 0,5 bis 7 %
der Werkstattbeschäftigten, ohne dass nachprüfbare Quellen für eine
bundesweite Erhebung bekannt waren (*Wendt* NDV 2000, 105; GK-
SchwbG-*Dopatka,* § 54 RdNr. 4; MünchArbR / *Cramer,* § 237 RdNr. 15;

Feldes u. a., Schwerbehindertenrecht, § 136 RdNr. 14; *Ritz* br 2001, 197, 199). Auf der Basis des Zwischenberichts einer statistischen **Erhebung** zum Übergang behinderter Menschen aus WfB auf den allgemeinen Arbeitsmarkt gibt die Bundesregierung im Erhebungszeitraum 1998 bis 2000 für 63 % der Werkstätten eine **Übergangsquote von weniger als 0,1 % und nur für 9 % der WfB von mehr als 1 %** an (BT-Drucks. 14/8441, S. 25).

41   Zumindest für einen Teil der jüngeren behinderten Menschen in WfB dürften sich auf Grund der konkretisierten Vorgaben des Werkstättenrechts und neuer Förderinstrumente wie Integrationsfachdienste, -projekte und Arbeitsassistenz (§ 102 Abs. 4 SGB IX) die **Rahmenbedingungen für einen Übergang** in den allgemeinen Arbeitsmarkt verbessert haben (vgl. *Finke* br 2002, 5, 8). Dies ist im Hinblick auf die soziale Ausgrenzung WfB-Beschäftigter und ihre niedrige Entlohnung (§ 138 Abs. 2 SGB IX) nicht gering zu achten. Viele geistig behinderte Menschen werden auch weiterhin eine kontinuierliche persönliche Begleitung ihrer Arbeitstätigkeit in unterschiedlicher Intensität benötigen.

VI. Förder- und Betreuungsstätten (Abs. 3)

42   Nach Abschluss der schulischen Förderung eines behinderten Menschen muss in der Regel davon ausgegangen werden, dass die berufliche Eingliederung in eine WfB möglich ist. Da es jedoch auch behinderte Menschen gibt, welche die in § 136 Abs. 2 SGB IX genannten Aufnahmekriterien für die Förderung und Beschäftigung in einer Werkstatt (noch) nicht erfüllen, soll dieser Personenkreis nach § 136 Abs. 3 SGB IX in Einrichtungen oder Gruppen betreut und gefördert werden, die der Werkstatt angegliedert sind. Das Gleiche gilt für behinderte Menschen, die aus Altersgründen oder vorzeitig aus gesundheitlichen Gründen aus der WfB ausscheiden müssen.

43   Entsprechende Maßnahmen finden in **Förder- und Betreuungsstätten (FBS)** mit unterschiedlicher Bezeichnung statt, z. B. Förder- und Betreuungsgruppe, Schwerbehindertengruppe, Tagesförderstätte, Tagespflegestätte, Altengruppe. Die in FBS anzubietenden Maßnahmen haben das **Ziel,**
– die Förderung praktischer Kenntnisse und Fähigkeiten, die erforderlich und geeignet sind, dem behinderten Menschen die für ihn erreichbare Teilhabe am Leben in der Gemeinschaft zu ermöglichen,
– auf Maßnahmen der Teilhabe am Arbeitsleben, vor allem in WfB, vorzubereiten,
– die pflegerische Versorgung sicherzustellen,
– angemessene tagesstrukturierende Hilfen für die aus der Werkstatt ausgeschiedenen behinderten Menschen anzubieten.

Im einzelnen ergeben sich daraus folgende **Leistungen**: 44
– Förderung, Erhalt und Erwerb von Fähigkeiten und Fertigkeiten im persönlichen und lebenspraktischen Bereich,
– Entwicklung des Sozialverhaltens,
– Hilfen zur Förderung der Verständigung mit der Umwelt,
– Mobilitätstraining,
– Vermittlung von Kenntnissen und Fertigkeiten mit dem Ziel der Eingliederung in eine WfB,
– pflegerische Versorgung.

Daneben tragen diese Einrichtungen dazu bei, die Angehörigen des behinderten Menschen zu entlasten und damit eine vollstationäre Unterbringung zu vermeiden oder hinauszuzögern (Ziffer 14.2 WE/BAGüS).

FBS sollen vorrangig in **räumlichem oder organisatorischem** 45
Zusammenhang mit einer anerkannten WfB eingerichtet werden (sog. verlängertes Dach der Werkstatt), nicht zuletzt um die Durchlässigkeit zur Werkstatt zu gewährleisten. **Rechtlich** sind WfB und FBS eigenständige Einrichtungen (*Cramer*, SchwbG, § 54 RdNr. 9; *Haines/Jacobs*, LPK-SGB IX, § 136 RdNr. 16). Da die FBS für die einzelnen Zielgruppen unterschiedliche Aktivitäten anzubieten haben, ist auch die **Personalausstattung** entsprechend zu differenzieren. Für die Förderung, Betreuung und Pflege in FBS kommen insbesondere Heilerziehungspfleger und Heilerzieher in Betracht, aber auch eine Betreuung durch Kranken- und Altenpflegekräfte (Ziffer 14.4 WE/BAGüS).

Die Aufnahme in die WfB ist vor allem bei den aus einer Sonder- 46
schule entlassenen behinderten Menschen **vorrangig** gegenüber Maßnahmen in FBS. Daher ist stets im Eingangsverfahren zunächst die **Werkstattfähigkeit** des behinderten Menschen zu prüfen. Die Aufnahme in eine FBS kommt ohne ein entsprechendes Votum des Fachausschusses einer WfB nicht in Betracht. Bestehen keine vorrangigen Ansprüche, sind Leistungen in FBS vom **Sozialhilfeträger** im Rahmen der Eingliederungshilfe zu erbringen (§ 6 Abs. 1 Nr. 7 SGB IX, § 55 Abs. 2 Nr. 3, 7 SGB IX, § 40 Abs. 1 Satz 1 Nr. 8 BSHG). Die FBS erbringen Leistungen zur **Teilhabe am Leben in der Gemeinschaft** (§§ 55 ff. SGB IX) und nicht zur Teilhabe am Arbeitsleben i.S. des § 33 SGB IX. Die dort aufgenommenen Personen sind weder sozialversicherungspflichtig noch besitzen sie einen Entgeltanspruch.

Aufnahme in die Werkstätten für behinderte Menschen

137 [1]Anerkannte Werkstätten nehmen diejenigen behinderten Menschen aus ihrem Einzugsgebiet auf, die die Aufnahmevoraussetzungen gemäß § 136 Abs. 2 erfüllen, wenn Leistungen durch die Rehabilitationsträger gewährleistet sind; die Möglichkeit zur Aufnahme in eine andere anerkannte Werkstatt nach Maßgabe des § 3 des Bundessozialhilfegesetzes oder entsprechender Regelungen bleibt unberührt. [2]Die Aufnahme erfolgt unabhängig von

1. der Ursache der Behinderung,

2. der Art der Behinderung, wenn in dem Einzugsgebiet keine besondere Werkstatt für behinderte Menschen für diese Behinderungsart vorhanden ist, und

3. der Schwere der Behinderung, der Minderung der Leistungsfähigkeit und einem besonderen Bedarf an Förderung, begleitender Betreuung oder Pflege.

(2) Behinderte Menschen werden in der Werkstatt beschäftigt, solange die Aufnahmevoraussetzungen nach Absatz 1 vorliegen.

I. Allgemeines, Regelungsinhalt der Vorschrift

1   Nach der Gesetzesbegründung handelt es sich um eine inhaltsgleiche Übertragung des bisherigen § 54 a SchwbG (BT-Drucks. 14/5074, S. 115). Gleichwohl ist als Folgeänderung zu der mit dem SGB IX seit dem 1. 7. 2001 entfallenen Heranziehung der behinderten Menschen und seiner Angehörigen zu den Kosten der Rehabilitation (§ 43 Abs. 2 Nr. 7 BSHG) die in § 54 a Abs. 1 SchwbG enthaltene Regelung für sog. Selbstzahler entfallen („oder die Behinderten die Kosten selbst übernehmen"). Im Zuge der Einbeziehung des Sozialhilfeträgers in den Kreis der Rehabilitationsträger (§ 6 SGB IX) ist in § 137 Abs. 1 SGB IX der Begriff des Sozialleistungsträgers durch den des Rehabilitationsträgers ersetzt worden.

2   Die Vorschrift enthält in Abs. 1 die Verpflichtung der im Verfahren nach § 142 SGB IX anerkannten WfB, alle behinderten Menschen ihres Einzugsbereichs aufzunehmen, soweit diese die näher bezeichneten Aufnahmevoraussetzungen erfüllen und die Kostentragung durch einen Rehabilitationsträger gesichert ist. Es besteht für die WfB ein **Kontrahierungszwang.** Die Regelung bürdet der anerkannten WfB einen **öffentlich-rechtlichen Versorgungsauftrag** auf. Der daraus resultierende **Rechtsanspruch** des behinderten Menschen auf Aufnahme in die WfB ist mit dem Gesetz zur Reform des Sozialhilferechts vom 23. 7. 1996 (BGBl. I S. 1088) in das Werkstättenrecht aufgenommen worden. Der Gesetzgeber wollte behinderten Menschen, die zu

ihrer Eingliederung in das Arbeitsleben auf einen Werkstattplatz angewiesen sind, einen Rechtsanspruch auf Aufnahme in die anerkannte WfB des Einzugsgebietes und auf Verbleib in der Werkstatt, solange die Aufnahmevoraussetzungen fortbestehen, zubilligen (BT-Drucks. 13/2440, S. 32). Die Beschäftigungspflicht der WfB ergibt sich nunmehr aus § 137 Abs. 2 SGB IX.

II. Aufnahmeanspruch des behinderten Menschen (Abs. 1)

Nach § 137 Abs. 1 Satz 1 Halbs. 1 SGB IX nehmen anerkannte Werk-   **3** stätten behinderte Menschen aus ihrem Einzugsgebiet auf, welche die Aufnahmevoraussetzungen gemäß § 136 Abs. 2 SGB IX erfüllen, wenn Leistungen durch die Rehabilitationsträger gewährleistet sind. Gegenüber der entsprechenden Formulierung in § 54 a Abs. 1 SchwbG („haben aufzunehmen") ergibt sich für die **Rechtsqualität des Aufnahmeanspruchs** keine Änderung. Er besteht bei Vorliegen der gesetzlichen Voraussetzungen unbedingt und belässt der WfB **keinen Ermessensspielraum** bei der Aufnahmeentscheidung.

Anerkannte Werkstätten sind solche, die im Verfahren nach § 142   **4** SGB IX i.V.m. §§ 17 f. WVO durch die Bundesanstalt für Arbeit als WfB anerkannt worden sind. Die Anerkennung beinhaltet auch die Bestimmung des **Einzugsgebietes** der WfB gem. § 8 Abs. 3 WVO, das so bemessen sein muss, dass die Werkstatt mit öffentlichen oder sonstigen Verkehrsmitteln in zumutbarer Zeit erreichbar ist. In der Regel hat jede Werkstatt ein **regionales Einzugsgebiet**, das in der Bedarfsplanung des Landes im Einvernehmen mit der Bundesanstalt für Arbeit und dem zuständigen überörtlichen Träger der Sozialhilfe verbindlich festgelegt und gegenüber der WfB im Anerkennungsverfahren bestimmt wird. Ausnahmsweise kann eine Werkstatt, insbesondere eine Werkstatt für behinderte Menschen mit einer bestimmten Art der Behinderung (z.B. für mehrfach behinderte blinde und gehörlose Menschen, seelisch behinderte Menschen) im Einvernehmen mit den zuständigen Landesbehörden und den Anerkennungsbehörden auch ein **überregionales Einzugsgebiet** haben, das über die in § 8 Abs. 3 WVO genannten Grenzen hinausreicht.

Der Aufnahmeanspruch des behinderten Menschen richtet sich ge-   **5** gen die WfB, in deren Einzugsbereich er seinen **Wohnsitz** oder hilfsweise seinen gewöhnlicher Aufenthalt hat (§ 30 Abs. 3 SGB I). Die Werkstatt hat nach § 1 Abs. 1 WVO zur Erfüllung ihrer gesetzlichen Aufgaben die Voraussetzungen dafür zu schaffen, dass sie die behinderten Menschen im Sinne des § 136 Abs. 2 SGB IX aus ihrem Einzugsgebiet aufnehmen kann. Damit ist das Erreichen der **Kapazitätsgrenze der WfB** kein Ablehnungsgrund gegenüber dem Aufnahme begehrenden behinderten Menschen. Vielmehr muss die WfB dafür Rechnung tragen, über ein **bedarfsgerechtes Platzangebot** für die behinderten Menschen ihres Einzugsgebietes zu verfügen und erforderlichenfalls ihr Angebot aufstocken. Die WfB ist kraft ihrer Anerkennung verpflichtet, in ihrem Einzugsgebiet die regionale Versorgung mit WfB-Plätzen **sicherzustellen**. Sie hat hierzu die erforderlichen öffentlich-rechtlichen Verträge (§ 53 SGB X) mit den Rehabilitationsträgern abzuschließen (vgl. § 41 Abs. 3 SGB IX i.V.m. §§ 93 ff. BSHG: Leistungs-, Vergütungs- und Prüfungsvereinbarungen).

6   Der Aufnahmeanspruch ist geknüpft an die **Gewährleistung der Finanzierung** durch den zuständigen Rehabilitationsträger. Leistungen im Eingangsverfahren und im Berufsbildungsbereich der WfB werden nach § 40 SGB IX, im Arbeitsbereich nach § 41 SGB IX erbracht. Die **Zuständigkeit der Rehabilitationsträger** für Leistungen in WfB richtet sich nach § 42 SGB IX. Für Leistungen im Eingangsverfahren und im Berufsbildungsbereich besteht eine Auffangzuständigkeit der Bundesanstalt für Arbeit, für Leistungen im Arbeitsbereich eine solche des überörtlichen Trägers der Sozialhilfe. Vertreter dieser Rehabilitationsträger sind in den nach § 2 WVO zu bildenden Fachausschuss der WfB eingebunden, der eine Stellungnahme zur Werkstattfähigkeit des behinderten Menschen nach § 136 Abs. 2 SGB IX und Empfehlungen zum Förderbedarf erstellt. Versagt der auf diese Weise frühzeitig eingebundene Rehabilitationsträger eine (weitere) Förderung des behinderten Menschen in der WfB durch einen an diesen gerichteten Ablehnungsbescheid, verliert der Betroffene auch seinen Aufnahme- und Beschäftigungsanspruch gegenüber der WfB.

7   Nach dem zweiten Halbsatz des § 136 Abs. 1 Satz 1 SGB IX bleibt die Möglichkeit einer Aufnahme in eine **andere anerkannte WfB** – also ungeachtet des Einzugsgebietes – nach Maßgabe des § 3 BSHG oder entsprechender Regelungen unberührt. **§ 3 BSHG** beinhaltet das sog. **Wunsch- und Wahlrecht** des Hilfeempfängers. Demnach soll Wünschen des Hilfeempfängers, die sich auf die Gestaltung der Hilfe richten, entsprochen werden, soweit sie angemessen sind (§ 3 Abs. 2 Satz 1 BSHG). Der Träger der Sozialhilfe braucht Wünschen nicht zu entsprechen, deren Erfüllung mit unverhältnismäßigen Mehrkosten verbunden wäre (§ 3 Abs. 2 Satz 3 BSHG). Auf seinen Wunsch soll der Hilfeempfänger in einer solchen Einrichtung untergebracht werden, in der er durch Geistliche seines Bekenntnisses betreut werden kann (§ 3 Abs. 3 BSHG). Der Verweis auf § 3 BSHG erscheint seit der Einordnung des Werkstättenrechts in das SGB IX als entbehrlich, weil **§ 9 SGB IX** nunmehr eine vergleichbare Regelung des Wunsch- und Wahlrechts der Leistungsberechtigten enthält. Diese Vorschrift wird ergänzt durch die allgemeinen Vorgaben zur Ausgestaltung von Rechten und Pflichten in **§ 33 SGB I**. Die Wahl einer weiter entfernteren WfB dürfte nicht in Betracht kommen, wenn dem Rehabilitationsträger dadurch unverhältnismäßig hohe Fahrtkosten entstehen (§ 44

Abs. 1 Nr. 5 SGB IX; Zum Begriff der unverhältnismäßigen Mehrkosten vgl. *Mrozynski,* SGB IX Teil 1, § 9 RdNr. 8 ff.). Demgegenüber kann der behinderte Mensch auf Grund des Wunsch- und Wahlrechts in Großstädten und Ballungsräumen zwischen **Werkstätten verschiedener Träger** wählen, ohne dass unverhältnismäßige Mehrkosten dem entgegenstünden. Lehnt der Rehabilitationsträger die Förderung in der gewünschten WfB ab, hat er durch Bescheid zu begründen, warum er dem Wunsch des behinderten Menschen nicht entspricht (§ 9 Abs. 2 Satz 3 SGB IX). Da in einem solchen Falle die Finanzierung der WfB-Förderung durch den Rehabilitationsträger nicht gewährleistet ist, hat der behinderte Mensch auch keinen Anspruch auf Aufnahme in die entferntere WfB.

Nach § 136 Abs. 1 Satz 2 Nr. 1 SGB IX erfolgt die Aufnahme unab- **8** hängig von der **Ursache der Behinderung.** Diese hat jedoch Bedeutung für die Zuständigkeit des Rehabilitationsträgers nach § 42 SGB IX, weil für Arbeitsunfallopfer und von Berufskrankheiten Betroffene die Berufsgenossenschaften und für Anspruchsberechtigte der sozialen Entschädigung die Versorgungsämter zuständig sind. Hinsichtlich des Anspruchs des behinderten Menschen auf Aufnahme in eine WfB bekräftigt die Vorschrift das im Schwerbehindertenrecht geltende **Finalitätsprinzip,** wonach es anders als in den vom Kausalitätsprinzip beherrschten Sozialrechtsgebieten auf die Ursachen einer Behinderung nicht ankommt und insbesondere von Geburt an behinderte Menschen vom Schutzbereich des Gesetzes erfasst werden.

Nach § 136 Abs. 1 Satz 2 Nr. 2 und Nr. 3 SGB IX erfolgt die Auf- **9** nahme unabhängig von der **Art der Behinderung,** wenn im Einzugsgebiet der WfB keine besondere Werkstatt für behinderte Menschen für diese Behinderungsart vorhanden ist, und von der **Schwere der Behinderung,** der **Minderung der Leistungsfähigkeit** und einem besonderen Bedarf an **Förderung, begleitender Betreuung** oder **Pflege.** Diese Regelung konkretisiert den Sicherstellungsauftrag der anerkannten WfB für ihr Einzugsgebiet. Sie ist gehalten, in Abstimmung mit den zuständigen Rehabilitationsträgern nicht nur eine ausreichende Zahl an Plätzen bereitzustellen, sondern der unterschiedlichen Art der Behinderungen und ihren Auswirkungen innerhalb der Werkstatt durch geeignete Maßnahmen, insbesondere durch Bildung besonderer Gruppen im Berufsbildungs- und Arbeitsbereich, Rechnung zu Tragen (**Binnendifferenzierung,** § 1 Abs. 2 WVO). Dies ist durch die Anerkennungsbehörde zu überprüfen. Ist im Einzugsgebiet eine besondere Werkstatt für bestimmte Behinderungsarten vorhanden, trifft sie der diesbezügliche Sicherstellungsauftrag, wobei sich der Aufnahmeanspruch des behinderten Menschen gegen diese WfB richtet.

Die in § 136 Abs. 2 SGB IX enthaltene Regelung zur **Werkstatt- 10 fähigkeit** des behinderten Menschen geht § 137 Abs. 1 Satz 2 SGB IX vor. So besteht der Aufnahmeanspruch trotz § 137 Abs. 1 Satz 2 Nr. 3

SGB IX nicht, wenn der behinderte Mensch wegen der Schwere seiner Behinderung oder eines außergewöhnlichen Pflegeaufwandes nicht wenigstens ein Mindestmaß wirtschaftlich verwertbarer Arbeitsleistung erbringen kann.

III. Beschäftigungspflicht der WfB

11   § 137 Abs. 2 SGB IX sichert den Aufnahmeanspruch des behinderten Menschen gegen eine etwaige Umgehung ab, die sich aus einer der Aufnahme anschließenden Kündigung des Werkstattvertrages (§ 138 Abs. 3 SGB IX) durch den Werkstattträger trotz unveränderter tatsächlicher Verhältnisse ergeben könnte. Die ergänzende Regelung hat klarstellenden Charakter, weil der behinderte Mensch in diesem Falle die umgehende Wiederaufnahme verlangen könnte (*Neumann/Pahlen,* SGB IX, § 137 RdNr. 13). Die **Kündigung des Werkstattvertrages** durch den Werkstattträger wird erst dann rechtswirksam, wenn mit der **Rücknahme des Kostenanerkenntnisses** des zuständigen Rehabilitationsträgers nach Beratung im **Fachausschuss** der WfB (§ 2 WVO) rechtskräftig festgestellt ist, dass die Aufnahmevoraussetzungen nicht mehr vorliegen (*Wendt* RsDE Nr. 36, 1997, 43, 58). Im Zusammenhang mit der Beratung des Fachausschusses über den Ausschluss aus der WfB soll der Betroffene bzw. sein gesetzlicher Vertreter **angehört** werden, was für den Rehabilitationsträger nach § 24 SGB X ohnehin obligatorisch ist. Hält der Rehabilitationsträger seinen Leistungsbescheid aufrecht und geht damit von dem Fortbestehen der Werkstattfähigkeit des behinderten Menschen aus, kann sich die WfB selbst dann nicht von dem behinderten Menschen trennen, wenn sie auf Grund von Aggressionen, mangelnder Disziplin, Beleidigungen, Krankheitszeiten etc. die Weiterbeschäftigung für unzumutbar hält. Sie hat derartigen Problemen im Rahmen der pädagogischen, sozialen, medizinischen und psychologischen Betreuung der behinderten Menschen (§ 10 WVO) zu begegnen. Eine **Kündigung** des behinderten Menschen nach den **arbeitsrechtlichen Grundsätzen** des Kündigungsschutzgesetzes und des besonderen Kündigungsschutzes für behinderte Menschen (§§ 85 ff. SGB IX), insbesondere eine verhaltens- oder krankheitsbedingte Kündigung, kommt nicht in Betracht (s.a. *Haines/Jacobs,* LPK–SGB IX, § 138 RdNr. 36; *Bihr/Fuchs/Krauskopf/Lewering Baur,* SGB IX, § 137 RdNr.5; *Jacobs* ZFSH/SGB 1998, 203, 205; *Schröder* AuR 2001, 172, 173; *Rühle* DB 2001, 1364, 1366).

12   Das sich aus § 137 Abs. 2 SGB IX ergebende **Kündigungsverbot** bei Weiterbestehen der Aufnahmevoraussetzungen kann nicht durch **Vereinbarung von Kündigungsgründen** im Werkstattvertrag nach § 138 Abs. 3 SGB IX ausgehebelt werden. Eine derartige vertragliche Regelung zwischen WfB und behindertem Menschen wäre gem. § 134 BGB

nichtig (MünchArbR/*Cramer*, § 237 RdNr. 43). Enthält der Werkstattvertrag **weitergehende Kündigungsbeschränkungen** wie ein Zustimmungserfordernis des Fachausschusses der WfB (§ 2 WVO), die vorherige Anhörung des Betroffenen und das Schriftformerfordernis für eine rechtswirksame Kündigung, muss sich die Werkstatt hieran im Streitfall festhalten lassen (ArbG Mönchengladbach, Urteil vom 11. 11. 1999, Az.: 3 Ca 1756/99, RdLH 2000, 31). Meldet die WfB den behinderten Menschen bei der **Krankenkasse** als Einzugsstelle für die Sozialversicherungsbeiträge vorzeitig ab, obwohl die Beschäftigungspflicht aus § 137 Abs. 2 SGB IX fortbesteht, ist dies rechtswidrig und begründet Schadensersatzansprüche des Betroffenen. Dies gilt insbesondere dann, wenn der Rehabilitationsträger sein Kostenanerkenntnis nicht oder noch nicht zurückgenommen hat (*Rühle* DB 2001, 1364, 1366 f.).

Der Rechtsanspruch auf Verbleib in der WfB besteht bei Fortbeste- **13** hen der Aufnahmevoraussetzungen nach § 137 Abs. 1 SGB IX i.V.m. § 136 Abs. 2 SGB IX bis zum Erreichen der **Regelaltersgrenze** (65. Lebensjahr; Bihr/Fuchs/Krauskopf/Lewering *Baur*, SGB IX, § 137 RdNr. 5, § 136 RdNr. 9). Bei behinderten Menschen, die vorzeitig Rente wegen Alters beziehen, kann auf Wunsch des behinderten Menschen oder auf Veranlassung des zuständigen Rehabilitationsträgers im Einvernehmen mit dem Werkstattbeschäftigten das Beschäftigungsverhältnis in der Werkstatt – längstens jedoch bis zum Erreichen des 65. Lebensjahres – fortgesetzt werden, insbesondere wenn
– der behinderte Mensch an den Beschäftigungsangeboten im Arbeitsbereich der Werkstatt noch sinnvoll teilhaben kann oder
– der Rentenbezug (z. B. bei Heimbewohnern) auf die Veranlassung des zuständigen Rehabilitationsträgers zurückgeht.

Nach Beendigung ihres Beschäftigungsverhältnisses in der WfB aus Altersgründen oder gesundheitlichen Gründen sind den behinderten Menschen gem. § 136 Abs. 3 SGB IX angemessene tagesstrukturierende Hilfen anzubieten, die ggfs. auch vom Träger der WfB organisiert werden (Ziffer 4.3 WE/BAGüS; Dagegen *Wendt* RdLH 2002, 24 f., die eine Begrenzung des Beschäftigungsanspruchs auf das 65. Lebensjahr ablehnt und eine Einzelfallentscheidung für erforderlich hält).

IV. Verfahrensfragen

Da der Aufnahme- und Beschäftigungsanspruch des behinderten **14** Menschen gegenüber dem Träger der WfB nach § 137 Abs. 1 Satz 1 SGB IX von einer Kostenübernahme durch den zuständigen Rehabilitationsträger abhängt, bietet es sich im Streitfall um die Werkstattfähigkeit an, den **Rehabilitationsträger** im Leistungsverhältnis nach erfolglosem Widerspruchsverfahren auf Gewährung von Leistungen in WfB

vor dem **Sozialgericht bzw. Verwaltungsgericht** (soweit der Sozialhilfeträger zuständig ist) zu verklagen. Widerspruchs- und Klageverfahren sind kostenfrei, es besteht Amtsaufklärungspflicht des Rehabilitationsträgers (§ 20 SGB X) bzw. des Sozialgerichts (§§ 103, 106 SGG).
Ist rechtskräftig festgestellt, dass der Sozialleistungsanspruch des behinderten Menschen auf Förderung in einer WfB nach Maßgabe der
§§ 39 ff. SGB IX besteht, entsteht zugleich gem. § 137 SGB IX der Auf-
nahme- und Beschäftigungsanspruch des behinderten Menschen gegenüber dem Träger der WfB.

15   Lehnt der **Werkstattträger** trotz Gewährleistung von Leistungen
des Rehabilitationsträgers die Aufnahme des behinderten Menschen
ab, ist für die gerichtliche Durchsetzung des **öffentlich-rechtlichen
Aufnahmeanspruchs** des behinderten Menschen gem. § 40 Abs. 1
VwGO die Verwaltungsgerichtsbarkeit zuständig. Eine Zuständigkeit
der Arbeitsgerichtsbarkeit gem. § 2 Abs. 1 Nr. 10 ArbGG ist entgegen
GK-SchwbG-*Dopatka,* § 54 a RdNr. 11 nicht gegeben, weil es sich
nicht um eine **bürgerlich-rechtliche Streitigkeit** zwischen dem behinderten Menschen im Arbeitsbereich von WfB und dem Werkstattträger aus den in § 138 SGB IX geregelten Rechtsverhältnissen handelt.
Gegenstand ist nicht die Ausgestaltung des arbeitnehmerähnlichen
Rechtsverhältnisses durch den zivilrechtlichen Werkstattvertrag, sondern die Geltendmachung des öffentlich-rechtlichen Aufnahmeanspruchs aus § 137 SGB IX. Streitigkeiten über die **Beendigung oder
Kündigung des Werkstattverhältnisses** sind demgegenüber vor den
Arbeitsgerichten auszutragen (*Rühle* DB 2001, 1364, 1365).

Rechtsstellung und Arbeitsentgelt behinderter Menschen

138 (1) Behinderte Menschen im Arbeitsbereich anerkannter
Werkstätten stehen, wenn sie nicht Arbeitnehmer sind, zu den
Werkstätten in einem arbeitnehmerähnlichen Rechtsverhältnis, soweit
sich aus dem zugrunde liegenden Sozialleistungsverhältnis nichts anderes ergibt.

(2) [1]Die Werkstätten zahlen aus ihrem Arbeitsergebnis an die im
Arbeitsbereich beschäftigten behinderten Menschen ein Arbeitsentgelt, das sich aus einem Grundbetrag in Höhe des Ausbildungsgeldes,
das die Bundesanstalt für Arbeit nach den für sie geltenden Vorschriften behinderten Menschen im Berufsbildungsbereich zuletzt leistet,
und einem leistungsangemessenen Steigerungsbetrag zusammensetzt. [2]Der Steigerungsbetrag bemisst sich nach der individuellen Arbeitsleistung der behinderten Menschen, insbesondere unter Berücksichtigung von Arbeitsmenge und Arbeitsgüte.

(3) Der Inhalt des arbeitnehmerähnlichen Rechtsverhältnisses wird
unter Berücksichtigung des zwischen den behinderten Menschen und

dem Rehabilitationsträger bestehenden Sozialleistungsverhältnisses durch Werkstattverträge zwischen den behinderten Menschen und dem Träger der Werkstatt näher geregelt.

(4) Hinsichtlich der Rechtsstellung der Teilnehmer an Maßnahmen im Eingangsverfahren und im Berufsbildungsbereich gilt § 36 entsprechend.

(5) Ist ein volljähriger behinderter Mensch gemäß Absatz 1 in den Arbeitsbereich einer anerkannten Werkstatt für behinderte Menschen im Sinne des § 136 aufgenommen worden und war er zu diesem Zeitpunkt geschäftsunfähig, so gilt der von ihm geschlossene Werkstattvertrag in Ansehung einer bereits bewirkten Leistung und deren Gegenleistung, soweit diese in einem angemessenen Verhältnis zueinander stehen, als wirksam.

(6) War der volljährige behinderte Mensch bei Abschluss eines Werkstattvertrages geschäftsunfähig, so kann der Träger einer Werkstatt das Werkstattverhältnis nur unter den Voraussetzungen für gelöst erklären, unter denen ein wirksamer Vertrag seitens des Trägers einer Werkstatt gekündigt werden kann.

(7) Die Lösungserklärung durch den Träger einer Werkstatt bedarf der schriftlichen Form und ist zu begründen.

Übersicht

I. Allgemeines, Regelungsinhalt der Vorschrift

Behinderte Menschen im Arbeitsbereich von WfB stehen zu den **1** Werkstätten in einem **arbeitnehmerähnlichen Rechtsverhältnis,** wenn sie nicht nach allgemeinen Grundsätzen und Vorschriften des Arbeitsrechts Arbeitnehmer sind. Bis zur Änderung des Werkstättenrechts mit dem **Gesetz zur Reform der Sozialhilfe vom 23.7.1996** (BGBl. I S. 1088) war die Rechtsstellung behinderter Menschen in WfB umstritten. In der Literatur wurde ein Arbeitnehmerstatus bejaht und verneint, ein „gemischter Vertrag" zwischen WfB und behinderten Beschäftigten postuliert und die Tätigkeit im Rahmen eines öffent-

lich-rechtlichen bzw. sozialrechtlichen Dreiecksverhältnisses angenommen (*Pünnel* in: Däubler u. a., FS für Gnade, S. 323, 324 ff. m.w.Nw.).
Seit der gesetzlichen Klärung dieser Streitfrage finden für behinderte
WfB-Mitarbeiter die für Arbeitnehmer geltenden arbeitsrechtlichen
und arbeitsschutzrechtlichen Vorschriften und Grundsätze kraft Gesetzes Anwendung; dazu zählen vor allem die Vorschriften über Arbeitszeit, Teilzeitbeschäftigung, Urlaub, Zusatzurlaub nach § 125 SGB IX,
Bildungsurlaub, Entgeltfortzahlung im Krankheitsfalle, Elternzeit,
Mutterschutz, Persönlichkeitsschutz, arbeitsrechtliche Haftungsbeschränkung und Gleichberechtigung von Männern und Frauen.

2   Darüber hinaus ist mit dem Sozialhilferechtsreformgesetz 1996 ein
Rechtsanspruch des behinderten Menschen gegen den Werkstattträger
auf Abschluss eines **schriftlichen Vertrags** in das Werkstättenrecht aufgenommen worden, der konkret und individuell die beiderseitigen
Rechte und Pflichten regelt. Für Rechtsstreitigkeiten zwischen dem
behinderten Menschen und Werkstätten aus dem arbeitnehmerähnlichen
Rechtsverhältnis sind seit 1996 die **Arbeitsgerichte** zuständig. Auch
dies soll dazu beitragen, dass behinderte Menschen im Arbeitsbereich
von Werkstätten soweit wie möglich wie Arbeitnehmer behandelt werden. Im Vordergrund der Neuregelungen stand die **Verbesserung der
Entlohnung** von behinderten Menschen in WfB. Die behinderten
Mitarbeiter haben nunmehr ein Recht auf eine leistungsangemessene
Entlohnung aus dem Arbeitsergebnis der Werkstatt (BT-Drucks. 13/
9514, S. 77 f.; zur Vorgeschichte vgl. *Wendt* RsDE Nr. 36, 1997, 43; *Pünnel*
AuR 1996, 483 = RdLH 1997, 30; *Cramer,* SchwbG, § 54 b RdNr. 1 ff.;
Rademacker RsDE Nr. 19, 1992, 1, 26 ff.; *Lachwitz* RsDE Nr. 1, 1988, 33).

3   § 138 SGB IX überträgt die diesbezüglichen Regelungen weitgehend inhaltsgleich aus dem bisherigen § 54 b SchwbG. § 138 Abs. 4
SGB IX ist eine Neuregelung, mit der die Regelung zur Rechtsstellung
von Rehabilitanden in § 36 SGB IX für behinderte Menschen im Eingangsverfahren und im Berufsbildungsbereich der WfB in Bezug genommen wird. Zur Beschäftigung im Arbeitsbereich der WfB enthält
§ 138 Abs. 1–3 SGB IX gegenüber § 36 SGB IX speziellere Vorgaben
(s.a. *Mrozynski,* SGB IX Teil 1, § 36 RdNr. 1).

II. Rechtsstellung im Arbeitsbereich (Abs. 1)

4   Nach § 138 Abs. 1 SGB IX stehen behinderte Menschen im Arbeitsbereich der WfB zur Werkstatt in einem **arbeitnehmerähnlichen
Rechtsverhältnis**, wenn sie nicht Arbeitnehmer sind. Mit dieser Regelung hat der Gesetzgeber es weiterhin unterlassen, zwischen Arbeitnehmern und anderen WfB-Beschäftigten eine inhaltliche Abgrenzung vorzunehmen. Es wird lediglich deutlich, dass derjenige, der
nicht als Arbeitnehmer angesehen werden kann, jedenfalls als arbeit-

nehmerähnliche Person der entsprechenden Anwendung arbeitsrechtlicher Vorschriften und Grundsätze unterliegt.

Behinderte Mitarbeiter der WfB, die als **Arbeitnehmer** tätig sind,   5
unterliegen unmittelbar arbeitsrechtlichen Vorschriften und Grundsätzen. Es handelt sich um leistungsstarke behinderte Menschen, die in
einem Arbeitsverhältnis zur WfB stehen, weil bei ihnen die Arbeitsleistung dominiert, während Betreuung und Pflege von untergeordneter Bedeutung sind. Es kommt für die Beurteilung des rechtlichen
Status des behinderten Mitarbeiters nicht auf die Ausgestaltung der
vertraglichen Beziehungen mit der WfB an, sondern auf **die tatsächlichen Verhältnisse.** Die gebräuchlichen **Kriterien** für die Annahme
eines Arbeitsverhältnisses beziehen sich im Wesentlichen auf die Abgrenzung zur selbstständigen Tätigkeit. So wird auf die persönliche
Abhängigkeit, die organisatorische Eingliederung in einen fremden
Betrieb, eine fremdbestimmte Arbeit nach Weisungen, das Direktionsrecht des Arbeitgebers, das Fehlen eines eigenen wirtschaftlichen Risi-
kos und die soziale Schutzbedürftigkeit abgestellt (KassKomm-*See-
wald,* § 7 SGB IV RdNr. 50 ff. m.w.Nw.). Diese **Kriterien des Arbeitnehmerstatus** werden von behinderten Menschen im Arbeitsbereich
von WfB unschwer erfüllt. Gleichwohl ist davon auszugehen, dass die
Tätigkeit des behinderten Menschen auch im Arbeitsbereich der WfB
wegen ihres **Rehabilitations- und Betreuungscharakters** oftmals
nicht im Rahmen eines regulären Arbeitsverhältnisses mit den gegenseitigen Rechten und Pflichten eines Arbeitnehmers gegenüber einem
Arbeitgeber stattfindet. Die **Abgrenzung** sollte danach erfolgen, ob
die Erbringung der **Arbeitsleistung,** begleitet von Maßnahmen der
Förderung und Betreuung, im Vordergrund steht oder ob entspre-
chend des Auftrages der WfB zur beruflichen und sozialen Rehabilitation **Förderung und Betreuung** des behinderten Menschen für das
Gesamtbild prägend sind (MünchArbR/*Cramer,* § 237 RdNr. 32;
Mrozynski, SGB IX Teil 1, § 36 RdNr. 5; GK-SchwbG-*Dopatka,* § 54 b
RdNr. 4 ff.; *Weyand/Schubert,* Das neue Schwerbehindertenrecht,
RdNr. 272; ErfK/*Steinmeyer,* §§ 54–58 SchwbG RdNr. 15).

Der behinderte Mensch kann somit vor dem Arbeitsgericht mit   6
Erfolg seine **Arbeitnehmerstellung** im Arbeitsbereich der WfB **einklagen,** wenn der Zweck der Rehabilitation und der Therapie der
WfB-Beschäftigung nicht das Gepräge gibt, sondern die Produktion
und das Angebot von Dienstleistungen (LAG Saarland, Urteil vom
31. 8. 1987, RdLH 2/1988, 14). In diesem Falle ist die WfB jedoch nach
§ 136 Abs. 1 Satz 3 SGB IX i.V.m. § 5 Abs. 4–5 WVO verpflichtet, im
Zusammenwirken mit dem Fachausschuss durch konkrete Maßnahmen
den Übergang des behinderten Menschen auf den **allgemeinen Arbeitsmarkt** zu fördern (*Haines/Jacobs,* LPK-SGB IX, § 138 RdNr. 14 f.).

Alle behinderten Menschen im Arbeitsbereich von WfB, die nicht   7
Arbeitnehmer sind, stehen nach § 138 Abs. 1 SGB IX ungeachtet der

konkreten Ausgestaltung des Werkstattvertrages zur WfB in einem **arbeitnehmerähnlichen Rechtsverhältnis**. Damit wird die Rechtsstellung des behinderten Menschen im Arbeitsbereich soweit an diejenige von Arbeitnehmern auf dem allgemeinen Arbeitsmarkt angenähert, wie es mit dem **Rehabilitationsauftrag** der WfB zu vereinbaren ist. Auch wenn anders als ursprünglich im Referentenentwurf zur Sozialhilferechtsreform 1996 vorgesehen das arbeitnehmerähnliche Rechtsverhältnis in der Gesetz gewordenen Fassung inhaltlich nicht konkretisiert worden ist, finden die für Arbeitnehmer geltenden **Schutzgesetze** über § 138 Abs. 1 SGB IX **kraft Gesetzes**, und nicht lediglich auf Grund vertraglicher Vereinbarung im Werkstattvertrag nach § 138 Abs. 3 SGB IX, Anwendung (s.a. Ziffer 8.2.1 WE/BAGüS). Dementsprechend führt der Gesetzgeber in der Gesetzesbegründung zu der Vorgängerregelung in § 54b SchwbG aus, dass auf das arbeitnehmerähnliche Rechtsverhältnis arbeitsrechtliche Vorschriften und Grundsätze entsprechend anwendbar seien, zum Beispiel über Arbeitszeit, Urlaub, Entgeltfortzahlung im Krankheitsfall, Entgeltzahlungen an Feiertagen, Erziehungsurlaub und Mutterschutz sowie über Persönlichkeitsschutz und die Haftungsbeschränkung (BT-Drucks. 13/3904, S. 48). Die fehlende gesetzliche Konkretisierung der beispielhafte Charakter dieser Aufzählung ermöglichen die **Einbeziehung der Arbeitsrechtsentwicklung** in das arbeitnehmerähnliche Rechtsverhältnis nach § 138 Abs. 1 SGB IX.

8   Grundsätzlich ist davon auszugehen, dass die **Anwendung arbeitsrechtlicher Schutzgesetze** mit dem Rehabilitationsauftrag und konkreten Förderzielen der WfB zu vereinbaren ist. Die Orientierung an den im Arbeitsleben herrschenden Bedingungen entspricht den Förderzielen einer Teilhabe am Arbeitsleben und einer Eingliederung in das Arbeitsleben durch Förderung des Übergangs auf den allgemeinen Arbeitsmarkt. Soweit auf Grund von Art und Schwere der Behinderung abweichend von arbeitsrechtlichen Mindeststandards weitergehende Rücksichtnahmen erforderlich sind, beeinträchtigt dies die Geltung der Mindeststandards nicht.

9   Im Unterschied zu einem Arbeitnehmer fehlt einem arbeitnehmerähnlich beschäftigten behinderten Menschen im Arbeitsbereich der WfB die **Verpflichtung zur Arbeitsleistung**. Er kann seinen Arbeitsplatz jederzeit verlassen, er kann seine Arbeit am Arbeitsplatz einstellen und auch Minderleistungen erbringen. Dies bleibt ohne arbeitsrechtliche Ahndung. Es widerspricht der Art dieser Beschäftigungsform, dass der behinderte Mensch z. B. abgemahnt oder letztlich wegen derartiger Vorkommnisse entlassen werden könnte (ArbG Hamm, Urteil vom 17. 8. 1999, Az.: 1 Ca 2512/98 L, RdLH 2000, 36). Konsequenzen können von Seiten der WfB erst dann gezogen werden, wenn dauerhaft die Werkstattfähigkeit des behinderten Menschen entfallen ist (vgl. § 137 RdNr. 11 ff.).

III. Arbeitsentgelt (Abs. 2)

Nach § 136 Abs. 1 Satz 2 Nr. 1 SGB IX i.V.m. § 138 Abs. 2 SGB IX ist **10** die WfB verpflichtet, aus ihrem Arbeitsergebnis an die im Arbeitsbereich beschäftigten behinderten Menschen ein Arbeitsentgelt zu zahlen, das sich aus einem leistungsunabhängigen, einheitlichen **Grundbetrag** und einem leistungsangemessenen **Steigerungsbetrag** zusammensetzt. Hierfür hat die Werkstatt nach § 12 Abs. 5 Satz 1 Nr. 1 WVO in der Regel mindestens 70 % des Arbeitsergebnisses (§ 12 Abs. 4 WVO) einzusetzen. Das Arbeitsentgelt ist keine Leistung im Rahmen der Eingliederungshilfe für behinderte Menschen nach dem BSHG; der behinderte Mensch hat folglich gegenüber dem zuständigen Rehabilitationsträger keinen Anspruch auf Zahlung von Arbeitsentgelt. Gleichwohl wirkt sich eine **Unterfinanzierung der WfB** durch die Rehabilitationsträger und hier insbesondere die überörtlichen Träger der Sozialhilfe im Rahmen der Eingliederungshilfe auf die Höhe der Arbeitsentgelte aus. Nicht durch den Kostensatz gedeckte notwendige Leistungen der Werkstatt werden von dieser aus dem Arbeitsergebnis finanziert, was die für eine leistungsgerechte Entlohnung zur Verfügung stehenden Beträge schmälert. Dem soll durch die Regelungen des **§ 41 Abs. 3–4 SGB IX** entgegengewirkt werden, welche die Finanzierungsgrundlagen der WfB verbessern sollen (*Wendt* RdLH 2002, 24, 28; *Mrozynski,* SGB IX Teil 1, § 41 RdNr. 12 ff.).

Der aus §136 Abs. 1 Satz 2 Nr. 1 SGB IX i.V.m. 138 Abs. 2 SGB IX **11** resultierende **Rechtsanspruch** des behinderten Menschen im Arbeitsbereich der WfB auf eine **leistungsangemessene Entlohnung** richtet sich gegen den Werkstattträger (BT-Drucks. 13/9514, S. 78). Der Anspruch besteht nur für behinderte Menschen, die im **Arbeitsbereich** der WfB beschäftigt sind, nicht auch für behinderte Menschen, die sich im **Eingangsverfahren** befinden oder im **Berufsbildungsbereich** an Maßnahmen der beruflichen Rehabilitation teilnehmen. Diese erhalten kein Arbeitsentgelt von der WfB, sondern unterhaltssichernde und ergänzende Leistungen des zuständigen Rehabilitationsträgers (§§ 44 ff. SGB IX).

Der **Grundbetrag** ist in Höhe des Ausbildungsgeldes zu zahlen, **12** das die Bundesanstalt für Arbeit nach § 107 SGB III im zweiten Jahr des Berufsbildungsbereichs zu leisten hat (67 Euro). Hier hat der Gesetzgeber des SGB IX eine sprachliche Ungenauigkeit der Vorgängerregelung in § 54 b Abs. 2 Satz 2 SchwbG beseitigt, in der die Höhe des Grundbetrages als „**Soll-Regelung**" dargestellt war. Das **BAG** entschied hierzu, dass die Werkstätten nicht berechtigt seien, schon den Grundbetrag nach der individuellen Leistungsfähigkeit der behinderten Menschen zu staffeln (BAG, Urteil vom 3. 3. 1999, Az.: 5 AZR 162/98, AuR 1999, 359 mit Anm. *Wendt*). Das BAG führte aus, dass die Zahlung eines Grundbetrages in Höhe des Ausbildungsgeldes, das die Bundesanstalt für Arbeit nach den für sie geltenden Vorschriften Behinderten im Berufsbildungsbereich zuletzt leiste, sicherstellen solle, dass im Arbeitsbereich einer WfB kein geringeres Arbeitsentgelt gezahlt werde als der Betrag, den die überwiegende Zahl der Behinderten in der Zeit einer Maßnahme im Berufsbildungsbereich zuletzt als Rehabilitationsleistung erhalten habe. Es bestehe ein **Interessenkonflikt**: Die leistungsschwächeren Behinderten hätten ein Interesse daran, in einer WfB tätig werden zu können und dafür ein Arbeitsentgelt in Höhe des Grundbetrages zu erhalten. Die leistungsstärkeren Behinderten dagegen hätten ein Interesse an einer stärker leistungsgerechten Entlohnung; diese könnten sich in ihrem Selbstwertgefühl und ihrer Persönlichkeitsentwicklung durch die geringere Entlohnung beeinträchtigt fühlen. Der Gesetzgeber habe diesen Konflikt, soweit es um die Zahlung des Grundbetrages gehe, zugunsten der leistungsschwächeren Behinderten gelöst. Dies wird durch die sprachliche Fassung des § 138 Abs. 1 Satz 1 SGB IX (**„Muss‑Regelung"**) bekräftigt.

13   Der Grundbetrag nach § 138 Abs. 2 Satz 1 SGB IX definiert ungeachtet etwaiger abweichender Vereinbarungen im Werkstattvertrag oder fehlender vertraglicher Vereinbarungen den **gesetzlichen Mindestlohn** für behinderte Menschen im Arbeitsbereich von WfB, was angesichts der schwachen Verhandlungsmacht der behinderten Mitarbeiter (Monopolstellung der WfB im Einzugsgebiet, fehlender Tarifvertrag) auch als sachgerecht erscheint (s.a. *Wendt* AuR 1999, 360 ff.). Eine **Kürzungsmöglichkeit bei schlechtem Arbeitsergebnis** besteht hinsichtlich des Grundbetrages entgegen *Haines/Jacobs,* LPK‑SGB IX, § 138 RdNr. 21 jedenfalls seit Inkrafttreten des SGB IX am 1. 7. 2001 nicht, weil es sich nicht mehr um eine „Soll‑Vorschrift" handelt. Die Zahlung des Mindestarbeitsentgelts an den behinderten Menschen gehört zu den fachlichen Anforderungen, denen eine WfB für ihre **Anerkennungsfähigkeit** nach § 142 SGB IX i.V.m. §§ 17 ff. WVO genügen muss (Vgl. LSG Baden‑Württemberg, Urteil vom 27. 5. 1992, Az.: L 5 Ar 1992/90, RsDE Nr. 21, 1993, 85).

14   Eine Kürzung des Grundbetrages bei **Teilzeitbeschäftigung** entsprechend der verringerten Arbeitszeit nach den in § 4 Abs. 1 Satz 2 Teilzeit‑ und Befristungsgesetz enthaltenen Grundsätzen ist zwar zulässig. Beruht die verkürzte Beschäftigungszeit jedoch gem. § 6 Abs. 2 WVO auf Art und Schwere der Behinderung oder der Erfüllung des Erziehungsauftrages, erscheint die Kürzung des Grundbetrages nicht als gerechtfertigt (s.a. Ziffer 8.2.3 WE/BAGüS; *Haines/Jacobs,* LPK‑SGB IX, § 138 RdNr. 19).

15   Der **Steigerungsbetrag** bemisst sich nach § 138 Abs. 2 Satz 2 SGB IX nach der individuellen Arbeitsleistung der behinderten Menschen, insbesondere unter Berücksichtigung von Arbeitsmenge und Arbeitsgüte. Entfallen ist die Einschränkung des § 54b Abs. 2 Satz 2 SchwbG,

wonach das Arbeitsentgelt einen leistungsangemessenen Steigerungsbetrag nur enthalten sollte, soweit das Arbeitsergebnis die Zahlung zu-
ließ. Ein für alle WfB einheitliches Bemessungssystem des Steigerungsbetrages ist weiterhin nicht vorgesehen. Auch eine bestimmte
Höhe des Steigerungsbetrages oder der für den Steigerungsbetrag zu
verwendenen Mittel garantiert die gesetzliche Regelung nicht.

Die für den Steigerungsbetrag zur Verfügung stehenden Mittel hän- **16**
gen von dem **Arbeitsergebnis i.S. des § 12 Abs. 4 WVO** ab, also von
der Differenz aus den Erträgen und den notwendigen Kosten des laufenden Betriebs im Arbeitsbereich der Werkstatt. Die **Erträge** setzen
sich zusammen aus den Umsatzerlösen, Zins- und sonstigen Erträgen
aus der wirtschaftlichen Tätigkeit und den von den Rehabilitationsträgern erbrachten Kostensätzen. **Notwendige Kosten des laufenden
Betriebs** sind die Kosten nach § 41 Abs. 3 Satz 3 und 4 SGB IX im
Rahmen der getroffenen Vereinbarungen sowie die mit der wirtschaftlichen Betätigung der Werkstatt in Zusammenhang stehenden notwendigen Kosten, die auch in einem Wirtschaftsunternehmen üblicherweise entstehen und infolgedessen nach § 41 Abs. 3 SGB IX von
den Rehabilitationsträgern nicht übernommen werden; nicht hingegen die Kosten für die Arbeitsentgelte nach § 138 Abs. 2 SGB IX und
das Arbeitsförderungsgeld nach § 43 SGB IX. Das Arbeitsergebnis und
damit das Arbeitsentgelt schmälernde notwendige Kosten sind nicht
diejenigen Aufwendungen der WfB, die in einer Leistungs- und Vergütungsvereinbarung mit dem zuständigen Rehabilitationsträger
nicht oder nicht in der von einer Seite für erforderlich gehaltenen Höhe
vereinbart worden sind. Zu den notwendigen Kosten gehören auch
nicht Verluste aus getroffenen Vergütungsvereinbarungen mit den Rehabilitationsträgern. Dagegen fließen erzielte **Überschüsse** aus diesen
Vereinbarungen in das Arbeitsergebnis ein und müssen für die Entgeltzahlung an die behinderten Menschen verwendet werden (*Schell/
Cleavenger* BArbBl. 11/2001, 22, 24).

Das Arbeitsergebnis hängt u. a. von der Leistungsfähigkeit der be- **17**
hinderten Menschen, der Auftragslage, den zu erzielenden Preisen, der
Konkurrenzsituation, der Lage und der Ausstattung der WfB und ihres
Produkt- und Dienstleistungsangebotes ab. Da zudem das Arbeitsergebnis gem. § 12 Abs. 5 Satz 1 Nr. 1 WVO nicht in vollem Umfang für
die Zahlung der Arbeitsentgelte verwendet werden muss und seine
Nutzung für sonstige Zwecke der WfB von der Höhe der Leistungen
der Rehabilitationsträger abhängt, ist die **Höhe der Arbeitsentgelte**
im Arbeitsbereich der WfB weiterhin unbefriedigend (vgl. *Cramer,*
SchwbG, § 54 b RdNr. 20 ff.). Von einem auch nur annähernd **exis-
tenzsichernden Arbeitsentgelt** kann nicht gesprochen werden. Die
Bundesregierung gibt für das Jahr 1997 ein **Durchschnittseinkom-
men in WfB** von 137,5 Euro in den alten Bundesländern und von
65,9 Euro in den neuen Bundesländern an, wobei die Teilnehmer an

Maßnahmen im Eingangsverfahren und im damaligen Arbeitstrainingsbereich, die kein Arbeitsentgelt erhalten, in die Ermittlung der Durchschnittswerte einbezogen worden sind (BT-Drucks. 14/415). Der behinderte Mensch ist deshalb trotz vollzeitiger Beschäftigung im Arbeitsbereich der WfB auf die wirtschaftliche Unterstützung von Angehörigen oder auf Hilfe zum Lebensunterhalt des örtlichen Sozialhilfeträgers angewiesen. Von daher fällt es schwer, die tatsächlich gezahlten Arbeitsentgelte als „angemessen" im Sinne des § 136 Abs. 1 Satz 2 Nr. 1 SGB IX i.V.m. § 138 Abs. 2 SGB IX zu bezeichnen.

18   Durch § 41 Abs. 4 Satz 3 SGB IX wird immerhin ausgeschlossen, dass das Arbeitsergebnis der Werkstatt zur Minderung der Vergütungen der Rehabilitationsträger verwendet wird (Verbot der sog. **Nettoerlösrückführung**). Dem Werkstattträger ist es nach § 12 Abs. 5 WVO verwehrt, Teile des Arbeitsergebnisses für sonstige **eigene Zwecke** zu verwenden. So kann er seinen behinderten Mitarbeitern erwirtschaftete Beträge nicht vorenthalten, um z. B. neue Plätze in derselben Werkstatt oder in einer anderen WfB desselben Trägers oder Plätze in angegliederten Behindertenwohnheimen zu schaffen oder auszustatten. Der dafür erforderliche Eigenanteil muss aus anderen Mitteln des Trägers als aus dem Arbeitsergebnis der WfB finanziert werden (*Cramer,* SchwbG, § 54 b RdNr. 28). Außerhalb der Zuführung zu den Arbeitsentgelten der behinderten Mitarbeiter ist allein die Verwendung von **bis zu 30 % des Arbeitsergebnisses** zulässig

– für die Bildung einer zum Ausgleich von Ertragsschwankungen notwendigen Rücklage, höchstens eines Betrages, der zur Zahlung der Arbeitsentgelte nach § 138 SGB IX für sechs Monate erforderlich ist,

– und für Ersatz- und Modernisierungsinvestitionen in der Werkstatt, soweit diese Kosten nicht aus den Rücklagen auf Grund von Abschreibung des Anlagevermögens für solche Investitionen, aus Leistungen der Rehabilitationsträger oder aus sonstigen Einnahmen zu decken sind oder gedeckt werden (§ 12 Abs. 5 Satz 1 Nr. 2–3 WVO; Zu einem diesbezüglichen Kontrolldefizit: *Wendt* RsDE Nr. 36, 1997, 43, 54 ff.).

19   Die WfB muss über ein **Entgeltsystem** verfügen, das in Anwendung dieser Vorgaben einheitliche Maßstäbe der Berechnung des Steigerungsbetrages nach Quantität und Qualität der individuellen Arbeitsleistung beinhaltet. Dazu bietet es sich an, in WfB sog. **Haustarifvereinbarungen** zwischen Werkstattleitung und Werkstatträten (§ 139 SGB IX) abzuschließen. Die Verwendung weiterer sachangemessener Kriterien wie die Dauer der Werkstattangehörigkeit oder der Vorwegabzug von gesetzlichen Pflichtleistungen u. a. für Urlaubsgeld, Mutterschutz, Entgeltfortzahlung im Krankheitsfall ist zulässig. Bei der **Leistungsermittlung** sind ausschließlich arbeitsbezogene Kriterien wie Arbeitsanforderung, Qualifikation, Arbeitsleistung und Arbeitszeit zu Grunde zu legen. Personenbezogene Kriterien wie die

Bewertung des Sozialverhaltens haben außer Betracht zu bleiben. Der Weg vom Arbeitsergebnis zum jeweiligen Arbeitsentgeltanspruch muss für den behinderten Menschen nachvollziehbar und nachprüfbar sein. Er unterliegt im Streitfall der arbeitsgerichtlichen Kontrolle. Die **Werkstattverträge** haben nach § 13 Abs. 2 WVO Detailregelungen zur Zahlung des Arbeitsentgelts aus dem Arbeitsergebnis und damit auch zur Bemessung des Steigerungsbetrages zu enthalten. Enthält das Entgeltsystem der WfB eine Stufung der Vergütung nach Lohngruppen, wird die persönliche Lohngruppe des behinderten Menschen Bestandteil der vertraglichen Vereinbarung. Die Einstufung ist in regelmäßigen Abständen zu überprüfen.

Das Arbeitsentgelt nach § 138 Abs. 2 SGB IX wird ergänzt durch das **20** **Arbeitsförderungsgeld nach § 43 SGB IX,** das die WfB von dem zuständigen Rehabilitationsträger zusätzlich zu den Vergütungen nach § 41 Abs. 3 SGB IX zur Auszahlung an die im Arbeitsbereich beschäftigten behinderten Menschen erhalten. Das Arbeitsförderungsgeld beträgt monatlich 26 Euro für jeden im Arbeitsbereich beschäftigten behinderten Menschen, dessen Arbeitsentgelt zusammen mit dem Arbeitsförderungsgeld den Betrag von 323 Euro nicht übersteigt. Ist das Arbeitsentgelt höher als 300 Euro, beträgt das Arbeitsförderungsgeld monatlich den Unterschiedsbetrag zwischen dem Arbeitsentgelt und 323 Euro. Erhöhungen der Arbeitsentgelte auf Grund der Zuordnung der Kosten im Arbeitsbereich der Werkstatt gem. § 41 Abs. 3 BSHG in der seit dem 1. 8. 1996 geltenden Fassung oder gem. § 41 Abs. 3 SGB IX können auf die Zahlung des Arbeitsförderungsgeldes angerechnet werden. Nach der **Gesetzesbegründung** (BT-Drucks. 14/5800, S. 28) wird durch das Arbeitsförderungsgeld eine **zusätzliche Leistung** eingeführt, die in vollem Umfang denjenigen behinderten Menschen zukommen soll, die nur über geringfügige Arbeitsentgelte verfügen.

Das Arbeitförderungsgeld ist nicht Teil des Entgeltanspruchs des **21** behinderten Menschen gegenüber dem Werkstattträger, sondern eine öffentlich-rechtliche **Sozialleistung** des zuständigen Rehabilitationsträgers für den behinderten Menschen im Arbeitsbereich der WfB. Die WfB ist nicht Anspruchsinhaber, sondern wird in § 43 Abs. 1 Satz 1 SGB IX lediglich in die Pflicht genommen, das Arbeitsförderungsgeld entgegenzunehmen und – ungeschmälert – an den **leistungsberechtigten behinderten Menschen** auszuzahlen (a. A. *Haines/Jacobs,* LPK-SGB IX, § 138 RdNr. 26 und § 43 RdNr. 8; *Bihr/Fuchs/Krauskopf/Lewering Baur,* SGB IX, § 138 RdNr. 5; während *Mrozynski,* SGB IX Teil 1, § 43 RdNr. 4 von einer Zwischenform spricht). **Zweck** des Arbeitsförderungsgeldes ist die Verbesserung der Bezahlung behinderter Menschen im Arbeitsbereich von WfB durch eine zusätzliche staatliche Leistung. Von daher ist das Arbeitsförderungsgeld zwar nicht als Arbeitsentgelt der WfB nach § 138 Abs. 2 SGB IX anzusehen, fällt jedoch als im Zusammenhang mit einer Beschäftigung erzielte Ein-

nahme unter den weitergehenden Begriff des Arbeitsentgelts nach
§ 14 Abs. 1 SGB IV.

22   Die WfB hat das Arbeitsförderungsgeld an den anspruchsberechtigten Beschäftigten **leistungsunabhängig** auszuzahlen. Krankheits-,
Urlaubs- und sonstige Abwesenheitstage führen zu keiner Kürzung des
Arbeitsförderungsgeldes durch die WfB. Die Auszahlung hat monatlich
zu erfolgen. Die Berechnungsgrundlage bildet das aus dem Arbeitsergebnis der WfB gezahlte Arbeitsentgelt einschließlich einmaliger
Zahlungen wie Urlaubs- und Weihnachtsgeld des jeweiligen Kalendermonats. Über eine etwaige Kürzung des Arbeitsförderungsgeldes
wegen **Teilzeitbeschäftigung** entscheidet der zuständige Rehabilitationsträger. Eine Teilzeitbeschäftigung wirkt sich jedenfalls dann nicht
mindernd oder verkürzend auf die Höhe des Arbeitsförderungsgeldes
aus, wenn die Beschäftigungszeitverkürzung auf der Grundlage des § 6
Abs. 2 WVO wegen Art oder Schwere der Behinderung oder zur Erfüllung eines Erziehungsauftrages erfolgt. Aus Gründen der Transparenz
und der Klarheit erscheint es als geboten, dass die monatliche **Entgeltabrechnung** der WfB für den Beschäftigten den Grundbetrag und den
Steigerungsbetrag als Elemente des Arbeitsentgeltes der WfB und das
für den Rehabilitationsträger auszuzahlende Arbeitsförderungsgeld
gesondert ausweist (s.a. Ziffer 8.2.3 WE/BAGüS).

23   Der Anspruch des behinderten Menschen gegen die Werkstatt auf
Auszahlung des Arbeitsförderungsgeldes ist vor dem **Arbeitsgericht** durchzusetzen. Es handelt sich um eine gesetzlich normierte
Nebenpflicht aus dem arbeitnehmerähnlichen Rechtsverhältnis. Verweigert der zuständige **Rehabilitationsträger** die Gewährung von
Arbeitsförderungsgeld, liegt eine öffentlich-rechtliche Streitigkeit im
Sinne des § 40 Abs. 1 VwGO vor. In diesem Fall stehen dem behinderten Menschen als Anspruchsinhaber und der WfB als Zahlungsempf-
änger der Rechtsweg zu den **Verwaltungsgerichten** bzw. den Sozialgerichten offen (s.a. Vorläufige Auslegungshinweise des Deutschen
Vereins zur Anwendung von Vorschriften des SGB IX in der Sozial-
und Jugendhilfe, NDV 2002, 114, 115).

IV. Werkstattvertrag (Abs. 3)

24   Der **Inhalt des arbeitnehmerähnlichen Rechtsverhältnisses** wird
nach § 138 Abs. 3 SGB IX unter Berücksichtigung des zwischen dem
behinderten Menschen und dem Rehabilitationsträger bestehenden öffentlich-rechtlichen Sozialrechtsverhältnisses durch den zwischen dem
behinderten Menschen und dem Träger der WfB abzuschließenden
Werkstattvertrag näher ausgestaltet. Die zuständigen Rehabilitationsträger sind über den Vertrag zu **unterrichten**, um die Vereinbarungen
auf ihre **Vereinbarkeit mit dem Leistungsrecht** (§§ 39 ff. SGB IX)

und den Vorgaben des **Werkstättenrechts** (§§ 136 ff. SGB IX i.V.m. §§ 1 ff. WVO) sowie mit den **Vergütungsvereinbarungen** überprüfen zu können (§ 13 Abs. 1 Satz 2 WVO). Rehabilitationsträger sind gehalten, im Interesse der behinderten Menschen den Vertrag auch auf die **Vereinbarkeit mit unabdingbaren arbeitsrechtlichen und arbeitsschutzrechtlichen Grundsätzen und Vorschriften** zu prüfen und den Werkstattträger sowie erforderlichenfalls die Anerkennungsbehörde nach § 142 SGB IX mit etwaigen Beanstandungen zu konfrontieren. Eine derartige **Prüfkompetenz** des Rehabilitationsträgers lässt sich mit der Regelung des § 21 Abs. 1 Nr. 3 SGB IX begründen. Diese sieht vor, dass Verträge der Rehabilitationsträger mit Leistungserbringern Regelungen über Rechte und Pflichten der Teilnehmer enthalten sollen, soweit sich diese – wie im Falle des arbeitnehmerähnlichen Rechtsverhältnisses – nicht bereits aus dem Rechtsverhältnis ergeben, das zwischen ihnen und dem Rehabilitationsträger besteht. Darüber hinaus verlangt § 35 Satz 2 Nr. 2 SGB IX, dass Einrichtungen der beruflichen Rehabilitation angemessene Teilnahmebedingungen und damit im Arbeitsbereich der WfB auch die Gewährleistung arbeitsrechtlicher und arbeitsschutzrechtlicher Mindeststandards bieten.

Einer **vorherigen Zustimmung** des Rehabilitationsträgers zu dem Werkstattvertrag bedarf es seit dem 1. 7. 2001 nicht mehr. Die frühere Formulierung in der WVO hatte zu dem Missverständnis geführt, die Zustimmung sei eine Wirksamkeitsvoraussetzung für den Werkstattvertrag. Der Vertrag ist jedoch weiterhin bei dem für den Arbeitsbereich zuständigen Rehabilitationsträger zusammen mit den übrigen Antragsunterlagen als Grundlage der Leistungsbewilligung einzureichen. Dies ermöglicht dem Leistungsträger auch die Kontrolle darüber, ob überhaupt ein Werkstattvertrag geschlossen wird. **25**

Seit dem 1. 7. 2001 stellt § 13 Abs. 1 Satz 1 WVO klar, dass die WfB dem behinderten Menschen den Abschluss eines Werkstattvertrages nicht nur anzubieten hat, sondern eine **Rechtspflicht zum Vertragsschluss** mit den im Arbeitsbereich beschäftigten behinderten Menschen bzw. ihren gesetzlichen Vertretern besteht. Werkstattverträge sind in **schriftlicher Form** abzuschließen, wobei es sich entgegen *Götze in:* Hauck/Noftz, SGB IX, § 138 RdNr. 11 bei dem Schriftformerfordernis in § 13 Abs. 1 Satz 1 WVO nicht lediglich um eine „Soll-Regelung" handelt. Der behinderte Mensch hat somit einen **Rechtsanspruch gegenüber der WfB** auf Abschluss eines schriftlichen Werkstattvertrages (Bihr/Fuchs/Krauskopf/Lewering *Baur*, SGB IX, § 138 RdNr. 7; *Kossens* in: Kossens/von der Heide/Maaß, Praxiskommentar zum Behindertenrecht, SGB IX, § 138 RdNr. 8). **26**

Hinsichtlich des **Inhalts der Werkstattverträge** gibt § 13 Abs. 2 WVO lediglich vor, dass auch die **Zahlung des Arbeitsentgelts** im Sinne des § 136 Abs. 1 Satz 2 SGB IX und § 138 Abs. 2 SGB IX an die im Arbeitsbereich beschäftigten behinderten Menschen näher zu re- **27** geln ist. Die Bundesarbeitsgemeinschaft der überörtlichen Träger der Sozialhilfe (Ziffer 8.2.2 WE/BAGüS) empfiehlt darüber hinaus **vertragliche Vereinbarungen zu folgenden Punkten**:

- Beginn des arbeitnehmerähnlichen Rechtsverhältnisses,
- Ende bzw. Kündigung des arbeitnehmerähnlichen Rechtsverhältnisses (vgl. dazu § 137 RdNr. 11 ff.),
- Pflichten der Werkstatt,
- Beschäftigungszeit/Teilzeitbeschäftigung,
- Pflichten des Mitarbeiters,
- Auszahlung des Arbeitsförderungsgeldes (§ 43 SGB IX),
- Zahlungen zu den Sozialversicherungen,
- Urlaub einschließlich Zusatzurlaub gem. § 125 SGB IX,
- Bildungsurlaub,
- Entgeltfortzahlung im Krankheitsfall und an Feiertagen (Entgeltfortzahlungsgesetz),
- Mutterschutz,
- Elternzeit,
- Persönlichkeitsschutz,
- Haftungsbeschränkung.

V. Rechtsstellung im Eingangsverfahren und im Berufsbildungsbereich (Abs. 4)

28   Hinsichtlich der Rechtsstellung der Teilnehmer an Maßnahmen im Eingangsverfahren und im Berufsbildungsbereich ordnet § 138 Abs. 4 SGB IX die entsprechende Geltung des **§ 36 SGB IX** an. Nach § 36 Satz 1 und 2 SGB IX werden Rehabilitanden nicht in den Betrieb der Einrichtung der beruflichen Rehabilitation eingegliedert, sind keine Arbeitnehmer im Sinne des Betriebsverfassungsgesetzes und wählen zu ihrer Mitwirkung besondere Vertreter. Bei der Ausführung von Leistungen in Einrichtungen der beruflichen Rehabilitation werden nach § 36 Satz 3 SGB IX die arbeitsrechtlichen Grundsätze über den Persönlichkeitsschutz, die Haftungsbeschränkung sowie die gesetzlichen Vorschriften über den Arbeitsschutz, den Erholungsurlaub und die Gleichberechtigung von Männern und Frauen entsprechend angewendet.

29   Die Verweisung auf § 36 SGB IX stellt klar, dass behinderte Menschen im Eingangsverfahren und im Berufsbildungsbereich von WfB **keine Arbeitnehmer** der WfB sind und auch in **keinem arbeitnehmerähnlichen Rechtsverhältnis** i.S. des § 138 Abs. 1 SGB IX zu ihr stehen (vgl. BT-Drucks. 14/5074, S. 108 zu § 36). Für sie zahlt die WfB kein Arbeitsentgelt gem. § 138 Abs. 2 SGB IX und sie erhalten auch kein Arbeitsförderungsgeld nach § 43 SGB IX, sondern unterhaltssichernde und ergänzende Sozialleistungen der zuständigen Rehabilitationsträger nach den §§ 44 ff. SGB IX. Der Gesetzgeber hat in § 36

Satz 3 SGB IX anders als für arbeitnehmerähnliche Mitarbeiter im Arbeitsbereich der WfB einen **abschließenden Katalog** entsprechend anwendbarer arbeitsrechtlicher Grundsätze und Vorschriften aufgenommen. Die Auswahl entspricht dem Grundgedanken, dass durch die Betreuung und Förderung in einer Rehabilitationseinrichtung ein arbeitsrechtliches Austauschverhältnis nicht begründet wird (*Mrozynski,* SGB IX Teil 1, § 36 RdNr. 6 und RdNr. 9 ff. zu Persönlichkeitsschutz, Haftungsbeschränkung und dem Verbot geschlechtsspezifischer Benachteiligung; dazu auch *Haines,* LPK-SGB IX, § 36 RdNr. 9 ff.).

Der Gesetzgeber gibt mit dem Verweis auf § 36 SGB IX vor, dass ne- **30** ben dem Werkstattrat für arbeitnehmerähnlich im Arbeitsbereich der WfB beschäftigte behinderte Menschen nach § 139 SGB IX eine weitere **Interessenvertretung** zu installieren ist. Die Teilnehmer an Maßnahmen im Eingangsverfahren und im Berufsbildungsbereich wählen gemäß § 138 Abs. 4 SGB IX i.V.m. § 36 Satz 2 SGB IX zu ihrer Mitwirkung **besondere Vertreter**. Dies ergibt sich auch aus § 139 Abs. 1 Satz 2 SGB IX, wonach die Werkstatträte die Interessen der im Eingangsverfahren und im Berufsbildungsbereich tätigen behinderten Menschen in angemessener und geeigneter Weise zu berücksichtigen haben, solange für diese eine Vertretung nach § 36 SGB IX nicht besteht. Einzelheiten über Zusammensetzung, Aufgaben und Wahlmodus dieser besonderen Vertretung sind nicht geregelt. Von daher bietet es sich an, diese in die Werkstatträte einzubinden und die Vorgaben des § 139 SGB IX i.V.m. der WMVO entsprechend anzuwenden (s.a. *Mrozynski,* SGB IX Teil 1, § 36 RdNr. 8).

VI. Vertragsschluss geschäftsunfähiger behinderter Menschen (Abs. 5–7)

Die **Absätze 5 bis 7** sind § 138 SGB IX durch Art 30 des Gesetzes **31** zur Änderung des Rechts der Vertretung durch Rechtsanwälte vor den Oberlandesgerichten (**OLG-Vertretungsänderungsgesetz**) vom 23. 7. 2002 (BGBl. I S. 2850) angefügt worden. Im Anschluss an den Rechtsgedanken des neuen **§ 105a BGB** soll den Problemen, die die bislang geltende Rechtsfolgenregelung der **natürlichen Geschäftsunfähigkeit** im Hinblick auf die Vertragsschlüsse mit WfB-Trägern mit sich bringt, begegnet werden. Bei der Abwicklung von Werkstattverträgen besteht bislang eine Rechtsunsicherheit, soweit der behinderte Vertragspartner bei Vertragsabschluss geschäftsunfähig ist, ohne einen gesetzlichen Vertreter bzw. Betreuer zu haben. Durch die Neuregelung soll den Werkstätten einerseits und den Geschäftsunfähigen andererseits ein **Schutz vor Rückforderung** bei einer möglichen Vertragsabwicklung und den Geschäftsunfähigen zugleich ein **Schutz vor so-**

fortiger Vertragsbeendigung gewährleistet werden (Beschlussemp-fehlung und Bericht des Rechtsausschusses vom 5. 6. 2002, BT-Drucks. 14/9266, S. 53).

32   **§ 138 Abs. 5 SGB IX** entspricht der ebenfalls mit dem OLG-Ver-tretungsänderungsgesetz vom 23. 7. 2002 eingeführten Regelung des § 105 a Satz 1 BGB für Geschäfte des täglichen Lebens, die mit gering-wertigen Mitteln bewirkt werden können. **Geschäftsunfähig** ist, wer nicht das 7. Lebensjahr vollendet hat (§ 104 Nr. 1 BGB) oder sich in ei-nem die freie Willensbestimmung ausschließenden Zustand krankhaf-ter Störung der Geistestätigkeit befindet, sofern nicht der Zustand sei-ner Natur nach ein vorübergehender ist (§ 104 Nr. 2 BGB). Die **Wil-lenserklärung** eines Geschäftsunfähigen ist zum Schutz der betroffe-nen Person **nichtig**, d.h. von Anfang an rechtsunwirksam (§ 105 BGB). Dabei ist unerheblich, ob sie rechtlich oder wirtschaftlich vor-teilhaft ist oder ob die Interessen des Geschäftsunfähigen völlig ge-wahrt werden. Der Geschäftsunfähige kann folglich nicht wirksam rechtsgeschäftlich handeln. Leistungen, die zur Erfüllung eines nich-tigen Rechtsgeschäfts erbracht worden sind, müssen nach zivilrecht-lichem Bereicherungsrecht **rückabgewickelt** werden. Für volljährige behinderte Menschen schaffen § 105 a BGB und § 138 SGB IX **Aus-nahmetatbestände**, indem im Hinblick auf die bewirkte Leistung und deren Gegenleistung ein wirksamer, erfüllter Vertrag fingiert wird. Mit dieser **Fiktion** wird lediglich eine Rückforderung von be-wirkter Leistung und Gegenleistung ausgeschlossen, sobald diese be-wirkt sind. Der „Vertrag" mit dem Geschäftsunfähigen ist jedoch nicht von Anfang an wirksam, so dass keine gegenseitigen Vertragspflichten, die dem Schutz des Geschäftsunfähigen zuwiderlaufen könnten, be-gründet werden (BT-Drucks. 14/9266, S. 43).

33   Durch § 138 Abs. 5 SGB IX wird somit verhindert, dass der ge-schäftsunfähige behinderte Mensch von der WfB für Arbeitsentgelt-zahlungen oder sonstige Leistungen auf Grund eines nichtigen Werk-stattvertrages in Anspruch genommen werden kann. Zugleich wird der Werkstattträger davor geschützt, dass der behinderte Mensch eine weitergehende Abgeltung seiner Arbeitsleistung einfordert. Vorausset-zung der Wirksamkeitsfiktion des Abs. 5 ist jedoch, dass Leistung und Gegenleistung in einem **angemessenen Verhältnis** zueinander ste-hen. Die Angemessenheit des gezahlten Arbeitsentgeltes beurteilt sich nach den Vorgaben des § 138 Abs. 2 SGB IX.

34   Mit **§ 138 Abs. 6 SGB IX** soll sichergestellt werden, dass der Träger einer Werkstatt bei Abschluss eines „Vertrags" mit einem Geschäfts-unfähigen nicht besser gestellt wird, als wenn sein Geschäftspartner geschäftsfähig gewesen wäre. Folglich soll die **Lösung des Vertrags-verhältnisses** durch den Werkstattträger den gleichen Vorausset-zungen unterliegen, die bei Vorliegen eines wirksamen Vertrags für die Kündigung seitens des Trägers der WfB erforderlich wären. Das **Schrift-**

formerfordernis für die Lösungserklärung nach § 138 Abs. 7 SGB IX soll zur Rechtssicherheit beitragen (BT-Drucks. 14/9266, S. 53).

VII. Sozialversicherung

Behinderte Menschen, die im Eingangsverfahren, im Berufsbil-   35
dungsbereich und im Arbeitsbereich einer anerkannten WfB (in letzterer arbeitnehmerähnlich) tätig sind, sind versicherungspflichtig in der
gesetzlichen Krankenversicherung (§ 5 Abs. 1 Nr. 7 SGB V). Eine
die Versicherungspflicht begründende berufliche Rehabilitationsmaßnahme in einer WfB liegt vor, wenn sie im Endergebnis vorrangig der
Eingliederung in das Erwerbsleben dient (BSG SozR 3 – 2500 § 5
Nr. 19). Darauf, ob Entgelt erzielt wird, die Tätigkeit wirtschaftlich
verwertbar ist oder eine bestimmte Arbeitszeit eingehalten wird,
kommt es nicht an. Erforderlich ist jedoch die Aufnahme in die WfB
selbst, so dass die Aufnahme nicht werkstattfähiger behinderter Menschen in eine angegliederte **Förder- und Betreuungsstätte (FBS,
§ 136 Abs. 3 SGB IX)** keine Versicherungspflicht auslöst (Kass-
Komm-*Peters*, § 5 SGB V RdNr. 68; Zum Fehlen der Sozialversicherungspflicht in FBS s.a. *Mrozynski*, SGB IX Teil 1, § 36 RdNr. 14). Die
Krankenversicherungsbeiträge trägt nach § 251 Abs. 2 Satz 1 Nr. 2
SGB V bis zu einer bestimmten Entgelthöhe der WfB-Träger allein.
Die nach § 5 Abs. 1 Nr. 7 SGB V versicherungspflichtigen behinderten
Menschen haben Anspruch auf **Krankengeld,** weil sie nicht zu dem
in § 44 Abs. 1 Satz 2 SGB V von dieser Leistung grundsätzlich ausgeschlossenen Personenkreis gehören. Teilnehmer an Maßnahmen im
Berufsbildungsbereich der WfB sind zwar versicherungspflichtig
nach § 5 Abs. 1 Nr. 7 SGB V, das ihnen von der Bundesanstalt für Arbeit
gezahlte Ausbildungsgeld ist jedoch kein Arbeitsentgelt i.S. des § 14
Abs. 1 SGB IV und begründet demzufolge keinen Krankengeldanspruch (BSG SozR 3 – 2500 § 44 Nr. 8).

In der **gesetzlichen Rentenversicherung** besteht für behinderte   36
Menschen, die in anerkannten WfB tätig sind, **Versicherungspflicht**
nach § 1 Satz 1 Nr. 2a SGB VI. Die Regelung ist im Zusammenhang
mit § 43 Abs. 2 Satz 3 SGB VI zu sehen, wonach voll **erwerbsgemindert** auch Versicherte nach § 1 Satz 1 Nr. 2 SGB VI sind,
– die wegen Art oder Schwere der Behinderung nicht auf dem allgemeinen Arbeitsmarkt tätig sein können (Nr.1), und
– Versicherte, die bereits vor Erfüllung der allgemeinen Wartezeit voll
  erwerbsgemindert waren, in der Zeit einer nicht erfolgreichen Eingliederung in den allgemeinen Arbeitsmarkt (Nr. 2).

Nach § 43 Abs. 6 SGB VI haben Versicherte, die bereits vor Erfüllung
der allgemeinen Wartezeit von 5 Jahren voll erwerbsgemindert waren
und seitdem ununterbrochen voll erwerbsgemindert sind, Anspruch

auf **Rente wegen voller Erwerbsminderung**, wenn sie die Wartezeit von 20 Jahren erfüllt haben. Mit diesen Regelungen ist klargestellt,
dass behinderte Menschen in WfB, die regelmäßig wegen Art oder
Schwere der Behinderung nicht auf dem allgemeinen Arbeitsmarkt
tätig seien können, voll erwerbsgemindert sind. Darüber hinaus gelten
seit dem 1. 1. 2001 sog. Frühbehinderte auch in der Zeit eines gescheiterten **Eingliederungsversuchs** auf dem allgemeinen Arbeitsmarkt
als voll erwerbsgemindert. Damit behalten behinderte Menschen in
WfB, die sich um eine Integration in den allgemeinen Arbeitsmarkt
bemühen, einen bereits bestehenden Rentenanspruch für die Zeit des
Eingliederungsversuchs, wenn dieser scheitert. Aus der Aufnahme
eines behinderten Menschen in die WfB und der Ausgestaltung seiner
dortigen Tätigkeit kann jedoch nicht automatisch auf dessen volle Erwerbsminderung geschlossen werden. Maßgeblich ist, ob der behinderte Mensch mit seinem **gesundheitlichen Leistungsvermögen**
wettbewerbsfähig auf dem allgemeinen Arbeitsmarkt einsetzbar wäre
(vgl. SG Itzehoe, Urteil vom 31. 10. 2000, Az.: S 1 RJ 313/97, NZS
2001, 206 = RdLH 2001, 34 in Abweichung von BSGE 78, 163 = SozR
3 – 2600 § 44 Nr. 6). Nach § 96 a Abs. 1 Satz 5 Nr. 2 SGB VI bleibt das
Arbeitsentgelt, das behinderte Menschen in WfB erzielen, bei der
Hinzuverdienstgrenze der Rente wegen verminderter Erwerbsfähigkeit unberücksichtigt. Damit soll auch Rentenbeziehern ermöglicht werden, weiterhin in der WfB tätig zu sein. Behinderte Menschen
in WfB werden durch die **beitragsrechtlichen Bestimmungen** in
§ 162 Nr. 2, 2 a SGB VI (fiktive beitragspflichtige Einnahmen) und
§ 168 Abs. 1 Nr. 2, 2 a SGB VI (Beitragstragung durch WfB-Träger) begünstigt.

37   In der **gesetzlichen Unfallversicherung** sind behinderte Menschen, die in anerkannten WfB tätig sind, nach § 2 Abs. 1 Nr. 4 SGB VII
kraft Gesetzes versichert. Art, Umfang und Dauer der Tätigkeit in der
WfB ist unbeachtlich (KassKomm-Ricke, § 2 SGB VII RdNr. 17;
Wolber, SozVers 2001, 294). Für die Betreuung und Förderung in FBS
nach § 136 Abs. 3 SGB IX kommt Unfallversicherungsschutz über die
Auffangklausel des § 2 Abs. 2 SGB VII in Betracht. Zuständiger Un-
fallversicherungsträger ist der für die jeweilige Werkstatt zuständige,
i.d.R. die Berufsgenossenschaft für Gesundheitsdienst und Wohlfahrtspflege. Versicherte Risiken sind Arbeitsunfälle einschließlich
Wegeunfälle bei Zurücklegen eines mit der versicherten Tätigkeit zusammenhängenden Weges nach und von dem Ort der Tätigkeit (§ 8
SGB VII) sowie Berufskrankheiten (§ 9 SGB VII).

38   Versicherungspflicht in der **sozialen Pflegeversicherung** besteht
für behinderte Menschen, die in anerkannten WfB tätig sind, nach § 20
Abs. 1 Nr. 7 SGB XI. Die Beitragstragung ergibt sich aus § 59 Abs. 1
SGB XI und entspricht derjenigen in der gesetzlichen Krankenversicherung.

Versicherungspflicht in der **Arbeitslosenversicherung** besteht 39
nach § 24 Abs. 1 SGB III für behinderte Menschen nur im Arbeitsbereich der WfB und dort nur dann, wenn sie als reguläre Arbeitnehmer und nicht als arbeitnehmerähnliche Personen im Sinne des
§ 138 Abs. 1 SGB IX beschäftigt werden. Ein Versicherungspflicht-
tatbestand für den letztgenannten Personenkreis existiert in den
§§ 24 ff. SGB III anders als in den übrigen Sozialversicherungszweigen
nicht. Für Jugendliche, die in Einrichtungen der beruflichen Rehabilitation nach § 35 SGB IX Leistungen zur Teilhabe am Arbeitsleben
erhalten, die ihnen eine Erwerbstätigkeit auf dem allgemeinen Arbeitsmarkt ermöglichen sollen, sind nach § 26 Abs. 1 Nr. 1 SGB III versicherungspflichtig. Diese Regelung ist auf den Berufsbildungsbereich
der WfB anwendbar (SG Stuttgart, Urteil vom 22. 9. 1998, Az.: S 12
AL 1325/95).

Mitwirkung

139 (1) ¹Die in § 138 Abs. 1 genannten behinderten Menschen
wirken unabhängig von ihrer Geschäftsfähigkeit durch Werkstatträte in den ihre Interessen berührenden Angelegenheiten der Werkstatt mit. ²Die Werkstatträte berücksichtigen die Interessen der im Eingangsverfahren und im Berufsbildungsbereich der Werkstätten tätigen
behinderten Menschen in angemessener und geeigneter Weise, solange für diese eine Vertretung nach § 36 nicht besteht.

(2) Ein Werkstattrat wird in Werkstätten gewählt; er setzt sich aus
mindestens drei Mitgliedern zusammen.

(3) Wahlberechtigt zum Werkstattrat sind alle in § 138 Abs. 1 genannten behinderten Menschen; von ihnen sind die behinderten Menschen wählbar, die am Wahltag seit mindestens sechs Monaten in der
Werkstatt beschäftigt sind.

(4) ¹Die Werkstätten für behinderte Menschen unterrichten die Personen, die behinderte Menschen gesetzlich vertreten oder mit ihrer
Betreuung beauftragt sind, einmal im Kalenderjahr in einer Eltern-
und Betreuerversammlung in angemessener Weise über die Angelegenheiten der Werkstatt, auf die sich die Mitwirkung erstreckt, und
hören sie dazu an. ²In den Werkstätten kann im Einvernehmen mit
dem Träger der Werkstatt ein Eltern- und Betreuerbeirat errichtet
werden, der die Werkstatt und den Werkstattrat bei ihrer Arbeit berät
und durch Vorschläge und Stellungnahmen unterstützt.

I. Allgemeines, Regelungsinhalt der Vorschrift

1   Zu den Rechten behinderter Menschen in WfB gehört das **Recht auf Mitwirkung** in den ihre Interessen berührenden Angelegenheiten der Werkstätten. Dazu zählen die Gestaltung der täglichen Arbeitszeit, der einheitliche Betriebsurlaub, der Unfall- und Gesundheitsschutz, die Entgeltzahlung, die Verpflegung, die Gestaltung von Sanitär- und Aufenthaltsräumen, die Fort- und Weiterbildung, Angelegenheiten des Arbeitsablaufs und die Umsetzung von behinderten Menschen auf andere Arbeitsplätze sowie die Gestaltung von Arbeitsplätzen und die Unterrichtung über die wirtschaftliche Lage der Werkstatt und das Arbeitsergebnis.

2   Das Recht auf Mitwirkung gehört zu den Rechten, die mit dem **Gesetz zur Reform des Sozialhilferechts vom 23. 7. 1996** (BGBl. I S. 1088) gesetzlich geregelt worden sind **(§ 54c SchwbG)**. Bereits seit 1980 ist es verordnungsrechtlich als fachliche Anforderung Pflicht der Werkstätten, den behinderten Menschen eine angemessene Mitwirkung in den ihre Interessen berührenden Angelegenheiten der Werkstatt zu ermöglichen **(§ 14 WVO)**. Die Ausgestaltung der Mitwirkung wurde zunächst nicht näher geregelt. Der mit Wirkung zum 1. 8. 1996 in das SchwbG eingefügte § 54 c bestimmte dann verbindlich, dass die im **Arbeitsbereich der WfB arbeitnehmerähnlich** beschäftigten behinderten Menschen in den ihre Interessen berührenden Angelegenheiten der WfB mitzuwirken haben und dazu **Werkstatträte** zu wählen sind. Soweit die behinderten Mitarbeiter **Arbeitnehmer** sind, finden ungeachtet dessen abhängig von der Trägerschaft der WfB die Vorschriften des Betriebsverfassungsrechts, des Personalvertretungsrechts oder des kirchlichen Mitarbeitervertretungsrechts Anwendung.

3   Für **Streitigkeiten in Mitwirkungsangelegenheiten** nach dieser Regelung sind die **Arbeitsgerichte** zuständig (§ 2 a Abs. 1 Nr. 3 a ArbGG), die im Beschlussverfahren entscheiden. Der Werkstattrat ist in diesem arbeitsgerichtlichen Verfahren parteifähig (§ 10 ArbGG). Das Beschlussverfahren wird vom Amtsermittlungsgrundsatz geprägt und

ist gerichtskostenfrei (§§ 80 ff. ArbGG, § 12 Abs. 5 ArbGG). Der Werkstattrat ist vor der Kammer des Arbeitsgerichts anzuhören (§ 83 Abs. 3–4 ArbGG).

§ 54 c SchwbG ist mit Änderungen in § 139 SGB IX übernommen **4** worden. Zusätzlich ist nunmehr bestimmt worden, dass die Werkstatträte nicht nur die Interessen der im Arbeitsbereich arbeitnehmerähnlich Beschäftigten, sondern auch die Interessen derjenigen behinderten Menschen wahrzunehmen haben, die an Maßnahmen im **Eingangsverfahren** und im **Berufsbildungsbereich** der WfB teilnehmen, daher nicht zum Werkstattrat wahlberechtigt und nicht wählbar sind, solange diese behinderten Menschen nicht die in § 36 SGB IX vorgesehene **eigene Vertretung** zur Wahrnehmung ihrer Interessen gewählt haben (§ 139 Abs. 1 Satz 2 SGB IX).

In § 144 Abs. 4 SGB IX (bisher: § 54c Abs. 4 SchwbG) ist die **5** **Ermächtigungsvorschrift** zum Erlass einer Rechtsverordnung erweitert worden, damit nunmehr die überfälligen Einzelregelungen zur Mitwirkung in WfB getroffen werden konnten. Auf Grund der erweiterten gesetzlichen Ermächtigung ist in der am 1. 7. 2001 in Kraft getretenen **Werkstätten-Mitwirkungsverordnung (WMVO) vom 25. 6. 2001** (BGBl. I S. 1297; abgedruckt als Anhang 6; Überblicksaufsatz: *Thiel* ZMV 2001, 219) bestimmt worden, dass die in ihr getroffenen Regelungen insoweit keine Anwendung auf **Religionsgemeinschaften** und ihre Einrichtungen finden, als sie **eigene gleichwertige Regelungen** getroffen haben (§ 144 Abs. 2 Satz 2 SGB IX, § 1 Abs. 2 WMVO). Diese Regelung hat der Gesetzgeber getroffen, um der herrschenden juristischen Meinung Rechnung zu tragen, dass für **soziale Einrichtungen in kirchlicher Trägerschaft** trotz sozialstaatlicher Aufgabenwahrnehmung, demokratischer Legitimation des staatlichen Sozial- und Arbeitsrechts und einer überwiegend staatlichen Finanzierung der Leistungserbringung in diesen Einrichtungen ein verfassungsrechtlich gewährleistetes **kirchliches Selbstbestimmungsrecht** (Art. 140 GG i.V.m. Art. 137 Abs. 3 WRV) Geltung beanspruchen kann. Ob die von den Religionsgemeinschaften und ihren Einrichtungen getroffenen Regelungen **gleichwertig** sind, entscheiden die für die Anerkennung der WfB nach § 142 SGB IX zuständigen Behörden, also die Bundesanstalt für Arbeit im Einvernehmen mit dem jeweils zuständigen überörtlichen Träger der Sozialhilfe (*Schell/Cleavenger* BArbBl 11/2001, 22, 24 f.). Hier ist ein strenger Maßstab anzulegen, weil nicht ersichtlich ist, unter welchem Gesichtspunkt es gerechtfertigt seien könnte, behinderten Menschen in WfB unter kirchlicher Trägerschaft geringere Mitwirkungsrechte einzuräumen als vom Gesetz- und Verordnungsgeber allgemein für WfB vorgegeben worden ist.

Werkstatträte werden in Werkstätten und nicht mehr, wie in § 54 c **6** Abs. 2 SchwbG bisher vorgesehen, auch in **Zweigwerkstätten** gewählt. Was zu einer Werkstatt gehört, ergibt sich aus dem Anerkennungsbescheid der Anerkennungsbehörde und dem von der Bundesanstalt für Arbeit geführten **Werkstättenverzeichnis**. Soweit WfB auch räumlich getrennte Einrichtungen unterhalten, so werden diese Einrichtungen in dem Verzeichnis als **Betriebsstätten** ausgewiesen. Für diese Betriebsstätten ist keine eigene Anerkennung als WfB ausgesprochen, sie sind vielmehr in den Anerkennungsbescheid der Einrichtung einbezogen. Ein eigener Werkstattrat ist in den Betriebsstätten deshalb nicht zu wählen. Die im Arbeitsbereich solcher Betriebsstätten beschäftigten behinderten Menschen sind wahlberechtigt und wählbar zum **Werkstattrat der (Gesamt-)Werkstatt**, von diesem ist ihre Interessenvertretung wahrzunehmen. Durch den Wegfall der Wahl von Werkstatträten in Zweigwerkstätten und der Bildung eines Gesamtwerkstattrats wird die Zahl der Werkstatträte erheblich reduziert. In Zukunft ist nicht sichergestellt, dass oft weit entfernt liegende Zweigwerkstätten durch einen Vertreter im Werkstattrat repräsentiert sind (RdLH 2001, 63). Es sollte jedoch angestrebt werden, dass in den Werkstatträten Beschäftigte aus **allen Teileinrichtungen** der WfB vertreten sind.

7   In § 139 Abs. 4 Satz 2 SGB IX ist die Möglichkeit neu geregelt worden, einen **Eltern- und Betreuerbeirat** zu errichten, der die Werkstatt und den Werkstattrat bei ihrer Arbeit berät und durch Vorschläge und Stellungnahmen unterstützt. Damit hat der Gesetzgeber der Tatsache Rechnung getragen, dass in einer Vielzahl von WfB bereits Eltern- und Betreuervertretungen auf freiwilliger Basis existieren.

II. Aufgaben des Werkstattrates (Abs. 1, §§ 1, 4 WMVO)

8   Der Werkstattrat ist das Interessensvertretungorgan für die im Arbeitsbereich der WfB arbeitnehmerähnlich beschäftigten behinderten Menschen. In § 139 Abs. 1 Satz 1 SGB IX i.V.m. § 1 WMVO wird der **mitwirkungsberechtigte Personenkreis** als Werkstattbeschäftigte bezeichnet. § 1 Abs. 1 WMVO enthält eine **Legaldefinition des Werkstattbeschäftigten**: Es handelt sich demnach um behinderte Menschen, die wegen Art oder Schwere ihrer Behinderung nicht, noch nicht oder noch nicht wieder auf dem allgemeinen Arbeitsmarkt beschäftigt werden können und zu ihrer Eingliederung in das Arbeitsleben im Arbeitsbereich anerkannter WfB als Einrichtungen zur Teilhabe behinderter Menschen am Arbeitsleben und Eingliederung in das Arbeitsleben in einem besonderen **arbeitnehmerähnlichen Rechtsverhältnis** in der Regel auf der Grundlage eines Sozialleistungsverhältnisses (§ 138 Abs. 1 SGB IX) beschäftigt werden.

9   Der so umschriebene Personenkreis wirkt **unabhängig von seiner Geschäftsfähigkeit** durch Werkstatträte in den seine Interessen berührenden Angelegenheiten der WfB mit. Dies trägt dem Umstand Rechnung, dass viele, insbesondere geistig behinderte Menschen in

WfB geschäftsunfähig sind (§ 104 Nr. 2 BGB). Willenserklärungen eines Geschäftsunfähigen sind nach § 105 Abs. 1 BGB nichtig. Von daher bedarf es der ausdrücklichen Anordnung in § 139 Abs. 1 Satz 1 SGB IX, § 1 Abs. 1 WMVO einer Mitwirkung auch geschäftsunfähiger behinderter Menschen. Diese besitzen somit das **aktive und passive Wahlrecht** zum Werkstattrat. Die Regelungen gewährleisten, dass der Werkstattrat rechtswirksam von geschäftsunfähigen behinderten Menschen gewählt werden kann und diese auch wählbar sind. Demnach kann kein behinderter Mensch auf Grund seiner spezifischen Behinderung von der Mitwirkung ausgeschlossen werden (GK-SchwbG-*Dopatka,* § 54 c RdNr. 7). Diese Regelung erscheint als sachgerecht, weil arbeitnehmerähnlich tätige behinderte Menschen ungeachtet einer Geschäftsunfähigkeit in der Regel in der Lage sein werden, ihre den überschaubaren werkstattinternen Bereich betreffenden Interessen selbst deutlich zu machen (*Götze* in: Hauck/Noftz, SGB IX, § 139 RdNr. 7; *Neumann/Pahlen,* SGB IX, § 139 RdNr. 4). Die Mitwirkung über ihren Kopf hinweg durch gesetzliche Vertreter bzw. Betreuer widerspräche dem gesetzgeberischen Anliegen, Selbstbestimmung und gleichberechtigte Teilhabe behinderter Menschen am Leben in der Gesellschaft zu fördern (§ 1 SGB IX, § 1 BGG).

Der Werkstattrat hat nach § 4 Abs. 1 WMVO folgende **allgemeine** **10** **Aufgaben**: Er hat darüber zu wachen, dass die zugunsten der Werkstattbeschäftigten geltenden Gesetze, Verordnungen, Unfallverhütungsvorschriften und mit der Werkstatt getroffenen Vereinbarungen durchgeführt werden, vor allem, dass
- die auf das besondere arbeitnehmerähnliche Rechtsverhältnis zwischen den Werkstattbeschäftigten und der Werkstatt anzuwendenden **arbeitsrechtlichen Vorschriften und Grundsätze**, insbesondere über Beschäftigungszeit einschließlich Teilzeitbeschäftigung sowie der Erholungspausen und Zeiten der Teilnahme an Maßnahmen zur Erhaltung und Erhöhung der Leistungsfähigkeit und zur Weiterentwicklung der Persönlichkeit des Werkstattbeschäftigten, Urlaub, Entgeltfortzahlung im Krankheitsfall, Entgeltzahlung an Feiertagen, Mutterschutz, Elternzeit, Persönlichkeitsschutz und Haftungsbeschränkung,
- die in dem besonderen arbeitnehmerähnlichen Rechtsverhältnis auf Grund der Fürsorgepflicht geltenden **Mitwirkungs- und Beschwerderechte** und
- die **Werkstattverträge**
von der Werkstatt beachtet werden. Weitere Aufgaben sind die Beantragung von Maßnahmen, die dem Betrieb der Werkstatt und den Beschäftigten dienen sowie die Entgegennahme von Anregungen und Beschwerden. Dabei hat der Werkstattrat vor allem die Interessen der besonders betreuungs- und förderungsbedürftigen Werkstattbeschäftigten zu wahren und die Durchsetzung der tatsächlichen Gleichstel-

lung von Frauen und Männern zu fördern. Nach § 4 Abs. 2 WMVO kann der Werkstattrat bei der **Erörterung von Konflikten** zwischen Werkstattbeschäftigten und Werkstatt hinzugezogen werden.

11   Nach § 139 Abs. 1 Satz 2 SGB IX, § 4 Abs. 3 WMVO berücksichtigt der Werkstattrat über seinen eigentlichen Aufgabenbereich hinaus die Interessen der im **Eingangsverfahren** und im **Berufsbildungsbereich** tätigen behinderten Menschen in angemessener und geeigneter Weise, solange für diese eine Vertretung nach § 36 SGB IX nicht besteht. In § 36 Satz 2 SGB IX ist vorgesehen, dass dieser Personenkreis zu seiner Mitwirkung besondere Vertreter wählt. Vorgaben für die nähere Ausgestaltung dieses **zusätzlichen Vertretungsgremiums** existieren nicht. Es dürfte sich anbieten, entsprechend dem in § 8 Abs. 1 WMVO enthaltenen Grundsatz der vertrauensvollen Zusammenarbeit die Vertreter der im Eingangsverfahren und im Berufsbildungsbereich tätigen behinderten Menschen sachlich und organisatorisch in den Werkstattrat einzubinden, um überflüssige und wenig effektive Parallelstrukturen zu vermeiden. Angesichts des Auftrages in § 36 Satz 2 SGB IX zur Schaffung einer eigenen Interessenvertretung ist es jedoch nur für eine **Übergangszeit** akzeptabel, die Interessen der nicht zum Werkstattrat wahlberechtigten behinderten WfB-Angehörigen durch den Werkstattrat mitvertreten zu lassen. Bis zum **Beginn der 2. Wahlperiode** der Werkstatträte nach neuem Recht im Jahre 2005 (vgl. § 12 WMVO) sollte in allen WfB die Wahl von besonderen Vertretern der behinderten Menschen im Eingangsverfahren und im Berufsbildungsbereich stattfinden.

III. Errichtung und Zusammensetzung des Werkstattrats (Abs. 2, §§ 2 f. WMVO)

12   Der Werkstattrat wird in Werkstätten, und nicht mehr wie bis zum 30. 6. 2001 auch in Zweigwerkstätten gewählt. Er besteht aus **mindestens drei Mitgliedern**, in Werkstätten mit in der Regel 200 bis 400 Wahlberechtigten aus fünf Mitgliedern, in Werkstätten mit in der Regel mehr als 400 Wahlberechtigten aus sieben Mitgliedern. Die **Geschlechter** sollen entsprechend ihrem zahlenmäßigen Verhältnis vertreten sein (§ 139 Abs. 2 SGB IX i.V.m. §§ 2 f. WMVO). Wahlberechtigt sind alle Werkstattbeschäftigten, d. h. im Arbeitsbereich in einem arbeitnehmerähnlichen Rechtsverhältnis tätige behinderte Menschen (§ 10 WMVO).

13   Der Werkstattrat wird in regelmäßigen Wahlen alle **vier Jahre** in der Zeit vom 1. Oktober bis 30. November bestimmt (§ 12 WMVO).

IV. Mitwirkungsrechte (§§ 5 ff. WMVO)

Die **Mitwirkung** behinderter Menschen im Arbeitsbereich der 14
WfB ist deutlich **schwächer ausgeprägt** als die **Mitbestimmung**
von Arbeitnehmern in Betrieben des allgemeinen Arbeitsmarktes
durch Betriebsräte nach dem BetrVG. Zwar ist der Katalog der einer
Mitwirkung des Werkstattrates unterliegenden Angelegenheiten in § 5
Abs. 1 WMVO der Aufzählung mitbestimmungspflichtiger Angele-
genheiten des § 87 Abs. 1 BetrVG nachgebildet. Im **Konfliktfalle** können Werkstattrat und Werkstatt die **Vermittlungsstelle** nach § 6
WMVO anrufen, die zwar einen Einigungsvorschlag erstellt, der jedoch anders als der Spruch der Einigungsstelle nach § 87 Abs. 2
BetrVG die Einigung zwischen Arbeitgeber und Werkstattrat (bzw.
Betriebsrat) nicht ersetzt. Der WfB (bzw. dem Träger der Einrichtung,
vgl. § 2 Abs. 2 WMVO) verbleibt das Recht, endgültig zu entscheiden.
Sie setzt die Durchführung der Maßnahme bis zum Einigungsvorschlag der Vermittlungsstelle aus. Anschließend hat die Werkstatt zwar
den **Einigungsvorschlag** zu berücksichtigen, ist an ihn jedoch nicht
gebunden (§ 6 Abs. 3 WMVO). Damit stellt die Mitwirkung eine Be-
teiligungsform unterhalb des Mitbestimmungsrechts dar (s.a. *Haines/
Jacobs,* LPK–SGB IX, § 139 RdNr. 9).

Hinsichtlich des **Katalogs mitwirkungsbedürftiger Angelegen-** 15
heiten wird auf § 5 Abs. 1 WMVO verwiesen (vgl. Anhang 6). Ziel der
Mitwirkung des Werkstattrates in diesen Angelegenheiten ist die Herstellung des **Einvernehmens** zwischen Werkstatt und Werkstattrat.
Dem dient die **Pflicht der Werkstatt,** den Werkstattrat in den Angelegenheiten, in denen er ein Mitwirkungsrecht hat, rechtzeitig, umfassend und in angemessener Weise **zu unterrichten** und ihn vor Durchführung einer Maßnahme **anzuhören** (§ 5 Abs. 3 WMVO). Speziell
geregelt sind **Unterrichtungsrechte** des Werkstattrates bei der Beendigung des arbeitnehmerähnlichen Rechtsverhältnisses eines behinderten Menschen zur Werkstatt, Versetzungen und Umsetzungen, über
Verlauf und Ergebnis der Eltern- und Betreuerversammlung und bei
Einstellung, Versetzung und Umsetzung des Fachpersonals und des
sonstigen Personals der WfB (§ 7 WMVO). Werkstatt und Werkstattrat
sollen in der Regel einmal im Monat zu einer **Besprechung** zusam-
mentreten, über strittige Fragen mit dem ernsten Willen zur Einigung
verhandeln und Vorschläge für die Beilegung von Meinungsverschiedenheiten machen (§ 8 Abs. 2 WMVO).

Für Schwerbehindertenvertretungen enthält § 95 Abs. 2 SGB IX 16
entsprechende Unterrichtungs- und Anhörungspflichten des Arbeitgebers. Unterrichtet der Arbeitgeber die Schwerbehindertenvertretung
nicht, nicht richtig, nicht vollständig oder nicht rechtzeitig oder hört er
sie nicht oder nicht rechtzeitig an, kann dies als **Ordnungswidrigkeit**

mit einer Geldbuße geahndet werden (§ 156 Abs. 1 Nr. 9 SGB IX). Die **Verletzung von Mitwirkungsrechten des Werkstattrates** durch die Werkstatt ist nicht entsprechend sanktioniert. Der Werkstattrat kann in derartigen Fällen jedoch seine Mitwirkungsrechte vor dem **Arbeitsgericht** einklagen (vgl. RdNr. 3).

17   Das **Nebeneinander verschiedener Vertretungsgremien** in WfB (Betriebs- oder Personalrat bzw. Mitarbeitervertretung, Werkstattrat, Schwerbehindertenvertretung, Vertretung der Teilnehmer an Maßnahmen im Eingangsverfahren und Berufsbildungsbereich, Eltern- und Betreuerbeirat erscheint im Hinblick auf unvermeidliche Reibungsverluste als problematisch. Neben dem allgemeinen Gebot einer **vertrauensvollen Zusammenarbeit** miteinander und mit der Werkstatt in § 8 WMVO sollen nach § 5 Abs. 2 WMVO **einvernehmliche Regelungen** zugleich mitbestimmungs- und mitwirkungsbedürftiger Angelegenheiten angestrebt werden, wobei die ergänzende Vereinbarung behindertenspezifischer Regelungen zwischen Werkstattrat und Werkstatt unberührt bleibt.

18   Nach § 8 Abs. 1 Satz 2 WMVO können Werkstatt und Werkstattrat die Unterstützung der in der Werkstatt vertretenen **Behindertenverbände** und **Gewerkschaften** sowie der Verbände, denen die Werkstatt angehört, in Anspruch nehmen. Damit geht einher das Recht für Vertreter dieser Gewerkschaften und Behindertenverbände auf **unbeschränkten Zugang** zu den Werkstätten, was gem. § 144 Abs. 2 Satz 2 SGB IX i.V.m. § 1 Abs. 2 WMVO („gleichwertige Regelungen") auch für WfB in kirchlicher Trägerschaft gewährleistet sein muss. Das Zugangsrecht erstreckt sich auch auf die mindestens einmal jährlich vom Werkstattrat durchzuführende **Werkstattversammlung** (§ 9 WMVO) und nach Maßgabe des § 33 Abs. 2 WMVO auf **Sitzungen des Werkstattrats**.

19   Die **Vermittlungsstelle** (§ 6 WMVO) ist hinsichtlich ihrer Bildung und Zusammensetzung der Einigungsstelle nach § 76 BetrVG nachgebildet, wobei die Werkstatt an ihre Beschlüsse entsprechend der geringeren Beteiligungsrechte des Werkstattrates nicht gebunden ist. Die Vermittlungsstelle besteht aus einem unparteiischen Vorsitzenden und aus je einem von der Werkstatt und vom Werkstattrat benannten Beisitzer. Fasst die Vermittlungsstelle innerhalb von zwölf Tagen keinen Beschluss für einen Einigungsvorschlag, gilt die Entscheidung der Werkstatt.

V. Wahlverfahren (Abs. 3, §§ 10 ff. WMVO)

20   § 139 Abs. 3 SGB IX regelt das aktive und passive Wahlrecht zum Werkstattrat. **Wahlberechtigt** sind demnach alle in § 138 Abs. 1 SGB IX genannten behinderten Menschen, also die in einem arbeitnehmerähnlichen Rechtsverhältnis stehenden behinderten Menschen im Arbeitsbereich der WfB. Von ihnen sind die behinderten Menschen **wählbar**,

die am Wahltag seit mindestens sechs Monaten in der WfB beschäftigt sind. Zeiten des Eingangsverfahrens und der Teilnahme an Maßnahmen im Berufsbildungsbereich werden angerechnet (§ 11 WMVO).

Einzelheiten der **Vorbereitung der Wahl** (Wahlvorstand, Erstellung 21 der Liste der Wahlberechtigten und deren Bekanntmachung, Einspruchsrecht, Wahlausschreiben, Wahlvorschläge und Bekanntmachung der Bewerber) enthalten die §§ 13 ff. WMVO. Die **Durchführung der Wahl** (Stimmabgabe, Wahlvorgang, Feststellung des Wahlergebnisses, Benachrichtigung der Gewählten und Annahme der Wahl, Bekanntmachung der Gewählten, Aufbewahrung der Wahlunterlagen, Wahlanfechtung, Wahlschutz und Wahlkosten) ist in den §§ 21 ff. WMVO geregelt.

Die **Amtszeit des Werkstattrates** beginnt mit der Bekanntgabe 22 des Wahlergebnisses oder, wenn die Amtszeit des bisherigen Werkstattrates noch nicht beendet ist, mit deren Ablauf. Die regelmäßige Amtszeit des Werkstattrates beträgt **vier Jahre** (§ 29 WMVO). Die **Mitgliedschaft** im Werkstattrat **erlischt** durch Ablauf der Amtszeit, Niederlegung des Amtes, Ausscheiden aus der Werkstatt oder Beendigung des arbeitnehmerähnlichen Rechtsverhältnisses. In diesen Fällen rücken **Ersatzmitglieder** der Reihe nach aus den nicht gewählten Bewerbern der Vorschlagsliste nach (§ 30 WMVO).

VI. Geschäftsführung des Werkstattrates (§§ 31 ff. WMVO)

Der Werkstattrat wird von dem aus seiner Mitte gewählten **Vorsit** 23 **zenden** vertreten (§ 31 WMVO). Dieser beruft **Sitzungen** des Werkstattrates während der Beschäftigungszeit ein, zu denen er die weisungsunabhängige **Vertrauensperson** aus dem Fachpersonal (§ 39 Abs. 3 WMVO), ein Mitglied des **Betriebs- oder Personalrats** oder einer sonstigen Mitarbeitervertretung, eine Schreibkraft oder, nach näherer Vereinbarung mit der Werkstatt, einen Beauftragten einer in der Werkstatt vertretenen **Gewerkschaft** auf Antrag eines Viertels der Mitglieder des Werkstattrats, einen Vertreter eines **Behindertenverbandes** oder sonstige Dritte hinzuziehen kann (§§ 32 f. WMVO). Regelungen zu Beschlussfassung, Sitzungsniederschriften, Geschäftsordnung und Sprechstunden des Werkstattrats enthalten die §§ 34 ff., § 38 WMVO).

Persönliche Rechte und Pflichten der Mitglieder des Werkstatt 24 rats sind in § 39 WMVO geregelt. Die Mitglieder des Werkstattrats führen ihr Amt unentgeltlich als Ehrenamt (Abs. 1). Sie dürfen in der Ausübung ihres Amtes nicht behindert oder wegen ihres Amtes nicht benachteiligt oder begünstigt werden; dies gilt auch für ihre berufliche Entwicklung (Abs. 2). § 39 Abs. 3 WMVO enthält einen **Freistellungsanspruch** des Vorsitzenden des Werkstattrats von seiner Tätigkeit in WfB mit wenigstens 200 Wahlberechtigten. Im übrigen sind die Mitglieder des Werkstattrates unabhängig von der Größe der WfB von ihrer Tätigkeit ohne Minderung des Arbeitsentgeltes zu befreien, wenn und soweit es zur Durchführung ihrer Aufgaben erforderlich ist. Dies gilt auch für die Teilnahme an Schulungs- und Bildungsveranstaltungen, soweit diese Kenntnisse vermitteln, die für die Arbeit des Werkstattrats erforderlich sind (Abs. 4). **Streitigkeiten** über die Freistellung von der Tätigkeit sind vor der Vermittlungsstelle auszutragen. Der Rechtsweg zu den Arbeitsgerichten bleibt hiervon unberührt (Abs. 5). Die Mitglieder des Werkstattrats unterliegen der **Geheimhaltungspflicht** und Offenbarungs- und Verwertungsverboten nach Maßgabe des § 37 Abs. 6 WMVO.

25   Den **Kosten- und Sachaufwand** des Werkstattrates einschließlich der durch die Teilnahme an Schulungs- und Bildungsveranstaltungen entstehenden Kosten trägt die Werkstatt. Für Sitzungen, Sprechstunden und laufende Geschäftsführung hat die WfB in erforderlichem Umfang Räume, sächliche Mittel und eine Bürokraft zur Verfügung zu stellen (§ 39 Abs. 1–2 WMVO). Die von den Werkstätten zu übernehmenden Kosten der Tätigkeit des Werkstattrates sind den von der Werkstatt zu erfüllenden fachlichen Anforderungen i.S. des § 41 Abs. 3 Satz 3 Nr. 1 SGB IX zuzuordnen mit der Folge, dass diese in die Vergütungsvereinbarungen mit den Kostenträgern (§§ 93 ff. BSHG) einzubringen sind. Die Kosten des Werkstattrates werden somit nicht aus dem Arbeitsergebnis der Werkstatt aufgebracht und dürfen sich deshalb nicht negativ auf das Arbeitsentgelt der behinderten Menschen auswirken (*Finke* br 2002, 5, 9).

VII. Einbeziehung von Eltern und Betreuern (Abs. 4)

26   Die WfB haben nach § 139 Abs. 4 Satz 1 SGB IX die Verpflichtung, die gesetzlichen Vertreter oder die zu Betreuern bestellten Personen in einer jährlichen **Eltern- und Betreuerversammlung** in angemessener Weise über die Angelegenheiten der Werkstatt, auf die sich die Mitwirkung erstreckt, zu unterrichten und dazu anzuhören. Die frühere Einschränkung des § 54 c Abs. 5 SchwbG, dass dies ausschließlich für die Eltern und Betreuer der im Arbeitsbereich beschäftigten behinderten Menschen galt, ist entfallen. Damit ist sichergestellt, dass auch die gesetzlichen Vertreter und Betreuer derjenigen behinderten Menschen, die an Maßnahmen im Eingangsbereich und im Berufsbildungsbereich teilnehmen, in der Eltern- und Betreuerversammlung zu unterrichten und anzuhören sind (BT-Drucks. 14/5800, S. 31).

27   Angelegenheiten, auf die sich die Mitwirkung und damit auch die Unterrichtungs- und Anhörungspflicht gegenüber Eltern und Betreuern erstreckt, sind die in dem **Katalog des § 5 Abs. 1 WMVO** enthaltenen Tatbestände. Die Mitwirkung der behinderten Menschen durch Werkstatträte wird damit um Beobachtungsmöglichkeiten der gesetz-

lichen Vertreter und Betreuer ergänzt, wobei die Werkstatt auch verpflichtet ist, über die Tätigkeit des Werkstattrates und die Reaktion des
Trägers zu berichten (*Dörner,* SchwbG, § 54c Anm. V.).

Das **Anhörungsrecht** der Eltern und Betreuer beinhaltet die   28
Möglichkeit, in der Eltern- und Betreuerversammlung gegenüber der
WfB-Leitung Kritik und Anregungen äußern zu können. Vorausgesetzt wird dabei, dass der Werkstattträger die Beiträge aus dem Kreis
der Eltern und Betreuer aufgreift und in seine Überlegungen einfließen lässt (s. a. *Neumann/Pahlen,* SGB IX, § 139 RdNr. 15; *Haines/Jacobs,*
LPK-SGB IX, § 139 RdNr. 17).

Eine **eigene Interessenvertretung** ist für die gesetzlichen Vertreter   29
und Betreuer der behinderten Menschen nicht verpflichtend vorgesehen.
Der Gesetzgeber hat aber in § 139 Abs. 4 Satz 2 SGB IX der Tatsache Rechnung getragen, dass es in einer Vielzahl von WfB Eltern- und Betreuervertretungen auf freiwilliger Grundlage gibt. Diese werden nunmehr
auf eine gesetzliche Grundlage gestellt (BT-Drucks. 14/5800, S. 31).

In den Werkstätten kann im Einvernehmen mit dem Werkstattträger   30
ein **Eltern- und Betreuerbeirat** gebildet werden. Aus dem gesetzlichen Erfordernis des Einvernehmens mit dem Werkstattträger folgt,
dass ohne Billigung des Werkstattträgers ein Beirat nicht errichtet werden kann (*Schell/Cleavenger* BArbBl 11/2001, 22, 25). Die **Aufgabenbeschreibung** in § 139 Abs. 4 Satz 2 SGB IX, wonach der Eltern- und
Betreuerbeirat die Werkstatt und den Werkstattrat bei ihrer Arbeit berät
und durch Vorschläge und Stellungnahmen unterstützt, ist abschließend. Der Eltern- und Betreuerbeirat ist in das Gebot der **vertrauensvollen Zusammenarbeit** der Vertretungsgremien untereinander sowie der Vertretungsgremien und der Werkstatt im Interesse der Werkstattbeschäftigten einbezogen (§ 8 Abs. 1 WMVO).

Anrechnung von Aufträgen auf die Ausgleichsabgabe

140 (1) ¹Arbeitgeber, die durch Aufträge an anerkannte Werkstätten für behinderte Menschen zur Beschäftigung behinderter Menschen beitragen, können 50 vom Hundert des auf die Arbeitsleistung der Werkstatt entfallenden Rechnungsbetrages solcher
Aufträge (Gesamtrechnungsbetrag abzüglich Materialkosten) auf die
Ausgleichsabgabe anrechnen. ²Dabei wird die Arbeitsleistung des
Fachpersonals zur Arbeits- und Berufsförderung berücksichtigt, nicht
hingegen die Arbeitsleistung sonstiger nichtbehinderter Arbeitnehmerinnen und Arbeitnehmer. ³Bei Weiterveräußerung von Erzeugnissen
anderer anerkannter Werkstätten für behinderte Menschen wird die
von diesen erbrachte Arbeitsleistung berücksichtigt. ⁴Die Werkstätten
bestätigen das Vorliegen der Anrechnungsvoraussetzungen in der
Rechnung.

(2) Voraussetzung für die Anrechnung ist, dass

1. die Aufträge innerhalb des Jahres, in dem die Verpflichtung zur Zahlung der Ausgleichsabgabe entsteht, von der Werkstatt für behinderte Menschen ausgeführt und vom Auftraggeber bis spätestens 31. März des Folgejahres vergütet werden und

2. es sich nicht um Aufträge handelt, die Träger einer Gesamteinrichtung an Werkstätten für behinderte Menschen vergeben, die rechtlich unselbstständige Teile dieser Einrichtung sind.

(3) Bei der Vergabe von Aufträgen an Zusammenschlüsse anerkannter Werkstätten für behinderte Menschen gilt Absatz 2 entsprechend.

I. Allgemeines, Regelungsinhalt der Vorschrift

1   Die Anrechnung von Aufträgen an anerkannte WfB auf die Ausgleichsabgabe gehört zu den **Vergünstigungen**, die diesen Einrichtungen die Beschäftigung behinderter Menschen erleichtern sollen. Die Anrechenbarkeit ist im Zusammenhang von **Beschäftigungspflicht** (§§ 71 ff. SGB IX) und **Ausgleichsabgabe** (§ 77 SGB IX) zu sehen. Sie schafft wirtschaftliche Anreize für ausgleichsabgabepflichtige Arbeitgeber, Aufträge an WfB zu vergeben. Arbeitgeber, die ihrer Verpflichtung zur Beschäftigung schwerbehinderter Menschen in ihren Betrieben und Dienststellen nicht in dem gesetzlich vorgeschriebenen Umfang nachkommen und infolgedessen Ausgleichsabgabe bezahlen müssen, können dieser Verpflichtung ganz oder teilweise dadurch entgehen, dass sie durch die Vergabe von Aufträgen an anerkannte WfB zur Beschäftigung behinderter Menschen in diesen Einrichtungen beitragen. Ungeachtet dessen ist die **Pflicht zur Beschäftigung von schwerbehinderten Menschen** auf wenigstens 5 % der Arbeitsplätze nach § 71 SGB IX als vorrangig anzusehen. Weder die Ausgleichsabgabe selbst noch die Anrechnung nach § 140 SGB IX sind so zu verstehen, dass der u. a. in § 136 Abs. 1 SGB IX zum Ausdruck kommende **Vorrang** der Eingliederung behinderter Menschen in den **allgemeinen Arbeitsmarkt** in Frage gestellt würde (s.a. GK-SchwbG-*Dopatka*, § 55 RdNr. 1).

2   § 140 SGB IX überträgt im Wesentlichen den bisherigen **§ 55 SchwbG** i.d.F. des Gesetzes zur Reform des Sozialhilferechts vom 23. 7. 1996 (BGBl. I S. 1088). Seit der **Novellierung im Jahre 1996** kann nicht mehr der Gesamtbetrag der Rechnung, sondern nur noch der auf die Arbeitsleistung der WfB entfallende Rechnungsbetrag in Höhe von **50 %** auf die Ausgleichsabgabe angerechnet werden, wobei der Regierungsentwurf noch 75 % vorsah. Einer **Mindestarbeitsleistung** der Werkstätten in Höhe von 30 % des Rechnungsgesamtbetra-

ges bedarf es seitdem nicht mehr. Mit dieser Neuregelung sollte technologischen Veränderungen in den Produktionsverfahren Rechnung getragen werden, die zunehmend zu einem wertmäßigen Überwiegen des Materialanteils und damit zur Unterschreitung der Mindestarbeitsleistung der Werkstätten führten und eine Anrechnung auf die Ausgleichsabgabe nicht ermöglichten. Gleichzeitig sollte mit der Neuregelung auch **Missbrauchstendenzen** (Anrechnung von Aufträgen mit hohem Materialwert und entsprechend hohen Rechnungsbeträgen auf die Ausgleichsabgabe) entgegengewirkt werden (BT-Drucks. 13/2440, S. 32).

In § 140 Abs. 1 Satz 2 SGB IX wird nunmehr ergänzend klargestellt, **3** dass eine Anrechnung auf die Ausgleichsabgabe nur insoweit erfolgen kann, als die **Arbeitsleistung von schwerbehinderten Menschen** oder dem sie betreuenden **Fachpersonal** erbracht worden ist. Damit werden ungerechtfertigte Wettbewerbsvorteile durch die Beschäftigung nichtbehinderter Mitarbeiter ausgeschlossen (BT-Drucks. 14/5800, S. 31; BT-Drucks. 14/5074, S. 115). Für die Anrechenbarkeit ist es unschädlich, wenn die **Fachkräfte zur Arbeits- und Berufsförderung** (§ 9 WVO) im Rahmen ihrer unterstützenden Aufgabenstellung (und damit nicht als reine Produktionshelfer) an der Ausführung der Aufträge beteiligt sind. Die Arbeitsleistung **sonstiger nichtbehinderter Arbeitnehmer** (z. B. Produktionshelfer und Verwaltungskräfte) muss unberücksichtigt bleiben. Hieraus folgt, dass, soweit an der Ausführung des Auftrages oder der Erbringung der Dienstleistung in der Werkstatt auch andere als die in der Werkstatt beschäftigten behinderten Menschen und das diese betreuende Fachpersonal beteiligt waren, deren **Arbeitsleistung** für eine Anrechnung auf die Ausgleichsabgabe **herauszurechnen** ist (*Schell/Cleavenger* BArbBl 11/2001, 22, 25).

II. Anrechnungsumfang

Maßgeblich für die Anrechnung ist nach dem Klammerzusatz in **4** § 140 Abs. 1 Satz 1 SGB IX der **Gesamtrechnungsbetrag** abzüglich Materialkosten. Der Gesamtrechnungsbetrag, den die WfB einem ausgleichsabgabepflichtigen Arbeitgeber in Rechnung stellt, ist der Rechnungsbetrag einschließlich der gesetzlichen Steuer, es sei denn, dass diese vom Arbeitgeber als Vorsteuer abzugsfähig ist. Nicht zum Rechnungsbetrag gehören **Verzugszinsen** und ähnliche Zuschläge für verspätete Zahlung sowie **Verpackungs-, Versand- und sonstige Nebenkosten,** wenn sie dem Arbeitgeber von der WfB getrennt in Rechnung gestellt werden. Wird vom Auftraggeber ein Abzug für die sofortige Zahlung (**Skonto**) vorgenommen, ist eine Anrechnung nur in Höhe von 50 % des **tatsächlich gezahlten Betrages** möglich (*Kuhlmann* in: Ernst/Adlhoch/Seel, SGB IX, § 140 RdNr. 17; *Cramer,*

SchwbG, § 55 RdNr. 9; GK-SchwbG-*Dopatka*, § 55 RdNr. 5; a.A. *Neumann/Pahlen*, SGB IX, § 140 RdNr. 4).

5   **Materialkosten** sind Kosten, die der Werkstatt durch externen Kauf von Fertigungs- und Verpackungsmaterial entstehen. Maßgeblich ist in der Regel der Einkaufspreis. Keine Materialkosten entstehen, wenn Produkte der Werkstatt aus nicht extern beschafften Materialien hergestellt werden, z. B. bei der Fertigung von Nahrungsmitteln aus landwirtschaftlich gezogenen Eigenprodukten oder bei Bereitstellung von Materialien durch den Auftraggeber. Damit ist der Anrechnungsbetrag unabhängig davon, ob die WfB Material verwendet, das vom Auftraggeber gestellt oder das von ihr – ggfs. nach genauer Vorgabe durch den Auftraggeber – eingekauft wird. Verbrauchsmaterialien, Hilfs- und Betriebsstoffe, die bei der Herstellung oder Verarbeitung verwendet werden, aber nicht Teil des Produkts werden, können unberücksichtigt bleiben. Der Begriff der Materialkosten erfasst über reine Fertigungsmaterialien hinaus auch **Zulieferarbeiten** und sonstige **zugekaufte Dienstleistungen**, die nicht auf der Arbeitsleistung einer WfB beruhen und deshalb von der Anrechnung auf die Ausgleichsabgabe ausgeschlossen sind (*Kuhlmann* in: Ernst/Adlhoch/Seel, SGB IX, § 140 RdNr. 13).

6   Die **Rechnungen der WfB** müssen getrennte Angaben über Arbeitsleistung und Materialkosten enthalten. Es ist dabei nicht erforderlich, das Material im Einzelnen aufzuführen, die Rechnung muss aber zumindest die **Kostenblöcke** Arbeitsleistung und Material enthalten und eine für das Integrationsamt nachvollziehbare Darstellung beinhalten. Im Hinblick auf die Neuregelung des § 140 Abs. 1 Satz 2 SGB IX erscheint die Angabe der WfB erforderlich, ob und wenn ja in welchem Umfang sonstige nichtbehinderte Arbeitnehmer Arbeitsleistungen erbracht haben. Berücksichtigungsfähig sind nach § 140 Abs. 1 Satz 3 SGB IX bei der Weiterveräußerung von Erzeugnissen **anderer anerkannter WfB** die von diesen erbrachten Arbeitsleistungen. Diese sind in der Rechnung gesondert auszuweisen.

III. Anrechnungsvoraussetzungen

7   Anrechnungsvoraussetzung ist zunächst, dass ein nach § 77 SGB IX ausgleichabgabepflichtiger Arbeitgeber einer im Verfahren nach § 142 SGB IX i.V.m. §§ 17 f. WVO **anerkannten WfB** oder einem **Zusammenschluss** anerkannter WfB (§ 140 Abs. 3 SGB IX, § 142 Satz 4 SGB IX) einen Auftrag erteilt, der zur Beschäftigung behinderter Menschen beiträgt (§ 140 Abs. 1 Satz 1 SGB IX). Neben Lieferaufträgen für in WfB hergestellte oder verarbeitete Waren kommen insbesondere Aufträge zur Erbringung von Dienstleistungen (z. B. Pflege von Gärten und Grünanlagen) in Betracht. Mit dem gesetzlichen Erfordernis des unmittelbaren **Beitrags zur Beschäftigung** behinderter Menschen

werden Aufträge ausgeschlossen, die lediglich der wirtschaftlichen Sicherung der Werkstatt dienen und damit mittelbar auch zur Beschäftigung behinderter Menschen beitragen oder die eine bloße Weiterveräußerung von Waren zum Inhalt haben (*Haines/Jacobs*, LPK-SGB IX, § 140 RdNr. 6; *Götze* in: Hauck/Noftz, SGB IX, § 140 RdNr. 5; *Cramer,* SchwbG, § 55 RdNr. 5).

Aus dem Wortlaut des § 140 SGB IX folgt, dass ein **Arbeitgeber** **8** einen Teil des Rechnungsbetrags nur dann auf die Ausgleichsabgabe anrechnen kann, wenn er **selbst Vertragspartner der WfB** geworden ist. Der Wortlaut des Gesetzes „Vergabe von Aufträgen" impliziert, dass nur der Arbeitgeber zur Verrechnung berechtigt ist, der unmittelbar den Auftrag erteilt und damit die Arbeitsleistung der Werkstatt veranlasst hat. Durch die gesetzliche Formulierung kommt zum Ausdruck, dass der Arbeitgeber ohne Zwischenschaltung weiterer, selbstständiger Vertragspartner unmittelbar für sich das Vertragsverhältnis begründen muss (VG Karlsruhe, Urteil vom 12. 6. 1997, Az.: 5 K 1267/96, br 1997, 212 – zu § 55 SchwbG –; *Kuhlmann* in: Ernst/Adlhoch/Seel, SGB IX § 140 RdNr. 4).

Nach § 140 Abs. 2 Nr. 1 SGB IX setzt die Anrechnung auf die Aus- **9** gleichsabgabe weiterhin voraus, dass die Aufträge innerhalb des Jahres, in dem die Verpflichtung zur Zahlung der Ausgleichsabgabe entsteht, von der WfB **ausgeführt** und vom Auftraggeber bis spätestens 31. März des Folgejahres **vergütet** werden. Diese Regelung knüpft an § 77 Abs. 4 SGB IX an, wonach der Arbeitgeber die Ausgleichsabgabe **jährlich** zugleich mit der nach § 80 Abs. 2 SGB IX bis zum 31. März des Folgejahres zu erstattenden Anzeige an das für seinen Sitz zuständige Integrationsamt zu zahlen hat. Damit können auch Aufträge berücksichtigt werden, die bis zum **Jahresende** vergeben und von der WfB ausgeführt, aber erst in den ersten drei Monaten des Folgejahres vom Auftraggeber bezahlt werden. Liegen hingegen Vergabe und Ausführung des Auftrags in verschiedenen Jahren, kommt es auf die **Ausführung des Auftrags** an (*Cramer,* SchwbG, § 55 RdNr. 7; *Neumann/ Pahlen*, SGB IX, § 140 RdNr. 3).

Ausgeschlossen von der Anrechnung sind nach § 140 Abs. 2 Nr. 2 **10** SGB IX Aufträge des Trägers einer **Gesamteinrichtung** an WfB, die rechtlich unselbstständige Teile dieser Einrichtung sind. Die Regelung stellt klar, dass keine Anrechnung auf die Ausgleichsabgabe möglich ist, wenn der Auftraggeber Träger oder Teil einer Gesamteinrichtung ist, deren rechtlich unselbstständiger Teil auch die auftragnehmende WfB ist. Bestrebungen, derartige **unternehmens- oder anstaltsinterne „Aufträge"** nach Prüfung der Preisgestaltung und der Vergabebedingungen zuzulassen, sind nicht Gesetz geworden. Die Vorschrift begünstigt damit die rechtliche Selbstständigkeit und Abgrenzbarkeit der WfB (GK-SchwbG-*Dopatka*, § 55 RdNr. 8).

IV. Verfahren

11   Die WfB **bestätigt** in der Rechnung an den ausgleichsabgabepflichtigen Arbeitgeber das Vorliegen der **Anrechnungsvoraussetzungen** (§ 140 Abs. 1 Satz 4 SGB IX). Erforderlich sind neben der Angabe des Gesamtrechnungsbetrages abzüglich Materialkosten und etwaiger Arbeitsleistungen sonstiger nichtbehinderter Arbeitnehmer die Bestätigung der anerkannten WfB, dass im Rahmen der Auftragserledigung behinderte Menschen beschäftigt worden sind, sowie zeitliche Angaben zu Auftragserteilung und -ausführung. Aus den Angaben des Arbeitgebers in seiner Anzeige nach § 80 Abs. 2 SGB IX und der schriftlichen Bestätigung der WfB muss das Vorliegen der Anrechnungsvoraussetzungen für das Integrationsamt zweifelsfrei hervorgehen. Der Arbeitgeber hat hierbei nachzuweisen, dass er die Rechnung der WfB innerhalb der Frist des § 140 Abs. 2 Nr. 1 SGB IX beglichen hat.

12   Nach § 77 Abs. 4 SGB IX , § 102 Abs. 1 Nr. 1 SGB IX erhebt das **Integrationsamt** die Ausgleichsabgabe und entscheidet in diesem Zusammenhang auch über die Anrechenbarkeit von Aufträgen an WfB. Das Integrationsamt prüft die Anrechnungsvoraussetzungen auf der Grundlage der Anzeige des Arbeitgebers und der Bestätigung der WfB. Entstehen Zweifel an der Richtigkeit der Angaben oder sind diese unvollständig, hat das Integrationsamt den Sachverhalt **von Amts wegen** aufzuklären (§ 20 SGB X). Letztlich trägt jedoch der Arbeitgeber als Anspruchsberechtigter die **Darlegungs- und Beweislast** für das Vorliegen der Anrechnungsvoraussetzungen, auch wenn seine Nachweispflicht nicht speziell geregelt ist.

13   Über **Widersprüche** des Arbeitgebers gegen die Entscheidung des Integrationsamtes entscheidet nach §§ 118 f. SGB IX der Widerspruchsausschuss bei dem Integrationsamt. Anschließend ist der Rechtsweg zur **Verwaltungsgerichtsbarkeit** gegeben.

Vergabe von Aufträgen durch die öffentliche Hand

141 [1]Aufträge der öffentlichen Hand, die von anerkannten Werkstätten für behinderte Menschen ausgeführt werden können, werden bevorzugt diesen Werkstätten angeboten. [2]Die Bundesregierung erlässt mit Zustimmung des Bundesrates hierzu allgemeine Verwaltungsvorschriften.

1   Die Regelung über die Verpflichtung der öffentlichen Hand, Aufträge, die von den im Verfahren nach § 142 SGB IX i.V.m. §§ 17 f. WVO **anerkannten** WfB ausgeführt werden können, bevorzugt diesen

Werkstätten anzubieten, ist mit dem SGB IX neu gefasst worden. Sie hat den **Zweck**, die Wettbewerbssituation der Werkstätten zu verbessern und ihre Konkurrenzfähigkeit mit Unternehmen der Privatwirtschaft zu unterstützen. Auf der Grundlage des bisherigen § 56 Abs. 2 SchwbG hat das Bundesministerium für Wirtschaft und Technologie hierzu allgemeine **Richtlinien** erlassen (Richtlinien für die Berücksichtigung von WfB und Blindenwerkstätten bei der Vergabe öffentlicher Aufträge vom 10. 5. 2001, BAnz 2001, Nr. 109, S. 11773). Da die Verpflichtung auch für öffentliche Auftraggeber in den Ländern und Gemeinden gelten soll, ist in § 141 Satz 2 SGB IX nunmehr bestimmt, dass die Bundesregierung zur Vergabe von Aufträgen an WfB **allgemeine Verwaltungsvorschriften** erlässt, die der Zustimmung des Bundesrates bedürfen. Bis zum Erlass der allgemeinen Verwaltungsvorschriften − federführend dafür ist das Bundesministerium für Wirtschaft und Technologie − sind die nach § 56 Abs. 2 SchwbG erlassenen Richtlinien nach der **Übergangsregelung in § 159 Abs. 4 SGB IX** weiter anzuwenden, um ein einheitliches Verfahren bei der Auftragsvergabe zu gewährleisten (*Schell/Cleavenger* BArbl 11/2001, 22, 25).

Die ausdrückliche **gesetzliche Verpflichtung** zum Erlass von all- **2** gemeinen Verwaltungsvorschriften durch die Bundesregierung mit Zustimmung des Bundesrates stellt sicher, dass bei der bevorzugten Vergabe öffentlicher Aufträge an anerkannte WfB durch Behörden des Bundes und der Länder **einheitlich** verfahren wird (BT-Drucks. 14/ 5800, S. 31). In der Begründung des Gesetzentwurfes vom 16. 1. 2001 (BT-Drucks. 14/5074, S. 115) war noch hervorgehoben worden, dass unter Berücksichtigung der jüngsten Rechtsprechung des Bundesverfassungsgerichts (BVerfGE 100, 249, 260 f.) die Verwaltungsvorschriften − bisher: Richtlinien − über die Aufträge der öffentlichen Hand, die bevorzugt den WfB angeboten würden, ohne ausdrückliche gesetzliche Ermächtigung von der Bundesregierung erlassen werden könnten. Die Zustimmung des Bundesrates sei jedoch erforderlich, da auch Aufträge von Landesverwaltungen erfasst werden sollten.

Die sprachliche Umformulierung in § 141 Satz 1 SGB IX (Aufträge **3** „werden angeboten" statt „sind anzubieten" im bisherigen § 56 Abs. 1 SchwbG) beinhaltet keine inhaltliche Änderung gegenüber dem bisherigen Rechtszustand (s.a. *Götze* in: Hauck/Noftz, SGB IX, § 141 RdNr. 3).

Aufträge der **öffentlichen Hand** sind solche von obersten Bundes- **4** behörden mit ihren nachgeordneten Dienststellen, der Verwaltungen des Deutschen Bundestages und des Bundesrates, des Bundesverfassungsgerichts, der obersten Gerichtshöfe des Bundes und des Bundesbahnvermögens, der obersten Landesbehörden und der Staats- und Präsidialkanzleien mit ihren nachgeordneten Dienststellen, der Verwaltungen der Landtage, der Rechnungshöfe und jeder sonstigen Landesbehörde, jeder sonstigen Gebietskörperschaft und jedes Verbandes von Gebietskörperschaften sowie jeder sonstigen Körperschaft, Anstalt oder Stiftung des öffentlichen Rechts. Diese Aufzählung entspricht der Legaldefinition des öffentlichen Arbeitgebers in § 71 Abs. 3 SGB IX. Die von **privatrechtlich organisierten Unternehmen** erteilten Aufträge sind auch dann keine der öffentlichen Hand im Sinne der Vorschrift, wenn der Staat als Anteilseigner maßgeblichen Einfluss hat, dieser sich jedoch auf die Auftragsvergabe nur mittelbar auswirkt (*Neumann/Pahlen,* SGB IX, § 141 RdNr. 3; GK-SchwbG-*Dopatka,* § 56 RdNr. 2; *Götze* in: Hauck/Noftz, SGB IX, § 141 RdNr. 4).

5   Die Bevorzugung von WfB bei der Auftragsvergabe durch die öffentliche Hand erstreckt sich auf Aufträge aller Art, die an Dritte vergeben werden sollen. Der öffentliche Auftraggeber ist verpflichtet, geeignete WfB in angemessenem Umfang zur **Angebotsabgabe** aufzufordern. Die WfB hat jedoch keinen Rechtsanspruch auf Erteilung bestimmter Aufträge, sondern lediglich einen Anspruch auf eine **ermessensfehlerfreie Vergabeentscheidung** der Behörde unter Berücksichtigung der Kriterien der diesbezüglichen allgemeinen Richtlinien bzw. künftig der nach § 141 Satz 2 SGB IX erlassenen allgemeinen Verwaltungsvorschriften (vgl. BVerwGE 34, 213). Nach den o.g. Vergaberichtlinien vom 10. 5. 2001 ist bevorzugten Bewerbern immer dann der **Zuschlag** zu geben, wenn ihr Angebotspreis den des wirtschaftlichsten Bieters nicht mehr als 15 % übersteigt. Rechtsstreitigkeiten zwischen WfB und Behörden um die Aufforderung zur Angebotsabgabe bzw. die Vergabeentscheidung sind **öffentlich-rechtlicher Natur** und deshalb vor den Verwaltungsgerichten auszutragen.

6   Welche Arbeiten im Einzelnen von einer WfB ausgeführt werden können, ergibt sich aus dem von der Bundesanstalt für Arbeit geführten **Verzeichnis der anerkannten WfB** nach § 142 Satz 3 SGB IX. Die BA hat das Verzeichnis nach dem Stand von 1. 8. 2001 im Amtlichen Nachrichten der Bundesanstalt für Arbeit veröffentlicht (Dienstblatt-Runderlass Nr. 51/2001, ANBA 2001, 1243). Die Informationen über das Leistungsangebot der einzelnen Werkstätten sind darin nach Auftragsarbeit, Eigenfertigung und Dienstleistung gegliedert. Die Angaben hierzu entsprechen grundsätzlich den eigenen Darstellungen der Einrichtungen. Nähere Angaben zum Leistungsangebot von WfB enthält die Datenbank **REHADAT,** Informationssystem zur beruflichen Rehabilitation des Instituts der deutschen Wirtschaft Köln. Darüber hinaus benennen die in der Anlage der Richtlinien für die Berücksichtigung von WfB und Blindenwerkstätten bei der Vergabe öffentlicher Aufträge vom 10. 5. 2001 aufgeführten **Landesauftragsstellen** (Auftragsberatungsstellen, § 3 der Richtlinien) den Vergabestellen bevorzugte Einrichtungen.

7   Die **Entwicklung der Auftragsvergabe an WfB** und Blindenwerkstätten durch die Bundesressorts und sonstige Bundesdienststellen

ist anhand des jährlichen Berichts der Bundesregierung über die Beschäftigung schwerbehinderter Menschen im öffentlichen Dienst des Bundes nachzuvollziehen (zuletzt für das Berichtsjahr 2000 im Bericht vom 3. 1. 2002, BT-Drucks. 14/7943, S. 26).

Anerkennungsverfahren

142 [1]Werkstätten für behinderte Menschen, die eine Vergünstigung im Sinne dieses Kapitels in Anspruch nehmen wollen, bedürfen der Anerkennung. [2]Die Entscheidung über die Anerkennung trifft auf Antrag die Bundesanstalt für Arbeit im Einvernehmen mit dem überörtlichen Träger der Sozialhilfe. [3]Die Bundesanstalt für Arbeit führt ein Verzeichnis der anerkannten Werkstätten für behinderte Menschen. [4]In dieses Verzeichnis werden auch Zusammenschlüsse anerkannter Werkstätten für behinderte Menschen aufgenommen.

I. Allgemeines, Regelungsinhalt der Vorschrift

§ 142 SGB IX regelt das Anerkennungsverfahren für WfB, ergänzt **1** durch §§ 17 ff. WVO. Leistungsrechtliche und institutionelle Vorschriften des SGB IX über die WfB (vgl. §§ 39 ff., §§ 136 ff.) wie auch Regelungen mit WfB-Bezug im übrigen Sozialrecht (z. B. § 40 Abs. 1 Satz 1 Nr. 7 BSHG – Eingliederungshilfe-, Versicherungspflichttatbestände in § 5 Abs. 1 Nr. 7 SGB V, § 1 Satz 1 Nr. 2 SGB VI, § 2 Abs. 1 Nr. 4 SGB VII, § 20 Abs. 1 Satz 2 Nr. 7 SGB XI) knüpfen an die **förmliche Anerkennung** der WfB an. Auch **steuerrechtliche Vergünstigungen** der WfB setzen ihre Anerkennung voraus. So ist die anerkannte WfB Zweckbetrieb im Sinne von § 65 und § 68 Abs. 1 Nr. 3 AO. Sie wird trotz des wirtschaftlichen Geschäftsbetriebes als gemeinnützig anerkannt und wird durch einen geminderten Umsatzsteuersatz begünstigt (§ 12 Abs. 1 Nr. 8 UStG). Damit reichen die Vergünstigungen für anerkannte WfB und ihre behinderten Beschäftigten erheblich weiter als die Formulierung in § 142 Satz 1 SGB IX (Vergünstigung im Sinne dieses Kapitels) erwarten lässt.

§ 142 SGB IX überträgt inhaltsgleich den bisherigen **§ 57 Abs. 1** **2** **SchwbG**. Die bisher in § 57 Abs. 2 SchwbG enthaltene **Ermächtigung** zum Erlass der WVO findet sich nunmehr in § 144 Abs. 1 SGB IX.

II. Materielle Anerkennungsvoraussetzungen

3   Welche Einrichtungen als WfB anerkannt werden können, ergibt sich aus § 17 Abs. 1 WVO. Danach sind nur solche Einrichtungen anerkennungsfähig, die die in § 136 SGB IX und im **ersten Abschnitt der WVO (§§ 1 bis 16)** gestellten **fachlichen Anforderungen** erfüllen. Diese betreffen insbesondere das Leistungsangebot im Eingangsverfahren, Berufsbildungsbereich und Arbeitsbereich, die personelle und sachliche Ausstattung sowie die bauliche Gestaltung, die Wirtschaftsführung, die Werkstattverträge und die Mitwirkung. Von Anforderungen, die nicht zwingend vorgeschrieben sind, sind nach § 17 Abs. 1 Satz 2 WVO Ausnahmen zuzulassen, wenn ein besonderer sachlicher Grund im Einzelfall eine Abweichung rechtfertigt. Weder die Einbindung der WfB in eine **Komplexeinrichtung** mit verschiedenen Zweigwerkstätten noch eine **kirchliche Trägerschaft** sind sachliche Gründe im Sinne dieser Regelung, die zur Abweichung von den Mindeststandards des 1. Kapitels der WVO berechtigen (LSG Baden-Württemberg, Urteil vom 27. 5. 1992, Az.: L 5 Ar 1992/90, RsDE 1993, Nr. 21, 85 betr. Zahlung des Mindestarbeitsentgelts; zu einer diesbezüglichen Auflage gem. § 32 SGB X: BSGE 72, 187 = SozR 3 – 3870 § 54 Nr. 1).

4   Die WfB hat bei Vorliegen der tatbestandlichen Anerkennungsvoraussetzungen einen **Rechtsanspruch** auf Erteilung der Anerkennung. Aus der Formulierung in § 17 Abs. 1 Satz 1 WVO „können nur zugelassen werden, wenn" lässt sich kein Ermessen der Anerkennungsbehörde ableiten. Sie besagt lediglich, dass Einrichtungen, welche die vorgegebenen Voraussetzungen nicht erfüllen, nicht anerkennungsfähig sind (SG Nordhausen, Urteil vom 14. 4. 1994, Az: S 2 Ar 146/94, Breithaupt 1995, 133). Liegt die Anerkennung somit **nicht im Ermessen** der Anerkennungsbehörde, haben über die Vorgaben des § 8 WVO hinausgehende Bedarfsgesichtspunkte und Konkurrenzaspekte bei der Entscheidung außer Betracht zu bleiben.

5   Als Werkstätten können auch solche Einrichtungen anerkannt werden, die Teil eines **Werkstattverbundes** im Sinne des § 15 WVO sind und die fachlichen Anforderungen nicht voll erfüllen, wenn der Werkstattverbund die Anforderungen erfüllt (§ 17 Abs. 2 WVO). Werkstätten **im Aufbau**, die fachliche Anforderungen noch nicht voll erfüllen, aber bereit und in der Lage sind, die Anforderungen in einer vertretbaren Anlaufzeit zu erfüllen, können unter Auflagen **befristet anerkannt** werden. Dabei genügt es, wenn abweichend von der Mindestgröße nach § 7 WVO (120 Plätze) im Zeitpunkt der Entscheidung über den Antrag auf Anerkennung wenigstens 60 Plätze vorhanden sind, sofern gewährleistet ist, dass die Werkstatt im Endausbau, spätestens nach 5 Jahren, die Voraussetzungen des § 7 WVO erfüllt (§ 17 Abs. 3

WVO, § 32 SGB X). Sonderregelungen für vorläufige Anerkennungen im **Beitrittsgebiet** enthält § 20 WVO.

Die **Veränderung des Betätigungsfeldes** der WfB, insbesondere die Aufnahme einer zusätzlichen Tätigkeit, führt nicht zu der Notwendigkeit einer erneuten Anerkennung. Etwas anderes ist erst dann anzunehmen, wenn die WfB ihre bisherige Tätigkeit völlig oder nahezu völlig einstellt, sei es durch Stilllegung der Einrichtung, sei es mit dem Ziel zur Aufnahme gänzlich neuer Tätigkeiten. Davon kann keine Rede sein, wenn es sich bei einer hinzugekommenen Gärtnerei um einen organisatorisch unselbstständigen, das gesamte Gepräge der anerkannten WfB nur unwesentlich beeinflussenden Teil handelt (Bayerisches LSG, Urteil vom 30. 6. 1994, Breithaupt 1994, 986). **6**

III. Anerkennungsverfahren

Zuständig für die Prüfung der Anerkennungsvorausetzungen und die Bescheidung entsprechender Anträge ist die **Bundesanstalt für Arbeit** (§ 104 Abs. 1 Nr. 9 SGB IX, § 142 Satz 2 SGB IX). Nach § 18 Abs. 2 WVO kann die Entscheidungsbefugnis über Anträge auf Anerkennung sowie über Aufhebung und Verlängerung der Anerkennung auf die Präsidenten der **Landesarbeitsämter** übertragen weden. **7**

Das Anerkennungsverfahren beginnt mit einem **schriftlichen Antrag** der Werkstatt bzw. ihres Trägers (§ 18 Abs. 1 Satz 1 WVO). Der Antragsteller hat **nachzuweisen**, dass die Anerkennungsvorausetzungen vorliegen (§ 18 Abs. 1 Satz 2 WVO). Die Anerkennungsbehörden sind im Rahmen ihrer **Amtsermittlungspflicht** (§ 20 SGB X) berechtigt und im Zweifelsfalle auch verpflichtet, die Angaben der Werkstätten zur Erfüllung der fachlichen Voraussetzungen zu **überprüfen**. § 12 Abs. 6 WVO räumt der Bundesanstalt für Arbeit und dem zuständigen überörtlichen Träger der Sozialhilfe ausdrücklich das Recht ein, die Werkstätten zu verpflichten, ihnen gegenüber die Ermittlung und Verwendung des Arbeitsergebnisses der Werkstatt nach § 12 Abs. 4 und 5 WVO offen zu legen (s.a. § 97 SGB X, § 17 Abs. 3 Satz 3 SGB I). **8**

Die **Entscheidung** über die Anerkennung als WfB ergeht als schriftlicher Verwaltungsakt (§ 18 Abs. 3 Satz 1 WVO, §§ 31 ff. SGB X). Sie soll innerhalb von 3 Monaten nach Antragstellung getroffen werden (§ 18 Abs. 3 Satz 2 WVO). Die Anerkennung erfolgt mit der Auflage, im Geschäftsverkehr auf die Anerkennung als WfB hinzuweisen (§ 18 Abs. 4 WVO). **9**

Trotz der Formulierung in § 12 Abs. 6 WVO (beide Anerkennungsbehörden) ist nur die Bundesanstalt für Arbeit als **Anerkennungsbehörde** anzusehen (s.a. *Haines/Jacobs*, LPK-SGB IX, § 142 RdNr. 7 f.). Sie ist in ihrer Entscheidungsfindung allerdings an die Herstellung des **10**

Einvernehmens – und nicht nur des Benehmens – mit dem zuständigen **überörtlichen Träger der Sozialhilfe** (§ 96 Abs. 2 BSHG) gebunden (§ 142 Satz 2 SGB IX). Dies rechtfertigt sich aus der Zuständigkeit des überörtlichen Trägers der Sozialhilfe für die Eingliederungshilfe für behinderte Menschen nach den §§ 39 ff. BSHG (§ 100 BSHG). Ist die Herstellung des Einvernehmens unterblieben, ist eine gleichwohl von der BA erteilte Anerkennung rechtswidrig, aber nicht nichtig (§ 40 Abs. 3 Nr. 4 SGB X). Der überörtliche Träger der Sozialhilfe ist **Beteiligter** am Anerkennungsverfahren gem. § 12 Abs. 1 Nr. 4, Abs. 2 Satz 2 SGB X.

11   Liegen die **Anerkennungsvoraussetzungen** bei einer anerkannten WfB **nicht mehr** vor, hat die Bundesanstalt für Arbeit die Anerkennung unter den Voraussetzungen des § 48 SGB X **aufzuheben** (§ 104 Abs. 1 Nr. 9 SGB IX, § 18 Abs. 2 WVO). Hierfür ist eine **wesentliche Änderung** in den tatsächlichen oder rechtlichen Verhältnissen, die bei Erteilung der Anerkennung vorgelegen haben, erforderlich. Dies kommt z. B. in Betracht, wenn die Prüfung der Nachweise gem. § 12 Abs. 6 WVO ergibt (Dazu Ziffer 9.5 WE/BAGüS), dass eine WfB hinsichtlich ihrer Wirtschaftsführung fortgesetzt den Anforderungen des § 12 WVO nicht gerecht wird. Auch schwerwiegende und trotz Abmahnung der Anerkennungsbehörde nicht abgestellte Verstöße gegen die Qualifikationsanforderungen des Personals (§§ 9 ff. WVO), Nichtbeachtung der Rechtsstellung und Mitwirkungsrechte von in der WfB beschäftigten behinderten Menschen (§§ 138 f. SGB IX, §§ 13 f. WVO) und Mängel im Leistungsangebot (§ 136 SGB IX, §§ 3 ff. WVO) können eine Aufhebung des Anerkennungsbescheides rechtfertigen. Eine **von Anfang an rechtswidrige Anerkennung** kann nur unter den Voraussetzungen des § 45 SGB X zurückgenommen werden. Für Rücknahme und Aufhebung der Anerkennung als WfB ist die Herstellung des Einvernehmens mit dem überörtlichen Träger der Sozialhilfe weder in § 142 SGB IX noch in der WVO vorgesehen und deshalb nicht zwingend erforderlich (a. A. GK-SchwbG-*Dopatka*, § 57 RdNr. 4; *Cramer*, SchwbG, § 17 SchwbWV RdNr. 11).

12   Gegen eine ablehnende Entscheidung eines Landesarbeitsamtes im Anerkennungsverfahren oder einen Aufhebungs- bzw. Rücknahmebescheid kann der WfB-Träger **Widerspruch** einlegen. Hierüber entscheidet des Widerspruchsausschuss beim Landesarbeitsamt (§ 120 SGB IX, §§ 78 ff. SGG). Anschließend steht der Rechtsweg zu den Gerichten der Sozialgerichtsbarkeit offen (§ 51 Abs. 1 Nr. 4 SGG). Die **Klage** hat sich auch dann gegen die Bundesanstalt für Arbeit zu richten, wenn die ablehnende Entscheidung auf fehlendem Einvernehmen mit dem überörtlichen Sozialhilfeträger beruht (GK-SchwbG-*Dopatka*, § 57 RdNr. 7; a. A. *Neumann/Pahlen*, SGB IX, § 142 RdNr. 4). Der überörtliche Sozialhilfeträger ist im Sozialgerichtsverfahren um die Anerkennung als WfB notwendig **beizuladen** (§ 75 Abs. 2 SGG).

IV. Werkstättenverzeichnis

Nach § 142 Satz 3 SGB IX führt die Bundesanstalt für Arbeit ein Ver-   **13**
zeichnis der anerkannten WfB. In dieses Verzeichnis werden auch Zusammenschlüsse anerkannter WfB (Werkstattverbünde, § 15 WVO)
aufgenommen (§ 142 Satz 4 SGB IX). Das Werkstättenverzeichnis hat
hinsichtlich der Anerkennung nur **deklaratorischen**, nicht konstitutiven **Charakter**. Das Verzeichnis wird regelmäßig in aktualisierter Fassung in den **Amtlichen Nachrichten der Bundesanstalt für Arbeit**
(ANBA) veröffentlicht und enthält Informationen über das **Leistungsangebot** der einzelnen Werkstätten, gegliedert nach Auftragsarbeit, Eigenfertigung und Dienstleistung. Die Angaben hierzu entsprechen grundsätzlich den eigenen Darstellungen der Einrichtungen.
Das Verzeichnis der anerkannten WfB nach dem Stand vom 1. 8. 2001
(Dienstblatt-Runderlass Nr. 51/2001) als Anlage zu Heft 10/2001 der
ANBA veröffentlicht worden (ANBA 2001, 1243).

Die aufgeführten Werkstätten sind nach Landesarbeitsamtsbezirken   **14**
(Bundesgebiet West) bzw. nach Ländern (Bundesgebiet Ost) **geordnet**
und innerhalb dieser Auffächerung nach Postleitzahlen untergliedert.
Vertriebsgesellschaften, die im Auftrag von anerkannten WfB Be-
hindertenwaren vertreiben sowie Aufträge akquirieren und koordinieren, sind gesondert im Verzeichnis aufgeführt. Im Verzeichnis vermerkt
sind Hinweise zur Datenbank **„Rehadat"**, dem Informationssystem
zur beruflichen Rehabilitation des Instituts der deutschen Wirtschaft
Köln. Im Anhang zum Verzeichnis wird eine Zusammenstellung der
von der Bundesanstalt für Arbeit bekannt gegebenen **Blindenwerkstätten** (§ 143 SGB IX) veröffentlicht.

Blindenwerkstätten

143 Die §§ 140 und 141 sind auch zugunsten von Blindenwerkstätten im Sinne des Blindenwarenvertriebsgesetzes vom
9. April 1965 (BGBl. I S. 311), zuletzt geändert durch Gesetz vom
23. November 1994 (BGBl. I S. 3475), anzuwenden.

Die Regelung überträgt inhaltsgleich den bisherigen § 58 SchwbG.   **1**
Blindenwerkstätten, die über keine Anerkennung als WfB verfügen,
profitieren nach § 143 SGB IX gleichwohl von der **Anrechnung von
Aufträgen auf die Ausgleichsabgabe** (§ 140 SGB IX) und von der
Bevorzugung bei der Auftragsvergabe durch die öffentliche Hand
(§ 141 SGB IX). Ansonsten sind sie anders als WfB dem **allgemeinen
Arbeitsmarkt** zuzuordnen, wobei die leistungsrechtlichen Vorschrif-

ten der §§ 33 ff. SGB IX ebensowenig Anwendung finden wie die Regelungen des Werkstättenrechts der §§ 136 ff. SGB IX. Allerdings sind Blindenwerkstätten nach § 30 Abs. 1 Nr. 5, § 31 Abs. 2 Nr. 5 SchwbAV aus Mitteln der Ausgleichsabgabe für ihre Schaffung, Erweiterung, Ausstattung und Modernisierung förderungsfähig.

2   Als **Blindenwerkstätten** und Zusammenschlüsse von Blindenwerkstätten sind nach § 5 Abs. 1 des Blindenwarenvertriebsgesetzes (BliwaG) anerkennungsfähig
   – Betriebe, in denen ausschließlich Blindenwaren hergestellt und in denen bei der Herstellung andere Personen als Blinde nur mit Hilfs- oder Nebenarbeiten beschäftigt werden (Blindenwerkstätte), und
   – Vereinigungen solcher Betriebe, deren Zweck ausschließlich auf den Vertrieb von Blindenwaren und Zusatzwaren sowie auf den gemeinsamen Ankauf von Rohstoffen gerichtet ist (Zusammenschluss von Blindenwerkstätten).

3   **Blindenwaren** sind Waren, die in ihren wesentlichen, das Erzeugnis bestimmenden Arbeiten von Blinden hergestellt und ihrer Art nach durch Rechtsverordnung bestimmt sind (§ 2 Abs. 1 BliwaG). **Zusatzwaren** sind Waren, die zusammen mit Blindenwaren verwendet zu werden pflegen oder deren gleichzeitiger Vertrieb den Absatz von Blindenwaren besonders zu fördern geeignet ist und die ihrer Art nach durch Rechtsverordnung bestimmt sind (§ 2 Abs. 2 BliwaG). Die Verordnung zur Durchführung des BliwaG vom 11. 8. 1965 (BGBl. I S. 807), zuletzt geändert durch die Zweite Änderungsverordnung vom 10. 7. 1991 (BGBl. I S. 1491) bezeichnet in § 1 als Blindenwaren: überwiegend handgefertigte Bürsten und Besen aller Art, Korbflechtwaren sowie Rahmen- und Stuhlflechtarbeiten, Doppel-, Rippen-, Gitter- und Gliedermatten, mit Rahmen oder Handwebstühlen oder mit mechanischen Webstühlen hergestellte Webwaren, Strick-, Knüpf- und Häkelwaren und durch Strickmaschinen hergestellte Waren, kunstgewerbliche Waren aus Keramik, Leder, Holz, Metall und Kunststoff, Federwäscheklammern, Arbeitsschürzen aus Segeltuch, Drillich, Gummi oder Kunststoff. Als Zusatzwaren dürfen nach § 2 der VO Korb- und Seilerwaren, Pinsel und Matten sowie einfaches Reinigungsgerät und Putzzeug vertrieben werden.

4   Nach § 5 Abs. 2 BliwaG kann die zuständige **Landesbehörde** (§ 10 BliwaG) die Anerkennung nur versagen, wenn Tatsachen die Annahme rechtfertigen, dass der Inhaber der Blindenwerkstätte oder eine mit der Leitung der Blindenwerkstätte oder eines Zusammenschlusses beauftragte Person die erforderliche Zuverlässigkeit nicht besitzt. Abgesehen von dieser **Zuverlässigkeitsprüfung** findet eine dem Anerkennungsverfahren für WfB vergleichbare Prüfung von fachlichen Anforderungen nicht statt. In § 3 der Durchführungsverordnung sind lediglich Mindestanforderungen an Aufzeichnungen, Unterlagen und Belege in Blindenwerkstätten enthalten.

Angesichts der nicht zuletzt im Interesse der behinderten Menschen 5 eingeführten detaillierten fachlichen Anforderungen an anerkannte WfB erscheint es nicht mehr als zeitgemäß, parallel Blindenwerkstätten anzuerkennen und mit Instrumenten des Schwerbehindertenrechts zu fördern, ohne dass diese ein **entsprechendes Leistungsniveau** vorweisen müssen. Der Gesetzgeber des **Gesetzes zur Reform des Sozialhilferechts** vom 23.7.1996 (BGBl. I S.1088) hatte vor diesem Hintergrund den Anwendungsbereich des § 58 SchwbG auf die bei Inkrafttreten des Gesetzes **bestehenden** Blindenwerkstätten begrenzen wollen (BT-Drucks. 13/2440, S.12). Im Laufe des Gesetzgebungsverfahrens wurde diese Absicht auf der Grundlage einer Darstellung des Deutschen Blindenvereins aufgegeben. Demnach seien auch noch in jüngster Zeit neue Blindenwerkstätten für den Teil Blinder, für den anderweitige „höherwertige" berufliche Integration nicht erreichbar sei, errichtet und anerkannt worden. Ob der Bau weiterer Blindenwerkstätten rehabilitationspolitisch und ökonomisch sinnvoll sei, solle im Einzelfall bei der Förderung des Baus solcher Anstalten beurteilt werden. Führe die Prüfung bei der investiven Förderung zu einer positiven Entscheidung, gebe es keinen Grund, eine solche neue, mit öffentlichen Mitteln geförderte Blindenwerkstatt von den Vergünstigungen der §§ 55 f. SchwbG (jetzt: §§ 140 f. SGB IX) auszuschließen (BT-Drucks. 13/3904, S. 49).

Das Verzeichnis anerkannter WfB gem. § 142 Satz 3 SGB IX nach 6 dem Stand vom 1.8.2001 enthält im Anhang eine **Zusammenstellung** der von der Bundesanstalt für Arbeit bekannt gegebenen **Blindenwerkstätten** im Sinne des BliwaG (ANBA 2001, 1243). Die Zusammenstellung basiert auf Angaben des Bundesministeriums für Wirtschaft.

Verordnungsermächtigungen

144 (1) Die Bundesregierung bestimmt durch Rechtsverordnung mit Zustimmung des Bundesrates das Nähere über den Begriff und die Aufgaben der Werkstatt für behinderte Menschen, die Aufnahmevoraussetzungen, die fachlichen Anforderungen, insbesondere hinsichtlich der Wirtschaftsführung sowie des Begriffs und der Verwendung des Arbeitsergebnisses sowie das Verfahren zur Anerkennung als Werkstatt für behinderte Menschen.

(2) ¹Das Bundesministerium für Arbeit und Sozialordnung bestimmt durch Rechtsverordnung mit Zustimmung des Bundesrates im Einzelnen die Errichtung, Zusammensetzung und Aufgaben des Werkstattrats, die Fragen, auf die sich die Mitwirkung erstreckt, einschließlich Art und Umfang der Mitwirkung, die Vorbereitung und Durchführung der Wahl, einschließlich der Wahlberechtigung und der Wähl-

barkeit, die Amtszeit sowie die Geschäftsführung des Werkstattrats einschließlich des Erlasses einer Geschäftsordnung und der persönlichen Rechte und Pflichten der Mitglieder des Werkstattrats und der Kostentragung. [2]Die Rechtsverordnung kann darüber hinaus bestimmen, dass die in ihr getroffenen Regelungen keine Anwendung auf Religionsgemeinschaften und ihre Einrichtungen finden, soweit sie eigene gleichwertige Regelungen getroffen haben.

1   Die Regelung enthält die nach Art. 80 GG erforderlichen gesetzlichen Verordnungsermächtigungen zum Erlass der **Werkstättenverordnung** und der **Werkstätten-Mitwirkungsverordnung**. Die Verordnungsermächtigungen waren bisher in § 57 Abs. 2 SchwbG und § 54 c Abs. 4 SchwbG enthalten.

2   Die bisherige Ermächtigung zum Erlass der WVO ist insofern erweitert worden, als nunmehr die durch die WVO zu präzisierenden **fachlichen Anforderungen** an eine anerkannte WfB Vorgaben auch hinsichtlich der **Wirtschaftsführung** machen soll. Der Gesetzgeber hat die Erweiterung der Ermächtigung damit begründet, dass vom Netto-Arbeitsergebnis die Entlohnung der Werkstattbeschäftigten abhänge. Deshalb sollten die Werkstätten in § 12 Abs. 6 WVO verpflichtet werden, den Anerkennungsbehörden (der Bundesanstalt für Arbeit im Einvernehmen mit dem zuständigen überörtlichen Träger der Sozialhilfe) auf deren Verlangen die Ermittlung und Verwendung des Arbeitsergebnisses im Sinne von § 12 Abs. 4 und 5 WVO offen zu legen (BT-Drucks. 14/5074, S. 115). Die beabsichtigte größere Transparenz der Ermittlung des Arbeitsergebnisses schließt eine Ermittlung und Offenlegung notwendig ein. Eine hohe Transparenz liegt im Interesse der Rehabilitationsträger. Erst durch Ermittlung und Offenlegung kann die Verwendung des Arbeitsergebnisses tatsächlich geprüft werden (BT-Drucks. 14/5531, S. 12).

3   **Begriff und Aufgaben** der WfB und die an sie zu stellenden **fachlichen Anforderungen** sind den §§ 136 ff. SGB IX vorstrukturiert. Sie werden in den §§ 1–16 WVO konkretisiert (vgl. Kommentierung zu §§ 136, 138 SGB IX). Die **Aufnahmevoraussetzungen** finden sich in § 137 SGB IX i.V.m. § 136 Abs. 2 SGB IX. **Verfahrensregelungen zur Anerkennung** der WfB nach § 142 SGB IX finden sich in den §§ 17 ff. WVO (vgl. Kommentierung zu § 142 SGB IX).

4   Die **Mitwirkung** der behinderten Menschen in WfB ist in § 139 SGB IX geregelt (vgl. Kommentierung zu § 139). Das BMA hat von der **Ermächtigung in § 54 c Abs. 4 SchwbG** zum Erlass einer Rechtsverordnung hinsichtlich der Fragen, auf die sich die Mitwirkung erstreckt, die Zusammensetzung und die Amtszeit des Werkstattrates, die Durchführung der Wahl, insbesondere die Feststellung der Wahlberechtigung und der Wählbarkeit, sowie Art und Umfang der Mitwir-

kung bis zum 30.6.2001 **keinen Gebrauch gemacht**. § 144 Abs. 2 SGB IX überträgt diese Ermächtigung. Die Ermächtigungsvorschrift ist in ihrem Wortlaut **erweitert** worden, um alle nach den Vorstellungen der Beteiligten notwendigen und in der Verordnung vorgesehenen Regelungen treffen zu können. Nach dem Bericht des Ausschusses für Arbeit und Sozialordnung vom 4.4.2001 (BT-Drucks. 14/5800, S. 31) gehört zur näheren Regelung von Art und Umfang der Mitwirkung auch die Bildung einer **Vermittlungsstelle** für die Fälle, in denen zwischen Werkstatt und Werkstattrat keine Einigung erzielt werden kann. Die nähere Regelung der „Geschäftsführung" schließe die Möglichkeit zum Erlass einer Geschäftsordnung durch Beschluss des Werkstattrats ein. Auf Grund der erweiterten gesetzlichen Ermächtigung könne in der Rechtsverordnung außerdem bestimmt werden, dass die in ihr getroffenen Regelungen insoweit keine Anwendung auf **Religionsgemeinschaften und ihre Einrichtungen** fänden, als sie eigene gleichwertige Regelungen getroffen hätten (vgl. § 139 RdNr. 5).

Kapitel 13. Unentgeltliche Beförderung schwerbehinderter Menschen im öffentlichen Personenverkehr

Unentgeltliche Beförderung, Anspruch auf Erstattung der Fahrgeldausfälle

145 (1) [1]Schwerbehinderte Menschen, die infolge ihrer Behinderung in ihrer Bewegungsfähigkeit im Straßenverkehr erheblich beeinträchtigt oder hilflos oder gehörlos sind, werden von Unternehmern, die öffentlichen Personenverkehr betreiben, gegen Vorzeigen eines entsprechend gekennzeichneten Ausweises nach § 69 Abs. 5 im Nahverkehr im Sinne des § 147 Abs. 1 unentgeltlich befördert; die unentgeltliche Beförderung verpflichtet zur Zahlung eines tarifmäßigen Zuschlages bei der Benutzung zuschlagpflichtiger Züge des Nahverkehrs. [2]Voraussetzung ist, dass der Ausweis mit einer gültigen Wertmarke versehen ist. [3]Sie wird gegen Entrichtung eines Betrages von 60 Euro für ein Jahr oder 30 Euro für ein halbes Jahr ausgegeben. [4]Wird sie vor Ablauf der Gültigkeitsdauer zurückgegeben, wird auf Antrag für jeden vollen Kalendermonat ihrer Gültigkeit nach Rückgabe ein Betrag von 5 Euro erstattet, sofern der zu erstattende Betrag 15 Euro nicht unterschreitet; Entsprechendes gilt für jeden vollen Kalendermonat nach dem Tod des schwerbehinderten Menschen. [5]Auf Antrag wird eine für ein Jahr gültige Wertmarke, ohne dass der Betrag nach Satz 3 zu entrichten ist, an schwerbehinderte Menschen ausgegeben,

1. die blind im Sinne des § 76 Abs. 2 a Nr. 3 a des Bundessozialhilfegesetzes oder entsprechender Vorschriften oder hilflos im Sinne des § 33 b des Einkommensteuergesetzes oder entsprechender Vorschriften sind oder

2. die Arbeitslosenhilfe oder für den Lebensunterhalt laufende Leistungen nach dem Bundessozialhilfegesetz, dem Achten Buch oder den §§ 27 a und 27 d des Bundesversorgungsgesetzes erhalten oder

3. die am 1. Oktober 1979 die Voraussetzungen nach § 2 Abs. 1 Nr. 1 bis 4 und Abs. 3 des Gesetzes über die unentgeltliche Beförderung von Kriegs- und Wehrdienstbeschädigten sowie von anderen Behinderten im Nahverkehr vom 27. August 1965 (BGBl. I S. 978), das zuletzt durch Artikel 41 des Zuständigkeitsanpassungs-Gesetzes vom 18. März 1975 (BGBl. I S. 705) geändert worden ist, erfüllten, solange der Grad der Minderung der Erwerbsfähigkeit infolge der anerkannten Schädigung auf wenigstens 70 Prozent festgestellt ist oder auf

wenigstens 50 Prozent festgestellt ist und sie infolge der Schädigung erheblich gehbehindert sind; das Gleiche gilt für schwerbehinderte Menschen, die diese Voraussetzungen am 1. Oktober 1979 nur deshalb nicht erfüllt haben, weil sie ihren Wohnsitz oder ihren gewöhnlichen Aufenthalt zu diesem Zeitpunkt in dem in Artikel 3 des Einigungsvertrages genannten Gebiet hatten.

[6]Die Wertmarke wird nicht ausgegeben, solange der Ausweis einen gültigen Vermerk über die Inanspruchnahme von Kraftfahrzeugsteuerermäßigung trägt. [7]Die Ausgabe der Wertmarken erfolgt auf Antrag durch die nach § 69 Abs. 5 zuständigen Behörden. [8]Die Landesregierung oder die von ihr bestimmte Stelle kann die Aufgaben nach Absatz 1 Satz 3 bis 5 ganz oder teilweise auf andere Behörden übertragen. [9]Für Streitigkeiten in Zusammenhang mit der Ausgabe der Wertmarke gilt § 51 Abs. 4 des Sozialgerichtsgesetzes entsprechend.

(2) Das Gleiche gilt im Nah- und Fernverkehr im Sinne des § 147, ohne dass die Voraussetzung des Absatzes 1 Satz 2 erfüllt sein muss, für die Beförderung

1. einer Begleitperson eines schwerbehinderten Menschen im Sinne des Absatzes 1, sofern eine ständige Begleitung notwendig und dies im Ausweis des schwerbehinderten Menschen eingetragen ist, und

2. des Handgepäcks, eines mitgeführten Krankenfahrstuhles, soweit die Beschaffenheit des Verkehrsmittels dies zulässt, sonstiger orthopädischer Hilfsmittel und eines Führhundes.

(3) Die durch die unentgeltliche Beförderung nach den Absätzen 1 und 2 entstehenden Fahrgeldausfälle werden nach Maßgabe der §§ 148 bis 150 erstattet.

Übersicht

I. Allgemeines, Regelungsinhalt der Vorschrift

1   **Mobilitätshilfen** sind ein wesentlicher Baustein zur Verwirklichung des Gesetzesziels des SGB IX, die Selbstbestimmung und gleichberechtigte Teilhabe behinderter Menschen am Leben in der Gesellschaft zu fördern (§ 1 SGB IX). Für viele behinderte Menschen, die über kein eigenes Kraftfahrzeug verfügen, ist die Nutzung des öffentlichen Personenverkehrs mit Eisenbahnen, Omnibussen und Straßenbahnen eine wichtige Grundlage, um am öffentlichen Leben teilzunehmen. Die **finanzielle Entlastung** behinderter Menschen mit Beeinträchtigungen in der Bewegungsfähigkeit im Straßenverkehr bei der Benutzung öffentlicher Verkehrsmittel durch § 145 SGB IX ist ein Teilaspekt eines diesbezüglichen Nachteilsausgleichs. Behinderte Menschen sind vor allem darauf angewiesen, tatsächlichen **Zugang** zu öffentlichen Verkehrsmitteln und Einrichtungen zu haben. Dem dient das am 1. 5. 2002 in Kraft getretene Gesetz zur Gleichstellung behinderter Menschen vom 27. 4. 2002 (**Behindertengleichstellungsgesetz** – BGG, BGBl. I. S. 1467; Überblicksaufsätze: *Ullrich/Spereiter* BArbBl 6/2002, 7; *Stähler* NZA 2002, 777). Die Ermöglichung einer gleichberechtigten Teilhabe am Leben in der Gesellschaft soll vor allem durch den Abbau von Barrieren erreicht werden. Dabei geht es insbesondere um die Möglichkeit zur Nutzung barrierefreier Verkehrsmittel und akustischer und visueller Informationen. So sollen Verkehrsflächen mit kontrastreichen und wahrnehmbaren Orientierungsflächen gestaltet und Gebäude zugänglich und behindertengerecht ausgestattet werden (BT-Drucks. 14/7420, S. 23). § 4 BGG enthält eine **Legaldefinition der Barrierefreiheit**: Demnach sind bauliche und sonstige Anlagen, Verkehrsmittel, technische Gebrauchsgegenstände, Systeme der Informationsverarbeitung, akustische und visuelle Informationsquellen und Kommunikationseinrichtungen sowie andere gestaltete Lebensbereiche barrierefrei, wenn sie für behinderte Menschen in der allgemein üblichen Weise, ohne besondere Erschwernis und grundsätzlich ohne fremde Hilfe zugänglich und nutzbar sind. Zur **Herstellung der Barrierefreiheit** sollen **Zielvereinbarungen** zwischen Verbänden behinderter Menschen und Unternehmen oder Unternehmensverbänden, also auch Verkehrsbetrieben, geschlossen werden (§ 5 BGG; dazu *Frehe* BArbBl 6/2002, 12). Die Zielvereinbarung ist ein ergänzendes Instrument der Herstellung der Barrierefreiheit für die Bereiche, die nicht bereits durch besondere gesetzliche oder verordnungsrechtliche Vorgaben hinreichend bestimmt sind (wie durch Nahverkehrspläne nach dem Personenbeförderungsgesetz oder Programme nach der Eisenbahn-Bau- und Betriebsordnung). Wenn z. B. ein Programm im Sinne des § 2 Abs. 3 der Eisenbahn-Bau- und Betriebsordnung erstellt worden ist, besteht kein Verhandlungsanspruch

aus § 5 Abs. 1 BGG (BT-Drucks. 14/7420, S. 25 f.). Als lex specialis enthält § 8 BGG Bestimmungen zur Barrierefreiheit in den Bereichen
Bau und Verkehr. Nach Abs. 1 übernimmt die **Bundesverwaltung
eine Selbstverpflichtung zum barrierefreien Bauen**, wobei nach
Abs. 2 öffentliche Wege, Plätze und Straßen sowie öffentlich zugäng-
liche Verkehrsanlagen und Beförderungsmittel im öffentlichen Personenverkehr nach Maßgabe der einschlägigen Rechtsvorschriften des
Bundes barrierefrei zu gestalten sind. Damit wird u. a. auf die mit dem
BGG geänderten Regelungen der **Eisenbahn-Bau- und Betriebsordnung** verwiesen, die Anforderungen an die Barrierefreiheit stellen. Nach § 8 Abs. 3 Satz 3–4 des **Personenbeförderungsgesetzes**
i.d.F. des BBG hat der Nahverkehrsplan die Belange behinderter und
anderer Menschen mit Mobilitätsbeeinträchtigung mit dem Ziel zu
berücksichtigen, für die Nutzung des öffentlichen Personennahver-
kehrs eine möglichst weitreichende Barrierefreiheit zu erreichen. Im
Nahverkehrsplan werden demnach Aussagen über zeitliche Vorgaben
und erforderliche Maßnahmen getroffen, wobei Behindertenbeauf-
tragte oder Behindertenbeiräte anzuhören sind.

Bei den 6,6 Mio. schwerbehinderten Menschen am Jahresende 1996 **2**
wiesen die auf den Ausweisen angegebenen Merkzeichen auf **Mobili-
tätsdefizite** hin: 51,5 % der Ausweisinhaber verfügte über das Merkzeichen „G" (gehbehindert), 8,8 % über das Merkzeichen „aG" (außergewöhnlich gehbehindert), 22,8 % über das Merkzeichen „B" (ständige
Begleitung notwendig), 12 % über das Merkzeichen „H" (hilflos) und
1,5 % über das Merkzeichen „Bl" (blind). Neben diesen schwerbehinderten Menschen sind ältere Menschen, kleine Kinder, werdende Müt-
ter, Personen mit vorübergehenden Unfallfolgen oder nachoperativen
Beeinträchtigungen sowie Personen mit Kinderwagen oder schwerem
Gepäck in ihrer Mobilität eingeschränkt. Untersuchungen in west-
deutschen Großstädten zeigen, dass in den alten Bundesländern mit einem Anteil von **20 % Mobilitätseingeschränkten** an der Bevölkerung zu rechnen ist; in den neuen Bundesländern wird dieser Anteil
sogar auf bis zu 35 % hochgerechnet. Auf Grund der demographischen
Entwicklung ist in den nächsten Jahren mit einem Anstieg des Anteils
der mobilitätseingeschränkten Menschen und damit der Bedeutung
diesbezüglicher Nachteilsausgleiche zu rechnen (Vierter Bericht der
Bundesregierung über die Lage der Behinderten und die Entwicklung
der Rehabilitation vom 18. 12. 1997, BT-Drucks. 13/9514, S. 91).

§ 145 SGB IX entspricht im Wesentlichen dem bisherigen § 59 **3**
SchwbG. Sprachliche Umformulierungen in § 145 Abs. 1 Satz 1 SGB IX
lassen keine inhaltlichen Änderungen erkennen. Ob die Formulierung
„werden unentgeltlich befördert" (bisher: „sind zu befördern") den **individuellen Rechtsanspruch** des behinderten Menschen auf unentgeltliche Beförderung besser hervorhebt (so *Masuch* in: Hauck/Noftz,
SGB IX, § 145 RdNr. 5), mag dahinstehen. Unglücklich ist jedenfalls

die Anordnung des 2. Halbsatzes, dass die unentgeltliche Beförderung zur Zahlung eines tarifmäßigen Zuschlages verpflichte (bisher: „entbindet nicht von der Zahlung eines tarifmäßigen Zuschlages"). Rechtsgrund der Zuschlagspflicht ist der jeweilige Tarif, nicht der Anspruch auf die im übrigen unentgeltliche Beförderung. Die **Verordnungsermächtigung** des § 59 Abs. 1 Satz 9 SchwbG ist nunmehr in § 154 Abs. 1 SGB IX verselbstständigt worden. Dementsprechend enthält die **SchwbAwV** (abgedruckt als Anhang 2) nähere Vorschriften über die Gestaltung der Wertmarken, ihre Verbindung mit dem Schwerbehindertenausweis und Vermerke über ihre Gültigkeitsdauer. Die Eigenbeteiligung und die Erstattungsbeträge bei Rückgabe von Wertmarken sind zum 1. 1. 2002 im Verhältnis 2 zu 1 auf den Euro umgestellt worden.

4   Der Anspruch auf unentgeltliche Beförderung im öffentlichen Nahverkehr betrifft **schwerbehinderte Menschen** (§ 2 Abs. 2 SGB IX), die erheblich **gehbehindert** im Sinne des § 146 Abs. 1 SGB IX sind, oder die in ihrem Schwerbehindertenausweis die Merkzeichen „H" **(hilflos)** oder „Gl" **(gehörlos)** eingetragen haben. Soweit diese Anspruchsberechtigten nicht zu dem privilegierten Personenkreis des § 145 Abs. 1 Satz 5 SGB IX (Blinde, Hilflose, einkommensschwache Bezieher von Lohnersatzleistungen und Altfälle) gehören, besteht noch kein Anspruch auf unentgeltliche Beförderung. Voraussetzung der Inanspruchnahme des Nachteilsausgleichs ist vielmehr der Erwerb von Wertmarken, so dass es sich im Regelfall für die Betroffenen um eine **Fahrpreisermäßigung** handelt. Ist im Schwerbehindertenausweis mit dem Merkzeichen „B" die **Notwendigkeit ständiger Begleitung** nachgewiesen, reist nach § 145 Abs. 2 SGB IX die Begleitperson im Nah- und Fernverkehr kostenlos mit.

5   Der Anspruch auf unentgeltliche Beförderung ist sowohl für den Anspruchsberechtigten wie für die notwendige Begleitperson auf die **Nutzung der 2. Wagenklasse** beschränkt. Dies ergibt sich aus der Bezugnahme des § 145 SGB IX auf die Legaldefinition des Nahverkehrs in § 147 Abs. 1 SGB IX und aus dem systematischen Zusammenhang der unentgeltlichen Beförderung einer Begleitperson nach § 145 Abs. 2 SGB IX mit dem Anspruch des schwerbehinderten Menschen aus § 145 Abs. 1 SGB IX (*Masuch* in: Hauck/Noftz, SGB IX, § 147 RdNr. 8). Die Nutzung der 1. Wagenklasse setzt die Eintragung des **Merkzeichen „1. Kl"** in den Schwerbehindertenausweis voraus (§ 69 Abs. 4 und 5 SGB IX, § 3 Abs. 1 Nr. 6 SchwbAwV).

6   Private und öffentliche Verkehrsbetriebe werden durch § 145 SGB IX verpflichtet, auf die Fahrpreiserhebung bei dem berechtigten Personenkreis zu verzichten, wobei die entstehenden Fahrgeldausfälle nach einem Prozentsatz der Fahrgeldeinnahmen pauschal erstattet werden. Diese **Indienstnahme** der Verkehrsunternehmen stellt eine verfassungsrechtlich zulässige Berufsausübungsregelung (Art. 12 Abs. 1 GG) im Interesse des Allgemeinwohls dar (BVerfGE 68, 155, 170 ff.).

II. Entstehungsgeschichte

Die Regelung hat wie das Schwerbehindertenrecht insgesamt (vgl. 7
§ 68 RdNr. 16 ff.) ihre Wurzeln im Kriegsopferrecht. Deutlich wird
dies an der Übernahme der Altfallregelung für Kriegsbeschädigte in
§ 145 Abs. 1 Satz 5 Nr. 3 SGB IX. Die Verpflichtung zur unentgeltlichen Beförderung schwerbehinderter Menschen und ihre rechtliche
Ausgestaltung gehen zurück auf die **Verordnung des Ministerrats
für die Reichsverteidigung über Vergünstigungen für Kriegsbeschädigte im öffentlichen Personenverkehr vom 23. 12. 1943
(RGBl. 1944 S. 5)**. Die VO sah die bis heute fortgeltende Indienstnahme der Verkehrsbetriebe vor und ordnete für Kriegsbeschädigte
mit einer MdE um wenigstens 70 v. H. die unentgeltliche Beförderung
im Nahverkehr an. Nach § 4 der VO war die Erstattung der den Verkehrsbetrieben entstehenden Einnahmeausfälle bis zum Ablauf des auf
das Kriegsende folgenden Rechnungsjahres ausgeschlossen. Die Erstattung der Fahrgeldausfälle klagte ein Verkehrsunternehmer auf der
Grundlage der zu Bundesrecht gewordenen NS-Verordnung letztin-
stanzlich im Jahre 1962 mit Wirkung ab 1. 4. 1950 erfolgreich ein
(BVerwGE 14, 160).

Mit dem **Gesetz über die unentgeltliche Beförderung von 8
Kriegs- und Wehrdienstbeschädigten sowie von anderen Behinderten im Nahverkehr vom 27. 8. 1965 (BGBl. I S. 978)** wurde die
Erstattungsregelung mit einer Neuregelung der gesamten Materie verknüpft. Da die den Verkehrsunternehmen entstehenden Fahrgeldausfälle nach Auffassung des Gesetzgebers im einzelnen nicht feststellbar
waren, sah das Gesetz eine pauschale Erstattung vor, die sich nach
einem bundesweit einheitlichen Prozentsatz der Fahrgeldeinnahmen
bemaß. Der berechtigte Personenkreis wurde in § 2 um Kriegsbeschädigte mit einer MdE um mindestens 50 v. H. und einer erheblichen
Gehbehinderung, Opfer nationalsozialistischer Verfolgung mit entsprechenden Schädigungsfolgen, Blinde, bedürftige Körperbehinderte
im Sinne des § 39 Abs. 1 Nr. 1 BSHG mit einer MdE um mindestens
50 v. H. und einer erheblichen Gehbehinderung sowie Begleitpersonen
von Schwerbeschädigten erweitert.

Die Abkehr vom Kausalitätsprinzip im Schwerbehindertenrecht 9
und die Orientierung am Finalitätsgrundsatz mit dem SchwbG 1974
(vgl. § 68 RdNr. 19) schlug zunächst nicht auf die unentgeltliche Beförderung Schwerbehinderter durch. Erst auf Druck des Bundesverfassungsgerichts (BVerfGE 39, 148, 156) wurden mit dem **Gesetz über
die unentgeltliche Beförderung Schwerbehinderter im öffentlichen Personenverkehr vom 9. 7. 1979 (BGBl. I S. 989)** die Vorschriften über die unentgeltliche Beförderung Schwerbehinderter als
11. Abschnitt (§§ 57 ff.) in das SchwbG aufgenommen. Mit **§ 57**

SchwbG in der Neufassung vom 8. 10. 1979 (BGBl. I S. 1649)
wurde der berechtigte Personenkreis auf alle Schwerbehinderten unabhängig von der Behinderungsursache ausgeweitet, soweit diese in ihrer Bewegungsfähigkeit im Straßenverkehr erheblich beeinträchtigt waren. Auch hinsichtlich der Begleitpersonen entfiel das Kausalitätserfordernis (§ 57 Abs. 2 SchwbG). Nach § 58 Abs. 2 SchwbG galt die gesetzliche Vermutung, dass bei Vorliegen einer MdE um mindestens 80 v.H. (seit 1. 8. 1986: GdB) eine erhebliche Beeinträchtigung der Bewegungsfähigkeit im Straßenverkehr vorlag. Zudem erfolgte die Ausweitung des Nachteilsausgleichs auf den Fernverkehr (§ 59 SchwbG). Beibehalten wurde die unentgeltliche Beförderung gegen Vorzeigen eines Ausweises und die pauschale Erstattung der Fahrgeldausfälle (§ 57 Abs. 3 SchwbG, §§ 60 ff. SchwbG), die im Prinzip nach dem Verhältnis der begünstigten Personengruppe zur übrigen Wohnbevölkerung bestimmt wurde (BT-Drucks. 8/2453, S. 9, 12).

10   Mit dem **Haushaltsbegleitgesetz 1984 vom 22. 12. 1983 (BGBl. I. S. 1532)** erfolgte im Zusammenhang mit zahlreichen Einschnitten in der sozialen Sicherung (Dazu: *Bieback* KJ 1984, 257) mit Wirkung zum 1. 4. 1984 eine teilweise Rücknahme des Nachteilsausgleichs. Der Gesetzgeber gab an, eine Entwicklung im Vergünstigungswesen für Schwerbehinderte aufhalten zu wollen, die in der Vergangenheit zu finanziell untragbaren Auswirkungen für die öffentlichen Haushalte geführt habe (BT-Drucks. 10/3138, S. 34 f.). Erstmals wurde eine Pflicht zur finanziellen Selbstbeteiligung behinderter Menschen eingeführt. Die KfZ-Steuerermäßigung kann seitdem nur noch alternativ zur unentgeltlichen Beförderung in Anspruch genommen werden. Die gesetzliche Vermutung einer erheblichen Gehbehinderung bei einer MdE um wenigstens 80 v.H. entfiel. Die Ausweitung auf den Fernverkehr wurde bereits mit Wirkung zum 1. 1. 1984 zurückgenommen. Von 1983 zu 1984 verringerte sich infolge der Neuregelung die Zahl der freifahrtberechtigten Behinderten um mehr als die Hälfte, wobei von den verbliebenen Anspruchsberechtigten 61 % die Eigenbeteiligung von 120 DM zu zahlen hatten (*Cramer*, SchwbG, vor § 59 RdNr. 22). Schließlich wurde mit dem Haushaltsbegleitgesetz 1984 die Berechnung der pauschalen Fahrgelderstattung präzisiert. In die Berechnung des für die Erstattung maßgeblichen Prozentsatzes wurden nicht mehr alle Ausweisinhaber einbezogen, sondern nur diejenigen, die eine Wertmarke erworben hatten und bei denen daher angenommen worden konnte, dass sie tatsächlich von der unentgeltlichen Beförderung Gebrauch machten. Zum Ausgleich etwa auftretender überdurchschnittlicher Belastungen einzelner Verkehrsbetriebe wurde in § 60 Abs. 5 SchwbG eine Härteklausel aufgenommen.

11   Das **BSG** hat die Einschnitte des Haushaltsbegleitgesetzes 1984 sowohl hinsichtlich der Beseitigung der Rechtsvermutung einer erheblichen Gehbehinderung ab einer MdE um 80 v.H. (BSGE 58, 72 = SozR

3870 § 58 Nr. 1) als auch hinsichtlich der Einführung einer Kostenbeteiligung der schwerbehinderten Menschen (BSG SozR 3870 § 57
Nr. 1) als verfassungskonform angesehen. Mit dem **Gesetz zur Erweiterung der unentgeltlichen Beför-**   12
derung Schwerbehinderter im öffentlichen Personenverkehr
vom 18. 7. 1985 (BGBl. I S. 1516) wurden mit Wirkung zum
1. 10. 1985 einige Einschränkungen des Haushaltsbegleitgesetzes 1984
bereits wieder rückgängig gemacht. Gehörlose und Hilflose wurden
in den Kreis des unabhängig von einer erheblichen Beeinträchtigung
in der Bewegungsfähigkeit im Straßenverkehr begünstigten Personenkreises einbezogen. Bezieher von Hilfe zum Lebensunterhalt nach
dem BSHG wurden von der Eigenbeteiligung befreit. Die Eigenbeteiligung von 60 Euro (bis 31. 12. 2001: 120 DM) pro Jahr kann seitdem in
zwei Teilbeträgen gezahlt werden, wobei zusätzlich die Rückerstat-
tungsregelung eingeführt wurde. Der Eisenbahnverkehr wurde über
S-Bahnen und teilweise als Straßenbahnen verkehrende Züge hinaus in
bestimmten Umfang wieder in die Freifahrtregelung einbezogen, um
schwerbehinderte Menschen in ländlichen Regionen zu begünstigen.
Im Übrigen verblieb es bei den Einschränkungen des Haushaltsbegleitgesetzes 1984, insbesondere bei dem Fortfall der Fiktion einer Gehbehinderung ab einer MdE um 80 v.H.

Am 3. 10. 1990 trat auf dem Gebiet der ehemaligen DDR das   13
SchwbG in Kraft. Mit dem zugrundeliegenden **Einigungsvertrag**
vom 31. 8. 1990 (BGBl II S. S. 885, 1039) wurde die Altfallregelung
des § 59 Abs. 1 Satz 5 Nr. 3 SchwbG um Berechtigte mit Wohnsitz in
der DDR zum maßgeblichen Stichtag ergänzt. Darüber hinaus wurden Übergangsregelungen für das Beitrittsgebiet hinsichtlich der
unentgeltlichen Beförderung durch die Deutsche Reichsbahn, einer
reduzierten Eigenbeteiligung, der Vorauszahlung an Verkehrsunternehmen bei der Erstattung von Fahrgeldausfällen und der Kostentragung der Fahrgeldausfälle von Unternehmen der Treuhandanstalt getroffen.

III. Anspruchsberechtigte mit Eigenanteil (Abs. 1 Satz 1)

Rund $^2/_3$ aller nach § 145 SGB IX „freifahrtberechtigten" schwerbe-   14
hinderten Menschen kommen in den Genuss des Nachteilsausgleichs
gem. § 145 Abs. 1 Satz 2 SGB IX nur dann, wenn ihr Schwerbehindertenausweis mit einer gültigen Wertmarke versehen ist. Es handelt sich
um **schwerbehinderte Menschen** i.S. des § 2 Abs. 2 SGB IX (GdB
mindestens 50, Wohnsitz, gewöhnlicher Aufenthalt oder Beschäftigung rechtmäßig im Geltungsbereich des SGB), die infolge der Behinderung in ihrer **Bewegungsfähigkeit im Straßenverkehr erheb-**
lich beeinträchtigt oder **hilflos** oder **gehörlos** sind. Behinderte

Menschen, die mit schwerbehinderten Menschen **gleichgestellt** worden sind (§ 2 Abs. 3 SGB IX, § 68 Abs. 2 SGB IX), gehören nach § 68 Abs. 3 SGB IX nicht zum anspruchsberechtigten Personenkreis. Im eigentlichen Sinne **unentgeltlich**, d. h. ohne Eigenbeteiligung, befördert werden nach § 145 Abs. 1 Satz 5 SGB IX nur blinde und hilflose schwerbehinderte Menschen sowie Bezieher bedürftigkeitsabhängiger Lohnersatzleistungen und bestimmte Altfälle.

15   Die **Hauptgruppe** der Anspruchsberechtigten stellen schwerbehinderte Menschen dar, denen das zuständige Versorgungsamt auf Grund einer erheblichen Beeinträchtigung der Bewegungsfähigkeit im Straßenverkehr das **Merkzeichen „G"** in den Schwerbehindertenausweis eingetragen hat (§ 69 Abs. 4 und 5 SGB IX, § 3 Abs. 2 Satz 1 Nr. 2 SchbAwV). In seiner Bewegungsfähigkeit im Straßenverkehr ist erheblich beeinträchtigt, wer infolge einer Einschränkung des Gehvermögens (auch durch innere Leiden oder infolge von Anfällen oder von Störungen der Orientierungsfähigkeit) nicht ohne erhebliche Schwierigkeiten oder nicht ohne Gefahren für sich oder andere Wegstrecken im Ortsverkehr zurückzulegen vermag, die üblicherweise noch zu Fuß zurückgelegt werden (§ 146 Abs. 1 Satz 1 SGB IX, vgl. Komm. zu § 146).

16   Daneben führen **Hilflosigkeit** und **Gehörlosigkeit** zur Anspruchsberechtigung. Das **Merkzeichen „H"** wird vom Versorgungsamt nach § 69 Abs. 4 und 5 SGB IX, § 3 Abs. 1 Nr. 2 SchbAwV in den Schwerbehindertenausweis eingetragen, wenn der schwerbehinderte Mensch hilflos im Sinne des § 33 b EStG oder entsprechender Vorschriften ist. Hilflos sind gem. § 33 b Abs. 6 Satz 2 EStG schwerbehinderte Menschen, die für eine Reihe von häufig und regelmäßig wiederkehrenden Verrichtungen zur Sicherung ihrer persönlichen Existenz im Ablauf eines jeden Tages fremder Hilfe dauernd bedürfen (vgl. § 69 RdNr. 91 ff.).

17   Das **Merkzeichen „Gl"** wird nach § 69 Abs. 4 und 5 SGB IX, § 3 Abs. 1 Nr. 4 SchbAwV in den Ausweis eingetragen, wenn der schwerbehinderte Mensch gehörlos im Sinne des § 145 SGB IX ist. Der Begriff der Gehörlosigkeit wird in § 145 Abs. 1 Satz 1 SGB IX nicht definiert. Gehörlos im Sinne dieser Vorschrift sind nicht nur Hörbehinderte, bei denen **Taubheit** beiderseits vorliegt, sondern auch Hörbehinderte mit einer **an Taubheit grenzenden Schwerhörigkeit** beiderseits, wenn daneben schwere Sprachstörungen (schwer verständliche Lautsprache, geringer Sprachschatz) vorliegen. Dies betrifft in der Regel Hörbehinderte, bei denen die an Taubheit grenzende Schwerhörigkeit angeboren oder in der Kindheit erworben worden ist (Nr. 30 Ziffer 1 Anhaltspunkte 1996, S. 165)

18   Darüber hinaus sollten auch beiderseits **hochgradig Schwerhörige**, die gehindert sind, sich trotz Hörhilfe ausreichend zu verständigen, als anspruchsberechtigt angesehen werden (GK-SchwbG-*Spiolek*

§ 59 RdNr. 31 f.; a. A. *Kossens* in: Kossens/von der Heide/Maaß, Praxiskommentar zum Behindertenrecht, SGB IX, § 145 RdNr. 9). Hierfür spricht der Zweck der unentgeltlichen Beförderung Gehörloser unabhängig von einer erheblichen Gehbehinderung. Diesem Personenkreis wird die Freifahrtberechtigung nicht im Hinblick auf eine typische Beeinträchtigung ihrer Orientierungsfähigkeit (Gehfähigkeit), sondern zum Zweck der erleichterten Kommunikation mit gleichartig Behinderten eingeräumt (BT-Drucks. 10/3218, S. 7). Von daher ist es entsprechend dem Rechtsgedanken des § 2 Abs. 2 SGB I sachgerecht, in ihrer Kommunikationsfähigkeit massiv beeinträchtigte hochgradig Schwerhörige in den Schutzbereich der Regelung einzubeziehen. Gegen die hier befürwortete extensive Auslegung des Begriffs der Gehörlosigkeit kann allerdings angeführt werden, dass der Gesetzgeber des SGB IX in der Begründung zur Einführung des Merkzeichens „Gl" in § 3 Abs. 1 Nr. 4 SchbAwV auf die engeren Vorgaben der Anhaltspunkte 1996 Bezug nimmt (BT-Drucks. 14/5074, S. 129 f.).

Das Vorliegen von Hilflosigkeit bzw. Gehörlosigkeit bringt nicht **19** ohne weiteres eine erhebliche Beeinträchtigung der Bewegungsfähigkeit im Straßenverkehr im Sinne des § 145 Abs. 1 Satz 1 SGB IX mit sich. Die Freifahrtberechtigung derart behinderter Menschen hängt nicht von der Beeinträchtigung der Bewegungsfähigkeit im Straßenverkehr ab, sondern beruht auf einer **eigenständigen Anspruchsberechtigung**. Von daher besteht kein automatischer Anspruch auf Erteilung des Merkzeichens „G", so dass auch die an dieses Merkzeichen gebundenen steuerrechtlichen Vergünstigungen (z. B. § 3 a Abs. 2 KraftStG) keine Anwendung finden (BSGE 79, 223 = SozR 3 – 1300 § 48 Nr. 57 zur Gehörlosigkeit). Maßgeblich für das **Entstehen** der Anspruchsberechtigung ist die Feststellung der gesundheitlichen Merkmale durch einen Bescheid des Versorgungsamtes nach § 69 Abs. 4 SGB IX. Demgegenüber reicht die Anerkennung der Hilflosigkeit eines Beziehers von Pflegegeld durch den Sozialhilfeträger nicht aus (BSG, Urteil vom 13. 12. 1994, Az.: 9 RVs 7/93, RdLH 1996, 35).

Liegen die gesundheitlichen Voraussetzungen vor, setzt der **Rechts** **20** **anspruch** des schwerbehinderten Menschen auf unentgeltliche Beförderung **im Nahverkehr** im Sinne des § 147 Abs. 1 SGB IX gegenüber dem öffentlichen Personenverkehr betreibenden Unternehmer weiter voraus, dass ein entsprechend gekennzeichneter Schwerbehindertenausweis mit gültiger Wertmarke (§ 69 Abs. 5 SGB IX) **vorgezeigt** wird. In der auf Grund des § 154 Abs. 1 SGB IX i. V. m. § 70 SGB IX erlassenen SchwbAwV ist geregelt, dass die erforderliche **Kennzeichnung** durch einen im Schwerbehindertenausweis vorgedruckten orangefarbenen Flächenaufdruck mit der Eintragung der Merkzeichen „G" oder die Aufnahme der Merkzeichen „H", „Gl" und durch ein mit der Wertmarke versehenes Beiblatt zum Ausweis erfolgt (§ 3 SchwbAwV, § 3 a SchwbAwV).

21 Die öffentlich-rechtliche Pflicht des Unternehmers zur unentgeltlichen Beförderung des behinderten Menschen besteht auch dann nur gegen **Vorzeigen des gekennzeichneten Schwerbehindertenausweises**, wenn das Vorliegen der persönlichen Voraussetzungen offenkundig ist. § 145 Abs. 1 Satz 1 SGB IX macht das Vorzeigen des Ausweises zum **Tatbestandsmerkmal**, so dass sowohl der fehlende Ausweisbesitz als auch das Nichtmitführen eines vorhandenen Ausweises in der konkreten Beförderungssituation die Inanspruchnahme des Nachteilsausgleichs ausschließen und der reguläre Fahrpreis zu entrichten ist (*Cramer*, SchwbG, § 59 RdNr. 7; GK-SchwbG-*Spiolek*, § 59 RdNr. 78; *Masuch* in: Hauck/Noftz, SGB IX, § 145 RdNr. 17).

22 § 145 Abs. 1 SGB IX verpflichtet den Verkehrsunternehmer zur unentgeltlichen Beförderung eines bestimmten Personenkreises. Die Frage, ob überhaupt eine **Beförderungspflicht** besteht, richtet sich nach den Vorgaben des allgemeinen Personenbeförderungsrechts. So ist der Unternehmer nach § 22 PBefG und § 10 AEG zur Beförderung verpflichtet, wenn die Beförderungsbedingungen eingehalten werden, die Beförderung mit den regelmäßig eingesetzten Beförderungsmitteln möglich ist und die Beförderung nicht durch Umstände verhindert wird, die der Unternehmer nicht abwenden und denen er auch nicht abhelfen kann.

23 **Zuschlagspflichtige Züge des Nahverkehrs** im Sinne des § 145 Abs. 1 Satz 1 Halbs. 2 SGB IX sind Schnellzüge (D) und InterRegio (IR), soweit diese Züge nicht zuschlagsfrei sind (§ 2 SchwbNV).

IV. Anspruchsberechtigte ohne Eigenanteil (Abs. 1 Satz 5)

24 Seit der Einführung der Kostenbeteiligung in Form des Erwerbs einer Wertmarke für den größten Teil der Anspruchsberechtigten mit dem Haushaltsbegleitgesetz 1984 (vgl. RdNr. 10 f.) kann nur noch ein **begrenzter privilegierter Personenkreis** die unentgeltliche Beförderung **ohne Eigenbeteiligung** in Anspruch nehmen. In § 145 Abs. 1 Satz 5 SGB IX wird ein entsprechendes **Antragsrecht** nur noch blinden und hilflosen schwerbehinderten Menschen, Beziehern bedürftigkeitsabhängiger Lohnersatzleistungen und bestimmten Altfällen eingeräumt.

25 **Blind** im Sinne des § 76 Abs. 2 a Nr. 3a BSHG (§ 145 Abs. 1 Satz 5 Nr. 1 SGB IX, Merkzeichen „Bl", § 3 Abs. 1 Nr. 3 SchwbAwV) sind schwerbehinderte Menschen, denen das **Augenlicht vollständig fehlt** sowie solche mit **einer erheblich beeinträchtigten Sehschärfe**. Letztere werden berücksichtigt, wenn ihre Sehschärfe auf dem besseren Auge nicht mehr als $1/50$ beträgt oder wenn dem Schweregrad dieser Sehschärfe gleichzuachtende, nicht nur vorübergehende Störungen des Sehvermögens vorliegen. Eine der Herabsetzung der Sehschärfe auf

$^1/_{50}$ oder weniger gleichzusetzende Sehbehinderung liegt nach den Richtlinien der Deutschen Ophthalmologischen Gesellschaft u. a. bei bestimmten Fallgruppen der Einengung des Gesichtsfeldes vor (Nr. 23 Anhaltspunkte 1996, S. 44 f.).

Der Begriff der **Hilflosigkeit** in § 145 Abs. 1 Satz 5 Nr. 1 SGB IX   26
(Merkzeichen „H", § 3 Abs. 1 Nr. 2 SchwbAwV) entspricht dem des Abs. 1 Satz 1 (vgl. RdNr. 16 und § 69 RdNr. 91 ff.). Die Eintragung des Merkzeichens „H" in den Schwerbehindertenausweis bewirkt somit sowohl die Aufnahme in den anspruchsberechtigten Personenkreis der unentgeltlichen Beförderung unabhängig vom tatsächlichen Vorliegen einer erheblichen Beeinträchtigung der Bewegungsfähigkeit im Straßenverkehr als auch die Befreiung von der Eigenbeteiligung.

Nach § 145 Abs. 1 Satz 5 Nr. 2 SGB IX erhalten schließlich diejenigen   27
schwerbehinderten Menschen auf Antrag die Wertmarke ohne Eigenbeteiligung, die **Arbeitslosenhilfe** (§§ 190 ff. SGB III) beziehen. Arbeitslosenhilfe wird – anders als Arbeitslosengeld – nur nach einer Prüfung der wirtschaftlichen Bedürftigkeit des Arbeitslosen gewährt. Die Bedürftigkeit setzt voraus, dass der Arbeitslose seinen Lebensunterhalt nicht auf eine andere Weise als durch Arbeitslosenhilfe bestreitet oder bestreiten kann und das zu berücksichtigende Einkommen die Arbeitslosenhilfe nicht erreicht (§ 193 Abs. 1 SGB III). Der Leistungsbezug ist bei Beantragung einer kostenlosen Wertmarke durch Vorlage des Bewilligungsbescheides des Arbeitsamtes nachzuweisen.

Bezieht der schwerbehinderte Mensch für seinen Lebensunterhalt   28
laufende Leistungen nach dem BSHG, entfällt nach § 145 Abs. 1 Satz 5 Nr. 2 SGB IX ebenfalls die Eigenbeteiligung. Die Regelung erfasst Bezieher der **Hilfe zum Lebensunterhalt**, §§ 11 ff. BSHG. Inwieweit auch der Bezug von Leistungen der **Hilfe in besonderen Lebenslagen** (§§ 27 ff. BSHG) erfasst wird, erscheint als fraglich. Es muss sich um lebensunterhaltssichernde Leistungen handeln. Hierzu gehört die Hilfe zum Aufbau oder zur Sicherung der Lebensgrundlage nach § 30 BSHG, weil Leistungsvoraussetzungen das Fehlen oder die Gefährdung einer ausreichenden wirtschaftlichen Lebensgrundlage sind. Auch die Gewährung der Hilfe in besonderen Lebenslagen in einer Anstalt, einem Heim oder einer gleichartigen Einrichtung unter Einschluss des in der Einrichtung gewährten Lebensunterhaltes (§ 27 Abs. 3 BSHG) dürfte die Voraussetzungen der Freifahrtberechtigung ohne Kostenbeteiligung erfüllen. Im Übrigen stellt die Inanspruchnahme von Leistungen der Eingliederungshilfe für behinderte Menschen (§§ 39 ff. BSHG), der Blindenhilfe (§ 67 BSHG) und der Hilfe zur Pflege (§§ 68 ff. BSHG) jedoch keinen Bezug von laufenden Leistungen für den Lebensunterhalt im Sinne des § 145 Abs. 1 Satz 5 Nr. 2 SGB IX dar. Soweit demgegenüber unter Hinweis auf § 27d BVG vertreten wird, dass zur Vermeidung einer Schlechterstellung von Sozialhilfeempfängern gegenüber Versorgungsberechtigten jeglicher Bezug

von Hilfe in besonderen Lebenslagen ungeachtet der Eigenart des Anspruchs zur Freifahrtberechtigung ohne Kostenbeteiligung führen soll (GK-SchwbG-*Spiolek*, § 59 RdNr. 55), überzeugt dies nicht. Ausgangspunkt muss der Begriff der lebensunterhaltssichernden laufenden Leistung nach dem BSHG sein. Hierunter lassen sich Leistungen der Eingliederungshilfe z. B. in Gestalt medizinischer Rehabilitation oder sozialer und berufsfördernder Maßnahmen (§ 40 BSHG) nicht subsumieren. Eine Schlechterstellung schwerbehinderter Sozialhilfeempfänger gegenüber schwerbehinderten Versorgungsberechtigten ist hier nicht gegeben, weil die Bezugnahme des § 145 Abs. 1 Satz 5 Nr. 2 SGB IX sich auch hinsichtlich des § 27d BVG auf die im Rahmen der Hilfe in besonderen Lebenslagen gewährten laufenden lebensunterhaltssichernden Leistungen erschöpft.

29   Laufende Leistungen für den Lebensunterhalt nach dem SGB VIII sind **Leistungen zum Unterhalt des Kindes oder des Jugendlichen nach § 39 SGB VIII**. Sie betreffen die Sicherstellung des notwendigen Unterhaltes bei Gewährung von Hilfe zur Erziehung und Eingliederungshilfe für seelisch behinderte Kinder und Jugendliche außerhalb des Elternhauses. Dabei soll der gesamte regelmäßig wiederkehrende Bedarf durch laufende Leistungen gedeckt werden. Im Rahmen der **Hilfe zur Erziehung** von Kindern und Jugendlichen erfordern die Erziehung in Tagesgruppen (§ 32 SGB VIII), in Vollzeitpflege (§ 33 SGB VIII), in der Heimerziehung und sonstigen betreuten Wohnformen (§ 34 SGB VIII) sowie in der intensiven sozialpädagogischen Einzelbetreuung (§ 35 SGB VIII) die Sicherstellung des Lebensunterhaltes durch laufende Leistungen. Bei der **Eingliederungshilfe für seelisch behinderte Kinder und Jugendliche** nach § 35 a SGB VIII sind die Hilfeleistung in Tageseinrichtungen für Kinder oder in anderen teilstationären Einrichtungen, die Hilfeleistung durch geeignete Pflegepersonen und die Hilfeleistung in Einrichtungen über Tag und Nacht sowie in sonstigen Wohnformen (§ 35 a Abs. 2 Nr. 2–4 SGB VIII) betroffen. Nach § 41 SGB VIII sollen **junge Volljährige** in der Regel bis zur Vollendung des 21. Lebensjahres in entsprechender Anwendung des § 39 SGB VIII als Hilfe für die Persönlichkeitsentwicklung und zu einer eigenverantwortlichen Lebensführung (auch) laufende Leistungen zur Unterhaltssicherung erhalten, soweit die Hilfe auf Grund der individuellen Situation des jungen Menschen notwendig ist. Der Erhalt der laufenden Leistungen ist durch **Vorlage eines Bewilligungsbescheides** des Jugendhilfeträgers nachzuweisen.

30   Der Erhalt laufender Leistungen nach den §§ 27 a und 27 d BVG betrifft ergänzende Hilfe zum Lebensunterhalt und Hilfe in besonderen Lebenslagen im Rahmen der **Kriegsopferfürsorge**. Diese stellt eine ergänzende Leistung in der Kriegsopfer- und Soldatenversorgung, der Gewaltopferentschädigung, der Entschädigung von „SED-Unrecht"

und politisch motivierter Inhaftierung sowie der Entschädigung von Impfschäden und Zivildienstschäden dar. Weil im Rahmen des § 145 Abs. 1 Satz 5 Nr. 2 SGB IX nur lebensunterhaltssichernde laufende Leistungen von Bedeutung sind, erfasst die Bezugnahme auf § 27 d BVG entsprechend der Situation bei der sozialhilferechtlichen Hilfe in besonderen Lebenslagen auch nur derartige Leistungen, insbesondere bei (teil-) stationären Betreuungsformen. Die Leistungsgewährung im Rahmen der Kriegsopferfürsorge wird als besondere Hilfe im Einzelfall einschließlich der Leistungen zur Teilhabe am Arbeitsleben von Fürsorgestellen der örtlichen Sozialämter und Hauptfürsorgestellen (§ 24 Abs. 1 Nr. 2 und Abs. 2 SGB I) durchgeführt und setzt voraus, dass der Beschädigte eine Grundrente bezieht oder Anspruch auf Heilbehandlung hat, oder dass Hinterbliebene Hinterbliebenenversorgung beziehen (§ 25 Abs. 3 BVG). Darüber hinaus ist nicht nur ein individueller Bedarf an der jeweiligen Fürsorgeleistung (§ 25 b Abs. 5 BVG), sondern – ähnlich wie bei der Sozialhilfe nach dem BSHG – eine wirtschaftliche Bedürftigkeit erforderlich (§ 25 a Abs. 1 BVG).

Die in § 145 Abs. 1 Satz 5 Nr. 3 SGB IX beschriebene letzte Gruppe **31** der Freifahrtberechtigten ohne Eigenbeteiligung bezieht sich auf nach dem BVG **versorgungsberechtigte schwerbehinderte Menschen,** die am 1. 10. 1979 ohne Rücksicht auf ihr Einkommen die Voraussetzungen der unentgeltlichen Beförderung nach den damals geltenden Regelungen erfüllten. Der **Bestandsschutz** ist daran geknüpft, dass am Stichtag 1. 10. 1979 die MdE infolge der anerkannten Schädigung auf wenigstens 70 v.H. festgestellt oder auf wenigstens 50 v.H. festgestellt war und infolge der Schädigung eine erhebliche Gehbehinderung vorlag. Diese Voraussetzungen müssen weiter erfüllt sein, um eine Wertmarke ohne Eigenbeteiligung erhalten zu können (BSG, Urteil vom 6. 9. 1989, Az.: 9 RVs 1/88, Versorgungsverwaltung 1990, 31). Die Regelung wird entsprechend angewandt auf schwerbehinderte Menschen, die diese Voraussetzungen am 1. 10. 1979 nur deshalb nicht erfüllt haben, weil sie ihren Wohnsitz oder ihren gewöhnlichen Aufenthalt zu diesem Zeitpunkt in der DDR hatten. Die Regelung ist mit dem Einigungsvertrag vom 31. 8. 1990 eingeführt werden. Sie stellt entsprechend einer Vorgabe des BSG (BSG SozR 3870 § 59 Nr. 2) die Gleichbehandlung von DDR-Bürgern sicher, die am Stichtag die materiellen Voraussetzungen erfüllten, Versorgungsansprüche nach dem Recht der Bundesrepublik Deutschland jedoch wegen ihres Wohnsitzes nicht realisieren konnten.

V. Ausgabe der Wertmarken, KfZ-Steuerermäßigung
(Abs. 1 Satz 2–3, 6–8)

32   Auf **Antrag** des schwerbehinderten Menschen gibt das nach § 145 Abs. 1 Satz 7 SGB IX zuständige **Versorgungsamt** oder die von der Landesregierung nach S. 8 a.a.O. bestimmte Behörde die Wertmarke aus. Die Wertmarke ist auf einem Beiblatt enthalten, das Bestandteil des Schwerbehindertenausweises und nur zusammen mit dem Ausweis gültig ist (§ 3 a Abs. 1 und 2 SchwbAwV). Soweit die Voraussetzungen der unentgeltlichen Beförderung ohne Eigenbeteiligung nach § 145 Abs. 1 Satz 5 SGB IX nicht vorliegen, sind 60 Euro für ein Jahr bzw. 30 Euro für ein halbes Jahr zu entrichten. Auf die Wertmarke werden das Jahr und der Monat, von dem an die Wertmarke gültig ist, sowie das Jahr und der Monat, in dem ihre Gültigkeit abläuft, eingetragen. Der antragstellende schwerbehinderte Mensch bestimmt den **Gültigkeitsbeginn** der Wertmarke. Macht er jedoch keine Angaben hierzu, wird der auf den Eingang des Antrages und die Entrichtung der Eigenbeteiligung folgende Monat auf der Wertmarke eingetragen. Spätestens mit Ablauf der Gültigkeitsdauer der Wertmarke wird das Beiblatt **ungültig** (§ 3 a Abs. 2 SchbAwV). Unentgeltliche Wertmarken für Berechtigte nach § 145 Abs. 1 Satz 5 SGB IX werden mit einer Gültigkeitsdauer von einem Jahr ausgegeben.

33   Der schwerbehinderte Mensch muss sich entscheiden, ob er die Wertmarke für die unentgeltliche Beförderung im Nahverkehr erwerben oder die **Kraftfahrzeugsteuerermäßigung** gem. § 3 a Abs. 2 KraftStG in Anspruch nehmen will (§ 145 Abs. 1 Satz 6 SGB IX). Damit ist die kumulative Nutzung beider Nachteilsausgleiche ausgeschlossen. Nach § 3 a Abs. 2 Satz 1 KraftStG ermäßigt such die KfZ-Steuer um 50 %, solange die Fahrzeuge für schwerbehinderte Personen zugelassen sind, die durch einen Schwerbehindertenausweis mit orangefarbenen Flächenaufdruck nachweisen, dass sie die Voraussetzungen der unentgeltlichen Beförderung nach § 145 Abs. 1 Satz 1 SGB IX erfüllen. Die Steuerermäßigung wird nicht gewährt, solange der schwerbehinderte Mensch das Recht zur unentgeltlichen Beförderung in Anspruch nimmt. Schwerbehinderte Menschen, die an Stelle der unentgeltlichen Beförderung die KfZ-Steuerermäßigung in Anspruch nehmen wollen, erhalten auf Antrag vom **Versorgungsamt** ein Beiblatt zum Schwerbehindertenausweis ohne Wertmarke. Die Inanspruchnahme der Steuermäßigung ist anschließend vom **Finanzamt** auf dem Beiblatt zu vermerken und zu löschen, wenn die Steuerermäßigung entfällt (§ 3 a Abs. 3 SchwbAwV, § 3 a Abs. 2 Satz 2–4 KraftStG). Die Steuerermäßigung steht behinderten Menschen nur für ein Fahrzeug und nur auf Antrag zu. Sie entfällt, wenn das Fahrzeug zur Beförderung von Gütern, zur entgeltlichen Beförderung von Personen oder

durch andere Personen zu Fahrten benutzt wird, die nicht im Zusammenhang mit der Fortbewegung oder der Haushaltsführung des behinderten Menschen stehen (§ 3 a Abs. 3 KraftStG).

An die Entscheidung für einen Nachteilsausgleich ist der schwerbe-   34
hinderte Mensch nicht auf Dauer gebunden. Im Falle des **Wechsels** von der unentgeltlichen Beförderung im Nahverkehr zur KfZ-Steuerermäßigung ist das Beiblatt zum Schwerbehindertenausweis mit der Wertmarke dem Versorgungsamt zurückzugeben. Bei dem Wechsel von der Steuerermäßigung zur unentgeltlichen Beförderung hat das Finanzamt zunächst den Vermerk über die Steuerermäßigung auf dem Beiblatt zu löschen, bevor das Versorgungsamt auf Antrag des behinderten Menschen ein neues Beiblatt mit Wertmarke ausstellen kann (§ 3 a Abs. 4 SchwbAwV).

Die **rückwirkende Feststellung** der gesundheitlichen Vorausset-   35
zungen für den Nachteilsausgleich „unentgeltliche Personenbeförderung" gem. § 69 Abs. 4 SGB IX begründet abgesehen von etwaigen Amtshaftungsansprüchen keinen Anspruch des behinderten Menschen gegenüber dem Versorgungsamt auf Erstattung der im Rückwirkungszeitraum angefallenen Fahrtkosten. Nach Auffassung des BSG führt die späte Realisierbarkeit des Nachteilsausgleichs nicht zu Ersatzansprüchen gegenüber der Versorgungsverwaltung, weil diese nicht die unentgeltliche Beförderung, sondern lediglich die Feststellung eines vergünstigenden Status schulde (BSG, Urteil vom 7. 11. 2001, Az.: B 9 SB 3/01 R). Demgegenüber kann der Berechtigte die KfZ-Steuerermäßigung nach § 3 a Abs. 2 EStG rückwirkend in Anspruch nehmen.

VI. Rückgabe der Wertmarken (Abs. 1 Satz 4)

Auf Grund der **Erstattungsregelung** des § 145 Abs. 1 Satz 4 SGB   36
IX können schwerbehinderte Menschen Wertmarken vor Ablauf der Gültigkeitsdauer zurückgeben und ab einer Bagatellgrenze von 15 Euro die Erstattung von 5 Euro für jeden verbleibenden vollen Kalendermonat der Gültigkeit verlangen. Ab einer verbleibenden Gültigkeitsdauer der Wertmarke von 3 Monaten erfolgt damit eine anteilige Erstattung der vorab geleisteten Eigenbeteiligung. Die Regelung ist mit der Einordnung in das SGB IX zum 1. 7. 2001 um einen 2. Halbsatz ergänzt werden, wonach Entsprechendes für jeden vollen Kalendermonat nach dem Tod des schwerbehinderten Menschen gilt. Das BSG hatte bereits zu der bisherigen Rechtslage den Erstattungsanspruch des Erben eines schwerbehinderten Menschen gegenüber dem Versorgungsamt bejaht (BSG SozR 3870 § 57 Nr. 2).

VII. Beförderung von Begleitperson und Gepäck (Abs. 2)

37 Unentgeltlich befördert wird nach § 145 Abs. 2 Nr. 1 SGB IX auch die **Begleitperson** des nach Abs. 1 anspruchsberechtigten schwerbehinderten Menschen, sofern eine **ständige Begleitung** notwendig ist. Der schwerbehinderte Mensch muss infolge der Bezugnahme auf Abs. 1 selbst freifahrtberechtigt sein, um von einer kostenlos beförderten Person begleitet werden zu können. Die Regelung trägt dem Umstand Rechnung, dass die Fahrtkosten für die Begleitperson, deren der schwerbehinderte Mensch ständig bedarf, in der Regel durch die Behinderung bedingte **Mehrkosten** sind, von denen der Betroffene im Nah- und Fernverkehr entlastet werden soll (*Cramer*, SchwbG, § 59 RdNr. 11). Die Begleitperson erwirbt durch § 145 Abs. 2 Nr. 1 SGB IX keinen eigenen öffentlich-rechtlichen Anspruch auf unentgeltliche Beförderung. **Anspruchsinhaber** ist der behinderte Mensch selbst. Dennoch kommt zwischen dem befördernden Unternehmen und der Begleitperson zivilrechtlich ein **eigenständiger Beförderungsvertrag** zustande (Bihr/Fuchs/Krauskopf/Lewering *Zuck*, SGB IX, § 145 RdNr. 8).

38 Die persönlichen Voraussetzungen der **Notwendigkeit ständiger Begleitung** sind in § 146 Abs. 2 SGB IX geregelt. Den **Nachweis** der Notwendigkeit führt der schwerbehinderte Mensch mit der Eintragung des **Merkzeichens „B"** und des Satzes „Die Notwendigkeit ständiger Begleitung ist nachgewiesen" in seinem Schwerbehindertenausweis (§ 69 Abs. 4 und 5 SGB IX, § 3 Abs. 2 Satz 1 Nr. 1 SchwbAwV). Anders als die unentgeltliche Beförderung des schwerbehinderten Menschen nach § 145 Abs. 1 SGB IX werden Begleitpersonen sowohl im **Nah- wie im Fernverkehr** im Sinne des § 147 SGB IX unentgeltlich – und zwar **ohne Selbstbeteiligung** – befördert. Die notwendige Begleitperson benötigt keine Wertmarke. Sie reist auch dann unentgeltlich, wenn der schwerbehinderte Mensch nicht die unentgeltliche Beförderung, sondern die KfZ-Steuerermäßigung in Anspruch nimmt. § 145 Abs. 2 Nr. 1 SGB IX enthält eine **öffentlich-rechtliche Verpflichtung** von Unternehmen, die öffentlichen Personenverkehr betreiben, gegen Vorzeigen des entsprechend gekennzeichneten Schwerbehindertenausweises die Begleitperson unentgeltlich zu befördern. Die Verpflichtung ist ungeachtet einer etwaigen Notwendigkeit der Begleitung durch mehrere Begleitpersonen auf **eine Begleitperson** begrenzt. Die Begleitperson ist nicht berechtigt zur kostenlosen **Rückfahrt** ohne den Inhaber des Schwerbehindertenausweises, wenn dieser am Zielort verbleibt.

39 Nach **§ 145 Abs. 2 Nr. 2 SGB IX** erstreckt sich der Rechtsanspruch schwerbehinderter Menschen im Sinne des Abs. 1 auf unentgeltliche Beförderung auch auf die Beförderung des **Handgepäcks**, eines mit-

geführten **Krankenfahrstuhls**, soweit die Beschaffenheit des Verkehrsmittels dies zulässt, sonstiger orthopädischer **Hilfsmittel** und eines **Blindenführhundes**. Auch hier ist ein Beiblatt zum Schwerbehindertenausweis mit Wertmarke nicht erforderlich. Es genügt das Vorzeigen des Schwerbehindertenausweises mit orangefarbenem Flächenaufdruck. Der **Anspruch auf unentgeltliche Beförderung von Hilfsmitteln und Gepäck** des schwerbehinderten Menschen erstreckt sich auf den Nah- und Fernverkehr. Die Begrenzung auf die **Beschaffenheit des Verkehrsmittels** betrifft lediglich den Krankenfahrstuhl und greift nur bei tatsächlicher Unmöglichkeit der Mitnahme, nicht aber bei einer z. B. durch das Erfordernis der Mithilfe von Personal erschwerten Beförderung. Eine restriktive Auslegung der Einschränkung dürfte auch im Hinblick auf die **Zielvorgabe des BGG** (vgl. RdNr. 1) geboten sein, einen möglichst barrierefreien Zugang u. a. zum öffentlichen Personenverkehr herzustellen. Im Übrigen besteht nach § 22 PBefG, § 10 AEG die **Beförderungspflicht von Personen und Reisegepäck** im Rahmen der Beförderungsbedingungen.

VIII. Erstattung der Fahrgeldausfälle (Abs. 3)

Nach § 145 Abs. 3 SGB IX haben die durch die Regelungen der   40
Abs. 1 und 2 in Dienst genommenen Unternehmen des öffentlichen Personenverkehrs einen **Rechtsanspruch auf Erstattung** der ihnen durch die unentgeltliche Beförderung bestimmter schwerbehinderter Menschen, ihrer notwendigen Begleitpersonen und bestimmter Gegenstände entstehenden **Fahrgeldausfälle** nach Maßgabe der §§ 148 bis 150 SGB IX. Die Vorschrift ist die **Anspruchsgrundlage** zur Geltendmachung von Erstattungsansprüchen. Die mit dem Schwerbehindertenrecht verfolgten sozialpolitischen Ziele rechtfertigen es, Beeinträchtigungen in der Teilhabe am Leben in der Gesellschaft durch Vergünstigungen auszugleichen und zu diesem Zweck Beförderungsunternehmen im Rahmen der von ihnen üblicherweise erbrachten Tätigkeiten gegen eine **pauschale staatliche Vergütung** heranzuziehen. Die Pflicht zur unentgeltlichen Beförderung und ihre Verknüpfung mit der im SGB IX fortgeschriebenen pauschalen Erstattung der Fahrgeldausfälle ist geeignet und erforderlich, um einerseits die **sozialpolitischen Ziele** zu erreichen und andererseits den beanspruchten Unternehmen einen **angemessenen Ausgleich** zu verschaffen. Zur Vermeidung eines ständigen und hohen Verwaltungsaufwandes bei einer Erfassung und Abrechnung der tatsächlichen Fahrgeldausfälle ist es verfassungsrechtlich nicht zu beanstanden, im Rahmen der **Pauschalierung** auf die typischen Gegebenheiten abzustellen (BVerfGE 68, 155, 172).

41   § 145 Abs. 3 SGB IX begrenzt den Erstattungsanspruch auf Fahrgeldausfälle, die durch die in den Abs. 1 und 2 vorgesehene unentgeltliche Beförderungspflicht verursacht werden. Durch seine Bezugnahme auf Abs. 1 und darin auf § 147 Abs. 1 SGB IX sind dies nur Fahrgeldausfälle im Nahverkehr. § 147 Abs. 1 Nr. 5 SGB IX begrenzt auf
Grund seiner Inbezugnahme durch § 145 Abs. 3 SGB IX nicht nur den
Anspruch des schwerbehinderten Menschen auf unentgeltliche Beförderung, sondern auch den Erstattungsanspruch auf den Nahverkehr in
der 2. Wagenklasse (OVG NW, Urteil vom 18. 12. 1996, Az.: 24 A 4120/
94, OVGE MüLü 46, 100 = br 1997, 141).

IX. Rechtsschutz (Abs. 1 Satz 9)

42   Die **persönlichen Voraussetzungen** der unentgeltlichen Beförderung werden auf Antrag des behinderten Menschen durch das nach
§ 69 Abs. 4 SGB IX zuständige **Versorgungsamt** festgestellt. Lehnt es
das Versorgungsamt ab, eine erhebliche Beeinträchtigung in der Bewegungsfähigkeit im Straßenverkehr festzustellen und das Merkzeichen
„G" oder andere berechtigende Merkzeichen in den Schwerbehindertenausweis einzutragen, kann der Betroffene binnen eines Monats nach
Bekanntgabe der Entscheidung **Widerspruch** einlegen (vgl. § 69
RdNr. 117 ff.). Nach erfolglosem Widerspruchsverfahren besteht die
Möglichkeit zur Erhebung einer Klage bei dem nach § 51 Abs. 1 Nr. 7
SGG sachlich zuständigen **Sozialgericht**. Die Zuständigkeit der So-
zialgerichtsbarkeit erstreckt sich auch auf Streitigkeiten in Zusammen-
hang mit der Ausgabe der Wertmarke (§ 145 Abs. 1 Satz 9 SGB IX).

43   Die **Verwaltungsgerichtsbarkeit** ist sachlich zuständig für Streitigkeiten mit dem Integrationsamt um die Entziehung der Freifahrtberechtigung in Anwendung des § 117 SGB IX. Das vorangehende Widerspruchsverfahren ist in den §§ 118 ff. SGB IX geregelt. Rechtsstreite
um die Indienstnahme der Verkehrsbetriebe und die Erstattung der
Fahrgeldausfälle stellen ebenfalls öffentlich-rechtliche Streitigkeiten
im Sinne des § 40 Abs. 1 VwGO dar und sind in Ermangelung einer
Zuweisung an einen anderen Gerichtszweig vor den Gerichten der Verwaltungsgerichtsbarkeit auszutragen. Für Streitigkeiten über Erstattungen ergibt sich dies unmittelbar aus § 150 Abs. 7 Satz 2 SGB IX. Die
Privilegierung der Gerichtskostenfreiheit nach § 188 Satz 2 VwGO gilt
in diesen Verfahren nicht (BVerwG, Beschluss vom 25. 7. 1990, Az.: 7 B
100/90, NVwZ-RR 1991, 31). Begehrt der schwerbehinderte Mensch
gegenüber einem Verkehrsunternehmen (hier: Betreiber eines Anruf-
Sammel-Taxi-Verkehrs) die gerichtliche Feststellung der Verpflichtung zur unentgeltlichen Beförderung, ist die Klage bei dem zuständigen Verwaltungsgericht zu erheben (VG Köln, Urteil vom 19. 4. 1989,
Az.: 21 K 2969/87, br 1989, 141).

Persönliche Voraussetzungen

146 (1) ¹In seiner Bewegungsfähigkeit im Straßenverkehr erheblich beeinträchtigt ist, wer infolge einer Einschränkung des Gehvermögens (auch durch innere Leiden oder infolge von Anfällen oder von Störungen der Orientierungsfähigkeit) nicht ohne erhebliche Schwierigkeiten oder nicht ohne Gefahren für sich oder andere Wegstrecken im Ortsverkehr zurückzulegen vermag, die üblicherweise noch zu Fuß zurückgelegt werden. ²Der Nachweis der erheblichen Beeinträchtigung in der Bewegungsfähigkeit im Straßenverkehr kann bei schwerbehinderten Menschen mit einem Grad der Behinderung von wenigstens 80 nur mit einem Ausweis mit halbseitigem orangefarbenem Flächenaufdruck und eingetragenem Merkzeichen G geführt werden, dessen Gültigkeit frühestens mit dem 1. April 1984 beginnt, oder auf dem ein entsprechender Änderungsvermerk eingetragen ist.

(2) Ständige Begleitung ist bei schwerbehinderten Menschen notwendig, die bei Benutzung von öffentlichen Verkehrsmitteln infolge ihrer Behinderung zur Vermeidung von Gefahren für sich oder andere regelmäßig auf fremde Hilfe angewiesen sind.

I. Allgemeines, Regelungsinhalt der Vorschrift

Die Vorschrift überträgt den bisherigen § 60 SchwbG in das SGB 1 IX, wobei lediglich eine Anpassung an die Terminologie des SGB IX erfolgt. Sie definiert die **gesundheitlichen Voraussetzungen der Merkzeichen „G" und „B"**. Die Feststellung dieser Voraussetzungen erfolgt auf Antrag des schwerbehinderten Menschen durch das Versorgungsamt (§ 69 Abs. 4 SGB IX; vgl. § 69 RdNr. 77 ff.). Ist ein entsprechender Feststellungsbescheid ergangen und sind die Merkzeichen gem. § 69 Abs. 5 SGB IX in den Schwerbehindertenausweis eingetragen worden, kann der schwerbehinderte Mensch die Nachteilsausgleiche des § 145 SGB IX (unentgeltliche Beförderung des Betroffenen, der Begleitperson und bestimmter Gegenstände) bzw. eine KfZ-Steuerermäßigung nach § 3 a Abs. 2 KraftStG sowie steuerliche Vergünstigungen nach § 9 EStG (Werbungskosten) und § 4 EStG (Gewinn) in Anspruch nehmen. Sind die Merkzeichen „H" (hilflos) oder „Gl" (gehörlos) in den Ausweis eingetragen, besteht ungeachtet einer erheblichen Beeinträchtigung der Bewegungsfähigkeit im Straßenverkehr nach § 145 Abs. 1 Satz 1 SGB IX ein Anspruch auf unentgeltliche Beförderung.

Die Regelung des § 146 Abs. 1 Satz 2 SGB IX beruht auf der mit 2 dem **Haushaltsbegleitgesetz 1984** erfolgten Aufhebung einer gesetzlichen Vermutung der erheblichen Beeinträchtigung in der Bewegungsfähigkeit im Straßenverkehr ab einem GdB von 80 (vgl. § 145

RdNr. 10 ff.). Seitdem kommt es auch bei schwerbehinderten Menschen mit einem GdB von 80 bis 100 auf das tatsächliche Vorliegen einer entsprechenden Bewegungsbehinderung an.

II. Erhebliche Beeinträchtigung in der Bewegungsfähigkeit im Straßenverkehr (Abs. 1 Satz 1)

3   Als in § 146 Abs. 1 SGB IX nicht ausdrücklich benannte persönliche Voraussetzung ist zunächst das Vorliegen der **Schwerbehinderteneigenschaft** (§ 2 Abs. 2 SGB IX) anzusehen. Die Beschränkung auf schwerbehinderte Menschen ergibt sich aus § 145 Abs. 1 Nr. 1 SGB IX, die Nichtanwendbarkeit der Regelung auf Gleichgestellte (§ 2 Abs. 3 SGB IX) aus § 68 Abs. 3 SGB IX.

4   Die **Einschränkung des Gehvermögens** kann auf verschiedenen Ursachen beruhen. Gemeint sind zum einen sich auf die Gehfähigkeit auswirkende Funktionsstörungen der unteren Gliedmaßen und/oder der Lendenwirbelsäule, die für sich einen GdB von wenigstens 50 bedingen. Bei Behinderungen an den unteren Gliedmaßen mit einem GdB unter 50 können die Voraussetzungen gegeben sein, wenn diese Behinderungen sich auf die Gehfähigkeit besonders auswirken, z. B. bei Versteifung des Hüftgelenks, Versteifung des Knie- oder Fußgelenks in ungünstiger Stellung, arteriellen Verschlusskrankheiten mit einem GdB von 40 (Nr. 30 Anhaltspunkte 1996, Ziffer 3, S. 166).

5   Die Bewegungsfähigkeit kann auch auf Grund **innerer Leiden** beeinträchtigt sein. Dementsprechend ist eine erhebliche Beeinträchtigung der Bewegungsfähigkeit vor allem bei Herzschäden mit Beeinträchtigung der Herzleistung wenigstens nach Gruppe 3 (Nr. 26.9 Anhaltspunkte 1996, S. 87) und bei Atembehinderungen mit dauernder Einschränkung der Lungenfunktion wenigstens mittleren Grades (Nr. 26.8 Anhaltspunkte 1996, S. 83) anzunehmen. Auch bei anderen inneren Leiden mit einer schweren Beeinträchtigung der körperlichen Leistungsfähigkeit, z. B. chronischer Niereninsuffizienz mit einem Hb-Wert unter 8 g/dl, sind die Vorausssetzungen als erfüllt anzusehen (Nr. 30 Anhaltspunkte 1996, Ziffer 3).

6   Bei hirnorganischen **Anfällen** ist die Beurteilung von der Art und Häufigkeit der Anfälle sowie von der Tageszeit des Auftretens abhängig. Im Allgemeinen ist auf eine erhebliche Beeinträchtigung der Bewegungsfähigkeit erst ab einer mittleren Anfallshäufigkeit zu schließen (Nr. 26.3 Anhaltspunkte 1996, S. 55), wenn die Anfälle überwiegend am Tage auftreten. Entsprechendes gilt bei Diabetes mellitus mit häufigen hypoglykämischen Schocks (Nr. 30 Anhaltspunkte 1996, Ziffer 4, S. 166). Die abstrakte Anfallsgefahr muss zu einer konkreten Gefahr geworden sein, deren Eintritt auf Grund objektiver Kriterien, z. B. wegen der Anfallshäufigkeit oder wegen früheren Auftretens zahlrei-

cher Anfälle überwiegend im Freien, jederzeit möglich erscheint (LSG NRW, Urteil vom 28. 5. 1998, Az.: L 7 SB 140/97, RdLH 1998, 186).

Störungen der Orientierungsfähigkeit, die zu einer erheblichen 7 Beeinträchtigung der Bewegungsfähigkeit führen, sind bei allen Sehbehinderungen mit einem GdB von wenigstens 70, bei Sehbehinderungen, die einen GdB von 50 oder 60 bedingen, nur in Kombination mit erheblichen Störungen der Ausgleichsfunktion (z. B. hochgradige Schwerhörigkeit beiderseits, geistige Behinderung) anzunehmen. Bei Hörbehinderungen ist die Annahme solcher Störungen nur bei Taubheit oder an Taubheit grenzender Schwerhörigkeit im Kindesalter (in der Regel bis zum 16. Lebensjahr – Beendigung der Gehörlosenschule) oder im Erwachsenenalter in Kombination mit erheblichen Störungen der Ausgleichsfunktion (z. B. Sehbehinderung, geistige Behinderung) gerechtfertigt. Bei geistig Behinderten sind entsprechende Störungen der Orientierungsfähigkeit vorauszusetzen, wenn die behinderten Menschen sich im Straßenverkehr auf Wegen, die sie nicht täglich benutzen, nur schwer zurechtfinden können. Unter diesen Umständen ist eine erhebliche Beeinträchtigung der Bewegungsfähigkeit bei geistigen Behinderungen mit einem GdB von 100 immer und mit einem GdB von 80 oder 90 in den meisten Fällen zu bejahen. Bei einem GdB unter 80 kommt eine solche Beeinträchtigung der Bewegungsfähigkeit nur in besonders gelagerten Einzelfällen in Betracht (Nr. 30 Anhaltspunkte 1996, Ziffer 5, S. 166 f.; Hinsichtlich erwachsener Gehörloser bestätigt durch BSGE 79, 223 = SozR 3 – 1300 § 48 Nr. 57).

Die Anhaltspunkte 1996 beschreiben in Nr. 30 Ziffer 3–5 die ge- 8 nannten **Regelfälle,** in denen die gesundheitlichen Voraussetzungen für das Merkzeichen „G" als erfüllt anzusehen sind. Sie bestimmen – vorbehaltlich des zweifelhaften Rechtscharakters der Anhaltspunkte 1996 (vgl. § 69 RdNr. 42 ff.) – damit zugleich den **Vergleichsmaßstab,** nach dem im Einzelfall zu beurteilen ist, ob dort nicht genannte Behinderungen die Bewegungsfähigkeit im Straßenverkehr erheblich beeinträchtigen (BSG SozR 3 – § 60 Nr. 2; BSG, Urteil vom 27. 8. 1998, Az.: B 9 SB 13/97 R, Versorgungsverwaltung 1999, 47; LSG Mecklenburg-Vorpommern, Urteil vom 12. 2. 1998, Az.: L 3 Vs 12/97, E-LSG SB-021).

Führt eine extreme **Adipositas** dazu, dass dem Betroffenen das Lau- 9 fen nur noch unter großer Anstrengung und mit erheblichen Schmerzen möglich ist, kommt ungeachtet dessen, dass die Anhaltspunkte 1996 in Nr. 26.15, S. 120 für die Adipositas keinen GdB vorsehen, die Annahme einer mit den Regelfällen in Nr. 30 Anhaltspunkte 1996, Ziffer 3–5 vergleichbaren Beeinträchtigung in Betracht (LSG Rheinland-Pfalz, Urteil vom 10. 9. 1996, Az.: L 4 Vs 6/96; SG Düsseldorf, Urteil vom 26. 3. 2001, Az.: S 36 (38) SB 158/99, www.anhaltspunkte.de). Auch eine **Hauterkrankung** mit ständigem Befall der Füße und daraus resultierender Gehbehinderung kann einen Gleichstellungssachverhalt darstellen (SG Dortmund, Urteil vom 6. 7. 2001, Az.: S 43 SB 2/00). **Behinderungsbedingter Trainingsmangel** und mit dem Lebensalter abnehmende Kompensationsmöglichkeiten können eine erhebliche Beeinträchtigung der Bewegungsfähigkeit im Sinne des § 146 Abs. 1 Satz 1 SGB IX bewirken (LSG Hamburg, Urteil vom 7. 2. 1995, Az.: IV VSBf 17/93, E-LSG Vb – 014). **Muskelerkrankungen** mit Muskelschwäche (GdB 40) können im Hinblick auf Einschränkungen des Gehens durch zunehmende Ermüdungserscheinungen und eine eingeschränkte Leistungsbreite die Gleichstellung mit den Regelfällen der Anhaltspunkte 1996 rechtfertigen (www.behindertentabelle.de).

10   **Weiteres Tatbestandsmerkmal** einer erheblichen Beeinträchtigung der Bewegungsfähigkeit im Straßenverkehr ist, dass der behinderte Mensch infolge der behinderungsbedingten Einschränkung seines Gehvermögens nicht ohne erhebliche Schwierigkeiten oder nicht ohne Gefahren für sich oder andere **Wegstrecken im Ortsverkehr zurückzulegen vermag, die üblicherweise noch zu Fuß zurückgelegt werden.** Die insoweit gefestigte sozialgerichtliche Rechtsprechung geht davon aus, dass im Ortsverkehr üblicherweise Wegstrecken bis zu 2000 Meter noch zu Fuß zurückgelegt werden, und ergänzt diese Annahme um einen Zeitfaktor, nämlich eine Gehzeit von 30 Minuten für diese Strecke (BSGE 62, 273 = SozR 3870 § 60 Nr. 2; BSG SozR 3 – 3870 § 60 Nr. 2; SG Berlin, Urteil vom 31. 8. 2000, Az. · S 48 SB 2293/98, Breithaupt 2002, 25; s.a. *Dau,* LPK-SGB IX, § 146 RdNr. 6; GK-SchwbG-*Spiolek,* § 60 RdNr. 11; *Neumann/Pahlen,* SGB IX, § 146 RdNr. 2).

11   Im Gegensatz zum Merkzeichen „aG" bedarf es für die Zuerkennung des Merkzeichens „G" nicht einer dauernden, d. h. ständigen Bewegungseinschränkung. Es reicht vielmehr aus, wenn der Behinderte an **ca. 40 % der Tage** in seiner Gehfähigkeit und Orientierungsfähigkeit derart eingeschränkt ist, dass er die maßgebliche Wegstrecke nicht mehr zurücklegen kann (Hessisches LSG, Urteil vom 17. 2. 1998, Az.: L 4 SB 1351/95, MedSach 1998, 166 im Falle regelmäßiger Schmerzattacken).

12   Die Zuerkennung des Merkzeichens „G" hängt ebenso wie bei den Merkzeichen „B" und „aG" nicht von der Vollendung eines bestimmten Lebensalters ab. Die Voraussetzungen dieser Merkzeichen können auch behinderte **Kleinkinder und Säuglinge** erfüllen, und zwar selbst dann, wenn deren Behinderungen nicht zu Nachteilen gegenüber gleichaltrigen gesunden Kindern führen. Maßstab für diese Merkzeichen ist ungeachtet der Regel des § 2 Abs. 1 SGB IX, wonach für Behinderungen nur Abweichungen von dem für das Lebensalter typischen Zustand zu berücksichtigen sind, nicht der Vergleich mit gleichaltrigen Nichtbehinderten. Vielmehr kommt es darauf an, ob die festgestellten Gesundheitsstörungen bei Erwachsenen die Zuerken-

nung der Merkzeichen rechtfertigen würden (BSGE 80, 97 = SozR 3
– 3870 § 4 Nr. 18; Nr. 30 Anhaltspunkte 1996, Ziffer 2, S. 165; *Dau,*
LPK-SGB IX, § 146 RdNr. 9).

III. Notwendigkeit ständiger Begleitung (Abs. 2)

Ständige Begleitung ist bei schwerbehinderten Menschen i.S. des **13**
§ 2 Abs. 2 SGB IX notwendig, die bei der Benutzung von öffentlichen
Verkehrsmitteln infolge ihrer Behinderung zur Vermeidung von Gefahren für sich oder andere regelmäßig auf **fremde Hilfe** angewiesen
sind. Es kommt darauf an, ob regelmäßig fremde Hilfe beim Ein- und
Aussteigen oder während der Fahrt des Verkehrsmittels notwendig ist
oder bereit sein muss oder ob Hilfen zum Ausgleich von Orientierungsstörungen (z. B. bei Sehbehinderung, geistiger Behinderung)
erforderlich sind. Die Notwendigkeit ständiger Begleitung ist nach
der nicht abschließenden Aufzählung in Nr. 32 Anhaltspunkte 1996,
Ziffer 3, S. 169 stets anzunehmen bei
– Querschnittsgelähmten
– Ohnhändern,
– Blinden und
– den in Nr. 30 Anhaltspunkte 1996 Ziffern 4 und 5 genannten Seh-
  hinderten, Hörbehinderten, geistig Behinderten und Anfallskran-
  ken, bei denen die Annahme einer erheblichen Beeinträchtigung der
  Bewegungsfähigkeit im Straßenverkehr gerechtfertigt ist.
Die Notwendigkeit ständiger Begleitung kann auch bei anderen **14**
erheblich gehbehinderten, hilflosen oder gehörlosen schwerbehinderten Menschen angenommen werden, bei denen behinderungsbedingt
eine Begleitung bei der überwiegenden Zahl der öffentlichen Verkehrsmittel erforderlich ist. Notwendig ist nicht, dass die Hilfe immer
tatsächlich erbracht wird. Es genügt, dass eine **Hilfsperson regelmä-**
ßig bereitstehen muss, um der gesteigerten Möglichkeit einer Gefährdung des behinderten Menschen Rechnung zu tragen (LSG
Rheinland-Pfalz, Urteil vom 17. 10. 1996, Az.: L 4 Vs 145/95, E-LSG
Vb-016; GK-SchwbG-*Spiolek,* § 60 RdNr. 13; *Kossens* in: *Kossens*/von
der Heide/Maaß, Praxiskommentar zum Behindertenrecht, SGB IX,
§ 146 RdNr. 12). Ferner ist es ausreichend, wenn die Begleitung und
damit die Hilfe nur zum Teil erforderlich ist, z. B. beim Erreichen des
Verkehrsmittels (Bewältigung von Bahnhofstreppen), beim Ein- und
Aussteigen, aber auch bei der Orientierung (*Neumann/Pahlen,* SGB IX,
§ 146 RdNr. 6). Einem **seelisch behinderten Menschen,** der Begleitung zur Vermeidung einer Selbst- und Fremdgefährdung auf Grund
fehlender Selbstkontrolle und Aggressionsbereitschaft bedarf, kann
das Merkzeichen „B" zustehen (SG Dortmund, Urteil vom 29. 8. 2002,
Az.: S 32 SB 198/01).

15   Bei **Säuglingen und Kleinkindern** sind dieselben Kriterien wie bei Erwachsenen mit gleichen Gesundheitsstörungen maßgebend. Es ist nicht zu prüfen, ob tatsächlich diesbezügliche behinderungsbedingte Nachteile vorliegen oder behinderungsbedingte Mehraufwendungen entstehen (Nr. 32 Anhaltspunkte 1996, Ziffer 1, S. 168 f.; s.a. RdNr. 12; A.A. SG Hamburg, Urteil vom 8. 4. 1999, Az.: S 29 VS 587/96; RdLH 2000, 45 im Falle eines geistig behinderten Kleinkindes).

16   Schwerbehinderte Menschen, denen das Versorgungsamt auf ihren Antrag das Merkzeichen „B" in den Schwerbehindertenausweis eingetragen hat, sind nicht verpflichtet, öffentliche Verkehrsmittel auch tatsächlich nur mit einer Begleitperson zu nutzen. Zweck des Merkzeichens „B" ist es allein, die gesundheitlichen Voraussetzungen für den in § 145 Abs. 2 SGB IX vorgesehenen Nachteilsausgleich der unentgeltlichen Beförderung einer Begleitperson nachzuweisen. Die Regelung zielt damit auf die finanzielle Entlastung von einem behinderungsbedingten Mehraufwand, nicht aber auf eine Einschränkung der Dispositionsfreiheit des behinderten Menschen über die Bedingungen seiner Mobilität. Ein **Ausschluss des alleinreisenden schwerbehinderten Menschen mit dem Merkzeichen „B" von der Beförderung** ist nur auf der Grundlage der allgemeinen Beförderungsbedingungen möglich und setzt eine im Einzelfall konkret bevorstehende Gefahrenlage für die ordnungsgemäße Beförderung voraus (OVG Lüneburg, Urteil vom 11. 9. 1984, Az.: 9 OVG A 220/82, ZfSH/SGB 1985, 513; *Cramer*, SchwbG, § 60 RdNr. 4).

IV. Rechtsbehelfe

17   Zu Rechtsbehelfen gegen ablehnende Entscheidungen der Versorgungsämter hinsichtlich der Feststellung der gesundheitlichen Voraussetzungen für die Merkzeichen „G" und „B" wird auf § 145 RdNr. 42 Bezug genommen.

Nah- und Fernverkehr

147   **(1) Nahverkehr im Sinne dieses Gesetzes ist der öffentliche Personenverkehr mit**

1. Straßenbahnen und Obussen im Sinne des Personenbeförderungsgesetzes,

2. Kraftfahrzeugen im Linienverkehr nach den §§ 42 und 43 des Personenbeförderungsgesetzes auf Linien, bei denen die Mehrzahl der Beförderungen eine Strecke von 50 Kilometer nicht übersteigt, es sei denn, dass bei den Verkehrsformen nach § 43 des Personenbeförderungsgesetzes die Genehmigungsbehörde auf die Einhaltung der

Vorschriften über die Beförderungsentgelte gemäß § 45 Abs. 3 des Personenbeförderungsgesetzes ganz oder teilweise verzichtet hat,

3. S-Bahnen in der 2. Wagenklasse,

4. Eisenbahnen in der 2. Wagenklasse in Zügen und auf Strecken und Streckenabschnitten, die in ein von mehreren Unternehmern gebildetes, mit den unter Nummer 1, 2 oder 7 genannten Verkehrsmitteln zusammenhängendes Liniennetz mit einheitlichen oder verbundenen Beförderungsentgelten einbezogen sind,

5. Eisenbahnen des Bundes in der 2. Wagenklasse in Zügen, die überwiegend dazu bestimmt sind, die Verkehrsnachfrage im Nahverkehr zu befriedigen (Züge des Nahverkehrs), im Umkreis von 50 Kilometer um den Wohnsitz oder gewöhnlichen Aufenthalt des schwerbehinderten Menschen,

6. sonstigen Eisenbahnen des öffentlichen Verkehrs im Sinne des § 2 Abs. 1 und § 3 des Allgemeinen Eisenbahngesetzes in der 2. Wagenklasse auf Strecken, bei denen die Mehrzahl der Beförderungen eine Strecke von 50 Kilometer nicht überschreiten,

7. Wasserfahrzeugen im Linien-, Fähr- und Übersetzverkehr, wenn dieser der Beförderung von Personen im Orts- und Nachbarschaftsbereich dient und Ausgangs- und Endpunkt innerhalb dieses Bereiches liegen; Nachbarschaftsbereich ist der Raum zwischen benachbarten Gemeinden, die, ohne unmittelbar aneinander grenzen zu müssen, durch einen stetigen, mehr als einmal am Tag durchgeführten Verkehr wirtschaftlich und verkehrsmäßig verbunden sind.

(2) Fernverkehr im Sinne dieses Gesetzes ist der öffentliche Personenverkehr mit

1. Kraftfahrzeugen im Linienverkehr nach § 42 des Personenbeförderungsgesetzes,

2. Eisenbahnen, ausgenommen den Sonderzugverkehr,

3. Wasserfahrzeugen im Fähr- und Übersetzverkehr, sofern keine Häfen außerhalb des Geltungsbereiches dieses Gesetzbuchs angelaufen werden, soweit der Verkehr nicht Nahverkehr im Sinne des Absatzes 1 ist.

(3) Die Unternehmer, die öffentlichen Personenverkehr betreiben, weisen im öffentlichen Personenverkehr nach Absatz 1 Nr. 2, 5, 6 und 7 im Fahrplan besonders darauf hin, inwieweit eine Pflicht zur unentgeltlichen Beförderung nach § 145 Abs. 1 nicht besteht.

I. Allgemeines, Regelungsinhalt der Vorschrift

1 § 147 SGB IX definiert die **Begriffe Nah- und Fernverkehr**. Die Regelung entspricht dem bisherigen **§ 61 SchwbG**, wobei die Verordnungsermächtigung für den Erlass der **Nahverkehrszügeverordnung** (SchwbNV) vom 30. 9. 1994 (BGBl. I S. 2962), geändert durch das SGB IX vom 19. 6. 2001 (BGBl. I S. 1046), aus der Vorschrift herausgenommen worden (bisher: § 61 Abs. 4 SchwbG) und nunmehr in § 154 Abs. 2 SGB IX enthalten ist.

2 Die Abgrenzung des Nah- und Fernverkehrs hat praktische Bedeutung für den **räumlichen Geltungsbereich** des Anspruchs schwerbehinderter Menschen auf unentgeltliche Beförderung im öffentlichen Personenverkehr und die Erstattung der Fahrgeldausfälle. Nach § 145 Abs. 1 SGB IX besteht die Freifahrtberechtigung für bestimmte schwerbehinderte Menschen lediglich im Nahverkehr, während die notwendige Begleitperson und bestimmte Gegenstände nach § 145 Abs. 2 SGB IX im Nah- und Fernverkehr unentgeltlich befördert werden.

II. Nahverkehr (Abs. 1)

3 Die Legaldefinition des Nahverkehrs betrifft den **öffentlichen Personenverkehr** mit bestimmten Verkehrsmitteln und einer teilweisen Limitierung auf bestimmte Entfernungen. In § 147 Abs. 1 SGB IX werden in einem **abschließenden Katalog** die erfassten Verkehrsmittel aufgezählt, wobei im Linienbusverkehr und bei Eisenbahnen außerhalb des S-Bahnnetzes und von Verkehrsverbünden **Streckenbegrenzungen** gelten.

4 Die in § 147 Abs. 1 Nr. 1–7 SGB IX aufgelisteten Verkehrsmittel orientieren sich an den **Begrifflichkeiten des PBefG** in der Fassung der Bekanntmachung vom 8. 8. 1990 (BGBl. I S. 1690) und des **AEG** vom 27. 12. 1993 (BGBl. I S. 2378, 2396).

5 **Straßenbahnen** und **Obusse** i.S. des PBefG **(Nr. 1)** unterliegen keiner Streckenbegrenzung. **Straßenbahnen** sind Schienenbahnen, die den Verkehrsraum öffentlicher Straßen benutzen und sich mit ihren baulichen und betrieblichen Einrichtungen sowie in ihrer Betriebsweise der Eigenart des Straßenverkehrs anpassen oder die einen besonderen Bahnkörper haben und in der Betriebsweise den erstgenannten Schienbahnen gleichen oder ähneln und die ausschließlich oder überwiegend der Beförderung von Personen im Orts- oder Nachbarschaftsbereich dienen (§ 4 Abs. 1 PBefG). Als Straßenbahnen gelten auch Bahnen, die als **Hoch- oder Untergrundbahnen**, Schwebebahnen oder ähnliche Bahnen besonderer Bauart angelegt sind oder ange-

legt werden, ausschließlich oder überwiegend der Beförderung von Personen im Orts- oder Nachbarschaftsbereich dienen und **nicht Bergbahnen oder Seilbahnen** sind (§ 4 Abs. 2 PBefG). **Obusse** sind elektrisch angetriebene, nicht an Schienen gebundene Straßenfahrzeuge, die ihre Antriebsenergie einer Fahrleitung entnehmen (§ 4 Abs. 3 PBefG).

Kraftfahrzeuge im Linienverkehr (Nr. 2) unterliegen im Regel- 6 fall einer Streckenbegrenzung von 50 km. Als Kraftfahrzeuge gelten Personenkraftwagen, Kraftomnibusse und Lastkraftwagen (§ 4 Abs. 4 PBefG). Linienverkehr ist eine zwischen bestimmten Ausgangs- und Endpunkten eingerichtete regelmäßige Verkehrsverbindung, auf der Fahrgäste an bestimmten Haltestellen ein- und aussteigen können. Er setzt nicht voraus, dass ein Fahrplan mit bestimmten Abfahrts- und Ankunftszeiten oder Zwischenhaltestellen eingerichtet ist (§ 42 PBefG). Damit gehört auch der Verkehr mit **Anruf–Sammel-Taxi** zum Linienverkehr. Als Linienverkehr gilt, unabhängig davon, wer den Ablauf der Fahrten bestimmt, auch der Verkehr, der unter Ausschluss anderer Fahrgäste der regelmäßigen Beförderung von Berufstätigen zwischen Wohnung und Arbeitsstelle (Berufsverkehr), Schülern zwischen Wohnung und Lehranstalt (Schülerfahrten), Personen zum Besuch von Märkten (Marktfahrten) und Theaterbesuchen dient. Die Regelmäßigkeit wird nicht dadurch ausgeschlossen, dass der Ablauf der Fahrten wechselnden Bedürfnissen der Beteiligten angepasst wird (§ 43 PBfG). Bei diesen **Sonderformen des Linienverkehrs** greift die Streckenbegrenzung nicht, soweit die nach § 11 PBfG zuständige Genehmigungsbehörde auf die Einhaltung der Vorschriften über die Beförderungsentgelte (§ 39 PBfG) gem. § 45 Abs. 3 PBfG ganz oder teilweise verzichtet hat.

S-Bahnen in der 2. Wagenklasse (Nr. 3) gehören ohne Strecken- 7 begrenzung zum Nahverkehr. Es handelt sich um von der Deutschen Bahn AG oder ihren Tochtergesellschaften in Ballungsgebieten betriebene **Schnellbahnsysteme**. Damit kann z. B. im Ruhrgebiet von Berechtigten i.S. des § 145 Abs. 1 SGB IX die zwischen den Städten Düsseldorf und Dortmund im Takt verkehrende S 1 unentgeltlich genutzt werden. Voraussetzung ist stets, dass S-Bahn-Züge oder Nahverkehrswagen im Taktverkehr eingesetzt werden und als S-Bahnen im Fahrplan ausgewiesen sind (*Dörner*, SchwbG, § 61 RdNr. 4). Der berechtigte schwerbehinderte Mensch kann diese Züge ungeachtet seines Wohnsitzes im **gesamten Bundesgebiet** unentgeltlich nutzen (Bihr/Fuchs/Krauskopf/Lewering *Zuck*, SGB IX, § 147 RdNr. 5; *Neumann/Pahlen,* SGB IX, § 147 RdNr. 6; *Cramer*, SchwbG, § 61 RdNr. 10).

Als Nahverkehr gilt der öffentliche Personenverkehr mit Eisenbah- 8 nen in der 2. Wagenklasse in Zügen und auf Strecken und Streckenabschnitten von **Verkehrsverbünden sowie Verkehrs- und Tarifgemeinschaften (Nr. 4).** Erforderlich ist die Bildung eines zu-

sammenhängenden Liniennetzes verschiedener Verkehrsmittel mit
einheitlichen oder verbundenen Beförderungsentgelten (Beispiele:
Verkehrsverbund Rhein-Ruhr, Hamburger Verkehrsverbund, Frank-
furter Verkehrsverbund). Auch hier gilt keine Streckenbegrenzung und
keine Bindung an den Wohnsitz oder den gewöhnlichen Aufenthalt
des schwerbehinderten Menschen.

9   **Züge des Nahverkehrs (Nr. 5)** betreffen nach § 1 SchwbNV den
öffentlichen Personenverkehr mit Eisenbahnen des Bundes in der 2.
Wagenklasse in Gestalt der Regionalbahn (RB), des Stadtexpresses
(SE), des Regionalexpresses (RE), des Schnellzuges (D) und des Inter-
Regios (IR). Für die unentgeltliche Nutzung dieser Nahverkehrszüge
außerhalb von Verkehrsverbünden gilt eine Beschränkung auf den
Umkreis von 50 km um den Wohnsitz oder gewöhnlichen Aufenthalt
(§ 30 Abs. 3 SGB I) des schwerbehinderten Menschen. Hierzu wird
dem Freifahrtberechtigten vom Versorgungsamt das zum Schwerbehindertenausweis gehörende **Streckenverzeichnis der Deutschen
Bahn AG** für seinen Wohnsitz oder gewöhnlichen Aufenthalt aus-
gehändigt (§ 7 Abs. 2 SchwbAwV). Im Falle des Überschreitens dieser Strecken ist nur der darüber hinausgehende Fahrpreis zu entrichten. Eine Erweiterung des von der jeweiligen Ortsmitte gemessenen
50-km-Umkreises findet auch bei grenznahen Wohnorten und Insel-
wohnsitzen nicht statt (*Neumann/Pahlen,* SGB IX, § 147 RdNr. 10;
Cramer, SchwbG, § 61 RdNr. 12).

10   **Sonstige Eisenbahnen des öffentlichen Verkehrs (Nr. 6)** im
Sinne des § 2 Abs. 1 und § 3 Abs. 1 AEG erweitern den Nahverkehrsbegriff um den öffentlichen Verkehr durch private Anbieter neben der
Deutschen Bahn AG, z. B. private Regionalbahnen. Es gilt die Begrenzung auf die 2. Wagenklasse und auf Strecken, bei denen die Mehrzahl
der Beförderungen eine Strecke von 50 km nicht überschreitet.

11   **Wasserfahrzeuge im Linien-, Fähr- und Übersetzverkehr
(Nr. 7)** gelten als Nahverkehr, wenn dieser der Beförderung von
Personen im Orts- und Nachbarschaftsbereich dient und Ausgangs-
und Endpunkt innerhalb dieses Bereichs liegen. Es handelt sich z. B.
um den Fährverkehr über einen Fluss, der zwei ufernahe Orte miteinander verbindet. Nachbarschaftsbereiche müsse nicht unmittelbar aneinander grenzen, aber durch einen stetigen, mehr als einmal am Tag
durchgeführten Verkehr wirtschaftlich und verkehrsmäßig verbunden
sein.

12   **Berg- und Seilbahnen** sind in den Nahverkehrsbegriff nicht einbezogen worden, weil diese Bahnen lediglich in Sonderfällen überwiegend der Beförderung von Personen im Orts- und Nachbarschaftsbereich dienen.

III. Fernverkehr (Abs. 2)

Nach § 147 Abs. 2 SGB IX ist **Fernverkehr** der öffentliche Perso- **13** nenverkehr in Kraftfahrzeugen im Linienverkehr (§ 4 Abs. 4, § 42 PBefG; vgl. RdNr. 6), Eisenbahnen ausgenommen Sonderzugverkehr und Wasserfahrzeugen im innerdeutschen Fähr- und Übersetzverkehr, soweit der Verkehr nicht Nahverkehr im Sinne des Abs. 1 ist. Die Regelung greift somit nur **subsidiär** bei Nichtvorliegen der Nahverkehrsvoraussetzungen.

Ausgenommen ist der **Luftverkehr.** Infolge der abschließenden Be- **14** zugnahme auf die Legaldefinitionen des § 147 SGB IX in § 145 SGB IX besteht auf der Basis des Schwerbehindertenrechts kein Anspruch auf unentgeltliche Beförderung des schwerbehinderten Menschen, seiner notwendigen Begleitperson und der Gegenstände des § 145 Abs. 2 Nr. 2 SGB IX im deutschen Luftverkehr.

IV. Hinweispflicht (Abs. 3)

Unternehmer, die öffentlichen Personenverkehr betreiben, sind ver- **15** pflichtet, **im Fahrplan** besonders darauf hinzuweisen, inwieweit die Voraussetzungen einer unentgeltlichen Beförderung nach § 145 Abs. 1 SGB IX i.V.m. § 147 Abs. 1 Nr. 2, 5–7 SGB IX nicht gegeben sind. Dies betrifft die Tatbestandsvoraussetzungen „**Mehrzahl der Beförderungen nicht über 50 km**" bei öffentlichem Personenverkehr mit Kraftfahrzeugen im Linienverkehr (Nr. 2) und sonstigen Eisenbahnen (Nr. 6), „**Verkehrsnachfrage im Nahverkehr**" bei Eisenbahnen des Bundes (Nr. 5) sowie „**Orts- oder Nahbarschaftsbereich**" bei Wasserfahrzeugen (Nr. 7). Die Hinweispflicht dient der Information der schwerbehinderten Menschen über für sie im Einzelfall schwer zu beurteilende Grenzen der Freifahrtberechtigung. Sie erfasst **alle Fahrplaninformationsquellen**, mithin den ortsüblich bekannt zu machenden Fahrplan, den Aushangfahrplan in den zum Aufenthalt der Fahrgäste bestimmten Räumen, den Haltestellen-Aushangfahrplan, das Fahrplanheft und die elektronische Fahrplanauskunft (Bihr/Fuchs/Krauskopf/Lewering *Zuck*, SGB IX, § 147 RdNr. 12). Die nähere Ausgestaltung des Hinweises ist den Personenverkehrsunternehmen überlassen.

Erstattung der Fahrgeldausfälle im Nahverkehr

148 (1) Die Fahrgeldausfälle im Nahverkehr werden nach einem Prozentsatz der von den Unternehmern nachgewiesenen Fahrgeldeinnahmen im Nahverkehr erstattet.

(2) Fahrgeldeinnahmen im Sinne dieses Kapitels sind alle Erträge aus dem Fahrkartenverkauf zum genehmigten Beförderungsentgelt; sie umfassen auch Erträge aus der Beförderung von Handgepäck, Krankenfahrstühlen, sonstigen orthopädischen Hilfsmitteln, Tieren sowie aus erhöhten Beförderungsentgelten.

(3) Werden in einem von mehreren Unternehmern gebildeten zusammenhängenden Liniennetz mit einheitlichen oder verbundenen Beförderungsentgelten die Erträge aus dem Fahrkartenverkauf zusammengefasst und dem einzelnen Unternehmer anteilmäßig nach einem vereinbarten Verteilungsschlüssel zugewiesen, so ist der zugewiesene Anteil Ertrag im Sinne des Absatzes 2.

(4) [1]Der Prozentsatz im Sinne des Absatzes 1 wird für jedes Land von der Landesregierung oder der von ihr bestimmten Behörde für jeweils ein Jahr bekannt gemacht. [2]Bei der Berechnung des Prozentsatzes ist von folgenden Zahlen auszugehen:

1. der Zahl der in dem Land in dem betreffenden Kalenderjahr ausgegebenen Wertmarken zuzüglich 20 Prozent und der Zahl der in dem Land am Jahresende in Umlauf befindlichen gültigen Ausweise im Sinne des § 145 Abs. 1 Satz 1 von schwerbehinderten Menschen, die das sechste Lebensjahr vollendet haben und bei denen die Notwendigkeit einer ständigen Begleitung im Ausweis eingetragen ist; Wertmarken mit einer Gültigkeitsdauer von einem halben Jahr werden zur Hälfte, zurückgegebene Wertmarken für jeden vollen Kalendermonat vor Rückgabe zu einem Zwölftel gezählt,

2. der in den jährlichen Veröffentlichungen des Statistischen Bundesamtes zum Ende des Vorjahres nachgewiesenen Zahl der Wohnbevölkerung in dem Land abzüglich der Zahl der Kinder, die das sechste Lebensjahr noch nicht vollendet haben, und der Zahlen nach Nummer 1.

[3]Der Prozentsatz ist nach folgender Formel zu berechnen:

$$\frac{\text{Nach Nummer 1 errechnete Zahl}}{\text{Nach Nummer 2 errechnete Zahl}} \times 100$$

[4]Bei der Festsetzung des Prozentsatzes sich ergebende Bruchteile von 0,005 und mehr werden auf ganze Hundertstel aufgerundet, im Übrigen abgerundet.

(5) Weist ein Unternehmer durch Verkehrszählung nach, dass das Verhältnis zwischen den nach diesem Kapitel unentgeltlich beförderten Fahrgästen und den sonstigen Fahrgästen den nach Absatz 4 fest-

gesetzten Prozentsatz um mindestens ein Drittel übersteigt, wird der Berechnung des Erstattungsbetrages auf Antrag der nachgewiesene Prozentsatz zugrunde gelegt.

I. Allgemeines, Regelungsinhalt der Vorschrift

Der **Rechtsanspruch von Unternehmern,** die öffentlichen Per- 1 sonenverkehr betreiben, auf **Erstattung** der durch die unentgeltliche Beförderung von bestimmten schwerbehinderten Menschen, notwendiger Begleitpersonen und bestimmter Gegenstände nach § 145 Abs. 1 und 2 SGB IX entstehenden **Fahrgeldausfälle** ist in § 145 Abs. 3 SGB IX enthalten. In § 148 SGB IX werden die Modalitäten der Erstattung von Fahrgeldausfällen im Nahverkehr i.S. des § 147 Abs. 1 SGB IX geregelt, § 149 SGB IX enthält Entsprechendes für den Fernverkehr. Einzelheiten zu dem öffentlich-rechtlich ausgestalteten **Verwaltungsverfahren** über die Fahrgelderstattung finden sich in § 150 SGB IX.

Im **Regelfall** erfolgt eine **pauschalierte Erstattung** nach einem 2 bestimmten Prozentsatz der von dem Unternehmer nachgewiesenen Fahrgeldeinnahmen. Der Prozentsatz wird von der jeweiligen Landesregierung jährlich bestimmt. Dabei werden die in dem jeweiligen Bundesland freifahrtberechtigten schwerbehinderten Menschen mit der Wohnbevölkerung ins Verhältnis gesetzt. Die Regelung ist unter Berücksichtigung der **Härteklausel** in Abs. 5 **verfassungsgemäß** (BVerfGE 68, 155).

Die Vorschrift überträgt inhaltsgleich den bisherigen **§ 62 SchwbG** 3 in das SGB IX.

II. Pauschalierte Fahrgelderstattung (Abs. 1–4)

Die Fahrgeldausfälle im Nahverkehr werden nach einem Prozentsatz 4 der von den Unternehmern nachgewiesenen Fahrgeldeinnahmen erstattet (§ 148 Abs. 1 SGB IX). Der Begriff der **Fahrgeldeinnahmen** wird abschließend in Abs. 2 als Erträge aus dem Fahrkartenverkauf zum genehmigten Beförderungsentgelt (§ 39 PBefG, § 12 AEG) einschließlich bestimmter Nebeneinnahmen u. a. aus erhöhten Beförderungsentgelten von Schwarzfahrern definiert. Nicht zu den Fahrgeldeinnahmen gehören pauschale Abgeltungszahlungen wie Ausgleichszahlungen im Ausbildungsverkehr (§ 45 a PBefG) und öffentliche Zuschüsse (Bihr/Fuchs/Krauskopf/Lewering *Zuck,* SGB IX, § 148 RdNr. 4; *Cramer,* SchwbG, § 62 RdNr. 5). Dagegen gehören Einnahmen aus Wochen- und Monatskarten und verbilligte Seniorenfahrkarten auch dann zu den erstattungsfähigen Einnahmen, wenn sie durch Kostenträger der öffentlichen Hand finanziert worden sind (*Kossens* in: Kossens/von der Heide/Maaß, Praxiskommentar zum Behindertenrecht, SGB IX, § 148 RdNr. 3; *Neumann/Pahlen,* SGB IX, § 148 RdNr. 3). Nicht einbezogen sind Einnahmen aus Beförderungen in der **1. Wagenklasse** der Deutschen Bahn AG einschließlich des darin enthaltenen Sockelbetrages für die 2. Wagenklasse (OVG NRW, Urteil vom 18. 12. 1996, Az.: 24 A 4120/94, br 1997, 141). Dies folgt aus der Bezugnahme der Regelung auf die Legaldefinition des Nahverkehrs in § 147 Abs. 1 SGB IX, die den Nahverkehr im Sinne des Schwerbehindertenrechts auf öffentlichen Personenverkehr mit S-Bahnen und Eisenbahnen in der 2. Wagenklasse beschränkt.

5   Die Einnahmen und ihre Erzielung im Nahverkehr i.S. des § 147 Abs. 1 SGB IX sind vom erstattungsberechtigten Unternehmer **nachzuweisen.** Der Nachweis ist an keine bestimmte Form gebunden und kann durch eine entsprechende Bestätigung des Wirtschaftsprüfers oder durch die gegenüber dem Finanzamt abzugebende Steuererklärung geführt werden (GK-SchwbG-*Spiolek,* § 62 RdNr. 6).

6   Für **Verkehrsverbünde** gelten nach § 148 Abs. 3 SGB IX die nach den vereinbarten Anteilen den einzelnen Unternehmern zugewiesenen Einnahmen als Ertrag i. S. des Abs. 2. Dabei ist nur der Teil zu Grunde zu legen, der den nach Abs. 2 berücksichtigungsfähigen Beförderungsleistungen entspricht.

7   Die Höhe des **Prozentsatzes**, der von den nachgewiesenen Erträgen i.S. des Abs. 2 als Fahrgeldausfall erstattet wird, wird jährlich bezogen auf die einzelnen Bundesländer von der jeweiligen Landesregierung oder der von ihr bestimmten Behörde bekannt gemacht. Die diesbezügliche **Berechnung** ergibt sich aus **§ 148 Abs. 4 SGB IX.** Die nach § 145 SGB IX **anspruchsberechtigten Personen** werden anhand der Zahl der ausgegebenen Wertmarken (§ 145 Abs. 1 Satz 2-4 SGB IX, § 3 a Abs. 2 SchwbAwV) zuzüglich 20 % sowie der Zahl der gültigen Ausweise von schwerbehinderten Menschen mit vollendetem sechsten Lebensjahr und dem Merkzeichen „B" (Notwendigkeit ständiger Begleitung, § 145 Abs. 2 Nr. 1 SGB IX, § 3 Abs. 2 Satz 1 Nr. 1 SchwbAwV) ermittelt. Der **20 %-Zuschlag** soll dem Umstand Rechnung tragen, dass schwerbehinderte Menschen, die eine Wertmarke erworben haben, den öffentlichen Personennahverkehr stärker in Anspruch nehmen als die übrige Bevölkerung und dass sich unter ihnen im allgemeinen keine Personen befinden werden, die Nahverkehrsmittel überhaupt nicht benutzen (*Cramer,* SchwbG, § 62 RdNr. 11 a). Die erforderlichen statistischen Erfassungen obliegen den Versorgungsämtern (§ 153 SGB IX). Zur **Bildung des Prozentsatzes** wird die so ermittelte Zahl der anspruchsberechtigten Personen (§ 148 Abs. 4 Satz 2 Nr. 1 SGB IX) durch die Zahl der

Wohnbevölkerung des jeweiligen Bundeslandes zum Vorjahresende abzüglich der Zahl der unter sechsjährigen Kinder und der Zahlen der Wertmarken und berücksichtigungsfähigen Ausweise (Nr. 2 a.a.O.) geteilt und anschließend mit 100 multipliziert (§ 148 Abs. 4 Satz 3 SGB IX).

III. Individuelle Fahrgelderstattung (Abs. 5)

§ 148 Abs. 5 SGB IX enthält als **Härteklausel** die Möglichkeit der 8 Fahrgelderstattung auf der Basis einer individualisierten Berechnung. Die Regelung ist mit dem Haushaltsbegleitgesetz 1984 vom 22. 12. 1983 (BGBl. I. S. 1532) eingeführt worden. Das BVerfG hat die bis zum 31. 3. 1984 geltende Erstattungsregelung als mit Art. 12 Abs. 1 GG i.V.m. Art. 3 Abs. 1 GG unvereinbar angesehen, weil sie im Unterschied zur Folgezeit keine Härteklausel vorsah (BVerfGE 68, 155, 173 ff.). Im Ausgangsverfahren zu dieser Entscheidung zählten die Kläger zu denjenigen Betreibern des öffentlichen Personenverkehrs, bei denen sich der Kreis der Fahrgäste wesentlich anders als im Landesdurchschnitt zusammensetzte, weil sich gerade in **Fremdenverkehrs- und Kurgebieten** ein überdurchschnittlich hoher Prozentsatz von begünstigten schwerbehinderten Menschen aufhielt und von der Möglichkeit unentgeltlicher Beförderung Gebrauch machte. Die pauschalierte Abgeltung der Fahrgeldausfälle führte dazu, dass die betroffenen Verkehrsunternehmen in großem Umfang schwerbehinderte Fahrgäste ohne finanziellen Ausgleich beförderten. Das BVerfG verwies darauf, dass der Gesetzgeber eine angemessene und gerechte Erstattung anstrebe, womit die starke Benachteiligung einer Minderheit von Unternehmen nicht zu vereinbaren sei. Die inzwischen eingeführte Härteklausel zeige, dass ein angemessener Härteausgleich ohne übermäßigen Verwaltungsaufwand durchführbar sei (BVerfGE 68, 155, 174).

Verkehrsunternehmer, die mit dem landeseinheitlich festgelegten 9 Prozentsatz als Berechnungsgrundlage ihres Erstattungsanspruchs nicht einverstanden sind, können nach Abs. 5 durch eine von ihnen durchgeführte **Verkehrszählung** nachweisen, dass das Verhältnis zwischen den unentgeltlich beförderten Fahrgästen und den sonstigen Fahrgästen den nach Abs. 4 festgesetzten Prozentsatz um **mindestens ein Drittel** übersteigt. In diesen Fällen erfolgt die Fahrgelderstattung auf **Antrag des Unternehmers** auf der Basis des nachgewiesenen individualisierten Prozentsatzes. Im Rahmen seiner Mitwirkungspflicht kann von dem Verkehrsunternehmer die Vorlage eines von ihm bezahlten **Sachverständigengutachtens** verlangt werden (*Kossens* in: Kossens/von der Heide/Maaß, Praxiskommentar zum Behindertenrecht, SGB IX, § 148 RdNr. 7). Zu den methodischen Anforderungen an die Verkehrszählung existieren Richtlinien für Verkehrserhebungen der Forschungsgesellschaft für das Straßenwesen e.V. sowie Verwaltungsvorschriften der Bundesländer, die z.T. den Unternehmern die Wahl zwischen Voll- und Stichprobenerhebungen lassen (*Neumann/Pahlen*, SGB IX, § 148 RdNr. 7; GK-SchwbG-*Spiolek*, § 62 RdNr. 14 f.).

Erstattung der Fahrgeldausfälle im Fernverkehr

149 **(1) Die Fahrgeldausfälle im Fernverkehr werden nach einem Prozentsatz der von den Unternehmern nachgewiesenen Fahrgeldeinnahmen im Fernverkehr erstattet.**

(2) [1]Der maßgebende Prozentsatz wird vom Bundesministerium für Arbeit und Sozialordnung im Einvernehmen mit dem Bundesministerium der Finanzen und dem Bundesministerium für Verkehr, Bau- und Wohnungswesen für jeweils zwei Jahre bekannt gemacht. [2]Bei der Berechnung des Prozentsatzes ist von folgenden, für das letzte Jahr vor Beginn des Zweijahreszeitraumes vorliegenden Zahlen auszugehen:

1. der Zahl der im Geltungsbereich dieses Gesetzes am Jahresende in Umlauf befindlichen gültigen Ausweise nach § 145 Abs. 1 Satz 1, auf denen die Notwendigkeit ständiger Begleitung eingetragen ist, abzüglich 25 Prozent,

2. der in den jährlichen Veröffentlichungen des Statistischen Bundesamtes zum Jahresende nachgewiesenen Zahl der Wohnbevölkerung im Geltungsbereich dieses Gesetzes abzüglich der Zahl der Kinder, die das vierte Lebensjahr noch nicht vollendet haben, und der nach Nummer 1 ermittelten Zahl.

[3]Der Prozentsatz ist nach folgender Formel zu berechnen:

$$\frac{\text{Nach Nummer 1 errechnete Zahl}}{\text{Nach Nummer 2 errechnete Zahl}} \times 100$$

[4]§ 148 Abs. 4 letzter Satz gilt entsprechend.

1   § 149 SGB IX entspricht dem bisherigen § 63 SchwbG und enthält für die Fahrgelderstattung im Fernverkehr i.S.d. § 147 Abs. 2 SGB IX ähnliche Vorgaben wie § 148 SGB IX für den Nahverkehr i.S.d. § 147 Abs. 1 SGB IX. Die Erstattung erfolgt auch hier nach einem Prozentsatz der von den Unternehmern nachgewiesenen Fahrgeldeinnahmen (Abs. 1).

2   Der Begriff der **Fahrgeldeinnahmen** erfasst wie in § 148 Abs. 2 SGB IX alle Erträge aus dem Fahrkartenverkauf zum genehmigten Beförderungsentgelt. Außer Betracht bleiben Einnahmen aus Sonder-

fahrten. Verbilligte Fahrkarten und Ermäßigungspässe (BahnCard, Jugend- und Seniorenpässe) finden Berücksichtigung.

Zur Ermittlung des bundeseinheitlichen **Prozentsatzes,** der vom 3 BMA im Einvernehmen mit dem BMF und dem BMV für jeweils 2 Jahre bekannt gemacht wird, wird der Quotient aus den am Jahresende vor dem Beginn des Zweijahreszeitraumes bundesweit im Umlauf befindlichen gültigen Schwerbehindertenausweisen mit dem Eintrag des Merkzeichens „B" (Notwendigkeit ständiger Begleitung, § 145 Abs. 2 Nr. 1 SGB IX, § 3 Abs. 2 Satz 1 Nr. 1 SchwbAwV), abzüglich 25 %, und der zum Jahresende nachgewiesenen Zahl der Wohnbevölkerung der Bundesrepublik Deutschland, abzüglich der unter vierjährigen Kinder und der Zahl der ermittelten Ausweise gebildet. Multipliziert mit 100 ergibt sich der Erstattungsprozentsatz für den Fernverkehr.

Da nur die Begleitpersonen nach § 145 Abs. 2 SGB IX im Fernver- 4 kehr unentgeltlich befördert werden, werden dementsprechend lediglich die mit dem Merkzeichen „B" gekennzeichneten Schwerbehindertenausweise gezählt, ohne dass es auf die nur zur unentgeltlichen Beförderung der schwerbehinderten Menschen im Nahverkehr berechtigenden Wertmarken ankommt. Die statistischen Erhebungen erfolgen nach § 153 SGB IX durch die Versorgungsverwaltung. Der **Korrekturfaktor** von 25 % beruht auf der Annahme, dass Bahnreisen für schwerbehinderte Menschen mit der Notwendigkeit ständiger Begleitung erhebliche Beschwernisse mit sich bringen und deshalb in deutlich geringerem Umfang unternommen werden als von der übrigen Bevölkerung (Bihr/Fuchs/Krauskopf/Lewering *Zuck,* SGB IX, § 149 RdNr. 3; *Cramer,* SchwbG, § 63 RdNr. 2; *Neumann/Pahlen,* SGB IX, § 149 RdNr. 2).

Eine der Regelung in § 148 Abs. 5 SGB IX entsprechende **Härte-** 5 **klausel** mit der Möglichkeit einer individualisierten Berechnung der Fahrgelderstattung existiert für den Fernverkehr nicht. Regionale Unterschiedlichkeiten in der Inanspruchnahme der unentgeltlichen Beförderung wirken sich im Fernverkehr deutlich weniger aus als im Nahverkehr, so dass eine Ausnahme von der pauschalierten Berechnung der Fahrgeldausfälle entbehrlich erscheint.

Erstattungsverfahren

150 (1) ¹Die Fahrgeldausfälle werden auf Antrag des Unternehmers erstattet. ²Bei einem von mehreren Unternehmern gebildeten zusammenhängenden Liniennetz mit einheitlichen oder verbundenen Beförderungsentgelten können die Anträge auch von einer Gemeinschaftseinrichtung dieser Unternehmer für ihre Mitglieder gestellt werden. ³Der Antrag ist bis zum 31. Dezember für das vorangegangene Kalenderjahr zu stellen, und zwar für den Nahverkehr nach § 151 Abs. 1

Satz 1 Nr. 1 und für den Fernverkehr an das Bundesverwaltungsamt, für den übrigen Nahverkehr bei den in Absatz 3 bestimmten Behörden.

(2) [1]Die Unternehmer erhalten auf Antrag Vorauszahlungen für das laufende Kalenderjahr in Höhe von insgesamt 80 Prozent des zuletzt für ein Jahr festgesetzten Erstattungsbetrages. [2]Die Vorauszahlungen werden je zur Hälfte am 15. Juli und am 15. November gezahlt. [3]Der Antrag auf Vorauszahlungen gilt zugleich als Antrag im Sinne des Absatzes 1. [4]Die Vorauszahlungen sind zurückzuzahlen, wenn Unterlagen, die für die Berechnung der Erstattung erforderlich sind, nicht bis zum 31. Dezember des auf die Vorauszahlung folgenden Kalenderjahres vorgelegt sind.

(3) [1]Die Landesregierung oder die von ihr bestimmte Stelle legt die Behörden fest, die über die Anträge auf Erstattung und Vorauszahlung entscheiden und die auf den Bund und das Land entfallenden Beträge auszahlen. [2]§ 11 Abs. 2 bis 4 des Personenbeförderungsgesetzes gilt entsprechend.

(4) Erstreckt sich der Nahverkehr auf das Gebiet mehrerer Länder, entscheiden die nach Landesrecht zuständigen Landesbehörden dieser Länder darüber, welcher Teil der Fahrgeldeinnahmen jeweils auf den Bereich ihres Landes entfällt.

(5) Die Unternehmen im Sinne des § 151 Abs. 1 Satz 1 Nr. 1 legen ihren Anträgen an das Bundesverwaltungsamt den Anteil der nachgewiesenen Fahrgeldeinnahmen im Nahverkehr zugrunde, der auf den Bereich des jeweiligen Landes entfällt; für den Nahverkehr von Eisenbahnen des Bundes im Sinne des § 147 Abs. 1 Satz 1 Nr. 5 bestimmt sich dieser Teil nach dem Anteil der Zugkilometer, die von einer Eisenbahn des Bundes mit Zügen des Nahverkehrs im jeweiligen Land erbracht werden.

(6) [1]Hinsichtlich der Erstattungen gemäß § 148 für den Nahverkehr nach § 151 Abs. 1 Satz 1 Nr. 1 und gemäß § 149 sowie der entsprechenden Vorauszahlungen nach Absatz 2 wird dieses Kapitel in bundeseigener Verwaltung ausgeführt. [2]Die Verwaltungsaufgaben des Bundes erledigt das Bundesverwaltungsamt nach fachlichen Weisungen des Bundesministeriums für Arbeit und Sozialordnung in eigener Zuständigkeit.

(7) [1]Für das Erstattungsverfahren gelten das Verwaltungsverfahrensgesetz und die entsprechenden Gesetze der Länder. [2]Bei Streitigkeiten über die Erstattungen und die Vorauszahlungen ist der Verwaltungsrechtsweg gegeben.

I. Allgemeines, Regelungsinhalt der Vorschrift

Die Vorschrift entspricht im Wesentlichen dem bisherigen § 64 **1**
SchwbG. Entfallen ist die auf das Jahr 1986 abstellende und damit
überflüssig gewordene Übergangsregelung des § 64 Abs. 3 SchwbG.
Im Gesetzgebungsverfahren wurde auf Vorschlag des Bundesrates in
§ 150 Abs. 7 Satz 1 SGB IX die Anwendbarkeit des **Verwaltungsver-**
fahrensgesetzes des Bundes und der entsprechenden Gesetze der Länder für das Erstattungsverfahren normiert (BT-Drucks. 14/5531, S. 12),
während die durch die Einführung der allgemeinen Zulassungsberu-
fung im verwaltungsgerichtlichen Verfahren (§§ 124 f. VwGO) über-
holten Regelungen des § 64 Abs. 8 SchwbG zu Berufungen und Beschwerden mit einem Verweis auf den bereits im Jahre 1996 aufgehobenen § 131 VwGO a.F. (dazu GK-SchwbG-*Spiolek*, § 64 RdNr. 13 ff.)
entfallen sind.

Regelungsinhalt der Vorschrift sind **Einzelheiten des Erstat-** **2**
tungsverfahrens für **Fahrgeldausfälle** der nach § 145 Abs. 1 und 2
SGB IX zur unentgeltlichen Beförderung bestimmter schwerbehinderter Menschen, ihrer notwendigen Begleitpersonen und bestimmter
Gegenstände verpflichteten Unternehmer des öffentlichen Personenverkehrs. Der **Rechtsanspruch** des Unternehmers auf Erstattung beruht auf § 145 Abs. 3 SGB IX, die **Berechnungsgrundlagen** ergeben
sich aus den §§ 148 f. SGB IX.

II. Antragsstellung, Zuständigkeiten

Die Erstattung der Fahrgeldausfälle erfolgt nicht von Amts wegen, **3**
sondern nur auf **Antrag** des Unternehmers bzw. bei Verkehrsverbünden einer Gemeinschaftseinrichtung der beteiligten Unternehmer. Der
Antrag ist **fristgebunden.** Eine wirksame Antragstellung setzt den
Antragseingang innerhalb einer **Ausschlussfrist** bis zum 31. Dezember für das vorangegangene Kalenderjahr bei der zuständigen Behörde
voraus (Bihr/Fuchs/Krauskopf/Lewering *Zuck*, SGB IX, § 150 RdNr. 3;
Cramer, SchwbG, § 64 RdNr. 4).

Erstattungsanträge für den Fernverkehr i.S. des § 147 Abs. 2 SGB **4**
IX sind an das **Bundesverwaltungsamt** in Köln zu richten, das nach
fachlichen Weisungen des BMA die Verwaltungsaufgaben des Bundes
in eigener Zuständigkeit erledigt (§ 150 Abs. 6 SGB IX). Dies gilt auch
für Erstattungen von Fahrgeldausfällen im Nahverkehr (§ 147 Abs. 1
SGB IX) an Unternehmer, deren Unternehmen sich überwiegend in
der Hand des Bundes oder eines mehrheitlich dem Bund gehörenden
Unternehmens befinden (§ 150 Abs. 1 SGB IX). Antragsteller haben in
ihren Erstattungsanträgen den Anteil der nachgewiesenen Fahrgeld-

einnahmen im Nahverkehr zu Grunde zu legen, der auf den Bereich des jeweiligen Bundeslandes entfällt. Bei den unentgeltlichen Beförderungen, die von der Deutschen Bahn AG oder einer ihrer Tochtergesellschaften im 50 km-Umkreis der jeweiligen Streckenverzeichnisse (vgl. § 147 RdNr. 9) erbracht werden, bestimmt sich der berücksichtigungsfähige Fahrgeldanteil nach dem Anteil der Zugkilometer, die mit Nahverkehrszügen im jeweiligen Bundesland erbracht werden (§ 150 Abs. 5 SGB IX). Die Zuständigkeit des Bundesverwaltungsamtes zur Durchführung des Erstattungsverfahrens als **bundeseigene Verwaltung** im Fernverkehr und bundeseigenen Nahverkehr folgt der **Kostentragung** des Bundes für die unentgeltliche Beförderung in diesem Bereich nach § 151 Abs. 1 Satz 1 Nr. 1 und 3 SGB IX.

5   Für den übrigen **Nahverkehr** i.S. des § 147 Abs. 1 SGB IX sind Erstattungsanträge bei den von der jeweiligen Landesregierung oder der von ihr bestimmten Stelle festgelegten Behörde zu stellen (§ 150 Abs. 3 SGB IX). Für die **Zuständigkeit auf Bezirksebene** verweist § 150 Abs. 3 Satz 2 SGB IX auf § 11 Abs. 2–4 PBefG. Demnach ist bei Straßenbahnen, O-Bussen oder Kraftfahrzeugen im Linienverkehr die Straßenverkehrsbehörde zuständig, in deren Bezirk die Linie betrieben wird. Bei bezirksübergreifenden Verbindungen richtet sich die Zuständigkeit nach dem Ausgangspunkt der Linie.

6   Wird gem. § 148 Abs. 5 SGB IX eine **individualisierte Berechnung** der Fahrgeldausfälle begehrt, ist dem Antrag das Ergebnis der er forderlichen Verkehrszählung beizufügen.

7   Bei dem Sonderfall eines **länderübergreifenden Nahverkehrs** erfolgt gem. § 150 Abs. 4 SGB IX eine anteilige Erstattung nach dem Anteil des jeweiligen Streckenabschnitts im Verhältnis zur Gesamtstrecke und aus der Anzahl der Fahrten.

III. Vorauszahlungen

8   Ebenfalls **antragsabhängig** sind die Vorauszahlungen auf **zu erwartende Fahrgelderstattungen** für das laufende Kalenderjahr in Höhe von insgesamt 80 % des zuletzt für ein Jahr festgesetzten Erstattungsbetrages, auszuzahlen je zur Hälfte am 15. Juli und am 15. November (§ 150 Abs. 2 SGB IX). Die Maßgeblichkeit des zuvor festgesetzten Erstattungsbetrages besteht ungeachtet der Bestandskraft des zu Grunde liegenden Bescheides (*Neumann/Pahlen,* SGB IX, § 150 RdNr. 3). Die Zuständigkeiten entsprechen denen der Fahrgelderstattung.

9   Liegt noch keine Erstattungsbetragsfestsetzung vor, an der sich die Höhe der Vorauszahlung bemessen könnte, ist zur Vermeidung von Härten eine **Schätzung** vorzunehmen (GK-SchwbG-*Spiolek,* § 64 RdNr. 7). Dies entspricht dem Zweck der Vorauszahlung, die Liquidi-

tät der für den schwerbehindertenrechtlichen Nachteilsausgleich in
Dienst genommenen Unternehmen des öffentlichen Personenverkehrs
nicht zu gefährden.

Legt der Unternehmer die für die Berechnung der Erstattung erfor- **10**
derlichen Unterlagen nicht fristgerecht vor, sind die geleisteten Vorauszahlungen unmittelbar nach Fristablauf komplett **zurückzuzahlen**.

IV. Verwaltungsverfahren, Rechtsweg

Nach § 150 Abs. 7 Satz 1 SGB IX gelten für das Erstattungsverfahren **11**
das **VwfG** des Bundes und die entsprechenden **Verwaltungsverfahrensgesetze der Länder**. Der Gesetzgeber korrigiert mit dieser neu
eingeführten Regelung die zum SchwbG vertretene Auffassung, es
handele sich um ein Verwaltungsverfahren im Anwendungsbereich
des SGB X (*Cramer*, SchwbG, § 64 RdNr. 5). Bei der Erstattung von
Fahrgeldausfällen für die unentgeltliche Beförderung schwerbehinderter Menschen an Verkehrsunternehmer handelt es sich nicht um die
Gewährung von Sozialleistungen. Die mit der Erstattung befassten
Behörden arbeiten allgemein mit dem VwfG bzw. den entsprechenden Landesverwaltungsverfahrensgesetzen (BT-Drucks. 14/5531,
S. 12).

Bei Streitigkeiten über die Erstattungen und die Vorauszahlungen **12**
ist die Zuständigkeit der **Verwaltungsgerichtsbarkeit** gegeben (§ 150
Abs. 7 Satz 2 SGB IX). Als Folgeänderung zum Wegfall des § 131
VwGO – Zulassung der Berufung und der Beschwerde – sind die bisher in § 64 Abs. 8 SchwbG enthaltenen diesbezüglichen Regelungen
entfallen (BT-Drucks. 14/5074, S. 115).

Streitverfahren über die Erstattung von Fahrgeldausfällen betreffen **13**
nicht Streitigkeiten auf dem Gebiet der Schwerbehindertenfürsorge
und sind deshalb **nicht** gem. § 188 Satz 2 VwGO **gerichtskostenfrei**
(BVerwG, Urteil vom 25. 7. 1990, Az.: 7 B 100/90, NVwZ-RR 1991,
31; *Kossens* in: Kossens/von der Heide/Maaß, Praxiskommentar zum
Behindertenrecht, SGB IX, § 150 RdNr. 8).

Kostentragung

151 (1) ¹Der Bund trägt die Aufwendungen für die unentgeltliche
Beförderung

1. im Nahverkehr, soweit Unternehmen, die sich überwiegend in
der Hand des Bundes oder eines mehrheitlich dem Bund gehörenden
Unternehmens befinden (auch in Verkehrsverbünden), erstattungsbe-
rechtigte Unternehmer sind,

2. im übrigen Nahverkehr für
a) schwerbehinderte Menschen im Sinne des § 145 Abs. 1, die
wegen einer Minderung der Erwerbsfähigkeit um wenigstens 50 Prozent Anspruch auf Versorgung nach dem Bundesversorgungsgesetz oder nach anderen Bundesgesetzen in entsprechender Anwendung der Vorschriften des Bundesversorgungsgesetzes haben oder Entschädigung nach § 28 des Bundesentschädigungsgesetzes erhalten,
b) ihre Begleitperson im Sinne des § 145 Abs. 2 Nr. 1,
c) die mitgeführten Gegenstände im Sinne des § 145 Abs. 2 Nr. 2
sowie
3. im Fernverkehr für die Begleitperson und die mitgeführten Gegenstände im Sinne des § 145 Abs. 2.
[2]Die Länder tragen die Aufwendungen für die unentgeltliche Beförderung der übrigen Personengruppen und der mitgeführten Gegenstände im Nahverkehr.

(2) [1]Die nach Absatz 1 Satz 1 Nr. 2 auf den Bund und nach Absatz 1 Satz 2 auf die einzelnen Länder entfallenden Aufwendungen für die unentgeltliche Beförderung im Nahverkehr errechnen sich aus dem Anteil der in dem betreffenden Kalenderjahr ausgegebenen Wertmarken und der am Jahresende in Umlauf befindlichen gültigen Ausweise im Sinne des § 145 Abs. 1 Satz 1 von schwerbehinderten Menschen, die das sechste Lebensjahr vollendet haben und bei denen die Notwendigkeit einer ständigen Begleitung im Ausweis eingetragen ist, der jeweils auf die in Absatz 1 genannten Personengruppen entfällt. [2]Wertmarken mit einer Gültigkeitsdauer von einem halben Jahr werden zur Hälfte, zurückgegebene Wertmarken für jeden vollen Kalendermonat vor Rückgabe zu einem Zwölftel gezählt.

(3) [1]Die auf den Bund entfallenden Ausgaben für die unentgeltliche Beförderung im Nahverkehr werden für Rechnung des Bundes geleistet. [2]Die damit zusammenhängenden Einnahmen werden an den Bund abgeführt. [3]Persönliche und sächliche Verwaltungskosten werden nicht erstattet.

(4) Auf die für Rechnung des Bundes geleisteten Ausgaben und die mit ihnen zusammenhängenden Einnahmen wird § 4 Abs. 2 des Ersten Überleitungsgesetzes in der im Bundesgesetzblatt Teil III, Gliederungsnummer 603–3, veröffentlichten bereinigten Fassung, das zuletzt durch Artikel 2 des Gesetzes vom 20. Dezember 1991 (BGBl. I S. 2317) geändert worden ist, nicht angewendet.

I. Allgemeines, Regelungsinhalt der Vorschrift

Die Vorschrift überträgt abgesehen von redaktionellen Anpassungen 1 inhaltsgleich den bisherigen § 65 SchwbG.

Regelungsinhalt ist die Verteilung der für die unentgeltliche Beför- 2 derung freifahrtberechtigter schwerbehinderter Menschen, ihrer notwendigen Begleitpersonen und bestimmter Gegenstände (§ 145 Abs. 1 und 2 SGB IX) entstehenden Kosten zwischen Bund und Ländern. Den in Dienst genommenen Unternehmern des öffentlichen Personenverkehrs werden die Fahrgeldausfälle erstattet (§ 145 Abs. 3 i.V.m. §§ 148–150 SGB IX).

II. Kostenträger

Der **Bund** ist in den in § 151 Abs. 1 Satz 1 SGB IX abschließend auf- 3 gezählten Fällen der alleinige Kostenträger. Die Kostenträgerschaft besteht für Aufwendungen durch die unentgeltliche Beförderung im **Fernverkehr** (Nr. 3) und für einen Teil der Aufwendungen im Nahverkehr. Im **Nahverkehr** sind dies Erstattungen an bundeseigene oder mehrheitlich dem Bund gehörende Unternehmen (Nr. 1) sowie Aufwendungen für die unentgeltliche Beförderung von Versorgungs- und Entschädigungsberechtigten mit einer MdE um wenigstens 50 v.H. (Nr. 2 a), deren notwendige Begleitperson (Nr. 2 b) und die mitgeführten Gegenstände (Nr. 2 c) durch andere als Bundesunternehmen.

Bei der Kostenträgerschaft des Bundes für die unentgeltliche Beför- 4 derung **versorgungs- und entschädigungsberechtigter schwerbehinderter Menschen** im Nahverkehr handelt es sich um die Bewältigung von Kriegsfolgelasten (Art. 120 GG), soweit es sich um Kriegsbeschädigte und Opfer nationalsozialistischer Verfolgung handelt. Für andere nach dem sozialen Entschädigungsrecht versorgungsberechtigte schwerbehinderte Menschen (z. B. Gewaltopfer i.S. des § 1 OEG) hat der Gesetzgeber aus Gründen der Verwaltungsökonomie und im Hinblick auf die Geringfügigkeit des Aufwandes für den zahlenmäßig geringen Personenkreis keine abweichende Regelung treffen wollen (*Cramer*, SchwbG, § 65 RdNr. 4).

Der auf den Bund entfallende **Anteil der Aufwendungen** für die 5 unentgeltliche Beförderung schwerbehinderter Versorgungs- und Entschädigungsberechtigter und ihrer Begleitpersonen im nicht bundeseigenen Nahverkehr wird gem. § 151 Abs. 2 SGB IX anhand deren Anteil an den ausgegebenen Wertmarken bzw. des Anteils der Schwerbehindertenausweise mit dem Merkzeichen „B" (Notwendigkeit ständiger Begleitung) berechnet. Die entsprechenden anteiligen Aufwendungen hat der Bund dem jeweiligen Bundesland zu erstatten, bei dem die Un-

ternehmer ihre Fahrgeldausfälle im Nahverkehr geltend machen
(§ 150 Abs. 3 SGB IX). Die Länder werden in diesen Fällen im Rahmen
der **Auftragsverwaltung** für den Bund tätig, wobei Verwaltungskosten nicht erstattet werden (§ 151 Abs. 3 SGB IX) und infolge der Regelung des § 151 Abs. 4 SGB IX die jeweiligen landesrechtlichen Haus-
haltsvorschriften anzuwenden sind (*Neumann/Pahlen,* SGB IX, § 151
RdNr. 3).

6   Die Finanzierungszuständigkeit des Bundes für Aufwendungen im
Fernverkehr und im Nahverkehr durch bundeseigene Unternehmen
entspricht der in § 150 Abs. 6 SGB IX angeordneten Ausführung des
Fahrgelderstattungsverfahrens in **bundeseigener Verwaltung** durch
das Bundesverwaltungsamt (Art. 87 Abs. 3 Satz 1 GG i.V.m. Art. 104 a
Abs. 1 GG). Im Nahverkehr handelt es sich vornehmlich um S-Bahn-
und Omnibusverkehr der Deutschen Bahn AG.

7   Die Aufwendungen für die unentgeltliche Beförderung der **übrigen
Personengruppen im Nahverkehr** tragen nach § 151 Abs. 1 Satz 2
SGB IX die **Länder.** Dies betrifft Aufwendungen für die nach § 145
Abs. 1 SGB IX anspruchsberechtigten schwerbehinderten Menschen,
die in ihrer Bewegungsfähigkeit im Straßenverkehr erheblich beein-
trächtigt oder hilflos (Merkzeichen „H") oder gehörlos (Merkzeichen
„Gl") sind, soweit die unentgeltliche Beförderung durch nicht bundes-
eigene Verkehrsunternehmen erfolgt.

8   Die Absicht der Bundesregierung, die Kosten für die unentgeltliche
Beförderung schwerbehinderter Menschen im **Schienenpersonen-
nahverkehr** und durch regionale Omnibusgesellschaften der **Deutsche Bahn AG** vom Bund auf die Länder zu verlagern, konnte nicht
verwirklicht werden. Eine entsprechende Gesetzesänderung haben die
Länder abgelehnt, obwohl die Zuständigkeit für den öffentlichen Personennahverkehr entsprechend dem Regionalisierungsgesetz seit 1996
vollständig auf die Länder übergegangen ist. Der Bund begründet mit
dieser Zuordnung seine Auffassung, dass insoweit auch die mit der unentgeltlichen Beförderung schwerbehinderter Menschen und ihrer
notwendigen Begleitpersonen verbundenen finanziellen Lasten von
den Ländern getragen werden müssten (BT-Drucks. 13/9514, S. 92 f.).

III. Rechtsstreitigkeiten

9   Rechtsstreitigkeiten über Fragen der Kostentragung zwischen dem
Bund und Bundesländern oder zwischen Bundesländern sind vor dem
in erster und letzter Instanz zuständigen BVerwG auszutragen (§ 50
Abs. 1 Nr. 1 VwGO).

Einnahmen aus Wertmarken

152 [1]Von den durch die Ausgabe der Wertmarke erzielten jährlichen Einnahmen sind an den Bund abzuführen:

1. die Einnahmen aus der Ausgabe von Wertmarken an schwerbehinderte Menschen im Sinne des § 151 Abs. 1 Satz 1 Nr. 2,

2. [1]ein bundeseinheitlicher Anteil der übrigen Einnahmen, der vom Bundesministerium für Arbeit und Sozialordnung im Einvernehmen mit dem Bundesministerium der Finanzen und dem Bundesministerium für Verkehr, Bau- und Wohnungswesen für jeweils ein Jahr bekannt gemacht wird. [2]Er errechnet sich aus dem Anteil der nach § 151 Abs. 1 Satz 1 Nr. 1 vom Bund zu tragenden Aufwendungen an den Gesamtaufwendungen von Bund und Ländern für die unentgeltliche Beförderung im Nahverkehr, abzüglich der Aufwendungen für die unentgeltliche Beförderung der in § 151 Abs. 1 Satz 1 Nr. 2 genannten Personengruppen.

[2]Die durch Ausgabe von Wertmarken an schwerbehinderte Menschen im Sinne des § 151 Abs. 1 Satz 1 Nr. 2 erzielten Einnahmen sind zum 15. Juli und zum 15. November an den Bund abzuführen. [3]Von den eingegangenen übrigen Einnahmen sind zum 15. Juli und zum 15. November Abschlagszahlungen in Höhe des Prozentsatzes, der für das jeweilige Vorjahr nach Satz 1 Nr. 2 bekannt gemacht wird, an den Bund abzuführen. [4]Die auf den Bund entfallenden Einnahmen sind für jedes Haushaltsjahr abzurechnen.

Die Vorschrift entspricht dem bisherigen § 66 SchwbG. Sie regelt spie- **1**
gelbildlich zur Kostenträgerschaft nach § 151 SGB IX die **Aufteilung der Einnahmen** aus dem Verkauf von Wertmarken. Seit dem Haushaltsbegleitgesetz 1984 wird von der Mehrzahl der „freifahrtberechtigten" Schwerbehinderten eine **Eigenbeteiligung** durch den Kauf einer Wertmarke für derzeit 60 Euro pro Jahr (§ 145 Abs.1 Satz 2–3 SGB IX) verlangt (vgl. § 145 RdNr. 10 ff.). Versorgungsämter verkaufen diese Wertmarken, die auf einem Beiblatt zum Bestandteil des Schwerbehindertenausweises werden. Die Erlöse fließen den Bundesländern zu, die nach Maßgabe des § 152 SGB IX einen Teil davon an den Bund abzuführen haben.

In den Fällen, in denen der Bund den Verkehrsunternehmen die **2**
Fahrgeldausfälle erstattet, soll er auch von Einnahmen aus dem Wertmarkenverkauf profitieren. Dies betrifft gem. § 152 Satz 1 Nr. 1 SGB IX **versorgungs- und entschädigungsberechtigte schwerbehinderte Menschen** i.S.d. § 151 Abs. Abs. 1 Satz 1 Nr. 2 SGB IX, wobei dieser Personenkreis z.T. nach § 145 Abs. 1 Satz 5 Nr. 3 SGB IX vom Wertmarkenerwerb ausgenommen ist. Die verbleibenden Wertmarkenerlöse dieses Personenkreises führen die Länder zum 15. Juli und 15. November an den Bund ab (§ 152 Satz 2 SGB IX).

3   Darüber hinaus steht dem Bund ein bundeseinheitlich festzulegen-
der **Anteil der übrigen Wertmarkenerlöse** der Bundesländer zu
(§ 152 Satz 1 Nr. 2 SGB IX). Der Verteilungsschlüssel ergibt sich aus
§ 152 Satz 2 SGB IX. Demnach wird der Bundesanteil errechnet aus
dem Anteil der Bundesaufwendungen für Fahrgelderstattungen an
bundeseigene Unternehmen i.S.d. § 151 Abs. 1 Satz 1 Nr. 1 SGB IX an
den Gesamtaufwendungen von Bund und Ländern für die unentgeltliche Beförderung im Nahverkehr, abzüglich der dem Bund gesondert
zufließenden Aufwendungen für versorgungs- und entschädigungsberechtigte schwerbehinderte Menschen i.S.d. § 151 Abs. 1 Satz 1 Nr. 2
SGB IX. Zu den genannten Stichtagen werden auch **Abschlagszahlungen der Länder** an den Bund von den eingegangenen übrigen
Wertmarkenerlösen auf der Basis der Vorjahresanteile fällig (§ 152 Satz
3 SGB IX). Der Bundesanteil an den übrigen Einnahmen aus Wertmarken wird durch den BMA im Einvernehmen mit dem BMF und
dem BMV jährlich bekanntgemacht.

Erfassung der Ausweise

153 [1]Die für die Ausstellung der Ausweise nach § 69 Abs. 5 zuständigen Behörden erfassen

1. die am Jahresende in Umlauf befindlichen gültigen Ausweise,
getrennt nach

   a) Art,

   b) besonderen Eintragungen und

   c) Zugehörigkeit zu einer der in § 151 Abs. 1 Satz 1 genannten
Gruppen,

2. die im Kalenderjahr ausgegebenen Wertmarken, unterteilt nach
der jeweiligen Gültigkeitsdauer, und die daraus erzielten Einnahmen,
getrennt nach Zugehörigkeit zu einer der in § 151 Abs. 1 Satz 1 genannten Gruppen

als Grundlage für die nach § 148 Abs. 4 Nr. 1 und § 149 Abs. 2 Nr. 1
zu ermittelnde Zahl der Ausweise und Wertmarken, für die nach § 151
Abs. 2 zu ermittelnde Höhe der Aufwendungen sowie für die nach
§ 152 vorzunehmende Aufteilung der Einnahmen aus der Ausgabe
von Wertmarken. [2]Die zuständigen obersten Landesbehörden teilen
dem Bundesministerium für Arbeit und Sozialordnung das Ergebnis
der Erfassung nach Satz 1 spätestens bis zum 31. März des Jahres mit,
in dem die Prozentsätze festzusetzen sind.

1   Die Vorschrift entspricht dem bisherigen § 67 SchwbG.

2   Die **Versorgungsämter** sind die nach § 69 Abs. 5 SGB IX zuständigen Behörden. Sie stellen die Schwerbehindertenausweise aus, geben

Wertmarken ab und nehmen die in § 153 SGB IX vorgesehene statistische Erfassung vor. Die Erfassung ist erforderlich für die **Berechnung der Fahrgelderstattung** an Unternehmer im Nah- und Fernverkehr (§ 145 Abs. 3 SGB IX i.V.m. §§ 148 f. SGB IX), für die **Verteilung der Erstattungskosten** zwischen Bund und Ländern (§ 151 SGB IX) und für die **Aufteilung der Einnahmen** aus dem Wertmarkenverkauf (§ 152 SGB IX).

Erfasst werden in diesem Zusammenhang anhand der am Jahresende 3 in Umlauf befindlichen Schwerbehindertenausweise die Berechtigungen zur unentgeltlichen Beförderung der schwerbehinderten Menschen (§ 145 Abs. 1 SGB IX) und ihrer notwendigen Begleitpersonen (§ 145 Abs. 2 SGB IX) sowie die versorgungs- und entschädigungsberechtigten schwerbehinderten Menschen i.S.d. § 151 Abs.1 Satz 1 Nr. 2 a SGB IX. Die von den zuständigen obersten Landesbehörden jährlich dem BMA mitzuteilenden Ergebnisse der statistischen Erfassungen beziehen sich weiterhin auf die Ausgabe der Wertmarken und die hierbei erzielten Erlöse, unterteilt in Einnahmen versorgungs- und entschädigungsberechtigter und sonstiger schwerbehinderter Menschen.

Verordnungsermächtigungen

154 (1) Die Bundesregierung wird ermächtigt, in der Rechtsverordnung auf Grund des § 70 nähere Vorschriften über die Gestaltung der Wertmarken, ihre Verbindung mit dem Ausweis und Vermerke über ihre Gültigkeitsdauer zu erlassen.

(2) Das Bundesministerium für Arbeit und Sozialordnung und das Bundesministerium für Verkehr, Bau- und Wohnungswesen werden ermächtigt, durch Rechtsverordnung festzulegen, welche Zuggattungen von Eisenbahnen des Bundes zu den Zügen des Nahverkehrs im Sinne des § 147 Abs. 1 Nr. 5 und zu den zuschlagpflichtigen Zügen des Nahverkehrs im Sinne des § 145 Abs. 1 Satz 1 zweiter Halbsatz zählen.

§ 154 Abs. 1 SGB IX übernimmt die bisher in § 59 Abs. 1 Satz 9 SchwbG 1 enthaltene Ermächtigung der Bundesregierung, in der **SchwbAwV** (nähere Vorschriften über die Gestaltung der Wertmarken, ihre Verbindung mit dem Ausweis und Vermerke über ihre Gültigkeit zu erlassen. Die gesetzlichen Regelungen zu den Wertmarken befinden sich in § 145 Abs. 1 Satz 2–9 SGB IX, das ergänzende Verordnungsrecht in § 3 a SchwbAwV (Vgl. § 145 RdNr. 32 ff.).

§ 154 Abs. 2 SGB IX übernimmt die bisher in § 61 Abs. 4 SchwbG 2 enthaltene Ermächtigung des BMA und des BMV zum Erlass der **SchwbNV**. Diese Rechtsverordnung enthält Aufzählungen der Züge des Nahverkehrs i.S.d. § 147 Abs. 1 Nr. 5 SGB IX und der zuschlagspflichtigen Züge des Nahverkehrs i.S.d. § 145 Abs. 1 Satz 1 2. Halbs. SGB IX (vgl. § 145 RdNr. 23, § 147 RdNr. 9).

Kapitel 14. Straf-, Bußgeld- und Schlussvorschriften

Strafvorschriften

155 (1) Wer unbefugt ein fremdes Geheimnis, namentlich ein zum persönlichen Lebensbereich gehörendes Geheimnis oder ein Betriebs- oder Geschäftsgeheimnis, offenbart, das ihm als Vertrauensperson schwerbehinderter Menschen anvertraut worden oder sonst bekannt geworden ist, wird mit Freiheitsstrafe bis zu einem Jahr oder mit Geldstrafe bestraft.

(2) [1]Handelt der Täter gegen Entgelt oder in der Absicht, sich oder einen anderen zu bereichern oder einen anderen zu schädigen, so ist die Strafe Freiheitsstrafe bis zu zwei Jahren oder Geldstrafe. [2]Ebenso wird bestraft, wer unbefugt ein fremdes Geheimnis, namentlich ein Betriebs- oder Geschäftsgeheimnis, zu dessen Geheimhaltung er nach Absatz 1 verpflichtet ist, verwertet.

(3) Die Tat wird nur auf Antrag verfolgt.

I. Allgemeines

1   Die einzige strafrechtliche Vorschrift im SGB IX stellt den Verrat und die Verwertung von Geheimnissen unter Strafe, die einer Vertrauensperson schwerbehinderter Menschen anvertraut oder bekannt geworden sind. Eine vergleichbare Regelung enthielt § 69 SchwbG; eine sachliche Änderung gegenüber dem früheren Rechtszustand war nicht beabsichtigt (Gesetzesbegründung der Bundesregierung, BT Drucks. 14/5074 zu Art. 1 §§ 155 ff.).

2   In zahlreichen gesetzlichen Vorschriften werden der Verrat und die Verwertung solcher Geheimnisse unter Strafe gestellt, die einer Person in einer bestimmten Funktion im Arbeits- oder Wirtschaftleben anvertraut sind oder bekannt werden. Strafbewehrt ist der Geheimnisverrat durch Betriebsratsmitglieder (§ 120 BetrVG), durch Vorstands- oder Aufsichtsratsmitglieder einer AG (§ 404 AktG) sowie durch Geschäftsführer einer GmbH (§ 85 GmbHG). Bei diesen Vorschriften handelt es sich um sog. **nebenstrafrechtliche Regelungen**, also um echte Strafvorschriften außerhalb des Strafgesetzbuches (StGB).

3   Gesetzliches **Leitbild** der nebenstrafrechtlichen Normen zum **Geheimnisverrat** sind die **§§ 203, 204 StGB**. Danach wird mit Geld- oder Freiheitsstrafe bestraft, wer unbefugt ein **fremdes Geheimnis**,

namentlich ein zum persönlichen Lebensbereich gehörendes Geheimnis oder ein Betriebs- oder Geschäftsgeheimnis offenbart, das ihm **in einer bestimmten Eigenschaft anvertraut** ist. Zum Täterkreis im Sinne des § 203 Abs. 1 StGB rechnen Ärzte, Psychologen, Rechtsanwälte oder Mitarbeiter von Beratungsstellen. § 203 Abs. 2 StGB erweitert den Kreis der möglichen Täter um Personen, denen in amtlicher Eigenschaft fremde Geheimnisse anvertraut werden. Dazu zählen in erster Linie alle Amtsträger im öffentlichen Dienst, Angehörige aller Personalvertretungen in Bund, Ländern und Gemeinden (die §§ 110, 111 BPersVG sind seit 1975 aufgehoben, was bei GK-SchwbG-*Schimanski*, § 69 RdNr. 1 nicht berücksichtigt ist) sowie öffentlich bestellte Sachverständige. Statt nun den Kreis der tauglichen Täter in § 203 Abs. 2 StGB auch um Personen zu erweitern, denen in ihrer Eigenschaft als Betriebsratsmitglieder oder Vertrauenspersonen schwerbehinderter Menschen Geheimnisse anvertraut oder bekannt werden, hat es der Gesetzgeber bei den Sondervorschriften in § 120 BetrVG und § 155 SGB IX belassen. Eine inhaltliche Abkehr von den Grundsätzen, die seit Jahrzehnten Auslegung und Anwendung des § 203 StGB bestimmen, ist damit nicht beabsichtigt. Diese Grundsätze sind deshalb auch im Rahmen von § 155 SGB IX von Bedeutung.

II. Schutzgut

Schutzgut des § 155 ist der **persönliche Lebens- und Geheimnis-** **4** **bereich** schwerbehinderter Menschen; in gleicher Weise geschützt sind die **Geschäfts- und Betriebsgeheimnisse** des Arbeitgebers (*Oppermann* in Hauck/Noftz, SGB IX, K § 155 RdNr. 3). Der schwerbehinderte Mensch ist in vielen Situationen darauf angewiesen, persönliche Umstände, insbesondere gesundheitliche Verhältnisse der Schwerbehindertenvertretung gegenüber offen zu legen, damit diese seine Interessen wirksam vertreten kann. Der Arbeitgeber wiederum kann es gelegentlich nicht vermeiden, Interna von Produktionsabläufen oder Kostenkalkulationen gegenüber der Schwerbehindertenvertretung zu offenbaren, soweit über den Einsatz eines schwerbehinderten Menschen auf einem bestimmten Arbeitsplatz gestritten wird. Beide sollen dies tun können, ohne befürchten zu müssen, dass die vertraulichen Informationen an Dritte, z.B. an Kollegen, Vorgesetzte oder betriebliche Konkurrenten gelangen. Da die Kriminalstrafe die härteste Sanktion darstellt, über die die Rechtsordnung verfügt, bringt § 155 in erster Linie zum Ausdruck, welchen **hohen Stellenwert der Gesetzgeber dem Schutz der persönlichen Geheimnisse** des schwerbehinderten Menschen zumisst. Die **tatsächliche kriminalpolitische Bedeutung** der Vorschrift ist demgegenüber äußerst **gering** (vgl. auch GK-SchwbG-*Schimanski*, § 69 RdNr. 1). Zu § 69

SchwbG ist in den 16 Jahren seiner Geltung keine gerichtliche Entscheidung veröffentlicht worden, und in keinem der Kommentare zu § 69 SchwbG oder § 155 SGB IX ist ein praktischer Fall erwähnt, in dem es zumindest zu staatsanwaltlichen Ermittlungen oder einer Anklageerhebung wegen Geheimnisverrats durch eine Vertrauensperson der schwerbehinderten Menschen gekommen ist.

III. Täterkreis

5   § 155 beschränkt die Strafbarkeit auf den Kreis der **Vertrauenspersonen** der Schwerbehindertenvertretung (§ 96) sowie der Vertrauenspersonen der Gesamt-, Haupt-, Bezirks- und Konzernschwerbehindertenvertretung (§ 97). Andere Personen, die mit der Ausführung des Gesetzes betraut sind oder sonst in amtlicher oder privater Funktion mit Angelegenheiten schwerbehinderter Menschen befasst sind, scheiden als Täter aus. Das gilt insbesondere für den Arbeitgeber sowie den von ihm bestellten Beauftragten nach § 98 (*Oppermann* in Hauck/Noftz, SGB IX, K § 155 RdNr. 5; *Cramer*, SchwbG, § 69 RdNr. 1). Während der **Verstoß des Arbeitgebers** gegen die Vertraulichkeit **straflos** bleibt, gelten für die Mitarbeiter der Integrations-, Arbeits- und Versorgungsämter die allgemeinen Vorschriften. Geben diese vertrauliche Umstände über schwerbehinderte Menschen weiter, die sie in amtlicher Eigenschaft erfahren haben, sind sie nach § 203 Abs. 2 Satz 1 Nr. 1 StGB strafbar.

6   § 155 ist als **Sonderdelikt** ausgestaltet. Das bedeutet, dass nur Personen, die die Stellung einer Vertrauensperson innehaben, das Delikt begehen können (vgl. allg. Lackner/Kühl, StGB, Vor § 13 RdNr. 33). Die **Mitarbeiterin einer Vertrauensperson**, die medizinische Unterlagen über einen schwerbehinderten Menschen ohne Wissen der Vertrauensperson weitergibt, kann nicht Täterin der Straftat nach § 155 sein. Deshalb geht auch die Vertrauensperson, die ihrer Mitarbeiterin lediglich den Tipp gibt, wo die Unterlagen liegen, **straflos** aus. Anstiftung und Beihilfe im Sinne der §§ 26, 27 StGB können nur vorsätzlichen und rechtswidrigen Haupttaten geleistet werden, und eine solche Tat liegt nicht vor, wenn nicht die Vertrauensperson selbst die Vertraulichkeit verletzt.

IV. Strafbare Handlung

7   Die in § 155 unter Strafe gestellte Handlung besteht in dem **unbefugten Offenbaren von Geheimnissen**, regelmäßig also in einem Verstoß der Vertrauensperson gegen die ihr nach § 96 Abs. 7 obliegende **Verschwiegenheitspflicht**. Der Tatbestand der Vorschrift ist verwirk-

licht, wenn die Vertrauensperson Umstände gegenüber Dritten offen legt, die der Geheimhaltung unterliegen und ihr gerade **in ihrer Eigenschaft als Vertrauensperson bekannt** geworden sind. Es macht keinen Unterschied, ob ihr die vertraulichen Umstände mündlich oder schriftlich anvertraut worden sind, und ob die Vertrauensperson den Dritten mündlich informiert oder ihm bestimmte Unterlagen zugänglich macht. Strafbar ist auch die Weitergabe solcher Informationen, die nicht unmittelbar mit der Schwerbehinderteneigenschaft zusammenhängen, solange sie der schwerbehinderte Mensch der Vertrauensperson gegenüber gerade in dieser Eigenschaft – **nicht** etwa nur **beiläufig von Kollege zu Kollege** – eröffnet hat. Das gilt etwa für Dinge aus dem persönlichen Umfeld (Ehe, Familie), solange der schwerbehinderte Mensch diese Umstände nicht schon einem größeren Personenkreis gegenüber ausgesprochen hat, so dass sie – jedenfalls im Betrieb – nicht mehr als Geheimnisse gelten können.

Zentrale Bedeutung bei der Anwendung des § 155 hat – wie auch **8** im Rahmen des Geheimnisverrats nach § 203 StGB – das Merkmal **„unbefugt".** Die Weitergabe von Informationen über schwerbehinderte Betriebsangehörige etwa gegenüber dem Arbeitgeber oder den Behörden rechnet gerade zu den Aufgaben der Vertrauensperson, so dass eine Strafbarkeit immer nur dann in Betracht kommt, wenn diese mit der Weitergabe eines bestimmten Umstandes ohne rechtliche Befugnis gehandelt hat. Daran fehlt es, wenn der **schwerbehinderte Mensch,** um dessen geschützte Privatsphäre es geht, in die **Weitergabe der Information einwilligt** oder wenn die Vertrauensperson im Rahmen ihrer Tätigkeit **gesetzlich zur Offenbarung berechtigt** ist. Ist das Geheimnis „befugt" offenbart worden, ist der Tatbestand des § 155 nicht verwirklicht. Es handelt sich insoweit nicht um einen Rechtfertigungsgrund (unklar *Oppermann,* a.a.O. RdNr. 10). Als echter Rechtfertigungsgrund für die an sich unbefugte Weitergabe von Geheimnissen kommt dagegen der **Notstand im Sinne des § 34 StGB** in Betracht. Das kann etwa der Fall sein, wenn die Vertrauensperson gegen den ausdrücklichen Willen des schwerbehinderten Mitarbeiters den Arbeitgeber davon unterrichtet, dass der Schwerbehinderte – ohne Bezug zu seiner Schwerbehinderung – an einer hoch ansteckenden Krankheit leidet und gleichwohl z. B. ärztlich tätig ist und so täglich Patienten in Lebensgefahr bringt.

Strafbar ist nur die **vorsätzliche Weitergabe** von Geheimnissen. **9** Das ergibt sich aus § 15 StGB. Danach ist – auch im Bereich des außerhalb des StGB geregelten Strafrechts – nur vorsätzliches Handeln strafbar, soweit das Gesetz nicht ausdrücklich auch fahrlässiges Handeln unter Strafe stellt. Das ist bei § 155 gerade nicht geschehen.

Wenn das unbefugte Handeln entsprechend dem Wortlaut des § 155 **10** als Tatbestandsmerkmal verstanden wird, hat das zur Folge, dass nach § 16 Abs. 1 StGB der **Vorsatz** des Täters **entfällt,** wenn er über die **Um-**

stände irrt, die sein Handeln bei der Offenbarung eines schutzwürdigen Geheimnisses als berechtigt erscheinen lassen. Das ist etwa der Fall, wenn die Vertrauensperson eine Mitteilung des schwerbehinderten Menschen **fehlerhaft als Einwilligung** in der Weitergabe medizinischer Unterlagen **versteht**. Erkennt die Vertrauensperson jedoch, dass der schwerbehinderte Mensch mit der Weitergabe der Unterlagen nicht einverstanden ist, nimmt aber zu Unrecht an, auf die Einwilligung komme es nicht an, liegt nur ein **Verbotsirrtum** nach § 17 StGB vor. Dieser lässt die Strafbarkeit nur entfallen, wenn er unvermeidbar war.

11   Im Rahmen des § 155 ist nur der **vollendete Bruch von Geheimnissen** strafbar. Ein nicht berechtigter Dritter muss also tatsächlich durch die Vertrauensperson Dinge von einem schwerbehinderten Menschen erfahren haben, die er bisher noch nicht kannte. Plant die Vertrauensperson lediglich, unbefugt Unterlagen weiterzugeben, oder wird der Umschlag mit den Unterlagen vom Arbeitgeber abgefangen, bevor er den Dritten erreicht, bleibt die Vertrauensperson straflos. Der **Versuch** des Deliktes nach § 155 ist **nicht mit Strafe bedroht**. Das ergibt sich aus § 23 Abs. 1 StGB. Danach ist der Versuch eines Vergehens – anders als der Versuch eines Verbrechens – nur strafbar, wenn das Gesetz das ausdrücklich bestimmt. Die Tat nach § 155 ist ein **Vergehen** und kein Verbrechen, weil die Mindeststrafe weniger als ein Jahr beträgt (§ 12 Abs. 1 StGB), und § 155 enthält keine Anordnung der Versuchsstrafbarkeit.

V. Qualifizierte Form

12   § 155 Abs. 2 Satz 1 stellt eine sog. qualifizierte Form der Geheimnisweitergabe unter eine gegenüber der Tat nach § 155 Abs. 1 höhere Strafe. Das **Qualifizierungsmerkmal** ist erfüllt, wenn die Vertrauensperson **gegen Entgelt** oder in der Absicht handelt, sich oder einen anderen zu **bereichern** oder einen anderen zu **schädigen**. Diese Tatbestände sind theoretisch – also abgesehen davon, dass dem Tatbestand des § 155 insgesamt nur geringe tatsächliche Bedeutung zukommt – häufig erfüllt. Wenn die Vertrauensperson vorsätzlich Geheimnisse über einen schwerbehinderten Mitarbeiter des Betriebes weitergibt, wird sie dafür in der Regel ein Motiv haben. Die nahe liegenden Motive sind in § 155 Abs. 2 Satz 1 genannt: Geldgier, Bereicherungsabsicht oder der Wunsch, dem schwerbehinderten Mitarbeiter zu schaden. **Handelt die Vertrauensperson auf Bitten des Arbeitgebers**, liegt selbst dann kein Handeln gegen Entgelt vor, wenn der Arbeitgeber eine mit einer Gehaltserhöhung verbundenen Beförderung als Motivationsanreiz in Aussicht stellt. Etwas anderes gilt, wenn der Arbeitgeber den Geheimnisverrat unmittelbar mit einem Geldbetrag honoriert.

Eine andere Tathandlung als in § 155 Abs. 1 und Abs. 2 Satz 1 wird in **13**
§ 155 Abs. 2 Satz 2 unter Strafe gestellt. Wie in § 204 StGB ist hier Tathandlung die **unbefugte Verwertung eines fremden Geheimnisses**, namentlich eines Betriebs- oder Geschäftsgeheimnisses. Verwertung ist die wirtschaftliche Ausnutzung des Geheimnisses **zur Ge-
winnerzielung** (BT Drucks.7/550, S. 244 zu § 204 StGB); dabei reicht
es aus, wenn ein Dritter, also nicht die Vertrauensperson selbst, den Gewinn erzielt oder erzielen soll. Im Zusammenhang mit der Tätigkeit als
Vertrauensperson dürfte eine Geheimnisverwertung nur selten möglich sein. Zu denken ist etwa an Informationen über besondere, noch
nicht allgemein bekannte Verfahren zur behindertengerechten Ausgestaltung von Arbeitsplätzen. Wenn diese für das Unternehmen von
wirtschaftlichem Wert sind, etwa weil ihre Patentierung erfolgt oder
geplant ist, erfüllt die Vertrauensperson den Tatbestand der unbefugten
Geheimnisverwertung, wenn sie die entsprechenden Pläne als eigene
Ideen an konkurrierende Unternehmen weitergibt oder sich – ohne
Billigung des Arbeitgebers – damit an honorierten Ideenwettbewer-
ben beteiligt. Die Strafe für die Tathandlung der Verwertung entspricht
dem Strafrahmen für den qualifizierten Geheimnisverrat in § 155
Abs. 2 Satz 1.

VI. Straffolgen

Die Folgen der Taten nach § 155 ergeben sich aus den §§ 38 ff. StGB, **14**
insbesondere aus § 40 StGB hinsichtlich der in der Regel allein in Betracht kommenden Geldstrafe. Diese wird in Tagessätzen bemessen,
deren Höhe sich nach dem **Einkommen des Täters** richtet. Selbst
wenn eine Vertrauensperson wegen des unbefugten Offenbarens von
Geheimnissen zu einer Freiheitsstrafe von einem Jahr und mehr verur-
teilt worden ist, **verliert sie nicht automatisch die Rechte aus ihrer
Stellung als Vertrauensperson**. Eine entsprechende Rechtsfolge lässt
§ 45 StGB als Nebenfolge grundsätzlich zu, doch tritt diese Konsequenz nur bei Verbrechen ein, und § 155 ist – auch in der qualifizierten
Form des Abs. 2 – nur als Vergehen ausgestaltet (zutreffend *Oppermann*
in Hauck/Noftz, SGB IX, K § 155 RdNr. 15; a. A. *Neumann/Pahlen*,
SGB IX, § 155 RdNr. 8; *Hoffmann*, LPK-SGB IX, § 155 RdNr. 9).

Die Tat nach § 155 wird nur verfolgt, wenn der Verletzte, also der ge- **15**
schützte schwerbehinderte Mensch, einen **Strafantrag** stellt (§ 155
Abs. 3). Die Einzelheiten über die Antragstellung, die für die Entgegennahme des Antrags zuständigen Behörden sowie die Rücknahme
eines Strafantrages ergeben sich aus §§ 77 ff. StGB.

Das Delikt nach § 155 **verjährt** nach **drei Jahren**. Das gilt sowohl **16**
für den Grundtatbestand nach Abs. 1 als auch für die qualifizierten Tat-
handlungen nach Abs. 2. Gemäß § 78 Abs. 3 Nr. 5 StGB beträgt die

Verjährungsfrist bei den Straftaten mit der geringsten Strafandrohung einheitlich drei Jahre. Entgegen einer verbreitet vertretenen Auffassung (z.B. *Neumann/Pahlen*, a.a.O. § 155 RdNr. 7; *Hoffmann*, a.a.O., RdNr. 6) erfüllt auch die Tat nach § 155 Abs. 2 nicht die Voraussetzung einer fünfjährigen Verjährung (*Oppermann*, a.a.O. RdNr. 17). Diese gilt nach § 78 Abs. 3 Nr. 4 StGB nur für Taten, die im Höchstmaß mit Freiheitsstrafe von mehr als einem bis zu fünf Jahren bedroht sind. Die Höchststrafe bei § 155 Abs. 2 beträgt nur zwei Jahre.

Bußgeldvorschriften

156 (1) Ordnungswidrig handelt, wer vorsätzlich oder fahrlässig

1. entgegen § 71 Abs. 1 Satz 1, auch in Verbindung mit einer Rechtsverordnung nach § 79 Nr. 1, schwerbehinderte Menschen nicht beschäftigt,

2. entgegen § 80 Abs. 1 ein Verzeichnis nicht, nicht richtig, nicht vollständig oder nicht in der vorgeschriebenen Weise führt oder nicht oder nicht rechtzeitig vorlegt,

3. entgegen § 80 Abs. 2 Satz 1 oder Abs. 4 eine Anzeige nicht, nicht richtig, nicht vollständig, nicht in der vorgeschriebenen Weise oder nicht rechtzeitig erstattet,

4. entgegen § 80 Abs. 5 eine Auskunft nicht, nicht richtig, nicht vollständig oder nicht rechtzeitig erteilt,

5. entgegen § 80 Abs. 7 Einblick in den Betrieb oder die Dienststelle nicht oder nicht rechtzeitig gibt,

6. entgegen § 80 Abs. 8 eine dort bezeichnete Person nicht oder nicht rechtzeitig benennt,

7. entgegen § 81 Abs. 1 Satz 4 oder 9 eine dort bezeichnete Vertretung oder einen Beteiligten nicht, nicht richtig, nicht vollständig oder nicht rechtzeitig unterrichtet,

8. entgegen § 81 Abs. 1 Satz 7 eine Entscheidung nicht erörtert, oder

9. entgegen § 95 Abs. 2 Satz 1 die Schwerbehindertenvertretung nicht, nicht richtig, nicht vollständig oder nicht rechtzeitig unterrichtet oder nicht oder nicht rechtzeitig hört.

(2) Die Ordnungswidrigkeit kann mit einer Geldbuße bis zu fünftausend Deutsche Mark geahndet werden.

(3) Verwaltungsbehörde im Sinne des § 36 Abs. 1 Nr. 1 des Gesetzes über Ordnungswidrigkeiten ist das Landesarbeitsamt.

(4) § 66 des Zehnten Buches gilt entsprechend.

(5) [1]Die Geldbuße ist an das Integrationsamt abzuführen. [2]Für ihre Verwendung gilt § 77 Abs. 5.

Übersicht

I. Allgemeines

Die Vorschrift enthält zahlreiche Tatbestände, die die Verletzung **1** von Verpflichtungen, insbesondere der Arbeitgeber, im Zusammenhang mit dem SGB IX mit einem Bußgeld bedrohen. Die Bestimmung entspricht im Wesentlichen § 68 SchwbG, lediglich die Tatbestände der Ziff. 7 und 8 gehen auf das Gesetz zur Bekämpfung der Arbeitslosigkeit Schwerbehinderter vom 29. September 2000 zurück.

II. Ordnungswidrigkeiten

Mit der Wendung „ordnungswidrig handelt" nimmt § 156 auf das **2** „Gesetz über Ordnungswidrigkeiten" (OwiG) Bezug, aus dem sich ergibt, nach welchen Grundsätzen Ordnungswidrigkeiten geahndet werden können. Im **OwiG** ist gewissermaßen der **allgemeine Rahmen der Sanktionierung** vorgegeben, während § 156 in Abs. 1 die einzelnen Tatbestände beschreibt und in den Absätzen 2 und 3 bereichsspezifische Sonderregelungen über die maximale Höhe der Geldbuße (2.500,– €) und über die zuständige Verwaltungsbehörde (Landesarbeitsamt) trifft.

3   Ordnungswidrigkeiten sind Verstöße gegen bestimmte **gesetzliche Gebots- und Verbotsvorschriften**, die der Gesetzgeber ausdrücklich als solche bestimmt hat. Ob ein Verhalten strafbar ist, als ordnungswidrig geahndet werden kann oder sanktionslos bleibt, bestimmt allein und abschließend das Gesetz.

4   Zwischen Straftaten und Ordnungswidrigkeiten bestehen Gemeinsamkeiten und Unterschiede, die auch im Rahmen der Anwendung des § 156 von Bedeutung sind. Ordnungswidrigkeiten können **nur mit Geldbuße** und nicht mit Freiheitsstrafe geahndet werden. Bei Ordnungswidrigkeiten erfolgt **keine Anklagerhebung** durch die Staatsanwaltschaft, soweit die Staatsanwaltschaft nicht die Verfolgung der Ordnungswidrigkeit im Rahmen der Verfolgung einer Straftat mit übernommen hat (§ 42 OwiG). Die **zuständige Verfolgungsbehörde** – bei Verstößen nach § 156 das **Landesarbeitsamt** – erlässt vielmehr nach den erforderlichen Ermittlungen einen **Bußgeldbescheid** zur Ahndung der Ordnungswidrigkeit (§ 65 OwiG), gegen den der Betroffene binnen zwei Wochen **Einspruch** einlegen kann (§ 67 OwiG). Über den Einspruch entscheidet dann das zuständige **Amtsgericht** (§ 68 OwiG) nach einem Verfahren, das an die Vorschriften der Strafprozessordnung angelehnt ist.

5   Die Vorschriften über die Formen der Teilnahme an einer Ordnungswidrigkeit, über Vorsatz und Fahrlässigkeit, über Rechtfertigungsgründe und die Sanktionsmöglichkeiten beim Versuch (§§ 8–16 OwiG) entsprechen weitgehend denjenigen im Strafrecht. Wichtige Abweichungen ergeben sich aus den §§ 9 und 31 OwiG.

6   § 156 bedroht bestimmte Verstöße des Arbeitgebers im Zusammenhang mit der Ausführung des SGB IX mit Bußgeld. Da Ordnungswidrigkeiten grundsätzlich nur von **natürlichen Personen** begangen werden können, muss gesetzlich geregelt sein, wer mit einem Bußgeld geahndet werden kann, wenn der Arbeitgeber keine natürliche Person sondern eine juristische Person (AG, GmbH, Körperschaft des öffentlichen Rechts) ist. Das ergibt sich aus § 9 und § 130 OwiG. Danach ist das Bußgeldverfahren gegen den **gesetzlichen Vertreter des Arbeitgebers** zu richten, wenn der Arbeitgeber, also das Unternehmen bzw. die Körperschaft des öffentlichen Rechts, die schwerbehinderte Menschen beschäftigen, ihre Verpflichtungen nach § 156 Abs. 2 nicht erfüllen. Ist der Arbeitgeber eine Einzelperson, trifft ihn persönlich die Verantwortung für die Einhaltung der Bestimmungen des SGB IX und er kann auch mit einem Bußgeld belegt werden. Ansonsten hängt die Verantwortung von den Vertretungsstrukturen und der Rechtsform des Unternehmens ab. Für juristische Personen des Privatrechts (GmbH, AG, KG) handeln **Geschäftsführer oder Vorstand** (§ 9 Abs. 1 Ziff. 1 OwiG), und diese trifft persönlich die Verpflichtung, die Vorschriften des SGB IX zu beachten. Wenn die Leitungsorgane eines Unternehmens einen oder mehrere Angestellte damit beauftragen, sich

um die Angelegenheiten der schwerbehinderten Mitarbeiter zu kümmern, sind diese Personen auch nach dem Ordnungswidrigkeitenrecht
dafür verantwortlich, dass die Bestimmungen des SGB IX beachtet
werden (§ 9 Abs. 2 OwiG). Für „Stellen, die Aufgaben der öffentlichen
Verwaltung wahrzunehmen haben", also den gesamten öffentlichen
Dienst, gelten die Regelungen über die Verantwortung der leitenden
Mitarbeiter entsprechend (§ 9 Abs. 2 Satz 3 OwiG). Betroffen sind
Mitarbeiter mit Personalverantwortung, die nach dem für die jeweilige Behörde oder Einrichtung geltenden Organisationsplan für
die Wahrnehmung der Arbeitgeberpflichten nach dem SGB IX zuständig sind (*Oppermann* in Hauck/Noftz, SGB IX, K § 156 RdNr. 6).
Wegen der bußgeldrechtlichen Konsequenzen muss das genau und
nachvollziehbar geregelt sein. Soweit das nicht geschieht, die **Verant-
wortungsstrukturen** für die Schwerbehindertenangelegenheiten
deshalb **unklar** sind mit der Folge, dass gegen keinen leitenden Mitarbeiter der Personal- oder Sozialabteilung eines Unternehmens Buß-
geldbescheide erlassen werden können, sind die **gesetzlichen Vertreter des Unternehmens ordnungsrechtlich verantwortlich** für Verstöße gegen die in § 156 Abs. 2 genannten Bestimmungen, weil sie die
erforderlichen organisatorischen Maßnahmen im Unternehmen unterlassen haben (§ 130 OwiG).

Allein durch die Bestellung eines **Beauftragten des Arbeitgebers** 7
im Sinne des § 98 können sich der Betriebsinhaber oder die gesetzlichen Vertreter nicht von der Verantwortung für die Einhaltung der
Arbeitgeberverpflichtungen nach dem SGB IX frei zeichnen. Die
Unternehmensleitung muss durch **Überwachungsmaßnahmen**
und Kontrollen sicherstellen, dass die Vorschriften tatsächlich beachtet
werden.

Einer der wichtigsten Unterschiede zwischen Straftatbeständen 8
und Ordnungswidrigkeiten liegt darin, dass die Verfolgung von Ordnungswidrigkeiten im **Ermessen der zuständigen Verfolgungsbehörde** liegt (§ 47 Abs. 1 OwiG), während die Staatsanwaltschaft
Straftatbestände verfolgen muss. Auch soweit die Verfolgung nur auf
Antrag möglich ist, besteht grundsätzlich kein Ermessen der Staatsanwaltschaft, von der Verfolgung abzusehen. Sie kann bei bestimmten,
im Gesetz abschließend aufgeführten Tatbeständen zwar von der Erhebung der Anklage absehen und den Betroffenen auf die Privatklage
verweisen (§ 376 StPO in Verbindung mit § 374 StPO), doch gilt diese
Befugnis nicht für Verstöße gegen § 155 SGB IX. Bei den in § 156 geregelten Ordnungswidrigkeiten besteht jedoch ein Verfolgungsermessen
der Verwaltungsbehörde, das zumindest grundsätzlich auch das Recht
einschließt, keine Ermittlungen aufzunehmen, wenn eine Tat nach
§ 156 Abs. 2 angezeigt wird. Da Verfolgungsbehörde nach § 156 Abs. 3
ausschließlich das Landesarbeitsamt ist, das auf eine gute Kooperation
mit den Unternehmen angewiesen ist, die schwerbehinderte Menschen

beschäftigen, liegt eine – vorsichtig formuliert – deutliche **Zurückhaltung bei der Verfolgung von Ordnungswidrigkeiten** nach
§ 156 Abs. 2 nahe (vgl. auch *Düwell*, BB 2000, 2570, 2572 sowie *Oppermann* in Hauck/Noftz, SGB IX, K § 156 RdNr. 27).

9   Der Tatbestand der einzelnen Ordnungswidrigkeiten wird in den
Vorschriften der Ziff. 1 bis 9 des § 156 Abs. 2 beschrieben. Im Mittelpunkt steht jeweils die Tatbegehung durch **Unterlassen**, wenn die Tathandlung so formuliert wird, dass der Arbeitgeber „entgegen einer
Verpflichtung aus ... keinen Einblick gewährt ...". Bei der regelmäßig
ausdrücklich angesprochenen unvollständigen oder fehlerhaften Erfüllung von Pflichten kann man streiten, ob der Vorwurf eher auf dem
Tun („nicht richtig ausfüllt ...") oder auf dem Unterlassen vollständiger
und richtiger Angaben liegt. Der Streit ist ohne praktische Bedeutung,
weil die Sanktion für Tun und Unterlassen dieselbe ist. Die aus dem
Strafrecht bekannte Einschränkung der Strafbarkeit von Unterlassun-
gen, dass nämlich eine konkrete Handlungspflicht bestanden haben
muss (§ 13 StGB), hat im Rahmen des § 156 Abs. 2 keine Auswirkungen. Die Personen, deren Verhalten überhaupt mit einem Bußgeld geahndet werden kann, sind regelmäßig verpflichtet, die Vorschriften des
Gesetzes im Zusammenhang mit der Beschäftigung behinderter Menschen zu beachten und korrekt auszuführen.

10   Anders als die Straftat nach § 155 können die Ordnungswidrigkeiten
nach § 156 **vorsätzlich und fahrlässig** begangen werden; das ist in
Abs. 1 ausdrücklich bestimmt. Fahrlässiges Handeln ist gegeben, wenn
der für Personalangelegenheiten zuständige Mitarbeiter oder Unter-
nehmensleiter die **Sorgfalt**, zu der er bei Wahrnehmung der Aufgaben
nach dem SGB IX verpflichtet ist, **außer Acht lässt**. Das ist praktisch
in den Fällen von Bedeutung, in denen der Vorwurf einer vorsätzlichen
Pflichtverletzung daran scheitert, dass alle Anfragen und Aufforderun-
gen der zuständigen Behörden oder der Vertrauenspersonen der Behinderten in einem allgemeinen Bürochaos untergehen. Dem einzelnen
Mitarbeiter mag dann nicht widerlegt werden können, dass er von bestimmten Anfragen tatsächlich keine Kenntnis hatte, doch trifft ihn
der Vorwurf, mit den Angelegenheiten der schwerbehinderten Menschen allzu sorglos – und deshalb eben fahrlässig – umgegangen zu
sein. Dem geringeren Unrechtsgehalt der fahrlässigen Begehung trägt
§ 17 Abs. 2 OwiG Rechnung. Danach darf mangels abweichender Regelung die Geldbuße bei der fahrlässigen Tat nur die **Hälfte der bei
der vorsätzlichen Begehung höchstens festzusetzenden Geldbuße** erreichen. Angesichts der Höchstgrenze von 2500,– € in § 156
Abs. 2 beträgt die Höchstgrenze für die fahrlässige Tat 1250,– €.

11   Der **Versuch** der bußgeldbewehrten Handlungen und Unterlassun-
gen nach den Ziff. 1 bis 9 des Absatzes 2 **kann nicht verfolgt werden**,
weil das eine ausdrückliche Anordnung im Gesetz erfordert (§ 13
Abs. 2 OwiG), die in § 156 nicht erfolgt ist.

III. Die einzelnen Tatbestände

1. Beschäftigungspflicht. Die zumindest theoretisch wichtigste 12
Pflicht des Arbeitgebers im Rahmen der Integration schwerbehinderter Menschen ist die in § 71 normierte Beschäftigungspflicht (s. Ausführungen zu § 71). Der Verstoß dagegen ist in § 156 Abs. 2 Ziff. 1 als Ordnungswidrigkeit ausgestaltet. Die Einzelheiten zur Erfüllung der Beschäftigungspflicht ergeben sich aus §§ 71 ff. Die Ziff. 1 knüpft an die **tatsächliche Beschäftigung von behinderten Menschen** an; die Einstellung oder eine entsprechende Absicht schließen den Tatbestand nicht aus. Allein an die Erfüllung der Beschäftigungsquote knüpft Ziff. 1 die Sanktion des Bußgeldes; die Verletzung der Pflicht des Arbeitgebers, Maßnahmen zur Sicherung einer möglichst dauerhaften Beschäftigung schwerbehinderter Menschen zu ergreifen (§ 81 Abs. 3), ist nicht als Bußgeldtatbestand ausgestaltet (*Oppermann* in Hauck/Noftz, SGB IX, K § 156 RdNr. 12).

2. Verzeichnis schwerbehinderter Menschen. Die in § 80 Abs. 1 13 normierte Verpflichtung der Arbeitgeber, ein Verzeichnis der bei ihnen beschäftigten schwerbehinderten Menschen zu führen und Vertretern des Arbeitsamtes bzw. des Integrationsamtes auf Verlangen vorzulegen, ist in § 156 Abs. 2 Ziff. 2 durch eine Bußgeldandrohung abgesichert. Praktisch kann Streit über die Anwendung des Tatbestandes nur insoweit bestehen, als geklärt werden muss, wann das Verzeichnis „**in der vorgeschriebenen Form**" geführt worden ist. Nach § 80 Abs. 6 Satz 1 „sind" für das Verzeichnis die mit der Arbeitsgemeinschaft der Integrationsämter abgestimmten **Vordrucke** der Bundesanstalt für Arbeit (BA) zu verwenden. Daraus ist zu schließen, dass nur Verzeichnisse unter Verwendung dieser Vordrucke in der „vorgeschriebenen Form" erstellt sind. Das zwingt dem einzelnen Arbeitgeber die Verwendung bestimmter Formblätter auf und behandelt ihn, wenn er die Verzeichnisse nach einer eigenen Systematik führt, so, als hätte er keine Aufzeichnungen geführt (krit. *Oppermann*, a.a.O., RdNr. 15). Dem unterschiedlichen Unrechtsgehalt in diesen beiden Konstellationen kann durch die Höhe des jeweils zu verhängenden Bußgeldes angemessen Rechnung getragen werden. Zudem ist zu fordern, dass der betroffene Arbeitgeber ausdrücklich darauf **hingewiesen worden sein muss**, dass die von ihm gewählte Form der Datenübermittlung nicht den gesetzlichen Anforderungen entspricht. Auf diese Weise scheiden Fälle aus der Ahndung nach dem OwiG aus, in denen der Arbeitgeber sich über die Form der Übermittlung geirrt hat. Ansonsten, also für die Fälle, in denen der Arbeitgeber bewusst und nach entsprechender Belehrung die vorgeschriebenen Vordrucke nicht benutzt, geht die grundsätzlich gehaltene Kritik an der bußgeldbewehrten Verpflichtung der Arbeitgeber zur Verwendung einheitlicher Vordrucke jedoch fehl. Den **Bedürfnissen**

einer Massenverwaltung kann anders nicht angemessen Rechnung getragen werden; kein Bürger wird mit dem Einwand gehört, er habe seine Einkommensteuererklärung auf einigen Rechenblättern abgegeben und es sei Sache des Finanzamtes, die Zahlen in die amtlich vorgeschriebenen Vordrucke zu übertragen. Wenn Bedarf für eine kritische Überprüfung der Verpflichtungen der Arbeitgeber im Zusammenhang mit dem SGB IX gesehen wird, dann muss diese sich an der Zahl und dem Umfang der abzugebenden Erklärungen ausrichten. Dass derartige Erklärungen heute sinnvollerweise nur auf standardisierten und für die elektronische Aufbereitung geeigneten Unterlagen abgegeben werden können, sollte nicht zweifelhaft sein.

14   **3. Anzeigepflicht.** Nach § 80 Abs. 2 müssen Arbeitgeber dem für sie zuständigen Arbeitsamt einmal jährlich alle Daten übermitteln, die das Arbeitsamt benötigt, um prüfen zu können, ob der Arbeitgeber seine Pflicht zur Beschäftigung schwerbehinderter Menschen erfüllt und in welcher Höhe gegebenenfalls die Ausgleichsabgabe festzusetzen ist. Die Anzeige muss ohne Aufforderung seitens der Arbeitsverwaltung bis zum 31. März für das vorangegangene Jahr erstattet worden sein. Arbeitgeber, die Arbeitsplätze für schwerbehinderte Menschen nicht zur Verfügung stellen müssen, haben nach § 80 Abs. 4 die Anzeige über die Beschäftigungszahlen nur auf Aufforderung der Arbeitsverwaltung zu erstatten. Die Verletzung dieser Anzeigepflicht ist bußgeldbewehrt. Soweit nach § 80 Abs. 2 Satz 2 der Anzeige bestimmte Unterlagen in Kopie zur Weiterleitung an das Integrationsamt beizufügen sind, ist diese zusätzliche Verpflichtung nicht sanktioniert. Liegen der Anzeige, die ansonsten den Anforderungen des Gesetzes entspricht, die Unterlagen nach § 80 Abs. 2 Satz 2 nicht bei, darf kein Bußgeld verhängt werden. Die Anzeigen müssen auf den **Vordrucken der Bundesanstalt** nach § 80 Abs. 6 erstattet werden. Deshalb stellt sich auch hier die oben (RdNr. 13) behandelte Problematik, ob allein die Nichtverwendung der amtlichen Vordrucke auch bei inhaltlich richtiger Anzeige den Tatbestand der Ordnungswidrigkeit erfüllt. Das ist zu bejahen, wenn der Arbeitgeber über seine Verpflichtung belehrt und auf die Notwendigkeit der Verwendung der amtlichen Vordrucke ausdrücklich aufmerksam gemacht worden ist.

15   **4. Auskunftspflicht.** Nach § 80 Abs. 5 haben die Arbeitgeber der Arbeitsverwaltung und dem Integrationsamt gegenüber die Auskünfte zu erteilen, die für die Durchführung des Gesetzes notwendig sind. Kommen sie dieser Pflicht nicht nach, handeln sie ordnungswidrig. Die bußgeldbewehrte Verpflichtung des § 80 Abs. 5 zur Auskunftserteilung ist relativ wenig bestimmt, auch wenn die hier behandelten Auskünfte nur „auf Verlangen" zu erteilen sind. Es kann in bestimmten Situationen zum Streit darüber kommen, ob eine bestimmte Information weitergegeben werden muss oder nicht. Nicht jede Kontroverse darüber darf mit den Mitteln des OwiG ausgetragen werden. Weigert

sich ein Arbeitgeber **mit plausiblen Gründen, eine bestimmte Auskunft zu erteilen**, etwa weil er – sachkundig beraten – der Auffassung ist, dazu nicht verpflichtet zu sein, entfällt zumindest der Schuldvorwurf. Die Behörden müssen ihren Rechtsstandpunkt zunächst mittels eines **Verpflichtungsbescheides** durchsetzen, den der betroffene Arbeitgeber mit Rechtsmitteln angreifen kann. Erst wenn bestandskräftig feststeht, dass eine bestimmte Auskunft gegeben werden muss, erfüllt die fortgesetzte Weigerung des Arbeitgebers den Tatbestand der Ordnungswidrigkeit nach § 156 Abs. 1 Ziff. 4.

5. Einblick in den Betrieb. Nach § 87 Abs. 7 haben die Arbeit- **16** geber den Beauftragten der Bundesanstalt für Arbeit und des Integrationsamtes auf Verlangen Einblick in den Betrieb bzw. die Dienststelle zu gewähren, soweit es im Interesse schwerbehinderter Menschen erforderlich ist und Betriebs- oder Dienstgeheimnisse nicht gefährdet werden. Verstöße gegen diese Verpflichtung stellen eine Ordnungswidrigkeit dar (§ 156 Abs. 1 Ziff. 5). Auch diese Vorschrift enthält als Tatbestandsmerkmal einen unbestimmten Rechtsbegriff, nämlich die **„Erforderlichkeit"** der Besichtigung des Betriebes. Obwohl der Bundesanstalt für Arbeit und dem Integrationsamt insoweit kein Beurteilungsspielraum zukommt, muss der Arbeitgeber den erbetenen Einblick gewähren, soweit die genannten Behörden plausibel darlegen, weshalb sie für eine bestimmte Entscheidung den Einblick benötigen. Wenn sich der Arbeitgeber dem verschließt, ist der Tatbestand der Ordnungswidrigkeit verwirklicht.

6. Benennung der Vertrauensperson und des Beauftragten. **17** Nach § 80 Abs. 8 muss der Arbeitgeber die gewählte Vertrauensperson der schwerbehinderten Menschen sowie den von ihm bestellten Beauftragten für die Angelegenheiten der schwerbehinderten Menschen unverzüglich dem Arbeitsamt und dem Integrationsamt gegenüber benennen. Versäumt er diese Pflicht, handelt er ordnungswidrig (§ 156 Abs. 1 Ziff. 6). Aus rechtsstaatlichen Erwägungen, vor allem im Hinblick auf die Beachtung des Übermaßgebotes kann ordnungswidriges Handeln erst angenommen werden, wenn der Arbeitgeber seine **Mitteilungspflicht hartnäckig**, etwa nach jeder Neuwahl einer Vertrauensperson **missachtet.** Weder ein einmaliges Vergessen noch eine gewisse Verzögerung der Mitteilung, solange dies nicht Ausdruck einer bewussten Vernachlässigung der Verantwortung gegenüber den schwerbehinderten Mitarbeitern ist, erfüllen den Tatbestand der Ordnungswidrigkeit.

7. Information über Vermittlungsvorschläge und Bewerbun- **18** **gen.** Nach § 81 Abs.1 Satz 4 muss der Arbeitgeber die Schwerbehindertenvertretung und die Betriebs- bzw. Personalräte davon unterrichten, dass sich schwerbehinderte Menschen um einen Arbeitsplatz im Betrieb beworben haben bzw. vom Arbeitsamt für eine Einstellung vorgeschlagen worden sind. Diese Unterrichtungspflicht ist bußgeldbewehrt (§ 156 Abs. 1 Ziff. 7). **Die Sanktion rechtfertigt sich aus der Bedeutung, die der rechtzeitigen Unterrichtung der Schwerbehindertenvertretung** und der Personalvertretung im Zuge von **Einstellungsverfahren zukommt.** Diese Gremien können auf eine Einstellung von schwerbehinderten Menschen nur wirksam hinwirken, wenn ihnen bekannt ist, dass sich geeignete Schwerbehinderte um einen Arbeitsplatz bzw. um eine Beförderungsposition beworben haben bzw. vorgeschlagen worden sind. Mit dem Abschluss des Einstellungsverfahrens gehen die Mitwirkungsmöglichkeiten der erwähnten Vertretungsgremien ins Leere, weil der ausgewählte nicht behinderte Bewerber seinen Arbeitsplatz nicht deshalb wieder verlieren kann, weil die Schwerbehindertenvertretung nicht wusste, dass sich auch behinderte Menschen beworben hatten. Weniger deutlich ist, weshalb auch die Verletzung der Pflicht des Arbeitgebers, über die in einem Einstellungsverfahren getroffene Entscheidung alle Beteiligte, also die Behindertenvertretungen, die Personalvertretungen und **die schwerbehinderten Bewerber** unter Darlegung der Gründe zu unterrichten (§ 81 Abs. 1 Satz 9), als Ordnungswidrigkeit geahndet werden soll. Durch die Bußgeldandrohung kann der Arbeitgeber auf diese Weise gezwungen sein, Umstände offen zu legen, die zur Grundlage von Schadensersatzansprüchen gegen ihn gemacht werden können, soweit die Erwägungen, mit denen von der Einstellung eines schwerbehinderten Bewerbers Abstand genommen worden ist, nicht überzeugend erscheinen. Das kann mit dem **strafverfahrensrechtlichen Grundsatz in Konflikt geraten**, wonach niemand gezwungen ist, sich selbst anzuklagen („nemo tenetur, se ipse accusare").

19   **8. Erörterungspflicht.** Wenn ein Arbeitgeber die Beschäftigungspflicht nicht erfüllt, ist er verpflichtet, eine Einstellungsmaßnahme, mit der die Schwerbehindertenvertretung und/oder die Personalvertretungen nicht einverstanden sind, mit diesen zu erörtern (§ 81 Abs. 1 Satz 7). Damit soll den erwähnten Vertretungen Gelegenheit gegeben werden, zugunsten schwerbehinderter Menschen zu intervenieren und auf die Entscheidung des Arbeitgebers in genauer Kenntnis der dafür angeführten Gründe einzuwirken (vgl. *Oppermann* in Hauck/Noftz, K § 156 RdNr. 22). Unterlässt der Arbeitgeber, auf die Erörterung hinzuwirken, handelt er ordnungswidrig (§ 156 Abs. 1 Ziff. 8). Der Tatbestand ist nicht verwirklicht, wenn der Arbeitgeber die im Gesetz angesprochenen Vertretungspersonen bzw. -Gremien zu einer **Erörterung einlädt**, die Erörterung selbst aber nicht zustande kommt, weil die **Gremienvertreter nicht erscheinen**. Das gilt selbst dann, wenn diese Vertreter sich mit guten Gründen darauf berufen, erfahrungsgemäß seien derartige Erörterungstermine reine Formsache und völlig unergiebig, weil der Arbeitgeber einmal getroffene Entscheidungen ohnehin nicht zu ändern bereit sei. Nicht die mehr oder weniger behindertenfreundliche Grundhaltung des Arbeitgebers, sondern allein

die **formale Gelegenheit zu einer Erörterung** ist für die Verwirklichung des Tatbestandes der Ordnungswidrigkeit ausschlaggebend.

9. Unterrichtung und Anhörung der Schwerbehindertenvertretung. In allen Angelegenheiten schwerbehinderter Menschen hat der Arbeitgeber die Schwerbehindertenvertretung umfassend und unverzüglich zu unterrichten und vor einer Entscheidung, die diese betrifft, anzuhören (§ 95 Abs. 2). Ein Verstoß gegen diese Verpflichtung stellt eine Ordnungswidrigkeit dar (§ 156 Abs. 1 Ziff. 9). Im Tatbestand ist die nicht oder nicht **rechtzeitig erfolgende Mitteilung über eine getroffene Entscheidung**, zu der der Arbeitgeber ebenfalls verpflichtet ist, nicht ausdrücklich erwähnt. Die Bezugnahme in § 156 Abs. 1 Ziff. 9 auf § 95 Abs. 2 Satz 1, die an sich auch die Verletzung der Mitteilungspflicht hinsichtlich schon getroffener Entscheidungen gemäß § 95 Abs. 2 Satz 1, 2. Halbsatz erfasst, reicht nicht aus, um die Einbeziehung der Verletzung der Mitteilungspflicht in den Ordnungswidrigkeitentatbestand zu rechtfertigen (so auch *Oppermann* in Hauck/Noftz, SGB IX , K § 156 RdNr. 23). Vieles spricht dafür, dass insoweit ein Redaktionsversehen des Gesetzgebers vorliegt, doch ist eine **lückenfüllende Auslegung**, die zur Erweiterung eines Ordnungswidrigkeitentatbestandes führt, **nicht zulässig**.

Der Tatbestand des § 156 Abs. 1 Ziff. 9 ist verwirklicht, wenn der 21 für den Arbeitgeber handelnde Bedienstete die Schwerbehindertenvertretung nicht rechtzeitig unterrichtet und anhört. Es ist **ohne Bedeutung**, ob sich eine **unterlassene Mitteilung** oder eine unterbliebene Anhörung auf die Entscheidung **in der Sache ausgewirkt haben** (AG Düsseldorf v. 8.2.1990 - 302 Owi /902 Js 1689/89, br 1991,118). Praktisch ist es nicht immer leicht, zwischen versehentlich unterbliebenen Mitteilungen bzw. Anhörungen einerseits und systematischen Verletzungen der entsprechenden Pflichten, die allein eine Sanktion rechtfertigen, zu unterscheiden. Der vom AG Düsseldorf (a.a.O.) noch zum früheren SchwbG entschiedene Fall lässt deutlich erkennen, dass die gerichtlichen Feststellungen sehr deutliche Hinweise dafür ergeben haben, dass der Betroffene, der als Beauftragter des Arbeitgebers für die Angelegenheiten der Schwerbehinderten nach § 28 SchwbG tätig war, trotz mehrfacher Hinweise des Vertrauensmannes der Schwerbehinderten **systematisch in Beförderungsangelegenheiten die Einschaltung der Behindertenvertretung unterlassen hatte**. Gerade wenn in einem Fall die Einschaltung möglicherweise versehentlich unterblieben ist, muss der Beauftragte des Arbeitgebers besonders sorgfältig darauf achten, dass ihm persönlich alle Personalvorgänge unter Beteiligung von schwerbehinderten Menschen vorgelegt werden, und darf sich nicht auf seinen Sachbearbeiter verlassen. Geschieht das gleichwohl, ist der Tatbestand der Verletzung der Mitteilungs- und Anhörungspflicht zumindest fahrlässig verwirklicht.

IV. Verwarnung

22   Wie im gesamten Recht der Ordnungswidrigkeiten besteht auch im Rahmen des SGB IX für die zuständige Verfolgungsbehörde, also das Landesarbeitsamt, die Möglichkeit, **statt einer Geldbuße** festzusetzen, ein Verwarnungsgeld in Höhe von mindestens 5,– € zu erheben. Das bietet sich bei **geringfügigen Verstößen** gegen einzelne Ordnungswidrigkeittatbestände an (vgl. *Oppermann* in Hauck/Noftz, SGB IX, K § 156 RdNr. 29), insbesondere wenn zu vermuten ist, dass der Arbeitgeber seiner Verpflichtung eher aus Nachlässigkeit nicht korrekt nachgekommen ist. Wie bei Verstößen gegen Vorschriften der Straßenverkehrsordnung wird die Verwarnung erst wirksam, wenn der **Betroffene** sich mit ihr **einverstanden** erklärt und das Verwarnungsgeld tatsächlich zahlt. Wenn die Verwarnung wirksam geworden ist, ist die Ahndung der Tat als Ordnungswidrigkeit ausgeschlossen (§ 56 OwiG).

V. Vollstreckung

23   Das Landesarbeitsamt, das den Bußgeldbescheid erlassen hat, ist nach Eintritt der Unanfechtbarkeit auch für die Vollstreckung zuständig (§ 156 Abs. 4). Es muss nach den Regeln der Verwaltungsvollstreckung für die Zahlung der Geldbuße sowie nach § 90 OwiG auch der Verfahrenskosten durch den Betroffenen sorgen. § 156 Abs. 4 verweist insoweit auf § 66 SGB X. Dieses verweist seinerseits auf das Verwaltungsvollstreckungsgesetz und regelt einige Besonderheiten. Für die Anordnung von **Ersatzzwangshaft**, die dem Richter vorbehalten ist, ist in Angelegenheiten des § 51 SGG das **Sozialgericht zuständig**.

VI. Verwendung der Geldbußen

24   Die Beträge, die das Landesarbeitsamt als Geldbußen erhält, sind nach § 156 Abs. 5 Satz 1 an das **Intergrationsamt abzuführen**. Dieses darf damit allerdings nicht seine allgemeinen Verwaltungskosten decken, sondern muss das Geld ebenso wie die durch die Ausgleichsabgabe vereinnahmten Beträge **für besondere Maßnahmen zur Verbesserung der Integration schwerbehinderter Menschen** in den Arbeitsprozess verwenden (vgl. § 77 Abs. 5).

Stadtstaatenklausel

157 (1) ¹Der Senat der Freien und Hansestadt Hamburg wird ermächtigt, die Schwerbehindertenvertretung für Angelegenheiten, die mehrere oder alle Dienststellen betreffen, in der Weise zu regeln, dass die Schwerbehindertenvertretungen aller Dienststellen eine Gesamtschwerbehindertenvertretung wählen. ²Für die Wahl gilt § 94 Abs. 2, 3, 6 und 7 entsprechend.

(2) § 97 Abs. 6 Satz 1 gilt entsprechend.

I. Allgemeines

Die Vorschrift entspricht der Regelung des § 70 SchwbG. Sie soll 1 wie ihre Vorgängerbestimmung sicherstellen, dass in der **Freien und Hansestadt Hamburg** für alle Bediensteten eine Gesamtschwerbehindertenvertretung gewählt werden kann. Diese nimmt gegenüber dem Senat der Freien und Hansestadt Hamburg die Angelegenheiten der schwerbehinderten Menschen war, soweit diese über die Angelegenheiten einzelner Dienststellen hinausgehen.

II. Regelungsinhalt

Die Regelung gestattet dem **Senat der Freien und Hansestadt** 2 **Hamburg**, durch **Verordnung** zu bestimmen, dass die Schwerbehindertenvertretungen aller Dienststellen eine **Gesamtschwerbehindertenvertretung** wählen. Damit wird zum einen der besonderen Verwaltungsstruktur der Stadt Rechnung getragen, die keinen mehrstufigen Verwaltungsaufbau kennt. Zum anderen wird eine Vertretung der Angelegenheiten der Schwerbehinderten auf einflussreicher politischer Ebene ermöglicht, deren Gesprächs- und Verhandlungspartner nicht einzelne Behörden, sondern der Senat als Spitze der Exekutive der Stadt ist.

Hamburg hat von dieser Ermächtigung bereits unter Geltung des 3 SchwbG Gebrauch gemacht (**VO vom 10. April 1979**, Hamburger Gesetz- und Verordnungsblatt 1979, S. 111). Nach allgemeinen verfassungsrechtlichen Grundsätzen ist es auf den Bestand einer Verordnung ohne Einfluss, wenn sich das ermächtigende Gesetz ändert, solange nur das neue Recht der Sache nach eine entsprechende Verordnungsermächtigung kennt.

Sonderregelung für den Bundesnachrichtendienst

158 Für den Bundesnachrichtendienst gilt dieses Gesetz mit folgenden Abweichungen:

1. Der Bundesnachrichtendienst gilt vorbehaltlich der Nummer 3 als einheitliche Dienststelle.

2. [1]Für den Bundesnachrichtendienst gelten die Pflichten zur Vorlage des nach § 80 Abs. 1 zu führenden Verzeichnisses, zur Anzeige nach § 80 Abs. 2 und zur Gewährung von Einblick nach § 80 Abs. 7 nicht. [2]Die Anzeigepflicht nach § 90 Abs. 3 gilt nur für die Beendigung von Probearbeitsverhältnissen.

3. [1]Als Dienststelle im Sinne des Kapitels 5 gelten auch Teile und Stellen des Bundesnachrichtendienstes, die nicht zu seiner Zentrale gehören. [2]§ 94 Abs. 1 Satz 4 und 5 sowie § 97 sind nicht anzuwenden. [3]In den Fällen des § 97 Abs. 6 ist die Schwerbehindertenvertretung der Zentrale des Bundesnachrichtendienstes zuständig. [4]Im Falle des § 94 Abs. 6 Satz 4 lädt der Leiter oder die Leiterin der Dienststelle ein. [5]Die Schwerbehindertenvertretung ist in den Fällen nicht zu beteiligen, in denen die Beteiligung der Personalvertretung nach dem Bundespersonalvertretungsgesetz ausgeschlossen ist. [6]Der Leiter oder die Leiterin des Bundesnachrichtendienstes kann anordnen, dass die Schwerbehindertenvertretung nicht zu beteiligen ist, Unterlagen nicht vorgelegt oder Auskünfte nicht erteilt werden dürfen, wenn und soweit dies aus besonderen nachrichtendienstlichen Gründen geboten ist. [7]Die Rechte und Pflichten der Schwerbehindertenvertretung ruhen, wenn die Rechte und Pflichten der Personalvertretung ruhen. [8]§ 96 Abs. 7 Satz 3 ist nach Maßgabe der Sicherheitsbestimmungen des Bundesnachrichtendienstes anzuwenden. [9]§ 99 Abs. 2 gilt nur für die in § 99 Abs. 1 genannten Personen und Vertretungen der Zentrale des Bundesnachrichtendienstes.

4. [1]Im Widerspruchsausschuss bei dem Integrationsamt (§ 119) und im Widerspruchsausschuss beim Landesarbeitsamt (§ 120) treten in Angelegenheiten schwerbehinderter Menschen, die beim Bundesnachrichtendienst beschäftigt sind, an die Stelle der Mitglieder, die Arbeitnehmer oder Arbeitnehmerinnen und Arbeitgeber sind (§ 119 Abs. 1 und § 120 Abs. 1), Angehörige des Bundesnachrichtendienstes, an die Stelle der Schwerbehindertenvertretung die Schwerbehindertenvertretung der Zentrale des Bundesnachrichtendienstes. [2]Sie werden dem Integrationsamt und dem Präsidenten oder der Präsidentin des Landesarbeitsamtes vom Leiter oder der Leiterin des Bundesnachrichtendienstes benannt. [3]Die Mitglieder der Ausschüsse müssen nach den dafür geltenden Bestimmungen ermächtigt sein, Kenntnis von Verschlusssachen des in Betracht kommenden Geheimhaltungsgrades zu erhalten.

5. Über Rechtsstreitigkeiten, die auf Grund dieses Buches im Geschäftsbereich des Bundesnachrichtendienstes entstehen, entscheidet im ersten und letzten Rechtszug der oberste Gerichtshof des zuständigen Gerichtszweiges.

I. Allgemeines

Ohne sachliche Änderung gegenüber § 71 SchwbG normiert die 1 Vorschrift Besonderheiten für die Durchführung des Gesetzes bei dem Bundesnachrichtendienst (BND), dem Auslandsgeheimdienst der Bundesrepublik. Diese sind erforderlich, damit der Dienst seine teilweise notwendig geheimen Operationen durchführen kann, ohne dass etwa die Namen aller Bediensteten bekannt gegeben werden müssen.

II. Regelungsinhalt

Nach Nr. 1 gilt der gesamte BND ungeachtet seiner organisatori- 2 schen Gliederung als **einheitliche Dienststelle.** Für alle Angelegenheiten schwerbehinderter Mitarbeiter sind allein das Arbeitsamt und das Integrationsamt am Hauptsitz des BND (Pullach bei München) zuständig. Diese Zuständigkeit gilt auch für die Angelegenheiten von Dienststellen nach Nr. 3, die nicht zur Zentrale des BND gehören, und in denen eigene Schwerbehindertenvertretungen zu wählen sind. Die **Konzentration der Bearbeitung der Schwerbehindertenangelegenheiten** bei nur zwei Behörden trägt der Erwägung Rechnung, dass aus **Sicherheitsgründen** die Zahl der Bediensteten, die überhaupt mit Angelegenheiten des BND befasst sind und in besonderer Weise zur Vertraulichkeit verpflichtet werden, möglichst klein gehalten werden soll. Daher erklärt sich auch die Regelung in Nr. 5, wonach über alle Rechtsstreitigkeiten in Angelegenheiten des SGB IX der sachlich zuständige oberste Gerichtshof des Bundes im **ersten und letzten Rechtszug zuständig** ist. Das sind entweder das **Bundesverwaltungsgericht** oder das **Bundessozialgericht.** Die darin gerade in Schwerbehindertenangelegenheiten für die Betroffenen liegende Einschränkung des Rechtsschutzes ist mit **Art. 19 Abs. 4 Satz 1 Grundgesetz vereinbar.** Dies Norm garantiert nach der Rechtsprechung des Bundesverfassungsgerichts keinen Instanzenzug sondern lediglich die gerichtliche Überprüfung hoheitlicher Maßnahmen. Die Einschränkungen des Rechtsschutzes der BND-Bediensteten gegenüber anderen Bürgern sind der Sache nach durch den Charakter des BND als Geheimdienst gerechtfertigt. Wer dort tätig wird, weiß um diese Beschränkungen, die in anderen Lebensbereichen deutlich gravierender sind.

3   Nach Nr. 2 ist der BND von zahlreichen **Anzeigepflichten** im Zusammenhang mit der Beschäftigung von Schwerbehinderten **freigestellt**. Das folgt aus der Art der Tätigkeit dort, die es mit sich bringt,
dass Menschen ohne Kenntnis Dritter beschäftigt werden, unter fal-
schem Namen agieren müssen und ihre Lebensumstände so geheim
wie eben möglich bleiben müssen. Das Ziel des Gesetzes, möglichst
viele schwerbehinderte Menschen zu beschäftigen, gilt jedoch auch
für den BND (vgl. *Oppermann* in Hauck/Noftz, SGB IX, K § 158
RdNr. 1).

4   Nr. 4 enthält hinsichtlich der Zusammensetzung der Widerspruchsausschüsse abweichende Regelungen, die sich im Wesentlichen an den
für den BND geltenden **Regelungen des Bundespersonalvertretungsgesetzes orientieren**. Durch die Sonderregelungen wird
sichergestellt, dass auch in Widerspruchgremien nur Personen mit Angelegenheiten der schwerbehinderten Mitarbeiter des BND befasst
sind, die mit Verschlusssachen Umgang haben dürfen.

Übergangsregelung

159 (1) Abweichend von § 71 Abs. 1 beträgt die Pflichtquote für
die in § 71 Abs. 3 Nr. 1 und 4 genannten öffentlichen Arbeitgeber des Bundes weiterhin 6 Prozent, wenn sie am 31. Oktober 1999
auf mindestens 6 Prozent der Arbeitsplätze schwerbehinderte Menschen beschäftigt hatten.

(2) Auf Leistungen nach § 33 Abs. 2 des Schwerbehindertengesetzes in Verbindung mit dem Ersten Abschnitt der Schwerbehinderten-
Ausgleichsabgabeverordnung jeweils in der bis zum 30. September
2000 geltenden Fassung sind die zu diesem Zeitpunkt geltenden
Rechtsvorschriften weiter anzuwenden, wenn die Entscheidung über
die beantragten Leistungen vor dem 1. Oktober 2000 getroffen worden ist.

(3) Eine auf Grund des Schwerbehindertengesetzes getroffene
bindende Feststellung über das Vorliegen einer Behinderung, eines
Grades der Behinderung und das Vorliegen weiterer gesundheitlicher
Merkmale gelten als Feststellungen nach diesem Buch.

(4) Die nach § 56 Abs. 2 des Schwerbehindertengesetzes erlassenen allgemeinen Richtlinien sind bis zum Erlass von allgemeinen Verwaltungsvorschriften nach § 141 weiter anzuwenden.

Die Vorschrift enthält Übergangsbestimmungen zu einigen Vorschriften des Gesetzes

I. Arbeitgeber des Bundes

Die Pflichtquote für die Arbeitgeber des Bundes beträgt nach § 71   **1**
Abs. 1 in Verbindung mit § 159 Abs. 1 weiterhin einheitlich 6 Prozent,
wenn diese Arbeitgeber am Stichtag des **31. Oktober 1999 auf mindestens 6 Prozent** der Arbeitsplätze **schwerbehinderte Menschen
beschäftigt** hatten. Im Gesetzgebungsverfahren war ursprünglich geplant, diese Regelung auf alle öffentlichen Arbeitgeber, also vor allem
auf Länder und Gemeinden zu erweitern (BT Drucks. 14/5531 und 14/
5074, S. 115). Das ist auf Initiative der Länder nicht weiterverfolgt worden, so dass es in der Sache bei der seit dem 1. Oktober geltenden
Rechtszustand nach § 72 SchwbG geblieben ist. Praktisch wirkt sich die
Erhöhung der Quote für die öffentlichen Arbeitgeber des Bundes im
Sinne von § 71 Abs. 3 nicht aus, weil der Bund als Arbeitgeber seit Jahren einen Anteil von schwerbehinderten Beschäftigten oberhalb dieser
Grenze hat (*Oppermann* in Hauck/Noftz, SGB IX, K § 159 RdNr. 4).

II. Förderung nach § 33 SchwbG

§ 159 Abs. 1 enthält eine Sonderregelung für Maßnahmen der Förde-   **2**
rung nach § 33 Abs. 2 SchwbG in Verbindung mit der Schwerbehinder-
tenausgleichsabgabe-Verordnung. Nach diesen Vorschriften können
Arbeitgeber von der Bundesanstalt für Arbeit aus Mitteln der Ausgleichsabgabe gefördert werden, wenn sie schwerbehinderte Menschen
über ihre gesetzliche Verpflichtung hinaus beschäftigen. Wenn **Förderleistungen** nach diesen Vorschriften **vor dem 1. Oktober 2000 bewilligt** worden sind, sind die **bis zum 30. September 2000 geltenden
Bestimmungen weiterhin anwendbar**. Der Stichtag ist derjenige des
Inkrafttretens des Gesetzes zur Bekämpfung der Arbeitslosigkeit
Schwerbehinderter vom 29. September 2000.

Für die Fortgeltung des alten Rechts ist maßgeblich, ob die Entschei-   **3**
dung über Fördermittel vor dem 1. Oktober 2000 getroffen worden
ist. Dabei muss aus Gründen des Vertrauensschutzes eine **verbindliche
Zusage der Förderung** in einer bestimmten Höhe der eigentlichen
Bewilligungsentscheidung gleichstehen (*Oppermann*, in Hauck/Noftz,
SGB IX, K § 159 RdNr. 6).

III. Feststellungen im Sinne von § 4 SchwbG

§ 159 Abs. 3 regelt die **Verbindlichkeit von Entscheidungen der**   **4**
Versorgungsämter über den Grad der Behinderung und weitere gesundheitliche Merkmale, die noch **unter Geltung des § 4 SchwbG**

getroffen worden sind. Das Gesetz bestimmt, dass derartige bindende Feststellungen als Feststellungen nach § 69 gelten, ohne dass es einer ausdrücklichen Entscheidung des Versorgungsamtes bedarf. Dieses darf das Inkrafttreten des Gesetzes nicht zum Anlass nehmen, ohne konkreten Anlass neue Feststellungen über den GdB zu treffen. Die Bindungswirkung der Feststellungen nach § 4 SchwbG wird durch das Inkrafttreten des SGB IX nicht berührt. Bei Änderungen in den tatsächlichen Verhältnissen richtet sich die Zulässigkeit von Neufeststellungen allein nach § 48 SGB X. Umgekehrt schränkt Abs. 3 die Geltung von **§ 45 SGB X** nicht ein. Beruhen Feststellungen nach § 4 SchwbG auf falschen Angaben des Betroffenen, kann das Versorgungsamt den begünstigenden Feststellungsbescheid nach § 45 SGB X korrigieren, nicht anders, als wenn die fehlerhaften Feststellungen bereits auf der Grundlage des § 69 getroffen worden wären.

IV. Richtlinien

5   § 159 Abs. 4 regelt, dass die vom Bundesministerium für Wirtschaft im Einvernehmen mit dem Bundesministerium für Arbeit und Sozialordnung auf der **Grundlage des § 56 Abs. 2 SchwbG** erlassenen allgemeinen **Richtlinien weitergelten, bis neue Verwaltungsvorschriften** auf der Grundlage des § 141 Satz 2 erlassen sind. Betroffen sind Regelungen über die bevorzugte Vergabe von Aufträgen der öffentlichen Hand an Werkstätten für Behinderte. Die Übergangsvorschrift soll gewährleisten, dass sich an der bisherigen Rechtslage nach § 56 Abs. 2 SchwbG nichts ändert, solange die Verwaltungsvorschriften, die der Zustimmung des Bundesrates bedürfen, nicht erlassen sind.

Überprüfungsregelung

160 Die Bundesregierung berichtet den gesetzgebenden Körperschaften des Bundes bis zum 30. Juni 2003 über die Beschäftigungssituation schwerbehinderter Menschen und schlägt die danach zu treffenden Maßnahmen vor.

1   Die Vorschrift verpflichtet die **Bundesregierung**, bis zum 30. Juni 2003 gegenüber Bundestag und Bundesrat einen **Bericht über die Beschäftigungssituation** schwerbehinderter Menschen zu erstatten und vorzuschlagen, welche Maßnahmen zu treffen sind. Unmittelbare Rechtsfolgen sind mit dem Bericht nicht verbunden. Auch die Versäumung der Frist zur Abgabe des Berichts hätte keine direkten rechtlichen Konsequenzen für die Anwendung des Gesetzes.

Stichwortverzeichnis

Die **fett** gedruckten Zahlen bezeichnen die Paragrafen des Sozialgesetzbuchs – Rehabilitation und Teilhabe behinderter Menschen – (SGB IX). Die mageren Zahlen bezeichnen die Randnummern der Kommentierung

Stichwortverzeichnis

Fette Zahlen = Paragrafen

magere Zahlen = Randnummern

Stichwortverzeichnis

Stichwortverzeichnis

Stichwortverzeichnis

Stichwortverzeichnis

Stichwortverzeichnis